해커스공무원

신동욱

행정법총론

핵심 기출 OX

해커스

신동욱

약력

현 | 해커스공무원 행정법 강의
현 | 해커스공무원 헌법 강의
전 | 서울시 교육청 헌법 특강
전 | 2017 EBS 특강
전 | 2013, 2014 경찰청 헌법 특강
전 | 교육부 평생교육진흥원 학점은행 교수
전 | 금강대 초빙교수
전 | 강남 박문각행정고시학원 헌법 강의

저서

해커스공무원 처음 행정법 만화판례집
해커스공무원 신동욱 행정법총론 기본서
해커스공무원 신동욱 행정법총론 조문해설집
해커스공무원 신동욱 행정법총론 핵심요약집
해커스공무원 신동욱 행정법총론 단원별 기출문제집
해커스공무원 신동욱 행정법총론 핵심 기출 OX
해커스공무원 신동욱 행정법총론 사례형 기출+실전문제집
해커스공무원 神행정법총론 실전동형모의고사 1·2
해커스공무원 처음 헌법 만화판례집
해커스공무원 신동욱 헌법 기본서
해커스공무원 신동욱 헌법 조문해설집
해커스공무원 神헌법 핵심요약집
해커스공무원 神헌법 단원별 기출문제집
해커스공무원 神헌법 핵심 기출 OX
해커스공무원 神헌법 실전동형모의고사

여러분의 합격을 응원하는

해커스공무원의 특별 혜택

FREE 공무원 행정법 **특강**

해커스공무원(gosi.Hackers.com) 접속 후 로그인 ▶ 상단의 [무료강좌] 클릭 ▶
[교재 무료특강] 클릭하여 이용

회독용 답안지(PDF)

해커스공무원(gosi.Hackers.com) 접속 후 로그인 ▶ 상단의 [교재·서점 → 무료 학습 자료] 클릭 ▶
본 교재의 [자료받기] 클릭

▲ 바로 가기

해커스공무원 온라인 단과강의 **20% 할인쿠폰**

74FD8DC2642F4UZB

해커스공무원(gosi.Hackers.com) 접속 후 로그인 ▶ 상단의 [나의 강의실] 클릭 ▶
좌측의 [쿠폰등록] 클릭 ▶ 위 쿠폰번호 입력 후 이용

* 등록 후 7일간 사용 가능(ID당 1회에 한해 등록 가능)

합격예측 **온라인 모의고사 응시권 + 해설강의 수강권**

F437AEE4BA738E8F

해커스공무원(gosi.Hackers.com) 접속 후 로그인 ▶ 상단의 [나의 강의실] 클릭 ▶
좌측의 [쿠폰등록] 클릭 ▶ 위 쿠폰번호 입력 후 이용

* ID당 1회에 한해 등록 가능

쿠폰 이용 관련 문의 **1588-4055**

단기 합격을 위한
해커스공무원 커리큘럼

입문

탄탄한 기본기와 핵심 개념 완성!

누구나 이해하기 쉬운 개념 설명과 풍부한 예시로 부담없이 쌩기초 다지기

TIP 베이스가 있다면 **기본 단계**부터!

기본+심화

필수 개념 학습으로 이론 완성!

반드시 알아야 할 기본 개념과 문제풀이 전략을 학습하고
심화 개념 학습으로 고득점을 위한 응용력 다지기

기출+예상 문제풀이

문제풀이로 집중 학습하고 실력 업그레이드!

기출문제의 유형과 출제 의도를 이해하고 최신 출제 경향을 반영한
예상문제를 풀어보며 본인의 취약영역을 파악 및 보완하기

동형문제풀이

동형모의고사로 실전력 강화!

실제 시험과 같은 형태의 실전모의고사를 풀어보며 실전감각 극대화

최종 마무리

시험 직전 실전 시뮬레이션!

각 과목별 시험에 출제되는 내용들을 최종 점검하며 실전 완성

PASS

* 커리큘럼 및 세부 일정은 상이할 수 있으며,
자세한 사항은 해커스공무원 사이트에서 확인하세요.

OX로 공무원 행정법총론을 완벽 대비하라!

공무원 시험은 기출문제를 변형하여 출제되는 객관식 문제를 푸는 시험이므로, 주요 기출 논점들을 간단하게 확인하고 단원별 핵심 논점을 정리하는 것이 매우 중요합니다. 이때 기출문제집을 통해 문제 전체를 확인하는 것도 중요하지만 핵심 논점만을 정리한 『해커스공무원 신동욱 행정법총론 핵심 기출 OX』로 빠르게 지문만 확인하여 자신의 이해도를 파악하여야 합니다.

공무원 행정법총론 시험의 핵심 논점을 빠르게 파악하고, 보다 효율적인 학습을 할 수 있도록 『해커스공무원 신동욱 행정법총론 핵심 기출 OX』는 다음과 같은 특징을 가지고 있습니다.

첫째, 행정법총론 기출문제의 지문들을 단원별·논점별로 수록하였습니다.
7·9급 공무원 행정법총론 기출문제뿐만 아니라 국회직, 군무원, 소방직 등에서 출제된 행정법총론 문제의 지문들도 함께 수록하여, 다양한 지문을 단원별·논점별로 정리할 수 있도록 구성하였습니다. 이를 통해 반복 출제되는 논점들을 학습하면서 자연스럽게 단원별 핵심내용을 파악할 수 있습니다.

둘째, 효과적인 학습을 위해 다양한 학습장치를 수록하였습니다.
학습한 이론과 관련된 판례들을 수록하였으며, 상세한 해설과 함께 수록된 'Point 정리', '참고' 코너를 통해 핵심 논점들을 보다 더 간단하고 명확하게 정리할 수 있습니다.

더불어, 공무원 시험 전문 사이트 해커스공무원(gosi.Hackers.com)에서 교재 학습 중 궁금한 점을 나누고 다양한 무료 학습 자료를 함께 이용하여 학습 효과를 극대화할 수 있습니다.

부디 『해커스공무원 신동욱 행정법총론 핵심 기출 OX』와 함께 공무원 행정법총론 시험 고득점을 달성하고 합격을 향해 한걸음 더 나아가시기를 바라며, 공무원 합격을 꿈꾸는 모든 수험생 여러분에게 훌륭한 길잡이가 되기를 바랍니다.

신동욱

목차

제1편 행정법 서론

제2편 행정작용법

제3편 행정절차와 행정공개

제4편 행정의 실효성 확보수단

제5편 행정상 손해전보

제6편 행정쟁송

이 책의 구성 및 학습 플랜

이 책의 구성

『해커스공무원 신동욱 행정법총론 핵심 기출 OX』는 수험생 여러분들이 행정법총론 과목을 효율적으로 학습할 수 있도록 다양한 지문과 상세한 해설을 수록·구성하였습니다. 아래 내용을 참고하여 본인의 학습 과정에 맞게 체계적으로 학습 전략을 세워 학습하시기 바랍니다.

1 기출지문으로 이론 완성 + 문제해결 능력 키우기

제1장 행정법의 기초

18. 서울시 9급

001 행정법의 대상이 되는 행정은 실질적 행정에 한한다. O | X

행정법의 대상이 되는 행정은 형식적 의미의 행정과 실질적 의미의 행정을 포함한다.

19. 서울시 9급(2월)

002 법률은 원칙적으로 국민의 대표기관인 의회가 제정하여야 한다는 원칙을 포함한다. O | X

법치행정이란 국민의 자유와 권리 보호를 목적으로 행정작용이나 사법작용 등의 국가작용은 국가의 최고법인 헌법과 국민의 대표기관인 의회에서 제정되는 법률에 적합하게 행사되어야 한다는 것을 말한다. 우리나라 헌법 제40조도 입법권은 국회에 있음을 규정함으로써 법률은 원칙적으로 국민의 대표기관인 의회가 제정하여야 한다고 규정하고 있다.

19. 서울시 7급

003 법치행정원리의 현대적 의미는 실질적 법치주의에서 형식적 법치주의로의 전환이다. O | X

단원별 주요 기출지문 수록

주요 7·9급 국가직, 지방직, 국회직, 군무원 및 소방공무원 시험 등의 행정법총론 기출지문을 단원별로 수록하였습니다. 이러한 기출지문은 이론 복습 및 요약·문제풀이 능력 향상 등으로 다양하게 활용할 수 있습니다. 또한, 학습한 이론이 그동안 어떻게 출제되었는지 확인하면서 방대한 행정법총론 과목 중 핵심 내용만을 효과적으로 학습할 수 있습니다.

2 다양한 학습장치를 활용하여 이론 완성하기

관련 판례

[1] 기본권 보호의무 위반에 대한 심사기준
국가가 국민의 생명·신체의 안전에 대한 보호의무를 다하지 않았는지 여부를 헌법재판소가 심사할 때에는 국가가 이를 보호하기 위하여 적어도 적절하고 효율적인 최소한의 보호조치를 취하였는가 하는 이른바 '과소보호금지원칙'의 위반 여부를 기준으로 삼아, 국민의 생명·신체의 안전을 보호하기 위한 조치가 필요한 상황인데도 국가가 아무런 보호조치를 취하지 않았든지 아니면 취한 조치가 법익을 보호하기에 전적으로 부적합하거나 매우 불충분한 것임이 명백한 경우에 한하여 국가의 보호의무의 위반을 확인하여야 한다.

[2] 이 사건 고시가 청구인들의 생명·신체의 안전을 보호할 국가의 의무를 명백히 위반하였는지 여부(소극)
이 사건 고시가 개정 전 고시에 비하여 완화된 수입위생조건을 정한 측면이 있다 하더라도, 미국산 쇠고기의 수입과 관련한 위험상황 등과 관련하여 개정 전 고시 이후에 달라진 여러 요인들을 고려하고 지금까지의 관련 과학기술 지식과 OIE 국제기준 등에 근거하여 보호조치를 취한 것이라면, 이 사건 고시상의 보호조치가 체감적으로 완벽한 것은 아니라 할지라도, 위 기준과 그 내용에 비추어 쇠고기 소비자인 국민의 생명·신체의 안전을 보호하기에 전적으로 부적합하거나 매우 부족하여 그 보호의무를 명백히 위반한 것이라고 단정하기는 어렵다 할 것이다(헌재 2008.12.26, 2008헌마419 등).

Point정리 행정행위의 종류

구분	법률행위적 행정행위		준법률행위적 행정행위
정의	행정청의 의사표시를 구성요소로 하여 그 의사표시의 내용에 따라 법적 효과가 발현되는 행정행위		행정청의 의사표시를 요하지 않고 단순한 정신작용의 표현에 대해 법령이 일정한 효과를 부여하는 행정행위
종류	명령적 행위	하명, 허가, 면허	공증, 통지, 수리, 확인
	형성적 행위	특허, 대리, 인가	

참고 주택재건축정비사업조합을 상대로 관리처분계획안에 대한 조합 총회결의의 효력을 다투는 소송의 법적 성질은 행정소송법상 당사자소송이다(대판 2009.9.17, 2007다2428).

한 단계 실력 향상을 위한 다양한 학습장치

1. 관련 판례
학습한 이론과 관련된 판례, 중요 기출 판례 및 최신 판례까지 모두 수록하여 출제가능성이 있는 판례들을 빠짐없이 학습할 수 있습니다.

2. Point 정리 및 참고
유사하거나 대비되는 핵심 개념들을 비교하며 학습할 수 있도록 표로 정리하여 'Point 정리'에 수록하였습니다. 또한 자주 헷갈리거나 더 알아두면 학습에 도움이 되는 내용들을 '참고'로 수록하여 중요한 부분을 놓치지 않고 학습할 수 있습니다.

학습 플랜

* 1, 2회독 때에는 30일 플랜을, 3회독 때에는 15일 플랜을 활용하시면 좋습니다.

30일 플랜	15일 플랜	학습 단원		1회독	2회독	3회독
DAY 1	DAY 1	제1편	제1장~제4장	DAY 1	DAY 1	DAY 1
DAY 2			제5장~제7장	DAY 2	DAY 2	
DAY 3	DAY 2		제8장~제9장	DAY 3	DAY 3	DAY 2
DAY 4			제1편 복습	DAY 4	DAY 4	
DAY 5	DAY 3	제2편	제1장	DAY 5	DAY 5	DAY 3
DAY 6			제2장~제3장	DAY 6	DAY 6	
DAY 7	DAY 4		제4장	DAY 7	DAY 7	DAY 4
DAY 8			제5장~제6장	DAY 8	DAY 8	
DAY 9	DAY 5		제7장~제8장	DAY 9	DAY 9	DAY 5
DAY 10			제9장~제10장	DAY 10	DAY 10	
DAY 11	DAY 6		제11장~제14장	DAY 11	DAY 11	DAY 6
DAY 12			제2편 복습	DAY 12	DAY 12	
DAY 13	DAY 7	제3편	제1장	DAY 13	DAY 13	DAY 7
DAY 14			제2장	DAY 14	DAY 14	
DAY 15	DAY 8		제3편 복습	DAY 15	DAY 15	DAY 8
DAY 16		제4편	제1장	DAY 16	DAY 16	
DAY 17	DAY 9		제2장	DAY 17	DAY 17	DAY 9
DAY 18			제3장~제4장	DAY 18	DAY 18	
DAY 19	DAY 10		제4편 복습	DAY 19	DAY 19	DAY 10
DAY 20		제5편	제1장	DAY 20	DAY 20	
DAY 21	DAY 11		제2장	DAY 21	DAY 21	DAY 11
DAY 22			제5편 복습	DAY 22	DAY 22	
DAY 23	DAY 12	제6편	제1장	DAY 23	DAY 23	DAY 12
DAY 24			제2장 제1절~제2절	DAY 24	DAY 24	
DAY 25	DAY 13		제2장 제3절	DAY 25	DAY 25	DAY 13
DAY 26			제2장 제4절~제5절	DAY 26	DAY 26	
DAY 27	DAY 14		제2장 제6절~제4장	DAY 27	DAY 27	DAY 14
DAY 28			제6편 복습	DAY 28	DAY 28	
DAY 29	DAY 15	총 복습		DAY 29	DAY 29	DAY 15
DAY 30		총 복습		DAY 30	DAY 30	

제1편

행정법 서론

제1장 행정법의 기초

18. 서울시 9급

001 □□□

행정법의 대상이 되는 행정은 실질적 행정에 한한다. O | X

행정법의 대상이 되는 행정은 형식적 의미의 행정과 실질적 의미의 행정을 포함한다.

19. 서울시 9급(2월)

002 □□□

법치행정의 원칙은 법률은 원칙적으로 국민의 대표기관인 의회가 제정하여야 한다는 원칙을 포함한다. O | X

법치행정이란 국민의 자유와 권리 보호를 목적으로 행정작용이나 사법작용 등의 국가작용은 국가의 최고법인 헌법과 국민의 대표기관인 의회에서 제정되는 법률에 적합하게 행사되어야 한다는 것을 말한다. 우리나라 헌법 제40조도 입법권은 국회에 있음을 규정함으로써 법률은 원칙적으로 국민의 대표기관인 의회가 제정하여야 한다고 규정하고 있다.

19. 서울시 7급

003 □□□

법치행정원리의 현대적 의미는 실질적 법치주의에서 형식적 법치주의로의 전환이다. O | X

법치행정원리의 현대적 의미는 형식적 법치주의에서 실질적 법치주의로의 전환이다.

19. 서울시 7급

004 □□□

법률우위의 원칙에서 법은 형식적 법률뿐 아니라 법규명령과 관습법 등을 포함하는 넓은 의미의 법이다. O | X

법(법률)우위의 원칙에서의 법(법률)은 헌법, 형식적 의미의 법률, 법규명령과 관습법 등 불문법을 포함한 모든 법규범을 의미한다.

19. 서울시 7급

005 □□□

법률유보원칙에서 '법률의 유보'라고 하는 경우의 '법률'에는 국회에서 법률제정의 절차에 따라 만들어진 형식적 의미의 법률뿐만 아니라 국회의 의결을 거치지 않은 명령이나 불문법원으로서의 관습법이나 판례법도 포함된다. O | X

법률유보에 있어서의 '법률'은 원칙적으로 국회에서 제정된 형식적 의미의 법률을 의미하며, 법률에서 구체적으로 범위를 정하여 위임받은 법규명령도 포함될 수 있다. 그러나 불문법원으로서의 관습법이나 판례법은 제외된다.

정답 001 X 002 ○ 003 X 004 ○ 005 X

21. 국가직 9급

006 □□□

헌법에서 채택하고 있는 조세법률주의의 원칙상 과세요건과 징수절차에 관한 사항을 명령·규칙 등 하위법령에 구체적·개별적으로 위임하여 규정할 수 없다. O | X

헌법 제38조, 제59조에서 채택하고 있는 조세법률주의의 원칙은 과세요건과 징수절차 등 조세권 행사의 요건과 절차는 국민의 대표기관인 국회가 제정한 법률로써 규정하여야 한다는 것이나, 과세요건과 징수절차에 관한 사항을 명령·규칙 등 하위법령에 위임하여 규정하게 할 수 없는 것은 아니고, 이러한 사항을 하위법령에 위임하여 규정하게 하는 경우 구체적·개별적 위임만이 허용된다(대결 1994.9.30. 94부18).

08. 국가직 7급

007 □□□

조세법규의 해석에 있어서 유추나 확장해석에 의하여 납세의무를 확대하는 것은 허용되지 아니하지만, 조세의 감면 또는 징수유예의 경우에는 그러하지 아니하다. O | X

조세법률주의의 원칙상 과세요건이거나 비과세요건 또는 조세감면요건을 막론하고 조세법규의 해석은 특별한 사정이 없는 한 법문대로 해석할 것이고, 합리적 이유 없이 확장해석하거나 유추해석하는 것은 허용되지 아니하며, 특히 감면요건 규정 가운데에 명백히 특혜규정이라고 볼 수 있는 것은 엄격하게 해석하는 것이 조세공평의 원칙에도 부합한다(대판 2002.4.12. 2001두731).

14. 경행특채 2차

008 □□□

오늘날 법률유보원칙은 단순히 행정작용이 법률에 근거를 두기만 하면 충분하다는 것이 아니라 국가공동체와 그 구성원에게 기본적이고도 중요한 의미를 갖는 영역, 특히 기본권적 중요성을 가진 영역에서는 국민의 대표자인 입법자가 그 본질적 사항에 대해 스스로 결정해야 한다는 요구까지 내포한다. O | X

오늘날 법률유보원칙은 단순히 행정작용이 법률에 근거를 두기만 하면 충분하다는 것이 아니라, 국가공동체와 그 구성원에게 기본적이고도 중요한 의미를 갖는 영역, 특히 기본권적 중요성을 가진 영역에서는 국민의 대표자인 입법자가 그 본질적 사항에 대해 스스로 결정해야 한다는 요구까지 내포한다(헌재 2012.2.23. 2011헌가13).

23. 지방직 9급, 21. 소방간부

009 □□□

기본권 제한에 관한 법률유보원칙은 '법률에 근거한 규율'을 요청하는 것이므로, 그 형식이 반드시 법률일 필요는 없다 하더라도 법률상의 근거는 있어야 한다는 것이 헌법재판소의 입장이다. O | X

헌법은 법치주의를 그 기본원리의 하나로 하고 있으며, 법치주의는 행정작용에 국회가 제정한 형식적 법률의 근거가 요청된다는 법률유보를 그 핵심적 내용의 하나로 하고 있다. 헌법 제37조 제2항은 기본권 제한에 관한 일반적 법률유보조항이라고 할 수 있는데, 법률유보의 원칙은 '법률에 의한 규율'만을 요청하는 것이 아니라 '법률에 근거한 규율'을 요청하는 것이기 때문에 기본권의 제한에는 법률의 근거가 필요할 뿐이고 기본권 제한의 형식이 반드시 법률의 형식일 필요는 없다(헌재 2011.4.28. 2009헌바167).

18. 서울시 9급

010 □□□

법률유보원칙에서 요구되는 법적 근거는 작용법적 근거를 의미하며, 조직법적 근거는 모든 행정권 행사에 있어서 당연히 요구된다. O | X

법률유보의 원칙에서 요구되는 법적 근거는 작용법적 근거(근거규범·수권규범)를 말한다. 조직법적 근거(조직규범)는 모든 행정작용에 있어서 당연히 요구된다.

정답 006 X 007 X 008 ○ 009 ○ 010 ○

21. 소방간부

011 □□□

구 한국방송공사법상 국회의 결정이나 관여를 배제한 채 한국방송공사로 하여금 수신료 금액을 결정해서 문화관광부장관의 승인을 얻도록 한 것은 법률유보원칙에 위반된다는 것이 헌법재판소의 입장이다. O | X

수신료 금액의 결정은 납부의무자의 범위 등과 함께 수신료에 관한 본질적인 중요한 사항이므로 국회가 스스로 행하여야 하는 사항에 속하는 것임에도 불구하고 한국방송공사법 제36조 제1항에서 국회의 결정이나 관여를 배제한 채 한국방송공사로 하여금 수신료 금액을 결정해서 문화관광부장관의 승인을 얻도록 한 것은 법률유보원칙에 위반된다(헌재 1999.5.27. 98헌바70).

19. 서울시 9급(2월)

012 □□□

수신료 징수업무를 한국방송공사가 직접 수행할지 제3자에게 위탁할지 여부는 국민의 기본권 제한에 관한 본질적인 사항이 아니다. O | X

수신료 징수업무를 한국방송공사가 직접 수행할 것인지 제3자에게 위탁할 것인지, 위탁한다면 누구에게 위탁하도록 할 것인지, 위탁받은 자가 자신의 고유업무와 결합하여 징수업무를 할 수 있는지는 징수업무 처리의 효율성 등을 감안하여 결정할 수 있는 사항으로서 국민의 기본권 제한에 관한 본질적인 사항이 아니라 할 것이다. 따라서 방송법 제64조 및 제67조 제2항은 법률유보의 원칙에 위반되지 아니한다(헌재 2008.2.28. 2006헌바70).

18. 지방교행

013 □□□

지방의회의원에 대하여 유급보좌인력을 두는 것은 지방의회의 조례로 규정할 사항이다. O | X

지방의회에서 근로자를 두어 의정활동을 지원하는 것은 실질적으로 유급보좌인력을 두는 것과 마찬가지여서 개별 지방의회에서 정할 사항이 아니라 국회의 법률로 규정하여야 할 입법사항에 해당하는데, 지방자치법이나 다른 법령에 위 근로자를 지방의회에 둘 수 있는 법적 근거가 없으므로, 위 예산안 중 '상임(특별)위원회 운영 기간제근로자 등 보수' 부분은 법령 및 조례로 정하는 범위에서 지방자치단체의 경비를 산정하여 예산에 계상하도록 한 지방재정법 제36조 제1항의 규정에 반하고, 이에 관하여 한 재의결은 효력이 없다(대판 2013.1.16. 2012추84).

21. 소방간부, 19. 변호사

014 □□□

지방의회에서 근로자를 두어 의정활동을 지원하는 것은 개별 지방의회에서 정할 사항이 아니라 국회의 법률로 규정하여야 할 입법사항에 해당한다는 것이 대법원의 입장이다. O | X

지방의회에서 근로자를 두어 의정활동을 지원하는 것은 지방의회의원이 담당하고 있는 의정 자료의 수집·연구 및 이를 위한 보조활동에 대하여 의정활동비를 지급하는 것에서 더 나아가 실질적으로 유급보좌인력을 두는 것과 마찬가지로 봄이 상당하며, 이 사건 근로자가 기간제근로자라고 하여 달리 볼 것은 아니다. 따라서 이는 개별 지방의회에서 정할 사항이 아니라 국회의 법률로써 규정하여야 할 입법사항에 해당하는데, 지방자치법은 물론 다른 법령에서도 이 사건 근로자를 지방의회에 둘 수 있는 법적 근거를 찾아볼 수 없다(대판 2013.1.16. 2012추84).

정답 011 ○ 012 ○ 013 X 014 ○

18. 서울시 9급

015 □□□

토지등소유자가 도시환경정비사업을 시행하는 경우 사업시행인가신청에 필요한 토지등소유자의 동의정족수를 토지등소유자가 자치적으로 정하여 운영하는 규약에 정하도록 한 것은 법률유보원칙에 위반된다. O | X

토지등소유자가 도시환경정비사업을 시행하는 경우 사업시행인가신청시 필요한 토지등소유자의 동의는, 개발사업의 주체 및 정비구역 내 토지등소유자를 상대로 수용권을 행사하고 각종 행정처분을 발할 수 있는 행정주체로서의 지위를 가지는 사업시행자를 지정하는 문제로서, 그 동의요건을 정하는 것은 국민의 권리와 의무의 형성에 관한 기본적이고 본질적인 사항이므로 국회가 스스로 행하여야 하는 사항에 속하는 것임에도 불구하고, 사업시행인가신청에 필요한 동의정족수를 토지등소유자가 자치적으로 정하여 운영하는 규약에 정하도록 한 것은 법률유보원칙에 위반된다(헌재 2012.4.24. 2010헌바1).

16. 사복직 9급

016 □□□

법률유보의 적용범위는 행정의 복잡화와 다기화, 재량행위의 확대에 따라 과거에 비해 점차 축소되고 있으며 이러한 경향에 따라 헌법재판소는 행정유보의 입장을 확고히 하고 있다. O | X

오늘날 법률유보원칙은 단순히 행정작용이 법률에 근거를 두기만 하면 충분한 것이 아니라, 국가공동체와 그 구성원에게 기본적이고도 중요한 의미를 갖는 영역, 특히 국민의 기본권 실현과 관련된 영역에 있어서는 국민의 대표자인 입법자가 그 본질적 사항에 대해서 스스로 결정하여야 한다는 요구까지 내포하고 있다(의회유보원칙). 그런데 텔레비전방송수신료는 대다수 국민의 재산권 보장의 측면이나 한국방송공사에게 보장된 방송자유의 측면에서 국민의 기본권 실현에 관련된 영역에 속하고, 수신료 금액의 결정은 납부의무자의 범위 등과 함께 수신료에 관한 본질적인 중요한 사항이므로 국회가 스스로 행하여야 하는 사항에 속하는 것임에도 불구하고 한국방송공사법 제36조 제1항에서 국회의 결정이나 관여를 배제한 채 한국방송공사로 하여금 수신료 금액을 결정해서 문화관광부장관의 승인을 얻도록 한 것은 법률유보원칙에 위반된다(헌재 1999.5.27. 98헌바70).

19. 서울시 9급(2월), 17. 국가직 7급

017 □□□

환경의 보전 등 중대한 공익상 필요가 있다고 인정되더라도 법규에 명문의 근거가 없다면 산림훼손기간 연장허가를 거부할 수 없다. O | X

법령이 규정하는 산림훼손 금지 또는 제한지역에 해당하는 경우는 물론 금지 또는 제한지역에 해당하지 않더라도 허가관청은 산림훼손허가신청 대상토지의 현상과 위치 및 주위의 상황 등을 고려하여 국토 및 자연의 유지와 상수원의 수질과 같은 환경의 보전 등 중대한 공익상 필요가 있다고 인정될 때에는 허가를 거부할 수 있고, 그 경우 법규에 명문의 근거가 없더라도 거부처분을 할 수 있다(대판 1993.5.27. 93누4854).

21. 소방간부

018 □□□

조합의 사업시행인가신청시의 토지등소유자의 동의요건은 토지등소유자의 재산상 권리·의무에 관한 본질적인 사항으로 법률유보의 원칙이 반드시 지켜져야 하는 영역이다. O | X

조합의 사업시행인가신청시의 토지등소유자의 동의요건이 비록 토지등소유자의 재산상 권리·의무에 영향을 미치는 사업시행계획에 관한 것이라고 하더라도, 그 동의요건은 사업시행인가신청에 대한 토지등소유자의 사전 통제를 위한 절차적 요건에 불과하고 토지등소유자의 재산상 권리·의무에 관한 기본적이고 본질적인 사항이라고 볼 수 없으므로 법률유보 내지 의회유보의 원칙이 반드시 지켜져야 하는 영역이라고 할 수 없다(대판 2007.10.12. 2006두14476).

정답 015 ○ 016 X 017 X 018 X

23. 지방직 9급, 22. 소방

019 □□□

국회가 형식적 법률로 직접 규율해야 할 필요성은 규율대상이 기본권 및 기본적 의무와 관련된 중요성을 가질수록, 그에 관한 공개적 토론의 필요성 또는 상충하는 이익 사이의 조정 필요성이 클수록 더 증대된다. O | X

본질적인 사항으로서 의회유보대상 여부의 판단기준은 구체적 사례에서 개별적으로 결정하여야 하지만, 규율대상이 국민의 기본권 및 기본적 의무와 관련한 중요성을 가질수록 그리고 그에 관한 공개적 토론의 필요성 또는 상충하는 이익 사이의 조정 필요성이 클수록 필요성이 증대된다(대판 2015.8.20. 2012두23808).

22. 소방

020 □□□

국가계약의 본질적인 내용은 사인간의 계약과 다를 바가 없어 법령에 특별한 규정이 있는 경우를 제외하고는 사법의 규정 내지 법원리가 그대로 적용되므로, 국가와 사인간의 계약은 국가계약법령에 따른 요건과 절차를 거치지 않더라도 유효하다. O | X

국가계약의 본질적인 내용은 사인간의 계약과 다를 바가 없어 법령에 특별한 규정이 있는 경우를 제외하고는 사법의 규정 내지 법원리가 그대로 적용된다(대판 2016.6.10. 2014다200763 · 200770). 국가가 사인과 계약을 체결할 때에는 국가계약법령에 따른 계약서를 따로 작성하는 등 요건과 절차를 이행하여야 할 것이고, 설령 국가와 사인 사이에 계약이 체결되었더라도 이러한 법령상 요건과 절차를 거치지 아니한 계약은 효력이 없다(대판 2015.1.15. 2013다215133).

22. 소방

021 □□□

납세의무자에게 조세의 납부의무뿐만 아니라 스스로 과세표준과 세액을 계산하여 신고하여야 하는 의무까지 부과하는 경우에는 신고의무 불이행에 따른 불이익의 내용을 법률로 정하여야 한다. O | X

납세의무자에게 조세의 납부의무 외에 과세표준과 세액을 계산하여 신고해야 하는 의무까지 부과하는 경우, 신고의무 이행에 필요한 기본적인 사항과 신고의무 불이행시 납세의무자가 입게 될 불이익 등은 납세의무를 구성하는 기본적, 본질적 내용으로서 법률로 정해야 한다(대판 2015.8.20. 2012두23808).

22. 국회직 8급

022 □□□

자격이나 신분 등을 취득 또는 부여할 수 없거나 인가, 허가, 지정, 승인, 영업등록, 신고 수리 등을 필요로 하는 영업 또는 사업 등을 할 수 없는 사유는 법률로 정하여야 한다. O | X

행정기본법은 결격사유 법정주의를 규정하고 있다.

> **「행정기본법」 제16조 【결격사유】** ① 자격이나 신분 등을 취득 또는 부여할 수 없거나 인가, 허가, 지정, 승인, 영업등록, 신고 수리 등(이하 "인허가"라 한다)을 필요로 하는 영업 또는 사업 등을 할 수 없는 사유(이하 이 조에서 "결격사유"라 한다)는 법률로 정한다.

정답 019 ○ 020 X 021 ○ 022 ○

22. 국회직 8급

023 □□□

도시환경정비사업시행인가 신청시 요구되는 토지등소유자의 동의정족수를 정하는 것은 법률유보 내지 의회유보의 원칙이 지켜져야 할 영역이다. O | X

토지등소유자가 도시환경정비사업을 시행하는 경우 사업시행인가 신청시 필요한 토지등소유자의 동의는 개발사업의 주체 및 정비구역 내 토지등소유자를 상대로 수용권을 행사하고 각종 행정처분을 발할 수 있는 행정주체로서의 지위를 가지는 사업시행자를 지정하는 문제로서 그 동의요건을 정하는 것은 국민의 권리와 의무의 형성에 관한 기본적이고 본질적인 사항이므로 국회가 스스로 행하여야 하는 사항에 속하는 것임에도 불구하고 사업시행인가 신청에 필요한 동의정족수를 토지등소유자가 자치적으로 정하여 운영하는 규약에 정하도록 한 것은 법률유보원칙에 위반된다(헌재 2011.8.30. 2009헌바128).

관련 판례

조합의 사업시행인가 신청시의 토지 등 소유자의 동의요건이 비록 토지 등 소유자의 재산상 권리 · 의무에 영향을 미치는 사업시행계획에 관한 것이라고 하더라도, 그 동의요건은 사업시행인가 신청에 대한 토지 등 소유자의 사전 통제를 위한 절차적 요건에 불과하고 토지 등 소유자의 재산상 권리 · 의무에 관한 기본적이고 본질적인 사항이라고 볼 수 없으므로 법률유보 내지 의회유보의 원칙이 반드시 지켜져야 하는 영역이라고 할 수 없고, 따라서 개정된 도시 및 주거환경정비법 제28조 제4항 본문이 법률유보 내지 의회유보의 원칙에 위배된다고 할 수 없다(대판 2007.10.12. 2006두14476).

22. 국회직 8급 · 지방직 7급

024 □□□

헌법재판소에 따르면 법률이 자치적인 사항을 공법적 단체의 정관으로 정하도록 위임한 경우에는 포괄위임입법금지원칙이 적용되지 않는다. O | X

법률이 공법적 단체 등의 정관에 자치법적 사항을 위임한 경우에는 헌법 제75조가 정하는 포괄적인 위임입법의 금지는 원칙적으로 적용되지 않는다고 봄이 상당하고, 그렇다 하더라도 그 사항이 국민의 권리 · 의무에 관련되는 것일 경우에는 적어도 국민의 권리 · 의무에 관한 기본적이고 본질적인 사항은 국회가 정하여야 한다(대판 2007.10.12. 2006두14476).

23. 지방직 9급

025 □□□

법률의 시행령은 법률에 의한 위임 없이도 법률이 규정한 개인의 권리 · 의무에 관한 내용을 변경 · 보충하거나 법률에 규정되지 아니한 새로운 내용을 규정할 수 있다. O | X

헌법 제75조에 의하면 대통령은 법률에서 구체적으로 범위를 정하여 위임받은 사항과 법률을 집행하기 위하여 필요한 사항에 관하여만 대통령령을 발할 수 있으므로, 법률의 시행령은 모법인 법률에 의하여 위임받은 사항이나 법률이 규정한 범위 내에서 법률을 현실적으로 집행하는 데 필요한 세부적인 사항만을 규정할 수 있을 뿐, 법률에 의한 위임이 없는 한 법률이 규정한 개인의 권리 · 의무에 관한 내용을 변경 · 보충하거나 법률에 규정되지 아니한 새로운 내용을 규정할 수는 없다(대판 1995.1.24. 93다37342).

정답 023 ○ 024 ○ 025 X

제2장 통치행위

13. 지방직 9급

001 □□□

통치행위의 개념을 인정한다고 하더라도 과도한 사법심사의 자제가 기본권을 보장하고 법치주의 이념을 구현하여야 할 법원의 책무를 태만히 하거나 포기하는 것이 되지 않도록 그 인정을 지극히 신중하게 하여야 하며, 그 판단은 오로지 사법부만에 의하여 이루어져야 한다. O | X

고도의 정치성을 띤 국가행위에 대하여는 이른바 통치행위라 하여 법원 스스로 사법심사권의 행사를 억제하여 그 심사대상에서 제외하는 영역이 있으나, 이와 같이 통치행위의 개념을 인정한다고 하더라도 과도한 사법심사의 자제가 기본권을 보장하고 법치주의의 이념을 구현하여야 할 법원의 책무를 태만히 하거나 포기하는 것이 되지 않도록 그 인정을 지극히 신중하게 하여야 하며, 그 판단은 오로지 사법부만에 의하여 이루어져야 한다(대판 2004.3.26. 2003도7878).

04. 서울시 9급

002 □□□

헌법재판소는 고도의 정치적 결단에 의하여 행해지는 국가작용이라 할지라도 그것이 국민의 기본권 침해와 직접 관련되는 경우에는 당연히 헌법재판소의 심판대상이 된다고 하였다. O | X

대통령의 긴급재정경제명령은 국가긴급권의 일종으로서 고도의 정치적 결단에 의하여 발동되는 행위이고 그 결단을 존중하여야 할 필요성이 있는 행위라는 의미에서 이른바 통치행위에 속한다고 할 수 있으나, 통치행위를 포함하여 모든 국가작용은 국민의 기본권적 가치를 실현하기 위한 수단이라는 한계를 반드시 지켜야 하는 것이고, 헌법재판소는 헌법의 수호와 국민의 기본권 보장을 사명으로 하는 국가기관이므로 비록 고도의 정치적 결단에 의하여 행해지는 국가작용이라고 할지라도 그것이 국민의 기본권 침해와 직접 관련되는 경우에는 당연히 헌법재판소의 심판대상이 된다(헌재 1996.2.29. 93헌마186).

13. 서울시 7급

003 □□□

통치행위의 주체는 통상 정부가 거론되나 국회와 사법부에 의한 통치행위를 인정하는 것이 일반적이다. O | X

사법부는 판단의 주체이므로 성질상 통치행위를 할 수 없다.

04. 서울시 9급

004 □□□

통치행위는 사법적 통제, 정치적 통제로부터 자유롭다. O | X

통치행위라도 국민의 기본권 관련성이 있는 경우 사법심사가 가능하고(긴급명령 등), 정치적 통제는 선거 등을 통해서 당연히 가능하다.

정답 001 ○ 002 ○ 003 X 004 X

09. 관세사

005 □□□

대법원은 대통령의 비상계엄선포 및 확대행위는 고도의 정치적·군사적 판단에서 나온 것으로 계엄선포 자체가 범죄에 해당하는지 여부에 관하여도 판단할 수 없다고 하였다. O | X

비상계엄의 선포나 확대가 국헌문란의 목적을 달성하기 위하여 행하여진 경우에는 법원은 그 자체가 범죄행위에 해당하는지의 여부에 관하여 심사할 수 있다(대판 1997.4.17. 96도3376).

13. 지방직 9급

006 □□□

대통령의 긴급재정경제명령은 국가긴급권의 일종으로서 고도의 정치적 결단에 의하여 발동되는 행위이고 그 결단을 존중하여야 할 필요성이 있는 행위라는 의미에서 이른바 통치행위에 속한다. O | X

대통령의 긴급재정경제명령은 국가긴급권의 일종으로서 고도의 정치적 결단에 의하여 발동되는 행위이고 그 결단을 존중하여야 할 필요성이 있는 행위라는 의미에서 이른바 통치행위에 속한다고 할 수 있다(헌재 1996.2.29. 93헌마186).

15. 국가직 9급

007 □□□

헌법재판소는 대통령의 해외파병 결정은 국방 및 외교와 관련된 고도의 정치적 결단을 요하는 문제로서 헌법과 법률이 정한 절차를 지켜 이루어진 것이 명백한 이상 사법적 기준만으로 이를 심판하는 것은 자제되어야 한다고 판시하였다. O | X

파병결정은 대통령이 파병의 정당성뿐만 아니라 북한 핵 사태의 원만한 해결을 위한 동맹국과의 관계, 우리나라의 안보문제, 국·내외 정치관계 등 국익과 관련한 여러 가지 사정을 고려하여 파병부대의 성격과 규모, 파병기간을 국가안전보장회의의 자문을 거쳐 결정한 것으로, 그 후 국무회의 심의·의결을 거쳐 국회의 동의를 얻음으로써 헌법과 법률에 따른 절차적 정당성을 확보했음을 알 수 있다. 그렇다면 이 사건 파견결정은 그 성격상 국방 및 외교에 관련된 고도의 정치적 결단을 요하는 문제로서, 헌법과 법률이 정한 절차를 지켜 이루어진 것임이 명백하므로, 대통령과 국회의 판단은 존중되어야 하고 헌법재판소가 사법적 기준만으로 이를 심판하는 것은 자제되어야 한다(헌재 2004.4.29. 2003헌마814).

13. 지방직 9급

008 □□□

외국에의 국군의 파견결정은 파견군인의 생명과 신체의 안전뿐만 아니라 국제사회에서의 우리나라의 지위와 역할, 동맹국과의 관계, 국가안보문제 등 궁극적으로 국민 내지 국익에 영향을 미치는 복잡하고도 중요한 문제로서 국내 및 국제정치관계 등 제반상황을 고려하여 미래를 예측하고 목표를 설정하는 등 고도의 정치적 결단이 요구되는 사안이다. O | X

외국에의 국군의 파견결정은 파견군인의 생명과 신체의 안전뿐만 아니라 국제사회에서의 우리나라의 지위와 역할, 동맹국과의 관계, 국가안보문제 등 궁극적으로 국민 내지 국익에 영향을 미치는 복잡하고도 중요한 문제로서 국내 및 국제정치관계 등 제반상황을 고려하여 미래를 예측하고 목표를 설정하는 등 고도의 정치적 결단이 요구되는 사안이다. 따라서 그와 같은 결정은 그 문제에 대해 정치적 책임을 질 수 있는 국민의 대의기관이 관계 분야의 전문가들과 광범위하고 심도 있는 논의를 거쳐 신중히 결정하는 것이 바람직하며 우리 헌법도 그 권한을 국민으로부터 직접 선출되고 국민에게 직접 책임을 지는 대통령에게 부여하고 그 권한 행사에 신중을 기하도록 하기 위해 국회로 하여금 파병에 대한 동의 여부를 결정할 수 있도록 하고 있는바, 현행 헌법이 채택하고 있는 대의민주제 통치구조하에서 대의기관인 대통령과 국회의 그와 같은 고도의 정치적 결단은 가급적 존중되어야 한다(헌재 2004.4.29. 2003헌마814).

정답 005 X 006 ○ 007 ○ 008 ○

14. 경행특채 2차

009 □□□

남북정상회담의 개최과정에서 재정경제부(현 기획재정부)장관에게 신고하지 아니하거나 통일부장관의 협력사업 승인을 얻지 아니한 채 북한 측에 사업권의 대가 명목으로 송금한 행위 자체는 고도의 정치적 성격을 지니고 있는 행위이므로 사법심사의 대상이 되지 않는다. O | X

남북정상회담의 개최는 고도의 정치적 성격을 지니고 있는 행위라 할 것이므로 특별한 사정이 없는 한 그 당부를 심판하는 것은 사법권의 내재적 · 본질적 한계를 넘어서는 것이 되어 적절하지 못하지만, 남북정상회담의 개최과정에서 재정경제부장관에게 신고하지 아니하거나 통일부장관의 협력사업 승인을 얻지 아니한 채 북한 측에 사업권의 대가 명목으로 송금한 행위 자체는 헌법상 법치국가의 원리와 법 앞에 평등원칙 등에 비추어 볼 때 사법심사의 대상이 된다(대판 2004.3.26. 2003도7878).

23. 소방간부, 17. 지방직 9급

010 □□□

신행정수도건설이나 수도이전문제는 그 자체로 고도의 정치적 결단을 요하므로 사법심사의 대상에서 제외되고, 그것이 국민의 기본권 침해와 관련되는 경우에도 헌법재판소의 심판대상이 될 수 없다. O | X

신행정수도건설이나 수도이전의 문제가 정치적 성격을 가지고 있는 것은 인정할 수 있지만, 그 자체로 고도의 정치적 결단을 요하여 사법심사의 대상으로 하기에는 부적절한 문제라고까지는 할 수 없다. 더구나 이 사건 심판의 대상은 이 사건 법률의 위헌 여부이고 대통령의 행위의 위헌 여부가 아닌바, 법률의 위헌 여부가 헌법재판의 대상으로 된 경우 해당 법률이 정치적인 문제를 포함한다는 이유만으로 사법심사의 대상에서 제외된다고 할 수는 없다. 다만, 이 사건 법률의 위헌 여부를 판단하기 위한 선결문제로서 신행정수도건설이나 수도이전의 문제를 국민투표에 붙일지 여부에 관한 대통령의 의사결정이 사법심사의 대상이 될 경우 위 의사결정은 고도의 정치적 결단을 요하는 문제여서 사법심사를 자제함이 바람직하다고는 할 수 있고, 이에 따라 그 의사결정에 관련된 흠을 들어 위헌성이 주장되는 법률에 대한 사법심사 또한 자제함이 바람직하다고는 할 수 있다. 그러나 대통령의 위 의사결정이 국민의 기본권 침해와 직접 관련되는 경우에는 헌법재판소의 심판대상이 될 수 있고, 이에 따라 위 의사결정과 관련된 법률도 헌법재판소의 심판대상이 될 수 있다(헌재 2004.10.21. 2004헌마554 등).

23. 소방간부, 17. 지방직 9급

011 □□□

기본권 보장의 최후 보루인 법원으로서는 사법심사권을 행사함으로써, 대통령의 긴급조치권 행사로 인하여 우리나라 헌법의 근본이념인 자유민주적 기본질서가 부정되는 사태가 발생하지 않도록 그 책무를 다하여야 한다. O | X

기본권 보장의 최후 보루인 법원으로서는 마땅히 긴급조치 제1호에 규정된 형벌법규에 대하여 사법심사권을 행사함으로써, 대통령의 긴급조치권 행사로 인하여 국민의 기본권이 침해되고 나아가 우리나라 헌법의 근본이념인 자유민주적 기본질서가 부정되는 사태가 발생하지 않도록 그 책무를 다하여야 할 것이다(대판 2010.12.16. 2010도5986).

정답 009 X 010 X 011 ○

제3장 행정법의 법원과 효력

19. 서울시 9급(6월)

001 □□□

인간다운 생활을 할 권리와 같은 헌법상의 추상적인 기본권에 관한 규정은 행정법의 법원이 되지 못한다. O | X

헌법은 국가의 최고 법으로서 행정작용 · 행정구제 · 행정조직 등 행정에 관한 기본적 사항을 규율하고 있으므로 행정법의 법원이 될 수 있다.

18. 지방교행

002 □□□

행정규칙이 법규성을 가지는 경우에는 법원성을 인정할 수 있다. O | X

행정규칙이 법규성을 가지는 경우에는 법원성이 인정된다.

19. 서울시 9급(6월)

003 □□□

국제법규도 행정법의 법원이므로, 사인이 제기한 취소소송에서 WTO 협정과 같은 국제협정 위반을 독립된 취소사유로 주장할 수 있다. O | X

WTO 협정은 국가와 국가 사이의 권리 · 의무관계를 설정하는 국제협정으로, 그 내용 및 성질에 비추어 이와 관련한 법적 분쟁은 위 WTO 분쟁해결기구에서 해결하는 것이 원칙이고, 사인(私人)에 대하여는 위 협정의 직접 효력이 미치지 아니한다고 보아야 할 것이므로, 위 협정에 따른 회원국정부의 반덤핑부과처분이 WTO 협정 위반이라는 이유만으로 사인이 직접 국내 법원에 회원국 정부를 상대로 그 처분의 취소를 구하는 소를 제기하거나 위 협정 위반을 처분의 독립된 취소사유로 주장할 수는 없다(대판 2009.1.30. 2008두17936).

21 · 17. 국가직 9급

004 □□□

지방자치단체가 제정한 조례가 1994년 관세 및 무역에 관한 일반협정(General Agreement on Tariffs and Trade 1994)이나 정부조달에 관한 협정(Agreement on Government Procurement)에 위반되는 경우, 그 조례는 무효이다. O | X

'1994년 관세 및 무역에 관한 일반협정'(General Agreement on Tariffs and Trade 1994. 'GATT')은 '세계무역기구(WTO) 설립을 위한 마라케쉬협정'(Agreement Establishing the WTO, 조약 1265호)의 부속 협정(다자간 무역협정)이고, '정부조달에 관한 협정'(Agreement on Government Procurement, 'AGP')은 1994.12.16. 국회의 동의를 얻어 1997.1.3. 공포시행된 조약(복수국가간 무역협정)으로서 각 헌법 제6조 제1항에 의하여 국내 법령과 동일한 효력을 가지므로 지방자치단체가 제정한 조례가 GATT나 AGP에 위반되는 경우에는 그 효력이 없다(대판 2005.9.9. 2004추10).

정답 001 X 002 ○ 003 X 004 ○

19. 변호사

005 □□□

사인이 대형마트에 대한 영업제한처분의 취소소송을 제기하면서 국제협정으로 체결되어 있는 서비스 무역에 관한 일반협정(General Agreement on Trade in Services, GATS)상 시장접근 제한금지 조항의 위반을 독립된 취소사유로 주장하는 경우 이것이 행정처분을 다투는 사안에서 독립된 취소사유로 주장하는 것이 허용된다. O | X

이 사건 각 협정은 국가와 국가 사이의 권리 · 의무관계를 설정하는 국제협정으로서 그 내용 및 성질에 비추어 이와 관련한 법적 분쟁은 협정에서 정한 바에 따라 국가간 분쟁해결기구에서 해결하는 것이 원칙이고 특별한 사정이 없는 한 사인에 대하여는 협정의 직접 효력이 미치지 아니한다. 따라서 각 협정의 개별 조항 위반을 주장하여 사인이 직접 국내 법원에 해당 국가의 정부를 상대로 그 처분의 취소를 구하는 소를 제기하거나 협정 위반을 처분의 독립된 취소사유로 주장하는 것은 허용되지 아니한다(대판 2015.11.19. 2015두295 전합).

17. 국가직 9급(10월)

006 □□□

사회의 거듭된 관행으로 생성된 사회생활규범이 관습법으로 승인되었다고 하더라도 사회 구성원들이 그러한 관행의 법적 구속력에 대하여 확신을 갖지 않게 되었다면 그러한 관습법은 법적 규범으로서의 효력이 부정될 수밖에 없다. O | X

사회의 거듭된 관행으로 생성된 사회생활규범이 관습법으로 승인되었다고 하더라도 사회 구성원들이 그러한 관행의 법적 구속력에 대하여 확신을 갖지 않게 되었다거나, 사회를 지배하는 기본적 이념이나 사회질서의 변화로 인하여 그러한 관습법을 적용하여야 할 시점에 있어서의 전체 법질서에 부합하지 않게 되었다면 그러한 관습법은 법적 규범으로서의 효력이 부정될 수밖에 없다(대판 2005.7.21. 2002다1178 전합).

18. 지방교행

007 □□□

일반적으로 관습법은 성문법에 대하여 개폐적 효력을 가진다. O | X

일반적으로 관습법은 성문법에 대하여 보충적 효력이 인정된다는 것이 판례의 입장이다.

18. 지방교행

008 □□□

법원(法院)은 보충적 법원으로서의 조리에 따라 재판할 수 있다. O | X

조리는 최후의 보충적 법원이므로 재판에 있어서 판단근거가 되며, 법원은 조리에 따라 재판할 수 있다.

정답 005 X 006 ○ 007 X 008 ○

22. 국회직 8급

009

□□□

처분에서 의무를 부과하는 경우 의무가 지속되는 기간의 계산은 기간을 일, 주, 월 또는 연으로 정한 경우에는 기간의 첫날을 산입하는 것이 원칙이나 국민에게 불리한 경우는 그러하지 아니한다. O | X

「행정기본법」 제6조 【행정에 관한 기간의 계산】 ② 법령 등 또는 처분에서 국민의 권익을 제한하거나 의무를 부과하는 경우 권익이 제한되거나 의무가 지속되는 기간의 계산은 다음 각 호의 기준에 따른다. 다만, 다음 각 호의 기준에 따르는 것이 국민에게 불리한 경우에는 그러하지 아니하다.
1. 기간을 일, 주, 월 또는 연으로 정한 경우에는 기간의 첫날을 산입한다.
2. 기간의 말일이 토요일 또는 공휴일인 경우에도 기간은 그 날로 만료한다.

22. 국회직 8급

010

□□□

법령 등에서 국민의 권익을 제한하는 경우, 권익이 제한되는 기간의 계산에 있어 기간의 말일이 토요일 또는 공휴일인 경우에는 기간은 그 익일로 만료한다. O | X

「행정기본법」 제6조 【행정에 관한 기간의 계산】 ② 법령 등 또는 처분에서 국민의 권익을 제한하거나 의무를 부과하는 경우 권익이 제한되거나 의무가 지속되는 기간의 계산은 다음 각 호의 기준에 따른다. 다만, 다음 각 호의 기준에 따르는 것이 국민에게 불리한 경우에는 그러하지 아니하다.
2. 기간의 말일이 토요일 또는 공휴일인 경우에도 기간은 그 날로 만료한다.

22. 국회직 8급

011

□□□

법령 등을 공포한 날부터 일정 기간이 경과한 날부터 시행하는 경우 법령 등을 공포한 날을 첫날에 산입하지 아니한다. O | X

「행정기본법」 제7조 【법령 등 시행일의 기간 계산】 법령 등(훈령 · 예규 · 고시 · 지침 등을 포함한다. 이하 이 조에서 같다)의 시행일을 정하거나 계산할 때에는 다음 각 호의 기준에 따른다.
1. 법령 등을 공포한 날부터 시행하는 경우에는 공포한 날을 시행일로 한다.
2. 법령 등을 공포한 날부터 일정 기간이 경과한 날부터 시행하는 경우 법령 등을 공포한 날을 첫날에 산입하지 아니한다.

23. 경찰간부

012

□□□

국회법에 따라 하는 국회의장의 법률 공포는 관보(官報)에 게재함으로써 한다. O | X

관보가 아닌 서울특별시에서 발행되는 둘 이상의 일간신문에 게재함으로써 한다.

「법령 등 공포에 관한 법률」 제11조 【공포 및 공고의 절차】 ② 「국회법」 제98조 제3항 전단에 따라 하는 국회의장의 법률 공포는 서울특별시에서 발행되는 둘 이상의 일간신문에 게재함으로써 한다.

정답 009 ○ 010 X 011 ○ 012 X

23. 경찰간부

013 □□□

법령 등 공포에 관한 법률에 따르면, 관보의 내용 해석 및 적용 시기 등에 대하여 종이관보와 전자관보는 동일한 효력을 가진다. O | X

「법령 등 공포에 관한 법률」 제11조 【공포 및 공고의 절차】 ④ 관보의 내용 해석 및 적용 시기 등에 대하여 종이관보와 전자관보는 동일한 효력을 가진다.

23. 경찰간부 · 소방간부

014 □□□

법령등을 위반한 행위 후 법령등의 변경에 의하여 그 행위가 법령등을 위반한 행위에 해당하지 아니하거나 제재처분 기준이 가벼워진 경우로서 해당 법령등에 특별한 규정이 없는 경우에는 변경된 법령등을 적용한다. O | X

「행정기본법」 제14조 【법 적용의 기준】 ③ 법령등을 위반한 행위의 성립과 이에 대한 제재처분은 법령등에 특별한 규정이 있는 경우를 제외하고는 법령등을 위반한 행위 당시의 법령등에 따른다. 다만, 법령등을 위반한 행위 후 법령등의 변경에 의하여 그 행위가 법령등을 위반한 행위에 해당하지 아니하거나 제재처분 기준이 가벼워진 경우로서 해당 법령등에 특별한 규정이 없는 경우에는 변경된 법령등을 적용한다.

23. 경찰간부

015 □□□

법령등을 공포한 날부터 일정 기간이 경과한 날부터 시행하는 경우 그 기간의 말일이 토요일 또는 공휴일인 때에는 그 말일로 기간이 만료한다. O | X

「행정기본법」 제7조 【법령등 시행일의 기간 계산】 법령등(훈령 · 예규 · 고시 · 지침 등을 포함한다. 이하 이 조에서 같다)의 시행일을 정하거나 계산할 때에는 다음 각 호의 기준에 따른다.

3. 법령등을 공포한 날부터 일정 기간이 경과한 날부터 시행하는 경우 그 기간의 말일이 토요일 또는 공휴일인 때에는 그 말일로 기간이 만료한다.

23. 소방간부, 21. 국가직 7급

016 □□□

행정에 관한 기간의 계산에 관하여는 행정기본법 또는 다른 법령등에 특별한 규정이 있는 경우를 제외하고는 민법을 준용한다. O | X

「행정기본법」 제6조 【행정에 관한 기간의 계산】 ① 행정에 관한 기간의 계산에 관하여는 이 법 또는 다른 법령등에 특별한 규정이 있는 경우를 제외하고는 「민법」을 준용한다.

정답 013 ○ 014 ○ 015 ○ 016 ○

23. 소방간부

017 □□□

법령등의 시행일을 정하거나 계산할 때에는 법령 등을 공포한 날부터 시행하는 경우 공포한 날을 시행일로 한다. O | X

「행정기본법」 제7조 **【법령등 시행일의 기간 계산】** 법령등(훈령 · 예규 · 고시 · 지침 등을 포함한다. 이하 이 조에서 같다)의 시행일을 정하거나 계산할 때에는 다음 각 호의 기준에 따른다.
1. 법령등을 공포한 날부터 시행하는 경우에는 공포한 날을 시행일로 한다.

24. 국가직 9급

018 □□□

법령 등을 공포한 날부터 일정 기간이 경과한 날부터 시행하는 경우 법령 등을 공포한 날을 첫날에 산입한다. O | X

「행정기본법」 제7조 **【법령등 시행일의 기간 계산】** 법령등(훈령 · 예규 · 고시 · 지침 등을 포함한다. 이하 이 조에서 같다)의 시행일을 정하거나 계산할 때에는 다음 각 호의 기준에 따른다.
2. 법령등을 공포한 날부터 일정 기간이 경과한 날부터 시행하는 경우 법령등을 공포한 날을 첫날에 산입하지 아니한다.

정답 017 ○ 018 X

제4장 행정법의 일반원칙

제1절 비례의 원칙

13. 국가직 9급

001 □□□

협의의 비례원칙인 상당성의 원칙은 재량권 행사의 적법성의 기준에 해당한다. O | X

기간제로 임용된 사립대학 전임강사에 대한 재임용 거부행위가 재임용 거부사유의 통지와 이에 대한 소명기회 보장 등 최소한의 절차적 요건을 갖추지 않았을 뿐만 아니라 그 전임강사에게 별다른 재임용 결격사유가 존재하지 않음에도 당시 사립대학 학장이 자신에게 비협조적인 위 전임강사를 그 대학에서 근무하지 못하게 할 의도하에 아무런 심사도 없이 재임용을 거부한 것이므로 위 재임용 거부행위는 재량권을 일탈·남용한 것으로서 객관적 상당성을 상실한 정도에 이르렀다고 인정되어 불법행위를 구성한다(대판 2010.9.9. 2009다693).

13. 국가직 9급

002 □□□

비례의 원칙은 침해행정인가 급부행정인가를 가리지 아니하고 행정의 전 영역에 적용된다. O | X

행정법의 일반원칙 중 하나인 비례의 원칙은 법적 근거가 없더라도 침해행정뿐만 아니라 급부행정에서도 적용되고, 국가행정의 모든 작용에 적용된다. 단, 비례의 원칙도 사법(私法)관계에서는 적용되지 않는다.

08. 국가직 7급

003 □□□

위험한 건물에 대하여 개수명령으로써 목적을 달성할 수 있음에도 불구하고 철거명령을 발령하는 것은 비례원칙의 내용 중 필요성원칙에 반한다. O | X

덜 침해적인 개수명령으로 목적을 달성할 수 있음에도 철거명령을 발령하는 것은 최소침해의 원칙에 반한다.

21. 소방

004 □□□

원고가 단지 1회 훈령에 위반하여 요정 출입을 하다가 적발된 정도라면, 면직처분보다 가벼운 징계처분으로서도 능히 위 훈령의 목적을 달성할 수 있다고 볼 수 있는 점에서 이 사건 파면처분은 이른바 비례의 원칙에 어긋난 것으로 위법하다고 판시하였다. O | X

단지 1회 훈령에 위반하여 요정 출입을 하다가 적발된 것만으로 … 이 사건 파면처분은 이른바 비례의 원칙에 어긋난 것으로서 심히 그 재량권의 범위를 넘어서 한 위법한 처분이다(대판 1967.5.2. 67누24).

정답 001 ○ 002 ○ 003 ○ 004 ○

08. 지방직 7급

005 □□□

경찰관이 난동을 부리는 범인을 검거하기 위하여 가스총을 사용할 경우에는 최소한의 안전수칙을 준수함으로써 장비 사용으로 인한 사고 발생을 미리 막아야 할 주의의무가 있다. O | X

경찰관은 범인의 체포 또는 도주의 방지, 타인 또는 경찰관의 생명 · 신체에 대한 방호, 공무집행에 대한 항거의 억제를 위하여 필요한 때에는 최소한의 범위 안에서 가스총을 사용할 수 있으나, 가스총은 통상의 용법대로 사용하는 경우 사람의 생명 또는 신체에 위해를 가할 수 있는 이른바 위해성 장비로서 그 탄환은 고무마개로 막혀 있어 사람에게 근접하여 발사하는 경우에는 고무마개가 가스와 함께 발사되어 인체에 위해를 가할 가능성이 있으므로, 이를 사용하는 경찰관으로서는 인체에 대한 위해를 방지하기 위하여 상대방과 근접한 거리에서 상대방의 얼굴을 향하여 이를 발사하지 않는 등 가스총 사용시 요구되는 최소한의 안전수칙을 준수함으로써 장비 사용으로 인한 사고 발생을 미리 막아야 할 주의의무가 있다(대판 2003.3.14. 2002다57218).

21. 소방

006 □□□

수입 녹용 중 일정성분이 기준치를 0.5% 초과하였다는 이유로 수입 녹용 전부에 대하여 전량 폐기 또는 반송처리를 지시한 처분은 재량권을 일탈 · 남용한 경우에 해당한다고 판시하였다. O | X

수입 녹용 전부에 대하여 전량 폐기 또는 반송처리를 지시한 경우, 녹용 수입업자가 입게 될 불이익이 의약품의 안전성과 유효성을 확보함으로써 국민보건의 향상을 기하고 고가의 한약재인 녹용에 대하여 부적합한 수입품의 무분별한 유통을 방지하려는 공익상 필요보다 크다고는 할 수 없으므로 위 폐기 등 지시처분이 재량권을 일탈 · 남용한 경우에 해당하지 않는다(대판 2006.4.14. 2004두3854).

21. 소방

007 □□□

청소년유해매체물로 결정 · 고시된 만화인 사실을 모르고 있던 도서대여업자가 그 고시일로부터 8일 후에 청소년에게 그 만화를 대여한 것을 사유로 그 도서대여업자에게 금 700만원의 과징금이 부과된 경우, 그 과징금부과처분은 재량권을 일탈 · 남용한 것으로서 위법하다고 판시하였다. O | X

청소년유해매체물로 결정 · 고시된 만화인 사실을 모르고 있던 도서대여업자가 그 고시일로부터 8일 후에 청소년에게 그 만화를 대여한 것을 사유로 그 도서대여업자에게 금 700만원의 과징금이 부과된 경우, 그 도서대여업자에게 청소년유해매체물인 만화를 청소년에게 대여하여서는 아니 된다는 금지의무의 해태를 탓하기는 가혹하므로 그 과징금부과처분은 재량권을 일탈 · 남용한 것으로서 위법하다(대판 2001.7.27. 99두9490).

21. 소방

008 □□□

사법시험 제2차 시험에 과락제도를 적용하고 있는 구 사법시험령 제15조 제2항은 비례의 원칙, 과잉금지의 원칙, 평등의 원칙에 위반되지 않는다고 판시하였다. O | X

국가 등이 시험을 시행함에 있어 과락제도 등 합격자의 선정에 대한 방법의 채택은 그것이 헌법이나 법률에 위반되지 않고 지나치게 합리성이 결여되지 않는 이상 시험시행자의 고유한 정책판단에 맡겨진 것으로서 폭넓은 재량의 영역에 속하는 사항이라 할 것이다. … 사법시험령 제15조 제2항이 사법시험의 제2차 시험에서 '매과목 4할 이상'으로 과락 결정의 기준을 정한 것을 두고 과락점수를 비합리적으로 높게 설정하여 지나치게 엄격한 기준에 해당한다고 볼 정도는 아니므로, 비례의 원칙 내지 과잉금지에 위반하였다고 볼 수 없다(대판 2007.1.11. 2004두10432).

정답 005 ○ 006 X 007 ○ 008 ○

13. 국가직 9급

009 □□□

도로교통법 제148조의2 제1항 제1호의 '도로교통법 제44조 제1항을 2회 이상 위반한' 것에 구 도로교통법 제44조 제1항을 위반한 음주운전 전과도 포함된다고 해석하는 것은 비례원칙에 위반된다. O | X

도로교통법 제148조의2 제1항 제1호는 도로교통법 제44조 제1항을 2회 이상 위반한 사람으로서 다시 같은 조 제1항을 위반하여 술에 취한 상태에서 자동차 등을 운전한 사람에 대해 1년 이상 3년 이하의 징역이나 500만원 이상 1,000만원 이하의 벌금에 처하도록 규정하고 있는바, 도로교통법 제148조의2 제1항 제1호에서 정하고 있는 '도로교통법 제44조 제1항을 2회 이상 위반한' 것에 개정된 위 도로교통법이 시행된 2011.12.9. 이전에 구 도로교통법 제44조 제1항을 위반한 음주운전 전과까지 포함되는 것으로 해석하는 것이 형벌불소급의 원칙이나 일사부재리의 원칙 또는 비례의 원칙에 위배된다고 할 수 없다(대판 2012.11.29. 2012도10269).

19. 국회직

010 □□□

자동차를 이용하여 범죄행위를 한 경우 범죄의 경중에 상관없이 반드시 운전면허를 취소하도록 한 규정은 비례의 원칙을 위반한 것이다. O | X

자동차 등을 이용한 범죄를 근절하기 위하여 그에 대한 행정적 제재를 강화할 필요가 있다 하더라도 이를 임의적 운전면허 취소 또는 정지사유로 규정함으로써 불법의 정도에 상응하는 제재수단을 선택할 수 있도록 하여도 충분히 그 목적을 달성하는 것이 가능함에도, 심판대상조항은 이에 그치지 아니하고 필요적으로 운전면허를 취소하도록 하여 구체적 사안의 개별성과 특수성을 고려할 수 있는 여지를 일체 배제하고 있다. 나아가 심판대상조항 중 '자동차 등을 이용하여' 부분은 포섭될 수 있는 행위 태양이 지나치게 넓을 뿐만 아니라, 하위법령에서 규정될 대상범죄에 심판대상조항의 입법목적을 달성하기 위해 반드시 규제할 필요가 있는 범죄행위가 아닌 경우까지 포함될 우려가 있어 침해의 최소성원칙에 위배된다. 심판대상조항은 운전을 생업으로 하는 자에 대하여는 생계에 지장을 초래할 만큼 중대한 직업의 자유의 제약을 초래하고, 운전을 업으로 하지 않는 자에 대하여도 일상생활에 심대한 불편을 초래하여 일반적 행동의 자유를 제약하므로 법익의 균형성원칙에도 위배된다(헌재 2015.5.28. 2013헌가6).

19. 변호사

011 □□□

A시장의 甲에 대한 토지형질변경신청 불허가결정이 우량농지로 보전하려는 공익과 甲이 입게 될 불이익을 상호 비교·교량하여 만약 전자가 후자보다 더 큰 것이 아니라면 이는 비례의 원칙에 위반되는 것으로 재량권을 남용한 위법한 처분이라고 봄이 상당하다. O | X

형질변경허가의 취소·철회에 상당하는 당해 처분으로써 지방자치단체장이 달성하려는 공익, 즉 당해 토지에 대하여 그 형질변경을 불허하고 이를 우량농지로 보전하려는 공익과 위 형질변경이 가능하리라고 믿은 종교법인이 입게 될 불이익을 상호 비교·교량하여 만약 전자가 후자보다 더 큰 것이 아니라면 당해 처분은 비례의 원칙에 위반되는 것으로 재량권을 남용한 위법한 처분이라고 봄이 상당하다(대판 1997.9.12. 96누18380).

정답 009 X 010 ○ 011 ○

21. 국가직 9급

012 □□□

국가가 국민의 생명·신체의 안전에 대한 보호의무를 다하지 않았는지 여부를 헌법재판소가 심사할 때에는 국가가 이를 보호하기 위하여 적어도 적절하고 효율적인 최소한의 보호조치를 취하였는가 하는 '과소보호금지원칙'의 위반 여부를 기준으로 삼는다. O | X

헌법재판소는 국가의 기본권 보호의무 위반에 대하여 비례의 원칙(과잉금지원칙)이 아닌 과소보호금지원칙이 적용된다고 보았다.

관련 판례

[1] **기본권 보호의무 위반에 대한 심사기준**
국가가 국민의 생명·신체의 안전에 대한 보호의무를 다하지 않았는지 여부를 헌법재판소가 심사할 때에는 국가가 이를 보호하기 위하여 적어도 적절하고 효율적인 최소한의 보호조치를 취하였는가 하는 이른바 '과소보호금지원칙'의 위반 여부를 기준으로 삼아, 국민의 생명·신체의 안전을 보호하기 위한 조치가 필요한 상황인데도 국가가 아무런 보호조치를 취하지 않았든지 아니면 취한 조치가 법익을 보호하기에 전적으로 부적합하거나 매우 불충분한 것임이 명백한 경우에 한하여 국가의 보호의무의 위반을 확인하여야 한다.

[2] **이 사건 고시가 청구인들의 생명·신체의 안전을 보호할 국가의 의무를 명백히 위반하였는지 여부(소극)**
이 사건 고시가 개정 전 고시에 비하여 완화된 수입위생조건을 정한 측면이 있다 하더라도, 미국산 쇠고기의 수입과 관련한 위험상황 등과 관련하여 개정 전 고시 이후에 달라진 여러 요인들을 고려하고 지금까지의 관련 과학기술 지식과 OIE 국제기준 등에 근거하여 보호조치를 취한 것이라면, 이 사건 고시상의 보호조치가 체감적으로 완벽한 것은 아니라 할지라도, 위 기준과 그 내용에 비추어 쇠고기 소비자인 국민의 생명·신체의 안전을 보호하기에 전적으로 부적합하거나 매우 부족하여 그 보호의무를 명백히 위반한 것이라고 단정하기는 어렵다 할 것이다(헌재 2008.12.26. 2008헌마419 등).

제2절 신뢰보호의 원칙

17. 국가직 7급

013 □□□

신뢰보호의 원칙은 국민이 법률적 규율이나 제도가 장래에 지속할 것이라는 합리적인 신뢰를 바탕으로 개인의 법적 지위를 형성해 왔을 때에는 국가에게 그 국민의 신뢰를 되도록 보호할 것을 요구하는 법치국가원리의 파생원칙이다. O | X

헌법상 법치국가의 원칙으로부터 신뢰보호의 원리가 도출된다. 법률의 개정시 구법질서에 대한 당사자의 신뢰가 합리적이고도 정당하며 법률의 개정으로 야기되는 당사자의 손해가 극심하여 새로운 입법으로 달성하고자 하는 공익적 목적이 그러한 당사자의 신뢰의 파괴를 정당화할 수 없다면 그러한 새 입법은 신뢰보호의 원칙상 허용될 수 없다. 이러한 신뢰보호원칙의 위배 여부를 판단하기 위하여는 한편으로는 침해받은 이익의 보호가치, 침해의 중한 정도, 신뢰가 손상된 정도, 신뢰침해의 방법 등과 다른 한편으로는 새 입법을 통해 실현하고자 하는 공익적 목적을 종합적으로 비교·형량하여야 한다(헌재 1995.6.29. 94헌바39).

정답 012 ○ 013 ○

19. 국가직 7급

014

□□□

법령이나 비권력적 사실행위인 행정지도 등은 신뢰의 대상이 되는 선행조치에 포함되지 않는다. O | X

선행조치에는 법령, 행정행위, 확약, 행정계획, 행정지도 등 사실행위가 포함되고 명시적·묵시적 표시, 적극적·소극적 조치를 불문한다.

18. 서울시 7급

015

□□□

선행조치는 반드시 관세관청이 납세자에 대하여 비과세를 시사하는 명시적 언동이 있어야만 하는 것은 아니고, 묵시적인 언동 다시 말하면 비과세의 사실상태가 장기간에 걸쳐 계속되는 경우에 그것이 그 사항에 대하여 과세의 대상으로 삼지 아니하는 뜻의 과세관청의 묵시적인 의향표시로 볼 수 있는 경우에도 이를 인정할 수 있다. O | X

국세기본법 제18조 제3항에서 말하는 비과세관행이 성립하려면 상당한 기간에 걸쳐 과세를 하지 아니한 객관적 사실이 존재할 뿐만 아니라 과세관청 자신이 그 사항에 관하여 과세할 수 있음을 알면서도 어떤 특별한 사정 때문에 과세하지 않는다는 의사가 있어야 하며, 공적 견해나 의사는 묵시적으로 표시될 수도 있지만 묵시적 표시가 있다고 하기 위하여는 단순한 과세누락과는 달리 과세관청이 상당기간의 비과세상태에 대하여 과세하지 않겠다는 의사표시를 한 것으로 볼 수 있는 사정이 있어야 한다(대판 1993.2.23. 92누12919).

21. 지방직 9급, 16. 지방직 9급

016

□□□

행정청 내부의 사무처리준칙에 해당하는 지침의 공표만으로도 신청인은 보호가치 있는 신뢰를 갖게 된다. O | X

행정청 내부의 사무처리준칙에 해당하는 이 사건 지침이 그 정한 바에 따라 되풀이 시행되어 행정관행이 이루어졌다고 인정할 만한 자료를 찾아볼 수 없을 뿐만 아니라, 이 사건 지침의 공표만으로는 원고가 이 사건 지침에 명시된 요건을 충족할 경우 사업자로 선정되어 벼 매입자금 지원 등의 혜택을 받을 수 있다는 보호가치 있는 신뢰를 가지게 되었다고 보기도 어렵다(대판 2009.12.24. 2009두7967).

09. 관세사

017

□□□

대법원 판례는 추상적 질의에 대한 일반적 견해표명은 공적 견해의 표명으로 보고 있지 않다. O | X

국세기본법 제15조, 제18조 제3항의 규정이 정하는 신의칙 내지 비과세관행이 성립되었다고 하려면 장기간에 걸쳐 어떤 사항에 대하여 과세하지 아니하였다는 객관적 사실이 존재할 뿐만 아니라 과세관청 자신이 그 사항에 대하여 과세할 수 있음을 알면서도 어떤 특별한 사정에 의하여 과세하지 않는다는 의사가 있고 이와 같은 의사가 대외적으로 명시적 또는 묵시적으로 표시될 것임을 요한다고 해석되며, 특히 그 의사표시가 납세자의 추상적인 질의에 대한 일반론적인 견해표명에 불과한 경우에는 위 원칙의 적용을 부정하여야 한다(대판 1993.7.27. 90누10384).

정답 014 X 015 ○ 016 X 017 ○

23. 국가직 8급, 17. 국가직 9급(10월)

018
□□□

신뢰보호의 원칙이 적용되기 위한 요건의 하나인 행정청의 공적 견해표명이 있었는지의 여부를 판단함에 있어서는 반드시 행정조직상의 형식적인 권한분장에 따라야 한다. O | X

행정청의 공적 견해표명이 있었는지의 여부를 판단하는 데 있어 반드시 행정조직상의 형식적인 권한분장에 구애될 것은 아니고 담당자의 조직상의 지위와 임무, 당해 언동을 하게 된 구체적인 경위 및 그에 대한 상대방의 신뢰가능성에 비추어 실질에 의하여 판단하여야 한다(대판 1997.9.12. 96누18380).

12. 경행특채

019
□□□

판례에 의하면 문화관광부(현 문화체육관광부)장관이 지방자치단체장에게 한 사업승인가능성에 대한 회신은 사업신청자인 민원인에 대한 공적 견해표명이다. O | X

관광 숙박시설 지원 등에 관한 특별법(이하 '특별법'이라고 한다)의 유효기간인 2002.12.31. 이전까지 사업계획승인 신청을 한 경우에는 유효기간이 경과한 이후에도 특별법을 적용할 수 있다는 내용의 2002.11.13. 회신은 문화관광부장관이 피고에게 한 것이어서 이를 원고에 대한 공적인 견해표명으로 보기 어렵다(대판 2006.4.28. 2005두6539).

23. 경찰간부, 19. 지방직 9급, 18. 서울시 7급 유사, 12. 지방직 7급

020
□□□

행정청이 폐기물처리업 사업계획에 대하여 적정통보를 한 것만으로 그 사업부지 토지에 대한 국토이용계획변경 신청을 승인하여 주겠다는 취지의 공적인 견해표명을 한 것으로 볼 수 없다. O | X

폐기물관리법령에 의한 폐기물처리업 사업계획에 대한 적정통보와 국토이용관리법령에 의한 국토이용계획변경은 각기 그 제도적 취지와 결정단계에서 고려해야 할 사항들이 다르다는 이유로, 폐기물처리업 사업계획에 대하여 적정통보를 한 것만으로 그 사업부지 토지에 대한 국토이용계획변경 신청을 승인하여 주겠다는 취지의 공적인 견해표명을 한 것으로 볼 수 없다(대판 2005.4.28. 2004두8828).

15. 서울시 7급

021
□□□

행정청이 지구단위계획을 수립하면서 권장용도를 숙박시설로 하였다 해도 항상 숙박시설에 대한 건축허가가 가능하리라는 공적 견해를 표명한 것으로 볼 수는 없다. O | X

당초 정구장시설을 설치한다는 도시계획결정을 하였다가 정구장 대신 청소년수련시설을 설치한다는 도시계획변경결정 및 지적승인을 한 경우 당초의 도시계획결정만으로는 도시계획사업의 시행자 지정을 받게 된다는 공적인 견해를 표명하였다고 할 수 없다는 이유로 그 후의 도시계획변경결정 및 지적승인이 도시계획사업의 시행자로 지정받을 것을 예상하고 정구장 설계비용 등을 지출한 자의 신뢰이익을 침해한 것으로 볼 수 없다(대판 2000.11.10. 2000두727).

19. 국가직 7급

022
□□□

당초 정구장시설을 설치한다는 도시계획결정을 하였다가 정구장 대신 청소년수련시설을 설치한다는 도시계획변경결정 및 지적승인을 한 경우 당초의 도시계획결정만으로는 도시계획사업의 시행자 지정을 받게 된다는 공적 견해를 표명했다고 할 수 없다. O | X

대판 2000.11.10. 2000두727 판례에 대한 옳은 내용이다.

정답 018 X 019 X 020 ○ 021 ○ 022 ○

15. 서울시 7급

023

□□□

헌법재판소의 위헌결정은 행정청이 개인에 대해 공적인 견해를 표명한 것으로 그 결정에 관련한 개인의 행위는 신뢰보호의 원칙이 적용된다. O | X

헌법재판소의 위헌결정은 행정청이 개인에 대하여 신뢰의 대상이 되는 공적인 견해를 표명한 것이라고 할 수 없으므로 그 결정에 관련한 개인의 행위에 대하여는 신뢰보호의 원칙이 적용되지 아니한다(대판 2003.6.27. 2002두6965).

18. 서울시 7급

024

□□□

신뢰가 보호할 만한 것인가는 정당한 이익형량에 의한다. 사후에 선행조치가 변경될 것을 사인이 예상하였거나 중대한 과실로 알지 못한 경우 또는 사인의 사위나 사실은폐 등이 있는 경우에는 보호가치가 있는 신뢰라고 보기 어렵다. O | X

행정상 법률관계에 있어서 신뢰보호의 원칙이 적용되기 위해서는, 첫째 행정청이 개인에 대하여 신뢰의 대상이 되는 공적인 견해표명을 하여야 하고, 둘째 행정청의 견해표명이 정당하다고 신뢰한 데 대하여 개인에게 귀책사유가 없어 그 신뢰가 보호가치 있는 것이어야 하며, 셋째 개인이 견해표명을 신뢰하고 이에 따라 어떠한 행위를 하였어야 하고, 넷째 행정청이 위 견해표명에 반하는 처분을 함으로써 견해표명을 신뢰한 개인의 이익이 침해되는 결과가 초래되어야 하며, 이러한 요건을 충족할 때에는 행정청의 처분은 신뢰보호의 원칙에 반하는 행위로서 위법하다(대판 1993.9.10. 93누5741). 이러한 신뢰보호원칙의 위배 여부를 판단하기 위하여는 한편으로는 침해받은 이익의 보호가치, 침해의 중한 정도, 신뢰가 손상된 정도, 신뢰침해의 방법 등과 다른 한편으로는 새 법령을 통해 실현하고자 하는 공익적 목적을 종합적으로 비교·형량하여야 한다(대판 2006.11.16. 2003두12899).

09. 국회직 8급

025

□□□

공적 견해표명을 신뢰한 자가 사실은폐 등 적극적 부정행위를 하지 않는 한 귀책사유가 인정되지 않는다. O | X

개인의 귀책사유라 함은 행정청의 견해표명의 하자가 상대방 등 관계자의 사실은폐나 기타 사위의 방법에 의한 신청행위 등 부정행위에 기인한 것이거나 그러한 부정행위가 없더라도 하자가 있음을 알았거나 중대한 과실로 알지 못한 경우 등을 의미한다고 해석함이 상당하고, 귀책사유의 유무는 상대방과 그로부터 신청행위를 위임받은 수임인 등 관계자 모두를 기준으로 판단하여야 한다(대판 2008.1.17. 2006두10931).

19. 변호사

026

□□□

甲이 A시 담당공무원의 답변에 하자가 있음을 알았거나 중대한 과실로 알지 못한 경우에는 신뢰보호원칙의 적용을 받지 못한다. O | X

대판 2008.1.17. 2006두10931 판례에 대한 옳은 내용이다.

정답 023 X 024 O 025 X 026 O

06. 선관위 9급

027 □□□

허가와 관련된 문서 제출시 허위로 위조하였다거나 수임자가 위법한 행정행위임을 알았거나 중대한 부주의로 인식하지 못한 경우에는 보호가치가 부정된다. O | X

관계인이 행정기관의 선행조치를 사실상 신뢰하여야 하고, 그 신뢰가 보호받을 가치가 있어야 한다.

21. 국가직 7급, 15. 사복직 9급

028 □□□

신뢰보호의 원칙이 적용되기 위한 요건 중 귀책사유의 유무는 상대방과 그로부터 신청행위를 위임받은 수임인 등 관계자 모두를 기준으로 판단하여야 한다. O | X

귀책사유라 함은 행정청의 견해표명의 하자가 상대방 등 관계자의 사실은폐나 기타 사위의 방법에 의한 신청행위 등 부정행위에 기인한 것이거나 그러한 부정행위가 없다고 하더라도 하자가 있음을 알았거나 중대한 과실로 알지 못한 경우 등을 의미한다고 해석함이 상당하고, 귀책사유의 유무는 상대방과 그로부터 신청행위를 위임받은 수임인 등 관계자 모두를 기준으로 판단하여야 한다(대판 2002.11.8. 2001두1512).

08. 국회직 8급

029 □□□

행정청의 선행조치에 대하여 상대방인 사인의 아무런 처리행위가 없었던 경우라도 정신적 신뢰를 이유로 신뢰보호를 요구할 수 있다. O | X

신뢰보호원칙이 적용되기 위해서는 상대방인 사인이 행정청의 선행조치를 신뢰한 것만으로는 부족하고, 반드시 일정한 처리행위가 있어야 한다.

23. 국가직 9급, 19. 지방직 9급

030 □□□

수익적 처분이 상대방의 허위 기타 부정한 방법으로 인하여 행하여졌다면 상대방은 그 처분이 그와 같은 사유로 인하여 취소될 것임을 예상할 수 없었다고 할 수 없으므로, 이러한 경우에까지 상대방의 신뢰를 보호하여야 하는 것은 아니다. O | X

어업권면허에 선행하는 우선순위결정은 행정청이 우선권자로 결정된 자의 신청이 있으면 어업권면허처분을 하겠다는 것을 약속하는 행위로서 강학상 확약에 불과하고 행정처분은 아니므로, 우선순위결정에 공정력이나 불가쟁력과 같은 효력은 인정되지 아니하며, 따라서 우선순위결정이 잘못되었다는 이유로 종전의 어업권면허처분이 취소되면 행정청은 종전의 우선순위결정을 무시하고 다시 우선순위를 결정한 다음 새로운 우선순위결정에 기하여 새로운 어업권면허를 할 수 있다. 수익적 처분이 있으면 상대방은 그것을 기초로 하여 새로운 법률관계 등을 형성하게 되는 것이므로, 이러한 상대방의 신뢰를 보호하기 위하여 수익적 처분의 취소에는 일정한 제한이 따르는 것이나, 수익적 처분이 상대방의 허위 기타 부정한 방법으로 인하여 행하여졌다면 상대방은 그 처분이 그와 같은 사유로 인하여 취소될 것임을 예상할 수 없었다고 할 수 없으므로, 이러한 경우에까지 상대방의 신뢰를 보호하여야 하는 것은 아니라고 할 것이다(대판 1995.1.20. 94누6529).

정답 027 ○ 028 ○ 029 X 030 ○

19. 국회직

031 □□□

선행조치의 상대방에 대한 신뢰보호의 이익과 제3자의 이익이 충돌하는 경우에는 신뢰보호원칙이 우선한다. O | X

신뢰보호원칙의 위배 여부를 판단하기 위하여는 한편으로는 침해받은 이익의 보호가치, 침해의 중한 정도, 신뢰가 손상된 정도, 신뢰침해의 방법 등과 다른 한편으로는 새 법령을 통해 실현하고자 하는 공익적 목적을 종합적으로 비교·형량하여야 할 것이다(대판 2006.11.16. 2003두12899).

19. 지방직 9급

032 □□□

법령 개폐에 있어서 신뢰보호원칙의 위반 여부는 한편으로는 침해받은 신뢰이익의 보호가치, 침해의 중한 정도, 신뢰침해의 방법 등과 다른 한편으로는 새 입법을 통해 실현코자 하는 공익목적을 종합적으로 비교·형량하여 판단하여야 한다. O | X

법령의 개정에서 신뢰보호원칙이 적용되어야 하는 이유는, 어떤 법령이 장래에도 그대로 존속할 것이라는 합리적이고 정당한 신뢰를 바탕으로 국민이 그 법령에 상응하는 구체적 행위로 나아가 일정한 법적 지위나 생활관계를 형성하여 왔음에도 국가가 이를 전혀 보호하지 않는다면 법질서에 대한 국민의 신뢰는 무너지고 현재의 행위에 대한 장래의 법적 효과를 예견할 수 없게 되어 법적 안정성이 크게 저해되기 때문이고, 이러한 신뢰보호는 절대적이거나 어느 생활영역에서나 균일한 것은 아니고 개개의 사안마다 관련된 자유나 권리, 이익 등에 따라 보호의 정도와 방법이 다를 수 있으며, 새로운 법령을 통하여 실현하고자 하는 공익적 목적이 우월한 때에는 이를 고려하여 제한될 수 있으므로, 이 경우 신뢰보호원칙의 위배 여부를 판단하기 위해서는 한편으로는 침해된 이익의 보호가치, 침해의 중한 정도, 신뢰가 손상된 정도, 신뢰침해의 방법 등과 다른 한편으로는 새 법령을 통해 실현하고자 하는 공익적 목적을 종합적으로 비교·형량하여야 한다(대판 2007.10.29. 2005두4649).

13. 국가직 7급

033 □□□

과세관청이 비과세대상에 해당하는 것으로 잘못 알고 일단 비과세결정을 하였으나 그 후 과세표준과 세액의 탈루 또는 오류가 있는 것을 발견한 때에는, 이를 조사하여 결정할 수 있다. O | X

소득세법 제127조는 과세표준과 세액의 조사결정에 탈루 또는 오류가 있음을 발견하면 징세기관은 즉시 경정결정을 하도록 규정하고 있으므로 피고가 일단 비과세결정을 하였다가 이를 번복하고 다시 과세처분을 하였다는 사실만으로 피고의 과세처분이 신의성실의 원칙에 반하는 위법한 것이라 할 수 없다(대판 1989.1.17. 87누681).

23. 경찰간부, 21. 지방직 9급, 14. 경행특채 1차

034 □□□

신뢰보호의 원칙에서 행정청이 상대방에 대하여 장차 어떤 처분을 하겠다는 공적인 견해를 표명하였다면 공적인 견해표명 후에 그 전제가 된 사실적·법률적 상태가 변경되었다고 하더라도 그러한 견해 표명은 효력을 유지한다. O | X

확약 또는 공적인 의사표명이 있은 후에 사실적·법률적 상태가 변경되었다면, 그와 같은 확약 또는 공적인 의사표명은 행정청의 별다른 의사표시를 기다리지 않고 실효된다(대판 1996.8.20. 95누10877).

정답 031 X 032 ○ 033 ○ 034 X

21. 국가직 7급

035 □□□

개발이익환수에 관한 법률에 정한 개발사업을 시행하기 전에, 행정청이 민원예비심사에 대하여 관련 부서 의견으로 '저촉사항 없음'이라고 기재한 것은 공적인 견해표명에 해당한다. O | X

개발이익환수에 관한 법률에 정한 개발사업을 시행하기 전에, 행정청이 토지 지상에 예식장 등을 건축하는 것이 관계 법령상 가능한지 여부를 질의하는 민원예비심사에 대하여 관련 부서 의견으로 개발이익환수에 관한 법률에 '저촉사항 없음'이라고 기재하였다고 하더라도, 이후의 개발부담금 부과처분에 관하여 신뢰보호의 원칙을 적용하기 위한 요건인, 개인에 대하여 신뢰의 대상이 되는 공적인 견해표명을 한 것이라고는 보기 어렵다고 한 원심의 판단을 수긍한다(대판 2006.6.9. 2004두46).

19. 서울시 9급(6월)

036 □□□

위법한 행정관행에 대해서도 신뢰보호의 원칙이 적용될 수 있다. O | X

신뢰보호의 원칙은 적법행위뿐만 아니라 위법행위에서도 적용될 수 있다. 반면 평등의 원칙은 적법한 행정행위에서만 적용된다.

17. 국가직 7급

037 □□□

부진정소급입법은 원칙적으로 허용되지만 소급효를 요구하는 공익상의 사유와 신뢰보호의 요청 사이의 형량과정에서 신뢰보호의 관점이 입법자의 형성권에 제한을 가하게 된다. O | X

부진정소급입법은 원칙적으로 허용되지만 소급효를 요구하는 공익상의 사유와 신뢰보호의 요청 사이의 교량과정에서 신뢰보호의 관점이 입법자의 형성권에 제한을 가하게 된다(헌재 1999.7.22. 97헌바76 · 98헌바50 등).

21. 국가직 7급

038 □□□

행정청은 공익 또는 제3자의 이익을 현저히 해칠 우려가 있는 경우를 제외하고는 행정에 대한 국민의 정당하고 합리적인 신뢰를 보호하여야 한다. O | X

「행정기본법」 제12조 【신뢰보호의 원칙】 ① 행정청은 공익 또는 제3자의 이익을 현저히 해칠 우려가 있는 경우를 제외하고는 행정에 대한 국민의 정당하고 합리적인 신뢰를 보호하여야 한다.

21. 소방간부

039 □□□

법령불소급의 원칙에 따르면 법령의 효력발생 전에 완성된 요건 사실에 대하여 당해 법령을 적용할 수 없음은 물론이고, 계속 중인 사실이나 그 이후에 발생한 요건 사실에 대한 경우까지도 법령적용이 제한되는 것으로 해석된다. O | X

법령불소급의 원칙은 그 법령의 효력발생 전에 완성된 요건 사실에 대하여 당해 법령을 적용할 수 없다는 의미일 뿐, 계속 중인 사실이나 그 이후에 발생한 요건 사실에 대한 법령적용까지를 제한하는 것은 아니라고 할 것이다(대판 1994.2.25. 93누20726).

정답 035 X 036 O 037 O 038 O 039 X

23. 경찰간부, 17. 국가직 7급(10월)

040 □□□

동일한 사유에 관하여 보다 무거운 면허취소처분을 하기 위하여 이미 행하여진 가벼운 면허정지처분을 취소하는 것은 선행처분에 대한 당사자의 신뢰 및 법적 안정성을 크게 저해하는 것이 되어 허용될 수 없다. O | X

선행처분인 여수경찰서장의 면허정지처분은 비록 그와 같은 처분이 도로교통법 시행규칙 제53조 제1항 [별표 16]에서 정한 행정처분기준에 위배하여 이루어진 것이라 하더라도 그와 같은 사실만으로 곧바로 당해 처분이 위법하게 되는 것은 아닐 뿐더러, 원고로서는 그 면허정지처분이 효력을 발생함으로써 그 처분의 존속에 대한 신뢰가 이미 형성되었다 할 것이고 또한 그와 같은 처분의 존속이 현저히 공익에 반한다고는 보이지 아니하므로, 동일한 사유에 관하여 보다 무거운 면허취소처분을 하기 위하여 이미 행하여진 가벼운 면허정지처분을 취소하는 것은 선행처분에 대한 당사자의 신뢰 및 법적 안정성을 크게 저해하는 것이 되어 허용될 수 없다 할 것이다(대판 2000.2.25. 99두10520).

21. 국가직 9급

041 □□□

개정 법령이 기존의 사실 또는 법률관계를 적용대상으로 하면서 국민의 재산권과 관련하여 종전보다 불리한 법률효과를 규정하고 있는 경우, 그러한 사실 또는 법률관계가 개정 법률이 시행되기 이전에 이미 완성 또는 종결된 것이 아니라면 소급입법금지원칙에 위반된다. O | X

행정처분은 그 근거 법령이 개정된 경우에도 경과 규정에서 달리 정함이 없는 한 처분 당시 시행되는 개정 법령과 그에서 정한 기준에 의하는 것이 원칙이고, 그 개정 법령이 기존의 사실 또는 법률관계를 적용대상으로 하면서 종전보다 불리한 법률효과를 규정하고 있는 경우에도 그러한 사실 또는 법률관계가 개정 법률이 시행되기 이전에 이미 종결된 것이 아니라면 이를 헌법상 금지되는 소급입법이라고 할 수는 없으며, 그러한 개정 법률의 적용과 관련하여서는 개정 전 법령의 존속에 대한 국민의 신뢰가 개정 법령의 적용에 관한 공익상의 요구보다 더 보호가치가 있다고 인정되는 경우에 그러한 국민의 신뢰보호를 보호하기 위하여 그 적용이 제한될 수 있는 여지가 있을 따름이다(대판 2001.10.12. 2001두274).

18. 국가직 7급

042 □□□

법률에 따른 개인의 행위가 국가에 의하여 일정 방향으로 유인된 신뢰의 행사가 아니라 단지 법률이 부여한 기회를 활용한 것이라 하더라도, 신뢰보호의 이익이 인정된다. O | X

개인의 신뢰이익에 대한 보호가치는 ① 법령에 따른 개인의 행위가 국가에 의하여 일정 방향으로 유인된 신뢰의 행사인지, ② 아니면 단지 법률이 부여한 기회를 활용한 것으로서 원칙적으로 사적 위험부담의 범위에 속하는 것인지 여부에 따라 달라진다. 만일 법률에 따른 개인의 행위가 단지 법률이 반사적으로 부여하는 기회의 활용을 넘어서 국가에 의하여 일정 방향으로 유인된 것이라면 특별히 보호가치가 있는 신뢰이익이 인정될 수 있고, 원칙적으로 개인의 신뢰보호가 국가의 법률 개정이익에 우선된다고 볼 여지가 있다(헌재 2002.11.28. 2002헌바45).

16. 지방직 9급

043 □□□

법령 개정에 대한 신뢰와 관련하여, 법령에 따른 개인의 행위가 국가에 의하여 일정한 방향으로 유인된 경우에 특별히 보호가치가 있는 신뢰이익이 인정될 수 있다. O | X

헌재 2002.11.28. 2002헌바45 판례에 대한 옳은 내용이다.

정답 040 ○ 041 X 042 X 043 ○

10. 지방직 9급

044 □□□

대법원은 실권의 법리를 신의성실의 원칙에 바탕을 둔 파생원칙으로 보았다. O | X

실권 또는 실효의 법리는 법의 일반원리인 신의성실의 원칙에 바탕을 둔 파생원칙인 것이므로 공법관계 가운데 관리관계는 물론이고 권력관계에도 적용되어야 함을 배제할 수는 없다 하겠으나 그것은 본래 권리 행사의 기회가 있음에도 불구하고 권리자가 장기간에 걸쳐 그의 권리를 행사하지 아니하였기 때문에 의무자인 상대방은 이미 그의 권리를 행사하지 아니할 것으로 믿을만한 정당한 사유가 있게 되거나 행사하지 아니할 것으로 추인케 할 경우에 새삼스럽게 그 권리를 행사하는 것이 신의성실의 원칙에 반하는 결과가 될 때 그 권리 행사를 허용하지 않는 것을 의미한다(대판 1988.4.27. 87누915).

13. 국가직 9급

045 □□□

교통사고가 일어난 지 1년 10개월이 지난 뒤 그 교통사고를 일으킨 택시에 대하여 운송사업면허를 취소한 경우, 택시운송사업자로서는 자동차운수사업법(현 여객자동차 운수사업법)의 내용을 잘 알고 있어 교통사고를 낸 택시에 대하여 운송사업면허가 취소될 가능성을 예상할 수 있었으므로 별다른 행정조치가 없을 것으로 자신이 믿고 있었다 하여도 신뢰의 이익을 주장할 수는 없다. O | X

교통사고가 일어난 지 1년 10개월이 지난 뒤 그 교통사고를 일으킨 택시에 대하여 운송사업면허를 취소하였더라도 처분관할관청이 위반행위를 적발한 날로부터 10일 이내에 처분을 하여야 한다는 교통부령인 자동차운수사업법 제31조 등의 규정에 의한 사업면허의 취소 등의 처분에 관한 규칙 제4조 제2항 본문을 강행규정으로 볼 수 없을 뿐만 아니라 택시운송사업자로서는 자동차운수사업법의 내용을 잘 알고 있어 교통사고를 낸 택시에 대하여 운송사업면허가 취소될 가능성을 예상할 수도 있었을 터이니 자신이 별다른 행정조치가 없을 것으로 믿고 있었다 하여 바로 신뢰의 이익을 주장할 수는 없으므로 그 교통사고가 자동차운수사업법 제31조 제1항 제5호 소정의 중대한 교통사고로 인하여 많은 사상자를 발생하게 한 때에 해당한다면 그 운송사업면허의 취소가 행정에 대한 국민의 신뢰를 저버리고 국민의 법생활의 안정을 해치는 것이어서 재량권의 범위를 일탈한 것이라고 보기는 어렵다(대판 1989.6.27. 88누6283).

19. 국가직 7급

046 □□□

처분청이 착오로 행정서사업 허가처분을 한 후 20년이 다 되어서야 취소사유를 알고 행정서사업 허가를 취소한 경우, 그 허가취소처분은 실권의 법리에 저촉되는 것으로 보아야 한다. O | X

실권의 법리에 저촉된 것이라고 볼 수 있는 것도 아니다(대판 1988.4.27. 87누915).

18. 변호사

047 □□□

비위사실로 파면처분을 받은 피징계자가 징계처분에 중대하고 명백한 흠이 있음을 알면서도 퇴직시 지급되는 퇴직금 등 급여를 받은 후 5년이 지나 그 비위사실의 공소시효가 완성된 후에 징계처분의 흠을 내세워 그 징계처분의 무효확인을 구하는 것은 신의칙에 반한다. O | X

피징계자가 징계처분에 중대하고 명백한 흠이 있음을 알면서도 퇴직시에 지급되는 퇴직금 등 급여를 지급받으면서 그 징계처분에 대하여 위 흠을 들어 항고하였다가 곧 취하하고 그 후 5년 이상이나 그 징계처분의 효력을 일체 다투지 아니하다가 위 비위사실에 대한 공소시효가 완성되어 더 이상 형사소추를 당할 우려가 없게 되자 새삼 위 흠을 들어 그 징계처분의 무효확인을 구하는 소를 제기하기에 이르렀고 한편 징계권자로서도 그후 오랜 기간 동안 피징계자의 퇴직을 전제로 승진·보직 등 인사를 단행하여 신분관계를 설정하였다면 피징계자가 이제 와서 위 흠을 내세워 그 징계처분의 무효확인을 구하는 것은 신의칙에 반한다(대판 1989.12.12. 88누8869).

정답 044 ○ 045 ○ 046 X 047 ○

21. 국가직 9급, 15. 서울시 7급

048 □□□

지방공무원 임용신청 당시 잘못 기재된 생년월일에 근거하여 36년 동안 공무원으로 근무하다 정년을 1년 3개월 앞두고 생년월일을 정정한 후 그에 기초하여 정년연장을 요구하는 것은 신의성실의 원칙에 반한다. O | X

지방공무원 임용신청 당시 잘못 기재된 호적상 출생연월일을 생년월일로 기재하고, 이에 근거한 공무원인사기록카드의 생년월일 기재에 대하여 처음 임용된 때부터 약 36년 동안 전혀 이의를 제기하지 않다가, 정년을 1년 3개월 앞두고 호적상 출생연월일을 정정한 후 그 출생연월일을 기준으로 정년의 연장을 요구하는 것이 신의성실의 원칙에 반하지 않는다(대판 2009.3.26. 2008두21300).

22. 지방직 9급, 15. 국가직 7급

049 □□□

임용 당시 공무원임용 결격사유가 있었더라도 국가의 과실로 임용결격자임을 밝혀내지 못하였다면 신뢰보호의 원칙이 적용되고 임용취소권은 시효로 소멸된다. O | X

임용 당시 공무원임용 결격사유가 있었다면 비록 국가의 과실에 의하여 임용결격자임을 밝혀내지 못하였다 하더라도 그 임용행위는 당연무효로 보아야 한다. 국가가 공무원임용 결격사유가 있는 자에 대하여 결격사유가 있는 것을 알지 못하고 공무원으로 임용하였다가 사후에 결격사유가 있는 자임을 발견하고 공무원 임용행위를 취소하는 것은 당사자에게 원래의 임용행위가 당초부터 당연무효이었음을 통지하여 확인시켜 주는 행위에 지나지 아니하는 것이므로, 그러한 의미에서 당초의 임용처분을 취소함에 있어서는 신의칙 내지 신뢰의 원칙을 적용할 수 없고 또 그러한 의미의 취소권은 시효로 소멸하는 것도 아니다(대판 1987.4.14. 86누459).

21. 소방간부

050 □□□

과거 소년이었을 때 죄를 범하여 형의 집행유예를 선고받은 사람이 장교 · 준사관 또는 하사관(현 부사관)으로 임용된 경우, 그 임용은 당연무효이다. O | X

과거 소년이었을 때 죄를 범하여 형의 집행유예를 선고받은 사람이 장교 · 준사관 또는 하사관으로 임용된 경우에는, 구 군인사법 제10조 제2항 제5호에도 불구하고 소년법 제67조 제1항 제2호와 부칙 제2조에 따라 그 임용이 유효하게 된다(대판 2019.2.14. 2017두62587).

> 「소년법」 제67조 **【자격에 관한 법령의 적용】** ① 소년이었을 때 범한 죄에 의하여 형의 선고 등을 받은 자에 대하여 다음 각 호의 경우 자격에 관한 법령을 적용할 때 장래에 향하여 형의 선고를 받지 아니한 것으로 본다.
> 1. 형을 선고받은 자가 그 집행을 종료하거나 면제받은 경우
> 2. 형의 선고유예나 집행유예를 선고받은 경우

정답 048 X 049 X 050 X

19. 변호사

051 □□□

A시 담당공무원의 답변은 행정청의 단순한 정보제공 내지는 일반적인 법률상담이라기보다는 토지형질변경이 가능하다는 공적 견해표명을 한 것으로 볼 수 있다. O | X

토지거래계약의 허가과정에서 이 사건 토지형질변경이 가능하다는 피고 측의 견해표명은 원고의 요청에 의하여 우연히 피고의 소속 담당공무원이 은혜적으로 행정청의 단순한 정보제공 내지는 일반적인 법률상담 차원에서 이루어진 것이라고 보이기 보다는, 이 사건 토지기래계약의 허기와 같이 그 이용목적이 토지형질변경을 거쳐 건축물을 건축하는 것인 경우 그러한 이용목적이 관계 법령상 허용되는 것인지를 개별적 · 구체적으로 검토하여 그것이 가능할 경우에만 거래계약허가를 하여 주도록 하는 것이 당시 피고 시청의 실무처리관행이거나 내부업무처리지침이어서 그에 따라 이루어진 것으로 볼 여지가 더 많고, 나아가 위 토지거래허가신청 과정에서 그 허가담당공무원으로부터 이용목적대로 토지를 이용하겠다는 각서까지 제출할 것을 요구받아 이를 제출한 원고로서는 피고 측의 위와 같은 견해표명에 대하여 보다 고도의 신뢰를 갖게 되었다고 할 것이다(대판 1997.9.12. 96누18380).

13. 국가직 9급, 08. 지방직 7급 유사

052 □□□

도시계획구역 내 생산녹지로 답(畓)인 토지에 대하여 종교회관 건립을 이용목적으로 하는 토지거래계약의 허가를 받으면서 담당공무원이 관련 법규상 허용된다고 하여 이를 신뢰하고 건축준비를 하였으나, 그 후 토지형질변경허가신청을 불허가한 것은 신뢰보호의 원칙에 위반된다. O | X

종교법인이 도시계획구역 내 생산녹지로 답(畓)인 토지에 대하여 종교회관 건립을 이용목적으로 하는 토지거래계약의 허가를 받으면서 담당공무원이 관련 법규상 허용된다 하여 이를 신뢰하고 건축준비를 하였으나 그 후 당해 지방자치단체장이 다른 사유를 들어 토지형질변경허가신청을 불허가한 것은 신뢰보호원칙에 반한다(대판 1997.9.12. 96누18380).

참고 토지거래계약의 허가와 같이 그 이용목적이 토지형질변경을 거쳐 건축물을 건축하는 것인 경우 토지거래계약의 허가로서 종교회관 건축을 위한 토지의 형질변경이 가능하다는 공적 견해표명을 한 것이라고 볼 수 있다.

22. 소방

053 □□□

행정청이 공적인 견해에 반하는 행정처분을 함으로써 달성하려는 공익이 행정청의 공적 견해표명을 신뢰한 개인이 그 행정처분으로 인하여 입게 되는 이익의 침해를 정당화할 수 있을 정도로 강한 경우에는 그 행정처분은 위법하지 않다. O | X

일반적으로 행정상의 법률관계에 있어서 행정청의 행위에 대하여 신뢰보호의 원칙이 적용되기 위하여는, 첫째 행정청이 개인에 대하여 신뢰의 대상이 되는 공적인 견해표명을 하여야 하고, 둘째 행정청의 견해표명이 정당하다고 신뢰한 데에 대하여 그 개인에게 귀책사유가 없어야 하며, 셋째 그 개인이 그 견해표명을 신뢰하고 이에 어떠한 행위를 하였어야 하고, 넷째 행정청이 위 견해표명에 반하는 처분을 함으로써 그 견해표명을 신뢰한 개인의 이익이 침해되는 결과가 초래되어야 하고, 어떠한 행정처분이 이러한 요건을 충족할 때에는, 공익 또는 제3자의 정당한 이익을 해할 우려가 있는 경우가 아닌 한, 신뢰보호의 원칙에 반하는 행위로서 위법하게 된다고 할 것이므로, 행정처분이 이러한 요건을 충족하는 경우라고 하더라도 행정청이 앞서 표명한 공적인 견해에 반하는 행정처분을 함으로써 달성하려는 공익이 행정청의 공적 견해표명을 신뢰한 개인이 그 행정처분으로 인하여 입게 되는 이익의 침해를 정당화할 수 있을 정도로 강한 경우에는 신뢰보호의 원칙을 들어 그 행정처분이 위법하다고는 할 수 없다(대판 1998.11.13. 98두7343).

정답 051 ○ 052 ○ 053 ○

22. 소방

054 □□□

과세관청이 질의회신 등을 통하여 어떤 견해를 대외적으로 표명하였더라도 그것이 중요한 사실관계와 법적인 쟁점을 제대로 드러내지 아니한 채 질의한 데 따른 것이라면, 공적인 견해표명에 의하여 정당한 기대를 가지게 할 만한 신뢰가 부여된 경우로 볼 수 없다. O | X

과세관청이 질의회신 등을 통하여 어떤 견해를 표명하였다고 하더라도 그것이 중요한 사실관계와 법적인 쟁점을 제대로 드러내지 아니한 채 질의한 데 따른 것이라면 공적인 견해표명에 의하여 정당한 기대를 가지게 할 만한 신뢰가 부여된 경우라고 볼 수 없다(대판 2013.12.26. 2011두5940).

22. 소방, 07. 국가직 7급

055 □□□

폐기물처리업에 대하여 관할 관청의 사전 적정통보를 받고 막대한 비용을 들여 요건을 갖춘 다음 허가신청을 한 경우, 행정청이 청소업자의 난립으로 효율적인 청소업무의 수행에 지장이 있다는 이유로 불허가처분을 하였다 할지라도 신뢰보호의 원칙에 반하지 아니한다. O | X

폐기물처리업에 대하여 사전에 관할 관청으로부터 적정통보를 받고 막대한 비용을 들여 허가요건을 갖춘 다음 허가신청을 하였음에도 다수 청소업자의 난립으로 안정적이고 효율적인 청소업무의 수행에 지장이 있다는 이유로 한 불허가처분은 신뢰보호의 원칙 및 비례의 원칙에 반하는 것으로서 재량권을 남용한 위법한 처분이다. 즉, 위 불허가처분으로 인하여 관할 관청이 달성하려는 '생활폐기물의 적정하고도 안정적인 처리'라는 공익과 원고가 입게 될 불이익을 비교 · 형량할 때, 생활폐기물 발생량의 변화 및 처리능력, 위 사업계획서 적정통보를 전후하여 14개 업체가 생활폐기물수집 · 운반업을 위한 사업계획서를 제출하였다는 사정만으로는 업체의 난립 및 과당경쟁으로 기존 청소 질서가 파괴되어 안정적이고 효율적인 책임청소행정의 이행이 불가능함으로써 공익을 해할 것이라는 점을 인정하기 어려울 뿐만 아니라 위 불허가처분을 통하여 관할 관청이 달성하려는 공익은 허가가 가능하리라고 믿은 원고가 입게 될 불이익보다도 더 크다고 보기도 어렵다(대판 1998.5.8. 98두4061).

22. 소방

056 □□□

법원이 질서위반행위규제법에 따라서 하는 과태료 재판은 원칙적으로 행정소송에서와 같은 신뢰보호의 원칙 위반 여부가 문제되지 아니한다. O | X

법원이 비송사건절차법에 따라서 하는 과태료 재판은 관할 관청이 부과한 과태료처분에 대한 당부를 심판하는 행정소송절차가 아니라 법원이 직권으로 개시 · 결정하는 것이므로, 원칙적으로 과태료 재판에서는 행정소송에서와 같은 신뢰보호의 원칙 위반 여부가 문제로 되지 아니하고, 다만 위반자가 그 의무를 알지 못하는 것이 무리가 아니었다고 할 수 있어 그것을 정당시할 수 있는 사정이 있을 때 또는 그 의무의 이행을 그 당사자에게 기대하는 것이 무리라고 하는 사정이 있을 때 등 그 의무 해태를 탓할 수 없는 정당한 사유가 있는 때에는 이를 부과할 수 없다(대결 2006.4.28. 2003마715).

22. 국가직 9급

057 □□□

행정청이 상대방에게 장차 어떤 처분을 하겠다고 공적 견해표명을 하였더라도 그 후에 그 전제로 된 사실적 · 법률적 상태가 변경되었다면, 그와 같은 공적 견해표명은 효력을 잃게 된다. O | X

행정청이 상대방에게 장차 어떤 처분을 하겠다고 확약 또는 공적인 의사표명을 하였다고 하더라도, 그 자체에서 상대방으로 하여금 언제까지 처분의 발령을 신청을 하도록 유효기간을 두었는데도 그 기간 내에 상대방의 신청이 없었다거나 확약 또는 공적인 의사표명이 있은 후에 사실적 · 법률적 상태가 변경되었다면, 그와 같은 확약 또는 공적인 의사표명은 행정청의 별다른 의사표시를 기다리지 않고 실효된다(대판 1996.8.20. 95누10877).

정답 054 ○ 055 X 056 ○ 057 ○

22. 국가직 9급

058 □□□

수강신청 후에 징계요건을 완화하는 학칙개정이 이루어지고 이어 시험이 실시되어 그 개정학칙에 따라 대학이 성적 불량을 이유로 학생에 대하여 징계처분을 한 경우라면 이는 이른바 부진정소급효에 관한 것으로서 특별한 사정이 없는 한 위법이라고 할 수 없다. O | X

소급효는 이미 과거에 완성된 사실관계를 규율의 대상으로 하는 이른바 진정소급효와 과거에 시작하였으나 아직 완성되지 아니하고 진행과정에 있는 사실관계를 규율대상으로 하는 이른바 부진정소급효를 상정할 수 있는바, 대학이 성적불량을 이유로 학생에 대하여 징계처분을 하는 경우에 있어서 수강신청이 있은 후 징계요건을 완화하는 학칙개정이 이루어지고 이어 당해 시험이 실시되어 그 개정학칙에 따라 징계처분을 한 경우라면 이는 이른바 부진정소급효에 관한 것으로서 구 학칙의 존속에 관한 학생의 신뢰보호가 대학당국의 학칙개정의 목적달성보다 더 중요하다고 인정되는 특별한 사정이 없는 한 위법이라고 할 수 없다(대판 1989.7.11. 87누1123).

22. 국가직 9급

059 □□□

병무청 담당부서의 담당공무원에게 공적 견해의 표명을 구하지 아니한 채 민원봉사 담당공무원이 상담에 응하여 안내한 것을 신뢰한 경우에도 신뢰보호의 원칙이 적용된다. O | X

병무청 담당부서의 담당공무원에게 공적 견해의 표명을 구하는 정식의 서면질의 등을 하지 아니한 채 총무과 민원팀장에 불과한 공무원이 민원봉사차원에서 상담에 응하여 안내한 것을 신뢰한 경우, 신뢰보호 원칙이 적용되지 아니한다(대판 2003.12.26. 2003두1875).

23. 국회직 8급

060 □□□

행정청이 공적 견해를 표명할 당시의 사정이 사후에 변경된 경우에는 그 공적 견해가 더 이상 개인에게 신뢰의 대상이 된다고 보기 어려운 만큼, 특별한 사정이 없는 한 행정청이 그 견해표명에 반하는 처분을 하더라도 신뢰보호원칙에 위반된다고 할 수 없다. O | X

신뢰보호의 원칙은 행정청이 공적인 견해를 표명할 당시의 사정이 그대로 유지됨을 전제로 적용되는 것이 원칙이므로, 사후에 그와 같은 사정이 변경된 경우에는 그 공적 견해가 더 이상 개인에게 신뢰의 대상이 된다고 보기 어려운 만큼, 특별한 사정이 없는 한 행정청이 그 견해표명에 반하는 처분을 하더라도 신뢰보호의 원칙에 위반된다고 할 수 없다(대판 2020.6.25. 2018두34732).

23. 경찰간부

061 □□□

과세관청이 납세의무자에게 부가가치세 면세사업자용 사업자등록증을 교부한 행위는 부가가치세를 과세하지 아니함을 시사하는 언동이나 공적인 견해를 표명한 것으로 볼 수 있다. O | X

사업자등록증의 교부는 이와 같은 등록사실을 증명하는 증서의 교부행위에 불과한 것으로 과세관청이 납세의무자에게 면세사업자등록증을 교부하고 수년간 면세사업자로서 한 부가가치세 예정신고 및 확정신고를 받은 행위만으로는 과세관청이 납세의무자에게 그가 영위하는 사업에 관하여 부가가치세를 과세하지 아니함을 시사하는 언동이나 공적인 견해를 표명한 것이라 할 수 없다(대판 2002.9.4. 2001두9370).

정답 058 ○ 059 X 060 ○ 061 X

23. 국회직 8급

062 □□□

행정기본법에 따르면, 행정청은 공익 또는 제3자의 이익을 현저히 해칠 우려가 있는 경우에도 행정에 대한 국민의 정당하고 합리적인 신뢰를 보호하여야 한다. O | X

「행정기본법」 제12조 【신뢰보호의 원칙】 ① 행정청은 공익 또는 제3자의 이익을 현저히 해칠 우려가 있는 경우를 제외하고는 행정에 대한 국민의 정당하고 합리적인 신뢰를 보호하여야 한다.
② 행정청은 권한 행사의 기회가 있음에도 불구하고 장기간 권한을 행사하지 아니하여 국민이 그 권한이 행사되지 아니할 것으로 믿을 만한 정당한 사유가 있는 경우에는 그 권한을 행사해서는 아니 된다. 다만, 공익 또는 제3자의 이익을 현저히 해칠 우려가 있는 경우는 예외로 한다.

23. 지방직 7급

063 □□□

상대방에게 귀책사유가 있어 그 신뢰의 보호가치가 인정되지 않는다면 신뢰보호의 원칙이 적용되지 않는데, 이때 귀책사유의 유무는 상대방을 기준으로 판단하여야 하고, 상대방으로부터 신청행위를 위임받은 수임인 등의 귀책사유 유무는 고려하지 않는다. O | X

귀책사유라 함은 행정청의 견해표명의 하자가 상대방 등 관계자의 사실은폐나 기타 사위의 방법에 의한 신청행위 등 부정행위에 기인한 것이거나 그러한 부정행위가 없다고 하더라도 하자가 있음을 알았거나 중대한 과실로 알지 못한 경우 등을 의미한다고 해석함이 상당하고, 귀책사유의 유무는 상대방과 그로부터 신청행위를 위임받은 수임인 등 관계자 모두를 기준으로 판단하여야 한다(대판 2002.11.8. 2001두1512).

24. 지방직 9급

064 □□□

행정청의 공적 견해의 표명 후 그 견해표명 당시의 사정이 변경된 경우에도 행정청이 공적 견해표명에 반하는 처분을 하는 경우에는 특별한 사정이 없는 한 신뢰보호의 원칙에 위반된다. O | X

신뢰보호의 원칙은 행정청이 공적인 견해를 표명할 당시의 사정이 그대로 유지됨을 전제로 적용되는 것이 원칙이므로, 사후에 그와 같은 사정이 변경된 경우에는 그 공적 견해가 더 이상 개인에게 신뢰의 대상이 된다고 보기 어려운 만큼, 특별한 사정이 없는 한 행정청이 그 견해표명에 반하는 처분을 하더라도 신뢰보호의 원칙에 위반된다고 할 수 없다(대판 2020.6.25. 2018두34732).

24. 국가직 9급

065 □□□

개발사업을 시행하기 전에 사건 토지 지상에 예식장 등을 건축하는 것이 관계 법령상 가능한지 여부를 질의하여 민원 부서로부터 '저촉사항 없음'이라고 기재된 민원예비심사 결과를 통보받았다면, 이는 이후의 개발부담금부과처분에 관하여 신뢰보호의 원칙을 적용하기 위한 공적인 견해표명을 한 것에 해당한다. O | X

개발이익환수에 관한 법률에 정한 개발사업을 시행하기 전에, 행정청이 토지 지상에 예식장 등을 건축하는 것이 관계 법령상 가능한지 여부를 질의하는 민원예비심사에 대하여 관련부서 의견으로 개발이익환수에 관한 법률에 '저촉사항 없음'이라고 기재하였다고 하더라도, 이후의 개발부담금부과처분에 관하여 신뢰보호의 원칙을 적용하기 위한 요건인, 개인에 대하여 신뢰의 대상이 되는 공적인 견해표명을 한 것이라고는 보기 어렵다(대판 2006.6.9. 2004두46).

정답 062 X 063 X 064 X 065 X

23. 국가직 7급

066 □□□

신법의 효력발생일까지 진행 중인 사건에 대하여 신법을 적용하는 것은 법률의 소급적용에 해당하므로 원칙적으로 허용될 수 없다. O | X

진행 중인 사건에 대하여 신법을 적용하는 것은 이른바 부진정소급효의 문제로서 원칙적으로 허용된다.

> 「행정기본법」 제14조 **【법 적용의 기준】** ① 새로운 법령등은 법령등에 특별한 규정이 있는 경우를 제외하고는 그 법령등의 효력 발생 전에 완성되거나 종결된 사실관계 또는 법률관계에 대해서는 적용되지 아니한다.

22. 소방

067 □□□

주무 부처인 중앙행정기관이 입법예고를 통해 법령안의 내용을 국민에게 예고한 적이 있다면, 그것이 법령으로 확정되지 아니하였다고 하더라도 국가는 위 법령안에 관련된 사항에 대해 이해관계자들에게 어떠한 신뢰를 부여한 것으로 볼 수 있다. O | X

정책의 주무 부처인 중앙행정기관이 그 소관 사항에 대하여 입안한 법령안은 법제처 심사 등의 절차를 거쳐 공포함으로써 확정되므로, 법령이 확정되기 이전에는 법적 효과가 발생할 수 없다. 따라서 입법예고를 통해 법령안의 내용을 국민에게 예고한 적이 있다고 하더라도 그것이 법령으로 확정되지 아니한 이상 국가가 이해관계자들에게 위 법령안에 관련된 사항을 약속하였다고 볼 수 없으며, 이러한 사정만으로 어떠한 신뢰를 부여하였다고 볼 수도 없다(대판 2008.5.29. 2004다33469 참조)(대판 2018.6.15. 2017다249769).

제3절 평등의 원칙

10. 지방직 9급

068 □□□

평등의 원칙은 행정작용에 있어서 특별히 합리적인 차별사유가 없는 한 국민을 공평하게 처우하여야 한다는 원칙으로 재량권 행사의 한계원리로서 중요한 의미를 갖는다. O | X

평등의 원칙은 헌법 제11조와 행정기본법 제9조의 근거에 따른 재량권 통제의 원칙에 해당한다.

22. 지방직 9급, 18. 서울시 7급

069 □□□

평등의 원칙에 의할 때, 위법한 행정처분이 수차례에 걸쳐 반복적으로 행하여졌다면 설령 그러한 처분이 위법하더라도 행정청에 대하여 자기구속력을 갖게 된다. O | X

불법적 관행에 대한 평등대우가 허용되지 아니하므로 위법한 관행이 반복된 경우에는 자기구속력을 갖지 못한다.

정답 066 X 067 X 068 ○ 069 X

11. 국회직 8급

070 □□□

일반직 직원의 정년을 58세로 규정하면서 전화교환직렬 직원만은 정년을 53세로 규정하여 5년간의 정년 차등을 둔 것은 사회통념상 합리성이 없는 차별로서 평등원칙에 위반된다. O | X

원고의 교환직렬에서의 인력의 잉여 정도, 연령별 인원구성, 정년 차이의 정도, 차등정년을 실시함에 있어서 노사간의 협의를 거친 점, 신규채용을 하지 못한 기간, 현재의 정년에 대한 교환직렬 직원들의 의견 등에 비추어 보아 원고가 교환직렬에 대하여 다른 일반직 직원과 비교하여 5년간의 정년차등을 둔 것이 사회통념상 합리성이 없다고 단정하기는 어렵다 할 것이다(대판 1996.8.23. 94누13589).

16. 국가직 7급

071 □□□

조례안이 지방의회의 조사를 위하여 출석요구를 받은 증인이 5급 이상 공무원인지 여부, 기관(법인)의 대표나 임원인지 여부 등 증인의 사회적 신분에 따라 미리부터 과태료의 액수에 차등을 두고 있는 것은 평등의 원칙에 위반되지 않는다. O | X

조례안이 지방의회의 감사 또는 조사를 위하여 출석요구를 받은 증인이 5급 이상 공무원인지 여부, 기관(법인)의 대표나 임원인지 여부 등 증인의 사회적 신분에 따라 미리부터 과태료의 액수에 차등을 두고 있는 경우, 그와 같은 차별은 증인의 불출석이나 증언거부에 대하여 과태료를 부과하는 목적에 비추어 볼 때 그 합리성을 인정할 수 없고 지위의 높고 낮음만을 기준으로 한 부당한 차별대우라고 할 것이어서 헌법에 규정된 평등의 원칙에 위배되어 무효이다(대결 1997.2.25. 96추213).

12. 국회직 9급

072 □□□

국가유공자 등과 그 가족에 대한 가산점제도는 입법정책상 전혀 허용될 수 없다. O | X

이 사건 조항의 위헌성은 국가유공자 등과 그 가족에 대한 가산점제도 자체가 입법정책상 전혀 허용될 수 없다는 것이 아니고, 그 차별의 효과가 지나치다는 것에 기인한다. 그렇다면 입법자는 공무원시험에서 국가유공자의 가족에게 부여되는 가산점의 수치를, 그 차별효과가 일반 응시자의 공무담임권 행사를 지나치게 제약하지 않는 범위 내로 낮추고, 동시에 가산점 수혜 대상자의 범위를 재조정하는 등의 방법으로 그 위헌성을 치유하는 방법을 택할 수 있을 것이다. 따라서 이 사건 조항의 위헌성의 제거는 입법부가 행하여야 할 것이므로 이 사건 조항에 대하여는 헌법불합치결정을 하기로 한다(헌재 2006.2.23. 2004헌마675 등).

14. 사복직 9급

073 □□□

같은 정도의 비위를 저지른 자들 사이에 있어서도 그 직무의 특성 등에 비추어 개전의 정이 있는지 여부에 따라 징계종류의 선택과 양정에서 차별적으로 취급하는 것은 평등원칙에 반하지 아니한다. O | X

같은 정도의 비위를 저지른 자들 사이에 있어서도 그 직무의 특성 등에 비추어, 개전의 정이 있는지 여부에 따라 징계의 종류의 선택과 양정에 있어서 차별적으로 취급하는 것은, 사안의 성질에 따른 합리적 차별로서 이를 자의적 취급이라고 할 수 없는 것이어서 평등원칙 내지 형평에 반하지 아니한다(대판 1999.8.20. 99두2611).

정답 070 X 071 X 072 X 073 ○

21. 국가직 9급

074 □□□

평등원칙은 일체의 차별적 대우를 부정하는 절대적 평등을 의미하는 것이 아니라 입법과 법의 적용에 있어서 합리적인 근거가 없는 차별을 배제하는 상대적 평등을 뜻한다. O | X

일반적으로 평등원칙은 본질적으로 같은 것은 같게, 본질적으로 다른 것은 다르게 취급할 것을 요구하는 것으로서, 일체의 차별적 대우를 부정하는 절대적 평등을 의미하는 것이 아니라 입법과 법의 적용에 있어서 합리적인 근거가 없는 차별을 배제하는 상대적 평등을 뜻하는 것이므로, 합리적 근거가 있는 차별은 평등원칙에 반하는 것이 아니다(헌재 2018.6.28. 2017헌마238).

21. 소방

075 □□□

재량행위가 법령이나 평등원칙을 위반한 경우뿐만 아니라 합목적성의 판단을 그르친 경우에도 위법한 처분으로서 행정소송의 대상이 된다. O | X

명확한 법규정의 위반, 사실오인, 평등원칙 위반, 자기구속의 원칙 위반, 비례원칙 위반, 절차 위반, 재량권의 불행사 또는 해태, 목적 위반 등이 재량권의 한계를 넘은 재량권 행사에 해당한다. 합목적성의 판단을 그르친 경우는 재량권의 주어진 목적과 한계 내에서의 당·부당 문제이므로 위법한 처분이 아니므로 행정소송의 대상이 되지 않는다.

제4절 자기구속의 원칙

18. 국가직 9급

076 □□□

행정의 자기구속의 원칙은 법적으로 동일한 사실관계, 즉 동종의 사안에서 적용이 문제되는 것으로 주로 재량의 통제법리와 관련된다. O | X

행정의 자기구속의 법리는 주로 재량행위 영역에서 행정권의 자의를 방지하고 행정의 재량권 행사에 대한 사후적 사법통제를 확대하여 국민의 권익을 보호하는 순기능이 있다.

19. 서울시 9급(6월)

077 □□□

행정의 자기구속의 원칙은 처분청이 아닌 제3자 행정청에 대해서도 적용된다. O | X

행정의 자기구속법리는 행정청의 재량행위를 통제하기 위한 것이므로 동종의 사안과 동일한 행정청을 전제로 한다. 따라서 처분청에 대하여 적용되는 원칙이다.

정답 074 ○ 075 X 076 ○ 077 X

15. 경행특채 1차

078 □□□

재량권 행사의 기준인 행정규칙이 반복적으로 시행되어 행정관행이 성립된 경우라도 그 행정규칙은 내부적 기준에 불과하므로, 이를 위반시 재량권의 일탈·남용에 해당되지 않는다. O | X

재량권 행사의 준칙인 행정규칙이 그 정한 바에 따라 되풀이 시행되어 행정관행이 이루어지게 되면 평등의 원칙이나 신뢰보호의 원칙에 따라 행정기관은 그 상대방에 대한 관계에서 그 규칙에 따라야 할 자기구속을 받게 되므로, 이러한 경우에는 특별한 사정이 없는 한 그를 위반하는 처분은 평등의 원칙이나 신뢰보호의 원칙에 위배되어 재량권을 일탈·남용한 위법한 처분이 된다(대판 2009.12.24. 2009두7967).

18. 서울시 7급

079 □□□

상급행정기관이 하급행정기관에 대하여 업무처리지침이나 법령의 해석적용에 관한 기준을 정하여 발하는 행정규칙은 일반적으로 행정조직 내부에서만 효력을 가질 뿐 대외적인 구속력을 갖는 것은 아니다. O | X

상급행정기관이 하급행정기관에 대하여 업무처리지침이나 법령의 해석적용에 관한 기준을 정하여 발하는 이른바 '행정규칙이나 내부지침'은 일반적으로 행정조직 내부에서만 효력을 가질 뿐 대외적인 구속력을 갖는 것은 아니므로 행정처분이 그에 위반하였다고 하여 그러한 사정만으로 곧바로 위법하게 되는 것은 아니다(대판 2009.12.24. 2009두7967).

19. 서울시 7급

080 □□□

행정처분이 법규성이 없는 내부지침 등의 규정에 위배된다고 하더라도 그 이유만으로 처분이 위법하게 되는 것은 아니고, 또 그 내부지침 등에서 정한 요건에 부합한다고 하여 반드시 그 처분이 적법한 것이라고 할 수도 없다. O | X

행정처분이 법규성이 없는 내부지침 등의 규정에 위배된다고 하더라도 그 이유만으로 처분이 위법하게 되는 것은 아니고, 또 내부지침 등에서 정한 요건에 부합한다고 하여 반드시 그 처분이 적법한 것이라고 할 수도 없다(대판 2018.6.15. 2015두40248).

12. 지방직 7급

081 □□□

헌법재판소는 재량준칙의 대외적 구속력 인정과 관련한 행정의 자기구속의 법리의 근거를 평등의 원칙이나 신뢰보호의 원칙에서 찾고 있다. O | X

행정규칙은 일반적으로 행정조직 내부에서만 효력을 가지는 것이고 대외적인 구속력을 갖는 것이 아니다. 다만, 행정규칙이 법령의 규정에 의하여 행정관청에 법령의 구체적 내용을 보충할 권한을 부여한 경우, 또는 재량권 행사의 준칙인 규칙이 그 정한 바에 따라 되풀이 시행되어 행정관행이 이룩되게 되면 평등의 원칙이나 신뢰보호의 원칙에 따라 행정기관은 그 상대방에 대한 관계에서 그 규칙에 따라야 할 자기구속을 당하게 되는 경우에는 대외적인 구속력을 가지게 된다(헌재 1990.9.3. 90헌마13).

정답 078 X 079 ○ 080 ○ 081 ○

18. 서울시 7급

082
□□□

재량준칙이 정한 바에 따라 되풀이 시행되어 행정관행이 이루어지게 되면 평등의 원칙이나 신뢰보호의 원칙에 따라 행정청은 상대방에 대한 관계에서 그 규칙에 따라야 할 자기구속을 받게 되므로, 이러한 경우에는 특별한 사정이 없는 한 그에 반하는 처분은 평등의 원칙이나 신뢰보호의 원칙에 어긋나 재량권을 일탈·남용한 위법한 처분이 된다. O | X

행정규칙이 법령의 규정에 의하여 행정관청에 법령의 구체적 내용을 보충할 권한을 부여받은 경우, 또는 재량권 행사의 준칙인 규칙이 그 정한 바에 따라 되풀이 시행되어 행정관행이 이룩되게 되면, 평등의 원칙이나 신뢰보호의 원칙에 따라 자기구속을 당하게 되고, 그러한 경우에는 대외적인 구속력을 가지게 된다 할 것이다(헌재 1990.9.3. 90헌마13).

18. 국가직 9급

083
□□□

재량준칙이 공표된 것만으로는 행정의 자기구속의 원칙이 적용될 수 없고, 재량준칙이 되풀이 시행되어 행정관행이 성립한 경우에 행정의 자기구속의 원칙이 적용될 수 있다. O | X

재량권 행사의 준칙인 행정규칙이 그 정한 바에 따라 되풀이 시행되어 행정관행이 이루어지게 되면 평등의 원칙이나 신뢰보호의 원칙에 따라 행정기관은 그 상대방에 대한 관계에서 그 규칙에 따라야 할 자기구속을 받게 된다. 이러한 경우에는 특별한 사정이 없는 한 그를 위반하는 처분은 평등의 원칙이나 신뢰보호의 원칙에 위배되어 재량권을 일탈·남용한 위법한 처분이 된다(대판 2009.12.24. 2009두7967).

21. 국가직 9급

084
□□□

행정청이 조합설립추진위원회의 설립승인 심사에서 위법한 행정처분을 한 선례가 있는 경우에는, 행정청에 대해 자기구속력을 갖게 되어 이후에도 그러한 기준에 따라야 한다. O | X

평등의 원칙은 본질적으로 같은 것을 자의적으로 다르게 취급함을 금지하는 것이고, 위법한 행정처분이 수차례에 걸쳐 반복적으로 행하여졌다 하더라도 그러한 처분이 위법한 것인 때에는 행정청에 대하여 자기구속력을 갖게 된다고 할 수 없다.

관련 판례

행정청이 조합설립추진위원회의 설립승인 심사에서 위법한 행정처분을 한 선례가 있다고 하여 그러한 기준을 따라야 할 의무가 없는 점 등에 비추어, 평등의 원칙이나 신뢰보호의 원칙 또는 자기구속의 원칙 등에 위배되고 재량권을 일탈·남용하여 자의적으로 조합설립추진위원회 승인처분을 한 것으로 볼 수 없다(대판 2009.6.25. 2008두13132).

19. 국회직 8급, 16. 지방직 9급 유사

085
□□□

반복적으로 행하여진 행정처분이 위법한 것일 경우 행정청은 자기구속의 원칙에 구속되지 않는다. O | X

평등의 원칙은 본질적으로 같은 것을 자의적으로 다르게 취급함을 금지하는 것이고, 위법한 행정처분이 수차례에 걸쳐 반복적으로 행하여졌다 하더라도 그러한 처분이 위법한 것인 때에는 행정청에 대하여 자기구속력을 갖게 된다고 할 수 없다(대판 2009.6.25. 2008두13132).

정답 082 ○ 083 ○ 084 X 085 ○

17. 국가직 9급

086 □□□

대법원은 재량준칙이 되풀이 시행되어 행정관행이 성립된 경우에는 당해 재량준칙에 자기구속력을 인정한다. 따라서 당해 재량준칙에 반하는 처분은 법규범인 당해 재량준칙을 직접 위반한 것으로서 위법한 처분이 된다고 한다.

O | X

상급행정기관이 하급행정기관에 대하여 업무처리지침이나 법령의 해석적용에 관한 기준을 정하여 발하는 이른바 '행정규칙이나 내부지침'은 일반적으로 행정조직 내부에서만 효력을 가질 뿐 대외적인 구속력을 갖는 것은 아니므로 행정처분이 그에 위반하였다고 하여 그러한 사정만으로 곧바로 위법하게 되는 것은 아니다. 다만, 재량권 행사의 준칙인 행정규칙이 그 정한 바에 따라 되풀이 시행되어 행정관행이 이루어지게 되면 평등의 원칙이나 신뢰보호의 원칙에 따라 행정기관은 그 상대방에 대한 관계에서 그 규칙에 따라야 할 자기구속을 받게 되므로, 이러한 경우에는 특별한 사정이 없는 한 그를 위반하는 처분은 평등의 원칙이나 신뢰보호의 원칙에 위배되어 재량권을 일탈·남용한 위법한 처분이 된다(대판 2009.12.24. 2009두7967).

제5절 부당결부금지의 원칙

04. 서울시 9급

087 □□□

부당결부금지의 원칙에 위반한 국가 등의 작용은 부당하기는 하나 위법한 작용이라고까지 할 수는 없다.

O | X

부당결부금지의 원칙도 행정법의 일반원칙이기 때문에 이에 위반한 행위는 위헌·위법이 된다.

18. 지방직 9급, 15. 경행특채 1차, 14. 국회직 8급

088 □□□

행정청이 여러 종류의 자동차운전면허를 취득한 자에 대해 그 운전면허를 취소하는 경우, 취소사유가 특정 면허에 관한 것이 아니고 다른 면허와 공통된 것이거나 운전면허를 받은 사람에 관한 것일 경우에는 여러 면허를 전부 취소할 수 있다.

O | X

한 사람이 여러 종류의 자동차운전면허를 취득하는 경우뿐 아니라 이를 취소 또는 정지하는 경우에도 서로 별개의 것으로 취급하는 것이 원칙이고, 다만 취소사유가 특정 면허에 관한 것이 아니고 다른 면허와 공통된 것이거나 운전면허를 받은 사람에 관한 것일 경우에는 여러 면허를 전부 취소할 수도 있다(대판 2012.5.24. 2012두1891).

정답 086 X 087 X 088 ○

15. 국가직 9급, 12. 사복직 9급

089 □□□

제1종 보통면허로 운전할 수 있는 차량을 음주운전한 경우 제1종 보통면허의 취소 외에 동일인이 소지하고 있는 제1종 대형면허와 원동기장치자전거면허는 취소할 수 없다. O | X

제1종 보통 운전면허와 제1종 대형 운전면허의 소지자가 제1종 보통 운전면허로 운전할 수 있는 승합차를 음주운전하다가 적발되어 두 종류의 운전면허를 모두 취소당한 사안에서, 그 취소처분으로 생업에 막대한 지장을 초래하게 되어 가족의 생계조차도 어려워질 수 있다는 당사자의 불이익보다는 교통법규의 준수 또는 주취운전으로 인한 사고의 예방이라는 공익목적 실현의 필요성이 더욱 크고, 당해 처분 중 제1종 대형 운전면허의 취소가 재량권을 일탈한 것으로 본다면 상대방은 그 운전면허로 다시 승용 및 승합자동차를 운전할 수 있게 되어 주취운전에도 불구하고 아무런 불이익을 받지 않게 되어 현저히 형평을 잃은 결과가 초래된다는 이유로, 제1종 대형 운전면허 부분에 대한 운전면허취소처분이 재량권의 한계를 넘는 위법한 처분이라고 볼 수 없다(대판 1997.3.11. 96누15176).

13. 국가직 9급

090 □□□

건축물에 인접한 도로의 개설을 위한 도시계획사업시행허가처분은 건축물에 대한 건축허가처분과는 별개의 행정처분이므로 사업시행허가를 함에 있어 조건으로 내세운 기부채납의무를 이행하지 않았음을 이유로 한 건축물에 대한 준공거부처분은 건축법에 근거 없이 이루어진 것으로서 위법하다. O | X

건축허가를 하면서 일정 토지를 기부채납하도록 하는 내용의 허가조건은 부관을 붙일 수 없는 기속행위 내지 기속적 재량행위인 건축허가에 붙인 부담이거나 또는 법령상 아무런 근거가 없는 부관이므로 무효이다.

19. 지방직 9급, 18. 서울시 7급, 15 · 13 · 08. 국가직 9급

091 □□□

지방자치단체장이 사업자에게 주택사업계획승인을 하면서 그 주택사업과는 아무런 관련이 없는 토지를 기부채납하도록 하는 부관을 붙인 경우, 그 부관은 부당결부금지의 원칙에 위반되어 위법하다. O | X

지방자치단체장이 사업자에게 주택사업계획승인을 하면서 그 주택사업과는 아무런 관련이 없는 토지를 기부채납하도록 하는 부관을 주택사업계획승인에 붙인 경우, 그 부관은 부당결부금지의 원칙에 위반되어 위법하지만, 지방자치단체장이 승인한 사업자의 주택사업계획은 상당히 큰 규모의 사업임에 반하여, 사업자가 기부채납한 토지 가액은 그 100분의 1 상당의 금액에 불과한 데다가, 사업자가 그 동안 그 부관에 대하여 아무런 이의를 제기하지 아니하다가 지방자치단체장이 업무착오로 기부채납한 토지에 대하여 보상협조요청서를 보내자 그때서야 비로소 부관의 하자를 들고 나온 사정에 비추어 볼 때 부관의 하자가 중대하고 명백하여 당연무효라고는 볼 수 없다(대판 1997.3.11. 96다49650).

정답 089 X 090 ○ 091 ○

18. 서울시 9급

092 □□□

한 사람이 여러 종류의 자동차운전면허를 취득하는 경우뿐 아니라 이를 취소 또는 정지함에 있어서도 서로 별개의 것으로 취급하는 것이 원칙이다. O | X

한 사람이 여러 종류의 자동차운전면허를 취득하는 경우뿐 아니라 이를 취소 또는 정지하는 경우에 있어서도 서로 별개의 것으로 취급하는 것이 원칙이고, 제1종 대형면허를 가진 사람만이 운전할 수 있는 대형승합자동차는 제1종 보통면허를 가지고 운전할 수 없는 것이기는 하지만, 자동차운전면허는 그 성질이 대인적 면허일 뿐만 아니라 도로교통법 시행규칙 제26조 [별표 14]에 의하면, 제1종 대형면허 소지자는 제1종 보통면허 소지자가 운전할 수 있는 차량을 모두 운전할 수 있는 것으로 규정하고 있어, 제1종 대형면허의 취소에는 당연히 제1종 보통면허 소지자가 운전할 수 있는 차량의 운전까지 금지하는 취지가 포함된 것이어서 이들 차량의 운전면허는 서로 관련된 것이라고 할 것이므로, 제1종 대형면허로 운전할 수 있는 차량을 음주운전하거나 그 제재를 위한 음주측정의 요구를 거부한 경우에는 그와 관련된 제1종 보통면허까지 취소할 수 있다(대판 1997.2.28. 96누17578).

19. 국회직 8급

093 □□□

고속국도 관리청이 고속도로 부지와 접도구역에 송유관 매설을 허가하면서 상대방과 체결한 협약에 따라 송유관 시설을 이전하게 될 경우 그 비용을 상대방에게 부담하도록 한 부관은 부당결부금지의 원칙에 반하지 않는다. O | X

고속국도 관리청이 고속도로 부지와 접도구역에 송유관 매설을 허가하면서 상대방과 체결한 협약에 따라 송유관 시설을 이전하게 될 경우 그 비용을 상대방에게 부담하도록 하였고, 그 후 도로법 시행규칙이 개정되어 접도구역에는 관리청의 허가 없이도 송유관을 매설할 수 있게 된 사안에서, 위 협약이 효력을 상실하지 않을 뿐만 아니라 위 협약에 포함된 부관이 부당결부금지의 원칙에도 반하지 않는다(대판 2009.2.12. 2005다65500).

19. 국회직 8급

094 □□□

판례는 부당결부금지원칙의 적용을 긍정하고 있다. O | X

부당결부금지의 원칙이란 행정주체가 행정작용을 함에 있어서 상대방에게 이와 실질적인 관련이 없는 의무를 부과하거나 그 이행을 강제하여서는 아니 된다는 원칙을 말한다(대판 2009.2.12. 2005다65500).

정답 092 ○ 093 ○ 094 ○

제5장 행정법관계

제1절 공법관계와 사법관계

18. 지방교행, 06. 대구교행 9급

001 □□□

행정상 법률관계를 공법관계와 사법관계로 구분하는 것은 각각의 소송절차와도 관련된다. O | X

공법관계에 대한 분쟁은 행정소송, 사법관계에 대한 분쟁은 민사소송에 의하므로 공법과 사법의 구별은 소송절차와도 관련된다.

18. 지방교행

002 □□□

공법관계와 사법관계는 1차적으로 관계 법령의 규정 내용과 성질 등을 기준으로 구별한다. O | X

법치주의에서 법에 따라 판단하는 것은 당연하다. 따라서 공법과 사법의 1차적 구별기준은 법규이어야 한다.

19. 서울시 9급(2월)

003 □□□

국가계약의 본질적인 내용은 사인간의 계약과 다르므로 법령에 특정한 규정이 있는 경우에 한하여 사법의 규정 내지 법원리가 적용된다. O | X

지방재정법에 의하여 준용되는 국가계약법에 따라 지방자치단체가 당사자가 되는 이른바 공공계약은 사경제의 주체로서 상대방과 대등한 위치에서 체결하는 사법상의 계약으로서 그 본질적인 내용은 사인간의 계약과 다를 바가 없으므로, 그에 관한 법령에 특별한 정함이 있는 경우를 제외하고는 사적 자치와 계약자유의 원칙 등 사법의 원리가 그대로 적용된다 할 것이다(대판 1996.4.26. 95다11436).

19. 국가직 9급

004 □□□

수도법에 의하여 지방자치단체인 수도사업자가 그 수돗물의 공급을 받는 자에게 하는 수도료 부과·징수와 이에 따른 수도료 납부관계는 공법상의 권리의무관계이므로, 이에 관한 분쟁은 행정소송의 대상이다. O | X

수도법에 의하여 지방자치단체인 수도사업자가 그 수돗물의 공급을 받은 자에 대하여 하는 수도료의 부과·징수와 이에 따른 수도료의 납부관계는 공법상의 권리·의무관계라 할 것이므로 이에 관한 소송절차에 의하여야 하고, 민사소송절차에 의할 수 없다(대판 1977.2.22. 76다2517).

정답 001 ○ 002 ○ 003 X 004 ○

19. 변호사, 18. 국가직 7급

005
□□□

국유재산법상 국유재산의 무단점유자에 대한 변상금의 부과는 민법상 부당이득반환청구권의 행사로 볼 수 있으므로 사법상의 법률행위에 해당한다. O | X

징벌적 의미에서 국가 측이 일방적으로 그 2할 상당액을 추가하여 변상금을 징수토록 하고 있으며 동조 제2항은 변상금의 체납시 국세징수법에 의하여 강제징수토록 하고 있는 점 등에 비추어 보면 국유재산의 관리청이 그 무단점유자에 대하여 하는 변상금부과처분은 순전히 사경제주체로서 행하는 사법상의 법률행위라 할 수 없고 이는 관리청이 공권력을 가진 우월적 지위에서 행한 것으로서 행정소송의 대상이 되는 행정처분이라고 보아야 한다(대판 1988.2.23. 87누1046 · 1047).

19. 국회직 8급

006
□□□

도로법상 규정에 의한 변상금 부과권한은 적정한 도로관리를 위하여 도로관리청에게 부여된 권한이지 도로부지의 소유권에 기한 권한이라고 할 수 없다. O | X

도로법 제40조에서 도로의 구역 안에서 공작물 · 물건 · 기타의 시설을 신설 · 개축 · 변경 또는 제거하거나 기타의 목적으로 도로를 점용하고자 하는 자는 관리청의 허가를 받도록 하고, 제80조의2에서 이러한 허가를 받지 아니하고 도로를 점용한 자에 대하여는 그 점용기간에 대한 점용료의 100분의 120에 상당하는 금액을 변상금으로 징수할 수 있도록 규정하고 있는바, 이러한 제반 규정에 비추어 보면, 도로법 제80조의2의 규정에 의한 변상금 부과권한은 적정한 도로관리를 위하여 도로의 관리청에게 부여된 권한이라 할 것이지 도로부지의 소유권에 기한 권한이라고 할 수 없으므로, 도로의 관리청은 도로부지에 대한 소유권을 취득하였는지 여부와는 관계없이 도로를 무단 점용하는 자에 대하여 변상금을 부과할 수 있다고 할 것이다(대판 2005.11.25. 2003두7194).

18. 지방교행

007
□□□

초 · 중등교육법상 사립중학교에 대한 중학교 의무교육의 위탁관계는 사법관계에 속한다. O | X

초 · 중등교육법상 사립중학교에 대한 중학교 의무교육의 위탁관계는 공법관계에 속한다.

19. 서울시 9급(6월), 15. 국회직 8급

008
□□□

행정재산의 사용 · 수익허가신청의 거부는 행정소송의 대상이 된다. O | X

행정재산의 사용 · 수익허가처분의 성질에 비추어 국민에게는 행정재산의 사용 · 수익허가를 신청할 법규상 또는 조리상의 권리가 있다고 할 것이므로 공유재산의 관리청이 행정재산의 사용 · 수익에 대한 허가신청을 거부한 행위 역시 행정처분에 해당한다(대판 1998.2.27. 97누1105).

18. 서울시 7급

009
□□□

판례는 기부채납받은 국유재산의 사용허가도 일반 사용 · 수익허가와 동일하게 특허로 본다. O | X

판례는 기부채납받은 국유재산의 사용허가를 특허로 본다.

정답 005 X 006 ○ 007 X 008 ○ 009 ○

18 · 15. 국회직 8급, 17. 지방직 7급, 13. 서울시 9급

010 □□□

국유재산관리청이 행정재산의 사용 · 수익을 허가한 다음 그 사용 · 수익자에게 한 사용료 부과는 순수한 사경제주체로서 행하는 사법상의 이행청구에 해당한다. O | X

국유재산의 관리청이 행정재산의 사용 · 수익을 허가한 다음 그 사용 · 수익하는 자에 대하여 하는 사용료 부과는 순전히 사경제주체로서 행하는 사법상의 이행청구라 할 수 없고, 이는 관리청이 공권력을 가진 우월적 지위에서 행한 것으로서 항고소송의 대상이 되는 행정처분이라 할 것이다(대판 1996.2.13. 95누11023).

18. 국회직 8급

011 □□□

토지의 지목이 도로이고 국유재산대장에 등재되어 있다는 사정만으로 바로 토지가 도로로서 행정재산에 해당한다고 할 수는 없다. O | X

국유재산법상의 행정재산이란 국가가 소유하는 재산으로서 직접 공용, 공공용 또는 기업용으로 사용하거나 사용하기로 결정한 재산을 말하고(국유재산법 제6조 제2항 참조), 그중 도로와 같은 인공적 공공용 재산은 법령에 의하여 지정되거나 행정처분으로써 공공용으로 사용하기로 결정한 경우 또는 행정재산으로 실제로 사용하는 경우의 어느 하나에 해당하여야 비로소 행정재산이 되는데, 특히 도로는 도로로서의 형태를 갖추고 도로법에 따른 노선의 지정 또는 인정의 공고 및 도로구역 결정 · 고시를 한 때 또는 도시계획법 또는 도시재개발법에서 정한 절차를 거쳐 도로를 설치하였을 때에 공공용물로서 공용개시행위가 있으므로, 토지의 지목이 도로이고 국유재산대장에 등재되어 있다는 사정만으로 바로 토지가 도로로서 행정재산에 해당한다고 할 수는 없다. 이는 국유재산대장에 행정재산으로 등재되어 있다가 용도폐지된 바가 있더라도 마찬가지이다(대판 2016.5.12. 2015다255524).

17. 국가직 7급

012 □□□

사인이 공공시설을 건설한 후, 국가 등에 기부채납하여 공물로 지정하고 그 대신 그 자가 일정한 이윤을 회수할 수 있도록 일정 기간 동안 무상으로 사용하도록 허가하는 것은 사법상 계약에 해당한다. O | X

공유재산의 관리청이 하는 행정재산의 사용 · 수익에 대한 허가는 순전히 사경제주체로서 행하는 사법상의 행위가 아니라 관리청이 공권력을 가진 우월적 지위에서 행하는 행정처분이라고 보아야 할 것인바, 행정재산을 보호하고 그 유지 · 보존 및 운용 등의 적정을 기하고자 하는 지방재정법 및 그 시행령 등 관련 규정의 입법 취지와 더불어 잡종재산에 대해서는 대부 · 매각 등의 처분을 할 수 있게 하면서도 행정재산에 대해서는 그 용도 또는 목적에 장해가 없는 한도 내에서 사용 또는 수익의 허가를 받은 경우가 아니면 이러한 처분을 하지 못하도록 하고 있는 구 지방재정법(1999.1.21. 법률 제5647호로 개정되기 전의 것) 제82조 제1항, 제83조 제2항 등 규정의 내용에 비추어 볼 때 그 행정재산이 구 지방재정법 제75조의 규정에 따라 기부채납받은 재산이라 하여 그에 대한 사용 · 수익허가의 성질이 달라진다고 할 수는 없다(대판 2001.6.15. 99두509).

15. 경행특채 1차

013 □□□

국립의료원 부설주차장에 관한 위탁관리용역운영계약은 사법상의 계약으로 보기 어렵다 할 것이다. O | X

국립의료원 부설주차장에 관한 이 사건 위탁관리용역운영계약에 대하여 관리청이 순전히 사경제주체로서 행한 사법상 계약임을 전제로, 가산금에 관한 별도의 약정이 없는 이상 원고에게 가산금을 지급할 의무가 없다고 주장하여 그 부존재의 확인을 구한다는 것이다. 그러나 기록에 의하면, 위 운영계약의 실질은 행정재산인 위 부설주차장에 대한 국유재산법 제24조 제1항에 의한 사용 · 수익 허가로서 이루어진 것임을 알 수 있으므로, 이는 위 국립의료원이 원고의 신청에 의하여 공권력을 가진 우월적 지위에서 행한 행정처분으로서 특정인에게 행정재산을 사용할 수 있는 권리를 설정하여 주는 강학상 특허에 해당한다 할 것이고 순전히 사경제주체로서 원고와 대등한 위치에서 행한 사법상의 계약으로 보기 어렵다(대판 2006.3.9. 2004다31074).

정답 010 X 011 ○ 012 X 013 ○

21. 소방간부

014 □□□

국립의료원 부설주차장에 대한 위탁관리용역운영계약은 공법관계로서 이와 관련한 가산금지급채무 부존재에 대한 소송은 행정소송에 의하여야 한다. O | X

[1] 국립의료원 부설주차장에 관한 위탁관리용역운영계약은 국유재산 등의 관리청이 하는 행정재산의 사용·수익에 대한 허가로, 순전히 사경제주체로서 행하는 사법상의 행위가 아니라 관리청이 공권력을 가진 우월적 지위에서 행하는 행정처분으로서 특정인에게 행정재산을 사용할 수 있는 권리를 설정하여 주는 강학상 특허에 해당한다.

[2] 국립의료원 부설주차장에 관한 위탁관리용역운영계약의 실질은 행정재산에 대한 국유재산법 제24조 제1항의 사용·수익 허가임을 이유로, 민사소송으로 제기된 위 계약에 따른 가산금지급채무의 부존재확인청구에 관하여 본안 판단을 한 원심판결을 파기하고, 소를 각하한다(대판 2006.3.9. 2004다31074).

21. 소방간부

015 □□□

산림청장이나 그로부터 권한을 위임받은 행정청이 산림법 등이 정하는 바에 따라 국유임야를 대부하거나 매각하는 행위는 사경제적 주체로서 상대방과 대등한 입장에서 하는 사법상 계약이라는 것이 판례의 입장이다. O | X

산림청장이나 그로부터 권한을 위임받은 행정청이 산림법 등이 정하는 바에 따라 국유임야를 대부하거나 매각하는 행위는 사경제적 주체로서 상대방과 대등한 입장에서 하는 사법상 계약이지 행정청이 공권력의 주체로서 상대방의 의사 여하에 불구하고 일방적으로 행하는 행정처분이라고 볼 수 없으며 이 대부계약에 의한 대부료부과 조치 역시 사법상 채무이행을 구하는 것으로 보아야지 이를 행정처분이라고 할 수 없다(대판 1993.12.7. 91누11612).

19. 변호사, 17. 국가직 7급(10월)

016 □□□

지방자치단체에 근무하는 청원경찰이 뇌물을 받아 직무상 의무를 위반하였다는 이유로 파면을 당한 경우에, 청원경찰은 청원주와 사법상 근로계약을 체결함으로써 임용되는 것이므로 위 파면의 정당성에 대해서는 민사소송으로 다투어야 한다. O | X

국가나 지방자치단체에 근무하는 청원경찰은 국가공무원법이나 지방공무원법상의 공무원은 아니지만, 다른 청원경찰과는 달리 그 임용권자가 행정기관의 장이고, 국가나 지방자치단체로부터 보수를 받으며, 산업재해보상보험법이나 근로기준법이 아닌 공무원연금법에 따른 재해보상과 퇴직급여를 지급받고, 직무상의 불법행위에 대하여도 민법이 아닌 국가배상법이 적용되는 등의 특질이 있으며 그 외 임용자격, 직무, 복무의무 내용 등을 종합하여 볼 때, 그 근무관계를 사법상의 고용계약관계로 보기는 어려우므로 그에 대한 징계처분의 시정을 구하는 소는 행정소송의 대상이지 민사소송의 대상이 아니다(대판 1993.7.13. 92다47564).

23. 국회직 8급, 19. 서울시 9급(6월)

017 □□□

지방재정법에 따라 지방자치단체가 당사자가 되어 체결하는 계약에 있어 계약보증금의 귀속조치는 행정소송의 대상이 된다. O | X

입찰보증금은 낙찰자의 계약체결의무 이행의 확보를 목적으로 하여 그 불이행시에 이를 국고에 귀속시켜 국가의 손해를 전보하는 사법상의 손해배상 예정으로서의 성질을 갖는 것이라고 할 것이므로 입찰보증금의 국고귀속조치는 국가가 사법상의 재산권의 주체로서 행위하는 것이지 공권력을 행사하는 것이거나 공권력작용과 일체성을 가진 것이 아니라 할 것이므로 이에 관한 분쟁은 행정소송이 아닌 민사소송의 대상이 될 수밖에 없다고 할 것이다(대판 1983.3.7. 81누366).

정답 014 ○ 015 ○ 016 X 017 X

23 · 19. 국가직 9급, 14. 지방직 7급

018 □□□

구 예산회계법(현 국가를 당사자로 하는 계약에 관한 법률)상 입찰보증금의 국고귀속조치는 국가가 공권력을 행사하는 것이라는 점에서, 이를 다투는 소송은 행정소송에 해당한다. O | X

구 예산회계법에 따라 체결되는 계약은 사법상의 계약이라고 할 것이고 동법 제70조의5의 입찰보증금은 낙찰자의 계약체결의무 이행의 확보를 목적으로 하여 그 불이행시에 이를 국고에 귀속시켜 국가의 손해를 전보하는 사법상의 손해배상 예정으로서의 성질을 갖는 것이라고 할 것이므로 입찰보증금의 국고귀속조치는 국가가 사법상의 재산권의 주체로서 행위하는 것이다(대판 1983.12.27. 81누366).

21. 소방간부

019 □□□

구 예산회계법(현 국가를 당사자로 하는 계약에 관한 법률)에 따라 체결되는 계약에 있어서 입찰금액의 착오기재를 주장하고 공사계약 체결에 불응한 사업자에 대한 입찰참가자격정지처분은 민사소송의 대상이 된다. O | X

구 예산회계법에 따라 체결되는 계약에 있어서 입찰보증금의 국고귀속조치에 관한 분쟁은 민사소송의 대상이 되지만, 입찰참가자격정지에 대해서는 항고소송으로 다투어야 한다.

15. 경행특채 1차, 11. 경행특채

020 □□□

서울특별시 지하철공사의 임 · 직원의 근무관계의 성질은 공법상의 특별권력관계라고 볼 수 있다. O | X

서울특별시 지하철공사의 임원과 직원의 근무관계의 성질은 공법상의 관계라고는 볼 수 없고, 사법관계에 속한다(대판 1989.9.12. 89누2103).

23. 국가직 9급, 19. 국가직 9급 · 변호사, 18. 국가직 9급, 16. 지방직 9급, 13. 국회직 8급

021 □□□

구 도시계획법상 도시계획사업의 시행자가 그 사업에 필요한 토지를 협의취득하는 행위는 사경제주체로서 행하는 사법상의 법률행위이므로 행정소송의 대상이 되지 않는다. O | X

도시계획사업의 시행자가 그 사업에 필요한 토지를 협의취득하는 행위는 사경제주체로서 행하는 사법상의 법률행위에 지나지 않으며 공권력의 주체로서 우월한 지위에서 행하는 공법상의 행정처분이 아니므로 행정소송의 대상이 되지 않는다(대판 1992.10.27. 91누3871).

19. 지방직 9급

022 □□□

공익사업을 위한 토지 등의 취득 및 보상에 관한 법률에 의한 보상합의는 공공기관이 사경제주체로서 행하는 사법상 계약의 실질을 가진다. O | X

공공용지의 취득 및 손실보상에 관한 특례법에 의한 협의취득 또는 보상합의는 공공기관이 사경제주체로서 행하는 사법상 매매 내지 사법상 계약의 실질을 가지는 것으로서, 당사자간의 합의로 같은 법 소정의 손실보상의 요건을 완화하는 약정을 할 수 있고, 그와 같은 당사자간의 합의로 같은 법 소정의 손실보상의 기준에 의하지 아니한 매매대금을 정할 수 있다(대판 1999.3.23. 98다48866).

정답 018 X 019 X 020 X 021 O 022 O

18. 국가직 7급, 16. 지방직 7급

023 □□□

국유 일반재산의 대부료 징수에 관하여 국세 체납처분의 예에 따른 간이하고 경제적인 특별한 구제절차가 마련되어 있으므로, 특별한 사정이 없는 한 민사소송으로 일반재산의 대부료 지급을 구하는 것은 허용되지 않는다. O | X

국유재산법 제42조 제1항, 제73조 제2항 제2호에 따르면, 국유 일반재산의 관리 · 처분에 관한 사무를 위탁받은 자는 국유 일반재산의 대부료 등이 납부기한까지 납부되지 아니한 경우에는 국세징수법 제23조와 같은 법의 체납처분에 관한 규정을 준용하여 대부료 등을 징수할 수 있다. 이와 같이 국유 일반재산의 대부료 등의 징수에 관하여는 국세징수법 규정을 준용한 간이하고 경제적인 특별구제절차가 마련되어 있으므로, 특별한 사정이 없는 한 민사소송의 방법으로 대부료 등의 지급을 구하는 것은 허용되지 아니한다(대판 2014.9.4. 2014다203588).

16. 지방직 7급

024 □□□

헌법재판소는 정부투자기관[한국토지공사(현 한국토지주택공사)]의 출자로 설립된 회사(한국토지신탁) 내부의 근무관계(인사상의 차별 및 해고)에 관한 사항은 특별한 공법적 규정이 존재하는 경우라도 사법관계에 속하는 것이라고 본다. O | X

정부투자기관(한국○○공사)의 출자로 설립된 회사(한국□□신탁) 내부의 근무관계(인사상의 차별 및 해고)에 관한 사항은, 이를 규율하는 특별한 공법적 규정이 존재하지 않는 한, 원칙적으로 사법관계에 속하므로 헌법소원의 대상이 되는 공권력 작용이라고 볼 수 없다(헌재 2002.3.28. 2001헌마464).

22. 국가직 9급

025 □□□

군인연금법령상 급여를 받으려고 하는 사람이 국방부장관에게 급여지급을 청구하였으나 거부된 경우, 곧바로 국가를 상대로 한 당사자소송으로 급여의 지급을 청구할 수 있다. O | X

국방부장관 등이 하는 급여지급결정은 단순히 급여수급 대상자를 확인 · 결정하는 것에 그치는 것이 아니라 구체적인 급여수급액을 확인 · 결정하는 것까지 포함한다. 구 군인연금법령상 급여를 받으려고 하는 사람은 우선 관계 법령에 따라 국방부장관 등에게 급여지급을 청구하여 국방부장관 등이 이를 거부하거나 일부 금액만 인정하는 급여지급결정을 하는 경우 그 결정을 대상으로 항고소송을 제기하는 등으로 구체적 권리를 인정받은 다음 비로소 당사자소송으로 그 급여의 지급을 구해야 한다. 이러한 구체적인 권리가 발생하지 않은 상태에서 곧바로 국가를 상대로 한 당사자소송으로 급여의 지급을 소구하는 것은 허용되지 않는다(대판 2021.12.16. 2019두45944).

22. 국가직 9급

026 □□□

법무사가 사무원을 채용할 때 소속 지방법무사회로부터 승인을 받아야 할 의무는 공법상 의무이다. O | X

법무사 사무원 채용승인은 본래 법무사에 대한 감독권한을 가지는 소관 지방법원장에 의한 국가사무였다가 지방법무사회로 이관되었으나, 이후에도 소관 지방법원장은 지방법무사회로부터 채용승인 사실의 보고를 받고 이의신청을 직접 처리하는 등 지방법무사회의 업무수행 적정성에 대한 감독을 하고 있다. 또한 법무사가 사무원 채용에 관하여 법무사법이나 법무사규칙을 위반하는 경우에는 소관 지방법원장으로부터 징계를 받을 수 있으므로, 법무사에 대하여 지방법무사회로부터 채용승인을 얻어 사무원을 채용할 의무는 법무사법에 의하여 강제되는 공법적 의무이다(대판 2020.4.9. 2015다34444).

정답 023 ○ 024 X 025 X 026 ○

22. 국가직 9급

027 □□□

사무처리의 긴급성으로 인하여 해양경찰의 직접적인 지휘를 받아 보조로 방제작업을 한 경우, 사인은 그 사무를 처리하며 지출한 필요비 내지 유익비의 상환을 국가에 대하여 민사소송으로 청구할 수 있다. O | X

甲 주식회사 소유의 유조선에서 원유가 유출되는 사고가 발생하자 해상 방제업 등을 영위하는 乙 주식회사가 피해 방지를 위해 해양경찰의 직접적인 지휘를 받아 방제작업을 보조한 사안에서, 甲 회사의 조치만으로는 원유 유출사고에 따른 해양오염을 방지하기 곤란할 정도로 긴급방제조치가 필요한 상황이었고, 위 방제작업은 乙 회사가 국가를 위해 처리할 수 있는 국가의 의무 영역과 이익 영역에 속하는 사무이며, 乙 회사가 방제작업을 하면서 해양경찰의 지시·통제를 받았던 점 등에 비추어 乙 회사는 국가의 사무를 처리한다는 의사로 방제작업을 한 것으로 볼 수 있으므로, 乙 회사는 사무관리에 근거하여 국가에 방제비용을 청구할 수 있다(대판 2014.12.11. 2012다15602).

22. 국가직 9급

028 □□□

공익사업을 위한 토지 등의 취득 및 보상에 관한 법률상 환매권의 존부에 관한 확인을 구하는 소송 및 환매금액의 증감을 구하는 소송은 민사소송이다. O | X

구 공익사업을 위한 토지 등의 취득 및 보상에 관한 법률 제91조에 규정된 환매권은 상대방에 대한 의사표시를 요하는 형성권의 일종으로서 재판상이든 재판 외이든 위 규정에 따른 기간 내에 행사하면 매매의 효력이 생기는 바, 이러한 환매권의 존부에 관한 확인을 구하는 소송 및 구 공익사업법 제91조 제4항에 따라 환매금액의 증감을 구하는 소송 역시 민사소송에 해당한다(대판 2013.2.28. 2010두22368).

23. 국가직 9급

029 □□□

국유재산 중 행정재산의 사용허가는 공법관계이나, 한국공항공단이 무상사용허가를 받은 행정재산에 대하여 하는 전대행위는 사법관계이다. O | X

국유재산 중 행정재산의 사용허가는 공법관계이다.

관련 판례

구 한국공항공단법 제17조에 의하여 한국공항공단이 정부로부터 무상사용허가를 받은 행정재산을 전대하는 행위는 사법상의 임대차에 해당한다(대판 2003.10.24. 2001다82514·82521).

23. 국회직 8급

030 □□□

구 한국공항공단법에 의하여 한국공항공단이 정부로부터 무상사용허가를 받은 행정재산을 전대(轉貸)하는 행위는 행정소송의 대상이 되는 행정처분이다. O | X

공법관계가 아닌 사법관계이다.

관련 판례

한국공항공단이 정부로부터 무상사용허가를 받은 행정재산을 구 한국공항공단법 제17조에서 정한 바에 따라 전대하는 경우에 미리 그 계획을 작성하여 건설교통부장관에게 제출하고 승인을 얻어야 하는 등 일부 공법적 규율을 받고 있다고 하더라도, 한국공항공단이 그 행정재산의 관리청으로부터 국유재산관리사무의 위임을 받거나 국유재산관리의 위탁을 받지 않은 이상, 한국공항공단이 무상사용허가를 받은 행정재산에 대하여 하는 전대행위는 통상의 사인간의 임대차와 다를 바가 없고, 그 임대차계약이 임차인의 사용승인신청과 임대인의 사용승인의 형식으로 이루어졌다고 하여 달리 볼 것은 아니다(대판 2004.1.15. 2001다12638).

정답 027 ○ 028 ○ 029 ○ 030 X

제2절 행정상 법률관계

11. 사복직 9급, 04. 경기교행 9급

031 □□□

권력관계란 행정주체에게 개인에게는 인정되지 않는 우월적 지위가 인정되는 법률관계이다. O | X

권력관계란 행정주체에게 우월적 지위가 인정되는 공법적 법률관계로, 일반원리적 규정 이외에는 사법규정의 적용이 배제된다.

Point정리 행정상 법률관계

- 행정상 법률관계
  - 공법관계
    - 권력관계
    - 관리관계(비권력관계)
  - 사법관계

11. 사복직 9급

032 □□□

관리관계는 공법관계에 속하므로 전면적으로 공법규정 내지 공법원리가 적용된다. O | X

학설에 의하면 관리관계는 원칙적으로 사법의 적용을 받고, 다만 공법적 원리의 제한을 받는다.

11. 국회직 9급

033 □□□

국고관계란 국가 또는 공공단체 등의 행정주체가 우월적인 지위에서가 아니라 재산권의 주체로서 사인과 맺는 법률관계를 말한다. O | X

국고관계는 행정주체가 사인과 대등한 지위에서 사법상의 행위를 행할 때 사인과 맺는 관계를 말한다.

18. 지방교행

034 □□□

행정사법(行政私法) 영역에서는 사법이 적용되며, 공법원리는 추가로 적용될 수 없다. O | X

행정사법(行政私法) 영역에서는 원칙적으로 사법이 적용되지만, 사법으로 도피를 방지하기 위해서 공법적 기속을 받아야 하므로 공법원리는 추가로 적용될 수 있다.

정답 031 ○ 032 X 033 ○ 034 X

제3절 행정법관계의 당사자(행정주체와 행정객체)

06. 국회직 8급

035 □□□

행정주체는 인격성을 가지나 행정기관은 그에게 법률효과가 귀속되는 것은 아니므로 인격성을 가지지 못한다. O | X

행정주체에는 국가 · 공공단체 · 공무수탁사인이 포함되며, 행정주체는 행정기관이 한 행위의 법적 효과의 귀속주체가 된다.

10. 지방직 9급

036 □□□

공무수탁사인은 행정임무를 자기책임하에 수행함이 없이 단순한 기술적 집행만을 행하는 사인인 행정보조인과는 구별된다. O | X

공무수탁사인은 위탁받은 공행정사무를 자기 이름으로 처리할 수 있는 권한을 지닌 행정주체이다. 행정보조인은 자기 이름으로 행정을 처리할 권리가 없으므로 공무수탁사인에 해당하지 않고, 별정우체국장, 선장, 사립대학교의 장 등이 공무수탁사인에 해당한다.

10. 지방직 9급

037 □□□

소득세법에 의한 원천징수의무자의 원천징수행위는 법령에서 규정된 징수 및 납부의무를 이행하기 위한 것에 불과한 것이지, 공권력의 행사로서의 행정처분에 해당되지 아니한다고 보는 것이 판례의 입장이다. O | X

원천징수의무자인 행정청의 원천징수행위는 행정치분이 아니다(대판 1990.3.23. 89누4789).

✓ **참고** 원천징수의무자에 대한 소득금액변동의 통지는 행정처분에 해당한다(대판 2006.4.20. 2002두1878).

10. 지방직 9급

038 □□□

국가가 자신의 임무를 스스로 수행할 것인지 아니면 그 임무의 기능을 민간 부문으로 하여금 수행하게 할 것인지에 대하여 입법자에게 광범위한 입법재량 내지 형성의 자유가 인정된다고 보는 것이 판례의 입장이다. O | X

국가가 자신의 임무를 그 스스로 수행할 것인지 아니면 그 임무의 기능을 민간 부문으로 하여금 수행하게 할 것인지 하는 문제, 즉 국가가 어떤 임무수행방법을 선택할지는 입법자가 당해 사무의 성격과 수행방식의 효율성 정도 및 비용 공무원 수의 증가 또는 정부 부문의 비대화 문제, 민간 부문의 자본능력과 기술력의 성장 정도, 시장여건의 성숙도, 민영화에 대한 사회적 정치적 합의 등을 종합적으로 고려하여 판단해야 할 사항으로서 그 판단에 관하여는 입법자에게 광범위한 입법재량 내지 형성의 자유가 인정된다(헌재 2007.6.28. 2004헌마262).

정답 035 ○ 036 ○ 037 ○ 038 ○

17. 서울시 7급

039

□□□

공무수탁사인은 행정주체이면서 동시에 행정청의 지위를 갖는다. O | X

행정청은 행정주체의 의사를 외부에 표시하는 권한을 지닌 행정기관을 의미한다. 공무수탁사인은 자기책임으로 행정을 행할 권리를 지닌 동시에 외부에 표시할 수 있는 권한을 가진 행정청이기도 하다.

> **「행정절차법」 제2조 【정의】** 이 법에서 사용하는 용어의 뜻은 다음과 같다.
> 1. "행정청"이란 다음 각 목의 자를 말한다.
>   가. 행정에 관한 의사를 결정하여 표시하는 국가 또는 지방자치단체의 기관
>   나. 그 밖에 법령 또는 자치법규(이하 "법령 등"이라 한다)에 따라 행정권한을 가지고 있거나 위임 또는 위탁받은 공공단체 또는 그 기관이나 사인(私人)

17. 서울시 7급

040

□□□

국가가 공무수탁사인의 공무수탁사무수행을 감독하는 경우 수탁사무수행의 합법성뿐만 아니라 합목적성까지도 감독할 수 있다. O | X

위임 및 위탁기관은 수임 및 수탁기관의 수임 및 수탁사무 처리에 대하여 지휘·감독하고, 그 처리가 위법하거나 부당하다고 인정될 때에는 이를 취소하거나 정지시킬 수 있다(행정권한의 위임 및 위탁에 관한 규정 제6조).

17. 서울시 7급

041

□□□

경찰과의 계약을 통해 주차위반차량을 견인하는 민간사업자도 공무수탁사인에 해당한다. O | X

공무수탁사인은 행정임무를 자기책임하에 수행함이 없이 단순한 기술적 집행만을 행하는 사인인 행정보조인이나 행정을 대행하는 것에 불과한 행정대행인과 구별된다. 사법상 계약에 의하여 단순히 경영위탁을 받은 사인은 공무수탁사인이 아니다. 따라서 사법상 계약을 통해 주차위반차량을 견인하는 민간사업자는 공무수탁사인에 해당하지 않는다.

09. 국가직 9급

042

□□□

국가를 제외한 행정주체도 행정객체가 될 수 있으므로 서울국제우체국장을 상대로 관세를 부과한 경우 당연무효라 볼 수 없다. O | X

서울국제우체국장은 우편사업을 담당하는 국가의 일개 기관에 불과할 뿐으로서 법률상 담세능력이 있다거나 책임재산을 가질 수 있다고 볼 수 없어 관세법상의 납세의무자가 될 수 없으므로 위 우체국장에 대한 이 사건 관세부과처분은 관세의 납세의무자가 될 수 없는 자를 그 납세의무자로 한 위법한 처분으로서 그 하자가 중대하고도 명백하여 당연무효라고 할 것이다(대판 1987.4.28. 86누93).

정답 039 ○ 040 ○ 041 X 042 X

제6장 공권(개인적 공권)

제1절 공권의 의의와 종류

12. 국가직 9급

001 □□□

개인적 공권은 명확한 법규의 존재를 전제로 하는 것이므로 성문법에 근거하지 않으면 성립할 수 없다. O | X

개인적 공권은 성문법령 외에 불문법으로도 성립할 수 있다.

17. 지방직 9급

002 □□□

소극적 방어권인 헌법상의 자유권적 기본권은 법률의 규정이 없다고 하더라도 직접 공권이 성립될 수도 있다. O | X

기본권의 내용상 법률에 의하여 구체화되지 않아도 되는 자유권적 기본권(예 신체의 자유, 정신적 자유, 알 권리 등)의 경우에는 개인적 공권의 근거 규정이 될 수 있다(기본권의 공권화 경향).

17. 지방직 9급

003 □□□

사회권적 기본권의 성격을 가지는 연금수급권은 헌법에 근거한 개인적 공권이므로 헌법규정만으로도 실현할 수 있다. O | X

공무원연금수급권과 같은 사회보장수급권은 "모든 국민은 인간다운 생활을 할 권리를 가지고, 국가는 사회보장·사회복지의 증진에 노력할 의무를 진다."고 규정한 헌법 제34조 제1항 및 제2항으로부터 도출되는 사회적 기본권 중의 하나로서, 이는 국가에 대하여 적극적으로 급부를 요구하는 것이므로 헌법규정만으로는 이를 실현할 수 없어 법률에 의한 형성이 필요하고 그 구체적인 내용, 즉 수급요건, 수급권자의 범위 및 급여금액 등은 법률에 의하여 비로소 확정된다(헌재 2013.9.26. 2011헌바272).

12. 국가직 9급

004 □□□

개인적 공권은 공법상 계약을 통해서는 성립할 수 없다. O | X

개인적 공권은 공법상 계약을 통해서도 성립할 수 있다.

정답 001 X 002 ○ 003 X 004 X

08. 국회직 8급

005 □□□

행정청의 재량영역일지라도 법률상 이익 내지 주관적 공권이 도출될 수 없는 것은 아니다. O | X

재량행위의 경우에도 재량권이 영(0)으로 수축되는 경우에는 일정한 공권의 성립이 가능하다.

18. 지방교행, 14. 경행특채 1차

006 □□□

주거지역 내에서 법령상의 제한면적을 초과하는 연탄공장의 건축허가처분으로 불이익을 받고 있는 인근 주민은 당해 처분의 취소를 소구할 법률상 자격이 없다. O | X

주거지역 내의 도시계획법 제19조 제1항과 개정 전 건축법 제32조 제1항(거주의 안녕과 건전한 생활환경의 보호를 해치는 모든 건축이 금지) 소정 제한면적을 초과한 연탄공장건축허가처분으로 불이익을 받고 있는 제3거주자는 당해 행정처분의 취소를 소구할 법률상 자격이 인정된다(대판 1975.5.13. 73누96 · 97).

13. 국가직 9급

007 □□□

수익적 행정처분의 근거가 되는 법률이 해당 업자들 사이의 과당경쟁으로 인한 경영의 불합리를 방지하는 목적도 가지고 있는 경우, 기존업자가 경업자에 대한 면허나 인 · 허가 등의 수익적 행정처분의 취소를 구할 원고적격이 있다. O | X

일반적으로 면허나 인 · 허가 등의 수익적 행정처분의 근거가 되는 법률이 해당 업자들 사이의 과당경쟁으로 인한 경영의 불합리를 방지하는 것도 그 목적으로 하고 있는 경우, 다른 업자에 대한 면허나 인 · 허가 등의 수익적 행정처분에 대하여 이미 같은 종류의 면허나 인 · 허가 등의 수익적 행정처분을 받아 영업을 하고 있는 기존의 업자는 경업자에 대하여 이루어진 면허나 인 · 허가 등 행정처분의 상대방이 아니라 하더라도 당해 행정처분의 취소를 구할 원고적격이 있다(대판 2006.7.28. 2004두6716).

15. 국가직 9급

008 □□□

허가를 받은 경업자에게는 원고적격이 인정되나, 특허사업의 경업자는 특별한 사정이 없는 한 원고적격이 부인된다. O | X

허가를 받은 경업자에게는 원고적격이 부인되나, 특허사업의 경업자는 특별한 사정이 없는 한 원고적격인 인정된다.

15. 국회직 8급

009 □□□

기존 시내버스업자는 시외버스사업을 하는 자에 대해 시내버스로 전환함을 허용하는 사업계획변경인가처분의 취소를 구할 법률상 이익이 있다. O | X

허가에서 기존업자의 이익도 보호하고 있는 것으로 해석되는 경우 기존업자에게도 공권이 성립되므로 원고적격이 인정된다.

정답 005 ○ 006 X 007 ○ 008 X 009 ○

21. 소방간부

010 □□□

시외버스운송사업계획변경인가처분으로 시외버스 운행노선 중 일부가 기존의 시내버스 운행노선과 중복하게 되어 기존 시내버스사업자의 수익감소가 예상되는 경우, 기존의 시내버스운송사업자에게 위 처분의 취소를 구할 법률상의 이익이 있다. O | X

여객자동차 운수사업법상 시외버스운송사업계획변경인가처분으로 시외버스 운행노선 중 일부가 기존의 시내버스 운행노선과 중복하게 되어 기존 시내버스사업사의 수익감소가 예상되는 경우, 기존의 시내버스운송사업자에게 위 처분의 취소를 구할 법률상의 이익이 있다(대판 2002.10.25. 2001두4450).

12. 국회직 9급

011 □□□

허가 등 수익적 행정처분의 근거가 되는 법률이 해당 업자들 사이의 과당경쟁으로 인한 경영의 불합리를 방지하는 것을 목적으로 하는 경우, 기존의 업자는 타인에 대한 허가의 취소를 구할 법률상 이익이 있다. O | X

일반적으로 면허나 인·허가 등의 수익적 행정처분의 근거가 되는 법률이 해당 업자들 사이의 과당경쟁으로 인한 경영의 불합리를 방지하는 것도 그 목적으로 하고 있는 경우, 다른 업자에 대한 면허나 인·허가 등의 수익적 행정처분에 대하여 이미 같은 종류의 면허나 인·허가 등의 수익적 행정처분을 받아 영업을 하고 있는 기존의 업자는 경업자에 대하여 이루어진 면허나 인·허가 등 행정처분의 상대방이 아니라 하더라도 당해 행정처분의 취소를 구할 원고적격이 있다(대판 2006.7.28. 2004두6716).

08. 국회직 8급

012 □□□

경원자소송(競願者訴訟)에서는 법적 자격의 흠결로 신청이 인용될 가능성이 없는 경우를 제외하고는 경원관계의 존재만으로 거부된 처분의 취소를 구할 법률상 이익이 있다. O | X

경원자소송에는 원칙적으로 공권이 성립되므로 원고적격이 인정된다. 한편 경업자의 경우 기존업자가 특허업자인 경우, 법이 기존업자의 이익을 보호하고 있다고 해석되는 경우 등 법률상 이익이 인정되면 공권이 성립되어 원고적격도 인정된다.

18. 지방교행

013 □□□

대법원은 경업자(競業者)에게는 개인적 공권을 인정하면서도, 경원자(競願者)에게는 이를 부인하였다. O | X

대법원은 경업자이든 경원자이든 관계없이 법률상 이익이 인정되는 경우에는 개인적 공권을 인정하고 있다.

12. 국회직 9급

014 □□□

서로 경원관계에서 허가가 어느 한 사람에게 발급된 경우, 허가를 받지 못한 자는 타인에 대한 허가의 취소를 구할 법률상 이익이 있다. O | X

경원관계에서는 법적 자격의 흠결로 신청이 인용될 가능성이 없는 경우를 제외하고는 경원관계의 존재만으로 거부된 처분의 취소를 구할 법률상 이익이 있다.

정답 010 ○ 011 ○ 012 ○ 013 X 014 ○

제2절 행정개입청구권과 무하자재량행사청구권

11. 사복직 9급

015 □□□

재량권이 영(0)으로 수축하는 경우 행정개입청구권은 무하자재량행사청구권으로 전환된다. O | X

재량권이 영(0)으로 수축하는 경우 무하자재량청구권이 행정개입청구권으로 전환된다.

15. 교행직 9급

016 □□□

처분의 근거 법규가 재량규정으로 되어 있는 경우에는 공권이 성립될 수 없다. O | X

행정청의 재량영역일지라도 법률상 이익 내지 주관적 공권이 도출될 수 있다(무하자재량행사청구권).

11. 사복직 9급

017 □□□

반사적 이익의 공권화 경향에 따라 행정개입청구권의 성립요건이 그만큼 완화되고 있다. O | X

오늘날에는 행정편의주의를 극복하고자 개인적 공권을 확대시킴에 따라 행정개입청구권의 성립요건이 완화되고 있다.

15. 국가직 9급

018 □□□

개인의 신체·생명 등 중요한 법익에 급박하고 현저한 침해의 우려가 있는 경우 재량권이 영으로 수축된다. O | X

개인의 신체·생명 등 중요한 법익에 급박하고 현저한 침해의 우려가 있는 경우와 같이 사익을 보호해야 할 필요와 행정청의 개입의무가 강화되는 경우에는 기속행위뿐만 아니라 재량행위에 대해서도 재량권이 영(0)으로 수축되어 권익을 침해받은 이가 행정청을 상대로 일정한 행정권의 발동을 청구할 수 있는 권리(행정개입청구권)가 발생한다.

06. 경북 9급

019 □□□

행정개입청구권은 특정한 내용의 처분을 하여 줄 것을 청구하는 권리가 아니고 재량권을 흠 없이 행사하여 처분을 하여 줄 것을 청구하는 권리인 점에서 형식적 권리라고 할 수 있다. O | X

행정개입청구권은 무하자재량행사청구권과는 달리 형식적인 공권이 아니라 특정한 처분을 요구할 수 있는 실체적 권리이다.

정답 015 X 016 X 017 ○ 018 ○ 019 X

09. 국가직 9급

020 □□□

무하자재량행사청구권은 위법한 처분의 배제를 구하는 실체적 권리이다. O | X

무하자재량행사청구권은 특정 처분을 요구하는 권리가 아니라, 내용적 한계를 준수하면서 재량권을 행사할 것을 요구하는 형식적·절차적 권리이다.

15. 국가직 9급, 12. 사복직 9급, 08. 국가직 7급

021 □□□

검사의 임용 여부는 임용권자의 자유재량에 속하는 사항이고, 임용권자가 동일한 검사신규임용의 기회에 원고를 비롯한 다수의 검사 지원자들로부터 임용신청을 받아 전형을 거쳐 자체에서 정한 임용기준에 따라 이들 일부만을 선정하여 검사로 임용하는 경우에 있어서 법령상 검사임용신청 및 그 처리의 제도에 관한 명문규정이 없을 때 조리상 전형결과의 응답을 해 줄 의무는 없다. O | X

검사의 임용 여부는 임용권자의 자유재량에 속하는 사항이나, 임용권자가 동일한 검사신규임용의 기회에 원고를 비롯한 다수의 검사 지원자들로부터 임용신청을 받아 전형을 거쳐 자체에서 정한 임용기준에 따라 이들 일부만을 선정하여 검사로 임용하는 경우에 있어서 법령상 검사임용신청 및 그 처리의 제도에 관한 명문규정이 없다고 하여도 조리상 임용권자는 임용신청자들에게 전형의 결과인 임용 여부의 응답을 해 줄 의무가 있다고 할 것이며, 응답할 것인지 여부 조차도 임용권자의 편의재량사항이라고는 할 수 없다(대판 1991.2.12. 90누5825).

07. 경북 9급

022 □□□

무하자재량행사청구권은 행정기관이 선택재량을 가지는 경우뿐만 아니라 결정재량만을 가지는 경우에도 인정된다. O | X

무하자재량행사청구권은 재량행위에서만 성립하고 기속행위에서는 성립하지 않지만, 재량행위인 경우 선택재량이든 결정재량이든 모두 인정될 수 있다.

18. 지방교행

023 □□□

무하자재량행사청구권은 수익적 행정행위뿐만 아니라 부담적 행정행위에도 적용될 수 있다. O | X

무하자재량행사청구권은 재량영역에서 하자 없이 재량의 행사를 청구하는 권리로서, 수익적이든 부담적이든지에 관계없이 인정되므로 수익적 행정행위뿐만 아니라 부담적 행정행위에도 적용될 수 있다.

09. 국가직 9급

024 □□□

무하자재량행사청구권은 기속규범에서는 인정되지 않고 재량규범에서 인정된다. O | X

무하자재량행사청구권은 재량행위에서만 성립하고 기속행위에서는 성립하지 않지만, 재량행위인 경우 선택재량이든 결정재량이든 모두 인정될 수 있다.

정답 020 X 021 X 022 ○ 023 ○ 024 ○

15. 국가직 9급

025 □□□

규제권한발동에 관해 행정청의 재량을 인정하는 건축법의 규정은 소정의 사유가 있는 경우 행정청에 건축물의 철거 등을 명할 수 있는 권한을 부여한 것일 뿐만 아니라 행정청에 그러한 의무가 있음을 규정한 것이다. O | X

구 건축법 및 기타 관계 법령에 국민이 행정청에 대하여 제3자에 대한 건축허가의 취소나 준공검사의 취소 또는 제3자 소유의 건축물에 대한 철거 등의 조치를 요구할 수 있다는 취지의 규정이 없고, 같은 법 제69조 제1항 및 제70조 제1항은 각 조항 소정의 사유가 있는 경우에 시장 · 군수 · 구청장에게 건축허가 등을 취소하거나 건축물의 철거 등 필요한 조치를 명할 수 있는 권한 내지 권능을 부여한 것에 불과할 뿐, 시장 · 군수 · 구청장에게 그러한 의무가 있음을 규정한 것은 아니므로 위 조항들도 그 근거 규정이 될 수 없으며, 그 밖에 조리상 이러한 권리가 인정된다고 볼 수도 없다(대판 1999.12.7. 97누17568).

15. 국가직 9급

026 □□□

일반적인 개인적 공권의 성립요건인 사익보호성은 무하자재량행사청구권이나 행정개입청구권에는 적용되지 않는다. O | X

무하자재량행사청구권이나 행정개입청구권에는 사익보호성이 적용된다.

15. 교행직 9급

027 □□□

행정개입청구권은 현행법상 의무이행소송을 통하여 행사될 수 있다. O | X

현행법상 의무이행소송은 존재하지 않는다.

11. 사복직 9급, 05. 관세사

028 □□□

제3자와 소권(訴權)의 포기에 관한 계약을 체결하더라도 그 계약은 무효이다. O | X

당사자가 임의로 처분할 수 없는 공법상의 권리관계를 대상으로 하여 사인의 국가에 대한 공권인 소권을 당사자의 합의로 포기하는 것은 허용될 수 없다. 도매시장법인으로 지정하면서 지정기간 중 지정취소 또는 폐쇄지시에도 일체의 소송을 청구할 수 없다는 부관(부제소특약)을 붙이는 것은 허용되지 아니한다(대판 1998.8.21. 98두8919).

참고 이외에도 선거권, 연금청구권, 봉급청구권, 석탄산업법 시행령상의 재해위로금청구권 등은 포기할 수 없는 개인적 공권이다.

09. 국가직 9급

029 □□□

개인적 공권은 일반적으로 일신전속적 성질을 가지므로 대행이나 위임이 제한되는 경우가 많다. O | X

생명 · 신체의 침해로 인한 국가배상청구권, 공무원연금법상의 연금청구권, 국가유공자와 유족에 대한 보상금 및 각종 보호에 대한 권리 등은 이전이 제한된다.

정답 025 X 026 X 027 X 028 ○ 029 ○

05. 국회직 8급

030 □□□

행정주체간에도 권리 · 의무 및 지위의 이전 · 승계가 일어난다. O | X

예를 들어 지방자치단체의 폐치 · 분합, 공공단체간의 통 · 폐합 등이 있는 경우에 권리 · 의무 및 지위의 이전 · 승계가 일어난다.

05. 국회직 8급

031 □□□

행정절차법은 당사자 등의 지위의 이전승계에 관하여 규정하고 있다. O | X

행정절차법 제10조에 규정하고 있다.

> 「**행정절차법**」 **제10조 【지위의 승계】** ① 당사자 등이 사망하였을 때의 상속인과 다른 법령 등에 따라 당사자 등의 권리 또는 이익을 승계한 자는 당사자 등의 지위를 승계한다.
> ② 당사자 등인 법인 등이 합병하였을 때에는 합병 후 존속하는 법인 등이나 합병 후 새로 설립된 법인 등이 당사자 등의 지위를 승계한다.
> ④ 처분에 관한 권리 또는 이익을 사실상 양수한 자는 행정청의 승인을 받아 당사자 등의 지위를 승계할 수 있다.

07. 서울시 9급

032 □□□

법인합병의 경우 합병 후 존속하는 법인은 합병으로 인하여 소멸하는 법인에게 부과되거나 그 법인이 납부할 국세의 납세의무를 승계한다. O | X

> 「**행정절차법**」 **제10조 【지위의 승계】** ② 당사자 등인 법인 등이 합병하였을 때에는 합병 후 존속하는 법인 등이나 합병 후 새로 설립된 법인 등이 당사자 등의 지위를 승계한다.

21. 국가직 7급, 11. 국회직 9급 유사

033 □□□

구 산림법에 의해 형질변경허가를 받지 아니하고 산림을 형질변경한 자가 사망한 경우, 해당 토지의 소유권을 승계한 상속인은 그 복구의무를 부담하지 <u>않으므로</u>, 행정청은 그 상속인에 대하여 복구명령을 할 수 없다. O | X

구 산림법상 산림의 형질변경허가를 받지 아니하거나 신고를 하지 아니하고 산림을 형질변경한 자에 대하여 원상회복에 필요한 조치를 명할 수 있고, 원상회복명령을 받은 자가 이를 이행하지 아니한 때에는 행정대집행법을 준용하여 원상회복을 할 수 있도록 규정하고 있는 점, 원상회복명령에 따른 복구의무는 타인이 대신하여 행할 수 있는 의무로서 일신전속적인 성질을 가진 것으로 보기 어려운 점, … 등에 비추어 보면, 산림을 무단형질변경한 자가 사망한 경우 당해 토지의 소유권 또는 점유권을 승계한 상속인은 그 복구의무를 부담한다고 봄이 상당하고, 따라서 관할 행정청은 그 상속인에 대하여 복구명령을 할 수 있다고 보아야 한다(대판 2005.8.19. 2003두9817).

정답 030 ○ 031 ○ 032 ○ 033 X

11. 국가직 7급

034 □□□

구 석유판매업허가는 혼합적 허가의 성질을 갖는 것이므로 양도인의 허가 취소사유가 양수인에게 승계되지 않는다. O | X

석유판매업(주유소)허가는 소위 대물적 허가의 성질을 갖는 것이어서 그 사업의 양도도 가능하고 이 경우 양수인은 양도인의 지위를 승계하게 됨에 따라 양도인의 위 허가에 따른 권리의무가 양수인에게 이전되는 것이므로 만약 양도인에게 그 허가를 취소할 위법사유가 있다면 허가관청은 이를 이유로 양수인에게 응분의 제재조치를 취할 수 있다 할 것이고, 양수인이 그 양수 후 허가관청으로부터 석유판매업허가를 다시 받았다 하더라도 이는 석유판매업의 양수도를 전제로 한 것이어서 이로써 양도인의 지위승계가 부정되는 것은 아니므로 양도인의 귀책사유는 양수인에게 그 효력이 미친다(대판 1986.7.22. 86누203).

14. 경행특채 1차

035 □□□

법률상의 이익 내지 공권이란 당해 처분의 근거 법률에 의해 직접 보호되는 구체적인 이익을 말하기 때문에 관련 법률까지 고려해서 법률상 이익을 논할 수 없다. O | X

행정처분의 상대방이 아닌 제3자라도 당해 행정처분의 취소를 구할 법률상의 이익이 있는 경우에는 그 처분의 취소나 무효확인을 구할 수 있고 이 경우 법률상의 이익이란 당해 처분의 근거 법률이나 관련 법률 등에 의하여 직접 보호되는 구체적인 이익을 말한다(서울행정법원 2011.1.19. 2010구합31355).

06. 대구교행 9급

036 □□□

헌법상의 모든 기본권이 행정상 법률관계에 있어 개인적 공권이 되는 것은 아니다. O | X

사회적 기본권은 법률에 의해 구체화되었을 때 비로소 행정법상 개인적 공권이 될 수 있다.

정답 034 X 035 X 036 ○

제7장 특별권력관계

05. 서울시 9급

001 □□□

울레(Ule)의 수정설에 따르면 군인의 입대 · 제대와 같은 기본관계에 대해서는 사법심사가 허용되지 않는다.
O | X

올레는 특별권력관계를 외부관계(기본관계)와 내부관계(경영수행관계)로 나누어, 기본관계에서 이루어지는 행정작용은 법이 침투할 수 있는 영역으로 보아 사법심사의 대상으로 보았으나 경영수행관계의 경우에는 사법심사의 대상으로 보지 않았다.

09. 국회직 9급

002 □□□

특별권력관계의 성립은 직접 법률에 의거하는 경우와 상대방의 동의에 의하는 경우가 있는데, 상대방의 동의는 자유로운 의사에 기한 자발적인 동의만을 인정한다.
O | X

대부분의 기본관계는 상대방의 동의와 관계없이 성립한다.

15. 경행특채 1차

003 □□□

특별행정법관계(특별권력관계)의 종류에는 공법상의 근무관계, 공법상의 영조물이용관계, 공법상의 특별감독관계, 공법상의 사단관계가 있다.
O | X

특별행정법관계의 종류에 대한 옳은 내용이다.

Point정리 특별행정법관계의 종류

1. **근무관계**: 공무원관계, 군복무관계
2. **영조물이용관계**: 국공립학교 재학관계, 도서관 이용관계, 교도소 수감관계
3. **특별감독관계**: 공무수탁사인과 국가의 관계
4. **사단관계**: 공공조합과 조합원의 관계

07. 경북 9급

004 □□□

특별권력관계의 행정주체에게는 명령권 · 징계권 · 과세권을 그 내용으로 하는 포괄적 지배권이 인정된다.
O | X

과세권은 일반권력관계에서 인정되는 것이다.

정답 001 X 002 X 003 ○ 004 X

09. 국회직 9급

005 □□□

특별권력관계에서는 특별권력에 따른 명령권과 형벌권이 인정된다. O | X

형벌권은 일반권력관계에서 인정되는 것이다.

09. 국회직 9급

006 □□□

특별권력관계에서도 헌법 제37조 제2항의 기본권 제한의 원칙에 따라 법률의 근거하에 기본권 제한이 인정된다. O | X

특별권력관계에서도 기본권 제한에 법률유보의 원칙이 적용된다.

07. 경북 9급

007 □□□

오늘날에도 특별권력관계에 대하여는 법률의 유보 및 사법심사가 완전히 배제된다고 하는 것이 학설과 판례의 입장이다. O | X

종래에는 특별권력관계에서 징계권의 행사에 대해 사법심사를 부정하였으나, 오늘날에는 전면적으로 사법심사를 허용하고 있다(대판 1991.11.22. 91누2144).

11. 지방직 9급

008 □□□

교도소장의 서신검열행위는 이른바 특별권력관계 내부에서의 행위이지만 그에 대한 사법심사는 가능하다. O | X

교도소장의 서신검열행위는 공법상 영조물이용관계에 해당하는 교도소 수감관계 내에서의 행위로, 특별권력관계 내부에서의 행위지만 권력적 사실행위로서 처분성이 인정된다. 따라서 원칙적으로 행정심판이나 행정소송과 같은 대법원 사법심사가 가능하고, 판례에서와 같이 이미 완료되어 행정심판이나 행정소송이 불가능한 경우에는 예외적으로 헌법재판소의 사법심사도 가능하다.

관련 판례

수형자의 서신을 교도소장이 검열하는 행위는 이른바 권력적 사실행위로서 행정심판이나 행정소송의 대상이 되는 행정처분으로 볼 수 있으나, 위 검열행위가 이미 완료되어 행정심판이나 행정소송을 제기하더라도 소의 이익이 부정될 수밖에 없으므로 헌법소원심판을 청구하는 외에 다른 효과적인 구제방법이 있다고 보기 어렵기 때문에 보충성의 원칙에 대한 예외에 해당한다(헌재 1998.8.27. 96헌마398).

정답 005 X 006 ○ 007 X 008 ○

11. 지방직 9급

009 □□□

교도소장의 서신검열행위는 법률에 근거함이 없이 행하여졌다면 위법하다. O | X

교도소장의 서신검열행위는 재소자의 기본권을 제한하는 침익적인 권력적 사실행위이므로 법률에 근거하여야 한다.

05. 국회직 8급

010 □□□

우리 판례에 의하면 동장과 구청장과의 관계는 공법상 특별권력관계로 인정될 수 없기 때문에 위법 · 부당한 처분에 대하여 행정소송을 제기할 수 없다고 한다. O | X

동장과 구청장과의 관계는 특별권력관계로서 행정소송의 대상이 된다.

15. 경행특채 1차, 09. 국회직 9급

011 □□□

국립교육대학 학생에 대한 퇴학처분은 행정처분으로서 행정소송의 대상이 된다. O | X

국립교육대학 학생에 대한 퇴학처분은, 국가가 설립 · 경영하는 교육기관인 동 대학의 교무를 통할하고 학생을 지도하는 지위에 있는 학장이 교육목적실현과 학교의 내부질서유지를 위해 학칙 위반자인 재학생에 대한 구체적 법집행으로서 국가공권력의 하나인 징계권을 발동하여 학생으로서의 신분을 일방적으로 박탈하는 국가의 교육행정에 관한 의사를 외부에 표시한 것이므로, 행정처분임이 명백하다(대판 1991.11.22. 91누2144).

11. 사복직 9급

012 □□□

특별권력관계에 있어서 권리를 침해당한 자는 행정소송을 제기할 수 있다. O | X

특별권력관계에 있어서도 기본권 제한에 법률유보의 원칙이 적용되며, 처분성이 인정되는 한 사법심사도 긍정된다.

정답 009 ○ 010 X 011 ○ 012 ○

제8장 행정법상의 법률요건과 법률사실

제1절 행정법상의 사건

09. 지방직 9급, 04. 전북 9급

001 □□□

공법의 특수성상 소멸시효의 중단·정지에 관하여는 민법의 규정이 적용될 수 없다. O | X

민법의 규정이 적용될 수 있다.

> 「국가재정법」 제96조 【금전채권·채무의 소멸시효】 ③ 금전의 급부를 목적으로 하는 국가의 권리의 경우 소멸시효의 중단·정지 그 밖의 사항에 관하여 다른 법률의 규정이 없는 때에는 민법의 규정을 적용한다. 국가에 대한 권리로서 금전의 급부를 목적으로 하는 것도 또한 같다.

16·09. 지방직 9급

002 □□□

국가에 대한 금전채권은 다른 법률에 특별한 규정이 없는 한 5년간 행사하지 않으면 소멸한다. O | X

예산회계법 제96조 제2항·제1항은 국가에 대한 권리로서 금전의 급부를 목적으로 하는 것은 다른 법률의 규정이 없는 한 5년간 행사하지 아니할 때 시효로 인하여 소멸한다고 규정하고 있으나, 같은 법 제96조 제1항이 국가의 금전채권도 5년의 시효로 소멸한다고 규정하고 있는 점 등에 비추어 국가에 대한 금전채권의 소멸시효를 규정한 위 예산회계법 제96조 제2항·제1항이 헌법상의 평등의 원칙에 반하여 무효인 규정이라고 할 수 없다(대판 2000.4.7. 99다53742).

16. 국가직 9급

003 □□□

현행법상 국가에 대한 금전채권의 소멸시효에 대하여는 민법의 규정이 그대로 적용된다. O | X

국가에 대한 금전채권의 소멸시효에 대하여는 다른 법률에 규정이 없으면 국가재정법이 적용된다.

> 「국가재정법」 제96조 【금전채권·채무의 소멸시효】 ① 금전의 급부를 목적으로 하는 국가의 권리로서 시효에 관하여 다른 법률에 규정이 없는 것은 5년 동안 행사하지 아니하면 시효로 인하여 소멸한다.

정답 001 X 002 ○ 003 X

09. 지방직 9급

004 □□□

관세법에 의한 관세과오납금반환 청구권의 소멸시효도 5년이다. O | X

「관세법」 제22조 【관세징수권 등의 소멸시효】 ② 납세자의 과오납금 또는 그 밖의 관세의 환급청구권은 그 권리를 행사할 수 있는 날부터 5년간 행사하지 아니하면 소멸시효가 완성된다.

16. 지방직 9급, 11. 국가직 7급

005 □□□

법령의 규정에 의한 납입고지에 의한 시효중단의 효력은 그 납입고지에 의한 부과처분이 취소되면 상실된다. O | X

예산회계법 제98조에서 법령의 규정에 의한 납입고지를 시효중단 사유로 규정하고 있는바, 이러한 납입고지에 의한 시효중단의 효력은 그 납입고지에 의한 부과처분이 취소되더라도 상실되지 않는다(대판 2000.9.8. 98두19933).

08. 지방직 7급

006 □□□

국세징수법상 세무공무원이 체납자의 재산을 압류하기 위해 수색을 하였으나 압류할 목적물이 없어 압류를 실행하지 못한 경우에도 시효중단의 효력은 발생한다. O | X

국세기본법 제28조 제1항은 국세징수권의 소멸시효의 중단사유로서 납세고지, 독촉 또는 납부최고, 교부청구 외에 '압류'를 규정하고 있는바, 여기서의 '압류'란 세무공무원이 국세징수법 제24조 이하의 규정에 따라 납세자의 재산에 대한 압류절차에 착수하는 것을 가리키는 것이므로, 세무공무원이 국세징수법 제26조에 의하여 체납자의 가옥·선박·창고 기타의 장소를 수색하였으나 압류할 목적물을 찾아내지 못하여 압류를 실행하지 못하고 수색조서를 작성하는 데 그친 경우에도 소멸시효중단의 효력이 있다(대판 2001.8.21. 2000다12419).

17. 국가직 9급(10월), 11. 국가직 7급

007 □□□

변상금부과처분에 대한 취소소송이 진행 중이면 변상금부과권의 권리 행사에 법률상의 장애사유가 있는 경우에 해당하므로 그 부과권의 소멸시효는 진행되지 않는다. O | X

변상금부과처분에 대한 취소소송이 진행 중이라도 그 부과권자로서는 위법한 처분을 스스로 취소하고 그 하자를 보완하여 다시 적법한 부과처분을 할 수도 있는 것이어서 그 권리 행사에 법률상의 장애사유가 있는 경우에 해당한다고 할 수 없으므로, 그 처분에 대한 취소소송이 진행되는 동안에도 변상금부과권의 소멸시효는 중단되지 않는다(대판 2006.2.10. 2003두5686).

정답 004 ○ 005 X 006 ○ 007 X

16. 지방직 9급

008 □□□

조세에 관한 소멸시효가 완성된 후에 부과된 조세부과처분은 위법한 처분이지만 당연무효라고 볼 수는 없다. O | X

조세에 관한 소멸시효가 완성되면 국가의 조세부과권과 납세의무자의 납세의무는 당연히 소멸한다 할 것이므로 소멸시효완성 후에 부과된 부과처분은 납세의무 없는 자에 대하여 부과처분을 한 것으로서 그와 같은 하자는 중대하고 명백하여 그 처분의 효력은 당연무효이다(대판 1985.5.14. 83누655).

21. 국가직 7급

009 □□□

구 지방재정법에 의한 변상금부과처분이 당연무효인 경우, 이 변상금부과처분에 의하여 납부자가 납부한 오납금은 지방자치단체가 법률상 원인 없이 취득한 부당이득에 해당한다. O | X

지방재정법 제87조 제1항에 의한 변상금부과처분이 당연무효인 경우에 이 변상금부과처분에 의하여 납부자가 납부하거나 징수당한 오납금은 지방자치단체가 법률상 원인 없이 취득한 부당이득에 해당하고, 이러한 오납금에 대한 납부자의 부당이득반환청구권은 처음부터 법률상 원인이 없이 납부 또는 징수된 것이므로 납부 또는 징수시에 발생하여 확정되며, 그때부터 소멸시효가 진행한다(대판 2005.1.27. 2004다50143).

22 · 14. 지방직 7급

010 □□□

원래의 행정재산이 공용폐지되어 취득시효의 대상이 된다는 입증책임은 시효취득을 주장하는 자에게 있다. O | X

원래의 행정재산이 공용폐지되어 취득시효의 대상이 된다는 입증책임은 시효취득을 주장하는 자에게 있다고 할 것이다(대판 1996.5.28. 95다52383).

19. 국회직 8급

011 □□□

도로구역이 결정 · 고시되어 공사가 진행 중인 경우에 해당 구역 내에 있지만 아직 공사가 진행되지 아니한 국유토지는 시효취득의 대상이 되지 아니한다. O | X

도로구역의 결정 · 고시 등의 공물지정행위는 있었지만 아직 도로의 형태를 갖추지 못하여 완전한 공공용물이 성립되었다고는 할 수 없으므로 일종의 예정공물이라고 볼 수 있는데, … 예정공물인 토지도 일종의 행정재산인 공공용물에 준하여 취급하는 것이 타당하다고 할 것이므로 구 국유재산법 제5조 제2항이 준용되어 시효취득의 대상이 될 수 없다(대판 1994.5.10. 93다23442).

11. 국회직 8급, 09. 지방직 9급

012 □□□

판례에 의할 때 공공용 또는 공용의 행정재산은 공용폐지를 하지 않는 한 잡종재산(현 일반재산)과 달리 시효취득의 대상이 되지 아니한다. O | X

국립공원으로 지정 · 고시된 국유토지는 설사 이를 사인이 점유 · 사용 중이라고 하더라도 국유재산법 제4조 제2항 제2호의 "국가가 직접 공공용으로 사용하거나 사용하기로 결정한 재산"으로서 행정재산인 공공용재산으로 된다고 보아야 하고, 공원사업에 직접 필요한 공원구역 내의 물건에 한하여 행정재산에 해당한다고 할 수 없으므로, 국유토지가 국립공원으로 지정 · 고시된 이후에는 시효취득의 대상이 되지 아니한다(대판 1996.7.30. 95다21280).

정답 008 X 009 ○ 010 ○ 011 ○ 012 ○

18. 지방직 7급

013 □□□

문화재보호구역 내의 국유토지는 국유재산법상 보존재산에 해당하므로 시효취득의 대상이 될 수 있다. O | X

문화재보호구역 내의 국유토지는 "법령의 규정에 의하여 국가가 보존하는 재산", 즉 국유재산법 제4조 제3항 소정의 "보존재산"에 해당하므로 구 국유재산법 제5조 제2항에 의하여 시효취득의 대상이 되지 아니한다(대판 1994.5.10. 93다23442).

18. 국회직 8급

014 □□□

국유재산법상 국유재산은 시효취득의 대상이 되지 아니한다. O | X

국유재산 중에서 일반재산은 시효취득의 대상이 되며, 국유재산이 시효취득의 대상이 되는 일반재산(잡종재산)이라는 점에 대한 입증책임은 시효의 이익을 주장하는 측에 있다(대판 1995.6.16. 94다42655).

16. 지방직 9급

015 □□□

국유재산법상 일반재산은 취득시효의 대상이 될 수 없다. O | X

국유재산법상 일반재산은 취득시효의 대상이 될 수 있다.

19. 국회직 8급

016 □□□

자연의 상태 그대로 공공용에 제공될 수 있는 실체를 갖추고 있는 자연공물은 자연력 등에 의한 현상변경으로 공공용에 제공될 수 없게 되고 그 회복이 사회통념상 불가능하게 되지 아니한 이상 공물로서의 성질이 상실되지 아니하며 시효취득의 대상도 되지 아니한다. O | X

자연의 상태 그대로 공공용에 제공될 수 있는 실체를 갖추고 있는 이른바 자연공물은 자연력 등에 의한 현상변경으로 공공용에 제공될 수 없게 되고 그 회복이 사회통념상 불가능하게 되지 아니한 이상 공물로서의 성질이 상실되지 않고 따라서 시효취득의 대상이 되지 아니한다(대판 1994.8.12. 94다12593).

19. 서울시 7급

017 □□□

원래 공공용에 제공된 행정재산인 공유수면이 그 이후 매립에 의하여 사실상 공유수면으로서의 성질을 상실하였다면 국유재산법령에 의한 용도폐지를 하지 않더라도 공물로서의 성질이 소멸된다. O | X

원래 공공용에 제공된 행정재산인 공유수면이 그 이후 매립에 의하여 사실상 공유수면으로서의 성질을 상실하였더라도 당시 시행되던 국유재산법령에 의한 용도폐지를 하지 않은 이상 당연히 잡종재산(현 일반재산)으로 된다고는 할 수 없다(대판 1995.11.14. 94다50922).

정답 013 X 014 X 015 X 016 ○ 017 X

18. 국회직 8급

018 □□□

국유 하천부지는 자연공물로서 공용개시행위 이후에 행정재산이 되고 그 후 본래의 용도에 공여되지 않는 상태에 놓이게 되면 국유재산법령에 의한 용도폐지 없이도 일반재산이 된다. O | X

국유 하천부지는 자연의 상태 그대로 공공용에 제공될 수 있는 실체를 갖추고 있는 이른바 자연공물로서 별도의 공용개시행위가 없더라도 행정재산이 되고 그 후 본래의 용도에 공여되지 않는 상태에 놓여 있더라도 국유재산법령에 의한 용도폐지를 하지 않은 이상 당연히 잡종재산(현 일반재산)으로 된다고는 할 수 없으며, 농로나 구거와 같은 이른바 인공적 공공용 재산은 법령에 의하여 지정되거나 행정처분으로 공공용으로 사용하기로 결정한 경우, 또는 행정재산으로 실제 사용하는 경우의 어느 하나에 해당하면 행정재산이 된다(대판 2007.6.1. 2005도7523).

18. 국회직 8급

019 □□□

공물의 공용폐지에 관하여 국가의 묵시적인 의사표시가 있다고 인정되려면 공물이 사실상 본래의 용도에 사용되고 있지 않다거나 행정주체가 점유를 상실하였다는 정도면 족하다. O | X

공물의 공용폐지에 관하여 국가의 묵시적인 의사표시가 있다고 인정되려면 공물이 사실상 본래의 용도에 사용되고 있지 않다거나 행정주체가 점유를 상실하였다는 정도의 사정만으로는 부족하고, 주위의 사정을 종합하여 객관적으로 공용폐지 의사의 존재가 추단될 수 있어야 한다(대판 2009.12.10. 2006다87538).

제2절 공법상 사무관리와 부당이득

17. 지방직 9급

020 □□□

공법상 부당이득반환에 대한 청구권의 행사는 개별적인 사안에 따라 행정주체도 주장할 수 있다. O | X

처분이 무효 또는 소급 취소된 경우 무자격자의 기초생활보장금 수령 등과 같은 경우, 행정주체도 공법상 부당이득반환청구권을 행사할 수 있다.

17. 지방직 9급

021 □□□

공법상 부당이득에 관한 일반법은 없으므로 특별한 규정이 없는 경우, 민법상 부당이득반환의 법리가 준용된다. O | X

공법상 부당이득에 관한 일반법은 없고, 민법상 부당이득에 관한 규정은 일반법원리적 규정이므로 특별한 규정이 없는 한 공법상 부당이득에 준용된다.

정답 018 X 019 X 020 ○ 021 ○

18. 서울시 7급

022 □□□

지방자치단체가 관할하는 공립학교가 국가 소유의 땅을 무단으로 사용한 때에는 해당 지방자치단체가 국가에 부당이득을 반환하여야 한다. O | X

행정주체 상호간에도 부당이득이 성립하므로 지방자치단체가 관할하는 공립학교가 국가 소유의 땅을 무단으로 사용한 때에는 해당 지방자치단체가 국가에 부당이득을 반환하여야 한다.

19. 서울시 7급, 09. 국회직 9급

023 □□□

이미 존재와 범위가 확정되어 있는 과오납부액은 납세자가 부당이득의 반환을 구하는 민사소송으로 환급을 청구할 수 있다. O | X

이미 존재와 범위가 확정되어 있는 과오납부액이나 환급세액은 납세자가 부당이득의 반환을 구하는 민사소송으로 그 환급을 청구할 수 있다(대판 2001.10.26. 2000두7520).

21. 소방, 19. 서울시 7급

024 □□□

국유재산법에 의한 변상금 부과·징수권은 민사상 부당이득반환청구권과 법적 성질을 달리하므로, 국가는 무단점유자를 상대로 변상금 부과·징수권의 행사와 별도로 국유재산의 소유자로서 민사상 부당이득반환청구의 소를 제기할 수 있다. O | X

구 국유재산법 제51조 제1항·제4항·제5항에 의한 변상금 부과·징수권은 민사상 부당이득반환청구권과 법적 성질을 달리하므로, 국가는 무단점유자를 상대로 변상금 부과·징수권의 행사와 별도로 국유재산의 소유자로서 민사상 부당이득반환청구의 소를 제기할 수 있다(대판 2014.7.16. 2011다76402).

17. 지방직 9급

025 □□□

잘못 지급된 보상금에 해당하는 금액의 징수처분을 해야 할 공익상 필요가 당사자가 입게 될 불이익을 정당화할 만큼 강한 경우, 보상금을 받은 당사자로부터 오지급 금액의 환수처분이 가능하다. O | X

잘못 지급된 보상금 등에 해당하는 금액을 징수하는 처분을 해야 할 공익상 필요와 그로 인하여 당사자가 입게 될 기득권과 신뢰의 보호 및 법률생활 안정의 침해 등의 불이익을 비교·교량한 후, 공익상 필요가 당사자가 입게 될 불이익을 정당화할 만큼 강한 경우에 한하여 보상금 등을 받은 당사자로부터 잘못 지급된 보상금 등에 해당하는 금액을 환수하는 처분을 하여야 한다고 봄이 타당하다(대판 2014.10.27. 2012두17186).

정답 022 ○ 023 ○ 024 ○ 025 ○

제9장 사인의 공법행위

제1절 공법행위

14. 국가직 7급

001 □□□

사인의 공법행위는 법적 행위인 점에서 공법상 사실행위와 구별된다. O | X

사인의 공법행위는 법적 행위로, 자체완성적 공법행위와 행위요건적 공법행위로 나뉜다.

Point정리 법적 행위의 구분

- 법적 행위
  - 공법행위
    - 행정주체의 공법행위
    - 사인의 공법행위
      - 자체완성적 공법행위
      - 행위요건적 공법행위
  - 사법행위
- 사실행위

14. 서울시 9급

002 □□□

(사인의 공법행위는) 사인의 행위만으로 공법적 효과를 가져오는 것과 국가나 지방자치단체의 행위의 전제요건이 되는 것으로 구분할 수 있다. O | X

사인의 공법행위는 행위 자체로 공법적 효과를 가져오는 자체완성적 공법행위와 국가나 지방자치단체의 행위의 전제요건이 되는 행위요건적 공법행위로 나뉜다.

18. 서울시 9급, 09. 관세사

003 □□□

행정청에 처분을 구하는 신청을 전자문서로 하는 경우에는 행정청의 컴퓨터 등에 입력된 때에 신청한 것으로 본다. O | X

「행정절차법」 제17조 【처분의 신청】 ① 행정청에 처분을 구하는 신청은 문서로 하여야 한다. 다만, 다른 법령 등에 특별한 규정이 있는 경우와 행정청이 미리 다른 방법을 정하여 공시한 경우에는 그러하지 아니하다.
② 제1항에 따라 처분을 신청할 때 전자문서로 하는 경우에는 행정청의 컴퓨터 등에 입력된 때에 신청한 것으로 본다.

정답 001 ○ 002 ○ 003 ○

10. 국가직 7급

004 □□□

사인의 공법행위도 공정력과 집행력을 갖는다. O | X

사인의 공법행위에는 행정행위와 달리 구속력 · 공정력 · 집행력 등과 같은 행정행위의 우월적 효력이 인정되지 않는다.

10. 국가직 7급

005 □□□

행위무능력자에 의한 사인의 공법행위도 유효한 것이라고 보는 개별법이 있다. O | X

행위능력에 대해서는 원칙적으로 민법의 규정이 적용되지만, 우편법 등에서는 예외적으로 행위무능력자에 의한 사인의 공법행위를 유효한 것으로 인정하고 있다.

22 · 21. 지방직 7급

006 □□□

사인의 공법행위에 적용되는 일반규정은 없으며, 특별한 규정이 없는 한 민법상 비진의 의사표시의 무효에 관한 규정은 사인의 공법행위에 적용된다. O | X

공무원이 사직의 의사표시를 하여 의원면직처분을 하는 경우 그 사직의 의사표시는 그 법률관계의 특수성에 비추어 외부적 · 객관적으로 표시된 바를 존중하여야 할 것이므로, 비록 사직원제출자의 내심의 의사가 사직할 뜻이 아니었다고 하더라도 진의 아닌 의사표시에 관한 민법 제107조는 그 성질상 사직의 의사표시와 같은 사인의 공법행위에는 준용되지 아니하므로 그 의사가 외부에 표시된 이상 그 의사는 표시된 대로 효력을 발한다(대판 1997.12.12. 97누13962).

23. 지방직 9급, 17. 국가직 9급(10월)

007 □□□

공무원이 한 사직의 의사표시는 그에 터잡은 의원면직처분이 있을 때까지 철회나 취소할 수 있는 것이고, 일단 면직처분이 있고 난 이후에는 철회나 취소할 수 없다. O | X

공무원이 한 사직 의사표시의 철회나 취소는 그에 터잡은 의원면직처분이 있을 때까지 할 수 있는 것이고, 일단 면직처분이 있고 난 이후에는 철회나 취소할 여지가 없다(대판 2001.8.24. 99두9971).

정답 004 X 005 ○ 006 X 007 ○

제2절 신청과 신고

11. 국가직 9급

008

☐☐☐

수리를 요하는 신고란 사인이 행정청에 대하여 일정한 사항을 통지하고 행정청이 이를 수리함으로써 법적 효과가 발생하는 신고를 말하며 실정법상 등록으로 표현되는 경우가 있다. O | X

관계 법령이 신고와 등록을 구분하여 규정하고 있는 경우 '신고'는 자기완결적 신고, '등록'은 행위요건적 신고(수리를 요하는 신고)를 나타낸다.

18. 국가직 9급, 13. 국회직 9급

009

☐☐☐

신고는 사인이 행하는 공법행위로 행정기관의 행위가 아니므로 행정절차법에는 신고에 관한 규정을 두고 있지 않다. O | X

행정절차법 제40조에 신고에 관한 규정을 두고 있다.

15. 국회직 8급, 10. 지방직 7급

010

☐☐☐

법령 등에서 행정청에 대하여 일정한 사항을 통지함으로써 의무가 끝나는 신고는 그 기재사항에 흠이 없고, 필요한 구비서류가 첨부되어 있으며, 기타 법령 등에 규정된 형식상의 요건에 적합할 때에는 신고서가 접수기관에 도달된 때에 신고의 의무가 이행된 것으로 본다. O | X

「행정절차법」 제40조 【신고】 ② 제1항에 따른 신고가 다음 각 호의 요건을 갖춘 경우에는 신고서가 접수기관에 도달된 때에 신고의무가 이행된 것으로 본다.
1. 신고서의 기재사항에 흠이 없을 것
2. 필요한 구비서류가 첨부되어 있을 것
3. 그 밖에 법령 등에 규정된 형식상의 요건에 적합할 것

18. 지방직 7급, 14. 국가직 9급

011

☐☐☐

행정절차법상 신고요건으로는 신고서의 기재사항에 흠이 없고 필요한 구비서류가 첨부되어 있어야 하며, 신고의 기재사항은 그 진실함이 입증되어야 한다. O | X

행정절차법 제40조의 신고는 '수리를 요하지 않는 신고'이므로 신고의 형식적 요건만 갖추면 행정청은 신고를 수리하여야 하고, 실질적 요건까지 갖출 필요는 없다.

정답 008 ○ 009 X 010 ○ 011 X

10. 지방직 7급

012 □□□

자기완결적 신고에서 형식적인 흠이 있는 신고의 경우 지체 없이 상당한 기간을 정하여 보완을 요구하여야 하며, 신고인이 상당한 기간 내에 보완을 하지 아니한 때에는 그 이유를 명시하여 신고서를 되돌려 보내야 한다. O | X

「행정절차법」 제40조 【신고】 ③ 행정청은 제2항 각 호의 요건을 갖추지 못한 신고서가 제출된 경우에는 지체 없이 상당한 기간을 정하여 신고인에게 보완을 요구하여야 한다.
④ 행정청은 신고인이 제3항에 따른 기간 내에 보완을 하지 아니하였을 때에는 그 이유를 구체적으로 밝혀 해당 신고서를 되돌려 보내야 한다.

15. 교행직 9급

013 □□□

행정절차법은 수리를 요하는 신고와 수리를 요하지 않는 신고를 구분하여 별도로 규정하고 있다. O | X

행정절차법 제40조의 신고는 '수리를 요하지 않는 신고'이다.

15. 국회직 8급

014 □□□

수산제조업 신고에 있어서 담당공무원이 관계 법령에 규정되지 아니한 서류를 요구하여 신고서를 제출하지 못하였다는 사정만으로는 신고가 있었던 것으로 볼 수 없다. O | X

수산업법 제47조상 어업의 신고와 달리 '수산제조업 신고'는 자기완결적 신고에 해당하지만 신고의 효과는 신고서가 접수기관에 도달한 때에 발생하므로 신고서 자체를 제출하지 못한 경우 신고가 있었던 것으로 볼 수 없다.

관련 판례

수산제조업의 신고를 하고자 하는 자가 그 신고서를 구비서류까지 첨부하여 제출한 경우 시장 · 군수 · 구청장으로서는 형식적 요건에 하자가 없는 한 수리하여야 할 것이고, 나아가 관할 관청에 신고업의 신고서가 제출되었다면 담당공무원이 법령에 규정되지 아니한 다른 사유를 들어 그 신고를 수리하지 아니하고 반려하였다고 하더라도, 그 신고서가 제출된 때에 신고가 있었다고 볼 것이다(대판 1999.12.24. 98다57419).

참고 수산제조업의 신고는 자기완결적 신고에 해당한다.

13. 국회직 9급

015 □□□

판례는 자기완결적 신고에서 부적법한 신고에 대하여 행정청이 일단 수리하였다면, 그 후의 영업행위는 무신고영업행위에는 해당하지 않는다고 한다. O | X

체육시설의 설치 · 이용에 관한 법률(이하 "법"이라 한다) 제10조, 제11조, 제22조, 법 시행규칙 제8조 및 제25조의 각 규정에 의하면, 체육시설업은 등록체육시설업과 신고체육시설업으로 나누어지고, 당구장업과 같은 신고체육시설업을 하고자 하는 자는 체육시설업의 종류별로 법 시행규칙이 정하는 해당 시설을 갖추어 소정의 양식에 따라 신고서를 제출하는 방식으로 시 · 도지사에 신고하도록 규정하고 있으므로, 소정의 시설을 갖추지 못한 체육시설업의 신고는 부적법한 것으로 그 수리가 거부될 수밖에 없고 그러한 상태에서 신고체육시설업의 영업행위를 계속하는 것은 무신고영업행위에 해당할 것이지만, 이에 반하여 적법한 요건을 갖춘 신고의 경우에는 행정청의 수리처분 등 별단의 조처를 기다릴 필요 없이 그 접수시에 신고로서의 효력이 발생하는 것이므로 그 수리가 거부되었다고 하여 무신고영업이 되는 것은 아니다(대판 1998.4.24. 97도3121).

정답 012 ○ 013 X 014 ○ 015 X

15. 경행특채 1차, 14 · 11. 국가직 9급

016

□□□

체육시설의 설치 · 이용에 관한 법률 제20조에 의한 변경신고서는 도지사의 수리행위가 있어야만 신고가 있었다고 볼 것이다. O | X

체육시설의 설치 · 이용에 관한 법률 제20조에 의한 변경신고서는 수리를 요하지 않는 신고이다.

17. 지방직 9급

017

□□□

건축법상 착공신고가 반려될 경우 당사자에게 그 반려행위를 다툴 실익이 없는 것이므로 착공신고 반려행위의 처분성이 인정되지 않는다. O | X

건축주 등으로서는 착공신고가 반려될 경우, 해당 건축물의 착공을 개시하면 시정명령, 이행강제금, 벌금의 대상이 되거나 해당 건축물을 사용하여 행할 행위의 허가가 거부될 우려가 있어 불안정한 지위에 놓이게 된다. 따라서 착공신고 반려행위가 이루어진 단계에서 당사자로 하여금 반려행위의 적법성을 다투어 법적 불안을 해소한 다음 건축행위에 나아가도록 함으로써 장차 있을지도 모르는 위험에서 미리 벗어날 수 있도록 길을 열어 주고, 위법한 건축물의 양산과 철거를 둘러싼 분쟁을 조기에 근본적으로 해결할 수 있게 하는 것이 법치행정의 원리에 부합하므로 행정청의 착공신고 반려행위는 항고소송의 대상이 된다(대판 2011.6.10. 2010두7321).

19. 서울시 7급

018

□□□

신고대상인 건축물의 건축행위를 하고자 할 경우에는 관계 법령에 정해진 적법한 요건을 갖춘 신고만을 하면 그와 같은 건축행위를 할 수 있고, 행정청의 수리처분 등 별도의 조처를 기다릴 필요가 없다. O | X

신고대상인 건축물의 건축행위를 하고자 할 경우에는 그 관계 법령에 정해진 적법한 요건을 갖춘 신고만을 하면 그와 같은 건축행위를 할 수 있고, 행정청의 수리처분 등 별단의 조처를 기다릴 필요가 없다(대판 1999.4.27. 97누6780).

19. 지방직 9급 · 서울시 7급, 13. 국회직 8급, 12. 국가직 9급

019

□□□

건축신고는 자기완결적 신고이므로 신고반려행위 또는 수리거부행위는 항고소송의 대상이 되지 않는다. O | X

건축신고 반려행위는 항고소송의 대상이 된다(대판 2010.11.18. 2008두167).

정답 016 X 017 X 018 ○ 019 X

21. 지방직 9급

020 □□□

구 관광진흥법에 의한 지위승계신고를 수리하는 허가관청의 행위는 사실적인 행위에 불과하여 항고소송의 대상이 되지 않는다. O | X

구 관광진흥법 제8조 제4항에 의한 지위승계신고를 수리하는 허가관청의 행위는 단순히 양도 · 양수인 사이에 이미 발생한 사법상 사업양도의 법률효과에 의하여 양수인이 그 영업을 승계하였다는 사실의 신고를 접수하는 행위에 그치는 것이 아니라, 영업허가자의 변경이라는 법률효과를 발생시키는 행위이다. 그리고 구 체육시설의 설치 · 이용에 관한 법률 제20조, 제27조의 각 규정 등에 의하면 체육시설업자로부터 영업을 양수하거나 문화체육관광부령으로 정하는 체육시설업의 시설기준에 따른 필수시설을 인수한 자가 관계 행정청에 이를 신고하여 행정청이 수리하는 경우에는 종전 체육시설업자는 적법한 신고를 마친 체육시설업자의 지위를 부인당할 불안정한 상태에 놓이게 되므로, 그로 하여금 이러한 수리행위의 적법성을 다투어 법적 불안을 해소할 수 있도록 하는 것이 법치행정의 원리에 맞는다(대판 2012.12.13. 2011두29144).

21. 지방직 9급

021 □□□

정보통신매체를 이용하여 학습비를 받고 불특정다수인에게 원격 평생교육을 실시하기 위해 구 평생교육법에서 정한 형식적 요건을 모두 갖추어 신고한 경우, 행정청은 신고대상이 된 교육이나 학습이 공익적 기준에 적합하지 않는다는 등의 실체적 사유를 들어 신고 수리를 거부할 수 없다. O | X

정보통신매체를 이용하여 … 불특정다수인에게 학습비를 받고 실시하는 경우에는 이를 신고하여야 하나, … 행정청으로서는 신고서 기재사항에 흠결이 없고 정해진 서류가 구비된 때에는 이를 수리하여야 하고, 이러한 형식적 요건을 모두 갖추었음에도 신고대상이 된 교육이나 학습이 공익적 기준에 적합하지 않는다는 등 실체적 사유를 들어 신고 수리를 거부할 수는 없다(대판 2011.7.28. 2005두11784).

19. 지방직 9급 · 서울시 9급(2월), 18. 지방직 7급, 14. 경행특채 2차, 12. 국가직 9급

022 □□□

구 의료법 시행규칙 제22조 제3항에 의하면 의원개설 신고서를 수리한 행정관청이 소정의 신고필증(현 신고증명서)을 교부하도록 되어 있기 때문에 이와 같은 신고필증의 교부가 없으면 개설신고의 효력이 없다. O | X

의료법 시행규칙 제22조 제3항에 의하면 의원개설 신고서를 수리한 행정관청이 소정의 신고필증을 교부하도록 되어 있다 하여도 이는 신고사실의 확인행위로서 신고필증을 교부하도록 규정한 것에 불과하고 그와 같은 신고필증의 교부가 없다 하여 개설신고의 효력을 부정할 수 없다 할 것이다(대판 1985.4.23. 84도2953).

16. 국가직 9급, 15. 교행직 9급

023 □□□

수리를 요하는 신고의 경우에는 신고의 요건을 갖춘 신고서가 접수기관에 도달되면 신고의 효력이 발생한다. O | X

'수리를 요하는 신고'는 신고서가 접수기관에 도달하였다고 하여 신고의 효력이 발생하는 것이 아니라 행정청의 수리행위가 있어야 비로소 법적 효력이 발생한다.

정답 020 X 021 ○ 022 X 023 X

21. 국가직 7급 · 지방직 9급 유사

024
□□□

주민등록의 신고는 행정청에 도달하기만 하면 신고로서의 효력이 발생하는 것이 아니라 행정청이 수리한 경우에 비로소 신고의 효력이 발생한다. O | X

주민등록은 단순히 주민의 거주관계를 파악하고 인구의 동태를 명확히 하는 것 외에도 주민등록에 따라 공법 관계상의 여러 가지 법률상 효과가 나타나게 되는 것으로서, 주민등록의 신고는 행정청에 도달하기만 하면 신고로서의 효력이 발생하는 것이 아니라 행정청이 수리한 경우에 비로소 신고의 효력이 발생한다. 따라서 주민등록 신고서를 행정청에 제출하였다가 행정청이 이를 수리하기 전에 신고서의 내용을 수정하여 위와 같이 수정된 전입신고서가 수리되었다면 수정된 사항에 따라서 주민등록신고가 이루어진 것으로 보는 것이 타당하다(대판 2009.1.30. 2006다17850).

13. 국회직 9급

025
□□□

판례는 수리를 요하는 신고의 경우 법령상의 신고요건을 충족하지 못하는 경우 행정청은 당해 신고의 수리를 거부할 수 있다고 한다. O | X

수리를 요하는 신고에 대해서는 형식적 요건이나 실질적 요건을 심사하여 그 수리를 거부할 수도 있다. 단, 수리를 요하는 신고는 허가가 아니므로 특별히 객관적인 사정이 있는 경우에 한하여 실질적 심사를 허용하고 있다.

15. 지방직 9급, 14. 국가직 7급

026
□□□

수리를 요하는 신고의 경우 그 신고에 대한 거부행위는 행정소송의 대상이 되는 처분에 해당한다. O | X

수리를 요하는 신고에서 신고수리와 신고수리 거부처분은 처분에 해당한다. 자기완결적 신고에서는 신고수리가 처분이 아니며, 신고수리 거부처분은 경우에 따라 처분성을 인정하는 경우도 있지만 모든 경우에 처분성이 인정되는 것은 아니다.

17. 국가직 9급(10월)

027
□□□

수리를 요하는 신고의 경우, 수리행위에 신고필증의 교부가 필수적이므로 신고필증 교부의 거부는 행정소송법상 처분으로 볼 수 있다. O | X

납골당설치 신고는 이른바 '수리를 요하는 신고'라 할 것이므로, 납골당설치 신고가 구 장사법 관련 규정의 모든 요건에 맞는 신고라 하더라도 신고인은 곧바로 납골당을 설치할 수는 없고, 이에 대한 행정청의 수리처분이 있어야만 신고한 대로 납골당을 설치할 수 있다. 한편 수리란 신고를 유효한 것으로 판단하고 법령에 의하여 처리할 의사로 이를 수령하는 수동적 행위이므로 수리행위에 신고필증 교부 등 행위가 꼭 필요한 것은 아니다(대판 2011.9.8. 2009두6766).

✓ **참고** 수리를 요하는 신고라도 반드시 신고필증을 교부해야 하는 것은 아니다.

정답 024 ○ 025 ○ 026 ○ 027 X

13. 국가직 7급, 07. 국회직 8급

028 □□□

수리를 요하는 신고의 경우 행정청은 형식적 심사를 하는 것으로 족하다. O | X

'수리를 요하는 신고'는 형식적 요건 이외의 일정한 실질적 요건을 신고의 요건으로 하고 있는 경우가 있다.

19. 지방직 9급, 16. 국가직 9급

029 □□□

부동산 투기나 이주대책 요구 등을 방지할 목적으로 주민등록전입신고를 거부하는 것은 주민등록법의 입법목적과 취지 등에 비추어 허용될 수 없다. O | X

주민등록법의 입법목적의 범위 내에서 제한적으로 이루어져야 하고, 실질적 의미에서의 거주지인지 여부를 심사하기 위하여 부동산 투기목적 등 지방자치법 및 지방자치의 이념까지도 고려하여야 하는 것은 아니다(대판 2009.6.18. 2008두10997 전합).

17. 지방직 7급, 14. 지방직 9급, 13. 경행특채 · 국회직 8급, 12. 지방직 9급 · 국가직 9급

030 □□□

주민등록전입신고 수리 여부에 대한 심사는 주민등록법의 입법목적과 법률효과 이외에 지방자치법 및 지방자치의 이념까지 고려하여 실질적으로 판단해야 한다. O | X

주민등록법의 입법목적에 관한 제1조 및 주민등록대상자에 관한 제6조의 규정을 고려해 보면, 전입신고를 받은 시장 · 군수 또는 구청장의 심사대상은 전입신고자가 30일 이상 생활의 근거로 거주할 목적으로 거주지를 옮기는지 여부만으로 제한된다고 보아야 한다. 따라서 전입신고자가 거주의 목적 이외에 다른 이해관계에 관한 의도를 가지고 있는지 여부, 무허가 건축물의 관리, 전입신고를 수리함으로써 당해 지방자치단체에 미치는 영향 등과 같은 사유는 주민등록법이 아닌 다른 법률에 의하여 규율되어야 하고, 주민등록전입신고의 수리 여부를 심사하는 단계에서는 고려대상이 될 수 없다(대판 2009.6.18. 2008두10997 전합).

20 · 15. 지방직 9급

031 □□□

자기완결적 신고를 규정한 법률상의 요건 외에 타법상의 요건도 충족하여야 하는 경우, 타법상의 요건을 충족시키지 못하는 한 적법한 신고를 할 수 없다. O | X

행정청은 비산먼지배출사업 신고서가 구 대기환경보전법 제28조 제1항, 같은 법 시행규칙 제62조에서 정한 형식적 요건을 모두 갖춘 경우에는 특별한 사정이 없는 한 이를 수리하여야 하고, 만일 비산먼지배출사업을 하는 자가 비산먼지의 발생을 억제하기 위한 시설의 설치 또는 필요한 조치를 하지 않거나 그 시설이나 조치가 적합하지 않다고 인정하는 때에는 필요한 시설의 설치나 조치의 이행 또는 개선을 명하고, 위 명령을 이행하지 않는 경우에는 당해 사업의 중지 또는 시설 등의 사용중지나 사용제한을 명할 수 있을 뿐이다. 그러나 다른 법령에 의하여 비산먼지배출사업을 하는 것 자체가 허용되지 않는다면 설령 비산먼지배출사업이 구 대기환경보전법 제28조 제1항, 같은 법 시행규칙 제62조에서 정한 요건을 모두 갖추고 있다고 하더라도, 비산먼지배출사업을 하고자 하는 자가 적법한 신고를 할 수 없으므로 그 수리거부가 위법하게 되는 것은 아니다(대판 2008.12.24. 2007두17076).

정답 028 X 029 ○ 030 X 031 ○

16. 국가직 9급, 14. 사복직 9급, 15 · 12. 국회직 8급

032 □□□

식품위생법상 일반음식점영업의 요건을 갖춘 신고라고 하더라도 그 영업신고를 한 당해 건축물이 건축법상 무허가건물이라면 그 신고는 적법한 신고라고 할 수 없다. O | X

식품위생법과 건축법은 그 입법목적, 규정사항, 적용범위 등을 서로 달리하고 있어 식품접객업에 관하여 식품위생법이 건축법에 우선하여 배타적으로 적용되는 관계에 있다고는 해석되지 않는다. 그러므로 식품위생법에 따른 식품접객업(일반음식점영업)의 영업신고의 요건을 갖춘 자라고 하더라도, 그 영업신고를 한 당해 건축물이 건축법 소정의 허가를 받지 아니한 무허가건물이라면 적법한 신고를 할 수 없다(대판 2009.4.23. 2008도6829).

19. 지방직 7급

033 □□□

의료법에 따라 정신과의원을 개설하려는 자가 법령에 규정되어 있는 요건을 갖추어 개설신고를 한 경우라도 관할 시장 · 군수 · 구청장은 법령에서 정한 요건 이외의 사유를 들어 의원급 의료기관 개설신고의 수리를 거부할 수 있다. O | X

정신과의원을 개설하려는 자가 법령에 규정되어 있는 요건을 갖추어 개설신고를 한 때에, 행정청은 원칙적으로 이를 수리하여 신고필증을 교부하여야 하고, 법령에서 정한 요건 이외의 사유를 들어 의원급 의료기관 개설신고의 수리를 거부할 수는 없다(대판 2018.10.25. 2018두44302).

18. 국가직 9급

034 □□□

숙박업을 하고자 하는 자가 법령이 정하는 시설과 설비를 갖추고 행정청에 신고를 하면 행정청은 공중위생관리법령의 규정에 따라 원칙적으로 이를 수리하여야 하므로, 새로 숙박업을 하려는 자가 기존에 다른 사람이 숙박업 신고를 한 적이 있는 시설 등의 소유권 등 정당한 사용권한을 취득하여 법령에서 정한 요건을 갖추어 신고하였다면, 행정청으로서는 특별한 사정이 없는 한 이를 수리하여야 하고, 기존의 숙박업 신고가 외관상 남아있다는 이유로 이를 거부할 수 없다. O | X

숙박업을 하고자 하는 자가 법령이 정하는 시설과 설비를 갖추고 행정청에 신고를 하면, 행정청은 공중위생관리법령의 규정에 따라 원칙적으로 이를 수리하여야 한다. 행정청이 법령이 정한 요건 이외의 사유를 들어 수리를 거부하는 것은 위 법령의 목적에 비추어 이를 거부해야 할 중대한 공익상의 필요가 있다는 등 특별한 사정이 있는 경우에 한한다. 이러한 법리는 이미 다른 사람 명의로 숙박업 신고가 되어 있는 시설 등의 전부 또는 일부에서 새로 숙박업을 하고자 하는 자가 신고를 한 경우에도 마찬가지이다. 기존에 다른 사람이 숙박업 신고를 한 적이 있더라도 새로 숙박업을 하려는 자가 그 시설 등의 소유권 등 정당한 사용권한을 취득하여 법령에서 정한 요건을 갖추어 신고하였다면, 행정청으로서는 특별한 사정이 없는 한 이를 수리하여야 하고, 단지 해당 시설 등에 관한 기존의 숙박업 신고가 외관상 남아있다는 이유만으로 이를 거부할 수 없다(대판 2017.5.30. 2017두34087).

정답 032 ○ 033 X 034 ○

17. 국가직 7급(10월)

035 □□□

채석허가를 받은 자로부터 영업양수 후 명의변경신고 이전에 양도인의 법 위반사유를 이유로 채석허가가 취소된 경우, 양수인은 수허가자의 지위를 사실상 양수받았다고 하더라도 그 처분의 취소를 구할 법률상 이익을 가지지 않는다. O | X

산림법 제90조의2 제1항, 제118조 제1항, 같은 법 시행규칙 제95조의2 등 산림법령이 수허가자의 명의변경제도를 두고 있는 취지는, 채석허가가 일반적 · 상대적 금지를 해제하여 줌으로써 채석행위를 자유롭게 할 수 있는 자유를 회복시켜 주는 것일 뿐 권리를 설정하는 것이 아니어서 관할 행정청과의 관계에서 수허가자의 지위의 승계를 직접 주장할 수는 없다 하더라도, 채석허가가 대물적 허가의 성질을 아울러 가지고 있고 수허가자의 지위가 사실상 양도 · 양수되는 점을 고려하여 수허가자의 지위를 사실상 양수한 양수인의 이익을 보호하고자 하는 데 있는 것으로 해석되므로, 수허가자의 지위를 양수받아 명의변경신고를 할 수 있는 양수인의 지위는 단순한 반사적 이익이나 사실상의 이익이 아니라 산림법령에 의하여 보호되는 직접적이고 구체적인 이익으로서 법률상 이익이라고 할 것이고, 채석허가가 유효하게 존속하고 있다는 것이 양수인의 명의변경신고의 전제가 된다는 의미에서 관할 행정청이 양도인에 대하여 채석허가를 취소하는 처분을 하였다면 이는 양수인의 지위에 대한 직접적 침해가 된다고 할 것이므로 양수인은 채석허가를 취소하는 처분의 취소를 구할 법률상 이익을 가진다(대판 2003.7.11. 2001두6289).

17. 국가직 7급(10월), 13. 국가직 7급

036 □□□

사업의 양도행위가 무효라고 주장하는 자가 민사쟁송으로 양도 · 양수행위의 무효를 구함이 없이 사업양도 · 양수에 따른 허가관청의 지위승계 신고수리처분의 무효확인을 구할 경우, 그 법률상 이익이 있다. O | X

사업양도 · 양수에 따른 허가관청의 지위승계신고의 수리는 적법한 사업의 양도 · 양수가 있었음을 전제로 하는 것이므로 그 수리대상인 사업양도 · 양수가 존재하지 아니하거나 무효인 때에는 수리를 하였다 하더라도 그 수리는 유효한 대상이 없는 것으로서 당연히 무효라 할 것이고, 사업의 양도행위가 무효라고 주장하는 양도자는 민시쟁송으로 양도 · 양수행위의 무효를 구함이 없이 막바로 허가관청을 상대로 하여 행정소송으로 위 신고수리처분의 무효확인을 구할 법률상 이익이 있다(대판 2005.12.23. 2005두3554).

17. 국가직 7급(10월)

037 □□□

교육부장관이 사학분쟁조정위원회의 심의를 거쳐 학교법인의 이사와 임시이사를 선임한 데 대하여 그 대학교의 교수협의회와 총학생회는 이사선임처분을 다툴 법률상 이익을 가지지만, 직원으로 구성된 노동조합은 법률상 이익을 가지지 않는다. O | X

교육부장관이 사학분쟁조정위원회의 심의를 거쳐 甲대학교를 설치 · 운영하는 乙학교법인의 이사 8인과 임시이사 1인을 선임한 데 대하여 甲대학교 교수협의회와 총학생회 등이 이사선임처분의 취소를 구하는 소송을 제기한 사안에서, 甲대학교 교수협의회와 총학생회는 이사선임처분을 다툴 법률상 이익을 가지지만, 전국대학노동조합 甲대학교지부는 법률상 이익이 없다(대판 2015.7.23. 2012두19496).

정답 035 X 036 ○ 037 ○

17. 국가직 7급(10월)

038
□□□

원천징수의무자에 대한 소득금액변동통지는 원천납세의무의 존부나 범위와 같은 원천납세의무자의 권리나 법률상 지위에 어떠한 영향을 준다고 할 수 없으므로 소득처분에 따른 소득의 귀속자는 법인에 대한 소득금액변동통지의 취소를 구할 법률상 이익이 없다. O | X

원천징수의무자에 대한 소득금액변동통지는 원천납세의무의 존부나 범위와 같은 원천납세의무자의 권리나 법률상 지위에 어떠한 영향을 준다고 할 수 없으므로 소득처분에 따른 소득의 귀속자는 법인에 대한 소득금액변동통지의 취소를 구할 법률상 이익이 없다(대판 2015.3.26. 2013두9267).

15. 사복직 9급

039
□□□

액화석유가스충전사업의 지위승계신고를 수리하는 행위는 사실행위에 해당한다. O | X

액화석유가스의 안전 및 사업관리법 제7조 제2항에 의한 사업양수에 의한 지위승계신고를 수리하는 허가관청의 행위는 단순히 양도·양수자 사이에 발생한 사법상의 사업양도의 법률효과에 의하여 양수자가 사업을 승계하였다는 사실의 신고를 접수하는 행위에 그치는 것이 아니라 실질에 있어서 양도자의 사업허가를 취소함과 아울러 양수자에게 적법히 사업을 할 수 있는 법규상 권리를 설정하여 주는 행위로서 사업허가자의 변경이라는 법률효과를 발생시키는 행위이므로 허가관청이 법 제7조 제2항에 의한 사업양수에 의한 지위승계신고를 수리하는 행위는 행정처분에 해당한다(대판 1993.6.8. 91누11544).

19. 지방직 9급·국가직 9급, 15. 경행특채 1차, 13. 국회직 8·9급

040
□□□

위 건축허가에 대해 건축주를 乙로 변경하는 건축주명의변경신고가 관련 법령의 요건을 모두 갖추어 행해졌더라도 관할 행정청이 신고의 수리를 거부한 경우, 그 수리거부행위는 乙의 권리의무에 직접 영향을 미치는 것으로서 취소소송의 대상이 되는 처분이다. O | X

건축주명의변경신고 수리거부행위는 행정청이 허가대상건축물 양수인의 건축주명의변경신고라는 구체적인 사실에 관한 법집행으로서 그 신고를 수리하여야 할 법령상의 의무를 지고 있음에도 불구하고 그 신고의 수리를 거부함으로써, 양수인이 건축공사를 계속하기 위하여 또는 건축공사를 완료한 후 자신의 명의로 소유권보존등기를 하기 위하여 가지는 구체적인 법적 이익을 침해하는 결과가 되었다고 할 것이므로, 비록 건축허가가 대물의 허가로서 그 허가의 효과가 허가대상건축물에 대한 권리변동에 수반하여 이전된다고 하더라도, 양수인의 권리·의무에 직접 영향을 미치는 것으로서 취소소송의 대상이 되는 처분이라고 하지 않을 수 없다(대판 1992.3.31. 91누4911).

21. 국가직 9급 유사, 18. 변호사

041
□□□

건축법에서 인·허가 의제제도를 둔 취지는 인·허가 의제사항 관련 법률에 따른 각각의 인·허가 요건에 관한 일체의 심사를 배제하여 건축허가의 관할 행정청으로 그 창구를 단일화하고 절차를 간소화하며 비용과 시간을 절감함으로써 국민의 권익을 보호하려는 것이다. O | X

건축법에서 인·허가 의제제도를 둔 취지는, 인·허가 의제사항과 관련하여 건축허가 또는 건축신고의 관할 행정청으로 그 창구를 단일화하고 절차를 간소화하며 비용과 시간을 절감함으로써 국민의 권익을 보호하려는 것이지, 인·허가 의제사항 관련 법률에 따른 각각의 인·허가 요건에 관한 일체의 심사를 배제하려는 것으로 보기는 어렵다(대판 2011.1.20. 2010두14954).

정답 038 ○ 039 X 040 ○ 041 X

19. 변호사

042 □□□

식품위생법에 따른 식품접객업(일반음식점영업)의 영업신고 요건을 갖춘 甲이 영업신고를 하였으나, 그 영업신고를 한 해당 건축물이 건축법 소정의 허가를 받지 아니한 무허가건물이라는 이유로 관할 행정청이 甲의 신고를 거부하는 경우는 행정처분을 다투는 사안에서 허용된다. O | X

식품위생법과 건축법은 그 입법목적, 규정사항, 적용범위 등을 서로 달리하고 있어 식품접객업에 관하여 식품위생법이 건축법에 우선하여 배타적으로 적용되는 관계에 있다고는 해석되지 않는다. 그러므로 식품위생법에 따른 식품접객업(일반음식점영업)의 영업신고의 요건을 갖춘 자라도, 그 영업신고를 한 당해 건축물이 건축법 소정의 허가를 받지 아니한 무허가건물이라면 적법한 신고를 할 수 없다(대판 2009.4.23. 2008도6829).

14. 국가직 9급

043 □□□

유료노인복지주택의 설치신고를 받은 행정관청은 그 유료노인복지주택의 시설 및 운용기준이 법령에 부합하는지와 설치신고 당시 부적격자들이 입소하고 있는지 여부를 심사할 수 있다. O | X

구 노인복지법 제33조 제2항에 의한 유료노인복지주택의 설치신고를 받은 행정관청으로서는 그 유료노인복지주택의 시설 및 운영기준이 위 법령에 부합하는지와 아울러 그 유료노인복지주택이 적법한 입소대상자에게 분양되었는지와 설치신고 당시 부적격자들이 입소하고 있지는 않은지 여부까지 심사하여 그 신고의 수리 여부를 결정할 수 있다(대판 2007.1.11. 2006두14537).

19 · 18. 지방직 7급

044 □□□

유통산업발전법상 대규모점포의 개설등록은 이른바 '수리를 요하는 신고'로서 행정처분에 해당한다. O | X

대규모점포의 개설등록은 '수리를 요하는 신고'로서 행정처분에 해당한다(대판 2015.11.19. 2015두295 전합).

14. 국가직 9급

045 □□□

양도인이 자신의 의사에 따라 양수인에게 영업을 양도하면서 양수인으로 하여금 영업을 하도록 허락하였다면 영업승계신고 및 수리처분이 있기 전에 발생한 양수인의 위반행위에 대한 행정적 책임은 양도인에게 귀속된다. O | X

사실상 영업이 양도·양수되었지만 아직 승계신고 및 그 수리처분이 있기 이전에는 여전히 종전의 영업자인 양도인이 영업허가자이고 양수인은 영업허가자가 되지 못한다 할 것이어서, 행정제재처분의 사유가 있는지 여부 및 그 사유가 있다고 하여 행하는 행정제재처분은 영업허가자인 양도인을 기준으로 판단하여 그 양도인에 대하여 행하여야 할 것이고, 한편 위와 같은 경우 양도인이 그의 의사에 따라 양수인에게 영업을 양도하면서 양수인으로 하여금 영업을 하도록 허락하였다면 그 양수인의 영업 중 발생한 위반행위에 대한 행정적인 책임은 양도인에게 귀속된다고 보아야 할 것이다(대판 1995.2.24. 94누9146).

정답 042 ○ 043 ○ 044 ○ 045 ○

19. 서울시 9급(2월) · 국회직 8급, 15. 경행특채 1차, 13. 국가직 7급

046

□□□

납골당설치 신고가 구 장사법 관련 규정의 모든 요건에 맞는 신고라 하더라도 신고인은 곧바로 납골당을 설치할 수는 없고, 이에 대한 행정청의 수리처분이 있어야만 신고한 대로 납골당을 설치할 수 있다.

O | X

납골당설치 신고는 이른바 '수리를 요하는 신고'라 할 것이므로, 납골당설치 신고가 구 장사법 관련 규정의 모든 요건에 맞는 신고라 하더라도 신고인은 곧바로 납골당을 설치할 수는 없고, 이에 대한 행정청의 수리처분이 있어야만 신고한 대로 납골당을 설치할 수 있다(대판 2011.9.8. 2009두6766).

12. 경행특채

047

□□□

타인의 행위를 유효한 행위로 받아들이는 행정행위를 수리라 하며, 이러한 수리 중 '체육시설업자 등이 제출한 회원 모집계획서에 대한 시·도지사의 검토결과 통보'의 경우 대법원은 법적 효과를 발생하지 아니하는 수리행위로서 처분성이 인정되지 않는다고 보았다.

O | X

구 체육시설의 설치·이용에 관한 법률 제19조 제1항, 구 체육시설의 설치·이용에 관한 법률 시행령 제18조 제2항 제1호 (가)목, 제18조의2 제1항 등의 규정에 의하면, 위 법 제19조의 규정에 의하여 체육시설의 회원을 모집하고자 하는 자는 시·도지사 등으로부터 회원모집계획서에 대한 검토결과 통보를 받은 후에 회원을 모집할 수 있다고 보아야 하고, 따라서 체육시설의 회원을 모집하고자 하는 자의 시·도지사 등에 대한 회원모집계획서 제출은 수리를 요하는 신고에서의 신고에 해당하며, 시·도지사 등의 검토결과 통보는 수리행위로서 행정처분에 해당한다(대판 2009.2.26. 2006두16243).

23. 소방간부, 22. 지방직 7급, 19. 서울시 9급(2월)

048

□□□

수산업법상의 어업의 신고는 행정청의 수리에 의하여 비로소 그 효과가 발생하는 이른바 '수리를 요하는 신고'에 해당한다.

O | X

수산업법 제44조 소정의 어업의 신고는 행정청의 수리에 의하여 비로소 그 효과가 발생하는 이른바 '수리를 요하는 신고'라고 할 것이고, 따라서 설사 관할 관청이 어업신고를 수리하면서 공유수면매립구역을 조업구역에서 제외한 것이 위법하다고 하더라도, 그 제외된 구역에 관하여 관할 관청의 적법한 수리가 없었던 것이 분명한 이상 그 구역에 관하여는 같은 법 제44조 소정의 적법한 어업신고가 있는 것으로 볼 수 없다(대판 2000.5.26. 99다37382).

22. 소방

049

□□□

장기요양기관의 폐업신고와 노인의료복지시설의 폐지신고는 행정청이 그 신고를 수리한 경우, 신고서 위조 등의 사유가 있더라도 그대로 유효하다.

O | X

장기요양기관의 폐업신고와 노인의료복지시설의 폐지신고는, 행정청이 관계 법령이 규정한 요건에 맞는지를 심사한 후 수리하는 이른바 '수리를 필요로 하는 신고'에 해당한다. 그러나 행정청이 그 신고를 수리하였다고 하더라도, 신고서 위조 등의 사유가 있어 신고행위 자체가 효력이 없다면, 그 수리행위는 유효한 대상이 없는 것으로서, 수리행위 자체에 중대·명백한 하자가 있는지를 따질 것도 없이 당연히 무효이다(대판 2018.6.12. 2018두33593).

정답 046 ○ 047 X 048 ○ 049 X

22. 소방

050 □□□

의료법에 따라 정신과의원을 개설하려는 자가 법령에 규정되어 있는 요건을 갖추어 개설신고를 한 경우 행정청은 원칙적으로 이를 수리하여 신고필증을 교부하여야 하고, 법령에서 정한 요건 이외의 사유를 들어 의원급 의료기관 개설신고의 수리를 거부할 수는 없다. O | X

의료법은 의료기관의 개설 주체가 의원 · 치과의원 · 한의원 또는 조산원을 개설하려고 하는 경우에는 시장 · 군수 · 구청장에게 신고하도록 규정하고 있지만(제33조 제3항), 종합병원 · 병원 · 치과병원 · 한방병원 또는 요양병원을 개설하려고 하는 경우에는 시 · 도지사의 허가를 받도록 규정하고 있다(제33조 제4항). 이와 같이 의료법이 의료기관의 종류에 따라 허가제와 신고제를 구분하여 규정하고 있는 취지는, 신고 대상인 의원급 의료기관 개설의 경우 행정청이 법령에서 정하고 있는 요건 이외의 사유를 들어 신고 수리를 반려하는 것을 원칙적으로 배제함으로써 개설 주체가 신속하게 해당 의료기관을 개설할 수 있도록 하기 위함이다(대판 2018.10.25. 2018두44302).

22. 소방

051 □□□

가설건축물 존치기간을 연장하려는 건축주 등이 법령에 규정되어 있는 제반 서류와 요건을 갖추어 행정청에 연장신고를 한 때에는 행정청은 원칙적으로 이를 수리하여 신고필증을 교부하여야 하고, 법령에서 정한 요건 이외의 사유를 들어 수리를 거부할 수는 없다. O | X

가설건축물은 건축법상 '건축물'이 아니므로 건축허가나 건축신고 없이 설치할 수 있는 것이 원칙이지만 일정한 가설건축물에 대하여는 건축물에 준하여 위험을 통제하여야 할 필요가 있으므로 신고대상으로 규율하고 있다. 이러한 신고제도의 취지에 비추어 보면, 가설건축물 존치기간을 연장하려는 건축주 등이 법령에 규정되어 있는 제반 서류와 요건을 갖추어 행정청에 연장신고를 한 때에는 행정청은 원칙적으로 이를 수리하여 신고필증을 교부하여야 하고, 법령에서 정한 요건 이외의 사유를 들어 수리를 거부할 수는 없다(대판 2018.1.25. 2015두35116).

22. 국회직 8급

052 □□□

수리를 요하지 아니한 신고에 있어서 적법한 요건을 갖춘 신고의 경우에는 행정청의 수리처분 등 별단의 조처를 기다릴 필요 없이 그 접수시에 신고로서의 효력이 발생하는 것이므로 그 수리가 거부되었다고 하여 무신고 영업이 되는 것은 아니다. O | X

체육시설업은 등록체육시설업과 신고체육시설업으로 나누어지고, 당구장업과 같은 신고체육시설업을 하고자 하는 자는 체육시설업의 종류별로 같은 법 시행규칙이 정하는 해당 시설을 갖추어 소정의 양식에 따라 신고서를 제출하는 방식으로 시 · 도지사에 신고하도록 규정하고 있으므로, 소정의 시설을 갖추지 못한 체육시설업의 신고는 부적법한 것으로 그 수리가 거부될 수밖에 없고 그러한 상태에서 신고체육시설업의 영업행위를 계속하는 것은 무신고 영업행위에 해당할 것이지만, 이에 반하여 적법한 요건을 갖춘 신고의 경우에는 행정청의 수리처분 등 별단의 조처를 기다릴 필요 없이 그 접수시에 신고로서의 효력이 발생하는 것이므로 그 수리가 거부되었다고 하여 무신고 영업이 되는 것은 아니다(대판 1998.4.24. 97도3121).

정답 050 ○ 051 ○ 052 ○

22. 국회직 8급

053

□□□

기본행위인 사업의 양도·양수 계약이 무효인 경우, 기본행위의 무효를 구함이 없이 곧바로 영업자지위승계신고 수리처분에 대한 무효확인소송을 제기할 법률상 이익이 없다. O | X

사업양도·양수에 따른 허가관청의 지위승계신고의 수리는 적법한 사업의 양도·양수가 있었음을 전제로 하는 것이므로 그 수리대상인 사업양도·양수가 존재하지 아니하거나 무효인 때에는 수리를 하였다 하더라도 그 수리는 유효한 대상이 없는 것으로서 당연히 무효라 할 것이고, 사업의 양도행위가 무효라고 주장하는 양도자는 민사쟁송으로 양도·양수행위의 무효를 구함이 없이 막바로 허가관청을 상대로 하여 행정소송으로 위 신고수리처분의 무효확인을 구할 법률상 이익이 있다(대판 2005.12.23. 2005두3554).

23. 지방직 9급, 22. 국회직 8급

054

□□□

주민등록전입신고자가 30일 이상 생활의 근거로 거주할 목적 이외에 다른 이해관계에 관한 의도를 가지고 있는지 여부, 무허가 건축물의 관리, 전입신고를 수리함으로써 당해 지방자치단체에 미치는 영향 등과 같은 사유는 주민등록법이 아닌 다른 법률에 의하여 규율되어야 하고, 주민등록전입신고의 수리 여부를 심사하는 단계에서는 고려 대상이 될 수 없다. O | X

주민들의 거주지 이동에 따른 주민등록전입신고에 대하여 행정청이 이를 심사하여 그 수리를 거부할 수는 있다고 하더라도, 그러한 행위는 자칫 헌법상 보장된 국민의 거주·이전의 자유를 침해하는 결과를 가져올 수도 있으므로, 시장·군수 또는 구청장의 주민등록전입신고 수리 여부에 대한 심사는 주민등록법의 입법 목적의 범위 내에서 제한적으로 이루어져야 한다. 한편, 주민등록법의 입법 목적에 관한 제1조 및 주민등록 대상자에 관한 제6조의 규정을 고려해 보면, 전입신고를 받은 시장·군수 또는 구청장의 심사 대상은 전입신고자가 30일 이상 생활의 근거로 거주할 목적으로 거주지를 옮기는지 여부만으로 제한된다고 보아야 한다. 따라서 전입신고자가 거주의 목적 이외에 다른 이해관계에 관한 의도를 가지고 있는지 여부, 무허가 건축물의 관리, 전입신고를 수리함으로써 당해 지방자치단체에 미치는 영향 등과 같은 사유는 주민등록법이 아닌 다른 법률에 의하여 규율되어야 하고, 주민등록전입신고의 수리 여부를 심사하는 단계에서는 고려 대상이 될 수 없다. 무허가 건축물을 실제 생활의 근거지로 삼아 10년 이상 거주해 온 사람의 주민등록 전입신고를 거부한 사안에서, 부동산투기나 이주대책 요구 등을 방지할 목적으로 주민등록전입신고를 거부하는 것은 주민등록법의 입법 목적과 취지 등에 비추어 허용될 수 없다(대판 2009.6.18. 2008두10997 전합).

22. 국회직 8급

055

□□□

허가대상건축물의 양수인이 형식적 요건을 갖추어 시장, 군수에게 적법하게 건축주의 명의변경을 신고한 때에는 시장, 군수는 그 신고를 수리하여야지 실체적인 이유를 내세워 그 신고의 수리를 거부할 수는 없다. O | X

건축주명의변경신고에 관한 건축법 시행규칙 제3조의2의 규정은 단순히 행정관청의 사무집행의 편의를 위한 것에 지나지 않는 것이 아니라, 허가대상건축물의 양수인에게 건축주의 명의변경을 신고할 수 있는 공법상의 권리를 인정함과 아울러 행정관청에게는 그 신고를 수리할 의무를 지게 한 것으로 봄이 상당하므로, 허가대상 건축물의 양수인이 위 규칙에 규정되어 있는 형식적요건을 갖추어 시장, 군수에게 적법하게 건축주의 명의변경을 신고한 때에는 시장, 군수는 그 신고를 수리하여야지 실체적인 이유를 내세워 그 신고의 수리를 거부할 수는 없다(대판 1992.3.31. 91누4911).

정답 053 X 054 ○ 055 ○

22. 국회직 8급, 지방직 7급

056
□□□

인 · 허가의제 효과를 수반하는 건축신고는 일반적인 건축신고와는 달리, 특별한 사정이 없는 한 행정청이 그 실체적 요건에 관한 심사를 한 후 수리하여야 하는 이른바 '수리를 요하는 신고'로 보는 것이 옳다.

O | X

일정한 건축물에 관한 건축신고는 건축법 제14조 제2항, 제11조 제5항 제3호에 의하여 국토의 계획 및 이용에 관한 법률 제56조에 따른 개발행위허가를 받은 것으로 의제되는데, 국토의 계획 및 이용에 관한 법률 제58조 제1항 제4호에서는 개발행위허가의 기준으로 주변 지역의 토지이용실태 또는 토지이용계획, 건축물의 높이, 토지의 경사도, 수목의 상태, 물의 배수, 하천 · 호소 · 습지의 배수 등 주변 환경이나 경관과 조화를 이룰 것을 규정하고 있으므로, 국토의 계획 및 이용에 관한 법률상의 개발행위허가로 의제되는 건축신고가 위와 같은 기준을 갖추지 못한 경우 행정청으로서는 이를 이유로 그 수리를 거부할 수 있다고 보아야 한다. 건축법 제14조 제2항에 의한 인 · 허가의제 효과를 수반하는 건축신고가, 행정청이 그 실체적 요건에 관한 심사를 한 후 수리하여야 하는 이른바 '수리를 요하는 신고'이다(대판 2011.1.20. 2010두14954 전합).

23. 지방직 9급

057
□□□

사인의 공법행위는 원칙적으로 발신주의에 따라 그 효력이 발생한다.

O | X

사인의 공법행위도 행정절차법이 적용되는 처분인데, 행정절차법은 도달주의를 규정하고 있다. 따라서 특별한 사정이 없으면 사인의 공법행위에서도 효력발생시기는 도달주의가 원칙이나, 법률에서 예외적으로 발신주의를 규정하고 있는 경우가 있다.

> **「행정절차법」 제15조 【송달의 효력 발생】** ① 송달은 다른 법령등에 특별한 규정이 있는 경우를 제외하고는 해당 문서가 송달받을 자에게 도달됨으로써 그 효력이 발생한다.

정답 056 ○ 057 X

제2편

행정작용법

제1장 법규명령

19. 국회직 8급

001 □□□

대통령령은 총리령 및 부령보다 우월한 효력을 가진다. O | X

행정입법 중에서 대통령령은 총리령 및 부령보다 우월한 효력을 가진다.

19. 국회직 8급

002 □□□

국회규칙은 법규명령이다. O | X

국회규칙, 대법원규칙, 헌법재판소규칙, 선거관리위원회규칙 등은 법규명령이다.

19. 서울시 9급(6월)

003 □□□

헌법재판소는 국회의 의결을 거쳐 확정되는 예산도 일종의 법규범이므로 법률과 마찬가지로 국가기관뿐만 아니라 국민도 구속한다고 본다. O | X

예산은 일종의 법규범이고 법률과 마찬가지로 국회의 의결을 거쳐 제정되지만 법률과 달리 국가기관만을 구속할 뿐 일반국민을 구속하지 않는다. 국회가 의결한 예산 또는 국회의 예산안 의결은 헌법재판소법 제68조 제1항 소정의 '공권력의 행사'에 해당하지 않고 따라서 헌법소원의 대상이 되지 아니한다(헌재 2006.4.25. 2006헌마409).

19. 서울시 9급(2월 · 6월), 13. 국회직 8급 · 경행특채, 10. 지방직 7급

004 □□□

헌법이 인정하고 있는 위임입법의 형식은 예시적인 것으로 보아야 한다. O | X

헌법이 인정하고 있는 위임입법의 형식은 예시적인 것으로 보아야 할 것이고, 그것은 법률이 행정규칙에 위임하더라도 그 행정규칙은 위임된 사항만을 규율할 수 있으므로, 국회입법의 원칙과 상치되지도 않는다(헌재 2004.10.28. 99헌바91).

14. 서울시 9급

005 □□□

법규명령 중 위임명령은 원칙적으로 헌법 제75조와 헌법 제95조에 따라 법률이나 상위명령에 개별적인 수권규범이 있는 경우만 가능하다. O | X

즉, 위임명령에 대해서 포괄적 위임금지의 원칙이 적용된다.

정답 001 ○ 002 ○ 003 X 004 ○ 005 ○

13. 국회직 8급

006 □□□

헌법재판소는 국회입법에 의한 수권이 입법기관이 아닌 행정기관에게 법률 등으로 구체적인 범위를 정하여 위임한 사항에 관하여는 당해 행정기관에게 법 정립의 권한이 부여된다고 보고 있다. O | X

국회입법에 의한 수권이 입법기관이 아닌 행정기관에게 법률 등으로 구체적인 범위를 정하여 위임한 사항에 관하여는 당해 행정기관에게 법 정립의 권한을 갖게 되고, 입법자가 규율의 형식도 선택할 수 있다 할 것이므로, 헌법이 인정하고 있는 위임입법의 형식은 예시적인 것으로 보아야 할 것이고, 그것은 법률이 행정규칙에 위임하더라도 그 행정규칙은 위임된 사항만을 규율할 수 있으므로, 국회입법의 원칙과 상치되지도 않는다(헌재 2006.12.28. 2005헌바59).

19. 서울시 9급(2월)

007 □□□

법률에서 하위법령에 위임을 한 경우에 하위법령이 위임의 한계를 준수하고 있는지 여부의 판단은 일반적으로 의회유보의 원칙과 무관하다. O | X

특정 사안과 관련하여 법률에서 하위법령에 위임을 한 경우에 모법의 위임범위를 확정하거나 하위법령이 위임의 한계를 준수하고 있는지 여부를 판단할 때에는, 하위법령이 규정한 내용이 입법자가 형식적 법률로 스스로 규율하여야 하는 본질적 사항으로서 의회유보의 원칙이 지켜져야 할 영역인지, 당해 법률규정의 입법목적과 규정 내용, 규정의 체계, 다른 규정과의 관계 등을 종합적으로 고려하여야 하고, 위임규정 자체에서 의미 내용을 정확하게 알 수 있는 용어를 사용하여 위임의 한계를 분명히 하고 있는데도 문언적 의미의 한계를 벗어났는지나, 하위법령의 내용이 모법 자체로부터 위임된 내용의 대강을 예측할 수 있는 범위 내에 속한 것인지, 수권규정에서 사용하고 있는 용어의 의미를 넘어 범위를 확장하거나 축소하여서 위임 내용을 구체화하는 단계를 벗어나 새로운 입법을 한 것으로 평가할 수 있는지 등을 구체적으로 따져 보아야 한다(대판 2015.8.20. 2012두23808).

10. 지방직 7급, 08. 국가직 7급

008 □□□

법률이 고시의 형식으로 입법위임을 할 때에는 전문적 · 기술적 사항이나 경미한 사항으로서 업무의 성질상 위임이 불가피한 사항으로 한정된다. O | X

「행정규제기본법」 제4조 【규제 법정주의】 ② 규제는 법률에 직접 규정하되, 규제의 세부적인 내용은 법률 또는 상위법령(上位法令)에서 구체적으로 범위를 정하여 위임한 바에 따라 대통령령 · 총리령 · 부령 또는 조례 · 규칙으로 정할 수 있다. 다만, 법령에서 전문적 · 기술적 사항이나 경미한 사항으로서 업무의 성질상 위임이 불가피한 사항에 관하여 구체적으로 범위를 정하여 위임한 경우에는 고시 등으로 정할 수 있다.

21. 지방직 9급 · 국가직 9급

009 □□□

법률의 시행령 내용이 모법 조항의 취지에 근거하여 이를 구체화하기 위한 것인 때에는 모법에 직접 위임하는 규정을 두지 않았더라도 이를 무효라고 볼 수 없다. O | X

법률의 시행령은 법률에 의한 위임이 없으면 개인의 권리 · 의무에 관한 내용을 변경 · 보충하거나 법률에 규정되지 아니한 새로운 내용을 정할 수는 없지만, 시행령의 내용이 모법의 입법 취지와 관련 조항 전체를 유기적 · 체계적으로 살펴보아 모법의 해석상 가능한 것을 명시한 것에 지나지 아니하거나 모법 조항의 취지에 근거하여 이를 구체화하기 위한 것인 때에는 모법의 규율 범위를 벗어난 것으로 볼 수 없으므로, 모법에 이에 관하여 직접 위임하는 규정을 두지 않았다고 하더라도 이를 무효라고 볼 수 없다(대판 2016.12.1. 2014두8650).

정답 006 ○ 007 X 008 ○ 009 ○

21. 국가직 7급 · 지방직 9급 유사

010 □□□

법률의 위임에 따라 효력을 갖는 법규명령의 경우에 위임의 근거가 없어 무효였더라도 나중에 법 개정으로 위임의 근거가 다시 부여된 경우에는 이전부터 소급하여 유효한 법규명령이 있었던 것으로 본다. O | X

일반적으로 법률의 위임에 따라 효력을 갖는 법규명령의 경우에 위임의 근거가 없어 무효였더라도 나중에 법 개정으로 위임의 근거가 부여되면 그때부터는 유효한 법규명령으로 볼 수 있다. 그러나 법규명령이 개정된 법률에 규정된 내용을 함부로 유추·확장하는 내용의 해석규정이어서 위임의 한계를 벗어난 것으로 인정될 경우에는 법규명령은 여전히 무효이다(대판 2017.4.20. 2015두45700).

16. 사복직 9급, 13. 서울시 7급

011 □□□

판례는 구법의 위임에 의한 유효한 법규명령이 법 개정에 따라 위임의 근거가 없어지게 되면 소급하여 법규명령이 무효가 된다고 한다. O | X

일반적으로 법률의 위임에 의하여 효력을 갖는 법규명령의 경우, 구법에 위임의 근거가 없어 무효였더라도 사후에 법 개정으로 위임의 근거가 부여되면 그때부터는 유효한 법규명령이 되나, 반대로 구법의 위임에 의한 유효한 법규명령이 법 개정으로 위임의 근거가 없어지게 되면 그때부터 무효인 법규명령이 되므로, 어떤 법령의 위임 근거 유무에 따른 유효 여부를 심사하려면 법 개정의 전·후에 걸쳐 모두 심사하여야만 그 법규명령의 시기에 따른 유효·무효를 판단할 수 있다(대판 1995.6.30. 93추83).

21. 소방간부, 19. 서울시 9급(2월), 18. 국가직 9급 · 서울시 7급, 17. 서울시 7급, 15. 국가직 9급 · 경행특채 1차, 14. 지방직 9급 · 국가직 7급, 10. 국가직 7급

012 □□□

법규명령이 법률상 위임의 근거가 없어 무효이더라도 나중에 법률의 개정으로 위임의 근거가 부여되면 그때부터는 유효한 법규명령으로서 구속력을 갖는다. O | X

대판 1995.6.30. 93추83 판례에 대한 옳은 내용이다.

21. 국가직 7급

013 □□□

고시가 비록 법령에 근거를 둔 것이더라도 규정 내용이 법령의 위임범위를 벗어난 것일 경우에는 법규명령으로서의 대외적 구속력을 인정할 여지는 없다. O | X

일반적으로 행정 각부의 장이 정하는 고시라도 그것이 특히 법령의 규정에서 특정 행정기관에 법령 내용의 구체적 사항을 정할 수 있는 권한을 부여함으로써 법령 내용을 보충하는 기능을 가질 경우에는 형식과 상관없이 근거 법령 규정과 결합하여 대외적으로 구속력이 있는 법규명령으로서의 효력을 가지나 이는 어디까지나 법령의 위임에 따라 법령 규정을 보충하는 기능을 가지는 점에 근거하여 예외적으로 인정되는 효력이므로 특정 고시가 비록 법령에 근거를 둔 것이더라도 규정 내용이 법령의 위임범위를 벗어난 것일 경우에는 법규명령으로서의 대외적 구속력을 인정할 여지는 없다(대판 2016.8.17. 2015두51132).

15. 교행직 9급

014 □□□

대통령령에 대한 법률의 위임은 반드시 구체적으로 범위를 정하여 할 필요가 없으며 포괄적인 것으로 족하다. O | X

대통령령에 대한 법률의 위임은 포괄위임금지의 원칙이 적용된다.

정답 010 X 011 X 012 ○ 013 ○ 014 X

15 · 14. 지방직 9급

015 □□□

법령의 위임관계는 반드시 하위법령의 개별조항에서 위임의 근거가 되는 상위법령의 해당 조항을 구체적으로 명시하고 있어야만 하는 것은 아니다. O | X

법령의 위임관계는 반드시 하위법령의 개별조항에서 위임의 근거가 되는 상위법령의 해당 조항을 구체적으로 명시하고 있어야만 하는 것은 아니라고 할 것이므로, 같은 법 시행규칙 제5조가 같은 법 시행령 제8조 제3항과의 위임관계를 위와 같이 명시하고 있다고 하여 같은 법 시행규칙의 다른 규정에서 같은 법 시행령 제8조 제3항의 위임에 기하여 풍속영업의 운영에 관하여 필요한 사항을 따로 정하는 것을 배제하는 취지는 아니라고 할 것이어서, 같은 법 시행규칙 제5조 및 제8조 제1항의 위임관계에 관한 규정 내용만을 들어 같은 법 시행규칙 제8조 제1항과 같은 법 시행령 제8조 제3항 사이의 위임관계를 부정할 수는 없다(대판 1999.12.24. 99두5658).

21. 국가직 7급

016 □□□

법률의 시행령이나 시행규칙의 내용이 모법의 입법 취지와 관련 조항 전체를 유기적 · 체계적으로 살펴보아 모법의 해석상 가능한 것을 명시한 것에 지나지 아니하는 때에는 모법에 이에 관하여 직접 위임하는 규정을 두지 아니하였다고 하더라도 이를 무효라고 볼 수는 없다. O | X

법률의 시행령이나 시행규칙은 법률에 의한 위임이 없으면 개인의 권리 · 의무에 관한 내용을 변경 · 보충하거나 법률이 규정하지 아니한 새로운 내용을 정할 수는 없지만, 법률의 시행령이나 시행규칙의 내용이 모법의 입법 취지와 관련 조항 전체를 유기적 · 체계적으로 살펴보아 모법의 해석상 가능한 것을 명시한 것에 지나지 아니하거나 모법 조항의 취지에 근거하여 이를 구체화하기 위한 것인 때에는 모법의 규율 범위를 벗어난 것으로 볼 수 없으므로, 모법에 이에 관하여 직접 위임하는 규정을 두지 아니하였다고 하더라도 이를 무효라고 볼 수는 없다. 이러한 법리는 지방자치단체의 교육감이 제정하는 교육규칙과 모법인 상위법령의 관계에서도 마찬가지이다(대판 2014.8.20. 2012두19526).

18. 지방교행 · 서울시 7급, 17. 지방직 9급, 13. 지방직 7급, 12. 사복직 9급

017 □□□

조례에 대한 법률의 위임은 반드시 구체적으로 범위를 정하여 해야 한다. O | X

조례의 제정권자인 지방의회는 선거를 통해서 그 지역적인 민주적 정당성을 지니고 있는 주민의 대표기관이고 헌법이 지방자치단체에 포괄적인 자치권을 보장하고 있는 취지로 볼 때, 조례에 대한 법률의 위임은 법규명령에 대한 법률의 위임과 같이 반드시 구체적으로 범위를 정하여야 할 필요가 없으며 포괄적인 것으로 족하다(헌재 1995.4.20. 92헌마264 · 279).

21. 소방간부

018 □□□

법률이 주민의 권리의무에 관한 사항에 관하여 구체적으로 범위를 정하지 않은 채 조례로 정하도록 포괄적으로 위임한 경우에도 지방자치단체는 법령에 위반되지 않는 범위 내에서 주민의 권리의무에 관한 사항을 조례로 제정할 수 있다. O | X

법률이 주민의 권리의무에 관한 사항에 관하여 구체적으로 아무런 범위도 정하지 아니한 채 조례로 정하도록 포괄적으로 위임하였다고 하더라도, 행정관청의 명령과는 달라, 조례도 주민의 대표기관인 지방의회의 의결로 제정되는 지방자치단체의 자주법인 만큼, 지방자치단체가 법령에 위반되지 않는 범위 내에서 주민의 권리의무에 관한 사항을 조례로 제정할 수 있는 것이다(대판 1991.8.27. 90누6613).

정답 015 ○ 016 ○ 017 X 018 ○

04. 입시

019 □□□

위임명령에 규정될 내용 및 범위의 기본사항은 구체적으로 규정되어 있어서 누구라도 당해 법령으로부터 위임명령에 규정될 내용의 대강을 예측할 수 있어야 한다. O | X

헌법 제75조에 근거한 포괄위임금지원칙은 법률에 이미 하위법규에 규정될 내용 및 범위의 기본사항이 구체적으로 규정되어 있어서 누구라도 당해 법률로부터 하위법규에 규정될 내용의 대강을 예측할 수 있어야 함을 의미하므로, 위임입법이 대법원규칙인 경우에도 수권법률에서 이 원칙을 준수하여야 함은 마찬가지이다(헌재 2016.6.30. 2014헌바456).

17. 국가직 9급(10월), 11. 사복직 9급

020 □□□

수권법률의 예측가능성 유무를 판단함에 있어서는 수권규정과 이와 관계된 조항, 수권법률 전체의 취지, 입법목적의 유기적·체계적 해석 등을 통하여 종합 판단하여야 한다. O | X

헌법 제75조는 법률에서 구체적으로 범위를 정하여 위임한 사항에 관하여 대통령령을 발할 수 있다고 규정하고 있다. 이는 위임입법의 한계를 정한 것이므로, 법률의 위임은 반드시 구체적·개별적으로 한정된 사항에 대하여 행하여져야 할 것이다. 다만 구체적인 범위는 각종 법령이 규제하고자 하는 대상의 종류와 성격에 따라 달라진다 할 것이므로 일률적 기준을 정할 수는 없지만, 적어도 법률의 규정에 의하여 이미 대통령령으로 규정될 내용 및 범위의 기본사항이 구체적으로 규정되어 있어 누구라도 당해 법률로부터 대통령령에 규정될 내용의 대강을 예측할 수 있으면 족하고, 여기서 그 예측가능성의 유무는 당해 특정 조항 하나만을 가지고 판단할 것이 아니고 관련 법조항 전체를 유기적·체계적으로 종합 판단하여야 하며, 각 대상법률의 성질에 따라 구체적·개별적으로 검토하여야 할 것이다(헌재 1996.8.29. 94헌마113).

07. 국가직 7급

021 □□□

행정입법의 내용이 일반적·추상적·개괄적으로 되어 있다면 법관의 법 보충작용으로서의 해석을 통하여 그 의미가 구체화·명확화될 수 있다 할지라도 그 규정은 명확성의 원칙에 반한다. O | X

조세나 부담금의 부과요건과 징수절차를 법률로 규정하였다고 하더라도 그 규정 내용이 지나치게 추상적이고 불명확하면 부과관청의 자의적인 해석과 집행을 초래할 염려가 있으므로 법률 또는 그 위임에 따른 명령·규칙의 규정은 일의적이고 명확해야 한다. 그러나 법률규정은 일반성·추상성을 가지는 것이어서 법관의 법 보충작용으로서의 해석을 통하여 그 의미가 구체화되고 명확해질 수 있으므로, 조세나 부담금에 관한 규정이 관련 법령의 입법 취지와 전체적 체계 및 내용 등에 비추어 그 의미가 분명해질 수 있다면 이러한 경우에도 명확성을 결여하였다고 하여 위헌이라고 할 수는 없다(대판 2017.10.12. 2015두60105).

14. 국가직 9급, 11. 지방직 9급·사복직 9급

022 □□□

일반적인 급부행정법규는 처벌법규나 조세법규의 경우보다 그 위임의 요건과 범위가 더 엄격하게 제한적으로 규정되어야 한다. O | X

국민의 기본권을 직접적으로 제한하거나 침해할 소지가 있는 법규에서는 구체성·명확성의 요구가 강화되어 그 위임의 요건과 범위가 일반적인 급부행정법규의 경우보다 더 엄격하게 제한적으로 규정되어야 하는 반면에, 규율대상이 지극히 다양하거나 수시로 변화하는 성질의 것일 때에는 위임의 구체성·명확성의 요건이 완화되어야 할 것이다(헌재 1999.1.28. 97헌가8).

정답 019 ○ 020 ○ 021 X 022 X

19. 서울시 9급(6월), 15·11. 지방직 9급, 14. 국가직 7급

023 □□□

헌법재판소는 법률이 공법적 단체 등의 정관에 자치법적 사항을 위임하는 경우에는 의회유보원칙이 적용될 여지가 없다고 한다. O | X

법률이 자치적인 사항을 정관에 위임할 경우 원칙적으로 헌법상의 포괄위임입법금지원칙이 적용되지 않는다 하더라도, 그 사항이 국민의 권리·의무에 관련되는 것일 경우에는, 적어도 국민의 권리와 의무의 형성에 관한 사항을 비롯하여 국가의 통치조직과 작용에 관한 기본적이고 본질적인 사항은 반드시 국회가 정하여야 할 것인바 각 단체의 대의원의 정수 및 선임방법 등은 국민의 권리와 의무의 형성에 관한 사항이나 국가의 통치조직과 작용에 관한 기본적이고 본질적인 사항이라고 볼 수 없으므로, 법률유보 내지 의회유보의 원칙이 지켜져야 할 영역이라고 할 수 없다(헌재 2006.3.30. 2005헌바31).

21. 국가직 9급

024 □□□

법률이 공법적 단체 등의 정관에 자치법적 사항을 위임한 경우에는 헌법 제75조가 정하는 포괄적인 위임입법의 금지는 원칙적으로 적용되지 않지만, 그 사항이 국민의 권리·의무에 관련되는 것일 경우에는 적어도 국민의 권리·의무에 관한 기본적이고 본질적인 사항은 국회가 정하여야 한다. O | X

법률이 공법적 단체 등의 정관에 자치법적 사항을 위임한 경우에는 헌법 제75조가 정하는 포괄적인 위임입법의 금지는 원칙적으로 적용되지 않는다고 봄이 상당하고, 그렇다 하더라도 그 사항이 국민의 권리·의무에 관련되는 것일 경우에는 적어도 국민의 권리·의무에 관한 기본적이고 본질적인 사항은 국회가 정하여야 한다(대판 2007.10.12. 2006두14476).

17. 서울시 7급, 16. 사복직 9급

025 □□□

법률이 공법적 단체 등의 정관에 자치법적 사항을 위임한 경우에는 헌법 제75조가 정하는 포괄적인 위임입법의 금지는 원칙적으로 적용되지 않는다고 봄이 상당하다. O | X

법률이 공법적 단체 등의 정관에 자치법적 사항을 위임한 경우에는 헌법 제75조가 정하는 포괄적인 위임입법의 금지는 원칙적으로 적용되지 않는다고 봄이 상당하고, 그렇다 하더라도 그 사항이 국민의 권리·의무에 관련되는 것일 경우에는 적어도 국민의 권리·의무에 관한 기본적이고 본질적인 사항은 국회가 정하여야 한다(대판 2007.10.12. 2006두14476).

14. 지방직 9급, 09. 국가직 9급

026 □□□

국회전속적 입법사항은 반드시 법률에 의하여 규정되어야 하며, 입법자가 법률에서 구체적으로 범위를 정하여도 법규명령에 위임될 수는 없다. O | X

헌법에서 직접 법률로 정하도록 위임한 국회전속적 입법사항이라 하더라도 그 본질적 내용을 법률로 정하여야 한다는 것이지 전적으로 법률에 의해 규율되어야만 하는 것은 아니다.

14. 서울시 9급, 13·11. 지방직 7급

027 □□□

처벌규정의 위임은 죄형법정주의로 인하여 어떠한 경우에도 허용되지 않는다. O | X

위임입법에 관한 헌법 제75조는 처벌법규에도 적용되는 것이지만 처벌법규의 위임은 특히 긴급한 필요가 있거나 미리 법률로써 자세히 정할 수 없는 부득이한 사정이 있는 경우에 한정되어야 한다(헌재 1997.7.8. 91헌가4).

정답 023 X 024 ○ 025 ○ 026 X 027 X

19. 국가직 9급, 14. 지방직 9급

028 □□□

특히 긴급한 필요가 있거나 미리 법률로 자세히 정할 수 없는 부득이한 사정이 있어 법률에 형벌의 종류·상한·폭을 명확히 규정하더라도, 행정형벌에 대한 위임입법은 허용되지 않는다. O | X

형벌법규에 대하여도 특히 긴급한 필요가 있거나 미리 법률로써 자세히 정할 수 없는 부득이한 사정이 있는 경우에 한하여 수권법률(위임법률)이 구성요건의 점에서는 처벌대상인 행위가 어떠한 것일 거라고 이를 예측할 수 있을 정도로 구체적으로 정하고, 형벌의 점에서는 형벌의 종류 및 그 상한과 폭을 명확히 규정하는 것을 조건으로 위임입법이 허용되며, 이러한 위임입법은 죄형법정주의에 반하지 않는다(헌재 1996.2.29. 94헌마213).

06. 국가직 7급

029 □□□

헌법재판소는 죄형법정주의 원칙상 처벌규정에 대해서는 형벌의 종류뿐 아니라 범죄의 구성요건도 법규명령에 위임할 수 없다고 본다. O | X

사회현상의 복잡다기화와 국회의 전문적·기술적 능력의 한계 및 시간적 적응능력의 한계로 인하여 형사처벌에 관련된 모든 법규를 예외 없이 형식적 의미의 법률에 의하여 규정한다는 것은 사실상 불가능할 뿐만 아니라 실제에 적합하지도 아니하기 때문에, 특히 긴급한 필요가 있거나 미리 법률로써 자세히 정할 수 없는 부득이한 사정이 있는 경우에 한하여 수권법률(위임법률)이 구성요건의 점에서는 처벌대상인 행위가 어떠한 것인지 이를 예측할 수 있을 정도로 구체적으로 정하고, 형벌의 점에서는 형벌의 종류 및 그 상한과 폭을 명확히 규정하는 것을 전제로 위임입법이 허용되며, 이러한 위임입법은 죄형법정주의에 반하지 않는다(대판 2002.11.26. 2002도2998).

18. 국가직 9급, 14. 서울시 9급·국가직 9급, 13. 서울시 7급, 05. 서울시 9급

030 □□□

법규명령이 법률에서 위임받은 사항에 관하여 대강을 정하고 그중의 특정 사항에 대하여 범위를 정하여 하위법령에 다시 위임하는 경우에는 재위임이 허용된다. O | X

재위임에 의한 부령의 경우에도 위임에 대한 대통령령에 가해지는 헌법상의 제한이 당연히 적용되므로 법률에서 위임받은 사항을 전혀 규정하지 아니하고 그대로 재위임하는 것은 허용되지 않으며 위임받은 사항에 관하여 대강을 정하고 그중의 특정 사항을 범위를 정하여 하위법령에 다시 위임하는 경우에만 재위임이 허용된다(헌재 1996.2.29. 94헌마213).

21. 국가직 9급

031 □□□

법률에서 위임받은 사항에 관하여 대강을 정하고 그중의 특정 사항을 범위를 정하여 하위법령에 다시 위임하는 경우에는 재위임이 허용된다. 이러한 법리는 조례가 지방자치법에 따라 주민의 권리제한 또는 의무부과에 관한 사항을 법률로부터 위임받은 후, 이를 다시 지방자치단체장이 정하는 '규칙'이나 '고시' 등에 재위임하는 경우에도 마찬가지이다. O | X

법률에서 위임받은 사항을 전혀 규정하지 않고 재위임하는 것은 복위임금지원칙에 반할 뿐 아니라 위임명령의 제정 형식에 관한 수권법의 내용을 변경하는 것이 되므로 허용되지 않으나 위임받은 사항에 관하여 대강을 정하고 그중의 특정 사항을 범위를 정하여 하위법령에 다시 위임하는 경우에는 재위임이 허용된다. 이러한 법리는 조례가 지방자치법 제22조 단서에 따라 주민의 권리제한 또는 의무부과에 관한 사항을 법률로부터 위임받은 후, 이를 다시 지방자치단체장이 정하는 '규칙'이나 '고시' 등에 재위임하는 경우에도 마찬가지이다(대판 2015.1.15. 2013두14238).

정답 028 X 029 X 030 ○ 031 ○

19. 국회직 8급

032 □□□

국가사무로서 지방자치단체의 장에게 위임된 기관위임사무에 해당하는 경우에는 시·도지사가 지방자치단체의 조례에 의하여 이를 구청장 등에게 재위임할 수는 없다. O | X

도시재개발법 제41조 소정의 관리처분계획의 인가 등에 관한 사무는 국가사무로서 지방자치단체의 장에게 위임된 이른바 기관위임사무에 해당하므로 시·도지사가 지방자치단체의 조례에 의하여 이를 구청장 등에게 재위임할 수는 없고 행정권한의 위임 및 위탁에 관한 규정 제4조에 의하여 위임기관의 장의 승인을 얻은 후 지방자치단체의 장이 제정한 규칙이 정하는 바에 따라 재위임하는 것만이 가능하다(대판 1995.8.22. 94누5694 전합).

18. 서울시 7급

033 □□□

국가가 위임한 단체위임사무는 국가사무가 지방자치단체에 위임되었기 때문에 국가의 감독은 적법성 감독과 더불어 합목적성 감독을 포함한다. O | X

Point정리 지방자치단체 사무에 대한 국가의 감독

구분	합법성 감독	합목적성 감독
고유사무	○	×
단체위임사무	○	○
기관위임사무	○	○

21. 소방간부

034 □□□

국가사무가 지방자치단체의 장에게 위임된 기관위임사무에 관한 사항은 원칙적으로 조례의 제정범위에 속하지 않는다. O | X

지방자치법 제22조, 제9조에 의하면, 지방자치단체가 조례를 제정할 수 있는 사항은 지방자치단체의 고유사무인 자치사무와 개별법령에 의하여 지방자치단체에 위임된 단체위임사무에 한하고, 국가사무가 지방자치단체의 장에게 위임되거나 상위 지방자치단체의 사무가 하위 지방자치단체의 장에게 위임된 기관위임사무에 관한 사항은 원칙적으로 조례의 제정범위에 속하지 않는다(대판 2014.2.27. 2012추145).

18. 변호사

035 □□□

행정권한의 재위임과 관련하여 정부조직법과 이에 기한 행정권한의 위임 및 위탁에 관한 규정의 관련 조항이 재위임에 관한 일반적인 근거 규정이 될 수 없다. O | X

정부조직법 제5조 제1항의 규정은 법문상 행정권한의 위임 및 재위임의 근거 규정임이 명백하고 정부조직법이 국가행정기관의 설치, 조직과 직무범위의 대강을 정하는 데 목적이 있다고 하여 그 이유만으로 같은 법의 권한위임 및 재위임에 관한 규정마저 권한위임 및 재위임 등에 관한 대강을 정한 것에 불과할 뿐 권한위임 및 재위임의 근거 규정이 아니라고 할 수 없다고 할 것이므로, 도지사 등은 정부조직법 제5조 제1항에 기하여 제정된 행정권한의 위임 및 위탁에 관한 규정에 정한 바에 의하여 위임기관의 장의 승인이 있으면 그 규칙이 정하는 바에 의하여 그 수임된 권한을 시장, 군수 등 소속기관의 장에게 다시 위임할 수 있다(대판 1990.6.26. 88누12158).

정답 032 ○ 033 ○ 034 ○ 035 X

21. 소방간부

036

□□□

지방자치단체의 장은 합의제 행정기관을 설치할 고유의 권한을 가지며 이러한 고유권한에는 그 설치를 위한 조례안의 제안권이 포함된다. O | X

지방자치단체의 장은 합의제 행정기관을 설치할 고유의 권한을 가지며 이러한 고유권한에는 그 설치를 위한 조례안의 제안권이 포함된다고 봄이 상당하다(대판 2009.9.24. 2009추53).

18. 변호사

037

□□□

국가사무가 시·도지사에게 기관위임된 경우에 시·도지사가 이를 구청장 등에게 재위임하기 위해서는 시·도 조례에 의하여야 한다. O | X

관리처분계획의 인가 등에 관한 사무는 국가사무로서 지방자치단체의 장에게 위임된 이른바 기관위임사무에 해당하므로, 시·도지사가 지방자치단체의 조례에 의하여 이를 구청장 등에게 재위임할 수는 없고, 행정권한의 위임 및 위탁에 관한 규정 제4조에 의하여 위임기관의 장의 승인을 얻은 후 지방자치단체의 장이 제정한 규칙이 정하는 바에 따라 재위임하는 것만이 가능하다(대판 1995.8.22. 94누5694 전합).

18. 지방교행

038

□□□

성질상 위임이 불가피한 전문적·기술적 사항에 관하여 구체적으로 범위를 정하여 법령에서 위임하더라도 고시 등으로는 규제의 세부적인 내용을 정할 수 없다. O | X

규제는 법률에 직접 규정하되, 규제의 세부적인 내용은 법률 또는 상위법령(上位法令)에서 구체적으로 범위를 정하여 위임한 바에 따라 대통령령·총리령·부령 또는 조례·규칙으로 정할 수 있다. 다만, 법령에서 전문적·기술적 사항이나 경미한 사항으로서 업무의 성질상 위임이 불가피한 사항에 관하여 구체적으로 범위를 정하여 위임한 경우에는 고시 등으로 정할 수 있다(행정규제기본법 제4조 제2항).

16. 국가직 7급

039

□□□

위임명령이 위임 내용을 구체화하는 단계를 벗어나 새로운 입법을 한 것으로 평가할 수 있다고 하더라도 이는 위임의 한계를 일탈한 것이 아니다. O | X

법률이 특정 사안과 관련하여 시행령에 위임을 한 경우 시행령이 위임의 한계를 준수하고 있는지를 판단할 때는 당해 법률규정의 입법목적과 규정 내용, 규정의 체계, 다른 규정과의 관계 등을 종합적으로 살펴야 한다. 법률의 위임규정 자체가 그 의미 내용을 정확하게 알 수 있는 용어를 사용하여 위임의 한계를 분명히 하고 있는데도 시행령이 그 문언적 의미의 한계를 벗어났다든지, 위임규정에서 사용하고 있는 용어의 의미를 넘어 그 범위를 확장하거나 축소함으로써 위임 내용을 구체화하는 단계를 벗어나 새로운 입법을 한 것으로 평가할 수 있다면, 이는 위임의 한계를 일탈한 것으로서 허용되지 않는다(대판 2012.12.20. 2011두30878).

정답 036 ○ 037 X 038 X 039 X

21. 소방간부

040 □□□

지방의회는 해당 지방의 실정에 맞게 집행기관에 대하여 법령에 규정이 없는 새로운 견제장치를 조례로 만들 수 있다. O | X

지방의회는 조례의 제정 및 개폐, 예산의 심의 · 확정, 결산의 승인, 기타 지방자치법 제39조 제1항에 규정된 사항에 대한 의결권을 가지는 외에 지방자치법 제41조 등의 규정에 의하여 지방자치단체사무에 관한 행정사무 감사권 및 조사권 등을 가지므로, 이처럼 법령에 의하여 주어진 권한의 범위 내에서 집행기관을 견제할 수 있는 것이지 법령에 규정이 없는 새로운 견제장치를 만드는 것은 집행기관의 고유권한을 침해하는 것이 되어 허용할 수 없다(대판 2012.11.29. 2011추87).

23. 경찰간부 · 국가직 9급, 21. 지방직 7급 유사, 16. 국가직 7급

041 □□□

법령의 위임이 없음에도 법령에 규정된 처분 요건에 해당하는 사항을 부령에서 변경하여 규정한 경우에는 그 부령의 규정은 행정청 내부의 사무처리기준 등을 정한 것으로서 행정조직 내에서 적용되는 행정명령의 성격을 지닐 뿐이다. O | X

법령에서 행정처분의 요건 중 일부 사항을 부령으로 정할 것을 위임한 데 따라 시행규칙 등 부령에서 이를 정한 경우에 그 부령의 규정은 국민에 대해서도 구속력이 있는 법규명령에 해당한다고 할 것이지만, 법령의 위임이 없음에도 법령에 규정된 처분 요건에 해당하는 사항을 부령에서 변경하여 규정한 경우에는 그 부령의 규정은 행정청 내부의 사무처리기준 등을 정한 것으로서 행정조직 내에서 적용되는 행정명령의 성격을 지닐 뿐 국민에 대한 대외적 구속력은 없다고 보아야 한다. 따라서 어떤 행정처분이 그와 같이 법규성이 없는 시행규칙 등의 규정에 위배된다고 하더라도 그 이유만으로 처분이 위법하게 되는 것은 아니라 할 것이고, 또 그 규칙 등에서 정한 요건에 부합한다고 하여 반드시 그 처분이 적법한 것이라고 할 수도 없다. 이 경우 처분의 적법 여부는 그러한 규칙 등에서 정한 요건에 합치하는지 여부가 아니라 일반 국민에 대하여 구속력을 가지는 법률 등 법규성이 있는 관계 법령의 규정을 기준으로 판단하여야 한다(대판 2013.9.12. 2011두10584).

16. 국가직 7급

042 □□□

교육에 관한 조례에 대한 항고소송을 제기함에 있어서는 그 의결기관인 시 · 도 지방의회를 피고로 하여야 한다. O | X

시 · 도의 교육 · 학예에 관한 사무의 집행기관은 시 · 도 교육감이고 시 · 도 교육감에게 지방교육에 관한 조례안의 공포권이 있다고 규정되어 있으므로, 교육에 관한 조례의 무효확인소송을 제기함에 있어서는 그 집행기관인 시 · 도 교육감을 피고로 하여야 한다(대판 1996.9.20. 95누8003).

17. 서울시 7급

043 □□□

어떤 법률의 말미에 "이 법의 시행에 필요한 사항은 대통령령으로 정한다."라고 하여 일반적 시행령 위임 조항을 두었다면 이것은 위임명령의 일반적 발령 근거로 작용한다. O | X

구 소득세법 제203조에 의하면 "이 법 시행에 관하여 필요한 사항은 대통령령으로 정한다."고 규정하고 있으나, 이것은 법률의 시행에 필요한 집행명령을 발할 수 있음을 규정한 것에 지나지 아니하며 양도차익과 같은 과세요건에 관한 법규의 제정까지도 포괄적으로 대통령령에 위임한 규정이라고는 볼 수 없다(대판 1982.11.23. 82누221).

정답 040 X 041 ○ 042 X 043 X

19. 지방직 9급, 15. 경행특채 1차, 13. 서울시 7급, 09. 국가직 9급, 08. 국가직 7급

044 □□□

근거 법령인 상위법령이 개정됨에 그친 경우 개정 법령의 시행을 위한 집행명령이 제정·발효될 때까지 여전히 그 효력을 유지하는 것은 아니다. O | X

상위법령의 시행에 필요한 세부적 사항을 정하기 위하여 행정관청이 일반적 직권에 의하여 제정하는 이른바 집행명령은 근거 법령인 상위법령이 폐지되면 특별한 규정이 없는 이상 실효되는 것이나, 상위법령이 개정됨에 그친 경우에는 개정 법령과 성질상 모순·저촉되지 아니하고 개정된 상위법령의 시행에 필요한 사항을 규정하고 있는 이상 그 집행명령은 상위법령의 개정에도 불구하고 당연히 실효되지 아니하고 개정 법령의 시행을 위한 집행명령이 제정·발효될 때까지는 여전히 그 효력을 유지한다(대판 1989.9.12. 88누6962).

19. 지방직 9급, 15. 서울시 9급, 12. 사복직 9급

045 □□□

집행명령은 상위법령의 집행에 필요한 세칙을 정하는 범위 내에서만 가능하고 새로운 국민의 권리·의무를 정할 수 없다. O | X

집행명령은 법규명령이지만 모법에 규정이 없는 새로운 입법사항에 관하여 독자적으로 규정할 수 없다. 반면에 위임명령은 법률이 위임한 범위 내에서는 새로운 입법사항, 즉 국민의 권리·의무에 관한 사항에 관해서도 규정할 수 있다.

13. 국회직 8급, 07. 관세사

046 □□□

집행명령은 상위법령의 집행을 위하여 필요한 사항을 법률 또는 상위명령의 위임에 의해 직권으로 발하는 명령이다. O | X

집행명령은 위임을 필요로 하지 않는다.

06. 서울시 9급

047 □□□

집행명령이 없어도 법령이 시행될 수 있는 경우에는 특별한 규정이 없는 한 행정권에게 집행명령을 제정할 의무가 있다. O | X

집행명령이 없어도 법령이 시행될 수 있는 경우에는 특별한 규정이 없는 한 행정권에게 집행명령을 제정할 의무는 없다. 따라서 집행명령을 제정하지 않아도 위법은 아니다.

15. 서울시 9급

048 □□□

위임명령의 경우에는 법률유보원칙이 적용된다. O | X

헌법 제75조와 제95조에 따르면 위임명령에는 법률이나 상위법령의 근거가 필요하다.

정답 044 X 045 ○ 046 X 047 X 048 ○

17. 국가직 9급(10월), 05. 관세사

049 □□□

대통령령을 제정하려면 국무회의의 심의와 법제처의 심사를 거쳐야 한다. O | X

대통령령을 제정하기 위해서는 법제처의 심사와 국무회의의 심의를 거쳐야 하나, 총리령·부령은 법제처의 심사만 거치면 되고 국무회의의 심의는 거치지 않는다.

18. 지방직 7급

050 □□□

국무회의에 상정될 총리령안과 부령안은 법제처의 심사를 받아야 한다. O | X

총리령안과 부령안에 대한 법제처의 심사는 행정입법에 대한 대표적인 행정내부적 통제제도이며 필수적 절차이다.

> **「정부조직법」 제23조 【법제처】** ① 국무회의에 상정될 법령안·조약안과 총리령안 및 부령안의 심사와 그 밖에 법제에 관한 사무를 전문적으로 관장하기 위하여 국무총리 소속으로 법제처를 둔다.

14. 국가직 9급, 05. 관세사

051 □□□

대통령령, 총리령 및 부령은 특별한 규정이 없으면 공포한 날부터 20일이 경과함으로써 효력을 발생한다. O | X

> **「법령 등 공포에 관한 법률」 제13조 【시행일】** 대통령령, 총리령 및 부령은 특별한 규정이 없으면 공포한 날부터 20일이 경과함으로써 효력을 발생한다.

21. 지방직 9급

052 □□□

헌법개정·법률·조약·대통령령·총리령 및 부령의 공포는 관보에 게재함으로써 한다. O | X

> **「법령 등 공포에 관한 법률」 제11조 【공포 및 공고의 절차】** ① 헌법개정·법률·조약·대통령령·총리령 및 부령의 공포와 헌법개정안·예산 및 예산 외 국고부담계약의 공고는 관보(官報)에 게재함으로써 한다.

21. 지방직 9급

053 □□□

관보의 내용 해석 및 적용 시기 등에 대하여 종이관보가 전자관보보다 우선적 효력을 가진다. O | X

> **「법령 등 공포에 관한 법률」 제11조 【공포 및 공고의 절차】** ④ 관보의 내용 해석 및 적용 시기 등에 대하여 종이관보와 전자관보는 동일한 효력을 가진다.

정답 049 ○ 050 ○ 051 ○ 052 ○ 053 X

제2편

해커스공무원 신동욱 행정법총론 핵심 기출 OX

21. 지방직 9급

054 □□□

국회법에 따라 하는 국회의장의 법률 공포는 서울특별시에서 발행되는 둘 이상의 일간신문에 게재함으로써 한다. O | X

「법령 등 공포에 관한 법률」 제11조 【공포 및 공고의 절차】 ② 국회법 제98조 제3항 전단에 따라 하는 국회의장의 법률 공포는 서울특별시에서 발행되는 둘 이상의 일간신문에 게재함으로써 한다.

09. 국가직 7급

055 □□□

법규명령이 그 성립 · 발효요건을 갖추지 못한 때에는 하자 있는 것으로 된다. O | X

법규명령이 성립 · 효력요건을 갖추지 못한 경우에는 하자 있는 법규명령이 된다.

21. 지방직 9급

056 □□□

법규명령의 위임근거가 되는 법률에 대하여 위헌결정이 선고되더라도 그 위임에 근거하여 제정된 법규명령은 별도의 폐지행위가 있어야 효력을 상실한다. O | X

법규명령의 위임근거가 되는 법률에 대하여 위헌결정이 선고되면 그 위임에 근거하여 제정된 법규명령도 원칙적으로 효력을 상실한다(대판 2001.6.12. 2000다18547).

14 · 08. 지방직 7급, 13. 서울시 7급

057 □□□

판례는 법규명령의 위임근거가 되는 법률에 대하여 위헌결정이 선고되면 그 위임에 근거하여 제정된 법규명령도 원칙적으로 효력을 상실한다고 보았다. O | X

법규명령의 근거 법령이 소멸되면 법규명령도 소멸되는 것이 원칙이다.

09. 서울시 9급

058 □□□

위법무효인 시행령이나 시행규칙을 적용한 행정처분은 당연히 무효이다. O | X

하자 있는 법규명령에 따른 행정행위의 효력에 관해서, 중대명백설에 따라 하자가 중대하고 명백한 경우에는 무효이고, 그렇지 않은 경우에는 취소할 수 있는 행정행위에 불과하다.

정답 054 ○ 055 ○ 056 X 057 ○ 058 X

07. 국회직 8급

059 □□□

위임명령은 상위법령의 폐지에 의해 소멸된다. O | X

Point정리 위임명령과 집행명령

구분	위임명령	집행명령
법률유보원칙	적용 ○ (상위법령의 위임이 있어야 제정 가능)	적용 × (상위법령의 수권 없이도 제정 가능)
상위법령의 폐지	효력상실	효력상실 단, 상위법령이 개정됨에 불과한 경우에 집행명령은 효력 유지 가능

06. 국회직 8급

060 □□□

법규명령은 명시적인 방법 외에도 묵시적으로도 폐지될 수 있다. O | X

법규명령의 폐지는 법규명령의 효력을 장래에 향하여 소멸시키는 것으로 그 내용과 충돌되는 상위법을 제정하는 등 묵시적인 방법을 통해서도 가능하다.

13. 국회직 8급

061 □□□

긴급명령이나 긴급재정·경제명령은 지체 없이 국회의 승인을 받아야 하며 승인을 얻지 못한 때에는 그 명령은 그때부터 효력을 상실한다. O | X

법규명령에 대한 국회의 직접 통제에 해당한다.

> **헌법 제76조** ① 대통령은 내우·외환·천재·지변 또는 중대한 재정·경제상의 위기에 있어서 국가의 안전보장 또는 공공의 안녕질서를 유지하기 위하여 긴급한 조치가 필요하고 국회의 집회를 기다릴 여유가 없을 때에 한하여 최소한으로 필요한 재정·경제상의 처분을 하거나 이에 관하여 법률의 효력을 가지는 명령을 발할 수 있다.
> ② 대통령은 국가의 안위에 관계되는 중대한 교전상태에 있어서 국가를 보위하기 위하여 긴급한 조치가 필요하고 국회의 집회가 불가능한 때에 한하여 법률의 효력을 가지는 명령을 발할 수 있다.
> ③ 대통령은 제1항과 제2항의 처분 또는 명령을 한 때에는 지체 없이 국회에 보고하여 그 승인을 얻어야 한다.
> ④ 제3항의 승인을 얻지 못한 때에는 그 처분 또는 명령은 그때부터 효력을 상실한다. 이 경우 그 명령에 의하여 개정 또는 폐지되었던 법률은 그 명령이 승인을 얻지 못한 때부터 당연히 효력을 회복한다.

정답 059 ○ 060 ○ 061 ○

12. 국회직 8급

062 □□□

중앙행정기관의 장은 법률에서 위임한 사항이나 법률을 집행하기 위하여 필요한 사항을 규정한 대통령령·총리령, 부령 등이 제정 또는 개정된 때에는 14일 이내에 이를 국회에 송부하여 국회에 의한 통제를 받게 된다. O | X

중앙행정기관의 장은 법률에서 위임한 사항이나 법률을 집행하기 위하여 필요한 사항을 규정한 대통령령, 총리령, 부령 등이 제정 또는 개정된 때에는 10일 이내에 이를 국회에 송부하여 국회에 의한 통제를 받게 된다.

08. 지방직 7급

063 □□□

국회는 국회법상 제출제도를 통하여 행정입법에 대한 통제를 할 수 있다. O | X

「국회법」 제98조의2【대통령령 등의 제출 등】 ① 중앙행정기관의 장은 법률에서 위임한 사항이나 법률을 집행하기 위하여 필요한 사항을 규정한 대통령령·총리령·부령·훈령·예규·고시 등이 제정·개정 또는 폐지되었을 때에는 10일 이내에 이를 국회 소관 상임위원회에 제출하여야 한다.

21. 소방간부, 14. 지방직 7급

064 □□□

행정소송에 대한 대법원판결에 의하여 명령·규칙이 헌법 또는 법률에 위반된다는 것이 확정된 경우에는 대법원은 지체 없이 그 사유를 행정자치부(현 행정안전부)장관에게 통보하여야 하고, 그 통보를 받은 행정자치부장관은 지체 없이 이를 관보에 게재하여야 한다. O | X

「행정소송법」 제6조【명령·규칙의 위헌판결 등 공고】 ① 행정소송에 대한 대법원판결에 의하여 명령·규칙이 헌법 또는 법률에 위반된다는 것이 확정된 경우에는 대법원은 지체 없이 그 사유를 행정안전부장관에게 통보하여야 한다.
② 제1항의 규정에 의한 통보를 받은 행정안전부장관은 지체 없이 이를 관보에 게재하여야 한다.

16. 국가직 7급

065 □□□

행정소송에 대한 대법원판결에 의하여 총리령이 법률에 위반된다는 것이 확정된 경우에는 대법원은 지체 없이 그 사유를 국무총리에게 통보하여야 한다. O | X

행정소송에 대한 대법원판결에 의하여 명령·규칙이 헌법 또는 법률에 위반된다는 것이 확정된 경우에는 대법원은 지체 없이 그 사유를 행정안전부장관에게 통보하여야 한다(행정소송법 제6조 제1항).

12. 지방직 9급

066 □□□

법규명령에 대한 사법적 통제로 우리나라는 구체적 규범통제를 원칙으로 한다. O | X

헌법 제107조 ② 명령·규칙 또는 처분이 헌법이나 법률에 위반되는 여부가 재판의 전제가 된 경우에는 대법원은 이를 최종적으로 심사할 권한을 가진다.

정답 062 X 063 ○ 064 ○ 065 X 066 ○

14. 경행특채 2차, 09. 국가직 7급

067 □□□

명령, 규칙 또는 처분이 헌법이나 법률에 위반되는 여부가 재판의 전제가 된 경우에는 대법원은 이를 최종적으로 심사할 권한을 가진다. O | X

헌법 제107조 ② 명령 · 규칙 또는 처분이 헌법이나 법률에 위반되는 여부가 재판의 전제가 된 경우에는 대법원은 이를 최종적으로 심사할 권한을 가진다.

15. 지방직 9급

068 □□□

일반적 · 추상적인 법령 그 자체로서 국민의 구체적인 권리 · 의무에 직접적인 변동을 초래하는 것이 아닌 것은 취소소송의 대상이 될 수 없다. O | X

행정청의 위법한 처분 등의 취소 또는 변경을 구하는 취소소송의 대상이 될 수 있는 것은 구체적인 권리의무에 관한 분쟁이어야 하고 일반적 · 추상적인 법령이나 규칙 등은 그 자체로서 국민의 구체적인 권리의무에 직접적 변동을 초래케 하는 것이 아니므로 그 대상이 될 수 없다(대판 1992.3.10. 91누12639).

09. 국가직 9급

069 □□□

법규명령에 대하여는 특정 법규명령의 위헌 · 위법 여부가 구체적 사건에 대한 재판의 전제가 된 경우에 법원이 이를 심리 · 판단하는 선결문제 심리방식에 의한 간접적 통제가 인정되고 있다. O | X

즉, 법규명령에 대해 법원의 구체적 규범통제가 인정되고 있다는 뜻이다.

17. 지방직 9급

070 □□□

법률의 시행령이 형사처벌에 관한 사항을 규정하면서 법률의 명시적인 위임범위를 벗어나 처벌의 대상을 확장하는 것은 죄형법정주의원칙에 어긋나는 것이므로, 그러한 시행령은 위임입법의 한계를 벗어난 것으로서 무효이다. O | X

일반적으로 법률의 시행령은 모법인 법률에 의하여 위임받은 사항이나, 법률이 규정한 범위 내에서 법률을 현실적으로 집행하는 데 필요한 세부적인 사항만을 규정할 수 있을 뿐, 법률의 위임 없이 법률이 규정한 개인의 권리 · 의무에 관한 내용을 변경 · 보충하거나 법률에서 규정하지 아니한 새로운 내용을 규정할 수 없는 것이고, 특히 법률의 시행령이 형사처벌에 관한 사항을 규정하면서 법률의 명시적인 위임범위를 벗어나 그 처벌의 대상을 확장하는 것은 헌법 제12조 제1항과 제13조 제1항에서 천명하고 있는 죄형법정주의의 원칙에도 어긋나는 것으로 결코 허용될 수 없다고 할 것인데, 총포 · 도검 · 화약류 등 단속법 제2조 제1항은 총포에 관하여 규정하면서 총에 대하여는 일정 종류의 총을 총포에 해당하는 것으로 규정하면서 그 외의 장약총이나 공기총도 금속성 탄알이나 가스 등을 쏠 수 있는 성능이 있는 것은 총포에 해당한다고 규정하고 있으므로, 여기서 말하는 총은 비록 모든 부품을 다 갖추지는 않았더라도 적어도 금속성 탄알 등을 발사하는 성능을 가지고 있는 것을 가리키는 것이고, 단순히 총의 부품에 불과하여 금속성 탄알 등을 발사할 성능을 가지지 못한 것까지 총포로 규정하고 있는 것은 아니라고 할 것임에도 불구하고 같은 법 시행령 제3조 제1항은 같은 법 제2조 제1항의 위임에 따라 총포의 범위를 구체적으로 정하면서도 제3호에서 모법의 위임범위를 벗어나 총의 부품까지 총포에 속하는 것으로 규정함으로써, 같은 법 제12조 제1항 및 제70조 제1항과 결합하여 모법보다 형사처벌의 대상을 확장하고 있으므로, 이는 결국 위임입법의 한계를 벗어나고 죄형법정주의원칙에 위배된 것으로 무효라고 하지 않을 수 없다(대판 1999.2.11. 98도2816).

정답 067 ○ 068 ○ 069 ○ 070 ○

21. 소방간부

071 □□□

법률의 위임 없이 보육시설 종사자의 정년을 규정한 '서울특별시 중구 영유아 보육조례 일부개정조례안'은 그 효력을 인정할 수 없으므로, 이 조례안에 대한 재의결은 무효이다. O | X

영유아보육법이 보육시설 종사자의 정년에 관한 규정을 두거나 이를 지방자치단체의 조례에 위임한다는 규정을 두고 있지 않음에도 보육시설 종사자의 정년을 규정한 '서울특별시 중구 영유아 보육조례 일부개정조례안' 제17조 제3항은, 법률의 위임 없이 헌법이 보장하는 직업을 선택하여 수행할 권리의 제한에 관한 사항을 정한 것이어서 그 효력을 인정할 수 없으므로, 위 조례안에 대한 재의결은 무효이다(대판 2009.5.28. 2007추134).

19. 변호사

072 □□□

헌법 제107조 제2항에 규정된 '명령 · 규칙'은 지방자치단체의 조례와 규칙을 모두 포함한다. O | X

지방자치단체의 사무에 관한 조례와 규칙은 조례가 보다 상위규범이라고 할 수 있고, 또한 헌법 제107조 제2항의 "규칙"에는 지방자치단체의 조례와 규칙이 모두 포함된다(대판 1995.8.22. 94누5694).

08. 지방직 7급, 05. 국가직 9급

073 □□□

법규명령에 대한 법원의 위헌 · 위법결정은 원칙적으로 당해 사건에 한하여 그 적용이 거부된다. O | X

구체적 규범통제는 해당 사건에 한하여 법규명령의 적용을 배제하는 개별적 효력설을 취한다.

21. 소방 유사, 19. 변호사, 18 · 13. 서울시 7급, 10. 지방직 9급, 08. 지방직 7급

074 □□□

판례는 조례가 집행행위의 개입 없이도 그 자체로서 직접 국민의 구체적인 권리 · 의무나 법적 이익에 영향을 미치는 법률상의 효과가 발생하는 경우에도 그 조례는 항고소송의 대상이 되는 행정처분이 아니라고 하였다. O | X

조례가 집행행위의 개입 없이도 그 자체로서 직접 국민의 구체적인 권리 · 의무나 법적 이익에 영향을 미치는 등의 법률상 효과를 발생하는 경우에는 그 조례는 항고소송의 대상이 되는 행정처분에 해당한다(대판 1996.6.20. 95누8003).

18. 지방교행, 12. 국가직 9급

075 □□□

처분적 법률은 형식적 의미의 법률에 해당한다. O | X

처분적 법률은 형식적 의미의 법률이며, 실질적 의미로는 처분이다.

정답 071 ○ 072 ○ 073 ○ 074 X 075 ○

14. 경행특채 2차, 08. 지방직 7급

076 □□□

일반적 · 추상적인 법령이나 규칙 등은 그 자체로서 국민의 구체적인 권리 · 의무에 직접적 변동을 초래하게 하지 않는 경우에도 취소소송의 대상이 될 수 있다. O | X

행정청의 위법한 처분 등의 취소 또는 변경을 구하는 취소소송의 대상이 될 수 있는 것은 구체적인 권리의무에 관한 분쟁이어야 하고 일반적 · 추상적인 법령이나 규칙 등은 그 자체로서 국민의 구체적인 권리의무에 직접적 변동을 초래케 하는 것이 아니므로 그 대상이 될 수 없다(대판 1992.3.10. 91누12639).

21. 소방간부, 14. 국가직 9급 유사, 11. 사복직 9급 유사 , 09. 서울시 9급 유사

077 □□□

명령 · 규칙 그 자체로 기본권이 침해되었을 경우에는 이에 대한 헌법소원심판을 청구할 수 있고, 그 경우 제소요건은 당해 법령이 구체적 집행행위를 매개로 하지 않고 직접적 · 현재적으로 국민의 기본권을 침해하고 있어야 한다. O | X

헌법 제107조 제2항이 규정한 명령 · 규칙에 대한 대법원의 최종심사권이란 구체적인 소송사건에서 명령 · 규칙의 위헌 여부가 재판의 전제가 되었을 경우 법률의 경우와는 달리 헌법재판소에 제청할 것 없이 대법원의 최종적으로 심사할 수 있다는 의미이며, 헌법 제111조 제1항 제1호에서 법률의 위헌여부심사권을 헌법재판소에 부여한 이상 통일적인 헌법해석과 규범통제를 위하여 공권력에 의한 기본권 침해를 이유로 하는 헌법소원심판청구사건에 있어서 법률의 하위법규인 명령 · 규칙의 위헌여부심사권이 헌법재판소의 관할에 속함은 당연한 것으로서 헌법 제107조 제2항의 규정이 이를 배제한 것이라고는 볼 수 없다. 그러므로 법률의 경우와 마찬가지로 명령 · 규칙 그 자체에 의하여 직접 기본권이 침해되었음을 이유로 하여 헌법소원심판을 청구하는 것은 위 헌법규정과는 아무런 상관이 없는 문제이다. 그리고 헌법재판소법 제68조 제1항이 규정하고 있는 헌법소원심판의 대상으로서의 "공권력"이란 입법 · 사법 · 행정 등 모든 공권력을 말하는 것이므로 입법부에서 제정한 법률, 행정부에서 제정한 시행령이나 시행규칙 및 사법부에서 제정한 규칙 등은 그것들이 별도의 집행행위를 기다리지 않고 직접 기본권을 침해하는 것일 때에는 모두 헌법소원심판의 대상이 될 수 있는 것이다(헌재 1990.10.15. 89헌마178).

19. 서울시 9급(2월)

078 □□□

헌법에 의하여 부과되는 국가의 구체적인 입법의무 자체가 인정되지 않는 경우에는 애당초 부작위로 인한 불법행위가 성립할 여지가 없다. O | X

국가가 일정한 사항에 관하여 헌법에 의하여 부과되는 구체적인 입법의무를 부담하고 있음에도 불구하고 그 입법에 필요한 상당한 기간이 경과하도록 고의 또는 과실로 이러한 입법의무를 이행하지 아니하는 등 극히 예외적인 사정이 인정되는 사안에 한정하여 국가배상법 소정의 배상책임이 인정될 수 있으며, 위와 같은 구체적인 입법의무 자체가 인정되지 않는 경우에는 애당초 부작위로 인한 불법행위가 성립할 여지가 없다. 거창양민학살사건 희생자들의 신원 등을 위하여 원고들이 주장하는 바와 같은 내용의 특별법을 제정할 것인지 여부는 입법정책적인 판단문제로서 이에 관하여 피고 국가가 구체적인 입법의무를 부담한다고 보기 어렵기 때문에, 피고 국가가 현재까지 이러한 특별법을 제정하지 아니하였다는 사정만으로는 거창사건 이후 유족들에 대한 관계에서 부작위에 의한 불법행위가 성립한다고 볼 수 없다(대판 2008.5.29. 2004다33469).

정답 076 X 077 ○ 078 ○

10. 지방직 9급

079

□□□

판례는 행정입법부작위에 대하여 헌법소원을 인정하고 있지 않다. O | X

헌법재판소는 적극적인 행정입법은 물론 행정입법의 부작위에 대하여서도 헌법소원심판의 대상성을 인정한다(공권력의 행사 또는 불행사는 헌법소원의 대상).

12. 지방직 9급

080

□□□

행정입법부작위에 대한 국가배상은 인정되지 않으며, 실무적으로 무명항고소송을 통해 해결하고 있다. O | X

판례는 무명항고소송(의무이행소송, 예방적 부작위소송 등)을 인정하지 않는다.

21. 지방직 9급

081

□□□

대통령령의 입법부작위에 대한 국가배상책임은 인정되지 않는다. O | X

입법부가 법률로써 행정부에게 특정한 사항을 위임했음에도 불구하고 행정부가 정당한 이유 없이 이를 이행하지 않는다면 권력분립의 원칙과 법치국가 내지 법치행정의 원칙에 위배되는 것으로서 위법함과 동시에 위헌적인 것이 되는바, 구 군법무관 임용법 제5조 제3항과 군법무관임용 등에 관한 법률 제6조가 군법무관의 보수를 법관 및 검사의 예에 준하도록 규정하면서 그 구체적 내용을 시행령에 위임하고 있는 이상, 위 법률의 규정들은 군법무관의 보수의 내용을 법률로써 일차적으로 형성한 것이고, 위 법률들에 의해 상당한 수준의 보수청구권이 인정되는 것이므로, 위 보수청구권은 단순한 기대이익을 넘어서는 것으로서 법률의 규정에 의해 인정된 재산권의 한 내용이 되는 것으로 봄이 상당하고, 따라서 행정부가 정당한 이유 없이 시행령을 제정하지 않은 것은 위 보수청구권을 침해하는 불법행위에 해당한다(대판 2007.11.29. 2006다3561).

18. 지방직 7급

082

□□□

법령보충규칙에 해당하는 고시의 관계규정에 의하여 직접 기본권 침해를 받는다고 하여도 이에 대하여 바로 헌법재판소법 제68조 제1항에 의한 헌법소원심판을 청구할 수 없다. O | X

헌법 제107조 제2항이 규정한 명령 · 규칙에 대한 대법원의 최종심사권이란 구체적인 소송사건에서 명령 · 규칙의 위헌 여부가 재판의 전제가 되었을 경우 법률의 경우와는 달리 헌법재판소에 제청할 것 없이 대법원의 최종적으로 심사할 수 있다는 의미이며, 헌법 제111조 제1항 제1호에서 법률의 위헌여부심사권을 헌법재판소에 부여한 이상 통일적인 헌법해석과 규범통제를 위하여 공권력에 의한 기본권 침해를 이유로 하는 헌법소원심판청구사건에 있어서 법률의 하위법규인 명령 · 규칙의 위헌여부심사권이 헌법재판소의 관할에 속함은 당연한 것으로서 헌법 제107조 제2항의 규정이 이를 배제한 것이라고는 볼 수 없다. 그러므로 법률의 경우와 마찬가지로 명령 · 규칙 그 자체에 의하여 직접 기본권이 침해되었음을 이유로 하여 헌법소원심판을 청구하는 것은 위 헌법규정과는 아무런 상관이 없는 문제이다. 그리고 헌법재판소법 제68조 제1항이 규정하고 있는 헌법소원심판의 대상으로서의 "공권력"이란 입법 · 사법 · 행정 등 모든 공권력을 말하는 것이므로 입법부에서 제정한 법률, 행정부에서 제정한 시행령이나 시행규칙 및 사법부에서 제정한 규칙 등은 그것들이 별도의 집행행위를 기다리지 않고 직접 기본권을 침해하는 것일 때에는 모두 헌법소원심판의 대상이 될 수 있는 것이다(현재 1990.10.15. 89헌마178).

정답 079 X 080 X 081 X 082 X

19 · 18. 서울시 7급

083 □□□

조례 자체에 의해 직접 기본권을 침해받은 자는 조례 자체에 대하여 헌법소원을 제기할 수 있다. O | X

헌법재판소법 제68조 제1항에서 말하는 "공권력"에는 입법작용이 포함되며, 지방자치단체에서 제정하는 조례도 불특정다수인에 대해 구속력을 가지는 법규이므로 조례제정행위도 입법작용의 일종으로서 헌법소원의 대상이 된다(헌재 1994.12.29. 92헌마216).

16. 사복직 9급

084 □□□

부진정입법부작위에 대해서는 입법부작위 그 자체를 헌법소원의 대상으로 할 수 있다. O | X

입법부작위에는 입법자가 헌법상 입법의무가 있는 어떤 사항에 관하여 전혀 입법을 하지 아니함으로써 입법행위의 흠결이 있는 진정입법부작위와 입법자가 어떤 사항에 관하여 입법은 하였으나 그 입법의 내용 · 범위 · 절차 등의 당해 사항을 불완전 · 불충분 또는 불공정하게 규율함으로써 입법행위에 결함이 있는 부진정입법부작위로 나눌 수 있다. 전자인 진정입법부작위는 입법부작위로서 헌법소원의 대상이 될 수 있지만, 후자인 부진정입법부작위의 경우에는 그 불완전한 법규정 자체를 대상으로 하여 그것이 헌법 위반이라는 적극적인 헌법소원을 청구할 수 있을 뿐 이를 입법부작위라 하여 헌법소원을 제기할 수 없다(헌재 2003.5.15. 2000헌마192 등).

16. 지방직 9급

085 □□□

행정입법부작위의 위헌 · 위법성과 관련하여, 하위행정입법의 제정 없이 상위법령의 규정만으로 집행이 이루어질 수 있는 경우에도 상위법령의 명시적 위임이 있다면 하위행정입법을 제정하여야 할 작위의무는 인정된다. O | X

삼권분립의 원칙, 법치행정의 원칙을 당연한 전제로 하고 있는 우리 헌법하에서 행정권의 행정입법 등 법집행의무는 헌법적 의무라고 보아야 할 것이다. 그런데 이는 행정입법의 제정이 법률의 집행에 필수불가결한 경우로서 행정입법을 제정하지 아니하는 것이 곧 행정권에 의한 입법권 침해의 결과를 초래하는 경우를 말하는 것이므로, 만일 하위행정입법의 제정 없이 상위법령의 규정만으로도 집행이 이루어질 수 있는 경우라면 하위행정입법을 하여야 할 헌법적 작위의무는 인정되지 아니한다(헌재 2005.12.22. 2004헌마66).

17. 국가직 9급(10월)

086 □□□

입법부가 법률로써 행정부에게 특정한 사항을 위임했음에도 불구하고 행정부가 정당한 이유 없이 이를 이행하지 않는다면 권력분립의 원칙과 법치국가 내지 법치행정의 원칙에 위배된다. O | X

입법부가 법률로써 행정부에게 특정한 사항을 위임했음에도 불구하고 행정부가 정당한 이유 없이 이를 이행하지 않는다면 권력분립의 원칙과 법치국가 내지 법치행정의 원칙에 위배되는 것으로서 위법함과 동시에 위헌적인 것이 되는바, 구 군법무관 임용법 제5조 제3항과 군법무관임용 등에 관한 법률 제6조가 군법무관의 보수를 법관 및 검사의 예에 준하도록 규정하면서 그 구체적 내용을 시행령에 위임하고 있는 이상, 위 법률의 규정들은 군법무관의 보수의 내용을 법률로써 일차적으로 형성한 것이고, 위 법률들에 의해 상당한 수준의 보수청구권이 인정되는 것이므로, 위 보수청구권은 단순한 기대이익을 넘어서는 것으로서 법률의 규정에 의해 인정된 재산권의 한 내용이 되는 것으로 봄이 상당하고, 따라서 행정부가 정당한 이유 없이 시행령을 제정하지 않은 것은 위 보수청구권을 침해하는 불법행위에 해당한다(대판 2007.11.29. 2006다3561).

정답 083 ○ 084 X 085 X 086 ○

12. 국회직 8급

087 □□□

상급행정청의 감독권의 대상에는 하급행정청의 행정입법권 행사도 포함되지만 상급행정청은 하급행정청의 법규명령을 스스로 폐지할 수는 없다. O | X

상급행정청은 하급행정청에 대해 지휘 및 감독의 권한을 행사함으로써 하급행정청의 법규명령에 대해 폐지를 명할 수도 있을 것이나, 이는 당해 법규명령이 '위법 또는 부당하다고 인정될 때'에 가능한 것이며 상급행정청이 자의적으로 개정 및 폐지를 행할 수 있는 것은 아니다.

> 「정부조직법」 제11조 【대통령의 행정감독권】 ② 대통령은 국무총리와 중앙행정기관의 장의 명령이나 처분이 위법 또는 부당하다고 인정하면 이를 중지 또는 취소할 수 있다.

22. 소방

088 □□□

법률의 시행령이나 시행규칙은 법률의 위임이 없으면 개인의 권리·의무에 관한 내용을 변경·보충하거나 법률이 규정하지 아니한 새로운 내용을 정할 수는 없으므로, 모법에 이에 관하여 직접 위임하는 규정을 두지 아니하였다면 당연히 이를 무효라고 보아야 한다. O | X

법률의 시행령이나 시행규칙은 법률에 의한 위임이 없으면 개인의 권리·의무에 관한 내용을 변경·보충하거나 법률이 규정하지 아니한 새로운 내용을 정할 수는 없지만, 법률의 시행령이나 시행규칙의 내용이 모법의 입법 취지와 관련 조항 전체를 유기적·체계적으로 살펴보아 모법의 해석상 가능한 것을 명시한 것에 지나지 아니하거나 모법 조항의 취지에 근거하여 이를 구체화하기 위한 것인 때에는 모법의 규율 범위를 벗어난 것으로 볼 수 없으므로, 모법에 이에 관하여 직접 위임하는 규정을 두지 아니하였다고 하더라도 이를 무효라고 볼 수는 없다. 이러한 법리는 지방자치단체의 교육감이 제정하는 교육규칙과 모법인 상위 법령의 관계에서도 마찬가지이다(대판 2014.8.20. 2012두19526).

22. 소방

089 □□□

법률에서 군법무관의 보수의 구체적 내용을 시행령에 위임했음에도 불구하고 행정부가 정당한 이유 없이 시행령을 제정하지 않은 것은 불법행위이므로 이에 대하여 국가배상청구를 할 수 있다. O | X

입법부가 법률로써 행정부에게 특정한 사항을 위임했음에도 불구하고 행정부가 정당한 이유 없이 이를 이행하지 않는다면 권력분립의 원칙과 법치국가 내지 법치행정의 원칙에 위배되는 것으로서 위법함과 동시에 위헌적인 것이 되는바, 구 군법무관임용법 제5조 제3항과 군법무관임용 등에 관한 법률 제6조가 군법무관의 보수를 법관 및 검사의 예에 준하도록 규정하면서 그 구체적 내용을 시행령에 위임하고 있는 이상, 위 법률의 규정들은 군법무관의 보수의 내용을 법률로써 일차적으로 형성한 것이고, 위 법률들에 의해 상당한 수준의 보수청구권이 인정되는 것이므로, 위 보수청구권은 단순한 기대이익을 넘어서는 것으로서 법률의 규정에 의해 인정된 재산권의 한 내용이 되는 것으로 봄이 상당하고, 따라서 행정부가 정당한 이유 없이 시행령을 제정하지 않은 것은 위 보수청구권을 침해하는 불법행위에 해당한다(대판 2007.11.29. 2006다3561).

정답 087 ○ 088 X 089 ○

23. 경찰간부, 22. 소방

090 □□□

행정처분이 법규성이 없는 내부지침 등의 규정에 위배된다고 하더라도 그 이유만으로 처분이 위법하게 되는 것은 아니며, 내부지침 등에서 정한 요건에 부합한다고 하여 반드시 그 처분이 적법한 것이라고 할 수도 없다. O | X

어떤 행정처분이 그와 같이 법규성이 없는 시행규칙 등의 규정에 위배된다고 하더라도 그 이유만으로 처분이 위법하게 되는 것은 아니라 할 것이고, 또 그 규칙 등에서 정한 요건에 부합한다고 하여 반드시 그 처분이 적법한 것이라고 할 수도 없다. 이 경우 처분의 적법 여부는 그러한 규칙 등에서 정한 요건에 합치하는지 여부가 아니라 일반 국민에 대하여 구속력을 가지는 법률 등 법규성이 있는 관계 법령의 규정을 기준으로 판단하여야 한다(대판 2013.9.12. 2011두10584).

22. 국가직 9급

091 □□□

부령의 형식으로 정해진 제재적 행정처분의 기준은 그 규정의 성질과 내용이 행정청 내부의 사무처리준칙을 정한 것에 불과하므로 대외적으로 국민이나 법원을 구속하는 것은 아니다. O | X

제재적 행정처분의 기준이 부령의 형식으로 규정되어 있더라도 그것은 행정청 내부의 사무처리준칙을 정한 것에 지나지 아니하여 대외적으로 국민이나 법원을 기속하는 효력이 없고, 당해 처분의 적법 여부는 위 처분기준만이 아니라 관계 법령의 규정 내용과 취지에 따라 판단되어야 한다(대판 2007.9.20. 2007두6946).

22. 국가직 9급

092 □□□

항정신병 치료제의 요양급여 인정기준에 관한 보건복지부 고시가 다른 집행행위의 매개 없이 그 자체로서 직접 국민의 구체적인 권리의무와 법률관계를 규율하는 성격을 가질 때에는 항고소송의 대상이 되는 행정처분에 해당한다. O | X

항정신병 치료제의 요양급여 인정기준에 관한 보건복지부 고시가 다른 집행행위의 매개 없이 그 자체로서 제약 회사, 요양기관, 환자 및 국민건강보험공단 사이의 법률관계를 직접 규율한다는 이유로 항고소송의 대상이 되는 행정처분에 해당한다(대결 2003.10.9. 2003무23).

22. 국가직 9급

093 □□□

법률의 위임에 의하여 효력을 갖는 법규명령이 법개정으로 위임의 근거가 없어지게 되더라도 효력을 상실하지 않는다. O | X

일반적으로 법률의 위임에 의하여 효력을 갖는 법규명령의 경우, 구법에 위임의 근거가 없어 무효였더라도 사후에 법개정으로 위임의 근거가 부여되면 그 때부터는 유효한 법규명령이 되나, 반대로 구법의 위임에 의한 유효한 법규명령이 법개정으로 위임의 근거가 없어지게 되면 그 때부터 무효인 법규명령이 되므로, 어떤 법령의 위임 근거 유무에 따른 유효 여부를 심사하려면 법개정의 전·후에 걸쳐 모두 심사하여야만 그 법규명령의 시기에 따른 유효·무효를 판단할 수 있다(대판 1995.6.30. 93추83).

정답 090 ○ 091 ○ 092 ○ 093 X

22. 국가직 9급

094 □□□

한국수력원자력 주식회사가 조달하는 기자재, 용역 및 정비공사, 기기수리의 공급자에 대한 관리업무 절차를 규정함을 목적으로 제정·운용하고 있는 '공급자관리지침' 중 등록취소 및 그에 따른 일정 기간의 거래제한조치에 관한 규정들은 상위 법령의 구체적 위임 없이 정한 것이어서 대외적 구속력이 없는 행정규칙이다. O | X

한국수력원자력 주식회사가 조달하는 기자재, 용역 및 정비공사, 기기수리의 공급자에 대한 관리업무 절차를 규정함을 목적으로 제정·운용하고 있는 '공급자관리지침' 중 등록취소 및 그에 따른 일정 기간의 거래제한조치에 관한 규정들은 공공기관으로서 행정청에 해당하는 한국수력원자력 주식회사가 상위법령의 구체적 위임 없이 정한 것이어서 대외적 구속력이 없는 행정규칙이다(대판 2020.5.28. 2017두66541).

22. 소방, 19. 변호사

095 □□□

행정청이 행정입법 등 추상적인 법령을 제정하지 아니하는 행위는 법률이 시행되지 못하게 됨으로써 행정입법을 통해 구체화되는 개인의 권리를 침해하는 것으로, 항고소송의 대상이 된다. O | X

행정소송은 구체적 사건에 대한 법률상 분쟁을 법에 의하여 해결함으로써 법적 안정을 기하자는 것이므로 부작위위법확인소송의 대상이 될 수 있는 것은 구체적 권리·의무에 관한 분쟁이어야 하고 추상적인 법령에 관하여 제정의 여부 등은 그 자체로서 국민의 구체적인 권리·의무에 직접적 변동을 초래하는 것이 아니어서 그 소송의 대상이 될 수 없다(대판 1992.5.8. 91누11261).

22. 국가직 7급

096 □□□

중앙행정기관의 장이 정한 훈령·예규 및 고시 등 행정규칙은 상위법령의 위임이 있다고 하더라도 행정기본법상의 법령에 해당하지 않는다. O | X

중앙행정기관의 장이 정한 훈령·예규 및 고시 등 행정규칙도 상위법령의 위임이 있는 경우 행정기본법상의 법령에 해당한다(행정기본법 제2조 제1호).

22. 지방직 7급

097 □□□

부령에서 제재적 행정처분의 기준을 정하였다고 하더라도 이에 관한 처분의 적법 여부는 부령에 적합한 것인가의 여부에 따라 판단할 것이 아니라 처분의 근거 법률의 규정 및 그 취지에 적합한 것인가의 여부에 따라 판단하여야 한다. O | X

부령 형식의 '운전면허 취소·정지처분 기준'의 법적 성격에 관하여 대법원은, 행정청 내부의 사무처리준칙을 규정한 것에 불과하므로 대외적으로 국민이나 법원을 구속하는 힘이 없는 것으로 보고 있다. 따라서 제재적 행정처분의 기준이 부령으로 정해진 경우 해당 처분의 적법 여부는 부령에 정해진 기준에의 적합 여부에 따라 판단하는 것이 아니라 관계 법령의 규정 및 그 취지에 적합한 것인지 여부에 따라 개별적, 구체적으로 판단하여야 한다(헌재 2019.8.29. 2018헌바4).

정답 094 ○ 095 X 096 X 097 ○

23. 지방직 9급

098 □□□

행정작용은 법률에 위반되어서는 아니 되며, 국민의 권리를 제한하거나 의무를 부과하는 경우와 그 밖에 국민생활에 중요한 영향을 미치는 경우에는 법률에 근거해야 한다. O | X

「행정기본법」 제8조 【법치행정의 원칙】 행정작용은 법률에 위반되어서는 아니 되며, 국민의 권리를 제한하거나 의무를 부과하는 경우와 그 밖에 국민생활에 중요한 영향을 미치는 경우에는 법률에 근거하여야 한다.

23. 지방직 9급

099 □□□

중앙선거관리위원회규칙은 법규명령이므로 구체적 규범통제의 대상이 될 수 있다. O | X

행정기본법 제2조에서는 중앙선거관리위원회규칙를 법규명령으로 명시하고 있으며, 따라서 행정입법의 위헌·위법이 구체적 법적 분쟁에 관한 소송에서 다투어지는 경우에 심사하는 구체적 규범통제의 대상이 된다.

「행정기본법」 제2조 【정의】 이 법에서 사용하는 용어의 뜻은 다음과 같다.
1. "법령등"이란 다음 각 목의 것을 말한다.
가. 법령: 다음의 어느 하나에 해당하는 것
1) 법률 및 대통령령·총리령·부령
2) 국회규칙·대법원규칙·헌법재판소규칙·중앙선거관리위원회규칙 및 감사원규칙

23. 지방직 9급

100 □□□

대법원 이외의 각급법원도 구체적 규범통제의 방법으로 법규명령 조항에 대한 위헌·위법 판단을 할 수 있다. O | X

헌법 제107조 제2항은 명령·규칙 또는 처분이 헌법이나 법률에 위반되는 여부가 재판의 전제가 된 경우에는 대법원은 이를 최종적으로 심사할 권한을 가진다고 규정하고 있는데, 따라서 대법원을 최종심으로 하는 각급법원도 심사권한이 있다고 할 수 있다.

헌법 제107조 ② 명령·규칙 또는 처분이 헌법이나 법률에 위반되는 여부가 재판의 전제가 된 경우에는 대법원은 이를 최종적으로 심사할 권한을 가진다.

23. 국가직 9급

101 □□□

특정다목적댐법에서 댐 건설로 손실을 입으면 국가가 보상해야 하고 그 절차와 방법은 대통령령으로 제정토록 명시되어 있음에도 미제정된 경우, 법령제정의 여부는 행정소송법상 부작위위법확인소송의 대상이 될 수 없다. O | X

행정소송은 구체적 사건에 대한 법률상 분쟁을 법에 의하여 해결함으로써 법적 안정을 기하자는 것이므로 부작위위법확인소송의 대상이 될 수 있는 것은 구체적 권리의무에 관한 분쟁이어야 하고 추상적인 법령에 관하여 제정의 여부 등은 그 자체로서 국민의 구체적인 권리의무에 직접적 변동을 초래하는 것이 아니어서 그 소송의 대상이 될 수 없다(대판 1992.5.8. 91누11261).

정답 098 ○ 099 ○ 100 ○ 101 ○

23. 국가직 9급

102 □□□

국가보훈처장이 서훈추천 신청자에 대한 서훈추천을 거부한 것은 항고소송의 대상으로 볼 수는 없어 항고소송을 제기할 수는 없으나 행정권력의 부작위에 대한 헌법소원으로서 다툴 수 있다. O | X

독립유공자의 구체적 인정절차는 입법자가 헌법의 취지에 반하지 않는 한 입법재량으로 정할 수 있다. 독립유공자 인정의 전 단계로서 상훈법에 따른 서훈추천은 해당 후보자에 대한 공적심사를 거쳐서 이루어지며, 그러한 공적심사의 통과 여부는 해당 후보자가 독립유공자로서 인정될만한 사정이 있는지에 달려 있다. 이에 관한 판단에 있어서 국가는 나름대로의 재량을 지닌다. 따라서 국가보훈처장이 서훈추천 신청자에 대한 서훈추천을 하여 주어야 할 헌법적 작위의무가 있다고 할 수는 없으므로, 서훈추천을 거부한 것에 대하여 행정권력의 부작위에 대한 헌법소원으로서 다툴 수 없다(헌재 2005.6.30. 2004헌마859).

23. 소방간부

103 □□□

행정의 입법활동의 절차 및 정부입법계획의 수립에 관하여 필요한 사항은 정부의 법제업무에 관한 사항을 규율하는 부령으로 정한다. O | X

부령이 아닌 대통령령으로 정한다.

> **「행정기본법」 제38조 【행정의 입법활동】** ④ 행정의 입법활동의 절차 및 정부입법계획의 수립에 관하여 필요한 사항은 정부의 법제업무에 관한 사항을 규율하는 대통령령으로 정한다.

23. 국회직 8급

104 □□□

군인의 복무에 관한 사항을 규율할 권한을 대통령령에 위임하는 경우에는 대통령령으로 규정될 내용 및 범위에 관한 기본적인 사항을 다소 광범위하게 위임하였다 하더라도 포괄위임금지원칙에 위배된다고 볼 수 없다. O | X

이 사건 복무규율조항이 법률유보 원칙을 준수하였는지를 살펴보면, 군인사법 제47조의2는 헌법이 대통령에게 부여한 군통수권을 실질적으로 존중한다는 차원에서 군인의 복무에 관한 사항을 규율할 권한을 대통령령에 위임한 것이라 할 수 있고, 대통령령으로 규정될 내용 및 범위에 관한 기본적인 사항을 다소 광범위하게 위임하였다 하더라도 포괄위임금지원칙에 위배된다고 볼 수 없다. 따라서 이 사건 복무규율조항은 이와 같은 군인사법 조항의 위임에 의하여 제정된 정당한 위임의 범위 내의 규율이라 할 것이므로 법률유보원칙을 준수한 것이다(헌재 2010.10.28. 2008헌마638).

24. 국가직 9급

105 □□□

일반적으로 법률의 위임에 따라 효력을 갖는 법규명령의 경우에 위임의 근거가 없어 무효였다면 나중에 법 개정으로 위임의 근거가 부여되었다고 하여 그때부터 유효한 법규명령이 되는 것은 아니다. O | X

일반적으로 법률의 위임에 따라 효력을 갖는 법규명령의 경우에 위임의 근거가 없어 무효였더라도 나중에 법 개정으로 위임의 근거가 부여되면 그때부터는 유효한 법규명령으로 볼 수 있다(대판 2017.4.20. 2015두45700).

정답 102 X 103 X 104 ○ 105 X

제2장 행정규칙

05. 대구시 9급

001 □□□

행정규칙은 하급기관의 권한 행사를 지휘하는 것이므로 상급기관이 갖는 포괄적인 감독권에 근거하여 발할 수 있다. O | X

행정규칙이란 행정조직 내부의 조직 및 활동에 대한 사무처리기준을 의미한다. 행정규칙은 대외적 구속력이 없기 때문에 법률유보의 원칙이 적용되지 않으므로 개별적인 법적 근거를 요하지 않는다.

15. 국회직 8급, 14. 경행특채 1차

002 □□□

상급행정기관이 하급행정기관에 대하여 업무처리지침이나 법령의 해석작용에 관한 기준을 정하여서 발하는 이른바 행정규칙은 일반적으로 행정조직 내부에서의 효력뿐만 아니라 대외적인 구속력도 갖는다. O | X

행정규칙은 일반적으로 행정조직 내부에서만 효력을 가질 뿐 대외적인 구속력을 갖지 않는다(대판 2008.3.27. 2006두3742).

14. 경행특채 1차 · 국가직 9급

003 □□□

훈령, 지시, 예규, 일일명령 등 행정기관이 그 하급기관이나 소속 공무원에 대하여 일정한 사항을 지시하는 문서는 지시문서이다. O | X

훈령, 지시, 예규, 일일명령 등은 행정기관이 하급기관 등에 대해 조직과 활동을 규율할 목적으로 발하는 행정규칙에 해당한다.

17. 서울시 7급, 11. 국가직 9급

004 □□□

고시(告示)에 대하여 헌법재판소는 고시가 일반 · 추상적 성격을 가질 때는 법규명령 또는 행정규칙에 해당하지만, 고시가 구체적인 규율의 성격을 갖는다면 행정처분에 해당한다고 본다. O | X

어떠한 고시가 일반적 · 추상적 성격을 가질 때에는 법규명령 또는 행정규칙에 해당할 것이지만, 다른 집행행위의 매개 없이 그 자체로서 직접 국민의 구체적인 권리의무나 법률관계를 규율하는 성격을 가질 때에는 행정처분에 해당한다(대판 2006.9.22. 2005두2506).

정답 001 ○ 002 X 003 ○ 004 ○

05. 대구시 9급

005 □□□

행정규칙에 위반한 처분은 위법하기 때문에 행정소송의 대상이 된다. O | X

행정규칙에 위반한 행정처분이라 하더라도 행정규칙은 대외적 구속력이 없으므로, 상위법령 내지 행정법의 일반원칙에 위반되지 않는 한 위법이라 할 수 없다(대판 2009.12.24. 2009두7967).

11. 국가직 9급, 08. 관세사

006 □□□

판례는 재량권 행사의 기준이 대통령령의 형식으로 제정된 경우 법적 구속력을 인정하지 않는다. O | X

판례는 재량준칙이 대통령령의 형식으로 규정된 경우 원칙적으로 법규명령으로 보아 법적 구속력을 인정한다(대판 1997.12.26. 97누15418).

18. 서울시 7급

007 □□□

행정규칙도 행정작용의 하나이므로 하자가 있으면 하자의 정도에 따라 무효 또는 취소할 수 있는 행정규칙이 된다. O | X

적법요건을 갖추지 못한 행정규칙은 하자 있는 것이 된다. 하자 있는 행정규칙은 하자 있는 행정행위와 달리 취소를 모른다. 즉, 행정행위의 경우에는 하자의 효과로서 무효와 취소가 있으나 행정규칙은 무효만 있을 뿐이다.

14. 국가직 9급

008 □□□

대법원은 제재적 처분의 기준이 부령 형식으로 규정되어 있더라도 그것은 행정청 내부의 사무처리준칙을 정한 것에 지나지 아니하여 대외적으로 국민이나 법원을 기속하는 효력이 없고, 당해 처분의 적법 여부는 위 처분기준뿐만 아니라 관계 법령의 규정 내용과 취지에 따라야 한다고 판단하였다. O | X

제재적 행정처분의 기준이 부령 형식으로 규정되어 있더라도 그것은 행정청 내부의 사무처리준칙을 규정한 것에 지나지 않아 대외적으로 국민이나 법원을 기속하는 효력이 없다. 따라서 그 처분의 적법 여부는 처분기준만이 아니라 관계 법령의 규정 내용과 취지에 따라 판단하여야 한다. 그러므로 처분기준에 부합한다고 하여 곧바로 처분이 적법한 것이라고 할 수는 없지만, 처분기준이 그 자체로 헌법 또는 법률에 합치되지 않거나 그 기준을 적용한 결과가 처분사유인 위반행위의 내용 및 관계 법령의 규정과 취지에 비추어 현저히 부당하다고 인정할 만한 합리적인 이유가 없는 한, 섣불리 그 기준에 따른 처분이 재량권의 범위를 일탈하였다거나 재량권을 남용한 것으로 판단해서는 안 된다(대판 2018.5.15. 2016두57984).

22. 지방직 7급

009 □□□

행정기관 내부의 사무처리준칙에 불과한 행정규칙은 공포되어야 하는 것은 아니므로 특별한 규정이 없는 한, 수명기관에 도달된 때부터 효력이 발생한다. O | X

법규명령은 공포라는 형식에 의하여 표시되고 효력이 발생하나, 행정규칙은 표시의 형식이 없다. 따라서 행정규칙은 관보게재, 게시 등 어떠한 방법으로든지 수명기관에 도달함으로써 효력이 발생한다.

정답 005 X 006 X 007 X 008 ○ 009 ○

14. 지방직 9급, 13. 국가직 9급

010 □□□

구 도로교통법 시행규칙 제53조 제1항이 정한 [별표 16]의 운전면허행정처분기준은 부령의 형식으로 되어 있으나, 그 규정의 성질과 내용이 운전면허의 취소처분 등에 관한 사무처리기준과 처분절차 등 행정청 내부의 사무처리준칙을 규정한 것에 지나지 아니하므로 대외적 구속력이 없다. O | X

도로교통법 시행규칙 제53조 제1항이 정한 [별표 16]의 운전면허행정처분기준은 부령의 형식으로 되어 있으나, 규정의 성질과 내용이 운전면허의 취소처분 등에 관한 사무처리기준과 처분절차 등 행정청 내부의 사무처리준칙을 규정한 것에 지나지 아니하므로 대외적으로 국민이나 법원을 기속하는 효력이 없다(대판 1995.4.7. 94누14360).

19. 국회직 8급

011 □□□

총리령으로 제정된 법인세법 시행규칙에 따른 '소득금액조정합계표 작성요령'은 법령을 보충하는 법규사항으로서 법규명령의 효력을 가진다. O | X

구 법인세법 제26조 제1항·제2항, 같은 법 시행령 제82조 제1항·제2항, 제3항 제5호, 같은 법 시행규칙 제45조 제3항 제6호·제37호에 의하면, 법인은 법인세 신고시 세무조정사항을 기입한 소득금액조정합계표와 유보소득 계산서류인 적정유보초과소득조정명세서(을) 등을 신고서에 첨부하여 제출하여야 하는데, 위 소득금액조정합계표 작성요령 제4호 단서는 잉여금 증감에 따른 익금산입 및 손금산입 사항의 처분인 경우 익금산입은 기타 사외유출로, 손금산입은 기타로 구분하여 기입한다고 규정하고 있고, 위 적정유보초과소득조정명세서(을) 작성요령 제6호는 각 사업연도 소득금액계산상 배당·상여·기타소득 및 기타 사외유출란은 소득금액조정합계표의 배당·상여·기타소득 및 기타 사외유출 처분액을 기입한다고 규정하고 있는바, 위와 같은 작성요령은 법률의 위임을 받은 것이기는 하나 법인세의 부과징수라는 행정적 편의를 도모하기 위한 절차적 규정으로서 단순히 행정규칙의 성질을 가지는 데 불과하여 과세관청이나 일반국민을 기속하는 것이 아니므로, 비록 납세의무자가 소득금액조정합계표 작성요령 제4호 단서에 의하여 잉여금 증감에 따라 익금산입된 금원을 기타 사외유출로 처분하였다고 하더라도 그 금원이 사외에 유출된 것이 분명하지 아니한 경우에는 이를 기타 사외유출로 보아 유보소득을 계산함에 있어 공제할 수 없다(대판 2003.9.5. 2001두403).

19. 서울시 9급(2월)

012 □□□

법령의 위임이 없음에도 법령에 규정된 처분 요건에 해당하는 사항을 부령에서 변경하여 규정한 경우에는 그 부령의 규정은 행정청 내부의 사무처리기준 등을 정한 것으로서 행정조직 내에서 적용되는 행정명령의 성격을 지닌다. O | X

법령에서 행정처분의 요건 중 일부 사항을 부령으로 정할 것을 위임한 데 따라 시행규칙 등 부령에서 이를 정한 경우에 그 부령의 규정은 국민에 대해서도 구속력이 있는 법규명령에 해당한다고 할 것이지만, 법령의 위임이 없음에도 법령에 규정된 처분 요건에 해당하는 사항을 부령에서 변경하여 규정한 경우에는 그 부령의 규정은 행정청 내부의 사무처리기준 등을 정한 것으로서 행정조직 내에서 적용되는 행정명령의 성격을 지닐 뿐 국민에 대한 대외적 구속력은 없다고 보아야 한다(대판 2013.9.12. 2011두10584).

정답 010 ○ 011 X 012 ○

19. 국회직 8급

013 □□□

'학교장 · 교사 초빙제 실시'는 행정조직 내부에서만 효력을 가지는 행정상의 운영지침을 정한 것으로서 국민이나 법원을 구속하는 효력이 없는 행정규칙에 해당한다. O | X

경기도교육청의 '학교장 · 교사 초빙제 실시'는 학교장 · 교사 초빙제의 실시에 따른 구체적 시행을 위해 제정한 사무처리지침으로서 행정조직 내부에서만 효력을 가지는 행정상의 운영지침을 정한 것이어서, 국민이나 법원을 구속하는 효력이 없는 행정규칙에 해당하므로 헌법소원의 대상이 되지 않는다(헌재 2001.5.31. 99헌마413).

12. 국가직 7급, 05. 국가직 9급

014 □□□

대통령령이나 부령의 형식으로 발령된 제재적 처분기준에 대해서 판례는 그 법규성을 부인하고 있다. O | X

제재적 행정처분의 기준이 대통령령(시행령)의 형식으로 정해진 경우에 그 기준은 법규명령이다(대판 1997.12.26. 97누15418). 그러나 부령(시행규칙)의 형식으로 정해진 경우에는 그 기준을 원칙적으로 행정규칙으로 보면서(대판 2007.9.20. 2007두6946) 예외적으로 법규명령으로 본다(대판 2006.6.27. 2003두4355).

19. 지방직 9급, 16 · 15. 사복직 9급, 13. 국회직 9급 · 국가직 9급

015 □□□

구 청소년 보호법 시행령 제40조 [별표 6]의 위반행위의 종별에 따른 과징금처분기준에서 정한 과징금 수액은 정액이 아니고 최고한도액이다. O | X

구 청소년 보호법 제49조 제1항 · 제2항에 따른 같은 법 시행령 제40조 [별표 6]의 위반행위의 종별에 따른 과징금처분기준은 법규명령이기는 하나 모법의 위임규정의 내용과 취지 및 헌법상의 과잉금지의 원칙과 평등의 원칙 등에 비추어 같은 유형의 위반행위라 하더라도 그 규모나 기간 · 사회적 비난 정도 · 위반행위로 인하여 다른 법률에 의하여 처벌받은 다른 사정 · 행위자의 개인적 사정 및 위반행위로 얻은 불법이익의 규모 등 여러 요소를 종합적으로 고려하여 사안에 따라 적정한 과징금의 액수를 정하여야 할 것이므로 그 수액은 정액이 아니라 최고한도액이다(대판 2001.3.9. 99두5207).

17. 서울시 7급

016 □□□

법령의 위임이 없음에도 법령의 처분 요건에 해당하는 사항을 부령에서 변경하여 규정한 경우 그 부령의 규정은 행정명령에 지나지 않아 대외적 구속력이 없다. O | X

법령에서 행정처분의 요건 중 일부 사항을 부령으로 정할 것을 위임한 데 따라 시행규칙 등 부령에서 이를 정한 경우에 그 부령의 규정은 국민에 대해서도 구속력이 있는 법규명령에 해당한다고 할 것이지만, 법령의 위임이 없음에도 법령에 규정된 처분 요건에 해당하는 사항을 부령에서 변경하여 규정한 경우에는 그 부령의 규정은 행정청 내부의 사무처리기준 등을 정한 것으로서 행정조직 내에서 적용되는 행정명령의 성격을 지닐 뿐 국민에 대한 대외적 구속력은 없다고 보아야 한다. 따라서 어떤 행정처분이 그와 같이 법규성이 없는 시행규칙 등의 규정에 위배된다고 하더라도 그 이유만으로 처분이 위법하게 되는 것은 아니라 할 것이고, 또 그 규칙 등에서 정한 요건에 부합한다고 하여 반드시 그 처분이 적법한 것이라고 할 수도 없다. 이 경우 처분의 적법 여부는 그러한 규칙 등에서 정한 요건에 합치하는지 여부가 아니라 일반 국민에 대하여 구속력을 가지는 법률 등 법규성이 있는 관계 법령의 규정을 기준으로 판단하여야 한다(대판 2013.9.12. 2011두10584).

정답 013 ○ 014 X 015 ○ 016 ○

18. 서울시 9급

017

□□□

법령에 근거를 둔 고시는 상위법령의 위임범위를 벗어난 경우에도 법규명령으로서 기능한다. O | X

일반적으로 행정 각부의 장이 정하는 고시라도 그것이 특히 법령의 규정에서 특정 행정기관에 법령 내용의 구체적 사항을 정할 수 있는 권한을 부여함으로써 법령 내용을 보충하는 기능을 가질 경우에는 형식과 상관없이 근거 법령 규정과 결합하여 대외적으로 구속력이 있는 법규명령으로서의 효력을 가지나 이는 어디까지나 법령의 위임에 따라 법령 규정을 보충하는 기능을 가지는 점에 근거하여 예외적으로 인정되는 효력이므로 특정 고시가 비록 법령에 근거를 둔 것이더라도 규정 내용이 법령의 위임범위를 벗어난 것일 경우에는 법규명령으로서의 대외적 구속력을 인정할 여지는 없다(대판 2016.8.17. 2015두51132).

16. 국가직 9급

018

□□□

장래의 제재적 가중처분기준을 대통령령이 아닌 부령의 형식으로 정한 경우에는 이미 제재기간이 경과한 제재적 처분의 취소를 구할 법률상 이익이 인정되지 않는다. O | X

제재적 행정처분이 그 처분에서 정한 제재기간의 경과로 인하여 그 효과가 소멸되었으나, 부령인 시행규칙 또는 지방자치단체의 규칙(이하 이들을 '규칙'이라고 한다)의 형식으로 정한 처분기준에서 제재적 행정처분(이하 '선행처분'이라고 한다)을 받은 것을 가중사유나 전제요건으로 삼아 장래의 제재적 행정처분(이하 '후행처분'이라고 한다)을 하도록 정하고 있는 경우, 제재적 행정처분의 가중사유나 전제요건에 관한 규정이 법령이 아니라 규칙의 형식으로 되어 있다고 하더라도, 그러한 규칙이 법령에 근거를 두고 있는 이상 그 법적 성질이 대외적·일반적 구속력을 갖는 법규명령인지 여부와는 상관없이, 관할 행정청이나 담당공무원은 이를 준수할 의무가 있으므로 이들이 그 규칙에 정해진 바에 따라 행정작용을 할 것이 당연히 예견되고, 그 결과 행정작용의 상대방인 국민으로서는 그 규칙의 영향을 받을 수밖에 없다. 따라서 그러한 규칙이 정한 바에 따라 선행처분을 받은 상대방이 그 처분의 존재로 인하여 장래에 받을 불이익, 즉 후행처분의 위험은 구체적이고 현실적인 것이므로, 상대방에게는 선행처분의 취소소송을 통하여 그 불이익을 제거할 필요가 있다. … 국민의 재판청구권을 보장한 헌법 제27조 제1항의 취지와 행정처분으로 인한 권익침해를 효과적으로 구제하려는 행정소송법의 목적 등에 비추어 행정처분의 존재로 인하여 국민의 권익이 실제로 침해되고 있는 경우는 물론이고 권익침해의 구체적·현실적 위험이 있는 경우에도 이를 구제하는 소송이 허용되어야 한다는 요청을 고려하면, 규칙이 정한 바에 따라 선행처분을 가중사유 또는 전제요건으로 하는 후행처분을 받을 우려가 현실적으로 존재하는 경우에는, 선행처분을 받은 상대방은 비록 그 처분에서 정한 제재기간이 경과하였다 하더라도 그 처분의 취소소송을 통하여 그러한 불이익을 제거할 권리보호의 필요성이 충분히 인정된다고 할 것이므로, 선행처분의 취소를 구할 법률상 이익이 있다고 보아야 한다(대판 2006.6.22. 2003두1684 전합).

18. 국가직 9급

019

□□□

행정규칙의 공표는 행정규칙의 성립요건이나 효력요건은 아니나, 행정절차법에서는 행정청은 필요한 처분기준을 당해 처분의 성질에 비추어 될 수 있는 한 구체적으로 공표하도록 하고 있다. O | X

행정규칙은 법규명령과는 달리 공포를 그 요건으로 하지 않는다. 행정규칙은 법령상 특별한 규정이 있는 경우를 제외하고는 일반적으로 수명자(受命者)에게 도달하기만 하면 그때부터 구속력이 발생한다. 그러나 행정규칙이 행정조직 내부에만 적용되는 규범으로서가 아니라 국민생활과 직접적 또는 간접적으로 관련되는 규범력을 갖는 행정규칙인 경우에는 국민이면 누구나 알 수 있도록 공표될 것이 요청된다. 국민에게 규범력이 인정된다면 수범자인 국민에게 충분한 예측가능성이 확보되어야만 하기 때문이다. 따라서 행정규칙 중 법규적 효력이 인정되는 행정규칙의 경우에는 공표를 통하여 규범의 효력을 받게 되는 국민에게 예측가능성을 확보해 주어야 할 필요가 있다. 행정규칙 중 법령의 위임에 의하여 관보에 고시하도록 한 고시의 경우에는 관보에 게재하고 있으며, 법제업무 운영규정 제25조 제2항에 따라 각 중앙행정기관(중앙행정기관에 준하는 위원회 포함)의 장은 행정규칙의 발령 후 10일 이내에 법제처장이 정하는 정부입법 관련 전산시스템에 행정규칙을 등재하도록 함으로써 행정규칙의 대국민 서비스를 보완하고 있다.

정답 017 X 018 X 019 ○

23. 경찰간부

020 □□□

검찰보존사무규칙이 검찰청법에 기하여 제정된 법무부령이기는 하지만, 그 사실만으로 그 규칙 내의 모든 규정이 법규적 효력을 가지는 것은 아니다. O | X

검찰보존사무규칙이 검찰청법 제11조에 기하여 제정된 법무부령이기는 하지만, 그 사실만으로 같은 규칙 내의 모든 규정이 법규적 효력을 가지는 것은 아니다(대판 2006.5.25. 2006두3049).

23. 경찰간부, 17. 서울시 7급, 15. 국회직 8급, 12. 국가직 9급

021 □□□

상위법령에서 세부사항 등을 시행규칙으로 정하도록 위임하였음에도 이를 고시 등 행정규칙으로 정하였다면 이때 고시 등 행정규칙은 대외적 구속력을 갖는 법규명령으로서 효력이 인정될 수 없다. O | X

법령의 규정이 특정 행정기관에게 법령 내용의 구체적 사항을 정할 수 있는 권한을 부여하면서 권한 행사의 절차나 방법을 특정하지 아니한 경우에는 수임 행정기관은 행정규칙이나 규정 형식으로 법령 내용이 될 사항을 구체적으로 정할 수 있다. 이 경우 행정규칙 등은 당해 법령의 위임한계를 벗어나지 않는 한 대외적 구속력이 있는 법규명령으로서 효력을 가지게 되지만, 이는 행정규칙이 갖는 일반적 효력이 아니라 행정기관에 법령의 구체적 내용을 보충할 권한을 부여한 법령 규정의 효력에 근거하여 예외적으로 인정되는 것이다. 따라서 그 행정규칙이나 규정이 상위법령의 위임범위를 벗어난 경우에는 법규명령으로서 대외적 구속력을 인정할 여지는 없다. 이는 행정규칙이나 규정 '내용'이 위임범위를 벗어난 경우뿐 아니라 상위법령의 위임규정에서 특정하여 정한 권한행사의 '절차'나 '방식'에 위배되는 경우도 마찬가지이므로, 상위법령에서 세부사항 등을 시행규칙으로 정하도록 위임하였음에도 이를 고시 등 행정규칙으로 정하였다면 그 역시 대외적 구속력을 가지는 법규명령으로서 효력이 인정될 수 없다(대판 2012.7.5. 2010다72076).

18. 지방교행 · 서울시 7급

022 □□□

법령상 대통령령으로 규정하도록 되어 있는 사항을 부령으로 정하더라도 그 부령은 유효하다. O | X

상위법령에서 세부사항 등을 시행규칙으로 정하도록 위임하였음에도 이를 고시 등 행정규칙으로 정한 경우, 대외적 구속력을 가지는 법규명령으로서 효력을 인정할 수 없다. 구 주택건설촉진법 제33조의6 제6항의 위임에 의하여 건설교통부장관의 '고시' 형식으로 되어 있는 '주택건설공사 감리비지급기준'이 이를 건설교통부령으로 정하도록 한 구 주택법이 시행된 이후에도 대외적인 구속력이 있는 법규명령으로서 효력이 인정되지 않는다(대판 2012.7.5. 2010다72076). 이와 유사하게 위임 형식을 위반하면 효력이 인정되지 않는다.

17. 국가직 9급(10월)

023 □□□

법령의 규정이 특정 행정기관에게 법령 내용의 구체적 사항을 정할 수 있는 권한을 부여하면서 권한 행사의 절차나 방법을 특정하지 아니하였다면, 수임 행정기관은 행정규칙이나 규정 형식으로 법령 내용이 될 사항을 구체적으로 정할 수 없다. O | X

상급행정기관이 하급행정기관에 대하여 업무처리지침이나 법령의 해석적용에 관한 기준을 정하여 발하는 이른바 행정규칙은 일반적으로 행정조직 내부에서만 효력을 가질 뿐 대외적인 구속력을 갖지 않지만, 법령의 규정이 특정 행정기관에게 그 법령 내용의 구체적 사항을 정할 수 있는 권한을 부여하면서 그 권한 행사의 절차나 방법을 특정하고 있지 않아 수임 행정기관이 행정규칙의 형식으로 그 법령의 내용이 될 사항을 구체적으로 정하고 있다면, 그와 같은 행정규칙은 위에서 본 행정규칙이 갖는 일반적 효력으로서가 아니라 행정기관에 법령의 구체적 내용을 보충할 권한을 부여한 법령 규정의 효력에 의하여 그 내용을 보충하는 기능을 갖게 되고, 따라서 이와 같은 행정규칙은 당해 법령의 위임 한계를 벗어나지 않는 한 그것들과 결합하여 대외적인 구속력이 있는 법규명령으로서의 효력을 가진다(대판 2008.3.27. 2006두3742).

정답 020 ○ 021 ○ 022 X 023 X

18. 국가직 9급, 13. 국회직 8급

024 □□□

법규명령이 구체적인 집행행위 없이 직접 개인의 권리의무에 영향을 주는 경우 처분성이 인정된다. O | X

어떠한 고시가 일반적 · 추상적 성격을 가질 때에는 법규명령 또는 행정규칙에 해당할 것이지만, 다른 집행행위의 매개 없이 그 자체로서 직접 국민의 구체적인 권리 · 의무나 법률관계를 규율하는 성격을 가질 때에는 항고소송의 대상이 되는 행정처분에 해당한다(대판 2003.10.9. 2003무23).

18. 서울시 7급

025 □□□

어떠한 처분의 근거나 법적인 효과가 행정규칙에 규정되어 있다고 하더라도, 그 처분이 행정규칙의 내부적 구속력에 의하여 상대방에게 권리의 설정 또는 의무의 부담을 명하거나 기타 법적인 효과를 발생하게 하는 등 그 상대방의 권리의무에 직접 영향을 미치는 행위라면, 이는 항고소송의 대상이 되는 행정처분에 해당한다. O | X

항고소송의 대상이 되는 행정처분이라 함은 원칙적으로 행정청의 공법상 행위로서 특정 사항에 대하여 법규에 의한 권리의 설정 또는 의무의 부담을 명하거나 기타 법률상 효과를 발생하게 하는 등으로 일반 국민의 권리의무에 직접 영향을 미치는 행위를 가리키는 것이지만, 어떠한 처분의 근거나 법적인 효과가 행정규칙에 규정되어 있다고 하더라도, 그 처분이 행정규칙의 내부적 구속력에 의하여 상대방에게 권리의 설정 또는 의무의 부담을 명하거나 기타 법적인 효과를 발생하게 하는 등으로 그 상대방의 권리의무에 직접 영향을 미치는 행위라면, 이 경우에도 항고소송의 대상이 되는 행정처분에 해당한다. 행정규칙에 의한 '불문경고조치'가 비록 법률상의 징계처분은 아니지만 위 처분을 받지 아니하였다면 차후 다른 징계처분이나 경고를 받게 될 경우 징계감경사유로 사용될 수 있었던 표창공적의 사용가능성을 소멸시키는 효과와 1년 동안 인사기록카드에 등재됨으로써 그 동안은 장관표창이나 도지사표창 대상자에서 제외시키는 효과 등이 있다는 이유로 항고소송의 대상이 되는 행정처분에 해당한다(대판 2002.7.26. 2001두3532).

19. 서울시 9급(6월), 15. 국회직 8급, 13. 서울시 7급 · 지방직 7급, 10. 국가직 7급

026 □□□

행정규칙인 고시가 법령의 수권에 의해 법령을 보충하는 사항을 정하는 경우에는 근거 법령규정과 결합하여 대외적으로 구속력 있는 법규명령의 효력을 갖는다. O | X

행정규칙인 고시가 법령의 수권에 의하여 법령을 보충하는 사항을 정하는 경우에는 그 근거 법령규정과 결합하여 대외적으로 구속력이 있는 법규명령으로서의 성질과 효력을 가진다(대판 2006.4.27. 2004도1078).

19. 지방직 9급 · 서울시 7급, 18. 국가직 9급 · 서울시 9급, 15. 지방직 7급

027 □□□

상위법령에서 세부사항 등을 시행규칙으로 정하도록 위임하였으나, 이를 고시 등 행정규칙으로 정하였더라도 이는 대외적 구속력을 가지는 법규명령으로서 효력이 인정된다. O | X

행정규칙이나 규정이 상위법령의 위임범위를 벗어난 경우에는 법규명령으로서 대외적 구속력을 인정할 여지는 없다. 이는 행정규칙이나 규정 '내용'이 위임범위를 벗어난 경우뿐 아니라 상위법령의 위임규정에서 특정하여 정한 권한 행사의 '절차'나 '방식'에 위배되는 경우도 마찬가지이므로, 상위법령에서 세부사항 등을 시행규칙으로 정하도록 위임하였음에도 이를 고시 등 행정규칙으로 정하였다면 그 역시 대외적 구속력을 가지는 법규명령으로서 효력이 인정될 수 없다(대판 2012.7.5. 2010다72076).

정답 024 ○ 025 ○ 026 ○ 027 X

19. 국가직 7급

028 □□□

법령보충적 행정규칙은 법령의 수권에 의하여 인정되고, 그 수권은 포괄위임금지의 원칙상 구체적 · 개별적으로 한정된 사항에 대하여 행해져야 한다. O | X

행정규칙의 형식으로 입법위임을 할 때에는 적어도 법령이 전문적 · 기술적 사항이나 경미한 사항으로서 업무의 성질상 위임이 불가피한 사항에 한정된다 할 것이고, 그러한 사항이라 하더라도 포괄위임금지의 원칙상 법률의 위임은 반드시 구체적 · 개별적으로 한정된 사항에 대하여 행하여져야 할 것이다(헌재 2006.12.28. 2005헌바59).

19. 국가직 7급

029 □□□

고시에 담긴 내용이 구체적 규율의 성격을 갖는다고 하더라도, 해당 고시를 행정처분으로 볼 수는 없으며 법령의 수권 여부에 따라 법규명령 또는 행정규칙으로 볼 수 있을 뿐이다. O | X

고시 또는 공고의 법적 성질은 일률적으로 판단될 것이 아니라 고시에 담겨진 내용에 따라 구체적인 경우마다 달리 결정된다고 보아야 한다. 즉, 고시가 일반 · 추상적 성격을 가질 때는 법규명령 또는 행정규칙에 해당하지만, 고시가 구체적인 규율의 성격을 갖는다면 행정처분에 해당한다(헌재 1998.4.30. 97헌마141).

19. 국가직 7급

030 □□□

재산권 등의 기본권을 제한하는 작용을 하는 법률이 구체적으로 범위를 정하여 고시와 같은 형식으로 입법위임을 할 수 있는 사항은 전문적 · 기술적 사항이나 경미한 사항으로서 업무의 성질상 위임이 불가피한 사항에 한정된다. O | X

행정규칙은 법규명령과 같은 엄격한 제정 및 개정절차를 필요로 하지 아니하므로, 기본권을 제한하는 내용의 입법을 위임할 때에는 법규명령에 위임하는 것이 원칙이고, 고시와 같은 형식으로 입법위임을 할 때에는 법령이 전문적 · 기술적 사항이나 경미한 사항으로서 업무의 성질상 위임이 불가피한 사항에 한정된다(헌재 2017.9.28. 2016헌바140).

19. 국회직 8급

031 □□□

건강보험심사평가원이 보건복지가족부 고시인 '요양급여비용 심사 · 지급업무 처리기준'에 근거하여 제정한 심사지침인 '방광내압 및 요누출압 측정시 검사방법'은 내부적 업무처리기준으로서 행정규칙에 불과하다. O | X

건강보험심사평가원이 요양급여비용 심사 · 지급업무 처리기준 제4조 제1항 제4호에 근거하여 제정한 심사지침인 '방광내압 및 요누출압 측정시 검사방법'은 "방광내압 또는 요누출압 측정검사는 방광을 비웠을 때부터 시작하여 방광의 충만과 배뇨시 압력을 측정하는 방법으로 검사 시작 및 도중에 방광내압(Pves), 복강내압력(Pabd)이 음압이 나타날 때는 즉시 '0(Zero)' 이상으로 보정하여야 한다. 또한 요누출압 측정검사는 생리식염수 주입 용량이 300ml 이하에서 시작하는 것을 원칙으로 한다. 2009.1.1. 진료분부터 적용"이라고 규정하고 있다. 이는 보건복지부 고시 구 요양급여의 적용기준 및 방법에 관한 세부사항의 '제9장 처치 및 수술료 등' 중 '자356 요실금수술' 항목에 따라 요구되는 요류역학검사가 표준화된 방법으로 실시되지 않아 부정확한 검사결과가 발생하고 이로 인하여 불필요한 수술 등을 하게 되는 경우가 있어 이를 방지하고 적정진료를 하도록 유도할 목적으로, 법령에서 정한 요양급여의 인정기준을 구체적 진료행위에 적용하도록 마련한 건강보험심사평가원의 내부적 업무처리기준으로서 행정규칙에 불과하다(대판 2017.7.11. 2015두2864).

정답 028 ○ 029 X 030 ○ 031 ○

18. 국회직 8급, 14. 지방직 9급

032 □□□

구 식품위생법 시행규칙 제53조가 정한 [별표 15]의 행정처분기준은 구 식품위생법 제58조에 따른 영업허가의 취소 등에 관한 행정처분의 기준을 정한 것으로 대외적 구속력이 있다. O | X

식품위생법 시행규칙 제53조에서 [별표 15]로 식품위생법 제58조에 따른 행정처분의 기준을 정하였다고 하더라도, 이는 형식은 부령으로 되어 있으나 그 성질은 행정기관 내부의 사무처리준칙을 정한 것에 불과한 것으로서, 보건사회부장관이 관계행정기관 및 직원에 대하여 그 직무권한 행사의 지침을 정하여 주기 위하여 발한 행정명령의 성질을 가지는 것이지 식품위생법 제58조 제1항의 규정에 의하여 보장된 재량권을 기속하는 것이라고 할 수는 없고, 대외적으로 국민이나 법원을 기속하는 힘이 있는 것은 아니다(대판 1991.5.14. 90누9780).

14. 지방직 9급

033 □□□

구 여객자동차 운수사업법 제11조 제4항의 위임에 따라 시외버스운송사업의 사업계획변경에 관한 절차, 인가기준 등을 구체적으로 규정한 구 여객자동차 운수사업법 시행규칙 제31조 제2항 제1호 · 제2호 · 제6호는 행정청 내부의 사무처리준칙을 규정한 행정규칙에 불과하여 대외적 구속력이 없다. O | X

구 여객자동차 운수사업법 시행규칙(2000.8.23. 건설교통부령 제259호로 개정되기 전의 것) 제31조 제2항 제1호 · 제2호 · 제6호는 구 여객자동차 운수사업법(2000.1.28. 법률 제6240호로 개정되기 전의 것) 제11조 제4항의 위임에 따라 시외버스운송사업의 사업계획변경에 관한 절차, 인가기준 등을 구체적으로 규정한 것으로서, 대외적인 구속력이 있는 법규명령이라고 할 것이고, 그것을 행정청 내부의 사무처리준칙을 규정한 행정규칙에 불과하다고 할 수는 없다(대판 2006.6.27. 2003두4355).

14. 국가직 9급

034 □□□

대법원은 행정적 편의를 도모하기 위해 법령의 위임을 받아 제정된 절차적 규정을 법령보충적 행정규칙으로 본다. O | X

행정적 편의를 도모하기 위해 법령의 위임을 받아 제정된 절차적 규정은 행정규칙의 성질을 가질 뿐이다.

19. 서울시 7급

035 □□□

재량권 행사의 준칙인 행정규칙이 있으면 그에 따른 관행이 없더라도 평등의 원칙에 따라 행정기관은 상대방에 대한 관계에서 그 규칙에 따라야 할 자기구속을 받게 된다. O | X

재량권 행사의 준칙인 행정규칙이 그 정한 바에 따라 되풀이 시행되어 행정관행이 이루어지게 되면 평등의 원칙이나 신뢰보호의 원칙에 따라 행정기관은 그 상대방에 대한 관계에서 그 규칙에 따라야 할 자기구속을 받게 되므로, 이러한 경우에는 특별한 사정이 없는 한 그를 위반하는 처분은 평등의 원칙이나 신뢰보호의 원칙에 위배되어 재량권을 일탈 · 남용한 위법한 처분이 된다(대판 2009.12.24. 2009두7967).

정답 032 X 033 X 034 X 035 X

19. 서울시 7급

036

□□□

고시가 법령의 규정을 보충하는 기능을 가지면서 그와 결합하여 대외적인 구속력이 있는 법규명령으로서의 효력을 가지는 경우에도 그 자체가 법령은 아니고 행정규칙에 지나지 않으므로 적당한 방법으로 이를 일반인 또는 관계인에게 표시 또는 통보함으로써 그 효력이 발생한다. O | X

수입선다변화품목의 지정 및 그 수입절차 등에 관한 상공부 고시 제91-21호는 그 근거가 되는 대외무역법 시행령 제35조의 규정을 보충하는 기능을 가지면서 그와 결합하여 대외적인 구속력이 있는 법규명령으로서의 효력을 가지는 것으로서 그 시행절차에 관하여 대외무역관리규정은 아무런 규정을 두고 있지 않으나, 그 자체가 법령은 아니고 행정규칙에 지나지 않으므로 적당한 방법으로 이를 일반인 또는 관계인에게 표시 또는 통보함으로써 그 효력이 발생한다(대판 1993.11.23. 93도662).

13. 국가직 9급

037

□□□

국세청장의 훈령 형식으로 되어 있는 재산제세사무처리규정은 소득세법 시행령의 위임에 따라 소득세법 시행령의 내용을 보충하는 기능을 가지므로 소득세법 시행령과 결합하여 대외적 효력을 갖는다. O | X

상급행정기관이 하급행정기관에 대하여 업무처리지침이나 법령의 해석적용에 관한 기준을 정하여서 발하는 이른바 행정규칙은 일반적으로 행정조직 내부에서만 효력을 가질뿐 대외적인 구속력을 갖는 것은 아니지만, 법령의 규정이 특정 행정기관에게 그 법령 내용의 구체적 사항을 정할 수 있는 권한을 부여하면서 그 권한 행사의 절차나 방법을 특정하고 있지 아니한 관계로 수임행정기관이 행정규칙의 형식으로 그 법령의 내용이 될 사항을 구체적으로 정하고 있다면 그와 같은 행정규칙, 규정은 행정규칙이 갖는 일반적 효력으로서가 아니라, 행정기관에 법령의 구체적 내용을 보충할 권한을 부여한 법령규정의 효력에 의하여 그 내용을 보충하는 기능을 갖게 된다 할 것이므로 이와 같은 행정규칙, 규정은 당해 법령의 위임한계를 벗어나지 아니하는 한 그것들과 결합하여 대외적인 구속력이 있는 법규명령으로서의 효력을 갖게 된다. … 재산제세사무처리규정이 국세청장의 훈령 형식으로 되어 있다 하더라도 이에 의한 거래지정은 소득세법 시행령의 위임에 따라 그 규정의 내용을 보충하는 기능을 가지면서 그와 결합하여 대외적 효력을 발생하게 된다 할 것이므로 그 보충규정의 내용이 위 법령의 위임한계를 벗어났다는 등 특별한 사정이 없는 한 양도소득세의 실지거래가액에 의한 과세의 법령상의 근거가 된다(대판 1987.9.29. 86누484).

12. 국가직 9급

038

□□□

구 노인복지법 및 같은 법 시행령은 65세 이상인 자에게 노령수당의 지급을 규정하고 있는데, 같은 법 시행령의 위임에 따라 보건사회부(현 보건복지부)장관이 정한 70세 이상의 보호대상자에게만 노령수당을 지급하는 1994년도 노인복지사업지침은 법규명령의 성질을 가진다. O | X

보건사회부장관이 정한 1994년도 노인복지사업지침은 노령수당의 지급대상자의 선정기준 및 지급수준 등에 관한 권한을 부여한 노인복지법 제13조 제2항, 같은 법 시행령 제17조, 제20조 제1항에 따라 보건사회부장관이 발한 것으로서 실질적으로 법령의 규정 내용을 보충하는 기능을 지니면서 그것과 결합하여 대외적으로 구속력이 있는 법규명령의 성질을 가지는 것으로 보인다(대판 1996.4.12. 95누7727).

정답 036 ○ 037 ○ 038 ○

15. 사복직 9급

039 □□□

산업자원부(현 산업통상자원부)장관이 공업배치 및 공장설립에 관한 법률 제8조의 위임에 따라 공장입지의 기준을 구체적으로 정한 고시는 법규명령으로서 효력을 가진다. O | X

법령의 규정이 특정 행정기관에 그 법령 내용의 구체적 사항을 정할 수 있는 권한을 부여하면서 그 권한 행사의 절차나 방법을 특정하고 있지 않은 관계로 수임 행정기관이 행정규칙의 형식으로 그 법령의 내용이 될 사항을 구체적으로 정하고 있는 경우에는, 그 행정규칙이 당해 법령의 위임한계를 벗어나지 않는 한, 그와 결합하여 대외적으로 구속력이 있는 법규명령으로서 효력을 가지는 것이므로, 산업자원부장관이 공업배치 및 공장설립에 관한 법률 제8조의 규정에 따라 공장입지의 기준을 구체적으로 정한 고시는 법규명령으로서 효력을 가진다(대판 2003.9.26. 2003두2274).

19. 변호사

040 □□□

공단이 제정한 공사낙찰적격심사세부기준은 대외적 구속력이 없다. O | X

이 사건 세부기준은 공공기관의 운영에 관한 법률 제39조 제1항·제3항, 구 공기업·준정부기관 계약사무규칙 제12조에 근거하고 있으나, 이러한 규정은 공공기관이 사인과 사이의 계약관계를 공정하고 합리적·효율적으로 처리할 수 있도록 관계 공무원이 지켜야 할 계약사무처리에 관한 필요한 사항을 규정한 것으로서 공공기관의 내부규정에 불과하여 대외적 구속력이 없는 것임을 알 수 있다(대판 2014.12.24. 2010두6700).

14. 지방직 9급

041 □□□

공익사업을 위한 토지 등의 취득 및 보상에 관한 법률 제68조 제3항은 협의취득의 보상액 산정에 관한 구체적 기준을 시행규칙에 위임하고 있고, 위임범위 내에서 동법 시행규칙 제22조는 토지에 건축물 등이 있는 경우에는 건축물 등이 없는 상태를 상정하여 토지를 평가하도록 규정하고 있는데, 이는 대외적 구속력이 없다. O | X

공익사업을 위한 토지 등의 취득 및 보상에 관한 법률(이하 '공익사업법'이라 한다) 제68조 제3항은 협의취득의 보상액 산정에 관한 구체적 기준을 시행규칙에 위임하고 있고 위임범위 내에서 공익사업법 시행규칙 제22조는 토지에 건축물 등이 있는 경우에는 건축물 등이 없는 상태를 상정하여 토지를 평가하도록 규정하고 있는데, 이는 비록 행정규칙의 형식이나 공익사업법의 내용이 될 사항을 구체적으로 정하여 내용을 보충하는 기능을 갖는 것이므로 공익사업법 규정과 결합하여 대외적 구속력을 가진다(대판 2012.3.29. 2011다104253).

15. 경행특채 1차, 12. 국가직 9급

042 □□□

서울특별시가 정한 개인택시운송사업면허지침은 재량권 행사의 기준으로 설정된 행정청의 법규명령에 해당한다. O | X

서울특별시가 정한 개인택시운송사업면허지침은 재량권 행사의 기준으로 설정된 행정청의 내부의 사무처리준칙에 불과하므로, 대외적으로 국민을 기속하는 법규명령의 경우와는 달리 외부에 고지되어야만 효력이 발생하는 것은 아니다(대판 1997.1.21. 95누12941).

정답 039 ○ 040 ○ 041 X 042 X

18. 서울시 9급

043 □□□

구 지방공무원보수업무 등 처리지침은 안전행정부(현 행정안전부) 예규로서 행정규칙의 성질을 가진다. O | X

구 지방공무원보수업무 등 처리지침(2014.8.8. 안전행정부 예규 제104호로 개정되기 전의 것, 이하 '지침'이라 한다) [별표 1] '직종별 경력환산율표 해설'이 정한 민간근무경력의 호봉 산정에 관한 부분은 지방공무원법 제45조 제1항과 구 지방공무원 보수규정(2014.11.19. 대통령령 제25751호로 개정되기 전의 것) 제8조 제2항, 제9조의2 제2항, [별표 3]의 단계적 위임에 따라 행정안전부장관이 행정규칙의 형식으로 법령의 내용이 될 사항을 구체적으로 정한 것이고, 달리 지침이 위 법령의 내용 및 취지에 저촉된다거나 위임 한계를 벗어났다고 보기 어려우므로, 지침은 상위법령과 결합하여 대외적인 구속력이 있는 법규명령으로서의 효력을 갖게 된다(대판 2016.1.28. 2015두53121).

13. 지방직 7급

044 □□□

행정청 내부에서의 사무처리지침이 단순히 하급행정기관을 지도하고 통일적 법해석을 기하기 위하여 상위법규 해석의 준거기준을 제시하는 규범해석규칙의 성격을 가지는 것에 불과하다면 그러한 해석기준이 상위법규의 해석상 타당하다고 보여지는 한 그에 따랐다는 이유만으로 행정처분이 위법하게 되는 것은 아니다. O | X

행정청 내부에서의 사무처리지침이 행정부가 독자적으로 제정한 행정규칙으로서 상위법규의 규정 내용을 벗어나 국민에게 새로운 제한을 가한 것이라면 그 효력을 인정할 수 없겠으나, 단순히 행정규칙 중 하급행정기관을 지도하고 통일적 법해석을 기하기 위하여 상위법규 해석의 준거기준을 제시하는 규범해석규칙의 성격을 가지는 것에 불과하다면 그러한 해석기준이 상위법규의 해석상 타당하다고 보여지는 한 그에 따랐다는 이유만으로 행정처분이 위법하게 되는 것은 아니라 할 것이다(대판 1992.5.12. 91누8128).

19. 변호사, 18. 서울시 7급, 08. 국가직 7급

045 □□□

행정규칙이 법령의 규정에 의하여 행정관청에 법령의 구체적 내용을 보충할 권한을 부여한 경우, 평등의 원칙이나 신뢰보호의 원칙에 따라 행정기관은 그 상대방에 대한 관계에서 그 규칙에 따라야 할 자기구속을 당하게 된다. O | X

행정규칙이 법령의 규정에 의하여 행정관청에 법령의 구체적 내용을 보충할 권한을 부여한 경우, 또는 재량권 행사의 준칙인 규칙이 그 정한 바에 따라 되풀이 시행되어 행정관행이 이룩되게 되면, 평등의 원칙이나 신뢰보호의 원칙에 따라 행정기관은 그 상대방에 대한 관계에서 그 규칙에 따라야 할 자기구속을 당하게 되고, 그러한 경우에는 대외적인 구속력을 가지게 된다 할 것이다(헌재 1990.9.3. 90헌마13).

09. 지방직 9급

046 □□□

법령의 규정이 지방자치단체장에게 그 법령 내용의 구체적 사항을 정할 수 있는 권한을 부여하면서 그 권한 행사의 절차나 방법을 정하지 아니하고 있는 경우, 그 법령의 내용이 될 사항을 구체적으로 규정한 지방자치단체장의 고시는 당해 법령의 위임한계를 벗어나지 않는 한 법규명령으로서의 효력이 있다. O | X

법령의 규정이 지방자치단체장(허가관청)에게 그 법령 내용의 구체적인 사항을 정할 수 있는 권한을 부여하면서 그 권한 행사의 절차나 방법을 정하지 아니하고 있는 경우, 그 법령의 내용이 될 사항을 구체적으로 규정한 지방자치단체장의 고시의 법적 성질은 법규명령이며, 허가관청인 지방자치단체장이 그 범위 내에서 허가기준을 정한 경우, 그 허가기준의 효력은 유효하다(대판 2002.9.27. 2000두7933).

정답 043 X 044 ○ 045 ○ 046 ○

18. 서울시 9급

047 □□□

2014년도 건물 및 기타물건 시가표준액 조정기준은 건축법 및 지방세법령의 위임에 따른 것이지만 행정규칙의 성격을 가진다. O | X

'2014년도 건물 및 기타물건 시가표준액 조정기준'의 각 규정들은 일정한 유형의 위반 건축물에 대한 이행강제금의 산정기준이 되는 시가표준액에 관하여 행정안전부장관으로 하여금 정하도록 한 위 건축법 및 지방세법령의 위임에 따른 것으로서 그 법령규정의 내용을 보충하고 있으므로, 그 법령규정과 결합하여 대외적인 구속력이 있는 법규명령으로서의 효력을 가지고, 그중 증·개축 건물과 대수선 건물에 관한 특례를 정한 '증·개축 건물 등에 대한 시가표준액 산출요령'의 규정들도 마찬가지라고 보아야 한다(대판 2017.5.31. 2017두30764).

16. 국가직 7급

048 □□□

제재적 행정처분의 가중사유나 전제요건에 관한 규정이 법령이 아닌 행정규칙의 형식으로 되어 있다면 이는 행정청 내부의 재량준칙을 규정한 것에 불과하므로 관할 행정청이나 담당공무원은 이를 준수할 의무가 없다. O | X

제재적 행정처분이 그 처분에서 정한 제재기간의 경과로 인하여 그 효과가 소멸되었으나, 부령인 시행규칙 또는 지방자치단체의 규칙(이하 이들을 '규칙'이라고 한다)의 형식으로 정한 처분기준에서 제재적 행정처분(이하 '선행처분'이라고 한다)을 받은 것을 가중사유나 전제요건으로 삼아 장래의 제재적 행정처분(이하 '후행처분'이라고 한다)을 하도록 정하고 있는 경우, 제재적 행정처분의 가중사유나 전제요건에 관한 규정이 법령이 아니라 규칙의 형식으로 되어 있다고 하더라도, 그러한 규칙이 법령에 근거를 두고 있는 이상 그 법적 성질이 대외적·일반적 구속력을 갖는 법규명령인지 여부와는 상관없이, 관할 행정청이나 담당공무원은 이를 준수할 의무가 있으므로 이들이 그 규칙에 정해진 바에 따라 행정작용을 할 것이 당연히 예견되고, 그 결과 행정작용의 상대방인 국민으로서는 그 규칙의 영향을 받을 수밖에 없다(대판 2006.6.22. 2003두1684).

23. 국가직 7급

049 □□□

상위법령에서 세부사항 등을 시행규칙으로 정하도록 위임하였음에도 이를 고시 등 행정규칙으로 정한 경우 그 행정규칙은 대외적 구속력을 가지는 법규명령으로서 효력이 인정된다. O | X

상위법령에서 세부사항 등을 시행규칙으로 정하도록 위임하였음에도 이를 고시 등 행정규칙으로 정하였다면 그 역시 대외적 구속력을 가지는 법규명령으로서 효력이 인정될 수 없다(대판 2012.7.5. 2010다72076).

23. 지방직 7급

050 □□□

행정 각부의 장이 정하는 고시가 법령에 근거를 둔 것이라면, 그 규정 내용이 법령의 위임 범위를 벗어난 것이라도 법규명령으로서의 대외적 구속력이 인정된다. O | X

일반적으로 행정 각부의 장이 정하는 고시라 하더라도 그것이 특히 법령의 규정에서 특정 행정기관에게 법령 내용의 구체적 사항을 정할 수 있는 권한을 부여함으로써 그 법령 내용을 보충하는 기능을 가질 경우에는 그 형식과 상관없이 근거 법령 규정과 결합하여 대외적으로 구속력이 있는 법규명령으로서의 효력을 가지는 것이나, 이는 어디까지나 법령의 위임에 따라 그 법령 규정을 보충하는 기능을 가지는 점에 근거하여 예외적으로 인정되는 효력이므로, 어떤 고시가 비록 법령에 근거를 둔 것이더라도 그 규정 내용이 법령의 위임 범위를 벗어난 것일 경우에는 위와 같은 법규명령으로서의 대외적 구속력을 인정할 여지는 없다(대판 1999.11.26. 97누13474).

정답 047 X 048 X 049 X 050 X

제3장 행정행위

17. 국가직 9급

001 □□□

행정소송법상 처분의 개념과 강학상 행정행위의 개념이 다르다고 보는 견해는 처분의 개념을 강학상 행정행위의 개념보다 넓게 본다. O | X

행정소송법상 처분의 개념이 강학상 행정행위의 개념보다 넓다.

17. 국가직 9급

002 □□□

행정행위를 '행정청이 법 아래서 구체적 사실에 대한 법집행으로서 행하는 공법행위'로 정의하면, 공법상 계약과 공법상 합동행위는 행정행위의 개념에서 제외된다. O | X

행정행위의 개념을 협의설로 이해하면 공법상 계약과 공법상 합동행위도 행정행위의 개념에 포함된다.

Point정리 행정행위의 개념에 관한 학설

1. **최광의설(행정행위 = 행정작용)**: 행정행위를 행정청이 행하는 일체의 행위로 파악하는 견해이다. 이 견해에 따르면 사실행위, 행정처분, 행정입법작용, 통치행위 모두가 포함된다.
2. **광의설**: 행정행위를 행정청에 의한 공법행위로 파악하는 견해이다. 이 견해에 따르면 최광의의 행정행위에서 사실행위와 사법행위가 제외된 나머지 행정작용이 포함된다.
3. **협의설**: 행정행위를 행정청이 법 아래에서 구체적 사실에 관한 법집행으로서 행하는 공법행위로 파악하는 견해이다. 이 견해에 따르면 권력적 단독행위인 행정처분과 비권력적인 공법상 계약 및 공법상 합동행위도 포함된다.
4. **최협의설**: 행정행위를 행정청이 법 아래에서 구체적 사실에 대한 법집행으로서 행하는 권력적 단독행위인 공법행위로 정의하는 견해이다. 이 견해에 따르면 권력적 단독행위인 행정처분만이 포함된다. 우리나라의 통설적 견해이다.

23. 경찰간부, 21. 국가직 9급 · 소방

003 □□□

행정의사가 외부에 표시되어 행정청이 자유롭게 취소 · 철회할 수 없는 구속을 받게 되는 시점에 처분이 성립하고, 그 성립 여부는 행정청이 행정의사를 공식적인 방법으로 외부에 표시하였는지를 기준으로 판단해야 한다. O | X

일반적으로 처분이 주체 · 내용 · 절차와 형식의 요건을 모두 갖추고 외부에 표시된 경우에는 처분의 존재가 인정된다. 행정의사가 외부에 표시되어 행정청이 자유롭게 취소 · 철회할 수 없는 구속을 받게 되는 시점에 처분이 성립하고, 그 성립 여부는 행정청이 행정의사를 공식적인 방법으로 외부에 표시하였는지를 기준으로 판단해야 한다(대판 2019.7.11. 2017두38874).

정답 001 ○ 002 X 003 ○

21. 소방

004 □□□

일반적으로 행정행위가 주체·내용·절차와 형식의 요건을 모두 갖추고 외부에 표시된 경우에 행정행위의 존재가 인정된다. O | X

일반적으로 처분이 주체·내용·절차와 형식의 요건을 모두 갖추고 외부에 표시된 경우에는 처분의 존재가 인정된다(대판 2019.7.11. 2017두38874).

15. 서울시 9급

005 □□□

지방경찰청장이 횡단보도를 설치하여 보행자통행방법 등을 규제하는 것은 행정행위에 해당한다. O | X

횡단보도 설치행위, 도로의 공용개시행위, 도로 내 속도제한, 일방통행, 주차금지 등의 표지판 등은 물적 행정행위로서 일반처분에 해당한다.

15. 서울시 9급

006 □□□

부하 공무원에 대한 상관의 개별적인 직무명령은 행정행위가 아니다. O | X

행정행위는 행정청이 법 아래에서 구체적 사실에 관한 법집행으로 행하는 권력적 단독행위를 의미하기 때문에 대외적 효력이 없는 상관의 개별적인 직무명령은 행정행위가 아니다.

07. 국회직 8급

007 □□□

다른 행정청의 동의를 얻어야 하는 행정행위에서 다른 행정청의 동의가 행정행위의 성립에 중요한 요소인 경우에는 그 자체도 행정행위로 보아야 한다. O | X

다른 행정청의 동의를 얻어야 하는 행정행위에서 다른 행정청의 동의는 행정행위의 요소가 되는 것이며, 그 자체가 행정행위가 되는 것은 아니다.

07. 국회직 8급

008 □□□

행정행위는 행정청이 우월적인 지위에서 행하는 것이지만, 상대방의 동의나 신청 등의 협력이 필요한 경우에도 역시 행정행위에 포함될 수 있다. O | X

귀화나 영업 등의 허가처럼 상대방의 신청·출원 등을 요하는 쌍방적인 행정행위도 있다.

정답 004 ○ 005 ○ 006 ○ 007 X 008 ○

15. 교행직 9급

009 □□□

행정행위는 법적 행위이므로, 행정청이 도로를 보수하는 행위는 행정행위가 아니다. O | X

도로를 설치하는 것은 불특정다수의 보행자에 대하여 통행방법을 규제하는 것이므로 행정행위에 해당하지만, 도로를 보수하는 것은 그 자체로 상대방에게 어떠한 법적 효과도 일으키지 않기 때문에 사실행위에 불과하다.

14. 국가직 9급

010 □□□

권한 있는 장관이 행한 국립공원지정처분에 따라 공원관리청이 행한 경계측량 및 표지의 설치는 행정처분이다. O | X

건설부장관이 행한 국립공원지정처분은 그 결정 및 첨부된 도면의 공고로써 그 경계가 확정되는 것이고, 시장이 행한 경계측량 및 표지의 설치 등은 공원관리청이 공원구역의 효율적인 보호·관리를 위하여 이미 확정된 경계를 인식·파악하는 사실상의 행위로 봄이 상당하며, 위와 같은 사실상의 행위를 가리켜 공권력 행사로서의 행정처분의 일부라고 볼 수 없고, 이로 인하여 건설부장관이 행한 공원지정처분이나 그 경계에 변동을 가져온다고 할 수 없다(대판 1992.10.13. 92누2325).

21. 소방

011 □□□

건설부장관(현 국토교통부장관)이 행한 국립공원지정처분에 따른 경계측량 및 표지의 설치 등은 처분이 아니다. O | X

대판 1992.10.13. 92누2325 판례에 대한 옳은 내용이다.

14. 국회직 8급

012 □□□

행정행위가 공법상의 행위라는 것은 그 행위의 근거가 공법적이라는 것이지, 행위의 효과까지 공법적이라는 것을 의미하는 것은 아니다. O | X

법률행위적 행정행위의 하나인 특허에는 특허로 인해 발생하는 권리가 공권인 경우도 있고 사권인 경우도 있다. 어업이나 광업 등의 면허에 대한 허가(특허)는 공법상 근거에 의해 사법적 효과를 발생시키는 대표적인 예이다.

08. 서울시 7급

013 □□□

제3자효적 행정행위가 소송상 문제가 되는 영역은 주로 경업자소송이나 지역주민간의 소송 등이다. O | X

복효적 행정행위(제3자효 행정행위)는 상대방에게는 이익을 주지만 제3자에게는 불이익을 주는 행정행위 또는 그 반대로 상대방에게 불이익을 주지만 제3자에게는 이익을 주는 행정행위를 의미한다. 경업자소송이란 일정한 시장에서 신규진입을 허용하는 면허에 대하여 새로운 경쟁을 부담하게 되는 기존업자가 제기하는 소송이다. 이 경우 신규업자의 이익은 기존업자에게 불이익이 될 수 있으므로 복효적 행정행위라 할 수 있다.

정답 009 ○ 010 X 011 ○ 012 ○ 013 ○

04. 전북 9급

014 □□□

제3자효 행정행위의 제3자는 법률상 이익 유무와 상관없이 행정심판 청구인적격 및 행정소송 원고적격을 가지지 않는다. O | X

처분으로 인해 법률상 보호되는 이익을 침해당한 경우 제3자라도 원고적격을 가진다.

23. 경찰간부, 19. 서울시 7급(10월)

015 □□□

야생 동·식물보호법령에 따른 용도변경승인의 경우 용도변경이 불가피한 경우에만 용도변경을 할 수 있도록 제한하는 규정을 두고 있으므로 환경부장관의 용도변경승인처분은 기속행위이다. O | X

야생 동·식물보호법상 곰의 웅지를 추출하여 비누, 화장품 등의 재료를 사용할 목적으로 곰의 용도를 '사육곰'에서 '식·가공품 및 약용재료'로 변경하겠다는 내용의 국제적 멸종위기종의 용도변경승인 행위는 재량행위에 속한다(대판 2011.1.27. 2010두23033).

19. 서울시 7급(10월)

016 □□□

배출시설 설치허가의 신청이 구 대기환경보전법에서 정한 허가기준에 부합하고 동 법령상 허가제한사유에 해당하지 아니하는 한 환경부장관은 원칙적으로 허가를 하여야 한다. O | X

구 대기환경보전법 등의 문언과 그 체제·형식에 따르면 환경부장관은 배출시설 설치허가신청이 구 대기환경보전법 제23조 제5항에서 정한 허가기준에 부합하고 구 대기환경보전법 제23조 제6항, 같은 법 시행령 제12조에서 정한 허가제한사유에 해당하지 아니하는 한 원칙적으로 허가를 하여야 한다(대판 2013.5.9. 2012두22799).

18. 국가직 7급, 14. 경행특채 1차, 09. 국가직 9급

017 □□□

재량행위에 대한 사법심사는 행정청의 재량에 기한 공익판단의 여지를 감안하여 법원이 독자의 결론을 도출함이 없이 당해 행위에 재량권의 일탈·남용이 있는지 여부를 심사한다. O | X

재량행위 내지 자유재량행위는 행정청의 재량에 기한 공익판단의 여지를 감안하여 법원은 독자의 결론을 도출함이 없이 당해 행위에 재량권의 일탈·남용이 있는지 여부만을 심사하게 되고, 이러한 재량권의 일탈·남용 여부에 대한 심사는 사실오인, 비례·평등의 원칙 위배, 당해 행위의 목적 위반이나 동기의 부정 유무 등을 그 판단대상으로 한다(대판 2001.2.9. 98두17593).

15. 국가직 9급, 14. 서울시 9급

018 □□□

재량권의 일탈이란 재량권의 내적 한계를 벗어난 것을 말하고, 재량권의 남용이란 재량권의 외적 한계를 벗어난 것을 말한다. O | X

재량권의 일탈이란 재량권의 외적 한계를 벗어난 것을 말하고, 재량권의 남용이란 재량권의 내적 한계를 벗어난 것을 말한다.

정답 014 X 015 X 016 ○ 017 ○ 018 X

15. 국회직 8급

019 □□□

음주측정거부를 이유로 운전면허취소를 함에 있어서 행정청이 그 취소 여부를 선택할 수 있는 재량의 여지가 없음이 법문상 명백하므로 재량권의 일탈·남용의 문제는 생길 수 없다. O | X

음주측정거부를 이유로 운전면허취소를 함에 있어서 행정청이 그 취소 여부를 선택할 수 있는 재량의 여지가 없음이 법문상 명백하므로 재량권의 일탈·남용의 문제는 생길 수 없다(대판 2004.11.12. 2003두12042).

11. 사복직 9급

020 □□□

재량의 범위는 넘지는 않았지만 평등원칙에 위반한 처분은 부당한 처분이다. O | X

평등의 원칙에 위반한 처분은 위법한 처분이다.

15. 서울시 7급

021 □□□

재량행위에 있어서도 비례원칙을 위반하는 경우에는 위법한 행위가 된다. O | X

행정행위가 그 재량성의 유무 및 범위와 관련하여 이른바 기속행위 내지 기속재량행위와 재량행위 내지 자유재량행위로 구분된다고 할 때, 그 구분은 당해 행위의 근거가 된 법규의 체재·형식과 그 문언, 당해 행위가 속하는 행정 분야의 주된 목적과 특성, 당해 행위 자체의 개별적 성질과 유형 등을 모두 고려하여 판단하여야 하고, 이렇게 구분되는 양자에 대한 사법심사는, 전자의 경우 그 법규에 대한 원칙적인 기속성으로 인하여 법원이 사실인정과 관련 법규의 해석·적용을 통하여 일정한 결론을 도출한 후 그 결론에 비추어 행정청이 한 판단의 적법 여부를 독자의 입장에서 판정하는 방식에 의하게 되나, 후자의 경우 행정청의 재량에 기한 공익판단의 여지를 감안하여 법원은 독자의 결론을 도출함이 없이 당해 행위에 재량권의 일탈·남용이 있는지 여부만을 심사하게 되고, 이러한 재량권의 일탈·남용 여부에 대한 심사는 사실오인, 비례·평등의 원칙 위배, 당해 행위의 목적 위반이나 동기의 부정 유무 등을 그 판단대상으로 한다(대판 2001.2.9. 98두17593).

15. 사복직 9급

022 □□□

전국공무원노동조합 시지부 사무국장이 지방공무원 복무조례 개정안에 대한 의견을 표명하기 위하여 전국공무원노동조합 간부들과 함께 시장의 사택을 방문하였고, 이에 징계권자가 시장 개인의 명예와 시청의 위신을 실추시키고 지방공무원법에서 정한 집단행위금지의무를 위반하였다는 등의 이유로 사무국장을 파면처분한 것은 재량권의 일탈·남용에 해당되지 않는다. O | X

이 사건 사택방문행위가 그 복무에 관하여 지휘·감독권을 행사하는 상급자에게 직접 영향력을 행사하려는 의도로 행해진 행위로서 복무기강과 근무규율을 현저히 와해하는 것이고 그 동기가 이 사건 조례개정안에 대한 의견을 표명하기 위한 것이었다는 점을 감안하더라도 그 방법에 있어서 정당성을 인정하기 어려운 점, 원고는 이 사건 이전에도 집단행위금지의무 위반으로 징계처분에는 이르지 않았으나 훈계처분을 받은 바 있는 점, 이 사건 모욕행위는 형사상으로도 모욕죄에 해당하여 원고가 벌금형을 선고받았고 중앙일간지에 보도되는 등으로 사회적 물의를 빚었으며 청주시장 개인의 명예, 나아가 청주시청의 위신을 적지 않게 실추시킨 비위로서 그 정도가 매우 중한 점 등 그 판시의 사정들을 종합하여 이 사건 징계처분이 사회통념상 현저하게 타당성을 잃거나 객관적으로 명백하게 부당하여 징계권의 한계를 일탈하거나 재량권을 남용하였다고 볼 수 없다고 판단하였는바, 원심의 이와 같은 조치는 앞서 본 법리에 비추어 정당하고, 거기에 상고이유와 같은 재량권의 일탈·남용에 관한 법리오해 등의 위법이 없다(대판 2009.6.23. 2006두16786).

정답 019 ○ 020 X 021 ○ 022 ○

18. 서울시 7급

023

□□□

징계권자이자 임용권자인 지방자치단체장은 소속 공무원의 구체적인 행위가 과연 지방공무원법에 규정된 징계사유에 해당하는지 여부에 관하여 판단할 재량은 있지만, 징계사유에 해당하는 것이 명백한 경우에는 관할 인사위원회에 징계를 요구할 의무가 있다. O | X

징계권자이자 임용권자인 지방자치단체장은 소속 공무원의 구체적인 행위가 징계사유에 해당하는지 여부에 관하여 판단할 재량은 있지만, 징계사유에 해당하는 것이 명백한 경우에는 관할 인사위원회에 징계를 요구할 의무가 있다(대판 2007.7.12. 2006도1390).

14. 서울시 9급

024

□□□

재량행위가 위법하다는 이유로 소송이 제기된 경우에 법원은 각하할 것이 아니라 그 일탈·남용 여부를 심사하여 그에 해당하지 않으면 청구를 기각하여야 한다. O | X

각하는 본안 판단 자체를 안 하는 것이고, 기각은 그 취소 여부를 가려서 취소하지 않기로 결정하는 본안 판단을 내리는 것이다. 법원이 재량처분에 대해서도 취소할 수 있는 법률상 규정이 있는 한, 재량행위가 위법하다는 이유로 소송이 제기된 경우 법원은 각하가 아니라 본안 심사로 나아가야 한다는 것이 통설 및 다수설이다.

> **「행정소송법」 제27조 【재량처분의 취소】** 행정청의 재량에 속하는 처분이라도 재량권의 한계를 넘거나 그 남용이 있는 때에는 법원은 이를 취소할 수 있다.

13. 지방직 7급

025

□□□

판례는 공무원 임용을 위한 면접전형에서 임용신청자의 능력이나 적격성 등에 관한 판단이 면접위원의 자유재량에 속한다고 보고 있다. O | X

공무원 임용을 위한 면접전형에서 임용신청자의 능력이나 적격성 등에 관한 판단은 면접위원의 고도의 교양과 학식, 경험에 기초한 자율적 판단에 의존하는 것으로서 오로지 면접위원의 자유재량에 속하고, 그와 같은 판단이 현저하게 재량권을 일탈 내지 남용한 것이 아니라면 이를 위법하다고 할 수 없다(대판 1997.11.28. 97누11911).

15. 국회직 8급

026

□□□

구 전염병예방법 제54조의2 제2항에 따른 예방접종으로 인한 질병, 장애 또는 사망의 인정 여부 결정은 보건복지가족부(현 보건복지부)장관의 재량에 속한다. O | X

특정인에게 권리나 이익을 부여하는 이른바 수익적 행정처분은 법령에 특별한 규정이 없는 한 재량행위이고, 구 전염병예방법 제54조의2 제2항에 의하여 보건복지가족부장관에게 예방접종으로 인한 질병, 장애 또는 사망(이하 '장애 등'이라 한다)의 인정 권한을 부여한 것은, 예방접종과 장애 등 사이에 인과관계가 있는지를 판단하는 것은 고도의 전문적 의학 지식이나 기술이 필요한 점과 전국적으로 일관되고 통일적인 해석이 필요한 점을 감안한 것으로 역시 보건복지가족부장관의 재량에 속하는 것이므로, 인정에 관한 보건복지가족부장관의 결정은 가능한 한 존중되어야 한다. 다만 인정 여부의 결정이 재량권의 행사에 해당하더라도 재량권을 일탈하거나 남용해서는 안 되고, 특히 구 전염병예방법에 의한 피해보상제도가 수익적 행정처분의 형식을 취하고는 있지만, 구 전염병예방법의 취지와 입법 경위 등을 고려하면 실질은 피해자의 특별한 희생에 대한 보상에 가까우므로, 보건복지가족부장관은 위와 같은 사정 등을 두루 고려하여 객관적으로 합리적인 재량권의 범위 내에서 타당한 결정을 해야 하고, 그렇지 않을 경우 인정 여부의 결정은 주어진 재량권을 남용한 것으로서 위법하게 된다(대판 2014.5.16. 2014두274).

정답 023 ○ 024 ○ 025 ○ 026 ○

21. 소방간부

027 □□□

국적법에 따른 귀화허가는 제3자의 법률적 행위를 보충하여 그 법률상의 효과를 완성시키는 행정행위에 해당한다. O | X

국적법에 따른 귀화허가는 특정인에 대하여 새로운 권리·능력 또는 포괄적 법률관계를 설정하는 행위(특허)에 해당한다. 제3자의 법률적 행위를 보충하여 법률상 효과를 완성시키는 것은 인가이다.

15. 국회직 8급, 08. 국가직 9급

028 □□□

여객자동차 운수사업법에 의한 개인택시운송사업면허는 특정인에게 특정한 권리나 이익을 부여하는 행위로서 법령에 특별한 규정이 없는 한 재량행위이지만, 그 면허를 위하여 필요한 기준을 정하는 것은 행정청의 재량이 아니다. O | X

여객자동차 운수사업법에 의한 개인택시운송사업면허는 특정인에게 권리나 이익을 부여하는 행정행위, 즉 수익적 행정행위로서 법령에 특별한 규정이 없으면 행정청의 재량에 속하는 것이고, 그 면허를 위하여 정하여진 순위 내에서의 운전경력 인정방법에 관한 기준 설정 및 그 설정된 기준의 변경 역시 행정청의 재량이므로, 그 기준의 설정이나 변경이 객관적으로 합리적이 아니라거나 타당하지 않다고 보이지 아니하는 이상 행정청의 의사는 가능한 한 존중되어야 한다(대판 2005.7.22. 2005두999).

17. 국가직 9급(10월)

029 □□□

귀화허가는 외국인에게 대한민국 국적을 부여함으로써 국민으로서의 법적 지위를 포괄적으로 설정하는 행위에 해당하므로 법무부장관은 귀화신청인이 국적법 소정의 귀화요건을 모두 갖춘 경우에는 관계 법령에서 정하는 제한사유 외에 공익상의 이유로 귀화허가를 거부할 수 없다. O | X

귀화허가는 외국인에게 대한민국 국적을 부여함으로써 국민으로서의 법적 지위를 포괄적으로 설정하는 행위에 해당한다. … 법무부장관은 귀화신청인이 법률이 정하는 귀화요건을 갖추었다고 하더라도 귀화를 허가할 것인지 여부에 관하여 재량권을 가진다(대판 2010.7.15. 2009두19069).

21. 국가직 7급

030 □□□

귀화허가는 강학상 허가에 해당하므로, 귀화신청인이 귀화 요건을 갖추어서 귀화허가를 신청한 경우에 법무부장관은 귀화허가를 해 주어야 한다. O | X

국적은 국민의 자격을 결정짓는 것이고, 이를 취득한 사람은 국가의 주권자가 되는 동시에 국가의 속인적 통치권의 대상이 되므로, 귀화허가는 외국인에게 대한민국 국적을 부여함으로써 국민으로서의 법적 지위를 포괄적으로 설정하는 행위에 해당한다. 한편 국적법 등 관계 법령 어디에도 외국인에게 대한민국의 국적을 취득할 권리를 부여하였다고 볼 만한 규정이 없다. 이와 같은 귀화허가의 근거 규정의 형식과 문언, 귀화허가의 내용과 특성 등을 고려하여 보면, 법무부장관은 귀화신청인이 법률이 정하는 귀화 요건을 갖추었다고 하더라도 귀화를 허가할 것인지 여부에 관하여 재량권을 가진다(대판 2010.7.15. 2009두19069).

정답 027 X 028 X 029 X 030 X

22. 소방

031 □□□

행정청이 제재처분 양정을 하면서 처분 상대방에게 법령에서 정한 임의적 감경사유가 있는 경우, 그 감경사유까지 고려하고도 감경하지 않은 채 개별처분기준에서 정한 상한으로 처분을 한 경우에는 재량권을 일탈·남용하였다고 보아야 한다. O | X

행정청이 제재처분 양정을 하면서 공익과 사익의 형량을 전혀 하지 않았거나 이익형량의 고려대상에 마땅히 포함하여야 할 사항을 누락한 경우 또는 이익형량을 하였으나 정당성·객관성이 결여된 경우에는 제재처분은 재량권을 일탈·남용한 것이라고 보아야 한다. 처분 상대방에게 법령에서 정한 임의적 감경사유가 있는 경우에, 행정청이 감경사유까지 고려하고도 감경하지 않은 채 개별처분기준에서 정한 상한으로 처분을 한 경우에는 재량권을 일탈·남용하였다고 단정할 수는 없으나, 행정청이 감경사유를 전혀 고려하지 않았거나 감경사유에 해당하지 않는다고 오인하여 개별처분기준에서 정한 상한으로 처분을 한 경우에는 마땅히 고려대상에 포함하여야 할 사항을 누락하였거나 고려대상에 관한 사실을 오인한 경우에 해당하여 재량권을 일탈·남용한 것이라고 보아야 한다(대판 2020.6.25. 2019두52980).

17. 경찰직 2·3차, 15. 국회직 8급, 13. 지방직 7급

032 □□□

행정청의 재량에 속하는 처분이라도 재량권의 한계를 넘거나 그 남용이 있는 때에는 법원은 이를 취소할 수 있다. O | X

「행정소송법」 제27조 【재량처분의 취소】 행정청의 재량에 속하는 처분이라도 재량권의 한계를 넘거나 그 남용이 있는 때에는 법원은 이를 취소할 수 있다.

12. 경행특채

033 □□□

대법원은 교육부장관의 교과서검정에 관한 처분과 관련하여 법원이 교과서의 저술 내용이 교육에 적합한지의 여부를 심사할 수 있다고 보았다. O | X

교과서검정이 고도의 학술상·교육상의 전문적인 판단을 요한다는 특성에 비추어 보면, 교과용 도서를 검정함에 있어서 법령과 심사기준에 따라서 심사위원회의 심사를 거치고, 또 검정상 판단이 사실적 기초가 없다거나 사회통념상 현저히 부당하다는 등 현저히 재량권의 범위를 일탈한 것이 아닌 이상 그 검정을 위법하다고 할 수 없다(대판 1992.4.24. 91누6634).

08. 국가직 9급

034 □□□

학생에 대한 징계권의 발동이나 징계의 양정(量定)이 징계권자의 교육적 재량에 맡겨져 있다 할지라도 법원이 심리한 결과 그 징계처분에 위법한 사유가 있다고 판단되는 경우에는 이를 취소할 수 있다. O | X

학생에 대한 징계권의 발동이나 징계의 양정이 징계권자의 교육적 재량에 맡겨져 있다 할지라도 법원이 심리한 결과 그 징계처분에 위법사유가 있다고 판단되는 경우에는 이를 취소할 수 있는 것이고, 징계처분이 교육적 재량행위라는 이유만으로 사법심사의 대상에서 당연히 제외되는 것은 아니다(대판 1991.11.22. 91누2144).

정답 031 X 032 ○ 033 X 034 ○

14. 지방직 7급

035 □□□

건설공사를 계속하기 위한 매장문화재의 발굴허가신청에 대하여 이를 원형 그대로 매장되어 있는 상태를 유지하기 위해 문화재보호법 등 관계 법령이 정하는 바에 따라 내린 허가권자의 불허가조치는 재량권의 일탈·남용에 해당하지 아니한다. O | X

[1] 구 문화재보호법 제44조 제1항 단서 제3호의 규정에 의하여 문화체육부장관 또는 그 권한을 위임받은 문화재관리국장 등이 건설공사를 계속하기 위한 발굴허가신청에 대하여 그 공사를 계속하기 위하여 부득이 발굴할 필요가 있는지의 여부를 결정하여 발굴을 허가하거나 이를 허가하지 아니함으로써 원형 그대로 매장되어 있는 상태를 유지하는 조치는 허가권자의 재량행위에 속하는 것이므로, 행정청은 발굴허가가 신청된 고분 등의 역사적 의의와 현상, 주변의 문화적 상황 등을 고려하여 역사적으로 보존되어 온 매장문화재의 현상이 파괴되어 다시는 회복할 수 없게 되거나 관련된 역사문화자료가 멸실되는 것을 방지하고 그 원형을 보존하기 위한 공익상의 필요에 기하여 그로 인한 개인의 재산권 침해 등 불이익이 훨씬 크다고 여겨지는 경우가 아닌 한 발굴을 허가하지 아니할 수 있다 할 것이고, 행정청이 매장문화재의 원형보존이라는 목표를 추구하기 위하여 문화재보호법 등 관계 법령이 정하는 바에 따라 내린 전문적·기술적 판단은 특별히 다른 사정이 없는 한 이를 최대한 존중하여야 한다.

[2] 신라시대의 주요한 역사·문화적 유적이 다수 소재한 선도산에 위치한 고분에 대한 발굴불허가처분은 재량권의 일탈 또는 남용이 아니다(대판 2000.10.27. 99두264).

19. 서울시 7급

036 □□□

자동차운수사업법에 의한 개인택시운송사업 면허는 법령에 특별한 규정이 없는 한 재량행위이고, 그 면허를 위하여 필요한 기준을 정하는 것도 행정청의 재량에 속한다. O | X

여객자동차 운수사업법에 의한 개인택시운송사업 면허는 특정인에게 권리나 이익을 부여하는 행정행위로서 법령에 특별한 규정이 없는 한 재량행위이고, 그 면허를 위하여 정하여진 순위 내에서의 운전경력 인정방법의 기준설정 역시 행정청의 재량에 속한다(대판 2010.1.28. 2009두19137).

17. 국가직 9급

037 □□□

판단여지를 긍정하는 학설은 판단여지는 법률효과 선택의 문제이고 재량은 법률요건에 대한 인식의 문제라는 점, 양자는 그 인정근거와 내용 등을 달리하는 점에서 구별하는 것이 타당하다고 한다. O | X

판단여지를 긍정하는 학설은 판단여지는 법률요건에 대한 인식의 문제이고 재량은 법률효과 선택의 문제라는 점, 양자는 그 인정근거와 내용 등을 달리하는 점에서 구별하는 것이 타당하다고 한다. 즉, 판단여지는 구성요건의 포섭단계에서 관련되는 문제이고, 재량은 효과의 선택과 관련되는 문제라는 점에서 구별된다.

10. 국회직 9급

038 □□□

판단여지와 재량을 구분하는 견해에 의하면 재량은 법률효과의 선택의 문제를 대상으로 하고, 판단여지는 법률요건에 대한 인식의 문제를 대상으로 하므로 양자는 성질이 다른 것이라고 한다. O | X

판단여지설에 의하면 판단여지는 행위요건(포섭단계)에서 작용하고 재량은 행위효과에서 작용하는 것으로, 판단여지와 재량은 서로 다른 것이다.

정답 035 ○ 036 ○ 037 X 038 ○

23. 경찰간부

039 □□□

가축분뇨의 관리 및 이용에 관한 법률에 따른 가축분뇨 처리방법 변경 불허가처분에 대한 사법심사는 법원이 허가권자의 재량권을 대신 행사하는 것이 아니라 허가권자의 공익판단에 관한 재량의 여지를 감안하여 원칙적으로 재량권의 일탈·남용이 있는지 여부만을 판단하여야 한다. O | X

가축분뇨 처리방법 변경 불허가처분에 대한 사법심사는 법원이 허가권자의 재량권을 대신 행사하는 것이 아니라 허가권자의 공익판단에 관한 재량의 여지를 감안하여 원칙적으로 재량권의 일탈·남용이 있는지 여부만을 판단하여야 하고, 사실오인과 비례·평등원칙 위반 여부 등이 그 판단 기준이 된다(대판 2021.6.30. 2021두35681).

23. 경찰간부

040 □□□

구 야생동·식물보호법에 의한 용도변경승인은 특정인에게만 용도 외의 사용을 허용해주는 권리나 이익을 부여하는 이른바 수익적 행정행위로서 법령에 특별한 규정이 없는 한 재량행위이다. O | X

위 법 제16조 제3항에 의한 용도변경승인은 특정인에게만 용도 외의 사용을 허용해주는 권리나 이익을 부여하는 이른바 수익적 행정행위로서 법령에 특별한 규정이 없는 한 재량행위이다(대판 2011.1.27. 2010두23033).

23. 국가직 7급

041 □□□

육아휴직 중 국가공무원법 제73조 제2항에서 정한 복직 요건인 '휴직사유가 없어진 때'에 하는 복직명령은 기속행위이므로 휴직사유가 소멸하였음을 이유로 복직을 신청하는 경우 임용권자는 지체 없이 복직명령을 하여야 한다. O | X

국가공무원법 제73조 제2항의 문언에 비추어 복직명령은 기속행위이므로 휴직사유가 소멸하였음을 이유로 신청하는 경우 임용권자는 지체 없이 복직명령을 하여야 한다(대판 2014.6.12. 2012두4852).

23. 국가직 7급

042 □□□

재외동포에 대한 사증발급은 행정청의 기속행위에 속하는 것으로서, 재외동포가 사증발급을 신청한 경우에 구 출입국관리법 시행령 [별표 1의2]에서 정한 재외동포체류자격의 요건을 갖추었다면 사증을 발급해야 한다. O | X

재외동포에 대한 사증발급은 행정청의 재량행위에 속하는 것으로서, 재외동포가 사증발급을 신청한 경우에 출입국관리법 시행령 [별표 1의2]에서 정한 재외동포체류자격의 요건을 갖추었다고 해서 무조건 사증을 발급해야 하는 것은 아니다(대판 2019.7.11. 2017두38874).

정답 039 ○ 040 ○ 041 ○ 042 X

제4장 법률행위적 행정행위

18. 국가직 9급

001 □□□

신고의 수리는 타인의 행위를 유효한 행위로 받아들이는 행정행위를 말하며, 이는 강학상 법률행위적 행정행위에 해당한다. O | X

신고의 수리는 준법률행위적 행정행위에 해당한다.

02. 행시

002 □□□

행정행위는 법률효과의 발생원인을 기준으로 하여 법률행위적 행정행위와 준법률행위적 행정행위로 나눌 수 있다. O | X

Point정리 행정행위의 종류

구분	법률행위적 행정행위		준법률행위적 행정행위
정의	행정청의 의사표시를 구성요소로 하여 그 의사표시의 내용에 따라 법적 효과가 발현되는 행정행위		행정청의 의사표시를 요하지 않고 단순한 정신작용의 표현에 대해 법령이 일정한 효과를 부여하는 행정행위
종류	명령적 행위	하명, 허가, 면허	공증, 통지, 수리, 확인
	형성적 행위	특허, 대리, 인가	

13. 국회직 8급

003 □□□

위법한 하명으로 권리가 침해된 자는 취소소송이나 무효등확인소송을 제기하여 위법상태를 제거할 수 있고 손해배상청구소송을 제기하여 손해를 배상받을 수 있다. O | X

위법한 하명에 대하여 항고소송이나 손해배상청구소송을 제기할 수 있다.

15. 서울시 7급, 14. 국회직 8급, 12. 국회직 9급

004 □□□

판례에 의할 때 식품위생법상 일반음식점영업허가는 재량행위로 보고 있지 않다. O | X

식품위생법상 일반음식점영업허가는 성질상 일반적 금지의 해제에 불과하므로 허가권자는 허가신청이 법에서 정한 요건을 구비한 때에는 허가하여야 하고 관계 법령에서 정하는 제한사유 외에 공공복리 등의 사유를 들어 허가신청을 거부할 수는 없고, 이러한 법리는 일반음식점 허가사항의 변경허가에 관하여도 마찬가지이다(대판 2000.3.24. 97누12532).

정답 001 X 002 ○ 003 ○ 004 ○

19. 국가직 9급 · 서울시 9급(2월), 14. 국가직 7급

005 □□□

건축허가권자는 중대한 공익상의 필요가 없음에도 관계 법령에서 정하는 제한사유 이외의 사유를 들어 건축허가 요건을 갖춘 자에 대한 허가를 거부할 수 있다. O | X

건축허가권자는 건축허가신청이 건축법 등 관계 법규에서 정하는 어떠한 제한에 배치되지 않는 이상 당연히 같은 법조에서 정하는 건축허가를 하여야 하고, 중대한 공익상의 필요가 없는데도 관계 법령에서 정하는 제한 사유 이외의 사유를 들어 요건을 갖춘 자에 대한 허가를 거부할 수는 없다(대판 2009.9.24. 2009두8946).

05. 부산시 9급

006 □□□

'북한어린이살리기 의약품지원본부'에 대한 기부금품모집허가는 기속행위이다. O | X

기부금품모집규제법상의 기부금품모집허가는 공익목적을 위하여 일반적 · 상대적으로 제한된 기본권적 자유를 다시 회복시켜주는 강학상의 허가에 해당하는 만큼 그에 대한 허가절차는 기부금품을 자유로이 모집할 수 있는 권리(이는 헌법상의 행복추구권에서 파생되는 일반적 행동자유권에 속한다) 자체를 제거해서는 아니 되고, 허가절차에 규정된 법률요건을 충족하는 경우에는 국민에게 기본권 행사의 형식적 제한을 다시 해제할 것을 요구할 수 있는 법적 권리를 부여하여야 하므로, 같은 법이 비록 기부금품의 모집허가 대상사업을 같은 법 제4조 제2항 각 호에 규정된 사업에 국한시킴으로써 위 규정에 열거한 사항에 해당하지 아니한 경우에는 허가할 수 없다는 것을 소극적으로 규정하고 있다 하더라도 기부금품모집허가의 법적 성질이 강학상의 허가라는 점을 고려하면, 기부금품모집행위가 같은 법 제4조 제2항의 각 호의 사업에 해당하는 경우에는 특별한 사정이 없는 한 그 모집행위를 허가하여야 하는 것으로 풀이하여야 한다. 준조세 폐해 근절 및 경제난 극복을 이유로 북한어린이를 위한 의약품 지원을 위하여 성금 및 의약품 등을 모금하는 행위 자체를 불허한 것이 재량권의 일탈 · 남용 및 비례의 원칙에 위반된다(대판 1999.7.23. 99두3690).

14. 지방직 9급

007 □□□

주류판매업면허는 강학상의 허가로 해석되므로 주세법에 열거된 면허제한사유에 해당하지 아니하는 한 면허관청으로서는 임의로 그 면허를 거부할 수 없다. O | X

허가는 원칙상 기속행위이며 주류판매업면허는 강학상 허가에 해당한다(대판 1995.11.10. 95누5714).

09. 국회직 9급

008 □□□

허가가 자유를 회복시켜 주는 행위라고 해서 법률이 허가를 반드시 기속행위로 규정하고 있는 것은 아니다. O | X

허가가 원칙상 기속행위긴 하지만 예외적으로 중대한 공익상의 이유가 있거나 인허가가 의제되는 허가에 있어서는 의제되는 행정행위가 재량행위일 때 그 범위 내에서 재량권이 주어져 재량행위인 경우도 있다.

정답 005 X 006 ○ 007 ○ 008 ○

15. 국회직 8급, 12. 지방직 9급, 08. 국가직 7급

009 □□□

산림형질변경허가의 경우 중대한 공익상 필요가 있다고 인정되는 때에는 그 허가를 거부할 수 있으며, 다만 그 경우 별도로 명문의 근거가 있어야 한다. O | X

산림형질변경허가는 법령상의 금지 또는 제한지역에 해당하지 않더라도 신청대상 토지의 현상과 위치 및 주위의 상황 등을 고려하여 국토 및 자연의 유지와 상수원 수질과 같은 환경의 보전 등을 위한 중대한 공익상의 필요가 있을 경우 그 허가를 거부할 수 있으며, 이는 산림형질변경 허가기간을 연장하는 경우에도 마찬가지이다(대판 2000.7.7. 99두66).

21. 소방간부, 19. 국회직 8급

010 □□□

관할 행정청은 토지분할이 관계 법령상 제한에 해당되어 명백히 불가능하다고 판단되는 경우에는 토지분할 조건부 건축허가를 거부하여야 한다. O | X

토지분할 조건부 건축허가는, 건축허가신청에 앞서 토지분할절차를 완료하도록 하는 대신, 건축허가신청인의 편의를 위해 건축허가에 따라 우선 건축공사를 완료한 후 사용승인을 신청할 때까지 토지분할절차를 완료할 것을 허용하는 취지이다. 행정청이 객관적으로 처분상대방이 이행할 가능성이 없는 조건을 붙여 행정처분을 하는 것은 법치행정의 원칙상 허용될 수 없으므로, 건축행정청은 신청인의 건축계획상 하나의 대지로 삼으려고 하는 '하나 이상의 필지의 일부'가 관계 법령상 토지분할이 가능한 경우인지를 심사하여 토지분할이 관계 법령상 제한에 해당되어 명백히 불가능하다고 판단되는 경우에는 토지분할 조건부 건축허가를 거부하여야 한다. 다만 예외적으로 토지분할이 재량행위인 개발행위허가의 대상이 되는 경우, 개발행위에 해당하는 토지분할을 허가할지에 관한 처분권한은 개발행위허가 행정청에 있고, 토지분할 허가가능성에 관한 건축행정청의 판단이 개발행위허가 행정청의 판단과 다를 여지도 있으므로, 건축행정청은 자신의 심사 결과 토지분할에 대한 개발행위허가를 받기 어렵다고 판단되는 경우에는 개발행위허가 행정청의 전문적인 판단을 먼저 받아보라는 의미에서 건축허가신청인이 먼저 토지분할절차를 거쳐야 한다는 이유로 토지분할 조건부 건축허가를 거부할 수는 있다. 그러나 이러한 사유가 아니라면 건축행정청은 건축허가신청이 건축법 등 관계 법령에서 정하는 어떠한 제한에 해당되지 않는 이상 같은 법령에서 정하는 건축허가를 하여야 하고, 중대한 공익상의 필요가 없음에도 요건을 갖춘 자에 대한 허가를 관계 법령에서 정하는 제한사유 이외의 사유를 들어 거부할 수는 없다(대판 2018.6.28. 2015두47737).

19. 국가직 9급 · 서울시 9급(2월) · 서울시 7급, 18. 지방직 7급, 17. 국가직 9급(10월), 14. 국회직 8급

011 □□□

토지의 형질변경허가는 금지요건이 불확정개념으로 규정되어 있어 그 금지요건에 해당하는지 여부를 판단함에 있어서 행정청에게 재량권이 부여되어 있다고 할 것이므로, 같은 법에 의하여 지정된 도시지역 안에서 토지의 형질변경행위를 수반하는 건축허가는 결국 재량행위에 속한다. O | X

국토의 계획 및 이용에 관한 법률에서 정한 도시지역 안에서 토지의 형질변경행위를 수반하는 건축허가는 건축법 제8조 제1항의 규정에 의한 건축허가와 국토의 계획 및 이용에 관한 법률 제56조 제1항 제2호의 규정에 의한 토지의 형질변경허가의 성질을 아울러 갖는 것으로 보아야 할 것이고, 같은 법 제56조 제1항 제2호의 규정에 의한 토지의 형질변경허가는 그 금지요건이 불확정개념으로 규정되어 있어 그 금지요건에 해당하는지 여부를 판단함에 있어서 행정청에게 재량권이 부여되어 있다고 할 것이므로, 같은 법에 의하여 지정된 도시지역 안에서 토지의 형질변경행위를 수반하는 건축허가는 재량행위에 속한다(대판 2005.7.14. 2004두6181).

정답 009 X 010 ○ 011 ○

19. 서울시 7급 · 서울시 9급(2월)

012
□□□

건축허가권자는 건축허가신청이 건축법 등 관계 법규에서 정하는 어떠한 제한에 배치되지 않는 이상 중대한 공익상의 필요가 있더라도 관계 법령에서 정하는 제한사유 이외의 사유를 들어 요건을 갖춘 자에 대한 허가를 거부할 수는 없다. O | X

건축허가권자는 건축허가신청이 건축법, 도시계획법 등 관계 법규에서 정하는 어떠한 제한에 배치되지 않는 이상 당연히 같은 법조 소정의 건축허가를 하여야 하므로 법률상의 근거 없이 그 신청이 관계 법규에서 정한 제한에 배치되는지 여부에 대한 심사를 거부할 수 없고, 심사결과 그 신청이 법정요건에 합치하는 경우에는 특별한 사정이 없는 한 이를 허가하여야 하며, 공익상 필요가 없음에도 불구하고 요건을 갖춘 자에 대한 허가를 관계 법령에서 정하는 제한사유 이외의 사유를 들어 거부할 수는 없다(대판 1992.12.11. 92누3038). 즉, 중대한 공익상 필요가 있다면 관계 법령에서 정하는 제한사유 이외의 사유를 들어 허가를 거부할 수 있다.

13. 경행특채

013
□□□

석유판매업허가는 소위 대인적 허가의 성질을 갖는 것이어서 양도인의 귀책사유는 양수인에게 그 효력이 미치지 않는다. O | X

석유판매업(주유소)허가는 소위 대물적 허가의 성질을 갖는 것이어서 그 사업의 양도도 가능하고 이 경우 양수인은 양도인의 지위를 승계하게 됨에 따라 양도인의 위 허가에 따른 권리의무가 양수인에게 이전되는 것이므로 만약 양도인에게 그 허가를 취소할 위법사유가 있다면 허가관청은 이를 이유로 양수인에게 응분의 제재조치를 취할 수 있다 할 것이고, 양수인이 그 양수 후 허가관청으로부터 석유판매업허가를 다시 받았다 하더라도 이는 석유판매업의 양수도를 전제로 한 것이어서 이로써 양도인의 지위승계가 부정되는 것은 아니므로 양도인의 귀책사유는 양수인에게 그 효력이 미친다(대판 1986.7.22. 86누203).

21. 국가직 9급

014
□□□

구 공중위생관리법상 공중위생영업에 대하여 영업을 정지할 위법사유가 있다면, 관할 행정청은 그 영업이 양도·양수되었다 하더라도 양수인에 대하여 영업정지처분을 할 수 있다. O | X

구 공중위생관리법상 영업정지나 영업장폐쇄명령 모두 대물적 처분으로 보아야 할 이치이고, … 공중위생영업의 양도가 가능함을 전제로 한 것이라 할 것이므로, 양수인이 그 양수 후 행정청에 새로운 영업소개설통보를 하였다 하더라도, 그로 인하여 영업양도·양수로 영업소에 관한 권리의무가 양수인에게 이전하는 법률효과까지 부정되는 것은 아니라 할 것인바, 만일 어떠한 공중위생영업에 대하여 그 영업을 정지할 위법사유가 있다면, 관할 행정청은 그 영업이 양도·양수되었다 하더라도 그 업소의 양수인에 대하여 영업정지처분을 할 수 있다고 봄이 상당하다(대판 2001.6.29. 2001두1611).

08. 국회직 8급

015
□□□

일반적으로 학문상 허가를 통해서 얻게 되는 일정한 영업상 이익의 성질은 반사적 이익에 해당한다고 본다. O | X

허가 자체는 법률상 이익이지만 그로 인해 얻게 되는 결과적인 이익은 반사적이고 부수적인 이익에 해당한다.

관련 판례

이 사건 허가처분에 의하여 목욕장업에 의한 이익이 사실상 감소된다 하여도 이 불이익은 본건 허가처분의 단순한 사실상의 반사적 결과에 불과하고 이로 말미암아 원고의 권리를 침해하는 것이라고는 할 수 없다(대판 1963.8.31. 63누101).

정답 012 X 013 X 014 ○ 015 ○

11. 국가직 9급

016 □□□

허가는 근거법상의 금지를 해제하는 효과만 있을 뿐, 타법에 의한 금지까지 해제하는 효과가 있는 것은 아니다. O | X

허가는 다른 법률에 의한 금지를 해제하지 않는 것이 원칙이다.

14. 지방직 9급

017 □□□

건축허가시 건축허가서에 건축주로 기재된 자는 당연히 그 건물의 소유권을 취득하며, 건축 중인 건물의 소유자와 건축허가의 건축주는 일치하여야 한다. O | X

건축허가는 시장 · 군수 등의 행정관청이 건축행정상 목적을 수행하기 위하여 수허가자에게 일반적으로 행정관청의 허가 없이는 건축행위를 하여서는 안 된다는 상대적 금지를 관계 법규에 적합한 일정한 경우에 해제함으로써 일정한 건축행위를 하도록 회복시켜 주는 행정처분일 뿐, 허가받은 자에게 새로운 권리나 능력을 부여하는 것이 아니다. 그리고 건축허가서는 허가된 건물에 관한 실체적 권리의 득실변경의 공시방법이 아니며 그 추정력도 없으므로 건축허가서에 건축주로 기재된 자가 그 소유권을 취득하는 것은 아니며, 건축 중인 건물의 소유자와 건축허가의 건축주가 반드시 일치하여야 하는 것도 아니다(대판 2009.3.12. 2006다28454).

18. 국회직 8급

018 □□□

건축허가를 받은 자가 법정 착수기간이 지나 공사에 착수한 경우, 허가권자는 착수기간이 지났음을 이유로 건축허가를 취소하여야 한다. O | X

구 건축법 제11조 제7항은 건축허가를 받은 자가 허가를 받은 날부터 1년 이내에 공사에 착수하지 아니한 경우에 허가권자는 허가를 취소하여야 한다고 규정하면서도, 정당한 사유가 있다고 인정되면 1년의 범위에서 공사의 착수기간을 연장할 수 있다고 규정하고 있을 뿐이며, 건축허가를 받은 자가 착수기간이 지난 후 공사에 착수하는 것 자체를 금지하고 있지 아니하다. 이러한 법규정에는 건축허가의 행정목적이 신속하게 달성될 것을 추구하면서도 건축허가를 받은 자의 이익을 함께 보호하려는 취지가 포함되어 있으므로, 건축허가를 받은 자가 건축허가가 취소되기 전에 공사에 착수하였다면 허가권자는 그 착수기간이 지났다고 하더라도 건축허가를 취소하여야 할 특별한 공익상 필요가 인정되지 않는 한 건축허가를 취소할 수 없다. 이는 건축허가를 받은 자가 건축허가가 취소되기 전에 공사에 착수하려 하였으나 허가권자의 위법한 공사중단명령으로 공사에 착수하지 못한 경우에도 마찬가지이다(대판 2017.7.11. 2012두22973).

14. 사복직 9급, 07. 국회직 8급

019 □□□

허가는 행위의 유효요건이므로 허가를 받아야 할 행위를 허가받지 아니하고 행한 경우, 그 행위는 행정강제나 행정벌의 대상은 되지 않고 무효로 되는 것이 원칙이다. O | X

허가는 행위의 적법요건이 된다. 허가 없이 행한 경우에 위법이지만 무효는 아니다.

19. 지방직 9급

020 □□□

甲이 공무원인 경우 허가를 받으면 이는 식품위생법상의 금지를 해제할 뿐만 아니라 국가공무원법상의 영리업무금지까지 해제하여 주는 효과가 있다. O | X

허가는 특정 행위에 대한 관계법상의 금지를 해제하여 줄 뿐 타법상의 제한까지 모두 해제하여 주는 것은 아니다. 예컨대 공무원이 식품위생법상 음식점영업허가를 받더라도 식품위생법상의 금지는 해제되나, 국가공무원법상의 영리행위금지의무는 해제되지 않는다.

정답 016 ○ 017 X 018 X 019 X 020 X

12. 국회직 9급

021 □□□

도로법과 건축법에서 각 규정하고 있는 건축허가는 그 허가권자의 허가를 받도록 한 목적, 허가의 기준, 허가 후의 감독에 있어서 동일하므로 도로법에 의하여 도로관리청인 도지사로부터 개축허가를 받았다면 건축법에 의하여 시장 또는 군수의 허가를 다시 받을 필요는 없다. O | X

도로법과 건축법에서 각 규정하고 있는 건축허가는 그 허가권자의 허가를 받도록 한 목적, 허가의 기준, 허가 후의 감독에 있어서 같지 아니히므로 도로법 제50조 제1항에 의하여 접도구역으로 지정된 지역 안에 있는 건물에 관하여 같은 법조 제4항·제5항에 의하여 도로관리청인 도지사로부터 개축허가를 받았다고 하더라도 건축법 제5조 제1항에 의하여 시장 또는 군수의 허가를 다시 받아야 한다(대판 1991.4.12. 91도218).

13. 서울시 9급

022 □□□

인·허가 의제제도는 하나의 인·허가를 받으면 다른 허가, 인가, 특허, 신고 또는 등록 등을 받은 것으로 보는 제도를 말한다. O | X

인·허가 의제제도는 주된 허가를 받으면 다른 법률상 인·허가도 받은 것으로 보는 제도이다.

14. 지방직 9급, 13. 서울시 9급

023 □□□

인·허가 의제는 의제되는 행위에 대하여 본래적으로 권한을 갖는 행정기관의 권한 행사를 보충하는 것이므로 법령의 근거가 없는 경우에도 인정된다. O | X

인·허가 의제제도는 행정기관의 권한에 변경을 가져오는 것이므로 법률의 명시적인 근거가 있어야 한다.

13. 서울시 9급

024 □□□

인·허가 의제가 인정되는 경우 민원인은 하나의 인·허가신청과 더불어 의제를 원하는 인·허가신청을 각각의 해당 기관에 제출하여야 한다. O | X

인·허가 의제제도가 인정되는 경우, 민원인은 하나의 주된 인·허가 담당기관에 신청하면 된다.

16. 지방직 7급

025 □□□

인·허가 의제에 관계기관의 장과 협의가 요구되는 경우, 주된 인·허가를 하기 전에 의제되는 모든 인·허가 사항에 관하여 관계기관의 장과 사전협의를 거쳐야 한다. O | X

인·허가 의제조항은 목적사업의 원활한 수행을 위해 행정절차를 간소화하고자 하는 데 그 입법 취지가 있다 할 것인데, 만일 사업시행승인 전에 반드시 사업 관련 모든 인·허가 의제사항에 관하여 관계행정기관의 장과 협의를 거쳐야 한다고 해석하게 되면 일부의 인·허가 의제효력만을 먼저 얻고자 하는 사업시행승인 신청인의 의사와 부합하지 않을 뿐만 아니라 사업시행승인 신청을 하기까지 상당한 시간이 소요되어 그 취지에 반한다(대판 2012.2.9. 2009두16305).

정답 021 X 022 O 023 X 024 X 025 X

13. 서울시 9급

026

☐☐☐

인 · 허가 의제제도는 복합민원의 일종으로 민원인에게 편의를 제공하는 원스톱 서비스의 기능을 수행하게 된다. O | X

인 · 허가 의제제도는 주된 허가담당기관에 관하여 규정된 절차만 거치면 되는 절차집중효를 따르기 때문에 민원인의 수고를 덜어주는 원스톱 서비스로서 기능할 수 있다.

16. 지방직 7급

027

☐☐☐

주된 인 · 허가에 의해 의제되는 인 · 허가는 원칙적으로 주된 인 · 허가로 인한 사업을 시행하는 데 필요한 범위 내에서만 그 효력이 유지되는 것은 아니므로, 주된 인 · 허가로 인한 사업이 완료된 이후에도 효력이 있다. O | X

주된 인 · 허가에 의해 의제되는 인 · 허가는 원칙적으로 주된 인 · 허가로 인한 사업을 시행하는 데 필요한 범위 내에서만 그 효력이 유지된다.

23. 경찰간부, 21. 국가직 9급

028

☐☐☐

건축물의 건축이 국토의 계획 및 이용에 관한 법률상 개발행위에 해당할 경우 그 건축의 허가권자는 국토계획법령의 개발행위허가기준을 확인하여야 하므로, 국토계획법상 건축물의 건축에 관한 개발행위허가가 의제되는 건축허가신청이 국토계획법령이 정한 개발행위허가기준에 부합하지 아니하면 허가권자로서는 이를 거부할 수 있다. O | X

인 · 허가 의제의 경우 주된 허가의 요건뿐만 아니라 의제되는 인 · 허가의 요건도 구비해야 주된 허가를 할 수 있고, 의제되는 인 · 허가 요건을 갖추지 못한 경우 주된 인 · 허가신청에 대한 거부처분을 할 수 있다.

관련 판례

건축물의 건축이 국토계획법상 개발행위에 해당할 경우 그에 대한 건축허가 허가권자는 건축허가에 배치 · 저촉되는 관계 법령상 제한사유의 하나로 국토계획법령의 개발행위허가기준을 확인하여야 하므로, 국토계획법상 건축물의 건축에 관한 개발행위허가가 의제되는 건축허가신청이 국토계획법령이 정한 개발행위허가기준에 부합하지 아니하면 허가권자로서는 이를 거부할 수 있고, 이는 건축법 제16조 제3항에 의하여 개발행위허가의 변경이 의제되는 건축허가사항의 변경허가에서도 마찬가지이다(대판 2016.8.24. 2016두35762).

16. 지방직 7급, 14. 지방직 9급

029

☐☐☐

인 · 허가 의제에 있어서 인 · 허가가 의제되는 행위의 요건불비를 이유로 사인이 신청한 주된 인 · 허가에 대한 거부처분이 있는 경우 주된 인 · 허가의 거부처분을 대상으로 소송을 제기해야 한다. O | X

의제되는 행위의 요건불비로 주된 허가가 거부된 경우에도 주된 인 · 허가거부처분을 대상으로 소송을 제기해야 한다.

관련 판례

건축불허가처분을 하면서 건축불허가사유 외에 형질변경불허가사유나 농지전용불허가사유를 들고 있는 경우, 그 건축불허가처분에 관한 쟁송에서 형질변경불허가사유나 농지전용불허가사유에 관하여도 다툴 수 있다(대판 2001.1.16. 99두10988).

참고 의제되는 행위는 형질변경불허가처분, 농지전용불허가처분이며 주된 행위(기본행위)는 건축불허가처분이다.

정답 026 ○ 027 X 028 ○ 029 ○

22 · 11. 지방직 7급

030 □□□

건축허가를 받은 경우에 토지형질변경허가나 농지전용허가를 받은 것으로 보는 인·허가 의제의 경우, 건축허가권자가 건축불허가처분을 하면서 그 처분사유로 건축불허가사유뿐만 아니라 형질변경불허가사유나 농지전용불허가사유를 들고 있다면, 그 건축불허가처분에 대한 쟁송과는 별개로 형질변경불허가처분이나 농지전용불허가처분에 대한 쟁송도 제기하여야 한다. O | X

구 건축법 제8조 제1항·제3항·제5항에 의하면 건축허가를 받은 경우에는 구 도시계획법 제4조에 의한 토지의 형질변경허가나 농지법 제36조에 의한 농지전용허가 등을 받은 것으로 보며, 한편 건축허가권자가 건축허가를 하고자 하는 경우 당해 용도·규모 또는 형태의 건축물을 그 건축하고자 하는 대지에 건축하는 것이 건축법 관련 규정이나 같은 도시계획법 제4조, 농지법 제36조 등 관계 법령의 규정에 적합한지의 여부를 검토하여야 하는 것일 뿐, 건축불허가처분을 하면서 그 처분사유로 건축불허가사유뿐만 아니라 형질변경불허가사유나 농지전용불허가사유를 들고 있다고 하여 그 건축불허가처분 외에 별개로 형질변경불허가처분이나 농지전용불허가처분이 존재하는 것이 아니므로, 그 건축불허가처분을 받은 사람은 그 건축불허가처분에 관한 쟁송에서 건축법상의 건축불허가사유뿐만 아니라 같은 도시계획법상의 형질변경불허가사유나 농지법상의 농지전용불허가사유에 관하여도 다툴 수 있는 것이지, 그 건축불허가처분에 관한 쟁송과는 별개로 형질변경불허가처분이나 농지전용불허가처분에 관한 쟁송을 제기하여 이를 다투어야 하는 것은 아니며, 그러한 쟁송을 제기하지 아니하였어도 형질변경불허가사유나 농지전용불허가사유에 관하여 불가쟁력이 생기지 아니한다(대판 2001.1.16. 99두10988).

19. 서울시 7급

031 □□□

주택건설사업계획 승인처분에 따라 의제된 인·허가에 하자가 있어 이해관계인이 위법함을 다투고자 하는 경우, 취소를 구할 대상(=의제된 인·허가) 및 의제된 인·허가는 주택건설사업계획 승인처분과 별도로 항고소송의 대상이 되는 처분에 해당한다. O | X

주택건설사업계획 승인권자가 관계행정청의 장과 미리 협의한 사항에 한하여 승인처분을 할 때에 인·허가 등이 의제될 뿐이고, 각 호에 열거된 모든 인·허가 등에 관하여 일괄하여 사전협의를 거칠 것을 주택건설사업계획 승인처분의 요건으로 규정하고 있지 않다. 따라서 인·허가 의제대상이 되는 처분에 어떤 하자가 있더라도, 그로써 해당 인·허가 의제의 효과가 발생하지 않을 여지가 있게 될 뿐이고, 그러한 사정이 주택건설사업계획 승인처분 자체의 위법사유가 될 수는 없다. 또한 의제된 인·허가는 통상적인 인·허가와 동일한 효력을 가지므로, 적어도 '부분 인·허가 의제'가 허용되는 경우에는 그 효력을 제거하기 위한 법적 수단으로 의제된 인·허가의 취소나 철회가 허용될 수 있고, 이러한 직권 취소·철회가 가능한 이상 그 의제된 인·허가에 대한 쟁송취소 역시 허용된다. 따라서 주택건설사업계획 승인처분에 따라 의제된 인·허가가 위법함을 다투고자 하는 이해관계인은, 주택건설사업계획 승인처분의 취소를 구할 것이 아니라 의제된 인·허가의 취소를 구하여야 하며, 의제된 인·허가는 주택건설사업계획 승인처분과 별도로 항고소송의 대상이 되는 처분에 해당한다(대판 2018.11.29. 2016두38792).

19. 지방직 7급

032 □□□

허가에 타법상의 인·허가가 의제되는 경우, 의제된 인·허가는 통상적인 인·허가와 동일한 효력을 가질 수 없으므로 '부분 인·허가 의제'가 허용되는 경우라도 그에 대한 쟁송취소는 허용될 수 없다. O | X

의제된 인·허가는 통상적인 인·허가와 동일한 효력을 가지므로, 적어도 '부분 인·허가 의제'가 허용되는 경우에는 그 효력을 제거하기 위한 법적 수단으로 의제된 인·허가의 취소나 철회가 허용될 수 있고, 이러한 직권 취소·철회가 가능한 이상 그 의제된 인·허가에 대한 쟁송취소 역시 허용된다. 따라서 주택건설사업계획 승인처분에 따라 의제된 인·허가가 위법함을 다투고자 하는 이해관계인은, 주택건설사업계획 승인처분의 취소를 구할 것이 아니라 의제된 인·허가의 취소를 구하여야 하며, 의제된 인·허가는 주택건설사업계획 승인처분과 별도로 항고소송의 대상이 되는 처분에 해당한다(대판 2018.11.29. 2016두38792).

정답 030 X 031 ○ 032 X

16 · 14. 국회직 8급

033 □□□

공유수면 점용허가를 필요로 하는 채광계획 인가신청에 대하여, 공유수면 관리청이 공유수면 점용을 허용하지 않기로 결정한 경우, 채광계획 인가관청은 이를 사유로 채광계획 인가신청을 반려할 수 없다. O | X

채광계획이 중대한 공익에 배치된다고 할 때에는 인가를 거부할 수 있고, 채광계획을 불인가하는 경우에는 정당한 사유가 제시되어야 하며 자의적으로 불인가를 하여서는 아니 될 것이므로 채광계획인가는 기속재량행위에 속하는 것으로 보아야 할 것이나, 구 광업법(1999.2.8. 법률 제5893호로 개정되기 전의 것) 제47조의2 제5호에 의하여 채광계획인가를 받으면 공유수면 점용허가를 받은 것으로 의제되고, 이 공유수면 점용허가는 공유수면 관리청이 공공 위해의 예방 경감과 공공 복리의 증진에 기여함에 적당하다고 인정하는 경우에 그 자유재량에 의하여 허가의 여부를 결정하여야 할 것이므로, 공유수면 점용허가를 필요로 하는 채광계획 인가신청에 대하여도, 공유수면 관리청이 재량적 판단에 의하여 공유수면 점용을 허가 여부를 결정할 수 있고, 그 결과 공유수면 점용을 허용하지 않기로 결정하였다면, 채광계획 인가관청은 이를 사유로 하여 채광계획을 인가하지 아니할 수 있는 것이다(대판 2002.10.11. 2001두151).

17. 국가직 7급, 11. 지방직 9급, 10. 국회직 8급

034 □□□

유료직업소개사업의 허가갱신은 허가취득자에게 종전의 지위를 계속 유지시키는 효과를 갖는 것에 불과하고 갱신 후에는 갱신 전의 법 위반사항을 불문에 부치는 효과를 발생하는 것이 아니므로 일단 갱신이 있은 후에도 갱신 전의 법 위반사실을 근거로 허가를 취소할 수 있다. O | X

유료직업소개사업의 허가갱신은 허가취득자에게 종전의 지위를 계속 유지시키는 효과를 갖는 것에 불과하고 갱신 후에는 갱신 전의 법 위반사항을 불문에 붙이는 효과를 발생하는 것이 아니므로 일단 갱신이 있은 후에도 갱신 전의 법 위반사실을 근거로 허가를 취소할 수 있다(대판 1982.7.27. 81누174).

11. 지방직 9급

035 □□□

허가조건의 존속기간 내에 적법한 갱신신청이 있었음에도 갱신 가부의 결정이 없으면 주된 행정행위는 효력이 상실된다. O | X

허가조건의 존속기간 내에 적법한 갱신신청이 있었음에도 갱신 가부의 결정이 없는 경우에는 유효기간이 지나도 주된 행정행위는 상실되지 않는다.

18. 지방직 7 · 9급, 15. 사복직 9급 · 국가직 9급 · 국회직 8급, 14. 경행특채 1차 · 지방직 9급, 10. 국회직 8급

036 □□□

허가에 붙은 기한이 그 허가된 사업의 성질상 부당하게 짧은 경우에 그 기한은 허가조건의 존속기간이 아니라 허가 자체의 존속기간으로 보아야 한다. O | X

일반적으로 행정처분에 효력기간이 정하여져 있는 경우에는 그 기간의 경과로 그 행정처분의 효력은 상실되고, 다만 허가에 붙은 기한이 그 허가된 사업의 성질상 부당하게 짧은 경우에는 이를 그 허가 자체의 존속기간이 아니라 그 허가조건의 존속기간으로 보아 그 기한이 도래함으로써 그 조건의 개정을 고려한다는 뜻으로 해석할 수 있다(대판 2007.10.11. 2005두12404).

정답 033 X 034 ○ 035 X 036 X

21. 국가직 9급, 16. 지방직 7급

037 □□□

허가에 붙은 기한이 그 허가된 사업의 성질상 부당하게 짧아서 이 기한이 허가 자체의 존속기간이 아니라 허가조건의 존속기간으로 해석되는 경우에는 허가 여부의 재량권을 가진 행정청은 허가조건의 개정만을 고려할 수 있고, 그 후 당초의 기한이 상당 기간 연장되어 그 기한이 부당하게 짧은 경우에 해당하지 않게 된 때라도 더 이상의 기간연장을 불허가할 수는 없다. O | X

일반적으로 행정처분에 효력기간이 정해져 있는 경우 그 기간의 경과로 그 행정처분의 효력은 상실되며, 다만 허가에 붙은 기한이 그 허가된 사업의 성질상 부당하게 짧은 경우에는 이를 그 허가 자체의 존속기간이 아니라 그 허가조건의 존속기간으로 보아 그 기한이 도래함으로써 그 조건의 개정을 고려한다는 뜻으로 해석할 수 있지만, 이와 같이 당초에 붙은 기한을 허가 자체의 존속기간이 아니라 허가조건의 존속기간으로 보더라도 그 후 당초의 기한이 상당 기간 연장되어 연장된 기간을 포함한 존속기간 전체를 기준으로 볼 경우 더 이상 허가된 사업의 성질상 부당하게 짧은 경우에 해당하지 않게 된 때에는 관계 법령의 규정에 따라 허가 여부의 재량권을 가진 행정청으로서는 그때에도 허가조건의 개정만을 고려해야 하는 것은 아니고 재량권의 행사로서 더 이상의 기간연장을 불허가할 수도 있는 것이며, 이로써 허가의 효력은 상실된다(대판 2004.3.25. 2003두12837).

16. 지방직 9급

038 □□□

허가의 유효기간이 지난 후에 그 허가의 기간연장이 신청된 경우, 허가권자는 특별한 사정이 없는 한 유효기간을 연장해 주어야 한다. O | X

종전의 허가가 기한의 도래로 실효한 이상 원고가 종전 허가의 유효기간이 지나서 신청한 이 사건 기간연장 신청은 그에 대한 종전의 허가처분을 전제로 하여 단순히 그 유효기간을 연장하여 주는 행정처분을 구하는 것이라기보다는 종전의 허가처분과는 별도의 새로운 허가를 내용으로 하는 행정처분을 구하는 것이라고 보아야 할 것이어서, 이러한 경우 허가권자는 이를 새로운 허가신청으로 보아 법의 관계 규정에 의하여 허가요건의 적합 여부를 새로이 판단하여 그 허가 여부를 결정하여야 할 것이다(대판 1995.11.10. 94누11866).

18. 지방직 7급, 15. 국회직 8급, 14. 경행특채 1차, 11. 지방직 9급

039 □□□

종전 허가의 유효기간이 지난 후에 한 허가기간연장 신청은 종전의 허가처분과는 별도의 새로운 허가를 내용으로 하는 행정처분을 구하는 것이라고 보아야 한다. O | X

허가(보전임지전용허가)에 붙은 기한이 그 허가된 사업의 성질상 부당하게 짧아 그 기한을 허가조건의 존속기간으로 볼 수 있는 경우에 허가기간이 연장되기 위하여는 그 종기 도래 이전에 연장에 관한 신청이 있어야 한다. 결국, 종전 허가의 유효기간이 지난 후에 한 허가기간연장 신청은 종전의 허가처분과는 별도의 새로운 허가를 내용으로 하는 행정처분을 구하는 것이라고 보아야 한다(대판 2007.10.11. 2005두12404).

21. 소방간부

040 □□□

어업에 관한 허가 또는 신고는 어업면허와 마찬가지로 유효기간이 경과해도 그 허가나 신고의 효력이 당연히 소멸되는 것은 아니므로 재차 허가를 받거나 신고를 하면 허가나 신고의 기간이 갱신되어 종전의 어업허가나 신고의 효력 또는 성질이 계속된다고 볼 수 있다. O | X

어업에 관한 허가 또는 신고의 경우 그 유효기간이 경과하면 그 허가나 신고의 효력이 당연히 소멸하며, 재차 허가를 받거나 신고를 하더라도 허가나 신고의 기간만 갱신되어 종전의 어업허가나 신고의 효력 또는 성질이 계속된다고 볼 수 없고 새로운 허가 내지 신고로서의 효력이 발생한다(대판 2019.4.11. 2018다284400).

정답 037 X 038 X 039 ○ 040 X

21. 소방, 11. 국가직 7급

041 □□□

허가신청에 대한 결정이 있기 전에 허가기준을 정한 법령이 개정된 경우에는 특별한 사정이 없으면 개정된 허가기준이 적용된다. O | X

허가 등의 행정처분은 원칙적으로 처분시의 법령과 허가기준에 의하여 처리되어야 하고 허가신청 당시의 기준에 따라야 하는 것은 아니며, 비록 허가신청 후 허가기준이 변경되었다 하더라도 그 허가관청이 허가신청을 수리하고도 정당한 이유 없이 그 처리를 늦추어 그 사이에 허가기준이 변경된 것이 아닌 이상 변경된 허가기준에 따라서 처분을 하여야 한다(대판 1996.8.20. 95누10877).

18. 지방직 7급, 12. 국회직 9급

042 □□□

허가신청 후 허가기준이 변경되었다 하더라도 허가관청이 허가신청을 수리하고도 정당한 이유 없이 그 처리를 늦추어 그 사이에 허가기준이 변경된 것이 아닌 이상, 허가관청은 변경된 허가기준에 따라서 처분을 하여야 한다. O | X

인·허가신청 후 처분 전에 관계 법령이 개정 시행된 경우 소관 행정청이 허가신청을 수리하고도 정당한 이유 없이 처리를 늦추어 그 사이에 법령 및 허가기준이 변경된 것이 아닌 한 새로운 법령 및 허가기준에 따라서 한 불허가처분이 위법하다고 할 수 없다(대판 1992.12.8. 92누13813).

23. 경찰간부, 17. 지방직 9급

043 □□□

甲이 개인택시운송사업면허를 받았다가 이를 乙에게 양도하였고 운송사업의 양도·양수에 대한 인가를 받은 이후에는 양도·양수 이전에 있었던 甲의 운송사업면허 취소사유를 이유로 乙의 운송사업면허를 취소할 수 없다. O | X

구 여객자동차 운수사업법 제14조 제4항에 의하면 개인택시운송사업을 양수한 사람은 양도인의 운송사업자로서의 지위를 승계하므로, 관할 관청은 개인택시운송사업의 양도·양수에 대한 인가를 한 후에도 그 양도·양수 이전에 있었던 양도인에 대한 운송사업면허 취소사유를 들어 양수인의 사업면허를 취소할 수 있다(대판 2010.11.11. 2009두14934).

13. 국가직 7급

044 □□□

대물적 영업양도의 경우, 명시적인 규정이 없는 경우에도 양도 전에 존재하는 영업정지사유를 이유로 양수인에 대해서도 영업정지처분을 할 수 있다. O | X

석유판매업허가는 대물적 허가의 성질을 갖는 것이어서 석유판매업이 양도된 경우, 양도인에게 허가를 취소할 위법사유가 있다면 이를 이유로 양수인에게 제재조치를 취할 수 있다(대판 1986.7.22. 86누203).

참고 판례는 명문의 규정이 없는 경우에도 대물적 또는 혼합적 허가의 경우 행정제재사유도 승계된다고 보았다.

정답 041 ○ 042 ○ 043 X 044 ○

11. 국가직 7급

045 □□□

구 석유판매업허가는 혼합적 허가의 성질을 갖는 것이므로 양도인의 허가취소사유가 양수인에게 승계되지 않는다. O | X

석유판매업(주유소)허가는 소위 대물적 허가의 성질을 갖는 것이어서 그 사업의 양도도 가능하고 이 경우 양수인은 양도인의 지위를 승계하게 됨에 따라 양도인의 위 허가에 따른 권리의무가 양수인에게 이전되는 것이므로 만약 양도인에게 그 허가를 취소할 위법사유가 있다면 허가관청은 이를 이유로 양수인에게 응분의 제재조치를 취할 수 있다 할 것이고, 양수인이 그 양수 후 허가관청으로부터 석유판매업허가를 다시 받았다 하더라도 이는 석유판매업의 양수도를 전제로 한 것이어서 이로써 양도인의 지위승계가 부정되는 것은 아니므로 양도인의 귀책사유는 양수인에게 그 효력이 미친다(대판 1986.7.22. 86누203).

19. 국가직 9급

046 □□□

건축허가는 대물적 허가에 해당하므로, 허가의 효과는 허가대상 건축물에 대한 권리변동에 수반하여 이전되고 별도의 승인처분에 의하여 이전되는 것은 아니다. O | X

건축허가는 대물적 허가의 성질을 가지는 것으로 그 허가의 효과는 허가대상 건축물에 대한 권리변동에 수반하여 이전되고, 별도의 승인처분에 의하여 이전되는 것이 아니다(대판 1979.10.30. 79누190).

19. 서울시 7급, 09. 국회직 9급

047 □□□

주유소허가의 양수인은 양도인의 지위를 승계하므로 양도인에게 그 허가를 취소할 법적 사유가 있는 경우 이를 이유로 양수인에게 응분의 제재조치를 할 수 있다. O | X

석유판매업(주유소)허가는 소위 대물적 허가의 성질을 갖는 것이어서 그 사업의 양도도 가능하고 이 경우 양수인은 양도인의 지위를 승계하게 됨에 따라 양도인의 위 허가에 따른 권리의무가 양수인에게 이전되는 것이므로 만약 양도인에게 그 허가를 취소할 위법사유가 있다면 허가관청은 이를 이유로 양수인에게 응분의 제재조치를 취할 수 있다(대판 1986.7.22. 86누203).

13. 국회직 8급, 08. 선관위 9급

048 □□□

예외적 승인은 위험방지를 대상으로 하고, 허가는 사회적으로 유해한 행위를 대상으로 한다. O | X

'예외적 승인'은 그 자체가 사회적으로 유해하여 금지된 행위를 예외적으로 적법하게 수행할 수 있도록 하는 것이다.

23. 경찰간부

049 □□□

구 기부금품모집규제법상의 기부금품모집허가는 공익목적을 위하여 일반적 · 상대적으로 제한된 기본권적 자유를 다시 회복시켜주는 강학상의 허가에 해당한다. O | X

기부금품모집규제법상의 기부금품모집허가는 공익목적을 위하여 일반적 · 상대적으로 제한된 기본권적 자유를 다시 회복시켜주는 강학상의 허가에 해당한다(대판 1999.7.23. 99두3690).

정답 045 X 046 ○ 047 ○ 048 X 049 ○

08. 선관위 9급

050
□□□

허가는 예방적 금지의 해제, 예외적 승인은 억제적 금지의 해제에 관한 것이다. O | X

Point정리 허가와 예외적 허가

구분	허가	예외적 허가(승인)
성질	예방적 금지의 해제	억제적 금지의 해제
	기속행위	재량행위
	본래의 자유 회복	권리의 범위 확대
예시	의사면허, 일반음식점영업허가, 자동차운전면허, 상가지역 내 유흥주점업허가 등	개발제한구역 내의 건축허가, 카지노사업허가, 학교환경위생정화구역 내 유흥주점업허가

19. 서울시 9급(2월), 18 · 14 · 10. 국가직 7급

051
□□□

개발제한구역 내에서는 구역지정의 목적상 건축물의 건축 및 공작물의 설치 등 개발행위가 원칙적으로 금지되고 예외적으로 허가에 의하여 그러한 행위를 할 수 있게 되어 있으므로 그 허가는 재량행위에 속한다. O | X

개발제한구역 내에서는 구역지정의 목적상 건축물의 건축 및 공작물의 설치 등 개발행위가 원칙적으로 금지되고, 다만 구체적인 경우에 이러한 구역지정의 목적에 위배되지 아니할 경우 예외적으로 허가에 의하여 그러한 행위를 할 수 있게 되어 있음이 그 규정의 체제와 문언상 분명하고, 이러한 예외적인 개발행위의 허가는 상대방에게 수익적인 것이 틀림이 없으므로 그 법률적 성질은 재량행위 내지 자유재량행위에 속하는 것이고, 이러한 재량행위에 있어서는 관계 법령에 명시적인 금지규정이 없는 한 행정목적을 달성하기 위하여 조건이나 기한, 부담 등의 부관을 붙일 수 있고, 그 부관의 내용이 이행 가능하고 비례의 원칙 및 평등의 원칙에 적합하며 행정처분의 본질적 효력을 저해하지 아니하는 이상 위법하다고 할 수 없다(대판 2004.3.25. 2003두12837).

21. 소방

052
□□□

개발제한구역 내의 건축물의 용도변경에 대한 예외적 허가는 그 상대방에게 제한적이므로 기속행위에 속하는 것이다. O | X

구 도시계획법상의 개발제한구역 내에서의 건축물 용도변경에 대한 허가가 가지는 예외적인 허가로서의 성격과 그 재량행위로서의 성격에 비추어 보면, 그 용도변경의 허가는 개발제한구역에 속한다는 것 이외에 다른 공익상의 사유가 있어야만 거부할 수 있고 그렇지 아니하면 반드시 허가를 하여야만 하는 것이 아니라 그 용도변경이 개발제한구역의 지정목적과 그 관리에 위배되지 아니한다는 등의 사정이 특별히 인정될 경우에 한하여 그 허가가 가능한 것이고, 그에 관한 행정청의 판단이 사실오인, 비례 · 평등의 원칙 위배, 목적위반 등에 해당하지 아니하면 이를 재량권의 일탈 · 남용이라고 하여 위법하다고 할 수 없다(대판 2001.2.9. 98두17593).

19. 서울시 7급

053
□□□

특허는 주로 특정인을 대상으로 행해지나 이에 한정되지 않으며 불특정다수인에게 행해지기도 한다. O | X

허가는 불특정다수인에게 행해지기도 하지만, 특허는 성질상 불특정다수인을 상대로 할 수 없고 특정인을 대상으로 행하여진다.

정답 050 ○ 051 ○ 052 X 053 X

13. 국회직 8급

054

□□□

의무해제라는 점에서 허가와 면제는 같으나 허가는 부작위의무의 해제인데 반하여 면제는 작위·급부 및 수인의무의 해제라는 점에서 다르다. O | X

Point정리 허가와 면제

구분	허가	면제
성질	부작위의무의 해제: 허가받지 않으면 못 함	작위(작위·급부·수인)의무의 해제: 면제받지 않으면 해야 함
예시	의사면허, 일반음식점영업허가, 자동차운전면허 등	징집면제, 조세면제 등

17. 국가직 9급

055

□□□

강학상 허가와 특허는 의사표시를 요소로 한다는 점과 반드시 신청을 전제로 한다는 점에서 공통점이 있다. O | X

강학상 특허는 반드시 신청을 전제로 한다는 점에서 반드시 신청을 전제로 하지 않는 강학상 허가와 다르다. 강학상 허가도 원칙적으로 신청을 요하는 경우가 많지만 불특정다수인에 대한 통행금지해제와 같이 신청을 요하지 않는 경우도 있다.

22. 지방직 7급, 17. 지방직 9급, 15. 국회직 8급·국가직 9급

056

□□□

도시 및 주거환경정비법상의 조합설립인가처분은 특허의 성질을 가진다. O | X

행정청이 도시 및 주거환경정비법 등 관련 법령에 근거하여 행하는 조합설립인가처분은 단순히 사인들의 조합설립행위에 대한 보충행위로서의 성질을 갖는 것에 그치는 것이 아니라 법령상 요건을 갖출 경우 도시 및 주거환경정비법상 주택재건축사업을 시행할 수 있는 권한을 갖는 행정주체(공법인)로서의 지위를 부여하는 일종의 설권적 처분의 성격을 갖는다고 보아야 한다(대판 2009.9.24. 2008다60568).

15. 국회직 8급

057

□□□

도시 및 주거환경정비법에 따른 주택재건축정비사업조합은 주택재건축사업을 시행하는 공법인으로서 행정주체의 지위를 갖는다. O | X

구 도시 및 주거환경정비법에 따른 주택재건축정비사업조합은 관할 행정청의 감독 아래 위 법상 주택재건축사업을 시행하는 공법인으로서, 그 목적범위 내에서 법령이 정하는 바에 따라 일정한 행정작용을 행하는 행정주체의 지위를 가진다 할 것인데, 재건축정비사업조합이 이러한 행정주체의 지위에서 위 법에 기초하여 수립한 사업시행계획은 인가·고시를 통해 확정되면 이해관계인에 대한 구속적 행정계획으로서 독립된 행정처분에 해당한다(대결 2009.11.2. 2009마596).

정답 054 ○ 055 X 056 ○ 057 ○

13. 국가직 7급 · 지방직 7급, 11. 국가직 7급

058 □□□

판례에 의하면 주택재개발조합설립인가는 보충행위가 아니라 설권적 처분의 성격을 갖는다. O | X

도시 및 주거환경정비법상 재개발조합설립인가신청에 대한 행정청의 조합설립인가처분은 단순히 사인들의 조합설립행위에 대한 보충행위로서의 성질을 갖는 것이 아니라 법령상 일정한 요건을 갖출 경우 행정주체(공법인)의 지위를 부여하는 일종의 설권적 처분의 성격을 갖는 것이다(대판 2009.9.24. 2009마168 · 169).

13. 지방직 7급

059 □□□

전기, 가스 등의 공급사업이나 철도, 버스 등의 운송사업에 대한 허가는 강학상의 특허로 보는 것이 일반적이다. O | X

특허란 특정인에게 특정한 권리나 능력, 포괄적 법률관계를 설정하여 주는 형성적 행위로, 원칙적 재량행위이다. 전기, 가스, 여객운송사업 등 공익사업에 대한 허가는 누구에게나 기속적으로 허용할 수 있는 단순한 허가가 아니라 특정인에 대해서만 독점적 · 배타적으로 부여하는 특허에 해당한다.

15. 교행직 9급, 14. 경행특채 1차, 12. 지방직 9급

060 □□□

행정행위는 국민에 대하여 법적 효과를 발생시키는 행위이므로, 행정청이 귀화신청인에게 귀화를 허가하는 행위는 행정행위가 아니다. O | X

귀화허가는 행정행위 중 특허에 해당한다.

18. 지방직 9급

061 □□□

하천점용허가는 성질상 일반적 금지의 해제에 불과하여 허가의 일정한 요건을 갖춘 경우 기속적으로 판단하여야 한다. O | X

하천점용허가는 법규상의 요건이 충족되면 행해지는 상대적 금지행위의 해제처분(허가)이 아니라 새로운 법률상의 권리 · 능력 · 법률관계를 설정하는 형성적 행정행위인 강학상 특허에 해당하고 재량행위에 해당한다(대판 2004.10.15. 2002다68485).

21. 소방간부, 19. 서울시 9급(2월)

062 □□□

출입국관리법상 체류자격 변경허가는 신청인에게 당초의 체류자격과 다른 체류자격에 해당하는 활동을 할 수 있는 권한을 부여하는 일종의 설권적 처분이다. O | X

체류자격 변경허가는 신청인에게 당초의 체류자격과 다른 체류자격에 해당하는 활동을 할 수 있는 권한을 부여하는 일종의 설권적 처분의 성격을 가지므로, 허가권자는 신청인이 관계 법령에서 정한 요건을 충족하였더라도, 신청인의 적격성, 체류목적, 공익상의 영향 등을 참작하여 허가 여부를 결정할 수 있는 재량을 가진다(대판 2016.7.14. 2015두48846).

정답 058 ○ 059 ○ 060 X 061 X 062 ○

19. 국회직 8급, 14. 사복직 9급, 13. 지방직 7급

063 □□□

공유수면매립법에 따른 공유수면매립면허는 강학상 허가의 성질을 가진다. O | X

공유수면매립면허는 설권행위인 특허의 성질을 갖는 것이므로 원칙적으로 행정청의 자유재량에 속하며, 일단 실효된 공유수면매립면허의 효력을 회복시키는 행위도 특단의 사정이 없는 한 새로운 면허부여와 같이 면허관청의 자유재량에 속한다고 할 것이므로 공유수면매립법 부칙 제4항의 규정에 의하여 위 법 시행 전에 같은 법 제25조 제1항의 규정에 의하여 효력이 상실된 매립면허의 효력을 회복시키는 처분도 특단의 사정이 없는 한 면허관청의 자유재량에 속하는 행위라고 봄이 타당하다(대판 1989.9.12. 88누9206).

14 · 13. 지방직 9급

064 □□□

도시 및 주거환경정비법상 조합설립인가처분에서 조합설립결의에 하자가 있는 경우, 조합설립결의 부분만을 따로 떼어내어 그 효력 유무를 다투는 확인의 소를 제기하는 것은 원고의 권리 또는 법률상의 지위에 현존하는 불안 · 위험을 제거하는 데 가장 유효 · 적절한 수단이라 할 수 없어 특별한 사정이 없는 한 확인의 이익은 인정되지 아니한다. O | X

행정청이 도시 및 주거환경정비법 등 관련 법령에 근거하여 행하는 조합설립인가처분은 단순히 사인들의 조합설립행위에 대한 보충행위로서의 성질을 갖는 것에 그치는 것이 아니라 법령상 요건을 갖출 경우 도시 및 주거환경정비법상 주택재건축사업을 시행할 수 있는 권한을 갖는 행정주체(공법인)로서의 지위를 부여하는 일종의 설권적 처분의 성격을 갖는다고 보아야 한다. 그리고 그와 같이 보는 이상 조합설립결의는 조합설립인가처분이라는 행정처분을 하는 데 필요한 요건 중 하나에 불과한 것이어서, 조합설립결의에 하자가 있다면 그 하자를 이유로 직접 항고소송의 방법으로 조합설립인가처분의 취소 또는 무효확인을 구하여야 하고, 이와는 별도로 조합설립결의 부분만을 따로 떼어내어 그 효력 유무를 다투는 확인의 소를 제기하는 것은 원고의 권리 또는 법률상의 지위에 현존하는 불안 · 위험을 제거하는 데 가장 유효 · 적절한 수단이라 할 수 없어 특별한 사정이 없는 한 확인의 이익은 인정되지 아니한다(대판 2009.9.24. 2008다60568).

참고
- 조합설립'인가처분'은 특허에 해당한다.
- 조합설립'결의'는 요건에 불과하다.
- 조합설립'결의'의 하자가 있더라도 항고소송의 대상은 조합설립'인가처분'이다.
- 조합설립'결의'만 떼어내어 별도로 소송을 제기할 수 없다.

21. 국가직 9급

065 □□□

도시 및 주거환경정비법상 주택재건축조합에 대해 조합설립인가처분이 행하여진 후에는, 조합설립결의의 하자를 이유로 조합설립의 무효를 주장하려면 조합설립인가처분의 취소 또는 무효확인을 구하는 소송으로 다투어야 하며, 따로 조합설립결의의 하자를 다투는 확인의 소를 제기할 수 없다. O | X

조합설립인가처분이 있은 후에 조합설립결의의 하자를 이유로 그 결의 부분만을 따로 떼어내어 무효 등 확인의 소를 제기하는 것이 허용되지 아니한다. 행정청의 조합설립인가처분이 있은 후에 조합설립결의에 하자가 있음을 이유로 소송을 제기하는 경우라면 조합설립인가처분에 대한 항고소송을 제기하여야 한다.

관련 판례

조합설립결의는 조합설립인가처분이라는 행정처분을 하는 데 필요한 요건 중 하나에 불과한 것이어서, 조합설립결의에 하자가 있다면 그 하자를 이유로 직접 항고소송의 방법으로 조합설립인가처분의 취소 또는 무효확인을 구해야 하고, 이와 별도로 조합설립결의 부분만을 따로 떼어내어 그 효력 유무를 다투는 확인의 소를 제기하는 것은 원고의 권리 또는 법률상의 지위에 현존하는 불안 · 위험을 제거하는 데 가장 유효 · 적절한 수단이라 할 수 없어 특별한 사정이 없는 한 확인의 이익은 인정되지 아니한다(대판 2009.9.24. 2008다60568).

정답 063 X 064 ○ 065 ○

17. 국가직 9급

066 □□□

행정청이 도시 및 주거환경정비법 등 관련 법령에 근거하여 행하는 조합설립인가처분은 강학상 인가처분으로서 그 조합설립결의에 하자가 있다면 조합설립결의에 대한 무효확인을 구하여야 한다. O | X

재개발조합설립인가신청에 대한 행정청의 조합설립인가처분은 단순히 사인들의 조합설립행위에 대한 보충행위로서의 성질을 가지는 것이 아니라 법령상 일정한 요건을 갖추는 경우 행정주체(공법인)의 지위를 부여하는 일종의 설권적 처분의 성질을 가진다고 보아야 한다. 그러므로 구 도시 및 주거환경정비법상 재개발조합설립 인가신청에 대하여 행정청의 조합설립인가처분이 있은 이후에는, 조합설립동의에 하자가 있음을 이유로 재개발조합설립의 효력을 부정하려면 항고소송으로 조합설립인가처분의 효력을 다투어야 한다(대판 2010.1.28. 2009두4845).

14. 국가직 7급

067 □□□

도로법상 도로점용허가는 특정인에게 일정한 내용의 공물사용권을 설정하는 설권행위로서 공물관리자가 신청인의 적격성, 사용목적 및 공익상의 영향 등을 참작하여 허가를 할 것인지의 여부를 결정하는 재량행위이다. O | X

도로법 제40조 제1항에 의한 도로점용은 일반공중의 교통에 사용되는 도로에 대하여 이러한 일반사용과는 별도로 도로의 특정 부분을 유형적 · 고정적으로 특정한 목적을 위하여 사용하는 이른바 특별사용을 뜻하는 것이고, 이러한 도로점용의 허가는 특정인에게 일정한 내용의 공물사용권을 설정하는 설권행위로서, 공물관리자가 신청인의 적격성, 사용목적 및 공익상의 영향 등을 참작하여 허가를 할 것인지의 여부를 결정하는 재량행위이다(대판 2002.10.25. 2002두5795).

22. 지방직 7급, 18. 서울시 7급

068 □□□

하천의 점용허가권은 특허에 의한 공물사용권의 일종으로서 하천관리주체에 대하여 대세적 효력이 있는 물권에 해당한다. O | X

공물사용권은 채권적 성격을 가진다고 하는 것이 통설과 판례이다. 즉, 공물사용권자는 공물사용권을 이유로 공물의 폐지를 거부할 수 없으며, 공물의 공용폐지가 있으면 공물사용권자는 자기의 사용권에 의하여 제3취득자에게 대항할 수 없다.

19. 서울시 9급(6월)

069 □□□

구 수도권 대기환경개선에 관한 특별법상 대기오염물질 총량관리사업장 설치의 허가는 특허에 해당한다. O | X

대기오염물질 총량관리사업장 설치의 허가 또는 변경허가에 관한 규정들의 문언 및 그 체제 · 형식과 함께 구 수도권대기환경특별법의 입법목적, 규율대상, 허가의 방법, 허가 후 조치권한 등을 종합적으로 고려할 때, 구 수도권대기환경특별법 제14조 제1항에서 정한 대기오염물질 총량관리사업장 설치의 허가 또는 변경허가는 특정인에게 인구가 밀집되고 대기오염이 심각하다고 인정되는 수도권 대기관리권역에서 총량관리대상 오염물질을 일정량을 초과하여 배출할 수 있는 특정한 권리를 설정하여 주는 행위로서 그 처분의 여부 및 내용의 결정은 행정청의 재량에 속한다(대판 2013.5.9. 2012두22799).

정답 066 X 067 ○ 068 X 069 ○

15. 사복직 9급

070 □□□

관세법 소정의 보세구역 설영특허는 공기업의 특허로서 그 특허의 부여 여부는 행정청의 자유재량에 속하고, 설영특허에 특허기간이 부가된 경우 그 기간의 갱신 여부도 행정청의 자유재량에 속한다. O | X

관세법 제78조 소정의 보세구역의 설영특허는 보세구역의 설치 · 경영에 관한 권리를 설정하는 이른바 공기업의 특허로서 그 특허의 부여 여부는 행정청의 자유재량에 속하며, 특허기간이 만료된 때에 특허는 당연히 실효되는 것이어서 특허기간의 갱신은 실질적으로 권리의 설정과 같으므로 그 갱신 여부도 특허관청의 자유재량에 속한다(대판 1989.5.9. 88누4188).

18. 국가직 9급

071 □□□

지방공무원법상 지방전문직 공무원 채용계약에서 정한 채용기간이 만료한 경우에는 채용계약의 갱신이나 기간연장 여부는 기본적으로 지방자치단체장의 재량이다. O | X

지방공무원법과 지방전문직 공무원규정 등 관계 법령의 규정 내용에 비추어 보면, 지방전문직 공무원 채용계약에서 정한 채용기간이 만료한 경우 채용계약을 갱신하거나 채용기간을 연장할 것인지 여부는 지방자치단체장의 재량에 맡겨져 있는 것으로 보아야 할 것이다(대판 1993.9.14. 92누4611).

15. 서울시 7급

072 □□□

공유수면 점용허가는 특정인에게 공유수면이용권이라는 독점적 권리를 설정하여 주는 처분으로서 그 처분의 여부 및 내용의 결정은 원칙적으로 행정청의 재량에 속한다. O | X

공유수면 관리 및 매립에 관한 법률에 따른 공유수면의 점용 · 사용허가는 특정인에게 공유수면이용권이라는 독점적 권리를 설정하여 주는 처분으로서 처분 여부 및 내용의 결정은 원칙적으로 행정청의 재량에 속하고, 이와 같은 재량처분에 있어서는 재량권 행사의 기초가 되는 사실인정에 오류가 있거나 그에 대한 법령적용에 잘못이 없는 한 처분이 위법하다고 할 수 없다(대판 2017.4.28. 2017두30139).

19. 서울시 9급(6월)

073 □□□

지방경찰청장이 운전면허시험에 합격한 사람에게 발급하는 운전면허는 특허에 해당한다. O | X

운전면허시험에 합격한 사람에게 발급하는 운전면허는 강학상 허가에 해당한다.

23. 국회직 8급, 21. 소방간부, 19. 서울시 9급(6월)

074 □□□

구 지역균형개발 및 지방중소기업 육성에 관한 법률 및 동법 시행령상, 개발촉진지구 안에서 시행되는 지역개발사업(이하 '지구개발사업'이라 함)에서 지정권자의 실시계획 승인처분은 단순히 시행자가 작성한 실시계획에 대한 보충행위로서의 성질을 가지는 것이 아니라 시행자에게 지구개발사업을 시행할 수 있는 지위를 부여하는 일종의 설권적 처분의 성격을 가진 독립된 행정처분으로 보아야 한다. O | X

구 지역균형개발 및 지방중소기업 육성에 관한 법률의 내용 및 취지 등에 비추어, 개발촉진지구 안에서 시행되는 지역개발사업에서 지정권자의 실시계획승인처분은 단순히 시행자가 작성한 실시계획에 대한 보충행위로서의 성질을 가지는 것이 아니라 시행자에게 구 지역균형개발법상 지구개발사업을 시행할 수 있는 지위를 부여하는 일종의 설권적 처분의 성격을 가진 독립된 행정처분으로 보아야 한다(대판 2014.9.26. 2012두5619).

정답 070 ○ 071 ○ 072 ○ 073 X 074 ○

15. 교행직 9급

075 □□□

행정행위는 공법상의 행위이므로, 행정청이 특정인에게 어업권과 같이 사권의 성질을 가지는 권리를 설정하는 행위는 행정행위가 아니다. O | X

행정행위가 공법적이라는 것은 그 행위의 근거가 공법적이라는 것이지 행위의 효과까지 공법적이라는 것을 의미하는 것은 아니다.

07. 국가직 9급

076 □□□

명령적 행정행위는 타인을 위하여 그 행위의 효력을 보충·완성하는 행위와 타인을 대신하여 행하는 행위로 나누어진다. O | X

형성적 행정행위는 타인을 위하여 그 행위의 효력을 보충·완성하는 행위와 타인을 대신하여 행하는 행위로 나누어진다.

10. 서울시 9급

077 □□□

허가는 형성적 행정행위의 일종이며, 인가는 명령적 행정행위이다. O | X

허가는 명령적 행정행위의 일종이며, 인가는 형성적 행정행위이다.

14. 서울시 9급

078 □□□

당사자의 법률적 행위를 보충하여 그 법률적 효력을 완성시키는 행정청의 보충적 의사표시를 인가라고 한다. O | X

인가란 제3자의 법률적 행위를 동의로써 보충하여 그 법률상의 효과를 완성시키는 행정행위이다.

18. 지방교행, 13. 국가직 7급

079 □□□

토지거래계약허가는 규제지역 내 토지거래의 자유를 일반적으로 금지하고 일정한 요건을 갖춘 경우에만 그 금지를 해제하여 계약체결의 자유를 회복시켜 주는 성질의 것이다. O | X

국토이용관리법 제21조의3 제1항 소정의 허가(토지거래계약허가)는 규제지역 내에서도 토지거래의 자유가 인정되나, 다만 위 허가를 허가 전의 유동적 무효상태에 있는 법률행위의 효력을 완성시켜 주는 인가적 성질을 띤 것이라고 보는 것이 타당하다(대판 1991.12.24. 90다12243 전합).

정답 075 X 076 X 077 X 078 ○ 079 X

21. 소방간부, 19. 국회직 8급 · 서울시 9급(6월), 14. 서울시 9급

080 □□□

관할청의 구 사립학교법에 따른 학교법인의 이사장 등 임원취임승인행위는 특허에 해당한다. O | X

구 사립학교법 제20조 제1항 · 제2항은 학교법인의 이사장 · 이사 · 감사 등의 임원은 이사회의 선임을 거쳐 관할청의 승인을 받아 취임하도록 규정하고 있는바, 관할청의 임원취임승인행위는 학교법인의 임원선임행위의 법률상 효력을 완성케 하는 보충적 법률행위이다(대판 2007.12.27. 2005두9651). 즉, 인가에 해당한다.

21. 소방간부

081 □□□

재단법인 정관변경허가는 특정인에 대하여 새로운 권리 · 능력 또는 포괄적 법률관계를 설정하는 행위에 해당한다. O | X

민법 제45조와 제46조에서 말하는 재단법인의 정관변경"허가"는 법률상의 표현이 허가로 되어 있기는 하나, 그 성질에 있어 법률행위의 효력을 보충해 주는 것이지 일반적 금지를 해제하는 것이 아니므로, 그 법적 성격은 인가라고 보아야 한다(대판 1996.5.16. 95누4810).

18. 국가직 7급

082 □□□

사회복지사업법상 사회복지법인의 정관변경을 허가할 것인지 여부는 주무관청의 정책적 판단에 따른 재량에 맡겨져 있다. O | X

사회복지법인의 정관변경을 허가할 것인지의 여부는 주무관청의 정책적 판단에 따른 재량에 맡겨져 있다고 할 것이고, 주무관청이 정관변경허가를 함에 있어서는 비례의 원칙 및 평등의 원칙에 적합하고 행정처분의 본질적 효력을 해하지 않는 한도 내에서 부관을 붙일 수 있다(대판 2002.9.24. 2000두5661).

18. 지방직 7급

083 □□□

행정청은 수익적 행정처분으로서 재량행위인 주택재건축사업시행 인가에 대해 법령상의 제한에 근거한 것이 아니라 하더라도 공익상 필요 등에 의해 필요한 범위 내에서 조건(부담)을 부과할 수 있다. O | X

주택재건축사업시행의 인가는 상대방에게 권리나 이익을 부여하는 효과를 가진 이른바 수익적 행정처분으로서 법령에 행정처분의 요건에 관하여 일의적으로 규정되어 있지 아니한 이상 행정청의 재량행위에 속하므로, 처분청으로서는 법령상의 제한에 근거한 것이 아니라 하더라도 공익상 필요 등에 의하여 필요한 범위 내에서 여러 조건(부담)을 부과할 수 있다(대판 2007.7.12. 2007두6663).

23. 경찰간부, 21. 국가직 7급, 19. 서울시 7급 유사

084 □□□

재단법인의 임원취임이 사법인인 재단법인의 정관에 근거하였다 할지라도 재단법인의 임원취임승인 신청에 대하여 주무관청이 그 신청을 당연히 승인하여야 하는 것은 아니다. O | X

재단법인의 임원취임이 사법인인 재단법인의 정관에 근거한다 할지라도 이에 대한 행정청의 승인(인가)행위는 법인에 대한 주무관청의 감독권에 연유하는 이상 그 인가행위 또는 인가거부행위는 공법상의 행정처분으로서, 그 임원취임을 인가 또는 거부할 것인지 여부는 주무관청의 권한에 속하는 사항이라고 할 것이고, 재단법인의 임원취임승인 신청에 대하여 주무관청이 이에 기속되어 이를 당연히 승인(인가)하여야 하는 것은 아니다(대판 2000.1.28. 98두16996).

정답 080 X 081 X 082 ○ 083 ○ 084 ○

17. 국가직 9급(10월), 08. 국회직 8급

085 □□□

인가의 대상은 법률행위에 한하며, 사실행위는 인가의 대상이 될 수 없다. O | X

사실행위에 대한 인가는 있을 수 없다.

14. 서울시 9급, 07. 국가직 9급

086 □□□

인가의 대상인 법률행위에는 공법상 행위도 있고 사법상 행위도 있다. O | X

인가는 법률행위만을 대상으로 하고 법률행위라면 사법이든 공법이든 인가의 대상이 될 수 있다.

19. 서울시 7급

087 □□□

행정재산의 목적 외 사용에 대한 허가는 강학상 인가에 해당한다. O | X

판례는 행정재산의 목적 외 사용허가를 행정처분(특허)으로 보고 있다.

관련 판례

공유재산의 관리청이 행정재산의 사용 · 수익에 대한 허가는 순전히 사경제주체로서 행하는 사법상의 행위가 아니라 관리청이 공권력을 가진 우월적 지위에서 행하는 행정처분으로서 특정인에게 행정재산을 사용할 수 있는 권리를 설정하여 주는 강학상 특허에 해당한다(대판 1998.2.27. 97누1105).

19. 국가직 9급

088 □□□

사설법인묘지의 설치에 대한 행정청의 허가는 인가에 해당한다. O | X

사설묘지 설치허가신청 대상지가 관련 법령에서 규정한 설치제한구역에 해당하지 않더라도 중대한 공익상 필요가 있는 경우 그 허가를 거부할 수 있다. 법인묘지 설치허가신청지가 장사 등에 관한 법률 제15조 및 같은 법 시행령 제14조에서 규정한 설치제한지역에 해당하지 않지만 주민들의 보건위생상 이익 보호를 이유로 그 허가를 거부한 처분이 적법하다(대판 2008.4.10. 2007두6106). 즉, 인가가 아닌 허가에 해당한다.

19. 국가직 9급, 13. 경행특채

089 □□□

토지거래허가구역 내의 토지거래계약에 대한 행정청의 허가는 인가에 해당한다. O | X

국토이용관리법 제21조의3 제1항 소정의 토지거래허가가 규제지역 내의 모든 국민에게 전반적으로 토지거래의 자유를 금지하고 일정한 요건을 갖춘 경우에만 금지를 해제하여 계약체결의 자유를 회복시켜 주는 성질의 것이라고 보는 것은 위 법의 입법 취지를 넘어선 지나친 해석이라고 할 것이고, 규제지역 내에서도 토지거래의 자유가 인정되나, 다만 위 허가를 허가 전의 유동적 무효상태에 있는 법률행위의 효력을 완성시켜 주는 인가적 성질을 띤 것이라고 보는 것이 타당하다(대판 1991.12.24. 90다12243).

정답 085 ○ 086 ○ 087 X 088 X 089 ○

19. 국가직 9급

090 □□□

재단법인의 정관변경에 대한 행정청의 허가는 인가에 해당한다. O | X

민법 제46조에서 규정한 재단법인의 정관변경'허가'는 법률상의 표현이 허가로 되어 있기는 하나, 그 성질에 있어 법률행위의 효력을 보충해 주는 것이지 일반적 금지를 해제하는 것이 아니므로 그 법적 성격은 인가라고 보아야 할 것이다(대판 1996.5.16. 95누4810).

19. 국가직 9급

091 □□□

재건축조합이 수립하는 관리처분계획에 대한 행정청의 인가는 인가에 해당한다. O | X

도시재개발법 제34조에 의한 행정청의 인가는 주택개량재개발조합의 관리처분계획에 대한 법률상의 효력을 완성시키는 보충행위이다(대판 2001.12.11. 2001두7541).

14. 서울시 9급

092 □□□

인가는 보충적 행위이므로 신청을 전제로 한다. O | X

인가는 신청인의 출원을 요하는 쌍방적 행정행위이다.

04. 국회직 8급

093 □□□

법령에 의한 일반적 인가도 가능하다. O | X

법규인가는 인정하지 않는다.

08. 지방직 7급

094 □□□

법규정이 없더라도 행정주체가 출원의 내용을 수정하여 인가할 수 있다고 봄이 일반적이다. O | X

수정인가는 불가능하다.

12. 국가직 9급

095 □□□

학교법인 임원에 대한 감독청의 취임승인은 그 대상인 기본행위의 효과를 완성시키는 보충행위이므로 그 기본행위가 불성립 또는 무효인 때에도 그에 대한 인가를 하면 그 기본행위가 유효하게 될 수 있다. O | X

기본행위인 학교법인의 임원선임행위가 무효인 경우 보충적 행위인 감독청의 취임승인이 있었다 하여도 기본행위가 유효로 되는 것은 아니다(대판 1987.8.18. 86누152). 즉, 기본행위가 무효라면 인가도 무효이다.

정답 090 ○ 091 ○ 092 ○ 093 X 094 X 095 X

09. 국회직 9급

096 □□□

기본행위의 무효를 내세워 그에 대한 행정청의 인가처분의 취소 또는 무효확인을 구하는 소송은 법률상의 이익이 없어 각하된다. O | X

기본행위가 적법·유효하고 보충행위인 인가처분 자체에만 하자가 있다면 그 인가처분의 무효나 취소를 주장할 수 있다고 할 것이지만, 인가처분에 하자가 없다면 기본행위에 하자가 있다 하더라도 따로 그 기본행위의 하자를 다투는 것은 별론으로 하고 기본행위의 무효를 내세워 바로 그에 대한 행정청의 인가처분의 취소 또는 무효확인을 소구할 법률상의 이익이 있다고 할 수 없다(대판 2001.12.11. 2001두7541).

17. 국가직 9급(10월)

097 □□□

공유수면매립면허로 인한 권리의무의 양도·양수약정은 이에 대한 면허관청의 인가를 받지 않은 이상 법률상 효력이 발생하지 않는다. O | X

공유수면매립의 면허로 인한 권리의무의 양도·양수에 있어서의 면허관청의 인가는 효력요건으로서, 위 각 규정은 강행규정이라고 할 것인바, 위 면허의 공동명의자 사이의 면허로 인한 권리의무양도약정은 면허관청의 인가를 받지 않은 이상 법률상 아무런 효력도 발생할 수 없다(대판 1991.6.25. 90누5184).

17. 국가직 9급(10월), 14. 서울시 9급, 08. 국회직 8급, 07. 국가직 9급

098 □□□

인가의 전제가 되는 기본행위에 하자가 있다고 하더라도 행정청의 적법한 인가가 있으면 그 하자는 치유가 된다. O | X

기본행위에 하자가 있는 경우 그에 대한 인가가 있었더라도 기본행위의 하자가 치유되는 것은 아니다.

관련 판례

학교법인의 임원에 대한 감독청의 취임승인은 학교법인의 임원선임행위를 보충하여 그 법률상의 효력을 완성케 하는 보충적 행정행위로서 성질상 기본행위를 떠나 승인처분 그 자체만으로는 법률상 아무런 효력도 발생할 수 없으므로 기본행위인 학교법인의 임원선임행위가 불성립 또는 무효인 경우 비록 감독청의 취임승인이 있었다 하여도 무효인 선임행위가 유효로 되는 것은 아니다(대판 1987.8.18. 86누152).

19. 서울시 9급(2월), 17. 국가직 9급(10월)

099 □□□

기본행위인 이사선임결의가 적법·유효하고 보충행위인 승인처분 자체에만 하자가 있다면 그 승인처분의 무효확인이나 그 취소를 주장할 수 있다. O | X

기본행위인 이사선임결의가 적법·유효하고 보충행위인 승인처분 자체에만 하자가 있다면 그 승인처분의 무효확인이나 그 취소를 주장할 수 있지만, 이 사건 임원취임승인처분에 대한 무효확인이나 그 취소의 소처럼 기본행위인 임시이사들에 의한 이사선임결의의 내용 및 그 절차에 하자가 있다는 이유로 이사선임결의의 효력에 관하여 다툼이 있는 경우에는 민사쟁송으로서 그 기본행위에 해당하는 위 이사선임결의의 무효확인을 구하는 등의 방법으로 분쟁을 해결할 것이지 그 이사선임결의에 대한 보충적 행위로서 그 자체만으로는 아무런 효력이 없는 승인처분만의 무효확인이나 그 취소를 구하는 것은 특단의 사정이 없는 한 분쟁해결의 유효적절한 수단이라 할 수 없으므로, 임원취임승인처분의 무효확인이나 그 취소를 구할 법률상 이익이 없다(대판 2002.5.24. 2000두3641).

정답 096 ○ 097 ○ 098 X 099 ○

21. 국가직 7급

100 □□□

재단법인의 정관변경결의에 하자가 있더라도, 그에 대한 인가가 있었다면 기본행위인 정관변경결의는 유효한 것으로 된다. O | X

인가는 기본행위인 재단법인의 정관변경에 대한 법률상의 효력을 완성시키는 보충행위로서, 그 기본이 되는 정관변경결의에 하자가 있을 때에는 그에 대한 인가가 있었다 하여도 기본행위인 정관변경결의가 유효한 것으로 될 수 없으므로 기본행위인 정관변경결의가 적법유효하고 보충행위인 인가처분 자체에만 하자가 있다면 그 인가처분의 무효나 취소를 주장할 수 있지만, 인가처분에 하자가 없다면 기본행위에 하자가 있다 하더라도 따로 그 기본행위의 하자를 다투는 것은 별론으로 하고 기본행위의 무효를 내세워 바로 그에 대한 행정청의 인가처분의 취소 또는 무효확인을 소구할 법률상의 이익이 없다(대판 1996.5.16. 95누4810).

17 · 14. 국가직 7급, 15. 국회직 8급, 13. 지방직 7급

101 □□□

인가처분에 하자가 없더라도 기본행위의 하자를 이유로 행정청의 인가처분의 취소 또는 무효확인을 구할 법률상 이익이 인정된다. O | X

본행위인 관리처분계획이 적법유효하고 보충행위인 인가처분 자체에만 하자가 있다면 그 인가처분의 무효나 취소를 주장할 수 있지만, 인가처분에 하자가 없다면 기본행위에 하자가 있다 하더라도 따로 그 기본행위의 하자를 다투는 것은 별론으로 하고 기본행위의 무효를 내세워 바로 그에 대한 행정청의 인가처분의 취소 또는 무효확인을 소구할 법률상의 이익이 있다고 할 수 없다(대판 1994.10.14. 93누22753).

15. 국가직 9급

102 □□□

유효한 기본행위를 대상으로 인가가 행해진 후에 기본행위가 취소되거나 실효된 경우에는 인가도 실효된다. O | X

기본행위가 취소되거나 실효되면 인가도 그 효력을 상실한다.

참고 ① 인가를 효력요건으로 하는 행위의 경우 무인가행위는 무효가 된다.
② 기본행위가 무효인 경우 인가를 받더라도 기본행위와 인가는 모두 무효가 된다.
→ 인가는 행위의 유효요건이지만(①) 인가만으로 기본행위의 하자가 치유되지는 않는다(②).

19. 국회직 8급, 13. 국가직 7급 유사

103 □□□

재개발조합설립인가신청에 대하여 행정청의 조합설립인가처분이 있은 이후에 조합설립동의에 하자가 있음을 이유로 재개발조합설립의 효력을 부정하려면 조합설립동의의 효력을 소의 대상으로 하여야 한다. O | X

구 도시 및 주거환경정비법상 재개발조합설립인가신청에 대하여 행정청의 조합설립인가처분이 있은 이후에 조합설립결의에 하자가 있음을 이유로 재개발조합설립의 효력을 부정하기 위해서는 항고소송으로 조합설립인가처분의 효력을 다투어야 하고, 특별한 사정이 없는 한 이와는 별도로 민사소송으로 행정청으로부터 조합설립인가처분을 하는 데 필요한 요건 중의 하나에 불과한 조합설립결의에 대하여 무효확인을 구할 확인의 이익은 없다고 보아야 한다(대결 2009.9.24. 2009마168 · 169).

정답 100 X 101 X 102 ○ 103 X

22. 지방직 9급

104 □□□

시·도경찰청장이 횡단보도를 설치하여 보행자 통행방법 등을 규제하는 것은 국민의 권리·의무에 직접 관계가 있는 행위로서 행정처분이다. O | X

도로교통법 제10조 제1항의 취지에 비추어 볼 때, 지방경찰청장이 횡단보도를 설치하여 보행자의 통행방법 등을 규제하는 것은 행정청이 특정사항에 대하여 의무의 부담을 명하는 행위이고 이는 국민의 권리의무에 직접 관계가 있는 행위로서 행정처분이라고 보아야 할 것이다(대판 2000.10.27. 98두896).

22. 지방직 9급

105 □□□

공유수면의 점용·사용허가는 특정인에게 공유수면 이용권이라는 독점적 권리를 설정하여 주는 처분이 아니라 일반적인 상대적 금지를 해제하는 처분이다. O | X

공유수면 관리 및 매립에 관한 법률에 따른 공유수면의 점용·사용허가는 특정인에게 공유수면 이용권이라는 독점적 권리를 설정하여 주는 처분으로서 처분 여부 및 내용의 결정은 원칙적으로 행정청의 재량에 속하고, 이와 같은 재량처분에 있어서는 재량권 행사의 기초가 되는 사실인정에 오류가 있거나 그에 대한 법령적용에 잘못이 없는 한 처분이 위법하다고 할 수 없다(대판 2017.4.28. 2017두30139).

22. 소방

106 □□□

주택건설사업계획 승인처분에 따라 의제된 인·허가의 위법함을 다투고자 하는 이해관계인은 의제된 인·허가의 취소를 구할 것이 아니라, 주된 처분인 주택건설사업계획 승인처분의 취소를 구하여야 한다. O | X

주택건설사업계획 승인처분에 따라 의제된 인·허가에 하자가 있어 이해관계인이 위법함을 다투고자 하는 경우, 취소를 구할 대상(= 의제된 인·허가) 및 의제된 인·허가가 주택건설사업계획 승인처분과 별도로 항고소송의 대상이 되는 처분에 해당한다(대판 2018.11.29. 2016두38792).

22. 국회직 8급

107 □□□

토지거래허가는 토지거래허가구역 내의 토지거래를 전면적으로 금지시키고 특정한 경우에 예외적으로 토지거래계약을 체결할 수 있는 자격을 부여하는 점에서 강학상 특허에 해당한다. O | X

토지거래허가가 규제지역 내의 모든 국민에게 전반적으로 토지거래의 자유를 금지하고 일정한 요건을 갖춘 경우에만 금지를 해제하여 계약체결의 자유를 회복시켜 주는 성질의 것이라고 보는 것은 위 법의 입법취지를 넘어선 지나친 해석이라고 할 것이고, 규제지역 내에서도 토지거래의 자유가 인정되나, 다만 위 허가를 허가 전의 유동적 무효 상태에 있는 법률행위의 효력을 완성시켜 주는 인가적 성질을 띤 것이라고 보는 것이 타당하다(대판 1991.12.24. 90다12243).

정답 104 ○ 105 X 106 X 107 X

19. 지방직 7급

108 □□□

허가에 타법상의 인·허가가 의제되는 경우, 의제된 인·허가는 통상적인 인·허가와 동일한 효력을 가질 수 없으므로 '부분 인·허가 의제'가 허용되는 경우라도 그에 대한 쟁송취소는 허용될 수 없다. O | X

인·허가 의제대상이 되는 처분에 어떤 하자가 있더라도, 그로써 해당 인·허가 의제의 효과가 발생하지 않을 여지가 있게 될 뿐이고, 그러한 사정이 주택건설사업계획 승인처분 자체의 위법사유가 될 수는 없다. 또한 의제된 인·허가는 통상적인 인·허가와 동일한 효력을 가지므로, 적어도 '부분 인·허가 의제'가 허용되는 경우에는 그 효력을 제거하기 위한 법적 수단으로 의제된 인·허가의 취소나 철회가 허용될 수 있고, 이러한 직권취소·철회가 가능한 이상 그 의제된 인·허가에 대한 쟁송취소 역시 허용된다. 따라서 주택건설사업계획 승인처분에 따라 의제된 인·허가가 위법함을 다투고자 하는 이해관계인은, 주택건설사업계획 승인처분의 취소를 구할 것이 아니라 의제된 인·허가의 취소를 구하여야 하며, 의제된 인·허가는 주택건설사업계획 승인처분과 별도로 항고소송의 대상이 되는 처분에 해당한다(대판 2018.11.29. 2016두38792).

19. 서울시 7급(10월)

109 □□□

주택건설사업계획 승인권자가 구 주택법에 따라 도시·군관리계획 결정권자와 협의를 거쳐 관계 주택건설사업계획을 승인하면 도시·군관리계획결정이 이루어진 것으로 의제되고, 이러한 협의절차와 별도로 국토의 계획 및 이용에 관한 법률 등에서 정한 도시·군관리계획 입안을 위한 주민 의견청취절차를 거칠 필요는 없다. O | X

주택건설사업계획 승인권자가 구 주택법 제17조 제3항에 따라 도시·군관리계획 결정권자와 협의를 거쳐 관계 주택건설사업계획을 승인하면 같은 조 제1항 제5호에 따라 도시·군관리계획결정이 이루어진 것으로 의제되고, 이러한 협의절차와 별도로 국토계획법 제28조 등에서 정한 도시·군관리계획 입안을 위한 주민 의견청취절차를 거칠 필요는 없다고 보아야 한다(대판 2018.11.29. 2016두38792).

21. 국가직 9급

110 □□□

주택건설사업계획 승인처분에 따라 의제된 인·허가가 위법함을 다투고자 하는 이해관계인은, 주택건설사업계획 승인처분의 취소를 구해야지 의제된 인·허가의 취소를 구해서는 아니 되며, 의제된 인·허가는 주택건설사업계획 승인처분과 별도로 항고소송의 대상이 되는 처분에 해당하지 않는다. O | X

인·허가 의제대상이 되는 처분에 어떤 하자가 있더라도, 그로써 해당 인·허가 의제의 효과가 발생하지 않을 여지가 있게 될 뿐이고, 그러한 사정이 주택건설사업계획 승인처분 자체의 위법사유가 될 수는 없다. 또한 의제된 인·허가는 통상적인 인·허가와 동일한 효력을 가지므로, 적어도 '부분 인·허가 의제'가 허용되는 경우에는 그 효력을 제거하기 위한 법적 수단으로 의제된 인·허가의 취소나 철회가 허용될 수 있고, 이러한 직권취소·철회가 가능한 이상 그 의제된 인·허가에 대한 쟁송취소 역시 허용된다. 따라서 주택건설사업계획 승인처분에 따라 의제된 인·허가가 위법함을 다투고자 하는 이해관계인은, 주택건설사업계획 승인처분의 취소를 구할 것이 아니라 의제된 인·허가의 취소를 구하여야 하며, 의제된 인·허가는 주택건설사업계획 승인처분과 별도로 항고소송의 대상이 되는 처분에 해당한다(대판 2018.11.29. 2016두38792).

정답 108 X 109 ○ 110 X

18. 국가직 7급

111

□□□

주된 인·허가에 관한 사항을 규정하고 있는 법률에서 주된 인·허가가 있으면 다른 법률에 의한 인·허가를 받은 것으로 의제한다는 규정을 둔 경우, 주된 인·허가가 있으면 다른 법률에 의하여 인·허가를 받았음을 전제로 하는 그 다른 법률의 모든 규정들까지 적용되는 것은 아니다. O | X

주된 인·허가에 관한 사항을 규정하고 있는 甲법률에서 주된 인·허가가 있으면 乙법률에 의한 인·허가를 받은 것으로 의제한다는 규정을 둔 경우, 주된 인·허가가 있으면 乙법률에 의하여 인·허가를 받았음을 전제로 한 乙법률의 모든 규정들까지 적용되는 것은 아니다(대판 2004.7.22. 2004다19715).

18. 국가직 7급·지방교행

112

□□□

인·허가 의제는 행정청의 소관사항과 관련하여 권한 행사의 변경을 가져오므로 법령의 근거를 필요로 한다. O | X

의제 인·허가 행정청의 권한이 주된 인·허가행정청으로 이동함에 따라 인·허가 의제는 행정청의 소관사항과 관련하여 권한 행사의 변경을 가져오므로 법령의 근거를 필요로 한다.

18. 국가직 7급

113

□□□

A허가에 대해 B허가가 의제되는 것으로 규정된 경우, A불허가처분을 하면서 B불허가사유를 들고 있으면 A불허가처분과 별개로 B불허가처분도 존재한다. O | X

주된 인·허가 거부사유를 이유로 주된 인·허가를 거부하든, 의제 인·허가 거부사유를 이유로 주된 인·허가를 거부하든 소송대상인 처분은 주된 인·허가 거부처분이다. 따라서 A허가에 대해 B허가가 의제되는 것으로 규정된 경우, A불허가처분을 하면서 B불허가사유를 들고 있으면 A불허가처분과 별개로 B불허가처분은 존재하지 않는다.

22. 지방직 7급

114

□□□

도시계획시설인 주차장에 대한 건축허가신청을 받은 행정청으로서는 건축법상 허가 요건뿐 아니라 그에 의해 의제되는 국토의 계획 및 이용에 관한 법령이 정한 도시계획시설사업에 관한 실시계획인가 요건도 충족하는 경우에 한하여 이를 허가해야 한다. O | X

건축법에서 인허가의제 제도를 둔 취지는, 인허가의제사항과 관련하여 건축허가의 관할 행정청으로 창구를 단일화하고 절차를 간소화하며 비용과 시간을 절감함으로써 국민의 권익을 보호하려는 것이지, 인허가의제사항 관련 법률에 따른 각각의 인허가 요건에 관한 일체의 심사를 배제하려는 것으로 보기는 어려우므로, 도시계획시설인 주차장에 대한 건축허가신청을 받은 행정청으로서는 건축법상 허가 요건뿐 아니라 국토의 계획 및 이용에 관한 법령이 정한 도시계획시설사업에 관한 실시계획인가 요건도 충족하는 경우에 한하여 이를 허가해야 한다(대판 2015.7.9. 2015두39590).

정답 111 ○ 112 ○ 113 X 114 ○

22. 지방직 7급

115 □□□

주택재개발조합설립추진위원회 구성승인처분은 조합의 설립을 위한 주체인 주택재개발조합설립추진위원회의 구성행위를 보충하여 그 효력을 부여하는 처분이다. O | X

조합설립추진위원회 구성승인처분은 조합의 설립을 위한 주체인 추진위원회의 구성행위를 보충하여 그 효력을 부여하는 처분으로서 조합설립이라는 종국적 목적을 달성하기 위한 중간단계의 처분에 해당하지만, 그 법률요건이나 효과가 조합설립인가처분의 그것과는 다른 독립적인 처분이기 때문에, 추진위원회 구성승인처분에 대한 취소 또는 무효확인 판결의 확정만으로는 이미 조합설립인가를 받은 조합에 의한 정비사업의 진행을 저지할 수 없다(대판 2013.1.31. 2011두11112 · 11129).

22. 지방직 7급

116 □□□

주택재건축조합의 정관변경에 대한 시장 · 군수등의 인가는 그 대상이 되는 기본행위를 보충하여 법률상 효력을 완성시키는 행위로서 시장 · 군수등이 변경된 정관을 인가하면 정관변경의 효력이 총회의 의결이 있었던 때로 소급하여 발생한다. O | X

구 도시 및 주거환경정비법 제20조 제3항은 조합이 정관을 변경하고자 하는 경우에는 총회를 개최하여 조합원 과반수 또는 3분의 2 이상의 동의를 얻어 시장 · 군수의 인가를 받도록 규정하고 있다. 여기서 시장 등의 인가는 그 대상이 되는 기본행위를 보충하여 법률상 효력을 완성시키는 행위로서 이러한 인가를 받지 못한 경우 변경된 정관은 효력이 없고, 시장 등이 변경된 정관을 인가하더라도 정관변경의 효력이 총회의 의결이 있었던 때로 소급하여 발생한다고 할 수 없다(대판 2014.7.10. 2013도11532).

23. 지방직 9급, 22. 지방직 7급

117 □□□

토지 등 소유자들이 도시환경정비사업을 위한 조합을 따로 설립하지 아니하고 직접 그 사업을 시행하고자 하는 경우, 사업시행계획인가처분은 일종의 설권적 처분의 성격을 가지므로 토지 등 소유자들이 작성한 사업시행계획은 독립된 행정처분이 아니다. O | X

토지 등 소유자들이 직접 시행하는 도시환경정비사업에서 토지 등 소유자에 대한 사업시행인가처분은 단순히 사업시행계획에 대한 보충행위로서의 성질을 가지는 것이 아니라 구 도시정비법상 정비사업을 시행할 수 있는 권한을 가지는 행정주체로서의 지위를 부여하는 일종의 설권적 처분의 성격을 가진다. 도시환경정비사업을 직접 시행하려는 토지 등 소유자들은 시장 · 군수로부터 사업시행인가를 받기 전에는 행정주체로서의 지위를 가지지 못한다. 따라서 그가 작성한 사업시행계획은 인가처분의 요건 중 하나에 불과하고 항고소송의 대상이 되는 독립된 행정처분에 해당하지 아니한다고 할 것이다(대판 2013.6.13. 2011두19994).

23. 지방직 9급

118 □□□

자동차관리법상 자동차관리사업자로 구성하는 사업자단체인 조합 또는 협회의 설립인가처분은 자동차관리사업자들의 단체결성행위를 보충하여 효력을 완성시키는 처분에 해당한다. O | X

구 자동차관리법 제67조 제1항, 제3항, 제4항, 제5항, 구 자동차관리법 시행규칙 제148조 제1항, 제2항의 내용 및 체계 등을 종합하면, 자동차관리법상 자동차관리사업자로 구성하는 사업자단체인 조합 또는 협회의 설립인가처분은 국토해양부장관 또는 시 · 도지사가 자동차관리사업자들의 단체결성행위를 보충하여 효력을 완성시키는 처분에 해당한다(대판 2015.5.29. 2013두635).

정답 115 ○ 116 X 117 ○ 118 ○

23. 경찰간부

119 □□□

인허가의제 제도는 관련 인허가 행정청의 권한을 제한하거나 박탈하는 효과를 가진다는 점에서 법률 또는 법률의 위임에 따른 법규명령의 근거가 있어야 한다. O | X

인허가의제 제도는 관련 인허가 행정청의 권한을 제한하거나 박탈하는 효과를 가진다는 점에서 법률 또는 법률의 위임에 따른 법규명령의 근거가 있어야 한다(대판 2022.9.7. 2020두40327).

23. 지방직 9급

120 □□□

주택재개발정비사업조합이 수립한 사업시행계획에 하자가 있음에도 불구하고 관할 행정청이 해당 사업시행계획에 대한 인가처분을 하였다면, 그 인가처분에는 고유한 하자가 없더라도 사업시행계획의 무효를 주장하면서 곧바로 그에 대한 인가처분의 무효확인이나 취소를 구하여야 한다. O | X

도시 및 주거환경정비법에 기초하여 주택재개발정비사업조합이 수립한 관리처분계획은 그것이 인가·고시를 통해 확정되면 이해관계인에 대한 구속적 행정계획으로서 독립적인 행정처분에 해당한다. 이러한 관리처분계획을 인가하는 행정청의 행위는 조합의 관리처분계획에 대한 법률상의 효력을 완성시키는 보충행위이다. 따라서 기본행위가 적법·유효하고 보충행위인 인가처분 자체에 흠이 있다면 그 인가처분의 무효나 취소를 주장할 수 있다. 그러나 인가처분에 흠이 없다면 기본행위에 흠이 있다고 하더라도 따로 기본행위의 흠을 다투는 것은 별론으로 하고 기본행위의 흠을 내세워 바로 그에 대한 인가처분의 무효확인 또는 취소를 구할 수는 없으므로, 그 당부에 관하여 판단할 필요 없이 해당 부분 청구를 기각하여야 한다(대판 2016.12.15. 2015두51347).

24. 지방직 9급

121 □□□

행정청이 도시 및 주거환경정비법 등 관련 법령에 근거하여 행하는 조합설립인가처분은 사인들의 조합설립행위에 대한 보충행위로서의 성질을 갖는 것에 그친다. O | X

재개발조합설립인가신청에 대한 행정청의 조합설립인가처분은 단순히 사인(私人)들의 조합설립행위에 대한 보충행위로서의 성질을 가지는 것이 아니라 법령상 일정한 요건을 갖추는 경우 행정주체(공법인)의 지위를 부여하는 일종의 설권적 처분의 성질을 가진다고 보아야 한다(대판 2010.1.28. 2009두4845).

23. 국가직 7급

122 □□□

인가는 기본행위의 효력을 완성시켜 주는 보충적 행위이므로 기본행위가 무효인 경우에는 이에 대한 인가가 내려지더라도 그 인가는 무효이다. O | X

사립학교법 제20조 제2항에 의한 학교법인의 임원에 대한 감독청의 취임승인은 학교법인의 임원선임행위를 보충하여 그 법률상의 효력을 완성케 하는 보충적 행정행위이므로 기본행위인 학교법인의 임원선임행위가 불성립 또는 무효인 경우에는 비록 그에 대한 감독청의 취임승인이 있었다 하여도 이로써 무효인 그 선임행위가 유효한 것으로 될 수는 없는 것이다(대판 1987.8.18. 86누152).

정답 119 ○ 120 X 121 X 122 ○

제5장 준법률행위적 행정행위

04. 국회직 8급

001 □□□

공증은 일정한 사실이나 법률관계의 존재 여부를 공적으로 증명하는 판단표시행위라는 점에서 인식표시행위인 확인과 구분된다. O | X

확인은 의문이 있거나 다툼이 있는 경우에 그 존부를 확인하는 판단의 의사표시이고 공증은 특정한 사실 또는 법률관계의 존재를 공적으로 증명하는 행위를 말한다.

11. 국회직 8급

002 □□□

공증행위는 특정한 사실 또는 법률관계의 존재를 공적으로 증명하는 행위로서 발명특허가 이에 해당한다. O | X

발명특허는 준법률행위적 행정행위로서의 확인에 해당한다.

18. 지방교행, 10. 국가직 9급

003 □□□

친일반민족행위자 재산의 국가귀속에 관한 특별법에 따른 친일재산은 친일반민족행위자재산조사위원회가 국가귀속결정을 하여야 비로소 국가의 소유로 된다. O | X

친일반민족행위자 재산의 국가귀속에 관한 특별법 제3조 제1항 본문, 제9조 규정들의 취지와 내용에 비추어 보면, 같은 법 제2조 제2호에 정한 친일재산은 친일반민족행위자재산조사위원회가 국가귀속결정을 하여야 비로소 국가의 소유로 되는 것이 아니라 특별법의 시행에 따라 그 취득·증여 등 원인행위시에 소급하여 당연히 국가의 소유로 되고, 위 위원회의 국가귀속결정은 당해 재산이 친일재산에 해당한다는 사실을 확인하는 이른바 준법률행위적 행정행위의 성격을 가진다(대판 2008.11.13. 2008두13491).

15. 국회직 8급

004 □□□

건설업면허증 및 건설업면허수첩의 재교부는 건설업의 면허를 받았다고 하는 특정 사실에 대하여 형식적으로 그것을 증명하고 공적인 증거력을 부여하는 행정행위이다. O | X

건설업면허증 및 건설업면허수첩의 재교부는 그 면허증 등의 분실, 헐어 못쓰게 된 때, 건설업의 면허이전 등 면허증 및 면허수첩 그 자체의 관리상의 문제로 인하여 종전의 면허증 및 면허수첩과 동일한 내용의 면허증 및 면허수첩을 새로이 또는 교체하여 발급하여 주는 것으로서, 이는 건설업의 면허를 받았다고 하는 특정 사실에 대하여 형식적으로 그것을 증명하고 공적인 증거력을 부여하는 행정행위(강학상의 공증행위)이므로, 그로 인하여 면허의 내용 등에는 아무런 영향이 없이 종전의 면허의 효력이 그대로 지속하고, 면허증 및 면허수첩의 재교부에 의하여 재교부 전의 면허는 실효되고 새로운 면허가 부여된 것이라고 볼 수 없다(대판 1994.10.25. 93누21231).

정답 001 X 002 X 003 X 004 ○

11. 국회직 8급

005 □□□

확인행위는 특정한 사실 또는 법률관계의 존부(存否) 또는 정부(正否)에 대하여 다툼이 있는 경우에 행정청이 공권적으로 판단하는 행위로 각종 증명서 발급이 이에 속한다. O | X

각종 증명서 발급은 공증행위에 해당한다.

04. 국회직 8급

006 □□□

공증은 반증에 의하지 아니하고는 전복될 수 없는 공적 증거력을 발생한다. O | X

공증은 의문이나 분쟁이 없는 사실에 대해 공적으로 증명하는 인식행위로, 그 효과는 공정인 증명력의 발생이다.

18. 지방교행

007 □□□

서울특별시장의 의료유사업자 자격증 갱신발급은 의료유사업자의 자격을 부여 내지 확인하는 행위의 성질을 가진다. O | X

서울특별시장 또는 도지사의 의료유사업자 자격증 갱신발급행위는 유사의료업자의 자격을 부여 내지 확인하는 것이 아니라 특정한 사실 또는 법률관계의 존부를 공적으로 증명하는 소위 공증행위에 속하는 행정행위라 할 것이다(대판 1977.5.24. 76누295).

19. 지방직 7급

008 □□□

지적공부 소관청이 토지대장을 직권으로 말소하는 행위는 항고소송의 대상이 되는 행정처분에 해당한다. O | X

토지대장은 토지의 소유권을 제대로 행사하기 위한 전제요건으로서 토지소유자의 실체적 권리관계에 밀접하게 관련되어 있으므로, 이러한 토지대장을 직권으로 말소한 행위는 국민의 권리관계에 영향을 미치는 것으로서 항고소송의 대상이 되는 행정처분에 해당한다(대판 2013.10.24. 2011두13286).

19. 지방직 7급, 12. 국회직 8급

009 □□□

관할 관청이 무허가건물을 무허가건물관리대장에서 삭제하는 행위는 항고소송의 대상이다. O | X

관할 관청이 무허가건물의 무허가건물관리대장 등재요건에 관한 오류를 바로잡으면서 당해 무허가건물을 무허가건물관리대장에서 삭제하는 행위는 다른 특별한 사정이 없는 한 항고소송의 대상이 되는 행정처분이 아니다(대판 2009.3.12. 2008두11525).

정답 005 X 006 ○ 007 X 008 ○ 009 X

21. 지방직 9급, 19 · 10. 지방직 7급

010 □□□

지적공부 소관청의 지목변경신청 반려행위는 지목의 변경이 토지소유자의 실체적 권리관계에 직접 영향을 미치지 아니하기 때문에 항고소송의 대상이 되는 행정처분에 해당하지 아니한다. O | X

구 지적법 제20조, 제38조 제2항의 규정은 토지소유자에게 지목변경신청권과 지목정정신청권을 부여한 것이고, 한편 지목은 토지에 대한 공법상의 규제, 개발부담금의 부과대상, 지방세의 과세대상, 공시지가의 산정, 손실보상가액의 산정 등 토지행정의 기초로서 공법상의 법률관계에 영향을 미치고, 토지소유자는 지목을 토대로 토지의 사용 · 수익 · 처분에 일정한 제한을 받게 되는 점 등을 고려하면, 지목은 토지소유권을 제대로 행사하기 위한 전제요건으로서 토지소유자의 실체적 권리관계에 밀접하게 관련되어 있으므로 지적공부 소관청의 지목변경신청 반려행위는 국민의 권리관계에 영향을 미치는 것으로서 항고소송의 대상이 되는 행정처분에 해당한다(대판 2004.4.22. 2003두9015 전합).

11. 국회직 8급

011 □□□

판례는 건축물대장 소관청의 용도변경신청 거부행위의 처분성을 부인한다. O | X

건축물대장 소관청의 용도변경신청 거부행위는 국민의 권리관계에 영향을 미치는 것으로서 항고소송의 대상이 되는 행정처분에 해당한다(대판 2009.1.20. 2007두7277).

21. 국가직 9급, 19. 서울시 7급

012 □□□

토지대장상의 소유자명의변경신청을 거부하는 행위는 실체적 권리관계에 영향을 미치는 사항으로 행정처분이다. O | X

토지대장에 기재된 소유자 명의가 변경된다고 하여도 이로 인하여 당해 토지에 대한 실체상의 권리관계에 변동을 가져올 수 없고 토지소유권이 지적공부의 기재만에 의하여 증명되는 것도 아니다. 따라서 소관청이 토지대장상의 소유자명의변경신청을 거부한 행위는 이를 항고소송의 대상이 되는 행정처분이라고 할 수 없다(대판 2012.1.12. 2010두12354).

21. 소방간부, 14. 사복직 9급

013 □□□

국가공무원법상 결격사유에 근거한 당연퇴직의 인사발령통보는 처분성이 인정된다. O | X

국가공무원법 제69조에 의하면 공무원이 제33조 각 호의 1에 해당할 때에는 당연히 퇴직한다고 규정하고 있으므로, 국가공무원법상 당연퇴직은 결격사유가 있을 때 법률상 당연히 퇴직하는 것이지 공무원관계를 소멸시키기 위한 별도의 행정처분을 요하는 것이 아니며, 당연퇴직의 인사발령은 법률상 당연히 발생하는 퇴직사유를 공적으로 확인하여 알려주는 이른바 관념의 통지에 불과하고 공무원의 신분을 상실시키는 새로운 형성적 행위가 아니므로 행정소송의 대상이 되는 독립한 행정처분이라고 할 수 없다(대판 1995.11.14. 95누2036).

정답 010 X 011 X 012 X 013 X

23. 경찰간부, 18. 지방교행

014 □□□

정년에 달한 공무원에 대한 정년퇴직발령은 정년퇴직 사실을 알리는 이른바 관념의 통지에 불과하여 행정소송의 대상이 될 수 없다. O | X

국가공무원법 제74조에 의하면 공무원이 소정의 정년에 달하면 그 사실에 대한 효과로서 공무담임권이 소멸되어 당연히 퇴직되고 정년퇴직발령은 정년퇴직 사실을 알리는 이른바 관념의 통지에 불과하므로 행정소송의 대상이 되지 아니한다(대판 1983.2.8. 81누263).

21. 소방

015 □□□

농지처분의무통지는 단순한 관념의 통지에 불과하다고 볼 수 없고, 상대방인 농지소유자의 의무에 직접 관계되는 독립한 행정처분으로서 항고소송의 대상이 된다. O | X

농지처분의무통지는 단순한 관념의 통지에 불과하다고 볼 수는 없고, 상대방인 농지소유자의 의무에 직접 관계되는 독립한 행정처분으로서 항고소송의 대상이 된다(대판 2003.11.14. 2001두8742).

14. 경행특채 2차

016 □□□

수리를 요하는 신고에서 수리는 준법률행위적 행정행위의 하나로서 행정소송법상 처분에 해당한다. O | X

자기완결적 신고에서 수리는 아무런 법적 효과를 갖지 못하지만, 행위요건적 신고(수리를 요하는 신고)에서 수리는 항고소송의 대상이 되는 처분에 해당한다.

14. 서울시 9급

017 □□□

수리를 요하는 신고에서의 수리와 허가제의 허가는 구별되는 개념이다. O | X

노동조합 및 노동관계조정법(이하 '노동조합법'이라 한다)이 행정관청으로 하여금 설립신고를 한 단체에 대하여 같은 법 제2조 제4호 각 목에 해당하는지를 심사하도록 한 취지가 노동조합으로서의 실질적 요건을 갖추지 못한 노동조합의 난립을 방지함으로써 근로자의 자주적이고 민주적인 단결권 행사를 보장하려는 데 있는 점을 고려하면, 행정관청은 해당 단체가 노동조합법 제2조 제4호 각 목에 해당하는지 여부를 실질적으로 심사할 수 있다. 다만 행정관청에 광범위한 심사권한을 인정할 경우 행정관청의 심사가 자의적으로 이루어져 신고제가 사실상 허가제로 변질될 우려가 있는 점, 노동조합법은 설립신고 당시 제출하여야 할 서류로 설립신고서와 규약만을 정하고 있고(제10조 제1항), 행정관청으로 하여금 보완사유나 반려사유가 있는 경우를 제외하고는 설립신고서를 접수받은 때로부터 3일 이내에 신고증을 교부하도록 정한 점(제12조 제1항) 등을 고려하면, 행정관청은 일단 제출된 설립신고서와 규약의 내용을 기준으로 노동조합법 제2조 제4호 각 목의 해당 여부를 심사하되, 설립신고서를 접수할 당시 그 해당 여부가 문제된다고 볼 만한 객관적인 사정이 있는 경우에 한하여 설립신고서와 규약 내용 외의 사항에 대하여 실질적인 심사를 거쳐 반려 여부를 결정할 수 있다(대판 2014.4.10. 2011두6998).

참고
- 형식적 요건 이외에 실질적 요건을 심사할 수 있는 신고 = 수리를 요하는 신고(행위요건적 신고)
- 수리를 요하는 신고도 실질적 심사가 가능하지만 그 심사가 자의적으로 이뤄질 경우 신고가 아닌 허가제로 변질될 수 있으므로 실질적 심사는 예외적인 경우에 허용한다.
- 신고제 ≠ 허가제

정답 014 ○ 015 ○ 016 ○ 017 ○

11. 국회직 8급

018
□□□

판례는 수리행위의 대상인 기본행위가 존재하지 않거나 무효인 때에는 그 수리행위는 당연무효가 된다고 한다. O | X

사업양도 · 양수에 따른 허가관청의 지위승계신고의 수리는 적법한 사업의 양도 · 양수가 있었음을 전제로 하는 것이므로 그 수리대상인 사업양도 · 양수가 존재하지 아니하거나 무효인 때에는 수리를 하였다 하더라도 그 수리는 유효한 대상이 없는 것으로서 당연히 무효라 할 것이고, 사업의 양도행위가 무효라고 주장하는 양도자는 민사쟁송으로 양도 · 양수행위의 무효를 구함이 없이 막바로 허가관청을 상대로 하여 행정소송으로 위 신고수리처분의 무효확인을 구할 법률상 이익이 있다(대판 2005.12.23. 2005두3554).

15. 국회직 8급

019
□□□

건축물의 소유권을 둘러싸고 소송이 계속 중이어서 판결로 소유권의 귀속이 확정될 때까지 건축주명의변경신고의 수리를 거부함은 상당하다. O | X

건축물의 소유권을 둘러싸고 소송이 계속 중이어서 판결로 소유권의 귀속이 확정될 때까지 건축주명의변경신고의 수리를 거부함은 상당하다(대판 1993.10.12. 93누883).

정답 018 ○ 019 ○

제6장 행정행위의 부관

19. 국회직 8급

001 □□□

고시에서 정하여진 허가기준에 따라 보존음료수 제조업의 허가에 부가된 조건은 행정행위에 부관을 부가할 수 있는 한계에 관한 일반적인 원칙이 적용되지 아니한다. O | X

보존음료수 제조업허가에 붙여진 전량수출 또는 주한 외국인에 대한 판매에 한한다는 내용의 조건은 이른바 법정부관으로서 행정청의 의사에 기하여 붙여지는 본래의 의미에서의 행정행위의 부관은 아니다. 따라서 이와 같은 법정부관에 대하여는 행정행위에 부관을 붙일 수 있는 한계에 관한 일반적인 원칙이 적용되지 않는다.

18. 서울시 7급

002 □□□

주택건축허가를 하면서 영업목적으로만 사용할 것을 부관으로 정한 경우에, 이러한 부관은 주된 행정행위의 목적에 위배된다. O | X

주택건축허가를 하면서 영업목적으로만 사용할 것을 부관으로 정한 경우에, 이러한 부관은 주된 행정행위의 목적에 위배된다. 즉, 부관의 목적상 한계에 위배되는 것이다.

18. 서울시 9급, 09. 국가직 9급

003 □□□

부관은 행정의 탄력성을 보장하는 기능을 갖는다. O | X

부관은 행정을 수행함에 있어서 유연성 및 탄력성을 보장하는 기능을 가진다. 예컨대 건축허가신청에 필요한 중요한 요건을 모두 갖추었으나 경미한 요건을 결한 경우 당해 요건을 일정기간 내에 갖출 것을 조건으로 허가를 내준다면 행정의 유연성 및 탄력성에 기여할 수 있다.

23. 소방간부, 22. 지방직 7급, 21. 소방간부

004 □□□

수익적 행정처분에 있어서는 부담을 부가하기 이전에 상대방과 협의하여 부담의 내용을 협약의 형식으로 미리 정한 다음 행정처분을 하면서 이를 부가할 수 있다. O | X

수익적 행정처분에 있어서는 법령에 특별한 근거 규정이 없다고 하더라도 그 부관으로서 부담을 붙일 수 있고, 그와 같은 부담은 행정청이 행정처분을 하면서 일방적으로 부가할 수도 있지만 부담을 부가하기 이전에 상대방과 협의하여 부담의 내용을 협약의 형식으로 미리 정한 다음 행정처분을 하면서 이를 부가할 수도 있다(대판 2009.2.12. 2005다65500).

정답 001 ○ 002 ○ 003 ○ 004 ○

21. 소방, 19. 변호사 · 서울시 9급(6월), 18. 서울시 7 · 9급, 16 · 13. 국가직 9급, 15. 국회직 8급 · 서울시 7급, 14. 지방직 9급

005 □□□

부담은 행정청이 행정처분을 하면서 일방적으로 부가할 수도 있지만 부담을 부가하기 이전에 상대방과 협의하여 부담의 내용을 협약의 형식으로 미리 정한 다음 행정처분을 하면서 이를 부가할 수도 있다. O | X

수익적 행정처분에 있어서는 법령에 특별한 근거 규정이 없다고 하더라도 그 부관으로서 부담을 붙일 수 있고, 그와 같은 부담은 행정청이 행정처분을 하면서 일방적으로 부가할 수도 있지만 부담을 부가하기 이전에 상대방과 협의하여 부담의 내용을 협약의 형식으로 미리 정한 다음 행정처분을 하면서 이를 부가할 수도 있다(대판 2009.2.12. 2005다65500).

18. 서울시 7급

006 □□□

부관을 붙일 수 있는 경우에도 신뢰보호의 원칙, 부당결부금지의 원칙에 위배되어서는 안 된다. O | X

부관을 붙일 수 있는 경우에도 신뢰보호의 원칙, 부당결부금지의 원칙 등 행정법의 일반원칙상의 한계가 있다.

17. 지방직 9급

007 □□□

행정행위의 부관은 법령에 명시적 근거가 있는 경우에만 부가할 수 있다. O | X

개별법령에 명문으로 규정되어 있는 경우에는 기속행위, 재량행위 또는 법률행위적 행정행위나 준법률행위적 행정행위 등 행정행위의 성질을 불문하고 부관을 붙일 수 있다. 명문규정이 없는 경우에도 재량행위에는 부관을 붙일 수 있으나, 기속행위에는 부관을 붙일 수 없다는 것이 다수설이다.

21. 국가직 7급 · 지방직 9급

008 □□□

행정청은 처분에 재량이 없는 경우에는 법률에 근거가 있는 경우에 부관을 붙일 수 있다. O | X

「행정기본법」 제17조 【부관】 ① 행정청은 처분에 재량이 있는 경우에는 부관(조건, 기한, 부담, 철회권의 유보 등을 말한다. 이하 이 조에서 같다)을 붙일 수 있다.
② 행정청은 처분에 재량이 없는 경우에는 법률에 근거가 있는 경우에 부관을 붙일 수 있다.

12. 국회직 9급

009 □□□

영업허가를 발급하면서 일정한 시설설치의무를 부가하는 것을 '정지조건'으로 본다면, 시설설치의무를 불이행한 상태에서 한 영업일지라도 적법하다. O | X

정지조건으로 보는 경우, 시설설치의무를 불이행한 상태에서 한 영업은 위법하다.

정답 005 ○ 006 ○ 007 X 008 ○ 009 X

12. 국회직 9급, 05. 서울시 9급

010 □□□

조건이 성취되어야 행정행위가 비로소 효력을 발생하는 조건을 해제조건이라 하고, 행정행위가 일단 효력을 발생하고 조건이 성취되면 행정행위가 효력을 상실하는 조건을 정지조건이라 한다. O | X

조건이 성취되어야 행정행위가 비로소 효력을 발생하는 조건을 정지조건이라 하고, 행정행위가 일단 효력을 발생하고 조건이 성취되면 행정행위가 효력을 상실하는 조건을 해제조건이라 한다.

15. 서울시 9급

011 □□□

부담부 행정행위는 부담을 이행하여야 주된 행정행위의 효력이 발생한다. O | X

부담부 행정행위는 조건과 달리 처음부터 효력이 발생한다.

19. 서울시 7급, 14. 경행특채 1차, 13·10. 국회직 8급

012 □□□

부담에 의해 부과된 의무가 정해진 기간 내에 이행되지 않은 경우, 그때로부터 부담부 행정행위는 당연히 효력을 상실한다. O | X

부담은 행정행위로부터 독립한 별개의 행정행위로서 부담을 이행하지 않는다고 해서 주된 행정행위의 효력이 바로 상실되는 것은 아니다.

19. 변호사, 13. 서울시 7급, 10. 국가직 9급, 08. 국가직 7급

013 □□□

부담부 행정처분에 있어서 처분의 상대방이 부담의무를 이행하지 아니한 경우에 처분행정청은 이를 이유로 해당 처분을 철회할 수 있다. O | X

부담부 행정처분에 있어서 처분의 상대방이 부담(의무)을 이행하지 아니한 경우에 처분행정청으로서는 이를 들어 당해 처분을 취소(철회)할 수 있는 것이다(대판 1989.10.24. 89누2431).

15. 사복직 9급, 07. 국가직 7급

014 □□□

부담과 조건의 구분이 명확하지 않을 경우, 조건이 당사자에게 부담보다 유리하기 때문에 원칙적으로 조건으로 추정해야 한다. O | X

부담이 조건보다 상대방에게 유리하다. 따라서 조건과 부담의 구별이 애매한 경우, 최소침해의 원칙상 상대방에게 유리한 부담으로 추정해야 한다.

05. 서울시 9급

015 □□□

부담에 의해 부과된 의무의 불이행이 있는 경우에 당해 의무의 불이행은 독립하여 강제집행의 대상이 된다. O | X

부담은 독립하여 소송 및 강제집행의 대상이 된다.

정답 010 X 011 X 012 X 013 ○ 014 X 015 ○

21. 소방

016 □□□

행정행위의 부관 중 행정행위에 부수하여 그 상대방에게 일정한 의무를 부과하는 행정청의 의사표시인 부담은 그 자체만으로 행정소송의 대상이 될 수 있다. O | X

행정행위의 부관은 행정행위의 일반적인 효력이나 효과를 제한하기 위하여 의사표시의 주된 내용에 부가되는 종된 의사표시이지 그 자체로서 직접 법적 효과를 발생하는 독립된 처분이 아니므로 현행 행정쟁송제도 아래서는 부관 그 자체만을 독립된 쟁송의 대상으로 할 수 없는 것이 원칙이나 행정행위의 부관 중에서도 행정행위에 부수하여 그 행정행위의 상대방에게 일정한 의무를 부과하는 행정청의 의사표시인 부담의 경우에는 다른 부관과는 달리 행정행위의 불가분적인 요소가 아니고 그 존속이 본체인 행정행위의 존재를 전제로 하는 것일 뿐이므로 부담 그 자체로서 행정쟁송의 대상이 될 수 있다(대판 1992.1.21. 91누1264).

22. 지방직 7급, 21. 국가직 9급, 19. 지방직 9급 · 서울시 9급(6월) · 서울시 7급, 18. 지방직 7급 · 서울시 9급, 16. 지방직 7급, 15. 서울시 7급 · 국회직 8급

017 □□□

부관이 처분 당시의 법령으로는 적법하였으나 처분 후 근거 법령이 개정되어 더 이상 부관을 붙일 수 없게 되었다면 당초의 부관도 소급하여 효력이 소멸한다. O | X

행정청이 수익적 행정처분을 하면서 부가한 부담의 위법 여부는 처분 당시 법령을 기준으로 판단하여야 하고, 부담이 처분 당시 법령을 기준으로 적법하다면 처분 후 부담의 전제가 된 주된 행정처분의 근거 법령이 개정됨으로써 행정청이 더 이상 부관을 붙일 수 없게 되었다 하더라도 곧바로 위법하게 되거나 그 효력이 소멸하게 되는 것은 아니다. 따라서 행정처분의 상대방이 수익적 행정처분을 얻기 위하여 행정청과 사이에 행정처분에 부가할 부담에 관한 협약을 체결하고 행정청이 수익적 행정처분을 하면서 협약상의 의무를 부담으로 부가하였으나 부담의 전제가 된 주된 행정처분의 근거 법령이 개정됨으로써 행정청이 더 이상 부관을 붙일 수 없게 된 경우에도 곧바로 협약의 효력이 소멸하는 것은 아니다(대판 2009.2.12. 2005다65500).

15. 지방직 9급

018 □□□

행정청이 수익적 행정처분을 하면서 부가한 부담의 위법 여부는 처분 당시 법령을 기준으로 판단하여야 한다. O | X

대판 2009.2.12. 2005다65500 판례에 대한 옳은 내용이다.

21. 지방직 9급

019 □□□

부담이 처분 당시 법령을 기준으로 적법하다면 처분 후 부담의 전제가 된 주된 처분의 근거 법령이 개정됨으로써 행정청이 더 이상 부관을 붙일 수 없게 되었다 하더라도 곧바로 그 효력이 소멸하게 되는 것은 아니다. O | X

대판 2009.2.12. 2005다65500 판례에 대한 옳은 내용이다.

17. 지방직 9급

020 □□□

학설의 다수견해는 수정부담의 성격을 부관으로 이해한다. O | X

수정부담은 당사자가 애초에 신청한 내용이 거부되고 새로운 내용의 허가를 발한 것이므로 그 실질은 부관이 아니라 그 자체를 독자적인 행정행위(수정허가)로 보는 것이 다수의 견해이다.

정답 016 ○ 017 X 018 ○ 019 ○ 020 X

07. 국회직 8급

021 □□□

철회권유보는 일정한 사실의 발생시에 행정행위를 철회할 수 있는 권한을 유보하는 부관을 말한다. O | X

철회권유보란 일정한 사유가 발생한 경우 주된 행정행위를 철회할 수 있는 권리를 유보하는 부관으로, 해제조건과 달리 행정청의 별도의 행위를 요구한다. 행정청이 종교단체에 대해 기본재산전환인가를 하면서 인가조건을 붙이고 불이행시 인가를 취소하도록 한 경우 이때의 '인가조건'이 바로 철회권유보에 해당한다.

15. 사복직 9급, 13. 국가직 9급

022 □□□

철회권유보의 경우 유보된 사유가 발생하였더라도 철회권을 행사함에 있어서는 이익형량에 따른 제한을 받게 된다. O | X

철회권유보는 상대방의 신뢰보호를 약화시키므로 남용되어서는 안 된다. 따라서 철회의 일반원칙(이익형량)이 적용되어야 한다.

18. 서울시 9급, 07. 국가직 7급

023 □□□

철회 자체가 행정행위의 성질을 가지는 것은 아니어서 행정절차법상 처분절차를 적용하여야 하는 것은 아니나, 신뢰보호원칙이나 비례원칙과 같은 행정법의 일반원칙은 준수해야 한다. O | X

행정행위의 철회란 하자 없이 유효하게 성립된 행정행위를 사후에 발생한 새로운 사정을 이유로 장래에 향하여 그 효력을 소멸시키는 원행정행위와 독립된 별개의 행정행위를 말한다. 행정청은 수익적 행정행위의 철회 시 원칙적으로 행정절차법상의 사전통지절차나 의견제출의 기회를 주어야 한다.

10. 국가직 9급

024 □□□

숙박영업허가를 함에 있어 윤락행위를 알선하면 허가를 취소한다는 부관을 붙인 경우에는 철회권의 유보이다. O | X

Point정리 철회권유보

철회권유보	일정한 사유가 발생한 경우	주된 행정행위를	철회할 수 있는 권리를 행정청에 유보한 것
판례	윤락행위 알선하면	숙박영업허가를	취소(철회)한다는 부관을 붙임

23. 소방간부, 18. 지방직 7급, 14. 지방직 9급, 11. 국회직 8급

025 □□□

행정청이 종교단체에 대하여 기본재산전환인가를 함에 있어 인가조건을 부가하고 그 불이행시 인가를 취소할 수 있도록 한 경우, 인가조건의 의미는 인가처분에 대한 철회권을 유보한 것이다. O | X

행정청이 종교단체에 대하여 기본재산전환인가를 함에 있어 인가조건을 부가하고 그 불이행시 인가를 취소할 수 있도록 한 경우, 인가조건의 의미는 철회권을 유보한 것이다(대판 2003.5.30. 2003다6422).

정답 021 ○ 022 ○ 023 X 024 ○ 025 ○

08. 국가직 7급

026 □□□

법률효과의 일부배제는 행정행위의 내용상의 제한으로서, 행정행위와 독립하여 행정소송의 대상으로 삼을 수 없다. O | X

법률효과의 일부배제는 행정행위의 내용상의 제한이 아니라 부관이다.

15. 교행직 9급, 10. 국회직 8급

027 □□□

법률효과의 일부배제는 법령상에 규정된 효과의 일부를 배제하는 것이지만, 항상 법령에 명시적 근거를 요하는 것은 아니다. O | X

법률효과의 일부배제는 법률에 근거가 있어야 한다.

14. 서울시 7급

028 □□□

공유수면매립준공인가처분 중 매립지 일부에 대하여 한 국가 및 지방자치단체에의 귀속처분은 공유수면매립법 제14조의 효과 일부를 배제하는 부관을 붙인 것으로 볼 것이고 이를 독립하여 행정소송의 대상으로 삼을 수 없다. O | X

법률효과의 일부배제는 부관에 해당하며, 원칙적으로 독립하여 행정소송의 대상이 될 수 없다.

11. 국가직 9급

029 □□□

준법률행위에는 부관을 붙일 수 없다는 것이 전통적 견해이다. O | X

원칙적으로 준법률행위적 행정행위에는 부관을 붙일 수 없지만, 예외적으로 공증인 여권의 발급 등에는 종기 등의 부관을 붙일 수 있다.

15. 서울시 9급, 13. 서울시 7급

030 □□□

재량행위의 경우에는 법에 근거가 없는 경우에도 부관을 붙일 수 있다. O | X

재량행위 및 수익적 행정행위에는 법률에 근거가 없더라도 부관을 붙일 수 있다.

19. 국가직 9급, 18. 국가직 7급, 17. 국가직 9급(10월), 13. 지방직 7급

031 □□□

기속행위에 대해서는 법령상 특별한 근거가 없는 한 부관을 붙일 수 없고, 가사 부관을 붙였다고 하더라도 이는 무효이다. O | X

일반적으로 기속행위나 기속적 재량행위에는 부관을 붙일 수 없고 가사 부관을 붙였다 하더라도 이는 무효의 것이다(대판 1988.4.27. 87누1106).

정답 026 X 027 X 028 ○ 029 ○ 030 ○ 031 ○

23. 국회직 8급, 15. 서울시 9급, 14. 서울시 7급

032 □□□

기속행위의 경우에도 법률의 규정이 있으면 부관을 붙일 수 있다. O | X

기속행위는 법령상 특별한 근거가 없는 한 부관을 붙일 수 없으나, 예외적으로 요건충족적 부관을 붙일 수 있는 경우가 있다. 최근 행정소송법 규정에 기속행위의 부관에 대한 규정이 도입되었다.

> **「행정기본법」 제17조 【부관】** ② 행정청은 처분에 재량이 없는 경우에는 법률에 근거가 있는 경우에 부관을 붙일 수 있다.

23. 국회직 8급

033 □□□

사도개설허가에서 정해진 공사기간은 사도개설허가 자체의 존속기간을 정한 것이라 볼 수 있으므로 공사기간 내에 사도로 준공검사를 받지 못하였다면 사도개설허가는 당연히 실효된다. O | X

사도개설허가에서 정해진 공사기간 내에 사도로 준공검사를 받지 못한 경우, 이 공사기간을 사도개설허가 자체의 존속기간(유효기간)으로 볼 수 없으므로 사도개설허가가 당연히 실효되는 것은 아니다(대판 2004.11.25. 2004두7023).

23. 국회직 8급

034 □□□

공익법인의 기본재산처분에 대하여 행정청이 허가하는 경우 그 성질이 형성적 행정행위로서의 인가에 해당한다고 하여 조건으로서의 부관을 붙이지 못하는 것은 아니다. O | X

공익법인의 기본재산의 처분에 관한 공익법인의 설립·운영에 관한 법률 제11조 제3항의 규정은 강행규정으로서 이에 위반하여 주무관청의 허가를 받지 않고 기본재산을 처분하는 것은 무효라 할 것인데, 위 처분허가에 부관을 붙인 경우 그 처분허가의 법률적 성질이 형성적 행정행위로서의 인가에 해당한다고 하여 조건으로서의 부관의 부과가 허용되지 아니한다고 볼 수는 없고, 다만 구체적인 경우에 그것이 조건, 기한, 부담, 철회권의 유보 중 어느 종류의 부관에 해당하는지는 당해 부관의 내용, 경위 기타 제반 사정을 종합하여 판단하여야 할 것이다(대판 2005.9.28. 2004다50044).

21. 국가직 7급

035 □□□

행정청은 부관을 붙일 수 있는 처분이 당사자의 동의가 있는 경우에는 그 처분을 한 후에도 부관을 새로 붙이거나 종전의 부관을 변경할 수 있다. O | X

> **「행정기본법」 제17조 【부관】** ③ 행정청은 부관을 붙일 수 있는 처분이 다음 각 호의 어느 하나에 해당하는 경우에는 그 처분을 한 후에도 부관을 새로 붙이거나 종전의 부관을 변경할 수 있다.
> 1. 법률에 근거가 있는 경우
> 2. 당사자의 동의가 있는 경우
> 3. 사정이 변경되어 부관을 새로 붙이거나 종전의 부관을 변경하지 아니하면 해당 처분의 목적을 달성할 수 없다고 인정되는 경우

정답 032 ○ 033 X 034 ○ 035 ○

19. 변호사 · 국회직 8급

036 □□□

기속행위적 행정처분에 부담을 부가한 경우 그 부담은 무효라 할지라도 본체인 행정처분 자체의 효력에는 일반적으로 영향이 없다. O | X

건축허가를 하면서 일정 토지를 기부채납하도록 하는 내용의 허가조건은 부관을 붙일 수 없는 기속행위 내지 기속적 재량행위인 건축허가에 붙인 부담이거나 또는 법령상 아무런 근거가 없는 부관이어서 무효이다. 그리고 위 허가조건(부담)이 무효이면 본체인 건축허가 자체의 효력도 무효이다(대판 1995.6.13. 94다56883).

21. 소방간부, 12. 국회직 9급 유사

037 □□□

건축허가를 하면서 일정 토지를 기부채납하도록 하는 내용의 허가조건은 부관을 붙일 수 없는 기속행위 내지 기속적 재량행위인 건축허가에 붙인 부담이거나 또는 법령상 아무런 근거가 없는 부관이어서 무효이다. O | X

대판 1995.6.13. 94다56883 판례에 대한 옳은 내용이다.

14. 서울시 7급, 11. 국회직 8급

038 □□□

수익적 행정처분에 있어서도 원칙적으로 법령에 특별한 근거 규정이 있어야만 그 부관으로서 부담을 붙일 수 있다. O | X

수익적 행정행위에 있어서 법령에 특별한 근거 규정이 없다고 하더라도 그 부관으로서 부담을 붙일 수 있으나 그러한 부담은 비례의 원칙, 부당결부금지의 원칙에 위반되지 않아야 적법하다(대판 1997.3.11. 96다49650).

13. 서울시 7급

039 □□□

행정청은 부관의 부종성에 의하여 행정행위의 발급 이후에는 사후적으로 부관을 붙이거나 부관의 내용을 변경할 수 없다. O | X

행정처분에 이미 부담이 부가되어 있는 상태에서 그 의무의 범위 또는 내용 등을 변경하는 부관의 사후변경은, 법률에 명문의 규정이 있거나 그 변경이 미리 유보되어 있는 경우 또는 상대방의 동의가 있는 경우에 한하여 허용되는 것이 원칙이지만, 사정변경으로 인하여 당초에 부담을 부가한 목적을 달성할 수 없게 된 경우에도 그 목적달성에 필요한 범위 내에서 예외적으로 허용된다(대판 1997.5.30. 97누2627).

19. 국가직 9급, 18. 서울시 7급

040 □□□

부관의 사후변경은, 법률에 명문의 규정이 있거나 그 변경이 미리 유보되어 있는 경우 또는 상대방의 동의가 있는 경우에 한하여 허용되는 것이 원칙이지만, 사정변경으로 인하여 당초에 부담을 부가한 목적을 달성할 수 없게 된 경우에도 그 목적달성에 필요한 범위 내에서 예외적으로 허용된다. O | X

대판 1997.5.30. 97누2627 판례에 대한 옳은 내용이다.

정답 036 X 037 ○ 038 X 039 X 040 ○

19. 지방직 9급 · 국가직 9급, 18. 서울시 7급, 13. 국회직 9급

041 □□□

도로점용허가의 점용기간은 행정행위의 본질적인 요소에 해당한다고 볼 것이어서 부관인 점용기간을 정함에 있어서 위법사유가 있다면 이로써 도로점용허가처분 전부가 위법하게 된다. O | X

도로점용허가의 점용기간은 행정행위의 본질적인 요소에 해당한다고 볼 것이어서 부관인 점용기간을 정함에 있어서 위법사유가 있다면 이로써 도로점용허가처분 전부가 위법하게 된다(대판 1985.7.9. 84누604).

19. 서울시 7급

042 □□□

도로의 점용이라 함은 일반공중의 교통에 공용되는 도로에 대하여 이러한 일반사용과는 별도로 도로의 특정 부분을 유형적 · 고정적으로 사용하는 이른바 특별사용을 뜻하는 것이고, 그와 같은 도로의 특별사용은 독점적 · 배타적일 것을 요한다. O | X

도로의 점용이라 함은 일반공중의 교통에 공용되는 도로에 대하여 이러한 일반사용과는 별도로 도로의 특정 부분을 유형적 · 고정적으로 사용하는 이른바 특별사용을 뜻하는 것이고, 그와 같은 도로의 특별사용은 반드시 독점적 · 배타적인 것이 아니라 그 사용목적에 따라서는 도로의 일반사용과 병존이 가능한 경우도 있고, 이러한 경우에는 도로점용 부분이 동시에 일반공중의 교통에 공용되고 있다고 하여 도로점용이 아니라고 말할 수 없다(대판 1995.2.14. 94누5830).

19. 서울시 9급(6월), 13. 국회직 9급 · 지방직 7급

043 □□□

처분을 하면서 처분과 관련한 소의 제기를 금지하는 내용의 부제소특약을 부관으로 붙이는 것은 허용되지 않는다. O | X

지방자치단체장이 도매시장법인의 대표이사에 대하여 위 지방자치단체장이 개설한 농수산물도매시장의 도매시장법인으로 다시 지정함에 있어서 그 지정조건으로 '지정기간 중이라도 개설자가 농수산물 유통정책의 방침에 따라 도매시장법인 이전 및 지정취소 또는 폐쇄 지시에도 일체 소송이나 손실보상을 청구할 수 없다.'라는 부관을 붙였으나, 그중 부제소특약에 관한 부분은 당사자가 임의로 처분할 수 없는 공법상의 권리관계를 대상으로 하여 사인의 국가에 대한 공권인 소권을 당사자의 합의로 포기하는 것으로서 허용될 수 없다(대판 1998.8.21. 98두8919).

15. 교행직 9급 · 국가직 9급

044 □□□

부관이 주된 행정행위와 실질적 관련성을 갖더라도 주된 행정행위의 효과를 무의미하게 만드는 경우라면 그러한 부관은 비례원칙에 반하는 하자 있는 부관이 된다. O | X

부관의 목적상 한계에 해당한다.

정답 041 ○ 042 X 043 ○ 044 ○

13. 국회직 9급 유사, 09. 관세사 · 지방직 7급

045 □□□

재량행위에 있어서 법령상의 근거가 없더라도 부관을 붙일 수 있는데, 그 부관의 내용은 적법하고 이행 가능하여야 하며 비례의 원칙 및 평등의 원칙에 적합하고 행정처분의 본질적 효력을 해하지 아니하는 한도의 것이어야 한다. O | X

부관의 내용은 행정법상 일반원칙에 적합해야 한다.

Point정리 부관의 내용상 한계

1. **법령상의 한계**: 적법성이 있어야 한다.
2. **이행가능성의 한계**: 이행가능성이 있어야 한다.
3. **조리상의 한계**: 비례의 원칙, 평등의 원칙 등 행정법의 일반원칙을 준수해야 한다.
4. **목적상의 한계**: 주된 행정처분의 본질적 효력을 해쳐서는 안 된다.

21. 국가직 9급

046 □□□

행정처분과 부관 사이에 실제적 관련성이 있다고 볼 수 없는 경우, 공무원이 공법상의 제한을 회피할 목적으로 행정처분의 상대방과 사이에 사법상 계약을 체결하는 형식을 취하였더라도 법치행정의 원리에 반하는 것으로서 위법하다고 볼 수 없다. O | X

공무원이 인·허가 등 수익적 행정처분을 하면서 상대방에게 그 처분과 관련하여 이른바 부관으로서 부담을 붙일 수 있다 하더라도, 그러한 부담은 법치주의와 사유재산 존중, 조세법률주의 등 헌법의 기본원리에 비추어 비례의 원칙이나 부당결부의 원칙에 위반되지 않아야만 적법한 것인바, 행정처분과 부관 사이에 실제적 관련성이 있다고 볼 수 없는 경우 공무원이 위와 같은 공법상의 제한을 회피할 목적으로 행정처분의 상대방과 사이에 사법상 계약을 체결하는 형식을 취하였다면 이는 법치행정의 원리에 반하는 것으로서 위법하다(대판 2009.12.10. 2007다63966).

21. 지방직 9급

047 □□□

처분과 실제적 관련성이 없어 부관으로 붙일 수 없는 부담이라도 사법상 계약의 형식으로 처분의 상대방에게 부과할 수 있다. O | X

행정처분과 부관 사이에 실제적 관련성이 있다고 볼 수 없는 경우 공무원이 위와 같은 공법상의 제한을 회피할 목적으로 행정처분의 상대방과 사이에 사법상 계약을 체결하는 형식을 취하였다면 이는 법치행정의 원리에 반하는 것으로서 위법하다(대판 2009.12.10. 2007다63966).

19. 서울시 9급(6월), 18. 국가직 7급, 17. 국가직 9급(10월), 15. 국회직 8급, 14. 국가직 9급, 12. 지방직 7급 · 국가직 7급

048 □□□

행정처분과의 실제적 관련성이 없어 부관으로 붙일 수 없는 부담은 사법상 계약의 형식으로도 부과할 수 없다. O | X

대판 2009.12.10. 2007다63966 판례에 대한 옳은 내용이다.

정답 045 ○ 046 X 047 X 048 ○

23. 국가직 9급, 19. 지방직 9급

049 □□□

기선선망어업의 허가를 하면서 운반선, 등선 등 부속선을 사용할 수 없도록 제한한 부관은 그 어업허가의 목적달성을 사실상 어렵게 하여 그 본질적 효력을 해하는 것이다. O | X

기선선망어업의 허가를 하면서 운반선, 등선 등 부속선을 사용할 수 없도록 제한한 부관은 그 어업허가의 목적달성을 사실상 어렵게 하여 그 본질적 효력을 해하는 것일 뿐만 아니라 위 시행령의 규정에도 어긋나며, 어업조정이나 기타 공익상 필요하다고 인정되는 사정이 없는 이상 위법한 것이다(대판 1990.4.27. 89누6808). 이 경우 기선선망어업 허가를 하면서 부속선을 사용할 수 있도록 어업허가사항변경신청을 한 다음 그것이 거부된 경우에 거부처분취소소송을 제기할 수 있다.

21. 소방간부, 18. 서울시 9급, 15. 사복직 9급, 13. 국가직 9급, 11. 국가직 9급 · 지방직 9급

050 □□□

행정행위의 부관은 부담인 경우를 제외하고는 독립하여 행정소송의 대상이 될 수 없다. O | X

행정행위의 부관은 부담인 경우를 제외하고는 독립하여 행정소송의 대상이 될 수 없는바, 기부채납받은 행정재산에 대한 사용 · 수익허가에서 공유재산의 관리청이 정한 사용 · 수익허가의 기간은 그 허가의 효력을 제한하기 위한 행정행위의 부관으로서 이러한 사용 · 수익허가의 기간에 대해서는 독립하여 행정소송을 제기할 수 없다(대판 2001.6.15. 99두509).

21. 지방직 9급, 19. 변호사 · 국회직 8급, 15. 지방직 9급, 14. 서울시 7급, 13. 국회직 9급

051 □□□

기부채납받은 행정재산에 대한 사용 · 수익허가에서 공유재산의 관리청이 정한 사용 · 수익허가의 기간에 대하여서는 독립하여 행정소송을 제기할 수 없다. O | X

행정행위의 부관은 부담인 경우를 제외하고는 독립하여 행정소송의 대상이 될 수 없는바, 기부채납받은 행정재산에 대한 사용 · 수익허가에서 공유재산의 관리청이 정한 사용 · 수익허가의 기간은 그 허가의 효력을 제한하기 위한 행정행위의 부관으로서 이러한 사용 · 수익허가의 기간에 대해서는 독립하여 행정소송을 제기할 수 없다(대판 2001.6.15. 99두509).

19. 국회직 8급 · 서울시 7급 · 지방직 9급, 14. 지방직 9급

052 □□□

매립면허를 받은 자의 매립지에 대한 소유권취득을 규정한 구 공유수면매립법의 규정에도 불구하고 행정청이 공유수면매립준공인가 중 일부 공유수면 매립지에 대하여 한 국가귀속처분은 독립하여 행정소송의 대상이 된다. O | X

행정행위의 부관은 부담의 경우를 제외하고는 독립하여 행정소송의 대상이 될 수 없는 것인바, 행정청이 한 공유수면매립준공인가 중 매립지 일부에 대하여 한 국가귀속처분은 매립준공인가를 함에 있어서 매립의 면허를 받은 자의 매립지에 대한 소유권취득을 규정한 공유수면매립법 제14조의 효과 일부를 배제하는 부관을 붙인 것이므로 이러한 행정행위의 부관에 대하여는 독립하여 행정소송의 대상으로 삼을 수 없다(대판 1991.12.13. 90누8503).

15. 서울시 7급

053 □□□

어업면허처분을 함에 있어서 그 면허의 유효기간을 1년으로 정한 경우 어업면허처분 중 그 면허유효기간만의 취소를 구하는 청구는 허용될 수 없다. O | X

부담을 제외한 행정행위의 부관은 독립하여 행정쟁송의 대상이 될 수 없다.

정답 049 ○ 050 ○ 051 ○ 052 X 053 ○

12. 지방직 7급

054 □□□

부담 이외의 부관에 대하여는 진정일부취소소송을 제기하여 다툴 수 없으나, 부진정일부취소소송의 형식으로는 다툴 수 있다. O | X

부담 이외의 부관에 대하여는 진정일부취소소송을 제기하여 다툴 수 없다(대판 2001.5.15. 99두509). 나아가 부담 이외의 부관이 붙은 행정행위 전부를 대상으로 취소소송을 제기하여 부관만의 취소를 구하는 부진정일부취소소송을 제기하여 다툴 수도 없다(대판 1985.7.9. 84누604).

15. 국회직 8급

055 □□□

기선선망어업허가를 하면서 부속선을 사용할 수 없도록 제한한 위법한 부관에 대해서는 부속선을 사용할 수 있도록 어업허가사항변경신청을 한 다음 그것이 거부된 경우에 거부처분취소소송을 제기할 수 있다. O | X

위법한 부관에 대하여 곧바로 취소소송을 청구할 수는 없고, 행정청에 부관이 없는 행정행위 또는 부관의 내용을 변경한 행정행위를 요청한 뒤 그것이 거부되었을 때 거부처분을 대상으로 거부처분취소소송을 제기하여야 한다.

11. 지방직 9급

056 □□□

공유재산에 대하여 40년간 사용허가기간을 신청한 것에 대해 행정청이 20년간 사용허가한 경우에 허가기간에 대해서 독립하여 취소소송이 가능하다. O | X

행정행위의 부관은 부담의 경우를 제외하고는 독립하여 행정소송의 대상이 될 수 없다.

16. 사복직 9급, 09. 지방직 7급

057 □□□

부담 아닌 부관이 위법할 경우 신청인이 부관부행정행위의 변경을 청구하고, 행정청이 이를 거부할 경우 동 거부처분의 취소를 구하는 소송을 제기할 수 없다. O | X

부담 이외의 부관으로 인하여 권리를 침해당한 자는 부관부행정행위 전체에 대해 취소소송을 제기하든지, 부관이 없는 행정행위로 변경해 줄 것을 청구한 다음 그것이 거부된 경우에 거부처분취소소송을 제기할 수 있다.

14. 경행특채 1차

058 □□□

형식상 부관부행위 전체를 소송의 대상으로 하면서 내용상 일부, 즉 부관의 취소를 구하는 소송 형태는 진정일부취소소송이다. O | X

형식상 부관부행위 전체를 소송의 대상으로 하면서 내용상 일부, 즉 부관의 취소를 구하는 소송 형태는 부진정일부취소소송이다.

정답 054 X 055 ○ 056 X 057 X 058 X

18. 국가직 7급, 17. 국가직 9급(10월), 15. 서울시 7급

059 □□□

취소소송에 의하지 않으면 권리구제를 받을 수 없는 경우에는, 부담이 아닌 부관이라 하더라도 그 부관만을 대상으로 취소소송을 제기하는 것이 허용된다. O | X

부담의 경우에는 다른 부관과는 달리 행정행위의 불가분적인 요소가 아니고 그 존속이 본체인 행정행위의 존재를 전제로 하는 것일 뿐이므로 부담 그 자체로서 행정쟁송의 대상이 될 수 있다(대판 1992.1.21. 91누1264). 부담만 독립해서 행정쟁송의 대상이 되며, 나머지 부관은 부관만을 대상으로 취소소송을 제기하는 것은 허용되지 않는다.

05. 국회직 8급, 04. 국가직 7급

060 □□□

부관이 무효인 경우에 그것이 본체인 행정행위의 효력에 어떤 영향을 미치는가에 관하여 판례는 부관이 행정행위의 중요한 요소인 경우에 한하여 행정행위를 무효로 만들며, 그렇지 않은 경우에는 아무런 영향을 미치지 않는다고 한다. O | X

Point정리 부관이 무효인 경우의 효력

부관이 본질적 요소 ○	본 행정행위도 무효(예 기부채납을 받은 공원시설의 사용·수익 허가에서 허가기간은 행정행위의 본질적 요소이므로 허가기간에 위법사유가 있으면 허가 전체가 위법함)
부관이 본질적 요소 ×	부관만 무효

19. 국가직 9급, 15. 지방직 9급, 13. 지방직 7급, 12. 국가직 7급

061 □□□

행정처분에 붙인 부담이 무효가 되면 그 처분을 받은 사람이 부담의 이행으로 한 사법상 법률행위도 당연히 무효가 된다. O | X

행정처분에 부담인 부관을 붙인 경우 부관의 무효화에 의하여 본체인 행정처분 자체의 효력에도 영향이 있게 될 수는 있지만, 그 처분을 받은 사람이 부담의 이행으로 사법상 매매 등의 법률행위를 한 경우에는 그 부관은 특별한 사정이 없는 한 법률행위를 하게 된 동기 내지 연유로 작용하였을 뿐이므로 이는 법률행위의 취소사유가 될 수 있음은 별론으로 하고 그 법률행위 자체를 당연히 무효화하는 것은 아니다(대판 2009.6.25. 2006다18174).

21. 국가직 9급

062 □□□

부담의 이행으로서 하게 된 사법상 매매 등의 법률행위는 부담을 붙인 행정처분과는 별개의 법률행위이므로, 그 부담의 불가쟁력의 문제와는 별도로 법률행위가 사회질서 위반이나 강행규정에 위반되는지 여부 등을 따져보아 그 법률행위의 유효 여부를 판단하여야 한다. O | X

부담의 이행으로서 하게 된 사법상 매매 등의 법률행위는 부담을 붙인 행정처분과는 어디까지나 별개의 법률행위이므로 그 부담의 불가쟁력의 문제와는 별도로 법률행위가 사회질서 위반이나 강행규정에 위반되는지 여부 등을 따져보아 그 법률행위의 유효 여부를 판단하여야 한다(대판 2009.6.25. 2006다18174).

정답 059 X 060 ○ 061 X 062 ○

19. 서울시 7급(10월)

063 □□□

기속행위 행정처분에 부담인 부관을 붙인 경우 그 부관은 무효이므로 그 처분을 받은 사람이 그 부담의 이행으로서 하게 된 증여의 의사표시 자체도 당연히 무효가 된다. O | X

기속행위 내지 기속적 재량행위 행정처분에 부담인 부관을 붙인 경우 일반적으로 그 부관은 무효라 할 것이고 그 부관의 무효화에 의하여 본체인 행정처분 자체의 효력에도 영향이 있게 될 수는 있지만, 그러한 사유는 그 처분을 받은 사람이 그 부담의 이행으로서의 증여의 의사표시를 하게 된 동기 내지 연유로 작용하였을 뿐이므로 취소사유가 될 수 있음은 별론으로 하여도 그 의사표시 자체를 당연히 무효화하는 것은 아니다(대판 1998.12.22. 98다51305).

21. 국가직 7급, 19. 국회직 8급

064 □□□

행정처분에 부가한 부담이 무효인 경우에도 그 부담의 이행으로 한 사법상 법률행위가 당연히 무효가 되는 것은 아니며 행정처분에 부가한 부담이 제소기간의 도과로 불가쟁력이 생긴 경우에도 그 부담의 이행으로 한 사법상 법률행위의 효력을 다툴 수 있다. O | X

행정처분에 부담인 부관을 붙인 경우 부관의 무효화에 의하여 본체인 행정처분 자체의 효력에도 영향이 있게 될 수는 있지만, 그 처분을 받은 사람이 부담의 이행으로 사법상 매매 등의 법률행위를 한 경우에는 그 부관은 특별한 사정이 없는 한 법률행위를 하게 된 동기 내지 연유로 작용하였을 뿐이므로 이는 법률행위의 취소사유가 될 수 있음은 별론으로 하고 그 법률행위 자체를 당연히 무효화하는 것은 아니다. 또한, 행정처분에 붙은 부담인 부관이 제소기간의 도과로 확정되어 이미 불가쟁력이 생겼다면 그 하자가 중대하고 명백하여 당연무효로 보아야 할 경우 외에는 누구나 그 효력을 부인할 수 없을 것이지만, 부담의 이행으로서 하게 된 사법상 매매 등의 법률행위는 부담을 붙인 행정처분과는 어디까지나 별개의 법률행위이므로 그 부담의 불가쟁력의 문제와는 별도로 법률행위가 사회질서 위반이나 강행규정에 위반되는지 여부 등을 따져보아 그 법률행위의 유효 여부를 판단하여야 한다(대판 2009.6.25. 2006다18174).

23. 국가직 9급, 22. 지방직 7급

065 □□□

토지소유자가 토지형질변경행위허가에 붙은 기부채납의 부관에 따라 토지를 국가나 지방자치단체에 기부채납한 경우, 기부채납의 부관이 당연무효이거나 취소되지 아니한 이상 토지소유자는 위 부관으로 인하여 증여계약의 중요 부분에 착오가 있음을 이유로 증여계약을 취소할 수 없다. O | X

토지소유자가 토지형질변경행위허가에 붙은 기부채납의 부관에 따라 토지를 국가나 지방자치단체에 기부채납(증여)한 경우, 기부채납의 부관이 당연무효이거나 취소되지 아니한 이상 토지소유자는 위 부관으로 인하여 증여계약의 중요부분에 착오가 있음을 이유로 증여계약을 취소할 수 없다(대판 1999.5.25. 98다53134).

23. 국가직 9급

066 □□□

부관은 면허 발급 당시에 붙이는 것뿐만 아니라 면허 발급 이후에 붙이는 것도 법률에 명문의 규정이 있거나 변경이 미리 유보되어 있는 경우 또는 상대방의 동의가 있는 경우 등에는 특별한 사정이 없는 한 허용된다. O | X

부관은 면허 발급 당시에 붙이는 것뿐만 아니라 면허 발급 이후에 붙이는 것도 법률에 명문의 규정이 있거나 변경이 미리 유보되어 있는 경우 또는 상대방의 동의가 있는 경우 등에는 특별한 사정이 없는 한 허용된다(대판 2016.11.24. 2016두45028).

정답 063 X 064 O 065 O 066 O

24. 지방직 9급

067 □□□

부담부 행정처분에 있어서 처분의 상대방이 부담을 이행하지 아니한 경우에 처분청이 이를 들어 당해 처분을 철회할 수 없다. O | X

부담부 행정처분에 있어서 처분의 상대방이 부담(의무)을 이행하지 아니한 경우에 처분행정청으로서는 이를 들어 당해 처분을 취소(철회)할 수 있는 것이다(대판 1989.10.24. 89누2431).

23. 국가직 7급

068 □□□

행정청은 사정이 변경되어 종전의 부관을 변경하지 아니하면 해당 처분의 목적을 달성할 수 없다고 인정되는 경우에도 법률에 근거가 없다면 종전의 부관을 변경할 수 없다. O | X

행정청은 사정이 변경되어 종전의 부관을 변경하지 아니하면 해당 처분의 목적을 달성할 수 없다고 인정되는 경우에는 법률에 근거가 없어도 종전의 부관을 변경할 수 있다.

> **「행정기본법」 제17조 【부관】** ③ 행정청은 부관을 붙일 수 있는 처분이 다음 각 호의 어느 하나에 해당하는 경우에는 그 처분을 한 후에도 부관을 새로 붙이거나 종전의 부관을 변경할 수 있다.
> 1. 법률에 근거가 있는 경우
> 2. 당사자의 동의가 있는 경우
> 3. 사정이 변경되어 부관을 새로 붙이거나 종전의 부관을 변경하지 아니하면 해당 처분의 목적을 달성할 수 없다고 인정되는 경우

24. 국가직 9급

069 □□□

행정처분에 부담인 부관을 붙인 경우 부관의 무효화에 의하여 본체인 행정처분 자체의 효력에도 영향이 있게 될 수 있으며, 그 처분을 받은 사람이 부담의 이행으로 사법상 매매 등의 법률행위를 한 경우 그 법률행위 자체는 당연무효이다. O | X

행정처분에 부담인 부관을 붙인 경우 부관의 무효화에 의하여 본체인 행정처분 자체의 효력에도 영향이 있게 될 수는 있지만, 그 처분을 받은 사람이 부담의 이행으로 사법상 매매 등의 법률행위를 한 경우에는 그 부관은 특별한 사정이 없는 한 법률행위를 하게 된 동기 내지 연유로 작용하였을 뿐이므로 이는 법률행위의 취소사유가 될 수 있음은 별론으로 하고 그 법률행위 자체를 당연히 무효화하는 것은 아니다(대판 2009.6.25. 2006다18174).

24. 국가직 9급

070 □□□

공익법인의 기본재산 처분허가에 부관을 붙인 경우, 그 처분허가의 법적 성질은 명령적 행정행위인 허가에 해당하며 조건으로서 부관의 부과가 허용되지 아니한다. O | X

공익법인의 기본재산의 처분에 관한 공익법인의 설립·운영에 관한 법률 제11조 제3항의 규정은 강행규정으로서 이에 위반하여 주무관청의 허가를 받지 않고 기본재산을 처분하는 것은 무효라 할 것인데, 위 처분허가에 부관을 붙인 경우 그 처분허가의 법률적 성질이 형성적 행정행위로서의 인가에 해당한다고 하여 조건으로서의 부관의 부과가 허용되지 아니한다고 볼 수는 없고, 다만 구체적인 경우에 그것이 조건, 기한, 부담, 철회권의 유보 중 어느 종류의 부관에 해당하는지는 당해 부관의 내용, 경위 기타 제반 사정을 종합하여 판단하여야 할 것이다(대판 2005.9.28. 2004다50044).

정답 067 X 068 X 069 X 070 X

제7장 행정행위의 요건과 효력

04. 국회직 8급

001 □□□

우리 행정절차법은 행정청이 처분을 하는 때에는 다른 법령 등에 특별한 규정이 있는 경우를 제외하고는 문서로 하지 않아도 된다고 하는 구술(口述)에 의한 처분원칙을 취하고 있다. O | X

행정절차법 제24조는 행정청이 처분을 하는 때에는 다른 법령 등에 특별한 규정이 있는 경우를 제외하고는 문서로 하여야 하고 전자문서로 하는 경우에는 당사자 등의 동의가 있어야 하며, 다만 신속을 요하거나 사안이 경미한 경우에는 구술 기타 방법으로 할 수 있다고 규정하고 있는데, 이는 행정의 공정성·투명성 및 신뢰성을 확보하고 국민의 권익을 보호하기 위한 것이므로 위 규정을 위반하여 행하여진 행정청의 처분은 하자가 중대하고 명백하여 원칙적으로 무효이다(대판 2011.11.10. 2011도11109).

15. 서울시 7급

002 □□□

송달은 다른 법령 등에 특별한 규정이 있는 경우를 제외하고는 해당 문서가 송달받을 자에게 도달됨으로써 그 효력이 발생한다. O | X

송달의 효력발생에는 도달주의가 적용된다.

14. 서울시 9급, 13. 지방직 9급

003 □□□

납세고지서의 교부송달 및 우편송달에 있어서 반드시 납세의무자 또는 그와 일정한 관계에 있는 사람의 현실적인 수령행위를 전제로 하고 있다고 보아야 하며, 납세자가 과세처분의 내용을 이미 알고 있는 경우에도 납세고지서의 송달이 불필요하다고 할 수 없다. O | X

납세고지서의 교부송달 및 우편송달에 있어서는 반드시 납세의무자 또는 그와 일정한 관계에 있는 사람의 현실적인 수령행위를 전제로 하고 있다고 보아야 하며, 납세자가 과세처분의 내용을 이미 알고 있는 경우에도 납세고지서의 송달이 불필요하다고 할 수는 없다(대판 2004.4.9. 2003두13908).

19. 국회직 8급

004 □□□

보통의 행정행위는 상대방이 수령하여야만 효력이 발생하는 것이므로 상대방이 그 행정행위를 현실적으로 알고 있어야 한다. O | X

행정처분의 효력발생요건으로서의 도달이란 처분상대방이 처분서의 내용을 현실적으로 알았을 필요까지는 없고 처분상대방이 알 수 있는 상태에 놓임으로써 충분하며, 처분서가 처분상대방의 주민등록상 주소지로 송달되어 처분상대방의 사무원 등 또는 그 밖에 우편물 수령권한을 위임받은 사람이 수령하면 처분상대방이 알 수 있는 상태가 되었다고 할 것이다(대판 2017.3.9. 2016두60577).

정답 001 X 002 ○ 003 ○ 004 X

21. 소방 · 소방간부

005 □□□

상대방 있는 행정처분이 상대방에게 고지되지 아니한 경우에도 상대방이 다른 경로를 통해 행정처분의 내용을 알게 된다면 그 행정처분의 효력이 발생한다. O | X

상대방 있는 행정처분은 특별한 규정이 없는 한 의사표시에 관한 일반법리에 따라 상대방에게 고지되어야 효력이 발생하고, 상대방 있는 행정처분이 상대방에게 고지되지 아니한 경우에는 상대방이 다른 경로를 통해 행정처분의 내용을 알게 되었다고 하더라도 행정처분의 효력이 발생한다고 볼 수 없다(대판 2019.8.9. 2019두38656).

18. 국가직 9급, 10. 서울시 9급

006 □□□

등기에 의한 우편송달의 경우라도 수취인이 주민등록지에 실제로 거주하지 않는 경우에는 우편물의 도달사실을 처분청이 입증해야 한다. O | X

우편물이 등기취급의 방법으로 발송된 경우, 특별한 사정이 없는 한, 그 무렵 수취인에게 배달되었다고 보아도 좋을 것이나, 수취인이나 그 가족이 주민등록지에 실제로 거주하고 있지 아니하면서 전입신고만을 해 둔 경우에는 그 사실만으로써 주민등록지 거주자에게 송달 수령의 권한을 위임하였다고 보기는 어려울 뿐 아니라 수취인이 주민등록지에 실제로 거주하지 아니하는 경우에도 우편물이 수취인에게 도달하였다고 추정할 수는 없고, 따라서 이러한 경우에는 우편물의 도달사실을 과세관청이 입증해야 할 것이고, 수취인이나 그 가족이 주민등록지에 실제로 거주하고 있지 아니하면서 전입신고만을 해 두었고, 그 밖에 주민등록지 거주자에게 송달수령의 권한을 위임하였다고 보기 어려운 사정이 인정된다면, 등기우편으로 발송된 납세고지서가 반송된 사실이 인정되지 아니한다 하여 납세의무자에게 송달된 것이라고 볼 수는 없다(대판 1998.2.13. 97누8977).

18. 지방교행 · 국가직 9급

007 □□□

처분서를 보통우편의 방법으로 발송한 경우에는 그 우편물이 상당한 기간 내에 도달하였다고 추정할 수 없다. O | X

내용증명우편이나 등기우편과는 달리, 보통우편의 방법으로 발송되었다는 사실만으로는 그 우편물이 상당기간 내에 도달하였다고 추정할 수 없고 송달의 효력을 주장하는 측에서 증거에 의하여 도달사실을 입증하여야 한다(대판 2009.12.10. 2007두20140).

18. 지방교행

008 □□□

정보통신망을 이용하여 전자문서로 송달하는 경우에는 송달받을 자가 지정한 컴퓨터 등에 입력된 때에 도달된 것으로 본다. O | X

정보통신망을 이용하여 전자문서로 송달하는 경우에는 송달받을 자가 지정한 컴퓨터 등에 입력된 때에 도달된 것으로 본다(행정절차법 제15조 제2항).

정답 005 X 006 ○ 007 ○ 008 ○

21. 소방, 18. 지방교행 유사

009 □□□

송달이 불가능하여 관보, 공보 등에 공고한 경우에는 다른 법령 등에 특별한 규정이 있는 경우를 제외하고 공고일부터 14일이 경과한 때에 그 효력이 발생한다. 다만, 긴급히 시행하여야 할 특별한 사유가 있어 효력발생시기를 달리 정해 공고한 경우에는 그에 따른다. O | X

「행정절차법」 제14조 【송달】 ④ 다음 각 호의 어느 하나에 해당하는 경우에는 송달받을 자가 알기 쉽도록 관보, 공보, 게시판, 일간신문 중 하나 이상에 공고하고 인터넷에도 공고하여야 한다.
1. 송달받을 자의 주소 등을 통상적인 방법으로 확인할 수 없는 경우
2. 송달이 불가능한 경우

제15조 【송달의 효력발생】 ③ 제14조 제4항의 경우에는 다른 법령 등에 특별한 규정이 있는 경우를 제외하고는 공고일부터 14일이 지난 때에 그 효력이 발생한다. 다만, 긴급히 시행하여야 할 특별한 사유가 있어 효력발생시기를 달리 정하여 공고한 경우에는 그에 따른다.

21. 소방

010 □□□

행정절차법은 행정행위 상대방에 대한 송달받을 자의 주소 등을 통상적인 방법으로 확인할 수 없는 경우에 한하여, 공고의 방법에 의한 송달이 가능하도록 규정하고 있다. O | X

송달이 불가능한 경우에도 공고가 가능하다.

「행정절차법」 제14조 【송달】 ④ 다음 각 호의 어느 하나에 해당하는 경우에는 송달받을 자가 알기 쉽도록 관보, 공보, 게시판, 일간신문 중 하나 이상에 공고하고 인터넷에도 공고하여야 한다.
1. 송달받을 자의 주소 등을 통상적인 방법으로 확인할 수 없는 경우
2. 송달이 불가능한 경우

18. 국가직 9급, 11. 지방직 9급

011 □□□

구 청소년 보호법에 따라 정보통신윤리위원회가 특정 웹사이트를 청소년유해매체물로 결정하고 청소년보호위원회가 효력발생시기를 명시하여 고시하였으나 정보통신윤리위원회가 청소년보호위원회가 웹사이트 운영자에게는 위 처분이 있었음을 통지하지 않았다면 그 효력이 발생하지 않는다. O | X

구 청소년 보호법에 따른 청소년유해매체물결정 및 고시처분은 당해 유해매체물의 소유자 등 특정인만을 대상으로 한 행정처분이 아니라 일반 불특정다수인을 상대방으로 하여 일률적으로 표시의무, 포장의무, 청소년에 대한 판매·대여 등의 금지의무 등 각종 의무를 발생시키는 행정처분으로서, 정보통신윤리위원회가 특정 인터넷 웹사이트를 청소년유해매체물로 결정하고 청소년보호위원회가 효력발생시기를 명시하여 고시함으로써 그 명시된 시점에 효력이 발생하였다고 봄이 상당하고, 정보통신윤리위원회와 청소년보호위원회가 위 처분이 있었음을 위 웹사이트 운영자에게 제대로 통지하지 아니하였다고 하여 그 효력 자체가 발생하지 아니한 것으로 볼 수는 없다(대판 2007.6.14. 2004두619).

18. 지방교행, 14. 서울시 9급

012 □□□

정보통신망을 이용한 송달은 송달받을 자가 동의하는 경우에만 한다. O | X

정보통신망을 이용한 송달은 송달받을 자가 동의하는 경우에만 한다. 이 경우 송달받을 자는 송달받을 전자우편주소 등을 지정하여야 한다(행정절차법 제14조 제3항).

정답 009 ○ 010 X 011 X 012 ○

23. 경찰간부

013 □□□

교부에 의한 송달을 할 때 문서를 송달받을 자 또는 그 사무원등이 정당한 사유 없이 송달받기를 거부하는 경우에는 그 사실을 수령확인서에 적고, 문서를 송달할 장소에 놓아둘 수 있다. O | X

「행정절차법」 제14조 【송달】 ② 교부에 의한 송달은 수령확인서를 받고 문서를 교부함으로써 하며, 송달하는 장소에서 송달받을 자를 만나지 못한 경우에는 그 사무원 · 피용자(被傭者) 또는 동거인으로서 사리를 분별할 지능이 있는 사람(이하 이 조에서 "사무원등"이라 한다)에게 문서를 교부할 수 있다. 다만, 문서를 송달받을 자 또는 그 사무원등이 정당한 사유 없이 송달받기를 거부하는 때에는 그 사실을 수령확인서에 적고, 문서를 송달할 장소에 놓아둘 수 있다.

12. 경행특채

014 □□□

행정청이 어떤 처분을 하였는지가 분명하더라도 처분경위나 처분 이후의 상대방의 태도 등 다른 사정을 고려하여 처분서의 문언과는 달리 다른 처분까지 포함되어 있는 것으로 확대해석할 수 있다. O | X

행정청이 문서에 의하여 처분을 한 경우 처분서의 문언이 불분명하다는 등의 특별한 사정이 없는 한, 문언에 따라 어떤 처분을 하였는지를 확정하여야 하고, 처분서의 문언만으로도 행정청이 어떤 처분을 하였는지가 분명함에도 처분경위나 처분 이후의 상대방의 태도 등 다른 사정을 고려하여 처분서의 문언과는 달리 다른 처분까지 포함되어 있는 것으로 확대해석하여서는 아니 된다(대판 2016.10.13. 2016두42449).

18. 변호사, 14. 지방직 7급

015 □□□

행정처분은 신청 후 그 근거 법령이 개정된 경우에도 경과규정에서 달리 정함이 없는 한 처분 당시 시행되는 개정 법령과 그에 정한 기준에 의하는 것이 원칙이다. O | X

행정처분은 그 근거 법령이 개정된 경우에도 경과규정에서 달리 정함이 없는 한 처분 당시 시행되는 개정 법령과 그에 정한 기준에 의하는 것이 원칙이고, 그 개정 법령이 기존의 사실 또는 법률관계를 적용대상으로 하면서 국민의 재산권과 관련하여 종전보다 불리한 법률효과를 규정하고 있는 경우에도 그러한 사실 또는 법률관계가 개정 법령이 시행되기 이전에 이미 완성 또는 종결된 것이 아니라면 이를 헌법상 금지되는 소급입법에 의한 재산권 침해라고 할 수는 없으며, 그러한 개정 법령의 적용과 관련하여서는 개정 전 법령의 존속에 대한 국민의 신뢰가 개정 법령의 적용에 관한 공익상 요구보다 더 보호가치가 있다고 인정되는 경우에 그러한 국민의 신뢰를 보호하기 위하여 그 적용이 제한될 여지가 있을 따름이다(대판 2015.10.15. 2013두2013).

18. 지방직 9급

016 □□□

건축허가신청 후 건축허가기준에 관한 관계 법령 및 조례의 규정이 신청인에게 불리하게 개정된 경우, 당사자의 신뢰를 보호하기 위해 처분시가 아닌 신청시 법령에서 정한 기준에 의하여 건축허가 여부를 결정하는 것이 원칙이다. O | X

건축허가기준에 관한 관계 법령의 규정이 개정된 경우, 새로이 개정된 법령의 경과규정에서 달리 정함이 없는 한 처분 당시에 시행되는 개정 법령에서 정한 기준에 의하여 건축허가 여부를 결정하는 것이 원칙이고, 그러한 개정 법령의 적용과 관련하여서는 개정 전 법령의 존속에 대한 국민의 신뢰가 개정 법령의 적용에 관한 공익상의 요구보다 더 보호가치가 있다고 인정되는 경우에 그러한 국민의 신뢰를 보호하기 위하여 그 적용이 제한될 수 있는 여지가 있을 따름이다(대판 2007.11.16. 2005두8092).

정답 013 ○ 014 X 015 ○ 016 X

14. 지방직 7급

017 □□□

장해급여 지급을 위한 장해등급결정과 같이 행정청이 확정된 법률관계를 확인하는 처분을 하는 경우에는 처분시 법령을 적용하여야 한다. O | X

산업재해보상보험법상 장해급여는 근로자가 업무상의 사유로 부상을 당하거나 질병에 걸려 치료를 종결한 후 신체 등에 장해가 있는 경우 그 지급사유가 발생하고, 그때 근로자는 장해급여지급청구권을 취득하므로, 장해급여 지급을 위한 장해등급결정 역시 장해급여 지급청구권을 취득할 당시, 즉 그 지급사유 발생 당시의 법령에 따르는 것이 원칙이다(대판 2007.2.22. 2004두12957).

15. 서울시 9급

018 □□□

건설업면허수첩 대여행위가 그 행위 후 법령개정으로 취소사유에서 삭제되었다면, 신법을 적용하여 건설업면허취소를 취소하여야 한다. O | X

법령이 변경된 경우 명문의 다른 규정이나 특별한 사정이 없는 한 그 변경 전에 발생한 사항에 대하여는 변경 후의 신 법령이 아니라 변경 전의 구 법령이 적용되므로, 건설업자인 원고가 1973.12.31. 소외인에게 면허수첩을 대여한 것이 그 당시 시행된 건설업법 제38조 제1항 제8호 소정의 건설업면허 취소사유에 해당된다면 그 후 동법 시행령 제3조 제1항이 개정되어 건설업면허 취소사유에 해당하지 아니하게 되었다 하더라도 건설부장관은 동 면허수첩 대여행위 당시 시행된 건설업법 제38조 제1항 제8호를 적용하여 원고의 건설업면허를 취소하여야 할 것이다(대판 1982.12.28. 82누1).

14. 국가직 9급

019 □□□

경과규정 등의 특별규정 없이 법령이 변경된 경우, 그 변경 전에 발생한 사항에 대하여 적용할 법령은 개정 후의 신 법령이다. O | X

법령이 변경된 경우 명문의 다른 규정이나 특별한 사정이 없는 한 그 변경 전에 발생한 사항에 대하여는 변경 후의 신 법령이 아니라 변경 전의 구 법령이 적용된다(대판 1982.12.28. 82누1).

15. 서울시 9급 · 국가직 9급

020 □□□

건설업자가 시공자격 없는 자에게 전문공사를 하도급한 행위에 대하여 과징금 부과처분을 하는 경우, 구체적인 부과기준에 대하여 처분시의 법령이 행위시의 법령보다 불리하게 개정되었고 어느 법령을 적용할 것인지에 대하여 특별한 규정이 없다면 행위시의 법령을 적용하여야 한다. O | X

행정행위에 대하여 원칙적으로 처분시의 법령을 적용하고, 법령이 개정된 경우 개정된 처분시의 법령을 적용한다. 그러나 과징금, 형사처벌 등 제재적 처분기준에 대하여는 특별한 규정이 없다면 법령 위반행위시의 법에 따라 제재적 처분을 내린다.

정답 017 X 018 X 019 X 020 ○

12. 국회직 9급

021 □□□

법령의 개정으로 허가 없이 공작물설치행위를 할 수 있도록 변경되었다면, 당해 법령의 개정 전에 이미 범하여진 위법한 공작물 설치행위에 대한 가벌성도 소멸된다. O | X

2005.1.27. 법률 제7383호로 개정된 개발제한구역의 지정 및 관리에 관한 특별조치법에서 신설한 제11조 제3항은 "건설교통부령이 정하는 경미한 행위는 허가 또는 신고를 하지 아니하고 행할 수 있다."고 규정하고 있고 그 부칙에 의하여 공포 후 6개월이 경과한 날부터 시행되었으며, 2005.8.10. 건설교통부령 제464호에서 신설한 같은 법 시행규칙 제7조의2와 [별표 3의2]는 그러한 경미한 행위들을 열거하여 규정하고 있으나, 이와 같이 종전에 허가를 받거나 신고를 하여야만 할 수 있던 행위의 일부를 허가나 신고 없이 할 수 있도록 법령이 개정되었다 하더라도 이는 법률 이념의 변천으로 과거에 범죄로서 처벌하던 일부 행위에 대한 처벌 자체가 부당하다는 반성적 고려에서 비롯된 것이라기보다는 사정의 변천에 따른 규제 범위의 합리적 조정의 필요에 따른 것이라고 보이므로, 위 개발제한구역의 지정 및 관리에 관한 특별조치법과 같은 법 시행규칙의 신설 조항들이 시행되기 전에 이미 범하여진 개발제한구역 내 비닐하우스 설치행위에 대한 가벌성이 소멸하는 것은 아니다(대판 2007.9.6. 2007도4197).

11. 국회직 8급

022 □□□

한시적인 법인세액 감면제도를 시행하다가 새로운 조문을 신설하면서 법인세액 감면대상이 되지 아니하는 업종으로 변경된 기업에 대하여 아무런 경과규정을 두지 아니하였더라도 신뢰보호의 원칙에 위반되지 않는다. O | X

한시적 법인세액 감면제도를 시행하다가 개정된 조세특례제한법 제2조 제3항을 신설하면서 법인세액 감면대상이 되지 않는 업종으로 변경된 기업에 대하여 아무런 경과규정을 두지 않은 경우, 위 규정이 헌법상의 평등의 원칙, 재산권의 보장, 과잉금지의 원칙, 신뢰보호의 원칙 등에 위배되지 않는다(대판 2009.9.10. 2008두9324).

12. 사복직 9급

023 □□□

법령을 소급적용하더라도 일반 국민의 이해에 직접 관계가 없는 경우, 오히려 그 이익을 증진시키는 경우, 불이익이나 고통을 제거하는 경우에도 법령의 소급적용은 허용되지 않는다. O | X

법령의 소급적용, 특히 행정법규의 소급적용은 일반적으로는 법치주의의 원리에 반하고, 개인의 권리 · 자유에 부당한 침해를 가하며, 법률생활의 안정을 위협하는 것이어서, 이를 인정하지 않는 것이 원칙이고(법률불소급의 원칙 또는 행정법규불소급의 원칙), 다만 법령을 소급적용하더라도 일반 국민의 이해에 직접 관계가 없는 경우, 오히려 그 이익을 증진하는 경우, 불이익이나 고통을 제거하는 경우 등의 특별한 사정이 있는 경우에 한하여 예외적으로 법령의 소급적용이 허용된다(대판 2005.5.13. 2004다8630).

09. 국가직 9급

024 □□□

행정행위는 그 내용에 따라 일정한 법적 효과가 발생하고 관계행정청 및 상대방과 관계인을 구속하는 힘을 가진다. O | X

행정행위의 구속력에 대한 옳은 내용이다.

정답 021 X 022 ○ 023 X 024 ○

15. 사복직 9급, 14. 서울시 7급

025 □□□

공정력은 행위가 위법하더라도 당연무효인 경우를 제외하고는 권한 있는 기관에 의해 취소되지 않는 한 유효한 것으로 통용되는 효력을 말한다. O | X

공정력은 행정행위가 성립상 하자가 있더라도 당연무효가 아니면 직권취소 또는 쟁송취소되기 전까지 유효한 것으로 통용되는 힘을 말한다.

21. 지방직 9급

026 □□□

행정처분이 아무리 위법하다고 하여도 그 하자가 중대하고 명백하여 당연무효라고 보아야 할 사유가 있는 경우를 제외하고는 아무도 그 하자를 이유로 무단히 그 효과를 부정하지 못한다. O | X

행정처분이 아무리 위법하다고 하여도 그 하자가 중대하고 명백하여 당연무효라고 보아야 할 사유가 있는 경우를 제외하고는 아무도 그 하자를 이유로 무단히 그 효과를 부정하지 못하는 것으로, 이러한 행정행위의 공정력은 판결의 기판력과 같은 효력은 아니지만 그 공정력의 객관적 범위에 속하는 행정행위의 하자가 취소사유에 불과한 때에는 그 처분이 취소되지 않는 한 처분의 효력을 부정하여 그로 인한 이득을 법률상 원인 없는 이득이라고 말할 수 없는 것이다(대판 1994.11.11. 94다28000).

16. 사복직 9급

027 □□□

공정력은 행정청의 권력적 행위뿐 아니라 비권력적 행위, 사실행위, 사법행위에도 인정된다. O | X

공정력은 행정청의 권력적 행위에서 인정되고 비권력적 행위, 사실행위, 사법행위에는 인정되지 않는다.

19. 서울시 9급(6월)

028 □□□

파면처분을 당한 공무원은 그 처분에 취소사유인 하자가 존재하는 경우 파면처분취소소송을 제기하여야 하고 곧바로 공무원지위확인소송을 제기할 수 없다. O | X

파면처분을 당한 공무원은 그 처분에 취소사유인 하자가 존재하는 경우에는 공정력 때문에 파면처분이 유효하다고 통용된다. 따라서 파면처분취소소송을 제기하여야 하지, 공무원신분을 전제로 한 당사자소송으로 공무원지위확인소송을 제기할 수는 없다. 다만, 공무원파면처분이 무효라면 공무원지위확인소송을 제기할 수 있다.

18. 국가직 7급

029 □□□

처분의 효력 유무가 당사자소송의 선결문제인 경우, 당사자소송의 수소법원은 이를 심사하여 하자가 중대·명백한 경우에는 처분이 무효임을 전제로 판단할 수 있고, 또한 단순한 취소사유에 그칠 때에도 처분의 효력을 부인할 수 있다. O | X

당사자소송의 수소법원은 행정처분의 하자가 당연무효인 경우에는 그 효력을 부정할 수 있지만, 취소사유인 경우에는 행정처분의 공정력으로 인하여 그 효력을 부인할 수 없다.

정답 025 ○ 026 ○ 027 X 028 ○ 029 X

17. 국가직 7급(10월)

030 □□□

행정처분의 취소를 구하는 취소소송에서 그 처분의 취소를 선결문제로 하는 부당이득반환청구가 병합된 경우, 그 청구의 인용을 위해서는 그 소송절차에서 판결에 의해 당해 처분이 취소되면 충분하고 그 처분의 취소가 확정되어야 할 필요는 없다. O | X

행정소송법 제10조는 처분의 취소를 구하는 취소소송에 당해 처분과 관련되는 부당이득반환소송을 관련 청구로 병합할 수 있다고 규정하고 있는바, 이 조항을 둔 취지에 비추어 보면, 취소소송에 병합할 수 있는 당해 처분과 관련되는 부당이득반환소송에는 당해 처분의 취소를 선결문제로 하는 부당이득반환청구가 포함되고, 이러한 부당이득반환청구가 인용되기 위해서는 그 소송절차에서 판결에 의해 당해 처분이 취소되면 충분하고 그 처분의 취소가 확정되어야 하는 것은 아니라고 보아야 한다(대판 2009.4.9. 2008두23153).

19. 국가직 7급

031 □□□

甲이 개별공시지가결정에 따라 부과된 재산세를 납부한 후 이미 납부한 재산세에 대한 부당이득반환을 구하는 민사소송을 제기한 경우, 민사법원은 재산세부과처분에 취소사유의 하자가 있음을 이유로 재산세부과처분의 효력을 부인하고 그 납세액의 반환을 명하는 판결을 내릴 수 있다. O | X

과세처분이 당연무효라고 볼 수 없는 한 과세처분에 취소할 수 있는 위법사유가 있다 하더라도 그 과세처분은 행정행위의 공정력 또는 집행력에 의하여 그것이 적법하게 취소되기 전까지는 유효하다 할 것이므로, 민사소송절차에서 그 과세처분의 효력을 부인할 수 없다(대판 1999.8.20. 99다20179).

11. 지방직 7급

032 □□□

처분 등의 효력 유무 및 위법 여부 또는 존재 여부가 민사소송의 선결문제로 되어 당해 민사소송의 수소법원이 이를 심리·판단하는 경우에 대하여 행정소송법은 명시적인 규정을 두고 있다. O | X

'위법 여부'에 대해서는 규정되어 있지 않다.

> **「행정소송법」 제11조【선결문제】** ① 처분 등의 효력 유무 또는 존재 여부가 민사소송의 선결문제로 되어 당해 민사소송의 수소법원이 이를 심리·판단하는 경우에는 제17조, 제25조, 제26조 및 제33조의 규정을 준용한다.

19. 국가직 9급, 18. 지방교행

033 □□□

위법한 행정행위에 대한 국가배상소송이 제기된 경우, 민사법원은 해당 행정행위가 취소되어야만 그 위법 여부를 심리·판단하여 배상을 명할 수 있다. O | X

국가배상소송에서 처분의 위법성이 인정되기 위해서는 처분이 취소될 필요까지 없으며 민사법원 스스로 위법성을 전제로 국가배상판결을 내릴 수 있다.

14. 지방직 9급

034 □□□

민사법원은 국가배상청구소송에서 선결문제로 행정처분의 위법 여부를 판단할 수 없다. O | X

민사법원은 국가배상청구소송에서 선결문제로 행정처분의 위법 여부를 판단할 수 있다.

정답 030 ○ 031 X 032 X 033 X 034 X

15. 사복직 9급

035 □□□

판례에 의하면 행정청의 계고처분이 위법임을 이유로 국가배상소송이 제기된 경우에 수소법원인 민사법원은 계고처분의 위법성을 스스로 심사할 수 있다. O | X

계고처분의 위법성이 국가배상소송의 선결문제인 경우, 반드시 계고처분에 대한 취소판결이 내려진 후에야만 국가배상소송을 청구할 수 있는 것이 아니라 수소법원인 민사법원에서도 계고처분의 위법성을 판단할 수 있고 (단, 민사법원이 계고처분을 취소할 수 있는 것은 아님) 그 위법성을 근거로 손해배상청구는 가능한 것이다.

관련 판례

위법한 행정대집행이 완료되면 그 처분의 무효확인 또는 취소를 구할 소의 이익은 없다 하더라도, 미리 그 행정처분의 취소판결이 있어야만, 그 행정처분의 위법임을 이유로 한 손해배상청구를 할 수 있는 것은 아니다(대판 1972.4.28. 72다337).

「행정소송법」 제11조 【선결문제】 ① 처분 등의 효력 유무 또는 존재 여부가 민사소송의 선결문제로 되어 당해 민사소송의 수소법원이 이를 심리 · 판단하는 경우에는 제17조, 제25조, 제26조 및 제33조의 규정을 준용한다.

19. 서울시 9급(6월), 10. 국가직 7급

036 □□□

취소사유 있는 영업정지처분에 대한 취소소송의 제소기간이 도과한 경우 처분의 상대방은 국가배상청구소송을 제기하여 재산상 손해의 배상을 구할 수 있다. O | X

대법원은 "처분이 취소되지 아니하였다 하더라도 국가는 이로 인한 손해를 배상할 책임이 있다(대판 1979.4.11. 79다262)."라고 하여 일관되게 민사법원이 선결문제로서 행정행위의 위법성 여부를 판단할 수 있다고 한다. 따라서 취소사유 있는 영업정지처분에 대한 취소소송의 제소기간이 도과한 경우에도 처분의 상대방은 민사법원에 국가배상청구소송을 제기하여 재산상 손해의 배상을 구할 수 있다.

21. 지방직 9급

037 □□□

불가쟁력이 발생한 행정행위로 손해를 입은 국민은 국가배상청구를 할 수 있다. O | X

대판 1979.4.11. 79다262 판례에 대한 옳은 내용이다.

12. 국가직 9급

038 □□□

위법한 철거명령을 받고 건축물이 철거된 자는 그 철거명령의 취소를 구하지 않고 곧바로 국가배상을 청구할 수 있다. O | X

민사법원이 선결문제로서 행정행위의 위법성을 판단할 수 있으므로 취소판결이 내려지지 않더라도 곧장 국가배상을 청구할 수 있다.

정답 035 O 036 O 037 O 038 O

19. 서울시 7급, 14. 지방직 7급, 13. 국가직 9급

039 □□□

조세의 과오납이 부당이득이 되기 위하여는 납세 또는 조세의 징수가 전혀 법률상의 근거가 없거나 과세처분의 하자가 중대하고 명백하여 당연무효이어야 하고, 과세처분의 하자가 단지 취소할 수 있는 정도에 불과할 때에는 과세관청이 이를 스스로 취소하거나 항고소송절차에 의하여 취소되지 않는 한 그로 인한 조세의 납부가 부당이득이 된다고 할 수 없다. O | X

조세의 과오납이 부당이득이 되기 위하여는 납세 또는 조세의 징수가 실체법적으로나 절차법적으로 전혀 법률상의 근거가 없거나 과세처분의 하자가 중대하고 명백하여 당연무효이어야 하고, 과세처분의 하자가 단지 취소할 수 있는 정도에 불과할 때에는 과세관청이 이를 스스로 취소하거나 항고소송절차에 의하여 취소되지 않는 한 그로 인한 조세의 납부가 부당이득이 된다고 할 수 없다(대판 1994.11.11. 94다28000).

19. 서울시 9급(6월)

040 □□□

취소사유 있는 과세처분에 의하여 세금을 납부한 자는 과세처분취소소송을 제기하지 않은 채 곧바로 부당이득반환청구소송을 제기하더라도 납부한 금액을 반환받을 수 있다. O | X

행정처분이 아무리 위법하다고 하여도 그 하자가 중대하고 명백하여 당연무효라고 보아야 할 사유가 있는 경우를 제외하고는 아무도 그 하자를 이유로 무단히 그 효과를 부정하지 못하는 것으로, 이러한 행정행위의 공정력은 판결의 기판력과 같은 효력은 아니지만 그 공정력의 객관적 범위에 속하는 행정행위의 하자가 취소사유에 불과한 때에는 그 처분이 취소되지 않는 한 처분의 효력을 부정하여 그로 인한 이득을 법률상 원인 없는 이득이라고 말할 수 없는 것이다(대판 1994.11.11. 94다28000).

19. 서울시 9급(6월), 15. 서울시 7급

041 □□□

무효인 과세처분에 의하여 세금을 납부한 자는 납부한 금액을 반환받기 위하여 부당이득반환청구소송을 제기하지 않고 곧바로 과세처분무효확인소송을 제기할 수 있다. O | X

무효인 과세처분은 공정력이 인정되지 않기 때문에 곧바로 민사법원에 부당이득반환청구소송을 제기할 수도 있다. 또한 무효등확인소송은 보충성이 요구되지 않기 때문에 직접적인 구제방법인 부당이득반환소송을 제기하지 않고도 곧바로 행정법원에 과세처분무효확인소송을 제기할 수 있다.

21. 소방간부 · 지방직 9급

042 □□□

민사소송에 있어서 어느 행정처분의 당연무효 여부가 선결문제로 되는 때에는 이를 판단하여 당연무효임을 전제로 판결할 수 있고 반드시 행정소송 등의 절차에 의하여 그 취소나 무효확인을 받아야 하는 것은 아니다. O | X

민사소송에 있어서 어느 행정처분의 당연무효 여부가 선결문제로 되는 때에는 이를 판단하여 당연무효임을 전제로 판결할 수 있고 반드시 행정소송 등의 절차에 의하여 그 취소나 무효확인을 받아야 하는 것은 아니다(대판 2010.4.8. 2009다90092).

정답 039 ○ 040 X 041 ○ 042 ○

14. 국가직 9급

043 □□□

구 도시계획법에 정한 처분이나 조치명령을 받은 자가 이에 위반한 경우, 이로 인하여 동법 제92조에 정한 처벌을 하기 위하여는 그 처분이나 조치명령이 적법한 것이라야 하고, 그 처분이 당연무효가 아니라 하더라도 그것이 위법한 처분으로 인정되는 한 동법 제92조 위반죄가 성립될 수 없다. O | X

구 도시계획법 제78조 제1항에 정한 처분이나 조치명령을 받은 자가 이에 위반한 경우, 같은 법 제92조에 정한 처벌을 하기 위하여는 그 처분이나 조치명령이 적법할 것을 요한다(대판 2004.5.14. 2001도2841).

17. 국가직 7급(10월)

044 □□□

행정청의 조치명령에 위반하여 명령위반죄로 기소된 사안에서 해당 조치명령이 당연무효인 경우에 한하여 형사법원은 그 위법성을 판단하여 죄의 성립 여부를 결정할 수 있다. O | X

처분이나 조치명령을 받은 자가 이에 위반한 경우 이로 인하여 같은 법 제92조에 정한 처벌을 하기 위하여는 그 처분이나 조치명령이 적법한 것이라야 하고, 그 처분이 당연무효가 아니라 하더라도 그것이 위법한 처분으로 인정되는 한 같은 법 제92조 위반죄가 성립될 수 없다(대판 1992.8.18. 90도1709).

18. 지방교행, 14. 지방직 9급

045 □□□

형사법원은 행정행위가 당연무효라면, 선결문제로서 그 행정행위의 효력을 부인할 수 있다. O | X

행정행위가 당연무효라면 공정력이 인정되지 않으므로, 형사법원과 민사법원은 위법성판단과 효력부인판단이 모두 가능하다.

11. 지방직 7급

046 □□□

연령미달인 자가 다른 사람의 이름으로 면허시험에 응시·합격하여 교부받은 운전면허는 무효가 아니고 도로교통법상 취소사유에 해당하여 취소되지 않는 한 유효하므로 그의 운전행위는 무면허운전에 해당하지 않는다. O | X

무효는 처음부터 효력을 발생하지 않지만, 취소는 일단 유효하게 성립하여 별도의 행위(행정청의 직권취소나 법원의 쟁송취소)가 있은 후에 그 효력이 소급적으로 소멸되는 것이며, 별도의 행위가 있기 전까지 해당 행정행위의 효력은 유효하다는 점에서 무효와는 구별되어야 한다.

13. 국가직 9급

047 □□□

물품을 수입하고자 하는 자가 일단 세관장에게 수입신고를 하여 그 면허를 받고 물품을 통관한 경우에는, 세관장의 수입면허가 중대하고도 명백한 하자가 있는 행정행위어서 당연무효가 아닌한 관세법 제181조 소정의 무면허수입죄가 성립될 수 없다. O | X

물품을 수입하고자 하는 자가 일단 세관장에게 수입신고를 하여 그 면허를 받고 물품을 통관한 경우에는, 세관장의 수입면허가 중대하고도 명백한 하자가 있는 행정행위이어서 당연무효가 아닌 한 관세법 제181조 소정의 무면허수입죄가 성립될 수 없다(대판 1989.3.28. 89도149).

정답 043 ○ 044 X 045 ○ 046 ○ 047 ○

08. 선관위 9급

048 □□□

구성요건적 효력을 직접 규정한 실정법은 찾을 수 없으나, 국가기관 상호간의 권한분배체계와 권한존중의 원칙에서 그 근거를 찾을 수 있다. O | X

구성요건적 효력이란 행정행위가 유효하게 존재하는 이상 모든 국가기관은 그의 존재를 존중하여 스스로의 판단의 기초 내지는 구성요건으로 삼아야 하는 행정행위의 기속력을 말한다. 실정법상의 규정은 없지만 간접적 근거로서 권력분립(존중)의 원리와 행정기관 상호간의 권한배분, 통일적 행정수행 등을 들 수 있다.

17. 국가직 9급

049 □□□

행정행위의 효력으로서 구성요건적 효력과 공정력은 이론적 근거를 법적 안정성에서 찾고 있다는 공통점이 있다. O | X

행정행위의 효력으로서 공정력은 이론적 근거를 법적 안정성에서 찾지만, 구성요건적 효력은 권력분립에 따른 국가기관간의 권한존중을 이론적 근거로 한다.

06. 서울시 9급

050 □□□

행정행위의 존속력에는 불가쟁력과 불가변력이 있다. O | X

존속력(확정력)에는 형식적 존속력인 불가쟁력과 실질적 존속력인 불가변력이 있다.

15. 서울시 9급

051 □□□

일정한 불복기간이 경과하거나 쟁송수단을 다 거친 후에는 더 이상 행정행위를 다툴 수 없게 되는 효력을 행정행위의 불가변력이라 한다. O | X

행정행위의 불가쟁력은 일정한 불복기간이 경과하거나 쟁송수단을 다 거친 후에는 더 이상 행정행위를 다툴 수 없게 되는 효력을 말한다.

15. 사복직 9급 · 교행직 9급

052 □□□

불가변력이 인정되는 행정행위에 대하여 상대방은 행정쟁송절차에 의하여 그 효력을 다툴 수 없다. O | X

불가쟁력이 인정되는 행정행위에 대하여 상대방은 행정쟁송절차에 의하여 그 효력을 다툴 수 없다.

14. 서울시 7급, 09. 지방직 7급

053 □□□

실질적 존속력이 발생한 행위라도 형식적 존속력이 발생하지 않은 동안에는 상대방은 그 행위를 다툴 수 있다. O | X

불가쟁력과 불가변력은 서로 무관하며 별개의 효력을 갖는다.

정답 048 ○ 049 X 050 ○ 051 X 052 X 053 ○

21. 소방, 18. 지방교행

054

□□□

불가변력은 처분청에 미치는 효력이고, 불가쟁력은 상대방 및 이해관계인에게 미치는 효력이다. O | X

불가쟁력(형식적 존속력)은 행위의 상대방 · 이해관계인에 대한 구속력을, 불가변력(실질적 존속력)은 처분청 등 행정기관에 대한 구속력을 관심사로 하는 바, 불가쟁력과 불가변력은 관심방향이 다르다.

17. 국가직 7급(10월)

055

□□□

산업재해요양보상급여취소처분이 불복기간의 경과로 인해 확정되면 요양급여청구권 없음이 확정되므로 다시 요양급여를 청구할 수 없다. O | X

종전의 산업재해요양보상급여취소처분이 불복기간의 경과로 인하여 확정되었더라도 요양급여청구권이 없다는 내용의 법률관계까지 확정된 것은 아니며 소멸시효에 걸리지 아니한 이상 다시 요양급여를 청구할 수 있고, 그것이 거부된 경우 이는 새로운 거부처분으로서 위법 여부를 소구할 수 있다(대판 1993.4.13. 92누17181).

19. 서울시 9급(2월), 17. 국가직 7급

056

□□□

제소기간이 이미 도과하여 불가쟁력이 생긴 행정처분에 대하여는, 관계 법령의 해석상 그 변경을 요구할 신청권이 인정될 수 있는 경우라 하더라도 국민에게 그 행정처분의 변경을 구할 신청권이 없다. O | X

제소기간이 이미 도과하여 불가쟁력이 생긴 행정처분에 대하여는 개별 법규에서 그 변경을 요구할 신청권을 규정하고 있거나 관계 법령의 해석상 그러한 신청권이 인정될 수 있는 등 특별한 사정이 없는 한 국민에게 그 행정처분의 변경을 구할 신청권이 있다 할 수 없다(대판 2007.4.26. 2005두11104).

21. 소방

057

□□□

불가쟁력이 생긴 경우에도 국가배상청구를 할 수 있다. O | X

국가배상청구소송은 처분의 효력을 다투는 것이 아니므로 불가쟁력이 발생한 행정행위로 손해를 입은 국민은 국가배상을 청구할 수 있다.

17. 국가직 7급(10월), 08. 관세사

058

□□□

불가변력은 모든 행정행위에 공통하는 효력이므로 일반적으로 인정된다는 것이 판례의 입장이다. O | X

불가변력은 행정심판의 재결, 징계처분결정과 같은 준사법적 행정행위와 국가시험자격자결정, 당선인결정과 같은 확인행위에만 인정된다.

정답 054 O 055 X 056 X 057 O 058 X

21. 지방직 9급 · 소방간부, 18. 지방직 7급, 04. 행시

059 □□□

행정행위의 불가변력은 당해 행정행위에 대해서만 인정되는 것이 아니고, 동종의 행정행위라면 그 대상을 달리하더라도 인정된다. O | X

국민의 권리와 이익을 옹호하고 법적 안정을 도모하기 위하여 특정한 행위에 대하여는 행정청이라 하여도 이것을 자유로이 취소 · 변경 및 철회할 수 없다는 행정행위의 불가변력은 당해 행정행위에 대하여서만 인정되는 것이고, 동종 행정행위라 하더라도 그 대상을 달리할 때에는 이를 인정할 수 없다(대판 1774.12.10. 73누129).

14. 경행특채 1차

060 □□□

처분청은 불가쟁력이 발생한 행정행위라도 불가변력이 발생하지 않는 한 직권으로 취소하거나 철회할 수 있다. O | X

불가쟁력과 불가변력은 서로 무관하며 별개의 효력을 갖는다.

16. 사복직 9급

061 □□□

행정행위에 불가변력이 발생한 경우 행정청은 당해 행정행위를 직권으로 취소할 수 없으나 철회는 가능하다. O | X

행정행위에 불가변력이 발생한 경우 행정청은 당해 행정행위를 직권으로 취소나 철회 등 변경을 할 수 없다.

21. 소방

062 □□□

불가변력이 있는 행위가 당연히 불가쟁력을 발생시키는 것은 아니다. O | X

불가변력이 있는 행위에 대하여도 그 상대방 또는 이해관계인은 행정불복기간 내에 행정쟁송수단을 통하여 당해 행정행위의 효력을 다툴 수 있다. 따라서 불가변력이 있는 행위가 당연히 불가쟁력을 발생시키는 것은 아니다.

21. 소방

063 □□□

불가쟁력은 실체법적 효력만 있고, 절차법적 효력은 전혀 가지고 있지 않다. O | X

불가쟁력은 하자 있는 행정행위라 할지라도 그에 대한 불복기간이 경과하거나 쟁송절차가 종료된 경우에는 더 이상 그 행정행위의 효력을 다툴 수 없게 하는 효력을 말한다. 불가쟁력은 절차법적 효력만 있고, 실체법적 효력은 없다. 따라서 불가쟁력은 형식적 확정력(절차적 확정력)이라고도 한다.

관련 판례

행정처분이 불복기간의 경과로 인하여 확정될 경우 그 확정력은, 처분으로 인하여 법률상 이익을 침해받은 자가 해당처분이나 재결의 효력을 더 이상 다툴 수 없다는 의미일 뿐, 더 나아가 판결에 있어서와 같은 기판력이 인정되는 것은 아니어서 처분의 기초가 된 사실관계나 법률적 판단이 확정되고 당사자들이나 법원이 이에 기속되어 모순되는 주장이나 판단을 할 수 없게 되는 것은 아니다(대판 2019.10.17. 2018두104).

정답 059 X 060 ○ 061 X 062 ○ 063 X

22. 국가직 9급

064
□□□

영업허가취소처분이 나중에 행정쟁송절차에 의하여 취소되었더라도, 그 영업허가취소처분 이후의 영업행위는 무허가영업이다. O | X

영업의 금지를 명한 영업허가취소처분 자체가 나중에 행정쟁송절차에 의하여 취소되었다면 그 영업허가취소처분은 그 처분시에 소급하여 효력을 잃게 되며, 그 영업허가취소처분에 복종할 의무가 원래부터 없었음이 확정되었다고 봄이 타당하고, 영업허가취소처분이 장래에 향하여서만 효력을 잃게 된다고 볼 것은 아니므로 그 영업허가취소처분 이후의 영업행위를 무허가영업이라고 볼 수는 없다(대판 1993.6.25. 93도277).

22. 국가직 9급

065
□□□

조세부과처분을 취소하는 행정판결이 확정된 경우 부과처분의 효력은 처분시에 소급하여 효력을 잃게 되므로 확정된 행정판결은 조세포탈에 대한 무죄를 인정할 명백한 증거에 해당한다. O | X

조세의 부과처분을 취소하는 행정판결이 확정된 경우 그 부과처분의 효력은 처분시에 소급하여 효력을 잃게 되어 그에 따른 납세의무가 없으므로, 확정된 행정판결은 조세포탈에 대해 무죄로 판단하거나 원심판결이 인정한 죄 보다 경한 죄를 인정할 명백한 증거에 해당한다(대판 2019.9.26. 2017도11812).

22. 지방직 9급

066
□□□

조세부과처분이 무효임을 이유로 이미 납부한 세금의 반환을 청구하는 민사소송에서 법원은 그 조세부과처분이 무효라는 판단과 함께 세금을 반환하라는 판결을 할 수 있다. O | X

국세 등의 부과 및 징수처분 등과 같은 행정처분이 당연무효임을 전제로 하여 민사소송을 제기한 때에는 그 행정처분의 당연무효인지의 여부가 선결문제이므로 법원은 이를 심사하여 그 행정처분의 하자가 중대하고 명백하여 당연무효라고 인정될 경우에는 이를 전제로 하여 판단할 수 있으나, 그 하자가 단순한 취소사유에 그칠 때에는 법원은 그 효력을 부인(취소)할 수 없다(대판 1973.7.10. 70다1439).

22. 지방직 9급

067
□□□

물품을 수입하고자 하는 자가 세관장에게 수입신고를 하여 그 면허를 받고 물품을 통관한 경우에는, 세관장의 수입면허가 중대하고도 명백한 하자가 있는 행정행위이어서 당연무효가 아닌 한 관세법 소정의 무면허수입죄가 성립될 수 없다. O | X

물품을 수입하고자 하는 자가 일단 세관장에게 수입신고를 하여 그 면허를 받고 물품을 통관한 경우에는, 세관장의 수입면허가 중대하고도 명백한 하자가 있는 행정행위이어서 당연무효가 아닌 한 관세법 제181조 소정의 무면허수입죄가 성립될 수 없다(대판 1989.3.28. 89도149).

정답 064 X 065 ○ 066 ○ 067 ○

22. 지방직 9급

068 □□□

영업허가취소처분 이후에 영업을 한 행위에 대하여 무허가영업으로 기소되었으나 형사법원이 판결을 내리기 전에 영업허가취소처분이 행정소송에서 취소되면 형사법원은 무허가영업행위에 대해서 무죄를 선고하여야 한다. O | X

영업의 금지를 명한 영업허가취소처분 자체가 나중에 행정쟁송절차에 의하여 취소되었다면 그 영업허가취소처분은 그 처분시에 소급하여 효력을 잃게 되며, 그 영업허가취소처분에 복종할 의무가 원래부터 없었음이 확정되었다고 봄이 타당하고, 영업허가취소처분이 장래에 향하여서만 효력을 잃게 된다고 볼 것은 아니므로 그 영업허가취소처분 이후의 영업행위를 무허가영업이라고 볼 수는 없다(대판 1993.6.25. 93도277).

22. 국회직 8급

069 □□□

민사소송에 있어서 어느 행정처분의 당연무효 여부가 선결문제로 되는 때에는 당해 수소법원이 이를 판단하여 당연무효임을 전제로 판결할 수 있고, 반드시 행정소송 등의 절차에 의하여 무효확인을 받아야 하는 것은 아니다. O | X

민사소송에 있어서 어느 행정처분의 당연무효여부가 선결문제로 되는 때에는 이를 판단하여 당연무효임을 전제로 판결할 수 있고 반드시 행정소송 등의 절차에 의하여 그 취소나 무효확인을 받아야 하는 것은 아니다(대판 2010.4.8. 2009다90092).

23. 소방간부

070 □□□

무단으로 공유재산 등을 사용·수익·점유하는 자가 관리청의 변상금부과처분에 따라 그에 해당하는 돈을 납부한 경우라면 위 변상금부과처분이 당연무효이거나 행정소송을 통해 먼저 취소되기 전에는 사법상 부당이득반환청구로써 위 납부액의 반환을 구할 수 없다. O | X

무단으로 공유재산 등을 사용·수익·점유하는 자가 관리청의 변상금부과처분에 따라 그에 해당하는 돈을 납부한 경우라면 위 변상금부과처분이 당연 무효이거나 행정소송을 통해 먼저 취소되기 전에는 사법상 부당이득반환청구로써 위 납부액의 반환을 구할 수 없다(대판 2013.1.24. 2012다79828).

23. 지방직 7급

071 □□□

민사소송에서 어느 행정처분의 당연무효 여부가 선결문제로 되는 경우 행정소송 등의 절차에 의하여 그 취소나 무효확인을 받아야 한다. O | X

민사소송에 있어서 어느 행정처분의 당연무효 여부가 선결문제로 되는 때에는 이를 판단하여 당연무효임을 전제로 판결할 수 있고 반드시 행정소송 등의 절차에 의하여 그 취소나 무효확인을 받아야 하는 것은 아니다(대판 1972.10.10. 71다2279).

정답 068 ○ 069 ○ 070 ○ 071 X

제8장 행정행위의 하자와 하자승계

제1절 행정행위의 하자

14. 경행특채 1차

001 □□□

법규에 특별한 규정이 없는 한 단순한 계산의 착오만으로 행정행위의 효력에 영향이 없다. O | X

단순한 오기나 계산의 착오는 행정행위의 하자가 아니다.

14. 국회직 8급

002 □□□

행정청은 처분에 오기·오산이 있을 때에는 직권으로 또는 신청에 따라 정정하고 그 사실을 당사자에게 통지하면 된다. O | X

「행정절차법」 제25조【처분의 정정】 행정청은 처분에 오기(誤記), 오산(誤算) 또는 그 밖에 이에 준하는 명백한 잘못이 있을 때에는 직권으로 또는 신청에 따라 지체 없이 정정하고 그 사실을 당사자에게 통지하여야 한다.

19. 서울시 9급(2월)

003 □□□

행정처분의 위법 여부는 행정처분이 행하여졌을 때의 법령과 사실상태를 기준으로 판단해야 한다. O | X

행정소송에서 행정처분의 위법 여부는 행정처분이 있을 때의 법령과 사실상태를 기준으로 하여 판단하여야 하고, 처분 후 법령의 개폐나 사실상태의 변동에 의하여 영향을 받지는 않는다고 할 것이다(대판 2002.7.9. 2001두10684).

08. 국회직 8급

004 □□□

무효인 행정행위는 행정행위의 외형은 갖추고 있는 데 대해서, 행정행위의 부존재는 외형 자체가 존재하지 않는다. O | X

Point정리 행정행위의 무효와 부존재의 비교

구분	무효	부존재
외형	○(일단 성립함)	×(아예 성립하지 못함)
효과	×(처음부터 없음)	

정답 001 ○ 002 ○ 003 ○ 004 ○

23. 국가직 7급

005 □□□

처분의 처리기간에 관한 규정은 강행규정이므로 행정청이 처리기간이 지나 처분을 하였다면 이는 처분을 취소할 절차상 하자로 볼 수 있다. O | X

처분이나 민원의 처리기간을 정하는 것은 신청에 따른 사무를 가능한 한 조속히 처리하도록 하기 위한 것이다. 처리기간에 관한 규정은 훈시규정에 불과할 뿐 강행규정이라고 볼 수 없다. 행정청이 처리기간이 지나 처분을 하였더라도 이를 처분을 취소할 절차상 하자로 볼 수 없다(대판 2019.12.13. 2018두41907).

13. 국회직 9급

006 □□□

취소할 수 있는 행정행위는 제소기간의 제한을 받지만, 무효인 행정행위는 제소기간의 제한을 받지 않는다. O | X

따라서 취소와 달리 무효인 행정행위에는 불가쟁력이 발생하지 않는다.

15. 서울시 9급

007 □□□

취소사유인 하자가 있는 행정행위에 대해서는 사정재결·사정판결이 인정된다는 것이 판례의 입장이다. O | X

취소사유인 하자가 있는 행정행위에 대해서는 사정재결·사정판결이 인정된다. 단, 무효사유인 하자가 있는 행정행위에 대해서는 사정재결·사정판결이 부정된다.

13. 서울시 7급·국가직 7급·국회직 9급

008 □□□

(무효와 취소) 양자의 구별기준으로 중대·명백설이 통설 및 판례이다. O | X

중대·명백설이란 하자가 중대하고 명백한 경우에는 무효이고 그렇지 않으면 취소사유라는 견해이다.

19. 서울시 9급(2월), 15. 서울시 7급

009 □□□

하자 있는 행정처분이 당연무효가 되기 위하여는 그 하자가 법규의 중요한 부분을 위반한 중대한 것으로서 객관적으로 명백한 것이어야 하며 하자가 중대하고 명백한 것인지 여부를 판별함에 있어서는 구체적 사안 자체의 특수성은 고려함이 없이 법규의 목적·의미·기능 등을 목적론적으로 고찰함을 요한다. O | X

행정처분이 당연무효라고 하기 위하여는 처분에 위법사유가 있다는 것만으로는 부족하고 그 하자가 법규의 중요한 부분을 위반한 중대한 것으로서 객관적으로 명백한 것이어야 하며, 하자가 중대하고 명백한 것인지 여부를 판별함에 있어서는 그 법규의 목적·의미·기능 등을 목적론적으로 고찰함과 동시에 구체적 사안 자체의 특수성에 관하여도 합리적으로 고찰함을 요한다(대판 2007.11.15. 2005다24646 ; 대판 1995.7.11. 94누4615 전합).

정답 005 X 006 ○ 007 ○ 008 ○ 009 X

21. 소방

010 □□□

행정처분의 대상이 되는 법률관계나 사실관계가 있는 것으로 오인할 만한 객관적인 사정이 있고 사실관계를 정확히 조사하여야만 그 대상이 되는지 여부가 밝혀질 수 있는 경우에는 비록 그 하자가 중대하더라도 조례제정권의 범위를 벗어나 국가사무를 대상으로 한 무효인 조례의 규정에 근거하여 지방자치단체의 장이 행정처분을 한 경우 그 행정처분은 하자가 중대하나, 명백하지는 아니하므로 당연무효에 해당하지 아니한다. O | X

행정처분의 대상이 되는 법률관계나 사실관계가 있는 것으로 오인할 만한 객관적인 사정이 있고 사실관계를 정확히 조사하여야만 그 대상이 되는지 여부가 밝혀질 수 있는 경우에는 비록 그 하자가 중대하더라도 명백하지 않아 무효로 볼 수 없다.

관련 판례

과세대상이 되지 않는 법률관계나 사실관계에 대하여 이를 과세대상이 되는 것으로 오인할 만한 객관적인 사실이 있는 경우에 이것이 과세대상이 되는지 여부가 그 사실관계를 정확히 조사하여야 비로소 밝혀질 수 있는 경우라면 이를 오인한 하자가 중대한 경우라도 외관상 명백하다 할 수 없으므로 이를 오인한 과세처분을 당연무효라 할 수 없다(대판 1984.2.28. 82누154).

21. 소방

011 □□□

부동산에 관한 취득세를 신고하였으나 부동산매매계약이 해제됨에 따라 소유권 취득의 요건을 갖추지 못한 경우에는 그 하자가 중대하지만 외관상 명백하지 않아 무효는 아니며 취소할 수 있는 데 그친다. O | X

취득세 신고행위는 납세의무자와 과세관청 사이에 이루어지는 것으로서 취득세 신고행위의 존재를 신뢰하는 제3자의 보호가 특별히 문제되지 않아 그 신고행위를 당연무효로 보더라도 법적 안정성이 크게 저해되지 않는 반면, 과세요건 등에 관한 중대한 하자가 있고 그 법적 구제수단이 국세에 비하여 상대적으로 미비함에도 위법한 결과를 시정하지 않고 납세의무자에게 그 신고행위로 인한 불이익을 감수시키는 것이 과세행정의 안정과 그 원활한 운영의 요청을 참작하더라도 납세의무자의 권익구제 등의 측면에서 현저하게 부당하다고 볼 만한 특별한 사정이 있는 때에는 예외적으로 이와 같은 하자 있는 신고행위가 당연무효라고 함이 타당하다(대판 2009.2.12. 2008두11716).

21. 소방간부

012 □□□

법령 규정의 문언만으로는 처분 요건의 의미가 분명하지 아니하여 그 해석에 다툼의 여지가 있었더라도 이에 대한 법원이나 헌법재판소의 분명한 판단이 있었다면 합리적 근거 없이 이에 벗어난 행정처분의 하자는 당연무효이다. O | X

행정처분이 당연무효라고 하기 위해서는 처분에 위법사유가 있다는 것만으로는 부족하고 그 하자가 법규의 중요한 부분을 위반한 중대한 것으로서 객관적으로 명백한 것이어야 한다. 특히 법령 규정의 문언만으로는 처분 요건의 의미가 분명하지 아니하여 그 해석에 다툼의 여지가 있었더라도 해당 법령 규정의 위헌 여부 및 그 범위, 법령이 정한 처분 요건의 구체적 의미 등에 관하여 법원이나 헌법재판소의 분명한 판단이 있고, 행정청이 그러한 판단 내용에 따라 법령 규정을 해석·적용하는 데에 아무런 법률상 장애가 없는데도 합리적 근거 없이 사법적 판단과 어긋나게 행정처분을 하였다면 그 하자는 객관적으로 명백하다고 봄이 타당하다(대판 2017.12.28. 2017두30122).

정답 010 ○ 011 X 012 ○

21. 소방간부

013 □□□

법률관계나 사실관계에 대하여 그 법령의 규정을 적용할 수 없다는 법리가 명백히 밝혀지지 아니하여 해석에 다툼의 여지가 있는 때에는 과세관청이 이를 잘못 해석하여 과세처분을 하였더라도 그 하자는 명백하다고 할 수 없다. O | X

과세처분이 당연무효라고 하기 위하여는 그 처분에 위법사유가 있다는 것만으로는 부족하고 그 하자가 법규의 중요한 부분을 위반한 중대한 것으로서 객관적으로 명백한 것이어야 하며, 하자가 중대하고 명백한지를 판별할 때에는 과세처분의 근거가 되는 법규의 목적·의미·기능 등을 목적론적으로 고찰함과 동시에 구체적 사안 자체의 특수성도 합리적으로 고찰하여야 한다. 그리고 어느 법률관계나 사실관계에 대하여 어느 법령의 규정을 적용할 수 없다는 법리가 명백히 밝혀지지 않아 해석에 다툼의 여지가 있는 상태에서 과세관청이 이를 잘못 해석하여 과세처분을 한 경우 그 하자가 명백하다고 할 수 없다(대판 2019.4.23. 2018다287287).

08. 지방직 7급

014 □□□

공공사업의 경제성 내지 사업성의 결여로 인하여 행정처분이 무효로 되기 위하여는 공공사업을 시행함으로 인하여 얻는 이익에 비하여 공공사업에 소요되는 비용이 훨씬 커서 이익과 비용이 현저하게 균형을 잃음으로써 사회통념에 비추어 행정처분으로 달성하고자 하는 사업목적을 실질적으로 실현할 수 없는 정도에 이르렀다고 볼 정도로 과다한 비용과 희생이 요구되는 등 그 하자가 중대하여야 할 뿐만 아니라, 그러한 사정이 객관적으로 명백하여야 한다. O | X

공공사업의 경제성 내지 사업성의 결여로 인하여 행정처분이 무효로 되기 위하여는 공공사업을 시행함으로 인하여 얻는 이익에 비하여 공공사업에 소요되는 비용이 훨씬 커서 이익과 비용이 현저하게 균형을 잃음으로써 사회통념에 비추어 행정처분으로 달성하고자 하는 사업목적을 실질적으로 실현할 수 없는 정도에 이르렀다고 볼 정도로 과다한 비용과 희생이 요구되는 등 그 하자가 중대하여야 할 뿐만 아니라, 그러한 사정이 객관적으로 명백한 경우라야 한다(중대명백설). 그리고 위와 같은 공공사업에 경제성 내지 사업성이 있는지 여부는 공공사업이 그 시행 당시 적용되는 법률의 요건을 모두 충족하고 있는지 여부에 따라 판단되어야 함은 물론, 경제성 내지 사업성 평가와 관련하여서는 그 평가 당시의 모든 관련 법률의 목적과 의미·내용, 그리고 학문적 성과가 반영된 평가기법에 따라 가장 객관적이고 공정한 방법을 사용하여 평가되었는지 여부에 따라 판단되어야 한다(대판 2006.3.16. 2006두330 전합).

12. 국회직 9급

015 □□□

대법원은 사실관계의 자료를 정확히 조사하면 그 하자 유무가 밝혀질 수 있는 경우에는 하자의 명백성을 인정한다. O | X

행정처분에 실체적 요건에 관련된 사실관계를 오인한 하자가 있는 경우 그 하자가 중대하다고 하더라도 객관적으로 명백하지 않다면 그 처분을 당연무효라고 할 수 없는바, 하자가 명백하다고 하기 위해서는 그 사실관계 오인의 근거가 된 자료가 외형상 상태성을 결여하거나 또는 객관적으로 그 성립이나 내용의 진정을 인정할 수 없는 것임이 명백한 경우라야 할 것이고, 사실관계의 자료를 정확히 조사하여야 비로소 그 하자 유무가 밝혀질 수 있는 경우라면 이러한 하자는 외관상 명백하다고 할 수는 없을 것이다(대판 1992.4.28. 91누6863 등).

정답 013 ○ 014 ○ 015 X

19. 국가직 7급, 18. 변호사, 11. 지방직 9급

016 □□□

주민대표의 참여 없이 의결이 이루어지는 등 폐기물처리시설의 입지를 선정하는 입지선정위원회의 구성방법이나 절차가 위법한 경우라 하더라도, 의결기관인 입지선정위원회의 의결에 터잡아 이루어진 폐기물처리시설 입지결정처분까지 위법하게 되는 것은 아니다. O | X

입지선정위원회는 폐기물처리시설의 입지를 선정하는 의결기관이고, 입지선정위원회의 구성방법에 관하여 일정 수 이상의 주민대표 등을 참여시키도록 한 것은 폐기물처리시설 입지선정절차에 있어 주민의 참여를 보장함으로써 주민들의 이익과 의사를 대변하도록 하여 주민의 권리에 대한 부당한 침해를 방지하고 행정의 민주화와 신뢰를 확보하는 데 그 취지가 있는 것이므로, 주민대표나 주민대표 추천에 의한 전문가의 참여 없이 의결이 이루어지는 등 입지선정위원회의 구성방법이나 절차가 위법한 경우에는 그 하자 있는 입지선정위원회의 의결에 터잡아 이루어진 폐기물처리시설 입지결정처분도 위법하게 된다(대판 2007.4.12. 2006두20150).

19. 서울시 9급(2월)

017 □□□

행정처분을 무효로 하더라도 법적 안정성을 크게 해치지 않는 반면에 그 하자가 중대하여 구제가 필요한 경우에도 그 예외를 인정하여 이를 당연무효사유로 볼 수는 없다. O | X

그 처분이 위헌법률에 근거하여 내려진 것이고 그 행정처분의 목적달성을 위하여서는 후행정처분이 필요한데 후행정처분은 아직 이루어지지 않는 경우와 같이 그 행정처분을 무효로 하더라도 법적 안정성을 크게 해치지 않는 반면에, 그 하자가 중대하여 구제가 필요할 경우에 대해서는 그 예외를 인정하여 이를 당연무효사유로 보아 쟁송기간 경과 후에라도 무효확인을 구할 수 있는 것이라고 보아야 할 것이다(헌재 1994.6.30. 92헌바23).

14. 지방직 9급

018 □□□

위헌으로 결정된 법률 또는 법률의 조항은 그 결정이 있는 날부터 효력을 상실한다. O | X

「헌법재판소법」 제47조 【위헌결정의 효력】 ② 위헌으로 결정된 법률 또는 법률의 조항은 그 결정이 있는 날부터 효력을 상실한다.

23. 국회직 8급, 19. 서울시 9급(2월), 18. 국가직 9급, 15. 국가직 9급·지방직 9급, 14. 지방직 9급

019 □□□

일반적으로 시행령이 헌법이나 법률에 위반된다는 사정은 그 시행령의 규정을 위헌 또는 위법하여 무효라고 선언한 대법원의 판결이 선고되지 않은 상태에서도 그 시행령 규정의 위헌 내지 위법 여부가 객관적으로 명백하다고 할 수 있으므로, 이러한 시행령에 근거한 행정처분의 하자는 무효사유에 해당한다. O | X

행정청이 위헌이거나 위법하여 무효인 시행령을 적용하여 한 행정처분이 당연무효로 되려면 그 규정이 행정처분의 중요한 부분에 관한 것이어서 결과적으로 그에 따른 행정처분의 중요한 부분에 하자가 있는 것으로 귀착되고, 또한 그 규정의 위헌성 또는 위법성이 객관적으로 명백하여 그에 따른 행정처분의 하자가 객관적으로 명백한 것으로 귀착되어야 한다. 일반적으로 시행령의 무효를 선언한 대법원 판결이 없는 상태에서는 시행령 규정의 위헌 내지 위법 여부가 해석상 다툼의 여지가 없을 정도로 명백하였다고 인정되지 아니하는 이상 객관적으로 명백한 것이라 할 수 없으므로, 이러한 시행령에 근거한 행정처분의 하자는 취소사유에 해당할 뿐이다(대판 2007.6.14. 2004두619).

정답 016 X 017 X 018 O 019 X

21. 소방간부

020 □□□

법률에 근거하여 행정처분이 발하여진 후에 헌법재판소가 그 행정처분의 근거가 된 법률을 위헌으로 결정하였다면 이러한 사유는 특별한 사정이 없는 한 그 행정처분의 취소소송의 전제가 될 수 있을 뿐 당연무효사유는 아니다. O | X

행정처분 이후에 처분의 근거 법령에 대하여 헌법재판소 또는 대법원이 위헌 또는 위법하다는 결정을 하더라도, 그 결정이 있기 전에는 객관적으로 명백한 것이라고 할 수 없으므로 그 근거 법령에 근거한 행정처분의 하자는 취소사유에 해당할 뿐 무효사유는 아니다.

관련 판례

하자 있는 행정처분이 당연무효가 되기 위하여는 그 하자가 중대할 뿐만 아니라 명백한 것이어야 하는데, 일반적으로 법률이 헌법에 위반된다는 사정은 헌법재판소의 위헌결정이 있기 전에는 객관적으로 명백한 것이라고 할 수 없으므로 특별한 사정이 없는 한 이러한 하자는 위 행정처분의 취소사유에 해당할 뿐 당연무효사유는 아니라고 보아야 한다(대판 2000.6.9. 2000다16329).

18. 지방직 9급, 14. 국회직 8급

021 □□□

행정처분 자체의 효력이 쟁송기간 경과 후에도 존속 중인 경우, 그 행정처분이 위헌인 법률에 근거하여 내려졌고 그 목적달성을 위해 필요한 후행 행정처분이 아직 이루어지지 않았다면 그 하자가 중대하여 그 구제가 필요한 경우에 대하여서는 쟁송기간 경과 후라도 무효확인을 구할 수 있다. O | X

행정처분 자체의 효력이 쟁송기간 경과 후에도 존속 중인 경우, 특히 그 처분이 위헌법률에 근거하여 내려진 것이고 그 행정처분의 목적달성을 위하여서는 후행(後行) 행정처분이 필요한데 후행 행정처분은 아직 이루어지지 않은 경우와 같이, 행정처분을 무효로 하더라도 법적 안정성을 크게 해치지 않는 반면에 그 하자가 중대하여 구제가 필요한 경우에는 예외적으로 당연무효사유로 보아서 쟁송기간 경과 후에라도 무효확인을 구할 수 있다(헌재 2014.1.28. 2011헌바38 ; 헌재 1994.6.30. 92헌바23).

21. 소방간부, 18. 지방직 9급, 13. 국가직 9급, 12. 국가직 7급

022 □□□

위헌인 법률에 근거한 행정처분이 당연무효인지의 여부는 위헌결정의 소급효와는 별개의 문제로서 취소소송의 제기기간을 경과하여 확정력이 발생한 행정처분에는 위헌결정의 소급효가 미치지 않는다. O | X

일반적으로 법률이 헌법에 위반된다는 사정이 헌법재판소의 위헌결정이 있기 전에는 객관적으로 명백한 것이라고 할 수 없으므로 헌법재판소의 위헌결정 전에 행정처분의 근거되는 당해 법률이 헌법에 위반된다는 사유는 특별한 사정이 없는 한 그 행정처분의 취소소송의 전제가 될 수 있을 뿐 당연무효사유는 아니라고 봄이 상당하다. 만일 이와 달리 위헌인 법률에 근거한 행정처분이 일반적으로 당연무효라고 한다면 이는 법적 안정성을 크게 위협하는 결과를 초래하게 되어 법치주의의 원리에 비추어 보더라도 부당하다고 하지 않을 수 없다. 그리고 이처럼 위헌인 법률에 근거한 행정처분이 당연무효인지의 여부는 위헌결정의 소급효와는 별개의 문제로서, 위헌결정의 소급효가 인정된다고 하여 위헌인 법률에 근거한 행정처분이 당연무효가 된다고는 할 수 없고 오히려 이미 취소소송의 제기기간을 경과하여 확정력이 발생한 행정처분에는 위헌결정의 소급효가 미치지 않는다고 보아야 할 것이므로, 어느 행정처분에 대하여 그 행정처분의 근거가 된 법률이 위헌이라는 이유로 무효확인청구의 소가 제기된 경우에는 다른 특별한 사정이 없는 한 법원으로서는 그 법률이 위헌인지 여부에 대하여는 판단할 필요 없이 위 무효확인청구를 기각하여야 할 것이다(대판 1994.10.28. 92누9463).

정답 020 ○ 021 ○ 022 ○

18. 지방직 9급, 16. 국가직 9급

023 □□□

근거 법률의 위헌결정 이전에 이미 부담금 부과처분과 압류처분 및 이에 기한 압류등기가 이루어지고 각 처분이 확정된 경우에는 기존의 압류등기나 교부청구로도 다른 사람에 의하여 개시된 경매절차에서 배당을 받을 수 있다. O | X

위헌법률에 기한 행정처분의 집행이나 집행력을 유지하기 위한 행위는 위헌결정의 기속력에 위반되어 허용되지 않는다고 보아야 할 것인데, 그 규정 이외에는 체납부담금을 강제로 징수할 수 있는 다른 법률적 근거가 없으므로, 그 위헌결정 이전에 이미 부담금 부과처분과 압류처분 및 이에 기한 압류등기가 이루어지고 위의 각 처분이 확정되었다고 하여도, 위헌결정 이후에는 별도의 행정처분인 매각처분, 분배처분 등 후속 체납처분 절차를 진행할 수 없는 것은 물론이고, 특별한 사정이 없는 한 기존의 압류등기나 교부청구만으로는 다른 사람에 의하여 개시된 경매절차에서 배당을 받을 수도 없다(대판 2002.8.23. 2001두2959).

19. 서울시 9급(2월), 15. 지방직 9급

024 □□□

헌법재판소의 위헌결정의 효력은 위헌제청을 한 당해 사건은 물론 위헌제청신청은 아니하였지만 당해 법률 또는 법률의 조항이 재판의 전제가 되어 법원에 계속 중인 사건에도 미친다. O | X

헌법재판소의 위헌결정의 효력은 위헌제청을 한 당해 사건, 위헌결정이 있기 전에 이와 동종의 위헌 여부에 관하여 헌법재판소에 위헌여부심판제청을 하였거나 법원에 위헌여부심판제청신청을 한 경우의 당해 사건과 따로 위헌제청신청은 아니하였지만 당해 법률 또는 법률의 조항이 재판의 전제가 되어 법원에 계속 중인 사건뿐만 아니라 위헌결정 이후에 위와 같은 이유로 제소된 일반사건에도 미친다(대판 1993.1.15. 92다12377 ; 대판 2003.7.24. 2001다48781).

18. 국가직 9급

025 □□□

처분의 통지는 행정처분을 상대방에게 표시하는 것으로서 상대방이 인식할 수 있는 상태에 둠으로써 족하고, 객관적으로 보아 행정처분으로 인식할 수 있도록 고지하면 된다. O | X

문화재보호법 제13조 제2항 소정의 중요문화재 가지정의 효력발생요건인 통지는 행정처분을 상대방에게 표시하는 것으로서 상대방이 인식할 수 있는 상태에 둠으로써 족하고, 객관적으로 보아서 행정처분으로 인식할 수 있도록 고지하면 되는 것이다(대판 2003.7.22. 2003두513).

19. 국가직 7급

026 □□□

과세관청이 과세예고 통지 후 과세전적부심사 청구나 그에 대한 결정이 있기 전에 과세처분을 한 경우, 특별한 사정이 없는 한 그 과세처분은 절차상 하자가 중대·명백하여 당연무효이다. O | X

국세기본법 및 국세기본법 시행령이 과세전적부심사를 거치지 않고 곧바로 과세처분을 할 수 있거나 과세전적부심사에 대한 결정이 있기 전이라도 과세처분을 할 수 있는 예외사유로 정하고 있다는 등의 특별한 사정이 없는 한, 과세예고 통지 후 과세전적부심사 청구나 그에 대한 결정이 있기도 전에 과세처분을 하는 것은 원칙적으로 과세전적부심사 이후에 이루어져야 하는 과세처분을 그보다 앞서 함으로써 과세전적부심사제도 자체를 형해화시킬 뿐만 아니라 과세전적부심사 결정과 과세처분 사이의 관계 및 불복절차를 불분명하게 할 우려가 있으므로, 그와 같은 과세처분은 납세자의 절차적 권리를 침해하는 것으로서 절차상 하자가 중대하고도 명백하여 무효이다(대판 2016.12.27. 2016두49228).

정답 023 X 024 ○ 025 ○ 026 ○

14. 지방직 9급

027 □□□

금고 이상의 형의 선고유예를 받은 경우 공무원직에서 당연히 퇴직하는 것으로 규정한 구 지방공무원법 제61조 중 제31조 제5호 부분에 대한 헌법재판소의 위헌결정의 효력에 대하여 종래의 법령에 의하여 형성된 공무원의 관계에 관한 법적 안정성과 신뢰보호의 요청에 비하여 퇴직공무원의 권리구제의 요청이 현저하게 우월하므로, 위 위헌결정 이후 제소된 일반사건에 대하여 위 위헌결정의 소급효가 인정된다. **O | X**

[1] 헌법재판소의 위헌결정의 효력은 위헌제청을 한 당해 사건, 위헌결정이 있기 전에 이와 동종의 위헌 여부에 관하여 헌법재판소에 위헌여부심판제청을 하였거나 법원에 위헌여부심판제청신청을 한 동종 사건과 따로 위헌제청신청은 아니하였지만 당해 법률 또는 법률 조항이 재판의 전제가 되어 법원에 계속 중인 병행사건뿐만 아니라, 위헌결정 이후에 위와 같은 이유로 제소된 일반사건에도 미친다고 할 것이나, 위헌결정의 효력은 그 미치는 범위가 무한정일 수는 없고 다른 법리에 의하여 그 소급효를 제한하는 것까지 부정되는 것은 아니라 할 것이며, 법적 안정성의 유지나 당사자의 신뢰보호를 위하여 불가피한 경우에 위헌결정의 소급효를 제한하는 것은 오히려 법치주의의 원칙상 요청되는 바라 할 것이다.

[2] 금고 이상의 형의 선고유예를 받은 경우에 공무원직에서 당연히 퇴직하는 것으로 규정한 구 지방공무원법 제61조 중 제31조 제5호 부분에 대한 헌법재판소의 위헌결정의 소급효를 인정할 경우 그로 인하여 보호되는 퇴직공무원의 권리구제라는 구체적 타당성 등의 요청에 비하여 종래의 법령에 의하여 형성된 공무원의 신분관계에 관한 법적 안정성과 신뢰보호의 요청이 현저하게 우월하다는 이유로, 위 위헌결정 이후 제소된 일반사건에 대하여 위 위헌결정의 소급효가 제한된다(대판 2005.11.10. 2003두14963).

19. 국가직 7급

028 □□□

건축주 등이 장기간 시정명령을 이행하지 아니하였으나 그 기간 중에 시정명령의 이행 기회가 제공되지 아니하였다가 뒤늦게 이행 기회가 제공된 경우, 이행 기회가 제공되지 아니한 과거의 기간에 대한 이행강제금까지 한꺼번에 부과하였다면 그러한 이행강제금 부과처분은 하자가 중대·명백하여 당연무효이다. **O | X**

비록 건축주 등이 장기간 시정명령을 이행하지 아니하였더라도, 그 기간 중에는 시정명령의 이행 기회가 제공되지 아니하였다가 뒤늦게 시정명령의 이행 기회가 제공된 경우라면, 시정명령의 이행 기회 제공을 전제로 한 1회분의 이행강제금만을 부과할 수 있고, 시정명령의 이행 기회가 제공되지 아니한 과거의 기간에 대한 이행강제금까지 한꺼번에 부과할 수는 없다. 그리고 이를 위반하여 이루어진 이행강제금 부과처분은 과거의 위반행위에 대한 제재가 아니라 행정상의 간접강제수단이라는 이행강제금의 본질에 반하여 구 건축법 제80조 제1항·제4항 등 법규의 중요한 부분을 위반한 것으로서, 그러한 하자는 중대할 뿐만 아니라 객관적으로도 명백하다(대판 2016.7.14. 2015두46598).

15. 사복직 9급 · 서울시 9급

029 □□□

무권한은 중대·명백한 하자이므로 항상 무효사유라는 것이 판례의 입장이다. **O | X**

행정처분이 당연무효라고 하기 위하여는 처분에 위법사유가 있다는 것만으로는 부족하고 하자가 법규의 중요한 부분을 위반한 중대한 것으로서 객관적으로 명백한 것이어야 하며, 하자의 중대·명백 여부를 판별함에 있어서는 법규의 목적·의미·기능 등을 목적론적으로 고찰함과 동시에 구체적 사안 자체의 특수성에 관하여도 합리적으로 고찰함을 요한다 할 것인바(대판 1997.6.19. 95누8669 전합 등 참조), 세관출장소장에게 관세부과처분에 관한 권한이 위임되었다고 볼만한 법령상의 근거가 없는데도 피고가 이 사건 처분을 한 것은 결국, 적법한 위임 없이 권한 없는 자가 행한 처분으로서 그 하자가 중대하다고 할 것이나, … 세관출장소장에게 관세부과처분을 할 권한이 있다고 객관적으로 오인할 여지가 다분하다고 인정되므로 결국 적법한 권한 위임 없이 행해진 이 사건 처분은 그 하자가 중대하기는 하지만 객관적으로 명백하다고 할 수는 없어 당연무효는 아니라고 보아야 할 것이다(대판 2004.11.26. 2003두2403).

정답 027 X 028 ○ 029 X

12. 지방직 7급, 09. 국회직 8급

030
□□□

음주운전 단속경찰관이 자신의 명의로 운전면허행정처분통지서를 작성·교부하여 행한 운전면허정지처분은 위법하며, 취소의 원인이 된다. O | X

운전면허에 대한 정지처분권한은 경찰청장으로부터 경찰서장에게 권한위임된 것이므로 음주운전자를 적발한 단속경찰관으로서는 관할 경찰서장의 명의로 운전면허정지처분을 대행처리할 수 있을지는 몰라도 자신의 명의로 이를 할 수는 없다 할 것이므로, 단속경찰관이 자신의 명의로 운전면허행정처분통지서를 작성·교부하여 행한 운전면허정지처분은 비록 그 처분의 내용·사유·근거 등이 기재된 서면을 교부하는 방식으로 행하여졌다고 하더라도 권한 없는 자에 의하여 행하여진 점에서 무효의 처분에 해당한다(대판 1997.5.16. 97누2313).

18. 지방직 9급

031
□□□

무권한의 행위는 원칙적으로 무효라고 할 것이므로, 5급 이상의 국가정보원 직원에 대해 임면권자인 대통령이 아닌 국가정보원장이 행한 의원면직처분은 당연무효에 해당한다. O | X

행정청의 권한에는 사무의 성질 및 내용에 따르는 제약이 있고, 지역적·대인적으로 한계가 있으므로 이러한 권한의 범위를 넘어서는 권한유월의 행위는 무권한행위로서 원칙적으로 무효라고 할 것이나, 행정청의 공무원에 대한 의원면직처분은 공무원의 사직의사를 수리하는 소극적 행정행위에 불과하고, 당해 공무원의 사직의사를 확인하는 확인적 행정행위의 성격이 강하며 재량의 여지가 거의 없기 때문에 의원면직처분에서의 행정청의 권한유월행위를 다른 일반적인 행정행위에서의 그것과 반드시 같이 보아야 할 것은 아니다. 따라서 5급 이상의 국가정보원 직원에 대한 의원면직처분이 임면권자인 대통령이 아닌 국가정보원장에 의해 행해진 것으로 위법하고, 나아가 국가정보원 직원의 명예퇴직원 내지 사직서제출이 직위해제 후 1년여에 걸친 국가정보원장 측의 종용에 의한 것이었다는 사정을 감안한다 하더라도 그러한 하자가 중대한 것이라고 볼 수는 없으므로, 대통령의 내부결재가 있었는지에 관계없이 당연무효는 아니라고 할 것이다(대판 2007.7.26. 2005두15748).

11. 지방직 9급

032
□□□

주민등록말소처분이 주민등록법에 규정한 최고·공고의 절차를 거치지 아니하였다 하더라도 그러한 하자는 중대하고 명백한 것이라고 할 수 없어 처분의 당연무효사유에 해당하지 않는다. O | X

재외국민이 관할 행정청에게 여행증명서의 무효확인서를 제출, 주민등록신고를 하여 주민등록이 되었는데, 관할 행정청이 주민등록신고시 거주용 여권의 무효확인서를 첨부하지 아니하고 여행용 여권의 무효확인서를 첨부하는 위법이 있었다고 하여 주민등록을 말소하는 처분을 한 경우 이 처분이 주민등록법 제17조의2에 규정한 최고·공고의 절차를 거치지 아니하였다 하더라도 그러한 하자는 중대하고 명백한 것이라고 할 수 없어 처분의 당연무효사유에 해당하는 것이라고는 할 수 없고, 한편 위 재외국민의 주민등록신고가 위법한 것이었고 관할 행정청의 처분이 적법한 것이었는지 여부는 재외국민에게 국내거주의 목적이 있었는지 여부에 따라 판가름나는 것이고 거주용 여권의 무효확인서를 제출하지 아니한 사정은 단지 국내거주의 목적이 있었는지의 여부를 판단함에 있어 하나의 자료가 되는 데에 불과한 것이어서 거주용 여권의 무효확인서를 제출하지 아니하였다 하더라도 국내거주의 목적이 있었다면 그의 주민등록신고는 적법하고 관할 행정청의 처분은 위법한 것이 될 것이나, 그러한 하자는 중대하고 명백한 것으로는 보여지지 아니하므로 관할 행정청의 처분을 당연무효케 하는 것이라고는 할 수 없다(대판 1994.8.26. 94누3223).

정답 030 X 031 X 032 O

19 · 15. 지방직 9급

033 □□□

적법한 권한 위임 없이 세관출장소장에 의하여 행하여진 관세부과처분은 그 하자가 중대하기는 하지만 객관적으로 명백하다고 할 수 없어 당연무효는 아니다. O | X

적법한 권한 위임 없이 세관출장소장에 의하여 행하여진 관세부과처분이 그 하자가 중대하기는 하지만 객관적으로 명백하다고 할 수 없어 당연무효는 아니다(대판 2004.11.26. 2003두2403).

11. 지방직 9급

034 □□□

부동산을 양도한 사실이 없음에도 세무당국이 부동산을 양도한 것으로 오인한 양도소득세 부과처분은 착오에 의한 행정처분으로서 취소할 수 있는 행정행위에 해당한다. O | X

부동산을 양도한 사실이 없음에도 세무당국이 부동산을 양도한 것으로 오인하여 양도소득세를 부과하였다면 그 부과처분은 착오에 의한 행정처분으로서 그 표시된 내용에 중대하고 명백한 하자가 있어 당연무효이다(대판 1980.12.23. 80누393).

05. 선관위 9급

035 □□□

법령이 일정한 행정행위에 대하여 상대방의 신청 또는 동의를 필요적 절차로 규정하고 있는 경우에 상대방의 신청 또는 동의를 결하는 행위는 무효이다. O | X

법률상 필요한 상대방의 신청, 동의, 공고, 통지, 협의 등의 행정절차를 결여한 행위는 무효이다.

11. 국회직 8급

036 □□□

구 개발이익환수에 관한 법률 시행 당시, 납부의무자가 아닌 조합원에 대하여 행한 개발부담금 부과처분은 무효이다. O | X

구 개발이익환수에 관한 법률 시행 당시 주택조합의 조합원에 대하여 한 개발부담금 부과처분의 효력은 당연무효이다. 조합해산시 조합원이 개발부담금 납부의무를 지도록 한 개정 규정의 시행으로 그 전에 부과요건이 완성된 개발부담금에 대하여 해산조합의 조합원이 납부의무자로 되는 것은 아니다(대판 1998.4.23. 95다26476 전합).

13. 지방직 9급

037 □□□

구 학교보건법상 학교환경위생정화구역에서의 금지행위 및 시설의 해제 여부에 관한 행정처분을 하면서 학교환경위생정화위원회의 심의를 누락한 흠은 행정처분을 위법하게 하는 취소사유가 된다. O | X

행정청이 구 학교보건법 소정의 학교환경위생정화구역 내에서 금지행위 및 시설의 해제 여부에 관한 행정처분을 함에 있어 학교환경위생정화위원회의 심의를 거치도록 한 취지는 그에 관한 전문가 내지 이해관계인의 의견과 주민의 의사를 행정청의 의사결정에 반영함으로써 공익에 가장 부합하는 민주적 의사를 도출하고 행정처분의 공정성과 투명성을 확보하려는 데 있고, 나아가 그 심의의 요구가 법률에 근거하고 있을 뿐 아니라 심의에 따른 의결 내용도 단순히 절차의 형식에 관련된 사항에 그치지 않고 금지행위 및 시설의 해제 여부에 관한 행정처분에 영향을 미칠 수 있는 사항에 관한 것임을 종합해 보면, 금지행위 및 시설의 해제 여부에 관한 행정처분을 하면서 절차상 위와 같은 심의를 누락한 흠이 있다면 그와 같은 흠을 가리켜 위 행정처분의 효력에 아무런 영향을 주지 않는다거나 경미한 정도에 불과하다고 볼 수는 없으므로, 특별한 사정이 없는 한 이는 행정처분을 위법하게 하는 취소사유가 된다(대판 2007.3.15. 2006두15806).

정답 033 ○ 034 X 035 ○ 036 ○ 037 ○

19 · 15. 지방직 9급, 11. 국가직 7급

038 □□□

구 환경영향평가법상 환경영향평가를 실시하여야 할 사업에 대하여 환경영향평가를 거치지 아니하였음에도 승인 등 처분을 한 경우, 그 처분은 당연무효이다. O | X

환경영향평가를 거쳐야 할 대상사업에 대하여 환경영향평가를 거치지 아니하였음에도 불구하고 승인 등 처분이 이루어진다면 사전에 환경영향평가를 함에 있어 평가대상지역 주민들의 의견을 수렴하고 그 결과를 토대로 하여 환경부장관과의 협의 내용을 사업계획에 미리 반영시키는 것 자체가 원천적으로 봉쇄되는바 이렇게 되면 환경파괴를 미연에 방지하고 쾌적한 환경을 유지 · 조성하기 위하여 환경영향평가제도를 둔 입법 취지를 달성할 수 없게 되는 결과를 초래할 뿐만 아니라 환경영향평가대상지역 안의 주민들의 직접적이고 개별적인 이익을 근본적으로 침해하게 되므로 이러한 행정처분의 하자는 당연무효이다(대판 2006.6.30. 2005두14363).

19. 지방직 9급

039 □□□

행정청이 사전에 교통영향평가를 거치지 아니한 채 '건축허가 전까지 교통영향평가 심의필증을 교부받을 것'을 부관으로 붙여서 한 '실시계획변경 승인 및 공사시행변경 인가처분'은 그 하자가 중대하고 객관적으로 명백하여 당연무효이다. O | X

교통영향평가는 환경영향평가와 그 취지 및 내용, 대상사업의 범위, 사전 주민의견수렴절차 생략 여부 등에 차이가 있고 그 후 교통영향평가가 교통영향분석 · 개선대책으로 대체된 점, 행정청은 교통영향평가를 배제한 것이 아니라 '건축허가 전까지 교통영향평가 심의필증을 교부받을 것'을 부관으로 하여 실시계획변경 및 공사시행변경 인가처분을 한 점 등에 비추어, 행정청이 사전에 교통영향평가를 거치지 아니한 채 위와 같은 부관을 붙여서 한 위 처분에 중대하고 명백한 흠이 있다고 할 수 없으므로 이를 무효로 보기는 어렵다(대판 2010.2.25. 2009두102).

23. 국회직 8급, 19. 국가직 9급

040 □□□

건물소유자에게 소방시설 불량사항을 시정 · 보완하라는 명령을 구두로 고지한 것은 행정절차법에 위반한 것으로 하자가 중대 · 명백하여 당연무효이다. O | X

소방시설 등의 설치 또는 유지 · 관리에 대한 명령이 행정처분으로서 하자가 있어 무효인 경우에는 명령에 따른 의무 위반이 생기지 아니하므로 행정형벌을 부과할 수 없다. 담당 소방공무원이 행정처분인 위 명령을 구술로 고지한 것은 행정절차법 제24조를 위반한 것으로 하자가 중대하고 명백하여 당연무효이고, 무효인 명령에 따른 의무 위반이 생기지 아니하는 이상 피고인에게 명령 위반을 이유로 소방시설 설치 · 유지 및 안전관리에 관한 법률 제48조의2 제1호에 따른 행정형벌을 부과할 수 없다(대판 2011.11.10. 2011도11109).

19. 국가직 7급, 17. 국가직 7급(10월)

041 □□□

구 폐기물처리시설 설치촉진 및 주변지역 지원 등에 관한 법령상 입지선정위원회는 일정 수 이상의 주민대표 등을 참여시키도록 하고 있음에도 불구하고 이에 위배하여 군수와 주민대표가 선정 · 추천한 전문가를 포함시키지 않은 채 입지선정위원회를 임의로 구성하여 의결한 경우 이에 따른 폐기물처리시설 입지결정처분의 하자는 무효사유에 해당한다. O | X

구 폐기물처리시설 설치촉진 및 주변지역 지원 등에 관한 법률에 정한 입지선정위원회가 그 구성방법 및 절차에 관한 같은 법 시행령의 규정에 위배하여 군수와 주민대표가 선정 · 추천한 전문가를 포함시키지 않은 채 임의로 구성되어 의결을 한 경우, 그에 터잡아 이루어진 폐기물처리시설 입지결정처분의 하자는 중대한 것이고 객관적으로도 명백하므로 무효사유에 해당한다(대판 2007.4.12. 2006두20150).

정답 038 ○ 039 X 040 ○ 041 ○

17. 국가직 7급(10월)

042 □□□

적법하게 건축된 건축물에 대한 철거명령을 전제로 행하여진 후행행위인 건축물철거 대집행계고처분은 당연무효라 할 수 없다. O | X

적법한 건축물에 대한 철거명령은 그 하자가 중대하고 명백하여 당연무효라고 할 것이고, 그 후행행위인 건축물철거 대집행계고처분 역시 당연무효라고 할 것이다(대판 1999.4.27. 97누6780).

18. 서울시 9급

043 □□□

선행처분과 후행처분이 서로 독립하여 별개의 법률효과를 목적으로 하는 경우에 선행처분이 당연무효의 하자가 있다는 이유로 후행처분의 효력을 다툴 수 없다. O | X

선행처분과 후행처분이 서로 독립하여 별개의 법률효과를 목적으로 하는 때에는 선행처분의 하자가 중대하고 명백하여 당연무효인 경우를 제외하고는 선행처분의 하자를 이유로 후행처분의 효력을 다툴 수 없다(대판 1996.3.22. 95누10075).

12. 지방직 9급

044 □□□

침해적 행정처분을 할 때 처분의 근거 법령 등에서 청문을 실시하도록 규정하고 있다면 행정절차법 등의 예외에 해당하지 않는 한 반드시 청문을 실시하여야 하며, 그러한 절차를 결여한 처분은 위법한 처분으로서 당연무효이다. O | X

행정절차법 제22조 제1항 제1호의 청문제도는 행정처분의 사유에 대하여 당사자에게 변명과 유리한 자료를 제출할 기회를 부여함으로써 위법사유의 시정가능성을 고려하고, 처분의 신중과 적정을 기하려는 데 그 취지가 있다. 그러므로 행정청이 특히 침해적 행정처분을 할 때 그 처분의 근거 법령 등에서 청문을 실시하도록 규정하고 있다면, 행정절차법 등 관련 법령상 청문을 실시하지 않아도 되는 예외적인 경우에 해당하지 않는 한, 반드시 청문을 실시하여야 하며, 그러한 절차를 결여한 처분은 위법한 처분으로서 취소사유에 해당한다(대판 2007.11.16. 2005두15700).

14. 국회직 8급

045 □□□

행정절차법상의 처분의 방식을 위반하여 행해진 행정청의 처분은 하자가 중대하지만 명백하지 않아 원칙적으로 취소의 대상이 된다. O | X

행정청의 처분의 방식을 규정한 행정절차법 제24조를 위반하여 행해진 행정청의 처분은 그 하자가 중대하고 명백하여 원칙적으로 무효이다.

19. 지방직 9급, 14. 사복직 9급

046 □□□

징계처분이 중대하고 명백한 하자 때문에 당연무효의 것이라면 징계처분을 받은 자가 이를 용인하였다 하여 그 하자가 치유되는 것은 아니다. O | X

징계처분이 중대하고 명백한 흠 때문에 당연무효의 것이라면 징계처분을 받은 자가 이를 용인하였다 하여 그 흠이 치료되는 것은 아니다(대판 1989.12.12. 88누8869).

정답 042 X 043 X 044 X 045 X 046 ○

23. 국회직 8급 · 국가직 9급, 18. 서울시 7급, 16. 지방직 9급, 14. 지방직 7급

047 □□□

재건축주택조합설립인가처분 당시 동의율을 충족하지 못한 하자는 후에 추가동의서가 제출되었다는 사정만으로 치유될 수 없다. O | X

토지 또는 건축물 소유자의 동의서가 추가로 제출됨으로써 토지 또는 건축물 소유자의 4분의 3 이상의 동의율 요건이 충족되었으므로 2008.11.20. 설립인가처분의 흠이 치유되었거나 그 요건이 보완되었다는 피고의 주장에 대하여, 구 도시정비법 제16조 제2항 · 제3항에서 정하는 조합설립인가처분은 설권적 처분의 성질을 가지고 있고, 흠 있는 2008.11.20. 설립인가처분의 치유나 전환을 인정하더라도 원고들을 비롯한 토지 또는 건축물 소유자에게 아무런 손해가 발생하지 않는다고 단정할 수 없다는 점 등을 이유로 이를 배척하였다(대판 2014.5.16. 2011두13736).

16. 국가직 9급

048 □□□

임용 당시 법령상 공무원임용 결격사유가 있었더라도 임용권자의 과실에 의하여 임용결격자임을 밝혀내지 못한 경우라면 그 임용행위가 당연무효가 된다고 할 수는 없다. O | X

임용 당시 공무원임용 결격사유가 있었다면 비록 국가의 과실에 의하여 임용결격자임을 밝혀내지 못하였다고 하더라도 그 임용행위는 당연무효로 보아야 하고, 당연무효인 임용행위에 의하여 공무원의 신분을 취득할 수는 없으므로, 임용결격자가 공무원으로 임용되어 사실상 근무하여 왔다고 하더라도 적법한 공무원으로서의 신분을 취득하지 못한 자로서는 공무원연금법 소정의 퇴직급여 등을 청구할 수 없으며, 임용 결격사유가 소멸된 후에 계속 근무하여 왔다고 하더라도 그때부터 무효인 임용행위가 유효로 되어 적법한 공무원의 신분을 회복하고 퇴직급여 등을 청구할 수 있다고 볼 수 없다(대판 1998.1.23. 97누16985).

19. 변호사

049 □□□

당연무효인 임용결격자에 대한 임용행위에 의하여는 공무원의 신분을 취득하거나 근로고용관계가 성립될 수 없는 것이므로 임용결격자가 공무원으로 임명되어 사실상 근무하여 왔다 하더라도 퇴직금청구를 할 수 없다. O | X

공무원연금법이나 근로기준법에 의한 퇴직금은 적법한 공무원으로서의 신분취득 또는 근로고용관계가 성립되어 근무하다가 퇴직하는 경우에 지급되는 것이고 당연무효인 임용결격자에 대한 임용행위에 의하여서는 공무원의 신분을 취득하거나 근로고용관계가 성립될 수 없는 것이므로 임용결격자가 공무원으로 임용되어 사실상 근무해 왔다고 하더라도 그러한 피임용자는 위 법률 소정의 퇴직금청구를 할 수 없다(대판 1987.4.14. 86누459).

정답 047 ○ 048 X 049 ○

18. 국회직 8급 · 서울시 7급

050 □□□

조례가 법률 등 상위법령에 위배되면 비록 그 조례를 무효라고 선언한 대법원의 판결이 선고되지 않았더라도 그 조례에 근거한 행정처분은 당연무효가 된다. O | X

하자 있는 행정처분이 당연무효로 되려면 그 하자가 법규의 중요한 부분을 위반한 중대한 것이어야 할 뿐 아니라 객관적으로 명백한 것이어야 하므로, 행정청이 위법하여 무효인 조례를 적용하여 한 행정처분이 당연무효로 되려면 그 규정이 행정처분의 중요한 부분에 관한 것이어서 결과적으로 그에 따른 행정처분의 중요한 부분에 하자가 있는 것으로 귀착되고, 또한 그 규정의 위법성이 객관적으로 명백하여 그에 따른 행정처분의 하자가 객관적으로 명백한 것으로 귀착되어야 하는바, 일반적으로 조례가 법률 등 상위법령에 위배된다는 사정은 그 조례의 규정을 위법하여 무효라고 선언한 대법원의 판결이 선고되지 아니한 상태에서는 그 조례 규정의 위법 여부가 해석상 다툼의 여지가 없을 정도로 명백하였다고 인정되지 아니하는 이상 객관적으로 명백한 것이라 할 수 없으므로, 이러한 조례에 근거한 행정처분의 하자는 취소사유에 해당할 뿐 무효사유가 된다고 볼 수는 없다(대판 2009.10.29. 2007두26285).

21. 소방간부

051 □□□

하위법령의 규정이 상위법령의 규정에 저촉되는지 명백하지 않지만 하위법령의 의미를 상위법령에 합치되는 것으로 해석하는 것이 가능한 경우, 하위법령이 상위법령에 위반된다는 이유로 쉽게 무효를 선언할 것은 아니다. O | X

하위법령의 규정이 상위법령의 규정에 저촉되는지 명백하지 않지만 하위법령의 의미를 상위법령에 합치되는 것으로 해석하는 것이 가능한 경우, 하위법령이 상위법령에 위반된다는 이유로 쉽게 무효를 선언할 것은 아니다(대판 2016.12.15. 2014두44502).

21. 소방, 16. 지방직 7급 유사

052 □□□

조례제정권의 범위를 벗어나 국가사무를 대상으로 한 무효인 조례의 규정에 근거하여 지방자치단체의 장이 행정처분을 한 경우 그 행정처분은 하자가 중대하나, 명백하지는 아니하므로 당연무효에 해당하지 아니한다. O | X

조례제정권의 범위를 벗어나 국가사무를 대상으로 한 무효인 서울특별시행정권한위임조례의 규정에 근거하여 구청장이 건설업영업정지처분을 한 경우, 그 처분은 결과적으로 적법한 위임 없이 권한 없는 자에 의하여 행하여진 것과 마찬가지가 되어 그 하자가 중대하나, 지방자치단체의 사무에 관한 조례와 규칙은 조례가 보다 상위규범이라고 할 수 있고, 또한 헌법 제107조 제2항의 "규칙"에는 지방자치단체의 조례와 규칙이 모두 포함되는 등 이른바 규칙의 개념이 경우에 따라 상이하게 해석되는 점 등에 비추어 보면 위 처분의 위임과정의 하자가 객관적으로 명백한 것이라고 할 수 없으므로 이로 인한 하자는 결국 당연무효사유는 아니라고 봄이 상당하다(대판 1995.7.11. 94누4615).

19. 서울시 7급, 14. 경행특채 2차

053 □□□

처분의 하자가 그 내용에 관한 것인 경우, 소 제기 이후에도 하자의 치유가 가능하다. O | X

치유의 대상이 되는 하자는 절차상 하자 및 형식의 하자만이 가능하고 내용상의 하자의 치유는 불가능하다. 행정행위의 성질이나 법치주의의 관점에서 볼 때 하자 있는 행정행위의 치유는 원칙적으로 허용될 수 없을 뿐만 아니라 이를 허용하는 경우에도 국민의 권리와 이익을 침해하지 않는 범위에서 구체적 사정에 따라 합목적적으로 가려야 할 것인 바, 이 사건 처분에 관한 하자가 행정처분의 내용에 관한 것이고 새로운 노선면허가 이 사건 소 제기 이후에 이루어진 사정 등에 비추어 하자의 치유를 인정치 않은 원심의 판단은 정당하고, 거기에 소론이 지적하는 바와 같은 법리오해의 위법이 있다 할 수 없다(대판 1991.5.28. 90누1359).

정답 050 X 051 ○ 052 ○ 053 X

23. 경찰간부, 22. 지방직 7급, 15. 국가직 9급

054
□□□

청문서가 행정절차법에서 정한 날짜보다 다소 늦게 도달하였을 경우에도, 당사자가 이에 대하여 이의하지 아니하고 청문일에 출석하여 의견을 진술하였다면 청문서 도달기간을 준수하지 않은 하자는 치유된다.
O | X

행정청이 식품위생법상의 청문절차를 이행함에 있어 청문서 도달기간을 다소 어겼지만 영업자가 이의하지 아니한 채 청문일에 출석하여 의견을 진술하고 변명하는 등 방어의 기회를 충분히 가진 경우 하자는 치유된다(대판 1992.10.23. 92누2844).

18. 서울시 7급

055
□□□

하자 있는 행정행위의 치유는 행정행위의 성질이나 법치주의의 관점에서 볼 때 원칙적으로 허용될 수 없는 것이고, 예외적으로 행정행위의 무용한 반복을 피하고 당사자의 법적 안정성을 위해 이를 허용하는 때에도 국민의 권리나 이익을 침해하지 않는 범위에서 구체적 사정에 따라 합목적적으로 인정하여야 한다.
O | X

하자 있는 행정행위의 치유나 전환은 행정행위의 성질이나 법치주의의 관점에서 볼 때 원칙적으로 허용될 수 없는 것이지만, 행정행위의 무용한 반복을 피하고 당사자의 법적 안정성을 위해 이를 허용하는 때에도 국민의 권리와 이익을 침해하지 않는 범위에서 구체적 사정에 따라 합목적적으로 인정해야 할 것이다(대판 1983.7.26. 82누420).

14. 지방직 9급

056
□□□

부과처분에 앞서 보낸 과세예고통지서에 납세고지서의 필요적 기재사항이 제대로 기재되어 있었더라도, 납세고지서에 그 기재사항의 일부가 누락되었다면 이유제시의 하자는 치유의 대상이 될 수 없다.
O | X

부과처분에 앞서 보낸 과세안내서에 납세고지서의 필요적 기재사항이 제대로 기재되어 있었다면 납세의무자로서는 과세처분에 대한 불복 여부의 결정 및 불복신청에 전혀 지장을 받지 않았음이 명백하므로, 비록 납세고지서에 그 기재사항의 일부가 누락되었더라도 이로써 납세고지서의 흠결이 보완되거나 하자가 치유될 수 있다(대판 1995.7.11. 94누9696 전합).

18. 국회직 8급

057
□□□

이유부기를 결한 행정행위는 무효이며 그 흠의 치유를 인정하지 아니하는 것이 판례의 입장이다.
O | X

이유부기를 결한 행정행위는 취소사유이며 그 흠의 치유를 인정하는 것이 판례의 입장이다.

정답 054 ○ 055 ○ 056 X 057 X

13. 국가직 7급, 12. 지방직 9급

058 □□□

세액산출근거가 기재되지 아니한 납세고지서에 의한 부과처분은 강행법규에 위반하여 취소대상이 된다고 할 것이지만 이와 같은 하자는 납세의무자가 전심절차에서 이를 주장하지 아니하였거나, 그 후 부과된 세금을 자진납부하였다거나, 또는 조세채권의 소멸시효기간이 만료된 경우 치유된다. O | X

과세관청이 과세예고를 함과 아울러 과세자료조사서를 납세의무자에게 발송하였다 하더라도 과세대상을 특정하지 아니하고 세액산출근거의 기재를 흠결한 납세고지서에 의한 납세고지가 강행법규에 저촉된 처분으로서 위법하다고 보는 이상 납세의무자가 세액산출내역을 알고 변명자료를 과세관청에 제출하였다 하여 달리 볼 것은 아니다(대판 1997.4.13. 92누10623).

16. 지방직 7급

059 □□□

판례에 따르면 신고납세방식의 관세에 있어서 과세관청이 납세의무자의 신고에 따라 세액을 수령하는 경우 이를 부과처분으로 볼 수 있다고 한다. O | X

관세법 제17조 제2항은 관세의 원칙적인 부과·징수를 순수한 신고납세방식으로 전환한 것이고, 이와 같은 신고납세방식의 조세에 있어서 과세관청이 납세의무자의 신고에 따라 세액을 수령하는 것은 사실행위에 불과할 뿐 이를 부과처분으로 볼 수는 없다(대판 1997.7.22. 96누8321).

18. 국회직 8급

060 □□□

인가의 대상이 되는 행위에 취소원인이 있더라도 일단 인가가 있는 때에는 그 흠은 치유된다. O | X

인가의 대상이 되는 행위에 취소원인이 있다면 인가가 있어도 그 흠은 치유될 수 없다.

16. 지방직 9급·사복직 9급

061 □□□

행정청이 식품위생법상 청문절차를 이행함에 있어 청문서 도달기간을 다소 어겼지만 영업자가 이의하지 아니한 채 청문일에 출석하여 의견을 진술하고 변명하는 등 방어의 기회를 충분히 가진 경우 하자는 치유된 것으로 본다. O | X

행정청이 식품위생법상의 청문절차를 이행함에 있어 소정의 청문서 도달기간을 지키지 아니하였다면 이는 청문의 절차적 요건을 준수하지 아니한 것이므로 이를 바탕으로 한 행정처분은 일단 위법하다고 보아야 할 것이지만 이러한 청문제도의 취지는 처분으로 말미암아 받게 될 영업자에게 미리 변명과 유리한 자료를 제출할 기회를 부여함으로써 부당한 권리 침해를 예방하려는 데에 있는 것임을 고려하여 볼 때, 가령 행정청이 청문서 도달기간을 다소 어겼다 하더라도 영업자가 이에 대하여 이의하지 아니한 채 스스로 청문일에 출석하여 그 의견을 진술하고 변명하는 등 방어의 기회를 충분히 가졌다면 청문서 도달기간을 준수하지 아니한 하자는 치유되었다고 봄이 상당하다(대판 1992.10.23. 92누2844).

정답 058 X 059 X 060 X 061 ○

19. 국회직 8급

062

□□□

선행처분인 개별공시지가결정이 위법하여 그에 기초한 개발부담금 부과처분도 위법하게 되었지만 그 후 적법한 절차를 거쳐 공시된 개별공시지가결정이 종전의 위법한 공시지가결정과 그 내용이 동일하다면 위법한 개별공시지가결정에 기초한 개발부담금 부과처분은 적법하게 된다. O | X

선행처분인 개별공시지가결정이 위법하여 그에 기초한 개발부담금 부과처분도 위법하게 된 경우 그 하자의 치유를 인정하면 개발부담금 납부의무자로서는 위법한 처분에 대한 가산금 납부의무를 부담하게 되는 등 불이익이 있을 수 있으므로, 그 후 적법한 절차를 거쳐 공시된 개별공시지가결정이 종전의 위법한 공시지가결정과 그 내용이 동일하다는 사정만으로는 위법한 개별공시지가결정에 기초한 개발부담금 부과처분이 적법하게 된다고 볼 수 없다(대판 2001.6.26. 99두11592).

18. 지방교행, 13. 국회직 9급

063

□□□

행정행위의 하자의 치유는 무효인 행정행위에는 인정할 수 없다. O | X

징계처분이 중대하고 명백한 흠 때문에 당연무효의 것이라면 징계처분을 받은 자가 이를 용인하였다 하여 그 흠이 치유되는 것은 아니다(대판 1989.12.12. 88누8869).

19. 서울시 7급, 09. 국회직 8급

064

□□□

행정행위의 하자가 치유되면 당해 행정행위는 처분 당시부터 하자가 없는 적법한 행정행위로 효력을 발생한다. O | X

행정행위의 하자가 치유되면 당해 행정행위는 처분 당시부터 하자가 없는 적법한 행정행위로 효력을 발생한다(소급효).

14. 사복직 9급

065

□□□

하자의 치유는 늦어도 행정처분에 대한 불복 여부의 결정 및 불복신청을 할 수 있는 상당한 기간 내에 해야 하므로, 소가 제기된 이후에는 하자의 치유가 인정될 수 없다. O | X

하자의 치유는 쟁송제기 전까지 가능하다.

09. 국회직 8급

066

□□□

판례에 의하면 하자의 치유는 사실심 변론종결시까지 가능하다. O | X

하자의 치유를 허용하려면 늦어도 과세처분에 대한 불복 여부의 결정 및 불복신청에 편의를 줄 수 있는 상당한 기간 내에 하여야 한다고 할 것이므로 위 과세처분에 대한 전심절차가 모두 끝나고 이 사건 소송이 계류 중인 1982.11.13. 세액산출근거의 통지가 있었다고 하여 이로써 위 과세처분의 하자가 치유되었다고는 볼 수 없다고 할 것이다(대판 1984.4.10. 83누393). 즉, 하자의 치유는 행정쟁송의 제기 전까지 가능하다.

정답 062 X 063 ○ 064 ○ 065 ○ 066 X

16. 국가직 9급

067 □□□

행정행위의 내용상의 하자는 치유의 대상이 될 수 있으나, 형식이나 절차상의 하자에 대해서는 치유가 인정되지 않는다. O | X

내용상의 하자에 대해서는 치유가 인정되지 않는다.

06. 경북 9급

068 □□□

무효인 행정행위는 전환될 행정행위의 성립·발효요건을 갖추고 있어야 한다. O | X

무효인 행정행위의 전환이 인정되려면 전환되는 행정행위의 성립·발효요건·적법요건을 갖추고 있어야 한다.

09. 국회직 8급

069 □□□

전환 전의 행위와 전환 후의 행위는 목적·효과에 있어서 실질적 공통성이 있어야 한다. O | X

Point정리 행정행위 전환의 요건

1. 요건·목적·효과 등에서 실질적 공통성이 있어야 한다.
2. 행정청 및 상대방이 그 전환을 의욕하는 것으로 인정되어야 한다.

05. 서울시 9급

070 □□□

당사자가 그 전환을 원하지 않더라도 객관적으로 전환을 위한 요건이 갖추어졌다고 판단되면 당해 행정행위는 다른 종류의 행정행위로 전환된다. O | X

무효인 행정행위의 전환은 당사자의 의사에 반하지 않아야 한다.

18. 서울시 7급

071 □□□

귀속재산을 불하받은 자가 사망한 후에 불하처분 취소처분을 수불하자의 상속인에게 송달한 때에는 그 상속인에 대하여 다시 그 불하처분을 취소한다는 새로운 행정처분을 한 것으로 본다. O | X

귀속재산을 불하받은 자가 사망한 후에 그 수불하자에 대하여 한 그 불하처분은 사망자에 대한 행정처분이므로 무효이지만, 그 취소처분을 수불하자의 상속인에게 송달한 때에는 그 송달시에 그 상속인에 대하여 다시 그 불하처분을 취소한다는 새로운 행정처분을 한 것이라고 할 것이다(대판 1969.1.21. 68누190).

정답 067 X 068 ○ 069 ○ 070 X 071 ○

22. 소방

072 □□□

환경영향평가를 거쳐야 하는 대상사업에 대하여 환경영향평가를 거치지 아니하였음에도 불구하고 승인 등 처분이 행해진 경우, 그 행정처분은 당연무효이다. O | X

환경영향평가를 거쳐야 할 대상사업에 대하여 환경영향평가를 거치지 아니하였음에도 불구하고 승인 등 처분이 이루어진다면, 사전에 환경영향평가를 함에 있어 평가 대상지역 주민들의 의견을 수렴하고 그 결과를 토대로 하여 환경부장관과의 협의내용을 사업계획에 미리 반영시키는 것 자체가 원천적으로 봉쇄되는바, 이렇게 되면 환경파괴를 미연에 방지하고 쾌적한 환경을 유지·조성하기 위하여 환경영향평가제도를 둔 입법취지를 달성할 수 없게 되는 결과를 초래할 뿐만 아니라 환경영향평가 대상지역 안의 주민들의 직접적이고 개별적인 이익을 근본적으로 침해하게 되므로, 이러한 행정처분의 하자는 법규의 중요한 부분을 위반한 중대한 것이고 객관적으로도 명백한 것이라고 하지 않을 수 없어, 이와 같은 행정처분은 당연무효이다(대판 2006.6.30. 2005두14363).

22. 소방

073 □□□

행정청이 사전환경성검토협의를 거쳐야 할 대상사업에 관하여 법의 해석을 잘못한 나머지 세부용도지역이 지정되지 않은 개발사업 부지에 대하여 사전환경성검토협의를 할지 여부를 결정하는 절차를 생략한 채 승인 등의 처분을 하였다면, 그 행정처분은 당연무효이다. O | X

행정청이 사전환경성검토협의를 거쳐야 할 대상사업에 관하여 법의 해석을 잘못한 나머지 세부용도지역이 지정되지 않은 개발사업부지에 대하여 사전환경성검토협의를 할지 여부를 결정하는 절차를 생략한 채 승인 등의 처분을 한 사안에서, 그 하자가 객관적으로 명백하다고 할 수 없다(대판 2009.9.24. 2009두2825).

22. 소방

074 □□□

환경영향평가를 거쳐야 할 대상사업에 대해 환경영향평가 절차를 거쳤으나 그 내용이 다소 부실한 경우, 그 부실의 정도가 환경영향평가를 하지 아니한 것과 같은 정도가 아닌 한 당해 승인 등 처분이 위법하게 되는 것은 아니다. O | X

환경영향평가절차를 거쳤다면, 비록 그 환경영향평가의 내용이 다소 부실하다 하더라도, 그 부실의 정도가 환경영향평가제도를 둔 취지를 달성할 수 없을 정도이어서 환경영향평가를 하지 않은 것과 다를 바 없는 정도의 것이 아닌 이상 당연히 위법하게 되는 것은 아니라고 본다(대판 2001.6.29. 99두9902).

22. 지방직 9급

075 □□□

절차상의 하자를 이유로 행정처분을 취소하는 판결이 선고되어 확정된 경우, 그 확정판결의 기속력은 취소사유로 된 절차의 위법에 한하여 미치는 것이므로 행정청은 적법한 절차를 갖추어 동일한 내용의 처분을 다시 할 수 있다. O | X

과세의 절차 내지 형식에 위법이 있어 과세처분을 취소하는 판결이 확정되었을 때는 그 확정판결의 기판력은 거기에 적시된 절차 내지 형식의 위법사유에 한하여 미치는 것이므로, 과세관청은 그 위법사유를 보완하여 다시 새로운 과세처분을 할 수 있고, 그 새로운 과세처분은 확정판결에 의하여 취소된 종전의 과세처분과는 별개의 처분이라 할 것이어서, 확정판결의 기판력에 저촉되는 것이 아니다(대판 1987.2.10. 86누91).

정답 072 ○ 073 X 074 ○ 075 ○

22. 지방직 9급

076 □□□

권한 없는 행정청이 한 위법한 행정처분을 취소할 수 있는 권한은 그 행정처분을 한 처분청에게 속하는 것이고, 그 행정처분을 할 수 있는 적법한 권한을 가지는 행정청에게 그 취소권이 귀속되는 것은 아니다. O | X

권한 없는 행정기관이 한 당연무효의 행정처분을 취소할 수 있는 권한은 당해 행정처분을 한 처분청에게 속하는 것이고, 당해 행정처분을 할 수 있는 적법한 권한을 가지는 행정청에게 그 취소권이 귀속되는 것은 아니라 할 것이다(대판 1984.10.10. 84누463).

22. 국가직 7급

077 □□□

환경영향평가절차를 거쳤다면 환경영향평가의 내용이 다소 부실하다 하더라도, 그 부실의 정도가 환경영향평가를 하지 아니한 것과 다를 바 없는 정도의 것이 아니라면 당연히 당해 승인 등 처분이 위법하게 되는 것은 아니다. O | X

환경영향평가를 거쳐야 할 대상사업에 대하여 그러한 환경영향평가를 거치지 아니하였음에도 승인 등 처분을 하였다면 그 처분은 위법하다 할 것이나 그러한 절차를 거쳤다면 비록 그 환경영향평가의 내용이 다소 부실하다 하더라도, 그 부실의 정도가 환경영향평가제도를 둔 입법 취지를 달성할 수 없을 정도이어서 환경영향평가를 하지 아니한 것과 다를 바 없는 정도의 것이 아닌 이상 그 부실은 당해 승인 등 처분에 재량권 일탈·남용의 위법이 있는지 여부를 판단하는 하나의 요소로 됨에 그칠 뿐, 그 부실로 인하여 당연히 당해 승인 등 처분이 위법하게 되는 것이 아니다(대판 2001.6.29. 99두9902).

23. 국회직 8급

078 □□□

국토계획법령이 정한 도시계획시설사업의 대상 토지의 소유와 동의 요건을 갖추지 못하였는데도 행정청이 사업시행자로 지정하였다면, 이는 국토계획법령이 정한 법규의 중요한 부분을 위반한 것으로서 특별한 사정이 없는 한 그 하자가 중대하다고 보아야 한다. O | X

만일 국토계획법령이 정한 도시계획시설사업의 대상 토지의 소유와 동의 요건을 갖추지 못하였는데도 사업시행자로 지정하였다면, 이는 국토계획법령이 정한 법규의 중요한 부분을 위반한 것으로서 특별한 사정이 없는 한 그 하자가 중대하다고 보아야 한다(대판 2017.7.11. 2016두35144).

23. 국회직 8급

079 □□□

행정기본법은 행정처분이 무효가 되기 위해서는 그 하자가 법규의 중요한 부분을 위반한 중대한 것으로서 객관적으로 명백한 것이어야 한다고 규정하고 있다. O | X

행정처분이 무효가 되기 위해서는 그 하자가 법규의 중요한 부분을 위반한 중대한 것으로서 객관적으로 명백한 것이어야 한다는 중대·명백설은 판례가 취하고 있는 입장으로 행정기본법은 아직 이에 대해서 명문으로 규정하고 있지 않다.

정답 076 ○ 077 ○ 078 ○ 079 X

23. 경찰간부

080 □□□

형식상 하자로 인하여 무효인 행정처분이 있은 후 행정청이 관계 법령에서 정한 형식을 갖추어 다시 동일한 행정처분을 하였다면, 당해 행정처분은 종전의 무효인 행정처분과 관계 없는 새로운 행정처분이라고 볼 수는 없다. O | X

절차상 또는 형식상 하자로 인하여 무효인 행정처분이 있은 후 행정청이 관계 법령에서 정한 절차 또는 형식을 갖추어 다시 동일한 행정처분을 하였다면 당해 행정처분은 종전의 무효인 행정처분과 관계없이 새로운 행정처분이라고 보아야 한다(대판 2007.12.27. 2006두3933).

23. 소방간부

081 □□□

구 소방시설 설치 · 유지 및 안전관리에 관한 법률에 따른 소방공무원의 시정보완명령 고지가 구두로 행하여졌다면 그 내용이 적법하다 하더라도 해당 처분은 취소사유에 해당한다. O | X

집합건물 중 일부 구분건물의 소유자인 피고인이 관할 소방서장으로부터 소방시설 불량사항에 관한 시정보완명령을 받고도 따르지 아니하였다는 내용으로 기소된 사안에서, 담당 소방공무원이 행정처분인 위 명령을 구술로 고지한 것은 행정절차법 제24조를 위반한 것으로 하자가 중대하고 명백하여 당연 무효이다(대판 2011.11.10. 2011도11109).

23. 소방간부

082 □□□

'4대강 살리기 사업' 중 한강 부분에 관한 각 하천공사시행계획 및 각 실시계획승인처분에 보의 설치와 준설 등에 대한 예비타당성조사를 실시하지 아니한 하자는 예산 자체의 하자가 되며 이에 따라 해당 하천 부분에 관한 각 하천공사시행계획 및 각 실시계획승인처분의 하자도 인정된다. O | X

예비타당성조사는 각 처분과 형식상 전혀 별개의 행정계획인 예산의 편성을 위한 절차일 뿐 각 처분에 앞서 거쳐야 하거나 근거 법규 자체에서 규정한 절차가 아니므로, 예비타당성조사를 실시하지 아니한 하자는 원칙적으로 예산 자체의 하자일 뿐, 그로써 곧바로 각 처분의 하자가 된다고 할 수 없어, 예산이 각 처분 등으로써 이루어지는 '4대강 살리기 사업' 중 한강 부분을 위한 재정 지출을 내용으로 하고 있고 예산의 편성에 절차상 하자가 있다는 사정만으로 각 처분에 취소사유에 이를 정도의 하자가 존재한다고 보기 어렵다(대판 2015.12.10. 2011두32515).

22. 지방직 7급

083 □□□

내부위임을 받은 데 불과하여 자신의 명의로 처분을 할 권한이 없는 행정청이 권한 없이 자신의 명의로 한 처분은 무효이다. O | X

내부위임을 받은 자가 자신의 이름으로 처분을 한 경우 당해 처분은 위법하다. 판례는 내부위임을 받은 기관이 대외적으로 처분권을 갖고 있지 못하므로 무권한의 행위로 보고 무효인 행위가 된다고 한다.

정답 080 X 081 X 082 X 083 ○

24. 지방직 9급

084 □□□

행정청이 청문서 도달기간을 어겼다면 당사자가 이에 대하여 이의 하지 아니한 채 스스로 청문일에 출석하여 방어의 기회를 충분히 가졌더라도 청문서 도달기간을 준수하지 아니한 하자가 치유되는 것은 아니다. O | X

행정청이 식품위생법상의 청문절차를 이행함에 있어 소정의 청문서 도달기간을 지키지 아니하였다면 이는 청문의 절차적 요건을 준수하지 아니한 것이므로 이를 바탕으로 한 행정처분은 일단 위법하다고 보아야 할 것이지만 이러한 청문제도의 취지는 처분으로 말미암아 받게 될 영업자에게 미리 변명과 유리한 자료를 제출할 기회를 부여함으로써 부당한 권리침해를 예방하려는 데에 있는 것임을 고려하여 볼 때, 가령 행정청이 청문서 도달기간을 다소 어겼다 하더라도 영업자가 이에 대하여 이의하지 아니한 채 스스로 청문일에 출석하여 그 의견을 진술하고 변명하는 등 방어의 기회를 충분히 가졌다면 청문서 도달기간을 준수하지 아니한 하자는 치유되었다고 봄이 상당하다(대판 1992.10.23. 92누2844).

24. 지방직 9급

085 □□□

토지등급결정내용의 개별통지가 있었다고 볼 수 없어 토지등급결정이 무효라면, 토지소유자가 그 결정 이전이나 이후에 토지등급결정내용을 알았다 하더라도 개별통지의 하자가 치유되는 것은 아니다. O | X

토지등급결정내용의 개별통지가 있다고 볼 수 없어 토지등급결정이 무효인 이상, 토지소유자가 그 결정 이전이나 이후에 토지등급결정내용을 알았다거나 또는 그 결정 이후 매년 정기 등급수정의 결과가 토지소유자 등의 열람에 공하여졌다 하더라도 개별통지의 하자가 치유되는 것은 아니다(대판 1997.5.28. 96누5308).

제2절 행정행위의 하자승계

17. 지방직 9급

086 □□□

적정행정의 유지에 대한 요청에서 나오는 하자의 승계를 인정하면 국민의 권리를 보호하고 구제하는 범위가 더 넓어진다. O | X

선행행위에 취소사유가 있음에도 제소기간의 경과 등으로 불가쟁력이 발생하여 더 이상 다툴 수 없는 때 하자의 승계를 인정할 것인지가 문제된다. 하자의 승계를 인정하여야 선행행위의 위법을 다툴 수 있게 되므로 국민의 권리를 보호하고 구제하는 범위가 넓어지게 된다.

06. 선관위 9급

087 □□□

하자의 승계이론은 선행행위에 불가쟁력이 발생하여 그 효력을 다툴 수 없게 된 경우 후행행위의 하자를 이유로 선행행위에 대한 쟁송제기가 가능한 것인가의 문제와 관련하여 그 논의의 실익이 있다. O | X

하자의 승계이론은 선행행위에 불가쟁력이 발생하여 그 효력을 다툴 수 없게 된 경우 선행행위의 하자를 이유로 후행행위에 대한 쟁송제기가 가능한 것인가의 문제와 관련하여 그 논의의 실익이 있다.

정답 084 X 085 ○ 086 ○ 087 X

21. 소방, 19. 국회직 8급, 14. 경행특채 1차, 13. 지방직 9급

088 □□□

계고처분의 후속절차인 대집행에 위법이 있다고 하여 그와 같은 후속절차에 위법성이 있다는 점을 들어 선행절차인 계고처분이 부적법하다는 사유로 삼을 수는 없다. O | X

계고처분의 후속절차인 대집행에 위법이 있다 하더라도 선행절차인 계고처분이 부적법하게 되는 것은 아니다.

14. 경행특채 1차

089 □□□

선행행위의 흠이 후행행위에 승계되는가의 문제는 무효인 행정행위에만 해당하고, 선행행위가 취소할 수 있는 행정행위와는 무관하다. O | X

취소할 수 있는 행정행위에 대해서도 하자의 승계가 인정된다.

14. 경행특채 1차, 10. 지방직 7급

090 □□□

일정한 행정목적을 달성하기 위하여 두 개 이상의 행위가 연속적으로 행하여지는 경우에 선행행정행위에 무효인 하자가 있는 경우에는 모두 후행행위에의 하자승계가 인정된다. O | X

선행행위에 무효인 하자가 있는 경우에는 후행행위에도 그 영향을 미쳐 후행행위가 당연무효로 된다.

16. 사복직 9급

091 □□□

제소기간이 경과하여 선행행위에 불가쟁력이 발생한다면 하자의 승계는 문제되지 않는다. O | X

하자의 승계는 통상 선행행위에 존재하는 취소사유에 해당하는 하자를 이유로 후행행위를 다투는 경우에 문제되며, 선행행위는 불가쟁력이 발생하여 더 이상 다툴 수 없게 된 경우에 후행행위에 독자적인 하자는 없지만 선행행위의 하자를 이유로 후행행위의 취소를 구할 수 있는지가 문제된다.

17. 지방직 9급

092 □□□

선행행위에 대하여 불가쟁력이 발생하지 않았거나 선행행위와 후행행위가 서로 독립하여 각각 별개의 법률효과를 목적으로 하는 때에는 원칙적으로 선행행위의 하자를 이유로 후행행위의 효력을 다툴 수 없다. O | X

두 개 이상의 행정처분이 연속적으로 행하여지는 경우 선행처분과 후행처분이 서로 결합하여 1개의 법률효과를 완성하는 때에는 선행처분에 하자가 있으면 그 하자는 후행처분에 승계되므로 선행처분에 불가쟁력이 생겨 그 효력을 다툴 수 없게 된 경우에도 선행처분의 하자를 이유로 후행처분의 효력을 다툴 수 있는 반면, 선행처분과 후행처분이 서로 독립하여 별개의 법률효과를 목적으로 하는 때에는 선행처분에 불가쟁력이 생겨 그 효력을 다툴 수 없게 된 경우에는 선행처분의 하자가 중대하고 명백하여 당연무효인 경우를 제외하고는 선행처분의 하자를 이유로 후행처분의 효력을 다툴 수 없는 것이 원칙이나 선행처분과 후행처분이 서로 독립하여 별개의 효과를 목적으로 하는 경우에도 선행처분의 불가쟁력이나 구속력이 그로 인하여 불이익을 입게 되는 자에게 수인한도를 넘는 가혹함을 가져오며, 그 결과가 당사자에게 예측가능한 것이 아닌 경우에는 국민의 재판받을 권리를 보장하고 있는 헌법의 이념에 비추어 선행처분의 후행처분에 대한 구속력은 인정될 수 없다(대판 1994.1.25. 93누8542).

정답 088 ○ 089 X 090 ○ 091 X 092 ○

23. 지방직 9급, 17. 지방직 9급

093 □□□

선행행위와 후행행위가 서로 독립하여 별개의 법률효과를 목적으로 하는 경우라도 선행행위의 불가쟁력이나 구속력이 그로 인하여 불이익을 입는 자에게 수인한도를 넘는 가혹함을 가져오고 그 결과가 예측가능한 것이 아닌 때에는 하자의 승계를 인정할 수 있다. O | X

대판 1994.1.25. 93누8542 판례에 대한 옳은 내용이다.

18. 서울시 9급

094 □□□

위법한 개별공시지가결정에 대하여 그 정해진 시정절차를 통하여 시정하도록 요구하지 아니하였다는 이유로 위법한 개별공시지가를 기초로 한 과세처분 등 후행 행정처분에서 개별공시지가결정의 위법을 주장할 수 없도록 하는 것은 수인한도를 넘는 불이익을 강요하는 것이다. O | X

개별공시지가결정은 이를 기초로 한 과세처분 등과는 별개의 독립된 처분으로서 서로 독립하여 별개의 법률효과를 목적으로 하는 것이나, … 위법한 개별공시지가결정에 대하여 그 정해진 시정절차를 통하여 시정하도록 요구하지 아니하였다는 이유로 위법한 개별공시지가를 기초로 한 과세처분 등 후행 행정처분에서 개별공시지가결정의 위법을 주장할 수 없도록 하는 것은 수인한도를 넘는 불이익을 강요하는 것으로서 국민의 재산권과 재판받을 권리를 보장한 헌법의 이념에도 부합하는 것이 아니라고 할 것이므로, 개별공시지가결정에 위법이 있는 경우에는 그 자체를 행정소송의 대상이 되는 행정처분으로 보아 그 위법 여부를 다툴 수 있음은 물론 이를 기초로 한 과세처분 등 행정처분의 취소를 구하는 행정소송에서도 선행처분인 개별공시지가결정의 위법을 독립된 위법사유로 주장할 수 있다고 해석함이 타당하다(대판 1994.1.25. 93누8542).

[095~098] 甲은 자신의 토지에 대한 개별공시지가결정을 통지받은 후 90일이 넘어 과세처분을 받았는데, 과세처분이 위법한 개별공시지가결정에 기초하였다는 이유로 과세처분의 취소를 구하고자 한다.

21. 국가직 9급

095 □□□

甲은 과세처분이 있기 전에는 개별공시지가결정에 대해서 취소소송을 제기할 수 없다. O | X

과세처분과 별도로 개별공시지가결정을 대상으로 취소소송을 제기할 수 있다.

21. 국가직 9급

096 □□□

甲은 과세처분의 위법성이 인정되지 않더라도 과세처분 취소소송에서 개별공시지가결정의 위법을 독립된 위법사유로 주장할 수 있다. O | X

위법한 개별공시지가를 기초로 한 과세처분 등 후행 행정처분에서 개별공시지가결정의 위법을 주장할 수 없도록 하는 것은 수인한도를 넘는 불이익을 강요하는 것으로서 국민의 재산권과 재판받을 권리를 보장한 헌법의 이념에도 부합하는 것이 아니라고 할 것이므로, 개별공시지가결정에 위법이 있는 경우에는 그 자체를 행정소송의 대상이 되는 행정처분으로 보아 그 위법 여부를 다툴 수 있음은 물론 이를 기초로 한 과세처분 등 행정처분의 취소를 구하는 행정소송에서도 선행처분인 개별공시지가결정의 위법을 독립된 위법사유로 주장할 수 있다고 해석함이 타당하다(대판 1996.6.25. 93누17935).

정답 093 ○ 094 ○ 095 X 096 ○

19. 국가직 7급

097 □□□

취소사유에 해당하는 하자가 있는 표준지공시지가결정에 대한 취소소송의 제소기간이 지난 경우, 甲은 개별토지가격결정을 다투는 소송에서 그 개별토지가격 산정의 기초가 된 표준지공시지가의 위법성을 다툴 수 있다. O | X

표준지로 선정된 토지의 공시지가에 대하여 불복하기 위하여는 지가공시 및 토지 등의 평가에 관한 법률 제8조 제1항 소정의 이의절차를 거쳐 처분청을 상대로 그 공시지가결정의 취소를 구하는 행정소송을 제기하여야 하는 것이지, 그러한 절차를 밟지 아니한 채 개별토지가격결정을 다투는 소송에서 그 개별토지가격 산정의 기초가 된 표준지공시지가의 위법성을 다툴 수는 없다(대판 1995.3.28. 94누12920).

19. 국회직 8급

098 □□□

선행처분인 국제항공노선 운수권배분 실효처분 및 노선면허 거부처분에 대하여 이미 불가쟁력이 생겨 그 효력을 다툴 수 없게 되었더라도 후행처분인 노선면허처분을 다투는 단계에서 선행처분의 하자를 다툴 수 있다. O | X

피고가 참가인에게 한 이 사건 노선에 대한 운수권배분 및 이를 기초로 한 2000.4.15. 이 사건 노선면허처분은 피고가 원고에게 한 위 1999.12.10. 운수권배분 실효처분 및 노선면허 거부처분이 유효함을 전제로 하고 있기는 하나 원고에게 한 위 각 처분과는 독립하여 별개의 법률효과를 목적으로 하는 독립한 행정처분이므로, 선행처분인 위 운수권배분 실효처분 및 노선면허 거부처분에 대하여 이미 불가쟁력이 생겨 그 효력을 다툴 수 없게 된 이상 그에 위법사유가 있더라도 그것이 당연무효사유가 아닌 한 그 하자가 후행처분인 이 사건 노선면허처분에 승계된다고 할 수 없다(대판 2004.11.26. 2003두3123).

19. 국회직 8급

099 □□□

토지구획정리사업 시행 후 시행인가처분의 하자가 취소사유에 불과하더라도 사업시행 후 시행인가처분의 하자를 이유로 환지청산금 부과처분의 효력을 다툴 수 있다. O | X

토지구획정리사업은 대지로서의 효용증진과 공공시설의 정비를 위하여 실시하는 토지의 교환·분합 기타의 구획변경, 지목 또는 형질의 변경이나 공공시설의 설치·변경에 관한 사업으로서[구 토지구획정리사업법(2000.1.28. 법률 제6252호로 폐지) 제2조 제1호], 그 시행인가는 사업지구에 편입될 목적물의 범위를 확정하고 시행자로 하여금 목적물에 관한 현재 및 장래의 권리자에게 대항할 수 있는 법적 지위를 설정해 주는 행정처분의 성격을 갖는 것이므로, 사업시행자의 자격이나 토지소유자의 동의 여부 및 특정 토지의 사업지구 편입 등에 하자가 있다고 주장하는 토지소유자 등은 시행인가단계에서 그 하자를 다투었어야 하며, 시행인가처분에 명백하고도 중대한 하자가 있어 당연무효라고 볼 특별한 사정이 없는 한, 사업시행 후 시행인가처분의 하자를 이유로 환지청산금 부과처분의 효력을 다툴 수는 없다(대판 2004.10.14. 2002두424).

19. 서울시 7급, 18. 서울시 7급·지방교행, 15. 지방직 9급

100 □□□

적법한 건축물에 대한 철거명령은 그 하자가 중대하고 명백하여 당연무효이고 그 후행행위인 건축물철거 대집행계고처분 역시 당연무효이다. O | X

적법한 건축물에 대한 철거명령은 그 하자가 중대하고 명백하여 당연무효라고 할 것이고, 그 후행행위인 건축물철거 대집행계고처분 역시 당연무효라고 할 것이다(대판 1999.4.27. 97누6780).

정답 097 X 098 X 099 X 100 ○

19. 국가직 9급, 11. 지방직 9급

101 □□□

조세부과처분에 취소사유인 하자가 있는 경우 그 하자는 후행 강제징수절차인 독촉 · 압류 · 매각 · 청산절차에 승계된다. O | X

조세의 부과처분과 압류 등의 체납처분은 별개의 행정처분으로서 독립성을 가지므로 부과처분에 하자가 있더라도 그 부과처분이 취소되지 아니하는 한 그 부과처분에 의한 체납처분은 위법이라고 할 수는 없지만, 체납처분은 부과처분의 집행을 위한 절차에 불과하므로 그 부과처분에 중대하고도 명백한 하자가 있어 무효인 경우에는 그 부과처분의 집행을 위한 체납처분도 무효라 할 것이다(대판 1987.9.22. 87누383).

23. 국회직 8급, 22. 지방직 7급, 21. 소방간부

102 □□□

과세처분 이후 조세 부과의 근거가 되었던 법률규정에 대해서만 위헌결정이 내려진 경우, 그 과세처분과는 별개의 후속 행정처분인 체납처분은 위법하다고 볼 수 없다. O | X

조세 부과의 근거가 되었던 법률규정이 위헌으로 선언된 경우, 비록 그에 기한 과세처분이 위헌결정 전에 이루어졌고, 과세처분에 대한 제소기간이 이미 경과하여 조세채권이 확정되었으며, 조세채권의 집행을 위한 체납처분의 근거 규정 자체에 대하여는 따로 위헌결정이 내려진 바 없다고 하더라도, 위와 같은 위헌결정 이후에 조세채권의 집행을 위한 새로운 체납처분에 착수하거나 이를 속행하는 것은 더 이상 허용되지 않고, 나아가 이러한 위헌결정의 효력에 위배하여 이루어진 체납처분은 그 사유만으로 하자가 중대하고 객관적으로 명백하여 당연무효라고 보아야 한다(대판 2012.2.16. 2010두10907).

14. 지방직 7급

103 □□□

헌법재판소의 결정에 따르면 불가쟁력이 발생한 사업실시계획인가 고시의 하자는 당연무효가 아닌 한 수용재결에 승계되지 아니한다. O | X

도시계획사업의 실시계획인가는 그 자체가 행정처분의 성격을 띠는 것으로서 독립하여 행정쟁송의 대상이 되므로 이것이 당연무효가 아닌 한 이 처분이 위법하다고 주장하는 사람은 이 행정처분을 대상으로 하여 그 취소를 구하여야 하고, 이 선행처분을 다투지 아니하고 그 쟁송기간이 도과한 후 수용재결단계에 있어서는 그 처분의 불가쟁력에 의하여 그 도시계획사업의 실시계획인가 고시에 위법이 있음을 들어 수용재결처분의 취소를 구할 수는 없다(대판 1991.11.26. 90누9971).

21. 소방, 12. 국가직 9급

104 □□□

보충역편입처분에 하자가 있다고 할지라도 그것이 중대하고 명백하지 않는 한, 그 하자를 이유로 공익근무요원소집처분의 효력을 다툴 수 없다. O | X

병역법상 공익근무요원소집처분이 보충역편입처분을 전제로 하는 것이기는 하나 각각 단계적으로 별개의 법률효과를 발생하는 독립된 행정처분이라고 할 것이므로, 보충역편입처분의 기초가 되는 신체등위 판정에 잘못이 있다는 이유로 이를 다투기 위하여는 신체등위 판정을 기초로 한 보충역편입처분에 대하여 쟁송을 제기하여야 할 것이며, … 보충역편입처분에 하자가 있다고 할지라도 그것이 당연무효라고 볼만한 특단의 사정이 없는 한 그 위법을 이유로 공익근무요원소집처분의 효력을 다툴 수 없다(대판 2002.12.10. 2001두5422).

정답 101 X 102 X 103 ○ 104 ○

21. 소방간부, 14. 경행특채 1차

105 □□□

경찰공무원법상 직위해제처분과 면직처분은 후자가 전자의 처분을 전제로 한 것이기는 하나 각각 단계적으로 별개의 법률효과를 발생하는 행정처분이어서 선행 직위해제처분의 위법사유가 면직처분에는 승계되지 아니한다. O | X

구 경찰공무원법상 선행 직위해제처분의 위법사유가 면직처분에는 승계되지 아니한다 할 것이므로 선행된 직위해제처분의 위법사유를 들어 면직처분의 효력을 다툴 수는 없다(대판 1984.9.11. 84누191).

10. 지방직 9급

106 □□□

도시계획결정과 수용재결처분 사이의 하자는 승계된다. O | X

도시계획의 수립에 있어서 도시계획법 제16조의2 소정의 공청회를 열지 아니하고 공공용지의 취득 및 손실보상에 관한 특례법 제8조 소정의 이주대책을 수립하지 아니하였더라도 이는 절차상의 위법으로서 취소사유에 불과하고 그 하자가 도시계획결정 또는 도시계획사업시행인가를 무효라고 할 수 있을 정도로 중대하고 명백하다고는 할 수 없으므로 이러한 위법을 선행처분인 도시계획결정이나 사업시행인가단계에서 다투지 아니하였다면 그 쟁소기간이 이미 도과한 후인 수용재결단계에 있어서는 도시계획수립행위의 위와 같은 위법을 들어 재결처분의 취소를 구할 수는 없다고 할 것이다(대판 1990.1.23. 87누947).

23. 국회직 8급, 10. 지방직 9급

107 □□□

표준지공시지가결정이 위법한 경우 수용대상 토지가격 산정의 기초가 된 비교표준지공시지가결정의 위법을 독립된 사유로 주장할 수 있다. O | X

표준지공시지가결정은 이를 기초로 한 수용재결 등과는 별개의 독립된 처분으로서 서로 독립하여 별개의 법률효과를 목적으로 하지만, 표준지공시지가는 … 개별적으로 고지하도록 되어 있는 것이 아니어서 인근 토지의 소유자 등이 표준지공시지가결정 내용을 알고 있었다고 전제하기가 곤란할 뿐만 아니라, … 보상금 산정의 기준이 되는 표준지가 어느 토지인지를 알 수 없으므로, 인근 토지소유자가 표준지의 공시지가가 확정되기 전에 이를 다투는 것은 불가능하다. … 위법한 표준지공시지가결정에 대하여 그 정해진 시정절차를 통하여 시정하도록 요구하지 않았다는 이유로 위법한 표준지공시지가를 기초로 한 수용재결 등 후행 행정처분에서 표준지공시지가결정의 위법을 주장할 수 없도록 하는 것은 수인한도를 넘는 불이익을 강요하는 것으로서 국민의 재산권과 재판받을 권리를 보장한 헌법의 이념에도 부합하는 것이 아니다. 따라서 표준지공시지가결정이 위법한 경우에는 그 자체를 행정소송의 대상이 되는 행정처분으로 보아 그 위법 여부를 다툴 수 있음은 물론, 수용보상금의 증액을 구하는 소송에서도 선행처분으로서 그 수용대상 토지가격 산정의 기초가 된 비교표준지공시지가결정의 위법을 독립한 사유로 주장할 수 있다(대판 2008.8.21. 2007두13845).

17. 지방직 9급

108 □□□

선행행위에 무효의 하자가 존재하더라도 선행행위와 후행행위가 결합하여 하나의 법적 효과를 목적으로 하는 경우에는 하자의 승계에 대한 논의의 실익이 있다. O | X

선행행위가 무효이면 그 하자는 당연히 후행행위에 영향을 미치고 후행행위 역시 무효가 된다는 것이 판례의 태도이다. 일반적인 하자승계론은 선행행위가 취소사유라는 것을 전제로 한 논의이다.

정답 105 ○ 106 X 107 ○ 108 X

17. 국가직 9급(10월)

109 □□□

개별공시지가결정에 대한 재조사청구에 따른 감액조정에 대하여 더 이상 불복하지 아니한 경우에는 선행처분의 불가쟁력이나 구속력이 수인한도를 넘는 가혹한 것이거나 예측불가능하다고 볼 수 없어 이를 기초로 한 양도소득세 부과처분 취소소송에서 다시 개별공시지가결정의 위법을 당해 과세처분의 위법사유로 주장할 수 없다. O | X

원심판결 이유에 의하면 원심은, … 원고가 이 사건 토지를 매도한 이후에 그 양도소득세 산정의 기초가 되는 1993년도 개별공시지가결정에 대하여 한 재조사청구에 따른 조정결정을 통지받고서도 더 이상 다투지 아니한 경우까지 선행처분인 개별공시지가결정의 불가쟁력이나 구속력이 수인한도를 넘는 가혹한 것이거나 예측불가능하다고 볼 수 없어, 위 개별공시지가결정의 위법을 이 사건 과세처분의 위법사유로 주장할 수 없다고 판단하고 있다. 기록과 위에서 본 법리에 비추어 살펴보면, 원심의 위와 같은 판단은 정당하고, 거기에 상고이유로 지적하는 바와 같은 법리오해 등의 위법이 있다고 할 수 없다(대판 1998.3.13. 96누6059).

18. 국가직 9급 · 서울시 9급

110 □□□

사업시행계획과 관리처분계획은 서로 독립하여 별개의 법적 효과를 발생시키는 것으로서 사업시행계획의 수립에 관한 취소사유인 하자가 관리처분계획에 승계되지 아니한다. O | X

사업시행계획과 관리처분계획은 서로 독립하여 별개의 법적 효과를 발생시키는 것으로서 이 사건 사업시행계획의 수립에 관한 취소사유인 하자가 이 사건 관리처분계획에 승계되지 아니하므로, 위 취소사유를 들어 이 사건 관리처분계획의 적법 여부를 다툴 수는 없다(대판 2012.8.23. 2010두13463).

22. 국가직 9급

111 □□□

이미 불가쟁력이 발생한 보충역편입처분에 하자가 있다고 하더라도 그것이 당연무효의 사유가 아닌 한 공익근무요원소집처분에 승계되는 것은 아니다. O | X

보충역편입처분 등의 병역처분은 역종을 부과하는 처분임에 반하여, 공익근무요원소집처분은 보충역편입처분을 받은 공익근무요원소집대상자에게 공익근무요원으로서의 복무를 명하는 구체적인 행정처분이므로, 위 두 처분은 후자의 처분이 전자의 처분을 전제로 하는 것이기는 하나 각각 단계적으로 별개의 법률효과를 발생하는 독립된 행정처분이라고 할 것이므로, 보충역편입처분에 하자가 있다고 할지라도 그것이 당연무효라고 볼만한 특단의 사정이 없는 한 그 위법을 이유로 공익근무요원소집처분의 효력을 다툴 수 없다(대판 2002.12.10. 2001두5422).

22. 국가직 9급

112 □□□

건물철거명령이 당연무효가 아니고 불가쟁력이 발생하였다면 건물철거명령의 하자를 이유로 후행 대집행계고처분의 효력을 다툴 수 없다. O | X

건물철거명령이 당연무효가 아닌 이상 행정심판이나 소송을 제기하여 그 위법함을 소구하는 절차를 거치지 아니하였다면 후행행위인 대집행계고처분에서는 그 건물이 무허가건물이 아닌 적법한 건축물이라는 주장이나 그러한 사실인정을 하지 못한다(대판 1998.9.8. 97누20502).

정답 109 ○ 110 ○ 111 ○ 112 ○

23. 국회직 8급, 22. 국가직 9급

113 □□□

도시계획시설사업 시행자 지정 처분이 처분 요건을 충족하지 못하여 당연무효인 경우, 도시계획시설사업의 시행자가 작성한 실시계획을 인가하는 처분도 무효이다. O | X

도시계획시설사업의 시행자가 작성한 실시계획을 인가하는 처분은 도시계획시설사업 시행자에게 도시계획시설사업의 공사를 허가하고 수용권을 부여하는 처분으로서 선행처분인 도시계획시설사업 시행자 지정 처분이 처분 요건을 충족하지 못하여 당연무효인 경우에는 사업시행자 지정 처분이 유효함을 전제로 이루어진 후행처분인 실시계획 인가처분도 무효라고 보아야 한다(대판 2017.7.11. 2016두35120).

22. 국가직 9급

114 □□□

선행처분인 공무원직위해제처분과 후행 직권면직처분 사이에는 하자의 승계가 인정된다. O | X

구 경찰공무원법 제50조 제1항에 의한 직위해제처분과 같은 제3항에 의한 면직처분은 후자가 전자의 처분을 전제로 한 것이기는 하나 각각 단계적으로 별개의 법률효과를 발생하는 행정처분이어서 선행 직위해제처분의 위법사유가 면직처분에는 승계되지 아니한다 할 것이므로 선행된 직위해제 처분의 위법사유를 들어 면직처분의 효력을 다툴 수는 없다(대판 1984.9.11. 84누191).

22. 국회직 8급

115 □□□

적법한 건축물에 대한 철거명령의 하자가 중대하고 명백하여 당연무효라 하더라도, 그 후행행위인 건축물 철거 대집행계고처분이 당연무효인 것은 아니다. O | X

적법한 건축물에 대한 철거명령은 그 하자가 중대하고 명백하여 당연무효라 할 것이고, 그 후임행위인 건축물 철거 대집행계고처분 역시 당연무효라고 할 것이다(대판 1999.4.27. 97누6780).

23. 국회직 8급

116 □□□

취소사유인 절차적 하자가 있는 당초 과세처분에 대하여 증액경정처분이 있는 경우, 소멸한 당초처분의 절차적 하자는 존속하는 증액경정처분에 승계되지 않는다. O | X

증액경정처분이 있는 경우 당초처분은 증액경정처분에 흡수되어 소멸하고, 소멸한 당초처분의 절차적 하자는 존속하는 증액경정처분에 승계되지 아니한다(대판 2010.6.24. 2007두16493).

23. 경찰간부, 22. 지방직 7급, 18. 변호사

117 □□□

행정관청 내부의 사무처리규정인 전결규정에 위반하여 원래의 전결권자가 아닌 보조기관 등이 처분권자인 행정관청의 이름으로 행정처분을 하였다면 그러한 처분은 권한 없는 자에 의하여 행하여진 무효의 처분이다. O | X

전결과 같은 행정권한의 내부위임은 법령상 처분권자인 행정관청이 내부적인 사무처리의 편의를 도모하기 위하여 그의 보조기관 또는 하급행정관청으로 하여금 그의 권한을 사실상 행사하게 하는 것으로서 법률이 위임을 허용하지 않는 경우에도 인정되는 것이므로, 설사 행정관청 내부의 사무처리규정에 불과한 전결규정에 위반하여 원래의 전결권자 아닌 보조기관 등이 처분권자인 행정관청의 이름으로 행정처분을 하였다고 하더라도 그 처분이 권한 없는 자에 의하여 행하여진 무효의 처분이라고는 할 수 없다(대판 1998.2.27. 97누1105).

정답 113 ○ 114 X 115 X 116 ○ 117 X

제9장 행정행위의 취소와 철회 및 실효

제1절 행정행위의 취소

23. 국회직 8급, 21 · 14. 지방직 9급, 18. 서울시 7 · 9급, 17. 국가직 9급(10월), 15. 국가직 9급, 13. 서울시 7급

001 □□□

처분청은 명문의 근거가 없어도 직권취소를 할 수 있다. O | X

직권취소란 일단 유효하게 성립한 행정행위의 성립에 흠이 있음을 이유로 행정청이 그 효력을 소멸시키는 것을 말한다. 행정청에 의한 취소는 취소의 대상이 되는 행정행위와는 별개의 행정행위이다. 법치주의, 특히 법률적합성의 원칙에 따라 위법한 행정행위는 법적 근거 없이도 행정청이 이를 시정하기 위하여 직권취소를 할 수 있다고 보는 견해가 통설과 판례의 입장이다.

19 · 14. 서울시 7급

002 □□□

위임기관은 수임기관의 수임사무 처리에 대하여 지휘 · 감독하고, 그 처리가 위법 또는 부당하다고 인정되는 때에는 이를 취소하거나 정지시킬 수 있다. O | X

> 「행정권한의 위임 및 위탁에 관한 규정」 제6조 **【지휘 · 감독】** 위임 및 위탁기관은 수임 및 수탁기관의 수임 및 수탁사무 처리에 대하여 지휘 · 감독하고, 그 처리가 위법하거나 부당하다고 인정될 때에는 이를 취소하거나 정지시킬 수 있다.

13. 서울시 7급

003 □□□

대통령은 국무총리의 명령이 위법하다고 인정해도 이를 중지시킬 수 없다. O | X

> 「정부조직법」 제11조 **【대통령의 행정감독권】** ② 대통령은 국무총리와 중앙행정기관의 장의 명령이나 처분이 위법 또는 부당하다고 인정하면 이를 중지 또는 취소할 수 있다.

06. 강원도 9급

004 □□□

직권취소의 취소권자는 행정청이 되고, 쟁송취소의 취소권자는 법원만이 된다. O | X

직권취소의 취소권자는 처분청과 감독청이며, 쟁송취소의 취소권자는 재결청과 법원이다.

정답 001 ○ 002 ○ 003 X 004 X

19. 지방직 9급

005 □□□

권한 없는 행정기관이 한 당연무효인 행정처분을 취소할 수 있는 권한은 당해 행정처분을 한 처분청에게 속하고, 당해 행정처분을 할 수 있는 적법한 권한을 가지는 행정청에게 그 취소권이 귀속되는 것이 아니다.
O | X

권한 없는 행정기관이 한 당연무효의 행정처분을 취소할 수 있는 권한은 당해 행정처분을 한 처분청에게 속하는 것이고, 당해 행정처분을 할 수 있는 적법한 권한을 가지는 행정청에게 그 취소권이 귀속되는 것은 아니라 할 것이다(대판 1984.10.10. 84누463).

15. 국회직 8급, 14. 경행특채 1차

006 □□□

처분청이 법령의 근거가 없어도 직권취소를 할 수 있다는 사정이 있는 경우, 이해관계인에게 처분청에 대하여 그 취소를 요구할 신청권이 부여된 것으로 볼 수 있다. O | X

산림법령에는 채석허가처분을 한 처분청이 산림을 복구한 자에 대하여 복구설계서승인 및 복구준공통보를 한 경우 그 취소신청과 관련하여 아무런 규정을 두고 있지 않고, 원래 행정처분을 한 처분청은 그 처분에 하자가 있는 경우에는 원칙적으로 별도의 법적 근거가 없더라도 스스로 이를 직권으로 취소할 수 있지만, 그와 같이 직권취소를 할 수 있다는 사정만으로 이해관계인에게 처분청에 대하여 그 취소를 요구할 신청권이 부여된 것으로 볼 수는 없다(대판 2006.6.30. 2004두701).

13. 경행특채

007 □□□

행정청은 종전 처분과 양립할 수 없는 처분을 함으로써 묵시적으로 종전 처분을 취소할 수도 있다.
O | X

행정행위의 취소라 함은 일단 유효하게 성립한 행정처분이 위법 또는 부당함을 이유로 소급하여 그 효력을 소멸시키는 별도의 행정처분을 말하고, 행정청은 종전 처분과 양립할 수 없는 처분을 함으로써 묵시적으로 종전 처분을 취소할 수도 있으나, 행정행위 중 당사자의 신청에 의하여 인·허가 또는 면허 등 이익을 주거나 그 신청을 거부하는 처분을 하는 것을 내용으로 하는 이른바 신청에 의한 처분의 경우에는 신청에 대하여 일단 거부처분이 행해지면 그 거부처분이 적법한 절차에 의하여 취소되지 않는 한, 사유를 추가하여 거부처분을 반복하는 것은 존재하지도 않는 신청에 대한 거부처분으로서 당연무효이다.

08. 지방직 7급

008 □□□

행정절차법상 위법한 수익행정처분의 직권취소의 기간은 그 위법을 안 날로부터 1년이다. O | X

직권취소의 경우에는 실권의 경우를 제외하고 취소기간의 제한이 없다.

정답 005 ○ 006 X 007 ○ 008 X

18. 서울시 7급

009 □□□

수익적 행정처분의 경우 상대방의 신뢰보호와 관련하여 직권취소가 제한되나 그 필요성에 대한 입증책임은 기존 이익과 권리를 침해하는 처분을 한 행정청에 있다. O | X

일정한 행정처분으로 국민이 일정한 이익과 권리를 취득하였을 경우에 종전 행정처분을 취소하는 행정처분은 이미 취득한 국민의 기존 이익과 권리를 박탈하는 별개의 행정처분으로 취소될 행정처분에 하자 또는 취소해야 할 공공의 필요가 있어야 하고, 나아가 행정처분에 하자 등이 있다고 하더라도 취소해야 할 공익상 필요와 취소로 당사자가 입게 될 기득권과 신뢰보호 및 법률생활안정의 침해 등 불이익을 비교·교량한 후 공익상 필요가 당사자가 입을 불이익을 정당화할 만큼 강한 경우에 한하여 취소할 수 있는 것이며, 하자나 취소해야 할 필요성에 관한 증명책임은 기존 이익과 권리를 침해하는 처분을 한 행정청에 있다(대판 2012.3.29. 2011두23375).

23. 경찰간부, 18·13. 서울시 7급, 08. 지방직 7급

010 □□□

변상금 부과처분에 대한 취소소송이 진행 중이라도 처분청은 위법한 처분을 스스로 취소하고 그 하자를 보완하여 다시 적법한 부과처분을 할 수 있다. O | X

소멸시효는 객관적으로 권리가 발생하여 그 권리를 행사할 수 있는 때로부터 진행하고 그 권리를 행사할 수 없는 동안만은 진행하지 아니하는데, 여기서 권리를 행사할 수 없는 경우라 함은 그 권리 행사에 법률상의 장애사유가 있는 경우를 말한다. 변상금 부과처분에 대한 취소소송이 진행 중이라도 그 부과권자로서는 위법한 처분을 스스로 취소하고 그 하자를 보완하여 다시 적법한 부과처분을 할 수도 있는 것이어서 그 권리 행사에 법률상의 장애사유가 있는 경우에 해당한다고 할 수 없으므로, 그 처분에 대한 취소소송이 진행되는 동안에도 그 부과권의 소멸시효가 진행된다(대판 2006.2.10. 2003두5686).

18. 서울시 7급, 15. 국가직 9급, 12. 국가직 7급, 07. 관세사

011 □□□

행정행위를 한 처분청이 그 행위에 하자가 있어 수익적 행정처분을 취소할 때에는 이를 취소하여야 할 공익상의 필요와 그 취소로 인하여 당사자가 입게 될 기득권과 신뢰보호 및 법률생활 안정의 침해 등 불이익을 비교·교량한 후 공익상의 필요가 당사자가 입을 불이익을 정당화할 만큼 강한 경우에 한하여 취소할 수 있다. O | X

행정청이 수익적 행정처분을 취소할 때에는 비록 취소 등의 사유가 있더라도 이를 취소하여야 할 공익상의 필요와 그 취소로 인하여 당사자가 입게 될 기득권과 신뢰보호 및 법률만큼 강한 경우에 한하여 취소할 수 있다(대판 1994.10.11. 93누22678).

19. 국가직 7급

012 □□□

국민연금법상 연금지급결정을 취소하는 처분과 그 처분에 기초하여 잘못 지급된 급여액에 해당하는 금액을 환수하는 처분이 적법한지를 판단하는 경우 비교·교량할 각 사정이 상이하다고는 할 수 없으므로, 연금지급결정을 취소하는 처분이 적법하다면 환수처분도 적법하다고 판단하여야 한다. O | X

행정처분을 한 처분청은 처분의 성립에 하자가 있는 경우 별도의 법적 근거가 없더라도 직권으로 이를 취소할 수 있다고 봄이 원칙이므로, 국민연금법이 정한 수급요건을 갖추지 못하였음에도 연금지급결정이 이루어진 경우에는 이미 지급된 급여 부분에 대한 환수처분과 별도로 지급결정을 취소할 수 있다. 이 경우에도 이미 부여된 국민의 기득권을 침해하는 것이므로 취소권의 행사는 지급결정을 취소할 공익상의 필요보다 상대방이 받게 될 불이익 등이 막대한 경우에는 재량권의 한계를 일탈한 것으로서 위법하다고 보아야 한다. 다만 이처럼 연금지급결정을 취소하는 처분과 그 처분에 기초하여 잘못 지급된 급여액에 해당하는 금액을 환수하는 처분이 적법한지를 판단하는 경우 비교·교량할 각 사정이 동일하다고는 할 수 없으므로, 연금지급결정을 취소하는 처분이 적법하다고 하여 환수처분도 반드시 적법하다고 판단하여야 하는 것은 아니다(대판 2017.3.30. 2015두43971).

정답 009 ○ 010 ○ 011 ○ 012 X

15. 국회직 8급, 08. 국가직 7급

013 □□□

수익적 행정처분의 하자가 당사자의 사실은폐나 기타 사위의 방법에 의한 신청행위에 기인한 것이라면, 당사자는 처분에 의한 이익을 위법하게 취득하였음을 알아 취소가능성도 예상하고 있었을 것이므로, 그 자신이 처분에 관한 신뢰이익을 원용할 수 없다. O | X

행정처분에 하자가 있음을 이유로 처분청이 이를 취소하는 경우에도 그 처분이 국민에게 권리나 이익을 부여하는 이른바 수익적 행정행위인 때에는 그 처분을 취소하여야 할 공익상 필요와 그 취소로 인하여 당사자가 입게 될 기득권과 신뢰보호 및 법률생활안정의 침해 등 불이익을 비교 교량한 후 공익상 필요가 당사자가 입을 불이익을 정당화 할 만큼 강한 경우에 한하여 취소할 수 있으나, 그 처분의 하자가 당사자의 사실은폐나 기타 사위의 방법에 의한 신청행위에 기인한 것이라면 당사자는 그 처분에 의한 이익이 위법하게 취득되었음을 알아 그 취소가능성도 예상하고 있었다고 할 것이므로 그 자신이 위 처분에 관한 신뢰의 이익을 원용할 수 없음은 물론 행정청이 이를 고려하지 아니하였다고 하여도 재량권의 남용이 되지 않는다.

08. 지방직 7급

014 □□□

공장의 용도뿐만 아니라 공장 외의 용도로도 활용할 내심의 의사가 있었다면 이는 공장등록취소사유가 된다. O | X

원고의 이 사건 공장의 등록신청은 법과 시행령 등 관련 법령이 규정하고 있는 공장등록의 요건을 모두 갖추고 있는 것으로 보이므로, 원고에게 이 사건 공장을 공장의 용도뿐만 아니라 공장 외의 용도로도 활용할 내심의 의사가 있었다고 하더라도 그와 같은 사유만으로는 이 사건 공장등록이 하자 있는 행정행위로서 취소사유가 있다고 할 수 없고, 다만 위와 같은 내심의 의사가 현실화되어 원고가 공장을 공장 외의 용도로 실제로 활용하는 경우 법과 시행령이 규정하고 있는 공장등록취소사유가 될 수 있을 뿐이므로, 이 사건 공장등록이 하자 있는 행정행위로서 취소할 수 있음을 전제로 한 위 처분사유는 결국 위법하다고 할 것이다(대판 2006.5.25. 2003두4669).

19. 국가직 9급, 14. 경행특채 1차

015 □□□

영업허가취소처분이 청문절차를 거치지 않았다 하여 행정심판에서 취소되었더라도 그 허가취소처분 이후 취소재결시까지 영업했던 행위는 무허가영업에 해당한다. O | X

영업의 금지를 명한 영업허가취소처분 자체가 나중에 행정쟁송절차에 의하여 취소되었다면 그 영업허가취소처분은 그 처분시에 소급하여 효력을 잃게 되며, 그 영업허가취소처분에 복종할 의무가 원래부터 없었음이 확정되었다고 봄이 타당하고, 영업허가취소처분이 장래에 향하여서만 효력을 잃게 된다고 볼 것은 아니므로 그 영업허가취소처분 이후의 영업행위를 무허가영업이라고 볼 수는 없다(대판 1993.6.25. 93도277).

19. 변호사

016 □□□

학력요건을 갖추지 못한 甲이 허위의 고등학교 졸업증명서를 제출하여 하사관에 지원했다는 이유로 하사관 임용일로부터 30년이 지나서 한 임용취소처분은 적법하며, 甲이 위 처분에 불복하여 신뢰이익을 원용할 수 없음은 물론 행정청이 이를 고려하지 아니하였다고 하여도 재량권의 남용이 되지 않는다. O | X

피고가 원고에 대한 하사관 임용 당시 적극적으로 임용결격사유를 밝혀내지 못하였다 하더라도, 원고가 허위의 고등학교 졸업증명서를 제출하는 사위의 방법에 의하여 하사관을 지원하여 입대한 이상, 원고로서는 자신에 대한 하사관 임용이 소정의 지원요건을 갖추지 못한 자에 대하여 위법하게 이루어진 것을 알고 있어 그 취소가능성도 예상할 수 있었다 할 것이므로, 피고가 33년이 경과한 후 뒤늦게 원고에 대한 하사관 및 준사관 임용을 취소함으로써 원고가 입는 불이익이 적지 않다 하더라도 위 취소행위가 신뢰이익을 침해하였다고 할 수 없음은 물론 비례의 원칙에 위배하거나 재량권을 남용하였다고 볼 수 없어, 결국 원고에 대한 하사관 및 준사관 임용을 취소한 이 사건 처분은 적법하다(대판 2002.2.5. 2001두5286).

정답 013 ○ 014 X 015 X 016 ○

06. 강원도 9급

017 □□□

쟁송취소의 효과는 기왕에 소급하는 반면, 직권취소는 상대방의 신뢰보호와 관련해서 그 소급효가 제한되는 경우도 있다. O | X

쟁송취소는 원칙이 소급효인 반면, 직권취소는 침익적 행정행위의 경우 원칙적 소급효이지만 수익적 행정행위의 경우 원칙적 장래효를 따른다.

09. 지방직 9급

018 □□□

수익적 행정행위의 취소에 있어서는 행정행위의 상대방에게 귀책사유가 없는 한 취소의 효과가 소급되지 않는 것이 원칙이다. O | X

수익적 행위는 원칙적으로 장래효를 따르고 귀책사유가 있는 경우에 한하여 소급효를 적용한다.

18. 지방직 9급

019 □□□

국세감액결정처분은 이미 부과된 과세처분에 하자가 있음을 이유로 사후에 이를 일부 취소하는 처분이고, 취소의 효력은 판결 등에 의한 취소이거나 과세관청의 직권에 의한 취소이거나에 관계없이 그 부과처분이 있었을 당시로 소급하여 발생한다. O | X

국세감액결정처분은 이미 부과된 과세처분에 하자가 있음을 이유로 사후에 이를 일부 취소하는 처분이므로 취소의 효력은 그 취소된 국세부과처분이 있었을 당시에 소급하여 발생하는 것이고, 이는 판결 등에 의한 취소이거나 과세관청의 직권에 의한 취소이거나에 따라 차이가 있는 것이 아니다(대판 1995.9.15. 94다16045).

21 · 18 · 11. 지방직 9급

020 □□□

국세기본법상 상속세부과처분의 취소에 하자가 있는 경우, 부과의 취소의 취소에 대하여는 법률이 명문으로 그 취소요건이나 그에 대한 불복절차에 대하여 따로 규정을 두고 있지 않더라도 과세관청은 부과의 취소를 다시 취소함으로써 원부과처분을 소생시킬 수 있다. O | X

상속세 부과의 취소에 위법사유가 있다고 하더라도 당연무효가 아닌 한 일단 유효하게 성립하여 부과처분을 확정적으로 상실시키는 것이므로, 과세관청은 부과의 취소를 다시 취소함으로써 원부과처분을 소생시킬 수는 없고 납세의무자에게 종전의 과세대상에 대한 납부의무를 지우려면 다시 법률에서 정한 부과절차에 좇아 동일한 내용의 새로운 처분을 하는 수밖에 없다(대판 1995.3.10. 94누7027).

정답 017 ○ 018 ○ 019 ○ 020 X

14. 지방직 9급

021 □□□

현역병입영대상편입처분을 보충역편입처분으로 변경한 경우, 보충역편입처분에 불가쟁력이 발생한 이후 보충역편입처분이 하자를 이유로 직권취소되었다면 종전의 현역병입영대상편입처분의 효력은 되살아난다.

O | X

구 병역법(1999.2.5. 법률 제5757호로 개정되기 전의 것) 제5조, 제8조, 제12조, 제14조, 제62조, 제63조, 제65조의 규정을 종합하면, 지방병무청장이 재신체검사 등을 거쳐 현역병입영대상편입처분을 보충역편입처분이나 제2국민역편입처분으로 변경하거나 보충역편입처분을 제2국민역편입처분으로 변경하는 경우 비록 새로운 병역처분의 성립에 하자가 있다고 하더라도 그것이 당연무효가 아닌 한 일단 유효하게 성립하고 제소기간의 경과 등 형식적 존속력이 생김과 동시에 종전의 병역처분의 효력은 취소 또는 철회되어 확정적으로 상실된다고 보아야 할 것이므로 그 후 새로운 병역처분의 성립에 하자가 있었음을 이유로 하여 이를 취소한다고 하더라도 종전의 병역처분의 효력이 되살아난다고 할 수 없다(대판 2002.5.28. 2001두9653).

14. 서울시 7급

022 □□□

광업권취소처분 후 광업권설정의 선출원이 있는 경우에도 취소처분을 취소하여 광업권을 복구시키는 조처는 적법하다.

O | X

구 광업법(1973.2.7. 법률 제2492호) 제36조 제1호에 의한 광업권설정의 선출원이 있는 경우에 다시 그 취소처분을 취소함은 위법이다(대판 1967.10.23. 67누126).

19. 국가직 9급 · 국회직 8급

023 □□□

개인택시운송사업자의 운전면허가 아직 취소되지 않았더라도 운전면허 취소사유가 있다면 행정청은 명문 규정이 없더라도 개인택시운송사업면허를 취소할 수 있다.

O | X

개인택시운송사업자에게 운전면허 취소사유가 있으나 그에 따른 운전면허 취소처분이 이루어지지는 않은 경우 관할 관청이 개인택시운송사업면허를 취소할 수 없다. 구 여객자동차 운수사업법에는 관할 관청은 개인택시운송사업자의 운전면허가 취소된 때에 그의 개인택시운송사업면허를 취소할 수 있도록 규정되어 있을 뿐 그에게 운전면허 취소사유가 있다는 사유만으로 개인택시운송사업면허를 취소할 수 있도록 하는 규정은 없으므로, 관할 관청으로서는 개인택시운송사업자에게 운전면허 취소사유가 있다 하더라도 그로 인하여 운전면허취소처분이 이루어지지 않은 이상 개인택시운송사업면허를 취소할 수 없다(대판 2008.5.15. 2007두26001).

13. 경행특채

024 □□□

외형상 하나의 행정처분이라 하더라도 가분성이 있거나 그 처분대상의 일부가 특정될 수 있다면 그 일부만의 취소도 가능하다.

O | X

하나의 법률행위의 일부분에만 취소사유가 있는 경우에 그 법률행위가 가분적이거나 그 목적물의 일부가 특정될 수 있다면, 그 나머지 부분이라도 이를 유지하려는 당사자의 가정적 의사가 인정되는 경우 그 일부만의 취소도 가능하고, 또 그 일부의 취소는 법률행위의 일부에 관하여 효력이 생긴다고 할 것이나, 이는 어디까지나 어떤 목적 혹은 목적물에 대한 법률행위가 존재함을 전제로 한다(대판 1999.3.26. 98다56607).

정답 021 X 022 X 023 X 024 O

19. 서울시 9급(6월)

025

□□□

독점규제 및 공정거래에 관한 법률을 위반한 광고행위와 표시행위를 하였다는 이유로 공정거래위원회가 사업자에 대하여 법 위반사실 공표명령을 행한 경우, 표시행위에 대한 법 위반사실이 인정되지 아니한다면 법원으로서는 그 부분에 대한 공표명령의 효력만을 취소할 수 있을 뿐, 공표명령 전부를 취소할 수 있는 것은 아니다. O | X

외형상 하나의 행정처분이라 하더라도 가분성이 있거나 그 처분대상의 일부가 특정될 수 있다면 일부만의 취소도 가능하고 그 일부의 취소는 당해 취소 부분에 관하여만 효력이 생기는 것인바, 공정거래위원회가 사업자에 대하여 행한 법 위반사실 공표명령은 비록 하나의 조항으로 이루어진 것이라고 하여도 그 대상이 된 사업자의 광고행위와 표시행위로 인한 각 법 위반사실은 별개로 특정될 수 있어 위 각 법 위반사실에 대한 독립적인 공표명령이 경합된 것으로 보아야 할 것이므로, 이 중 표시행위에 대한 법 위반사실이 인정되지 아니하는 경우에 그 부분에 대한 공표명령의 효력만을 취소할 수 있을 뿐, 공표명령 전부를 취소할 수 있는 것은 아니다(대판 2000.12.12. 99두12243).

22. 국회직 8급

026

□□□

지방병무청장이 재신체검사 등을 거쳐 종전의 현역병입영대상편입처분을 보충역편입처분으로 변경한 후에 제소기간의 경과 등으로 보충역편입처분에 형식적 존속력이 생겼다면, 보충역편입처분에 하자가 있다는 이유로 이를 직권으로 취소하더라도 종전의 현역병입영대상편입처분의 효력은 회복되지 않는다. O | X

지방병무청장이 재신체검사 등을 거쳐 현역병입영대상편입처분을 보충역편입처분이나 제2국민역편입처분으로 변경하거나 보충역편입처분을 제2국민역편입처분으로 변경하는 경우 비록 새로운 병역처분의 성립에 하자가 있다고 하더라도 그것이 당연무효가 아닌 한 일단 유효하게 성립하고 제소기간의 경과 등 형식적 존속력이 생김과 동시에 종전의 병역처분의 효력은 취소 또는 철회되어 확정적으로 상실된다고 보아야 할 것이므로 그 후 새로운 병역처분의 성립에 하자가 있었음을 이유로 하여 이를 취소한다고 하더라도 종전의 병역처분의 효력이 되살아난다고 할 수 없다(대판 2002.5.28. 2001두9653).

23. 국회직 8급, 22. 국가직 7급

027

□□□

당사자가 부정한 방법으로 수익적 처분을 받은 경우에도 행정청이 그 처분을 취소하려면 취소로 인하여 당사자가 입게 될 불이익을 취소로 달성되는 공익과 비교·형량하여야 한다. O | X

당사자가 부정한 방법으로 수익적 처분을 받은 경우에는 행정청이 그 처분을 취소하려는 경우에 취소로 인하여 당사자가 입게 될 불이익을 취소로 달성되는 공익과 비교·형량하지 않아도 된다.

> **「행정기본법」 제18조 【위법 또는 부당한 처분의 취소】** ② 행정청은 제1항에 따라 당사자에게 권리나 이익을 부여하는 처분을 취소하려는 경우에는 취소로 인하여 당사자가 입게 될 불이익을 취소로 달성되는 공익과 비교·형량(衡量)하여야 한다. 다만, 다음 각 호의 어느 하나에 해당하는 경우에는 그러하지 아니하다.
> 1. 거짓이나 그 밖의 부정한 방법으로 처분을 받은 경우
> 2. 당사자가 처분의 위법성을 알고 있었거나 중대한 과실로 알지 못한 경우

정답 025 ○ 026 ○ 027 X

23. 국회직 8급 · 경찰간부

028
□□□

수익적 행정처분에 대한 취소권 등의 행사는 기득권의 침해를 정당화할 만한 중대한 공익상의 필요 또는 제3자의 이익보호의 필요가 있는 때에 한하여 허용될 수 있다는 법리는 처분청이 수익적 행정처분을 직권으로 취소 · 철회하는 경우에 적용되는 법리일 뿐 쟁송취소의 경우에는 적용되지 않는다. **O | X**

수익적 행정처분에 대한 취소권 등의 행사는 기득권의 침해를 정당화할 만한 중대한 공익상의 필요 또는 제3자의 이익보호의 필요가 있는 때에 한하여 허용될 수 있다는 법리는, 처분청이 수익적 행정처분을 직권으로 취소 · 철회하는 경우에 적용되는 법리일 뿐 쟁송취소의 경우에는 적용되지 않는다(대판 2019.10.17. 2018두104).

23. 경찰간부

029
□□□

국민에게 일정한 이익과 권리를 취득하게 한 종전 행정처분의 하자나 직권취소해야 할 필요성에 관한 증명책임은 기존이익과 권리를 침해하는 처분을 한 행정청에 있다. **O | X**

일정한 행정처분으로 국민이 일정한 이익과 권리를 취득하였을 경우에 종전 행정처분에 하자가 있음을 전제로 직권으로 이를 취소하는 행정처분은 이미 취득한 국민의 기존 이익과 권리를 박탈하는 별개의 행정처분으로, 취소될 행정처분에 하자가 있어야 하고, 나아가 행정처분에 하자가 있다고 하더라도 취소해야 할 공익상 필요와 취소로 당사자가 입게 될 기득권과 신뢰보호 및 법률생활안정의 침해 등 불이익을 비교 · 교량한 후 공익상 필요가 당사자가 입을 불이익을 정당화할 만큼 강한 경우에 한하여 취소할 수 있는 것이며, 하자나 취소해야 할 필요성에 관한 증명책임은 기존 이익과 권리를 침해하는 처분을 한 행정청에 있다(대판 2014.11.27. 2014두9226).

23. 경찰간부

030
□□□

운전면허취소처분이 행정쟁송절차에 의하여 취소되었다면, 그 처분은 단지 장래에 향하여서만 효력을 잃게 된다. **O | X**

쟁송취소도 소급효가 있다.

관련 판례

피고인이 행정청으로부터 자동차 운전면허취소처분을 받았으나 나중에 그 행정처분 자체가 행정쟁송절차에 의하여 취소되었다면, 위 운전면허취소처분은 그 처분시에 소급하여 효력을 잃게 되고, 피고인은 위 운전면허취소처분에 복종할 의무가 원래부터 없었음이 후에 확정되었다고 봄이 타당할 것이고, 행정행위에 공정력의 효력이 인정된다고 하여 행정소송에 의하여 적법하게 취소된 운전면허취소처분이 단지 장래에 향하여서만 효력을 잃게 된다고 볼 수는 없다(대판 1999.2.5. 98도4239).

24. 국가직 9급

031
□□□

처분에 대하여 행정심판이나 행정소송이 제기되어 쟁송이 진행되고 있는 도중에는 행정청은 스스로 대상처분을 취소할 수 없다. **O | X**

처분에 대하여 행정심판이나 행정소송이 제기되어 쟁송이 진행되고 있는 도중에도 행정청은 스스로 대상 처분을 취소할 수 있다.

정답 028 ○ 029 ○ 030 X 031 X

23. 국가직 7급

032 □□□

공무원이 한 사직 의사표시는 그에 터잡은 의원면직처분이 있고 난 이후라도 철회나 취소할 수 있다. O | X

공무원이 한 사직의 의사표시는 그에 터잡은 의원면직처분이 있을 때까지는 원칙적으로 이를 철회할 수 있는 것이지만, 다만 의원면직처분이 있기 전이라도 사직의 의사표시를 철회하는 것이 신의칙에 반한다고 인정되는 특별한 사정이 있는 경우에는 그 철회는 허용되지 아니한다(대판 1993.7.27. 92누16942).

제2절 행정행위의 철회

13. 경행특채

033 □□□

철회는 적법요건을 구비하여 완전히 효력을 발하고 있는 행정행위를 사후적으로 그 행위의 효력의 전부 또는 일부를 장래에 향해 소멸시키는 행정처분이다. O | X

철회는 후발적 사유에 의해 장래에 향하여 처분의 효력을 소멸시키는 행정행위이다. 판례에 따르면 철회에 법적 근거를 요하지 않지만 처분청만이 철회권자이고 감독청은 원칙적으로 철회권자가 아니다.

13. 서울시 7급

034 □□□

행정행위의 철회는 행정행위의 원시적 하자를 이유로 한다. O | X

행정행위의 취소는 일단 유효하게 성립한 행정행위를 그 행위에 위법 또는 부당한 하자가 있음을 이유로 소급하여 그 효력을 소멸시키는 별도의 행정처분이고, 행정행위의 철회는 적법요건을 구비하여 완전히 효력을 발하고 있는 행정행위를 사후적으로 그 행위의 효력의 전부 또는 일부를 장래에 향해 소멸시키는 행정처분이므로, 행정행위의 취소사유는 행정행위의 성립 당시에 존재하였던 하자를 말하고, 철회사유는 행정행위가 성립된 이후에 새로이 발생한 것으로서 행정행위의 효력을 존속시킬 수 없는 사유를 말한다(대판 2003.5.30. 2003다6422).

06. 국가직 9급

035 □□□

철회도 실정법상 취소라고 불리는 경우가 많다. O | X

국비유학생으로 선발되어 지방병무청장에 의해 학술특기자로 특례보충역에 편입된 후 … 귀국지연이라는 사유가 발생한 경우에는 이러한 사정은 그 편입처분을 취소할 수 있는 사정변경 또는 중대한 공익상의 필요가 발생한 것으로 볼 수 있어 처분청으로서는 그 취소에 관한 별도의 법적 근거가 없이도 이를 취소할 수 있다고 하여야 한다(대판 1995.2.28. 94누7713).

✓ 참고 특례보충역편입처분을 귀국지연이라는 후발적 사유로 인해 장래에 향하여 효력을 소멸시킨 것이므로 철회에 해당하지만, 판례에서는 '취소'라고 표현하였다.

정답 032 X 033 ○ 034 X 035 ○

18. 서울시 7급 · 지방직 9급, 12. 국가직 9급

036 □□□

행정행위를 한 처분청은 처분 당시에 별다른 하자가 없었고, 또 그 처분 후에 이를 철회할 별도의 법적 근거가 없다면 사정변경을 이유로 그 효력을 상실케 하는 별개의 행정행위로 이를 철회할 수 없다.
O | X

행정행위를 한 처분청은 비록 그 처분 당시에 별다른 하자가 없었고, 또 그 처분 후에 이를 철회할 별도의 법적 근거가 없다 하더라도 원래의 처분을 존속시킬 필요가 없게 된 사정변경이 생겼거나 또는 중대한 공익상의 필요가 발생한 경우에는 그 효력을 상실케 하는 별개의 행정행위로 이를 철회할 수 있다(대판 2004.11.26. 2003두10251).

19. 지방직 9급

037 □□□

甲이 위 부관에 위반하였음을 이유로 관할 행정청이 건축허가의 효력을 소멸시키려면 법령상의 근거가 있어야 한다.
O | X

甲이 부관에 위반하였음을 이유로 관할 행정청이 건축허가의 효력을 소멸시키려면 행정청은 건축허가를 철회하여야 한다. 행정행위의 철회는 법령상의 근거가 없이도 할 수 있다.

18. 서울시 7급, 15. 교행직 9급, 06. 국가직 9급

038 □□□

명문의 규정을 불문하고 처분청과 감독청은 철회권을 가진다.
O | X

명문규정이 없는 경우에 감독청이 철회할 수 있는지 여부에 관해 통설은 부정설이다. 취소의 경우에는 명문규정이 없어도 김독청이 취소권을 행사할 수 있는지 어부에 관해 견해의 대립이 있으나, 철회는 서분청만이 철회할 수 있다고 본다.

21. 지방직 9급, 04. 관세사 유사

039 □□□

수익적 행정행위의 철회는 특별한 다른 규정이 없는 한 행정절차법상의 절차에 따라 행해져야 한다.
O | X

철회도 처분에 해당하고 특히 수익적 행정행위의 철회는 침익적 행정행위에 해당하므로, 특별한 규정이 없는 한 사전통지나 의견청취 등과 같은 행정절차법상의 절차를 따라야 한다.

정답 036 X 037 X 038 X 039 O

11. 국가직 7급

040 □□□

판례는 행정절차법의 제정 이전에도 철회에 이유제시를 요구하였다. O | X

행정절차법은 1998년부터 시행되었으나 판례는 훨씬 전부터 철회에 이유제시를 요한다고 판시했다.

관련 판례

허가의 취소처분에는 그 근거가 되는 법령과 처분을 받은 자가 어떠한 위반사실에 대하여 당해처분이 있었는지를 알 수 있을 정도의 위 법령에 해당하는 사실의 적시를 요한다고 할 것이고 이러한 사실의 적시를 흠결한 하자는 그 처분 후 적시되어도 이에 의하여 치유될 수는 없다(대판 1984.7.10. 82누551).

11. 국가직 7급

041 □□□

부담적 행정행위의 철회는 원칙적으로 자유롭지 않다고 본다. O | X

부담적 행정행위에 대한 취소는 상대방에게 수익적 효과를 주기 때문에 자유롭게 할 수 있다.

18. 서울시 9급 · 7급 유사, 12. 지방직 9급

042 □□□

수익적 행정행위의 철회는 법령에 명시적인 규정이 있거나 행정행위의 부관으로 그 철회권이 유보되어 있는 경우, 또는 원래의 행정행위를 존속시킬 필요가 없게 된 사정변경이 생겼거나 또는 중대한 공익상의 필요가 발생한 경우 등의 예외적인 경우에만 허용된다. O | X

수익적 행정처분을 취소 또는 철회하거나 중지시키는 경우에는 이미 부여된 그 국민의 기득권을 침해하는 것이 되므로, 비록 취소 등의 사유가 있다고 하더라도 그 취소권 등의 행사는 기득권의 침해를 정당화할 만한 중대한 공익상의 필요 또는 제3자의 이익보호의 필요가 있는 때에 한하여 상대방이 받는 불이익과 비교 · 교량하여 결정하여야 하고, 그 처분으로 인하여 공익상의 필요보다 상대방이 받게 되는 불이익 등이 막대한 경우에는 재량권의 한계를 일탈한 것으로서 그 자체가 위법하다(대판 2004.7.22. 2003두7606).

13. 서울시 7급

043 □□□

사실관계의 변동은 철회의 사유로 볼 수 없다. O | X

행정행위의 철회사유로는 법령에 규정된 철회사유에 해당하는 경우, 철회권이 유보된 경우, 상대방의 의무 위반이 있는 경우, 부담 불이행, 사정변경이 있는 경우, 중대한 공익상의 필요가 발생한 경우, 목적달성이 불가능한 경우, 당사자의 신청이나 동의가 있는 경우, 사실관계가 변동된 경우 등이 있다.

11. 지방직 7급, 09. 국회직 8급

044 □□□

판례는 별도의 법적 근거가 없더라도 사정변경 또는 중대한 공익상의 필요에 의해 행정행위를 철회할 수 있다는 입장이다. O | X

직권취소와 철회는 법적 근거를 요하지 않는다.

정답 040 ○ 041 X 042 ○ 043 X 044 ○

21. 지방직 9급

045 □□□

행정청은 적법한 처분이 중대한 공익을 위해 필요한 경우 그 처분을 장래를 향하여 철회할 수 있다. O | X

처분청은 비록 처분 당시 별다른 하자가 없었고, 처분 후에 이를 취소할 별도의 법적 근거가 없더라도 원래의 처분을 존속시킬 필요가 없게 된 사정변경이 생겼거나 또는 중대한 공익상 필요가 발생한 경우 그 효력을 상실케 하는 별개의 행정행위로 이를 취소할 수 있다.

09. 국회직 8급

046 □□□

행정청이 철회사유가 있음을 알면서도 장기간 철회권을 행사하지 않은 경우 실권의 법리에 의하여 철회권 행사가 제한된다. O | X

실권 또는 실효의 법리는 신의성실의 원칙에 바탕을 둔 파생적인 원리로서 이는 본래 권리 행사의 기회가 있음에도 불구하고 권리자가 장기간에 걸쳐 그 권리를 행사하지 아니하였기 때문에 의무자인 상대방은 이미 그의 권리를 행사하지 아니할 것으로 믿을 만한 정당한 사유가 있게 되거나 행사하지 아니할 것으로 추인케 할 경우에 새삼스럽게 그 권리를 행사하는 것이 신의성실의 원칙에 반하는 결과가 될 때 그 권리 행사를 허용하지 않는 것을 의미한다(대판 1994.6.28. 93다26212).

참고 철회도 신뢰보호원칙, 신의성실원칙 등 행정법의 일반원칙에 의해 제한된다.

13. 서울시 7급, 08. 국가직 9급

047 □□□

행정행위의 철회의 효과는 취소와 같이 소급하여 발생한다. O | X

행정행위의 철회는 적법요건을 구비하여 완전히 효력을 발하고 있는 행정행위를 사후적으로 그 행위의 효력의 전부 또는 일부를 장래에 향해 소멸시키는 행정처분이다(대판 2003.5.30. 2003다6422).

21. 소방간부, 14. 서울시 7급

048 □□□

행정청이 의료법인의 이사에 대한 이사취임승인취소처분(제1처분)을 직권으로 취소(제2처분)한 경우, 제1처분과 제2처분 사이에 법원에 의하여 선임된 임시이사의 지위가 소멸되기 위해서는 법원의 해임결정이 있어야 한다. O | X

행정처분이 취소되면 그 소급효에 의하여 처음부터 그 처분이 없었던 것과 같은 효과를 발생하게 되는바, 행정청이 의료법인의 이사에 대한 이사취임승인취소처분(제1처분)을 직권으로 취소(제2처분)한 경우에는 그로 인하여 이사가 소급하여 이사로서의 지위를 회복하게 되고, 그 결과 위 제1처분과 제2처분 사이에 법원에 의하여 선임결정된 임시이사들의 지위는 법원의 해임결정이 없더라도 당연히 소멸된다(대판 1997.1.21. 96누3401).

정답 045 ○ 046 ○ 047 X 048 X

10. 국회직 8급

049 □□□

제1종 보통면허로 운전할 수 있는 차량을 음주운전한 경우에 제1종 대형면허와 원동기장치자전거면허도 취소할 수 있다. O | X

한 사람이 여러 종류의 자동차운전면허를 취득하는 경우뿐 아니라 이를 취소 또는 정지하는 경우에 있어서도 서로 별개의 것으로 취급하는 것이 원칙이기는 하나, 자동차운전면허는 그 성질이 대인적 면허일뿐만 아니라 도로교통법 시행규칙 제26조 [별표 14]에 의하면, 제1종 대형면허 소지자는 제1종 보통면허로 운전할 수 있는 자동차와 원동기장치자전거를, 제1종 보통면허 소지자는 원동기장치자전거까지 운전할 수 있도록 규정하고 있어서 제1종 보통면허로 운전할 수 있는 차량의 음주운전은 당해 운전면허뿐만 아니라 제1종 대형면허로도 가능하고, 또한 제1종 대형면허나 제1종 보통면허의 취소에는 당연히 원동기장치자전거의 운전까지 금지하는 취지가 포함된 것이어서 이들 세 종류의 운전면허는 서로 관련된 것이라고 할 것이므로 제1종 보통면허로 운전할 수 있는 차량을 음주운전한 경우에 이와 관련된 면허인 제1종 대형면허와 원동기장치자전거면허까지 취소할 수 있는 것으로 보아야 한다(대판 1994.11.25. 94누9672).

04. 경기교행 9급

050 □□□

행정행위의 철회는 적법하게 성립한 행정행위를 후발적 사유로 장래에 향하여 그 효력을 소멸시키는 제도이다. O | X

철회는 적법하게 성립된 행정행위의 효력을 후발적 사유에 의해 장래에 향하여 그 효력의 전부나 일부를 소멸시키는 행위이다.

11. 지방직 9급

051 □□□

선행부과처분에 대한 취소소송이 진행 중이면 과세관청인 피고로서는 위법한 선행처분을 스스로 취소하거나 그 절차상의 하자를 보완하여 다시 적법한 부과처분을 할 수 없다. O | X

변상금 부과처분에 대한 취소소송이 진행 중이라도 그 부과권자로서는 위법한 처분을 스스로 취소하고 그 하자를 보완하여 다시 적법한 부과처분을 할 수도 있는 것이어서 그 권리 행사에 법률상의 장애사유가 있는 경우에 해당한다고 할 수 없으므로, 그 처분에 대한 취소소송이 진행되는 동안에도 그 부과권의 소멸시효가 진행된다고 할 것이다(대판 1988.2.23. 85누688).

22. 소방

052 □□□

구 영유아보육법상 어린이집 평가인증의 취소는 철회에 해당하므로, 평가인증의 효력을 과거로 소급하여 상실시키기 위해서는 특별한 사정이 없는 한 별도의 법적 근거가 필요하다. O | X

영유아보육법 제30조 제5항 제3호에 따른 평가인증의 취소는 평가인증 당시에 존재하였던 하자가 아니라 그 이후에 새로이 발생한 사유로 평가인증의 효력을 소멸시키는 경우에 해당하므로, 법적 성격은 평가인증의 '철회'에 해당한다. 그런데 행정청이 평가인증을 철회하면서 그 효력을 철회의 효력발생일 이전으로 소급하게 하면, 철회 이전의 기간에 평가인증을 전제로 지급한 보조금 등의 지원이 그 근거를 상실하게 되어 이를 반환하여야 하는 법적 불이익이 발생한다. 이는 장래를 향하여 효력을 소멸시키는 철회가 예정한 법적 불이익의 범위를 벗어나는 것이다. 이처럼 행정청이 평가인증이 이루어진 이후에 새로이 발생한 사유를 들어 영유아보육법 제30조 제5항에 따라 평가인증을 철회하는 처분을 하면서도, 평가인증의 효력을 과거로 소급하여 상실시키기 위해서는, 특별한 사정이 없는 한 영유아보육법 제30조 제5항과는 별도의 법적 근거가 필요하다(대판 2018.6.28. 2015두58195).

정답 049 ○ 050 ○ 051 X 052 ○

23. 국가직 9급

053 □□□

행정행위의 철회 사유는 행정행위가 성립되기 이전에 발생한 것으로서 행정행위의 효력을 존속시킬 수 없는 사유를 말한다. O | X

행정행위의 '취소'는 일단 유효하게 성립한 행정행위를 그 행위에 위법한 하자가 있음을 이유로 소급하여 효력을 소멸시키는 별도의 행정처분을 의미함이 원칙이다. 반면, 행정행위의 '철회'는 적법요건을 구비하여 완전히 효력을 발하고 있는 행정행위를 사후적으로 효력의 전부 또는 일부를 장래에 향해 소멸시키는 별개의 행정처분이다. 그리고 행정행위의 '취소 사유'는 원칙적으로 행정행위의 성립 당시에 존재하였던 하자를 말하고, '철회 사유'는 행정행위가 성립된 이후에 새로이 발생한 것으로서 행정행위의 효력을 존속시킬 수 없는 사유를 말한다(대판 2018.6.28. 2015두58195).

23. 국가직 9급

054 □□□

행정기본법은 직권취소나 철회의 일반적 근거규정을 두고 있고, 직권취소나 철회는 개별법률의 근거가 없어도 가능하다. O | X

행정기본법은 제18조에 직권취소 규정을 두고 있고 제19조에 철회 규정을 두고 있다. 직권취소와 철회는 개별 법률의 근거가 없어도 할 수 있다.

23. 지방직 7급

055 □□□

행정청이 의료법인의 이사에 대한 이사취임승인취소처분(제1처분)을 직권으로 취소(제2처분)한 경우, 제1처분과 제2처분 사이에 법원에 의하여 선임결정된 임시이사들의 지위는 법원의 해임결정이 있어야 소멸된다. O | X

행정처분이 취소되면 그 소급효에 의하여 처음부터 그 처분이 없었던 것과 같은 효과를 발생하게 되는바, 행정청이 의료법인의 이사에 대한 이사취임승인취소처분(제1처분)을 직권으로 취소(제2처분)한 경우에는 그로 인하여 이사가 소급하여 이사로서의 지위를 회복하게 되고, 그 결과 위 제1처분과 제2처분 사이에 법원에 의하여 선임결정된 임시이사들의 지위는 법원의 해임결정이 없더라도 당연히 소멸된다(대판 1997.1.21. 96누3401).

23. 지방직 7급

056 □□□

개인택시운송사업의 양도·양수가 있고 그에 대한 인가가 있은 후 그 양도·양수 이전에 있었던 양도인에 대한 운송사업면허 취소사유(음주운전 등으로 인한 자동차운전면허의 취소)를 들어 양수인의 운송사업면허를 취소한 것은 위법하다. O | X

개인택시운송사업의 양도·양수가 있고 그에 대한 인가가 있은 후 그 양도·양수 이전에 있었던 양도인에 대한 운송사업면허취소사유(음주운전 등으로 인한 자동차운전면허의 취소)를 들어 양수인의 운송사업면허를 취소한 것은 정당하다(대판 1998.6.26. 96누18960).

정답 053 X 054 O 055 X 056 X

제3절 행정행위의 실효

07. 국가직 7급

057 □□□

행정행위의 직권취소는 별개의 행정행위에 의하여 원행정행위의 효력을 소멸시키는 것인 데 반하여, 행정행위의 실효는 일정한 사유의 발생에 따라 당연히 기존의 행정행위의 효력이 소멸하는 것이다. O | X

실효는 취소와 달리 행정청의 의사표시를 요하지 않고 당연히 발생한다.

07. 국가직 7급

058 □□□

신청에 의한 허가처분을 받은 자가 그 영업을 폐업한 경우에는 그 허가도 당연히 실효된다고 할 것이고, 이 경우 허가행정청의 허가취소처분은 허가가 실효되었음을 확인하는 것에 불과하다. O | X

청량음료 제조업허가는 신청에 의한 처분이고, 이와 같이 신청에 의한 허가처분을 받은 원고가 그 영업을 폐업한 경우에는 그 영업허가는 당연실효되고, 이런 경우 허가행정청의 허가취소처분은 허가의 실효됨을 확인하는 것에 불과하므로 원고는 그 허가취소처분의 취소를 구할 소의 이익이 없다(대판 1981.7.14. 80누593).

07. 국가직 7급

059 □□□

해제조건부 행정행위에 있어서 조건의 성취, 종기부 행정행위에 있어서 종기의 도래는 행정행위의 효력의 소멸을 가져온다. O | X

행정행위의 실효사유에는 해제조건의 성취, 종기의 도래, 근거 법령의 폐지, 상대방의 사망 등이 있다.

정답 057 ○ 058 ○ 059 ○

제10장 행정계획

15. 사복직 9급, 08. 선관위 9급

001 □□□

계획법규범은 목표는 제시하지만 그 목표실현을 위한 수단은 구체적으로 제시하지 않는 목적프로그램의 형식을 취하는 것을 특징으로 한다. O | X

계획법률은 목표와 절차 등만을 규정하는 형식으로, 목표수단프로그램이라고도 한다.

13. 지방직 9급

002 □□□

행정계획은 법률의 형식일 수도 있다. O | X

행정계획은 종류 · 내용 · 형식이 다양하게 존재하므로 처분이나 법률의 형식을 띠기도 한다.

13. 서울시 9급

003 □□□

행정계획은 장래 행정작용의 방향을 정한 것일 뿐 직접 국민의 권리 · 의무에 변동을 가져오지는 않으므로 행정입법의 성질을 갖는다고 본다. O | X

행정계획의 법적 성질은 개별적으로 결정할 수 밖에 없다고 보는 개별적 결정설이 다수설이다.

21. 소방

004 □□□

행정계획은 현재의 사회 · 경제적 모든 상황의 조사를 바탕으로 장래를 예측하여 수립되고 장기간에 걸쳐 있으므로, 행정계획의 변경은 인정되지 않는다. O | X

행정계획은 기존의 일정한 행정여건에 대한 분석과 장래의 행정여건의 변화에 대한 예측에 기초하여 수립되므로 행정계획에는 변경가능성이 내재되어 있다고 본다. 기존의 행정여건에 대한 분석이나 장래의 예측이 잘못된 경우에는 행정계획이 변경될 수 있는 것으로 보아야 한다.

15. 교행직 9급

005 □□□

국민의 권리 · 의무에 구체적 · 개별적인 영향을 미치는 행정계획은 처분성이 인정된다. O | X

구속적 행정계획은 처분성이 인정된다.

정답 001 ○ 002 ○ 003 X 004 X 005 ○

13. 서울시 9급

006

□□□

행정계획은 구체화의 정도에 따라 기본계획과 실시계획으로 나눌 수 있는바, 실시계획은 기본계획의 내용을 구체화하는 것이다. O | X

Point정리 행정계획의 종류

1. **범위에 따른 분류**: 종합계획, 특정계획
2. **구속력에 따른 분류**: 구속적 계획, 비구속적 계획
3. **구체화의 정도에 따른 분류**: 기본계획, (개발계획), 실시계획

08. 지방직 9급

007

□□□

도시설계는 건축물규제라는 성격과 건축법의 입법적인 경과에 비추어 볼 때 법적 구속력을 갖는 구속적 행정계획이다. O | X

도시설계에 의한 건축물규제의 성격과 도시설계와 관련한 건축법규정에 비추어 보면, 도시설계는 도시계획구역의 일부분을 그 대상으로 하여 토지의 이용을 합리화하고, 도시의 기능 및 미관을 증진시키며 양호한 도시환경을 확보하기 위하여 수립하는 도시계획의 한 종류로서 도시설계지구 내의 모든 건축물에 대하여 구속력을 가지는 구속적 행정계획의 법적 성격을 갖는다고 할 것이다(헌재 2003.6.26. 2002헌마402).

09. 국회직 8급

008

□□□

도시관리계획결정의 법적 성질을 행정처분으로 보지 아니하는 것이 판례의 입장이다. O | X

도시계획법 제12조 소정의 도시계획결정이 고시되면 도시계획구역 안의 토지나 건물소유자의 토지형질변경, 건축물의 신축·개축 또는 증축 등 권리 행사가 일정한 제한을 받게 되는바 이런 점에서 볼 때 고시된 도시계획결정은 특정 개인의 권리 내지 법률상의 이익을 개별적이고 구체적으로 규제하는 효과를 가져오게 하는 행정청의 처분이라 할 것이고, 이는 행정소송의 대상이 되는 것이라 할 것이다(대판 1978.12.26. 78누281).

21. 국가직 9급

009

□□□

구 도시계획법상 도시기본계획은 도시의 기본적인 공간구조와 장기발전방향을 제시하는 종합계획으로서 도시계획입안의 지침이 되므로 일반 국민에 대한 직접적인 구속력은 없다. O | X

도시기본계획은 도시의 기본적인 공간구조와 장기발전방향을 제시하는 종합계획으로서 그 계획에는 토지이용계획, 환경계획, 공원녹지계획 등 장래의 도시개발의 일반적인 방향이 제시되지만 그 계획은 도시계획입안의 지침이 되는 것에 불과하여 일반 국민에 대한 직접적인 구속력은 없다(대판 2002.10.11. 2000두8226).

정답 006 ○ 007 ○ 008 X 009 ○

19. 서울시 7급, 18. 국가직 7급, 12. 국회직 9급

010 □□□

국토의 계획 및 이용에 관한 법률에 따른 도시기본계획은 일반 국민에 대한 직접적인 구속력은 인정되지 않지만, 도시의 장기적 개발방향과 미래상을 제시하는 도시계획입안의 지침이 되기에 행정청에 대한 직접적인 구속력은 인정된다. O | X

구 도시계획법 제19조 제1항 및 도시계획시설결정 당시의 지방자치단체의 도시계획조례에서는, 도시계획이 도시기본계획에 부합되어야 한다고 규정하고 있으나, 도시기본계획은 도시의 장기적 개발방향과 미래상을 제시하는 도시계획입안의 지침이 되는 장기적 · 종합적인 개발계획으로서 행정청에 대한 직접적인 구속력은 없다(대판 2007.4.12. 2005두1893).

02. 국가직 9급

011 □□□

행정계획의 수립과정에서 이해관계인을 참여시키는 절차적 민주주의가 중요하다. O | X

행정계획은 절차적 통제가 중요하다.

09. 국가직 7급

012 □□□

행정계획에 대해서는 행정절차법의 규정이 적용될 여지가 없다. O | X

행정계획이 '처분'에 해당하는 경우에는 행정절차법상의 처분절차에 따라야 한다.

18. 지방교행, 11. 지방직 7급

013 □□□

도시계획의 입안에 있어 해당 도시계획안 내용의 공고 및 공람 절차에 하자가 있는 도시계획결정은 위법하다. O | X

도시계획법 제16조의2 제2항과 같은 법 시행령 제14조의2 제6항 내지 제8항의 규정을 종합하여 보면 도시계획이 입안에 있어 해당 도시계획안의 내용을 공고 및 공람하게 한 것은 다수 이해관계자의 이익을 합리적으로 조정하여 국민의 권리자유에 대한 부당한 침해를 방지하고 행정의 민주화와 신뢰를 확보하기 위하여 국민의 의사를 그 과정에 반영시키는 데 있는 것이므로 이러한 공고 및 공람 절차에 하자가 있는 도시계획결정은 위법하다(대판 2000.3.23. 98두2768).

12. 지방직 9급

014 □□□

공청회와 이주대책이 없는 도시계획수립행위는 당연무효인 행위이다. O | X

도시계획의 수립에 있어서 도시계획법 제16조의2 소정의 공청회를 열지 아니하고 공공용지의 취득 및 손실보상에 관한 특례법 제8조 소정의 이주대책을 수립하지 아니하였더라도 이는 절차상의 위법으로서 취소사유에 불과하고 그 하자가 도시계획결정 또는 도시계획사업시행인가를 무효라고 할 수 있을 정도로 중대하고 명백하다고는 할 수 없다(대판 1990.1.23. 87누947).

정답 010 X 011 ○ 012 X 013 ○ 014 X

23. 경찰간부

015 □□□

도시계획의 수립에 있어서 구 도시계획법 소정의 공청회를 열지 아니하고 구 공공용지의 취득 및 손실보상에 관한 특례법 소정의 이주대책을 수립하지 아니하였더라도 이는 절차상의 위법으로서 취소사유에 불과하다. O | X

도시계획의 수립에 있어서 도시계획법 제16조의2 소정의 공청회를 열지 아니하고 공공용지의 취득 및 손실보상에 관한 특례법 제8조 소정의 이주대책을 수립하지 아니하였다 하더라도 이는 절차상의 위법으로서 취소사유에 불과하고 그 하자가 도시계획결정 또는 도시계획사업시행인가가 무효라고 할 수 있을 정도로 중대하고 명백하다고는 할 수 없으므로 이러한 위법을 선행처분인 도시계획결정이나 사업시행인가 단계에서 다투지 아니하였다면 그 쟁송기간이 이미 도과한 후인 수용재결 단계에 있어서는 위 도시계획수립행위의 위와 같은 위법을 들어 재결처분의 취소를 구할 수는 없다고 할 것이다(대판 1990.1.23. 87누947).

14. 국가직 7급

016 □□□

구 도시계획법상 행정청이 기안·결재 등의 과정을 거쳐 도시계획결정 등의 처분을 하였다고 하더라도 이를 관보에 게재하여 고시하지 아니한 이상 대외적으로는 아무런 효력도 발생하지 아니한다. O | X

구 도시계획법(1971.1.19. 법률 제2291호로 개정되기 전의 것) 제7조가 도시계획결정등 처분의 고시를 도시계획구역, 도시계획결정 등의 효력발생요건으로 규정하였다고 볼 것이어서 건설부장관 또는 그의 권한의 일부를 위임받은 서울특별시장, 도지사 등 지방장관이 기안·결재 등의 과정을 거쳐 정당하게 도시계획결정 등의 처분을 하였다고 하더라도 이를 관보에 게재하여 고시하지 아니한 이상 대외적으로는 아무런 효력도 발생하지 아니한다(대판 1985.12.10. 85누186).

23. 경찰간부

017 □□□

구 도시계획법상 관련 절차를 거쳐 정당하게 도시계획결정등의 처분을 하였다면 이를 고시하지 아니하였더라도 대외적으로 효력이 발생한다. O | X

구 도시계획법(1971.1.19. 법률 제2291호로 개정되기 전의 법률) 제7조에 의하면 건설부장관은 도시계획구역 및 도시계획을 결정하거나 도시계획사업실시계획을 인가하는 등의 처분을 하였을 때에는 지체 없이 이를 고시하여야 한다고 규정되어 있는 바, 도시계획의 공공성 및 권리침해적 성격과 위 법조의 규정취지 등에 비추어 볼 때 위 도시계획법은 "고시"를 도시계획구역, 도시계획결정등의 효력발생요건으로 규정하였다고 풀이되므로, 건설부장관 또는 그의 권한의 일부를 위임받은 서울특별시장, 도지사등 지방장관이 기안, 결재등의 과정을 거쳐 정당하게 도시계획결정등의 처분을 하였다고 하더라도 이를 관보에 게재하여 고시하지 아니한 이상 대외적으로는 아무런 효력도 발생하지 아니한다 할 것이다(대판 1985.12.10. 85누186).

19. 서울시 7급, 18. 국가직 7급, 14. 국가직 7급·서울시 9급, 09. 국회직 8급

018 □□□

행정주체가 행정계획을 입안·결정하는 데에는 일반적으로 광범위한 계획재량이 인정된다. O | X

행정주체는 구체적인 행정계획을 입안·결정함에 있어서 비교적 광범위한 형성의 자유(= 계획재량권)를 가진다(대판 1996.11.29. 96누8567).

정답 015 ○ 016 ○ 017 X 018 ○

18. 지방교행

019 □□□

도시관리계획변경신청에 따른 도시관리계획시설변경결정에는 형량명령이 적용되지 않는다. O | X

행정주체가 구체적인 행정계획을 입안·결정할 때 가지는 형성의 자유의 한계에 관한 법리가 주민의 입안 제안 또는 변경신청을 받아들여 도시관리계획결정을 하거나 도시계획시설을 변경할 것인지를 결정할 때에도 동일하게 적용되어야 한다(대판 2012.1.12. 2010두5806).

07. 국회직 8급

020 □□□

행정계획이 확정되면 다른 법령상의 승인이나 허가 등을 받은 것으로 의제되는 것을 집중효라 하고, 이는 계획결정 확정으로 인하여 인·허가를 대체한다는 점에서 대체효과라고도 한다. O | X

행정계획에 대해 판례는 절차집중효를 인정한다. 단, 행정계획이 행정기관의 변경을 가져올 수 있으므로 반드시 개별법상의 명시적 근거를 요한다.

18. 서울시 7급

021 □□□

판례에 따르면 행정계획의 구속효는 계획마다 상이하나 집중효에 있어서는 절차집중과 실체집중 모두 인정된다. O | X

행정계획의 구속효는 비구속적 행정계획인지, 구속적 행정계획인지에 따라 다르나 집중효에 있어서 판례는 절차집중설의 입장에서 집중효의 범위는 절차적 집중까지 미치므로 법령상 다른 규정이 없는 한 계획행정청은 의제되는 인·허가에 관한 모법상의 행정절차를 거칠 필요는 없다고 본다. 그러나 실체법상의 요건 규정에는 집중효의 효력이 미치지 못하므로 실체법상의 요건에는 구속된다.

15. 국회직 8급

022 □□□

재개발조합이 조합원에게 한 관리처분계획에 대한 다툼은 공법상의 당사자소송을 제기하여 그 위법성을 다툴 수 있다. O | X

관리처분계획에 대한 관할 행정청의 인가·고시까지 있게 되면 관리처분계획은 행정처분으로서 효력이 발생하게 되므로, 총회결의의 하자를 이유로 하여 행정처분의 효력을 다투는 항고소송의 방법으로 관리처분계획의 취소 또는 무효확인을 구하여야 하고, 그와 별도로 행정처분에 이르는 절차적 요건 중 하나에 불과한 총회결의 부분만을 따로 떼어내어 효력 유무를 다투는 확인의 소를 제기하는 것은 특별한 사정이 없는 한 허용되지 않는다고 보아야 한다(대판 2009.9.17. 2007다2428 전합).

19. 서울시 7급, 12. 지방직 9급

023 □□□

도시재개발법에 의한 재개발조합의 관리처분계획은 토지 등의 소유자에게 구체적이고 결정적인 영향을 미치는 것으로서 조합이 행한 처분에 해당한다. O | X

구 도시재개발법에 의한 재개발조합은 조합원에 대한 법률관계에서 적어도 특수한 존립목적을 부여받은 특수한 행정주체로서 … 관리처분계획은 토지 등의 소유자에게 구체적이고 결정적인 영향을 미치는 것으로서 조합이 행한 처분에 해당하므로 항고소송에 의하여 관리처분계획 또는 그 내용인 분양거부처분 등의 취소를 구할 수 있다(대판 1996.2.15. 94다31235).

정답 019 X 020 ○ 021 X 022 X 023 ○

14. 국회직 8급

024

□□□

개발제한구역의 지정·고시행위는 특정 개인의 법률상 이익을 구체적으로 규제하는 효과를 가져오는 행정청의 처분으로서 행정소송의 대상이 된다. O | X

도시계획결정, 개발제한구역의 지정·고시, 도시재정비 촉진을 위한 특별법상의 관리처분계획, 환지예정지지정 및 환지처분은 처분성이 긍정되는 행정계획에 해당한다.

참고 도시기본계획, 환지계획, 택지공급방법 결정행위 등은 처분성이 부정된다.

14. 서울시 7급

025

□□□

행정계획이 행정활동의 지침으로서만의 성격에 그치거나 행정조직 내부에서의 효력만을 가질 때는 항고소송의 대상으로서의 처분성을 갖지는 않는다. O | X

비구속적 행정계획은 처분성이 없다.

23. 소방간부, 14. 국가직 7급

026

□□□

환지계획은 그 자체가 직접 토지소유자 등의 법률상 지위를 변동시키므로 환지계획은 항고소송의 대상이 되는 처분에 해당한다. O | X

토지구획정리사업법 제57조, 제62조 등의 규정상 환지예정지 지정이나 환지처분은 그에 의하여 직접 토지소유자 등의 권리의무가 변동되므로 이를 항고소송의 대상이 되는 처분이라고 볼 수 있으나, 환지계획은 위와 같은 환지예정지 지정이나 환지처분의 근거가 될 뿐 그 자체가 직접 토지소유자 등의 법률상의 지위를 변동시키거나 또는 환지예정지 지정이나 환지처분과는 다른 고유한 법률효과를 수반하는 것이 아니어서 이를 항고소송의 대상이 되는 처분에 해당한다고 할 수가 없다(대판 1999.8.20. 97누6889).

19. 서울시 9급(2월), 16. 지방직 9급

027

□□□

도시계획시설결정에 이해관계가 있는 주민으로서는 도시시설계획의 입안권자 내지 결정권자에게 도시 시설계획의 입안 내지 변경을 요구할 수 있는 법규상 또는 조리상의 신청권이 있고, 이러한 신청에 대한 거부행위는 항고소송의 대상이 되는 행정처분에 해당한다. O | X

도시계획구역 내 토지 등을 소유하고 있는 사람과 같이 당해 도시계획시설결정에 이해관계가 있는 주민으로서는 도시시설계획의 입안권자 내지 결정권자에게 도시시설계획의 입안 내지 변경을 요구할 수 있는 법규상 또는 조리상의 신청권이 있고, 이러한 신청에 대한 거부행위는 항고소송의 대상이 되는 행정처분에 해당한다(대판 2004.4.28. 2003두1806).

13. 지방직 7급

028

□□□

계획재량의 경우 형성의 자유가 인정되나 형량의 부존재, 형량의 누락, 형량의 불비례 등의 경우에는 형량의 하자로 인해 그 행정계획결정은 위법하게 된다. O | X

행정계획에 계획재량이 인정되더라도 법령을 위반할 수 없으며 관련된 이익들간의 비교교량이 요구되는데, 이를 형량명령이라고 하며, 형량명령의 하자에는 조사의 결함, 해태, 흠결, 오형량, 평등원칙의 위반이 있다.

정답 024 ○ 025 ○ 026 X 027 ○ 028 ○

08. 국회직 8급

029 □□□

형량해태, 형량흠결, 오형량은 계획재량의 통제원리인 형량명령 하자의 일반적 내용이다. O | X

그밖에 조사의 결함, 평등원칙의 위반도 형량명령 하자에 포함된다.

14. 서울시 7급, 13. 지방직 9급

030 □□□

형량의 대상 중 당연히 포함되어야 할 사항을 빠뜨린 경우를 형량의 흠결이라고 한다. O | X

Point정리 형량의 흠결과 해태

형량의 흠결	형량의 대상 중 당연히 포함시켜야 할 사항을 빠뜨린 경우
형량의 해태	형량을 전혀 진행하지 않은 경우

14. 서울시 7급

031 □□□

형량시에 여러 이익간의 형량을 행하기는 하였으나 그것이 객관성 · 비례성을 결한 경우를 형량의 해태라고 한다. O | X

오형량에 대한 설명이다.

19. 변호사, 18. 국가직 7급, 15. 서울시 7급, 14. 국회직 8급

032 □□□

행정주체는 행정계획을 입안 · 결정함에 있어서 비교적 광범위한 형성의 자유를 가지지만, 이익형량에 있어서 정당성과 객관성이 결여된 경우에는 그 행정계획결정은 이익형량에 하자가 있어 위법하게 될 수 있다. O | X

행정주체는 구체적인 행정계획을 입안 · 결정함에 있어서 비교적 광범위한 형성의 자유를 가진다. 다만 행정주체의 위와 같은 형성의 자유가 무제한적이라고 할 수는 없고, 행정계획에서는 그에 관련되는 당사자들의 이익을 공익과 사익 사이에서는 물론이고 공익 사이에서나 사익 사이에서도 정당하게 비교 · 교량하여야 한다는 제한이 있으므로, 행정주체가 행정계획을 입안 · 결정할 때 이익형량을 전혀 행하지 않거나 이익형량의 고려대상에 마땅히 포함시켜야 할 사항을 누락한 경우 또는 이익형량을 하였으나 정당성과 객관성이 결여된 경우에는 그 행정계획결정은 이익형량에 하자가 있어 위법하게 될 수 있다(대판 2014.7.10. 2012두1467).

정답 029 ○ 030 ○ 031 X 032 ○

22. 국가직 7급

033 □□□

'4대강 살리기 마스터플랜'은 4대강 정비사업 지역 인근에 거주하는 주민의 권리·의무에 직접 영향을 미치는 것이어서 행정처분에 해당한다. O | X

국토해양부, 환경부, 문화체육관광부, 농림수산부, 식품부가 합동으로 2009.6.8. 발표한 '4대강 살리기 마스터플랜' 등은 4대강 정비사업과 주변 지역의 관련 사업을 체계적으로 추진하기 위하여 수립한 종합계획이자 '4대강 살리기 사업'의 기본방향을 제시하는 계획으로서 행정기관 내부에서 사업의 기본방향을 제시하는 것일 뿐, 국민의 권리·의무에 직접 영향을 미치는 것이 아니어서 행정처분에 해당하지 않는다(대판 2011.4.21. 2010무111 전합).

21·14. 국가직 9급, 19. 서울시 7급, 17. 지방직 9급 유사, 15. 사복직 9급

034 □□□

장래 일정한 기간 내에 관계 법령이 규정하는 시설 등을 갖추어 일정한 행정처분을 구하는 신청을 할 수 있는 법률상 지위에 있는 자의 국토이용계획변경신청을 거부하는 것이 실질적으로 당해 행정처분 자체를 거부하는 결과가 되는 경우라도, 구 국토이용관리법상 주민이 국토이용계획의 변경에 대하여 신청을 할 수 있다는 규정이 없으므로 그 신청인에게 국토이용계획변경을 신청할 권리가 인정된다고 볼 수 없다. O | X

일정한 행정처분을 구하는 신청을 할 수 있는 법률상 지위에 있는 자의 국토이용계획변경신청을 거부하는 것이 실질적으로 당해 행정처분 자체를 거부하는 결과가 되는 경우 그 신청인에게 조리상 행정계획변경을 신청할 권리가 인정된다.

관련 판례

장래 일정한 기간 내에 관계 법령이 규정하는 시설 등을 갖추어 일정한 행정처분을 구하는 신청을 할 수 있는 법률상 지위에 있는 자의 국토이용계획변경신청을 거부하는 것이 실질적으로 당해 행정처분 자체를 거부하는 결과가 되는 경우에는 예외적으로 그 신청인에게 국토이용계획변경을 신청할 권리가 인정된다고 봄이 상당하므로, 이러한 신청에 대한 거부행위는 항고소송의 대상이 되는 행정처분에 해당한다(대판 2003.9.23. 2001두10936).

18. 서울시 7급, 10. 국가직 7급

035 □□□

확정된 행정계획에 대하여 사정변경을 이유로 조리상 변경신청권이 인정된다. O | X

장기성·종합성이 요구되는 행정계획에 있어서는 그 계획이 일단 확정된 후에 어떤 사정의 변경이 있다 하여 지역주민에게 일일이 그 계획의 변경을 청구할 권리가 인정되지 않는다(대판 1989.10.24. 89누725).

15. 사복직 9급, 10. 국가직 9급

036 □□□

판례는 원칙적으로 계획보장청구권을 인정하고 있다. O | X

일반적인 계획보장청구권은 인정되지 않는다.

정답 033 X 034 X 035 X 036 X

14. 서울시 7급

037 □□□

적법한 행정계획의 시행으로 국민 또는 주민의 재산권 행사가 제한된다면, 법령이 손실보상의 근거 규정을 두고 있는 경우에는 손실보상을 청구할 수 있다. O | X

행정계획에 대해 손해전보를 통한 권리구제가 가능하다. 행정계획이 처분성을 갖는 구속적 행정계획의 경우에는 행정쟁송이나 헌법소원도 제기할 수 있으며, 비구속적 행정계획이라도 그것이 국민의 기본권에 직접 영향을 끼치고 법령에 의해 그대로 실시될 것이 확실하게 예상되면 헌법소원이 가능하다.

14. 국회직 8급

038 □□□

폐기물처리사업의 적정통보를 받은 자가 폐기물처리업허가를 받기 위해서는 국토이용계획의 변경이 선행되어야 하는 경우 일반적·추상적 효력을 가지는 이용계획의 특성상 그 변경을 신청할 개인의 권리는 인정되지 아니한다. O | X

피고로부터 폐기물처리사업계획의 적정통보를 받은 원고가 폐기물처리업허가를 받기 위하여는 이 사건 부동산에 대한 용도지역을 '농림지역 또는 준농림지역'에서 '준도시지역(시설용지지구)'으로 변경하는 국토이용계획변경이 선행되어야 하고, 원고의 위 계획변경신청을 피고가 거부한다면 이는 실질적으로 원고에 대한 폐기물처리업허가신청을 불허하는 결과가 되므로, 원고는 위 국토이용계획변경의 입안 및 결정권자인 피고에 대하여 그 계획변경을 신청할 법규상 또는 조리상 권리를 가진다고 할 것이다(대판 2003.9.23. 2001두10936).

17. 국가직 9급(10월)

039 □□□

국토의 계획 및 이용에 관한 법률상 도시·군계획시설결정에 이해관계가 있는 주민에 의한 도시·군계획시설결정 변경신청에 대해 관할 행정청이 거부한 경우, 그 거부행위는 항고소송의 대상이 되는 행정처분에 해당한다. O | X

도시계획구역 내 토지 등을 소유하고 있는 사람과 같이 당해 도시계획시설결정에 이해관계가 있는 주민으로서는 도시시설계획의 입안권자 내지 결정권자에게 도시시설계획의 입안 내지 변경을 요구할 수 있는 법규상 또는 조리상의 신청권이 있고, 이러한 신청에 대한 거부행위는 항고소송의 대상이 되는 행정처분에 해당한다(대판 2015.3.26. 2014두42742).

16. 지방직 7급

040 □□□

도시계획의 결정·변경 등에 관한 권한을 가진 행정청이 이미 도시계획이 결정·고시된 지역에 대하여 행한 다른 내용의 도시계획의 결정·고시는 무효이다. O | X

도시계획의 결정·변경 등에 관한 권한을 가진 행정청은 이미 도시계획이 결정·고시된 지역에 대하여도 다른 내용의 도시계획을 결정·고시할 수 있고, 이 때에 후행 도시계획에 선행 도시계획과 서로 양립할 수 없는 내용이 포함되어 있다면, 특별한 사정이 없는 한 선행 도시계획은 후행 도시계획과 같은 내용으로 변경되는 것이나, 후행 도시계획의 결정을 하는 행정청이 선행 도시계획의 결정·변경 등에 관한 권한을 가지고 있지 아니한 경우에 선행 도시계획과 서로 양립할 수 없는 내용이 포함된 후행 도시계획결정을 하는 것은 아무런 권한 없이 선행 도시계획결정을 폐지하고, 양립할 수 없는 새로운 내용이 포함된 후행 도시계획결정을 하는 것으로서, 선행 도시계획결정의 폐지 부분은 권한 없는 자에 의하여 행해진 것으로서 무효이고, 같은 대상지역에 대하여 선행 도시계획결정이 적법하게 폐지되지 아니한 상태에서 그 위에 다시 한 후행 도시계획결정 역시 위법하고, 그 하자는 중대하고도 명백하여 다른 특별한 사정이 없는 한 무효라고 보아야 한다(대판 2000.9.8. 99두11257).

정답 037 ○ 038 X 039 ○ 040 X

21. 국가직 9급

041 □□□

도시계획의 결정 · 변경 등에 대한 권한행정청은 이미 도시계획이 결정 · 고시된 지역에 대하여도 다른 내용의 도시계획을 결정 · 고시할 수 있고, 이 때에 후행 도시계획에 선행 도시계획과 양립할 수 없는 내용이 포함되어 있다면 특별한 사정이 없는 한 선행 도시계획은 후행 도시계획과 같은 내용으로 변경된다. O | X

대판 2000.9.8. 99두11257 판례에 대한 옳은 내용이다.

21. 지방직 7급

042 □□□

도시관리계획결정 · 고시와 그 도면에 특정 토지가 도시관리계획에 포함되지 않았음이 명백한데도 도시관리계획을 집행하기 위한 후속 계획이나 처분에서 그 토지가 도시관리계획에 포함된 것처럼 표시되어 있는 경우, 이는 원칙적으로 취소사유에 해당한다. O | X

도시관리계획결정 · 고시와 그 도면에 특정 토지가 도시관리계획에 포함되지 않았음이 명백한데도 도시관리계획을 집행하기 위한 후속 계획이나 처분에서 그 토지가 도시관리계획에 포함된 것처럼 표시되어 있는 경우, 실질적으로 도시관리계획결정을 변경하는 것에 해당하여 구 국토의 계획 및 이용에 관한 법률 제30조 제5항에서 정한 도시관리계획 변경절차를 거치지 않는 한 당연무효이다(대판 2019.7.11. 2018두47783).

17. 지방직 9급

043 □□□

국공립대학의 총장직선제 개선 여부를 재정지원 평가요소로 반영하고 이를 개선하지 않을 경우 다음 연도에 지원금을 삭감 또는 환수하도록 규정한 교육부장관의 '대학교육역량강화사업 기본계획'은 헌법소원의 대상이 된다. O | X

2012년도와 2013년도 대학교육역량강화사업 기본계획은 대학교육역량강화 지원사업을 추진하기 위한 국가의 기본방침을 밝히고 국가가 제시한 일정 요건을 충족하여 높은 점수를 획득한 대학에 대하여 지원금을 배분하는 것을 내용으로 하는 행정계획일 뿐, 위 계획에 따를 의무를 부과하는 것은 아니다. 총장직선제를 개선하지 않을 경우 지원금을 받지 못하게 될 가능성이 있어 대학들이 이 계획에 구속될 여지가 있다 하더라도, 이는 사실상의 구속에 불과하고 이에 따를지 여부는 전적으로 대학의 자율에 맡겨져 있다. 더구나 총장직선제를 개선하려면 학칙이 변경되어야 하므로, 계획 자체만으로는 대학의 구성원인 청구인들의 법적 지위나 권리의무에 어떠한 영향도 미친다고 보기 어렵다. 따라서 2012년도와 2013년도 계획 부분은 헌법소원의 대상이 되는 공권력 행사에 해당하지 아니한다(헌재 2016.10.27. 2013헌마576).

19. 변호사

044 □□□

헌법재판소는 불공정거래혐의에 대한 공정거래위원회의 무혐의조치는 혐의가 인정될 경우에 행하여지는 중지명령 등 시정조치에 대응되는 조치로서 공정거래위원회의 공권력 행사의 한 태양에 속하여 헌법소원의 대상이 되는 '공권력의 행사'에 해당한다고 하였다. O | X

불공정거래혐의에 대한 공정거래위원회의 무혐의조치는 혐의가 인정될 경우에 행하여지는 중지명령 등 시정조치에 대응되는 조치로서 공정거래위원회의 공권력 행사의 한 태양에 속하여 헌법재판소법 제68조 제1항 소정의 '공권력의 행사'에 해당하고, 따라서 공정거래위원회의 자의적인 조사 · 판단에 의하여 결과된 무혐의조치는 헌법 제11조의 법 앞에서의 평등권을 침해하므로 헌법소원의 대상이 된다(헌재 2002.6.27. 2001헌마381).

정답 041 ○ 042 X 043 X 044 ○

23. 경찰간부, 18. 지방직 7급, 14. 국가직 9급

045 □□□

문화재보호구역 내에 있는 토지의 소유자는 그 보호구역의 지정해제를 요구할 수 있는 법규상 또는 조리상의 신청권이 있다고 보기 어려우므로 이에 대한 거부행위는 항고소송의 대상이 되는 행정처분으로 보기 어렵다. O | X

문화재로 지정된 물건 · 토지 등의 소유자로서는 문화재의 지정해제를 요구할 수 있는 법규상 또는 조리상 신청권이 있다고 할 것이고, 이러한 신청에 대한 거부행위는 항고소송의 대상이 되는 행정처분에 해당한다(서울행정법원 2010.3.17. 2009구합19755).

17. 지방직 9급

046 □□□

개발제한구역의 지정 · 고시에 대한 헌법소원 심판청구는 행정쟁송절차를 모두 거친 후가 아니면 부적법하다. O | X

건설부장관의 개발제한구역의 지정 · 고시는 공권력의 행사로서 헌법소원의 대상이 됨은 물론이나 헌법소원은 다른 법률에 구제절차가 있는 경우에는 그 절차를 모두 거친 후에 비로소 심판청구를 할 수 있는 것인바(헌법재판소법 제68조 제1항), 개발제한구역 지정행위(도시계획결정)에 대하여는 행정심판 및 행정소송 등을 제기할 수 있으므로 청구인으로서는 우선 그러한 구제절차를 거쳐야 함에도 불구하고 그러한 절차를 거치지 아니하였음이 기록상 명백하므로 이 부분에 대한 심판청구 또한 부적법하다(헌재 1991.9.16. 90헌마105).

18. 서울시 7급 · 국가직 7급, 15. 사복직 9급, 11. 국가직 7급

047 □□□

국민의 기본권에 직접적으로 영향을 끼치고 법령의 뒷받침에 의해 실시될 것이라고 예상될 수 있다 하더라도 비구속적 행정계획안의 경우 헌법소원의 대상이 될 수 없다. O | X

비구속적 행정계획안이나 행정지침이라도 국민의 기본권에 직접적으로 영향을 끼치고, 앞으로 법령의 뒷받침에 의하여 그대로 실시될 것이 틀림없을 것으로 예상될 수 있을 때에는, 공권력행위로서 예외적으로 헌법소원의 대상이 될 수 있다(헌재 2000.6.1. 99헌마538 등).

21. 국가직 9급

048 □□□

구속력 없는 행정계획안이나 행정지침이라도 국민의 기본권에 직접적으로 영향을 끼치고 법령의 뒷받침에 의하여 그대로 실시될 것이 틀림없을 것으로 예상되는 때에는 예외적으로 헌법소원의 대상이 된다. O | X

헌재 2000.6.1. 99헌마538 등 판례에 대한 옳은 내용이다.

19. 변호사, 08. 국회직 8급

049 □□□

甲은 도시계획시설결정의 장기미집행으로 인해 재산권이 침해되었음을 이유로 위 도시계획시설결정의 실효를 주장할 수 있고, 이는 법률의 규정과 관계없이 헌법상 재산권으로부터 당연히 도출되는 권리이다. O | X

장기미집행 도시계획시설결정의 실효제도는 도시계획시설부지로 하여금 도시계획시설결정으로 인한 사회적 제약으로부터 벗어나게 하는 것으로서 결과적으로 개인의 재산권이 보다 보호되는 측면이 있는 것은 사실이나, 이와 같은 보호는 입법자가 새로운 제도를 마련함에 따라 얻게 되는 법률에 기한 권리일 뿐 헌법상 재산권으로부터 당연히 도출되는 권리는 아니다(헌재 2005.9.29. 2002헌바84).

정답 045 X 046 ○ 047 X 048 ○ 049 X

19. 변호사

050 □□□

乙이 고시한 도시계획시설결정은 특정 개인의 권리 내지 법률상의 이익을 개별적이고 구체적으로 규제하는 효과를 가져오게 하는 행정청의 처분이라 할 것이고, 이는 행정소송의 대상이 된다. O | X

도시계획법 제12조 소정의 고시된 도시계획결정은 특정 개인의 권리 내지 법률상의 이익을 개별적이고 구체적으로 규제하는 효과를 가져오게 하는 행정청의 처분이라 할 것이고, 이는 행정소송의 대상이 된다(대판 1982.3.9. 80누105).

22. 소방

051 □□□

개발제한구역으로 지정되어 있는 부지에 묘지공원과 화장장 시설들을 설치하기로 하는 도시계획시설결정은 위법하다. O | X

개발제한구역은 도시의 무질서한 확산을 방지하고 도시 주변의 자연환경을 보전하여 도시민의 건전한 생활환경을 확보하기 위하여 도시의 개발을 제한할 필요에 의하여 지정되는 것이어서 원칙적으로 개발제한구역에서의 개발행위는 제한되는 것이기는 하지만 위와 같은 개발제한구역의 지정목적에 위배되지 않는다면 허용될 수 있는 것인바, 도시계획시설인 묘지공원과 화장장 시설의 설치가 위와 같은 개발제한구역의 지정목적에 위배된다고 보이지 않으므로, 시장이 이미 개발제한구역으로 지정되어 있는 부지에 묘지공원과 화장장 시설들을 설치하기로 하는 내용의 도시계획시설결정을 하였다 하더라도 이를 두고 위법하다고 할 수 없다(대판 2007.4.12. 2005두1893).

22. 국가직 9급

052 □□□

구체적인 계획을 입안함에 있어 지침이 되거나 특정 사업의 기본방향을 제시하는 내용의 행정계획은 항고소송의 대상인 행정처분에 해당하지 않는다. O | X

도시기본계획은 도시의 기본적인 공간구조와 장기발전방향을 제시하는 종합계획으로서 그 계획에는 토지이용계획, 환경계획, 공원녹지계획 등 장래의 도시개발의 일반적인 방향이 제시되지만, 그 계획은 도시계획입안의 지침이 되는 것에 불과하여 일반 국민에 대한 직접적인 구속력은 없는 것이다(대판 2002.10.11. 2000두8226).

23. 국회직 8급

053 □□□

행정청은 행정청이 수립하는 계획 중 국민의 권리·의무에 직접 영향을 미치는 계획을 수립하거나 변경·폐지할 때에는 관련된 여러 이익을 정당하게 형량하여야 한다. O | X

「행정절차법」 제40조의4 **【행정계획】** 행정청은 행정청이 수립하는 계획 중 국민의 권리·의무에 직접 영향을 미치는 계획을 수립하거나 변경·폐지할 때에는 관련된 여러 이익을 정당하게 형량하여야 한다.

정답 050 ○ 051 X 052 ○ 053 ○

24. 국가직 9급

054 □□□

도시기본계획은 도시의 장기적 개발 방향과 미래상을 제시하는 도시계획 입안의 지침이 되는 장기적·종합적인 개발계획으로서 직접적인 구속력이 있으므로, 도시계획시설결정 대상면적이 도시기본계획에서 예정했던 것보다 증가할 경우 도시기본계획의 범위를 벗어나 위법하다. O | X

도시계획법 제11조 제1항에는, 시장 또는 군수는 그 관할 도시계획구역 안에서 시행할 도시계획을 도시기본계획의 내용에 적합하도록 입안하여야 한다고 규정하고 있으나, 도시기본계획이라는 것은 도시의 장기적 개발 방향과 미래상을 제시하는 도시계획 입안의 지침이 되는 장기적·종합적인 개발계획으로서 직접적인 구속력은 없는 것이므로, 도시계획시설결정 대상면적이 도시기본계획에서 예정했던 것보다 증가하였다 하여 그것이 도시기본계획의 범위를 벗어나 위법한 것은 아니다(대판 1998.11.27. 96누13927).

24. 지방직 9급

055 □□□

행정계획은 행정기관 내부의 행동 지침에 불과하므로, 도시계획구역 내 토지 등을 소유하고 있는 주민은 입안권자에게 도시계획입안을 요구할 수 있는 법규상 또는 조리상의 신청권이 없다. O | X

도시계획구역 내 토지 등을 소유하고 있는 사람과 같이 당해 도시계획시설결정에 이해관계가 있는 주민으로서는 도시시설계획의 입안권자 내지 결정권자에게 도시시설계획의 입안 내지 변경을 요구할 수 있는 법규상 또는 조리상의 신청권이 있고, 이러한 신청에 대한 거부행위는 항고소송의 대상이 되는 행정처분에 해당한다(대판 2015.3.26. 2014두42742).

24. 지방직 9급

056 □□□

도시계획시설결정의 장기미집행으로 인해 재산권이 침해된 경우, 도시계획시설결정의 실효를 주장할 수 있고, 이는 헌법상 재산권으로부터 당연히 직접 도출되는 권리이다. O | X

장기미집행 도시계획시설결정의 실효제도는 도시계획시설부지로 하여금 도시계획시설결정으로 인한 사회적 제약으로부터 벗어나게 하는 것으로서 결과적으로 개인의 재산권이 보다 보호되는 측면이 있는 것은 사실이나, 이와 같은 보호는 입법자가 새로운 제도를 마련함에 따라 얻게 되는 법률에 기한 권리일 뿐 헌법상 재산권으로부터 당연히 도출되는 권리는 아니다(헌재 2005.9.29. 2002헌바84).

23. 국가직 7급

057 □□□

주민 등의 도시관리계획의 입안 제안을 거부하는 처분에 대하여 이익형량의 하자를 이유로 취소판결이 확정된 후에 행정청이 다시 이익형량을 하여 주민 등이 제안한 것과는 다른 내용의 계획을 수립한다면 이는 재처분의무를 이행한 것으로 볼 수 없다. O | X

주민 등의 도시관리계획 입안 제안을 거부한 처분을 이익형량에 하자가 있어 위법하다고 판단하여 취소하는 판결이 확정되었더라도 행정청에게 그 입안 제안을 그대로 수용하는 내용의 도시관리계획을 수립할 의무가 있다고는 볼 수 없고, 행정청이 다시 새로운 이익형량을 하여 적극적으로 도시관리계획을 수립하였다면 취소판결의 기속력에 따른 재처분의무를 이행한 것이라고 보아야 한다(대판 2020.6.25. 2019두56135).

정답 054 X 055 X 056 X 057 X

제11장 공법상 계약

21. 지방직 9급

001 □□□

행정청은 공법상 계약의 상대방을 선정하고 계약 내용을 정할 때 공법상 계약의 공공성과 제3자의 이해관계를 고려하여야 한다. O | X

공법상 계약이란 통상 '공법적 효과의 발생을 목적으로 하는 복수당사자 사이의 서로 반대방향의 의사표시의 합치에 의하여 성립되는 공법행위'로 정의된다. 공법상 계약은 공법적 효과를 발생시키고 공공성이나 제3자에 대한 고려가 필요하다는 점에서 사법상 계약과 다른 공법적 특수성이 인정된다. 행정기본법 제39조에서는 사정변경이 있거나 공공복리에 중대한 영향을 미칠 수 있는 경우 공법상 계약의 변경 또는 해지의 가능성 및 절차에 관한 사항을 명시함으로써 공법상 계약의 공법적 특성을 보다 명확히 하였다.

18. 지방교행

002 □□□

공법상 계약은 사법상 효과의 발생을 목적으로 한다. O | X

공법상 계약은 공법상 효과의 발생을 목적으로 한다.

14. 경행특채 2차

003 □□□

공법상 계약은 복수당사자간 반대방향의 의사표시 합치로 성립되는 공법행위로 동일한 방향의 의사표시 합치로 성립되는 공법상 합동행위와 구별된다. O | X

공법상 계약은 공법적 효과를 발생시키며 복수당사자간의 반대방향의 의사표시의 합치로 성립되는 비권력적 공법행위이다. 사법상 계약 및 공법상 합동행위, 그리고 행정행위와 구별된다.

12. 지방직 7급

004 □□□

공법상 합동행위는 공법적 효과발생을 목적으로 하는 복수당사자간의 동일방향의 의사의 합치로 성립되는 공법행위이며, 지방자치단체조합을 설립하는 행위 등이 이에 해당한다. O | X

지방자치단체조합을 설립하는 행위, 공공조합을 설립하는 행위, 공공조합의 연합회를 설립하는 행위 등이 공법상 합동행위에 포함된다.

정답 001 ○ 002 X 003 ○ 004 ○

19. 서울시 7급

005 □□□

공법상 계약에는 민법의 계약해지규정이 그대로 적용될 수 없다. O | X

공법상 계약도 계약의 일종이므로 의무불이행의 경우 특별한 규정이 없다면 민법상 계약해지규정이 유추적용된다. 다만, 공익의 실현을 보장하기 위하여 계약의 해지 등에 관한 민법의 원칙이 수정되는 경우가 있으며 민법규정이 그대로 적용될 수는 없다고 본다.

19. 서울시 9급(2월)

006 □□□

공법상 계약에 관한 통칙적 규정은 없다. O | X

행정기본법 제정으로 '공법상 계약'에 관한 일반규정이 있다.

> **「행정기본법」 제27조 【공법상 계약의 체결】** ① 행정청은 법령 등을 위반하지 아니하는 범위에서 행정목적을 달성하기 위하여 필요한 경우에는 공법상 법률관계에 관한 계약(이하 "공법상 계약"이라 한다)을 체결할 수 있다. 이 경우 계약의 목적 및 내용을 명확하게 적은 계약서를 작성하여야 한다.
> ② 행정청은 공법상 계약의 상대방을 선정하고 계약 내용을 정할 때 공법상 계약의 공공성과 제3자의 이해관계를 고려하여야 한다.

17. 국가직 9급

007 □□□

다수설에 따르면 공법상 계약은 당사자의 자유로운 의사의 합치에 의하므로 원칙적으로 법률유보의 원칙이 적용되지 않는다고 본다. O | X

공법상 계약은 법률의 근거가 없더라도 가능하다.

21. 지방직 9급, 14. 서울시 7급

008 □□□

공법상 계약도 공행정작용이므로 역시 법률우위의 원칙하에 놓인다. O | X

공법상 계약도 법률우위의 원칙에 위반될 수 없다.

07. 국회직 8급

009 □□□

행정주체 상호간에도 사무의 위탁 등으로 공법상 계약을 체결할 수 있다. O | X

공법상 계약의 종류에는 행정주체 상호간, 사인 상호간(단, 한쪽은 공무수탁사인이어야 함), 행정주체와 사인간의 공법상 계약이 있다.

정답 005 ○ 006 X 007 ○ 008 ○ 009 ○

11. 사복직 9급

010 □□□

지방자치단체간의 교육사무위탁은 공법상 계약이다. O | X

행정주체 상호간의 공법상 계약에 해당한다.

13. 국회직 8급

011 □□□

지방전문직 공무원 채용계약은 공법상 계약이다. O | X

행정주체와 사인간의 공법상 계약에 해당한다.

19. 서울시 9급(2월)

012 □□□

행정주체가 체결하는 계약은 모두 공법상 계약이다. O | X

행정주체가 체결하는 행정계약은 계약의 목적이 공법적 효과의 발생에 있는 것인지의 여부에 관계없이 행정주체가 계약의 당사자이면 무조건 행정계약에 해당된다. 따라서 행정주체가 체결하는 계약은 사법적 효과를 목적으로 하는 계약도 있으므로 모두 공법상 계약에 해당하는 것은 아니다.

21. 소방간부

013 □□□

공공기관의 운영에 관한 법률의 적용대상인 공기업이 일방 당사자가 되는 계약은 공법상 계약에 해당한다. O | X

국가를 당사자로 하는 계약이나 공공기관의 운영에 관한 법률의 적용대상인 공기업이 일방 당사자가 되는 계약(이하 편의상 '공공계약'이라 한다)은 국가 또는 공기업(이하 '국가 등'이라 한다)이 사경제의 주체로서 상대방과 대등한 지위에서 체결하는 사법상의 계약으로서 본질적인 내용은 사인간의 계약과 다를 바가 없으므로, 법령에 특별한 정함이 있는 경우를 제외하고는 서로 대등한 입장에서 당사자의 합의에 따라 계약을 체결하여야 하고 당사자는 계약의 내용을 신의성실의 원칙에 따라 이행하여야 하는 등 사적 자치와 계약자유의 원칙을 비롯한 사법의 원리가 원칙적으로 적용된다(대판 2017.12.21. 2012다74076).

21. 소방

014 □□□

국가를 당사자로 하는 계약에 관한 법률에 따라 국가가 당사자로 되는 입찰방식에 의한 사인과 체결하는 이른바 공공계약은 국가가 사경제의 주체로서 상대방과 대등한 위치에서 체결하는 사법상의 계약이다. O | X

국가를 당사자로 하는 계약에 관한 법률에 따라 국가가 당사자가 되는 이른바 공공계약은 사경제 주체로서 상대방과 대등한 위치에서 체결하는 사법상 계약으로서 본질적인 내용은 사인간의 계약과 다를 바가 없으므로, 그에 관한 법령에 특별한 정함이 있는 경우를 제외하고는 사적 자치와 계약자유의 원칙 등 사법의 원리가 그대로 적용된다(대판 2020.5.14. 2018다298409).

정답 010 ○ 011 ○ 012 X 013 X 014 ○

21. 소방간부

015 □□□

지방자치단체와 사인간 체결한 자원회수시설 위탁운영협약은 공법상 계약에 해당한다. O | X

자원회수시설 위탁운영협약은 甲지방자치단체가 사인인 乙회사 등에 위 시설의 운영을 위탁하고 그 위탁운영 비용을 지급하는 것을 내용으로 하는 용역계약으로서 상호 대등한 입장에서 당사자의 합의에 따라 체결한 사법상 계약에 해당한다(대판 2019.10.17. 2018두60588).

11. 사복직 9급

016 □□□

행정주체인 사인은 공법상 계약의 일방 당사자가 될 수 없다. O | X

공법상 계약에는 국가와 공공단체 상호간 또는 공공단체 상호간의 공법상 계약, 행정주체와 사인 상호간의 공법상 계약, 공무수탁사인과 다른 사인 상호간의 공법상 계약 등이 있다. 따라서 행정주체인 사인도 공법상 계약의 일방 당사자가 될 수 있다.

12. 사복직 9급

017 □□□

계약당사자의 일방은 행정주체이어야 하며, 행정주체에는 공무를 수탁받은 사인도 포함된다. O | X

공법상 계약이 사인 상호간에 성립하려면 반드시 한쪽은 공무수탁사인이어야 하며, 공무수탁사인은 행정주체이므로 순수 사인간의 공법상 계약은 인정되기 어렵다.

23. 국회직 8급, 19. 변호사

018 □□□

중소기업 정보화지원사업에 따른 지원금 출연을 위하여 관계 행정기관의 장이 사인과 체결하는 협약은 공법상 대등한 당사자 사이의 의사표시 합치로 성립하는 공법상 계약에 해당한다. O | X

중소기업 정보화지원사업에 따른 지원금 출연을 위하여 중소기업청장이 체결하는 협약은 공법상 대등한 당사자 사이의 의사표시의 합치로 성립하는 공법상 계약에 해당하는 점, 구 중소기업 기술혁신 촉진법 제32조 제1항은 제10조가 정한 기술혁신사업과 제11조가 정한 산학협력 지원사업에 관하여 출연한 사업비의 환수에 적용될 수 있을 뿐 이와 근거 규정을 달리하는 중소기업 정보화지원사업에 관하여 출연한 지원금에 대하여는 적용될 수 없고 달리 지원금 환수에 관한 구체적인 법령상 근거가 없는 점 등을 종합하면, 협약의 해지 및 그에 따른 환수통보는 공법상 계약에 따라 행정청이 대등한 당사자의 지위에서 하는 의사표시로 보아야 하고, 이를 행정청이 우월한 지위에서 행하는 공권력의 행사로서 행정처분에 해당한다고 볼 수는 없다(대판 2015.8.27. 2015두41449).

19. 서울시 7급

019 □□□

행정주체의 상대방이 계약상 의무를 이행하지 않는 경우라도 법률의 근거가 없으면 행정상 강제집행을 할 수 없다. O | X

행정주체의 상대방이 계약상 의무를 이행하지 않는 경우라도 법률유보의 원칙상 법률의 근거가 없으면 행정상 강제집행을 할 수 없다.

정답 015 X 016 X 017 ○ 018 ○ 019 ○

23. 국회직 8급, 21. 소방간부, 19. 서울시 9급(6월), 14. 지방직 7급

020 □□□

서울특별시립무용단 단원의 위촉은 공법상의 계약이므로 그 단원의 해촉에 대하여는 공법상의 당사자소송으로 그 무효확인을 청구할 수 있다. O | X

공법상 계약해지 등에 관한 분쟁은 원칙적으로 당사자소송으로 해결한다. 단, 공법상 계약의 무효확인을 구하는 당사자소송의 청구는 해당 소송에서 추구하는 권리구제를 위한 다른 직접적인 구제방법이 있는 이상 소송요건을 구비하지 못한 위법한 청구이다.

19 · 14. 서울시 7급, 17. 국가직 9급, 15. 지방직 9급

021 □□□

전문직 공무원인 공중보건의사의 채용계약 해지는 관할 도지사의 일방적인 의사표시에 의해 그 신분을 박탈하는 불이익처분으로 항고소송의 대상이 된다. O | X

전문직 공무원인 공중보건의사의 채용계약의 해지가 관할 도지사의 일방적인 의사표시에 의하여 그 신분을 박탈하는 불이익처분이라고 하여 곧바로 그 의사표시가 관할 도지사가 행정청으로서 공권력을 행사하여 행하는 행정처분이라고 단정할 수는 없다(대판 1996.5.31. 95누10617).

21. 지방직 9급

022 □□□

공중보건의사 채용계약 해지의 의사표시에 대하여는 공법상의 당사자소송으로 그 의사표시의 무효확인을 청구할 수 있다. O | X

공중보건의사 채용계약 해지의 의사표시에 대하여는 대등한 당사자간의 소송형식인 공법상의 당사자소송으로 그 의사표시의 무효확인을 청구할 수 있는 것이지, 이를 항고소송의 대상이 되는 행정처분이라는 전제하에서 그 취소를 구하는 항고소송을 제기할 수는 없다(대판 1996.5.31. 95누10617).

19. 서울시 9급(2월), 13. 국회직 8급, 12. 사복직 9급

023 □□□

광주광역시문화예술회관장의 단원 위촉은 광주광역시문화예술회관장이 행정청으로서 공권력을 행사하여 행하는 행정처분에 해당한다. O | X

광주광역시문화예술회관장의 단원 위촉은 광주광역시문화예술회관장이 행정청으로서 공권력을 행사하여 행하는 행정처분이 아니라 공법상의 근무관계의 설정을 목적으로 하여 광주광역시와 단원이 되고자 하는 자 사이에 대등한 지위에서 의사가 합치되어 성립하는 공법상 근로계약에 해당한다고 보아야 할 것이다(대판 2001.12.11. 2001두7794).

21. 국가직 9급, 15. 지방직 9급

024 □□□

채용계약상 특별한 약정이 없는 한 지방계약직 공무원에 대하여 지방공무원법, 지방공무원 징계 및 소청규정에 정한 징계절차에 의하지 않고서는 보수를 삭감할 수 없다. O | X

근로기준법 등의 입법 취지, 지방공무원법과 지방공무원 징계 및 소청규정의 여러 규정에 비추어 볼 때, 채용계약상 특별한 약정이 없는 한, 지방계약직 공무원에 대하여 지방공무원법, 지방공무원 징계 및 소청규정에 정한 징계절차에 의하지 않고서는 보수를 삭감할 수 없다고 봄이 상당하다(대판 2008.6.12. 2006두16328).

정답 020 ○ 021 X 022 ○ 023 X 024 ○

17. 국가직 7급

025 □□□

택시회사들의 자발적 감차와 그에 따른 감차보상금의 지급 및 자발적 감차조치의 불이행에 따른 행정청의 직권 감차명령을 내용으로 하는 택시회사들과 행정청간의 합의는 대등한 당사자 사이에서 체결한 공법상 계약에 해당하므로, 그에 따른 감차명령은 행정청이 우월한 지위에서 행하는 공권력의 행사로 볼 수 없다. O | X

여객자동차 운수사업법(이하 '여객자동차법'이라 한다) 제85조 제1항 제38호에 의하면 운송사업자에 대한 면허에 붙인 조건을 위반한 경우 감차 등이 따르는 사업계획변경명령(이하 '감차명령'이라 한다)을 할 수 있는데, 감차명령의 사유가 되는 '면허에 붙인 조건을 위반한 경우'에서 '조건'에는 운송사업자가 준수할 일정한 의무를 정하고 이를 위반할 경우 감차명령을 할 수 있다는 내용의 '부관'도 포함된다. 그리고 부관은 면허발급 당시에 붙이는 것뿐만 아니라 면허발급 이후에 붙이는 것도 법률에 명문의 규정이 있거나 변경이 미리 유보되어 있는 경우 또는 상대방의 동의가 있는 경우 등에는 특별한 사정이 없는 한 허용된다. 따라서 관할 행정청은 면허발급 이후에도 운송사업자의 동의하에 여객자동차운송사업의 질서확립을 위하여 운송사업자가 준수할 의무를 정하고 이를 위반할 경우 감차명령을 할 수 있다는 내용의 면허조건을 붙일 수 있고, 운송사업자가 조건을 위반하였다면 여객자동차법 제85조 제1항 제38호에 따라 감차명령을 할 수 있으며, 감차명령은 행정소송법 제2조 제1항 제1호가 정한 처분으로서 항고소송의 대상이 된다(대판 2016.11.24. 2016두45028).

14. 서울시 7급

026 □□□

공법상 계약의 내용은 당사자간에 합의에 의하여 정해지기도 하지만, 행정주체가 일방적으로 내용을 정하고 상대방은 체결 여부만을 선택해야 하는 경우도 인정될 수 있다. O | X

공법상 계약의 한쪽 당사자는 행정주체이므로 행정주체가 일방적으로 계약 내용을 정하고 상대방은 이를 받아들일 수밖에 없는 이른바 부합계약성을 띠는 경우가 많다.

21. 국가직 9급

027 □□□

행정청이 자신과 상대방 사이의 법률관계를 일방적인 의사표시로 종료시켰다고 하더라도 곧바로 그 의사표시가 행정청으로서 공권력을 행사하여 행하는 행정처분이라고 단정할 수는 없고, 관계 법령이 상대방의 법률관계에 관하여 구체적으로 어떻게 규정하고 있는지에 따라 개별적으로 판단하여야 한다. O | X

행정청이 자신과 상대방 사이의 근로관계를 일방적인 의사표시로 종료시켰다고 하더라도 곧바로 그 의사표시가 행정청으로서 공권력을 행사하여 행하는 행정처분이라고 단정할 수는 없고, 관계 법령이 상대방의 근무관계에 관하여 구체적으로 어떻게 규정하고 있는지에 따라 그 의사표시가 항고소송의 대상이 되는 행정처분에 해당하는 것인지 아니면 공법상 계약관계의 일방 당사자로서 대등한 지위에서 행하는 의사표시인지 여부를 개별적으로 판단하여야 한다(대판 2014.4.24. 2013두6244).

정답 025 X 026 ○ 027 ○

21. 지방직 7급

028 □□□

행정청이 자신과 상대방 사이의 법률관계를 일방적인 의사표시로 종료시켰다면 그 의사표시는 공법상 계약관계의 일방 당사자로서 대등한 지위에서 행하는 의사표시가 아니라 공권력행사로서 행정처분에 해당한다. O | X

행정청이 자신과 상대방 사이의 법률관계를 일방적인 의사표시로 종료시켰다고 하더라도 곧바로 의사표시가 행정청으로서 공권력을 행사하여 행하는 행정처분이라고 단정할 수는 없고, 관계 법령이 상대방의 법률관계에 관하여 구체적으로 어떻게 규정하고 있는지에 따라 의사표시가 항고소송의 대상이 되는 행정처분에 해당하는지 아니면 공법상 계약관계의 일방 당사자로서 대등한 지위에서 행하는 의사표시인지를 개별적으로 판단하여야 한다(대판 2015.8.27. 2015두41449).

13. 국가직 7급

029 □□□

공법상 계약에는 공정력이 인정되지 않는다. O | X

공법상 계약은 원칙적으로 비권력성을 띠므로 공정력과 자력집행력이 인정되지 않는다.

06. 국가직 9급

030 □□□

계약의 일방 당사자인 행정주체는 공익상의 사유가 있는 경우는 일방적으로 계약을 해제 또는 변경할 수 있다. O | X

공법상 계약의 해지 및 변경은 행정주체의 경우에는 공익 등을 이유로 자유롭게 행할 수 있지만, 일반 사인인 상대방에게는 해지 및 변경에 대한 제한이 있고 이로 인한 손해에 대해 손해배상청구만 가능하다.

13. 국회직 8급

031 □□□

중대한 하자 있는 공법상 계약은 무효이다. O | X

하자 있는 공법상 계약은 무효이고 취소일 수 없다.

19. 서울시 9급(2월)

032 □□□

국가를 당사자로 하는 계약에 관한 법률에 따른 계약서를 따로 작성하는 등 그 요건과 절차를 거치지 않고 체결된 계약이라고 해서 무효가 되는 것은 아니다. O | X

구 국가를 당사자로 하는 계약에 관한 법률상의 요건과 절차를 거치지 않고 체결한 국가와 사인간의 사법상 계약의 효력은 무효이다(대판 2005.5.27. 2004다30811).

정답 028 X 029 ○ 030 ○ 031 ○ 032 X

17. 국가직 7급

033 □□□

공법상 계약의 무효확인을 구하는 당사자소송의 청구는 당해 소송에서 추구하는 권리구제를 위한 다른 직접적인 구제방법이 있는 이상 소송요건을 구비하지 못한 위법한 청구이다. O | X

공법상 계약의 무효확인을 구하는 당사자소송은 확인소송이므로 확인의 이익(즉시확정의 이익)이 요구된다. 지방자치단체와 채용계약에 의하여 채용된 계약직 공무원이 그 계약기간 만료 이전에 채용계약 해지 등의 불이익을 받은 후 그 계약기간이 만료된 때에는 그 채용계약 해지의 의사표시가 무효라고 하더라도, 지방공무원법이나 지방계약직 공무원규정 등에서 계약기간이 만료되는 계약직 공무원에 대한 재계약의무를 부여하는 근거 규정이 없으므로 계약기간의 만료로 당연히 계약직 공무원의 신분을 상실하고 계약직공무원의 신분을 회복할 수 없는 것이므로, 그 해지의사표시의 무효확인청구는 과거의 법률관계의 확인청구에 지나지 않는다 할 것이고, 한편 과거의 법률관계라 할지라도 현재의 권리 또는 법률상 지위에 영향을 미치고 있고 현재의 권리 또는 법률상 지위에 대한 위험이나 불안을 제거하기 위하여 그 법률관계에 관한 확인판결을 받는 것이 유효적절한 수단이라고 인정될 때에는 그 법률관계의 확인소송은 즉시확정의 이익이 있다고 보아야 할 것이나, 계약직 공무원에 대한 채용계약이 해지된 경우에는 공무원 등으로 임용되는 데에 있어서 법령상의 아무런 제약사유가 되지 않을 뿐만 아니라, 계약기간 만료 전에 채용계약이 해지된 전력이 있는 사람이 공무원 등으로 임용되는 데에 있어서 그러한 전력이 없는 사람보다 사실상 불이익한 장애사유로 작용한다고 하더라도 그것만으로는 법률상의 이익이 침해되었다고 볼 수는 없으므로 그 무효확인을 구할 이익이 없다(대판 2002.11.26. 2002두1496 등). 또한, 이 사건과 같이 이미 채용기간이 만료되어 소송 결과에 의해 법률상 그 직위가 회복되지 않는 이상 채용계약 해지의 의사표시의 무효확인만으로는 당해 소송에서 추구하는 권리구제의 기능이 있다고 할 수 없고, 침해된 급료지급청구권이나 사실상의 명예를 회복하는 수단은 바로 급료의 지급을 구하거나 명예훼손을 전제로 한 손해배상을 구하는 등의 이행청구소송으로 직접적인 권리구제방법이 있는 이상 무효확인소송은 적절한 권리구제수단이라 할 수 없어 확인소송의 또 다른 소송요건을 구비하지 못하고 있다 할 것이며, 위와 같이 직접적인 권리구제의 방법이 있는 이상 무효확인소송을 허용하지 않는다고 해서 당사자의 권리구제를 봉쇄하는 것도 아니다(대판 2008.6.12. 2006두16328).

10. 서울시 9급

034 □□□

공법상 계약에 대해서는 법원의 판결을 통해 강제집행을 하여야 하고, 특별한 규정이 없는 한 자력집행을 할 수 없다. O | X

공법상 계약에는 자력집행력이 없으므로 계약의 강제를 위해서는 법원의 판결을 요한다.

21. 소방간부

035 □□□

지방자치단체와 유한회사간 체결한 터널 민간투자사업 실시협약은 공법상 계약에 해당한다. O | X

甲광역자치단체가 乙유한회사와 터널 민간투자사업 실시협약을 체결하였는데, 2002년에 법인세법이 개정되어 법인세율이 인하되자 甲자치단체가 법인세율 인하 효과를 반영하여 산정한 재정지원금액을 지급한 사안에서, 법인세법 개정에 따른 법인세율 인하가 실시협약에서 정한 '관계 법령 등의 변경'에 해당하고 '사업의 수익성에 중대한 영향을 미치는 경우'에 해당한다고 본 원심판단을 수긍한 사례에서 민간투자사업 실시협약을 체결한 당사자가 공법상 당사자소송에 의하여 그 실시협약에 따른 재정지원금의 지급을 구하는 경우에, 수소법원은 단순히 주무관청이 재정지원금액을 산정한 절차 등에 위법이 있는지 여부를 심사하는 데 그쳐서는 아니 되고, 실시협약에 따른 적정한 재정지원금액이 얼마인지를 구체적으로 심리·판단하여야 한다(대판 2019.1.31. 2017두46455).

정답 033 ○ 034 ○ 035 ○

16. 국가직 9급

036 □□□

사회기반시설에 대한 민간투자법상 민간투자사업의 사업시행자 지정은 공법상 계약이 아니라 행정처분에 해당한다. O | X

선행처분인 서울-춘천간 고속도로 민간투자시설사업의 사업시행자 지정처분의 무효를 이유로 그 후행처분인 도로구역결정처분의 취소를 구하는 소송에서, 선행처분인 사업시행자 지정처분을 무효로 할 만큼 중대하고 명백한 하자가 없다(대판 2009.4.23. 2007두13159).

07. 국가직 9급

037 □□□

공법상 계약의 체결·집행상의 불법행위로 인한 손해배상책임은 실무상 민사소송으로 본다. O | X

공법상 계약에 관한 쟁송은 원칙상 당사자소송을 통하여 하지만, 그로 인한 결과적인 손해배상청구에 대해서는 민사소송으로 분류한다.

22. 국가직 9급

038 □□□

공법상 계약이 법령 위반 등의 내용상 하자가 있는 경우에도 그 하자가 중대명백한 것이 아니면 취소할 수 있는 하자에 불과하고 이에 대한 다툼은 당사자소송에 의하여야 한다. O | X

공법상 계약은 공정력이 인정되지 않는다. 따라서 공법상 계약에 하자가 있는 경우 무효에 해당한다. 즉 공법상 계약은 하자가 있는 경우 취소사유가 될 수 없다. 공법상 계약은 처분성 없는 행정작용이므로 항고소송을 제기할 수는 없고 이에 대한 다툼은 당사자소송에 의하여야 한다.

22. 국가직 9급

039 □□□

국가를 당사자로 하는 계약에 관한 법률에 따라 국가가 당사자가 되는 이른바 공공계약에 관한 법적 분쟁은 원칙적으로 행정법원의 관할 사항이다. O | X

국가를 당사자로 하는 계약에 관한 법률에 따라 국가가 당사자가 되는 이른바 공공계약은 사경제 주체로서 상대방과 대등한 위치에서 체결하는 사법상 계약으로서 본질적인 내용은 사인간의 계약과 다를 바가 없으므로, 그에 관한 법령에 특별한 정함이 있는 경우를 제외하고는 사적 자치와 계약자유의 원칙 등 사법의 원리가 그대로 적용된다(대판 2020.5.14. 2018다298409).

23. 국회직 8급, 22. 지방직 9급

040 □□□

지방자치단체가 일방 당사자가 되는 이른바 '공공계약'이 사법상 계약에 해당하는 경우에도 법령에 특별한 규정이 없다면 사적자치와 계약자유의 원칙 등 사법의 원리가 그대로 적용되지 않는다. O | X

지방재정법에 의하여 준용되는 국가계약법에 따라 지방자치단체가 당사자가 되는 이른바 공공계약은 사경제의 주체로서 상대방과 대등한 위치에서 체결하는 사법상의 계약으로서 그 본질적인 내용은 사인간의 계약과 다를 바가 없으므로, 그에 관한 법령에 특별한 정함이 있는 경우를 제외하고는 사적자치와 계약자유의 원칙 등 사법의 원리가 그대로 적용된다 할 것이다(대판 2001.12.11. 2001다33604).

정답 036 ○ 037 ○ 038 X 039 X 040 X

22. 지방직 9급

041 □□□

국립의료원 부설주차장 위탁관리용역운영계약은 공법상 계약에 해당한다. O | X

국립의료원 부설주차장에 관한 이 사건 위탁관리용역운영계약에 대하여 관리청이 순전히 사경제주체로서 행한 사법상 계약임을 전제로, 가산금에 관한 별도의 약정이 없는 이상 원고에게 가산금을 지급할 의무가 없다고 주장하여 그 부존재의 확인을 구한다는 것이다. 그러나 기록에 의하면, 위 운영계약의 실질은 행정재산인 위 부설주차장에 대한 국유재산법 제24조 제1항에 의한 사용·수익 허가로서 이루어진 것임을 알 수 있으므로, 이는 위 국립의료원이 원고의 신청에 의하여 공권력을 가진 우월적 지위에서 행한 행정처분으로서 특정인에게 행정재산을 사용할 수 있는 권리를 설정하여 주는 강학상 특허에 해당한다 할 것이고 순전히 사경제주체로서 원고와 대등한 위치에서 행한 사법상의 계약으로 보기 어렵다고 할 것이다(대판 2006.3.9. 2004다31074).

22. 지방직 9급

042 □□□

공법상 계약이더라도 한쪽 당사자가 다른 당사자를 상대로 계약의 이행을 청구하는 소송은 민사소송으로 제기하여야 한다. O | X

지방자치단체장의 지방전문직공무원 채용계약해지의 의사표시, 서울특별시 무용단원의 해촉, 공중보건의사 채용계약해지의 의사표시 등에 대하여는 공무원과 유사한 지위를 가진 공법상 계약관계 또는 지방자치단체장이 채용계약관계의 한쪽 당사자로서 대등한 지위에서 행하는 의사표시라는 이유로 그 무효확인을 구하는 당사자소송을 인정하고 있다(대판 1996.5.31. 95누10617).

23. 국회직 8급, 22. 지방직 9급

043 □□□

지방자치단체가 A 주식회사를 자원회수시설과 부대시설의 운영·유지관리 등을 위탁할 민간사업자로 선정하고 A 주식회사와 체결한 위 시설에 관한 위·수탁 운영 협약은 사법상 계약에 해당한다. O | X

甲 지방자치단체가 乙 주식회사 등 4개 회사로 구성된 공동수급체를 자원회수시설과 부대시설의 운영·유지관리 등을 위탁할 민간사업자로 선정하고 乙 회사 등의 공동수급체와 위 시설에 관한 위·수탁 운영 협약을 체결하였는데, 위 협약은 甲 지방자치단체가 사인인 乙 회사 등에 위 시설의 운영을 위탁하고 그 위탁운영비용을 지급하는 것을 내용으로 하는 용역계약으로서 상호 대등한 입장에서 당사자의 합의에 따라 체결한 사법상 계약에 해당한다(대판 2019.10.17. 2018두60588).

23. 국회직 8급

044 □□□

행정절차법은 행정청은 공법상 계약의 상대방을 선정하고 계약 내용을 정할 때 공법상 계약의 공공성과 제3자의 이해관계를 고려하여야 한다고 규정하고 있다. O | X

행정절차법은 공법상 계약에 대한 규정을 두고 있지 않다.

정답 041 X 042 X 043 ○ 044 X

23. 국회직 8급

045 □□□

행정청은 법령등을 위반하지 아니하는 범위에서 공법상 계약을 체결할 수 있으며, 이 경우 계약의 목적 및 내용을 명확하게 적은 계약서를 작성하여야 한다. O | X

「행정기본법」 제27조 【공법상 계약의 체결】 ① 행정청은 법령등을 위반하지 아니하는 범위에서 행정목적을 달성하기 위하여 필요한 경우에는 공법상 법률관계에 관한 계약(이하 "공법상 계약"이라 한다)을 체결할 수 있다. 이 경우 계약의 목적 및 내용을 명확하게 적은 계약서를 작성하여야 한다.

23. 국회직 8급

046 □□□

지방자치단체를 당사자로 하는 계약에 관하여는 그 계약의 성질이 사법상 계약인지 공법상 계약인지와 상관없이 원칙적으로 지방자치단체를 당사자로 하는 계약에 관한 법률의 규율이 적용된다고 보아야 한다. O | X

지방자치단체를 당사자로 하는 계약에 관한 법률(이하 '지방계약법'이라고 한다)은 지방자치단체를 당사자로 하는 계약에 관한 기본적인 사항을 정함으로써 계약업무를 원활하게 수행할 수 있도록 함을 목적으로 하고(제1조), 지방자치단체가 계약상대자와 체결하는 수입 및 지출의 원인이 되는 계약 등에 대하여 적용하며(제2조), 지방자치단체를 당사자로 하는 계약에 관하여는 다른 법률에 특별한 규정이 있는 경우 외에는 이 법에서 정하는 바에 따른다고 규정하고 있다(제4조). 따라서 다른 법률에 특별한 규정이 있는 경우이거나 또는 지방계약법의 개별 규정의 규율내용이 매매, 도급 등과 같은 특정한 유형 · 내용의 계약을 규율대상으로 하고 있는 경우가 아닌 한, 지방자치단체를 당사자로 하는 계약에 관하여는 그 계약의 성질이 공법상 계약인지 사법상 계약인지와 상관없이 원칙적으로 지방계약법의 규율이 적용된다고 보아야 한다(대판 2020.12.10. 2019다234617).

23. 지방직 9급

047 □□□

공법상 계약의 한쪽 당사자가 다른 당사자를 상대로 효력을 다투거나 이행을 청구하는 소송은 공법상의 법률관계에 관한 분쟁이므로 분쟁의 실질이 공법상 권리 · 의무의 존부 · 범위에 관한 다툼이 아니라 손해배상액의 구체적인 산정방법 · 금액에 국한되는 등의 특별한 사정이 없는 한 당사자소송으로 제기하여야 한다. O | X

공법상 계약의 한쪽 당사자가 다른 당사자를 상대로 효력을 다투거나 이행을 청구하는 소송은 공법상의 법률관계에 관한 분쟁이므로 분쟁의 실질이 공법상 권리 · 의무의 존부 · 범위에 관한 다툼이 아니라 손해배상액의 구체적인 산정방법 · 금액에 국한되는 등의 특별한 사정이 없는 한 공법상 당사자소송으로 제기하여야 한다(대판 2021.2.4. 2019다277133).

정답 045 ○ 046 ○ 047 ○

23. 소방간부

048 □□□

중앙행정기관인 방위사업청과 부품개발 협약을 체결한 기업이 협약을 이행하는 과정에서 환율변동 및 물가상승 등 외부적 요인으로 발생한 초과비용 지급에 대한 소송은 민사소송에 의한다. O | X

국책사업인 '한국형 헬기 개발사업'(Korean Helicopter Program)에 개발주관사업자 중 하나로 참여하여 국가 산하 중앙행정기관인 방위사업청과 '한국형헬기 민군겸용 핵심구성품 개발협약'을 체결한 甲 주식회사가 협약을 이행하는 과정에서 환율변동 및 물가상승 등 외부적 요인 때문에 협약금액을 초과하는 비용이 발생하였다고 주장하면서 국가를 상대로 초과비용의 지급을 구하는 민사소송을 제기한 사안에서, 국가연구개발사업규정에 근거하여 국가 산하 중앙행정기관의 장과 참여기업인 甲 회사가 체결한 위 협약의 법률관계는 공법관계에 해당하므로 이에 관한 분쟁은 행정소송으로 제기하여야 한다고 본다(대판 2017.11.9. 2015다215526).

23. 지방직 7급

049 □□□

행정기본법에 따르면 신속히 처리할 필요가 있거나 사안이 경미한 경우에는 말 또는 서면으로 공법상 계약을 체결할 수 있다. O | X

행정기본법에는 해당 조항이 없다. 말로는 공법상 계약을 체결할 수 없다. 행정절차법에 유사한 조문이 있다.

23. 지방직 7급

050 □□□

중소기업기술정보진흥원장이 甲 주식회사와 체결한 중소기업 정보화지원사업 지원대상인 사업의 지원에 관한 협약의 해지는 상대방의 권리·의무를 변경시키는 처분에 해당하므로 항고소송의 대상이 된다. O | X

중소기업기술정보진흥원장이 甲 주식회사와 중소기업 정보화지원사업 지원대상인 사업의 지원에 관한 협약을 체결하였는데, 협약이 甲 회사에 책임이 있는 사업실패로 해지되었다는 이유로 협약에서 정한 대로 지급받은 정부지원금을 반환할 것을 통보한 사안에서, 중소기업 정보화지원사업에 따른 지원금 출연을 위하여 중소기업청장이 체결하는 협약은 공법상 대등한 당사자 사이의 의사표시의 합치로 성립하는 공법상 계약에 해당하는 점 등을 종합하면, 협약의 해지 및 그에 따른 환수통보는 공법상 계약에 따라 행정청이 대등한 당사자의 지위에서 하는 의사표시로 보아야 하고, 이를 행정청이 우월한 지위에서 행하는 공권력의 행사로서 행정처분에 해당한다고 볼 수는 없다(대판 2015.8.27. 2015두41449).

정답 048 X 049 X 050 X

제12장 확약 등

05. 서울시 9급

001 □□□

확약이라 함은 행정청이 자기구속을 할 의도로써 장래에 향하여 행정행위를 하거나 하지 않을 것을 약속하는 의사표시를 말한다. O | X

확약이란 행정청이 자기구속의 의도로 사인에 대하여 장래의 작위 또는 부작위를 약속하는 의사표시 중 약속된 대상이 행정행위인 경우를 말한다.

05. 서울시 9급

002 □□□

확약은 행정청이 자기구속을 할 의도로 행하는 것인 점에서 비구속적인 법률적 견해의 표명과 같은 정보제공과 구별된다. O | X

확약은 행정청이 자기구속을 할 의도로 행하는 것이다.

15. 경행특채 1차, 13. 국가직 9급

003 □□□

확약은 본행정행위에 대해 정당한 권한을 가진 행정청만이 할 수 있고, 당해 행정청의 행위권한의 범위내에 있어야 한다. O | X

확약은 권한을 가진 행정청이 자기 권한 내에서만 행할 수 있으며, 그 내용은 법령에 적합하고 명백하며 이행가능해야 한다.

21. 소방간부, 19. 변호사, 15 · 14. 경행특채 1차

004 □□□

어업권면허에 선행하는 우선순위결정은 강학상 확약에 불과하고 행정처분은 아니므로 우선순위결정에 공정력이나 불가쟁력과 같은 효력은 인정되지 아니한다. O | X

어업권면허에 선행하는 우선순위결정은 강학상 확약에 불과하고 행정처분은 아니므로 우선순위결정에 공정력이나 불가쟁력과 같은 효력은 인정되지 아니한다(대판 1995.1.20. 94누6529).

18. 국가직 9급

005 □□□

행정청의 확약에 대해 법률상 이익이 있는 제3자는 확약에 대해 취소소송으로 다툴 수 있다. O | X

확약은 처분성이 부정되므로 취소소송의 대상이 되지 않는다. 따라서 행정청의 확약에 대해 이해관계가 있는 제3자라도 취소소송으로 다툴 수 없다.

정답 001 ○ 002 ○ 003 ○ 004 ○ 005 X

18. 국가직 9급

006 □□□

행정청의 확약은 위법하더라도 중대명백한 하자가 있어 당연무효가 아닌 한 취소되기 전까지는 유효한 것으로 통용된다. O | X

확약은 행정행위가 아니므로, 하자가 있는 경우에도 그것이 중대명백하여 무효로 되는 경우를 제외하고는 권한 있는 기관(처분청 · 감독청 · 행정심판위원회 · 수소법원 등)에 의해 취소되기까지는 상대방 · 이해관계인뿐만 아니라 다른 행정청 및 법원에 대하여 일응 유효한 것으로 통용되는 힘인 공정력이 인정되지 않는다.

14. 사복직 9급

007 □□□

행정절차법에도 확약에 관한 규정을 두고 있으므로 확약의 가능성을 논할 실익은 없다. O | X

행정절차법에 확약에 대한 규정이 있다.

> **「행정절차법」 제40조의2 【확약】** ① 법령 등에서 당사자가 신청할 수 있는 처분을 규정하고 있는 경우 행정청은 당사자의 신청에 따라 장래에 어떤 처분을 하거나 하지 아니할 것을 내용으로 하는 의사표시(이하 "확약"이라 한다)를 할 수 있다.
> ② 확약은 문서로 하여야 한다.
> ③ 행정청은 다른 행정청과의 협의 등의 절차를 거쳐야 하는 처분에 대하여 확약을 하려는 경우에는 확약을 하기 전에 그 절차를 거쳐야 한다.

14. 경행특채 1차

008 □□□

확약을 허용하는 명문의 규정이 없더라도 다수설은 본처분권한에 확약에 대한 권한이 포함되어 있다고 보아 별도의 명문의 규정이 없더라도 확약을 할 수 있다는 입장이다. O | X

확약에 관한 개별법상 별도의 규정이 없더라도 확약이 가능하다는 본처분권한포함설이 확약에 대한 통설이다.

18. 국가직 9급

009 □□□

재량행위에 대해 상대방에게 확약을 하려면 확약에 대한 법적 근거가 있어야 한다. O | X

행정청이 확약을 할 수 있다는 명문의 규정이 없는 경우에도 확약을 할 수 있는가와 관련해서 견해의 대립이 있으나, 명문의 규정이 없는 경우에도 행정청은 확약을 할 수 있다는 견해가 통설이다.

06. 국회직 8급

010 □□□

확약은 상대방에게 확약된 행위를 하여야 할 자기구속적 의무를 발생시킨다. O | X

확약은 행정청이 상대방에 대하여 하는 약속의 표시이다.

정답 006 X 007 ○ 008 ○ 009 X 010 ○

18. 국가직 7급

011 □□□

확약이 있은 후에 사실적 · 법률적 상태가 변경되었다면, 그 확약은 행정청의 별다른 의사표시를 기다리지 않고 실효된다. O | X

행정청이 상대방에게 장차 어떤 처분을 하겠다고 확약 또는 공적인 의사표명을 하였다고 하더라도 그 자체에서 상대방으로 하여금 언제까지 처분의 발령을 신청을 하도록 유효기간을 두었는데도 그 기간 내에 상대방의 신청이 없었다거나 확약 또는 공적인 의사표명이 있은 후에 사실적 · 법률적 상태가 변경되었다면 그와 같은 확약 또는 공적인 의사표명은 행정청의 별다른 의사표시를 기다리지 않고 실효된다(대판 1996.8.20. 95누10877).

22. 국가직 9급

012 □□□

자동차운송사업 양도 · 양수인가신청에 대하여 행정청이 내인가를 한 후 그 본인가신청이 있음에도 내인가를 취소한 경우, 다시 본인가에 대하여 별도로 인가여부의 처분을 한다는 사정이 보이지 않는다면 내인가취소는 행정처분에 해당한다. O | X

자동차운송사업양도양수계약에 기한 양도양수인가신청에 대하여 피고 시장이 내인가를 한 후 위 내인가에 기한 본인가신청이 있었으나 자동차운송사업 양도양수인가신청서가 합의에 의한 정당한 신청서라고 할 수 없다는 이유로 위 내인가를 취소한 경우, 위 내인가의 법적 성질이 행정행위의 일종으로 볼 수 있든 아니든 그것이 행정청의 상대방에 대한 의사표시임이 분명하고, 피고가 위 내인가를 취소함으로써 다시 본인가에 대하여 따로이 인가 여부의 처분을 한다는 사정이 보이지 않는다면 위 내인가취소를 인가신청을 거부하는 처분으로 보아야 할 것이다(대판 1991.6.28. 90누4402).

23. 변호사

013 □□□

자동차운수사업 양도 · 양수인가신청에 대하여 행정청이 내인가를 한 후, 본인가신청이 있음에도 내인가를 취소한 경우 내인가 취소행위를 본인가신청의 거부로 볼 것은 아니다. O | X

자동차운송사업양도양수계약에 기한 양도양수인가신청에 대하여 피고 시장이 내인가를 한 후 위 내인가에 기한 본인가신청이 있었으나 자동차운송사업 양도양수인가신청서가 합의에 의한 정당한 신청서라고 할 수 없다는 이유로 위 내인가를 취소한 경우, 위 내인가의 법적 성질이 행정행위의 일종으로 볼 수 있든 아니든 그것이 행정청의 상대방에 대한 의사표시임이 분명하고, 피고가 위 내인가를 취소함으로써 다시 본인가에 대하여 따로이 인가 여부의 처분을 한다는 사정이 보이지 않는다면 위 내인가취소를 인가신청을 거부하는 처분으로 보아야 할 것이다(대판 1991.6.28. 90누4402).

14. 사복직 9급

014 □□□

행정청의 확약의 불이행으로 인해 손해를 입은 자는 국가배상법상 요건을 충족하는 경우에 한하여 손해배상을 청구할 수 있다. O | X

확약에 대한 권리구제는 확약 자체에 대해서 하는 것이 아니라 행정청이 약속한 행위를 행하지 아니하였을 때 그 부작위나 거부처분을 대상으로 의무이행심판이나 부작위위법확인소송, 취소소송을 제기하는 것이고, 확약으로 인한 손해에 대해서는 손해배상청구나 손실배상청구가 가능하다.

정답 011 ○ 012 ○ 013 X 014 ○

21. 소방간부

015 □□□

자동차운송사업 양도양수인가신청에 대하여 행정청이 내인가를 한 후 그 본인가신청이 있음에도 내인가를 취소함으로써 다시 본인가에 대하여 따로 인가 여부의 처분을 한다는 사정이 보이지 않는 경우 위 내인가취소를 인가신청거부처분으로 볼 수 있다. O | X

내인가란 특별한 사정이 없는 한 장래에 인가할 것을 약속하는 일종의 확약이다.

관련 판례

자동차운송사업 양도양수계약에 기한 양도양수인가신청에 대하여 피고 시장이 내인가를 한 후 위 내인가에 기한 본인가신청이 있었으나 자동차운송사업 양도양수인가신청서가 합의에 의한 정당한 신청서라고 할 수 없다는 이유로 위 내인가를 취소한 경우, 위 내인가의 법적 성질이 행정행위의 일종으로 볼 수 있든 아니든 그것이 행정청의 상대방에 대한 의사표시임이 분명하고, 피고가 위 내인가를 취소함으로써 다시 본인가에 대하여 따로이 인가 여부의 처분을 한다는 사정이 보이지 않는다면 위 내인가취소를 인가신청을 거부하는 처분으로 보아야 할 것이다(대판 1991.6.28. 90누4402).

14. 경행특채 1차

016 □□□

예비결정과 확약은 구분된다. O | X

예비결정(사전결정)은 종국적인 행정행위에 요구되는 여러 요건 중 일부 요건에 대해 사전적으로 심사하여 내린 종국적 규율의 결정이며, 일부가 아닌 전부에 대한 사전(종국적 규율 ×)약속인 확약과는 구별되는 개념이다.

23. 국회직 8급

017 □□□

확약은 문서로 하여야 한다. O | X

「행정절차법」 제40조의2【확약】② 확약은 문서로 하여야 한다.

08. 지방직 9급

018 □□□

가행정행위는 불가변력이 발생하지 않기 때문에 신뢰보호원칙이 적용된다고 보기 어렵다. O | X

가행정행위는 종국행위에 의해 결과가 달라질 수 있으므로 취소와 철회의 제한을 배제함으로써 행정의 능률화를 제고하기 위해 신뢰보호원칙을 적용하지 않는다.

정답 015 ○ 016 ○ 017 ○ 018 ○

19. 국회직 8급

019

□□□

가행정행위는 그 효력발생이 시간적으로 잠정적이라는 것 외에는 보통의 행정행위와 같은 것이므로 가행정행위로 인한 권리 침해에 대한 구제도 보통의 행정행위와 다르지 않다. O | X

가행정행위는 그 효력발생이 시간적으로 잠정적이라는 것 외에는 보통의 행정행위와 같고, 가행정행위로 인한 권리 침해에 대한 구제도 보통의 행정행위와 같다.

19. 서울시 7급

020

□□□

가행정행위인 선행처분이 후행처분으로 흡수되어 소멸하는 경우에도 선행처분의 취소를 구하는 소는 가능하다. O | X

가행정행위는 종국적인 결정을 위한 주된 절차에 종속함에 따라 종국적 결정이 내려지면 그에 의해 종전의 결정이 대체되게 된다. 따라서 가행정행위의 취소를 구하는 소송은 이미 효력이 소멸한 처분의 취소를 구하는 것이므로 위법이다.

11. 국회직 8급

021

□□□

민원인은 대규모 경제적 비용이 수반되는 민원사항의 경우 민원서류를 제출하기 전 사전심사를 거쳐야 한다. O | X

민원을 신청하기 전에 미리 약식의 사전심사를 청구할 수 있는 것이지, 거쳐야 하는 것은 아니다.

> **「민원 처리에 관한 법률」 제30조【사전심사의 청구 등】** ① 민원인은 법정민원 중 신청에 경제적으로 많은 비용이 수반되는 민원 등 대통령령으로 정하는 민원에 대하여는 행정기관의 장에게 정식으로 민원을 신청하기 전에 미리 약식의 사전심사를 청구할 수 있다.

22. 국가직 9급

022

□□□

공유재산 및 물품 관리법에 근거하여 공모제안을 받아 이루어지는 민간투자사업 '우선협상대상자 선정행위'나 '우선협상대상자 지위배제행위'에서 '우선협상대상자 지위배제행위'만이 항고소송의 대상인 처분에 해당한다. O | X

지방자치단체의 장이 공유재산법에 근거하여 기부채납 및 사용 · 수익허가 방식으로 민간투자사업을 추진하는 과정에서 사업시행자를 지정하기 위한 전 단계에서 공모제안을 받아 일정한 심사를 거쳐 우선협상대상자를 선정하는 행위와 이미 선정된 우선협상대상자를 그 지위에서 배제하는 행위는 민간투자사업의 세부내용에 관한 협상을 거쳐 공유재산법에 따른 공유재산의 사용 · 수익허가를 우선적으로 부여받을 수 있는 지위를 설정하거나 또는 이미 설정한 지위를 박탈하는 조치이므로 모두 항고소송의 대상이 되는 행정처분으로 보아야 한다(대판 2020.4.29. 2017두31064).

정답 019 ○ 020 X 021 X 022 X

22. 국가직 9급

023 □□□

구 원자력법상 원자로 및 관계 시설의 부지사전승인처분 후 건설허가처분까지 내려진 경우, 선행처분은 후행처분에 흡수되어 건설허가처분만이 행정쟁송의 대상이 된다. O | X

원자로 및 관계 시설의 부지사전승인처분은 그 자체로서 건설부지를 확정하고 사전공사를 허용하는 법률효과를 지닌 독립한 행정처분이기는 하지만, 건설허가 전에 신청자의 편의를 위하여 미리 그 건설허가의 일부 요건을 심사하여 행하는 사전적 부분 건설허가처분의 성격을 갖고 있는 것이어서 나중에 건설허가처분이 있게 되면 그 건설허가처분에 흡수되어 독립된 존재가치를 상실함으로써 그 건설허가처분만이 쟁송의 대상이 되는 것이므로, 부지사전승인처분의 취소를 구하는 소는 소의 이익을 잃게 되고, 따라서 부지사전승인처분의 위법성은 나중에 내려진 건설허가처분의 취소를 구하는 소송에서 이를 다투면 된다(대판 1998.9.4. 97누19588).

22. 국가직 9급

024 □□□

공정거래위원회가 부당한 공동행위를 한 사업자에게 과징금 부과처분을 한 뒤 다시 자진신고 등을 이유로 과징금 감면처분을 한 경우, 선행처분은 후행처분에 흡수되어 소멸하므로 선행처분의 취소를 구하는 소는 부적법하다. O | X

공정거래위원회가 부당한 공동행위를 행한 사업자로서 구 독점규제 및 공정거래에 관한 법률 제22조의2에서 정한 자진신고자나 조사협조자에 대하여 과징금 부과처분(이하 '선행처분'이라 한다)을 한 뒤, 독점규제 및 공정거래에 관한 법률 시행령 제35조 제3항에 따라 다시 자진신고자 등에 대한 사건을 분리하여 자진신고 등을 이유로 한 과징금 감면처분(이하 '후행처분'이라 한다)을 하였다면, 후행처분은 자진신고 감면까지 포함하여 처분 상대방이 실제로 납부하여야 할 최종적인 과징금액을 결정하는 종국적 처분이고, 선행처분은 이러한 종국적 처분을 예정하고 있는 일종의 잠정적 처분으로서 후행처분이 있을 경우 선행처분은 후행처분에 흡수되어 소멸한다. 따라서 위와 같은 경우에 선행처분의 취소를 구하는 소는 이미 효력을 잃은 처분의 취소를 구하는 것으로 부적법하다(대판 2015.2.12. 2013두987).

23. 국가직 7급

025 □□□

행정절차법상 법령등에서 당사자가 신청할 수 있는 처분을 규정하고 있는 경우 행정청은 당사자의 신청에 따라 장래에 어떤 처분을 하거나 하지 아니할 것을 내용으로 하는 확약을 할 수 있으며, 문서 또는 말에 의한 확약도 가능하다. O | X

> **「행정절차법」 제40조의2 【확약】** ① 법령등에서 당사자가 신청할 수 있는 처분을 규정하고 있는 경우 행정청은 당사자의 신청에 따라 장래에 어떤 처분을 하거나 하지 아니할 것을 내용으로 하는 의사표시(이하 "확약"이라 한다)를 할 수 있다.
> ② 확약은 문서로 하여야 한다.

정답 023 ○ 024 ○ 025 X

제13장 사실행위와 행정지도

21. 소방, 08. 선관위 9급

001 □□□

행정지도라 함은 행정기관이 그 소관사무의 범위 안에서 일정한 행정목적을 실현하기 위하여 특정인에게 일정한 행위를 하거나 하지 아니하도록 지도 · 권고 · 조언 등을 하는 행정작용을 말한다. O | X

행정지도는 지도 · 권고 · 조언 등을 하는 행정작용으로 비권력적 사실행위에 해당한다.

19. 국가직 9급, 11. 지방직 9급, 08. 관세사

002 □□□

행정지도는 상대방의 의사에 반하여 부당하게 강요하여서는 안 된다. O | X

「행정절차법」 제48조 【행정지도의 원칙】 ① 행정지도는 그 목적달성에 필요한 최소한도에 그쳐야 하며, 행정지도의 상대방의 의사에 반하여 부당하게 강요하여서는 아니 된다.

18. 지방교행, 04. 전북 9급

003 □□□

행정지도는 법적 효과의 발생을 목적으로 하는 의사표시이다. O | X

행정지도는 비권력적 사실행위로서 법적 효과의 발생을 목적으로 하는 행위가 아니다.

12. 국가직 9급

004 □□□

영농지도, 중소기업에 대한 경영지도, 생활개선지도 등은 조성적 행정지도에 해당한다. O | X

조성적 행정지도란 행정기관이 일정한 정책목적을 실현하고자 사인의 특정 활동을 장려하고 조성하는 행정지도를 의미한다. 중소기업에 대한 경영지도나 아동에 대한 건강상담, 생활개선지도 등이 이에 포함된다. 이외에도 행정지도에는 이해관계를 조정하고 분쟁을 해결하는 조정적 행정지도, 사인의 활동을 규제하는 규제적 행정지도 등이 있다.

11. 지방직 9급

005 □□□

직접적 규제목적이 없는 행정지도는 법령에 직접 근거 규정이 없어도 권한 업무의 범위 내에서 행해질 수 있다. O | X

행정지도는 작용법적 근거를 요하지 않는다.

정답 001 ○ 002 ○ 003 X 004 ○ 005 ○

15. 교행직 9급

006 □□□

행정절차법은 행정지도에 관한 규정을 두고 있지 않다. O | X

「행정절차법」 제3조 【적용 범위】 ① 처분, 신고, 확약, 위반사실 등의 공표, 행정계획, 행정상 입법예고, 행정예고 및 행정지도의 절차(이하 "행정절차"라 한다)에 관하여 다른 법률에 특별한 규정이 있는 경우를 제외하고는 이 법에서 정하는 바에 따른다.

19. 국가직 9급, 18. 지방교행, 15. 교행직 9급 · 경행특채 1차, 13. 지방직 9급

007 □□□

행정지도는 작용법적 근거가 필요하지 않으므로, 비례원칙과 평등원칙에 구속되지 않는다. O | X

행정지도시에는 비례의 원칙 등 행정법의 일반원칙을 준수하여야 한다(행정절차법 제48조 제1항 참고).

19. 서울시 9급(2월), 15. 경행특채 1차, 14. 서울시 9급

008 □□□

행정지도를 하는 자는 그 상대방에게 그 행정지도의 취지 및 내용과 신분을 밝혀야 한다. O | X

「행정절차법」 제49조 【행정지도의 방식】 ① 행정지도를 하는 자는 그 상대방에게 그 행정지도의 취지 및 내용과 신분을 밝혀야 한다.

08. 지방직 9급

009 □□□

행정지도를 하는 경우에는 관련된 국민의 권리나 의무에 간접적으로나마 영향을 미칠 수 있으므로 직무수행에 특별한 지장이 없는 한 서면으로 행하여야 한다. O | X

「행정절차법」 제49조 【행정지도의 방식】 ② 행정지도가 말로 이루어지는 경우에 상대방이 제1항의 사항을 적은 서면의 교부를 요구하면 그 행정지도를 하는 자는 직무수행에 특별한 지장이 없으면 이를 교부하여야 한다.

21. 소방

010 □□□

행정지도가 구술로 이루어지는 경우 상대방이 행정지도의 취지 · 내용 및 신분을 기재한 서면의 교부를 요구하면 당해 행정지도를 행하는 자는 직무수행에 특별한 지장이 없는 한 이를 교부하여야 한다. O | X

「행정절차법」 제49조 【행정지도의 방식】 ② 행정지도가 말로 이루어지는 경우에 상대방이 제1항의 사항을 적은 서면의 교부를 요구하면 그 행정지도를 하는 자는 직무수행에 특별한 지장이 없으면 이를 교부하여야 한다.

정답 006 X 007 X 008 ○ 009 X 010 ○

15. 경행특채 1차, 교행직 9급

011 □□□

행정지도는 반드시 문서로 하여야 하는 것은 아니다. O | X

행정지도는 특별한 형식을 요하지 않는다.

17. 국가직 9급

012 □□□

행정지도의 상대방은 행정지도의 내용에 동의하지 않는 경우 이를 따르지 않을 수 있으므로, 행정지도의 내용이나 방식에 대해 의견제출권을 갖지 않는다. O | X

행정지도의 상대방은 해당 행정지도의 방식·내용 등에 관하여 행정기관에 의견제출을 할 수 있다(행정절차법 제50조).

14. 경행특채 2차, 12. 사복직 9급

013 □□□

행정기관이 같은 행정목적을 실현하기 위하여 많은 상대방에게 행정지도를 하려는 경우에는 특별한 사정이 없으면 행정지도에 공통적인 내용이 되는 사항을 공표하여야 한다. O | X

「행정절차법」 제51조 【다수인을 대상으로 하는 행정지도】 행정기관이 같은 행정목적을 실현하기 위하여 많은 상대방에게 행정지도를 하려는 경우에는 특별한 사정이 없으면 행정지도에 공통적인 내용이 되는 사항을 공표하여야 한다.

15. 국가직 9급

014 □□□

국립대학의 대학입학고사 주요 요강은 행정쟁송의 대상인 행정처분에 해당되지만, 헌법소원의 대상인 공권력의 행사에는 해당되지 않는다. O | X

국립대학인 서울대학교의 "94학년도 대학입학고사 주요 요강"은 사실상의 준비행위 내지 사전안내로서 행정쟁송의 대상이 될 수 있는 행정처분이나 공권력의 행사는 될 수 없지만 그 내용이 국민의 기본권에 직접 영향을 끼치는 내용이고 앞으로 법령의 뒷받침에 의하여 그대로 실시될 것이 틀림없을 것으로 예상되어 그로 인하여 직접적으로 기본권 침해를 받게 되는 사람에게는 사실상의 규범작용으로 인한 위험성이 이미 현실적으로 발생하였다고 보아야 할 것이므로 이는 헌법소원의 대상이 되는 헌법재판소법 제68조 제1항 소정의 공권력의 행사에 해당된다고 할 것이며, 이 경우 헌법소원 외에 달리 구제방법이 없다(헌재 1992.10.1. 92헌마68 등).

04. 전북 9급

015 □□□

대법원은 행정지도의 비권력적 사실행위의 성질에 비추어 행정지도만으로 건축법 소정의 도로지정이 있은 것으로 볼 수 없다고 판시하였다. O | X

행정관청이 건축허가시에 도로의 폭에 대하여 행정지도를 하였다는 점만으로는 도로지정이 있었던 것으로 볼 수 없다(대판 1991.12.13. 91누1776).

정답 011 ○ 012 X 013 ○ 014 X 015 ○

04. 전북 9급

016

□□□

행정지도의 문제점은 한계가 불분명하고 행정구제수단이 불완전하다는 점이다. O | X

예외적인 경우에 한하여 행정쟁송, 손해전보, 헌법소원 등이 이뤄질 수는 있으나, 원칙적으로 행정지도는 비권력적 사실행위이므로 행정쟁송이 불가능하고, 인과관계의 인정이 곤란하여 손해배상청구도 어려우며, 특별한 희생을 인정받기 어려워 손실보상청구권도 부정된다.

04. 행시

017

□□□

판례는 구청장이 도시재개발구역 내의 건물소유자에게 건물의 자진철거를 요청하면서 '지장물철거촉구'라는 제목의 공문을 보낸 경우 이 요청행위는 행정소송의 대상이 되는 처분으로 볼 수 있다고 한 바 있다. O | X

구청장이 도시재개발구역 내의 건물소유자 甲에게 건물의 자진철거를 요청하는 내용의 공문을 보냈다고 하더라도 그 공문의 제목이 지장물철거촉구로 되어 있어서 철거명령이 아님이 분명하고, 행위의 주체면에서 구청장은 재개발구역 내 지장물의 철거를 요구할 아무런 법적 근거가 없으며, 공문의 내용도 甲에게 재개발사업에의 협조를 요청함과 아울러 자발적으로 협조하지 아니하여 법에 따른 강제집행이 행하여짐으로써 甲이 입을지도 모를 불이익에 대한 안내로 되어 있고 구청장이 위 공문을 발송한 후 甲으로부터 취소요청을 받고 위 공문이 도시재개발법 제36조의 지장물이전요구나 동 제35조 제2항에 따른 행정대집행법상의 강제철거지시가 아니고 자진철거의 협조를 요청한 것이라고 회신한 바 있다면 이러한 회신 내용과 법치행정의 현실 및 일반적인 법의식수준에 비추어 볼 때 외형상 행정처분으로 오인될 염려가 있는 행정청의 행위가 존재함으로써 상대방이 입게 될 불이익 내지 법적 불안도 존재하지 않는다고 볼 것이므로 이를 행정소송의 대상이 되는 처분이라고 볼 수 없다(대판 1989.9.12. 88누8883).

19. 국가직 9급, 13. 지방직 9급, 04. 행시

018

□□□

세무당국이 주류제조회사에 대하여 특정 업체와의 주류거래를 일정기간 중지하여 줄 것을 요청한 행위는 권고적 성격의 행위로서 행정처분이라고 볼 수 없다. O | X

세무당국이 소외 회사에 대하여 원고와의 주류거래를 일정기간 중지하여 줄 것을 요청한 행위는 권고 내지 협조를 요청하는 권고적 성격의 행위로서 소외 회사나 원고의 법률상의 지위에 직접적인 법률상의 변동을 가져오는 행정처분이라고 볼 수 없는 것이므로 항고소송의 대상이 될 수 없다(대판 1980.10.27. 80누395).

21. 소방, 19. 국가직 9급, 13. 지방직 9급 유사

019

□□□

교육인적자원부장관(현 교육부장관)의 구 공립대학총장들에 대한 학칙시정요구는 고등교육법령에 따른 것으로, 그 법적 성격은 대학총장의 임의적인 협력을 통하여 사실상의 효과를 발생시키는 행정지도의 일종으로 헌법소원의 대상이 되는 공권력의 행사로 볼 수 없다. O | X

교육인적자원부(현 교육부)장관의 대학총장들에 대한 이 사건 학칙시정요구는 고등교육법 제6조 제2항, 동법 시행령 제4조 제3항에 따른 것으로서 그 법적 성격은 대학총장의 임의적인 협력을 통하여 사실상의 효과를 발생시키는 행정지도의 일종이지만, 그에 따르지 않을 경우 일정한 불이익조치를 예정하고 있어 사실상 상대방에게 그에 따를 의무를 부과하는 것과 다를 바 없으므로 단순한 행정지도로서의 한계를 넘어 규제적·구속적 성격을 상당히 강하게 갖는 것으로서 헌법소원의 대상이 되는 공권력의 행사라고 볼 수 있다(헌재 2003.6.26. 2002헌마337).

정답 016 ○ 017 X 018 ○ 019 X

15. 경행특채 1차

020

□□□

행정지도가 단순한 행정지도의 한계를 넘어 규제적 · 구속적 성격을 상당히 강하게 갖는 경우라도 헌법소원의 대상이 되는 공권력의 행사로 볼 수 없다. O | X

헌법소원의 대상이 되는 공권력의 행사로 볼 수 있다(헌재 2003.6.26. 2002헌마337).

21. 소방

021

□□□

행정지도 중 규제적 · 구속적 행정지도의 경우에는 법적 근거가 필요하다는 견해가 있다. O | X

행정지도는 비권력적 · 비강제적인 작용이므로 법적 근거는 필요하지 않다는 것이 일반적인 견해이다. 그러나 조성적 행정지도는 법률상 근거가 필요하지 않으나 규제적 행정지도는 근거가 필요하다는 견해도 있다.

12. 국가직 9급

022

□□□

행정지도는 상대방인 국민의 임의적 협력을 구하는 비권력적 행위이므로 국가배상법상의 직무행위에 해당하지 않는다. O | X

국가배상청구의 요건인 '공무원의 직무'에는 권력적 작용만이 아니라 비권력적 작용도 포함되며 단지 행정주체가 사경제주체로서 하는 활동만 제외된다(대판 2001.1.5. 98다39060).

19. 서울시 9급(2월) · 서울시 7급

023

□□□

국가배상법 제2조의 직무행위에는 국가나 지방자치 단체의 권력적 작용만이 포함되며 비권력적 작용은 포함되지 않는다. O | X

국가배상법이 정한 손해배상청구의 요건인 '공무원의 직무'에는 국가나 지방자치단체의 권력적 작용뿐만 아니라 비권력적 작용도 포함되지만, 단순한 사경제의 주체로서 하는 작용은 포함되지 아니한다(대판 1999.11.26. 98다47245).

21. 소방, 18. 지방교행, 14. 국가직 7급

024

□□□

행정지도의 한계 일탈로 인해 상대방에게 손해가 발생한 경우 행정기관은 손해배상책임이 없다. O | X

행정지도가 강제성을 띠지 않은 비권력적 작용으로서 행정지도의 한계를 일탈하지 아니하였다면, 그로 인하여 상대방에게 어떤 손해가 발생하였다 하더라도 행정기관은 그에 대한 손해배상책임이 없다(대판 2008.9.25. 2006다18228).

정답 020 X 021 ○ 022 X 023 X 024 X

23. 지방직 9급, 18. 서울시 7급, 11. 지방직 7급

025 □□□

위법한 행정지도에 따라 행한 사인의 행위는 법령에 명시적으로 정함이 없는 한 위법성이 조각된다고 할 수 없다. O | X

행정지도는 강제가 아니라 상대방의 임의적인 협력을 기대하는 것이므로, 행정지도에 따른 행위는 상대방의 자발적인 행위이고, 위법한 행정지도에 따라 행한 사인의 행위는 위법하고 정당화될 수 없다고 본다.

관련 판례

행정관청이 토지거래계약신고에 관하여 공시된 기준지가를 기준으로 매매가격을 신고하도록 행정지도하여 온 경우 그와 같은 위법한 관행에 따라 토지의 매매가격을 허위로 신고한 행위는 범법행위로서 사회상규에 위배되지 않는 정당한 행위라고 볼 수 없다(대판 1992.4.24. 91도1609).

18. 지방교행

026 □□□

토지매매대금의 허위신고가 위법한 행정지도에 따른 것이라 하더라도 그 범법행위가 정당화되지는 않는다. O | X

행정관청이 국토이용관리법 소정의 토지거래계약신고에 관하여 공시된 기준시가를 기준으로 매매가격을 신고하도록 행정지도를 하여 그에 따라 허위신고를 한 것이라 하더라도 이와 같은 행정지도는 법에 어긋나는 것으로서 그와 같은 행정지도나 관행에 따라 허위신고행위에 이르렀다고 하여도 이것만 가지고서는 그 범법행위가 정당화될 수 없다(대판 1994.6.14. 93도3247). 즉, 사회상규에 위배되지 않는 정당한 행위라고는 볼 수 없다.

22. 국가직 9급

027 □□□

지도, 권고, 조언 등의 행정지도는 법령의 근거를 요하고 항고소송의 대상이 된다. O | X

지도, 권고, 조언 등의 행정지도는 비권력적 사실행위이며, 원칙적으로 법령의 근거를 요하지 않고 항고소송의 대상이 되지 않는다.

22. 국회직 8급

028 □□□

행정지도가 그에 따를 의사가 없는 상대방에게 이를 부당하게 강요하는 것으로서 행정지도의 한계를 일탈하였다면 위법하다. O | X

피고의 행정지도는 그에 따를 의사가 없는 원고에게 이를 부당하게 강요하는 것으로서 행정지도의 한계를 일탈한 위법한 행정지도에 해당하여 불법행위를 구성한다(대판 2008.9.25. 2006다18228).

정답 025 ○ 026 ○ 027 X 028 ○

23. 국회직 8급 · 지방직 9급

029

□□□

행정지도가 강제성을 띠지 않은 비권력적 작용으로서 행정지도의 한계를 일탈하지 않았다면 그로 인하여 상대방에게 어떤 손해가 발생하였다 하더라도 그에 대한 손해배상책임이 없다. O | X

행정지도가 강제성을 띠지 않은 비권력적 작용으로서 행정지도의 한계를 일탈하지 아니하였다면, 그로 인하여 상대방에게 어떤 손해가 발생하였다 하더라도 행정기관은 그에 대한 손해배상책임이 없다(대판 2008.9.25. 2006다18228).

23. 국회직 8급

030

□□□

행정관청이 토지거래계약신고에 관하여 공시된 기준지가를 기준으로 매매가격을 신고하도록 행정지도하여 왔고 그 기준가격 이상으로 매매가격을 신고한 경우에는 거래신고서를 접수하지 않고 반려하는 것이 관행화되어 있더라도 그와 같은 위법한 관행에 따라 허위신고행위에 이르렀다고 하여 그 범법행위가 사회상규에 위배되지 않는 정당한 행위라고 볼 수 없다. O | X

행정관청이 토지거래계약신고에 관하여 공시된 기준지가를 기준으로 매매가격을 신고하도록 행정지도하여 왔고 그 기준가격 이상으로 매매가격을 신고한 경우에는 거래신고서를 접수하지 않고 반려하는 것이 관행화되어 있다 하더라도 이는 법에 어긋나는 관행이라 할 것이므로 그와 같은 위법한 관행에 따라 허위신고행위에 이르렀다고 하여 그 범법행위가 사회상규에 위배되지 않는 정당한 행위라고는 볼 수 없다(대판 1992.4.24. 91도1609).

24. 지방직 9급

031

□□□

행정지도가 강제성을 띠지 않은 비권력적 작용으로서 행정지도의 한계를 일탈하지 않았다면, 그로 인하여 상대방에게 어떤 손해가 발생하였다 하더라도 행정기관은 그에 대한 손해배상책임이 없다. O | X

행정지도가 강제성을 띠지 않은 비권력적 작용으로서 행정지도의 한계를 일탈하지 아니하였다면, 그로 인하여 상대방에게 어떤 손해가 발생하였다 하더라도 행정기관은 그에 대한 손해배상책임이 없다(대판 2008.9.25. 2006다18228).

정답 029 ○ 030 ○ 031 ○

제14장 그 밖의 행정작용

00. 행시

001 □□□

급부행정이나 경제지도행정영역에 있어서는 행정주체에게 당해 작용 수행의 법적 형식에 대한 선택가능성이 없는 경우에도 행정사법이 적용될 수 있다. O | X

급부행정이나 경제지도행정영역에 있어서는 행정주체에게 당해 작용 수행의 법적 형식에 대한 선택가능성이 존재한다.

98. 입시

002 □□□

비공식 행정작용이란 행정작용의 근거 · 요건 및 효과 등이 법에 정해져 있지 못한 행정작용을 포괄하는 개념이다. O | X

비공식 행정작용은 법률의 근거를 요하지 않으며 직접적인 법적 효과도 일으키지 않는다.

98. 국가직 7급

003 □□□

비공식 행정작용은 행정기관과 사인 사이에 행하여지기 때문에 그 사인과 제3자의 지위보장에 적합한 행위형식이다. O | X

비공식적 행정작용의 단점은 행정기관과 사인간에 행하여지기 때문에 이해관계에 있는 제3자의 지위보장이 곤란하다는 점이다.

98. 국가직 7급

004 □□□

비공식 행정작용도 행정법의 일반법원칙에 의한 구속을 받는다. O | X

비공식 행정작용도 법률우위의 원칙 및 행정법의 일반원칙에 의한 구속을 받는다.

98. 국가직 7급

005 □□□

비공식 행정작용은 사실행위로서 아무런 법적 효과를 발생하지 않는 작용이므로 처분성이 인정되지 않는다. O | X

따라서 항고소송을 제기할 수 없고, 비공식 행정작용으로 인해 손해를 입은 경우에 요건을 만족하면 국가배상을 통한 구제는 가능할 것이다.

정답 001 X 002 ○ 003 X 004 ○ 005 ○

10. 국회직 9급

006 □□□

판례의 의하면 행정조달계약은 국가 등 행정주체가 계약의 일방 당사자가 된다는 점에서 그 분쟁에 대한 관할 법원은 행정법원이다. O | X

행정조달계약은 사법상 계약이므로 민사소송으로 해결한다.

12. 지방직 9급

007 □□□

국가를 당사자로 하는 계약에 관한 법률에 따르면 계약은 상호 대등한 입장에서 당사자의 합의에 따라 체결되어야 하며, 당사자는 계약의 내용을 신의성실의 원칙에 따라 이를 이행하여야 한다. O | X

「국가를 당사자로 하는 계약에 관한 법률」 제5조 【계약의 원칙】 ① 계약은 서로 대등한 입장에서 당사자의 합의에 따라 체결되어야 하며, 당사자는 계약의 내용을 신의성실의 원칙에 따라 이행하여야 한다.

16. 사복직 9급

008 □□□

행정의 자동결정은 컴퓨터를 통하여 이루어지는 자동적 결정이기 때문에 행정행위의 개념적 요소를 구비하는 경우에도 행정행위로서의 성격을 인정하는 데 어려움이 있다. O | X

행정의 자동결정은 컴퓨터를 통하여 이루어지는 자동적 결정이지만 행정행위의 개념적 요소를 구비하는 경우에는 행정행위로서의 성격을 인정할 수 있다(통설).

22. 소방

009 □□□

행정청은 법률로 정하는 바에 따라 처분에 재량이 있는 경우에도 완전히 자동화된 시스템으로 처분을 할 수 있다. O | X

「행정기본법」 제20조 【자동적 처분】 행정청은 법률로 정하는 바에 따라 완전히 자동화된 시스템(인공지능 기술을 적용한 시스템을 포함한다)으로 처분을 할 수 있다. 다만, 처분에 재량이 있는 경우는 그러하지 아니하다.

23. 지방직 9급

010 □□□

자동화된 행정결정의 예로는 컴퓨터를 통한 중·고등학생의 학교배정, 신호등에 의한 교통신호 등이 있다. O | X

자동화된 행정결정의 예로는 컴퓨터를 통한 중·고등학생의 학교배정, 신호등에 의한 교통신호, 과속단속카메라에 의한 과속단속 등이 있다.

정답 006 X 007 ○ 008 X 009 X 010 ○

23. 지방직 9급

011 □□□

행정기본법상 자동적 처분은 항고소송의 대상이 된다. O | X

자동적 처분도 처분성을 지니므로 항고소송이 대상이 된다.

23. 지방직 9급

012 □□□

행정기본법상 자동적 처분을 할 수 있는 '완전히 자동화된 시스템'에는 '인공지능 기술을 적용한 시스템'이 포함되지 않는다. O | X

행정기본법상 자동적 처분을 할 수 있는 '완전히 자동화된 시스템'에는 '인공지능 기술을 적용한 시스템'이 포함된다.

> **「행정기본법」 제20조 【자동적 처분】** 행정청은 법률로 정하는 바에 따라 완전히 자동화된 시스템(인공지능 기술을 적용한 시스템을 포함한다)으로 처분을 할 수 있다. 다만, 처분에 재량이 있는 경우는 그러하지 아니하다.

23. 지방직 9급

013 □□□

행정기본법은 재량행위에 대해서 자동적 처분을 허용하지 않고 있다. O | X

> **「행정기본법」 제20조 【자동적 처분】** 행정청은 법률로 정하는 바에 따라 완전히 자동화된 시스템(인공지능 기술을 적용한 시스템을 포함한다)으로 처분을 할 수 있다. 다만, 처분에 재량이 있는 경우는 그러하지 아니하다.

정답 011 ○ 012 X 013 ○

제3편

행정절차와 행정공개

제1장 행정절차법

13. 서울시 7급

001 □□□

행정절차는 행정의 민주화, 행정의 능률화, 사후적 행정구제 등의 기능을 수행한다. O | X

행정절차는 사전적 권리구제에 해당한다.

09. 국가직 9급

002 □□□

절차상의 하자를 독자적 취소의 사유로 인정하는 견해(적극설)에 따르면, 적법한 절차를 거쳐 다시 처분을 하는 경우 반드시 동일한 결정에 도달하는 것은 아니라는 점을 논거로 한다. O | X

절차적 하자를 독립적인 취소사유로 보는 견해(적극설)에 따르면 적정한 절차는 적정한 결정의 전제가 되며, 다시 처분을 하는 경우에 반드시 동일한 결론에 도달한다는 보장은 없다고 본다. 반면, 절차적 하자를 독립적인 취소사유로 보지 않는 견해(소극설)에 따르면 절차규정은 적정한 결정을 확보하기 위한 수단에 불과한 것으로, 절차 위반을 이유로 재처분하더라도 이전과 동일한 처분을 하는 것은 위법하다고 본다.

18. 지방교행

003 □□□

행정처분이 절차상 중대한 하자가 있다고 하더라도 실체적 하자가 없다면 취소판결을 할 수 없다. O | X

행정처분의 실체상 하자뿐만 아니라 절차상 하자도 행정처분의 하자가 인정되는 것이므로 취소판결이 가능하다는 것이 판례의 입장이다.

18. 국회직 8급, 17. 국가직 7급

004 □□□

공기업 사장에 대한 해임처분과정에서 처분 내용을 사전에 통지받지 못했고 해임처분시 법적 근거 및 구체적 해임사유를 제시받지 못하였다면, 그 해임처분은 위법하지만 당연무효는 아니다. O | X

한국방송공사의 적자구조 만성화에 대한 경영상 책임이 인정되는 데다 대통령이 감사원의 한국방송공사에 대한 감사에 따른 해임제청 요구 및 한국방송공사 이사회의 해임제청결의에 따라 해임처분을 하게 된 것인 점 등에 비추어 대통령에게 주어진 한국방송공사 사장 해임에 관한 재량권 일탈 · 남용의 하자가 존재한다고 하더라도 그것이 중대 · 명백하지 않아 당연무효사유에 해당하지 않고, 해임처분과정에서 상대방이 처분 내용을 사전에 통지받거나 그에 대한 의견제출기회 등을 받지 못했고 해임처분시 법적 근거 및 구체적 해임사유를 제시받지 못하였으므로 해임처분이 행정절차법에 위배되어 위법하지만, 절차나 처분 형식의 하자가 중대하고 명백하다고 볼 수 없어 역시 당연무효가 아닌 취소사유에 해당한다(대판 2012.2.23. 2011두5001).

정답 001 X 002 ○ 003 X 004 ○

19. 국회직 8급, 10. 지방직 7급

005 □□□

군인사법령에 의하여 진급예정자 명단에 포함된 자에 대하여 사전통지를 하지 아니하거나 의견제출의 기회를 부여하지 아니한 채 진급선발을 취소하였다고 하여 그것만으로 위법하다고 할 수는 없다. O | X

군인사법 및 그 시행령에 이 사건 처분과 같이 진급예정자 명단에 포함된 자의 진급선발을 취소하는 처분을 함에 있어 행정절차에 준하는 절차를 거치도록 하는 규정이 없을 뿐만 아니라 위 처분이 성질상 행정절차를 거치기 곤란하거나 불필요하다고 인정되는 처분이라고 보기도 어렵다고 할 것이어서 이 사건 처분이 행정절차법의 적용이 제외되는 경우에 해당한다고 할 수 없으며, 나아가 원고가 수사과정 및 징계과정에서 자신의 비위행위에 대한 해명기회를 가졌다는 사정만으로 이 사건 처분이 행정절차법 제21조 제4항 제3호, 제22조 제4항에 따라 원고에게 사전통지를 하지 않거나 의견제출의 기회를 주지 아니하여도 되는 예외적인 경우에 해당한다고 할 수 없으므로, 피고가 이 사건 처분을 함에 있어 원고에게 의견제출의 기회를 부여하지 아니한 이상, 이 사건 처분은 절차상 하자가 있어 위법하다고 할 것이다(대판 2007.9.21. 2006두20631).

09. 국가직 9급

006 □□□

개별 법률에서 청문에 관한 규정을 두고 있지 않은 경우에도 침해적 행정처분을 함에 있어 청문을 실시하지 아니한 경우에는 무효로 보는 것이 판례의 입장이다. O | X

행정청이 침해적 행정처분을 함에 즈음하여 청문을 실시하지 않아도 되는 예외적인 경우에 해당하지 않는 한 반드시 청문을 실시하여야 하고, 그 절차를 결여한 처분은 위법한 처분으로서 취소사유에 해당한다(대판 2001.4.13. 2000두3337).

04. 서울시 9급

007 □□□

소청사건을 심사할 때 소청인 등에게 진술의 기회를 부여하지 아니하고 한 결정은 무효로 한다. O | X

「국가공무원법」 제13조 【소청인의 진술권】 ① 소청심사위원회가 소청사건을 심사할 때에는 대통령령 등으로 정하는 바에 따라 소청인 또는 제76조 제1항 후단에 따른 대리인에게 진술기회를 주어야 한다.
② 제1항에 따른 진술기회를 주지 아니한 결정은 무효로 한다.

17. 지방직 9급, 11. 국가직 7급

008 □□□

기속행위의 경우에는 절차상의 하자만으로 독립된 취소사유가 될 수 없으나, 재량행위의 경우에는 절차상의 하자만으로도 독립된 취소사유가 된다. O | X

해당 지문은 절충설의 입장이다. 그러나 판례는 행정처분이 기속행위인지 재량행위인지를 불문하고, 당해 처분이 실체법상으로 적법하더라도 절차법상의 하자만으로 독립된 취소사유가 된다고 판시하였다.

정답 005 X 006 X 007 ○ 008 X

17. 국가직 9급(10월)

009 □□□

행정행위의 내용상의 하자에 대해서는 하자의 치유가 인정되지 않는다. O | X

행정행위의 성질이나 법치주의의 관점에서 볼 때 하자 있는 행정행위의 치유는 원칙적으로 허용될 수 없을 뿐만 아니라 이를 허용하는 경우에도 국민의 권리와 이익을 침해하지 않는 범위에서 구체적 사정에 따라 합목적적으로 가려야 할 것인바, 이 사건 처분에 관한 하자가 행정처분의 내용에 관한 것이고 새로운 노선면허가 이 사건 소 제기 이후에 이루어진 사정 등에 비추어 하자의 치유를 인정치 않은 원심의 판단은 정당하고, 거기에 소론이 지적하는 바와 같은 법리오해의 위법이 있다 할 수 없다(대판 1991.5.28. 90누1359).

11. 국가직 7급

010 □□□

판례는 절차하자의 치유는 행정쟁송제기 이후에도 가능하다고 본다. O | X

행정행위의 성질이나 법치주의의 관점에서 볼 때 하자 있는 행정행위의 치유는 원칙적으로 허용될 수 없는 것일 뿐만 아니라, 이를 허용하는 경우에도 국민의 권리와 이익을 침해하지 않는 범위에서 구체적 사정에 따라 합목적적으로 가려야 한다고 할 것인바 … 이 치유를 허용하려면 적어도 처분에 대한 불복 여부의 결정 및 불복신청에 편의를 줄 수 있는 상당한 기간 내에 하여야 할 것이다(대판 1983.7.26. 82누420). 즉, 절차하자의 치유는 행정쟁송제기 이전에 가능하다.

15 · 14. 사복직 9급

011 □□□

헌법재판소는 행정절차의 헌법적 근거를 민주국가원리라는 헌법원리에서 찾고 있다. O | X

행정절차의 헌법적 근거는 헌법 제12조 제1항 적법절차에 관한 규정에 있다.

18. 국가직 9급

012 □□□

헌법 제12조 제1항에서 규정하고 있는 적법절차의 원칙은 형사소송절차에 국한되지 않고 모든 국가작용 전반에 대하여 적용되는 원칙이므로 세무공무원의 세무조사권의 행사에서도 적법절차의 원칙은 준수되어야 한다. O | X

헌법 제12조 제1항에서 규정하고 있는 적법절차의 원칙은 형사소송절차에 국한되지 아니하고 모든 국가작용 전반에 대하여 적용된다. 세무조사는 국가의 과세권을 실현하기 위한 행정조사의 일종으로서 과세자료의 수집 또는 신고 내용의 정확성 검증 등을 위하여 필요불가결하며, 종국적으로는 조세의 탈루를 막고 납세자의 성실한 신고를 담보하는 중요한 기능을 수행한다. 이러한 세무공무원의 세무조사권의 행사에서도 적법절차의 원칙은 마땅히 준수되어야 한다(대판 2014.6.26. 2012두911).

정답 009 ○ 010 X 011 X 012 ○

19. 서울시 9급(6월), 14. 사복직 9급

013 □□□

지방의회의 동의를 얻어 행하는 처분에 대해서는 행정절차법이 적용되지 아니한다. O | X

「행정절차법」 제3조 【적용 범위】 ① 처분, 신고, 확약, 위반사실 등의 공표, 행정계획, 행정상 입법예고, 행정예고 및 행정지도의 절차(이하 "행정절차"라 한다)에 관하여 다른 법률에 특별한 규정이 있는 경우를 제외하고는 이 법에서 정하는 바에 따른다.
② 이 법은 다음 각 호의 어느 하나에 해당하는 사항에 대하여는 적용하지 아니한다.
1. 국회 또는 지방의회의 의결을 거치거나 동의 또는 승인을 받아 행하는 사항

12. 지방직 9급

014 □□□

외국인의 난민인정에 대하여는 행정절차법 제23조(처분의 이유제시)의 적용은 배제된다. O | X

「행정절차법」 제3조 【적용 범위】 ② 이 법은 다음 각 호의 어느 하나에 해당하는 사항에 대하여는 적용하지 아니한다.
9. 병역법에 따른 징집 · 소집, 외국인의 출입국 · 난민인정 · 귀화, 공무원 인사 관계 법령에 따른 징계와 그 밖의 처분, 이해 조정을 목적으로 하는 법령에 따른 알선 · 조정 · 중재(仲裁) · 재정(裁定) 또는 그 밖의 처분 등 해당 행정작용의 성질상 행정절차를 거치기 곤란하거나 거칠 필요가 없다고 인정되는 사항과 행정절차에 준하는 절차를 거친 사항으로서 대통령령으로 정하는 사항

19. 국회직 8급, 16. 국가직 9급

015 □□□

행정절차법령이 '공무원 인사 관계 법령에 의한 처분에 관한 사항'에 대하여 행정절차법의 적용이 배제되는 것으로 규정하고 있는 이상, '공무원 인사 관계 법령에 의한 처분에 관한 사항' 전부에 대해 행정절차법의 적용이 배제되는 것으로 보아야 한다. O | X

행정과정에 대한 국민의 참여와 행정의 공정성 · 투명성 및 신뢰성을 확보하고 국민의 권익을 보호함을 목적으로 하는 행정절차법의 입법목적과 행정절차법 제3조 제2항 제9호의 규정 내용 등에 비추어 보면, 공무원 인사 관계 법령에 의한 처분에 관한 사항 전부에 대하여 행정절차법의 적용이 배제되는 것이 아니라 성질상 행정절차를 거치기 곤란하거나 불필요하다고 인정되는 처분이나 행정절차에 준하는 절차를 거치도록 하고 있는 처분의 경우에만 행정절차법의 적용이 배제된다(대판 2007.9.21. 2006두20631).

23. 소방간부, 21. 지방직 9급, 18 · 16. 지방직 7급, 16. 사복직 9급

016 □□□

국가공무원법상 직위해제처분을 하는 경우에 처분의 사전통지 및 의견청취 등에 관한 행정절차법규정이 적용된다. O | X

국가공무원법상 직위해제처분은 구 행정절차법 제3조 제2항 제9호, 구 행정절차법 시행령 제2조 제3호에 의하여 당해 행정작용의 성질상 행정절차를 거치기 곤란하거나 불필요하다고 인정되는 사항 또는 행정절차에 준하는 절차를 거친 사항에 해당하므로, 처분의 사전통지 및 의견청취 등에 관한 행정절차법의 규정이 별도로 적용되지 않는다(대판 2014.5.16. 2012두26180).

정답 013 ○ 014 ○ 015 X 016 X

19. 서울시 7급

017 □□□

지방자치단체의 장은 다른 지방자치단체의 장의 동의를 얻어 그 소속 공무원이 전입하도록 할 수 있는데, 공무원 본인의 동의가 반드시 있어야 한다. O | X

지방공무원법 제29조의3은 지방자치단체의 장은 다른 지방자치단체의 장의 동의를 얻어 그 소속 공무원을 전입할 수 있다고 규정하고 있는바, 위 규정에 의하여 동의를 한 지방자치단체의 장이 소속 공무원을 전출하는 것은 임명권자를 달리하는 지방자치단체로의 이동인 점에 비추어 반드시 당해 공무원 본인의 동의를 전제로 하는 것이다(대판 2001.12.11. 99두1823).

21. 국가직 7급 유사, 19. 국회직 8급

018 □□□

구 군인사법상 보직해임처분에는 처분의 근거와 이유제시 등에 관한 구 행정절차법의 규정이 별도로 적용되지 아니한다. O | X

구 군인사법상 보직해임처분은 구 행정절차법 제3조 제2항 제9호, 같은 법 시행령 제2조 제3호에 의하여 당해 행정작용의 성질상 행정절차를 거치기 곤란하거나 불필요하다고 인정되는 사항 또는 행정절차에 준하는 절차를 거친 사항에 해당하므로, 처분의 근거와 이유제시 등에 관한 구 행정절차법의 규정이 별도로 적용되지 아니한다고 봄이 상당하다(대판 2014.10.15. 2012두5756).

19. 국회직 8급

019 □□□

정규공무원으로 임용된 사람에게 시보임용처분 당시 지방공무원법에 정한 공무원임용 결격사유가 있어 시보임용처분을 취소하고 그에 따라 정규임용처분을 취소한 경우 정규임용처분을 취소하는 처분에 대하여서는 행정절차법의 규정이 적용된다. O | X

정규공무원으로 임용된 사람에게 시보임용처분 당시 지방공무원법 제31조 제4호에 정한 공무원임용 결격사유가 있어 시보임용처분을 취소하고 그에 따라 정규임용처분을 취소한 사안에서, 정규임용처분을 취소하는 처분은 성질상 행정절차를 거치는 것이 불필요하여 행정절차법의 적용이 배제되는 경우에 해당하지 않는다(대판 2009.1.30. 2008두16155).

19. 지방직 9급

020 □□□

공정거래위원회의 시정조치 및 과징금납부명령에 행정절차법 소정의 의견청취절차 생략사유가 존재하면 공정거래위원회는 행정절차법을 적용하여 의견청취절차를 생략할 수 있다. O | X

행정절차법 제3조 제2항, 같은 법 시행령 제2조 제6호에 의하면 공정거래위원회의 의결 · 결정을 거쳐 행하는 사항에는 행정절차법의 적용이 제외되게 되어 있으므로, 설사 공정거래위원회의 시정조치 및 과징금납부명령에 행정절차법 소정의 의견청취절차 생략사유가 존재한다고 하더라도, 공정거래위원회는 행정절차법을 적용하여 의견청취절차를 생략할 수는 없다(대판 2001.5.8. 2000두10212).

정답 017 ○ 018 ○ 019 ○ 020 X

18. 변호사 · 국가직 7급 · 지방직 7급, 17. 지방직 7급, 14. 국회직 8급

021 □□□

하나의 납세고지서로 본세와 여러 종류의 가산세를 함께 부과하는 경우에 납세고지서에 가산세의 종류와 세액의 산출근거 등을 따로 구별하지 않고 가산세의 합계액만을 기재하였다면 그 부과처분은 위법하다. O | X

본세의 부과처분과 가산세의 부과처분은 각 별개의 과세처분인 것처럼, 같은 세목에 관하여 여러 종류의 가산세가 부과되면 그 각 가산세 부과처분도 종류별로 각각 별개의 과세처분이라고 보아야 한다. 따라서 하나의 납세고지서에 의하여 본세와 가산세를 함께 부과할 때에는 납세고지서에 본세와 가산세 각각의 세액과 산출근거 등을 구분하여 기재해야 하는 것이고, 또 여러 종류의 가산세를 함께 부과하는 경우에는 그 가산세 상호 간에도 종류별로 세액과 산출근거 등을 구분하여 기재함으로써 납세의무자가 납세고지서 자체로 각 과세처분의 내용을 알 수 있도록 하는 것이 당연한 원칙이다(대판 2012.10.18. 2010두12347).

15 · 14. 경행특채 1차, 13. 서울시 7급

022 □□□

행정절차법은 신뢰보호의 원칙은 물론 신의성실의 원칙에 관해 명시적으로 규정하고 있다. O | X

「행정절차법」 제4조 【신의성실 및 신뢰보호】 ① 행정청은 직무를 수행할 때 신의(信義)에 따라 성실히 하여야 한다.

11. 국회직 8급

023 □□□

우리나라의 행정절차법은 독일과 마찬가지로 순수한 절차규정만으로 이루어졌다. O | X

행정절차법은 실체법적 원칙인 신의성실의 원칙과 신뢰보호의 원칙을 규정하고 있다.

19. 서울시 9급(6월)

024 □□□

제3자인 이해관계인은 법원의 참가결정이 없어도 관계처분에 의하여 자신의 법률상 이익이 침해되는 한 청문이나 공청회 등 의견청취절차에 참가할 수 있다. O | X

행정절차법상 "당사자 등"이란 행정청의 처분에 대하여 직접 그 상대가 되는 당사자, 행정청이 직권으로 또는 신청에 따라 행정절차에 참여하게 한 이해관계인을 말한다(행정절차법 제2조 제4호). 제3자인 이해관계인은 당사자 등에 해당하지 않으면 사전통지나 청문의 당사자 등이 될 수 없다.

18. 서울시 7급, 11. 국회직 8급

025 □□□

법인이 아닌 재단은 당사자 등이 될 수 없다. O | X

자연인, 법인, 법인이 아닌 사단 또는 재단, 그 밖에 다른 법령 등에 따라 권리 · 의무의 주체가 될 수 있는 자는 당사자 등이 될 수 있다(행정절차법 제9조).

정답 021 ○ 022 ○ 023 X 024 X 025 X

14. 국가직 7급

026 □□□

처분에 관한 권리 또는 이익을 사실상 양수한 자는 행정청의 승인을 받아 당사자 등의 지위를 승계할 수 있다. O | X

「행정절차법」 제10조 【지위의 승계】 ① 당사자 등이 사망하였을 때의 상속인과 다른 법령 등에 따라 당사자 등의 권리 또는 이익을 승계한 자는 당사자 등의 지위를 승계한다.
② 당사자 등인 법인 등이 합병하였을 때에는 합병 후 존속하는 법인 등이나 합병 후 새로 설립된 법인 등이 당사자 등의 지위를 승계한다.
③ 제1항 및 제2항에 따라 당사자 등의 지위를 승계한 자는 행정청에 그 사실을 통지하여야 한다.
④ 처분에 관한 권리 또는 이익을 사실상 양수한 자는 행정청의 승인을 받아 당사자 등의 지위를 승계할 수 있다.

18. 서울시 7급

027 □□□

다수의 대표자가 있는 경우 그중 1인에 대한 행정청의 통지는 모든 당사자 등에게 효력이 있다. O | X

다수의 대표자가 있는 경우 그중 1인에 대한 행정청의 행위는 모든 당사자 등에게 효력이 있다. 다만, 행정청의 통지는 대표자 모두에게 하여야 그 효력이 있다(행정절차법 제11조 제6항).

18. 서울시 7급

028 □□□

당사자 등은 당사자 등의 형제자매를 대리인으로 선임할 수 있다. O | X

당사자 등의 배우자, 직계 존속 · 비속 또는 형제자매, 당사자 등이 법인 등인 경우 그 임원 또는 직원, 변호사, 행정청 또는 청문 주재자(청문의 경우만 해당한다)의 허가를 받은 자, 법령 등에 따라 해당 사안에 대하여 대리인이 될 수 있는 자가 대리인이 될 수 있다(행정절차법 제12조 제1항).

09. 관세사

029 □□□

행정청이 접수받은 사안을 다른 행정청에 이송한 경우에는 그 사실을 신청인에게 통지하여야 한다. O | X

「행정절차법」 제6조 【관할】 ① 행정청이 그 관할에 속하지 아니하는 사안을 접수하였거나 이송받은 경우에는 지체 없이 이를 관할 행정청에 이송하여야 하고 그 사실을 신청인에게 통지하여야 한다. 행정청이 접수하거나 이송받은 후 관할이 변경된 경우에도 또한 같다.

정답 026 ○ 027 X 028 ○ 029 ○

09. 관세사

030 □□□

행정청의 관할이 분명하지 아니하고 당해 행정청을 공통으로 감독하는 상급 행정청이 없는 경우, 법원이 그 관할을 정한다. O | X

법원이 아니라 각 상급 행정청이 협의하여 그 관할을 정한다.

> **「행정절차법」 제6조【관할】** ② 행정청의 관할이 분명하지 아니한 경우에는 해당 행정청을 공통으로 감독하는 상급 행정청이 그 관할을 결정하며, 공통으로 감독하는 상급 행정청이 없는 경우에는 각 상급 행정청이 협의하여 그 관할을 결정한다.

10. 국가직 7급

031 □□□

행정작용의 근거가 되는 법령 등의 내용이 명확하지 아니한 경우 상대방은 당해 행정청에 대하여 그 해석을 요청할 수 있다. O | X

> **「행정절차법」 제5조【투명성】** ① 행정청이 행하는 행정작용은 그 내용이 구체적이고 명확하여야 한다.
> ② 행정작용의 근거가 되는 법령 등의 내용이 명확하지 아니한 경우 상대방은 해당 행정청에 그 해석을 요청할 수 있으며, 해당 행정청은 특별한 사유가 없으면 그 요청에 따라야 한다.

21. 소방

032 □□□

행정응원을 위하여 파견된 직원은 당해 직원의 복무에 관하여 다른 법령 등에 특별한 규정이 없는 한, 응원을 요청한 행정청의 지휘·감독을 받는다. O | X

> **「행정절차법」 제8조【행정응원】** ⑤ 행정응원을 위하여 파견된 직원은 응원을 요청한 행정청의 지휘·감독을 받는다. 다만, 해당 직원의 복무에 관하여 다른 법령 등에 특별한 규정이 있는 경우에는 그에 따른다.

21. 소방, 11. 국회직 9급 유사

033 □□□

행정응원에 소요되는 비용은 응원을 요청한 행정청이 부담하며, 그 부담금액 및 부담방법은 응원을 행하는 행정청의 결정에 의한다. O | X

부담금액 및 부담방법은 응원을 행하는 행정청의 결정에 의하는 것이 아니라 응원을 요청한 행정청과 응원을 하는 행정청이 협의하여 결정한다.

> **「행정절차법」 제8조【행정응원】** ⑥ 행정응원에 드는 비용은 응원을 요청한 행정청이 부담하며, 그 부담금액 및 부담방법은 응원을 요청한 행정청과 응원을 하는 행정청이 협의하여 결정한다.

정답 030 X 031 ○ 032 ○ 033 X

15. 교행직 9급

034 □□□

행정청은 신속한 처리가 필요하여 처분을 말로써 하는 경우 당사자가 요청하면 해당 처분에 관한 문서를 주어야 한다. O | X

「행정절차법」 제24조 【처분의 방식】 ① 행정청이 처분을 할 때에는 다른 법령 등에 특별한 규정이 있는 경우를 제외하고는 문서로 하여야 하며, 다음 각 호의 어느 하나에 해당하는 경우에는 전자문서로 할 수 있다.
1. 당사자 등의 동의가 있는 경우
2. 당사자가 전자문서로 처분을 신청한 경우
② 제1항에도 불구하고 공공의 안전 또는 복리를 위하여 긴급히 처분을 할 필요가 있거나 사안이 경미한 경우에는 말, 전화, 휴대전화를 이용한 문자 전송, 팩스 또는 전자우편 등 문서가 아닌 방법으로 처분을 할 수 있다. 이 경우 당사자가 요청하면 지체 없이 처분에 관한 문서를 주어야 한다.

13. 지방직 9급

035 □□□

행정청이 처분을 할 때에는 다른 법령 등에 특별한 규정이 있는 경우를 제외하고는 문서로 하여야 하며, 전자문서로 하는 경우에는 당사자 등의 동의가 있어야 한다. 다만, 신속히 처리할 필요가 있거나 사안이 경미한 경우에는 말 또는 그 밖의 방법으로 할 수 있다. O | X

「행정절차법」 제24조 【처분의 방식】 ① 행정청이 처분을 할 때에는 다른 법령 등에 특별한 규정이 있는 경우를 제외하고는 문서로 하여야 하며, 다음 각 호의 어느 하나에 해당하는 경우에는 전자문서로 할 수 있다.
1. 당사자 등의 동의가 있는 경우
2. 당사자가 전자문서로 처분을 신청한 경우
② 제1항에도 불구하고 공공의 안전 또는 복리를 위하여 긴급히 처분을 할 필요가 있거나 사안이 경미한 경우에는 말, 전화, 휴대전화를 이용한 문자 전송, 팩스 또는 전자우편 등 문서가 아닌 방법으로 처분을 할 수 있다. 이 경우 당사자가 요청하면 지체 없이 처분에 관한 문서를 주어야 한다.

19. 서울시 9급(6월)

036 □□□

행정행위는 상대방에 대한 통지(도달)로서 효력이 발생하며, 행정청은 개별법에서 달리 정하지 않는 한 제3자인 이해관계인에 대한 행정행위 통지의무를 부담하지 않는다. O | X

행정절차법상 침해를 받는 제3자에 대한 통지에 관한 직접적인 규정이 없다.

13. 지방직 9급

037 □□□

면허관청이 운전면허정지처분을 하면서 통지서에 의하여 면허정지사실을 통지하지 아니하거나 처분집행예정일 7일 전까지 이를 발송하지 아니한 경우에는 절차와 형식을 갖추지 아니한 조치로서 효력이 없으나, 면허관청이 임의로 출석한 상대방의 편의를 위하여 구두로 면허정지사실을 알렸다면 운전면허정지처분의 효력이 인정된다. O | X

면허관청이 운전면허정지처분을 하면서 별지 52호 서식의 통지서에 의하여 면허정지사실을 통지하지 아니하거나 처분집행예정일 7일 전까지 이를 발송하지 아니한 경우에는 특별한 사정이 없는 한 위 관계 법령이 요구하는 절차·형식을 갖추지 아니한 조치로서 그 효력이 없고, 이와 같은 법리는 면허관청이 임의로 출석한 상대방의 편의를 위하여 구두로 면허정지사실을 알렸다고 하더라도 마찬가지이다(대판 1996.6.14. 95누17823).

정답 034 ○ 035 ○ 036 ○ 037 X

09. 지방직 9급

038 □□□

처분을 하는 문서에는 그 처분행정청 및 담당자의 소속, 성명과 연락처를 기재하여야 한다. O | X

「행정절차법」 제24조 【처분의 방식】 ③ 처분을 하는 문서에는 그 처분 행정청과 담당자의 소속 · 성명 및 연락처(전화번호, 팩스번호, 전자우편주소 등을 말한다)를 적어야 한다.

07. 관세사

039 □□□

처분을 하는 문서에는 행정청의 전자우편주소 등을 기재하여야 한다. O | X

「행정절차법」 제24조 【처분의 방식】 ③ 처분을 하는 문서에는 그 처분 행정청과 담당자의 소속 · 성명 및 연락처(전화번호, 팩스번호, 전자우편주소 등을 말한다)를 적어야 한다.

23. 지방직 9급, 14. 경행특채 2차, 12. 지방직 9급

040 □□□

행정청은 필요한 처분기준을 당해 처분의 성질에 비추어 될 수 있는 한 구체적으로 정하여 공표하여야 하지만, 처분기준을 공표하는 것이 당해 처분의 성질상 현저히 곤란하거나 공공의 안전 또는 복리를 현저히 해하는 때에는 공표하지 아니할 수 있다. O | X

「행정절차법」 제20조 【처분기준의 설정 · 공표】 ① 행정청은 필요한 처분기준을 해당 처분의 성질에 비추어 되도록 구체적으로 정하여 공표하여야 한다. 처분기준을 변경하는 경우에도 또한 같다.
③ 제1항에 따른 처분기준을 공표하는 것이 해당 처분의 성질상 현저히 곤란하거나 공공의 안전 또는 복리를 현저히 해치는 것으로 인정될 만한 상당한 이유가 있는 경우에는 처분기준을 공표하지 아니할 수 있다.

15. 국회직 8급

041 □□□

행정절차법에 따라 행정처분의 처분기준을 설정 · 공표할 때 그 기준의 구체성은 처분의 공정성과 합리성을 보장하고 당사자 등에게 예측가능성을 보장하는 정도의 것이어야 한다. O | X

행정절차법은 행정절차에 관한 공통적인 사항을 규정하여 국민의 행정 참여를 도모함으로써 행정의 공정성 · 투명성 및 신뢰성을 확보하고 국민의 권익을 보호함을 목적으로 한다. 이에 입각할 때 행정청은 처분기준을 설정하고 공표할 때에도 공정성과 합리성을 보장하고, 투명성 및 예측가능성을 보장함으로써 국민의 신뢰를 보호할 수 있어야 할 것이다.

정답 038 ○ 039 ○ 040 ○ 041 ○

15. 서울시 9급 · 국회직 8급, 08. 국가직 7급

042
☐☐☐

당사자 등은 공표된 처분기준이 명확하지 아니한 경우 해당 행정청에 그 해석 또는 설명을 요청할 수 있으며, 이 경우 해당 행정청은 특별한 사정이 없으면 그 요청에 따라야 한다. O | X

「행정절차법」 제20조 【처분기준의 설정 · 공표】 ④ 당사자 등은 공표된 처분기준이 명확하지 아니한 경우 해당 행정청에 그 해석 또는 설명을 요청할 수 있다. 이 경우 해당 행정청은 특별한 사정이 없으면 그 요청에 따라야 한다.

13. 경행특채

043
☐☐☐

이유제시란 행정처분 등을 함에 있어서 그 근거가 되는 법적 · 사실적 이유를 구체적으로 명시하는 것이다. O | X

이유제시란 행정청이 처분을 하면서 당해 처분의 사실적 · 법적 이유를 구체적으로 명시함으로써 행정청의 자의적인 행정을 방지하고 쟁송에 편의를 제공함으로써 국민을 보호하는 기능을 한다.

18 · 11. 지방직 7급, 15. 사복직 9급

044
☐☐☐

처분의 이유제시에 관한 행정절차법의 규정은 침익처분 및 수익처분 모두에 적용된다. O | X

처분의 이유제시는 원칙상 모든 처분에 대하여 해야하는 것이다.

「행정절차법」 제23조 【처분의 이유제시】 ① 행정청은 처분을 할 때에는 다음 각 호의 어느 하나에 해당하는 경우를 제외하고는 당사자에게 그 근거와 이유를 제시하여야 한다.

18. 지방교행, 11. 지방직 7급, 08. 지방직 9급 유사

045
☐☐☐

행정청이 그 신청 내용을 모두 그대로 인정하는 경우 또는 처분이 긴급히 처분을 할 필요가 있는 경우에는 당사자에게 그 처분의 근거와 이유를 제시하지 않아도 된다. O | X

「행정절차법」 제23조 【처분의 이유제시】 ① 행정청은 처분을 할 때에는 다음 각 호의 어느 하나에 해당하는 경우를 제외하고는 당사자에게 그 근거와 이유를 제시하여야 한다.
1. 신청 내용을 모두 그대로 인정하는 처분인 경우
2. 단순 · 반복적인 처분 또는 경미한 처분으로서 당사자가 그 이유를 명백히 알 수 있는 경우
3. 긴급히 처분을 할 필요가 있는 경우

② 행정청은 제1항 제2호 및 제3호의 경우에 처분 후 당사자가 요청하는 경우에는 그 근거와 이유를 제시하여야 한다.

정답 042 ○ 043 ○ 044 ○ 045 ○

18 · 17 · 12. 국가직 9급, 15. 국회직 8급, 14. 경행특채 2차, 13. 서울시 7급

046 □□□

신청 내용을 모두 그대로 인정하는 처분인 경우 이유제시의무가 면제되지만, 처분 후 당사자가 요청하는 경우에는 그 근거와 이유를 제시하여야 한다. O | X

「행정절차법」 제23조 【처분의 이유제시】 ① 행정청은 처분을 할 때에는 다음 각 호의 어느 하나에 해당하는 경우를 제외하고는 당사자에게 그 근거와 이유를 제시하여야 한다.
1. 신청 내용을 모두 그대로 인정하는 처분인 경우
2. 단순 · 반복적인 처분 또는 경미한 처분으로서 당사자가 그 이유를 명백히 알 수 있는 경우
3. 긴급히 처분을 할 필요가 있는 경우
② 행정청은 제1항 제2호 및 제3호의 경우에 처분 후 당사자가 요청하는 경우에는 그 근거와 이유를 제시하여야 한다.

18. 서울시 7급

047 □□□

경미한 처분으로서 당사자가 그 이유를 명백히 알 수 있는 경우에는 당사자에게 그 근거와 이유를 제시하지 아니할 수 있다. O | X

「행정절차법」 제23조 【처분의 이유제시】 ① 행정청은 처분을 할 때에는 다음 각 호의 어느 하나에 해당하는 경우를 제외하고는 당사자에게 그 근거와 이유를 제시하여야 한다.
1. 신청 내용을 모두 그대로 인정하는 처분인 경우
2. 단순 · 반복적인 처분 또는 경미한 처분으로서 당사자가 그 이유를 명백히 알 수 있는 경우
3. 긴급히 처분을 할 필요가 있는 경우

17. 국가직 9급

048 □□□

법령 등에서 행정청에 일정한 사항을 통지함으로써 의무가 끝나는 신고를 규정하고 있는 경우 신고가 본법 제40조 제2항 각 호의 요건을 갖춘 경우에는 신고서가 접수기관에 발송된 때에 신고의무가 이행된 것으로 본다. O | X

신고서가 접수기관에 '도달'된 때에 신고의무가 이행된 것으로 본다(행정절차법 제40조 제2항).

14. 국가직 7급, 13. 서울시 7급

049 □□□

행정청은 처분을 할 때에는 원칙적으로 당사자에게 그 근거와 이유를 제시하여야 하며, 이유제시의 정도는 처분사유를 이해할 수 있을 정도로 구체적이어야 한다. O | X

행정절차법 제23조 제1항은 행정청은 처분을 하는 때에는 당사자에게 그 근거와 이유를 제시하여야 한다고 규정하고 있는바, 일반적으로 당사자가 근거 규정 등을 명시하여 신청하는 인 · 허가 등을 거부하는 처분을 함에 있어 당사자가 그 근거를 알 수 있을 정도로 상당한 이유를 제시한 경우에는 당해 처분의 근거 및 이유를 구체적 조항 및 내용까지 명시하지 않았더라도 그로 말미암아 그 처분이 위법한 것이 된다고 할 수 없다(대판 2002.5.17. 2000두8912).

정답 046 X 047 ○ 048 X 049 ○

18. 국가직 7급

050 □□□

행정처분의 이유로 제시한 수개의 처분사유 중 일부가 위법하면, 다른 처분사유로써 그 처분의 정당성이 인정되더라도 그 처분은 위법하다. O | X

수개의 처분사유 중 일부가 적법하지 않다고 하더라도 다른 처분사유로써 그 처분의 정당성이 인정되는 경우 그 처분을 위법하다고 할 수 없을 것인바, 앞서 본 바와 같이 이 사건 처분사유 중 지입제 경영이라는 처분사유로써 이 사건 처분의 정당성이 인정되는 이상 다른 처분사유인 운송 미개시 부분이 원고에게 거듭 불이익을 주는 것이어서 위법하다고 하더라도 그것만으로 이 사건 처분이 위법하게 되는 것은 아니다(대판 2004.3.25. 2003두1264).

12. 국가직 9급

051 □□□

세무서장이 주류도매업자에 대하여 일반주류도매업면허 취소통지를 하면서 그 위반사실을 구체적으로 특정하지 아니한 것은 위법하다는 것이 판례의 입장이다. O | X

면허의 취소처분에는 그 근거가 되는 법령이나 취소권유보의 부관 등을 명시하여야 함은 물론 처분을 받은 자가 어떠한 위반사실에 대하여 당해 처분이 있었는지를 알 수 있을 정도로 사실을 적시할 것을 요하며, 이와 같은 취소처분의 근거와 위반사실의 적시를 빠뜨린 하자는 피처분자가 처분 당시 그 취지를 알고 있었다거나 그 후 알게 되었다 하여도 치유될 수 없다고 할 것인바, 세무서장인 피고가 주류도매업자인 원고에 대하여 한 이 사건 일반주류도매업면허 취소통지에 "상기 주류도매장은 무면허 주류판매업자에게 주류를 판매하여 주세법 제11조 및 국세법사무처리규정 제26조에 의거 지정조건 위반으로 주류판매면허를 취소합니다."라고만 되어 있어서 원고의 영업기간과 거래상대방 등에 비추어 원고가 어떠한 거래행위로 인하여 이 사건 처분을 받았는지 알 수 없게 되어 있다면 이 사건 면허취소처분은 위법하다(대판 1990.9.11. 90누1786).

07. 대구시 9급

052 □□□

납세고지서에 과세표준과 세율, 세액산출근거 등이 누락되면 그 과세처분은 위법하다. O | X

국세징수법 제9조, 소득세법 제128조, 같은 법 시행령 제183조 등이 소득세를 부과 · 징수하고자 할 때에는 과세표준과 세율, 세액 및 그 산출근거를 납세고지서에 명시하여 발부 · 통지하도록 한 것은 단순한 훈시규정이 아니라 강행규정이며, 따라서 납세고지서에 세액산출근거 등의 기재가 누락되었다면, 그 과세처분은 위법한 것으로서 취소의 대상이 된다(대판 1985.12.24. 84누242).

21. 지방직 9급

053 □□□

처분 당시 당사자가 어떠한 근거와 이유로 처분이 이루어진 것인지를 충분히 알 수 있어서 그에 불복하여 행정구제절차로 나아가는 데에 별다른 지장이 없었던 것으로 인정되는 경우에도 처분서에 처분의 근거와 이유가 구체적으로 명시되어 있지 않았다면 그 처분은 위법하다. O | X

행정절차법 제23조 제1항은 행정청은 처분을 하는 때에는 당사자에게 그 근거와 이유를 제시하여야 한다고 규정하고 있는바, 일반적으로 당사자가 근거 규정 등을 명시하여 신청하는 인 · 허가 등을 거부하는 처분을 함에 있어 당사자가 그 근거를 알 수 있을 정도로 상당한 이유를 제시한 경우에는 당해 처분의 근거 및 이유를 구체적 조항 및 내용까지 명시하지 않았더라도 그로 말미암아 그 처분이 위법한 것이 된다고 할 수 없다(대판 2002.5.17. 2000두8912).

정답 050 X　051 ○　052 ○　053 X

13. 국가직 7급, 10. 국회직 8급

054 □□□

판례에 의하면 이유제시의 정도는 당사자가 처분사유를 이해할 수 있을 정도로 구체적이어야 하므로, 인·허가 사항의 거부 등 신청 당시 당사자가 근거 규정을 알 수 있을 정도의 상당한 이유가 있더라도 당해 처분의 근거 및 이유의 구체적 조항 및 내용을 명시하여야 한다. O | X

행정절차법 제23조 제1항은 행정청은 처분을 하는 때에는 당사자에게 그 근거와 이유를 제시하여야 한다고 규정하고 있는바, 일반적으로 당사자가 근거 규정 등을 명시하여 신청하는 인·허가 등을 거부하는 처분을 함에 있어 당사자가 그 근거를 알 수 있을 정도로 상당한 이유를 제시한 경우에는 당해 처분의 근거 및 이유를 구체적 조항 및 내용까지 명시하지 않았더라도 그로 말미암아 그 처분이 위법한 것이 된다고 할 수 없다(대판 2002.5.17. 2000두8912).

23. 지방직 9급

055 □□□

행정청이 처분을 하면서 당사자가 그 근거를 알 수 있을 정도로 이유를 제시한 경우에는 처분의 근거와 이유를 구체적으로 명시하지 않았더라도 그로 말미암아 그 처분이 위법하다고 볼 수는 없다. O | X

행정청은 처분을 하는 때에는 원칙적으로 당사자에게 근거와 이유를 제시하여야 한다(행정절차법 제23조 제1항). 당사자가 신청하는 허가 등을 거부하는 처분을 하면서 당사자가 그 근거를 알 수 있을 정도로 이유를 제시한 경우에는 처분의 근거와 이유를 구체적으로 명시하지 않았더라도 그로 말미암아 그 처분이 위법하다고 볼 수는 없다(대판 2017.8.29. 2016두44186).

14. 지방직 7급

056 □□□

행정청이 처분을 할 때에는 다른 법령 등에 특별한 규정이 없는 한 문서로 하여야 하며, 이에 위반하여 행하여진 행정처분은 원칙적으로 무효사유에 해당한다. O | X

문서주의 위반, 서명날인 결여 등은 당연무효에 해당한다.

> **「행정절차법」 제24조【처분의 방식】** ① 행정청이 처분을 할 때에는 다른 법령 등에 특별한 규정이 있는 경우를 제외하고는 문서로 하여야 하며, 다음 각 호의 어느 하나에 해당하는 경우에는 전자문서로 할 수 있다.
> 1. 당사자 등의 동의가 있는 경우
> 2. 당사자가 전자문서로 처분을 신청한 경우
>
> ② 제1항에도 불구하고 공공의 안전 또는 복리를 위하여 긴급히 처분을 할 필요가 있거나 사안이 경미한 경우에는 말, 전화, 휴대전화를 이용한 문자 전송, 팩스 또는 전자우편 등 문서가 아닌 방법으로 처분을 할 수 있다. 이 경우 당사자가 요청하면 지체 없이 처분에 관한 문서를 주어야 한다.

13. 국가직 7급

057 □□□

세액산출의 근거가 기재되지 않은 납세고지서에 의한 부과처분은 강행법규에 위반하여 당연무효라고 보는 것이 판례의 태도이다. O | X

과세관청이 과세예고를 함과 아울러 과세자료조사서를 납세의무자에게 발송하였다 하더라도 과세대상을 특정하지 아니하고 세액산출근거의 기재를 흠결한 납세고지서에 의한 납세고지가 강행법규에 저촉된 처분으로서 위법하다고 보는 이상 납세의무자가 세액산출내역을 알고 변명자료를 과세관청에 제출하였다 하여 달리 볼 것은 아니다(대판 1997.4.13. 92누10623).

✅ **참고** 이유제시의 하자는 취소사유에 불과하다.

정답 054 X 055 ○ 056 ○ 057 X

13. 국가직 7급, 10. 국회직 8급

058 □□□

판례는 이유제시의 하자의 추완이나 보완은 처분에 대한 불복 여부의 결정 및 불복신청에 편의를 줄 수 있는 상당한 기간 내에 하여야 한다는 입장이다. O | X

과세처분시 납세고지서에 과세표준, 세율, 세액의 산출근거 등이 누락된 경우에는 늦어도 과세처분에 대한 불복 여부의 결정 및 불복신청에 편의를 줄 수 있는 상당한 기간 내에 보정행위를 하여야 그 하자가 치유된다 할 것이다(대판 1983.7.26. 82누420).

14. 사복직 9급

059 □□□

행정청은 처분에 오기, 오산 또는 그 밖에 이에 준하는 명백한 잘못이 있을 때에는 직권으로 또는 신청에 따라 지체 없이 정정하고 그 사실을 당사자에게 통지하여야 한다. O | X

> **「행정절차법」 제25조 【처분의 정정】** 행정청은 처분에 오기(誤記), 오산(誤算) 또는 그 밖에 이에 준하는 명백한 잘못이 있을 때에는 직권으로 또는 신청에 따라 지체 없이 정정하고 그 사실을 당사자에게 통지하여야 한다.

14. 경행특채 2차

060 □□□

행정청이 처분을 할 때에는 당사자에게 그 처분에 관하여 행정심판 및 행정소송을 제기할 수 있는지 여부, 그 밖에 불복을 할 수 있는지 여부, 청구절차 및 청구기간, 그 밖에 필요한 사항을 알려야 한다. O | X

> **「행정절차법」 제26조 【고지】** 행정청이 처분을 할 때에는 당사자에게 그 처분에 관하여 행정심판 및 행정소송을 제기할 수 있는지 여부, 그 밖에 불복을 할 수 있는지 여부, 청구절차 및 청구기간, 그 밖에 필요한 사항을 알려야 한다.

08. 국가직 7급

061 □□□

행정청에 대하여 처분을 구하는 신청을 함에 있어 전자문서로 하는 경우에는 행정청의 컴퓨터 등에 입력된 때의 익일에 신청한 것으로 본다. O | X

행정청의 컴퓨터 등에 입력된 때에 신청한 것으로 본다.

> **「행정절차법」 제17조 【처분의 신청】** ② 제1항에 따라 처분을 신청할 때 전자문서로 하는 경우에는 행정청의 컴퓨터 등에 입력된 때에 신청한 것으로 본다.

정답 058 ○ 059 ○ 060 ○ 061 X

15. 서울시 9급 · 교행직 9급

062

□□□

행정청은 신청에 구비서류의 미비 등 흠이 있는 경우에는 보완에 필요한 상당한 기간을 정하여 지체 없이 신청인에게 보완을 요구하여야 한다. O | X

「행정절차법」 제17조 【처분의 신청】 ⑤ 행정청은 신청에 구비서류의 미비 등 흠이 있는 경우에는 보완에 필요한 상당한 기간을 정하여 지체 없이 신청인에게 보완을 요구하여야 한다.

23. 국가직 9급

063

□□□

행정청은 신청에 구비서류의 미비 등 흠이 있는 경우 접수를 거부하여야 한다. O | X

행정청은 신청에 구비서류의 미비 등 흠이 있는 경우 거부할 것이 아니라 보완을 요구하여야 한다.

「행정절차법」 제17조 【처분의 신청】 ⑤ 행정청은 신청에 구비서류의 미비 등 흠이 있는 경우에는 보완에 필요한 상당한 기간을 정하여 지체 없이 신청인에게 보완을 요구하여야 한다.

22. 지방직 7급

064

□□□

행정청은 사인의 신청에 구비서류의 미비와 같은 흠이 있는 경우 신청인에게 보완을 요구하여야 하는바, 이때 보완의 대상이 되는 흠은 원칙상 형식적 · 절차적 요건뿐만 아니라 실체적 발급요건상의 흠을 포함한다. O | X

행정절차법 제17조가 '구비서류의 미비 등 흠의 보완'과 '신청 내용의 보완'을 분명하게 구분하고 있는 점에 비추어 보면, 행정절차법 제17조 제5항은 신청인이 신청할 때 관계 법령에서 필수적으로 첨부하여 제출하도록 규정한 서류를 첨부하지 않은 경우와 같이 쉽게 보완이 가능한 사항을 누락하는 등의 흠이 있을 때 행정청이 곧바로 거부처분을 하는 것보다는 신청인에게 보완할 기회를 주도록 함으로써 행정의 공정성 · 투명성 및 신뢰성을 확보하고 국민의 권익을 보호하려는 행정절차법의 입법 목적을 달성하고자 함이지, 행정청으로 하여금 신청에 대하여 거부처분을 하기 전에 반드시 신청인에게 신청의 내용이나 처분의 실체적 발급요건에 관한 사항까지 보완할 기회를 부여하여야 할 의무를 정한 것은 아니라고 보아야 한다(대판 2020.7.23. 2020두36007).

정답 062 ○ 063 X 064 X

23. 지방직 9급

065 □□□

행정청은 신청에 구비서류의 미비 등 흠이 있는 경우 원칙상 형식적·절차적인 요건만을 보완요구하여야 하므로 실질적인 요건에 관한 흠이 민원인의 단순한 착오나 일시적인 사정 등에 기인한 경우에는 보완을 요구할 수 없다. O | X

실질적인 요건에 관한 흠이 민원인의 단순한 착오나 일시적인 사정 등에 기한 경우에도 보완을 요구할 수 있다.

관련 판례

행정기관은 민원사항의 신청이 있는 때에는 다른 법령에 특별한 규정이 있는 경우를 제외하고는 그 접수를 보류하거나 거부할 수 없으며, 민원서류에 흠이 있는 경우에는 보완에 필요한 상당한 기간을 정하여 지체 없이 민원인에게 보완을 요구하고 그 기간 내에 민원서류를 보완하지 아니할 때에는 7일의 기간 내에 다시 보완을 요구할 수 있으며, 위 기간 내에 민원서류를 보완하지 아니한 때에 비로소 접수된 민원서류를 되돌려 보낼 수 있도록 규정되어 있는바, 위 규정 소정의 보완의 대상이 되는 흠은 보완이 가능한 경우이어야 함은 물론이고, 그 내용 또한 형식적·절차적인 요건이거나, 실질적인 요건에 관한 흠이 있는 경우라도 그것이 민원인의 단순한 착오나 일시적인 사정 등에 기한 경우 등이라야 한다(대판 2004.10.15. 2003두6573).

23. 국가직 9급

066 □□□

행정청은 다수의 행정청이 관여하는 처분을 구하는 신청을 접수한 경우에는 관계 행정청과의 신속한 협조를 통하여 그 처분이 지연되지 아니하도록 하여야 한다. O | X

「행정절차법」 제18조 【다수의 행정청이 관여하는 처분】 행정청은 다수의 행정청이 관여하는 처분을 구하는 신청을 접수한 경우에는 관계 행정청과의 신속한 협조를 통하여 그 처분이 지연되지 아니하도록 하여야 한다.

21. 소방간부

067 □□□

신청인이 신청에 앞서 행정청의 허가업무 담당자에게 신청서의 내용에 대한 검토의 요청에 대해서도 행정절차법 소정의 절차가 적용된다. O | X

구 행정절차법 제17조 제3항 본문은 "행정청은 신청이 있는 때에는 다른 법령 등에 특별한 규정이 있는 경우를 제외하고는 그 접수를 보류 또는 거부하거나 부당하게 되돌려 보내서는 아니 되며, 신청을 접수한 경우에는 신청인에게 접수증을 교부하여야 한다."고 규정하고 있는바, 여기에서의 신청인의 행정청에 대한 신청의 의사표시는 명시적이고 확정적인 것이어야 한다고 할 것이므로 신청인이 신청에 앞서 행정청의 허가업무 담당자에게 신청서의 내용에 대한 검토를 요청한 것만으로는 다른 특별한 사정이 없는 한 명시적이고 확정적인 신청의 의사표시가 있었다고 하기 어렵다(대판 2004.9.24. 2003두13236).

14. 경행특채 2차, 09. 서울시 9급

068 □□□

행정청은 신청인의 편의를 위하여 처분의 처리기간을 종류별로 미리 정하여 공표하여야 한다. O | X

「행정절차법」 제19조 【처리기간의 설정·공표】 ① 행정청은 신청인의 편의를 위하여 처분의 처리기간을 종류별로 미리 정하여 공표하여야 한다.

정답 065 X 066 ○ 067 X 068 ○

04. 국가직 9급

069 □□□

행정청이 처리기간을 신청인에게 공표하였으나 그 처리기간 내에 처리하기 곤란한 경우에는 신청인에게 통지하고 그 처리기간을 3회까지 연장할 수 있다. O | X

처리기간의 범위에서 '한 번만' 그 기간을 연장할 수 있다.

> 「행정절차법」 제19조【처리기간의 설정 · 공표】 ① 행정청은 신청인의 편의를 위하여 처분의 처리기간을 종류별로 미리 정하여 공표하여야 한다.
> ② 행정청은 부득이한 사유로 제1항에 따른 처리기간 내에 처분을 처리하기 곤란한 경우에는 해당 처분의 처리기간의 범위에서 한 번만 그 기간을 연장할 수 있다.

17. 국가직 9급(10월)

070 □□□

행정청이 정당한 처리기간 내에 처분을 처리하지 아니하였을 때에는 신청인은 해당 행정청 또는 그 감독 행정청에 신속한 처리를 요청할 수 있다. O | X

> 「행정절차법」 제19조【처리기간의 설정 · 공표】 ④ 행정청이 정당한 처리기간 내에 처리하지 아니하였을 때에는 신청인은 해당 행정청 또는 그 감독 행정청에 신속한 처리를 요청할 수 있다.

21. 소방간부, 19. 서울시 9급(6월), 17. 국가직 7급, 15. 지방직 9급 · 국회직 8급 · 사복직 9급, 13. 국회직 8급, 08. 지방직 7급

071 □□□

특별한 사정이 없는 한 신청에 대한 거부처분은 '당사자의 권익을 제한하는 처분'에 해당한다고 할 수 없는 것이어서 처분의 사전통지대상이 된다고 할 수 없다. O | X

신청에 따른 처분이 이루어지지 아니한 경우에는 아직 당사자에게 권익이 부과되지 아니하였으므로 특별한 사정이 없는 한 신청에 대한 거부처분이라고 하더라도 직접 당사자의 권익을 제한하는 것은 아니어서 신청에 대한 거부처분을 여기에서 말하는 '당사자의 권익을 제한하는 처분'에 해당한다고 할 수 없는 것이어서 처분의 사전통지대상이 된다고 할 수 없다(대판 2003.11.28. 2003두674).

21. 국가직 7급, 14. 경행특채 1차, 11. 국가직 7급

072 □□□

판례는 교수임용거부처분 취소청구사건에서 특별한 사정이 없는 한 신청에 대한 거부처분은 당사자의 권익을 제한하는 것은 아니므로 사전통지의 대상이 되지 않는다고 보았다. O | X

행정절차법 제21조 제1항은 행정청은 당사자에게 의무를 과하거나 권익을 제한하는 처분을 하는 경우에는 미리 처분의 제목, 당사자의 성명 또는 명칭과 주소, 처분하고자 하는 원인이 되는 사실과 처분의 내용 및 법적 근거, 그에 대하여 의견을 제출할 수 있다는 뜻과 의견을 제출하지 아니하는 경우의 처리방법, 의견제출기관의 명칭과 주소, 의견제출기한 등을 당사자 등에게 통지하도록 하고 있는바, 신청에 따른 처분이 이루어지지 아니한 경우에는 아직 당사자에게 권익이 부과되지 아니하였으므로 특별한 사정이 없는 한 신청에 대한 거부처분이라고 하더라도 직접 당사자의 권익을 제한하는 것은 아니어서 신청에 대한 거부처분을 여기에서 말하는 '당사자의 권익을 제한하는 처분'에 해당한다고 할 수 없는 것이어서 처분의 사전통지대상이 된다고 할 수 없다.

정답 069 X 070 ○ 071 ○ 072 ○

10. 지방직 7급

073 □□□

행정청은 당사자 등에게 의무를 면제하거나 권익을 부여하는 처분을 하는 경우에도 사전통지의무를 진다. O | X

의무를 '부과'하거나 권익을 '제한'하는 처분을 하는 경우에 사전통지의무를 진다.

> 「행정절차법」 제21조 【처분의 사전통지】 ① 행정청은 당사자에게 의무를 부과하거나 권익을 제한하는 처분을 하는 경우에는 미리 다음 각 호의 사항을 당사자 등에게 통지하여야 한다.

18. 국가직 7급, 16. 국가직 9급, 15. 지방직 9급

074 □□□

행정청에 의한 구 식품위생법상의 영업자지위승계신고 수리처분이 종전의 영업자의 권익을 제한하는 처분이라면, 해당 행정청은 종전의 영업자에게 행정절차법 소정의 행정절차를 실시하고 처분을 하여야 한다. O | X

행정청이 구 식품위생법 규정에 의하여 영업자지위승계신고를 수리하는 처분은 종전의 영업자의 권익을 제한하는 처분이라 할 것이고 따라서 종전의 영업자는 그 처분에 대하여 직접 그 상대가 되는 자에 해당한다고 봄이 상당하므로, 행정청으로서는 위 신고를 수리하는 처분을 함에 있어서 행정절차법 규정 소정의 당사자에 해당하는 종전의 영업자에 대하여 위 규정 소정의 행정절차를 실시하고 처분을 하여야 한다(대판 2003.2.14. 2001두7015).

14. 지방직 9급

075 □□□

행정청이 구 관광진흥법의 규정에 의하여 유원시설업자 지위승계신고를 수리하는 처분을 하는 경우, 종전 유원시설업자에 대하여는 행정절차법상 처분의 사전통지절차를 거칠 필요가 없다. O | X

행정절차법 제21조 제1항, 제22조 제3항 및 제2조 제4호의 각 규정에 의하면, 행정청이 당사자에게 의무를 과하거나 권익을 제한하는 처분을 할 때에는 당사자 등에게 처분의 사전통지를 하고 의견제출의 기회를 주어야 하며, 여기서 당사자란 행정청의 처분에 대하여 직접 그 상대가 되는 자를 의미한다. 한편 구 관광진흥법 제8조 제2항·제4항, 구 체육시설의 설치·이용에 관한 법률(이하 '구 체육시설법'이라 한다) 제27조 제2항, 제20조의 각 규정에 의하면, 공매 등의 절차에 따라 문화체육관광부령으로 정하는 주요한 유원시설업 시설의 전부 또는 체육시설업의 시설기준에 따른 필수시설을 인수함으로써 유원시설업자 또는 체육시설업자의 지위를 승계한 자가 관계 행정청에 이를 신고하여 행정청이 수리하는 경우에는 종전 유원시설업자에 대한 허가는 효력을 잃고, 종전 체육시설업자는 적법한 신고를 마친 체육시설업자의 지위를 부인당할 불안정한 상태에 놓이게 된다. 따라서 행정청이 구 관광진흥법 또는 구 체육시설법의 규정에 의하여 유원시설업자 또는 체육시설업자 지위승계신고를 수리하는 처분은 종전 유원시설업자 또는 체육시설업자의 권익을 제한하는 처분이고, 종전 유원시설업자 또는 체육시설업자는 그 처분에 대하여 직접 그 상대가 되는 자에 해당한다고 보는 것이 타당하므로, 행정청이 그 신고를 수리하는 처분을 할 때에는 행정절차법 규정에서 정한 당사자에 해당하는 종전 유원시설업자 또는 체육시설업자에 대하여 위 규정에서 정한 행정절차를 실시하고 처분을 하여야 한다(대판 2012.12.13. 2011두29144).

정답 073 X 074 O 075 X

19. 국가직 9급

076 □□□

용도를 무단변경한 건물의 원상복구를 명하는 시정명령 및 계고처분을 하는 경우, 사전에 통지할 필요가 없다. O | X

행정청이 온천지구임을 간과하여 지하수개발 · 이용신고를 수리하였다가 행정절차법상의 사전통지를 하거나 의견제출의 기회를 주지 아니한 채 그 신고수리처분을 취소하고 원상복구명령의 처분을 한 경우, 행정지도방식에 의한 사전고지나 그에 따른 당사자의 자진 폐공의 약속 등의 사유만으로는 사전통지 등을 하지 않아도 되는 행정절차법 소정의 예외의 경우에 해당한다고 볼 수 없다(대판 2000.11.14. 99두5870).

19. 변호사

077 □□□

진급예정자 명단에 포함된 자에 대하여 진급선발을 취소하는 처분은 진급예정자로서 가지는 이익을 침해하는 처분이어서 행정절차법상의 의견제출기회 등을 주어야 하며, 수사과정 및 징계과정에서 자신의 비위행위에 대한 해명기회를 가졌다는 사정만으로 사전통지를 하지 않거나 의견제출의 기회를 주지 아니하여도 되는 예외적인 경우에 해당한다고 할 수 없다. O | X

군인사법 및 그 시행령의 관계 규정에 따르면, 원고와 같이 진급예정자 명단에 포함된 자는 진급예정자 명단에서 삭제되거나 진급선발이 취소되지 않는 한 진급예정자 명단 순위에 따라 진급하게 되므로, 이 사건 처분과 같이 진급선발을 취소하는 처분은 진급예정자로서 가지는 원고의 이익을 침해하는 처분이라 할 것이고, 한편 군인사법 및 그 시행령에 이 사건 처분과 같이 진급예정자 명단에 포함된 자의 진급선발을 취소하는 처분을 함에 있어 행정절차에 준하는 절차를 거치도록 하는 규정이 없을 뿐만 아니라 위 처분이 성질상 행정절차를 거치기 곤란하거나 불필요하다고 인정되는 처분이라고 보기도 어렵다고 할 것이어서 이 사건 처분이 행정절차법의 적용이 제외되는 경우에 해당한다고 할 수 없으며, 나아가 원고가 수사과정 및 징계과정에서 자신의 비위행위에 대한 해명기회를 가졌다는 사정만으로 이 사건 처분이 행정절차법 제21조 제4항 제3호, 제22조 제4항에 따라 원고에게 사전통지를 하지 않거나 의견제출의 기회를 주지 아니하여도 되는 예외적인 경우에 해당한다고 할 수 없으므로, 피고가 이 사건 처분을 함에 있어 원고에게 의견제출의 기회를 부여하지 아니한 이상, 이 사건 처분은 절차상 하자가 있어 위법하다고 할 것이다(대판 2007.9.21. 2006두20631).

19. 국가직 9급

078 □□□

항만시설 사용허가신청에 대하여 거부처분을 하는 경우, 사전에 통지하여 의견제출기회를 주어야 한다. O | X

신청에 따른 처분이 이루어지지 아니한 경우에는 아직 당사자에게 권익이 부과되지 아니하였으므로 특별한 사정이 없는 한 신청에 대한 거부처분이라고 하더라도 직접 당사자의 권익을 제한하는 것은 아니어서 신청에 대한 거부처분을 여기에서 말하는 '당사자의 권익을 제한하는 처분'에 해당한다고 할 수 없는 것이어서 처분의 사전통지대상이 된다고 할 수 없다(대판 2003.11.28. 2003두674).

08. 지방직 7급

079 □□□

행정절차법상의 의견청취는 이유제시, 청문, 의견제출로 구분된다. O | X

행정절차법상의 의견청취는 청문, 공청회, 의견제출로 구분된다.

정답 076 X 077 ○ 078 X 079 X

19. 지방직 7급

080 □□□

처분의 상대방에게 이익이 되며 제3자의 권익을 침해하는 이중효과적 행정행위는 행정절차법상 사전통지·의견제출의 대상이 된다. O | X

처분의 상대방에게 이익이 되며 제3자의 권익을 침해하는 이중효과적 행정행위는 행정절차법상 사전통지·의견제출의 대상이 아니다. 행정절차법상 제3자에 대한 통지제도는 없다.

11. 국회직 8급

081 □□□

사전통지의 내용은 처분의 제목, 당사자의 성명 또는 명칭과 주소, 처분하고자 하는 원인이 되는 사실과 처분의 내용 및 법적 근거, 의견제출기관의 명칭과 주소, 의견제출기한 등이다. O | X

「행정절차법」 제21조 【처분의 사전통지】 ① 행정청은 당사자에게 의무를 부과하거나 권익을 제한하는 처분을 하는 경우에는 미리 다음 각 호의 사항을 당사자 등에게 통지하여야 한다.
1. 처분의 제목
2. 당사자의 성명 또는 명칭과 주소
3. 처분하려는 원인이 되는 사실과 처분의 내용 및 법적 근거
4. 제3호에 대하여 의견을 제출할 수 있다는 뜻과 의견을 제출하지 아니하는 경우의 처리방법
5. 의견제출기관의 명칭과 주소
6. 의견제출기한
7. 그 밖에 필요한 사항

11. 국회직 8급

082 □□□

부담적 처분의 경우에 예외적으로 사전통지를 하지 않을 수 있다. O | X

이유제시와 달리 사전통지는 모든 처분에 대한 의무가 아니라 침익적 처분(의무를 부과하거나 권익을 제한하는 처분)에 대해서만 의무이다. 침익적 처분이더라도 예외적으로 사전통지를 하지 않을 수 있다.

「행정절차법」 제21조 【처분의 사전통지】 ① 행정청은 당사자에게 의무를 부과하거나 권익을 제한하는 처분을 하는 경우에는 미리 다음 각 호의 사항을 당사자 등에게 통지하여야 한다.
④ 다음 각 호의 어느 하나에 해당하는 경우에는 제1항에 따른 통지를 하지 아니할 수 있다.
1. 공공의 안전 또는 복리를 위하여 긴급히 처분을 할 필요가 있는 경우
2. 법령 등에서 요구된 자격이 없거나 없어지게 되면 반드시 일정한 처분을 하여야 하는 경우에 그 자격이 없거나 없어지게 된 사실이 법원의 재판 등에 의하여 객관적으로 증명된 경우
3. 해당 처분의 성질상 의견청취가 현저히 곤란하거나 명백히 불필요하다고 인정될 만한 상당한 이유가 있는 경우

정답 080 X 081 ○ 082 ○

17. 국가직 7급

083 □□□

처분상대방이 이미 행정청에 위반사실을 시인하였다는 사정은 사전통지의 예외가 적용되는 '의견청취가 현저히 곤란하거나 명백히 불필요하다고 인정될 만한 상당한 이유가 있는 경우'에 해당한다. O | X

행정청이 침해적 행정처분을 하면서 당사자에게 사전통지를 하거나 의견제출의 기회를 주지 아니하였다면, 사전통지나 의견제출의 예외적인 경우에 해당하지 아니하는 한, 처분은 위법하여 취소를 면할 수 없다. 그리고 여기에서 '의견청취가 현저히 곤란하거나 명백히 불필요하다고 인정될 만한 상당한 이유가 있는 경우'에 해당하는지는 해당 행정처분의 성질에 비추어 판단하여야 하며, 처분상대방이 이미 행정청에 위반사실을 시인하였다거나 처분의 사전통지 이전에 의견을 진술할 기회가 있었다는 사정을 고려하여 판단할 것은 아니다(대판 2016.10.27. 2016두41811).

18. 서울시 9급, 15. 경행특채 1차, 08. 관세사 1차

084 □□□

행정절차법에 의하면 침익적 처분이라 해도 공공의 안전 또는 복리를 위하여 긴급히 처분을 할 필요가 있는 경우에는 처분의 사전통지를 아니할 수 있다. O | X

「행정절차법」 제21조 【처분의 사전통지】 ① 행정청은 당사자에게 의무를 부과하거나 권익을 제한하는 처분을 하는 경우에는 미리 다음 각 호의 사항을 당사자 등에게 통지하여야 한다.
④ 다음 각 호의 어느 하나에 해당하는 경우에는 제1항에 따른 통지를 하지 아니할 수 있다.
1. 공공의 안전 또는 복리를 위하여 긴급히 처분을 할 필요가 있는 경우

18. 서울시 9급

085 □□□

처분의 전제가 되는 사실이 법원의 재판 등에 의하여 객관적으로 증명된 경우에는 행정청이 당사자에게 의무를 부과하거나 권익을 제한하는 처분을 하는 경우에도 사전통지를 하지 아니할 수 있다. O | X

「행정절차법」 제21조 【처분의 사전통지】 ④ 다음 각 호의 어느 하나에 해당하는 경우에는 제1항에 따른 통지를 하지 아니할 수 있다.
1. 공공의 안전 또는 복리를 위하여 긴급히 처분을 할 필요가 있는 경우
2. 법령 등에서 요구된 자격이 없거나 없어지게 되면 반드시 일정한 처분을 하여야 하는 경우에 그 자격이 없거나 없어지게 된 사실이 법원의 재판 등에 의하여 객관적으로 증명된 경우
3. 해당 처분의 성질상 의견청취가 현저히 곤란하거나 명백히 불필요하다고 인정될 만한 상당한 이유가 있는 경우
⑤ 처분의 전제가 되는 사실이 법원의 재판 등에 의하여 객관적으로 증명된 경우 등 제4항에 따른 사전통지를 하지 아니할 수 있는 구체적인 사항은 대통령령으로 정한다.

정답 083 X 084 ○ 085 ○

10. 지방직 7급

086 □□□

사전통지의무가 면제되는 경우에도 의견청취의무가 면제되는 것은 아니다. O | X

사전통지의무가 면제되는 경우에는 의견청취를 하지 아니할 수 있다.

> **「행정절차법」 제21조 【처분의 사전통지】** ④ 다음 각 호의 어느 하나에 해당하는 경우에는 제1항에 따른 통지를 하지 아니할 수 있다.
> 1. 공공의 안전 또는 복리를 위하여 긴급히 처분을 할 필요가 있는 경우
> 2. 법령 등에서 요구된 자격이 없거나 없어지게 되면 반드시 일정한 처분을 하여야 하는 경우에 그 자격이 없거나 없어지게 된 사실이 법원의 재판 등에 의하여 객관적으로 증명된 경우
> 3. 해당 처분의 성질상 의견청취가 현저히 곤란하거나 명백히 불필요하다고 인정될 만한 상당한 이유가 있는 경우
>
> **제22조 【의견청취】** ④ 제1항부터 제3항까지의 규정에도 불구하고 제21조 제4항 각 호의 어느 하나에 해당하는 경우와 당사자가 의견진술의 기회를 포기한다는 뜻을 명백히 표시한 경우에는 의견청취를 하지 아니할 수 있다.

18. 국가직 9급

087 □□□

행정청이 당사자에게 의무를 과하거나 권익을 제한하는 처분을 하는 경우라도 당사자가 명백히 의견진술의 기회를 포기한다는 뜻을 표시한 경우에는 의견청취를 하지 않을 수 있다. O | X

> **「행정절차법」 제22조 【의견청취】** ③ 행정청이 당사자에게 의무를 부과하거나 권익을 제한하는 처분을 할 때 제1항 또는 제2항의 경우 외에는 당사자 등에게 의견제출의 기회를 주어야 한다.
> ④ 제1항부터 제3항까지의 규정에도 불구하고 제21조 제4항 각 호의 어느 하나에 해당하는 경우와 당사자가 의견진술의 기회를 포기한다는 뜻을 명백히 표시한 경우에는 의견청취를 하지 아니할 수 있다.

19. 국가직 9급 · 서울시 9급(6월), 15. 지방직 9급 · 국회직 8급, 14. 지방직 9급

088 □□□

'고시'의 방법으로 불특정다수인을 상대로 의무를 부과하거나 권익을 제한하는 처분의 경우에는 행정절차법 제22조 제3항에 의하여 그 상대방을 대표할 수 있는 사업자단체 등에게 의견제출의 기회를 주어야 한다. O | X

고시의 방법으로 불특정다수인을 상대로 의무를 부과하거나 권익을 제한하는 처분의 경우 행정절차법 제22조 제3항의 의견제출절차의 대상이 되는 처분이 아니다.

10. 지방직 7급

089 □□□

건축법의 공사중지명령에 대한 사전통지를 하고 의견제출의 기회를 준다면 많은 액수의 손실보상금을 기대하여 공사를 강행할 우려가 있다는 사정은 사전통지 및 의견제출절차의 예외사유에 해당하지 아니한다. O | X

건축법상의 공사중지명령에 대한 사전통지를 하고 의견제출의 기회를 준다면 많은 액수의 손실보상금을 기대하여 공사를 강행할 우려가 있다는 사정이 사전통지 및 의견제출절차의 예외사유에 해당하지 아니한다(대판 2004.5.28. 2004두1254).

정답 086 X 087 ○ 088 X 089 ○

11. 국회직 8급

090 □□□

판례는 정규공무원으로 임용된 사람에게 시보임용처분 당시 공무원임용 결격사유가 있다 하여 사전통지 없이 시보임용처분과 정규임용처분을 취소하는 것은 위법하다고 한다. O | X

정규공무원으로 임용된 사람에게 시보임용처분 당시 지방공무원법 제31조 제4호에 정한 공무원임용 결격사유가 있어 시보임용처분을 취소하고 그에 따라 정규임용처분을 취소한 사안에서, 정규임용처분을 취소하는 처분은 성질상 행정절차를 거치는 것이 불필요하여 행정절차법의 적용이 배제되는 경우에 해당하지 않으므로, 그 처분을 하면서 사전통지를 하거나 의견제출의 기회를 부여하지 않은 것은 위법하다(대판 2009.1.30. 2008두16155).

17. 국가직 9급(10월)

091 □□□

수익적 행정행위의 거부처분을 함에 있어서 당사자에게 사전통지를 하지 아니하였다면, 그 거부처분은 위법하여 취소를 면할 수 없다. O | X

행정절차법 제21조 제1항은 행정청은 당사자에게 의무를 과하거나 권익을 제한하는 처분을 하는 경우에는 미리 처분의 제목 등을 당사자 등에게 통지하도록 하고 있는바, 신청에 따른 처분이 이루어지지 아니한 경우에는 아직 당사자에게 권익이 부과되지 아니하였으므로 특별한 사정이 없는 한 신청에 대한 거부처분이라고 하더라도 직접 당사자의 권익을 제한하는 것은 아니어서 신청에 대한 거부처분을 여기에서 말하는 '당사자의 권익을 제한하는 처분'에 해당한다고 할 수 없는 것이어서 처분의 사전통지대상이 된다고 할 수 없다(대판 2003.11.28. 2003두674).

18. 변호사, 16. 사복직 9급 유사

092 □□□

행정청이 침해적 행정처분을 하면서 당사자에게 행정절차법상의 사전통지를 하지 않았고 의견제출의 기회도 부여하지 않았다면 사전통지를 하지 아니하거나 의견제출의 기회를 주지 아니하여도 되는 예외적인 경우에 해당하지 아니하는 한 그 처분은 위법하다. O | X

행정청이 침해적 행정처분을 하면서 당사자에게 행정절차법상의 사전통지를 하거나 의견제출의 기회를 주지 아니하였다면 사전통지를 하지 않거나 의견제출의 기회를 주지 아니하여도 되는 예외적인 경우에 해당하지 아니하는 한 그 처분은 위법하여 취소를 면할 수 없다(대판 2007.9.21. 2006두20631).

07. 국회직 8급

093 □□□

판례는 법령상 확정된 의무부과의 경우에도 의견제출의 기회를 주어야 한다고 본다. O | X

법령상 확정된 의무부과의 경우에도 의견제출의 기회를 반드시 주어야 하는 것은 아니다.

> **「행정절차법」 제22조【의견청취】** ③ 행정청이 당사자에게 의무를 부과하거나 권익을 제한하는 처분을 할 때 제1항(청문) 또는 제2항(공청회)의 경우 외에는 당사자 등에게 의견제출의 기회를 주어야 한다.

정답 090 ○ 091 X 092 ○ 093 X

19. 서울시 9급(2월)

094 □□□

민원사무를 처리하는 행정기관이 민원조정위원회를 개최하면서 민원인에게 그 회의일정 등을 사전에 통지하여야 함에도 불구하고 그러하지 아니한 경우에 이러한 사정만으로 곧바로 그 민원사항에 대한 행정기관의 장의 거부처분이 위법하다고 볼 수는 없다. O | X

민원사무를 처리하는 행정기관이 민원 1회방문 처리제를 시행하는 절차의 일환으로 민원사항의 심의·조정 등을 위한 민원조정위원회를 개최하면서 민원인에게 회의일정 등을 사전에 통지하지 아니하였다 하더라도, 이러한 사정만으로 곧바로 민원사항에 대한 행정기관의 장의 거부처분에 취소사유에 이를 정도의 흠이 존재한다고 보기는 어렵다. 다만 행정기관의 장의 거부처분이 재량행위인 경우에, 위와 같은 사전통지의 흠결로 민원인에게 의견진술의 기회를 주지 아니한 결과 민원조정위원회의 심의과정에서 고려대상에 마땅히 포함시켜야 할 사항을 누락하는 등 재량권의 불행사 또는 해태로 볼 수 있는 구체적 사정이 있다면, 거부처분은 재량권을 일탈·남용한 것으로서 위법하다(대판 2015.8.27. 2013두1560).

21·10. 국가직 7급

095 □□□

도로법상 도로구역을 결정하거나 변경할 경우 이를 고시에 의하도록 하면서 그 도면을 일반인이 열람할 수 있도록 한 경우, 판례는 그 도로구역변경결정을 행정절차법 제21조 제1항의 사전통지나 제22조 제3항의 의견청취의 대상이 되는 처분으로 본다. O | X

행정절차법 제2조 제4호가 행정절차법의 당사자를 행정청의 처분에 대하여 직접 그 상대가 되는 당사자로 규정하고, 도로법 제25조 제3항이 도로구역을 결정하거나 변경할 경우 이를 고시에 의하도록 하면서, 그 도면을 일반인이 열람할 수 있도록 한 점 등을 종합하여 보면, 도로구역을 변경한 이 사건 처분은 행정절차법 제21조 제1항의 사전통지나 제22조 제3항의 의견청취의 대상이 되는 처분은 아니라고 할 것이다(대판 2008.6.12. 2007두1767).

21. 소방, 17. 국가직 9급(10월)

096 □□□

행정청은 식품위생법 규정에 의하여 영업자지위승계신고 수리처분을 함에 있어서 종전의 영업자에 대하여 행정절차법상 사전통지를 하고 의견제출기회를 주어야 한다. O | X

지방세법에 의한 압류재산 매각절차에 따라 영업시설의 전부를 인수함으로써 그 영업자의 지위를 승계한 자가 관계 행정청에 이를 신고하여 행정청이 이를 수리하는 경우에는 종전의 영업자에 대한 영업허가 등은 그 효력을 잃는다 할 것인데, 위 규정들을 종합하면 위 행정청이 구 식품위생법 규정에 의하여 영업자지위승계신고를 수리하는 처분은 종전의 영업자의 권익을 제한하는 처분이라 할 것이고 따라서 종전의 영업자는 그 처분에 대하여 직접 그 상대가 되는 자에 해당한다고 봄이 상당하므로, 행정청으로서는 위 신고를 수리하는 처분을 함에 있어서 행정절차법 규정 소정의 당사자에 해당하는 종전의 영업자에 대하여 위 규정 소정의 행정절차를 실시하고 처분을 하여야 한다(대판 2003.2.14. 2001두7015).

21. 국가직 7급

097 □□□

식품위생법상의 영업자지위승계신고를 수리하는 경우, 영업시설을 인수하여 영업자의 지위를 승계한 자에 대하여 사전통지를 하고, 그에게 의견제출의 기회를 주어야 한다. O | X

행정청이 구 식품위생법 규정에 의하여 영업자지위승계신고를 수리하는 처분은 종전의 영업자의 권익을 제한하는 처분이라 할 것이고 따라서 종전의 영업자는 그 처분에 대하여 직접 그 상대가 되는 자에 해당한다고 봄이 상당하므로, 행정청으로서는 위 신고를 수리하는 처분을 함에 있어서 행정절차법 규정 소정의 당사자에 해당하는 종전의 영업자에 대하여 위 규정 소정의 행정절차를 실시하고 처분을 하여야 한다(대판 2003.2.14. 2001두7015).

정답 094 ○ 095 X 096 ○ 097 X

19. 국가직 9급

098 □□□

공매를 통하여 체육시설을 인수한 자의 체육시설업자 지위승계신고를 수리하는 경우, 종전 체육시설업자에게 사전에 통지하여 의견제출기회를 주어야 한다. O | X

유원시설업자 또는 체육시설업자 지위승계신고를 수리하는 처분을 하는 경우, 종전 유원시설업자 또는 체육시설업자에 대하여 처분의 사전통지를 하여야 한다. 지위승계신고를 수리하는 처분은 종전 유원시설업자 또는 체육시설업자의 권익을 제한하는 처분이고, 종전 유원시설업자 또는 체육시설업자는 그 처분에 대하여 직접 그 상대가 되는 자에 해당한다고 보는 것이 타당하므로, 행정청이 그 신고를 수리하는 처분을 할 때에는 행정절차법 규정에서 정한 당사자에 해당하는 종전 유원시설업자 또는 체육시설업자에 대하여 위 규정에서 정한 행정절차를 실시하고 처분을 하여야 한다(대판 2012.12.13. 2011두29144).

17. 국가직 7급

099 □□□

처분의 사전통지가 적용되는 제3자는 '행정청이 직권 또는 신청에 따라 행정절차에 참여하게 한 이해관계인'으로 한정된다. O | X

「행정절차법」 제2조 【정의】 이 법에서 사용하는 용어의 뜻은 다음과 같다.
4. "당사자 등"이란 다음 각 목의 자를 말한다.
가. 행정청의 처분에 대하여 직접 그 상대가 되는 당사자
나. 행정청이 직권으로 또는 신청에 따라 행정절차에 참여하게 한 이해관계인

제21조 【처분의 사전통지】 ① 행정청은 당사자에게 의무를 부과하거나 권익을 제한하는 처분을 하는 경우에는 미리 다음 각 호의 사항을 당사자 등에게 통지하여야 한다.

18. 지방직 7급

100 □□□

청문은 행정청이 어떠한 처분을 하기 전에 당사자 등의 의견을 직접 듣는 절차일 뿐, 증거를 조사하는 절차는 아니다. O | X

청문이란 행정청이 어떠한 처분을 하기 전에 당사자 등의 의견을 직접 듣고 증거를 조사하는 절차를 말한다(행정절차법 제2조 제5호).

11. 지방직 7급, 10. 서울시 9급

101 □□□

행정청은 청문을 실시하고자 하는 경우에 청문이 시작되는 날부터 14일 전까지 당사자 등에게 통지를 하여야 한다. O | X

청문이 시작되는 날부터 '10일 전'까지 당사자 등에게 통지하여야 한다.

「행정절차법」 제21조 【처분의 사전통지】 ② 행정청은 청문을 하려면 청문이 시작되는 날부터 10일 전까지 제1항 각 호의 사항을 당사자 등에게 통지하여야 한다. 이 경우 제1항 제4호부터 제6호까지의 사항은 청문 주재자의 소속 · 직위 및 성명, 청문의 일시 및 장소, 청문에 응하지 아니하는 경우의 처리방법 등 청문에 필요한 사항으로 갈음한다.

정답 098 ○ 099 ○ 100 X 101 X

11. 사복직 9급

102 □□□

침익적 처분의 경우 처분청은 사전에 반드시 청문을 실시하여야 한다. O | X

청문은 행정절차법 제22조 제1항의 각 호에 해당하는 경우에 실시한다.

> **「행정절차법」 제22조 【의견청취】** ① 행정청이 처분을 할 때 다음 각 호의 어느 하나에 해당하는 경우에는 청문을 한다.
> 1. 다른 법령 등에서 청문을 하도록 규정하고 있는 경우
> 2. 행정청이 필요하다고 인정하는 경우
> 3. 다음 각 목의 처분을 하는 경우
>   가. 인허가 등의 취소
>   나. 신분 · 자격의 박탈
>   다. 법인이나 조합 등의 설립허가의 취소

19. 서울시 9급(6월)

103 □□□

인허가 등을 취소하는 경우에는 개별 법령상 청문을 하도록 하는 근거 규정이 없고 의견제출기한 내에 당사자 등의 신청이 없는 경우에도 청문을 하여야 한다. O | X

인허가 등을 취소하는 경우에는 의견제출기한 내에 당사자 등의 신청이 없는 경우에도 청문을 하여야 한다.

> **「행정절차법」 제22조 【의견청취】** ① 행정청이 처분을 할 때 다음 각 호의 어느 하나에 해당하는 경우에는 청문을 한다.
> 3. 다음 각 목의 처분을 하는 경우
>   가. 인허가 등의 취소
>   나. 신분 · 자격의 박탈
>   다. 법인이나 조합 등의 설립허가의 취소

18. 서울시 9급

104 □□□

행정청이 법인이나 조합 등의 설립허가 취소처분을 할 때에는 청문을 해야 한다. O | X

행정청이 법인이나 조합 등의 설립허가 취소처분을 할 때에는 청문을 한다.

> **「행정절차법」 제22조 【의견청취】** ① 행정청이 처분을 할 때 다음 각 호의 어느 하나에 해당하는 경우에는 청문을 한다.
> 3. 다음 각 목의 처분을 하는 경우
>   가. 인허가 등의 취소
>   나. 신분 · 자격의 박탈
>   다. 법인이나 조합 등의 설립허가의 취소

정답 102 X 103 ○ 104 ○

17. 국가직 9급

105

☐☐☐

행정청이 신분·자격의 박탈처분을 할 때에는 청문을 한다. O | X

「행정절차법」 제22조 【의견청취】 ① 행정청이 처분을 할 때 다음 각 호의 어느 하나에 해당하는 경우에는 청문을 한다.
1. 다른 법령 등에서 청문을 하도록 규정하고 있는 경우
2. 행정청이 필요하다고 인정하는 경우
3. 다음 각 목의 처분을 하는 경우
 가. 인허가 등의 취소
 나. 신분·자격의 박탈
 다. 법인이나 조합 등의 설립허가의 취소

19. 서울시 9급(2월)

106

☐☐☐

징계심의대상자가 선임한 변호사가 징계위원회에 출석하여 징계심의대상자를 위하여 필요한 의견을 진술하는 것은 방어권 행사의 본질적 내용에 해당하므로, 행정청은 특별한 사정이 없는 한 이를 거부할 수 없다. O | X

헌법상 법치국가원리와 적법절차원칙에 비추어 징계와 같은 불이익처분절차에서 징계심의대상자에게 변호사를 통한 방어권의 행사를 보장하는 것이 필요하고, 징계심의대상자가 선임한 변호사가 징계위원회에 출석하여 징계심의대상자를 위하여 필요한 의견을 진술하는 것은 방어권 행사의 본질적 내용에 해당하므로, 행정청은 특별한 사정이 없는 한 이를 거부할 수 없다(대판 2018.3.13. 2016두33339).

16. 국가직 9급

107

☐☐☐

상대방의 귀책사유로 야기된 처분의 하자를 이유로 수익적 행정행위를 취소하는 경우에는 특별한 규정이 없는 한 행정절차법상 사전통지의 대상이 되지 않는다. O | X

행정청이 침해적 행정처분을 하면서 당사자에게 행정절차법상의 사전통지를 하거나 의견제출의 기회를 주지 아니하였다면 사전통지를 하지 않거나 의견제출의 기회를 주지 아니하여도 되는 예외적인 경우에 해당하지 아니하는 한 그 처분은 위법하여 취소를 면할 수 없다(대판 2007.9.21. 2006두20631).

22. 지방직 7급, 19. 서울시 7급(10월)

108

☐☐☐

행정청이 '고시'의 방법으로 불특정다수인을 상대로 의무를 부과하거나 권익을 제한하는 처분을 한 경우에도 상대방에게 의견제출의 기회를 주어야 한다. O | X

'고시'의 방법으로 불특정다수인을 상대로 한 처분은 성질상 의견제출의 기회를 주어야 하는 상대방을 특정할 수 없으므로, 구 행정절차법 제22조 제3항에 의하여 그 상대방에게 의견제출의 기회를 주어야 하는 것은 아니다(대판 2014.10.27. 2012두7745).

정답 105 ○ 106 ○ 107 X 108 X

09. 관세사

109 □□□

의견청취절차로서 의견제출권 및 청문권은 공권이기는 하지만 당사자의 의사에 의하여 의견청취를 아니할 수 있다. O | X

「행정절차법」 제22조 【의견청취】 ④ 제1항부터 제3항까지의 규정에도 불구하고 제21조 제4항 각 호의 어느 하나에 해당하는 경우와 당사자가 의견진술의 기회를 포기한다는 뜻을 명백히 표시한 경우에는 의견청취를 하지 아니할 수 있다.

19. 서울시 7급

110 □□□

행정절차법의 청문배제사유인 '당해 처분의 성질상 의견청취가 현저히 곤란하거나 명백히 불필요하다고 인정될 만한 상당한 이유가 있는 경우'는 당해 행정처분의 성질에 의하여 판단하여야 하는 것이지, 청문통지서의 반송 여부, 청문통지의 방법 등에 의하여 판단할 것은 아니다. O | X

'의견청취가 현저히 곤란하거나 명백히 불필요하다고 인정될 만한 상당한 이유가 있는지 여부'는 당해 행정처분의 성질에 비추어 판단하여야 하는 것이지, 청문통지서의 반송 여부, 청문통지의 방법 등에 의하여 판단할 것은 아니다(대판 2001.4.13. 2000두3337).

19 · 13. 지방직 9급, 15. 서울시 9급, 12. 지방직 7급 · 국회직 8급

111 □□□

구 공중위생법상 유기장업허가취소처분을 함에 있어서 두 차례에 걸쳐 발송한 청문통지서가 모두 반송되어 온 경우, 처분의 상대방이 청문일시에 불출석하였다는 이유로 청문을 거치지 않고 한 침해적 행정처분은 적법하다. O | X

처분의 성질상 의견청취가 현저히 곤란하거나 명백히 불필요한 경우의 판단기준은 당해 행정처분의 성질에 비추어 판단하여야 하는 것이지, 행정처분의 상대방에 대한 청문통지서가 반송되었다거나, 행정처분의 상대방이 청문일시에 불출석하였다는 이유로 청문을 실시하지 아니하고 한 침해적 행정처분은 위법하다(대판 2001.4.13. 2000두3337).

23. 지방직 9급, 21. 소방간부

112 □□□

행정처분의 상대방에 대한 청문통지서가 반송되었다거나, 행정처분의 상대방이 청문일시에 불출석하였다는 이유로 청문을 실시하지 아니하고 한 침해적 행정처분은 위법하다. O | X

대판 2001.4.13. 2000두3337 판례에 대한 옳은 내용이다.

정답 109 ○ 110 ○ 111 X 112 ○

21. 소방간부, 19. 국가직 7급 · 서울시 7급, 17. 국가직 9급(10월), 15. 지방직 9급 · 국회직 8급, 13. 국회직 9급

113 □□□

공무원연금관리공단의 퇴직연금의 환수결정은 관련 법령에 따라 당연히 환수금액이 정해지는 것이므로, 퇴직연금의 환수결정에 앞서 당사자에게 의견진술의 기회를 주지 아니하여도 행정절차법에 위반되지 않는다. O | X

퇴직연금의 환수결정은 당사자에게 의무를 과하는 처분이기는 하나, 관련 법령에 따라 당연히 환수금액이 정하여지는 것이므로, 퇴직연금의 환수결정에 앞서 당사자에게 의견진술의 기회를 주지 아니하여도 행정절차법 제22조 제3항이나 신의칙에 어긋나지 아니한다(대판 2000.11.28. 99두5443).

22. 지방직 7급, 19. 서울시 7급, 16. 국가직 9급 · 사복직 9급

114 □□□

협약이 체결되었다고 하여 청문의 실시에 관한 규정의 적용이 배제된다거나 청문을 실시하지 않아도 되는 예외적인 경우에 해당한다고 할 수 없다. O | X

행정청이 당사자와 사이에 도시계획사업의 시행과 관련한 협약을 체결하면서 관계 법령 및 행정절차법에 규정된 청문의 실시 등 의견청취절차를 배제하는 조항을 둔 경우, 청문의 실시에 관한 규정의 적용이 배제되거나 청문을 실시하지 않아도 되는 예외적인 경우에 해당한다고 할 수 없다(대판 2004.7.8. 2002두8350).

14. 경행특채 1차

115 □□□

청문의 주재자는 대통령령으로 정하는 자격을 가지는 사람 중에서 선정하되, 행정청의 소속 직원은 주재자가 될 수 없다. O | X

행정청의 소속 직원도 청문의 주재자가 될 수 있다.

> 「행정절차법」 제28조 【청문 주재자】 ① 행정청은 소속 직원 또는 대통령령으로 정하는 자격을 가진 사람 중에서 청문 주재자를 공정하게 선정하여야 한다.

18. 변호사, 13. 지방직 7급, 10. 국가직 7급

116 □□□

청문은 당사자가 공개를 신청하거나 청문 주재자가 필요하다고 인정하는 경우 공개하여야 한다. O | X

공개하여야 하는 것이 아니라, 공개할 수 있다.

> 「행정절차법」 제30조 【청문의 공개】 청문은 당사자가 공개를 신청하거나 청문 주재자가 필요하다고 인정하는 경우 공개할 수 있다. 다만, 공익 또는 제3자의 정당한 이익을 현저히 해칠 우려가 있는 경우에는 공개하여서는 아니 된다.

정답 113 ○ 114 ○ 115 X 116 X

14. 지방직 9급, 09. 지방직 7급

117
□□□

불이익처분을 하면서 행정청과 당사자 사이의 합의에 의해 청문절차를 배제하기로 하였더라도 청문을 실시하지 않아도 되는 예외사유에 해당하지 아니한다. O | X

행정청이 당사자와 사이에 도시계획사업의 시행과 관련한 협약을 체결하면서 관계 법령 및 행정절차법에 규정된 청문의 실시 등 의견청취절차를 배제하는 조항을 두었다고 하더라도, 국민의 행정참여를 도모함으로써 행정의 공정성 · 투명성 및 신뢰성을 확보하고 국민의 권익을 보호한다는 행정절차법의 목적 및 청문제도의 취지 등에 비추어 볼 때, 위와 같은 협약의 체결로 청문의 실시에 관한 규정의 적용을 배제할 수 있다고 볼 만한 법령상의 규정이 없는 한, 이러한 협약이 체결되었다고 하여 청문의 실시에 관한 규정의 적용이 배제된다거나 청문을 실시하지 않아도 되는 예외적인 경우에 해당한다고 할 수 없다(대판 2004.7.8. 2002두8350).

17. 국가직 9급

118
□□□

행정청은 직권으로 또는 당사자 및 이해관계인의 신청에 따라 여러 개의 사안을 병합하거나 분리하여 청문을 할 수 있다. O | X

이해관계인의 신청은 해당하지 않는다.

> **「행정절차법」 제32조 【청문의 병합 · 분리】** 행정청은 직권으로 또는 당사자의 신청에 따라 여러 개의 사안을 병합하거나 분리하여 청문을 할 수 있다.

14. 국가직 9급, 11. 사복직 9급, 10. 경행특채

119
□□□

청문 주재자는 직권으로 또는 당사자의 신청에 따라 필요한 조사를 할 수 있으며, 당사자 등이 주장하지 아니한 사실에 대하여도 조사할 수 있다. O | X

> **「행정절차법」 제33조 【증거조사】** ① 청문 주재자는 직권으로 또는 당사자의 신청에 따라 필요한 조사를 할 수 있으며, 당사자 등이 주장하지 아니한 사실에 대하여도 조사할 수 있다.

21. 지방직 9급

120
□□□

당사자 등은 청문조서의 내용을 열람 · 확인할 수 있을 뿐, 그 청문조서에 이의가 있더라도 정정을 요구할 수는 없다. O | X

당사자 등은 청문조서의 내용을 열람 · 확인할 수 있으며, 이의가 있을 때에는 그 정정을 요구할 수 있다(행정절차법 제34조 제2항).

정답 117 ○ 118 X 119 ○ 120 X

07. 국가직 7급

121 □□□

행정절차법 규정에 따르면 당사자 등은 공청회의 통지가 있는 날부터 공청회가 끝날 때까지 행정청에 대하여 당해 사안의 조사결과에 관한 문서, 기타 공청회와 관련되는 문서의 열람 또는 복사를 요청할 수 있다. O | X

'공청회'에서 문서의 열람 또는 복사를 요청할 수 없다.

> **「행정절차법」 제37조【문서의 열람 및 비밀유지】** ① 당사자 등은 의견제출의 경우에는 처분의 사전 통지가 있는 날부터 의견제출 기한까지, 청문의 경우에는 청문의 통지가 있는 날부터 청문이 끝날 때까지 행정청에 해당 사안의 조사결과에 관한 문서와 그 밖에 해당 처분과 관련되는 문서의 열람 또는 복사를 요청할 수 있다. 이 경우 행정청은 다른 법령에 따라 공개가 제한되는 경우를 제외하고는 그 요청을 거부할 수 없다.

12. 경행특채

122 □□□

의견제출을 위하여 당사자 등은 행정절차법에 의하여 당해 사안의 조사결과에 관한 문서, 기타 당해 처분과 관련되는 문서의 열람 또는 복사를 요청할 수 있다. O | X

의견제출의 경우에 문서의 열람 또는 복사를 요청할 수 있다.

> **「행정절차법」 제37조【문서의 열람 및 비밀유지】** ① 당사자 등은 의견제출의 경우에는 처분의 사전 통지가 있는 날부터 의견제출 기한까지, 청문의 경우에는 청문의 통지가 있는 날부터 청문이 끝날 때까지 행정청에 해당 사안의 조사결과에 관한 문서와 그 밖에 해당 처분과 관련되는 문서의 열람 또는 복사를 요청할 수 있다. 이 경우 행정청은 다른 법령에 따라 공개가 제한되는 경우를 제외하고는 그 요청을 거부할 수 없다.

14. 국가직 9급

123 □□□

청문 주재자는 당사자 등의 전부 또는 일부가 정당한 사유 없이 청문기일에 출석하지 아니한 경우라도 이들에게 다시 의견진술 및 증거제출의 기회를 주지 아니하고는 청문을 마칠 수 없다. O | X

다시 의견진술 및 증거제출의 기회를 주지 아니하고 청문을 마칠 수 있다.

> **「행정절차법」 제35조【청문의 종결】** ② 청문 주재자는 당사자 등의 전부 또는 일부가 정당한 사유 없이 청문기일에 출석하지 아니하거나 제31조 제3항에 따른 의견서를 제출하지 아니한 경우에는 이들에게 다시 의견진술 및 증거제출의 기회를 주지 아니하고 청문을 마칠 수 있다.

11. 사복직 9급

124 □□□

행정청은 처분을 함에 있어서 청문조서, 청문 주재자의 의견서, 그 밖의 관계서류 등을 충분히 검토하고 상당한 이유가 있다고 인정하는 경우에는 청문결과를 반영하여야 한다. O | X

> **「행정절차법」 제35조의2【청문결과의 반영】** 행정청은 처분을 할 때에 제35조 제4항에 따라 받은 청문조서, 청문 주재자의 의견서, 그 밖의 관계서류 등을 충분히 검토하고 상당한 이유가 있다고 인정하는 경우에는 청문결과를 반영하여야 한다.

정답 121 X 122 ○ 123 X 124 ○

15. 국가직 9급

125 □□□

행정청이 청문을 거쳐야 하는 처분을 하면서 청문절차를 거치지 않는 경우에는 그 처분은 위법하지만 당연무효인 것은 아니다. O | X

행정청이 특히 침해적 행정처분을 할 때 그 처분의 근거 법령 등에서 청문을 실시하도록 규정하고 있다면, 행정절차법 등 관련 법령상 청문을 실시하지 않아도 되는 예외적인 경우에 해당하지 않는 한 반드시 청문을 실시하여야 하며, 그러한 절차를 결여한 처분은 위법한 처분으로서 취소사유에 해당한다(대판 2007.11.16. 2005두15700).

15. 국회직 8급

126 □□□

청문절차의 당사자 등은 참고인이나 감정인 등에게 질문할 수 있다. O | X

> **「행정절차법」 제31조 【청문의 진행】** ② 당사자 등은 의견을 진술하고 증거를 제출할 수 있으며, 참고인이나 감정인 등에게 질문할 수 있다.

23. 경찰간부

127 □□□

지방자치단체장이 구 공유재산 및 물품관리법에 근거하여 민간투자사업을 추진하던 중 우선협상대상자의 지위를 박탈하는 처분을 하기 위하여는 반드시 청문을 실시하여야 한다. O | X

지방자치단체의 장이 공유재산 및 물품관리법에 근거하여 민간투자사업을 추진하던 중 우선협상대상자 지위를 박탈하는 처분을 하기 위하여 반드시 청문을 실시할 의무가 있다고 볼 수는 없다(대판 2020.4.29. 2017두31064).

07. 국가직 7급

128 □□□

행정청은 청문절차에서 개진된 의견에 기속되지 않는다. O | X

상당한 이유가 있다고 인정되지 않는다면 반드시 청문결과를 반영해야 하는 것은 아니다.

> **「행정절차법」 제35조의2 【청문결과의 반영】** 행정청은 처분을 할 때에 제35조 제4항에 따라 받은 청문조서, 청문 주재자의 의견서, 그 밖의 관계 서류 등을 충분히 검토하고 상당한 이유가 있다고 인정하는 경우에는 청문결과를 반영하여야 한다.

정답 125 ○ 126 ○ 127 X 128 ○

19. 지방직 9급

129 □□□

구 광업법에 근거하여 처분청이 광업용 토지수용을 위한 사업인정을 하면서 토지소유자와 토지에 관한 권리를 가진 자의 의견을 들은 경우 처분청은 그 의견에 기속된다. O | X

광업법 제88조 제2항에서 처분청이 같은 법조 제1항의 규정에 의하여 광업용 토지수용을 위한 사업인정을 하고자 할 때에 토지소유자와 토지에 관한 권리를 가진 자의 의견을 들어야 한다고 한 것은 그 사업인정 여부를 결정함에 있어서 소유자나 기타 권리자가 의견을 반영할 기회를 주어 이를 참작하도록 하고자 하는 데 있을 뿐, 처분청이 그 의견에 기속되는 것은 아니다(대판 1995.12.22. 95누30).

21. 소방

130 □□□

공청회는 다른 법령 등에서 공청회를 개최하도록 규정하고 있는 경우 또는 당해 처분의 영향이 광범위하여 널리 의견을 수렴할 필요가 있다고 행정청이 인정하는 경우에 개최된다. O | X

「행정절차법」 제22조 【의견청취】 ② 행정청이 처분을 할 때 다음 각 호의 어느 하나에 해당하는 경우에는 공청회를 개최한다.
1. 다른 법령 등에서 공청회를 개최하도록 규정하고 있는 경우
2. 해당 처분의 영향이 광범위하여 널리 의견을 수렴할 필요가 있다고 행정청이 인정하는 경우
3. 국민생활에 큰 영향을 미치는 처분으로서 대통령령으로 정하는 처분에 대하여 대통령령으로 정하는 수 이상의 당사자 등이 공청회 개최를 요구하는 경우

09. 지방직 7급

131 □□□

공청회를 개최하고자 하는 경우에는 공청회 개최 10일 전까지 당사자 등에게 통지하여야 한다. O | X

공청회 개최 '14일 전'까지 당사자 등에게 통지하여야 한다.

「행정절차법」 제38조 【공청회 개최의 알림】 행정청은 공청회를 개최하려는 경우에는 공청회 개최 14일 전까지 다음 각 호의 사항을 당사자 등에게 통지하고 관보, 공보, 인터넷 홈페이지 또는 일간신문 등에 공고하는 등의 방법으로 널리 알려야 한다. 다만, 공청회 개최를 알린 후 예정대로 개최하지 못하여 새로 일시 및 장소 등을 정한 경우에는 공청회 개최 7일 전까지 알려야 한다.
1. 제목
2. 일시 및 장소
3. 주요 내용
4. 발표자에 관한 사항
5. 발표신청 방법 및 신청기한
6. 정보통신망을 통한 의견제출
7. 그 밖에 공청회 개최에 필요한 사항

정답 129 X 130 ○ 131 X

17. 국가직 9급(10월), 15 · 14. 국가직 9급, 13. 국회직 9급, 11. 지방직 7급

132 □□□

행정청은 행정절차법 제38조에 따른 공청회와 병행하여서만 정보통신망을 이용한 공청회(온라인공청회)를 실시할 수 있다. O | X

법 개정으로 일정한 경우에 온라인공청회를 단독으로 개최할 수 있다.

> **「행정절차법」 제38조의2【온라인공청회】** ① 행정청은 제38조에 따른 공청회와 병행하여서만 정보통신망을 이용한 공청회(이하 "온라인공청회"라 한다)를 실시할 수 있다.
> ② 제1항에도 불구하고 다음 각 호의 어느 하나에 해당하는 경우에는 온라인공청회를 단독으로 개최할 수 있다.
> 1. 국민의 생명 · 신체 · 재산의 보호 등 국민의 안전 또는 권익보호 등의 이유로 제38조에 따른 공청회를 개최하기 어려운 경우
> 2. 제38조에 따른 공청회가 행정청이 책임질 수 없는 사유로 개최되지 못하거나 개최는 되었으나 정상적으로 진행되지 못하고 무산된 횟수가 3회 이상인 경우
> 3. 행정청이 널리 의견을 수렴하기 위하여 온라인공청회를 단독으로 개최할 필요가 있다고 인정하는 경우

16. 지방직 9급

133 □□□

정보통신망을 이용한 공청회(온라인공청회)는 공청회를 실시할 수 없는 불가피한 상황에서만 실시할 수 있다. O | X

정보통신망을 이용한 공청회(온라인공청회)는 공청회와 병행하여서만 실시할 수 있다. 일정한 경우에 온라인공청회를 단독으로 개최할 수 있다.

> **「행정절차법」 제38조의2【온라인공청회】** ① 행정청은 제38조에 따른 공청회와 병행하여서만 정보통신망을 이용한 공청회(이하 "온라인공청회"라 한다)를 실시할 수 있다.
> ② 제1항에도 불구하고 다음 각 호의 어느 하나에 해당하는 경우에는 온라인공청회를 단독으로 개최할 수 있다.
> 1. 국민의 생명 · 신체 · 재산의 보호 등 국민의 안전 또는 권익보호 등의 이유로 제38조에 따른 공청회를 개최하기 어려운 경우
> 2. 제38조에 따른 공청회가 행정청이 책임질 수 없는 사유로 개최되지 못하거나 개최는 되었으나 정상적으로 진행되지 못하고 무산된 횟수가 3회 이상인 경우
> 3. 행정청이 널리 의견을 수렴하기 위하여 온라인공청회를 단독으로 개최할 필요가 있다고 인정하는 경우

15. 교행직 9급

134 □□□

행정청이 온라인공청회를 실시하는 경우에는 누구든지 정보통신망을 이용하여 의견을 제출할 수 있다. O | X

> **「행정절차법」 제38조의2【온라인공청회】** ④ 온라인공청회를 실시하는 경우에는 누구든지 정보통신망을 이용하여 의견을 제출하거나 제출된 의견 등에 대한 토론에 참여할 수 있다.

정답 132 X 133 X 134 ○

23. 국가직 9급

135 □□□

공청회가 개최는 되었으나 정상적으로 진행되지 못하고 무산된 횟수가 2회인 경우 온라인공청회를 단독으로 개최할 수 있다. O | X

공청회가 개최는 되었으나 정상적으로 진행되지 못하고 무산된 횟수가 3회 이상인 경우 온라인공청회를 단독으로 개최할 수 있다.

> **「행정절차법」 제38조의2 【온라인공청회】** ① 행정청은 제38조에 따른 공청회와 병행하여서만 정보통신망을 이용한 공청회(이하 "온라인공청회"라 한다)를 실시할 수 있다.
> ② 제1항에도 불구하고 다음 각 호의 어느 하나에 해당하는 경우에는 온라인공청회를 단독으로 개최할 수 있다.
> 2. 제38조에 따른 공청회가 행정청이 책임질 수 없는 사유로 개최되지 못하거나 개최는 되었으나 정상적으로 진행되지 못하고 무산된 횟수가 3회 이상인 경우

10. 지방직 9급

136 □□□

행정청은 공청회의 발표자를 관련 전문가 중에서 우선적으로 지명 또는 위촉하여야 하며, 적절한 발표자를 선정하지 못하거나 필요한 경우에만 발표를 신청한 자 중에서 지명할 수 있다. O | X

공청회의 발표자는 발표를 신청한 자 중에서 우선적으로 선정하여야 하고, 발표를 신청한 사람이 없거나 공정성을 확보하기 위하여 필요하다고 인정하는 경우에 관련 전문가를 지명하거나 위촉할 수 있다.

> **「행정절차법」 제38조의3 【공청회의 주재자 및 발표자의 선정】** ② 공청회의 발표자는 발표를 신청한 사람 중에서 행정청이 선정한다. 다만, 발표를 신청한 사람이 없거나 공청회의 공정성을 확보하기 위하여 필요하다고 인정하는 경우에는 다음 각 호의 사람 중에서 지명하거나 위촉할 수 있다.
> 1. 해당 공청회의 사안과 관련된 당사자 등
> 2. 해당 공청회의 사안과 관련된 분야에 전문적 지식이 있는 사람
> 3. 해당 공청회의 사안과 관련된 분야에 종사한 경험이 있는 사람

07. 국가직 7급

137 □□□

공청회의 주재자는 공청회를 공정하게 진행하여야 하며, 공청회의 원활한 진행을 위하여 발표 내용을 제한할 수 있다. O | X

> **「행정절차법」 제39조 【공청회의 진행】** ① 공청회의 주재자는 공청회를 공정하게 진행하여야 하며, 공청회의 원활한 진행을 위하여 발표 내용을 제한할 수 있고, 질서유지를 위하여 발언 중지 및 퇴장 명령 등 행정안전부장관이 정하는 필요한 조치를 할 수 있다.

정답 135 X 136 X 137 ○

15 · 14. 경행특채 1차, 08. 국가직 7 · 9급

138 □□□

행정청은 처분을 함에 있어서 공청회, 온라인공청회 및 정보통신망 등을 통하여 제시된 사실 및 의견이 상당한 이유가 있다고 인정하는 경우에는 이를 반영하여야 한다. O | X

「행정절차법」 제39조의2 【공청회 및 온라인공청회 결과의 반영】 행정청은 처분을 할 때에 공청회, 온라인공청회 및 정보통신망 등을 통하여 제시된 사실 및 의견이 상당한 이유가 있다고 인정하는 경우에는 이를 반영하여야 한다.

07. 국회직 8급

139 □□□

행정청이 상대방에게 의무부과처분을 하는 경우에 청문 등을 실시하지 않는 경우에는 의견제출의 기회를 주어야 한다. O | X

「행정절차법」 제22조 【의견청취】 ③ 행정청이 당사자에게 의무를 부과하거나 권익을 제한하는 처분을 할 때 제1항 또는 제2항의 경우 외에는 당사자 등에게 의견제출의 기회를 주어야 한다.

13. 지방직 7급, 08. 국가직 9급

140 □□□

당사자 등은 처분 전에 그 처분의 관할 행정청에 서면이나 말로 또는 정보통신망을 이용하여 의견제출을 할 수 있다. O | X

「행정절차법」 제27조 【의견제출】 ① 당사자 등은 처분 전에 그 처분의 관할 행정청에 서면이나 말로 또는 정보통신망을 이용하여 의견제출을 할 수 있다.

13. 국회직 9급, 09. 서울시 9급

141 □□□

당사자 등이 정당한 이유 없이 의견제출기한까지 의견제출을 하지 않은 경우에는 행정청은 의견이 없는 것으로 본다. O | X

「행정절차법」 제27조 【의견제출】 ④ 당사자 등이 정당한 이유 없이 의견제출기한까지 의견제출을 하지 아니한 경우에는 의견이 없는 것으로 본다.

16. 사복직 9급

142 □□□

행정절차법은 행정조사에 관한 명문의 규정을 두고 있지 않으므로 행정조사가 처분에 해당하는 경우에도 행정절차법상의 처분절차에 관한 규정이 적용되지 않는다. O | X

행정조사가 처분에 해당하는 경우에는 행정절차법상의 처분절차에 관한 규정이 적용된다. 행정계획 및 사실행위 중에서도 처분개념에 해당하는 경우에는 행정절차법의 처분절차가 적용된다.

정답 138 ○ 139 ○ 140 ○ 141 ○ 142 X

19. 지방직 9급

143

□□□

묘지공원과 화장장의 후보지를 선정하는 과정에서 추모공원건립추진협의회가 후보지 주민들의 의견을 청취하기 위하여 그 명의로 개최한 공청회는 행정절차법에서 정한 절차를 준수하여야 하는 것은 아니다. O | X

묘지공원과 화장장의 후보지를 선정하는 과정에서 서울특별시, 비영리법인, 일반 기업 등이 공동발족한 협의체인 추모공원건립추진협의회가 후보지 주민들의 의견을 청취하기 위하여 그 명의로 개최한 공청회는 행정청이 도시계획시설결정을 하면서 개최한 공청회가 아니므로, 위 공청회의 개최에 관하여 행정절차법에서 정한 절차를 준수하여야 하는 것은 아니다(대판 2007.4.12. 2005두1893).

23. 지방직 9급

144

□□□

행정절차법상 사전통지 및 의견제출에 대한 권리를 부여하고 있는 '당사자등'에는 불이익처분의 직접 상대방인 당사자와 행정청이 직권으로 또는 신청에 따라 행정절차에 참여하게 한 이해관계인, 그 밖에 제3자가 포함된다. O | X

'당사자등'에는 그 밖에 제3자가 포함되지 않는다.

「행정절차법」 제2조 【정의】 이 법에서 사용하는 용어의 뜻은 다음과 같다.

4. "당사자등"이란 다음 각 목의 자를 말한다.
   가. 행정청의 처분에 대하여 직접 그 상대가 되는 당사자
   나. 행정청이 직권으로 또는 신청에 따라 행정절차에 참여하게 한 이해관계인

21. 소방

145

□□□

행정절차법은 행정조사절차에 관한 명문의 규정을 일부 두고 있다. O | X

행정절차법에는 행정조사절차에 대한 규정이 없다.

14. 경행특채 2차, 04. 행시

146

□□□

행정절차법은 법령 등을 제정·개정 또는 폐지하려는 경우에 해당 입법안을 마련한 행정청이 예고하는 행정상 입법예고에 관한 규정을 두고 있다. O | X

「행정절차법」 제41조 【행정상 입법예고】 ① 법령 등을 제정·개정 또는 폐지(이하 "입법"이라 한다)하려는 경우에는 해당 입법안을 마련한 행정청은 이를 예고하여야 한다. 다만, 다음 각 호의 어느 하나에 해당하는 경우에는 예고를 하지 아니할 수 있다.

정답 143 ○ 144 X 145 X 146 ○

19. 국가직 9급

147 □□□

상위법령 등의 단순한 집행을 위해 총리령을 제정하려는 경우, 행정상 입법예고를 하지 아니할 수 있다. O | X

「행정절차법」 제41조 【행정상 입법예고】 ① 법령 등을 제정 · 개정 또는 폐지(이하 "입법"이라 한다)하려는 경우에는 해당 입법안을 마련한 행정청은 이를 예고하여야 한다. 다만, 다음 각 호의 어느 하나에 해당하는 경우에는 예고를 하지 아니할 수 있다.
1. 신속한 국민의 권리 보호 또는 예측 곤란한 특별한 사정의 발생 등으로 입법이 긴급을 요하는 경우
2. 상위법령 등의 단순한 집행을 위한 경우

17. 지방직 9급

148 □□□

국민생활에 매우 큰 영향을 주는 사항 및 그 밖에 널리 국민의 의견을 수렴할 필요가 있는 사항에 대한 정책, 제도 및 계획을 수립 · 시행하는 경우라도 예고로 인하여 공공의 안전 또는 복리를 현저히 해칠 우려가 있는 때에는 행정청은 이를 예고하지 아니할 수 있다. O | X

「행정절차법」 제41조 【행정상 입법예고】 ① 법령 등을 제정 · 개정 또는 폐지(이하 "입법"이라 한다)하려는 경우에는 해당 입법안을 마련한 행정청은 이를 예고하여야 한다. 다만, 다음 각 호의 어느 하나에 해당하는 경우에는 예고를 하지 아니할 수 있다.
1. 신속한 국민의 권리 보호 또는 예측 곤란한 특별한 사정의 발생 등으로 입법이 긴급을 요하는 경우
2. 상위법령 등의 단순한 집행을 위한 경우
3. 입법 내용이 국민의 권리 · 의무 또는 일상생활과 관련이 없는 경우
4. 단순한 표현 · 자구를 변경하는 경우 등 입법 내용의 성질상 예고의 필요가 없거나 곤란하다고 판단되는 경우
5. 예고함이 공공의 안전 또는 복리를 현저히 해칠 우려가 있는 경우

15. 국회직 8급

149 □□□

법제처장은 입법예고를 하지 아니한 법령안의 심사요청을 받은 경우에 입법예고를 하는 것이 적당하다고 판단하는 때에는 해당 행정청에 입법예고를 권고하거나 직접 예고할 수 있다. O | X

「행정절차법」 제41조 【행정상 입법예고】 ③ 법제처장은 입법예고를 하지 아니한 법령안의 심사요청을 받은 경우에 입법예고를 하는 것이 적당하다고 판단할 때에는 해당 행정청에 입법예고를 권고하거나 직접 예고할 수 있다.

정답 147 ○ 148 ○ 149 ○

18. 국가직 9급

150 □□□

행정청은 대통령령을 입법예고하는 경우에는 이를 국회 소관 상임위원회에 제출하여야 한다. O | X

「행정절차법」 제42조 【예고방법】 ② 행정청은 대통령령을 입법예고하는 경우 국회 소관 상임위원회에 이를 제출하여야 한다.

17. 지방직 9급

151 □□□

행정청에 처분을 구하는 신청은 문서로 함이 원칙이며, 행정청은 신청에 필요한 구비서류, 접수기관, 처리기간, 그 밖에 필요한 사항을 게시하거나 이에 대한 편람을 갖추어 두고 누구나 열람할 수 있도록 하여야 한다. O | X

「행정절차법」 제17조 【처분의 신청】 ① 행정청에 처분을 구하는 신청은 문서로 하여야 한다. 다만, 다른 법령 등에 특별한 규정이 있는 경우와 행정청이 미리 다른 방법을 정하여 공시한 경우에는 그러하지 아니하다.
② 제1항에 따라 처분을 신청할 때 전자문서로 하는 경우에는 행정청의 컴퓨터 등에 입력된 때에 신청한 것으로 본다.
③ 행정청은 신청에 필요한 구비서류, 접수기관, 처리기간, 그 밖에 필요한 사항을 게시(인터넷 등을 통한 게시를 포함한다)하거나 이에 대한 편람을 갖추어 두고 누구나 열람할 수 있도록 하여야 한다.

08. 국가직 7급

152 □□□

행정상 입법예고의 기간은 특별한 사정이 없는 한 20일 이상으로 하며, 누구든지 예고된 입법안에 대하여 의견을 제출할 수 있다. O | X

입법예고기간은 특별한 사정이 없으면 '40일' 이상으로 한다.

「행정절차법」 제43조 【예고기간】 입법예고기간은 예고할 때 정하되, 특별한 사정이 없으면 40일(자치법규는 20일) 이상으로 한다.

제44조 【의견제출 및 처리】 ① 누구든지 예고된 입법안에 대하여 의견을 제출할 수 있다.

18. 지방직 7급

153 □□□

행정절차법에 따르면, 예고된 법령 등의 제정·개정 또는 폐지의 안에 대하여 누구든지 의견을 제출할 수 있다. O | X

법령 등을 제정·개정 또는 폐지하려는 경우에는 해당 입법안을 마련한 행정청은 이를 예고하여야 한다(행정절차법 제41조 제1항). 누구든지 예고된 입법안에 대하여 의견을 제출할 수 있다(동법 제44조 제1항).

정답 150 ○ 151 ○ 152 X 153 ○

07. 인천교행

154 □□□

행정청은 입법안에 대한 의견을 제출한 자에 대해서도 제출된 의견의 처리결과를 통지할 의무는 없다. O | X

제출된 의견의 처리결과를 통지하여야 한다.

> 「행정절차법」 제44조 【의견제출 및 처리】 ④ 행정청은 의견을 제출한 자에게 그 제출된 의견의 처리결과를 통지하여야 한다.

04. 행시

155 □□□

행정청은 입법안에 관하여 공청회를 개최할 수 있다. O | X

> 「행정절차법」 제45조 【공청회】 ① 행정청은 입법안에 관하여 공청회를 개최할 수 있다.

07. 관세사

156 □□□

행정예고를 입법예고로 갈음할 수는 없다. O | X

행정예고는 입법예고로 갈음할 수 있다.

> 「행정절차법」 제46조 【행정예고】 ① 행정청은 정책, 제도 및 계획(이하 "정책 등"이라 한다)을 수립·시행하거나 변경하려는 경우에는 이를 예고하여야 한다. 다만, 다음 각 호의 어느 하나에 해당하는 경우에는 예고를 하지 아니할 수 있다.
> 1. 신속하게 국민의 권리를 보호하여야 하거나 예측이 어려운 특별한 사정이 발생하는 등 긴급한 사유로 예고가 현저히 곤란한 경우
> 2. 법령 등의 단순한 집행을 위한 경우
> 3. 정책 등의 내용이 국민의 권리·의무 또는 일상생활과 관련이 없는 경우
> 4. 정책 등의 예고가 공공의 안전 또는 복리를 현저히 해칠 우려가 상당한 경우
>
> ② 제1항에도 불구하고 법령 등의 입법을 포함하는 행정예고는 입법예고로 갈음할 수 있다.

21. 지방직 7급, 14. 국가직 9급 유사

157 □□□

행정예고기간은 예고 내용의 성격 등을 고려하여 정하되, 특별한 사정이 없으면 40일 이상으로 한다. O | X

> 「행정절차법」 제46조 【행정예고】 ③ 행정예고기간은 예고 내용의 성격 등을 고려하여 정하되, 20일 이상으로 한다.

정답 154 X 155 ○ 156 X 157 X

17. 지방직 9급

158 □□□

행정기관은 행정지도의 상대방이 행정지도에 따르지 아니하였다는 것을 이유로 불이익한 조치를 하여서는 아니 되며, 행정지도의 상대방은 해당 행정지도의 방식·내용 등에 관하여 행정기관에 의견제출을 할 수 있다. O | X

「행정절차법」 제48조【행정지도의 원칙】 ① 행정지도는 그 목적달성에 필요한 최소한도에 그쳐야 하며, 행정지도의 상대방의 의사에 반하여 부당하게 강요하여서는 아니 된다.
② 행정기관은 행정지도의 상대방이 행정지도에 따르지 아니하였다는 것을 이유로 불이익한 조치를 하여서는 아니 된다.
제50조【의견제출】 행정지도의 상대방은 해당 행정지도의 방식·내용 등에 관하여 행정기관에 의견제출을 할 수 있다.

14. 경행특채 1차, 11. 국회직 9급

159 □□□

현행 행정절차법에는 확약에 관한 규정을 두고 있다. O | X

행정절차법에 확약에 관한 규정이 있다.

「행정절차법」 제40조의2【확약】 ① 법령 등에서 당사자가 신청할 수 있는 처분을 규정하고 있는 경우 행정청은 당사자의 신청에 따라 장래에 어떤 처분을 하거나 하지 아니할 것을 내용으로 하는 의사표시(이하 "확약"이라 한다)를 할 수 있다.

15. 사복직 9급

160 □□□

행정절차법은 처분절차 이외에도 신고, 확약 및 위반사실 등의 공표 등, 행정예고, 행정상 입법예고 및 행정지도 절차에 관한 규정을 두고 있다. O | X

Point정리 행정절차법상의 규정

조항	내용
제17조~제26조	처분절차 관련 규정
제40조	신고 관련 규정
제40조의2	확약
제40조의3	위반사실 등의 공표
제40조의4	행정계획
제41조~제45조	행정상 입법예고 관련 규정
제46조~제47조	행정예고 관련 규정
제48조~제51조	행정지도 관련 규정

정답 158 ○ 159 ○ 160 ○

13. 국회직 8급

161 □□□

적법절차의 원칙은 헌법의 기본원리이고 행정절차법은 행정절차에 관한 일반법적 성격을 가지기는 하지만 행정절차법이 모든 행정작용에 적용되는 것은 아니다. O | X

행정절차법이 모든 행정작용에 적용되지는 않으며 개별법에 특별한 규정이 있는 경우에는 개별법의 규정을 우선 적용한다.

14. 국가직 9급

162 □□□

행정절차법도 비밀누설금지, 목적 외 사용금지 등 개인의 정보 보호에 관한 규정을 두고 있다. O | X

「행정절차법」 제37조 【문서의 열람 및 비밀유지】 ⑥ 누구든지 의견제출 또는 청문을 통하여 알게 된 사생활이나 경영상 또는 거래상의 비밀을 정당한 이유 없이 누설하거나 다른 목적으로 사용하여서는 아니 된다.

22. 지방직 9급

163 □□□

계약직공무원 채용계약해지의 의사표시는 행정절차법에 의하여 근거와 이유를 제시하여야 하는 것은 아니다. O | X

계약직공무원에 관한 현행 법령의 규정에 비추어 볼 때, 계약직공무원 채용계약해지의 의사표시는 일반공무원에 대한 징계처분과는 달라서 항고소송의 대상이 되는 처분 등의 성격을 가진 것으로 인정되지 아니하고, 일정한 사유가 있을 때에 국가 또는 지방자치단체가 채용계약 관계의 한쪽 당사자로서 대등한 지위에서 행하는 의사표시로 취급되는 것으로 이해되므로, 이를 징계해고 등에서와 같이 그 징계사유에 한하여 효력 유무를 판단하여야 하거나, 행정처분과 같이 행정절차법에 의하여 근거와 이유를 제시하여야 하는 것은 아니다(대판 2002.11.26. 2002두5948).

22. 지방직 9급

164 □□□

교육부장관이 부적격사유가 없는 후보자들 사이에서 어떤 후보자를 상대적으로 더욱 적합하다고 판단하여 국립대학교의 총장으로 임용제청을 하였다면, 그러한 임용제청행위 자체로서 이유제시의무를 다한 것이다. O | X

교육부장관이 어떤 후보자를 총장 임용에 부적격하다고 판단하여 배제하고 다른 후보자를 임용제청하는 경우라면 배제한 후보자에게 연구윤리 위반, 선거부정, 그 밖의 비위행위 등과 같은 부적격사유가 있다는 점을 구체적으로 제시할 의무가 있다. 그러나 부적격사유가 없는 후보자들 사이에서 어떤 후보자를 상대적으로 더욱 적합하다고 판단하여 임용제청하는 경우라면, 이는 후보자의 경력, 인격, 능력, 대학운영계획 등 여러 요소를 종합적으로 고려하여 총장 임용의 적격성을 정성적으로 평가하는 것으로 그 판단 결과를 수치화하거나 이유제시를 하기 어려울 수 있다. 이 경우에는 교육부장관이 어떤 후보자를 총장으로 임용제청하는 행위 자체에 그가 총장으로 더욱 적합하다는 정성적 평가 결과가 당연히 포함되어 있는 것으로, 이로써 행정절차법상 이유제시의무를 다한 것이라고 보아야 한다. 여기에서 나아가 교육부장관에게 개별 심사항목이나 고려요소에 대한 평가 결과를 더 자세히 밝힐 의무까지는 없다(대판 2018.6.15. 2016두57564).

정답 161 ○ 162 ○ 163 ○ 164 ○

22. 지방직 9급

165 □□□

국가공무원법상 직위해제처분에는 처분의 사전통지 및 의견청취 등에 관한 행정절차법의 규정이 적용된다.
O | X

국가공무원법상 직위해제처분은 구 행정절차법 제3조 제2항 제9호, 동법 시행령 제2조 제3호에 의하여 당해 행정작용의 성질상 행정절차를 거치기 곤란하거나 불필요하다고 인정되는 사항 또는 행정절차에 준하는 절차를 거친 사항에 해당하므로, 처분의 사전통지 및 의견청취 등에 관한 행정절차법의 규정이 별도로 적용되지 아니한다고 봄이 상당하다(대판 2014.5.16. 2012두26180).

22. 지방직 9급

166 □□□

과세처분시 납세고지서에 법으로 규정한 과세표준 등의 기재가 누락되면 그 과세처분 자체가 위법한 처분이 되어 취소의 대상이 된다.
O | X

납세고지서에 과세표준 등의 기재를 누락시킨 하자가 있는 때에는 적법한 부과결정의 고지라 볼 수 없어 부과처분자체가 위법한 것이므로 설사 납세의무자가 사실상 과세표준과 세액 등을 알고 쟁송에 이르렀다 하여 그 위법이 치유될 수는 없다 할 것이다(대판 1984.6.26. 83누679).

22. 국가직 9급

167 □□□

별정직 공무원인 대통령기록관장에 대한 직권면직 처분에는 처분의 사전통지 및 의견청취 등에 관한 행정절차법 규정이 적용되지 않는다.
O | X

이 사건 처분은 대통령기록물 관리에 관한 법률에서 5년 임기의 별정직 공무원으로 규정한 대통령기록관장으로 임용된 원고를 직권면직한 처분으로서, 원고에 대하여 의무를 과하거나 원고의 권익을 제한하는 처분이고, 별정직 공무원에 대한 직권면직의 경우에는 행정절차에 준하는 절차를 거치도록 하는 규정이 없으며, 이 사건 처분이 성질상 행정절차를 거치기 곤란하거나 불필요하다고 인정되는 처분에도 해당하지 아니하므로 이 사건 처분이 구 행정절차법 제21조 제4항 제3호, 제22조 제4항에 따라 원고에게 사전통지를 하지 않거나 의견제출의 기회를 주지 아니하여도 되는 예외적인 경우에 해당한다고 할 수 없다. 따라서 원고에게 사전통지를 하지 않고 의견제출의 기회를 주지 아니한 이 사건 처분은 구 행정절차법 제21조 제1항, 제22조 제3항을 위반한 절차상 하자가 있어 위법하다(대판 2013.1.16. 2011두30687).

22. 국가직 9급

168 □□□

대통령이 한국방송공사 사장을 해임하면서 사전통지절차를 거치지 않은 경우에는 그 해임처분은 위법하다.
O | X

대통령이 甲을 한국방송공사 사장직에서 해임한 사안에서, 해임처분 과정에서 甲이 처분 내용을 사전에 통지받거나 그에 대한 의견제출 기회 등을 받지 못했고 해임처분시 법적 근거 및 구체적 해임 사유를 제시받지 못하였으므로 해임처분이 행정절차법에 위배되어 위법하다(대판 2012.2.23. 2011두5001).

정답 165 X 166 ○ 167 X 168 ○

22. 국가직 9급

169 □□□

법령 등에서 요구된 자격이 없거나 없어지게 되면 반드시 일정한 처분을 하여야 하는 경우에 그 자격이 없거나 없어지게 된 사실이 법원의 재판에 의하여 객관적으로 증명된 경우에는 사전통지를 생략할 수 있다. O | X

> 「행정절차법」 제21조 【처분의 사전 통지】 ④ 다음 각 호의 어느 하나에 해당하는 경우에는 제1항에 따른 통지를 하지 아니할 수 있다.
> 1. 공공의 안전 또는 복리를 위하여 긴급히 처분을 할 필요가 있는 경우
> 2. 법령 등에서 요구된 자격이 없거나 없어지게 되면 반드시 일정한 처분을 하여야 하는 경우에 그 자격이 없거나 없어지게 된 사실이 법원의 재판 등에 의하여 객관적으로 증명된 경우
> 3. 해당 처분의 성질상 의견청취가 현저히 곤란하거나 명백히 불필요하다고 인정될 만한 상당한 이유가 있는 경우

22. 국회직 8급

170 □□□

행정청은 처분 후 2년 이내에 당사자 등이 요청하는 경우에는 청문 · 공청회 또는 의견제출을 위하여 제출받은 서류나 그 밖의 물건을 반환하여야 한다. O | X

> 「행정절차법」 제22조 【의견청취】 ⑥ 행정청은 처분 후 1년 이내에 당사자 등이 요청하는 경우에는 청문 · 공청회 또는 의견제출을 위하여 제출받은 서류나 그 밖의 물건을 반환하여야 한다.

22. 국회직 8급

171 □□□

행정청은 긴급히 처분을 할 필요가 있는 경우 당사자에게 처분의 근거와 이유를 제시하지 않아도 되지만, 처분 후 당사자가 요청하는 경우에는 그 근거와 이유를 제시하여야 한다. O | X

> 「행정절차법」 제23조 【처분의 이유 제시】 ① 행정청은 처분을 할 때에는 다음 각 호의 어느 하나에 해당하는 경우를 제외하고는 당사자에게 그 근거와 이유를 제시하여야 한다.
> 1. 신청 내용을 모두 그대로 인정하는 처분인 경우
> 2. 단순 · 반복적인 처분 또는 경미한 처분으로서 당사자가 그 이유를 명백히 알 수 있는 경우
> 3. 긴급히 처분을 할 필요가 있는 경우
>
> ② 행정청은 제1항 제2호 및 제3호의 경우에 처분 후 당사자가 요청하는 경우에는 그 근거와 이유를 제시하여야 한다.

22. 국회직 8급

172 □□□

퇴직연금의 환수결정은 당사자에게 의무를 과하는 처분이므로 퇴직연금의 환수결정에 앞서 당사자에게 의견진술의 기회를 주지 아니하면 절차의 하자가 있는 위법한 처분이 된다. O | X

퇴직연금의 환수결정은 당사자에게 의무를 과하는 처분이기는 하나, 관련 법령에 따라 당연히 환수금액이 정하여지는 것이므로, 퇴직연금의 환수결정에 앞서 당사자에게 의견진술의 기회를 주지 아니하여도 행정절차법 제22조 제3항이나 신의칙에 어긋나지 아니한다(대판 2000.11.28. 99두5443).

정답 169 ○ 170 X 171 ○ 172 X

22. 국회직 8급

173 □□□

행정청이 당사자와 도시계획사업의 시행과 관련한 협약을 체결하면서 관계 법령 및 행정절차법에 규정된 청문의 실시 등 의견청취절차를 배제하는 조항을 두었다고 하더라도, 이러한 협약의 체결로 청문의 실시에 관한 규정의 적용을 배제할 수 있다고 볼 만한 법령상의 규정이 없는 한, 청문의 실시에 관한 규정의 적용이 배제된다거나 청문을 실시하지 않아도 되는 예외적인 경우에 해당한다고 할 수 없다. O | X

행정청이 당사자와 사이에 도시계획사업의 시행과 관련한 협약을 체결하면서 관계 법령 및 행정절차법에 규정된 청문의 실시 등 의견청취절차를 배제하는 조항을 두었다고 하더라도, 국민의 행정참여를 도모함으로써 행정의 공정성 · 투명성 및 신뢰성을 확보하고 국민의 권익을 보호한다는 행정절차법의 목적 및 청문제도의 취지 등에 비추어 볼 때, 위와 같은 협약의 체결로 청문의 실시에 관한 규정의 적용을 배제할 수 있다고 볼 만한 법령상의 규정이 없는 한, 이러한 협약이 체결되었다고 하여 청문의 실시에 관한 규정의 적용이 배제된다거나 청문을 실시하지 않아도 되는 예외적인 경우에 해당한다고 할 수 없다(대판 2004.7.8. 2002두8350).

22. 국회직 8급

174 □□□

청문에서 당사자 등이 의견서를 제출한 경우에는 그 내용을 출석하여 진술한 것으로 본다. O | X

「행정절차법」 제31조 【청문의 진행】 ③ 당사자 등이 의견서를 제출한 경우에는 그 내용을 출석하여 진술한 것으로 본다.

22. 국회직 8급

175 □□□

청문 주재자는 당사자 등의 전부 또는 일부가 정당한 사유 없이 청문기일에 출석하지 아니하거나 의견서를 제출하지 아니한 경우에는 이들에게 다시 의견진술 및 증거제출의 기회를 주지 아니하고 청문을 마칠 수 있다. O | X

「행정절차법」 제35조 【청문의 종결】 ② 청문 주재자는 당사자 등의 전부 또는 일부가 정당한 사유 없이 청문기일에 출석하지 아니하거나 제31조 제3항에 따른 의견서를 제출하지 아니한 경우에는 이들에게 다시 의견진술 및 증거제출의 기회를 주지 아니하고 청문을 마칠 수 있다.

21. 국가직 7급

176 □□□

군인사법에 따라 당해 직무를 수행할 능력이 없다고 인정하여 장교를 보직해임하는 경우, 처분의 근거와 이유 제시 등에 관하여 행정절차법의 규정이 적용된다. O | X

구 군인사법상 보직해임처분은 구 행정절차법 제3조 제2항 제9호, 같은 법 시행령 제2조 제3호에 의하여 당해 행정작용의 성질상 행정절차를 거치기 곤란하거나 불필요하다고 인정되는 사항 또는 행정절차에 준하는 절차를 거친 사항에 해당하므로, 처분의 근거와 이유 제시 등에 관한 구 행정절차법의 규정이 별도로 적용되지 아니한다고 봄이 상당하다(대판 2014.10.15. 2012두5756).

정답 173 O 174 O 175 O 176 X

23. 경찰간부

177 □□□

건의민원의 신청은 구술(口述) 또는 전화로 할 수 있다. O | X

건의민원이 아닌 기타민원은 구술 또는 전화로 할 수 있다.

「민원 처리에 관한 법률」 제8조 【민원의 신청】 민원의 신청은 문서(「전자정부법」 제2조 제7호에 따른 전자문서를 포함한다. 이하 같다)로 하여야 한다. 다만, 기타민원은 구술(口述) 또는 전화로 할 수 있다.

23. 경찰간부

178 □□□

행정기관의 장은 민원인이 동일한 내용의 질의민원을 정당한 사유 없이 3회 이상 반복하여 제출한 경우에는 2회 이상 그 처리결과를 통지하고, 그 후에 접수되는 민원에 대하여는 종결처리할 수 있다. O | X

「민원 처리에 관한 법률」 제23조 【반복 및 중복 민원의 처리】 ① 행정기관의 장은 민원인이 동일한 내용의 민원(법정민원을 제외한다. 이하 이 조에서 같다)을 정당한 사유 없이 3회 이상 반복하여 제출한 경우에는 2회 이상 그 처리결과를 통지하고, 그 후에 접수되는 민원에 대하여는 종결처리할 수 있다.

23. 경찰간부

179 □□□

법정민원에 대한 행정기관의 장의 거부처분에 불복하는 민원인은 그 거부처분을 받은 날부터 60일 이내에 그 행정기관의 장에게 문서로 이의신청을 할 수 있다. O | X

「민원 처리에 관한 법률」 제35조 【거부처분에 대한 이의신청】 ① 법정민원에 대한 행정기관의 장의 거부처분에 불복하는 민원인은 그 거부처분을 받은 날부터 60일 이내에 그 행정기관의 장에게 문서로 이의신청을 할 수 있다.

23. 경찰간부

180 □□□

행정기관의 장은 민원을 접수·처리할 때에 민원인에게 관계 법령등에서 정한 구비서류 외의 서류를 추가로 요구하여서는 아니 된다. O | X

「민원 처리에 관한 법률」 제10조 【불필요한 서류 요구의 금지】 ① 행정기관의 장은 민원을 접수·처리할 때에 민원인에게 관계법령등에서 정한 구비서류 외의 서류를 추가로 요구하여서는 아니 된다.

정답 177 X 178 ○ 179 ○ 180 ○

23. 국가직 9급

181 □□□

행정청은 처리기간이 '즉시'로 되어 있는 신청의 경우에는 접수증을 주지 아니할 수 있다. O | X

「민원 처리에 관한 법률」 제9조 【민원의 접수】 ② 행정기관의 장은 민원을 접수하였을 때에는 해당 민원인에게 접수증을 내주어야 한다. 다만, 기타민원과 민원인이 직접 방문하지 아니하고 신청한 민원 및 처리기간이 '즉시'인 민원 등 대통령령으로 정하는 경우에는 접수증 교부를 생략할 수 있다.

22. 지방직 7급

182 □□□

공무원에 대한 징계절차에서 징계심의대상자가 대리인으로 선임한 변호사가 징계위원회 심의에 출석하여 진술하려고 하였음에도 불구하고 징계권자나 그 소속직원이 변호사가 심의에 출석하는 것을 막았다면 징계위원회의 심의·의결의 절차적 정당성이 상실되어 그 징계의결에 따른 징계처분은 위법하며 원칙적으로 취소되어야 한다. O | X

육군3사관학교의 사관생도에 대한 징계절차에서 징계심의대상자가 대리인으로 선임한 변호사가 징계위원회 심의에 출석하여 진술하려고 하였음에도, 징계권자나 그 소속 직원이 변호사가 징계위원회의 심의에 출석하는 것을 막았다면 징계위원회 심의·의결의 절차적 정당성이 상실되어 그 징계의결에 따른 징계처분은 위법하여 원칙적으로 취소되어야 한다(대판 2018.3.13. 2016두33339).

22. 지방직 7급

183 □□□

행정절차법상 문서주의 원칙에도 불구하고, 행정청의 처분서의 문언만으로는 행정청이 어떤 처분을 하였는지 불분명하다는 등 특별한 사정이 있는 때에는 처분 경위나 처분 이후의 상대방의 태도 등 다른 사정을 고려하여 처분서의 문언과 달리 그 처분의 내용을 해석할 수도 있다. O | X

행정절차법 제24조 제1항에서 행정청이 처분을 하는 때에는 다른 법령 등에 특별한 규정이 있는 경우를 제외하고는 문서로 하도록 규정한 것은 처분 내용의 명확성을 확보하고 처분의 존부나 내용에 관한 다툼을 방지하기 위한 것인바, 이와 같은 행정절차법의 규정 취지를 감안해 보면, 행정청이 문서에 의하여 처분을 한 경우 원칙적으로 그 처분서의 문언에 따라 어떤 처분을 하였는지 확정하여야 하나, 그 처분서의 문언만으로는 행정청이 어떤 처분을 하였는지 불분명하다는 등 특별한 사정이 있는 때에는 처분 경위나 처분 이후의 상대방의 태도 등 다른 사정을 고려하여 처분서의 문언과 달리 그 처분의 내용을 해석할 수도 있다(대판 2010.2.11. 2009두18035).

24. 국가직 9급

184 □□□

계약직공무원 채용계약해지의 의사표시를 하는 경우 징계해고 등에서와 같이 그 징계사유에 한하여 효력 유무를 판단하여야 하거나, 행정처분과 같이 행정절차법에 의하여 근거와 이유를 제시하여야 한다. O | X

계약직공무원 채용계약해지의 의사표시는 일반공무원에 대한 징계처분과는 달라서 항고소송의 대상이 되는 처분 등의 성격을 가진 것으로 인정되지 아니하고, 일정한 사유가 있을 때에 국가 또는 지방자치단체가 채용계약 관계의 한쪽 당사자로서 대등한 지위에서 행하는 의사표시로 취급되는 것으로 이해되므로, 이를 징계해고 등에서와 같이 그 징계사유에 한하여 효력 유무를 판단하여야 하거나, 행정처분과 같이 행정절차법에 의하여 근거와 이유를 제시하여야 하는 것은 아니다(대판 2002.11.26. 2002두5948).

정답 181 ○ 182 ○ 183 ○ 184 X

24. 국가직 9급

185
□□□

공무원 인사관계 법령에 따른 처분에 관하여는 행정절차법 적용을 배제하고 있으므로, 군인사법령에 의하여 진급예정자명단에 포함된 자에 대하여 의견제출의 기회를 부여하지 아니하고 진급선발취소처분을 한 것이 절차상 하자가 있어 위법하다고 할 수 없다. O | X

군인사법 및 그 시행령에 이 사건 처분과 같이 진급예정자 명단에 포함된 자의 진급선발을 취소하는 처분을 함에 있어 행정절차에 준하는 절차를 거치도록 하는 규정이 없을 뿐만 아니라 위 처분이 성질상 행정절차를 거치기 곤란하거나 불필요하다고 인정되는 처분이라고 보기도 어렵다고 할 것이어서 이 사건 처분이 행정절차법의 적용이 제외되는 경우에 해당한다고 할 수 없으며, 나아가 원고가 수사과정 및 징계과정에서 자신의 비위행위에 대한 해명기회를 가졌다는 사정만으로 이 사건 처분이 행정절차법 제21조 제4항 제3호, 제22조 제4항에 따라 원고에게 사전통지를 하지 않거나 의견제출의 기회를 주지 아니하여도 되는 예외적인 경우에 해당한다고 할 수 없으므로, 피고가 이 사건 처분을 함에 있어 원고에게 의견제출의 기회를 부여하지 아니한 이상, 이 사건 처분은 절차상 하자가 있어 위법하다(대판 2007.9.21. 2006두20631).

24. 지방직 9급

186
□□□

행정절차법상 행정청은 처분을 할 때에 단순·반복적인 처분 또는 경미한 처분으로서 당사자가 그 이유를 명백히 알 수 있는 경우에는 처분 후 당사자가 요청하더라도 당사자에게 그 근거와 이유를 제시하지 않아도 된다. O | X

「**행정절차법**」 **제23조 【처분의 이유 제시】** ② 행정청은 제1항 제2호 및 제3호의 경우에 처분 후 당사자가 요청하는 경우에는 그 근거와 이유를 제시하여야 한다.

24. 지방직 9급

187
□□□

육군3사관학교의 사관생도에 대한 징계절차에서 징계심의대상자가 대리인으로 선임한 변호사가 징계위원회 심의에 출석하여 진술하려고 하였음에도, 징계권자나 그 소속 직원이 변호사가 징계위원회의 심의에 출석하는 것을 막은 후 내린 징계위원회의 징계의결에 따른 징계처분은 특별한 사정이 없는 한 위법하여 원칙적으로 취소되어야 한다. O | X

징계권자나 그 소속 직원이 변호사가 징계위원회의 심의에 출석하는 것을 막았다면 징계위원회 심의·의결의 절차적 정당성이 상실되어 그 징계의결에 따른 징계처분은 위법하여 원칙적으로 취소되어야 한다(대판 2018.3.13. 2016두33339).

정답 185 X 186 X 187 ○

제2장 행정공개와 개인정보 보호

제1절 정보공개제도

10. 지방직 9급

001 □□□

헌법재판소는 정보공개청구권을 알 권리의 핵심으로 파악하고 있으며, 알 권리의 헌법상 근거를 헌법 제21조의 표현의 자유에서 찾고 있다. O | X

"알 권리"는 표현의 자유와 표리일체의 관계에 있으며 자유권적 성질과 청구권적 성질을 공유하는 것이다. 자유권적 성질은 일반적으로 정보에 접근하고 수집·처리함에 있어서 국가권력의 방해를 받지 아니한다는 것을 말하며, 청구권적 성질을 의사형성이나 여론형성에 필요한 정보를 적극적으로 수집하고 수집을 방해하는 방해제거를 청구할 수 있다는 것을 의미하는 바 이는 정보수집권 또는 정보공개청구권으로 나타난다(헌재 1991.5.13. 90헌마133).

10. 지방직 9급

002 □□□

판례는 공공기관의 정보공개에 관한 법률과 같은 실정법의 근거가 없는 경우에는 정보공개청구권이 인정되기 어렵다고 보고 있다. O | X

국민의 알 권리, 특히 국가 정보에의 접근의 권리는 우리 헌법상 기본적으로 표현의 자유와 관련하여 인정되는 것으로, 그 권리의 내용에는 자신의 권익보호와 직접 관련이 있는 정보의 공개를 청구할 수 있는 이른바 개별적 정보공개청구권이 포함된다(대판 1999.9.21. 98두3426).

21. 국가직 9급

003 □□□

국민의 알 권리의 내용에는 일반 국민 누구나 국가에 대하여 보유·관리하고 있는 정보의 공개를 청구할 수 있는 이른바 일반적인 정보공개청구권이 포함된다. O | X

대판 1999.9.21. 98두3426 판례에 대한 옳은 내용이다.

15. 지방직 9급

004 □□□

지방자치단체는 그 소관 사무에 관하여 법령의 범위에서 정보공개에 관한 조례를 정할 수 있다. O | X

> 「공공기관의 정보공개에 관한 법률」 제4조 【적용 범위】 ② 지방자치단체는 그 소관 사무에 관하여 법령의 범위에서 정보공개에 관한 조례를 정할 수 있다.

정답 001 ○ 002 X 003 ○ 004 ○

13. 국가직 9급

005 □□□

청주시의회에서 의결한 청주시 행정정보공개조례안은 행정에 대한 주민의 알 권리의 실현을 그 근본 내용으로 하면서도 이로 인한 개인의 권익침해가능성을 배제하고 있으므로, 이를 들어 주민의 권리를 제한하거나 의무를 부과하는 조례라고는 단정할 수 없고 따라서 그 제정에 있어서 반드시 법률의 개별적 위임이 따로 필요한 것은 아니다. O | X

지방자치단체는 그 내용이 주민의 권리의 제한 또는 의무의 부과에 관한 사항이거나 벌칙에 관한 사항이 아닌 한 법률의 위임이 없더라도 조례를 제정할 수 있다. 청주시의회에서 의결한 청주시 행정정보공개조례안은 행정에 대한 주민의 알 권리의 실현을 그 근본 내용으로 하면서도 이로 인한 개인의 권익침해가능성을 배제하고 있으므로, 이를 들어 주민의 권리를 제한하거나 의무를 부과하는 조례라고는 단정할 수 없고 따라서 그 제정에 있어서 반드시 법률의 개별적 위임이 따로 필요한 것은 아니다(대판 1992.6.23. 92추17).

11. 지방직 9급 유사

006 □□□

'정보'란 공공기관이 직무상 작성 또는 취득하여 관리하고 있는 문서 및 전자매체를 비롯한 모든 형태의 매체 등에 기록된 사항을 말한다. O | X

「공공기관의 정보공개에 관한 법률」 제2조 【정의】 이 법에서 사용하는 용어의 뜻은 다음과 같다.
1. "정보"란 공공기관이 직무상 작성 또는 취득하여 관리하고 있는 문서(전자문서를 포함한다. 이하 같다) 및 전자매체를 비롯한 모든 형태의 매체 등에 기록된 사항을 말한다.

17. 국가직 9급, 15. 경행특채 1차, 12. 지방직 7급, 08. 국가직 7급

007 □□□

권리능력 없는 사단·재단은 정보공개청구권을 갖는 국민에 포함되지 아니한다. O | X

공공기관의 정보공개에 관한 법률 제6조(현 제5조) 제1항은 "모든 국민은 정보의 공개를 청구할 권리를 가진다."고 규정하고 있는데, 여기에서 말하는 국민에는 자연인은 물론 법인, 권리능력 없는 사단·재단도 포함되고, 법인, 권리능력 없는 사단·재단 등의 경우에는 설립목적을 불문하며, 한편 정보공개청구권은 법률상 보호되는 구체적인 권리이므로 청구인이 공공기관에 대하여 정보공개를 청구하였다가 거부처분을 받은 것 자체가 법률상 이익의 침해에 해당한다(대판 2003.12.12. 2003두8050).

19. 서울시 9급(2월·6월)

008 □□□

정보공개청구권자인 '모든 국민'에는 자연인 외에 법인, 권리능력 없는 사단·재단도 포함되므로 지방자치단체도 포함된다. O | X

지방자치단체는 공개의무자인 공공기관에 해당하며 정보공개청구권자가 아니다(대판 2003.12.12. 2003두8050).

정답 005 ○ 006 ○ 007 X 008 X

14. 지방직 7급, 10. 국가직 9급

009 □□□

이해관계가 없는 시민단체는 정보의 공개를 청구할 수 있는 당사자능력이 없으므로 정보공개거부처분의 취소를 구할 법률상 이익이 없다. O | X

이해관계가 없는 시민단체도 정보공개를 청구할 수 있다.

15. 교행직 9급

010 □□□

외국인은 국내에 주소를 두고 거주하는 경우에도, 정보공개청구권이 인정되지 않는다. O | X

> **「공공기관의 정보공개에 관한 법률 시행령」 제3조 【외국인의 정보공개청구】** 법 제5조 제2항에 따라 정보공개를 청구할 수 있는 외국인은 다음 각 호의 어느 하나에 해당하는 자로 한다.
> 1. 국내에 일정한 주소를 두고 거주하거나 학술·연구를 위하여 일시적으로 체류하는 사람
> 2. 국내에 사무소를 두고 있는 법인 또는 단체

15. 지방직 9급, 11. 국가직 9급

011 □□□

학술·연구를 위하여 일시적으로 체류하는 외국인은 정보공개청구를 할 수 있다. O | X

> **「공공기관의 정보공개에 관한 법률 시행령」 제3조 【외국인의 정보공개청구】** 법 제5조 제2항에 따라 정보공개를 청구할 수 있는 외국인은 다음 각 호의 어느 하나에 해당하는 자로 한다.
> 1. 국내에 일정한 주소를 두고 거주하거나 학술·연구를 위하여 일시적으로 체류하는 사람

08. 국가직 7급

012 □□□

국민의 알 권리에서 파생되는 정부의 정보공개의무는 특별한 사정이 없는 한 적극적인 정보수집행위, 특히 특정 정보에 대하여 공개청구를 하지 아니하였지만 그 정보와 이해관계를 가지는 자에 대해서도 존재한다. O | X

알 권리에서 파생되는 정부의 공개의무는 특별한 사정이 없는 한 국민의 적극적인 정보수집행위, 특히 특정의 정보에 대한 공개청구가 있는 경우에야 비로소 존재하므로, 정보공개청구가 없었던 경우 대한민국과 중화인민공화국이 2000.7.31. 체결한 양국간 마늘교역에 관한 합의서 및 그 부속서 중 '2003.1.1.부터 한국의 민간기업이 자유롭게 마늘을 수입할 수 있다'는 부분을 사전에 마늘재배농가들에게 공개할 정부의 의무는 인정되지 아니한다(헌재 2004.12.16. 2002헌마579).

12. 지방직 7급

013 □□□

알 권리에서 파생되는 정보의 공개의무는 특별한 사정이 없는 한, 특정의 정보에 대한 공개청구가 있는 경우에 비로소 존재한다. O | X

헌재 2004.12.16. 2002헌마579 판례에 대한 옳은 내용이다.

정답 009 X 010 X 011 O 012 X 013 O

19. 서울시 7급(10월)

014 □□□

이동통신요금 원가 관련 정보공개청구에 대해 행정청이 별다른 이유를 제시하지 아니한 채 통신요금과 관련한 총괄원가액수만을 공개한 후, 정보공개거부처분 취소소송에서 원가 관련 정보가 법인의 영업상 비밀에 해당한다는 비공개사유를 주장하는 것은, 그 기본적 사실관계가 동일하다고 볼 수 있는 사유를 추가하는 것이다. O | X

이 사건 원가 관련 정보가 법인의 영업상 비밀에 해당한다는 비공개사유를 주장하는 것은, 그 기본적 사실관계가 동일하다고 볼 수 없는 사유를 추가하는 것이어서 허용될 수 없다(대판 2018.4.12. 2014두5477).

15. 국회직 8급

015 □□□

'정보공개에 관하여 다른 법률에 특별한 규정이 있는 경우'에 해당한다고 하여 정보공개법의 적용을 배제하기 위해서는, 특별한 규정이 '법률'이어야 하고, 내용이 정보공개의 대상 및 범위, 정보공개의 절차, 비공개대상정보 등에 관하여 정보공개법과 달리 규정하고 있는 것이어야 한다. O | X

구 공공기관의 정보공개에 관한 법률 제4조 제1항은 "정보의 공개에 관하여는 다른 법률에 특별한 규정이 있는 경우를 제외하고는 이 법이 정하는 바에 의한다."라고 규정하고 있다. 여기서 '정보공개에 관하여 다른 법률에 특별한 규정이 있는 경우'에 해당한다고 하여 정보공개법의 적용을 배제하기 위해서는, 특별한 규정이 '법률'이어야 하고, 내용이 정보공개의 대상 및 범위, 정보공개의 절차, 비공개대상정보 등에 관하여 정보공개법과 달리 규정하고 있는 것이어야 한다(대판 2014.4.10. 2012두17384).

14. 서울시 9급

016 □□□

정보공개의무를 지는 공공기관에는 국가기관과 지방자치단체만이 해당한다. O | X

국가와 지방자치단체 외에 공공기관, 지방공사 및 지방공단, 그 밖에 대통령령으로 정하는 기관도 포함된다.

「공공기관의 정보공개에 관한 법률」 제2조 【정의】 이 법에서 사용하는 용어의 뜻은 다음과 같다.
3. "공공기관"이란 다음 각 목의 기관을 말한다.
가. 국가기관
1) 국회, 법원, 헌법재판소, 중앙선거관리위원회
2) 중앙행정기관(대통령 소속 기관과 국무총리 소속 기관을 포함한다) 및 그 소속 기관
3) 행정기관 소속 위원회의 설치 · 운영에 관한 법률에 따른 위원회
나. 지방자치단체
다. 공공기관의 운영에 관한 법률 제2조에 따른 공공기관
라. 지방공기업법에 따른 지방공사 및 지방공단
마. 그 밖에 대통령령으로 정하는 기관

정답 014 X 015 ○ 016 X

19. 국회직 8급

017 □□□

국회는 공공기관의 정보공개에 관한 법률상 공공기관에 해당하지만 동법이 적용되는 것이 아니라 국회정보공개규칙이 적용된다. O | X

국회는 공공기관의 정보공개에 관한 법률상 공공기관에 해당하며 동법이 적용되고, 국회정보공개규칙은 이를 시행하기 위한 국회규칙이다.

> **「공공기관의 정보공개에 관한 법률」 제2조 【정의】** 이 법에서 사용하는 용어의 뜻은 다음과 같다.
> 3. "공공기관"이란 다음 각 목의 기관을 말한다.
> 가. 국가기관
> 1) 국회, 법원, 헌법재판소, 중앙선거관리위원회
> 2) 중앙행정기관(대통령 소속 기관과 국무총리 소속 기관을 포함한다) 및 그 소속 기관
>
> **「국회정보공개규칙」 제1조 【목적】** 이 규칙은 공공기관의 정보공개에 관한 법률에서 위임된 사항과 그 시행에 관하여 필요한 사항을 규정함을 목적으로 한다.

14. 사복직 9급, 08. 지방직 7급

018 □□□

국가 또는 지방자치단체로부터 보조금을 받는 사회복지법인과 사회복지사업을 하는 비영리법인도 공개대상이 되는 공공기관에 포함된다. O | X

> **「공공기관의 정보공개에 관한 법률」 제2조 【정의】** 이 법에서 사용하는 용어의 뜻은 다음과 같다.
> 3. "공공기관"이란 다음 각 목의 기관을 말한다.
> 마. 그 밖에 대통령령으로 정하는 기관
>
> **시행령 제2조 【공공기관의 범위】** 공공기관의 정보공개에 관한 법률 제2조 제3호 마목에서 "대통령령으로 정하는 기관"이란 다음 각 호의 기관 또는 단체를 말한다.
> 1. 유아교육법, 초·중등교육법, 고등교육법에 따른 각급 학교 또는 그 밖의 다른 법률에 따라 설치된 학교
> 3. 지방자치단체 출자·출연기관의 운영에 관한 법률 제2조 제1항에 따른 출자기관 및 출연기관
> 4. 특별법에 따라 설립된 특수법인
> 5. 사회복지사업법 제42조 제1항에 따라 국가나 지방자치단체로부터 보조금을 받는 사회복지법인과 사회복지사업을 하는 비영리법인
> 6. 제5호 외에 보조금 관리에 관한 법률 제9조 또는 지방재정법 제17조 제1항 각 호 외의 부분 단서에 따라 국가나 지방자치단체로부터 연간 5천만원 이상의 보조금을 받는 기관 또는 단체. 다만, 정보공개 대상 정보는 해당 연도에 보조를 받은 사업으로 한정한다.

15. 국가직 9급·서울시 7급, 14·08. 지방직 7급, 12. 국가직 7급

019 □□□

구 공공기관의 정보공개에 관한 법률 시행령 제2조 제1호가 정보공개 의무기관으로 사립대학교를 들고 있는 것은 모법의 위임범위를 벗어난 것으로 위법하다. O | X

정보공개 의무기관을 정하는 것은 입법자의 입법형성권에 속하고, 이에 따라 입법자는 구 공공기관의 정보공개에 관한 법률 제2조 제3호에서 정보공개 의무기관을 공공기관으로 정하였는바, 공공기관은 국가기관에 한정되는 것이 아니라 지방자치단체, 정부투자기관, 그 밖에 공동체 전체의 이익에 중요한 역할이나 기능을 수행하는 기관도 포함되는 것으로 해석되고, 여기에 정보공개의 목적, 교육의 공공성 및 공·사립학교의 동질성, 사립대학교에 대한 국가의 재정지원 및 보조 등 여러 사정을 고려해 보면, 사립대학교에 대한 국비 지원이 한정적·일시적·국부적이라는 점을 고려하더라도, 같은 법 시행령 제2조 제1호가 정보공개의무를 지는 공공기관의 하나로 사립대학교를 들고 있는 것이 모법인 구 공공기관의 정보공개에 관한 법률의 위임범위를 벗어났다거나 사립대학교가 국비의 지원을 받는 범위 내에서만 공공기관의 성격을 가진다고 볼 수 없다(대판 2006.8.24. 2004두2783).

정답 017 X 018 ○ 019 X

17. 지방직 9급, 11. 국가직 7급

020
□□□

사립대학교는 공공기관의 정보공개에 관한 법률 시행령에 따른 공공기관에 해당하나, 국비의 지원을 받는 범위 내에서만 공공기관의 성격을 가진다. O | X

공공기관의 정보공개에 관한 법률 시행령 제2조 제1호가 정보공개의무를 지는 공공기관의 하나로 사립대학교를 들고 있는 것이 모법의 위임범위를 벗어났다거나 사립대학교가 국비의 지원을 받는 범위 내에서만 공공기관의 성격을 가진다고 볼 수 없다(대판 2006.8.24. 2004두2783).

17. 지방직 9급, 16. 국가직 9급

021
□□□

사립학교에 대하여 교육 관련 기관의 정보공개에 관한 특례법이 적용되는 경우에도 공공기관의 정보공개에 관한 법률을 적용할 수 없는 것은 아니다. O | X

구 교육관련기관의 정보공개에 관한 특례법(2009.5.8. 법률 제9643호로 개정되기 전의 것, 이하 '교육기관정보공개법'이라 한다)은, 교육 관련 기관이 보유 · 관리하는 정보의 공개의무와 공개에 필요한 기본적인 사항을 정하여 국민의 알 권리를 보장하고 학술 및 정책연구를 진흥함과 아울러 학교교육에 대한 참여와 교육행정의 효율성 및 투명성을 높이기 위하여 정보공개법에 대한 특례를 규정함을 목적으로 제정된 법률로서, 위 법 제2조는 제1호에서 그 법의 규율대상이 되는 정보를 '교육 관련 기관이 학교교육과 관련하여 직무상 작성 또는 취득하여 관리하고 있는 문서(전자문서를 포함한다) · 도면 · 사진 · 필름 · 테이프 · 슬라이드, 그 밖에 이에 준하는 매체 등에 기록된 사항'으로 규정하고, 제4호에서 '교육 관련 기관'을 '학교 · 교육행정기관 및 교육연구기관'으로 정의한 후, 제5호에서는 '학교'를 '초 · 중등교육법 제2조 또는 고등교육법 제2조에 따라 설치된 각급 학교, 그 밖에 다른 법률에 따라 설치된 각급 학교(국방 · 치안 등의 사유로 정보공시가 어렵다고 대통령령으로 정하는 학교는 제외한다)'로 규정하고 있다. 아울러 교육기관정보공개법 제4조는 정보의 공개 등에 관하여 이 법에서 규정하지 아니한 사항에 대해서는 정보공개법을 적용한다고 규정하고 있다. 위와 같이 교육기관정보공개법은 공공기관이 직무상 작성 또는 취득하여 관리하고 있는 정보가운데 교육 관련 기관이 학교교육과 관련하여 직무상 작성 또는 취득하여 관리하고 있는 정보의 공개에 관하여 특별히 규율하는 법률이므로, 학교에 대하여 교육기관정보공개법이 적용된다고 하여 더 이상 정보공개법을 적용할 수 없게 되는 것은 아니라고 할 것이다(대판 2013.11.28. 2011두5049).

17. 지방직 9급, 12. 지방직 7급

022
□□□

한국방송공사(KBS)는 공공기관의 정보공개에 관한 법률에 따라 정보공개의무가 있는 공공기관에 해당하는 반면, 한국증권업협회는 그에 해당하지 아니한다. O | X

1. 방송법이라는 특별법에 의하여 설립 운영되는 한국방송공사(KBS)는 공공기관의 정보공개에 관한 법률 시행령 제2조 제4호의 '특별법에 의하여 설립된 특수법인'으로서 정보공개의무가 있는 공공기관의 정보공개에 관한 법률 제2조 제3호의 '공공기관'에 해당한다(대판 2010.12.23. 2008두13101).
2. '한국증권업협회'는 증권회사 상호간의 업무질서를 유지하고 유가증권의 공정한 매매거래 및 투자자보호를 위하여 일정 규모 이상인 증권회사 등으로 구성된 회원조직으로서, 증권거래법 또는 그 법에 의한 명령에 대하여 특별한 규정이 있는 것을 제외하고는 민법 중 사단법인에 관한 규정을 준용받는 점, 그 업무가 국가기관 등에 준할 정도로 공동체 전체의 이익에 중요한 역할이나 기능에 해당하는 공공성을 갖는다고 볼 수 없는 점 등에 비추어, 공공기관의 정보공개에 관한 법률 시행령 제2조 제4호의 '특별법에 의하여 설립된 특수법인'에 해당한다고 보기 어렵다(대판 2010.4.29. 2008두5643).

정답 020 X 021 ○ 022 ○

17. 지방직 9급, 11. 국가직 7급

023 □□□

판례에 의하면 '한국증권업협회'는 정보공개의무를 지는 '특별법에 의하여 설립된 특수법인'에 해당한다. O | X

한국증권업협회는 공공기관의 정보공개에 관한 법률 시행령 제2조 제4호에 정한 '특별법에 의하여 설립된 특수법인'에 해당하지 않아 정보공개의무가 있는 공공기관으로 볼 수 없으므로 정보비공개결정취소 소송의 피고적격이 없을 뿐 아니라 정보공개청구에 응하지 않은 것이 행정소송의 대상이 되는 처분에 해당하지도 않는다(서울고등법원 2008.3.27. 2007누29163).

19. 국회직 8급

024 □□□

국내에 일정한 주소를 두고 있는 외국인은 오로지 상대방을 괴롭힐 목적으로 정보공개를 구하고 있다는 등의 특별한 사정이 없는 한 한국방송공사(KBS)에 대하여 정보공개를 청구할 수 있다. O | X

방송법이라는 특별법에 의하여 설립 운영되는 한국방송공사(KBS)는 공공기관의 정보공개에 관한 법률 시행령 제2조 제4호의 '특별법에 의하여 설립된 특수법인'으로서 정보공개의무가 있는 공공기관의 정보공개에 관한 법률 제2조 제3호의 '공공기관'에 해당한다(대판 2010.12.23. 2008두13101).

07. 국가직 9급

025 □□□

국가의 시책으로 시행하는 공사 등 대규모의 예산이 투입되는 사업에 관한 정보는 정기적으로 공개하여야 한다. O | X

「공공기관의 정보공개에 관한 법률」 제7조 【정보의 사전적 공개 등】 ① 공공기관은 다음 각 호의 어느 하나에 해당하는 정보에 대해서는 공개의 구체적 범위, 공개의 주기·시기 및 방법 등을 미리 정하여 정보통신망 등을 통하여 알리고, 이에 따라 정기적으로 공개하여야 한다. 다만, 제9조 제1항 각 호의 어느 하나에 해당하는 정보에 대해서는 그러하지 아니하다.

1. 국민생활에 매우 큰 영향을 미치는 정책에 관한 정보
2. 국가의 시책으로 시행하는 공사(工事) 등 대규모의 예산이 투입되는 사업에 관한 정보
3. 예산집행의 내용과 사업평가 결과 등 행정감시를 위하여 필요한 정보
4. 그 밖에 공공기관의 장이 정하는 정보

10. 지방직 7급

026 □□□

공공기관은 국민이 알아야 할 필요가 있는 정보를 국민에게 공개하도록 적극적으로 노력하여야 하며, 정보의 공개에 관한 사무를 신속하고 원활하게 수행하기 위하여 정보공개장소를 확보하고 공개에 필요한 시설을 갖추어야 한다. O | X

「공공기관의 정보공개에 관한 법률」 제7조 【정보의 사전적 공개 등】 ② 공공기관은 제1항에 규정된 사항 외에도 국민이 알아야 할 필요가 있는 정보를 국민에게 공개하도록 적극적으로 노력하여야 한다.

제8조 【정보목록의 작성·비치 등】 ② 공공기관은 정보의 공개에 관한 사무를 신속하고 원활하게 수행하기 위하여 정보공개장소를 확보하고 공개에 필요한 시설을 갖추어야 한다.

정답 023 X 024 ○ 025 ○ 026 ○

19. 서울시 9급(2월)

027 □□□

비공개대상정보의 공개 여부에 대한 결정은 공공기관의 재량행위에 속한다. O | X

공공기관이 보유·관리하는 정보는 공개대상이 된다. 다만, 각 호의 어느 하나에 해당하는 정보는 공개하지 아니할 수 있다(공공기관의 정보공개에 관한 법률 제9조 제1항). 즉, 비공개대상정보일지라도 공개 여부에 대한 결정은 공공기관의 재량행위에 속한다.

18. 국회직 8급, 14. 지방직 7급, 08. 국가직 7급

028 □□□

다른 법률 또는 법률에서 위임한 대통령령 및 부령에 따라 비밀이나 비공개사항으로 규정된 정보는 비공개의 대상이 된다. O | X

'부령'은 비공개의 대상에 해당하지 않는다.

> 「공공기관의 정보공개에 관한 법률」 제9조 【비공개 대상 정보】 ① 공공기관이 보유·관리하는 정보는 공개대상이 된다. 다만, 다음 각 호의 어느 하나에 해당하는 정보는 공개하지 아니할 수 있다.
> 1. 다른 법률 또는 법률에서 위임한 명령(국회규칙·대법원규칙·헌법재판소규칙·중앙선거관리위원회규칙·대통령령 및 조례로 한정한다)에 따라 비밀이나 비공개사항으로 규정된 정보

23. 지방직 9급, 18. 서울시 7급, 14. 지방직 9급, 12. 국회직 9급

029 □□□

법무부령으로 제정된 검찰보존사무규칙상의 기록의 열람·등사의 제한규정은 구 공공기관의 정보공개에 관한 법률 제9조 제1항 제1호의 '다른 법률 또는 법률에 의한 명령에 의하여 비공개사항으로 규정된 경우'에 해당한다. O | X

검찰보존사무규칙이 검찰청법 제11조에 기하여 제정된 법무부령이기는 하지만, 그 사실만으로 같은 규칙 내의 모든 규정이 법규적 효력을 가지는 것은 아니다. 기록의 열람·등사의 제한을 정하고 있는 같은 규칙 제22조는 법률상의 위임근거가 없어 행정기관 내부의 사무처리준칙으로서 행정규칙에 불과하므로, 위 규칙상의 열람·등사의 제한을 공공기관의 정보공개에 관한 법률 제9조 제1항 제1호의 '다른 법률 또는 법률에 의한 명령에 의하여 비공개사항으로 규정된 경우'에 해당한다고 볼 수 없다(대판 2006.5.25. 2006두3049).

18. 국가직 7급

030 □□□

통일에 관한 사항으로서 공개될 경우 국가의 중대한 이익을 현저히 해칠 우려가 있다고 인정되는 정보는 비공개대상정보에 해당한다. O | X

> 「공공기관의 정보공개에 관한 법률」 제9조 【비공개 대상 정보】 ① 공공기관이 보유·관리하는 정보는 공개대상이 된다. 다만, 다음 각 호의 어느 하나에 해당하는 정보는 공개하지 아니할 수 있다.
> 2. 국가안전보장·국방·통일·외교관계 등에 관한 사항으로서 공개될 경우 국가의 중대한 이익을 현저히 해칠 우려가 있다고 인정되는 정보

정답 027 ○ 028 X 029 X 030 ○

23. 소방간부, 17. 국가직 7급, 14. 지방직 7급, 13. 국회직 8급, 12. 국회직 9급

031 □□□

공공기관의 정보공개에 관한 법률 제9조 제1항 제4호의 '진행 중인 재판에 관련된 정보'에 해당한다는 사유로 정보공개를 거부하기 위해서는 그 정보가 진행 중인 재판의 소송기록 그 자체에 포함된 내용이어야 한다. O | X

공공기관의 정보공개에 관한 법률(이하 '정보공개법'이라 한다)의 입법목적, 정보공개의 원칙, 비공개대상정보의 규정 형식과 취지 등을 고려하면, 법원 이외의 공공기관이 정보공개법 제9조 제1항 제4호에서 정한 '진행 중인 재판에 관련된 정보'에 해당한다는 사유로 정보공개를 거부하기 위하여는 반드시 그 정보가 진행 중인 재판의 소송기록 자체에 포함된 내용일 필요는 없다. 그러나 재판에 관련된 일체의 정보가 그에 해당하는 것은 아니고 진행 중인 재판의 심리 또는 재판결과에 구체적으로 영향을 미칠 위험이 있는 정보에 한정된다고 보는 것이 타당하다(대판 2011.11.24. 2009두19021).

18. 국가직 7급, 13. 국회직 8급, 12. 사복직 9급

032 □□□

공개하는 것이 공익을 위하여 필요한 경우로서 법령에 따라 국가가 업무의 일부를 위탁 또는 위촉한 개인의 성명·직업은, 공개되면 사생활의 비밀 또는 자유가 침해될 우려가 있다고 인정되더라도 공개대상정보에 해당한다. O | X

「공공기관의 정보공개에 관한 법률」 제9조 【비공개대상정보】 ① 공공기관이 보유·관리하는 정보는 공개대상이 된다. 다만, 다음 각 호의 어느 하나에 해당하는 정보는 공개하지 아니할 수 있다.

6. 해당 정보에 포함되어 있는 성명·주민등록번호 등 개인정보 보호법 제2조 제1호에 따른 개인정보로서 공개될 경우 사생활의 비밀 또는 자유를 침해할 우려가 있다고 인정되는 정보. 다만, 다음 각 목에 열거한 사항은 제외한다.
   가. 법령에서 정하는 바에 따라 열람할 수 있는 정보
   나. 공공기관이 공표를 목적으로 작성하거나 취득한 정보로서 사생활의 비밀 또는 자유를 부당하게 침해하지 아니하는 정보
   다. 공공기관이 작성하거나 취득한 정보로서 공개하는 것이 공익이나 개인의 권리 구제를 위하여 필요하다고 인정되는 정보
   라. 직무를 수행한 공무원의 성명·직위
   마. 공개하는 것이 공익을 위하여 필요한 경우로서 법령에 따라 국가 또는 지방자치단체가 업무의 일부를 위탁 또는 위촉한 개인의 성명·직업

23. 경찰간부, 19. 서울시 9급(2월), 15. 지방직 9급, 10. 서울시 9급

033 □□□

직무를 수행한 공무원의 성명과 직위는 공개될 경우 개인의 사생활의 비밀 또는 자유를 침해할 우려가 있다면 비공개대상정보에 해당한다. O | X

「공공기관의 정보공개에 관한 법률」 제9조 【비공개대상정보】 ① 공공기관이 보유·관리하는 정보는 공개대상이 된다. 다만, 다음 각 호의 어느 하나에 해당하는 정보는 공개하지 아니할 수 있다.

6. 해당 정보에 포함되어 있는 성명·주민등록번호 등 개인정보 보호법 제2조 제1호에 따른 개인정보로서 공개될 경우 사생활의 비밀 또는 자유를 침해할 우려가 있다고 인정되는 정보. 다만, 다음 각 목에 열거한 사항은 제외한다.
   라. 직무를 수행한 공무원의 성명·직위

정답 031 X 032 ○ 033 X

15. 사복직 9급

034 □□□

공무원이 직무와 관련 없이 개인적 자격으로 금품을 수령한 정보는 공개대상이 되는 정보이다. O | X

공무원이 직무와 관련 없이 개인적인 자격으로 간담회·연찬회 등 행사에 참석하고 금품을 수령한 정보는 공공기관의 정보공개에 관한 법률 제7조 제1항 제6호 단서 (다)목 소정의 '공개하는 것이 공익을 위하여 필요하다고 인정되는 정보'에 해당하지 않는다(대판 2003.12.12. 2003두8050).

18. 지방직 9급, 10. 국가직 7급

035 □□□

공개될 경우 부동산 투기로 특정인에게 이익 또는 불이익을 줄 우려가 있다고 인정되는 정보는 비공개대상에 해당한다. O | X

「공공기관의 정보공개에 관한 법률」 제9조 【비공개 대상 정보】 ① 공공기관이 보유·관리하는 정보는 공개대상이 된다. 다만, 다음 각 호의 어느 하나에 해당하는 정보는 공개하지 아니할 수 있다.
8. 공개될 경우 부동산 투기, 매점매석 등으로 특정인에게 이익 또는 불이익을 줄 우려가 있다고 인정되는 정보

06. 관세사

036 □□□

공공기관의 정보공개에 관한 법률상의 비공개대상정보라 하더라도 비공개의 필요성이 없어진 경우에는 당해 정보를 공개해야 한다. O | X

공공기관은 제9조 제1항 각 호의 어느 하나에 해당하는 정보가 기간의 경과 등으로 인하여 비공개의 필요성이 없어진 경우에는 그 정보를 공개대상으로 하여야 한다(공공기관의 정보공개에 관한 법률 제9조 제2항).

19. 서울시 7급(10월)

037 □□□

한·일 군사정보보호협정 및 한·일 상호군수지원협정과 관련하여 각종 회의자료 및 회의록 등의 정보는 정보공개법상 공개가 가능한 부분과 공개가 불가능한 부분을 쉽게 분리하는 것이 불가능한 비공개정보에 해당하지 아니한다. O | X

甲이 외교부장관에게 한·일 군사정보보호협정 및 한·일 상호군수지원협정과 관련하여 각종 회의자료 및 회의록 등의 정보에 대한 공개를 청구하였으나, 외교부장관이 공개청구정보 중 일부를 제외한 나머지 정보들에 대하여 비공개결정을 한 사안에서, 위 정보는 구 공공기관의 정보공개에 관한 법률 제9조 제1항 제2호, 제5호에 정한 비공개대상정보에 해당하고, 공개가 가능한 부분과 공개가 불가능한 부분을 쉽게 분리하는 것이 불가능하여 같은 법 제14조에 따른 부분공개도 가능하지 않다(대판 2019.1.17. 2015두46512).

19. 서울시 7급(10월)

038 □□□

외국 기관으로부터 비공개를 전제로 정보를 입수하였다는 이유만으로, 이를 공개할 경우 업무의 공정한 수행에 현저한 지장을 받을 것이라 단정할 수 없다. O | X

외국 또는 외국 기관으로부터 비공개를 전제로 정보를 입수하였다는 이유만으로 이를 공개할 경우 업무의 공정한 수행에 현저한 지장을 받을 것이라고 단정할 수는 없다. 다만, 위와 같은 사정은 정보제공자와의 관계, 정보제공자의 의사, 정보의 취득 경위, 정보의 내용 등과 함께 업무의 공정한 수행에 현저한 지장이 있는지를 판단할 때 고려하여야 할 형량 요소이다(대판 2018.9.28. 2017두69892).

정답 034 X 035 ○ 036 ○ 037 X 038 ○

19. 지방직 9급, 13. 국가직 9급

039 □□□

학교폭력대책자치위원회가 피해학생의 보호를 위한 조치, 가해학생에 대한 조치, 학교폭력과 관련된 분쟁의 조정 등에 관하여 심의한 결과를 기재한 회의록은 공공기관의 정보공개에 관한 법률소정의 비공개대상정보에 해당한다. O | X

학교폭력예방 및 대책에 관한 법률 제21조 제1항 · 제2항 · 제3항 및 같은 법 시행령 제17조 규정들의 내용, 학교폭력예방 및 대책에 관한 법률의 목적, 입법 취지, 특히 학교폭력예방 및 대책에 관한 법률 제21조 제3항이 학교폭력대책자치위원회의 회의를 공개하지 못하도록 규정하고 있는 점 등에 비추어, 학교폭력대책자치위원회의 회의록은 공공기관의 정보공개에 관한 법률 제9조 제1항 제1호의 '다른 법률 또는 법률이 위임한 명령에 의하여 비밀 또는 비공개사항으로 규정된 정보'에 해당한다(대판 2010.6.10. 2010두2913).

19. 국회직 8급

040 □□□

독립유공자서훈 공적심사위원회의 심의 · 의결 과정 및 그 내용을 기재한 회의록은 독립유공자 등록에 관한 신청당사자의 알 권리 보장과 공정한 업무수행을 위해서 공개되어야 한다. O | X

甲이 친족인 망인 乙 등에 대한 독립유공자 포상신청을 하였다가 독립유공자서훈 공적심사위원회(이하 '공적심사위원회'라 한다)의 심사를 거쳐 포상에 포함되지 못하였다는 내용의 공적심사 결과를 통지받자 국가보훈처장에게 '망인들에 대한 공적심사위원회의 심의 · 의결 과정 및 그 내용을 기재한 회의록' 등의 공개를 청구하였는데, 국가보훈처장이 위 회의록은 공공기관의 정보공개에 관한 법률(이하 '정보공개법'이라 한다) 제9조 제1항 제5호에 따라 공개할 수 없다는 통보를 한 사안에서, 독립유공자 등록에 관한 신청당사자의 알 권리 보장에는 불가피한 제한이 따를 수밖에 없고 관계 법령에서 제한을 다소나마 해소하기 위해 조치를 마련하고 있는 점, 공적심사위원회의 심사에는 심사위원들의 전문적 · 주관적 판단이 상당 부분 개입될 수밖에 없는 심사의 본질에 비추어 공개를 염두에 두지 않은 상태에서의 심사가 그렇지 않은 경우보다 더 자유롭고 활발한 토의를 거쳐 객관적이고 공정한 심사 결과에 이를 개연성이 큰 점 등 위 회의록 공개에 의하여 보호되는 알 권리의 보장과 비공개에 의하여 보호되는 업무수행의 공정성 등의 이익 등을 비교 · 교량해 볼 때, <u>위 회의록은 정보공개법 제9조 제1항 제5호에서 정한 '공개될 경우 업무의 공정한 수행에 현저한 지장을 초래한다고 인정할 만한 상당한 이유가 있는 정보'에 해당함에도 이와 달리 본 원심판결에 비공개대상정보에 관한 법리를 오해한 위법이 있다</u>(대판 2014.7.24. 2013두20301).

18. 서울시 7급, 14. 지방직 9급, 11. 국가직 7급

041 □□□

국가정보원이 그 직원에게 지급하는 현금급여 및 월초수당에 관한 정보는 비공개대상정보에 해당한다. O | X

국가정보원 직원 甲의 배우자 乙이 국가정보원장에게 '국가정보원에서 甲에게 지급하는 현금급여 및 월초수당' 등 정보의 공개를 청구하였으나 국가정보원장이 위 정보는 공공기관의 정보공개에 관한 법률 제9조 제1항 제1호 등에 따라 비공개대상정보에 해당한다는 이유로 공개를 거부하는 처분을 한 사안에서, 현금급여 및 월초수당 등에 관한 정보가 공공기관의 정보공개에 관한 법률 제9조 제1항 제1호의 비공개대상정보에 해당한다(대판 2010.12.23. 2010두14800).

정답 039 ○ 040 X 041 ○

19 · 15. 지방직 9급, 08. 국가직 7급

042 □□□

보안관찰법 소정의 보안관찰 관련 통계자료는 공공기관의 정보공개에 관한 법률 소정의 비공개대상정보에 해당하지 않는다. O | X

보안관찰법 소정의 보안관찰 관련 통계자료의 분석에 의하여 대남공작활동이 유리한 지역으로 보안관찰처분대상자가 많은 지역을 선택하는 등으로 위 정보가 북한정보기관에 의한 간첩의 파견, 포섭, 선전선동을 위한 교두보의 확보 등 북한의 대남전략에 있어 매우 유용한 자료로 악용될 우려가 없다고 할 수 없으므로, 위 정보는 공공기관의 정보공개에 관한 법률 제9조 제1항 제2호 소정의 공개될 경우 국가안전보장 · 국방 · 통일 · 외교관계 등 국가의 중대한 이익을 해할 우려가 있는 정보, 또는 제3호 소정의 공개될 경우 국민의 생명 · 신체 및 재산의 보호 기타 공공의 안전과 이익을 현저히 해할 우려가 있다고 인정되는 정보에 해당한다(대판 2004.3.18. 2001두8254).

16. 사복직 9급

043 □□□

'2002학년도부터 2005학년도까지의 대학수학능력시험 원데이터'는 연구목적으로 그 정보의 공개를 청구하는 경우라도 공개로 인하여 초래될 부작용이 공개로 얻을 수 있는 이익보다 더 클 것이므로, 그 공개로 대학수학능력시험 업무의 공정한 수행이 객관적으로 현저하게 지장을 받을 것이라는 개연성이 있어 비공개대상정보에 해당한다. O | X

'2002년도 및 2003년도 국가 수준 학업성취도평가 자료'는 표본조사 방식으로 이루어졌을 뿐만 아니라 학교식별정보 등도 포함되어 있어서 그 원자료 전부가 그대로 공개될 경우 학업성취도평가 업무의 공정한 수행이 객관적으로 현저하게 지장을 받을 것이라는 고도의 개연성이 존재한다고 볼 여지가 있어 공공기관의 정보공개에 관한 법률 제9조 제1항 제5호에서 정한 비공개대상정보에 해당하는 부분이 있으나, '2002학년도부터 2005학년도까지의 대학수학능력시험 원데이터'는 연구목적으로 그 정보의 공개를 청구하는 경우, 공개로 인하여 초래될 부작용이 공개로 얻을 수 있는 이익보다 더 클 것이라고 단정하기 어려우므로 그 공개로 대학수학능력시험 업무의 공정한 수행이 객관적으로 현저하게 지장을 받을 것이라는 고도의 개연성이 존재한다고 볼 수 없어 위 조항의 비공개대상정보에 해당하지 않는다(대판 2010.2.25. 2007두9877).

11. 지방직 9급

044 □□□

교정에 관한 사항으로서 공개될 경우 그 직무수행을 현저히 곤란하게 하는 정보는 비공개대상정보에 해당한다. O | X

「공공기관의 정보공개에 관한 법률」 제9조 【비공개 대상 정보】 ① 공공기관이 보유 · 관리하는 정보는 공개 대상이 된다. 다만, 다음 각 호의 어느 하나에 해당하는 정보는 공개하지 아니할 수 있다.
4. 진행 중인 재판에 관련된 정보와 범죄의 예방, 수사, 공소의 제기 및 유지, 형의 집행, 교정(矯正), 보안처분에 관한 사항으로서 공개될 경우 그 직무수행을 현저히 곤란하게 하거나 형사피고인의 공정한 재판을 받을 권리를 침해한다고 인정할 만한 상당한 이유가 있는 정보

정답 042 X 043 X 044 ○

15. 경행특채 1차, 13. 국가직 9급

045 □□□

교도소에 수용 중이던 재소자가 담당 교도관들을 상대로 가혹행위를 이유로 형사고소 및 민사소송을 제기하면서 그 증명자료 확보를 위해 정보공개를 요청한 '근무보고서'는 공개대상정보에 해당한다. O | X

근무보고서는 공공기관의 정보공개에 관한 법률 제9조 제1항 제4호에 정한 비공개대상정보에 해당한다고 볼 수 없고, 징벌위원회 회의록 중 비공개 심사 · 의결 부분은 위 법 제9조 제1항 제5호의 비공개사유에 해당하지만 재소자의 진술, 위원장 및 위원들과 재소자 사이의 문답 등 징벌절차 진행 부분은 비공개사유에 해당하지 않는다고 보아 분리 공개가 허용된다(대판 2009.12.10. 2009두12785).

14. 지방직 9급, 09. 관세사

046 □□□

'감사 · 감독 · 검사 · 시험 · 규제 · 입찰계약 · 기술개발 · 인사관리 · 의사결정과정 또는 내부검토과정에 있는 사항 등으로서 공개될 경우 업무의 공정한 수행에 현저한 지장을 초래한다고 인정할 만한 상당한 이유가 있는 정보'란 공개될 경우 업무의 공정한 수행이 객관적으로 현저하게 지장을 받을 것이라는 고도의 개연성이 존재하는 경우를 말한다. O | X

공공기관의 정보공개에 관한 법률 제9조 제1항 제5호에서 규정하고 있는 '공개될 경우 업무의 공정한 수행에 현저한 지장을 초래한다고 인정할 만한 상당한 이유가 있는 경우'란 같은 법 제1조의 정보공개제도의 목적 및 같은 법 제9조 제1항 제5호의 규정에 의한 비공개대상정보의 입법 취지에 비추어 볼 때 공개될 경우 업무의 공정한 수행이 객관적으로 현저하게 지장을 받을 것이라는 고도의 개연성이 존재하는 경우를 의미한다. 여기에 해당하는지 여부는 비공개에 의하여 보호되는 업무수행의 공정성 등의 이익과 공개에 의하여 보호되는 국민의 알 권리의 보장과 국정에 대한 국민의 참여 및 국정운영의 투명성 확보 등의 이익을 비교 · 교량하여 구체적인 사안에 따라 신중하게 판단되어야 한다(대판 2014.7.24. 2013두20301).

09. 서울시 9급

047 □□□

판례에 의하면 의사결정과정이 기록된 정보는 의사가 결정된 후에도 비공개대상정보에 포함될 수 있다. O | X

의사결정과정에 제공된 회의 관련 자료나 의사결정과정이 기록된 회의록 등은 의사가 결정되거나 의사가 집행된 경우에는 더 이상 의사결정과정에 있는 사항 그 자체라고는 할 수 없으나, 의사결정과정에 있는 사항에 준하는 사항으로서 비공개대상정보에 포함될 수 있다(대판 2003.8.22. 2002두12946).

21. 국가직 7급

048 □□□

의사결정과정에 제공된 회의 관련 자료나 의사결정과정이 기록된 회의록은 의사가 결정되거나 의사가 집행된 경우에도 비공개대상정보에 포함될 수 있다. O | X

공공기관의 정보공개에 관한 법률상 비공개대상정보의 입법 취지에 비추어 살펴보면, 같은 법 제7조 제1항 제5호에서의 '감사 · 감독 · 검사 · 시험 · 규제 · 입찰계약 · 기술개발 · 인사관리 · 의사결정과정 또는 내부검토과정에 있는 사항'은 비공개대상정보를 예시적으로 열거한 것이라고 할 것이므로 의사결정과정에 제공된 회의 관련 자료나 의사결정과정이 기록된 회의록 등은 의사가 결정되거나 의사가 집행된 경우에는 더 이상 의사결정과정에 있는 사항 그 자체라고는 할 수 없으나, 의사결정과정에 있는 사항에 준하는 사항으로서 비공개대상정보에 포함될 수 있다(대판 2003.8.22. 2002두12946).

정답 045 ○ 046 ○ 047 ○ 048 ○

13. 국가직 9급

049 □□□

사법시험 제2차 시험의 답안지와 시험문항에 대한 채점위원별 채점 결과는 비공개정보에 해당한다. O | X

답안지는 응시자의 시험문제에 대한 답안이 기재되어 있을 뿐 평가자의 평가기준이나 평가 결과가 반영되어 있는 것은 아니므로 응시자가 자신의 답안지를 열람한다고 하더라도 시험문항에 대한 채점위원별 채점 결과가 열람되는 경우와 달리 평가자가 시험에 대한 평가업무를 수행함에 있어서 지장을 초래할 가능성이 적은 점, 답안지에 대한 열람이 허용된다고 하더라도 답안지를 상호비교함으로써 생기는 부작용이 생길 가능성이 희박하고, 열람업무의 폭증이 예상된다고 볼만한 자료도 없는 점 등을 종합적으로 고려하면, 답안지의 열람으로 인하여 시험업무의 수행에 현저한 지장을 초래한다고 볼 수 없다(대판 2003.3.14. 2000두6114).

19. 지방직 9급

050 □□□

학교환경위생구역 내 금지행위(숙박시설) 해제결정에 관한 학교환경위생정화위원회의 회의록에 기재된 발언 내용에 대한 해당 발언자의 인적사항 부분에 관한 정보는 공공기관의 정보공개에 관한 법률 소정의 비공개대상정보에 해당하지 않는다. O | X

학교환경위생구역 내 금지행위(숙박시설) 해제결정에 관한 학교환경위생정화위원회의 회의록에 기재된 발언 내용에 대한 해당 발언자의 인적사항 부분에 관한 정보는 공공기관의 정보공개에 관한 법률 제7조 제1항 제5호 소정의 비공개대상에 해당한다(대판 2003.8.22. 2002두12946).

15. 사복직 9급, 10. 국회직 8급

051 □□□

대통령의 사면권 행사는 고도의 정치적 행위이므로 그 정보의 공개가 사면권 자체를 부정하게 될 위험이 있고 해당 정보의 당사자들의 사생활의 비밀도 침해할 우려가 있기 때문에 공공기관의 정보공개에 관한 법률상의 비공개사유에 해당된다. O | X

사면대상자들의 사면실시건의서와 그와 관련된 국무회의 안건자료에 관한 정보는 그 공개로 얻는 이익이 그로 인하여 침해되는 당사자들의 사생활의 비밀에 관한 이익보다 더욱 크므로 구 공공기관의 정보공개에 관한 법률(2004.1.29. 법률 제7127호로 전문 개정되기 전의 것) 제7조 제1항 제6호에서 정한 비공개사유에 해당하지 않는다(대판 2006.12.7. 2005두241).

19. 지방직 9급, 18. 서울시 9급, 11. 국가직 9급

052 □□□

지방자치단체의 업무추진비 세부항목별 집행내역 및 그에 관한 증빙서류에 포함된 개인에 관한 정보는 공공기관의 정보공개에 관한 법률 소정의 '공개하는 것이 공익을 위하여 필요하다고 인정되는 정보'에 해당하여 공개대상이 된다. O | X

지방자치단체의 업무추진비 세부항목별 집행내역 및 그에 관한 증빙서류에 포함된 개인에 관한 정보는 '공개하는 것이 공익을 위하여 필요하다고 인정되는 정보'에 해당하지 않는다(대판 2003.3.11. 2001두6425).

정답 049 X 050 X 051 X 052 X

18. 서울시 7급, 14. 지방직 9급

053 □□□

법인 등의 경영 · 영업상 비밀은 사업활동에 관한 일체의 비밀사항을 의미한다. O | X

비공개대상인 '법인 등의 경영 · 영업상 비밀'은 부정경쟁방지 및 영업비밀보호에 관한 법률 제2조 제2호에 규정된 '영업비밀'에 한하지 않고, '타인에게 알려지지 아니함이 유리한 사업활동에 관한 일체의 정보' 또는 '사업활동에 관한 일체의 비밀사항'을 말한다.

21. 국가직 7급

054 □□□

정보의 공개에 관하여 법률의 구체적인 위임이 없는 교육공무원승진규정상 근무성적평정 결과를 공개하지 않는다는 규정을 근거로 정보공개청구를 거부할 수 없다. O | X

교육공무원법 제13조, 제14조의 위임에 따라 제정된 교육공무원승진규정은 정보공개에 관한 사항에 관하여 구체적인 법률의 위임에 따라 제정된 명령이라고 할 수 없고, 따라서 교육공무원승진규정 제26조에서 근무성적평정의 결과를 공개하지 아니한다고 규정하고 있다고 하더라도 위 교육공무원승진규정은 공공기관의 정보공개에 관한 법률 제9조 제1항 제1호에서 말하는 법률이 위임한 명령에 해당하지 아니하므로 위 규정을 근거로 정보공개청구를 거부하는 것은 잘못이다(대판 2006.10.26. 2006두11910).

12. 사복직 9급

055 □□□

정보공개의 청구는 반드시 문서로 하여야 한다. O | X

> 「공공기관의 정보공개에 관한 법률」 제10조 【정보공개의 청구방법】 ① 정보의 공개를 청구하는 자(이하 "청구인"이라 한다)는 해당 정보를 보유하거나 관리하고 있는 공공기관에 다음 각 호의 사항을 적은 정보공개청구서를 제출하거나 말로써 정보의 공개를 청구할 수 있다.

09. 국가직 9급

056 □□□

정보의 공개를 청구하는 자는 해당 정보를 보유하거나 관리하고 있는 공공기관에 대하여 공개를 청구하는 정보의 내용 및 공개방법을 기재한 정보공개청구서를 제출하거나 말로써 정보의 공개를 청구할 수 있으며, 정보공개청구권자의 인적사항은 익명을 원칙으로 한다. O | X

정보공개청구는 익명이 아니라 실명을 원칙으로 한다.

> 「공공기관의 정보공개에 관한 법률」 제10조 【정보공개의 청구방법】 ① 정보의 공개를 청구하는 자(이하 "청구인"이라 한다)는 해당 정보를 보유하거나 관리하고 있는 공공기관에 다음 각 호의 사항을 적은 정보공개청구서를 제출하거나 말로써 정보의 공개를 청구할 수 있다.
> 1. 청구인의 성명 · 생년월일 · 주소 및 연락처(전화번호 · 전자우편주소 등을 말한다)

정답 053 ○ 054 ○ 055 X 056 X

19. 지방직 7급, 15. 국가직 9급, 14. 경행특채 1차, 08. 지방직 9급

057
□□□

청구대상정보를 기재할 때는 사회일반인의 관점에서 청구대상정보의 내용과 범위를 확정할 수 있을 정도로 특정하여야 한다. O | X

구 공공기관의 정보공개에 관한 법률(2013.8.6. 법률 제11991호로 개정되기 전의 것, 이하 '정보공개법'이라 한다) 제10조 제1항 제2호는 정보의 공개를 청구하는 자는 정보공개청구서에 '공개를 청구하는 정보의 내용' 등을 기재하도록 규정하고 있다. 청구인이 이에 따라 청구대상정보를 기재할 때에는 사회일반인의 관점에서 청구대상정보의 내용과 범위를 확정할 수 있을 정도로 특정하여야 한다. 또한 정보비공개결정의 취소를 구하는 사건에서, 청구인이 공개를 청구한 정보의 내용 중 너무 포괄적이거나 막연하여 사회일반인의 관점에서 그 내용과 범위를 확정할 수 있을 정도로 특정되었다고 볼 수 없는 부분이 포함되어 있다면, 이를 심리하는 법원으로서는 마땅히 정보공개법 제20조 제2항의 규정에 따라 공공기관에 그가 보유·관리하고 있는 청구대상정보를 제출하도록 하여, 이를 비공개로 열람·심사하는 등의 방법으로 청구대상정보의 내용과 범위를 특정시켜야 한다(대판 2018.4.12. 2014두5477).

10. 국가직 7급

058
□□□

공공기관은 정보공개의 청구가 있는 때에는 청구를 받은 날부터 10일 이내에 공개 여부를 결정하여야 한다. O | X

「공공기관의 정보공개에 관한 법률」 제11조 【정보공개 여부의 결정】 ① 공공기관은 제10조에 따라 정보공개의 청구를 받으면 그 청구를 받은 날부터 10일 이내에 공개 여부를 결정하여야 한다.

21. 지방직 9급

059
□□□

공공기관은 공개청구된 정보가 공공기관이 보유·관리하지 아니하는 정보인 경우로서 민원 처리에 관한 법률에 따른 민원으로 처리할 수 있는 경우에는 민원으로 처리할 수 있다. O | X

「공공기관의 정보공개에 관한 법률」 제11조 【정보공개 여부의 결정】 ⑤ 공공기관은 정보공개청구가 다음 각 호의 어느 하나에 해당하는 경우로서 민원 처리에 관한 법률에 따른 민원으로 처리할 수 있는 경우에는 민원으로 처리할 수 있다.
1. 공개청구된 정보가 공공기관이 보유·관리하지 아니하는 정보인 경우
2. 공개청구의 내용이 진정·질의 등으로 이 법에 따른 정보공개청구로 보기 어려운 경우

18. 서울시 7급·지방교행, 13. 서울시 9급, 10. 국회직 8급, 09. 국가직 9급

060
□□□

공공기관은 정보공개청구의 대상이 된 정보가 제3자와 관련된 경우 해당 제3자의 의견을 청취할 수 있으나, 그에게 통지할 의무는 없다. O | X

공공기관은 공개청구된 공개대상정보의 전부 또는 일부가 제3자와 관련이 있다고 인정할 때에는 그 사실을 제3자에게 지체 없이 통지하여야 하며, 필요한 경우에는 그의 의견을 들을 수 있다(공공기관의 정보공개에 관한 법률 제11조 제3항).

정답 057 ○ 058 ○ 059 ○ 060 X

04. 입시

061 □□□

청구된 정보의 공개 여부에 대하여는 공공기관에 설치된 정보공개위원회가 심의한다. O | X

「공공기관의 정보공개에 관한 법률」 제12조 【정보공개심의회】 ① 국가기관, 지방자치단체 및 공공기관의 운영에 관한 법률 제5조에 따른 공기업 및 준정부기관, 지방공기업법에 따른 지방공사 및 지방공단(이하 "국가기관 등"이라 한다)은 제11조에 따른 정보공개 여부 등을 심의하기 위하여 정보공개심의회(이하 "심의회"라 한다)를 설치 · 운영한다.

15. 국회직 8급

062 □□□

정보공개심의회는 위원장 1명을 포함하여 5명 이상 7명 이하의 위원으로 구성한다. O | X

「공공기관의 정보공개에 관한 법률」 제12조 【정보공개심의회】 ② 심의회는 위원장 1명을 포함하여 5명 이상 7명 이하의 위원으로 구성한다.

18. 서울시 7급

063 □□□

국가안전보장 · 국방 · 통일 · 외교관계 분야 업무를 주로 하는 국가기관의 정보공개심의회 구성시 최소한 3분의 1 이상은 외부 전문가로 위촉하여야 한다. O | X

「공공기관의 정보공개에 관한 법률」 제9조 【비공개 대상 정보】 ① 공공기관이 보유 · 관리하는 정보는 공개 대상이 된다. 다만, 다음 각 호의 어느 하나에 해당하는 정보는 공개하지 아니할 수 있다.

1. 다른 법률 또는 법률에서 위임한 명령(국회규칙 · 대법원규칙 · 헌법재판소규칙 · 중앙선거관리위원회규칙 · 대통령령 및 조례로 한정한다)에 따라 비밀이나 비공개 사항으로 규정된 정보
2. 국가안전보장 · 국방 · 통일 · 외교관계 등에 관한 사항으로서 공개될 경우 국가의 중대한 이익을 현저히 해칠 우려가 있다고 인정되는 정보

제12조 【정보공개심의회】 ① 국가기관, 지방자치단체 및 공공기관의 운영에 관한 법률 제5조에 따른 공기업 및 준정부기관, 지방공기업법에 따른 지방공사 및 지방공단(이하 "국가기관 등"이라 한다)은 제11조에 따른 정보공개 여부 등을 심의하기 위하여 정보공개심의회(이하 "심의회"라 한다)를 설치 · 운영한다. 이 경우 국가기관 등의 규모와 업무성격, 지리적 여건, 청구인의 편의 등을 고려하여 소속 상급기관(지방공사 · 지방공단의 경우에는 해당 지방공사 · 지방공단을 설립한 지방자치단체를 말한다)에서 협의를 거쳐 심의회를 통합하여 설치 · 운영할 수 있다.

② 심의회는 위원장 1명을 포함하여 5명 이상 7명 이하의 위원으로 구성한다.

③ 심의회의 위원장을 제외한 위원은 소속 공무원, 임직원 또는 외부 전문가로 지명하거나 위촉하되, 그 중 3분의 2는 해당 국가기관 등의 업무 또는 정보공개의 업무에 관한 지식을 가진 외부 전문가로 위촉하여야 한다. 다만, 제9조 제1항 제2호 및 제4호에 해당하는 업무를 주로 하는 국가기관은 그 국가기관의 장이 외부 전문가의 위촉 비율을 따로 정하되, 최소한 3분의 1 이상은 외부 전문가로 위촉하여야 한다.

정답 061 X 062 ○ 063 ○

21. 국가직 9급·소방간부, 18. 서울시 9급, 15. 사복직 9급, 14. 국가직 7급

064 □□□

공공기관의 정보공개에 관한 법률상 공개대상이 되는 정보는 공공기관이 직무상 작성 또는 취득하여 현재 보유·관리하고 있는 문서에 한정되기는 하지만, 반드시 원본일 필요는 없다. O | X

공공기관의 정보공개에 관한 법률상 공개청구의 대상이 되는 정보란 공공기관이 직무상 작성 또는 취득하여 현재 보유·관리하고 있는 문서에 한정되는 것이기는 하나, 그 문서가 반드시 원본일 필요는 없다(대판 2006.5.25. 2006두3049)

13. 서울시 9급

065 □□□

공공기관은 정보의 공개 또는 비공개를 결정한 때에는 이를 청구인에게 통지하여야 한다. O | X

「공공기관의 정보공개에 관한 법률」 제13조 【정보공개 여부 결정의 통지】 ① 공공기관은 제11조에 따라 정보의 공개를 결정한 경우에는 공개의 일시 및 장소 등을 분명히 밝혀 청구인에게 통지하여야 한다.

18. 서울시 7급 변형, 15. 서울시 7급 변형

066 □□□

공개대상의 양이 많아 정상적인 업무수행에 현저한 지장을 초래할 우려가 있는 경우에는 이를 기간별로 나누어 제공하거나 사본·복제물의 교부 또는 열람과 병행하여 제공할 수 있다. O | X

「공공기관의 정보공개에 관한 법률」 제13조 【정보공개 여부 결정의 통지】 ② 공공기관은 청구인이 사본 또는 복제물의 교부를 원하는 경우에는 이를 교부하여야 한다.
③ 공공기관은 공개대상정보의 양이 너무 많아 정상적인 업무수행에 현저한 지장을 초래할 우려가 있는 경우에는 해당 정보를 일정 기간별로 나누어 제공하거나 사본·복제물의 교부 또는 열람과 병행하여 제공할 수 있다.

15. 교행직 9급, 12. 사복직 9급, 04. 경기도 9급

067 □□□

공공기관은 정보의 비공개결정을 한 경우 청구인에게 비공개이유와 불복의 방법 및 절차를 구체적으로 밝혀 문서로 통지하여야 한다. O | X

「공공기관의 정보공개에 관한 법률」 제13조 【정보공개 여부 결정의 통지】 ⑤ 공공기관은 제11조에 따라 정보의 비공개결정을 한 경우에는 그 사실을 청구인에게 지체 없이 문서로 통지하여야 한다. 이 경우 제9조 제1항 각 호 중 어느 규정에 해당하는 비공개대상정보인지를 포함한 비공개이유와 불복(不服)의 방법 및 절차를 구체적으로 밝혀야 한다.

정답 064 ○ 065 ○ 066 ○ 067 ○

21. 지방직 7급 유사, 18. 지방직 9급, 15 · 10. 국가직 9급

068 □□□

정보공개거부처분취소소송에서 공개를 거부한 정보에 비공개대상 부분과 공개가 가능한 부분이 혼합되어 있는 경우, 공개청구의 취지에 어긋나지 아니하는 범위 안에서 두 부분을 분리할 수 있다면 법원은 청구 취지의 변경이 없더라도 공개가 가능한 정보에 관한 부분만의 일부취소를 명할 수 있다. O | X

법원이 정보공개거부처분의 위법 여부를 심리한 결과, 공개가 거부된 정보에 비공개대상정보에 해당하는 부분과 공개가 가능한 부분이 혼합되어 있으며, 공개청구의 취지에 어긋나지 아니하는 범위 안에서 두 부분을 분리할 수 있다고 인정할 수 있을 때에는, 공개가 거부된 정보 중 공개가 가능한 부분을 특정하고, 판결의 주문에 정보공개거부처분 중 공개가 가능한 정보에 관한 부분만을 취소한다고 표시하여야 한다(대판 2010.2.11. 2009두6001).

12. 국가직 9급

069 □□□

행정청이 공개를 거부한 정보에 비공개사유에 해당하는 부분과 그렇지 않은 부분이 혼재되어 있는 경우에는 그 전부에 대해 공개하여야 한다. O | X

법원이 행정기관의 정보공개거부처분의 위법 여부를 심리한 결과 공개를 거부한 정보에 비공개사유에 해당하는 부분과 그렇지 않은 부분이 혼합되어 있고, 공개청구의 취지에 어긋나지 않는 범위 안에서 두 부분을 분리할 수 있음을 인정할 수 있을 때에는 공개가 가능한 정보에 국한하여 일부취소를 명할 수 있다. 이러한 정보의 부분 공개가 허용되는 경우란 그 정보의 공개방법 및 절차에 비추어 당해 정보에서 비공개대상정보에 관련된 기술 등을 제외 혹은 삭제하고 나머지 정보만을 공개하는 것이 가능하고 나머지 부분의 정보만으로도 공개의 가치가 있는 경우를 의미한다(대판 2009.12.10. 2009두12785).

13. 지방직 9급, 11. 국가직 7급

070 □□□

공공기관은 전자적 형태로 보유 · 관리하는 정보에 대하여 청구인이 전자적 형태로 공개를 요청하는 경우에는 원칙적으로 이에 응하여야 한다. O | X

「공공기관의 정보공개에 관한 법률」 제15조【정보의 전자적 공개】 ① 공공기관은 전자적 형태로 보유 · 관리하는 정보에 대하여 청구인이 전자적 형태로 공개하여 줄 것을 요청하는 경우에는 그 정보의 성질상 현저히 곤란한 경우를 제외하고는 청구인의 요청에 따라야 한다.

11. 국가직 9급

071 □□□

정보공개가 결정되고 공개에 오랜시간이 걸리지 않는 정보는 말로도 공개할 수 있다. O | X

「공공기관의 정보공개에 관한 법률」 제16조【즉시 처리가 가능한 정보의 공개】 다음 각 호의 어느 하나에 해당하는 정보로서 즉시 또는 말로 처리가 가능한 정보에 대해서는 제11조에 따른 절차를 거치지 아니하고 공개하여야 한다.

1. 법령 등에 따라 공개를 목적으로 작성된 정보
2. 일반국민에게 알리기 위하여 작성된 각종 홍보자료
3. 공개하기로 결정된 정보로서 공개에 오랜 시간이 걸리지 아니하는 정보
4. 그 밖에 공공기관의 장이 정하는 정보

정답 068 ○ 069 X 070 ○ 071 ○

19. 국가직 9급, 18. 서울시 7급, 15. 지방직 9급, 14 · 10. 서울시 9급

072 □□□

정보의 공개 및 우송 등에 소요되는 비용은 실비의 범위에서 청구인의 부담으로 한다. 다만, 그 액수가 너무 많아서 청구인에게 과중한 부담을 주는 경우에는 비용을 감면할 수 있다. O | X

비용의 감면사유는 공공복리의 유지 · 증진을 위하여 필요하다고 인정되는 경우이다.

> **「공공기관의 정보공개에 관한 법률」 제17조 【비용 부담】** ① 정보의 공개 및 우송 등에 드는 비용은 실비(實費)의 범위에서 청구인이 부담한다.
> ② 공개를 청구하는 정보의 사용목적이 공공복리의 유지 · 증진을 위하여 필요하다고 인정되는 경우에는 제1항에 따른 비용을 감면할 수 있다.

17 · 10. 지방직 7급

073 □□□

정보공개청구권은 국민의 알 권리에 근거한 헌법상 기본권이므로, 권리남용을 이유로 정보공개를 거부하는 것은 허용되지 아니한다. O | X

일반적인 정보공개청구권의 의미와 성질, 구 공공기관의 정보공개에 관한 법률 제3조, 제5조 제1항, 제6조의 규정 내용과 입법목적, 정보공개법이 정보공개청구권의 행사와 관련하여 정보의 사용목적이나 정보에 접근하려는 이유에 관한 어떠한 제한을 두고 있지 아니한 점 등을 고려하면, 국민의 정보공개청구는 정보공개법 제9조에 정한 비공개대상정보에 해당하지 아니하는 한 원칙적으로 폭넓게 허용되어야 하지만, 실제로는 해당 정보를 취득 또는 활용할 의사가 전혀 없이 정보공개제도를 이용하여 사회통념상 용인될 수 없는 부당한 이득을 얻으려 하거나, 오로지 공공기관의 담당공무원을 괴롭힐 목적으로 정보공개청구를 하는 경우처럼 권리의 남용에 해당하는 것이 명백한 경우에는 정보공개청구권의 행사를 허용하지 아니하는 것이 옳다(대판 2014.12.24. 2014두9349).

19. 서울시 7급 · 국가직 7급

074 □□□

공공기관이 정보공개청구권자가 신청한 공개방법 이외의 방법으로 정보를 공개하기로 하는 결정을 하였다면, 정보공개청구자는 이에 대하여 항고소송으로 다툴 수 있다. O | X

공공기관이 공개청구의 대상이 된 정보를 공개는 하되, 청구인이 신청한 공개방법 이외의 방법으로 공개하기로 하는 결정을 하였다면, 이는 정보공개청구 중 정보공개방법에 관한 부분에 대하여 일부 거부처분을 한 것이고, 청구인은 그에 대하여 항고소송으로 다툴 수 있다(대판 2016.11.10. 2016두44674).

23 · 21. 지방직 9급, 18. 지방교행, 15. 서울시 7급 · 국회직 8급, 12. 지방직 7급

075 □□□

오로지 담당공무원을 괴롭힐 목적으로 행사하는 정보공개청구라고 하더라도 그것만으로 정보공개를 거부할 수는 없다. O | X

국민의 정보공개청구는 정보공개법 제9조에 정한 비공개대상정보에 해당하지 아니하는 한 원칙적으로 폭넓게 허용되어야 하지만, 실제로는 해당 정보를 취득 또는 활용할 의사가 전혀 없이 정보공개제도를 이용하여 사회통념상 용인될 수 없는 부당한 이득을 얻으려 하거나, 오로지 공공기관의 담당공무원을 괴롭힐 목적으로 정보공개청구를 하는 경우처럼 권리의 남용에 해당하는 것이 명백한 경우에는 정보공개청구권의 행사를 허용하지 아니하는 것이 옳다(대판 2014.12.24. 2014두9349).

정답 072 X 073 X 074 ○ 075 X

19. 서울시 9급(6월)

076 □□□

정보를 취득 또는 활용할 의사가 전혀 없이 사회통념상 용인될 수 없는 부당이득을 얻으려는 목적의 정보공개청구는 권리남용행위로서 허용되지 않는다. O | X

대판 2014.12.24. 2014두9349 판례에 대한 옳은 내용이다.

19. 국가직 7급

077 □□□

공개청구된 정보가 이미 인터넷을 통해 공개되어 인터넷검색으로 쉽게 접근할 수 있는 경우는 비공개사유가 된다. O | X

국민의 정보공개청구권은 법률상 보호되는 구체적인 권리이므로, 공공기관에 대하여 정보의 공개를 청구하였다가 공개거부처분을 받은 청구인은 행정소송을 통하여 그 공개거부처분의 취소를 구할 법률상의 이익이 있고, 공개청구의 대상이 되는 정보가 이미 다른 사람에게 공개되어 널리 알려져 있다거나 인터넷 등을 통하여 공개되어 인터넷검색 등을 통하여 쉽게 알 수 있다는 사정만으로는 소의 이익이 없다거나 비공개결정이 정당화될 수 없다(대판 2010.12.23. 2008두13101).

19. 국가직 9급 · 서울시 9급(6월) · 국가직 7급, 18. 서울시 9급 · 지방직 9급, 15. 경행특채 1차, 14. 국가직 7급, 13. 지방직 9급

078 □□□

이미 다른 사람에게 공개하여 널리 알려져 있다거나 인터넷이나 관보 등을 통하여 공개하여 인터넷검색이나 도서관에서의 열람 등을 통하여 쉽게 알 수 있다는 사정만으로는 소의 이익이 없다고 할 수 없다. O | X

공개청구의 대상이 되는 정보가 이미 다른 사람에게 공개하여 널리 알려져 있다거나 인터넷이나 관보 등을 통하여 공개하여 인터넷검색이나 도서관에서의 열람 등을 통하여 쉽게 알 수 있다는 사정만으로는 소의 이익이 없다거나 비공개결정이 정당화될 수는 없다(대판 2008.11.27. 2005두15694).

16. 국가직 9급

079 □□□

공개방법을 선택하여 정보공개를 청구하였더라도 공공기관은 정보공개청구자가 선택한 방법에 따라 정보를 공개하여야 하는 것은 아니며, 원칙적으로 그 공개방법을 선택할 재량권이 있다. O | X

정보공개를 청구하는 자가 공공기관에 대해 정보의 사본 또는 출력물의 교부의 방법으로 공개방법을 선택하여 정보공개청구를 한 경우에 공개청구를 받은 공공기관으로서는 법 제8조 제2항에서 규정한 정보의 사본 또는 복제물의 교부를 제한할 수 있는 사유에 해당하지 않는 한 정보공개청구자가 선택한 공개방법에 따라 정보를 공개하여야 하므로 그 공개방법을 선택할 재량권이 없다고 해석함이 상당하다(대판 2004.8.20. 2003두8302).

22. 지방직 7급, 18. 국가직 7급

080 □□□

공공기관이 공개청구대상 정보를 청구인이 신청한 공개방법 이외의 방법으로 공개하는 결정을 한 경우, 정보공개청구 중 정보공개방법 부분에 대하여 일부 거부처분을 한 것이다. O | X

공공기관이 공개청구의 대상이 된 정보를 공개는 하되, 청구인이 신청한 공개방법 이외의 방법으로 공개하기로 하는 결정을 하였다면, 이는 정보공개청구 중 정보공개방법에 관한 부분에 대하여 일부 거부처분을 한 것이고, 청구인은 그에 대하여 항고소송으로 다툴 수 있다(대판 2016.11.10. 2016두44674).

정답 076 ○ 077 X 078 ○ 079 X 080 ○

22. 지방직 7급, 21. 소방간부

081 □□□

공공기관의 정보공개에 관한 법률이 예정하고 있지 아니하지만 우회적인 방법으로 정보를 공개하였다면, 해당 정보의 비공개결정의 취소를 구할 소의 이익은 소멸된다. O | X

청구인이 정보공개거부처분의 취소를 구하는 소송에서 공공기관이 청구정보를 증거 등으로 법원에 제출하여 법원을 통하여 그 사본을 청구인에게 교부 또는 송달되게 하여 결과적으로 청구인에게 정보를 공개하는 셈이 되었다고 하더라도, 이러한 우회적인 방법은 정보공개법이 예정하고 있지 아니한 방법으로서 정보공개법에 의한 공개라고 볼 수는 없으므로, 당해 정보의 비공개결정의 취소를 구할 소의 이익은 소멸되지 않는다(대판 2016.12.15. 2012두11409 · 11416).

23. 국회직 8급, 18. 국가직 7급

082 □□□

정보비공개결정 취소소송에서 공공기관이 청구정보를 증거로 법원에 제출하여 법원을 통하여 그 사본을 청구인에게 교부되게 하여 정보를 공개하게 된 경우에는 비공개결정의 취소를 구할 소의 이익이 소멸한다. O | X

청구인이 정보공개거부처분의 취소를 구하는 소송에서 공공기관이 청구정보를 증거 등으로 법원에 제출하여 법원을 통하여 그 사본을 청구인에게 교부 또는 송달되게 하여 결과적으로 청구인에게 정보를 공개하는 셈이 되었다고 하더라도, 이러한 우회적인 방법은 정보공개법이 예정하고 있지 아니한 방법으로서 정보공개법에 의한 공개라고 볼 수는 없으므로, 당해 정보의 비공개결정의 취소를 구할 소의 이익은 소멸되지 않는다(대판 2016.12.15. 2012두11409 · 11416).

15. 교행직 9급

083 □□□

공공기관의 비공개결정에 대하여 불복이 있는 청구인은 해당 공공기관의 상급기관에 이의신청을 하여야 한다. O | X

「공공기관의 정보공개에 관한 법률」 제18조 【이의신청】 ① 청구인이 정보공개와 관련한 공공기관의 비공개결정 또는 부분공개결정에 대하여 불복이 있거나 정보공개청구 후 20일이 경과하도록 정보공개결정이 없는 때에는 공공기관으로부터 정보공개 여부의 결정 통지를 받은 날 또는 정보공개청구 후 20일이 경과한 날부터 30일 이내에 해당 공공기관에 문서로 이의신청을 할 수 있다.

15. 서울시 7급, 09. 국가직 7급

084 □□□

정보공개청구 후 20일이 경과하도록 정보공개결정이 없는 때에는 정보공개청구 후 20일이 경과한 날부터 30일 이내에 해당 공공기관에 문서로 이의신청을 할 수 있다. O | X

「공공기관의 정보공개에 관한 법률」 제18조 【이의신청】 ① 청구인이 정보공개와 관련한 공공기관의 비공개결정 또는 부분공개결정에 대하여 불복이 있거나 정보공개청구 후 20일이 경과하도록 정보공개결정이 없는 때에는 공공기관으로부터 정보공개 여부의 결정 통지를 받은 날 또는 정보공개청구 후 20일이 경과한 날부터 30일 이내에 해당 공공기관에 문서로 이의신청을 할 수 있다.

정답 081 X 082 X 083 X 084 ○

13. 서울시 9급

085 □□□

비공개결정을 통지받은 청구인은 통지를 받은 날로부터 30일 이내에 해당 공공기관에 서면으로 이의신청을 할 수 있다. O | X

「공공기관의 정보공개에 관한 법률」 제18조 【이의신청】 ① 청구인이 정보공개와 관련한 공공기관의 비공개결정 또는 부분공개결정에 대하여 불복이 있거나 정보공개청구 후 20일이 경과하도록 정보공개결정이 없는 때에는 공공기관으로부터 정보공개 여부의 결정 통지를 받은 날 또는 정보공개청구 후 20일이 경과한 날부터 30일 이내에 해당 공공기관에 문서로 이의신청을 할 수 있다.

11. 지방직 9급

086 □□□

공공기관은 이의신청을 받은 날부터 7일 이내에 그 이의신청에 대하여 결정하고 그 결과를 청구인에게 지체 없이 문서로 통지하여야 한다. O | X

「공공기관의 정보공개에 관한 법률」 제18조 【이의신청】 ③ 공공기관은 이의신청을 받은 날부터 7일 이내에 그 이의신청에 대하여 결정하고 그 결과를 청구인에게 지체 없이 문서로 통지하여야 한다. 다만, 부득이한 사유로 정하여진 기간 이내에 결정할 수 없을 때에는 그 기간이 끝나는 날의 다음 날부터 기산하여 7일의 범위에서 연장할 수 있으며, 연장사유를 청구인에게 통지하여야 한다.

16. 국가직 9급

087 □□□

정보공개청구자는 정보공개와 관련한 공공기관의 비공개결정에 대해서는 이의신청을 할 수 있지만, 부분공개의 결정에 대해서는 따로 이의신청을 할 수 없다. O | X

청구인이 정보공개와 관련한 공공기관의 비공개결정 또는 부분공개결정에 대하여 불복이 있거나 정보공개청구 후 20일이 경과하도록 정보공개결정이 없는 때에는 공공기관으로부터 정보공개 여부의 결정 통지를 받은 날 또는 정보공개청구 후 20일이 경과한 날부터 30일 이내에 해당 공공기관에 문서로 이의신청을 할 수 있다(공공기관의 정보공개에 관한 법률 제18조 제1항).

19. 서울시 9급(2월), 16. 국가직 9급, 15. 교행직 9급, 15. 국회직 8급, 11. 지방직 9급

088 □□□

정보공개청구인은 공공기관의 비공개결정에 대해 이의신청절차를 거치지 아니하면 행정심판을 청구할 수 없다. O | X

청구인은 제18조에 따른 이의신청절차를 거치지 아니하고 행정심판을 청구할 수 있다(공공기관의 정보공개에 관한 법률 제19조 제2항).

13. 지방직 9급

089 □□□

정보공개거부결정의 취소를 구하는 소송에서는 각 행정청의 정보공개심의회가 피고가 된다. O | X

정보공개거부결정의 취소를 구하는 소송에서는 해당 행정청이 피고가 된다.

정답 085 ○ 086 ○ 087 X 088 X 089 X

11. 국가직 9급

090 □□□

정보공개 관련결정에 대하여 행정소송이 제기된 경우에 재판장은 필요시 당사자 없이 비공개로 해당 정보를 열람할 수 있다. O | X

「공공기관의 정보공개에 관한 법률」 제20조 【행정소송】 ② 재판장은 필요하다고 인정하면 당사자를 참여시키지 아니하고 제출된 공개청구정보를 비공개로 열람 · 심사할 수 있다.

09. 관세사

091 □□□

행정소송에서 재판장은 필요하다고 인정되는 경우 당사자를 참여시키지 아니하고 제출된 공개청구정보를 비공개로 열람 · 심사할 수 있다. O | X

「공공기관의 정보공개에 관한 법률」 제20조 【행정소송】 ② 재판장은 필요하다고 인정하면 당사자를 참여시키지 아니하고 제출된 공개청구정보를 비공개로 열람 · 심사할 수 있다.

19. 국가직 9급

092 □□□

행정소송의 재판기록 일부의 정보공개청구에 대한 비공개결정은 전자문서로 통지할 수 없다. O | X

甲이 재판기록 일부의 정보공개를 청구한 데 대하여 서울행정법원장이 민사소송법 제162조를 이유로 소송기록의 정보를 비공개한다는 결정을 전자문서로 통지한 사안에서, '문서'에 '전자문서'를 포함한다고 규정한 구 공공기관의 정보공개에 관한 법률(이하 '정보공개법'이라 한다) 제2조와 정보의 비공개결정을 '문서'로 통지하도록 정한 정보공개법 제13조 제4항의 규정에 의하면 정보의 비공개결정은 전자문서로 통지할 수 있고, 위 규정들은 행정절차법 제3조 제1항에서 행정절차법의 적용이 제외되는 것으로 정한 '다른 법률'에 특별한 규정이 있는 경우에 해당하므로, 비공개결정 당시 정보의 비공개결정은 정보공개법 제13조 제4항에 의하여 전자문서로 통지할 수 있다(대판 2014.4.10. 2012두17384).

19. 국가직 7급

093 □□□

정보공개를 청구한 목적이 손해배상소송에 제출할 증거자료를 획득하기 위한 것이었고 그 소송이 이미 종결되었다면, 그러한 정보공개청구는 권리남용에 해당한다. O | X

구 정보공개법의 목적, 규정 내용 및 취지 등에 비추어 보면, 정보공개청구의 목적에 특별한 제한이 있다고 할 수 없으므로, 피고의 주장과 같이 원고가 이 사건 정보공개를 청구한 목적이 이 사건 손해배상소송에 제출할 증거자료를 획득하기 위한 것이었고 위 소송이 이미 종결되었다고 하더라도, 원고가 오로지 피고를 괴롭힐 목적으로 정보공개를 구하고 있다는 등의 특별한 사정이 없는 한, 위와 같은 사정만으로는 원고가 이 사건 소송을 계속하고 있는 것이 권리남용에 해당한다고 볼 수 없다(대판 2004.9.23. 2003두1370).

정답 090 ○ 091 ○ 092 X 093 X

23. 국회직 8급, 19. 서울시 9급(6월)

094 □□□

공개청구된 정보가 제3자와 관련이 있는 경우 행정청은 제3자에게 통지하여야 하고 의견을 들을 수 있으나, 제3자가 비공개를 요청할 권리를 갖지는 않는다. O | X

제3자는 공공기관에게 비공개를 요청할 권리를 갖는다.

「공공기관의 정보공개에 관한 법률」 제21조 【제3자의 비공개 요청 등】 ① 제11조 제3항에 따라 공개청구된 사실을 통지받은 제3자는 그 통지를 받은 날부터 3일 이내에 해당 공공기관에 대하여 자신과 관련된 정보를 공개하지 아니할 것을 요청할 수 있다.
② 제1항에 따른 비공개 요청에도 불구하고 공공기관이 공개결정을 할 때에는 공개결정이유와 공개실시일을 분명히 밝혀 지체 없이 문서로 통지하여야 하며, 제3자는 해당 공공기관에 문서로 이의신청을 하거나 행정심판 또는 행정소송을 제기할 수 있다. 이 경우 이의신청은 통지를 받은 날부터 7일 이내에 하여야 한다.
③ 공공기관은 제2항에 따른 공개결정일과 공개실시일 사이에 최소한 30일의 간격을 두어야 한다.

11. 사복직 9급

095 □□□

제3자의 비공개 요청에도 불구하고 공공기관이 공개결정을 하는 때에는 공개결정이유와 공개실시일을 명시하여 지체 없이 문서로 통지하여야 한다. O | X

「공공기관의 정보공개에 관한 법률」 제21조 【제3자의 비공개 요청 등】 ② 제1항에 따른 비공개 요청에도 불구하고 공공기관이 공개결정을 할 때에는 공개결정이유와 공개실시일을 분명히 밝혀 지체 없이 문서로 통지하여야 하며, 제3자는 해당 공공기관에 문서로 이의신청을 하거나 행정심판 또는 행정소송을 제기할 수 있다. 이 경우 이의신청은 통지를 받은 날부터 7일 이내에 하여야 한다.

12. 지방직 9급

096 □□□

공개청구된 사실을 통지받은 제3자가 당해 공공기관에 공개하지 아니할 것을 요청하는 때에는 공공기관은 비공개결정을 하여야 한다. O | X

「공공기관의 정보공개에 관한 법률」 제21조 【제3자의 비공개 요청 등】 ① 제11조 제3항에 따라 공개청구된 사실을 통지받은 제3자는 그 통지를 받은 날부터 3일 이내에 해당 공공기관에 대하여 자신과 관련된 정보를 공개하지 아니할 것을 요청할 수 있다.
② 제1항에 따른 비공개 요청에도 불구하고 공공기관이 공개결정을 할 때에는 공개결정이유와 공개실시일을 분명히 밝혀 지체 없이 문서로 통지하여야 하며, 제3자는 해당 공공기관에 문서로 이의신청을 하거나 행정심판 또는 행정소송을 제기할 수 있다. 이 경우 이의신청은 통지를 받은 날부터 7일 이내에 하여야 한다.

정답 094 X 095 ○ 096 X

13. 서울시 9급, 11. 사복직 9급

097 □□□

정보공개와 관련하여 법률상 이익을 침해받은 청구인 또는 제3자는 이의신청뿐만 아니라 행정심판 또는 행정소송도 제기할 수 있다. O | X

「공공기관의 정보공개에 관한 법률」 제18조 【이의신청】 ① 청구인이 정보공개와 관련한 공공기관의 비공개결정 또는 부분공개결정에 대하여 불복이 있거나 정보공개청구 후 20일이 경과하도록 정보공개결정이 없는 때에는 공공기관으로부터 정보공개 여부의 결정 통지를 받은 날 또는 정보공개청구 후 20일이 경과한 날부터 30일 이내에 해당 공공기관에 문서로 이의신청을 할 수 있다.

제19조 【행정심판】 ① 청구인이 정보공개와 관련한 공공기관의 결정에 대하여 불복이 있거나 정보공개청구 후 20일이 경과하도록 정보공개결정이 없는 때에는 행정심판법에서 정하는 바에 따라 행정심판을 청구할 수 있다. 이 경우 국가기관 및 지방자치단체 외의 공공기관의 결정에 대한 감독행정기관은 관계 중앙행정기관의 장 또는 지방자치단체의 장으로 한다.

제20조 【행정소송】 ① 청구인이 정보공개와 관련한 공공기관의 결정에 대하여 불복이 있거나 정보공개청구 후 20일이 경과하도록 정보공개결정이 없는 때에는 행정소송법에서 정하는 바에 따라 행정소송을 제기할 수 있다.

11. 사복직 9급

098 □□□

공공기관은 제3자의 비공개 요청에도 불구하고 공개결정을 하는 때에는 공개결정일과 공개실시일의 사이에 최소한 20일의 간격을 두어야 한다. O | X

「공공기관의 정보공개에 관한 법률」 제21조 【제3자의 비공개 요청 등】 ② 제1항에 따른 비공개 요청에도 불구하고 공공기관이 공개결정을 할 때에는 공개결정이유와 공개실시일을 분명히 밝혀 지체 없이 문서로 통지하여야 하며, 제3자는 해당 공공기관에 문서로 이의신청을 하거나 행정심판 또는 행정소송을 제기할 수 있다. 이 경우 이의신청은 통지를 받은 날부터 7일 이내에 하여야 한다.

③ 공공기관은 제2항에 따른 공개결정일과 공개실시일 사이에 최소한 30일의 간격을 두어야 한다.

23 · 21. 소방간부

099 □□□

정보공개를 요구받은 공공기관이 공공기관의 정보공개에 관한 법률에서 정한 비공개사유에 해당하는지를 주장 · 증명하지 아니한 채 개괄적인 사유만을 들어 공개를 거부하는 것은 허용되지 아니한다. O | X

정보공개를 요구받은 공공기관이 구 공공기관의 정보공개에 관한 법률 제7조 제1항 중 몇 호에서 정한 비공개사유에 해당하는지를 주장 · 증명하지 아니한 채 개괄적인 사유만으로 공개를 거부할 수 없다(대판 2007.2.8. 2006두4899).

정답 097 ○ 098 X 099 ○

19. 변호사, 12. 국회직 9급

100 □□□

정보공개거부처분 취소소송에서 비공개사유의 주장 · 입증책임은 피고인 공공기관에 있다. O | X

국민으로부터 보유 · 관리하는 정보에 대한 공개를 요구받은 공공기관으로서는 법 제7조 제1항 각 호에서 정하고 있는 비공개사유에 해당하지 않는 한 이를 공개하여야 하고, 이를 거부하는 경우라 할지라도 대상이 된 정보의 내용을 구체적으로 확인 · 검토하여 어느 부분이 어떠한 법익 또는 기본권과 충돌되어 법 제7조 제1항 몇 호에서 정하고 있는 비공개사유에 해당하는지를 주장 · 입증하여야만 하며, 그에 이르지 아니한 채 개괄적인 사유만을 들어 공개를 거부하는 것은 허용되지 아니한다(대판 2007.2.8. 2006두4899).

19. 국가직 7급

101 □□□

공개청구된 정보를 공공기관이 한때 보유 · 관리하였으나 후에 그 정보가 담긴 문서가 정당하게 폐기되어 존재하지 않게 된 경우, 정보 보유 · 관리 여부의 입증책임은 정보공개청구자에게 있다. O | X

정보공개제도는 공공기관이 보유 · 관리하는 정보를 그 상태대로 공개하는 제도로서 공개를 구하는 정보를 공공기관이 보유 · 관리하고 있을 상당한 개연성이 있다는 점에 대하여 원칙적으로 공개청구자에게 증명책임이 있다고 할 것이지만, 공개를 구하는 정보를 공공기관이 한 때 보유 · 관리하였으나 후에 그 정보가 담긴 문서 등이 폐기되어 존재하지 않게 된 것이라면 그 정보를 더 이상 보유 · 관리하고 있지 아니하다는 점에 대한 증명책임은 공공기관에게 있다(대판 2004.12.9. 2003두12707).

18. 지방교행

102 □□□

정보공개청구인은 자신에게 해당 정보의 공개를 구할 법률상 이익이 있음을 입증하여야 한다. O | X

정보공개청구권은 법률상 보호되는 구체적인 권리이므로 청구인이 공공기관에 대하여 정보공개를 청구하였다가 거부처분을 받은 것 자체가 법률상 이익의 침해에 해당한다(대판 2003.12.12. 2003두8050). 따라서 정보를 구할 법률상 이익이 있음을 입증할 필요는 없다.

21. 소방간부 · 지방직 9급 · 국가직 9급

103 □□□

정보공개청구권은 법률상 보호되는 구체적인 권리이므로 청구인이 공공기관에 대하여 정보공개를 청구하였다가 거부처분을 받은 것 자체가 법률상 이익의 침해에 해당한다. O | X

공공기관의 정보공개에 관한 법률 제6조(현 제5조) 제1항은 "모든 국민은 정보의 공개를 청구할 권리를 가진다."고 규정하고 있는데, 여기에서 말하는 국민에는 자연인은 물론 법인, 권리능력 없는 사단 · 재단도 포함되고, 법인, 권리능력 없는 사단 · 재단 등의 경우에는 설립목적을 불문하며, 한편 정보공개청구권은 법률상 보호되는 구체적인 권리이므로 청구인이 공공기관에 대하여 정보공개를 청구하였다가 거부처분을 받은 것 자체가 법률상 이익의 침해에 해당한다(대판 2003.12.12. 2003두8050).

정답 100 ○ 101 X 102 X 103 ○

14 · 10. 국가직 7급, 13. 지방직 9급

104 □□□

공공기관에 정보공개를 청구하였다가 거부처분을 받은 것만으로 정보공개청구권이 인정되는 것이 아니라 추가로 어떤 법률상 이익을 가져야 한다는 것이 판례의 입장이다. O | X

정보공개청구권은 법률상 보호되는 구체적인 권리이므로 청구인이 공공기관에 대하여 정보공개를 청구하였다가 거부처분을 받은 것 자체가 법률상 이익의 침해에 해당한다고 할 것이고(대판 2003.12.12. 2003두8050), 거부처분을 받은 것 이외에 추가로 어떤 법률상의 이익을 가질 것을 요구하는 것은 아니다(대판 2004.9.23. 2003두1370).

21. 국가직 7 · 9급

105 □□□

정보공개가 신청된 정보를 공공기관이 보유 · 관리하고 있지 아니한 경우에는 특별한 사정이 없는 한 정보공개거부처분의 취소를 구할 법률상의 이익이 없다. O | X

정보공개제도는 공공기관이 보유 · 관리하는 정보를 그 상태대로 공개하는 제도라는 점 등에 비추어 보면, 정보공개를 구하는 자가 공개를 구하는 정보를 행정기관이 보유 · 관리하고 있을 상당한 개연성이 있다는 점을 입증함으로써 족하다 할 것이지만, 공공기관이 그 정보를 보유 · 관리하고 있지 아니한 경우에는 특별한 사정이 없는 한 정보공개거부처분의 취소를 구할 법률상의 이익이 없다(대판 2006.1.13. 2003두9459).

19. 국회직 8급, 08. 국가직 9급

106 □□□

정보공개에 관한 정책의 수립 및 제도개선에 관한 사항을 심의 · 조정하기 위하여 대통령 소속하에 정보공개심의위원회를 둔다. O | X

행정안전부장관 소속으로 정보공개위원회를 둔다.

19. 국회직 8급

107 □□□

행정안전부장관은 정보공개에 관하여 필요할 경우에 국회사무총장에게 정보공개 처리실태의 개선을 권고할 수 있고 전년도의 정보공개에 운영에 관한 보고서를 매년 국정감사 시작 30일 전까지 국회에 제출하여야 한다. O | X

「공공기관의 정보공개에 관한 법률」 제26조 【국회에의 보고】 ① 행정안전부장관은 전년도의 정보공개 운영에 관한 보고서를 매년 정기국회 개회 전까지 국회에 제출하여야 한다.

22. 지방직 9급

108 □□□

정보공개 청구권자의 권리구제 가능성은 정보의 공개 여부 결정에 아무런 영향을 미치지 못한다. O | X

정보공개 청구권자가 공개를 청구하는 정보와 어떤 관련성을 가질 것을 요구하거나 정보공개 청구의 목적에 특별한 제한을 두고 있지 아니하므로 정보공개 청구권자의 권리구제 가능성 등은 정보의 공개 여부 결정에 아무런 영향을 미치지 못한다(대판 2017.9.7. 2017두44558).

정답 104 X 105 ○ 106 X 107 X 108 ○

22. 지방직 9급

109 □□□

학교환경위생구역 내 금지행위 해제결정에 관한 학교환경위생정화위원회의 회의록에 기재된 발언내용에 대한 해당 발언자의 인적사항 부분에 관한 정보는 비공개대상에 해당하지 아니한다. O | X

학교환경위생구역 내 금지행위(숙박시설) 해제결정에 관한 학교환경위생정화위원회의 회의록에 기재된 발언내용에 대한 해당 발언자의 인적사항 부분에 관한 정보는 공공기관의 정보공개에 관한 법률 제7조 제1항 제5호 소정의 비공개대상에 해당한다(대판 2003.8.22. 2002두12946).

22. 지방직 9급

110 □□□

공공기관이 정보공개를 거부하는 경우에는 어느 부분이 어떠한 법익 또는 기본권과 충돌되어 비공개사유에 해당하는지를 주장·증명하여야 하고, 그에 이르지 아니한 채 개괄적인 사유만을 들어 공개를 거부하는 것은 허용되지 아니한다. O | X

국민으로부터 보유·관리하는 정보에 대한 공개를 요구받은 공공기관으로서는 같은 법 제7조 제1항 각 호에서 정하고 있는 비공개사유에 해당하지 않는 한 이를 공개하여야 할 것이고, 만일 이를 거부하는 경우라 할지라도 대상이 된 정보의 내용을 구체적으로 확인·검토하여 어느 부분이 어떠한 법익 또는 기본권과 충돌되어 같은 법 제7조 제1항 몇 호에서 정하고 있는 비공개사유에 해당하는지를 주장·입증하여야만 할 것이며, 그에 이르지 아니한 채 개괄적인 사유만을 들어 공개를 거부하는 것은 허용되지 아니한다(대판 2003.12.11. 2001두8827).

22. 지방직 9급

111 □□□

공개를 구하는 정보를 공공기관이 한때 보유·관리하였으나 후에 그 정보가 담긴 문서 등이 폐기되어 존재하지 않게 된 것이라면 그 정보를 더 이상 보유·관리하고 있지 아니하다는 점에 대한 증명책임은 공공기관에게 있다. O | X

정보공개제도는 공공기관이 보유·관리하는 정보를 그 상태대로 공개하는 제도로서 공개를 구하는 정보를 공공기관이 보유·관리하고 있을 상당한 개연성이 있다는 점에 대하여 원칙적으로 공개청구자에게 증명책임이 있다고 할 것이지만, 공개를 구하는 정보를 공공기관이 한 때 보유·관리하였으나 후에 그 정보가 담긴 문서 등이 폐기되어 존재하지 않게 된 것이라면 그 정보를 더 이상 보유·관리하고 있지 아니하다는 점에 대한 증명책임은 공공기관에게 있다(대판 2004.12.9. 2003두12707).

22. 국회직 8급

112 □□□

정보공개거부처분 취소소송에 있어서 정보의 분리공개가 가능하다 하더라도 원고가 공개가 가능한 정보에 관한 부분만의 일부취소로 청구취지를 변경하지 않았다면 법원은 일부취소를 명할 수 없다. O | X

법원이 행정기관의 정보공개거부처분의 위법 여부를 심리한 결과 공개를 거부한 정보에 비공개대상 정보에 해당하는 부분과 공개가 가능한 부분이 혼합되어 있고 공개청구의 취지에 어긋나지 아니하는 범위 안에서 두 부분을 분리할 수 있음을 인정할 수 있을 때에는 청구취지의 변경이 없더라도 공개가 가능한 정보에 관한 부분만의 일부취소를 명할 수 있다 할 것이고, 공개청구의 취지에 어긋나지 아니하는 범위 안에서 비공개대상 정보에 해당하는 부분과 공개가 가능한 부분을 분리할 수 있다고 함은, 이 두 부분이 물리적으로 분리가능한 경우를 의미하는 것이 아니고 당해 정보의 공개방법 및 절차에 비추어 당해 정보에서 비공개대상 정보에 관련된 기술 등을 제외 내지 삭제하고 그 나머지 정보만을 공개하는 것이 가능하고 나머지 부분의 정보만으로도 공개의 가치가 있는 경우를 의미한다고 해석하여야 한다(대판 2004.12.9. 2003두12707).

정답 109 X 110 ○ 111 ○ 112 X

23 · 22. 국회직 8급

113 □□□

공공기관은 공개청구 된 공개대상정보의 전부 또는 일부가 제3자와 관련이 있다고 인정할 때에는 그 사실을 제3자에게 지체 없이 통지하여야 하며, 공개청구 된 사실을 통지받은 제3자는 그 통지를 받은 날부터 3일 이내에 해당 공공기관에 대하여 자신과 관련된 정보를 공개하지 아니할 것을 요청할 수 있다. O | X

「공공기관의 정보공개에 관한 법률」 제11조 【정보공개 여부의 결정】 ③ 공공기관은 공개 청구된 공개 대상 정보의 전부 또는 일부가 제3자와 관련이 있다고 인정할 때에는 그 사실을 제3자에게 지체 없이 통지하여야 하며, 필요한 경우에는 그의 의견을 들을 수 있다.

제21조 【제3자의 비공개 요청 등】 ① 제11조 제3항에 따라 공개 청구된 사실을 통지받은 제3자는 그 통지를 받은 날부터 3일 이내에 해당 공공기관에 대하여 자신과 관련된 정보를 공개하지 아니할 것을 요청할 수 있다.

22. 국회직 8급

114 □□□

공공기관이 정보공개를 거부할 때에는 개괄적인 사유만을 들 수 없고 어느 부분이 어떠한 법익 또는 기본권과 충돌하여 비공개사유에 해당하는지를 밝혀야 하나, 정보공개법 제9조 제1항 몇 호에서 정하고 있는 비공개사유에 해당하는지 주장 · 입증할 필요까지는 없다. O | X

국민으로부터 보유 · 관리하는 정보에 대한 공개를 요구받은 공공기관으로서는, 정보공개법 제9조 제1항 각 호에서 정하고 있는 비공개사유에 해당하지 않는 한 이를 공개하여야 한다. 이를 거부하는 경우라 할지라도, 대상이 된 정보의 내용을 구체적으로 확인 · 검토하여, 어느 부분이 어떠한 법익 또는 기본권과 충돌되어 정보공개법 제9조 제1항 몇 호에서 정하고 있는 비공개사유에 해당하는지를 주장 · 증명하여야만 하고, 그에 이르지 아니한 채 개괄적인 사유만을 들어 공개를 거부하는 것은 허용되지 아니한다(대판 2018.4.12. 2014두5477).

22. 국회직 8급

115 □□□

사립대학교는 정보공개법 시행령에 따른 정보공개의무를 지는 공공기관에 해당하나, 국비의 지원을 받는 범위 내에서만 그러한 공공기관의 성격을 가진다. O | X

정보공개 의무기관을 정하는 것은 입법자의 입법형성권에 속하고, 이에 따라 입법자는 구 공공기관의 정보공개에 관한 법률 제2조 제3호에서 정보공개 의무기관을 공공기관으로 정하였는바, 공공기관은 국가기관에 한정되는 것이 아니라 지방자치단체, 정부투자기관, 그 밖에 공동체 전체의 이익에 중요한 역할이나 기능을 수행하는 기관도 포함되는 것으로 해석되고, 여기에 정보공개의 목적, 교육의 공공성 및 공 · 사립학교의 동질성, 사립대학교에 대한 국가의 재정지원 및 보조 등 여러 사정을 고려해 보면, 사립대학교에 대한 국비 지원이 한정적 · 일시적 · 국부적이라는 점을 고려하더라도, 같은 법 시행령(대통령령 제18312호로 개정되기 전의 것) 제2조 제1호가 정보공개의무를 지는 공공기관의 하나로 사립대학교를 들고 있는 것이 모법인 구 공공기관의 정보공개에 관한 법률의 위임 범위를 벗어났다거나 사립대학교가 국비의 지원을 받는 범위 내에서만 공공기관의 성격을 가진다고 볼 수 없다(대판 2006.8.24. 2004두2783).

정답 113 ○ 114 X 115 X

23. 국회직 8급

116

□□□

정보공개를 청구하여 정보공개 여부에 대한 결정의 통지를 받은 자가 정당한 사유 없이 해당 정보의 공개를 다시 청구하는 경우, 공공기관은 종전 청구와의 내용적 유사성·관련성 등을 고려하여 해당 청구를 종결 처리할 수 있다. O | X

「공공기관의 정보공개에 관한 법률」 제11조의2 【반복 청구 등의 처리】 ① 공공기관은 제11조에도 불구하고 제10조 제1항 및 제2항에 따른 정보공개 청구가 다음 각 호의 어느 하나에 해당하는 경우에는 정보공개 청구 대상 정보의 성격, 종전 청구와의 내용적 유사성·관련성, 종전 청구와 동일한 답변을 할 수밖에 없는 사정 등을 종합적으로 고려하여 해당 청구를 종결 처리할 수 있다. 이 경우 종결 처리 사실을 청구인에게 알려야 한다.

1. 정보공개를 청구하여 정보공개 여부에 대한 결정의 통지를 받은 자가 정당한 사유 없이 해당 정보의 공개를 다시 청구하는 경우
2. 정보공개 청구가 제11조 제5항에 따라 민원으로 처리되었으나 다시 같은 청구를 하는 경우

23. 국회직 8급

117

□□□

어떤 정보를 공공기관이 보유·관리하고 있다는 점에 관하여는 입증책임이 정보공개를 구하는 자에게 있으며, 그 입증의 정도는 그러한 정보를 공공기관이 보유·관리하고 있을 상당한 개연성이 있다는 점을 증명하는 것으로 족하다. O | X

구 공공기관의 정보공개에 관한 법률에 의한 정보공개제도는 공공기관이 보유·관리하는 정보를 그 상태대로 공개하는 제도라는 점 등에 비추어 보면, 당해 정보를 공공기관이 보유·관리하고 있다는 점에 관하여 정보공개를 구하는 자에게 입증책임이 있다 할 것이지만, 그 입증의 정도는 그러한 정보를 공공기관이 보유·관리하고 있을 상당한 개연성이 있다는 점을 증명하면 족하다 할 것이다(대판 2007.6.1. 2006두20587).

23. 지방직 9급, 21. 소방간부

118

□□□

청구인이 정보공개와 관련한 공공기관의 결정에 대하여 불복이 있거나 정보공개청구 후 10일이 경과하도록 정보공개 결정이 없는 때에는 행정심판법에서 정하는 바에 따라 행정심판을 청구할 수 있다. O | X

10일이 아닌 20일이다.

「공공기관의 정보공개에 관한 법률」 제19조 【행정심판】 ① 청구인이 정보공개와 관련한 공공기관의 결정에 대하여 불복이 있거나 정보공개 청구 후 20일이 경과하도록 정보공개 결정이 없는 때에는 「행정심판법」에서 정하는 바에 따라 행정심판을 청구할 수 있다. 이 경우 국가기관 및 지방자치단체 외의 공공기관의 결정에 대한 감독행정기관은 관계 중앙행정기관의 장 또는 지방자치단체의 장으로 한다.

정답 116 ○ 117 ○ 118 X

23. 소방간부

119

□□□

공공기관의 정보공개에 관한 법률 제9조 제1항 제6호 본문 규정에 따라 비공개대상이 되는 정보는 성명·주민등록번호 등 개인식별정보에 한정된다. O | X

비공개대상이 되는 정보에는 구 공공기관의 정보공개에 관한 법률의 이름·주민등록번호 등 정보 형식이나 유형을 기준으로 비공개대상정보에 해당하는지를 판단하는 '개인식별정보'뿐만 아니라 그 외에 정보의 내용을 구체적으로 살펴 '개인에 관한 사항의 공개로 개인의 내밀한 내용의 비밀 등이 알려지게 되고, 그 결과 인격적·정신적 내면생활에 지장을 초래하거나 자유로운 사생활을 영위할 수 없게 될 위험성이 있는 정보'도 포함된다고 새겨야 한다. 따라서 불기소처분 기록 중 피의자신문조서 등에 기재된 피의자 등의 인적사항 이외의 진술내용 역시 개인의 사생활의 비밀 또는 자유를 침해할 우려가 인정되는 경우 정보공개법 본문 소정의 비공개대상에 해당한다(대합 2012.6.18. 2011두2361 전합).

23. 지방직 7급

120

□□□

정보공개청구인이 정보공개와 관련한 공공기관의 비공개 결정 또는 부분 공개 결정에 대하여 불복하는 경우에는 정보공개법상 이의신청절차를 거친 후에야 비로소 행정심판을 청구할 수 있다. O | X

행정심판전치주의가 적용되지 않는다.

> **공공기관의 정보공개에 관한 법률 제19조 【행정심판】** ② 청구인은 제18조에 따른 이의신청 절차를 거치지 아니하고 행정심판을 청구할 수 있다.

24. 지방직 9급

121

□□□

유아교육법에 따른 사립유치원은 공공기관의 정보공개에 관한 법령상 공공기관에 해당하지 않는다. O | X

유아교육법에 따른 사립유치원을 포함한 각급학교는 모두 공공기관에 해당한다.

24. 국가직 9급

122

□□□

'2002학년도부터 2005학년도까지의 대학수학능력시험 원데이터'는 연구목적으로 그 정보의 공개를 청구하는 경우 공공기관의 정보공개에 관한 법률 소정의 비공개대상정보에 해당한다. O | X

'2002년도 및 2003년도 국가 수준 학업성취도평가 자료'는 표본조사 방식으로 이루어졌을 뿐만 아니라 학교식별정보 등도 포함되어 있어서 그 원자료 전부가 그대로 공개될 경우 학업성취도평가 업무의 공정한 수행이 객관적으로 현저하게 지장을 받을 것이라는 고도의 개연성이 존재한다고 볼 여지가 있어 공공기관의 정보공개에 관한 법률 제9조 제1항 제5호에서 정한 비공개대상정보에 해당하는 부분이 있으나, '2002학년도부터 2005학년도까지의 대학수학능력시험 원데이터'는 연구 목적으로 그 정보의 공개를 청구하는 경우, 공개로 인하여 초래될 부작용이 공개로 얻을 수 있는 이익보다 더 클 것이라고 단정하기 어려우므로 그 공개로 대학수학능력시험 업무의 공정한 수행이 객관적으로 현저하게 지장을 받을 것이라는 고도의 개연성이 존재한다고 볼 수 없어 위 조항의 비공개대상정보에 해당하지 않는다(대판 2010.2.25. 2007두9877).

정답 119 X 120 X 121 X 122 X

23. 국가직 7급

123 □□□

정보공개청구인은 공공기관의 비공개결정에 불복하는 행정심판을 청구하려면 공공기관의 정보공개에 관한 법률에서 정하는 이의신청 절차를 거쳐야 한다. O | X

이의신청 절차를 거치지 아니하고 행정심판을 청구할 수 있다.

> **「공공기관의 정보공개에 관한 법률」 제19조 【행정심판】** ② 청구인은 제18조에 따른 이의신청 절차를 거치지 아니하고 행정심판을 청구할 수 있다.

제2절 개인정보 보호제도

23. 국회직 8급, 18. 국가직 9급

124 □□□

헌법재판소는 개인정보자기결정권을 사생활의 비밀과 자유, 일반적 인격권 등을 이념적 기초로 하는 독자적 기본권으로서 헌법에 명시되지 않은 기본권으로 보고 있다. O | X

헌법재판소는 주민등록법 제17조의8 등 위헌사건에서 "개인정보자기결정권의 헌법상 근거로는 헌법 제17조의 사생활의 비밀과 자유, 헌법 제10조 제1문의 인간의 존엄과 가치 및 행복추구권에 근거를 둔 일반적 인격권 또는 위 조문들과 동시에 우리 헌법의 자유민주적 기본질서 규정 또는 국민주권원리와 민주주의원리 등을 고려할 수 있으나, 개인정보자기결정권으로 보호하려는 내용을 위 각 기본권들 및 헌법원리들 중 일부에 완전히 포섭시키는 것은 불가능하다고 할 것이므로, 그 헌법적 근거를 굳이 어느 한두 개에 국한시키는 것은 바람직하지 않은 것으로 보이고, 오히려 개인정보자기결정권은 이들을 이념적 기초로 하는 독자적 기본권으로서 헌법에 명시되지 아니한 기본권이라고 보아야 할 것이다."라고 함으로써 개인정보자기결정권의 헌법적 근거를 헌법 제37조 제1항에서 규정한 헌법에 열거되지 아니한 권리로 보는 듯하다(헌재 2005.5.26. 99헌마513).

18. 지방직 7급

125 □□□

법인의 정보는 개인정보 보호법의 보호대상이 아니다. O | X

개인정보는 살아 있는 개인에 관한 정보이므로, 법인이나 사자(死者)의 정보는 개인정보 보호법의 보호대상이 아니다.

> **「개인정보 보호법」 제2조 【정의】** 이 법에서 사용하는 용어의 뜻은 다음과 같다.
> 1. "개인정보"란 살아 있는 개인에 관한 정보로서 다음 각 목의 어느 하나에 해당하는 정보를 말한다.
>   가. 성명, 주민등록번호 및 영상 등을 통하여 개인을 알아볼 수 있는 정보
>   나. 해당 정보만으로는 특정 개인을 알아볼 수 없더라도 다른 정보와 쉽게 결합하여 알아볼 수 있는 정보. 이 경우 쉽게 결합할 수 있는지 여부는 다른 정보의 입수 가능성 등 개인을 알아보는 데 소요되는 시간, 비용, 기술 등을 합리적으로 고려하여야 한다.
>   다. 가목 또는 나목을 제1호의2에 따라 가명처리함으로써 원래의 상태로 복원하기 위한 추가 정보의 사용·결합 없이는 특정 개인을 알아볼 수 없는 정보(이하 "가명정보"라 한다)

정답 123 X 124 ○ 125 ○

13. 경행특채

126

□□□

개인정보란 살아 있는 개인, 사자(死者) 및 법인에 관한 정보로서 성명, 주민등록번호 및 영상 등을 통하여 개인, 사자(死者) 및 법인을 알아볼 수 있는 정보(해당 정보만으로는 특정인을 알아볼 수 없더라도 다른 정보와 쉽게 결합하여 특정인을 알아볼 수 있는 것을 포함한다)를 말한다. O | X

사자(死者)와 법인은 개인정보 보호법의 주체가 되지 않는다.

> **「개인정보 보호법」 제2조 【정의】** 이 법에서 사용하는 용어의 뜻은 다음과 같다.
> 1. "개인정보"란 살아 있는 개인에 관한 정보로서 다음 각 목의 어느 하나에 해당하는 정보를 말한다.

18. 서울시 7급

127

□□□

개인정보는 살아 있는 개인에 관한 정보로서 성명, 주민등록번호 및 영상 등을 통하여 개인을 알아볼 수 있는 정보이며, 해당 정보만으로는 특정 개인을 알아볼 수 없다면, 다른 정보와 쉽게 결합하여 그 개인을 알아볼 수 있는 경우라도 개인정보라 할 수 없다. O | X

> **「개인정보 보호법」 제2조 【정의】** 이 법에서 사용하는 용어의 뜻은 다음과 같다.
> 1. "개인정보"란 살아 있는 개인에 관한 정보로서 다음 각 목의 어느 하나에 해당하는 정보를 말한다.
>   가. 성명, 주민등록번호 및 영상 등을 통하여 개인을 알아볼 수 있는 정보
>   나. 해당 정보만으로는 특정 개인을 알아볼 수 없더라도 다른 정보와 쉽게 결합하여 알아볼 수 있는 정보. 이 경우 쉽게 결합할 수 있는지 여부는 다른 정보의 입수 가능성 등 개인을 알아보는 데 소요되는 시간, 비용, 기술 등을 합리적으로 고려하여야 한다.

21. 소방간부

128

□□□

가명정보는 원래의 상태로 복원하기 위한 추가 정보의 사용 · 결합 없이는 특정 개인을 알아볼 수 없는 정보이기 때문에 개인정보에 해당하지 않는다. O | X

> **「개인정보 보호법」 제2조 【정의】** 이 법에서 사용하는 용어의 뜻은 다음과 같다.
> 1. "개인정보"란 살아 있는 개인에 관한 정보로서 다음 각 목의 어느 하나에 해당하는 정보를 말한다.
>   다. 가목 또는 나목을 제1호의2에 따라 가명처리함으로써 원래의 상태로 복원하기 위한 추가 정보의 사용 · 결합 없이는 특정 개인을 알아볼 수 없는 정보(이하 "가명정보"라 한다)

18. 국회직 8급 · 지방직 7급

129

□□□

개인정보자기결정권의 보호대상이 되는 개인정보는 개인의 신체, 신념, 사회적 지위, 신분 등과 같이 개인의 인격주체성을 특징짓는 사항으로서 그 개인의 동일성을 식별할 수 있는 일체의 정보이고, 이미 공개된 개인정보는 포함하지 않는다. O | X

개인정보자기결정권의 보호대상이 되는 개인정보는 개인의 신체, 신념, 사회적 지위, 신분 등과 같이 개인의 인격주체성을 특징짓는 사항으로서 개인의 동일성을 식별할 수 있게 하는 일체의 정보라고 할 수 있고, 반드시 개인의 내밀한 영역에 속하는 정보에 국한되지 않고 공적 생활에서 형성되었거나 이미 공개된 개인정보까지 포함한다. 또한 그러한 개인정보를 대상으로 한 조사 · 수집 · 보관 · 처리 · 이용 등의 행위는 모두 원칙적으로 개인정보자기결정권에 대한 제한에 해당한다(대판 2016.8.17. 2014다235080).

정답 126 X 127 X 128 X 129 X

21. 국가직 9급

130 □□□

개인정보자기결정권의 보호대상이 되는 개인정보는 반드시 개인의 내밀한 영역에 속하는 정보에 국한되지 않고 공적 생활에서 형성되었거나 이미 공개된 개인정보까지 포함한다. O | X

개인정보자기결정권의 보호대상이 되는 개인정보는 반드시 개인의 내밀한 영역이나 사사(私事)의 영역에 속하는 정보에 국한되지 않고 공적 생활에서 형성되었거나 이미 공개된 개인정보까지 포함한다(헌재 2005.7.21. 2003헌마282 등).

21. 국가직 9급

131 □□□

이미 공개된 개인정보를 정보주체의 동의가 있었다고 객관적으로 인정되는 범위 내에서 처리를 할 때는 정보주체의 별도의 동의는 불필요하다고 보아야 하고, 별도의 동의를 받지 아니하였다고 하여 개인정보 보호법을 위반한 것으로 볼 수 없다. O | X

이미 공개된 개인정보를 정보주체의 동의가 있었다고 객관적으로 인정되는 범위 내에서 수집 · 이용 · 제공 등 처리를 할 때는 정보주체의 별도의 동의는 불필요하다고 보아야 하고, 별도의 동의를 받지 아니하였다고 하여 개인정보 보호법 제15조나 제17조를 위반한 것으로 볼 수 없다(대판 2016.8.17. 2014다235080).

12. 국회직 9급

132 □□□

개인정보 보호제도의 헌법적 근거는 헌법상 기본권인 개인정보자기결정권 등에서 도출할 수 있으나, 개인정보자기결정권은 자신에 관한 정보를 정부주체에게 맡기고 정부주체가 개인정보의 공개와 이용에 관하여 결정할 권리를 말한다. O | X

개인정보자기결정권은 자신에 관한 정보가 언제 누구에게 어느 범위까지 알려지고 또 이용되도록 할 것인지를 정보주체가 스스로 결정할 수 있는 권리이다. 개인정보자기결정권의 보호대상이 되는 개인정보는 개인의 신체, 신념, 사회적 지위, 신분 등과 같이 개인의 인격주체성을 특징짓는 사항으로서 개인의 동일성을 식별할 수 있게 하는 일체의 정보라고 할 수 있고, 반드시 개인의 내밀한 영역에 속하는 정보에 국한되지 않고 공적 생활에서 형성되었거나 이미 공개된 개인정보까지 포함한다. 또한 그러한 개인정보를 대상으로 한 조사 · 수집 · 보관 · 처리 · 이용 등의 행위는 모두 원칙적으로 개인정보자기결정권에 대한 제한에 해당한다(대판 2014.7.24. 2012다49933).

21. 지방직 9급

133 □□□

개인의 고유성 · 동일성을 나타내는 지문은 그 정보주체를 타인으로부터 식별 가능하게 하는 개인정보이다. O | X

개인정보자기결정권은 자신에 관한 정보가 언제 누구에게 어느 범위까지 알려지고 또 이용되도록 할 것인지를 그 정보주체가 스스로 결정할 수 있는 권리, 즉 정보주체가 개인정보의 공개와 이용에 관하여 스스로 결정할 권리를 말하는바, 개인의 고유성 · 동일성을 나타내는 지문은 그 정보주체를 타인으로부터 식별 가능하게 하는 개인정보이므로, 시장 · 군수 또는 구청장이 개인의 지문정보를 수집하고, 경찰청장이 이를 보관 · 전산화하여 범죄수사목적에 이용하는 것은 모두 개인정보자기결정권을 제한하는 것이다(헌재 2005.5.26. 2004헌마190).

정답 130 ○ 131 ○ 132 X 133 ○

18. 지방직 7급

134 □□□

시장·군수 또는 구청장이 개인의 지문정보를 수집하고, 경찰청장이 이를 보관·전산화하여 범죄수사목적에 이용하는 것은 모두 개인정보자기결정권을 제한하는 것이다. O | X

헌재 2005.5.26. 2004헌마190 판례에 대한 옳은 내용이다.

21. 소방간부

135 □□□

검사 또는 수사관서의 장이 수사를 위하여 구 전기통신사업법 제54조 제3항·제4항에 의하여 전기통신사업자에게 통신자료의 제공을 요청하고, 이에 전기통신사업자가 위 규정에서 정한 형식적·절차적 요건을 심사하여 이용자의 통신자료를 제공하였다면, 특별한 사정이 없는 한 이로 인하여 이용자의 개인정보자기결정권이나 익명표현의 자유 등이 위법하게 침해된 것은 아니다. O | X

전기통신사업자가 검사 또는 수사관서의 장의 요청에 따라 구 전기통신사업법 제54조 제3항·제4항에서 정한 형식적·절차적 요건을 심사하여 이용자의 통신자료를 제공한 경우, 이용자의 개인정보자기결정권이나 익명표현의 자유 등을 위법하게 침해한 것으로 볼 수는 없다(대판 2016.3.10. 2012다105482).

16. 지방직 7급, 13. 경행특채

136 □□□

개인정보처리자란 개인정보파일을 운용하기 위하여 스스로 개인정보를 처리하는 공공기관, 법인, 단체 및 개인 등을 말한다. O | X

「개인정보 보호법」 제2조 【정의】 이 법에서 사용하는 용어의 뜻은 다음과 같다.
5. "개인정보처리자"란 업무를 목적으로 개인정보파일을 운용하기 위하여 스스로 또는 다른 사람을 통하여 개인정보를 처리하는 공공기관, 법인, 단체 및 개인 등을 말한다.

14. 국가직 9급

137 □□□

개인정보 보호법은 공공기관에 의해 처리되는 정보뿐만 아니라 민간에 의해 처리되는 정보까지 보호대상으로 하고 있다. O | X

「개인정보 보호법」 제2조 【정의】 이 법에서 사용하는 용어의 뜻은 다음과 같다.
5. "개인정보처리자"란 업무를 목적으로 개인정보파일을 운용하기 위하여 스스로 또는 다른 사람을 통하여 개인정보를 처리하는 공공기관, 법인, 단체 및 개인 등을 말한다.

정답 134 ○ 135 ○ 136 X 137 ○

21. 국가직 9급

138

☐☐☐

개인정보 처리위탁에 있어 수탁자는 정보제공자의 관리·감독 아래 위탁받은 범위 내에서만 개인정보를 처리하게 되지만, 위탁자로부터 위탁사무 처리에 따른 대가를 지급받는 이상 개인정보 처리에 관하여 독자적인 이익을 가지므로, 그러한 수탁자는 개인정보 보호법 제17조에 의해 개인정보처리자가 정보주체의 개인정보를 제공할 수 있는 '제3자'에 해당한다. O | X

개인정보 처리위탁에 있어 수탁자는 위탁자로부터 위탁사무 처리에 따른 대가를 지급받는 것 외에는 개인정보 처리에 관하여 독자적인 이익을 가지지 않고, 정보제공자의 관리·감독 아래 위탁받은 범위 내에서만 개인정보를 처리하게 되므로, 개인정보 보호법 제17조와 정보통신망법 제24조의2에 정한 '제3자'에 해당하지 않는다(대판 2017.4.7. 2016도13263).

12. 지방직 9급

139

☐☐☐

정보주체는 자신의 개인정보처리와 관련하여 개인정보의 처리 정지, 정정·삭제 및 파기를 요구할 권리를 가진다. O | X

「개인정보 보호법」 제4조 【정보주체의 권리】 정보주체는 자신의 개인정보 처리와 관련하여 다음 각 호의 권리를 가진다.

1. 개인정보의 처리에 관한 정보를 제공받을 권리
2. 개인정보의 처리에 관한 동의 여부, 동의 범위 등을 선택하고 결정할 권리
3. 개인정보의 처리 여부를 확인하고 개인정보에 대한 열람(사본의 발급을 포함한다. 이하 같다) 및 전송을 요구할 권리
4. 개인정보의 처리 정지, 정정·삭제 및 파기를 요구할 권리
5. 개인정보의 처리로 인하여 발생한 피해를 신속하고 공정한 절차에 따라 구제받을 권리

18. 서울시 7급, 13. 국회직 9급

140

☐☐☐

개인정보처리자는 법령상 의무를 준수하기 위하여 불가피한 경우에는 개인정보를 수집할 수 있으며 그 수집목적의 범위 내에서 이용할 수 있다. O | X

「개인정보 보호법」 제15조 【개인정보의 수집·이용】 ① 개인정보처리자는 다음 각 호의 어느 하나에 해당하는 경우에는 개인정보를 수집할 수 있으며 그 수집목적의 범위에서 이용할 수 있다.

2. 법률에 특별한 규정이 있거나 법령상 의무를 준수하기 위하여 불가피한 경우

정답 138 X 139 ○ 140 ○

21. 소방간부 변형

141 □□□

정보주체와 체결한 계약을 이행하거나 계약을 체결하는 과정에서 정보주체의 요청에 따른 조치를 이행하기 위하여 필요한 경우에도 정보주체의 별도 동의 없이 개인정보처리자가 개인정보를 수집할 수 있으며 그 수집목적의 범위에서 이용할 수 있다. O | X

「개인정보 보호법」 제15조 【개인정보의 수집 · 이용】 ① 개인정보처리자는 다음 각 호의 어느 하나에 해당하는 경우에는 개인정보를 수집할 수 있으며 그 수집목적의 범위에서 이용할 수 있다.
4. 정보주체와 체결한 계약을 이행하거나 계약을 체결하는 과정에서 정보주체의 요청에 따른 조치를 이행하기 위하여 필요한 경우

14. 경행특채 2차 변형

142 □□□

명백히 정보주체 또는 제3자의 급박한 생명 · 신체 · 재산의 이익을 위해 필요하다고 인정되는 경우 개인정보를 수집할 수 있으며, 그 수집목적의 범위에서 이용할 수 있다. O | X

「개인정보 보호법」 제15조 【개인정보의 수집 · 이용】 ① 개인정보처리자는 다음 각 호의 어느 하나에 해당하는 경우에는 개인정보를 수집할 수 있으며 그 수집목적의 범위에서 이용할 수 있다.
5. 명백히 정보주체 또는 제3자의 급박한 생명, 신체, 재산의 이익을 위하여 필요하다고 인정되는 경우

16. 지방직 7급

143 □□□

개인정보처리자가 개인정보 보호법상의 허용요건을 충족하여 개인정보를 수집하는 경우에는 그 목적에 필요한 최소한의 개인정보를 수집하여야 한다. 이 경우 개인정보처리자가 최소한의 개인정보 수집이라는 의무를 위반한 경우 그 입증책임은 이의를 제기하는 정보주체가 부담한다. O | X

「개인정보 보호법」 제16조 【개인정보의 수집 제한】 ① 개인정보처리자는 제15조 제1항 각 호의 어느 하나에 해당하여 개인정보를 수집하는 경우에는 그 목적에 필요한 최소한의 개인정보를 수집하여야 한다. 이 경우 최소한의 개인정보 수집이라는 입증책임은 개인정보처리자가 부담한다.

18. 서울시 7급

144 □□□

개인정보처리자로부터 개인정보를 제공받은 자는 정보주체로부터 별도의 동의를 받은 경우나 다른 법률에 특별한 규정이 있는 경우를 제외하고는 개인정보를 제공받은 목적 외의 용도로 이용하거나 이를 제3자에게 제공하여서는 아니 된다. O | X

「개인정보 보호법」 제18조 【개인정보의 목적 외 이용 · 제공 제한】 ② 제1항에도 불구하고 개인정보처리자는 다음 각 호의 어느 하나에 해당하는 경우에는 정보주체 또는 제3자의 이익을 부당하게 침해할 우려가 있을 때를 제외하고는 개인정보를 목적 외의 용도로 이용하거나 이를 제3자에게 제공할 수 있다.
1. 정보주체로부터 별도의 동의를 받은 경우
2. 다른 법률에 특별한 규정이 있는 경우

정답 141 ○ 142 ○ 143 X 144 ○

16. 지방직 7급 변형

145 □□□

개인정보처리자는 정보주체의 동의 없이 처리할 수 있는 개인정보에 대해서는 그 항목과 처리의 법적 근거를 정보주체의 동의를 받아 처리하는 개인정보와 구분하여 제30조 제2항에 따라 공개하거나 전자우편 등 대통령령으로 정하는 방법에 따라 정보주체에게 알려야 한다. 이 경우 동의 없이 처리할 수 있는 개인정보라는 입증책임은 개인정보처리자가 부담한다. O | X

「개인정보 보호법」 제22조 【동의를 받는 방법】 ③ 개인정보처리자는 정보주체의 동의 없이 처리할 수 있는 개인정보에 대해서는 그 항목과 처리의 법적 근거를 정보주체의 동의를 받아 처리하는 개인정보와 구분하여 제30조 제2항에 따라 공개하거나 전자우편 등 대통령령으로 정하는 방법에 따라 정보주체에게 알려야 한다. 이 경우 동의 없이 처리할 수 있는 개인정보라는 입증책임은 개인정보처리자가 부담한다.

21. 소방간부

146 □□□

법률정보 제공 사이트를 운영하는 甲주식회사가 乙대학교 법학과 교수로 재직 중인 丙의 개인정보를 별도 동의 없이 위 법학과 홈페이지 등을 통해 수집하여 위 사이트 내 법조인 항목에서 유료로 제공하더라도 위법하다고 할 수 없다. O | X

법률정보 제공 사이트를 운영하는 甲주식회사가 공립대학교인 乙대학교 법과대학 법학과 교수로 재직 중인 丙의 사진, 성명, 성별, 출생연도, 직업, 직장, 학력, 경력 등의 개인정보를 위 법학과 홈페이지 등을 통해 수집하여 위 사이트 내 '법조인' 항목에서 유료로 제공한 사안에서, 甲회사의 행위를 丙의 개인정보자기결정권을 침해하는 위법한 행위로 평가하거나, 甲회사가 개인정보 보호법 제15조나 제17조를 위반하였다고 볼 수 없다(대판 2016.8.17. 2014다235080).

21. 소방간부 변형

147 □□□

시설의 안전 및 관리, 화재 예방을 위하여 정당한 권한을 가진 자가 설치·운영하는 경우 공개된 장소에 고정형 영상정보기기를 설치·운영할 수 있다. O | X

「개인정보 보호법」 제25조 【고정형 영상정보처리기기의 설치·운영 제한】 ① 누구든지 다음 각 호의 경우를 제외하고는 공개된 장소에 고정형 영상정보처리기기를 설치·운영하여서는 아니 된다.
3. 시설의 안전 및 관리, 화재 예방을 위하여 정당한 권한을 가진 자가 설치·운영하는 경우

16. 지방직 7급 변형

148 □□□

불특정다수가 이용하는 목욕실, 화장실, 발한실(發汗室), 탈의실 등에의 고정형 영상정보처리기기 설치는 대통령령으로 정하는 바에 따라 안내판 설치 등 필요한 조치를 취하는 경우에만 허용된다. O | X

「개인정보 보호법」 제25조 【고정형 영상정보처리기기의 설치·운영 제한】 ② 누구든지 불특정다수가 이용하는 목욕실, 화장실, 발한실(發汗室), 탈의실 등 개인의 사생활을 현저히 침해할 우려가 있는 장소의 내부를 볼 수 있도록 고정형 영상정보처리기기를 설치·운영하여서는 아니 된다. 다만, 교도소, 정신보건시설 등 법령에 근거하여 사람을 구금하거나 보호하는 시설로서 대통령령으로 정하는 시설에 대하여는 그러하지 아니하다.

정답 145 ○ 146 ○ 147 ○ 148 X

13. 경행특채 변형

149 □□□

고정형 영상정보처리기기운영자는 고정형 영상정보처리기기의 설치목적과 다른 목적으로 고정형 영상정보처리기기를 임의로 조작하거나 다른 곳을 비춰서는 아니 되며, 녹음기능은 사용할 수 없다. O | X

「개인정보 보호법」 제72조 【벌칙】 다음 각 호의 어느 하나에 해당하는 자는 3년 이하의 징역 또는 3천만원 이하의 벌금에 처한다.
1. 제25조 제5항(제26조 제8항에 따라 준용되는 경우를 포함한다)을 위반하여 고정형 영상정보처리기기의 설치목적과 다른 목적으로 고정형 영상정보처리기기를 임의로 조작하거나 다른 곳을 비추는 자 또는 녹음기능을 사용한 자

12. 국회직 9급

150 □□□

공공기관의 장은 대통령령으로 정하는 기준에 해당하는 개인정보파일의 운용으로 인하여 정보주체의 개인정보 침해가 우려되는 경우에는 그 위험요인을 분석하고 개선사항을 도출하기 위하여 '개인정보 영향평가'를 하고 그 결과를 산업통상자원부장관을 거쳐 국무총리에게 보고하여야 한다. O | X

「개인정보 보호법」 제33조 【개인정보 영향평가】 ① 공공기관의 장은 대통령령으로 정하는 기준에 해당하는 개인정보파일의 운용으로 인하여 정보주체의 개인정보 침해가 우려되는 경우에는 그 위험요인의 분석과 개선사항 도출을 위한 평가(이하 "영향평가"라 한다)를 하고 그 결과를 보호위원회에 제출하여야 한다.

23. 국회직 8급, 18. 지방직 7급 · 국가직 9급, 14. 국가직 9급

151 □□□

정보주체는 개인정보처리자가 개인정보 보호법을 위반한 행위로 손해를 입으면 개인정보처리자에게 손해배상을 청구할 수 있으며, 이 경우 그 정보주체는 고의 또는 과실을 입증해야 한다. O | X

「개인정보 보호법」 제39조 【손해배상책임】 ① 정보주체는 개인정보처리자가 이 법을 위반한 행위로 손해를 입으면 개인정보처리자에게 손해배상을 청구할 수 있다. 이 경우 그 개인정보처리자는 고의 또는 과실이 없음을 입증하지 아니하면 책임을 면할 수 없다.

18. 서울시 7급 변형

152 □□□

개인정보처리자의 고의 또는 중대한 과실로 인하여 개인정보가 유출된 경우로서 정보주체에게 손해가 발생한 때에는 법원은 그 손해액의 5배를 넘지 아니하는 범위에서 손해배상액을 정할 수 있다. O | X

「개인정보 보호법」 제39조 【손해배상책임】 ③ 개인정보처리자의 고의 또는 중대한 과실로 인하여 개인정보가 분실 · 도난 · 유출 · 위조 · 변조 또는 훼손된 경우로서 정보주체에게 손해가 발생한 때에는 법원은 그 손해액의 5배를 넘지 아니하는 범위에서 손해배상액을 정할 수 있다. 다만, 개인정보처리자가 고의 또는 중대한 과실이 없음을 증명한 경우에는 그러하지 아니하다.

정답 149 ○ 150 X 151 X 152 ○

12. 지방직 9급 변형

153 □□□

개인정보에 관한 분쟁의 조정을 위하여 위원장 1명을 포함한 30명 이내의 위원으로 구성된 개인정보 보호 심의위원회를 두고 있다. O | X

분쟁조정위원회에 대한 내용이다.

> **「개인정보 보호법」 제40조 【설치 및 구성】** ① 개인정보에 관한 분쟁의 조정(調停)을 위하여 개인정보 분쟁조정위원회(이하 "분쟁조정위원회"라 한다)를 둔다.
> ② 분쟁조정위원회는 위원장 1명을 포함한 30명 이내의 위원으로 구성하며, 위원은 당연직위원과 위촉위원으로 구성한다.

23. 국회직 8급, 18. 국가직 9급, 13. 국회직 9급

154 □□□

국가 및 지방자치단체, 개인정보 보호단체 및 기관, 정보주체, 개인정보처리자는 정보주체의 피해 또는 권리침해가 다수의 정보주체에게 같거나 비슷한 유형을 발생하는 경우로서 일정한 사건에 대하여는 분쟁조정위원회에 집단분쟁조정을 의뢰 또는 신청할 수 있다. O | X

> **「개인정보 보호법」 제49조 【집단분쟁조정】** ① 국가 및 지방자치단체, 개인정보 보호단체 및 기관, 정보주체, 개인정보처리자는 정보주체의 피해 또는 권리침해가 다수의 정보주체에게 같거나 비슷한 유형으로 발생하는 경우로서 대통령령으로 정하는 사건에 대하여는 분쟁조정위원회에 일괄적인 분쟁조정(이하 "집단분쟁조정"이라 한다)을 의뢰 또는 신청할 수 있다.

16. 지방직 9급, 13. 국회직 9급

155 □□□

개인정보 보호법 소정의 일정한 요건을 갖춘 소비자단체나 비영리단체는 개인정보처리자 집단분쟁조정을 거부하거나 집단분쟁조정의 결과를 수락하지 아니한 경우에는 법원에 권리침해행위의 금지·중지를 구하는 단체소송을 제기할 수 있다. O | X

> **「개인정보 보호법」 제51조 【단체소송의 대상 등】** 다음 각 호의 어느 하나에 해당하는 단체는 개인정보처리자가 제49조에 따른 집단분쟁조정을 거부하거나 집단분쟁조정의 결과를 수락하지 아니한 경우에는 법원에 권리침해행위의 금지·중지를 구하는 소송(이하 "단체소송"이라 한다)을 제기할 수 있다.
> 1. 소비자기본법 제29조에 따라 공정거래위원회에 등록한 소비자단체로서 다음 각 목의 요건을 모두 갖춘 단체
> 2. 비영리민간단체 지원법 제2조에 따른 비영리민간단체로서 다음 각 목의 요건을 모두 갖춘 단체

정답 153 X 154 ○ 155 ○

18. 국가직 9급

156 □□□

개인정보 보호법에는 개인정보 단체소송을 제기할 수 있는 단체에 대한 제한을 두고 있지 않으므로 법인격이 있는 단체라면 어느 단체든지 권리침해행위의 금지·중지를 구하는 소송을 제기할 수 있다.

O | X

개인정보 보호법 제51조에는 단체소송의 대상에 대한 제한규정이 있다.

「개인정보 보호법」 제51조 **【단체소송의 대상 등】** 다음 각 호의 어느 하나에 해당하는 단체는 개인정보처리자가 제49조에 따른 집단분쟁조정을 거부하거나 집단분쟁조정의 결과를 수락하지 아니한 경우에는 법원에 권리침해행위의 금지·중지를 구하는 소송(이하 "단체소송"이라 한다)을 제기할 수 있다.

1. 소비자기본법 제29조에 따라 공정거래위원회에 등록한 소비자단체로서 다음 각 목의 요건을 모두 갖춘 단체
   가. 정관에 따라 상시적으로 정보주체의 권익증진을 주된 목적으로 하는 단체일 것
   나. 단체의 정회원수가 1천명 이상일 것
   다. 소비자기본법 제29조에 따른 등록 후 3년이 경과하였을 것
2. 비영리민간단체 지원법 제2조에 따른 비영리민간단체로서 다음 각 목의 요건을 모두 갖춘 단체
   가. 법률상 또는 사실상 동일한 침해를 입은 100명 이상의 정보주체로부터 단체소송의 제기를 요청받을 것
   나. 정관에 개인정보 보호를 단체의 목적으로 명시한 후 최근 3년 이상 이를 위한 활동실적이 있을 것
   다. 단체의 상시 구성원수가 5천명 이상일 것
   라. 중앙행정기관에 등록되어 있을 것

16. 지방직 9급

157 □□□

소비자기본법에 따라 공정거래위원회에 등록한 소비자단체가 개인정보 단체소송을 제기하려면 그 단체의 정회원수가 1백명 이상이어야 한다.

O | X

「개인정보 보호법」 제51조 **【단체소송의 대상 등】** 다음 각 호의 어느 하나에 해당하는 단체는 개인정보처리자가 제49조에 따른 집단분쟁조정을 거부하거나 집단분쟁조정의 결과를 수락하지 아니한 경우에는 법원에 권리침해행위의 금지·중지를 구하는 소송(이하 "단체소송"이라 한다)을 제기할 수 있다.

1. 소비자기본법 제29조에 따라 공정거래위원회에 등록한 소비자단체로서 다음 각 목의 요건을 모두 갖춘 단체
   가. 정관에 따라 상시적으로 정보주체의 권익증진을 주된 목적으로 하는 단체일 것
   나. 단체의 정회원수가 1천명 이상일 것
   다. 소비자기본법 제29조에 따른 등록 후 3년이 경과하였을 것

21. 소방

158 □□□

단체소송의 원고는 변호사를 소송대리인으로 선임하여야 한다.

O | X

「개인정보 보호법」 제53조 **【소송대리인의 선임】** 단체소송의 원고는 변호사를 소송대리인으로 선임하여야 한다.

정답 156 X 157 X 158 ○

21. 소방

159 □□□

법원은 개인정보처리자가 분쟁조정위원회의 조정을 거부하지 않을 경우에만, 결정으로 단체소송을 허가한다. O | X

법원은 개인정보처리자가 분쟁조정위원회의 조정을 거부하거나 조정결과를 수락하지 아니하였을 경우에 한하여 결정으로 단체소송을 허가한다.

> **「개인정보 보호법」 제55조【소송허가요건 등】** ① 법원은 다음 각 호의 요건을 모두 갖춘 경우에 한하여 결정으로 단체소송을 허가한다.
> 1. 개인정보처리자가 분쟁조정위원회의 조정을 거부하거나 조정결과를 수락하지 아니하였을 것
> 2. 제54조(소송허가신청)에 따른 소송허가신청서의 기재사항에 흠결이 없을 것

16 · 15. 지방직 9급

160 □□□

개인정보 보호법상 단체소송을 허가하거나 불허가하는 법원의 결정에 대하여는 더 이상 소송으로 다툴 수 없다. O | X

> **「개인정보 보호법」 제55조【소송허가요건 등】** ② 단체소송을 허가하거나 불허가하는 결정에 대하여는 즉시항고할 수 있다.

21. 소방, 16. 지방직 9급

161 □□□

개인정보 단체소송에 관하여 개인정보 보호법에 특별한 규정이 없는 경우에는 행정소송법을 적용한다. O | X

단체소송에 관하여 개인정보 보호법에 특별한 규정이 없는 경우에는 민사소송법을 적용한다(개인정보 보호법 제57조 제1항).

21. 소방

162 □□□

단체소송의 절차에 관하여 필요한 사항은 대법원규칙으로 정한다. O | X

> **「개인정보 보호법」 제57조【민사소송법의 적용 등】** ③ 단체소송의 절차에 관하여 필요한 사항은 대법원규칙으로 정한다.

정답 159 X 160 X 161 X 162 ○

22. 소방

163 □□□

살아 있는 개인에 관하여 알아볼 수 있는 정보라도 가명처리함으로써 원래의 상태로 복원하기 위한 추가 정보의 사용·결합 없이는 특정 개인을 알아볼 수 없게 된 정보는 개인정보에 해당하지 아니한다.
O | X

「개인정보 보호법」 제2조 【정의】 이 법에서 사용하는 용어의 뜻은 다음과 같다.
1. "개인정보"란 살아 있는 개인에 관한 정보로서 다음 각 목의 어느 하나에 해당하는 정보를 말한다.
   가. 성명, 주민등록번호 및 영상 등을 통하여 개인을 알아볼 수 있는 정보
   나. 해당 정보만으로는 특정 개인을 알아볼 수 없더라도 다른 정보와 쉽게 결합하여 알아볼 수 있는 정보. 이 경우 쉽게 결합할 수 있는지 여부는 다른 정보의 입수 가능성 등 개인을 알아보는 데 소요되는 시간, 비용, 기술 등을 합리적으로 고려하여야 한다.
   다. 가목 또는 나목을 제1호의2에 따라 가명처리함으로써 원래의 상태로 복원하기 위한 추가 정보의 사용·결합 없이는 특정 개인을 알아볼 수 없는 정보(이하 "가명정보"라 한다)

1의2. "가명처리"란 개인정보의 일부를 삭제하거나 일부 또는 전부를 대체하는 등의 방법으로 추가 정보가 없이는 특정 개인을 알아볼 수 없도록 처리하는 것을 말한다.

22. 소방

164 □□□

개인정보 보호위원회는 대통령 직속 기관으로 대통령이 직접 지휘·감독한다. O | X

「개인정보 보호법」 제7조 【개인정보 보호위원회】 ① 개인정보 보호에 관한 사무를 독립적으로 수행하기 위하여 국무총리 소속으로 개인정보 보호위원회(이하 "보호위원회"라 한다)를 둔다.

22. 소방

165 □□□

정보주체가 자신의 개인정보에 대한 열람을 공공기관에 요구하고자 할 때에는 공공기관에 직접 열람을 요구하거나 대통령령으로 정하는 바에 따라 개인정보 보호위원회를 통하여 열람을 요구할 수 있다.
O | X

「개인정보 보호법」 제35조 【개인정보의 열람】 ② 제1항에도 불구하고 정보주체가 자신의 개인정보에 대한 열람을 공공기관에 요구하고자 할 때에는 공공기관에 직접 열람을 요구하거나 대통령령으로 정하는 바에 따라 보호위원회를 통하여 열람을 요구할 수 있다.

22. 소방

166 □□□

개인정보처리자는 당초 수집 목적과 합리적으로 관련된 범위에서 정보주체에게 불이익이 발생하는지 여부, 암호화 등 안전성 확보에 필요한 조치를 하였는지 여부 등을 고려하더라도 정보주체의 동의 없이는 개인정보를 제3자에게 제공할 수 없다.
O | X

「개인정보 보호법」 제17조 【개인정보의 제공】 ④ 개인정보처리자는 당초 수집 목적과 합리적으로 관련된 범위에서 정보주체에게 불이익이 발생하는지 여부, 암호화 등 안전성 확보에 필요한 조치를 하였는지 여부 등을 고려하여 대통령령으로 정하는 바에 따라 정보주체의 동의 없이 개인정보를 제공할 수 있다.

정답 163 X 164 X 165 ○ 166 X

23. 경찰간부

167 □□□

옥외집회 · 시위에 대한 경찰의 촬영행위에 의해 취득한 자료는 '개인정보'의 보호에 관한 일반법인 개인정보 보호법이 적용될 수 없다. O | X

옥외집회 · 시위에 대한 경찰의 촬영행위에 의해 취득한 자료는 '개인정보'의 보호에 관한 일반법인 '개인정보 보호법'이 적용될 수 있다(헌재 2018.8.30. 2014헌마843).

23. 경찰간부

168 □□□

자신의 개인정보를 열람한 정보주체는 개인정보처리자에게 그 개인정보의 정정 또는 삭제를 요구할 수 있지만 다른 법령에서 그 개인정보가 수집 대상으로 명시되어 있는 경우에는 그 삭제를 요구할 수 없다. O | X

「개인정보 보호법」 제36조 **【개인정보의 정정 · 삭제】** ① 제35조에 따라 자신의 개인정보를 열람한 정보주체는 개인정보처리자에게 그 개인정보의 정정 또는 삭제를 요구할 수 있다. 다만, 다른 법령에서 그 개인정보가 수집 대상으로 명시되어 있는 경우에는 그 삭제를 요구할 수 없다.

23. 국회직 8급

169 □□□

개인정보처리자가 개인정보 보호법 제49조에 따른 집단분쟁조정의 결과를 수락하지 아니한 경우, 소비자기본법 제29조에 따라 공정거래위원회에 등록한 후 1년이 경과한 소비자단체는 법원에 권리침해 행위의 중지를 구하는 단체소송을 제기할 수 있다. O | X

공정거래위원회에 등록한 후 1년이 아닌 3년이 경과한 소비자 단체이다.

「개인정보 보호법」 제51조 **【단체소송의 대상 등】** 다음 각 호의 어느 하나에 해당하는 단체는 개인정보처리자가 제49조에 따른 집단분쟁조정을 거부하거나 집단분쟁조정의 결과를 수락하지 아니한 경우에는 법원에 권리침해 행위의 금지 · 중지를 구하는 소송(이하 "단체소송"이라 한다)을 제기할 수 있다.

1. 「소비자기본법」 제29조에 따라 공정거래위원회에 등록한 소비자단체로서 다음 각 목의 요건을 모두 갖춘 단체
   가. 정관에 따라 상시적으로 정보주체의 권익증진을 주된 목적으로 하는 단체일 것
   나. 단체의 정회원수가 1천명 이상일 것
   다. 「소비자기본법」 제29조에 따른 등록 후 3년이 경과하였을 것

23. 소방간부

170 □□□

집단분쟁조정의 기간은 개인정보 보호법 제49조 제2항에 따른 공고가 종료된 날의 다음 날부터 30일 이내로 하며, 부득이한 사정이 있는 경우에는 분쟁조정위원회의 의결로 처리기간을 연장할 수 있다. O | X

「개인정보 보호법」 제49조 **【집단분쟁조정】** ⑦ 집단분쟁조정의 기간은 제2항에 따른 공고가 종료된 날의 다음 날부터 60일 이내로 한다. 다만, 부득이한 사정이 있는 경우에는 분쟁조정위원회의 의결로 처리기간을 연장할 수 있다.

정답 167 X 168 ○ 169 X 170 X

제4편

행정의 실효성 확보수단

제1장 행정상 강제집행

08. 국가직 7급

001 □□□

행정상 강제집행은 행정법상 개별 · 구체적인 의무의 불이행을 전제로 그 불이행한 의무를 장래에 향해 실현시키는 것을 목적으로 한다는 점에서 과거의 의무 위반에 대한 제재로써 가하는 행정벌과 구별된다.

O | X

강제집행은 의무불이행을 전제로 하므로 즉시강제와 구별되고, 장래를 향한 의무이행을 강제하므로 행정벌과 구별된다.

09. 지방직 9급

002 □□□

행정법상의 의무를 명할 수 있는 명령권의 근거가 되는 법은 동시에 행정강제의 근거가 될 수 있다.

O | X

행정상 강제집행을 하기 위해서는 의무를 명하는 법규와는 별도로 당해 의무를 강제집행할 수 있다는 법적 근거가 필요하다(통설).

14. 국가직 9급, 13 · 10. 지방직 7급

003 □□□

행정대집행절차가 인정되는 공법상 의무의 이행에 대하여는 민사상 강제집행은 인정되지 않는다.

O | X

구 토지수용법 제74조 제1항 제1호에 의하면 관리청은 같은 법 또는 이에 의한 명령 또는 처분에 위반한 자에 대하여는 공작물의 개축, 물건의 이전 기타 필요한 처분이나 조치를 명할 수 있다고 되어 있으므로 토지에 관한 도로구역결정이 고시된 후 구 토지수용법 제18조의2 제2항에 위반하여 공작물을 축조하고 물건을 부가한 자에 대하여 관리청은 이러한 위반행위에 의하여 생긴 유형적 결과의 시정을 명하는 행정처분을 하여 이에 따르지 않는 경우에는 행정대집행의 방법으로 그 의무 내용을 실현할 수 있는 것이고, 이러한 행정대집행의 절차가 인정되는 경우에는 따로 민사소송의 방법으로 공작물의 철거 · 수거 등을 구할 수는 없다(대판 2000.5.12. 99다18909).

21. 소방

004 □□□

대집행은 비금전적인 대체적 작위의무를 의무자가 이행하지 않는 경우 행정청이 스스로 의무자가 행하여야 할 행위를 하거나 제3자로 하여금 행하게 하는 것으로, 그 대집행의 대상은 공법상 의무에만 한정하지 않는다.

O | X

대집행이란 공법상 대체적 작위의무(타인이 대신하여 이행할 수 있는 작위의무)의 불이행이 있는 경우에 당해 행정청이 스스로 의무자가 행할 행위를 하거나 제3자로 하여금 이를 행하게 하고 그 비용을 의무자로부터 징수하는 것을 말한다. 대집행의 대상이 되는 의무는 공법상 의무이어야 하므로 대집행의 대상은 공법상 의무에만 한정된다.

정답 001 ○ 002 X 003 ○ 004 X

17. 국가직 7급, 14. 서울시 7급

005 □□□

행정법관계에서는 강제력의 특질이 인정되므로 행정법상의 의무를 명하는 명령권의 근거 규정은 동시에 그 의무불이행에 대한 행정상 강제집행의 근거가 될 수 있다. O | X

행정법상의 의무를 명하는 명령권의 근거 규정과 별개로 그 의무불이행에 대한 행정상 강제집행의 근거가 필요하다.

22. 지방직 7급, 18. 국가직 9급

006 □□□

관계 법령에서 금지규정 및 그 위반에 대한 벌칙규정은 두고 있으나 금지규정 및 벌칙규정은 당연히 금지규정 위반행위로 인해 발생한 유형적 결과를 시정하게 하는 것도 예정하고 있다고 할 것이어서 금지규정 위반으로 인한 결과의 시정을 명하는 권한도 인정하고 있는 것으로 해석된다. O | X

행정대집행법 제2조는 대집행의 대상이 되는 의무를 "법률(법률의 위임에 의한 명령, 지방자치단체의 조례를 포함한다. 이하 같다)에 의하여 직접 명령되었거나 또는 법률에 의거한 행정청의 명령에 의한 행위로서 타인이 대신하여 행할 수 있는 행위"라고 규정하고 있으므로, 대집행계고처분을 하기 위하여는 법령에 의하여 직접 명령되거나 법령에 근거한 행정청의 명령에 의한 의무자의 대체적 작위의무 위반행위가 있어야 한다. 따라서 단순한 부작위의무의 위반, 즉 관계 법령에 정하고 있는 절대적 금지나 허가를 유보한 상대적 금지를 위반한 경우에는 당해 법령에서 그 위반자에 대하여 위반에 의하여 생긴 유형적 결과의 시정을 명하는 행정처분의 권한을 인정하는 규정(예컨대, 건축법 제79조, 도로법 제96조, 하천법 제69조, 도시공원법 제45조, 옥외광고물 등 관리법 제10조 등)을 두고 있지 아니한 이상, 법치주의의 원리에 비추어 볼 때 위와 같은 부작위의무로부터 그 의무를 위반함으로써 생긴 결과를 시정하기 위한 작위의무를 당연히 끌어낼 수는 없으며, 또 위 금지규정(특히 허가를 유보한 상대적 금지규정)으로부터 작위의무, 즉 위반결과의 시정을 명하는 권한이 당연히 추론되는 것도 아니다(대판 1996.6.28. 96누4374).

21. 국가직 7급

007 □□□

위반결과의 시정을 명하는 권한은 금지규정으로부터 당연히 추론되는 것은 아니다. O | X

대판 1996.6.28. 96누4374 판례에 대한 옳은 내용이다.

09. 지방직 9급

008 □□□

행정상 강제집행수단으로는 대집행과 강제징수가 일반적으로 인정되고 직접강제와 집행벌은 예외적으로 인정된다. O | X

현재 대집행과 강제징수는 일반적으로 인정되고 있지만 직접강제와 집행벌은 예외적으로 개별법에 근거가 있는 경우에만 인정되고 있다.

정답 005 X 006 X 007 ○ 008 ○

13. 경행특채

009 □□□

행정상 강제집행의 수단은 대집행, 집행벌, 직접강제, 행정상 강제징수 등이 있다. O | X

Point정리 행정의 실효성 확보수단

전통적 의무이행 확보수단								새로운 의무이행 확보수단					
행정강제						행정벌		금전적 제재			비금전적 제재		
강제집행													
대집행	강제징수	직접강제	이행강제금(집행벌)	즉시강제	행정조사	행정형벌	행정질서벌(과태료)	과징금	가산세	가산금	공급거부	명단공표	관허사업제한

18. 지방교행, 14. 서울시 7급

010 □□□

즉시강제는 대체적 작위의무의 불이행이 있는 경우에 행정청이 스스로 의무자가 행할 행위를 대신 수행하는 조치이다. O | X

대집행에 관한 설명이다.

13. 국회직 9급

011 □□□

대집행은 부작위의무의 이행을 확보하기 위하여 활용하는 대표적인 행정작용의 실효성 확보수단에 해당한다. O | X

대집행은 대체적 작위의무의 불이행시 활용하는 대표적인 행정작용의 실효성 확보수단이다. 비대체적 작위의무나 비대체적 부작위의무는 대집행의 대상이 될 수 없다.

09. 국가직 7급

012 □□□

조례는 행정대집행법상의 대체적 작위의무 부과의 근거가 되는 법령에 해당하지 않는다. O | X

조례도 대체적 작위의무 부과의 근거가 되는 법령에 포함된다.

> **「행정대집행법」 제2조 【대집행과 그 비용징수】** 법률(법률의 위임에 의한 명령, 지방자치단체의 조례를 포함한다. 이하 같다)에 의하여 직접 명령되었거나 또는 법률에 의거한 행정청의 명령에 의한 행위로서 타인이 대신하여 행할 수 있는 행위를 의무자가 이행하지 아니하는 경우 다른 수단으로써 그 이행을 확보하기 곤란하고 또한 그 불이행을 방치함이 심히 공익을 해할 것으로 인정될 때에는 당해 행정청은 스스로 의무자가 하여야 할 행위를 하거나 또는 제3자로 하여금 이를 하게 하여 그 비용을 의무자로부터 징수할 수 있다.

정답 009 ○ 010 X 011 X 012 X

21. 소방

013 □□□

대집행의 근거법으로는 대집행에 관한 일반법인 행정대집행법과 대집행에 관한 개별법 규정이 있다. O | X

행정상 강제집행은 국민의 기본권에 대한 제한을 수반하므로 법적 근거가 있어야 한다. 대집행의 근거법으로는 대집행에 관한 일반법인 행정대집행법과 대집행에 관한 개별법 규정이 있다.

18. 서울시 7급

014 □□□

행정대집행법 제2조에서 의무자에게 부과된 의무는 행정청에 의해서 행해진 명령에 한하며 법률에 의해 혹은 법률에 근거하여 행해진 명령은 해당되지 않는다. O | X

법률(법률의 위임에 의한 명령, 지방자치단체의 조례를 포함)에 의하여 직접 명령되었거나 또는 법률에 의거한 행정청의 명령에 의한 행위가 대상이다.

> **「행정대집행법」 제2조 【대집행과 그 비용징수】** 법률(법률의 위임에 의한 명령, 지방자치단체의 조례를 포함한다. 이하 같다)에 의하여 직접 명령되었거나 또는 법률에 의거한 행정청의 명령에 의한 행위로서 타인이 대신하여 행할 수 있는 행위를 의무자가 이행하지 아니하는 경우 다른 수단으로써 그 이행을 확보하기 곤란하고 또한 그 불이행을 방치함이 심히 공익을 해할 것으로 인정될 때에는 당해 행정청은 스스로 의무자가 하여야 할 행위를 하거나 또는 제3자로 하여금 이를 하게 하여 그 비용을 의무자로부터 징수할 수 있다.

13. 서울시 9급

015 □□□

대집행의 주체는 당해 행정청이 되나, 대집행의 실행행위는 행정청에 의한 경우 이외에 제3자에 의해서도 가능하다. O | X

대집행의 주체는 처분을 명한 당해 행정청(처분청)이고 대집행의 실행은 제3자에게도 위탁할 수 있으나, 이 경우 제3자가 대집행의 주체가 되는 것은 아니다. 제3자는 행정보조자에 불과하다.

13. 국가직 7급

016 □□□

행정청의 위임을 받아 대집행을 실행하는 제3자는 대집행의 주체가 아니다. O | X

대집행의 실행을 위탁받은 제3자는 대집행의 주체가 아니다. 단, 법령에 의해 대집행 권한 자체를 위탁받은 경우에는 주체가 될 수 있다.

13. 국회직 8급

017 □□□

대법원은 공익사업을 위한 토지 등의 취득 및 보상에 관한 법률상 수용대상물의 인도·이전의무 불이행에 대한 지방자치단체장의 대집행권한을 구 한국토지공사에 위탁한 것은 구 한국토지공사를 행정보조자로 고용한 것으로 본다. O | X

본래 시·도지사나 시장·군수 또는 구청장의 업무에 속하는 대집행권한을 한국토지공사에게 위탁하도록 되어 있는바, 한국토지공사는 이러한 법령의 위탁에 의하여 대집행을 수권받은 자로서 공무인 대집행을 실시함에 따르는 권리·의무 및 책임이 귀속되는 행정주체의 지위에 있다고 볼 것이지 지방자치단체 등의 기관으로서 국가배상법 제2조 소정의 공무원에 해당한다고 볼 것은 아니다(대판 2010.1.28. 2007다82950·82967).

정답 013 ○ 014 X 015 ○ 016 ○ 017 X

18. 서울시 9급

018 □□□

공익사업을 위해 토지를 협의 매도한 종전 토지소유자가 토지 위의 건물을 철거하겠다는 약정을 하였다고 하더라도 이러한 약정 불이행시 대집행의 대상이 되지 아니한다. O | X

사법상 의무의 불이행은 행정대집행법상의 대집행의 대상이 아니다. 그러나 국유재산법과 같이 법률에 특별한 규정이 있으면 예외적으로 사법상 의무의 불이행도 행정대집행의 대상이 될 수 있다.

관련 판례

구 공공용지의 취득 및 손실보상에 관한 특례법에 의한 협의취득시 건물소유자가 매매대상건물에 대한 철거의무를 부담하겠다는 취지의 약정을 한 경우, 그 철거의무는 행정대집행법에 의한 대집행의 대상이 되지 않는다(대판 2006.10.13. 2006두7096).

13 · 11. 국회직 8급

019 □□□

대집행은 다른 수단으로 그 이행확보가 불가능한 경우 부득이한 수단으로서만 발동될 수 있다. O | X

대집행의 요건으로는 ① 대체적 작위의무의 불이행, ② 보충성, ③ 공익상의 요청이 있다.

「행정대집행법」 제2조 【대집행과 그 비용징수】 법률에 의하여 직접 명령되었거나 또는 법률에 의거한 행정청의 명령에 의한 행위로서 타인이 대신하여 행할 수 있는 행위를 의무자가 이행하지 아니하는 경우 다른 수단으로써 그 이행을 확보하기 곤란하고 또한 그 불이행을 방치함이 심히 공익을 해할 것으로 인정될 때에는 당해 행정청은 스스로 의무자가 하여야 할 행위를 하거나 또는 제3자로 하여금 이를 하게 하여 그 비용을 의무자로부터 징수할 수 있다.

18. 서울시 9급, 17. 국가직 9급, 15. 지방직 9급 · 국가직 9급 · 교행직 9급 · 서울시 9급, 13. 국가직 7급, 11. 사복직 9급

020 □□□

부작위하명에는 행정행위의 강제력의 효력이 있으므로 당해 하명에 따른 부작위의무의 불이행에 대하여는 별도의 법적 근거 없이 대집행이 가능하다. O | X

부작위의무의 불이행에 대하여는 작위의무로 전환하는 별도의 법적 근거가 있어야 하고 별도의 법적 근거 없이 대집행이 불가능하다.

15. 사복직 9급

021 □□□

부작위의무 위반행위에 대하여 법률에 부작위의무를 대체적 작위의무로 전환하는 규정이 있으면 부작위의무를 대체적 작위의무로 전환시켜 대집행할 수 있다. O | X

부작위의무는 그 자체로 대집행의 대상이 되는 것은 아니므로, 작위의무로 전환한 후 이를 불이행할 경우에 대집행이 가능하다. 이 경우 전환을 위해서는 별도의 법적 근거를 요한다.

정답 018 ○ 019 ○ 020 X 021 ○

13. 서울시 7급

022 □□□

군복무를 위한 징집소환영장에의 불응의 경우 행정대집행을 할 수 있다. O | X

대집행은 대체적 작위의무의 불이행시 활용하는 대표적인 행정작용의 실효성 확보수단이다. 비대체적 작위의무(징집소환영장에의 불응)나 비대체적 부작위의무는 대집행의 대상이 될 수 없다.

19. 지방직 9급, 12. 사복직 9급

023 □□□

甲이 위 부관을 위반하여 도로에 자재 등을 불법적치한 경우, 관할 행정청은 바로 행정대집행법에 따라 불법적치된 자재 등을 제거할 수 있다. O | X

'건축기간 동안 자재 등을 도로에 불법적치하지 말 것'은 부작위의무를 부과한 부담에 해당한다. 부작위의무는 작위의무로의 전환 없이 곧바로 행정대집행을 할 수 없다.

13. 서울시 7급

024 □□□

영업정지기간 중 영업의 계속의 경우 행정대집행을 할 수 있다. O | X

대집행은 대체적 작위의무의 불이행시 활용하는 대표적인 행정작용의 실효성 확보수단이다. 비대체적 작위의무나 비대체적 부작위의무(영업정지기간)는 대집행의 대상이 될 수 없다.

15. 서울시 9급

025 □□□

행정대집행법에 의하면 법령에 의해 직접 성립하는 의무도 행정대집행의 대상이 될 수 있다. O | X

> **「행정대집행법」 제2조【대집행과 그 비용징수】** 법률에 의하여 직접 명령되었거나 또는 법률에 의거한 행정청의 명령에 의한 행위로서 타인이 대신하여 행할 수 있는 행위를 의무자가 이행하지 아니하는 경우 다른 수단으로써 그 이행을 확보하기 곤란하고 또한 그 불이행을 방치함이 심히 공익을 해할 것으로 인정될 때에는 당해 행정청은 스스로 의무자가 하여야 할 행위를 하거나 또는 제3자로 하여금 이를 하게 하여 그 비용을 의무자로부터 징수할 수 있다.

21 · 14. 지방직 9급, 19. 변호사, 18 · 14 · 10 · 08. 국가직 9급, 15 · 08. 국회직 8급 · 국가직 9급 · 서울시 9급, 13. 국가직 7급 · 서울시 7급

026 □□□

퇴거의무 및 점유인도의무의 불이행은 행정대집행의 대상이 되지 않는다. O | X

도시공원시설인 매점의 관리청이 그 공동점유자 중의 1인에 대하여 소정의 기간 내에 위 매점으로부터 퇴거하고 이에 부수하여 그 판매 시설물 및 상품을 반출하지 아니할 때에는 이를 대집행하겠다는 내용의 계고처분은 그 주된 목적이 매점의 원형을 보존하기 위하여 점유자가 설치한 불법 시설물을 철거하고자 하는 것이 아니라, 매점에 대한 점유자의 점유를 배제하고 그 점유이전을 받는 데 있다고 할 것인데, 이러한 의무는 그것을 강제적으로 실현함에 있어 직접적인 실력 행사가 필요한 것이지 대체적 작위의무에 해당하는 것은 아니어서 직접강제의 방법에 의하는 것은 별론으로 하고 행정대집행법에 의한 대집행의 대상이 되는 것은 아니다(대판 1998.10.23. 97누157).

정답 022 X 023 X 024 X 025 ○ 026 ○

14. 국가직 7급

027 □□□

대집행의 대상은 대체적 작위의무이며, 부작위의무 위반의 경우에는 그것을 대체적 작위의무로 전환하는 규정을 두고 있지 아니하는 한 대집행의 대상이 되지 아니한다. O | X

부작위의무는 그 자체로 대집행의 대상이 되는 것은 아니므로, 작위의무로 전환한 후 이를 불이행하는 경우에 대집행이 가능하다. 이 경우 전환을 위해서는 별도의 법적 근거를 요한다.

23. 국회직 8급, 19. 국가직 9급 · 서울시 9급(2월), 18. 국회직 8급

028 □□□

행정청이 행정대집행의 방법으로 건물철거의무의 이행을 실현할 수 있는 경우에는 건물철거 대집행과정에서 부수적으로 그 건물의 점유자들에 대한 퇴거조치를 할 수 있다. O | X

행정청이 행정대집행의 방법으로 건물철거의무의 이행을 실현할 수 있는 경우에는 건물철거 대집행과정에서 부수적으로 건물의 점유자들에 대한 퇴거조치를 할 수 있다(대판 2017.4.28. 2016다213916).

16. 지방직 7급

029 □□□

법령상 부작위의무 위반에 대해 작위의무를 부과할 수 있는 법령의 근거가 없음에도, 행정청이 작위의무를 명한 후 그 의무불이행을 이유로 대집행계고처분을 한 경우 그 계고처분은 유효하다. O | X

행정대집행법 제2조는 대집행의 대상이 되는 의무를 "법률(법률의 위임에 의한 명령, 지방자치단체의 조례를 포함한다. 이하 같다)에 의하여 직접 명령되었거나 또는 법률에 의거한 행정청의 명령에 의한 행위로서 타인이 대신하여 행할 수 있는 행위"라고 규정하고 있으므로, 대집행계고처분을 하기 위하여는 법령에 의하여 직접 명령되거나 법령에 근거한 행정청의 명령에 의한 의무자의 대체적 작위의무 위반행위가 있어야 한다. 따라서 단순한 부작위의무의 위반, 즉 관계 법령에 정하고 있는 절대적 금지나 허가를 유보한 상대적 금지를 위반한 경우에는 당해 법령에서 그 위반자에 대하여 위반에 의하여 생긴 유형적 결과의 시정을 명하는 행정처분의 권한을 인정하는 규정(예컨대, 건축법 제79조, 도로법 제96조, 하천법 제69조, 도시공원법 제45조, 옥외광고물 등 관리법 제10조 등)을 두고 있지 아니한 이상, 법치주의의 원리에 비추어 볼 때 위와 같은 부작위의무로부터 그 의무를 위반함으로써 생긴 결과를 시정하기 위한 작위의무를 당연히 끌어낼 수는 없으며, 또 위 금지규정(특히 허가를 유보한 상대적 금지규정)으로부터 작위의무, 즉 위반결과의 시정을 명하는 권한이 당연히 추론되는 것도 아니다. … 건축법 제69조 등과 같은 부작위의무 위반행위에 대하여 대체적 작위의무로 전환하는 규정을 두고 있지 아니하므로 위 금지규정으로부터 그 위반결과의 시정을 명하는 원상복구명령을 할 수 있는 권한이 도출되는 것은 아니다. 결국 행정청의 원고에 대한 원상복구명령은 권한 없는 자의 처분으로 무효라고 할 것이고, 위 원상복구명령이 당연무효인 이상 후행처분인 계고처분의 효력에 당연히 영향을 미쳐 그 계고처분 역시 무효로 된다(대판 1996.6.28. 96누4374).

19. 국가직 7급

030 □□□

대집행계고를 하기 위하여는 법령에 의하여 직접 명령되거나 법령에 근거한 행정청의 명령에 의한 의무자의 대체적 작위의무 위반행위가 있어야 하는데, 단순한 부작위의무 위반의 경우에는 당해 법령에서 그 위반자에게 위반에 의해 생긴 유형적 결과의 시정을 명하는 행정처분권한을 인정하는 규정을 두고 있지 않은 이상, 이와 같은 부작위의무로부터 그 의무를 위반함으로써 생긴 결과를 시정하기 위한 작위의무를 당연히 끌어낼 수는 없다. O | X

대판 1996.6.28. 96누4374 판례에 대한 옳은 내용이다.

정답 027 ○ 028 ○ 029 X 030 ○

21. 소방간부, 19. 서울시 9급(6월)

031 □□□

구 토지수용법상 피수용자 등이 기업자에 대하여 부담하는 수용대상 토지의 인도의무는 행정대집행법에 의한 대집행의 대상이 될 수 있다. O | X

피수용자 등이 기업자(현 사업시행자)에 대하여 부담하는 수용대상 토지의 인도의무에 관한 구 토지수용법 제63조, 제64조, 제77조 규정에서의 '인도'에는 명도도 포함되는 것으로 보아야 하고, 이러한 명도의무는 그것을 강제적으로 실현하면서 직접적인 실력 행사가 필요한 것이지 대체적 작위의무라고 볼 수 없으므로 특별한 사정이 없는 한 행정대집행법에 의한 대집행의 대상이 될 수 있는 것이 아니다(대판 2005.8.19. 2004다2809).

18. 국회직 8급 · 서울시 9급, 17. 국가직 7급 · 국가직 9급(10월), 10. 국가직 9급

032 □□□

판례에 의하면 용도 위반 부분을 장례식장으로 사용하는 것을 중지할 것과 이를 불이행할 경우 행정대집행을 하겠다는 내용의 계고처분은 적법하다고 본다. O | X

행정대집행법 제2조는 '행정청의 명령에 의한 행위로서 타인이 대신하여 행할 수 있는 행위를 의무자가 이행하지 아니하는 경우'에 대집행할 수 있도록 규정하고 있는데, 이 사건 용도 위반 부분을 장례식장으로 사용하는 것이 관계 법령에 위반한 것이라는 이유로 장례식장의 사용을 중지할 것과 이를 불이행할 경우 행정대집행법에 의하여 대집행하겠다는 내용의 이 사건 처분은, 이 사건 처분에 따른 '장례식장 사용중지의무'가 원고 이외의 '타인이 대신'할 수도 없고, 타인이 대신하여 '행할 수 있는 행위'라고도 할 수 없는 비대체적 부작위의무에 대한 것이므로, 그 자체로 위법함이 명백하다고 할 것인데도, 원심은 그 판시와 같은 이유를 들어 이 사건 처분이 적법하다고 판단하고 말았으니, 거기에는 대집행계고처분의 요건에 관한 법리를 오해한 위법이 있다고 할 것이다(대판 2005.9.28. 2005두7464).

Point정리 대집행의 대상이 아닌 것

비대체적 작위의무 (주로 일신전속적 행위)	1. 의사의 진료의무 2. 증인의 출석의무 3. 국유지에서의 퇴거의무 4. 전염병주사를 맞을 의무 5. 사증 없이 입국한 외국인의 강제퇴거의무 6. 토지 · 건물의 명도의무 7. 행정재산인 청사건물의 일부를 식당으로 임대한 지기 사용허가 철회 후에도 퇴거하지 않는 경우 8. 군복무를 위한 징집소환영장에의 불응
비대체적 부작위의무	장례식장 사용중지의무

21 · 17 · 15. 국가직 9급, 14. 지방직 7급, 08. 선관위 9급

033 □□□

행정상 강제집행이 법률에 규정되어 있는 경우에도 민사상 강제집행은 인정된다. O | X

행정상 강제집행이 법률에 규정되어 있는 경우에는 민사상 강제집행이 인정되지 않는다.

정답 031 X 032 X 033 X

22. 지방직 7급, 19. 지방직 9급 · 국가직 9급 · 국회직 8급 · 서울시 9급(2월), 18. 지방직 9급, 15. 서울시 9급

034 □□□

구 대한주택공사가 대집행권한을 위탁받아 공무인 대집행을 실시하기 위하여 지출한 비용을 행정대집행법 절차에 따라 국세징수법의 예에 의하여 징수할 수 있음에도 민사소송절차에 의하여 그 비용의 상환을 구하는 청구는 소의 이익이 없어 부적법하다. O | X

대한주택공사가 대집행을 실시하기 위하여 지출한 비용을 행정대집행법 절차에 따라 국세징수법의 예에 의하여 징수할 수 있음에도 민사소송절차에 의하여 그 비용의 상환을 청구한 사안에서, 행정대집행법이 대집행비용의 징수에 관하여 민사소송절차에 의한 소송이 아닌 간이하고 경제적인 특별구제절차를 마련해 놓고 있으므로, 위 청구는 소의 이익이 없어 부적법하다(대판 2011.9.8. 2010다48240).

19. 서울시 9급(6월), 16. 사복직 9급

035 □□□

민사소송절차에 따라 민법 제750조에 기한 손해배상으로서 대집행비용의 상환을 구하는 청구는 소의 이익이 없어 부적법하다. O | X

대판 2011.9.8. 2010다48240 판례에 대한 옳은 내용이다.

13. 지방직 7급

036 □□□

제3자가 아무런 권원 없이 국유재산에 설치한 시설물에 대해 해당 국유재산에 대한 사용청구권을 가진 사인은 일정한 경우에는 국가를 대위하여 민사소송으로 해당 시설물의 철거를 구할 수 있다. O | X

아무런 권원 없이 국유재산에 설치한 시설물에 대하여 행정청이 행정대집행을 실시하지 않는 경우, 그 국유재산에 대한 사용청구권을 가지고 있는 자가 국가를 대위하여 민사소송으로 그 시설물의 철거를 구할 수 있다(대판 2009.6.11. 2009다1122).

15. 지방직 9급

037 □□□

행정주체와 사인 사이의 건축도급계약에 있어서, 사인이 의무불이행을 하였다고 하여도 행정대집행은 허용되지 않는다. O | X

대집행은 공법상 의무에 대해서만 가능하다. 건축도급계약상의 의무와 같은 사법상 의무에 대해서는 대집행을 하지 않는 것이 원칙이다.

22. 지방직 7급, 21. 소방간부, 19. 지방직 9급

038 □□□

건물의 점유자가 철거의무자일 때에는 건물철거의무에 퇴거의무도 포함되어 있는 것이어서 별도로 퇴거를 명하는 집행권원이 필요하지 않다. O | X

건물의 점유자가 철거의무자일 때에는 건물철거의무에 퇴거의무도 포함되어 있는 것이어서 별도로 퇴거를 명하는 집행권원이 필요하지 않다. 행정청이 행정대집행의 방법으로 건물철거의무의 이행을 실현할 수 있는 경우에는 건물철거 대집행과정에서 부수적으로 건물의 점유자들에 대한 퇴거조치를 할 수 있고, 점유자들이 적법한 행정대집행을 위력을 행사하여 방해하는 경우 형법상 공무집행방해죄가 성립하므로, 필요한 경우에는 '경찰관 직무집행법'에 근거한 위험발생 방지조치 또는 형법상 공무집행방해죄의 범행방지 내지 현행범체포의 차원에서 경찰의 도움을 받을 수도 있다(대판 2017.4.28. 2016다213916).

정답 034 ○ 035 ○ 036 ○ 037 ○ 038 ○

13. 국가직 7급

039 □□□

구 공공용지의 취득 및 손실보상에 관한 특례법에 따른 토지 등의 협의취득시 건물소유자가 철거의무를 부담하겠다는 약정을 한 경우, 그 철거의무는 행정대집행법상 대집행의 대상이 되는 대체적 작위의무이다. O | X

행정대집행법상 대집행의 대상이 되는 대체적 작위의무는 공법상 의무이어야 할 것인데, 구 공공용지의 취득 및 손실보상에 관한 특례법(2002.2.4. 법률 제6656호 공익사업을 위한 토지 등의 취득 및 보상에 관한 법률 부칙 제2조로 폐지)에 따른 토지 등의 협의취득은 공공사업에 필요한 토지 등을 그 소유자와의 협의에 의하여 취득하는 것으로서 공공기관이 사경제주체로서 행하는 사법상 매매 내지 사법상 계약의 실질을 가지는 것이므로, 그 협의취득시 건물소유자가 매매대상 건물에 대한 철거의무를 부담하겠다는 취지의 약정을 하였다고 하더라도 이러한 철거의무는 공법상의 의무가 될 수 없고, 이 경우에도 행정대집행법을 준용하여 대집행을 허용하는 별도의 규정이 없는 한 위와 같은 철거의무는 행정대집행법에 의한 대집행의 대상이 되지 않는다(대판 2006.10.13. 2006두7096).

19. 국가직 7급 · 서울시 9급(2월), 18. 지방직 9급 · 국가직 7급

040 □□□

행정청이 행정대집행의 방법으로 건물철거의무의 이행을 실현할 수 있는 경우, 점유자들이 적법한 행정대집행을 위력을 행사하여 방해한다면 형법상 공무집행방해죄의 범행방지 차원에서 경찰의 도움을 받을 수도 있다. O | X

[1] 관계 법령상 행정대집행의 절차가 인정되어 행정청이 행정대집행의 방법으로 건물의 철거 등 대체적 작위의무의 이행을 실현할 수 있는 경우에는 따로 민사소송의 방법으로 그 의무의 이행을 구할 수 없다. 한편 건물의 점유자가 철거의무자일 때에는 건물철거의무에 퇴거의무도 포함되어 있는 것이어서 별도로 퇴거를 명하는 집행권원이 필요하지 않다.

[2] 행정청이 행정대집행의 방법으로 건물철거의무의 이행을 실현할 수 있는 경우에는 건물철거 대집행과정에서 부수적으로 건물의 점유자들에 대한 퇴거조치를 할 수 있고, 점유자들이 적법한 행정대집행을 위력을 행사하여 방해하는 경우 형법상 공무집행방해죄가 성립하므로, 필요한 경우에는 '경찰관 직무집행법'에 근거한 위험발생 방지조치 또는 형법상 공무집행방해죄의 범행방지 내지 현행범체포의 차원에서 경찰의 도움을 받을 수도 있다(대판 2017.4.28. 2016다213916).

13. 지방직 9급

041 □□□

의무의 불이행만으로 대집행이 가능한 것은 아니며 의무의 불이행을 방치하는 것이 심히 공익을 해한다고 인정되는 경우에 비로소 대집행이 허용된다. O | X

예를 들어 무단증축건물에 대하여 '무단증축이 상당히 크고 도로 쪽 전면으로 돌출된 경우'에는 심히 공익을 해하는 경우라고 보아 대집행을 인정한 반면(대판 1992.8.14. 92누3885), '무단증축 부분이 외부에 돌출되지 않고 지면에서 잘 보이지 않는 경우'에는 대집행의 비용에 비해 얻을 수 있는 공익이 거의 없다고 판시하며 이에 대한 대집행 계고처분을 위법한 것으로 보았다(대판 1990.1.23. 89누6969).

17. 국가직 9급, 15. 사복직 9급

042 □□□

행정대집행법 제2조에 따른 대집행의 실시 여부는 행정청의 재량에 속하지 않는다. O | X

행정대집행법 제2조에 따른 대집행의 실시 여부는 행정청의 재량에 속한다.

정답 039 X 040 ○ 041 ○ 042 X

15. 사복직 9급

043 □□□

대집행이 행해지기 위해서는 대체적 작위의무의 불이행을 방치함이 심히 공익을 해할 것으로 인정될 때이어야 하나, 다른 수단으로써 그 이행을 확보하기 곤란할 필요까지는 요하지 않는다. O | X

「행정대집행법」 제2조 【대집행과 그 비용징수】 법률(법률의 위임에 의한 명령, 지방자치단체의 조례를 포함한다. 이하 같다)에 의하여 직접 명령되었거나 또는 법률에 의거한 행정청의 명령에 의한 행위로서 타인이 대신하여 행할 수 있는 행위를 의무자가 이행하지 아니하는 경우 다른 수단으로써 그 이행을 확보하기 곤란하고 또한 그 불이행을 방치함이 심히 공익을 해할 것으로 인정될 때에는 당해 행정청은 스스로 의무자가 하여야 할 행위를 하거나 또는 제3자로 하여금 이를 하게 하여 그 비용을 의무자로부터 징수할 수 있다.

15. 지방직 9급

044 □□□

대집행의 요건이 충족된 경우에는 대집행을 하여야 하며, 대집행권한을 발동할지에 대해 행정청의 재량은 인정되지 않는다. O | X

대집행의 요건이 충족된 경우에도 대집행을 할 것인지의 여부는 행정청의 재량행위이다.

21. 소방

045 □□□

대집행의 요건을 충족한 경우에 행정청이 대집행을 할 것인지 여부에 관해서 소수설은 재량행위로 보나, 다수설과 판례는 기속행위로 본다. O | X

대집행의 요건이 충족되는 경우에 대집행을 해야 한다는 견해가 있으나, 대집행권을 발동할 것인가는 행정대집행법 제2조가 가능규정(… 할 수 있다)으로 규정하고 있으므로 행정청의 재량에 속한다고 보는 것이 타당하다. 판례도 재량으로 보고 있다.

관련 판례

건물 중 위법하게 구조변경을 한 건축물 부분은 제반 사정에 비추어 그 원상복구로 인한 불이익의 정도가 그로 인하여 유지하고자 하는 공익상의 필요 또는 제3자의 이익보호의 필요에 비하여 현저히 크므로, 그 건축물 부분에 대한 대집행계고처분은 재량권의 범위를 벗어난 위법한 처분이다(대판 1996.10.11. 96누8086).

17. 국가직 7급(10월)

046 □□□

계고처분을 하려면 다른 방법으로는 이행의 확보가 어렵고 불이행을 방치함이 심히 공익을 해하는 것으로 인정될 때에 한하여 허용되고 이러한 요건의 주장·입증책임은 처분행정청에 있다. O | X

건축법에 위반하여 건축한 것이어서 철거의무가 있는 건물이라 하더라도 그 철거의무를 대집행하기 위한 계고처분을 하려면 다른 방법으로는 이행의 확보가 어렵고 불이행을 방치함이 심히 공익을 해하는 것으로 인정될 때에 한하여 허용되고 이러한 요건의 주장·입증책임은 처분행정청에 있다(대판 1993.9.14. 92누16690).

정답 043 X 044 X 045 X 046 ○

13. 국회직 8급 · 지방직 7급

047 □□□

대집행의 원인이 되는 의무불이행은 법령에 의하여 직접 부과된 의무와 법령에 의거한 행정청의 처분에 의해 부과된 의무를 불이행한 경우를 모두 포함한다. O | X

행정대집행법 제2조(대집행과 그 비용징수) 법률에 의하여 직접 명령되었거나 또는 법률에 의거한 행정청의 명령에 의한 행위로서 타인이 대신하여 행할 수 있는 행위를 의무자가 이행하지 아니하는 경우 다른 수단으로써 그 이행을 확보하기 곤란하고 또한 그 불이행을 방치함이 심히 공익을 해할 것으로 인정될 때에는 당해 행정청은 스스로 의무자가 하여야 할 행위를 하거나 또는 제3자로 하여금 이를 하게 하여 그 비용을 의무자로부터 징수할 수 있다.

19. 국회직 8급, 18. 국가직 7급, 16. 지방직 7급

048 □□□

건축법에 위반된 건축물의 철거를 명하였으나 불응하자 이행강제금을 부과·징수한 후 이후에도 철거를 하지 아니하자 다시 행정대집행 계고처분을 한 경우 그 계고처분은 유효하다. O | X

전통적으로 행정대집행은 대체적 작위의무에 대한 강제집행수단으로, 이행강제금은 부작위의무나 비대체적 작위의무에 대한 강제집행수단으로 이해되어 왔으나, 이는 이행강제금 제도의 본질에서 오는 제약은 아니며, 이행강제금은 대체적 작위의무의 위반에 대하여도 부과될 수 있다. 행정청은 개별사건에 있어서 위반 내용, 위반자의 시정의지 등을 감안하여 대집행과 이행강제금을 선택적으로 활용할 수 있으며, 이처럼 그 합리적인 재량에 의해 선택하여 활용하는 이상 중첩적인 제재에 해당한다고 볼 수 없다(헌재 2004.2.26. 2001헌바80 · 84 · 102 · 103 ; 2002헌바26).

18. 국가직 7급, 11. 사복직 9급

049 □□□

국유 일반재산인 대지에 대한 대부계약이 해지되어 국가가 원상회복으로 지상의 시설물을 철거하려는 경우, 행정대집행법에 따라 대집행을 하여야 하고 민사소송의 방법으로 시설물의 철거를 구하는 것은 허용되지 않는다. O | X

공유재산 및 물품 관리법 제83조 제1항은 "지방자치단체의 장은 정당한 사유 없이 공유재산을 점유하거나 공유재산에 시설물을 설치한 경우에는 원상복구 또는 시설물의 철거 등을 명하거나 이에 필요한 조치를 할 수 있다."라고 규정하고, 제2항은 "제1항에 따른 명령을 받은 자가 그 명령을 이행하지 아니할 때에는 '행정대집행법'에 따라 원상복구 또는 시설물의 철거 등을 하고 그 비용을 징수할 수 있다."라고 규정하고 있다. 위 규정에 따라 지방자치단체장은 행정대집행의 방법으로 공유재산에 설치한 시설물을 철거할 수 있고, 이러한 행정대집행의 절차가 인정되는 경우에는 민사소송의 방법으로 시설물의 철거를 구하는 것은 허용되지 아니한다(대판 2017.4.13. 2013다207941).

07. 국가직 7급

050 □□□

일반적으로 대집행의 절차는 계고, 대집행영장에 의한 통지, 대집행의 실행, 비용징수의 단계를 거치게 된다. O | X

대집행의 절차는 계고 – 통지 – 실행 – 비용징수의 단계이다.

정답 047 ○ 048 ○ 049 ○ 050 ○

17. 국가직 9급

051 □□□

원칙적으로 '의무의 불이행을 방치하는 것이 심히 공익을 해하는 것으로 인정되는 경우'의 요건은 계고를 할 때에 충족되어 있어야 한다. O | X

건축법에 위반하여 건축한 것이어서 철거의무가 있는 건물이라 하더라도 그 철거의무를 대집행하기 위한 계고처분을 하려면 다른 방법으로는 이행의 확보가 어렵고 불이행을 방치함이 심히 공익을 해하는 것으로 인정될 때에 한하여 허용되고 이러한 요건의 주장 · 입증책임은 처분행정청에 있다(대판 1996.10.11. 96누8086).

15. 교행직 9급

052 □□□

대집행의 계고는 행정지도에 해당한다. O | X

대집행의 계고는 의사를 통지하는 준법률적 행정행위이다.

23. 국가직 9급, 21. 소방

053 □□□

대집행의 절차인 '대집행의 계고'의 법적 성질은 준법률행위적 행정행위이므로 계고 그 자체가 독립하여 항고소송의 대상이나, 2차 계고는 새로운 철거의무를 부과하는 것이 아니고 대집행기한의 연기통지에 불과하므로 행정처분으로 볼 수 없다는 판례가 있다. O | X

건물의 소유자에게 위법건축물을 일정기간까지 철거할 것을 명함과 아울러 불이행할 때에는 대집행한다는 내용의 철거대집행 계고처분을 고지한 후 이에 불응하자 다시 제2차 · 제3차 계고서를 발송하여 일정기간까지의 자진철거를 촉구하고 불이행하면 대집행을 한다는 뜻을 고지하였다면 행정대집행법상의 건물철거의무는 제1차 철거명령 및 계고처분으로서 발생하였고 제2차 · 제3차의 계고처분은 새로운 철거의무를 부과한 것이 아니고 다만 대집행기한의 연기통지에 불과하므로 행정처분이 아니다(대판 1994.10.28. 94누5144).

15. 국가직 9급

054 □□□

계고는 행정처분으로서 항고소송의 대상이 된다. O | X

계고는 준법률행위적 행정행위로서의 통지에 포함되며, 처분성이 인정된다. 단, 반복된 계고에 대해서는 최초의 1회에서만 처분성을 인정하고, 후행 계고에 대해 처분성을 부정한다.

19. 국회직 8급, 18. 국가직 9급, 15. 사복직 9급 · 국회직 8급 · 지방직 9급, 14. 국가직 7급

055 □□□

제1차 철거명령 및 계고처분에 불응하여 다시 철거촉구 및 대집행의 뜻을 알리는 제2차 계고처분 역시 행정처분의 성질을 가진다. O | X

건물의 소유자에게 위법건축물을 일정기간까지 철거할 것을 명함과 아울러 불이행할 때에는 대집행한다는 내용의 철거대집행 계고처분을 고지한 후 이에 불응하자 다시 제2차 · 제3차 계고서를 발송하여 일정기간까지의 자진철거를 촉구하고 불이행하면 대집행을 한다는 뜻을 고지하였다면 행정대집행법상의 건물철거의무는 제1차 철거명령 및 계고처분으로서 발생하였고 제2차 · 제3차의 계고처분은 새로운 철거의무를 부과한 것이 아니고 다만 대집행기한의 연기통지에 불과하므로 행정처분이 아니다(대판 1994.10.28. 94누5144).

정답 051 ○ 052 X 053 ○ 054 ○ 055 X

12. 사복직 9급

056 □□□

대집행의 계고는 문서에 의한 것이어야 하고, 구두에 의한 계고는 무효가 된다. O | X

대집행 계고는 반드시 문서로 하여야 한다.

19. 변호사, 18. 국회직 8급, 17. 국가직 7급(10월), 16. 지방직 7 · 9급, 13. 지방직 7급, 10. 국가직 9급

057 □□□

1장의 문서에 철거명령과 계고처분을 동시에 기재하여 처분할 수 있다. O | X

계고서라는 명칭의 1장의 문서로서 일정기간 내에 위법건축물의 자진철거를 명함과 동시에 그 소정기한 내에 자진철거를 하지 아니할 때에는 대집행할 뜻을 미리 계고한 경우라도 건축법에 의한 철거명령과 행정대집행법에 의한 계고처분은 독립한 것으로서 각 그 요건이 충족되었다고 볼 것이다(대판 1992.6.12. 91누13564).

19. 지방직 9급

058 □□□

철거명령에서 주어진 일정기간이 자진철거에 필요한 상당한 기간이라고 하여도 그 기간 속에는 계고시에 필요한 '상당한 이행기간'이 포함되어 있다고 볼 수 없다. O | X

철거명령에서 주어진 일정기간이 자진철거에 필요한 상당한 기간이라면 그 기간 속에는 계고시에 필요한 '상당한 이행기간'도 포함되어 있다고 보아야 할 것이다(대판 1992.6.12. 91누13564).

18. 국회직 8급, 16. 지방직 7급, 13. 국가직 7급, 08. 관세사

059 □□□

행정청이 대집행계고를 함에 있어서 의무자가 스스로 이행하지 아니하는 경우에 대집행할 행위의 내용 및 범위는 반드시 대집행계고서에 의해서만 특정되어야 하는 것이지, 계고처분 전후에 송달된 문서나 기타 사정을 종합하여 행위의 내용이 특정되거나 대집행 의무자가 그 이행의무의 범위를 알 수 있는 것만으로는 부족하다. O | X

건축법 위반건축물의 철거를 명하고 그 의무불이행시 행할 대집행의 계고를 함에 있어서 의무자가 이행하여야 할 행위와 그 의무불이행시 대집행할 행위의 내용 및 범위는 반드시 대집행계고서에 의하여서만 특정되어야 하는 것은 아니고 그 처분 전후에 송달된 문서나 기타 사정을 종합하여 이를 특정할 수 있으면 족하다(대판 1992.3.10. 91누4140).

21. 소방간부, 15. 국회직 8급, 09. 지방직 9급

060 □□□

계고시 상당한 기간을 부여하지 않은 경우 대집행영장으로 대집행의 시기를 늦추었다 하더라도 대집행계고처분은 상당한 이행기간을 정하여 한 것이 아니므로 위법하다. O | X

행정대집행법 제3조 제1항은 행정청이 의무자에게 대집행영장으로써 대집행할 시기 등을 통지하기 위하여는 그 전제로서 대집행계고처분을 함에 있어서 의무이행을 할 수 있는 상당한 기간을 부여할 것을 요구하고 있으므로, 행정청인 피고가 의무이행기한이 1988.5.24.까지로 된 이 사건 대집행계고서를 5.19. 원고에게 발송하여 원고가 그 이행종기인 5.24. 이를 수령하였다면, 설사 피고가 대집행영장으로써 대집행의 시기를 1988.5.27 15:00로 늦추었더라도 위 대집행계고처분은 상당한 이행기한을 정하여 한 것이 아니어서 대집행의 적법절차에 위배한 것으로 위법한 처분이라고 할 것이다(대판 1990.9.14. 90누2048).

정답 056 ○ 057 ○ 058 X 059 X 060 ○

21. 소방, 18. 국가직 9급, 14. 국가직 7급

061 □□□

대집행할 행위의 내용 및 범위는 반드시 대집행계고서에 의하여서만 특정되어야 하는 것이 아니고, 계고처분 전후에 송달된 문서나 기타 사정을 종합하여 행위의 내용이 특정되거나 의무자가 그 이행의무의 범위를 알 수 있으면 족하다는 것이 판례의 입장이다. O | X

행정청이 행정대집행법 제3조 제1항에 의한 대집행계고를 함에 있어서는 의무자가 스스로 이행하지 아니하는 경우에 대집행할 행위의 내용 및 범위가 구체적으로 특정되어야 하나, 그 행위의 내용 및 범위는 반드시 대집행계고서에 의하여서만 특정되어야 하는 것이 아니고, 계고처분 전후에 송달된 문서나 기타 사정을 종합하여 행위의 내용이 특정되거나 실제 건물의 위치, 구조, 평수 등을 계고서의 표시와 대조·검토하여 대집행의무자가 그 이행의무의 범위를 알 수 있을 정도로 하면 족하다(대판 1996.10.11. 96누8086).

17. 국가직 7급(10월)

062 □□□

군수가 군사무위임조례의 규정에 따라 무허가 건축물에 대한 철거대집행사무를 하부 행정기관인 읍·면에 위임한 경우라도, 읍·면장에게는 관할 구역 내의 무허가 건축물에 대하여 그 철거대집행을 위한 계고처분을 할 권한이 없다. O | X

군수가 군사무위임조례의 규정에 따라 무허가 건축물에 대한 철거대집행사무를 하부 행정기관인 읍·면에 위임하였다면, 읍·면장에게는 관할 구역 내의 무허가 건축물에 대하여 그 철거대집행을 위한 계고처분을 할 권한이 있다(대판 1997.2.14. 96누15428).

12. 사복직 9급, 10. 국가직 9급

063 □□□

대집행영장의 통지는 대집행을 실행하겠다는 단순한 사실의 통지에 불과하여 행정처분이라고 보기 어려우므로 이에 대해서는 취소소송을 제기할 수 없다. O | X

대집행영장의 통지는 준법률행위적 행정행위 중 의사의 통지에 해당한다.

21. 소방 유사, 19. 서울시 7급, 16·11. 국가직 9급, 15. 교행직 9급

064 □□□

비상시 또는 위험이 절박한 경우에 있어서 계고·대집행 영장의 통지규정에서 정하는 수속을 취할 여유가 없을 경우라도 위의 두 수속 모두를 거치지 아니하고는 대집행을 할 수 없다. O | X

수속을 거치지 아니하고 대집행을 할 수 있다.

> **「행정대집행법」 제3조 【대집행의 절차】** ① 전조의 규정에 의한 처분(이하 대집행이라 한다)을 하려함에 있어서는 상당한 이행기한을 정하여 그 기한까지 이행되지 아니할 때에는 대집행을 한다는 뜻을 미리 문서로써 계고하여야 한다. 이 경우 행정청은 상당한 이행기한을 정함에 있어 의무의 성질·내용 등을 고려하여 사회통념상 해당 의무를 이행하는 데 필요한 기간이 확보되도록 하여야 한다.
> ② 의무자가 전항의 계고를 받고 지정기한까지 그 의무를 이행하지 아니할 때에는 당해 행정청은 대집행영장으로써 대집행을 할 시기, 대집행을 시키기 위하여 파견하는 집행책임자의 성명과 대집행에 요하는 비용의 개산에 의한 견적액을 의무자에게 통지하여야 한다.
> ③ 비상시 또는 위험이 절박한 경우에 있어서 당해 행위의 급속한 실시를 요하여 전 2항에 규정한 수속을 취할 여유가 없을 때에는 그 수속을 거치지 아니하고 대집행을 할 수 있다.

정답 061 ○ 062 X 063 X 064 X

14. 서울시 9급

065 □□□

대집행의 실행행위는 권력적 사실행위로서의 성질을 갖는다. O | X

대집행의 실행도 권력적 사실행위로서 처분성이 인정된다.

14. 국가직 9급

066 □□□

행정대집행을 실행할 때 대집행 상대방이 저항하는 경우에 대집행 책임자가 실력 행사를 하여 직접강제를 할 수 있다는 것이 판례의 입장이다. O | X

대집행 실행에 있어서 실력 행사가 허용되는지에 관한 판례는 아직 존재하지 않는다.

14. 서울시 7급

067 □□□

대집행에 대해 상대방이 저항할 경우 그 저항을 배제하기 위하여 최소한의 실력 행사는 허용된다고 보는 견해가 있다. O | X

대집행 실행에 있어서 실력 행사가 허용되는지에 대하여는 학설이 대립한다.

19. 서울시 9급(6월)

068 □□□

해가 지기 전에 대집행에 착수한 경우라고 할지라도 해가 진 후에는 대집행을 할 수 없다. O | X

해가 지기 전에 대집행에 착수한 경우에는 해가 진 후에도 대집행을 할 수 있다.

> **「행정대집행법」 제4조 【대집행의 실행 등】** ① 행정청(제2조에 따라 대집행을 실행하는 제3자를 포함한다. 이하 이 조에서 같다)은 해가 뜨기 전이나 해가 진 후에는 대집행을 하여서는 아니 된다. 다만, 다음 각 호의 어느 하나에 해당하는 경우에는 그러하지 아니하다.
> 1. 의무자가 동의한 경우
> 2. 해가 지기 전에 대집행을 착수한 경우
> 3. 해가 뜬 후부터 해가 지기 전까지 대집행을 하는 경우에는 대집행의 목적달성이 불가능한 경우
> 4. 그 밖에 비상시 또는 위험이 절박한 경우

21. 지방직 9급

069 □□□

대집행에 요한 비용을 징수하였을 때에는 그 징수금은 사무비의 소속에 따라 국고 또는 지방자치단체의 수입으로 한다. O | X

> **「행정대집행법」 제6조 【비용징수】** ③ 대집행에 요한 비용을 징수하였을 때에는 그 징수금은 사무비의 소속에 따라 국고 또는 지방자치단체의 수입으로 한다.

정답 065 ○ 066 X 067 ○ 068 X 069 ○

13. 서울시 9급

070 □□□

대집행의 소요비용은 행정청이 스스로 부담한다. O | X

「행정대집행법」 제2조 【대집행과 그 비용징수】 법률(법률의 위임에 의한 명령, 지방자치단체의 조례를 포함한다. 이하 같다)에 의하여 직접명령되었거나 또는 법률에 의거한 행정청의 명령에 의한 행위로서 타인이 대신하여 행할 수 있는 행위를 의무자가 이행하지 아니하는 경우 다른 수단으로써 그 이행을 확보하기 곤란하고 또한 그 불이행을 방치함이 심히 공익을 해할 것으로 인정될 때에는 당해 행정청은 스스로 의무자가 하여야 할 행위를 하거나 또는 제3자로 하여금 이를 하게 하여 그 비용을 의무자로부터 징수할 수 있다.

11. 국가직 9급

071 □□□

대집행비용의 납부명령은 독립하여 항고소송의 대상이 된다. O | X

대집행의 비용징수는 일종의 하명으로 처분성이 인정된다. 대집행의 각각의 절차(계고, 통지, 실행, 비용징수)는 전부 처분성이 인정되어 독립하여 행정소송을 청구할 수 있고, 상호 하자가 승계되는 처분이다.

21. 소방간부, 14. 국가직 7급·경행특채 2차

072 □□□

대집행을 실시하기 위하여 지출한 비용은 행정대집행법 절차에 따라 국세징수법의 예에 의하여 징수할 수 있으므로 민사소송절차에 의한 청구는 소의 이익이 없어 부적법하다. O | X

대집행을 실시하기 위하여 지출한 비용은 행정대집행법의 절차에 따라 국세징수법의 예에 의하여 징수할 수 있다고 봄이 상당하다. … 행정대집행법이 대집행비용의 징수에 관하여 민사소송절차에 의한 소송이 아닌 간이하고 경제적인 특별구제절차를 마련해 놓고 있으므로 민법 제750조에 기한 손해배상으로서 대집행비용의 상환을 구하는 원고의 이 사건 청구는 소의 이익이 없어 부적법하다(대판 2011.9.8. 2010다48240).

19. 서울시 7급, 13. 지방직 9급

073 □□□

행정대집행법 절차에 따라 국세징수의 대집행비용을 징수할 수 있음에도 불구하고 민사소송절차에 의하여 그 비용의 상환을 청구할 수 있다. O | X

대한주택공사가 법령에 의하여 대집행권한을 위탁받아 공무인 대집행을 실시하기 위하여 지출한 비용을 행정대집행법 절차에 따라 징수할 수 있음에도 민사소송절차에 의하여 그 비용의 상환을 청구한 사안에서, 행정대집행법이 대집행비용의 징수에 관하여 민사소송절차에 의한 소송이 아닌 간이하고 경제적인 특별구제절차를 마련해 놓고 있으므로, 위 청구는 소의 이익이 없어 부적법하다(대판 2011.9.8. 2010다48240).

17. 국가직 9급

074 □□□

의무를 명하는 행정행위가 불가쟁력이 발생하지 않은 경우에는 그 행정행위에 따른 의무의 불이행에 대하여 대집행을 할 수 없다. O | X

의무를 명하는 행정행위가 불가쟁력이 발생하지 않은 경우에도 그 행정행위에 따른 의무의 불이행에 대하여 대집행을 할 수 있다.

정답 070 X 071 ○ 072 ○ 073 X 074 X

11. 국가직 7급

075 □□□

계고처분에 기한 대집행의 실행이 완료되었다면, 대집행의 실행행위에 대해 취소를 구할 법률상 이익은 없다. O | X

계고처분에 기한 대집행의 실행이 이미 사실행위로서 완료되었다면, 계고처분이나 대집행의 실행행위 자체의 무효확인 또는 취소를 구할 법률상 이익은 없다(대판 1995.7.28. 95누2623).

21. 소방간부 · 지방직 9급, 18. 국가직 9급, 17. 국가직 7급(10월), 15. 국회직 8급, 13. 국회직 9급, 11. 지방직 9급

076 □□□

선행 계고처분의 위법성을 들어 대집행비용 납부명령의 취소를 구할 수 없다. O | X

대집행의 계고, 대집행영장에 의한 통지, 대집행의 실행, 대집행에 요한 비용의 납부명령 등은, 타인이 대신하여 행할 수 있는 행정의무의 이행을 의무자의 비용부담하에 확보하고자 하는, 동일한 행정목적을 달성하기 위하여 단계적인 일련의 절차로 연속하여 행하여지는 것으로서, 서로 결합하여 하나의 법률효과를 발생시키는 것이므로, 선행처분인 계고처분이 하자가 있는 위법한 처분이라면, 비록 하자가 중대하고도 명백한 것이 아니어서 당연무효의 처분이라고 볼 수 없고 대집행의 실행이 이미 사실행위로서 완료되어 계고처분의 취소를 구할 법률상 이익이 없게 되었으며, 또 대집행비용 납부명령 자체에는 아무런 하자가 없다 하더라도, 후행처분인 대집행비용 납부명령의 취소를 청구하는 소송에서 청구원인으로 선행처분인 계고처분이 위법한 것이기 때문에 그 계고처분을 전제로 행하여진 대집행비용 납부명령도 위법한 것이라는 주장을 할 수 있다(대판 1993.11.9. 93누14271).

18. 서울시 9급

077 □□□

대집행의 계고, 대집행영장에 의한 통지, 대집행의 실행, 대집행비용의 납부명령은 동일한 행정목적을 달성하기 위하여 일련의 절차로 연속하여 행하여지는 것으로서, 서로 결합하여 하나의 법률효과를 발생시키는 것이다. O | X

대판 1993.11.9. 93누14271 판례에 대한 옳은 내용이다.

19. 지방직 9급

078 □□□

대집행계고처분 취소소송의 변론이 종결되기 전에 대집행영장에 의한 통지절차를 거쳐 사실행위로서 대집행의 실행이 완료된 경우에는 계고처분의 취소를 구할 법률상의 이익이 없다. O | X

대집행계고처분 취소소송의 변론종결 전에 대집행영장에 의한 통지절차를 거쳐 사실행위로서 대집행의 실행이 완료된 경우에는 행위가 위법한 것이라는 이유로 손해배상이나 원상회복 등을 청구하는 것은 별론으로 하고 처분의 취소를 구할 법률상 이익은 없다(대판 1993.6.8. 93누6164).

13. 지방직 7급

079 □□□

철거명령과 대집행절차를 이루는 행위는 별개의 법적 효과를 가져오는 행위이므로 철거명령의 흠은 대집행절차를 이루는 각 행위에 승계되지 아니한다. O | X

철거명령과 대집행절차에는 하자가 승계되지 않지만, 대집행절차끼리는 하자가 승계되는 것과 구별해야 한다.

정답 075 ○ 076 X 077 ○ 078 ○ 079 ○

15. 국회직 8급

080 □□□

대집행의 실행이 완료된 후에는 소의 이익이 없으므로 행정쟁송으로 다툴 수 없음이 원칙이다. O | X

계고처분에 기한 대집행의 실행이 이미 사실행위로서 완료되었다면, 계고처분이나 대집행의 실행행위 자체의 무효확인 또는 취소를 구할 법률상 이익은 없다(대판 1995.7.28. 95누2623).

15. 국가직 9급

081 □□□

대집행이 완료되어 취소소송을 제기할 수 없는 경우에도 국가배상청구는 가능하다. O | X

Point정리 대집행이 완료된 경우

항고소송 소의 이익 ×	부적법 각하
손해배상청구 이익 ○	대집행절차가 취소되지 않더라도 요건 만족시 손해배상을 받을 수 있음

23. 경찰간부

082 □□□

위법한 행정대집행이 완료되면 계고처분의 취소를 구할 소의 이익은 없다 하더라도, 미리 그 처분의 취소판결이 있어야만 그 처분의 위법임을 이유로 한 손해배상 청구를 할 수 있는 것은 아니다. O | X

위법한 행정대집행이 완료되면 그 처분의 무효확인 또는 취소를 구할 소의 이익은 없다 하더라도, 미리 그 행정처분의 취소판결이 있어야만, 그 행정처분의 위법임을 이유로 한 손해배상 청구를 할 수 있는 것은 아니다(대판 1972.4.28. 72다337).

21. 지방직 9급

083 □□□

대집행에 대하여는 행정심판을 제기할 수 있다. O | X

대집행의 각각의 절차는 전부 처분성이 인정된다.

22. 지방직 9급

084 □□□

공유 일반재산의 대부료 지급은 사법상 법률관계이므로 행정상 강제집행절차가 인정되더라도 따로 민사소송으로 대부료의 지급을 구하는 것이 허용된다. O | X

국유 일반재산의 관리·처분에 관한 사무를 위탁받은 자는 국유 일반재산의 대부료 등이 납부기한까지 납부되지 아니한 경우에는 국세징수법 제23조와 같은 법의 체납처분에 관한 규정을 준용하여 대부료 등을 징수할 수 있다. 이와 같이 국유 일반재산의 대부료 등의 징수에 관하여는 국세징수법 규정을 준용한 간이하고 경제적인 특별구제절차가 마련되어 있으므로, 특별한 사정이 없는 한 민사소송의 방법으로 대부료 등의 지급을 구하는 것은 허용되지 아니한다(대판 2014.9.4. 2014다203588).

정답 080 ○ 081 ○ 082 ○ 083 ○ 084 X

22. 지방직 9급

085 □□□

관계 법령에 위반하여 장례식장 영업을 하고 있는 자에게 부과된 장례식장 사용중지의무는 공법상 의무로서 행정대집행의 대상이 된다. O | X

행정대집행법 제2조는 '행정청의 명령에 의한 행위로서 타인이 대신하여 행할 수 있는 행위를 의무자가 이행하지 아니하는 경우'에 대집행할 수 있도록 규정하고 있는데, 이 사건 용도위반 부분을 장례식장으로 사용하는 것이 관계 법령에 위반한 것이라는 이유로 장례식장의 사용을 중지할 것과 이를 불이행할 경우 행정대집행법에 의하여 대집행하겠다는 내용의 이 사건 처분은, 이 사건 처분에 따른 '장례식장 사용중지 의무'가 원고 이외의 '타인이 대신'할 수도 없고, 타인이 대신하여 '행할 수 있는 행위'라고도 할 수 없는 비대체적 부작위 의무에 대한 것이므로, 그 자체로 위법함이 명백하다(대판 2005.9.28. 2005두7464).

22. 국회직 8급

086 □□□

건물의 소유자에게 위법건축물을 일정기간까지 철거할 것을 명함과 아울러 불이행하면 대집행한다는 내용의 계고처분을 고지한 후, 이에 불응하자 다시 제2차 계고서로 일정기간까지의 철거를 촉구하고 불이행하면 대집행한다는 뜻을 고지하였다면, 행정대집행법상 건물철거의무는 제2차 계고처분으로 인하여 발생한다. O | X

건물의 소유자에게 위법건축물을 일정기간까지 철거할 것을 명함과 아울러 불이행할 때에는 대집행한다는 내용의 철거대집행 계고처분을 고지한 후 이에 불응하자 다시 제2차, 제3차 계고서를 발송하여 일정기간까지의 자진철거를 촉구하고 불이행하면 대집행을 한다는 뜻을 고지하였다면 행정대집행법상의 건물철거의무는 제1차 철거명령 및 계고처분으로서 발생하였고 제2차, 제3차의 계고처분은 새로운 철거의무를 부과한 것이 아니고 다만 대집행기한의 연기통지에 불과하므로 행정처분이 아니다(대판 1994.10.28. 94누5144).

23. 국가직 9급

087 □□□

행정대집행은 행정기본법상 행정상 강제에 해당한다. O | X

「행정기본법」 제30조【행정상 강제】 ① 행정청은 행정목적을 달성하기 위하여 필요한 경우에는 법률로 정하는 바에 따라 필요한 최소한의 범위에서 다음 각 호의 어느 하나에 해당하는 조치를 할 수 있다.
1. 행정대집행: 의무자가 행정상 의무(법령등에서 직접 부과하거나 행정청이 법령등에 따라 부과한 의무를 말한다. 이하 이 절에서 같다)로서 타인이 대신하여 행할 수 있는 의무를 이행하지 아니하는 경우 법률로 정하는 다른 수단으로는 그 이행을 확보하기 곤란하고 그 불이행을 방치하면 공익을 크게 해칠 것으로 인정될 때에 행정청이 의무자가 하여야 할 행위를 스스로 하거나 제3자에게 하게 하고 그 비용을 의무자로부터 징수하는 것

15. 사복직 9급

088 □□□

독촉과 체납처분에 대하여 불복이 있는 자는 바로 취소소송을 제기할 수 있다. O | X

행정심판전치주의에 해당하여 행정심판을 거쳐야 한다.

정답 085 X 086 X 087 ○ 088 X

23. 국가직 9급

089 □□□

대집행에 요한 비용에 대하여서는 행정청은 사무비의 소속에 따라 국세와 동일한 순위의 선취득권을 가지며, 대집행에 요한 비용을 징수하였을 때에는 그 징수금은 국고의 수입으로 한다. O | X

대집행에 요한 비용에 대하여서는 행정청은 사무비의 소속에 따라 국세에 다음가는 순위의 선취득권을 가진다. 대집행에 요한 비용은 국세징수법의 예에 의하여 징수할 수 있다.

> 「행정대집행법」 제6조 【비용징수】 ① 대집행에 요한 비용은 국세징수법의 예에 의하여 징수할 수 있다.
> ② 대집행에 요한 비용에 대하여서는 행정청은 사무비의 소속에 따라 국세에 다음가는 순위의 선취득권을 가진다.
> ③ 대집행에 요한 비용을 징수하였을 때에는 그 징수금은 사무비의 소속에 따라 국고 또는 지방자치단체의 수입으로 한다.

23. 지방직 7급

090 □□□

부작위의무도 대체적 작위의무로 전환하는 규정을 두고 있는 경우에는 대체적 작위의무로 전환한 후에 대집행의 대상이 될 수 있다. O | X

부작위의무도 대체적 작위의무로 전환하는 규정을 두고 있는 경우에는 대체적 작위의무로 전환한 후에 대집행의 대상이 될 수 있다.

24. 지방직 9급

091 □□□

계고서라는 명칭의 1장의 문서로서 일정기간 내에 위법건축물의 자진철거를 명함과 동시에 그 소정기한 내에 자진철거를 하지 아니할 때에는 대집행할 뜻을 미리 계고한 경우라면 건축법에 의한 철거명령과 행정대집행법에 의한 계고처분의 요건이 충족된 것은 아니다. O | X

계고서라는 명칭의 1장의 문서로서 일정기간 내에 위법건축물의 자진철거를 명함과 동시에 그 소정기한 내에 자진철거를 하지 아니할 때에는 대집행할 뜻을 미리 계고한 경우라도 건축법에 의한 철거명령과 행정대집행법에 의한 계고처분은 독립하여 있는 것으로서 각 그 요건이 충족되었다고 볼 것이다. 철거명령에서 주어진 일정기간이 자진철거에 필요한 상당한 기간이라면 그 기간 속에는 계고시에 필요한 '상당한 이행기간'도 포함되어 있다고 보아야 할 것이다(대판 1992.6.12. 91누13564).

24. 지방직 9급

092 □□□

자기완결적 신고에 해당하는 대문설치신고가 형식적 하자가 없는 적법한 요건을 갖춘 신고임에도 불구하고 관할 행정청이 수리를 거부한 후 당해 대문의 철거명령을 하였더라도, 후행행위인 대문철거 대집행계고처분이 당연무효가 되는 것은 아니다. O | X

원고의 이 사건 대문설치신고는 형식적 하자가 없는 적법한 요건을 갖춘 신고라고 할 것이어서 피고의 신고증 교부 또는 수리처분 등 별단의 조처를 기다릴 필요가 없이 그 신고의 효력이 발생하였다고 할 것이어서 이 사건 대문은 적법한 것임에도 피고가 원고에 대하여 명한 이 사건 대문의 철거명령은 그 하자가 중대하고 명백하여 당연무효라고 할 것이고, 그 후행행위인 이 사건 계고처분 역시 당연무효라고 할 것이다(대판 1999.4.27. 97누6780).

정답 089 X 090 ○ 091 X 092 X

14. 경행특채 1차

093 □□□

이행강제금은 의무의 불이행시에 일정액수의 금전납부의무가 부과될 것임을 의무자에게 미리 계고함으로써 의무의 이행을 확보하는 수단을 말한다. O | X

이행강제금은 행정법상 의무불이행시 이행강제금 부과의 뜻을 미리 알려 의무자에게 심리적 압박을 가하여 간접적으로 의무이행을 강제하는 수단이며 집행벌이라고도 불린다.

19. 지방직 9급

094 □□□

건축법상 허가권자는 이행강제금을 부과하기 전에 이행강제금을 부과·징수한다는 뜻을 미리 문서로써 계고하여야 한다. O | X

「건축법」 제80조 【이행강제금】 ③ 허가권자는 제1항 및 제2항에 따른 이행강제금을 부과하기 전에 제1항 및 제2항에 따른 이행강제금을 부과·징수한다는 뜻을 미리 문서로써 계고(戒告)하여야 한다.

15. 서울시 7급

095 □□□

이행강제금은 이행명령의 불이행이라는 과거의 위반행위에 대한 제재로서의 의미를 갖는 것은 아니다. O | X

이행강제금은 장래의 의무이행을 확보하는 수단이다.

19. 국회직 8급·국가직 9급

096 □□□

이행강제금은 심리적 압박을 통하여 간접적으로 의무이행을 확보하는 수단인 행정벌과는 달리 의무이행의 강제를 직접적인 목적으로 하므로, 강학상 직접강제에 해당한다. O | X

건축법상 이행강제금은 시정명령의 불이행이라는 과거의 위반행위에 대한 제재가 아니라, 시정명령을 이행하지 않고 있는 건축주 등에 대하여 다시 상당한 이행기한을 부여하고 그 기한 안에 시정명령을 이행하지 않으면 이행강제금이 부과된다는 사실을 고지함으로써 의무자에게 심리적 압박을 주어 시정명령에 따른 의무의 이행을 간접적으로 강제하는 행정상의 간접강제수단에 해당한다(대판 2016.7.14. 2015두46598).

21. 지방직 9급

097 □□□

건축법상 위법건축물에 대한 이행강제수단으로 대집행과 이행강제금이 인정되고 있는데, 행정청은 개별사건에 있어서 위반 내용, 위반자의 시정의지 등을 감안하여 대집행과 이행강제금을 선택적으로 활용할 수 있다. O | X

현행법상 위법건축물에 대한 이행강제수단으로 인정되는 대집행과 이행강제금을 비교하면, 대집행은 위반행위자가 위법상태를 치유하지 않아 그 이행의 확보가 곤란하고 또한 이를 방치함이 심히 공익을 해할 것으로 인정될 때에 행정청 또는 제3자가 이를 치유하는 것인 반면, 이행강제금은 위반행위자 스스로가 이를 시정할 수 있는 기회를 부여하여 불필요한 행정력의 낭비를 억제하고 위반행위로 인한 경제적 이익을 환수하기 위한 제도로서 양 제도의 각각의 장단점이 있다. 따라서 개별사건에 있어서 위반 내용, 위반자의 시정의지 등을 감안하여 행정청은 대집행과 이행강제금을 선택적으로 활용할 수 있다고 할 것이며, 이처럼 그 합리적인 재량에 의해 선택하여 활용하는 이상 중첩적인 제재에 해당한다고 볼 수 없다(헌재 2004.3.26. 2002헌바26).

정답 093 ○ 094 ○ 095 ○ 096 X 097 ○

21. 소방, 14. 국가직 9급

098 □□□

건축법상 위반건축물에 대한 행정대집행과 이행강제금은 합리적인 재량에 의해 선택하여 활용하는 이상 중첩적인 제재에 해당한다고 볼 수 없다. O | X

개별사건에 있어서 위반 내용, 위반자의 시정의지 등을 감안하여 행정청은 대집행과 이행강제금을 선택적으로 활용할 수 있다고 할 것이며, 이처럼 그 합리적인 재량에 의해 선택하여 활용하는 이상 중첩적인 제재에 해당한다고 볼 수 없다(헌재 2004.2.26. 2001헌바80).

14. 경형특채 2차

099 □□□

이행강제금과 행정벌은 병과가 가능하며, 병과하여도 헌법상 이중처벌금지에 위반되지 아니한다. O | X

건축법 제83조(현 제80조)의 규정에 의한 이행강제금은 건축법 위반사항에 대하여 시정명령 후 이를 이행하지 않는 경우 부과하는 집행벌이며 동법 제79조의 규정에 의한 벌금형 또는 징역형은 행정형벌로서 위반행위를 하면 즉시 벌을 가하는 것으로서, 이행강제금과 행정형벌은 그 성격 및 목적 등을 달리하므로 병과가 가능한 것으로서 이중처벌에 해당되지 않는다(헌재 2004.2.26. 2002헌바26).

19. 변호사, 15. 국가직 9급, 14. 지방직 9급

100 □□□

건축법상 이행강제금은 과거의 일정한 법률 위반행위에 대한 제재로서의 형벌이 아니라 장래의 의무이행의 확보를 위한 강제수단일 뿐이어서 범죄에 대하여 국가가 형벌권을 실행하는 과벌에 해당하지 않으므로 헌법 제13조 제1항이 금지하는 동일한 범죄에 대한 거듭된 '처벌'에 해당되지 않는다. O | X

건축법 제78조에 의한 무허가 건축행위에 대한 형사처벌과 건축법 제83조(현 제80조) 제1항에 의한 시정명령 위반에 대한 이행강제금의 부과는 그 처벌 내지 제재대상이 되는 기본적 사실관계로서의 행위를 달리하며, 또한 그 보호법익과 목적에서도 차이가 있으므로 헌법 제13조 제1항이 금지하는 이중처벌에 해당한다고 할 수 없다(헌재 2004.2.26. 2001헌바80).

19. 지방직 9급, 15. 국가직 9급, 14. 사복직 9급 · 지방직 9급

101 □□□

이행강제금은 비대체적 작위의무 위반에만 부과될 뿐 대체적 작위의무의 위반에는 부과될 수 없다. O | X

전통적으로 행정대집행은 대체적 작위의무에 대한 강제집행수단으로, 이행강제금은 부작위의무나 비대체적 작위의무에 대한 강제집행수단으로 이해되어 왔으나, 이는 이행강제금제도의 본질에서 오는 제약은 아니며, 이행강제금은 대체적 작위의무의 위반에 대하여도 부과될 수 있다. 현행 건축법상 위법건축물에 대한 이행강제수단으로 대집행과 이행강제금(제83조 제1항, 현 제80조 제1항)이 인정되고 있는데, 양 제도는 각각의 장 · 단점이 있으므로 행정청은 개별사건에 있어서 위반 내용, 위반자의 시정의지 등을 감안하여 대집행과 이행강제금을 선택적으로 활용할 수 있으며, 이처럼 그 합리적인 재량에 의해 선택하여 활용하는 이상 중첩적인 제재에 해당한다고 볼 수 없다(헌재 2004.2.26. 2001헌바80 등).

정답 098 ○ 099 ○ 100 ○ 101 X

19. 지방직 7급

102 □□□

건축법상 이행강제금은 행정상의 간접강제수단에 해당하므로, 시정명령을 받은 의무자가 이행강제금이 부과되기 전에 그 의무를 이행한 경우에는 비록 시정명령에서 정한 기간을 지나서 이행한 경우라도 이행강제금을 부과할 수 없다. O | X

건축법상의 이행강제금은 시정명령의 불이행이라는 과거의 위반행위에 대한 제재가 아니라, 의무자에게 시정명령을 받은 의무의 이행을 명하고 그 이행기간 안에 의무를 이행하지 않으면 이행강제금이 부과된다는 사실을 고지함으로써 의무자에게 심리적 압박을 주어 의무의 이행을 간접적으로 강제하는 행정상의 간접강제수단에 해당한다. 이러한 이행강제금의 본질상 시정명령을 받은 의무자가 이행강제금이 부과되기 전에 그 의무를 이행한 경우에는 비록 시정명령에서 정한 기간을 지나서 이행한 경우라도 이행강제금을 부과할 수 없다(대판 2018.1.25. 2015두35116).

13. 국가직 7급, 10. 국가직 9급

103 □□□

이행강제금 부과처분을 받고 기한 내에 납부하지 아니한 자에 대한 이행강제금 납부독촉은 사실행위인 통지로서 항고소송의 대상이 되지 아니한다. O | X

구 건축법(2008.3.21. 법률 제8974호로 전부 개정되기 전의 것) 제69조의2 제6항, 지방세법 제28조, 제82조, 국세징수법 제23조의 각 규정에 의하면, 이행강제금 부과처분을 받은 자가 이행강제금을 기한 내에 납부하지 아니한 때에는 그 납부를 독촉할 수 있으며, 납부독촉에도 불구하고 이행강제금을 납부하지 않으면 체납절차에 의하여 이행강제금을 징수할 수 있고, 이때 이행강제금 납부의 최초 독촉은 징수처분으로서 항고소송의 대상이 되는 행정처분이 될 수 있다(대판 2009.12.24. 2009두14507).

19 · 10. 지방직 9급

104 □□□

건축법상 이행강제금 납부의 최초 독촉은 징수처분으로서 항고소송의 대상이 되는 행정처분이 될 수 있다. O | X

대판 2009.12.24. 2009두14507 판례에 대한 옳은 내용이다.

17. 지방직 9급

105 □□□

사용자가 이행하여야 할 행정법상 의무의 내용을 초과하는 것을 '불이행 내용'으로 기재한 이행강제금 부과예고서에 의하여 이행강제금 부과예고를 한 다음 이행강제금을 부과한 경우, 이행강제금 부과예고 및 이행강제금 부과처분은 위법하다. O | X

이행강제금은 행정법상의 부작위의무 또는 비대체적 작위의무를 이행하지 않은 경우에 '일정한 기한까지 의무를 이행하지 않을 때에는 일정한 금전적 부담을 과할 뜻'을 미리 '계고'함으로써 의무자에게 심리적 압박을 주어 장래를 향하여 의무의 이행을 확보하려는 간접적인 행정상 강제집행수단이고, 노동위원회가 근로기준법 제33조에 따라 이행강제금을 부과하는 경우 그 30일 전까지 하여야 하는 이행강제금 부과예고는 이러한 '계고'에 해당한다. 따라서 사용자가 이행하여야 할 행정법상 의무의 내용을 초과하는 것을 '불이행 내용'으로 기재한 이행강제금 부과예고서에 의하여 이행강제금 부과예고를 한 다음 이를 이행하지 않았다는 이유로 이행강제금을 부과하였다면, 초과한 정도가 근소하다는 등의 특별한 사정이 없는 한 이행강제금 부과예고는 이행강제금제도의 취지에 반하는 것으로서 위법하고, 이에 터잡은 이행강제금 부과처분 역시 위법하다(대판 2015.6.24. 2011두2170).

정답 102 ○ 103 X 104 ○ 105 ○

18. 국가직 7·9급, 15. 서울시 7급

106

□□□

건축법상 이행강제금은 시정명령의 불이행이라는 과거의 위반행위에 대한 제재이므로, 건축주가 장기간 시정명령을 이행하지 않았다면 그 기간 중에 시정명령의 이행 기회가 제공되지 않았다가 뒤늦게 이행 기회가 제공된 경우라 하더라도 이행 기회가 제공되지 않은 과거의 기간에 대한 이행강제금까지 한꺼번에 부과할 수 있다. O | X

건축주 등이 장기간 시정명령을 이행하지 아니하였더라도, 그 기간 중에는 시정명령의 이행 기회가 제공되지 아니하였다가 뒤늦게 시정명령의 이행 기회가 제공된 경우라면, 시정명령의 이행 기회 제공을 전제로 한 1회분의 이행강제금만을 부과할 수 있고, 시정명령의 이행 기회가 제공되지 아니한 과거의 기간에 대한 이행강제금까지 한꺼번에 부과할 수는 없다. 그리고 이를 위반하여 이루어진 이행강제금 부과처분은 과거의 위반행위에 대한 제재가 아니라 행정상의 간접강제수단이라는 이행강제금의 본질에 반하여 구 건축법 제80조 제1항·제4항 등 법규의 중요한 부분을 위반한 것으로서, 그러한 하자는 중대할 뿐만 아니라 객관적으로도 명백하다(대판 2016.7.14. 2015두46598).

23. 지방직 9급

107

□□□

공매처분을 하면서 체납자에게 공매통지를 하지 않았거나 공매통지를 하였지만 그것이 적법하지 아니하다 하더라도 공매처분 자체는 위법하지 않다. O | X

체납자 등에 대한 공매통지는 국가의 강제력에 의하여 진행되는 공매에서 체납자 등의 권리 내지 재산상의 이익을 보호하기 위하여 법률로 규정한 절차적 요건이라고 보아야 하며, 공매처분을 하면서 체납자 등에게 공매통지를 하지 않았거나 공매통지를 하였더라도 그것이 적법하지 아니한 경우에는 절차상의 흠이 있어 그 공매처분은 위법하다(대판 2008.11.20. 2007두18154 전합).

15. 서울시 7급

108

□□□

토지거래계약의 허가를 받아 토지를 취득한 자에게 관할 행정청은 허가받은 목적대로 토지를 이용할 의무의 이행을 명하고 그 이행기간 안에 의무를 이행하지 않으면 반복하여 이행강제금을 부과할 수 있다. O | X

이행강제금은 의무를 이행하기 전까지 반복적으로 부과할 수 있다. 단, 이행명령을 받은 의무자가 그 명령을 이행한 경우에는 이행명령에서 정한 기간을 지나서 이행한 경우라도 최초의 이행강제금을 부과할 수 없다.

21. 지방직 9급

109

□□□

부동산 실권리자명의 등기에 관한 법률상 장기미등기자가 이행강제금 부과 전에 등기신청의무를 이행하였더라도 동법에 규정된 기간이 지나서 등기신청의무를 이행하였다면 이행강제금을 부과할 수 있다. O | X

부동산 실권리자명의 등기에 관한 법률의 내용, 체계 및 취지 등을 종합하면, 부동산의 소유권이전을 내용으로 하는 계약을 체결하고 반대급부의 이행을 완료한 날로부터 3년 이내에 소유권이전등기를 신청하지 아니한 등기권리자 등(이하 '장기미등기자'라 한다)에 대하여 부과되는 이행강제금은 소유권이전등기신청의무 불이행이라는 과거의 사실에 대한 제재인 과징금과 달리, 장기미등기자에게 등기신청의무를 이행하지 아니하면 이행강제금이 부과된다는 심리적 압박을 주어 의무의 이행을 간접적으로 강제하는 행정상의 간접강제수단에 해당한다. 따라서 장기미등기자가 이행강제금 부과 전에 등기신청의무를 이행하였다면 이행강제금의 부과로써 이행을 확보하고자 하는 목적은 이미 실현된 것이므로 부동산실명법 제6조 제2항에 규정된 기간이 지나서 등기신청의무를 이행한 경우라 하더라도 이행강제금을 부과할 수 없다(대판 2016.6.23. 2015두36454).

정답 106 X 107 X 108 ○ 109 X

19. 서울시 7급, 13. 국회직 8급

110 □□□

이행강제금은 장래의 의무이행을 심리적으로 강제하기 위한 것으로서 의무이행이 있을 때까지 반복하여 부과할 수 있다. O | X

이행강제금은 의무를 불이행한 자에게 심리적 압박에 의해 본인 스스로가 의무를 이행하도록 하는 제도인바, 이행강제금은 동일한 의무 위반사항에 대해 의무이행이 있을 때까지 반복·증액하여 부과할 수 있다(헌재 2004.2.26. 2001헌바80).

14. 서울시 9급

111 □□□

이행강제금 부과처분에 대한 불복방법은 과태료와 마찬가지로 비송사건절차법에 따른 재판에 의한다. O | X

이행강제금 부과처분이 행정행위로서의 성질을 가지므로 행정쟁송에 의해 구제를 받을 수 있다. 다만, 이행강제금 부과처분에 대한 불복방법으로 이의신청 및 비송사건절차법에 의한다는 특별절차를 규정하고 있는 경우에는 그에 따른다.

14. 사복직 9급, 12. 국회직 9급

112 □□□

건축법상 시정명령 불이행에 대한 이행강제금 부과의 경우 허가권자는 최초의 시정명령이 있었던 날을 기준으로 하여 1년에 2회 이내의 범위에서 그 시정명령이 이행될 때까지 반복하여 이행강제금을 부과·징수할 수 있다. O | X

구 건축법 제80조 제1항·제4항에 의하면 문언상 최초의 시정명령이 있었던 날을 기준으로 1년 단위별로 2회에 한하여 이행강제금을 부과할 수 있고, 이 경우에도 매 1회 부과시마다 구 건축법 제80조 제1항 단서에서 정한 1회분 상당액의 이행강제금을 부과한 다음 다시 시정명령의 이행에 필요한 상당한 이행기한을 정하여 그 기한까지 시정명령을 이행할 수 있는 기회를 준 후 비로소 다음 1회분 이행강제금을 부과할 수 있다(대판 2016.7.14. 2015두46598).

17. 지방직 9급

113 □□□

건축법상 이행강제금의 부과에 대해서는 항고소송을 제기할 수 없고 비송사건절차법에 따라 재판을 청구할 수 있다. O | X

이행강제금에 대하여 개별법에 특별한 불복방법을 규정하고 있는 경우 그에 따르고, 아무런 규정이 없는 경우에는 행정쟁송의 대상이 된다. 건축법상의 이행강제금에 대하여 특별한 불복방법을 규정하고 있지 않으므로 항고소송을 제기할 수 있다. 이에 반해 과태료는 질서위반행위규제법에 특별한 불복절차를 두고 있으므로 항고소송의 대상이 되지 아니한다.

정답 110 ○ 111 X 112 ○ 113 X

23. 지방직 9급, 21. 국가직 7급

114 □□□

농지법상 이행강제금 부과처분은 행정소송의 대상이다. O | X

농지법은 농지처분명령에 대한 이행강제금 부과처분에 불복하는 자가 그 처분을 고지받은 날부터 30일 이내에 부과권자에게 이의를 제기할 수 있고, 이의를 받은 부과권자는 지체 없이 관할 법원에 그 사실을 통보하여야 하며, 그 통보를 받은 관할 법원은 비송사건절차법에 따른 과태료 재판에 준하여 재판을 하도록 정하고 있다(제62조 제1항 · 제6항 · 제7항). 따라서 농지법 제62조 제1항에 따른 이행강제금 부과처분에 불복하는 경우에는 비송사건절차법에 따른 재판절차가 적용되어야 하고, 행정소송법상 항고소송의 대상은 될 수 없다(대판 2019.4.11. 2018두42955).

15. 서울시 7급

115 □□□

이행명령을 받은 자가 그 명령을 이행하는 경우에 새로운 이행강제금의 부과를 즉시 중지하도록 법령이 규정한 것은 이러한 이행강제금의 본질상 이행강제금 부과로 이행을 확보하고자 한 목적이 이미 실현된 경우에는 그 이행강제금을 부과할 수 없다는 취지를 규정한 것으로 보아야 한다. O | X

국토의 계획 및 이용에 관한 법률(이하 '국토계획법'이라고 한다) 제124조의2 제5항이 이행명령을 받은 자가 그 명령을 이행하는 경우에 새로운 이행강제금의 부과를 즉시 중지하도록 규정한 것은 이행강제금의 본질상 이행강제금 부과로 이행을 확보하고자 한 목적이 이미 실현된 경우에는 그 이행강제금을 부과할 수 없다는 취지를 규정한 것이다(대판 2014.12.11. 2013두15750).

10. 국가직 9급

116 □□□

건축법상 허가권자는 이행강제금 부과처분을 받은 자가 이행강제금을 납부기한까지 내지 아니하면 지방행정제재 · 부과금의 징수 등에 관한 법률에 따라 징수한다. O | X

> 「건축법」 제80조 【이행강제금】 ⑦ 허가권자는 제4항에 따라 이행강제금 부과처분을 받은 자가 이행강제금을 납부기한까지 내지 아니하면 지방행정제재 · 부과금의 징수 등에 관한 법률에 따라 징수한다.

21. 국가직 9급

117 □□□

이행강제금의 납부의무는 상속의 대상이 되므로 이행강제금을 부과받은 사람이 사망하면 상속인이 납부의무를 승계한다. O | X

이행강제금 납부의무는 상속인 기타의 사람에게 승계될 수 없는 일신전속적 성질의 것이므로, 이미 사망한 사람에게 이행강제금을 부과하는 내용의 처분이나 결정은 당연무효이다.

정답 114 X 115 ○ 116 ○ 117 X

23. 경찰간부, 21 · 18. 지방직 9급, 16. 국가직 9급, 15. 국회직 8급 · 국가직 9급, 13. 국가직 7급

118 □□□

건축법상의 이행강제금은 간접강제의 일종으로서 그 이행강제금 납부의무는 일신전속적인 성질의 것이므로 이미 사망한 사람에게 이행강제금을 부과하는 내용의 처분은 당연무효이다. O | X

이행강제금 납부의무는 상속인 기타의 사람에게 승계될 수 없는 일신전속적인 성질의 것이므로 이미 사망한 사람에게 이행강제금을 부과하는 내용의 처분이나 결정은 당연무효이고, 이행강제금을 부과받은 사람의 이의에 의하여 비송사건절차법에 의한 재판절차가 개시된 후에 그 이의한 사람이 사망한 때에는 사건 자체가 목적을 잃고 절차가 종료한다(대결 2006.12.8. 2006마470).

13. 국회직 8급

119 □□□

공무원이 위법건축물임을 알지 못하여 공사 도중에 시정명령이 내려지지 않아 건축물이 완공되었다 하더라도 위법건축물 완공 후에도 시정명령을 할 수 있고 그 불이행에 대하여 이행강제금을 부과할 수 있다. O | X

공무원들이 위법건축물임을 알지 못하여 공사 도중에 시정명령이 내려지지 않아 위법건축물이 완공되었다 하더라도, 공공복리의 증진이라는 위 목적의 달성을 위해서는 완공 후에라도 위법건축물임을 알게 된 이상 시정명령을 할 수 있다고 보아야 할 것이며, 만약 완공 후에는 시정명령을 할 수 없다면 위법건축물을 축조한 자가 일단 건물이 완공되었다는 이유만으로 그 시정을 거부할 수 있는 결과를 초래하게 될 것이므로, 공사기간 중에 위법건축물임을 알지 못하여 시정명령을 하지 않고 있다가 완공 후에 이러한 사실을 알고 시정명령을 하였다고 하여 부당하다고 볼 수는 없다(대결 2002.8.16. 2002마1022).

24. 지방직 9급

120 □□□

건축법상 이행강제금은 시정명령의 불이행이라는 과거의 위반행위에 대한 제재이다. O | X

건축법상의 이행강제금은 시정명령의 불이행이라는 과거의 위반행위에 대한 제재가 아니라, 의무자에게 시정명령을 받은 의무의 이행을 명하고 그 이행기간 안에 의무를 이행하지 않으면 이행강제금이 부과된다는 사실을 고지함으로써 의무자에게 심리적 압박을 주어 의무의 이행을 간접적으로 강제하는 행정상의 간접강제 수단에 해당한다. 이러한 이행강제금의 본질상 시정명령을 받은 의무자가 이행강제금이 부과되기 전에 그 의무를 이행한 경우에는 비록 시정명령에서 정한 기간을 지나서 이행한 경우라도 이행강제금을 부과할 수 없다(대판 2018.1.25. 2015두35116).

23. 국가직 7급

121 □□□

건축법상 시정명령을 받은 의무자가 이행강제금이 부과되기 전에 그 의무를 이행하였더라도 그 시정명령에서 정한 기간을 지나서 이행한 경우라면 행정청은 이행강제금을 부과할 수 있다. O | X

건축법상의 이행강제금은 시정명령의 불이행이라는 과거의 위반행위에 대한 제재가 아니라, 의무자에게 시정명령을 받은 의무의 이행을 명하고 그 이행기간 안에 의무를 이행하지 않으면 이행강제금이 부과된다는 사실을 고지함으로써 의무자에게 심리적 압박을 주어 의무의 이행을 간접적으로 강제하는 행정상의 간접강제 수단에 해당한다. 이러한 이행강제금의 본질상 시정명령을 받은 의무자가 이행강제금이 부과되기 전에 그 의무를 이행한 경우에는 비록 시정명령에서 정한 기간을 지나서 이행한 경우라도 이행강제금을 부과할 수 없다(대판 2018.1.25. 2015두35116).

정답 118 ○ 119 ○ 120 X 121 X

23. 지방직 7급

122 □□□

행정청은 의무자가 행정상 의무를 이행할 때까지 이행강제금을 반복하여 부과할 수 없다. O | X

「행정기본법」 제31조 【이행강제금의 부과】 ⑤ 행정청은 의무자가 행정상 의무를 이행할 때까지 이행강제금을 반복하여 부과할 수 있다. 다만, 의무자가 의무를 이행하면 새로운 이행강제금의 부과를 즉시 중지하되, 이미 부과한 이행강제금은 징수하여야 한다.

09. 지방직 9급

123 □□□

사업장의 폐쇄, 외국인의 강제퇴거는 직접강제의 예에 해당한다. O | X

각각 식품위생법 제79조, 출입국관리법 제46조에 근거조항을 두고 있다.

23. 국회직 8급

124 □□□

행정기본법에 따르면, 행정청은 의무자가 행정상 의무를 이행할 때까지 이행강제금을 반복하여 부과할 수 있다. 다만, 의무자가 의무를 이행하면 새로운 이행강제금의 부과를 즉시 중지하되, 이미 부과한 이행강제금은 징수하여야 한다. O | X

「행정기본법」 제31조 【이행강제금의 부과】 ⑤ 행정청은 의무자가 행정상 의무를 이행할 때까지 이행강제금을 반복하여 부과할 수 있다. 다만, 의무자가 의무를 이행하면 새로운 이행강제금의 부과를 즉시 중지하되, 이미 부과한 이행강제금은 징수하여야 한다.

21. 지방직 9급, 21. 국가직 9급

125 □□□

이행강제금은 대체적 작위의무의 위반에 대하여도 부과될 수 있다. O | X

전통적으로 행정대집행은 대체적 작위의무에 대한 강제집행수단으로, 이행강제금은 부작위의무나 비대체적 작위의무에 대한 강제집행수단으로 이해되어 왔다. 그러나 이행강제금을 행정상 강제집행의 일반적 수단으로 채택하면서 비대체적 작위의무, 수인의무, 부작위의무뿐만 아니라 대체적 작위의무를 이행강제금 부과대상으로 하고 있는 입법례(독일 행정집행법 제11조)를 찾아볼 수 있듯이, 종래 부작위의무나 비대체적 작위의무만이 이행강제금의 대상이 된다고 보아온 것은 이행강제금제도의 본질에서 오는 제약은 아니며, 이행강제금은 대체적 작위의무의 위반에 대하여도 부과될 수 있다(헌재 2004.3.26. 2002헌바26).

09. 국가직 9급

126 □□□

직접강제는 행정법상의 의무불이행이 있는 경우에 직접 의무자의 신체나 재산에 실력을 가하여 의무의 이행이 있었던 것과 같은 상태를 실현하는 작용이다. O | X

직접강제는 행정법상 의무불이행이 있는 경우 행정기관이 직접 의무자의 신체나 재산에 실력을 가해 의무자가 의무를 이행한 것과 같은 상태를 실현하는 작용이다. 영업장의 폐쇄, 외국인의 강제퇴거 등 개별법상 근거가 있는 경우에 예외적으로 허용된다.

정답 122 X 123 ○ 124 ○ 125 ○ 126 ○

14. 국가직 9급

127 □□□

경찰관 직무집행법은 직접강제에 관한 일반적 근거를 규정하고 있다. O | X

경찰관 직무집행법은 직접강제에 관한 일반적 근거를 규정하고 있지 않다.

15. 사복직 9급

128 □□□

국세징수법은 행정상 강제징수에 관한 사실상 일반법의 지위를 갖는다. O | X

국세징수법은 강제징수에 관한 실질적인 일반법의 지위를 갖는다.

19. 변호사

129 □□□

출입국관리법상 보호명령제도는 외국인의 출입국과 체류를 적절하게 통제하고 조정하기 위한 목적에서 강제퇴거명령의 신속하고 효율적인 집행을 위한 효과적인 방법으로 인정되는 것으로 목적의 정당성과 수단의 적정성이 인정되고, 강제퇴거명령을 집행할 수 있을 때까지 일시적·잠정적으로 신체의 자유를 제한하고, 또한 보호의 일시해제, 이의신청, 행정소송 및 집행정지 등 강제퇴거대상자가 보호에서 해제될 수 있는 다양한 제도가 마련되어 있어 침해의 최소성 및 법익의 균형성 요건도 충족하므로, 과잉금지의 원칙을 위반하여 신체의 자유를 침해한다고는 볼 수 없다. O | X

심판대상조항은 강제퇴거대상자를 대한민국 밖으로 송환할 수 있을 때까지 보호시설에 인치·수용하여 강제퇴거명령을 효율적으로 집행할 수 있도록 함으로써 외국인의 출입국과 체류를 적절하게 통제하고 조정하여 국가의 안전과 질서를 도모하고자 하는 것으로, 입법목적의 정당성과 수단의 적합성은 인정된다. 그러나 보호기간의 상한을 두지 아니함으로써 강제퇴거대상자를 무기한 보호하는 것을 가능하게 하는 것은 보호의 일시적·잠정적 강제조치로서의 한계를 벗어나는 것이라는 점, 보호기간의 상한을 법에 명시함으로써 보호기간의 비합리적인 장기화 내지 불확실성에서 야기되는 피해를 방지할 수 있어야 하는데, 단지 강제퇴거명령의 효율적 집행이라는 행정목적 때문에 기간의 제한이 없는 보호를 가능하게 하는 것은 행정의 편의성과 획일성만을 강조한 것으로 피보호자의 신체의 자유를 과도하게 제한하는 것인 점, 강제퇴거명령을 받은 사람을 보호함에 있어 그 기간의 상한을 두고 있는 국제적 기준이나 외국의 입법례에 비추어 볼 때 보호기간의 상한을 정하는 것이 불가능하다고 볼 수 없는 점, 강제퇴거명령의 집행 확보는 심판대상조항에 의한 보호 외에 주거지 제한이나 보고, 신원보증인의 지정, 적정한 보증금의 납부, 감독관 등을 통한 지속적인 관찰 등 다양한 수단으로도 가능한 점, 현행 보호일시해제제도나 보호명령에 대한 이의신청, 보호기간 연장에 대한 법무부장관의 승인제도만으로는 보호기간의 상한을 두지 않은 문제가 보완된다고 보기 어려운 점 등을 고려하면, 심판대상조항은 침해의 최소성과 법익균형성을 충족하지 못한다. 따라서 심판대상조항은 과잉금지원칙을 위반하여 피보호자의 신체의 자유를 침해한다(헌재 2023.3.23. 2020헌가1 등).

정답 127 X 128 ○ 129 X

10. 국가직 7급

130 □□□

국세를 지정 납부기한까지 완납하지 아니한 경우 관할 세무서장은 납기 경과 후 30일 내에 독촉장을 발부하여야 한다. O | X

> 「국세징수법」 제10조 【독촉】 ① 관할 세무서장은 납세자가 국세를 지정납부기한까지 완납하지 아니한 경우 지정납부기한이 지난 후 10일 이내에 체납된 국세에 대한 독촉장을 발급하여야 한다. 다만, 제9조에 따라 국세를 납부기한 전에 징수하거나 체납된 국세가 일정한 금액 미만인 경우 등 대통령령으로 정하는 경우에는 독촉장을 발급하지 아니할 수 있다.

10. 국가직 7급

131 □□□

압류대상 재산은 의무자 및 동거인의 소유인 재산적인 가치가 있는 모든 재산을 말하며, 생활필수품의 압류에는 의무자의 동의를 요한다. O | X

생활필수품은 압류할 수 없다.

> 「국세징수법」 제41조 【압류금지 재산】 다음 각 호의 재산은 압류할 수 없다.
> 1. 체납자 또는 그와 생계를 같이 하는 가족(사실상 혼인관계에 있는 사람을 포함한다. 이하 이 조에서 "동거가족"이라 한다)의 생활에 없어서는 아니 될 의복, 침구, 가구, 주방기구, 그 밖의 생활필수품
> (각 호 생략)

15. 사복직 9급, 09. 국가직 9급

132 □□□

국세징수법에 의한 강제징수절차는 독촉과 체납처분으로, 체납처분은 다시 재산압류, 압류재산의 매각, 청산의 단계로 이루어진다. O | X

강제징수의 절차는 독촉 - 체납 - 압류 - 매각 - 청산으로 이루어진다.

15. 사복직 9급, 10. 국가직 7급

133 □□□

판례에 의하면 압류는 체납국세의 징수를 실현하기 위하여 체납자의 재산을 보전하는 강제행위로서 항고소송의 대상이 되는 처분이다. O | X

강제징수의 각각의 절차는 모두 처분성이 인정된다.

정답 130 X 131 X 132 ○ 133 ○

10. 국가직 7급

134 □□□

체납자가 사망한 후 체납자명의의 재산에 대하여 한 압류는 그 재산을 상속한 상속인에 대하여 한 것으로 본다. O | X

「국세징수법」 제27조 【상속 또는 합병의 경우 강제징수의 속행 등】 ① 체납자의 재산에 대하여 강제징수를 시작한 후 체납자가 사망하였거나 체납자인 법인이 합병으로 소멸된 경우에도 그 재산에 대한 강제징수는 계속 진행하여야 한다.
② 제1항을 적용할 때 체납자가 사망한 후 체납자 명의의 재산에 대하여 한 압류는 그 재산을 상속한 상속인에 대하여 한 것으로 본다.

19. 국가직 9급

135 □□□

세무공무원이 체납처분을 하기 위하여 질문·검사 또는 수색을 하거나 재산을 압류할 때에는 그 신분을 표시하는 증표를 지니고 이를 관계자에게 보여 주어야 한다. O | X

「지방세징수법」 제34조 【신분증의 제시】 세무공무원이 체납처분을 하기 위하여 질문·검사 또는 수색을 하거나 재산을 압류할 때에는 신분을 표시하는 증표를 지니고 관계자에게 보여 주어야 한다.

23. 경찰간부, 15. 지방직 9급

136 □□□

납세자가 아닌 제3자의 재산을 대상으로 한 압류처분은 무효사유에 해당하지 않는다. O | X

과세관청이 납세자에 대한 체납처분으로서 제3자의 소유물건을 압류하고 공매하더라도 그 처분으로 인하여 제3자가 소유권을 상실하는 것이 아니므로 체납자가 아닌 제3자의 소유물건을 대상으로 한 압류처분은 하자가 객관적으로 명백한 것인지 여부와는 관계없이 처분의 내용이 법률상 실현될 수 없는 것이어서 당연무효라고 하지 않을 수 없다(대판 1993.4.27. 92누12117).

17. 국가직 9급, 11. 국회직 8급

137 □□□

세무공무원이 국세의 징수를 위해 납세자의 재산을 압류하는 경우 그 재산의 가액이 징수할 국세액을 초과한다면 당해 압류처분은 무효이다. O | X

세무공무원이 국세의 징수를 위해 납세자의 재산을 압류하는 경우 그 재산의 가액이 징수할 국세액을 초과한다 하여 위 압류가 당연무효의 처분이라고는 할 수 없다(대판 1986.11.11. 86누479).

Point정리 재산에 대한 압류처분에 있어서의 하자

무효사유	취소사유
납세자가 아닌 제3자의 재산을 대상으로 한 압류처분(대판 2001.2.23. 2000다68924)	납세자의 재산을 압류하는 경우 그 재산의 가액이 징수할 국세액을 초과하는 경우(대판 1986.11.11. 86누479)

정답 134 ○ 135 ○ 136 X 137 X

제4편

08. 지방직 9급

138 □□□

압류 후 부과처분의 근거 법률이 위헌으로 결정된 경우에는 압류처분은 취소사유가 있는 것이 되므로 압류를 해제하여야 할 것이다. O | X

압류 후 근거 법률에 대하여 위헌결정이 이루어진 경우 압류처분은 취소사유에 해당하고 당연무효인 것은 아니다.

15. 국가직 9급

139 □□□

국세징수법상의 체납처분에서 압류재산의 매각은 공매를 통해서만 이루어지며 수의계약으로 해서는 안 된다. O | X

「국세징수법」 제67조 【수의계약】 관할 세무서장은 압류재산이 다음 각 호의 어느 하나에 해당하는 경우 수의계약으로 매각할 수 있다.
1. 수의계약으로 매각하지 아니하면 매각대금이 강제징수비 금액 이하가 될 것으로 예상되는 경우
2. 부패·변질 또는 감량되기 쉬운 재산으로서 속히 매각하지 아니하면 그 재산가액이 줄어들 우려가 있는 경우
3. 압류한 재산의 추산가격이 1천만원 미만인 경우
4. 법령으로 소지 또는 매매가 규제된 재산인 경우
5. 제1회 공매 후 1년간 5회 이상 공매하여도 매각되지 아니한 경우
6. 공매하는 것이 공익을 위하여 적절하지 아니한 경우

16. 지방직 9급, 15·11. 국가직 9급, 13. 국가직 7급

140 □□□

과세관청이 체납처분으로서 하는 공매는 행정처분으로 볼 수 없다. O | X

과세관청이 체납처분으로서 행하는 공매는 우월한 공권력의 행사로서 행정소송의 대상이 되는 공법상의 행정처분이며 공매에 의하여 재산을 매수한 자는 그 공매처분이 취소된 경우에 그 취소처분의 위법을 주장하여 행정소송을 제기할 법률상 이익이 있다(대판 1984.9.25. 84누201).

15. 국가직 9급

141 □□□

세무서장은 한국자산관리공사로 하여금 공매를 대행하게 할 수 있으며, 이 경우 공매는 세무서장이 한 것으로 본다. O | X

「국세징수법」 제103조 【공매 등의 대행】 ① 관할 세무서장은 다음 각 호의 업무(이하 이 조에서 "공매 등"이라 한다)에 전문지식이 필요하거나 그 밖에 직접 공매 등을 하기에 적당하지 아니하다고 인정되는 경우 대통령령으로 정하는 바에 따라 한국자산관리공사에 공매 등을 대행하게 할 수 있다. 이 경우의 공매 등은 세무서장이 한 것으로 본다.
1. 공매
2. 수의계약
3. 매각재산의 권리이전
4. 금전의 배분

정답 138 ○ 139 X 140 X 141 ○

19. 국회직 8급 · 서울시 7급, 16. 국가직 9급, 15. 국회직 8급, 14. 지방직 9급

142 □□□

국세징수법상 공매통지 자체는 원칙적으로 항고소송의 대상이 되는 행정처분이다. O | X

공매처분을 하면서 체납자 등에게 공매통지를 하지 않았거나 공매통지를 하였더라도 그것이 적법하지 아니한 경우에는 절차상의 흠이 있어 그 공매처분이 위법하게 되는 것이지만, 공매통지 자체가 그 상대방인 체납자 등의 법적 지위나 권리 · 의무에 직접적인 영향을 주는 행정처분에 해당한다고 할 것은 아니므로 다른 특별한 사정이 없는 한 체납자 등은 공매통지의 결여나 위법을 들어 공매처분의 취소 등을 구할 수 있는 것이지 공매통지 자체를 항고소송의 대상으로 삼아 그 취소 등을 구할 수는 없다(대판 2011.3.24. 2010두25527).

18. 지방직 9급, 17. 국가직 7급

143 □□□

국세징수법상 체납자에 대한 공매통지는 국가의 강제력에 의하여 진행되는 공매에서 체납자의 권리 내지 재산상의 이익을 보호하기 위하여 법률로 규정한 절차적 요건으로, 이를 이행하지 않은 경우 그 공매처분은 위법하다. O | X

체납자 등에 대한 공매통지는 국가의 강제력에 의하여 진행되는 공매에서 체납자 등의 권리 내지 재산상의 이익을 보호하기 위하여 법률로 규정한 절차적 요건이다. 공매처분을 하면서 체납자 등에게 공매통지를 하지 않았거나 공매통지를 하였더라도 그것이 적법하지 아니한 경우에는 절차상의 흠이 있어 그 공매처분이 위법하게 된다. 공매통지 자체가 그 상대방인 체납자 등의 법적 지위나 권리 · 의무에 직접적인 영향을 주는 행정처분에 해당하는 것은 아니다(대판 2011.3.24. 2010두25527).

17. 지방직 7급

144 □□□

과세관청이 체납처분으로서 행하는 공매에 의하여 재산을 매수한 자는 그 공매처분이 취소된 경우에 그 취소처분의 위법을 주장하여 행정소송을 제기할 법률상 이익이 있다. O | X

과세관청이 체납처분으로서 행하는 공매는 우월한 공권력의 행사로서 행정소송의 대상이 되는 공법상의 행정처분이며 공매에 의하여 재산을 매수한 자는 그 공매처분이 취소된 경우에 그 취소처분의 위법을 주장하여 행정소송을 제기할 법률상 이익이 있다(대판 1984.9.25. 84누201).

17. 지방직 7급

145 □□□

한국자산공사(현 한국자산관리공사)가 당해 부동산을 인터넷을 통하여 재공매하기로 한 결정 자체는 내부적인 의사결정에 불과하여 항고소송의 대상이 되는 행정처분이라고 볼 수 없지만, 이에 관한 공매통지는 공매사실 자체를 체납자에게 알려줌으로써 통지의 상대방의 법적 지위나 권리 · 의무에 직접 영향을 주게 되므로 항고소송의 대상인 행정처분에 해당한다. O | X

한국자산공사가 당해 부동산을 인터넷을 통하여 재공매(입찰)하기로 한 결정 자체는 내부적인 의사결정에 불과하여 항고소송의 대상이 되는 행정처분이라고 볼 수 없고, 또한 한국자산공사가 공매통지는 공매의 요건이 아니라 공매사실 자체를 체납자에게 알려주는 데 불과한 것으로서, 통지의 상대방의 법적 지위나 권리 · 의무에 직접 영향을 주는 것이 아니라고 할 것이므로 이것 역시 행정처분에 해당한다고 할 수 없다(대판 2007.7.27. 2006두8464).

정답 142 X 143 ○ 144 ○ 145 X

08. 지방직 7급

146 □□□

공매에 있어서 공매재산에 대한 감정평가나 매각예정가격의 결정이 잘못되어 공매재산이 부당하게 저렴한 가격으로 공매된 경우 그 공매처분은 당연무효가 된다. O | X

당연무효가 아닌 취소사유에 해당한다.

관련 판례

과세관청이 체납처분으로서 하는 공매에 있어서 공매재산에 대한 감정평가나 매각예정가격의 결정이 잘못되었다고 하더라도, 그로 인하여 공매재산이 부당하게 저렴한 가격으로 공매됨으로써 공매처분이 위법하다고 볼 수 있는 경우에 공매재산의 소유자 등이 이를 이유로 적법한 절차에 따라 공매처분의 취소를 구하거나 공매처분이 확정된 경우에는 위법한 재산권의 침해로서 불법행위의 요건을 충족하는 경우에 국가 등을 상대로 불법행위로 인한 손해배상을 청구할 수 있음은 별론으로 하고, 매수인이 공매절차에서 취득한 공매재산의 시가와 감정평가액과의 차액 상당을 법률상의 원인 없이 부당이득한 것이라고는 볼 수 없다고 할 것이고, 이러한 이치는 공매재산에 부합된 물건이 있는데도 이를 간과한 채 부합된 물건의 가액을 제외하고 감정평가를 함으로써 공매재산의 매각예정가격이 낮게 결정된 경우에 있어서도 마찬가지라고 할 것이다(대판 1997.4.8. 96다52915).

13. 경행특채

147 □□□

국세징수법상 체납액의 징수 순위는 강제징수비, 국세, 가산금의 순서에 따른다. O | X

「국세징수법」 제3조 【징수의 순위】 체납액의 징수 순위는 다음 각 호의 순서에 따른다.
1. 강제징수비
2. 국세(가산세는 제외한다)
3. 가산세

23. 지방직 9급

148 □□□

행정청 甲은 국유 일반재산인 건물 1층을 5년간 대부하는 계약을 乙과 체결하면서 대부료는 1년에 1억으로 정하였고 6회에 걸쳐 분납하기로 하였다. 甲은 乙이 1년간 대부료를 납부하지 않자, 체납한 대부료를 납부할 것을 통지하였다. 국유재산법에 따르면 국유재산의 대부료 등이 납부기한까지 납부되지 아니한 경우에는 국세징수법상의 강제징수에 관한 규정을 준용하고 있다. 행정청 甲은 국가 소유의 땅을 무단점유하여 사용하고 있는 丙에게 변상금 100만 원 부과처분을 하였다. 甲은 대부료를 납부하지 않은 乙을 상대로 민사소송을 제기하여 대부료 지급을 구해야 한다. O | X

공유 일반재산의 대부료와 연체료를 납부기한까지 내지 아니한 경우에도 공유재산 및 물품 관리법 제97조 제2항에 의하여 지방세 체납처분의 예에 따라 이를 징수할 수 있다. 이와 같이 공유 일반재산의 대부료의 징수에 관하여도 지방세 체납처분의 예에 따른 간이하고 경제적인 특별한 구제절차가 마련되어 있으므로, 특별한 사정이 없는 한 민사소송으로 공유 일반재산의 대부료의 지급을 구하는 것은 허용되지 아니한다(대판 2017.4.13. 2013다207941).

정답 146 X 147 ○ 148 X

제2장 행정상 즉시강제와 행정조사

19. 국가직 9급

001 □□□

즉시강제란 법령 또는 행정처분에 의한 선행의 구체적 의무의 불이행으로 인한 목전의 급박한 장해를 제거할 필요가 있는 경우에 행정기관이 즉시 국민의 신체 또는 재산에 실력을 행사하여 행정상의 필요한 상태를 실현하는 작용을 말한다. O | X

즉시강제는 급박한 위험 또는 장애를 제거하기 위하여 미리 의무를 명할 시간적 여유가 없는 경우에 직접 개인의 신체 또는 재산에 실력을 가함으로써 행정목적을 실현하는 행정작용을 말한다. 행정상 즉시강제는 의무의 존재와 그 불이행을 전제로 하지 않는다.

23. 소방간부

002 □□□

지방의회에서의 사무감사·조사를 위한 증인의 동행명령장제도는 현행범 체포와 같이 사후에 영장을 발부받지 아니하면 목적을 달성할 수 없는 긴박성이 있다고 인정할 수 있다. O | X

지방의회에서의 사무감사·조사를 위한 증인의 동행명령장제도도 증인의 신체의 자유를 억압하여 일정 장소로 인치하는 것으로서 헌법 제12조 제3항의 "체포 또는 구속"에 준하는 사태로 보아야 하고, 거기에 현행범 체포와 같이 사후에 영장을 발부받지 아니하면 목적을 달성할 수 없는 긴박성이 있다고 인정할 수는 없으므로, 헌법 제12조 제3항에 의하여 법관이 발부한 영장의제시가 있어야 함에도 불구하고 동행명령장을 법관이 아닌 지방의회 의장이 발부하고 이에 기하여 증인의 신체의 자유를 침해하여 증인을 일정 장소에 인치하도록 규정된 조례안은 영장주의원칙을 규정한 헌법 제12조 제3항에 위반된 것이다(대판 1995.6.30. 93추83).

21. 국가직 9급

003 □□□

공유재산 및 물품 관리법에 따른 공유재산 원상복구의 강제적 이행은 즉시강제에 해당한다. O | X

공유재산 및 물품 관리법 제83조 제1항은 "지방자치단체의 장은 정당한 사유 없이 공유재산을 점유하거나 공유재산에 시설물을 설치한 경우에는 원상복구 또는 시설물의 철거 등을 명하거나 이에 필요한 조치를 할 수 있다."라고 규정하고, 제2항은 "제1항에 따른 명령을 받은 자가 그 명령을 이행하지 아니할 때에는 '행정대집행법'에 따라 원상복구 또는 시설물의 철거 등을 하고 그 비용을 징수할 수 있다."라고 규정하고 있다. 위 규정에 따라 지방자치단체장은 행정대집행의 방법으로 공유재산에 설치한 시설물을 철거할 수 있고, 이러한 행정대집행의 절차가 인정되는 경우에는 민사소송의 방법으로 시설물의 철거를 구하는 것은 허용되지 아니한다(대판 2017.4.13. 2013다207941).

정답 001 X 002 X 003 X

14. 지방직 9급

004 □□□

식품위생법상 영업소 폐쇄명령을 받은 후에도 계속하여 영업을 하는 경우 해당 영업소를 폐쇄하는 조치는 행정상 즉시강제의 수단에 해당한다. O | X

식품위생법상 영업소 폐쇄명령을 받은 후에도 계속하여 영업을 하는 경우 의무불이행이 있는 경우에 해당하므로 직접강제의 대상이 된다.

18. 지방교행

005 □□□

신체의 자유를 제한하는 즉시강제는 헌법상 기본권 침해에 해당하여 법률의 규정에 의해서도 허용되지 아니한다. O | X

즉시강제는 법적 근거가 있으면 가능하다.

19. 서울시 9급(2월)

006 □□□

즉시강제는 법치국가의 요청인 예측가능성과 법적 안정성에 반하고 기본권 침해의 소지가 큰 권력작용이라는 비판이 존재한다. O | X

등급분류를 받지 아니하거나 등급분류를 받은 게임물과 다른 내용의 게임물(이하 "불법게임물"이라 한다)의 유통을 방지함으로써 게임물의 등급분류제를 정착시키고, 나아가 불법게임물로 인한 사행성의 조장을 억제하여 건전한 사회기풍을 조성하기 위한 것으로서 그 입법목적의 정당성이 인정되고, 이 사건 법률조항에서 불법게임물을 즉시 수거·폐기할 수 있도록 하는 행정상 즉시강제의 근거를 규정한 것은 위와 같은 입법목적을 달성하기 위한 적절한 수단의 하나가 될 수 있다(헌재 2002.10.31. 2000헌가12).

17. 국가직 9급(10월)

007 □□□

행정강제는 행정상 강제집행을 원칙으로 하고, 행정상 즉시강제는 예외적으로 인정되는 강제수단이다. O | X

행정상 즉시강제는 다른 수단으로 목적달성이 불가능하거나 시간적인 여유가 없는 급박한 사정이 있는 경우에 보충적으로 허용된다. 따라서 행정상 강제집행이 가능한 경우라면 행정상 즉시강제는 인정될 수 없다.

21. 국가직 9급

008 □□□

행정상 즉시강제는 직접강제와는 달리 행정상 강제집행에 해당하지 않는다. O | X

통설은 선행하는 의무불이행의 존재 여부를 기준으로 행정상 강제집행과 행정상 즉시강제를 구별하고 있다. 즉, 행정상 강제집행은 행정법상 의무불이행을 전제로 하여 이 의무를 강제하는 것인데 반하여 행정상 즉시강제는 급박한 상황하에서 의무를 명할 수 없는 경우에 행하여지는 행정강제로서 행정법상의 의무불이행을 전제로 하지 않는다는 점에서 구분된다. 따라서 행정상 즉시강제는 직접강제와는 달리 행정상 강제집행에 해당하지 않는다.

정답 004 X 005 X 006 ○ 007 ○ 008 ○

21. 국가직 9급

009 □□□

행정상 즉시강제는 다른 수단으로는 행정목적을 달성할 수 없는 경우에만 허용되며, 이 경우에도 최소한으로만 실시하여야 한다. O | X

행정상 즉시강제는 엄격한 실정법상의 근거를 필요로 할 뿐만 아니라, 그 발동에 있어서는 법규의 범위 안에서도 다시 행정상의 장해가 목전에 급박하고, 다른 수단으로는 행정목적을 달성할 수 없는 경우이어야 하며, 이러한 경우에도 그 행사는 필요 최소한도에 그쳐야 함을 내용으로 하는 조리상의 한계에 기속된다(헌재 2002.10.31. 2000헌가12).

18. 지방교행, 07. 대구시 9급

010 □□□

권력적 사실행위인 즉시강제는 그 조치가 계속 중인 상태에 있는 경우에도 취소소송의 대상이 될 수는 없다. O | X

권력적 사실행위는 단기간 종료되므로 집행정지를 전제로 행정쟁송의 실익이 인정된다. 다만, 장기계속성이 있는 권력적 사실행위는 바로 행정쟁송의 실익이 인정될 수 있다.

19. 서울시 9급(2월)

011 □□□

직접강제와 즉시강제는 권력적 사실행위로서의 성격을 가지고 있다. O | X

직접강제와 즉시강제는 권력적 사실행위로서의 성질을 갖는다. 따라서 항고소송의 대상이 되는 처분의 성질을 갖는다고 보는 것이 다수설이다.

19. 서울시 9급(6월)

012 □□□

행정상 즉시강제는 개인에게 미리 의무를 명할 시간적 여유가 없는 경우를 전제로 하므로 그 긴급성을 고려할 때 원칙적으로 법률적 근거를 요하지 아니한다. O | X

국민의 기본권에 중대한 제한을 가하는 행정상 즉시강제는 당연히 실정법적 근거가 필요하다.

19. 서울시 9급(2월), 18. 지방교행, 17. 국가직 9급(10월), 07. 대구시 9급

013 □□□

행정상 즉시강제는 실정법의 근거를 필요로 하고, 그 발동에 있어서는 법규의 범위 안에서도 행정상의 장해가 목전에 급박하고, 다른 수단으로는 행정목적을 달성할 수 없는 경우이어야 하며, 이러한 경우에도 그 행사는 필요 최소한도에 그쳐야 함을 내용으로 하는 한계에 기속된다. O | X

행정상 즉시강제는 침해적 행정의 일종이므로 실정법적 근거가 필요하다고 보는 것이 일반적이다. 또한 실정법의 근거가 있다고 하더라도 급박성의 원칙, 비례의 원칙, 소극성의 원칙, 보충성의 원칙 등을 준수하여야 한다.

정답 009 ○ 010 X 011 ○ 012 X 013 ○

21. 국가직 9급, 13. 경행특채

014 □□□

즉시강제에서 영장주의가 적용되는가의 여부에 대하여 판례는 국민의 권익보호를 위하여 예외 없이 영장주의가 적용되어야 한다는 영장필요설의 입장을 취하고 있다. O | X

판례는 사전영장주의를 적용하면 행정목적을 달성할 수 없는 예외적인 경우에 한하여 영장주의의 예외를 인정하고 있다.

14. 지방직 9급

015 □□□

재범의 위험성이 현저한 자를 상대로 긴급히 보호할 필요가 있는 경우에 단기간의 동행보호를 허용한 구 사회안전법상 동행보호규정은 사전영장주의를 규정한 헌법규정에 반한다. O | X

사전영장주의는 인신보호를 위한 헌법상의 기속원리이기 때문에 인신의 자유를 제한하는 모든 국가작용의 영역에서 존중되어야 하지만, 헌법 제12조 제3항 단서도 사전영장주의의 예외를 인정하고 있는 것처럼 사전영장주의를 고수하다가는 도저히 행정목적을 달성할 수 없는 지극히 예외적인 경우에는 형사절차에서와 같은 예외가 인정되므로, 구 사회안전법(1989.6.16. 법률 제4132호에 의해 '보안관찰법'이란 명칭으로 전문 개정되기 전의 것) 제11조 소정의 동행보호규정은 재범의 위험성이 현저한 자를 상대로 긴급히 보호할 필요가 있는 경우에 한하여 단기간의 동행보호를 허용한 것으로서 그 요건을 엄격히 해석하는 한, 동 규정 자체가 사전영장주의를 규정한 헌법규정에 반한다고 볼 수는 없다(대판 1997.6.13. 96다56115).

19. 서울시 9급(2월)

016 □□□

행정강제는 행정상 강제집행을 원칙으로 하므로 불법게임물에 대해서도 관계당사자에게 수거·폐기를 명하고 그 불이행시 직접강제 등 행정상 강제집행으로 나아가야 한다. O | X

불법게임물은 불법현장에서 이를 즉시 수거하지 않으면 증거인멸의 가능성이 있고, 그 사행성으로 인한 폐해를 막기 어려우며, 대량으로 복제되어 유통될 가능성이 있어, 불법게임물에 대하여 관계당사자에게 수거·폐기를 명하고 그 불이행을 기다려 직접강제 등 행정상의 강제집행으로 나아가는 원칙적인 방법으로는 목적달성이 곤란하다고 할 수 있으므로, 이 사건 법률조항의 설정은 위와 같은 급박한 상황에 대처하기 위한 것으로서 그 불가피성과 정당성이 인정된다. 또한 이 사건 법률조항은 수거에 그치지 아니하고 폐기까지 가능하도록 규정하고 있으나, 이는 수거한 불법게임물의 사후처리와 관련하여 폐기의 필요성이 인정되는 경우에 대비하여 근거 규정을 둔 것으로서 실제로 폐기에 나아감에 있어서는 비례의 원칙에 의한 엄격한 제한을 받는다고 할 것이므로, 이를 두고 과도한 입법이라고 보기는 어렵다. 따라서 이 사건 법률조항은 피해의 최소성의 요건을 위반한 것으로는 볼 수 없고, 또한 이 사건 법률조항이 불법게임물의 수거·폐기에 관한 행정상 즉시강제를 허용함으로써 게임제공업주 등이 입게 되는 불이익보다는 이를 허용함으로써 보호되는 공익이 더 크다고 볼 수 있으므로, 법익의 균형성의 원칙에 위배되는 것도 아니다(헌재 2002.10.31. 2000헌가12).

23. 지방직 9급, 21. 국가직 9급

017 □□□

구 음반·비디오물 및 게임물에 관한 법률상 불법게임물에 대한 수거 및 폐기조치는 행정상 즉시강제에 해당한다. O | X

이 사건 법률조항은 문화관광부장관, 시·도지사, 시장·군수·구청장이 법 제18조 제5항의 규정에 의한 등급분류를 받지 아니하거나 등급분류를 받은 게임물과 다른 내용의 게임물을 발견한 때에는 관계공무원으로 하여금 이를 수거하여 폐기하게 할 수 있도록 규정하고 있는바, 이는 어떤 하명도 거치지 않고 행정청이 직접 대상물에 실력을 가하는 경우로서, 위 조항은 행정상 즉시강제 그중에서도 대물적(對物的) 강제를 규정하고 있다고 할 것이다(헌재 2002.10.31. 2000헌가12).

정답 014 X 015 X 016 X 017 ○

17. 국가직 9급(10월)

018 □□□

행정상 즉시강제에 관한 일반법은 없고 개별법에서 행정상 즉시강제에 해당하는 수단을 규정하고 있다. O | X

행정기본법 제30조 및 제33조에 즉시강제에 관한 규정을 두고 있다. 그리고 개별법으로 경찰관 직무집행법, 마약류 관리에 관한 법률, 식품위생법, 소방기본법, 감염병의 예방 및 관리에 관한 법률, 재난 및 안전관리 기본법 등이 있다.

07. 대구시 9급

019 □□□

판례는 위법한 즉시강제에 대한 항거가 공무집행방해죄를 구성하지 아니한다고 본다. O | X

위법한 직무행위에 대한 항거는 폭행죄가 성립할 수는 있으나, 공무집행방해죄는 성립할 수 없다(대판 1991.9.24. 91도1314).

12. 지방직 9급

020 □□□

행정조사란 행정기관이 정책을 결정하거나 직무를 수행하는 데 필요한 정보나 자료를 수집하기 위하여 현장조사·문서열람, 시료채취 등을 하거나 조사대상자에게 보고요구·자료제출요구 및 출석·진술요구를 행하는 활동을 말한다. O | X

「행정조사기본법」 제2조 【정의】 이 법에서 사용하는 용어의 정의는 다음과 같다.
1. "행정조사"란 행정기관이 정책을 결정하거나 직무를 수행하는 데 필요한 정보나 자료를 수집하기 위하여 현장조사·문서열람·시료채취 등을 하거나 조사대상자에게 보고요구·자료제출요구 및 출석·진술요구를 행하는 활동을 말한다.

12. 사복직 9급

021 □□□

일반적으로 행정조사 그 자체는 법적 효과를 가져오지 않는 사실행위에 해당한다. O | X

행정조사는 질문, 출입검사, 검진 등 일반적으로 사실행위에 불과하지만, 보고서나 서류 등의 제출을 명령하는 형태로 행정행위인 경우도 있다.

18. 지방직 9급

022 □□□

행정조사를 행하는 행정기관에는 법령 및 조례·규칙에 따라 행정권한이 있는 기관뿐만 아니라 그 권한을 위임 또는 위탁받은 법인·단체 또는 그 기관이나 개인이 포함된다. O | X

「행정조사기본법」 제2조 【정의】 이 법에서 사용하는 용어의 정의는 다음과 같다.
2. "행정기관"이란 법령 및 조례·규칙(이하 "법령 등"이라 한다)에 따라 행정권한이 있는 기관과 그 권한을 위임 또는 위탁받은 법인·단체 또는 그 기관이나 개인을 말한다.

정답 018 X 019 ○ 020 ○ 021 ○ 022 ○

18. 국가직 9급 · 지방직 9급, 15 · 14. 경행특채 1차, 09. 국가직 9급

023
☐☐☐

행정조사기본법상 행정기관은 법령 등에서 행정조사를 규정하고 있는 경우에 한하여 행정조사를 실시할 수 있고 규정이 없는 경우에는 조사대상자의 자발적 협력이 있는 경우에도 행정조사를 실시할 수 없다. O | X

「행정조사기본법」 제5조 【행정조사의 근거】 행정기관은 법령 등에서 행정조사를 규정하고 있는 경우에 한하여 행정조사를 실시할 수 있다. 다만, 조사대상자의 자발적인 협조를 얻어 실시하는 행정조사의 경우에는 그러하지 아니하다.

14. 서울시 9급, 09. 국회직 9급

024
☐☐☐

행정조사는 조사목적을 달성하는 데 필요한 최소한의 범위 안에서 실시하여야 한다. O | X

「행정조사기본법」 제4조 【행정조사의 기본원칙】 ① 행정조사는 조사목적을 달성하는 데 필요한 최소한의 범위 안에서 실시하여야 하며, 다른 목적 등을 위하여 조사권을 남용하여서는 아니 된다.

18. 서울시 7급 · 지방직 7급

025
☐☐☐

지방세기본법은 지방자치단체장의 세무조사권에 대한 남용금지를 규정하고 있다. O | X

지방자치단체의 장은 적절하고 공평한 과세의 실현을 위하여 필요한 최소한의 범위에서 세무조사를 하여야 하며, 다른 목적 등을 위하여 조사권을 남용해서는 아니 된다(지방세기본법 제80조 제1항).

09. 국회직 9급

026
☐☐☐

행정기관은 조사목적에 적합하도록 조사대상자를 사전에 선정하지 않고 행정조사를 실시해야 한다. O | X

「행정조사기본법」 제4조 【행정조사의 기본원칙】 ② 행정기관은 조사목적에 적합하도록 조사대상자를 선정하여 행정조사를 실시하여야 한다.

14. 서울시 9급, 10. 지방직 9급

027
☐☐☐

행정조사는 조사를 통해 법령 등의 위반사항을 발견하고 처벌하는 데 중점을 두어야 한다. O | X

「행정조사기본법」 제4조 【행정조사의 기본원칙】 ④ 행정조사는 법령 등의 위반에 대한 처벌보다는 법령 등을 준수하도록 유도하는 데 중점을 두어야 한다.

정답 023 X 024 ○ 025 ○ 026 X 027 X

14. 국회직 8급 · 경행특채 1차, 09. 국회직 8급

028 □□□

행정기관은 유사하거나 동일한 사안에 대하여는 공동조사 등을 실시함으로써 행정조사가 중복되지 아니하도록 하여야 한다. O | X

「행정조사기본법」 제14조 【공동조사】 ① 행정기관의 장은 다음 각 호의 어느 하나에 해당하는 행정조사를 하는 경우에는 공동조사를 하여야 한다.
1. 당해 행정기관 내의 2 이상의 부서가 동일하거나 유사한 업무분야에 대하여 동일한 조사대상자에게 행정조사를 실시하는 경우

09. 국회직 9급

029 □□□

다른 법률에 따르지 아니하고는 행정조사의 대상자 또는 행정조사의 내용을 공표하거나 직무상 알게 된 비밀을 누설하여서는 아니 된다. O | X

「행정조사기본법」 제4조 【행정조사의 기본원칙】 ⑤ 다른 법률에 따르지 아니하고는 행정조사의 대상자 또는 행정조사의 내용을 공표하거나 직무상 알게 된 비밀을 누설하여서는 아니 된다.

08. 지방직 9급

030 □□□

행정기관은 행정조사를 통하여 알게 된 정보를 임의로 다른 국가기관에 제공할 수 있다. O | X

「행정조사기본법」 제4조 【행정조사의 기본원칙】 ⑥ 행정기관은 행정조사를 통하여 알게 된 정보를 다른 법률에 따라 내부에서 이용하거나 다른 기관에 제공하는 경우를 제외하고는 원래의 조사목적 이외의 용도로 이용하거나 타인에게 제공하여서는 아니 된다.

10. 지방직 9급

031 □□□

행정조사에 현장조사, 문서열람, 시료채취 보고요구, 자료제출요구, 진술요구는 포함되지만 출석요구는 포함되지 않는다. O | X

「행정조사기본법」 제2조 【정의】 이 법에서 사용하는 용어의 정의는 다음과 같다.
1. "행정조사"란 행정기관이 정책을 결정하거나 직무를 수행하는 데 필요한 정보나 자료를 수집하기 위하여 현장조사 · 문서열람 · 시료채취 등을 하거나 조사대상자에게 보고요구 · 자료제출요구 및 출석 · 진술요구를 행하는 활동을 말한다.

정답 028 ○ 029 ○ 030 X 031 X

12. 지방직 9급

032 □□□

근로기준법상 근로감독관의 직무에 관한 사항에 대하여는 행정조사기본법이 적용된다. O | X

「행정조사기본법」 제3조 【적용범위】 ② 다음 각 호의 어느 하나에 해당하는 사항에 대하여는 이 법을 적용하지 아니한다.
4. 근로기준법 제101조에 따른 근로감독관의 직무에 관한 사항

22. 국가직 7급

033 □□□

행정조사기본법 제4조는 조세·보안처분에 관한 사항에 대하여 적용하지 아니한다. O | X

행정조사기본법은 조세·보안처분에 관한 사항에 대하여 적용하지 아니하지만, 행정조사의 기본원칙은 적용한다.

「행정조사기본법」 제3조 【적용범위】 ② 다음 각 호의 어느 하나에 해당하는 사항에 대하여는 이 법을 적용하지 아니한다.
5. 조세·형사·행형 및 보안처분에 관한 사항
③ 제2항에도 불구하고 제4조(행정조사의 기본원칙), 제5조(행정조사의 근거) 및 제28조(정보통신수단을 통한 행정조사)는 제2항 각 호의 사항에 대하여 적용한다.

12. 지방직 9급, 08. 지방직 9급·지방직 7급

034 □□□

금융감독기관의 감독·검사·조사에 대하여는 행정조사기본법이 적용될 여지가 없다. O | X

「행정조사기본법」 제3조 【적용범위】 ② 다음 각 호의 어느 하나에 해당하는 사항에 대하여는 이 법을 적용하지 아니한다.
6. 금융감독기관의 감독·검사·조사 및 감리에 관한 사항
③ 제2항에도 불구하고 제4조(행정조사의 기본원칙), 제5조(행정조사의 근거) 및 제28조(정보통신수단을 통한 행정조사)는 제2항 각 호의 사항에 대하여 적용한다.

23. 국회직 8급, 21. 소방, 15. 경행특채 1차, 14·09. 국회직 8급

035 □□□

행정조사는 수시로 실시함을 원칙으로 한다. O | X

「행정조사기본법」 제7조 【조사의 주기】 행정조사는 법령 등 또는 행정조사운영계획으로 정하는 바에 따라 정기적으로 실시함을 원칙으로 한다. 다만, 다음 각 호 중 어느 하나에 해당하는 경우에는 수시조사를 할 수 있다.

정답 032 X 033 X 034 X 035 X

14. 국회직 8급

036 □□□

행정기관의 장은 행정조사의 목적, 법령준수의 실적, 자율적인 준수를 위한 노력, 규모와 업종 등을 고려하여 명백하고 객관적인 기준에 따라 행정조사의 대상을 선정하여야 한다. O | X

「행정조사기본법」 제8조 【조사대상의 선정】 ① 행정기관의 장은 행정조사의 목적, 법령준수의 실적, 자율적인 준수를 위한 노력, 규모와 업종 등을 고려하여 명백하고 객관적인 기준에 따라 행정조사의 대상을 선정하여야 한다.

18. 지방직 9급

037 □□□

조사대상자가 조사대상 선정기준에 대한 열람을 신청한 경우에 행정기관은 그 열람이 당해 행정조사업무를 수행할 수 없을 정도로 조사활동에 지장을 초래한다는 이유로 열람을 거부할 수 없다. O | X

「행정조사기본법」 제8조 【조사대상의 선정】 ② 조사대상자는 조사대상 선정기준에 대한 열람을 행정기관의 장에게 신청할 수 있다.

③ 행정기관의 장이 제2항에 따라 열람신청을 받은 때에는 다음 각 호의 어느 하나에 해당하는 경우를 제외하고 신청인이 조사대상 선정기준을 열람할 수 있도록 하여야 한다.

1. 행정기관이 당해 행정조사업무를 수행할 수 없을 정도로 조사활동에 지장을 초래하는 경우
2. 내부고발자 등 제3자에 대한 보호가 필요한 경우

09. 국회직 8급

038 □□□

조사대상의 선정에 있어 자율준수 노력 등을 고려함은 형평에 어긋나므로 허용되지 않는다. O | X

「행정조사기본법」 제8조 【조사대상의 선정】 ① 행정기관의 장은 행정조사의 목적, 법령준수의 실적, 자율적인 준수를 위한 노력, 규모와 업종 등을 고려하여 명백하고 객관적인 기준에 따라 행정조사의 대상을 선정하여야 한다.

15. 지방직 9급

039 □□□

조사대상자는 법령 등에서 규정하고 있는 경우에 한하여 조사대상 선정기준에 대한 열람을 행정기관의 장에게 신청할 수 있다. O | X

「행정조사기본법」 제8조 【조사대상의 선정】 ② 조사대상자는 조사대상 선정기준에 대한 열람을 행정기관의 장에게 신청할 수 있다.

정답 036 ○ 037 X 038 X 039 X

09. 국가직 9급

040 □□□

현장조사는 조사대상자가 동의한 경우에도 해가 뜨기 전이나 해가 진 뒤에는 할 수 없다. O | X

「행정조사기본법」 제11조 【현장조사】 ② 제1항에 따른 현장조사는 해가 뜨기 전이나 해가 진 뒤에는 할 수 없다. 다만, 다음 각 호의 어느 하나에 해당하는 경우에는 그러하지 아니하다.
1. 조사대상자(대리인 및 관리책임이 있는 자를 포함한다)가 동의한 경우
2. 사무실 또는 사업장 등의 업무시간에 행정조사를 실시하는 경우
3. 해가 뜬 후부터 해가 지기 전까지 행정조사를 실시하는 경우에는 조사목적의 달성이 불가능하거나 증거인멸로 인하여 조사대상자의 법령 등의 위반 여부를 확인할 수 없는 경우

18. 국가직 7급

041 □□□

조사원이 현장조사 중에 자료 · 서류 · 물건 등을 영치하는 경우에 조사대상자의 생활이나 영업이 사실상 불가능하게 될 우려가 있는 때에는 조사원은 증거인멸의 우려가 있는 경우가 아니라면 사진촬영 등의 방법으로 영치에 갈음할 수 있다. O | X

조사원이 자료 등을 영치하는 경우에 조사대상자의 생활이나 영업이 사실상 불가능하게 될 우려가 있는 때에는 조사원은 자료 등을 사진으로 촬영하거나 사본을 작성하는 등의 방법으로 영치에 갈음할 수 있다. 다만, 증거인멸의 우려가 있는 자료 등을 영치하는 경우에는 그러하지 아니하다(행정조사기본법 제13조 제2항).

15. 경행특채 1차

042 □□□

당해 행정기관 내의 2 이상의 부서가 동일하거나 유사한 업무분야에 대하여 동일한 조사대상자에게 행정조사를 실시하는 경우 행정기관의 장은 공동조사를 하여야 한다. O | X

「행정조사기본법」 제14조 【공동조사】 ① 행정기관의 장은 다음 각 호의 어느 하나에 해당하는 행정조사를 하는 경우에는 공동조사를 하여야 한다.
1. 당해 행정기관 내의 2 이상의 부서가 동일하거나 유사한 업무분야에 대하여 동일한 조사대상자에게 행정조사를 실시하는 경우
2. 서로 다른 행정기관이 대통령령으로 정하는 분야에 대하여 동일한 조사대상자에게 행정조사를 실시하는 경우

18. 지방직 9급

043 □□□

정기조사 또는 수시조사를 실시한 행정기관의 장은 조사대상자의 자발적인 협조를 얻어 실시하는 경우가 아닌 한, 동일한 사안에 대하여 동일한 조사대상자를 재조사하여서는 아니 된다. O | X

「행정조사기본법」 제15조 【중복조사의 제한】 ① 제7조에 따라 정기조사 또는 수시조사를 실시한 행정기관의 장은 동일한 사안에 대하여 동일한 조사대상자를 재조사하여서는 아니 된다. 다만, 당해 행정기관이 이미 조사를 받은 조사대상자에 대하여 위법행위가 의심되는 새로운 증거를 확보한 경우에는 그러하지 아니하다.

정답 040 X 041 ○ 042 ○ 043 X

09. 국가직 9급

044 □□□

행정조사를 실시하고자 하는 행정기관의 장은 출석요구서 등을 조사개시 3일 전까지 조사대상자에게 서면으로 통지하여야 한다. O | X

「행정조사기본법」 제17조 【조사의 사전통지】 ① 행정조사를 실시하고자 하는 행정기관의 장은 제9조에 따른 출석요구서, 제10조에 따른 보고요구서·자료제출요구서 및 제11조에 따른 현장출입조사서(이하 "출석요구서 등"이라 한다)를 조사개시 7일 전까지 조사대상자에게 서면으로 통지하여야 한다.

18. 국가직 9급, 09. 국회직 8급

045 □□□

행정조사기본법에 따르면, 행정조사를 실시하는 경우 조사개시 7일 전까지 조사대상자에게 출석요구서, 보고요구서·자료제출요구서, 현장출입조사서를 서면으로 통지하여야 하나, 조사대상자의 자발적인 협조를 얻어 행정조사를 실시하는 경우에는 미리 서면으로 통지하지 않고 행정조사의 개시와 동시에 이를 조사대상자에게 제시할 수 있다. O | X

「행정조사기본법」 제17조 【조사의 사전통지】 ① 행정조사를 실시하고자 하는 행정기관의 장은 제9조에 따른 출석요구서, 제10조에 따른 보고요구서·자료제출요구서 및 제11조에 따른 현장출입조사서(이하 "출석요구서 등"이라 한다)를 조사개시 7일 전까지 조사대상자에게 서면으로 통지하여야 한다. 다만, 다음 각 호의 어느 하나에 해당하는 경우에는 행정조사의 개시와 동시에 출석요구서 등을 조사대상자에게 제시하거나 행정조사의 목적 등을 조사대상자에게 구두로 통지할 수 있다.

1. 행정조사를 실시하기 전에 관련 사항을 미리 통지하는 때에는 증거인멸 등으로 행정조사의 목적을 달성할 수 없다고 판단되는 경우
2. 통계법 제3조 제2호에 따른 지정통계의 작성을 위하여 조사하는 경우
3. 제5조 단서에 따라 조사대상자의 자발적인 협조를 얻어 실시하는 행정조사의 경우

18. 국가직 7급, 15. 지방직 9급

046 □□□

행정기관의 장이 조사대상자의 자발적인 협조를 얻어 행정조사를 실시하고자 하는 경우 조사대상자는 문서·전화·구두 등의 방법으로 당해 행정조사를 거부할 수 있다. O | X

행정기관의 장이 조사대상자의 자발적인 협조를 얻어 행정조사를 실시하고자 하는 경우 조사대상자는 문서·전화·구두 등의 방법으로 당해 행정조사를 거부할 수 있다. 행정조사에 대하여 조사대상자가 조사에 응할 것인지에 대한 응답을 하지 아니하는 경우에는 법령 등에 특별한 규정이 없는 한 그 조사를 거부한 것으로 본다(행정조사기본법 제20조 제1항·제2항).

09. 국회직 8급

047 □□□

자발적인 협조에 따라 실시하는 행정조사에 있어 조사대상자가 조사에 응할 것인지에 대한 응답을 하지 않은 경우에는 그 조사에 동의한 것으로 간주된다. O | X

「행정조사기본법」 제20조 【자발적인 협조에 따라 실시하는 행정조사】 ② 제1항에 따른 행정조사에 대하여 조사대상자가 조사에 응할 것인지에 대한 응답을 하지 아니하는 경우에는 법령 등에 특별한 규정이 없는 한 그 조사를 거부한 것으로 본다.

정답 044 X 045 ○ 046 ○ 047 X

15. 서울시 7급

048 □□□

조사대상자는 조사원에게 공정한 행정조사를 기대하기 어려운 사정이 있다고 판단되는 경우에는 행정기관의 장에게 당해 조사원의 교체를 신청할 수 있다. O | X

「행정조사기본법」 제22조 **【조사원 교체신청】** ① 조사대상자는 조사원에게 공정한 행정조사를 기대하기 어려운 사정이 있다고 판단되는 경우에는 행정기관의 장에게 당해 조사원의 교체를 신청할 수 있다.

10. 지방직 9급

049 □□□

조사대상자는 행정기관의 장이 승인하지 않는 한 조사원의 교체신청을 할 수 없다. O | X

「행정조사기본법」 제22조 **【조사원 교체신청】** ① 조사대상자는 조사원에게 공정한 행정조사를 기대하기 어려운 사정이 있다고 판단되는 경우에는 행정기관의 장에게 당해 조사원의 교체를 신청할 수 있다.

15. 지방직 9급

050 □□□

조사대상자에 의한 조사원 교체신청은 그 이유를 명시한 서면으로 행정기관의 장에게 하여야 한다. O | X

「행정조사기본법」 제22조 **【조사원 교체신청】** ② 제1항에 따른 교체신청은 그 이유를 명시한 서면으로 행정기관의 장에게 하여야 한다.

15. 서울시 7급

051 □□□

조사대상자는 법률, 회계 등에 대하여 전문지식이 있는 관계 전문가로 하여금 행정조사를 받는 과정에 입회하게 하거나 의견을 진술하게 할 수 있다. O | X

「행정조사기본법」 제23조 **【조사권 행사의 제한】** ② 조사대상자는 법률·회계 등에 대하여 전문지식이 있는 관계 전문가로 하여금 행정조사를 받는 과정에 입회하게 하거나 의견을 진술하게 할 수 있다.

정답 048 ○ 049 X 050 ○ 051 ○

15. 서울시 7급

052 □□□

조사대상자와 조사원은 조사과정을 방해하지 아니하는 범위 안에서 행정조사의 과정을 녹음하거나 녹화할 수 있다. O | X

「행정조사기본법」 제23조 【조사권 행사의 제한】 ③ 조사대상자와 조사원은 조사과정을 방해하지 아니하는 범위 안에서 행정조사의 과정을 녹음하거나 녹화할 수 있다. 이 경우 녹음·녹화의 범위 등은 상호 협의하여 정하여야 한다.

22. 국가직 7급

053 □□□

행정기관의 장은 법령 등에 특별한 규정이 있는 경우를 제외하고는 행정조사의 결과를 확정한 날부터 7일 이내에 그 결과를 조사대상자에게 통지하여야 한다. O | X

「행정조사기본법」 제24조 【조사결과의 통지】 행정기관의 장은 법령 등에 특별한 규정이 있는 경우를 제외하고는 행정조사의 결과를 확정한 날부터 7일 이내에 그 결과를 조사대상자에게 통지하여야 한다.

23. 국가직 9급, 15. 지방직 9급

054 □□□

행정기관의 장은 인터넷 등 정보통신망을 통하여 조사대상자로 하여금 자료의 제출 등을 하게 할 수 있다. O | X

「행정조사기본법」 제28조 【정보통신수단을 통한 행정조사】 ① 행정기관의 장은 인터넷 등 정보통신망을 통하여 조사대상자로 하여금 자료의 제출 등을 하게 할 수 있다.

18. 국가직 7급

055 □□□

조사대상자가 행정조사의 실시를 거부하거나 방해하는 경우 조사원은 행정조사기본법상의 명문규정에 의하여 조사대상자의 신체와 재산에 대해 실력을 행사할 수 있다. O | X

행정조사기본법상의 조사원의 실력행사에 관한 명문규정은 존재하지 않는다.

정답 052 ○ 053 ○ 054 ○ 055 X

14. 국가직 9급

056

□□□

행정조사의 상대방이 조사를 거부하는 경우에 공무원이 실력행사를 하여 강제로 조사할 수 있는지 여부에 대해서는 견해가 대립한다. O | X

권력적 행정조사에 상대방이 거부의사를 표하는 경우 실력행사로 그 거부를 배제할 수 있는지에 대해서는 학설의 대립이 있다.

23. 국가직 9급, 08. 지방직 7급

057

□□□

조사원이 조사목적의 달성을 위하여 시료채취를 하는 경우, 이로 인하여 조사대상자에게 손실을 입힌 때에는 법령이 정하는 절차와 방법에 따라 그 손실을 보상하여야 한다. O | X

「행정조사기본법」 제12조 【시료채취】 ① 조사원이 조사목적의 달성을 위하여 시료채취를 하는 경우에는 그 시료의 소유자 및 관리자의 정상적인 경제활동을 방해하지 아니하는 범위 안에서 최소한도로 하여야 한다.
② 행정기관의 장은 제1항에 따른 시료채취로 조사대상자에게 손실을 입힌 때에는 대통령령으로 정하는 절차와 방법에 따라 그 손실을 보상하여야 한다.

14. 경행특채 1차

058

□□□

위법한 행정조사로 수집된 정보가 정당한 것이 아님에도 그러한 사실에 기초하여 발령된 행정처분은 위법하다. O | X

위법한 행정조사에 근거한 처분은 행정조사의 한계를 넘어 위법한 것이라는 것이 판례의 입장이다.

관련 판례

국세기본법 제81조의5가 정한 세무조사대상 선정사유가 없음에도 세무조사대상으로 선정하여 과세자료를 수집하고 그에 기하여 과세처분을 하는 것은 적법절차의 원칙을 어기고 구 국세기본법 제81조의5와 제81조의3 제1항을 위반하는 것으로서 특별한 사정이 없는 한 과세처분은 위법하다(대판 2014.6.26. 2012두911).

21. 소방

059

□□□

구 국세기본법에 따른 금지되는 재조사에 기초한 과세처분은 특별한 사정이 없는 한 위법하다. O | X

국세기본법은 재조사가 예외적으로 허용되는 경우를 엄격히 제한하고 있는바, 그와 같이 한정적으로 열거된 요건을 갖추지 못한 경우 같은 세목 및 같은 과세기간에 대한 재조사는 원칙적으로 금지되고, 나아가 이러한 중복세무조사금지의 원칙을 위반한 때에는 과세처분의 효력을 부정하는 방법으로 통제할 수밖에 없는 중대한 절차적 하자가 존재한다고 보아야 한다(대판 2017.12.13. 2016두55421).

정답 056 ○ 057 ○ 058 ○ 059 ○

23. 경찰간부, 18. 국가직 7급

060 □□□

우편물 통관검사절차에서 이루어지는 우편물의 개봉, 시료채취, 성분분석 등의 검사는 수출입물품에 대한 적정한 통관 등을 목적으로 한 행정조사의 성격을 가지는 것으로서 수사기관의 강제처분이라고 할 수 없다. O | X

대판 2013.9.26. 2013도7718 판례에 대한 옳은 내용이다.

22. 국회직 8급

061 □□□

국세기본법상 금지되는 재조사에 기하여 과세처분을 하는 것은 과세관청이 그러한 재조사로 얻은 과세자료를 배제하고서도 동일한 과세처분이 가능한 경우라면 적법하다. O | X

국세기본법은 재조사가 예외적으로 허용되는 경우를 엄격히 제한하고 있는바, 그와 같이 한정적으로 열거된 요건을 갖추지 못한 경우 같은 세목 및 같은 과세기간에 대한 재조사는 원칙적으로 금지되고, 나아가 이러한 중복세무조사금지의 원칙을 위반한 때에는 과세처분의 효력을 부정하는 방법으로 통제할 수밖에 없는 중대한 절차적 하자가 존재한다고 보아야 한다. 구 국세기본법 제81조의4 제1항, 제2항 규정의 문언과 체계, 재조사를 엄격하게 제한하는 입법 취지, 그 위반의 효과 등을 종합하여 보면, 구 국세기본법 제81조의4 제2항에 따라 금지되는 재조사에 기하여 과세처분을 하는 것은 단순히 당초 과세처분의 오류를 경정하는 경우에 불과하다는 등의 특별한 사정이 없는 한 그 자체로 위법하고, 이는 과세관청이 그러한 재조사로 얻은 과세자료를 과세처분의 근거로 삼지 않았다거나 이를 배제하고서도 동일한 과세처분이 가능한 경우라고 하여 달리 볼 것은 아니다(대판 2017.12.13. 2016두55421).

22. 국회직 8급, 21. 소방

062 □□□

우편물 통관검사절차에서 이루어지는 우편물의 개봉, 시료채취, 성분분석 등의 검사는 행정조사의 성격을 가지는 것으로서 압수·수색영장 없이 우편물의 개봉, 시료채취, 성분분석 등 검사가 진행되었다 하더라도 특별한 사정이 없는 한 위법하다고 볼 수 없다. O | X

관세법 제246조 제1항, 제2항, 제257조, '국제우편물 수입통관 사무처리'(2011.9.30. 관세청고시 제2011-40호) 제1-2조 제2항, 제1-3조, 제3-6조, 구 '수출입물품 등의 분석사무 처리에 관한 시행세칙'(2013.1.4. 관세청훈령 제1507호로 개정되기 전의 것) 등과 관세법이 관세의 부과·징수와 아울러 수출입물품의 통관을 적정하게 함을 목적으로 한다는 점(관세법 제1조)에 비추어 보면, 우편물 통관검사절차에서 이루어지는 우편물의 개봉, 시료채취, 성분분석 등의 검사는 수출입물품에 대한 적정한 통관 등을 목적으로 한 행정조사의 성격을 가지는 것으로서 수사기관의 강제처분이라고 할 수 없으므로, 압수·수색영장 없이 우편물의 개봉, 시료채취, 성분분석 등 검사가 진행되었다 하더라도 특별한 사정이 없는 한 위법하다고 볼 수 없다(대판 2013.9.26. 2013도7718).

22. 국회직 8급

063 □□□

행정기관의 장은 법령 등에 특별한 규정이 있는 경우를 제외하고는 행정조사의 결과를 확정한 날부터 7일 이내에 그 결과를 조사대상자에게 통지하여야 한다. O | X

> 「행정조사기본법」 제24조 **【조사결과의 통지】** 행정기관의 장은 법령 등에 특별한 규정이 있는 경우를 제외하고는 행정조사의 결과를 확정한 날부터 7일 이내에 그 결과를 조사대상자에게 통지하여야 한다.

정답 060 ○ 061 X 062 ○ 063 ○

23. 국회직 8급

064 □□□

행정조사의 기본원칙은 군사시설 · 군사기밀보호 및 방위사업에 관한 사항에 대하여도 적용한다. O | X

군사시설 · 군사기밀보호 또는 방위사업에 관한 사항은 행정조사기본법의 적용 예외에 해당하지만, 행정조사의 기본원칙은 적용된다.

> 「행정조사기본법」 제3조 【적용범위】 ① 행정조사에 관하여 다른 법률에 특별한 규정이 있는 경우를 제외하고는 이 법으로 정하는 바에 따른다.
> ② 다음 각 호의 어느 하나에 해당하는 사항에 대하여는 이 법을 적용하지 아니한다.
> 2. 국방 및 안전에 관한 사항 중 다음 각 목의 어느 하나에 해당하는 사항
> 가. 군사시설 · 군사기밀보호 또는 방위사업에 관한 사항
> ③ 제2항에도 불구하고 제4조(행정조사의 기본원칙), 제5조(행정조사의 근거) 및 제28조(정보통신수단을 통한 행정조사)는 제2항 각 호의 사항에 대하여 적용한다.

23. 국회직 8급

065 □□□

행정조사를 실시한 행정기관의 장은 이미 조사를 받은 조사대상자에 대해 위법행위가 의심되는 새로운 증거를 확보한 경우에도 동일한 사안에 대해 동일한 조사대상자를 재조사 하여서는 아니 된다. O | X

위법행위가 의심되는 새로운 증거를 확보한 경우에는 재조사 할 수 있다.

> 「행정조사기본법」 제15조 【중복조사의 제한】 ① 제7조에 따라 정기조사 또는 수시조사를 실시한 행정기관의 장은 동일한 사안에 대하여 동일한 조사대상자를 재조사 하여서는 아니 된다. 다만, 당해 행정기관이 이미 조사를 받은 조사대상자에 대하여 위법행위가 의심되는 새로운 증거를 확보한 경우에는 그러하지 아니하다.

23. 지방직 9급

066 □□□

행정조사기본법에 따르면 조사대상자의 자발적인 협조를 얻어 행정조사를 실시하고자 하는 경우 조사대상자는 문서 · 전화 · 구두 등의 방법으로 당해 행정조사를 거부할 수 있다. O | X

> 「행정조사기본법」 제20조 【자발적인 협조에 따라 실시하는 행정조사】 ① 행정기관의 장이 제5조 단서에 따라 조사대상자의 자발적인 협조를 얻어 행정조사를 실시하고자 하는 경우 조사대상자는 문서 · 전화 · 구두 등의 방법으로 당해 행정조사를 거부할 수 있다.

23. 소방간부 · 경찰간부

067 □□□

음주운전 여부에 대한 조사 과정에서 운전자 본인의 동의를 받지 아니하고 또한 법원의 영장도 없이 채혈조사를 한 결과를 근거로 한 운전면허 정지 · 취소처분은 특별한 사정이 없는 한 위법한 처분이다. O | X

음주운전 여부에 대한 조사 과정에서 운전자 본인의 동의를 받지 아니하고 또한 법원의 영장도 없이 채혈조사를 한 결과를 근거로 한 운전면허 정지 · 취소 처분은 도로교통법 제44조 제3항을 위반한 것으로서 특별한 사정이 없는 한 위법한 처분으로 볼 수밖에 없다(대판 2016.12.27. 2014두46850).

정답 064 ○ 065 X 066 ○ 067 ○

23. 소방간부

068 □□□

행정조사를 실시하고자 하는 행정기관의 장은 통계법 제3조 제2호에 따른 지정통계의 작성을 위하여 조사하는 경우에 반드시 서면으로 조사대상자에게 행정조사 목적 등을 통지하여야 한다. O | X

「행정조사기본법」 제17조【조사의 사전통지】 ① 행정조사를 실시하고자 하는 행정기관의 장은 제9조에 따른 출석요구서, 제10조에 따른 보고요구서 · 자료제출요구서 및 제11조에 따른 현장출입조사서(이하 "출석요구서등"이라 한다)를 조사개시 7일 전까지 조사대상자에게 서면으로 통지하여야 한다. 다만, 다음 각 호의 어느 하나에 해당하는 경우에는 행정조사의 개시와 동시에 출석요구서등을 조사대상자에게 제시하거나 행정조사의 목적 등을 조사대상자에게 구두로 통지할 수 있다.
2. 「통계법」 제3조 제2호에 따른 지정통계의 작성을 위하여 조사하는 경우

24. 지방직 9급

069 □□□

행정조사기본법상 행정조사를 실시하기 전에 관련 사항을 미리 통지하는 경우 증거인멸 등으로 행정조사의 목적을 달성할 수 없다고 판단되는 때에는, 행정기관의 장은 행정조사 종료 후 지체 없이 행정조사의 목적 등을 조사대상자에게 구두로 통지할 수 있다. O | X

행정조사 종료 후가 아닌 조사개시와 동시에 통지할 수 있다.

「행정조사기본법」 제17조【조사의 사전통지】 ① 행정조사를 실시하고자 하는 행정기관의 장은 제9조에 따른 출석요구서, 제10조에 따른 보고요구서 · 자료제출요구서 및 제11조에 따른 현장출입조사서(이하 "출석요구서등"이라 한다)를 조사개시 7일 전까지 조사대상자에게 서면으로 통지하여야 한다. 다만, 다음 각 호의 어느 하나에 해당하는 경우에는 행정조사의 개시와 동시에 출석요구서등을 조사대상자에게 제시하거나 행정조사의 목적 등을 조사대상자에게 구두로 통지할 수 있다.
1. 행정조사를 실시하기 전에 관련 사항을 미리 통지하는 때에는 증거인멸 등으로 행정조사의 목적을 달성할 수 없다고 판단되는 경우

24. 지방직 9급

070 □□□

변상금 부과처분에 대한 취소소송이 진행 중인 경우 부과권자는 위법한 처분을 스스로 취소하고 그 하자를 보완하여 다시 적법한 부과처분을 할 수 없다. O | X

소멸시효는 객관적으로 권리가 발생하여 그 권리를 행사할 수 있는 때로부터 진행하고 그 권리를 행사할 수 없는 동안만은 진행하지 아니하는데, 여기서 권리를 행사할 수 없는 경우라 함은 그 권리행사에 법률상의 장애사유가 있는 경우를 말하는데, 변상금 부과처분에 대한 취소소송이 진행중이라도 그 부과권자로서는 위법한 처분을 스스로 취소하고 그 하자를 보완하여 다시 적법한 부과처분을 할 수도 있는 것이어서 그 권리행사에 법률상의 장애사유가 있는 경우에 해당한다고 할 수 없으므로, 그 처분에 대한 취소소송이 진행되는 동안에도 그 부과권의 소멸시효가 진행된다(대판 2006.2.10. 2003두5686).

정답 068 X 069 X 070 X

제3장 행정벌

07. 대구시 9급

001 □□□

징계벌은 특별권력관계의 질서를 유지하기 위한 것이나, 행정벌은 일반권력관계에 있어서 일반사인에 대한 통치권의 발동으로 과해지는 제재이다. O | X

징계벌은 행정조직 내부의 질서유지를 목적으로 하는 것으로 일반사인을 대상으로 하지 않는다. 행정벌이란 행정법상 의무를 위반한 자에 대하여 행정주체가 일반통치권에 의거하여 가하는 제재를 말한다. 행정벌은 처벌의 내용에 따라 행정형벌과 행정질서벌로 구분된다.

19. 서울시 9급(6월), 11. 사복직 9급

002 □□□

죄형법정주의 원칙 등 형벌법규의 해석원리는 행정형벌에 관한 규정을 해석할 때에도 적용되어야 한다. O | X

행정벌 중에서 행정형벌은 죄형법정주의가 적용된다.

21. 지방직 9급

003 □□□

법률에 따르지 아니하고는 어떤 행위도 질서위반행위로 과태료를 부과하지 아니한다. O | X

「질서위반행위규제법」 제6조 **【질서위반행위 법정주의】** 법률에 따르지 아니하고는 어떤 행위도 질서위반행위로 과태료를 부과하지 아니한다.

14. 경행특채 2차

004 □□□

지방자치단체는 조례를 위반한 행위에 대하여 조례로써 1천만원 이하의 과태료를 정할 수 있다. O | X

「지방자치법」 제27조 **【조례위반에 대한 과태료】** ① 지방자치단체는 조례를 위반한 행위에 대하여 조례로써 1천만원 이하의 과태료를 정할 수 있다.

정답 001 ○ 002 ○ 003 ○ 004 ○

14. 지방직 9급

005 □□□

어떤 행정법규 위반행위에 대해 과태료를 과할 것인지 행정형벌을 과할 것인지는 기본적으로 입법재량에 속한다. O | X

어떤 행정법규 위반행위에 대하여 이를 단지 간접적으로 행정상의 질서에 장해를 줄 위험성이 있음에 불과한 경우로 보아 행정질서벌인 과태료를 과할 것인가 아니면 직접적으로 행정목적과 공익을 침해한 행위로 보아 행정형벌을 과할 것인가, 그리고 행정형벌을 과할 경우 그 법정형의 형종과 형량을 어떻게 정할 것인가는 당해 위반행위가 위의 어느 경우에 해당하는가에 대한 법적 판단을 그르친 것이 아닌한 그 처벌 내용은 기본적으로 입법권자가 제반사정을 고려하여 결정할 입법재량에 속하는 문제라고 할 수 있다(헌재 1994.4.28. 91헌바14).

09. 국가직 9급

006 □□□

행정형벌에는 특별한 규정이 있는 경우를 제외하고는 형법총칙이 적용된다. O | X

「형법」 제8조 【총칙의 적용】 본법 총칙은 타 법령에 정한 죄에 적용한다. 단, 그 법령에 특별한 규정이 있는 때에는 예외로 한다.

11. 사복직 9급

007 □□□

행정형벌의 과벌은 행위자의 고의·과실을 요하지 않는다. O | X

행정형벌과 행정질서벌은 질서위반행위자의 고의나 과실을 요한다.

14. 국가직 9급

008 □□□

구 대기환경보전법에 따라 배출허용기준을 초과하는 배출가스를 배출하는 자동차를 운행하는 행위를 처벌하는 규정은 과실범의 경우에 적용하지 아니한다. O | X

구 대기환경보전법(1992.12.8. 법률 제4535호로 개정되기 전의 것)의 입법목적이나 제반 관계규정의 취지 등을 고려하면, 법정의 배출허용기준을 초과하는 배출가스를 배출하면서 자동차를 운행하는 행위를 처벌하는 위 법 제57조 제6호의 규정은 자동차의 운행자가 그 자동차에서 배출되는 배출가스가 소정의 운행 자동차 배출허용기준을 초과한다는 점을 실제로 인식하면서 운행한 고의범의 경우는 물론 과실로 인하여 그러한 내용을 인식하지 못한 과실범의 경우도 함께 처벌하는 규정이다(대판 1993.9.10. 92도1136).

19. 국가직 9급, 12. 지방직 9급

009 □□□

행정범의 경우에는 과실행위를 벌한다는 명문의 규정이 없는 경우에도 그 법률규정 중에 과실행위를 벌한다는 명백한 취지를 알 수 있는 경우에는 과실행위에 행정형벌을 부과할 수 있다. O | X

대판 1993.9.10. 92도1136 판례에 대한 옳은 내용이다.

정답 005 ○ 006 ○ 007 X 008 X 009 ○

11. 국회직 9급

010 □□□

행정청의 허가가 있어야 함에도 불구하고 허가를 받지 아니하여 처벌대상의 행위를 한 경우라도, 허가를 담당하는 공무원이 허가를 요하지 아니하는 것으로 잘못 알려주어 이를 믿었기 때문에 허가를 받지 아니하는 것이라면 허가를 받지 않더라도 죄가 되지 않는 것으로 착오를 일으킨 데 대하여 정당한 이유가 있는 경우에 해당하여 처벌할 수 없다. O | X

허가를 담당하는 공무원이 허가를 요하지 않는다고 잘못 알려 준 것을 믿은 경우 자기의 행위가 죄가 되지 않는 것으로 오인한 데 정당한 이유가 있다(대판 1993.9.14. 92도1560).

19. 서울시 9급(6월), 18. 변호사, 12. 지방직 9급

011 □□□

양벌규정에 의해 영업주가 처벌되기 위해서는 종업원의 범죄가 성립하거나 처벌이 이루어져야 함이 전제조건이 되어야 한다. O | X

양벌규정에 의한 영업주의 처벌은 금지 위반행위자인 종업원의 처벌에 종속하는 것이 아니라 독립하여 그 자신의 종업원에 대한 선임감독상의 과실로 인하여 처벌되는 것이므로 종업원의 범죄성립이나 처벌이 영업주 처벌의 전제조건이 될 필요는 없다(대판 2006.2.24. 2005도7673).

21. 국가직 7급

012 □□□

양벌규정에 의해 영업주를 처벌하는 경우, 금지위반행위자인 종업원을 처벌할 수 없는 경우에도 영업주만 따로 처벌할 수 있다. O | X

양벌규정에 의한 영업주의 처벌은 금지위반행위자인 종업원의 처벌에 종속하는 것이 아니라 독립하여 그 자신의 종업원에 대한 선임감독상의 과실로 인하여 처벌되는 것이므로 종업원의 범죄성립이나 처벌이 영업주 처벌의 전제조건이 될 필요는 없다(대판 2006.2.24. 2005도7673).

17. 국가직 9급, 12. 지방직 9급

013 □□□

종업원 등의 범죄에 대해 법인에게 어떠한 잘못이 있는지를 전혀 묻지 않고, 곧바로 그 종업원 등을 고용한 법인에게도 종업원 등에 대한 처벌조항에 규정된 벌금형을 과하도록 규정하는 것은 책임주의에 반한다. O | X

'책임 없는 자에게 형벌을 부과할 수 없다'는 형벌에 관한 책임주의는 형사법의 기본원리로서, 헌법상 법치국가의 원리에 내재하는 원리인 동시에, 헌법 제10조의 취지로부터 도출되는 원리이다. 그런데 이 사건 심판대상 법률조항들은 법인이 고용한 종업원 등의 범죄행위에 관하여 비난할 근거가 되는 법인의 의사결정 및 행위구조, 즉 종업원 등이 저지른 행위의 결과에 대한 법인의 독자적인 책임에 관하여 전혀 규정하지 않은 채, 단순히 법인이 고용한 종업원 등이 업무에 관하여 범죄행위를 하였다는 이유만으로 법인에 대하여 (무과실)형사처벌을 과하고 있는바, 이는 다른 사람의 범죄에 대하여 그 책임 유무를 묻지 않고 형벌을 부과함으로써 법치국가의 원리 및 죄형법정주의로부터 도출되는 책임주의원칙에 반하여 헌법에 위반된다(헌재 2010.7.29. 2009헌가18 등).

정답 010 ○ 011 X 012 ○ 013 ○

08. 국가직 9급

014 □□□

다단계판매원은 구 방문판매 등에 관한 법률의 양벌규정의 적용에 있어서 다단계판매업자의 사용인지위에 있다. O | X

양벌규정의 취지는 법인 등의 업무주의 처벌을 통하여 벌칙 본조의 실효성을 확보하는 데에 있는 것이므로, 구 방문판매 등에 관한 법률 제63조 제1항에서 말하는 '법인의 사용인'에는 법인과 정식 고용계약이 체결되어 근무하는 자뿐만 아니라 그 법인의 업무를 직접 또는 간접으로 수행하면서 법인의 통제 · 감독하에 있는 자도 포함되는바, 다단계판매업의 태양, 판매업자와 판매원 사이의 관계에 비추어 볼 때, 다단계판매원이 하위판매원의 모집 및 후원활동을 하는 것은 실질적으로 다단계판매업자의 관리 아래 그 업무를 위탁받아 행하는 것으로 볼 수 있어, 다단계판매원은 다단계판매업자의 통제 · 감독을 받으면서 다단계판매업자의 업무를 직접 또는 간접으로 수행하는 자로서, 적어도 양벌규정의 적용에 관하여 다단계판매업자의 사용인의 지위에 있다고 봄이 상당하다(대판 2006.2.24. 2003도4966).

19. 서울시 9급(6월), 18. 변호사, 16. 사복직 9급, 14. 지방직 9급, 12. 지방직 7급 · 국회직 8급

015 □□□

지방자치단체 소속 공무원이 자치사무를 수행하던 중 법 위반행위를 한 경우 지방자치단체는 같은 법의 양벌규정에 따라 처벌되는 법인에 해당한다. O | X

헌법 제117조, 지방자치법 제3조 제1항, 제9조, 제93조, 도로법 제54조, 제83조, 제86조의 각 규정을 종합하여 보면, 국가가 본래 그의 사무의 일부를 지방자치단체의 장에게 위임하여 그 사무를 처리하게 하는 기관위임사무의 경우에는 지방자치단체는 국가기관의 일부로 볼 수 있는 것이지만, 지방자치단체가 그 고유의 자치사무를 처리하는 경우에는 지방자치단체는 국가기관의 일부가 아니라 국가기관과는 별도의 독립한 공법인이므로, 지방자치단체 소속 공무원이 지방자치단체 고유의 자치사무를 수행하던 중 도로법 제81조 내지 제85조의 규정에 의한 위반행위를 한 경우에는 지방자치단체는 도로법 제86조의 양벌규정에 따라 처벌대상이 되는 법인에 해당한다(대판 2005.11.10. 2004도2657).

09. 국가직 9급

016 □□□

행정형벌은 형사소송법이 정하는 절차에 따라 법원이 과벌하는 것이 원칙이다. O | X

행정형벌에는 죄형법정주의, 형법총칙 등이 적용되고 과벌의 경우 형사소송절차에 따라 법원이 행하는 것이 원칙이다.

18. 서울시 7급, 17. 국가직 9급, 15. 지방직 9급, 14. 국가직 9급 · 지방직 9급

017 □□□

조세범처벌절차법에 근거한 범칙자에 대한 세무관서의 통고처분은 행정소송의 대상이 되는 행정처분이다. O | X

범칙자에 대한 세무관서의 통고처분이, 행정소송의 대상이 되지 아니한다 함은, 본원이 일찍부터 유지하여 온 견해인 바, 이 사건에 있어서, 원심이 확정한 사실에 의하면, 원고는, 그 판시와 같은 부가가치세법 위반을 이유로, 피고로부터 조세범처벌절차법 제9조 제1항의 규정에 따라, 이 사건 통고처분을 받았다는 것이니, 그렇다면 앞에서 본 바에 따라 동 처분은 행정소송의 대상이 되지 아니하는 것이므로, 원고가 그 처분의 취소를 구하기 위하여 제기한 이 사건 행정소송은 부적법한 것이라고 보지 아니할 수 없는 바, 같은 취지에서 원고의 소를 각하한 원심의 조처는 정당하다(대판 1980.10.14. 80누380).

정답 014 ○ 015 ○ 016 ○ 017 X

21. 소방

018 □□□

행정형벌은 행정법상 의무 위반에 대한 제재로 과하는 처벌로 법인이 법인으로서 행정법상 의무자인 경우 그 의무 위반에 대하여 형벌의 성질이 허용하는 한도 내에서 그 법인을 처벌하는 것은 당연하며, 행정범에 관한 한 법인의 범죄능력을 인정함이 일반적이나, 지방자치단체와 같은 공법인의 경우는 범죄능력 및 형벌능력 모두 부정된다. O | X

형사범이나 행정범이나 법인(法人)의 범죄능력을 부인하는 것이 일반적인 견해이다. 그런데 법인은 범죄능력은 없지만 형벌능력은 있다. 행정범에서는 법인의 대표자 또는 법인의 종업원이 그 법인의 종업원이 그 법인의 업무와 관련하여 행정범을 범한 경우에 행위자뿐만 아니라 법인도 아울러 처벌한다는 규정을 두는 경우가 많다. 그리고 지방자치단체 등 공공단체도 양벌규정의 적용대상이 되는 법인에 해당하는 경우가 있다.

관련 판례

지방자치단체가 그 고유의 자치사무를 처리하는 경우에는 지방자치단체는 국가기관의 일부가 아니라 국가기관과는 별도의 독립한 공법인이므로, 지방자치단체 소속 공무원이 지방자치단체 고유의 자치사무를 수행하던 중 도로법 제81조 내지 제85조의 규정에 의한 위반행위를 한 경우에는 지방자치단체는 도로법 제86조의 양벌규정에 따라 처벌대상이 되는 법인에 해당한다(대판 2005.11.10. 2004도2657).

19. 국회직 8급

019 □□□

도로교통법에 의한 경찰서장의 통고처분에 대한 항고소송은 부적법하고, 이에 대하여 이의가 있는 경우에는 통고처분에 따른 범칙금을 이행하지 아니함으로써 경찰서장의 즉결심판청구에 의하여 법원의 심판을 받을 수 있게 된다. O | X

[1] 통고처분은 상대방의 임의의 승복을 그 발효요건으로 하기 때문에 그 자체만으로는 통고이행을 강제하거나 상대방에게 아무런 권리·의무를 형성하지 않으므로 행정심판이나 행정소송의 대상으로서의 처분성을 부여할 수 없고, 통고처분에 대하여 이의가 있으면 통고 내용을 이행하지 않음으로써 고발되어 형사재판절차에서 통고처분의 위법·부당함을 얼마든지 다툴 수 있기 때문에 관세법 제38조 제3항 제2호가 법관에 의한 재판받을 권리를 침해한다든가 적법절차의 원칙에 저촉된다고 볼 수 없다(헌재 1998.5.28. 96헌바4).

[2] 관세법 해석상 통고처분을 할 것인지의 여부는 관세청장 또는 세관장의 재량에 맡겨져 있고, 따라서 관세범에 대하여 통고처분을 하지 아니한 채 고발하였다는 것만으로는 그 고발 및 이에 기한 공소의 제기가 부적법하게 되는 것은 아니다(대판 2007.5.11. 2006도1993).

19. 국가직 7급

020 □□□

관세법상 통고처분은 상대방의 임의의 승복을 그 발효요건으로 하기 때문에 그 자체만으로는 통고이행을 강제하거나 상대방에게 아무런 권리의무를 형성하지 않는다. O | X

통고처분은 상대방의 임의의 승복을 발효요건으로 하기 때문에 통고처분 그 자체만으로는 통고이행을 강제하거나 상대방에게 아무런 권리의무를 형성하지 않는다(헌재 1998.5.28. 96헌바4).

07. 서울시 9급

021 □□□

통고처분권자는 검사이다. O | X

통고처분권자는 행정청이다.

정답 018 X 019 ○ 020 ○ 021 X

08. 선관위 9급

022 □□□

통고처분은 조세범, 관세범, 출입국사범, 교통사범 등 행정형벌의 예외적인 과벌절차이다. O | X

통고처분은 조세범, 관세범, 교통사범, 출입국관리사범, 경범죄사범 등에 예외적으로 인정되는 준사법적 행위로, 행정형벌을 부과해야 할 행정범에 대해 상대방의 동의하에 벌금 또는 과료에 상당하는 금액의 납부로 그것을 대신하는 과벌절차에 해당한다.

11. 지방직 7급

023 □□□

통고처분은 행정질서벌에도 인정된다. O | X

통고처분은 행정형벌의 특수한 과벌절차이므로 행정질서벌에는 통고처분이 인정되지 않는다.

15. 지방직 9급, 12. 지방직 7급 · 국가직 9급

024 □□□

법률에 따라 통고처분을 할 수 있으면 행정청은 통고처분을 하여야 하며, 통고처분 이외의 조치를 취할 재량은 없다. O | X

통고처분을 할 것인지의 여부는 관세청장 또는 세관장의 재량에 맡겨져 있고, 따라서 관세청장 또는 세관장이 관세범에 대하여 통고처분을 하지 아니한 채 고발하였다는 것만으로는 그 고발 및 이에 기한 공소의 제기가 부적법하게 되는 것은 아니다(대판 2007.5.11. 2006도1993).

08. 국가직 9급

025 □□□

법률의 규정에 의하여 통고처분을 할 수 있음에도 불구하고 법률이 정한 즉시고발사유의 존재를 이유로 통고처분을 하지 않고 고발하였다면 그 고발 및 이에 기한 공소의 제기는 부적법한 것이다. O | X

통고처분을 할 것인지의 여부는 관세청장 또는 세관장의 재량에 맡겨져 있고, 따라서 관세청장 또는 세관장이 관세범에 대하여 통고처분을 하지 아니한 채 고발하였다는 것만으로는 그 고발 및 이에 기한 공소의 제기가 부적법하게 되는 것은 아니다(대판 2007.5.11. 2006도1993).

19 · 12. 국가직 9급, 15. 지방직 9급, 11. 지방직 7급

026 □□□

통고처분에 따른 범칙금을 납부한 후에 동일한 사건에 대하여 다시 형사처벌을 하는 것이 일사부재리의 원칙에 반하는 것은 아니다. O | X

통고처분에 따른 범칙금을 납부한 후에 동일한 사건에 대하여 다시 형사처벌을 하는 것은 일사부재리의 원칙에 반하는 것이다.

관련 판례

도로교통법 제119조 제3항은 그 법 제118조에 의하여 범칙금 납부통고서를 받은 사람이 그 범칙금을 납부한 경우 그 범칙행위에 대하여 다시 벌받지 아니한다고 규정하고 있는바, 이는 범칙금의 납부에 확정재판의 효력에 준하는 효력을 인정하는 취지로 해석할 것이다(대판 2002.11.22. 2001도849).

정답 022 ○ 023 X 024 X 025 X 026 X

18. 지방직 7급

027

□□□

지방국세청장이 조세범칙행위에 대하여 형사고발을 한 후에 동일한 조세범칙행위에 대하여 한 통고처분은 특별한 사정이 없는 한 위법하지만 무효는 아니다. O | X

지방국세청장 또는 세무서장이 조세범칙행위에 대하여 고발을 한 후에 동일한 조세범칙행위에 대하여 한 통고처분의 효력은 원칙적 무효이다(대판 2016.9.28. 2014도10748).

관련 판례

조세범 처벌절차법 제15조 제1항에 따른 지방국세청장 또는 세무서장의 조세범칙사건에 대한 통고처분은 법원에 의하여 자유형 또는 재산형에 처하는 형사절차에 갈음하여 과세관청이 조세범칙자에 대하여 금전적 제재를 통고하고 이를 이행한 조세범칙자에 대하여는 고발하지 아니하고 조세범칙사건을 신속 · 간이하게 처리하는 절차로서, 형사절차의 사전절차로서의 성격을 가진다. 그리고 조세범 처벌절차법에 따른 조세범칙사건에 대한 지방국세청장 또는 세무서장의 고발은 수사 및 공소제기의 권한을 가진 수사기관에 대하여 조세범칙사실을 신고함으로써 형사사건으로 처리할 것을 요구하는 의사표시로서, 조세범칙사건에 대하여 고발한 경우에는 지방국세청장 또는 세무서장에 의한 조세범칙사건의 조사 및 처분 절차는 원칙적으로 모두 종료된다.
위와 같은 통고처분과 고발의 법적 성질 및 효과 등을 조세범칙사건의 처리절차에 관한 조세범 처벌절차법 관련 규정들의 내용과 취지에 비추어 보면, 지방국세청장 또는 세무서장이 조세범 처벌절차법 제17조 제1항에 따라 통고처분을 거치지 아니하고 즉시 고발하였다면 이로써 조세범칙사건에 대한 조사 및 처분 절차는 종료되고 형사사건절차로 이행되어 지방국세청장 또는 세무서장으로서는 동일한 조세범칙행위에 대하여 더 이상 통고처분을 할 권한이 없다.
따라서 지방국세청장 또는 세무서장이 조세범칙행위에 대하여 고발을 한 후에 동일한 조세범칙행위에 대하여 통고처분을 하였더라도, 이는 법적 권한 소멸 후에 이루어진 것으로서 특별한 사정이 없는 한 효력이 없고, 조세범칙행위자가 이러한 통고처분을 이행하였더라도 조세범 처벌절차법 제15조 제3항에서 정한 일사부재리의 원칙이 적용될 수 없다(대판 2016.9.28. 2014도10748).

15. 지방직 9급, 08. 국가직 9급

028

□□□

행정법규 위반자가 법정기간 내에 통고처분에 의해 부과된 금액을 납부하지 않으면 비송사건절차법에 의해 처리된다. O | X

행정법규 위반자가 법정기간 내에 범칙금을 불이행하면 통고처분은 효력이 소멸되고, 행정청의 즉결심판청구 또는 고발에 의해 형사소송절차로 이행하게 된다.

17. 지방직 9급

029

□□□

도로교통법상 통고처분에 대하여 이의가 있는 자는 통고처분에 따른 범칙금의 납부를 이행한 후에 행정쟁송을 통해 통고처분을 다툴 수 있다. O | X

경찰서장의 통고처분은 행정소송의 대상이 되는 행정처분이 아니므로 그 처분의 취소를 구하는 소송은 부적법하고, 도로교통법상의 통고처분을 받은 자가 그 처분에 대하여 이의가 있는 경우에는 통고처분에 따른 범칙금의 납부를 이행하지 아니함으로써 경찰서장의 즉결심판청구에 의하여 법원의 심판을 받을 수 있게 될 뿐이다(대판 1995.6.29. 95누4674).

정답 027 X 028 X 029 X

12. 지방직 9급

030 □□□

도로교통법상 통고처분을 받은 자가 그 처분에 대하여 이의가 있는 경우에는 통고처분에 따른 범칙금의 납부를 이행하지 아니함으로써 경찰서장의 즉결심판청구에 의하여 법원의 심판을 받을 수 있게 된다.
O | X

대판 1995.6.29. 95누4674 판례에 대한 옳은 내용이다.

17. 국가직 7급

031 □□□

통고처분에 의해 범칙금을 납부한 경우, 그 납부의 효력에 따라 다시 벌받지 아니하게 되는 행위사실은 범칙금 통고의 이유에 기재된 당해 범칙행위 자체에 한정될 뿐, 그 범칙행위와 동일성이 인정되는 범칙행위에는 미치지 않는다.
O | X

범칙금의 통고 및 납부 등에 관한 규정들의 내용과 취지 등에 비추어 볼 때, 범칙자가 경찰서장으로부터 범칙행위를 하였음을 이유로 범칙금의 통고를 받고 납부기간 내에 그 범칙금을 납부한 경우 범칙금의 납부에 확정판결에 준하는 효력이 인정됨에 따라 다시 벌받지 아니하게 되는 행위사실은 범칙금 통고의 이유에 기재된 당해 범칙행위 자체 및 그 범칙행위와 동일성이 인정되는 범칙행위에 한정된다고 해석함이 상당하다. 범칙행위와 같은 일시·장소에서 이루어진 행위라 하더라도 범칙행위의 동일성을 벗어난 형사범죄행위에 대하여는 범칙금의 납부에 따라 확정판결의 효력에 준하는 효력이 미치지 아니한다(대판 2002.11.22. 2001도849).

21. 지방직 9급

032 □□□

경찰서장이 범칙행위에 대하여 통고처분을 한 이상, 통고처분에서 정한 범칙금 납부기간까지는 원칙적으로 경찰서장은 즉결심판을 청구할 수 없고, 검사도 동일한 범칙행위에 대하여 공소를 제기할 수 없다.
O | X

경찰서장이 범칙행위에 대하여 통고처분을 하였는데 통고처분에서 정한 범칙금 납부기간이 경과하지 아니한 경우, 원칙적으로 즉결심판을 청구할 수 없고, 검사도 동일한 범칙행위에 대하여 공소를 제기할 수 없다(대판 2020.4.29. 2017도13409).

23. 국회직 8급

033 □□□

경찰서장이 경범죄 처벌법상 범칙행위에 대하여 통고처분을 하였는데 통고처분에서 정한 범칙금 납부기간이 지나지 아니한 경우, 경찰서장이 즉결심판을 청구하거나 검사가 동일한 범칙행위에 대하여 공소를 제기할 수 없다.
O | X

경찰서장이 범칙행위에 대하여 통고처분을 한 이상, 범칙자의 위와 같은 절차적 지위를 보장하기 위하여 통고처분에서 정한 범칙금 납부기간까지는 원칙적으로 경찰서장은 즉결심판을 청구할 수 없고, 검사도 동일한 범칙행위에 대하여 공소를 제기할 수 없다. 또한 범칙자가 범칙금 납부기간이 지나도록 범칙금을 납부하지 아니하였다면 경찰서장이 즉결심판을 청구하여야 하고, 검사는 동일한 범칙행위에 대하여 공소를 제기할 수 없다(대판 2021.4.1. 2020도15194).

정답 030 ○ 031 X 032 ○ 033 ○

23. 지방직 9급

034 □□□

통고처분은 상대방의 임의의 승복을 그 발효요건으로 하기 때문에 그 자체만으로는 통고이행을 강제하거나 상대방에게 아무런 권리·의무를 형성하지 않으므로 행정심판이나 행정소송의 대상으로서의 처분성을 인정할 수 없다. O | X

통고처분은 상대방의 임의의 승복을 그 발효요건으로 하기 때문에 그 자체만으로는 통고이행을 강제하거나 상대방에게 아무런 권리의무를 형성하지 않으므로 행정심판이나 행정소송의 대상으로서의 처분성을 부여할 수 없고, 통고처분에 대하여 이의가 있으면 통고내용을 이행하지 않음으로써 고발되어 형사재판절차에서 통고처분의 위법·부당함을 얼마든지 다툴 수 있기 때문에 관세법 제38조 제3항 제2호가 법관에 의한 재판받을 권리를 침해한다든가 적법절차의 원칙에 저촉된다고 볼 수 없다(헌재 1998.5.28. 96헌바4).

19. 지방직 9급, 18. 서울시 7급, 11. 사복직 9급

035 □□□

지방자치단체의 조례상의 의무를 위반하여 과태료를 부과하는 행위는 질서위반행위에 해당되지 않는다. O | X

지방자치단체의 조례상의 의무를 위반하여 과태료를 부과하는 행위도 질서위반행위에 해당한다.

> 「질서위반행위규제법」 제2조 【정의】 이 법에서 사용하는 용어의 뜻은 다음과 같다.
> 1. "질서위반행위"란 법률(지방자치단체의 조례를 포함한다. 이하 같다)상의 의무를 위반하여 과태료를 부과하는 행위를 말한다. 다만, 다음 각 목의 어느 하나에 해당하는 행위를 제외한다.
> 가. 대통령령으로 정하는 사법(私法)상·소송법상 의무를 위반하여 과태료를 부과하는 행위
> 나. 대통령령으로 정하는 법률에 따른 징계사유에 해당하여 과태료를 부과하는 행위

19. 서울시 9급(6월)

036 □□□

민법상의 의무를 위반하여 과태료를 부과하는 행위는 질서위반행위규제법상 질서위반행위에 해당한다. O | X

사법(私法)상 의무를 위반하여 과태료를 부과하는 행위는 질서위반행위규제법상 질서위반행위에 해당하지 않는다(질서위반행위규제법 제2조 제1호).

09. 국가직 7급

037 □□□

질서위반행위란 법률(조례를 포함한다)상의 의무를 위반하여 과태료를 부과하는 행위를 말하고, 이에는 대통령령으로 정하는 법률에 따른 징계사유에 해당하여 과태료를 부과하는 행위가 포함된다. O | X

> 「질서위반행위규제법」 제2조 【정의】 이 법에서 사용하는 용어의 뜻은 다음과 같다.
> 1. "질서위반행위"란 법률(지방자치단체의 조례를 포함한다. 이하 같다)상의 의무를 위반하여 과태료를 부과하는 행위를 말한다. 다만, 다음 각 목의 어느 하나에 해당하는 행위를 제외한다.
> 가. 대통령령으로 정하는 사법(私法)상·소송법상 의무를 위반하여 과태료를 부과하는 행위
> 나. 대통령령으로 정하는 법률에 따른 징계사유에 해당하여 과태료를 부과하는 행위

정답 034 ○ 035 X 036 X 037 X

21. 소방간부

038 □□□

과태료의 부과 및 징수에 관한 사항에는 행정규제기본법이 적용될 수 있다. O | X

과태료의 부과 및 징수에 관한 사항에는 행정규제기본법이 적용되지 아니한다.

> **「행정규제기본법」 제3조 【적용 범위】** ② 다음 각 호의 어느 하나에 해당하는 사항에 대하여는 이 법을 적용하지 아니한다.
> 1. 국회, 법원, 헌법재판소, 선거관리위원회 및 감사원이 하는 사무
> 2. 형사(刑事), 행형(行刑) 및 보안처분에 관한 사무
> 2의2. 과징금, 과태료의 부과 및 징수에 관한 사항
> 6. 조세(租稅)의 종목 · 세율 · 부과 및 징수에 관한 사항

23. 지방직 9급, 19 · 13. 국가직 9급

039 □□□

과태료를 부과하는 근거 법령이 개정되어 행위시의 법률에 의하면 과태료 부과대상이었지만 재판시의 법률에 의하면 부과대상이 아니게 된 때에는 특별한 사정이 없는 한 과태료를 부과할 수 없다. O | X

> **「질서위반행위규제법」 제3조 【법 적용의 시간적 범위】** ① 질서위반행위의 성립과 과태료처분은 행위시의 법률에 따른다.
> ② 질서위반행위 후 법률이 변경되어 그 행위가 질서위반행위에 해당하지 아니하게 되거나 과태료가 변경되기 전의 법률보다 가볍게 된 때에는 법률에 특별한 규정이 없는 한 변경된 법률을 적용한다.
> ③ 행정청의 과태료처분이나 법원의 과태료재판이 확정된 후 법률이 변경되어 그 행위가 질서위반행위에 해당하지 아니하게 된 때에는 변경된 법률에 특별한 규정이 없는 한 과태료의 징수 또는 집행을 면제한다.

19. 국회직 8급, 18. 국가직 9급

040 □□□

질서위반행위에 대하여 과태료를 부과하는 근거 법령이 개정되어 행위시의 법률에 의하면 과태료 부과대상이었으나 재판시의 법률에 의하면 부과대상이 아닌 때에도 특별한 사정이 없는 한 행위시의 법률에 의하여 과태료를 부과할 수 있다. O | X

질서위반행위에 대하여 과태료를 부과하는 근거 법령이 개정되어 행위시의 법률에 의하면 과태료 부과대상이었으나 재판시의 법률에 의하면 부과대상이 아닌 때에는 특별한 사정이 없는 한 변경된 법률에 의하여 과태료를 부과할 수 없다(질서위반행위규제법 제3조).

정답 038 X 039 ○ 040 X

15. 경행특채 1차, 10. 지방직 9급

041 □□□

질서위반행위규제법은 대한민국 영역 밖에서 질서위반행위를 한 대한민국의 국민에게 적용한다. O | X

「질서위반행위규제법」 제4조 【법 적용의 장소적 범위】 ① 이 법은 대한민국 영역 안에서 질서위반행위를 한 자에게 적용한다.
② 이 법은 대한민국 영역 밖에서 질서위반행위를 한 대한민국의 국민에게 적용한다.
③ 이 법은 대한민국 영역 밖에 있는 대한민국의 선박 또는 항공기 안에서 질서위반행위를 한 외국인에게 적용한다.

15. 서울시 7급, 12. 국회직 8급

042 □□□

과태료의 부과요건 · 절차 등에 관하여 질서위반행위규제법의 규정과 다른 법률규정이 있으면 그 규정을 우선 적용한다. O | X

질서위반행위규제법의 규정과 다른 법률의 규정이 있으면 질서위반행위규제법으로 정하는 바에 따라야 한다.

23. 지방직 9급, 21. 국가직 7급, 18. 변호사, 16. 지방직 7급, 15. 지방직 9급 · 사복직 9급, 14. 지방직 9급, 13. 국가직 9급, 12 · 11. 국가직 7급

043 □□□

과태료는 행정형벌이 아닌 행정질서벌이므로 질서위반행위규제법은 행위자의 고의 또는 과실이 없더라도 과태료를 부과하도록 하고 있다. O | X

「질서위반행위규제법」 제7조 【고의 또는 과실】 고의 또는 과실이 없는 질서위반행위는 과태료를 부과하지 아니한다.

16. 지방직 7급, 14. 사복직 9급, 09. 지방직 9급

044 □□□

자신의 행위가 위법하지 아니한 것으로 오인하고 행한 질서위반행위는 과태료를 부과하지 아니한다. O | X

「질서위반행위규제법」 제8조 【위법성의 착오】 자신의 행위가 위법하지 아니한 것으로 오인하고 행한 질서위반행위는 그 오인에 정당한 이유가 있는 때에 한하여 과태료를 부과하지 아니한다.

14. 경행특채 2차

045 □□□

다른 법률에 특별한 규정이 없는 한 14세가 되지 아니한 자의 질서위반행위는 과태료를 부과하지 아니한다. O | X

「질서위반행위규제법」 제9조 【책임연령】 14세가 되지 아니한 자의 질서위반행위는 과태료를 부과하지 아니한다. 다만, 다른 법률에 특별한 규정이 있는 경우에는 그러하지 아니하다.

정답 041 ○ 042 X 043 X 044 X 045 ○

19. 국가직 7급

046
□□□

스스로 심신장애상태를 일으켜 질서위반행위를 한 자에 대하여는 과태료를 감경한다. O | X

「질서위반행위규제법」 제10조 【심신장애】 ① 심신(心神)장애로 인하여 행위의 옳고 그름을 판단할 능력이 없거나 그 판단에 따른 행위를 할 능력이 없는 자의 질서위반행위는 과태료를 부과하지 아니한다.
② 심신장애로 인하여 제1항에 따른 능력이 미약한 자의 질서위반행위는 과태료를 감경한다.
③ 스스로 심신장애상태를 일으켜 질서위반행위를 한 자에 대하여는 제1항 및 제2항을 적용하지 아니한다.

18. 변호사

047
□□□

법인의 대표자, 법인 또는 개인의 대리인 · 사용인 및 그 밖의 종업원이 업무에 관하여 법인 또는 그 개인에게 부과된 법률상의 의무를 위반한 때에는 법인 또는 그 개인에게 과태료를 부과한다. O | X

「질서위반행위규제법」 제11조 【법인의 처리 등】 ① 법인의 대표자, 법인 또는 개인의 대리인 · 사용인 및 그 밖의 종업원이 업무에 관하여 법인 또는 그 개인에게 부과된 법률상의 의무를 위반한 때에는 법인 또는 그 개인에게 과태료를 부과한다.

17. 국가직 9급

048
□□□

질서위반행위규제법상 개인의 대리인이 업무에 관하여 그 개인에게 부과된 법률상의 의무를 위반한 때에는 행위자인 대리인에게 과태료를 부과한다. O | X

법인의 대표자, 법인 또는 개인의 대리인 · 사용인 및 그 밖의 종업원이 업무에 관하여 법인 또는 그 개인에게 부과된 법률상의 의무를 위반한 때에는 법인 또는 그 개인에게 과태료를 부과한다(질서위반행위규제법 제11조 제1항).

14. 사복직 9급

049
□□□

2인 이상이 질서위반행위에 가담한 때에는 각자가 질서위반행위를 한 것으로 본다. O | X

「질서위반행위규제법」 제12조 【다수인의 질서위반행위 가담】 ① 2인 이상이 질서위반행위에 가담한 때에는 각자가 질서위반행위를 한 것으로 본다.

정답 046 X 047 ○ 048 X 049 ○

21 · 14. 국가직 7급, 11. 국회직 8급

050

□□□

신분에 의하여 과태료를 감경 또는 가중하거나 과태료를 부과하지 아니하는 때에는 그 신분의 효과는 신분이 없는 자에게는 미치지 아니한다. O | X

「질서위반행위규제법」 제12조 【다수인의 질서위반행위 가담】 ③ 신분에 의하여 과태료를 감경 또는 가중하거나 과태료를 부과하지 아니하는 때에는 그 신분의 효과는 신분이 없는 자에게는 미치지 아니한다.

23. 국가직 9급, 21. 지방직 9급, 18. 지방직 7급, 15. 지방직 9급 · 경행특채 1차, 12. 국가직 7급

051

□□□

신분에 의하여 성립하는 질서위반행위에 신분이 없는 자가 가담한 때에는 신분이 없는 자에 대하여는 질서위반행위가 성립하지 않는다. O | X

「질서위반행위규제법」 제12조 【다수인의 질서위반행위 가담】 ② 신분에 의하여 성립하는 질서위반행위에 신분이 없는 자가 가담한 때에는 신분이 없는 자에 대하여도 질서위반행위가 성립한다.

19. 서울시 9급(6월)

052

□□□

하나의 행위가 2 이상의 질서위반행위에 해당하는 경우에는 각 질서위반행위에 대하여 정한 과태료를 합산하여 부과한다. O | X

하나의 행위가 2 이상의 질서위반행위에 해당하는 경우에는 가장 중한 과태료를 부과한다(질서위반행위규제법 제13조 제1항).

19. 서울시 9급(6월) · 지방직 9급 · 국회직 8급, 18. 서울시 7급, 15. 서울시 9급 · 지방직 9급, 14. 국가직 9급, 13. 경행특채, 09. 지방직 9급

053

□□□

과태료는 행정청의 과태료 부과처분이나 법원의 과태료재판이 확정된 후 3년간 징수하지 아니하거나 집행하지 아니하면 시효로 인하여 소멸한다. O | X

과태료는 행정청의 과태료 부과처분이나 법원의 과태료재판이 확정된 후 5년간 징수하지 아니하거나 집행하지 아니하면 시효로 인하여 소멸한다(질서위반행위규제법 제15조 제1항).

15. 지방직 9급, 14. 경행특채 2차, 13. 국가직 9급

054

□□□

행정청이 질서위반행위에 대하여 과태료를 부과하고자 하는 때에는 당사자에게 5일 이상의 기간을 정하여 의견제출의 기회를 주어야 한다. O | X

「질서위반행위규제법」 제16조 【사전통지 및 의견 제출 등】 ① 행정청이 질서위반행위에 대하여 과태료를 부과하고자 하는 때에는 미리 당사자(제11조 제2항에 따른 고용주 등을 포함한다. 이하 같다)에게 대통령령으로 정하는 사항을 통지하고, 10일 이상의 기간을 정하여 의견을 제출할 기회를 주어야 한다. 이 경우 지정된 기일까지 의견제출이 없는 경우에는 의견이 없는 것으로 본다.

정답 050 ○ 051 X 052 X 053 X 054 X

21. 소방

055 □□□

행정청이 질서위반행위에 대하여 과태료를 부과하고자 하는 때에는 미리 당사자에게 과태료 부과의 원인이 되는 사실, 과태료 금액 및 적용법령 등을 통지하고 10일 이상의 기간을 정하여 의견을 제출할 기회를 주어야 한다. O | X

「질서위반행위규제법」 제16조【사전통지 및 의견 제출 등】 ① 행정청이 질서위반행위에 대하여 과태료를 부과하고자 하는 때에는 미리 당사자(제11조 제2항에 따른 고용주 등을 포함한다. 이하 같다)에게 대통령령으로 정하는 사항을 통지하고, 10일 이상의 기간을 정하여 의견을 제출할 기회를 주어야 한다. 이 경우 지정된 기일까지 의견제출이 없는 경우에는 의견이 없는 것으로 본다.

시행령 제3조【사전통지 및 의견제출 등】 ① 법 제16조 제1항에 따라 행정청이 과태료 부과에 관하여 미리 통지하는 경우에는 다음 각 호의 사항을 모두 적은 서면(당사자가 동의하는 경우에는 전자문서를 포함한다)으로 하여야 한다.
2. 과태료 부과의 원인이 되는 사실, 과태료 금액 및 적용법령

12. 국회직 9급 · 국가직 7급

056 □□□

당사자가 과태료를 자진납부하고자 하는 경우 행정청은 과태료를 감경할 수 있고, 과태료를 체납할 경우 법원은 검사의 청구에 따라 체납된 과태료액에 상당하는 강제노역에 처할 수 있다. O | X

「질서위반행위규제법」 제18조【자진납부자에 대한 과태료 감경】 ① 행정청은 당사자가 제16조에 따른 의견 제출기한 이내에 과태료를 자진하여 납부하고자 하는 경우에는 대통령령으로 정하는 바에 따라 과태료를 감경할 수 있다.

제54조【고액 · 상습체납자에 대한 제재】 ① 법원은 검사의 청구에 따라 결정으로 30일의 범위 이내에서 과태료의 납부가 있을 때까지 다음 각 호의 사유에 모두 해당하는 경우 체납자(법인인 경우에는 대표자를 말한다. 이하 이 조에서 같다)를 감치(監置)에 처할 수 있다.

19. 지방직 9급, 18. 서울시 7급 · 지방직 7급 · 서울시 7급, 15. 서울시 7급 · 서울시 9급, 14. 국가직 7급, 13. 국가직 9급

057 □□□

행정청의 과태료 부과에 불복하는 당사자는 과태료 부과통지를 받은 날부터 60일 이내에 해당 행정청에 서면으로 이의제기를 할 수 있으나, 이 경우에도 행정청의 과태료 부과처분의 효력에는 영향을 미치지 아니한다. O | X

「질서위반행위규제법」 제20조【이의제기】 ① 행정청의 과태료 부과에 불복하는 당사자는 제17조 제1항에 따른 과태료 부과통지를 받은 날부터 60일 이내에 해당 행정청에 서면으로 이의제기를 할 수 있다.
② 제1항에 따른 이의제기가 있는 경우에는 행정청의 과태료 부과처분은 그 효력을 상실한다.

21. 국가직 7급, 21. 지방직 9급

058 □□□

행정청의 과태료 부과에 대해 이의가 제기된 경우에는 행정청의 과태료 부과처분은 그 효력을 상실한다. O | X

「질서위반행위규제법」 제20조【이의제기】 ② 제1항에 따른 이의제기가 있는 경우에는 행정청의 과태료 부과처분은 그 효력을 상실한다.

정답 055 ○ 056 X 057 X 058 ○

15. 서울시 9급

059 □□□

이의제기를 받은 행정청은 이의제기를 받은 날부터 14일 이내에 이에 대한 의견 및 증빙서류를 첨부하여 관할 법원에 통보하여야 하는 것이 원칙이다. O | X

「질서위반행위규제법」 제21조 【법원에의 통보】 ① 제20조 제1항에 따른 이의제기를 받은 행정청은 이의제기를 받은 날부터 14일 이내에 이에 대한 의견 및 증빙서류를 첨부하여 관할 법원에 통보하여야 한다. 다만, 다음 각 호의 어느 하나에 해당하는 경우에는 그러하지 아니하다.
1. 당사자가 이의제기를 철회한 경우
2. 당사자의 이의제기에 이유가 있어 과태료를 부과할 필요가 없는 것으로 인정되는 경우

11. 지방직 9급

060 □□□

당사자가 과태료를 납부하지 아니하여도 가산금을 징수할 수는 없다. O | X

「질서위반행위규제법」 제24조 【가산금 징수 및 체납처분 등】 ① 행정청은 당사자가 납부기한까지 과태료를 납부하지 아니한 때에는 납부기한을 경과한 날부터 체납된 과태료에 대하여 100분의 3에 상당하는 가산금을 징수한다.

15. 경행특채 1차, 15. 서울시 7급 유사, 14. 경행특채 2차 유사

061 □□□

행정청은 당사자가 납부기한까지 과태료를 납부하지 아니한 때에는 납부기한을 경과한 날부터 체납된 과태료에 대하여 100분의 10에 상당하는 가산금을 징수한다. O | X

「질서위반행위규제법」 제24조 【가산금 징수 및 체납처분 등】 ① 행정청은 당사자가 납부기한까지 과태료를 납부하지 아니한 때에는 납부기한을 경과한 날부터 체납된 과태료에 대하여 100분의 3에 상당하는 가산금을 징수한다.

16. 지방직 7급, 14. 사복직 9급

062 □□□

질서위반행위규제법상 과태료는 당사자가 과태료 부과처분에 대하여 이의를 제기하지 아니한 채 질서위반행위규제법에 따른 이의제기기한이 종료한 후 사망한 경우에는 그 상속재산에 대하여 집행할 수 있다. O | X

「질서위반행위규제법」 제24조의2 【상속재산 등에 대한 집행】 ① 과태료는 당사자가 과태료 부과처분에 대하여 이의를 제기하지 아니한 채 제20조 제1항에 따른 기한이 종료한 후 사망한 경우에는 그 상속재산에 대하여 집행할 수 있다.

정답 059 ○ 060 X 061 X 062 ○

18. 국가직 7급

063 □□□

질서위반행위규제법에 의한 과태료 부과처분은 처분의 상대방이 이의제기하지 않은 채 납부기간까지 과태료를 납부하지 않으면 도로교통법상 통고처분과 마찬가지로 그 효력을 상실한다. O | X

「질서위반행위규제법」 제24조 **【가산금 징수 및 체납처분 등】** ① 행정청은 당사자가 납부기한까지 과태료를 납부하지 아니한 때에는 납부기한을 경과한 날부터 체납된 과태료에 대하여 100분의 3에 상당하는 가산금을 징수한다.
② 체납된 과태료를 납부하지 아니한 때에는 납부기한이 경과한 날부터 매 1개월이 경과할 때마다 체납된 과태료의 1천분의 12에 상당하는 가산금(이하 이 조에서 "중가산금"이라 한다)을 제1항에 따른 가산금에 가산하여 징수한다. 이 경우 중가산금을 가산하여 징수하는 기간은 60개월을 초과하지 못한다.
③ 행정청은 당사자가 제20조 제1항에 따른 기한 이내에 이의를 제기하지 아니하고 제1항에 따른 가산금을 납부하지 아니한 때에는 국세 또는 지방세 체납처분의 예에 따라 징수한다.

19. 서울시 9급(6월), 15. 서울시 9급

064 □□□

과태료 사건은 다른 법령에 특별한 규정이 있는 경우를 제외하고는 과태료를 부과한 행정청의 소재지를 관할하는 행정법원의 관할로 한다. O | X

「질서위반행위규제법」 제25조 **【관할 법원】** 과태료 사건은 다른 법령에 특별한 규정이 있는 경우를 제외하고는 당사자의 주소지의 지방법원 또는 그 지원의 관할로 한다.

21. 소방, 12. 국회직 9급

065 □□□

과태료의 재판은 이유를 붙인 결정으로써 한다. O | X

「질서위반행위규제법」 제36조 **【재판】** ① 과태료 재판은 이유를 붙인 결정으로써 한다.

21. 소방, 15. 사복직 9급, 14. 국가직 7급, 12. 국회직 9급, 04. 입시

066 □□□

당사자와 검사는 과태료재판에 즉시항고할 수 있고, 이 경우 항고는 집행정지의 효력이 있다. O | X

「질서위반행위규제법」 제38조 **【항고】** ① 당사자와 검사는 과태료재판에 대하여 즉시항고를 할 수 있다. 이 경우 항고는 집행정지의 효력이 있다

정답 063 X 064 X 065 ○ 066 ○

15. 경행특채, 12. 지방직 9급

067 □□□

과태료의 재판은 판사의 명령으로 집행하며, 이 경우 그 명령은 집행력 있는 집행권원과 동일한 효력이 있다. O | X

「질서위반행위규제법」 제42조 【과태료 재판의 집행】 ① 과태료 재판은 검사의 명령으로써 집행한다. 이 경우 그 명령은 집행력 있는 집행권원과 동일한 효력이 있다.

14. 사복직 9급

068 □□□

과태료 부과처분에 불복하는 당사자는 다른 법률에 특별한 규정이 없는 한 과태료 부과처분의 취소를 구하는 행정소송을 제기할 수 있다. O | X

수도조례 및 하수도사용조례에 기한 과태료의 부과 여부 및 그 당부는 최종적으로 질서위반행위규제법에 의한 절차에 의하여 판단되어야 한다고 할 것이므로, 그 과태료 부과처분은 행정청을 피고로 하는 행정소송의 대상이 되는 행정처분이라고 볼 수 없다(대판 2012.10.11. 2011두19369).

14. 국가직 7급

069 □□□

과태료재판의 경우 법원은 기록상 현출되어 있는 사항에 관하여 직권으로 증거조사를 하고 이를 기초로 하여 판단할 수 있으나, 행정청의 과태료 부과처분사유와 기본적 사실관계에 있어서 동일성이 인정되는 한도 내에서만 과태료를 부과할 수 있다. O | X

과태료재판의 심판범위는 행정청의 과태료 부과처분사유와 기본적 사실관계에서 동일성이 인정되는 한도 내이다(대결 2012.10.19. 2012마1163).

12. 국회직 8급

070 □□□

과태료의 고액·상습체납자는 검사의 청구에 따라 법원의 결정으로써 30일의 범위 내에서 납부가 있을 때까지 감치될 수 있다. O | X

「질서위반행위규제법」 제54조 【고액·상습체납자에 대한 제재】 ① 법원은 검사의 청구에 따라 결정으로 30일의 범위 이내에서 과태료의 납부가 있을 때까지 다음 각 호의 사유에 모두 해당하는 경우 체납자(법인인 경우에는 대표자를 말한다. 이하 이 조에서 같다)를 감치(監置)에 처할 수 있다.

1. 과태료를 3회 이상 체납하고 있고, 체납발생일부터 각 1년이 경과하였으며, 체납금액의 합계가 1천만원 이상인 체납자 중 대통령령으로 정하는 횟수와 금액 이상을 체납한 경우
2. 과태료 납부능력이 있음에도 불구하고 정당한 사유 없이 체납한 경우

정답 067 X 068 X 069 ○ 070 ○

19. 국회직 8급, 18. 변호사, 12. 지방직 7급

071 □□□

과태료처분을 받고 이를 납부한 일이 있는데도 그 후에 형사처벌을 하면 일사부재리의 원칙에 위반된다. O | X

행정법상의 질서벌인 과태료의 부과처분과 형사처벌은 그 성질이나 목적을 달리하는 별개의 것이므로 행정법상의 질서벌인 과태료를 납부한 후에 형사처벌을 한다고 하여 이를 일사부재리의 원칙에 반하는 것이라고 할 수는 없다(대판 1996.4.12. 96도158).

09. 국회직 9급

072 □□□

헌법재판소의 결정에 따르면 행정질서벌과 행정형벌을 병과하면 이중처벌금지의 기본정신에 배치될 여지가 있다고 설시하고 있다. O | X

행정질서벌로서의 과태료는 행정상 의무의 위반에 대하여 국가가 일반통치권에 기하여 과하는 제재로서 형벌(특히 행정형벌)과 목적 · 기능이 중복되는 면이 없지 않으므로, 동일한 행위를 대상으로 하여 형벌을 부과하면서 아울러 행정질서벌로서의 과태료까지 부과한다면 그것은 이중처벌금지의 기본정신에 배치되어 국가입법권의 남용으로 인정될 여지가 있음을 부정할 수 없다(헌재 1994.6.30. 92헌바38).

18. 변호사, 11. 지방직 9급

073 □□□

여객자동차 운수사업법에서 정하는 과태료처분이나 감차처분 등은 형벌이 아니므로 같은 법이 정하고 있는 처분대상인 위반행위를 유추해석하거나 확대해석하는 것이 가능하다. O | X

여객자동차 운수사업법 제76조, 제85조에서 정하는 과태료처분이나 감차처분 등은 규정 위반자에 대하여 처벌 또는 제재를 가하는 것이므로 같은 법이 정하고 있는 처분대상인 위반행위를 함부로 유추해석하거나 확대해석하여서는 아니 된다(대판 2007.3.30. 2004두7665).

21. 국가직 7급 · 소방, 19. 국가직 9급, 18. 지방직 7급

074 □□□

과태료는 행정질서벌에 해당할 뿐 형벌이라고 할 수 없어 죄형법정주의의 규율대상에 해당하지 아니한다. O | X

죄형법정주의는 무엇이 범죄이며 그에 대한 형벌이 어떠한 것인가는 국민의 대표로 구성된 입법부가 제정한 법률로써 정하여야 한다는 원칙인데, 부동산등기특별조치법 제11조 제1항 본문 중 제2조 제1항에 관한 부분이 정하고 있는 과태료는 행정상의 질서유지를 위한 행정질서벌에 해당할 뿐 형벌이라고 할 수 없어 죄형법정주의의 규율대상에 해당하지 아니한다(헌재 1998.5.28. 96헌바83).

정답 071 X 072 ○ 073 X 074 ○

14. 국가직 9급

075 □□□

임시운행허가기간을 벗어난 무등록 차량을 운행한 자는 과태료와 별도로 형사처벌의 대상이 된다. O | X

행정법상의 질서벌인 과태료의 부과처분과 형사처벌은 그 성질이나 목적을 달리하는 별개의 것이므로 행정법상의 질서벌인 과태료를 납부한 후에 형사처벌을 한다고 하여 이를 일사부재리의 원칙에 반하는 것이라고 할 수는 없으며, 자동차의 임시운행허가를 받은 자가 그 허가 목적 및 기간의 범위 안에서 운행하지 아니한 경우에 과태료를 부과하는 것은 당해 자동차가 무등록 자동차인지 여부와는 관계없이, 이미 등록된 자동차의 등록번호표 또는 봉인이 멸실되거나 식별하기 어렵게 되어 임시운행허가를 받은 경우까지를 포함하여, 허가받은 목적과 기간의 범위를 벗어나 운행하는 행위 전반에 대하여 행정질서벌로써 제재를 가하고자 하는 취지라고 해석되므로, 만일 임시운행허가기간을 넘어 운행한 자가 등록된 차량에 관하여 그러한 행위를 한 경우라면 과태료의 제재만을 받게 되겠지만, 무등록 차량에 관하여 그러한 행위를 한 경우라면 과태료와 별도로 형사처벌의 대상이 된다(대판 1996.4.12. 96도158).

23. 지방직 9급, 22. 소방

076 □□□

지방자치단체 소속 공무원이 지방자치단체 고유의 자치사무를 처리하면서 위반행위를 한 경우 지방자치단체도 양벌규정에 따라 처벌대상이 되는 법인에 해당한다. O | X

헌법 제117조, 지방자치법 제3조 제1항, 제9조, 제93조, 도로법 제54조, 제83조, 제86조의 각 규정을 종합하여 보면, 국가가 본래 그의 사무의 일부를 지방자치단체의 장에게 위임하여 그 사무를 처리하게 하는 기관위임사무의 경우에는 지방자치단체는 국가기관의 일부로 볼 수 있는 것이지만, 지방자치단체가 그 고유의 자치사무를 처리하는 경우에는 지방자치단체는 국가기관의 일부가 아니라 국가기관과는 별도의 독립한 공법인이므로, 지방자치단체 소속 공무원이 지방자치단체 고유의 자치사무를 수행하던 중 도로법 제81조 내지 제85조의 규정에 의한 위반행위를 한 경우에는 지방자치단체는 도로법 제86조의 양벌규정에 따라 처벌대상이 되는 법인에 해당한다(대판 2005.11.10. 2004도2657).

22. 소방

077 □□□

지방국세청장이 조세범칙행위에 대하여 고발을 한 후에 동일한 조세범칙행위에 대하여 통고처분을 하는 경우, 이러한 통고처분은 법적 권한 소멸 후 이루어진 것으로 특별한 사정이 없는 한 효력이 없고 조세범칙행위자가 이를 이행하였더라도 일사부재리의 원칙이 적용될 수 없다. O | X

지방국세청장 또는 세무서장이 조세범칙행위에 대하여 고발을 한 후에 동일한 조세범칙행위에 대하여 통고처분을 하였더라도, 이는 법적 권한 소멸 후에 이루어진 것으로서 특별한 사정이 없는 한 효력이 없고, 조세범칙행위자가 이러한 통고처분을 이행하였더라도 조세범처벌절차법 제15조 제3항에서 정한 일사부재리의 원칙이 적용될 수 없다(대판 2016.9.28. 2014도10748).

22. 소방

078 □□□

경찰서장이 범칙행위에 대하여 통고처분을 하더라도 통고처분에서 정한 납부기간까지는 검사가 공소를 제기할 수 있다. O | X

통고처분을 할 것인지의 여부는 관세청장 또는 세관장의 재량에 맡겨져 있고, 따라서 관세청장 또는 세관장이 관세범에 대하여 통고처분을 하지 아니한 채 고발하였다는 것만으로는 그 고발 및 이에 기한 공소의 제기가 부적법하게 되는 것은 아니다(대판 2007.5.11. 2006도1993). 그러나 범칙자가 통고처분을 불이행하면 즉결심판을 청구(도로교통법 제165조 제1항 등)하거나 고발(출입국관리법 제105조 제2항 등)하여야 하므로, 통고처분권자의 고발이 없으면 검사는 공소제기를 할 수 없다.

정답 075 ○ 076 ○ 077 ○ 078 X

22. 소방

079 □□□

하나의 행위가 둘 이상의 질서위반행위에 해당하는 경우에는 각 질서위반행위에 대하여 정한 과태료 중 가장 중한 과태료를 부과한다. O | X

「질서위반행위규제법」 제13조 【수개의 질서위반행위의 처리】 ① 하나의 행위가 2 이상의 질서위반행위에 해당하는 경우에는 각 질서위반행위에 대하여 정한 과태료 중 가장 중한 과태료를 부과한다.

22. 국가직 9급

080 □□□

양벌규정은 행위자에 대한 처벌규정임과 동시에 그 위반행위의 이익귀속주체인 영업주에 대한 처벌규정이다. O | X

양벌규정은 업무주가 아니면서 당해 업무를 실제로 집행하는 자가 있는 때에 위 벌칙규정의 실효성을 확보하기 위하여 그 적용대상자를 당해 업무를 실제로 집행하는 자에게까지 확장함으로써 그러한 자가 당해 업무집행과 관련 하여 위 벌칙규정의 위반행위를 한 경우 위 양벌규정에 의하여 처벌할 수 있도록 한 행위자의 처벌규정임과 동시에 그 위반행위의 이익귀속주체인 업무주에 대한 처벌규정이라고 할 것이다(대판 1999.7.15. 95도2870 전합).

22. 국가직 9급

081 □□□

종업원의 범죄성립이나 처벌이 영업주 처벌의 전제조건이 되는 것은 아니다. O | X

양벌규정에 의한 영업주의 처벌은 금지위반행위자인 종업원의 처벌에 종속하는 것이 아니라 독립하여 그 자신의 종업원에 대한 선임감독상의 과실로 인하여 처벌되는 것이므로 종업원의 범죄성립이나 처벌이 영업주 처벌의 전제조건이 될 필요는 없다(대판 2006.2.24. 2005도7673).

22. 국가직 9급

082 □□□

법인 대표자의 법규위반행위에 대한 법인의 책임은 법인 자신의 법규위반행위로 평가될 수 있는 행위에 대한 법인의 직접책임이다. O | X

법인 대표자의 법규위반행위에 대한 법인의 책임은 법인 자신의 법규위반행위로 평가될 수 있는 행위에 대한 법인의 직접책임이므로, 대표자의 고의에 의한 위반행위에 대하여는 법인이 고의 책임을, 대표자의 과실에 의한 위 반행위에 대하여는 법인이 과실 책임을 부담한다. 따라서 심판대상조항 중 법인의 대표자 관련 부분은 법인의 직접 책임을 근거로 하여 법인을 처벌하므로 책임주의원칙에 위배되지 않는다(헌재 2020.4.23. 2019헌가25).

22. 국가직 9급

083 □□□

양벌규정에 의한 법인의 처벌은 어디까지나 행정적 제재처분일 뿐 형벌과는 성격을 달리한다. O | X

양벌규정에 의한 법인의 처벌은 어디까지나 형벌의 일종으로서 행정적 제재처분이나 민사상 불법행위책임과는 성격을 달리한다(대판 2019.11.14. 2017도4111).

정답 079 ○ 080 ○ 081 ○ 082 ○ 083 X

22. 지방직 9급

084 □□□

양벌규정에 의한 영업주의 처벌은 금지위반행위자인 종업원의 처벌에 종속되는 것이므로 영업주만 따로 처벌할 수는 없다. O | X

양벌규정에 의한 영업주의 처벌은 금지위반행위자인 종업원의 처벌에 종속하는 것이 아니라 독립하여 그 자신의 종업원에 대한 선임감독상의 과실로 인하여 처벌되는 것이므로 종업원의 범죄성립이나 처벌이 영업주 처벌의 전제조건이 될 필요는 없다(대판 2006.2.24. 2005도7673).

22. 지방직 9급

085 □□□

통고처분은 법정기간 내에 납부하지 않는 것을 해제조건으로 하는 행정처분이므로 행정소송의 대상이 된다. O | X

도로교통법 제118조에서 규정하는 경찰서장의 통고처분은 행정소송의 대상이 되는 행정처분이 아니므로 그 처분의 취소를 구하는 소송은 부적법하고 도로교통법상의 통고처분을 받은 자가 그 처분에 대하여 이의가 있는 경우에는 통고처분에 따른 범칙금의 납부를 이행하지 아니함으로써 경찰서장의 즉결심판청구에 이하여 법원의 심판을 받을 수 있게 될 뿐이다(대판 1995.6.29. 95누4674).

22. 지방직 9급

086 □□□

행정청의 과태료 부과에 대해 서면으로 이의가 제기된 경우 과태료 부과처분은 그 효력을 상실한다. O | X

행정청의 과태료 부과에 불복하는 당사자는 제17조 제1항에 따른 과태료 부과 통지를 받은 날부터 60일 이내에 해당 행정청에 서면으로 이의제기를 할 수 있다. 이의제기가 있는 경우에는 행정청의 과태료 부과처분은 그 효력을 상실한다(질서위반행위규제법 제20조 제2항).

22. 지방직 9급

087 □□□

법원이 하는 과태료재판에는 원칙적으로 행정소송에서와 같은 신뢰보호의 원칙이 적용된다. O | X

법원이 비송사건절차법에 따라서 하는 과태료 재판은 관할 관청이 부과한 과태료처분에 대한 당부를 심판하는 행정소송절차가 아니라 법원이 직권으로 개시·결정하는 것이므로, 원칙적으로 과태료 재판에서는 행정소송에서와 같은 신뢰보호의 원칙 위반 여부가 문제로 되지 아니하고, 다만 위반자가 그 의무를 알지 못하는 것이 무리가 아니었다고 할 수 있어 그것을 정당시할 수 있는 사정이 있을 때 또는 그 의무의 이행을 그 당사자에게 기대하는 것이 무리라고 하는 사정이 있을 때 등 그 의무 해태를 탓할 수 없는 정당한 사유가 있는 때에는 이를 부과할 수 없다(대결 2006.4.28. 2003마715).

22. 국회직 8급

088 □□□

행정청은 당사자가 납부기한까지 과태료를 납부하지 아니한 때에는 납부기한을 경과한 날부터 체납된 과태료에 대하여 100분의 5에 상당하는 가산금을 징수한다. O | X

> 「질서위반행위규제법」 제24조 **【가산금 징수 및 체납처분 등】** ① 행정청은 당사자가 납부기한까지 과태료를 납부하지 아니한 때에는 납부기한을 경과한 날부터 체납된 과태료에 대하여 100분의 3에 상당하는 가산금을 징수한다.

정답 084 X 085 X 086 ○ 087 X 088 X

22. 국회직 8급

089 □□□

법인의 대표자, 법인 또는 개인의 대리인 · 사용인 및 그 밖의 종업원이 업무에 관하여 법인 또는 그 개인에게 부과된 법률상의 의무를 위반한 때에 법인 또는 그 개인에게 과태료를 부과하는 것은 위법하다. O | X

「질서위반행위규제법」 제11조 【법인의 처리 등】 ① 법인의 대표자, 법인 또는 개인의 대리인 · 사용인 및 그 밖의 종업원이 업무에 관하여 법인 또는 그 개인에게 부과된 법률상의 의무를 위반한 때에는 법인 또는 그 개인에게 과태료를 부과한다.

23. 국회직 8급

090 □□□

질서위반행위의 과태료 부과의 근거법률이 개정되어 행위 시 법률에 의하면 과태료 부과대상이었지만 재판 시 법률에 의하면 과태료 부과대상이 아니게 된 때에는 개정법률 부칙에서 종전법률 시행 당시에 행해진 질서위반행위에 행위 시 법률을 적용하도록 특별한 규정을 두지 않은 이상 재판 시 법률을 적용하여야 하므로 과태료를 부과하지 못한다. O | X

질서위반행위규제법은 '질서위반행위의 성립과 과태료 처분은 행위 시의 법률에 따른다'고 하면서도(제3조 제1항), '질서위반행위 후 법률이 변경되어 그 행위가 질서위반행위에 해당하지 아니하게 되거나 과태료가 변경되기 전의 법률보다 가볍게 된 때에는 법률에 특별한 규정이 없는 한 변경된 법률을 적용한다'고 규정하고 있다(제3조 제2항). 따라서 질서위반행위에 대하여 과태료를 부과하는 근거 법령이 개정되어 행위 시의 법률에 의하면 과태료 부과대상이었지만 재판 시의 법률에 의하면 부과대상이 아니게 된 때에는 개정 법률의 부칙 등에서 행위 시의 법률을 적용하도록 명시하는 등 특별한 사정이 없는 한 재판 시의 법률을 적용하여야 하므로 과태료를 부과할 수 없다(대결 2017.4.7. 2016마1626).

23. 지방직 9급

091 □□□

법원이 심문 없이 과태료 재판을 하고자 하는 때에는 당사자와 검사는 특별한 사정이 없는 한 약식재판의 고지를 받은 날부터 7일 이내에 이의신청을 할 수 있다. O | X

「질서위반행위규제법」 제45조 【이의신청】 ① 당사자와 검사는 제44조에 따른 약식재판의 고지를 받은 날부터 7일 이내에 이의신청을 할 수 있다.

23. 경찰간부

092 □□□

행정청은 불의의 재난으로 피해를 당한 사람에 대하여 과태료의 징수유예등을 하는 경우 그 유예하는 금액에 상당하는 담보의 제공을 요구할 수 없다. O | X

담보의 제공을 요구할 수 있다.

「질서위반행위규제법」 제24조의3 【과태료의 징수유예 등】 ① 행정청은 당사자가 다음 각 호의 어느 하나에 해당하여 과태료(체납된 과태료와 가산금, 중가산금 및 체납처분비를 포함한다. 이하 이 조에서 같다)를 납부하기가 곤란하다고 인정되면 1년의 범위에서 대통령령으로 정하는 바에 따라 과태료의 분할납부나 납부기일의 연기(이하 "징수유예등"이라 한다)를 결정할 수 있다.
5. 불의의 재난으로 피해를 당한 사람
③ 행정청은 제1항에 따라 징수유예등을 하는 경우 그 유예하는 금액에 상당하는 담보의 제공이나 제공된 담보의 변경을 요구할 수 있고, 그 밖에 담보보전에 필요한 명령을 할 수 있다.

정답 089 X 090 ○ 091 ○ 092 X

23. 국가직 9급

093 □□□

행정청이 위반사실을 적발하면 과태료를 부과받을 자의 주소지를 관할하는 지방법원에 통보하여야 하고, 당해 법원은 비송사건절차법에 따라 결정으로써 과태료를 부과한다. O | X

과태료 부과처분의 주체는 법원이 아닌 행정청이다. 질서위반행위규제법 제17조 등에서 이를 알 수 있다.

> 「질서위반행위규제법」 제17조 **【과태료의 부과】** ① 행정청은 제16조의 의견 제출 절차를 마친 후에 서면(당사자가 동의하는 경우에는 전자문서를 포함한다. 이하 이 조에서 같다)으로 과태료를 부과하여야 한다.

24. 국가직 9급

094 □□□

지방자치단체 소속 공무원이 지방자치단체 고유의 자치사무를 수행하던 중 도로법 규정에 의한 위반행위를 한 경우 지방자치단체는 도로법 소정의 양벌규정에 따라 처벌대상이 되는 법인에 해당하지 않는다. O | X

국가가 본래 그의 사무의 일부를 지방자치단체의 장에게 위임하여 그 사무를 처리하게 하는 기관위임사무의 경우에는 지방자치단체는 국가기관의 일부로 볼 수 있는 것이지만, 지방자치단체가 그 고유의 자치사무를 처리하는 경우에는 지방자치단체는 국가기관의 일부가 아니라 국가기관과는 별도의 독립한 공법인이므로, 지방자치단체 소속 공무원이 지방자치단체 고유의 자치사무를 수행하던 중 도로법 제81조 내지 제85조의 규정에 의한 위반행위를 한 경우에는 지방자치단체는 도로법 제86조의 양벌규정에 따라 처벌대상이 되는 법인에 해당한다(대판 2005.11.10. 2004도2657).

23. 국가직 7급

095 □□□

질서위반행위규제법상 과태료 사건은 다른 법령에 특별한 규정이 있는 경우를 제외하고는 행정청의 주소지의 지방법원 또는 그 지원의 관할로 한다. O | X

행정청이 아닌 '당사자'의 주소지의 지방법원 또는 그 지원의 관할로 한다.

> 「질서위반행위규제법」 제25조 **【관할 법원】** 과태료 사건은 다른 법령에 특별한 규정이 있는 경우를 제외하고는 당사자의 주소지의 지방법원 또는 그 지원의 관할로 한다.

23. 지방직 7급

096 □□□

행정청의 과태료 부과에 불복하는 당사자는 과태료 부과 통지를 받은 날부터 90일 이내에 관할 법원에 취소소송을 제기할 수 있다. O | X

행정청의 과태료 부과에 불복하는 당사자는 과태료 부과 통지를 받은 날부터 60일 이내에 해당 행정청에 서면으로 이의제기를 할 수 있다.

> 「질서위반행위규제법」 제20조 **【이의제기】** ① 행정청의 과태료 부과에 불복하는 당사자는 제17조 제1항에 따른 과태료 부과 통지를 받은 날부터 60일 이내에 해당 행정청에 서면으로 이의제기를 할 수 있다.

정답 093 X 094 X 095 X 096 X

제4장 새로운 의무이행 확보수단

14. 경행특채 1차

001 □□□

공급거부란 행정법상의 의무를 위반하거나 불이행한 자에 대해 일정한 재화나 서비스의 공급을 거부하는 행정작용을 말한다. O | X

공급거부란 행정법상 의무를 위반하거나 불이행한 자에 대해 행정상 서비스나 재화의 공급을 거부하는 것으로, 위법건축물에 대한 단전이나 단수 등이 이에 해당한다.

11. 국가직 9급

002 □□□

현행 건축법은 이 법 또는 이 법의 규정에 의한 명령이나 처분에 위반하여 허가가 취소되거나 개축 등의 시정명령을 받고 이행하지 아니한 건축물에 대하여 전기·전화·수도의 공급자 등에게 그 공급을 중지하도록 요청할 수 있다고 규정하고 있다. O | X

현행 건축법에는 그러한 규정이 없다.

13. 지방직 9급

003 □□□

위법건축물에 대한 단전 및 전화통화 단절조치 요청행위는 처분성이 부인된다. O | X

무단 용도변경을 이유로 단전조치된 건물의 소유자로부터 새로이 전기공급신청을 받은 한국전력공사가 관할 구청장에게 전기공급의 적법 여부를 조회한 데 대하여, 관할 구청장이 한국전력공사에 대하여 건축법 제69조 제2항·제3항의 규정에 의하여 위 건물에 대한 전기공급이 불가하다는 내용의 회신을 하였다면, 그 회신은 권고적 성격의 행위에 불과한 것으로서 한국전력공사나 특정인의 법률상 지위에 직접적인 변동을 가져오는 것은 아니므로 항고소송의 대상이 되는 행정처분이라고 볼 수 없다(대판 1995.11.21. 95누9099).

참고 단수처분은 항고소송의 대상이 된다(대판 1979.12.28. 79누218).

14. 국가직 9급

004 □□□

조세체납자의 관허사업제한을 명시하고 있는 국세징수법 관련 규정은 부당결부금지원칙에 반하여 위헌이라는 것이 판례의 입장이다. O | X

조세체납자에 대한 관허사업제한이 부당결부에 해당하는지에 대한 명시적인 판례는 없다.

정답 001 ○ 002 X 003 ○ 004 X

10. 지방직 9급

005 □□□

행정상 공표는 의무 위반자의 명예나 신용의 침해를 위협함으로써 직접적으로 행정법상 의무이행을 확보하는 수단이다. O | X

행정상 공표는 의무 위반자의 명예나 신용을 위협함으로써 간접적으로 행정법상 의무이행을 확보하는 수단이다.

15. 국회직 8급

006 □□□

국세기본법상에는 고액체납자의 명단공개제도에 대하여 규정하고 있다. O | X

「국세기본법」 제85조의5 **【불성실기부금수령단체 등의 명단공개】** ① 국세청장은 제81조의13과 국제조세조정에 관한 법률 제57조에도 불구하고 다음 각 호의 어느 하나에 해당하는 자의 인적사항 등을 공개할 수 있다. 다만, 체납된 국세가 이의신청·심사청구 등 불복청구 중에 있거나 그 밖에 대통령령으로 정하는 사유가 있는 경우에는 그러하지 아니하다.

15. 사복직 9급

007 □□□

행정법상 의무 위반자에 대한 명단의 공표는 법적인 근거가 없더라도 허용된다. O | X

명단의 공표는 일반적으로 법적 근거가 필요하다.

10. 지방직 9급

008 □□□

헌법재판소는 청소년 성매수자의 신상공개제도가 이중처벌금지원칙, 과잉금지원칙, 평등원칙, 적법절차원칙 등에 위반되지 않는다는 입장이다. O | X

[1] 청소년 성매수자에 대한 신상공개를 규정한 청소년의 성보호에 관한 법률(이하 '법'이라고만 한다) 제20조 제2항 제1호가

가. 이중처벌금지원칙에 위반되는지 여부(소극)

헌법 제13조 제1항에서 말하는 '처벌'은 원칙적으로 범죄에 대한 국가의 형벌권 실행으로서의 과벌을 의미하는 것이고, 국가가 행하는 일체의 제재나 불이익처분을 모두 그 '처벌'에 포함시킬 수는 없다. 법 제20조 제1항은 "청소년의 성을 사는 행위 등의 범죄방지를 위한 계도"가 신상공개제도의 주된 목적임을 명시하고 있는바, 이 제도가 당사자에게 일종의 수치심과 불명예를 줄 수 있다고 하여도, 이는 어디까지나 신상공개제도가 추구하는 입법목적에 부수적인 것이지 주된 것은 아니다. 또한, 공개되는 신상과 범죄사실은 이미 공개재판에서 확정된 유죄판결의 일부로서, 개인의 신상 내지 사생활에 관한 새로운 내용이 아니고, 공익목적을 위하여 이를 공개하는 과정에서 부수적으로 수치심 등이 발생된다고 하여 이것을 기존의 형벌 외에 또 다른 형벌로서 수치형이나 명예형에 해당한다고 볼 수는 없다. 그렇다면, 신상공개제도는 헌법 제13조의 이중처벌금지원칙에 위배되지 않는다.

나. 과잉금지원칙에 위반되는지 여부(소극)

다. 평등원칙에 위반되는지 여부(소극)

라. 법관에 의한 재판을 받을 권리를 침해하는지 여부(소극)

마. 적법절차원칙에 위반되는지 여부(소극)

[2] 신상공개의 시기·기간·절차 등에 관한 사항을 대통령령에 위임한 법 제20조 제5항이 포괄위임입법금지원칙에 위반되지 않는다(헌재 2003.6.26. 2002헌가14).

정답 005 X 006 ○ 007 X 008 ○

10. 지방직 9급

009 □□□

행정상 공표는 사생활의 비밀의 자유, 국민의 알 권리 등 다른 기본권과 충돌하는 경우에는 이익형량에 의하여 제한할 수 있다. O | X

행정상 공표도 행정법의 일반원칙을 준수하여야 한다.

관련 판례

인격권으로서의 개인의 명예의 보호와 표현의 자유의 보장이라는 두 법익이 충돌하였을 때 그 조정을 어떻게 할 것인지는 구체적인 경우에 사회적인 여러 가지 이익을 비교하여 표현의 자유로 얻어지는 이익, 가치와 인격권의 보호에 의하여 달성되는 가치를 형량하여 그 규제의 폭과 방법을 정하여야 한다(대판 1998.7.14. 96다17257).

23. 경찰간부

010 □□□

행정절차법에 따르면 행정청은 공표된 내용이 사실과 다른 것으로 밝혀진 경우에도 당사자가 원하지 아니하면 정정한 내용을 공표하지 아니할 수 있다. O | X

「행정절차법」 제40조의3 【위반사실 등의 공표】 ⑦ 행정청은 위반사실등의 공표를 하기 전에 당사자가 공표와 관련된 의무의 이행, 원상회복, 손해배상 등의 조치를 마친 경우에는 위반사실등의 공표를 하지 아니할 수 있다.

07. 관세사

011 □□□

공표로 타인의 명예를 훼손한 경우에도 국가기관이 공표 당시 이를 진실이라고 믿었고 또 그렇게 믿을 만한 상당한 이유가 있다면 위법성이 없다. O | X

국가기관이 행정목적달성을 위하여 언론에 보도자료를 제공하는 등 이른바 행정상 공표의 방법으로 실명을 공개함으로써 타인의 명예를 훼손한 경우, 그 공표된 사람에 관하여 적시된 사실의 내용이 진실이라는 증명이 없더라도 국가기관이 공표 당시 이를 진실이라고 믿었고 또 그렇게 믿을 만한 상당한 이유가 있다면 위법성이 없는 것이고, 이 점은 언론을 포함한 사인에 의한 명예훼손의 경우에서와 마찬가지이다(대판 1993.11.26. 93다18389).

10. 국회직 9급, 07. 관세사

012 □□□

판례에 따르면 위법한 공표에 의하여 명예·신용 등이 침해된 경우에는 행정상 손해배상청구소송을 제기하여 그 손해배상을 구할 수 없다. O | X

공표와 같은 비권력적 사실행위도 국가배상법상의 직무행위에 포함되므로 위법한 공표로 권익을 침해받은 자는 국가배상청구를 할 수 있다.

정답 009 ○ 010 ○ 011 ○ 012 X

10. 지방직 9급

013 □□□

대법원은 국세청장이 부동산투기자의 명단을 언론사에 공표함으로써 명예를 훼손한 사건에서 손해배상책임을 인정하였다. O | X

지방국세청 소속 공무원들이 통상적인 조사를 다하여 의심스러운 점을 밝혀 보지 아니한 채 막연한 의구심에 근거하여 원고가 위장증여자로서 국토이용관리법을 위반하였다는 요지의 조사결과를 보고한 것이라면 국세청장이 이에 근거한 보도자료의 내용이 진실하다고 믿은 데에는 상당한 이유가 없다(대판 1993.11.26. 93다18389).

12. 국가직 7급

014 □□□

과징금에 대하여 규정하고 있는 대표적 법률로 독점규제 및 공정거래에 관한 법률이 있다. O | X

과징금은 행정법상 의무를 위반한 자에게 가해지는 금전상의 제재이며, 이에 대한 일반법은 없고 개별법의 근거가 있을 때만 부과할 수 있다. 대표적으로 독점규제 및 공정거래에 관한 법률, 석유 및 석유대체연료 사업법 등이 과징금을 규정하고 있는 법률이다.

14. 국회직 8급

015 □□□

전형적 과징금은 원칙적으로 행정법상의 의무를 위반한 자에 대하여 당해 위반행위로 얻게 된 경제적 이익을 박탈하기 위한 목적으로 부과되는 금전적인 제재이다. O | X

「독점규제 및 공정거래에 관한 법률」 제6조 【과징금】 공정거래위원회는 시장지배적 사업자가 남용행위를 한 경우에는 당해 사업자에 대하여 대통령령이 정하는 매출액에 100분의 3을 곱한 금액을 초과하지 아니하는 범위 안에서 과징금을 부과할 수 있다. 다만, 매출액이 없거나 매출액의 산정이 곤란한 경우로서 대통령령이 정하는 경우에는 10억원을 초과하지 아니하는 범위 안에서 과징금을 부과할 수 있다.

09. 국회직 8급

016 □□□

변형과징금의 1차적 목적은 영업정지처분을 받는 자에 대한 최소침해의 수단을 찾는 것이다. O | X

변형과징금제도는 일반 공중의 이용편의를 도모하기 위한 것이다.

정답 013 ○ 014 ○ 015 ○ 016 X

14. 국회직 8급

017 □□□

변형된 과징금은 인·허가사업에 관한 법률상의 의무 위반이 있음에도 불구하고 공익상 필요하여 그 인·허가사업을 취소·정지시키지 않고 사업을 계속하되, 이에 갈음하여 사업을 계속함으로써 얻은 이익을 박탈하는 행정제재금이다. O | X

「여객자동차 운수사업법」 제88조 【과징금 처분】 ① 국토교통부장관, 시·도지사 또는 시장·군수·구청장은 여객자동차 운수사업자가 제49조의15 제1항 또는 제85조 제1항 각 호의 어느 하나에 해당하여 사업정지 처분을 하여야 하는 경우에 그 사업정지처분이 그 여객자동차 운수사업을 이용하는 사람들에게 심한 불편을 주거나 공익을 해칠 우려가 있는 때에는 그 사업정지처분을 갈음하여 5천만원 이하의 과징금을 부과·징수할 수 있다.

13. 국회직 9급

018 □□□

영업정지에 갈음하는 과징금을 변형된 과징금이라 하며 변형된 과징금제도는 일반공중의 이용편의를 도모하기 위한 것이다. O | X

Point정리 본래적 과징금과 변형된 과징금의 비교

본래적 과징금(전형적 과징금)	변형된 과징금
행정법상 의무 위반으로 경제적 이익을 얻는 경우 그 이익을 박탈하기 위한 행정제재금	행정법상 의무 위반행위가 철회 또는 정지사유에 해당하나 공중의 일반생활에 필수적 사업인 경우 사업은 존속시키고 그 사업정지에 갈음하여 부과하는 행정제재금

18. 지방교행, 14. 사복직 9급

019 □□□

행정법규 위반에 대하여 벌금 이외에 과징금을 함께 부과하는 것은 이중처벌금지원칙에 위반된다. O | X

행정법규 위반에 대하여 벌금 이외에 과징금을 함께 부과하는 것은 이중처벌금지원칙에 위반되지 않는다.

21. 국가직 7급

020 □□□

행정상 의무위반행위자에 대하여 과징금을 부과하기 위해서는 원칙적으로 위반자의 고의 또는 과실이 있어야 한다. O | X

구 여객자동차 운수사업법 제88조 제1항의 과징금 부과처분은 제재적 행정처분으로서 여객자동차 운수사업에 관한 질서를 확립하고 여객의 원활한 운송과 여객자동차 운수사업의 종합적인 발달을 도모하여 공공복리를 증진한다는 행정목적의 달성을 위하여 행정법규 위반이라는 객관적 사실에 착안하여 가하는 제재이므로 반드시 현실적인 행위자가 아니라도 법령상 책임자로 규정된 자에게 부과되고 원칙적으로 위반자의 고의·과실을 요하지 아니하나, 위반자의 의무해태를 탓할 수 없는 정당한 사유가 있는 등의 특별한 사정이 있는 경우에는 이를 부과할 수 없다(대판 2014.10.15. 2013두5005).

정답 017 ○ 018 ○ 019 X 020 X

17. 지방직 7급, 12. 국가직 7급

021 □□□

구 독점규제 및 공정거래에 관한 법률 제24조의2에 의한 부당내부거래행위에 대한 과징금은 부당내부거래 억지라는 행정목적을 실현하기 위하여 그 위반행위에 대한 행정상의 제재금으로서의 기본적 성격에 부당이득환수적 요소도 부가되어 있는 것으로, 이는 헌법 제13조 제1항에서 금지하는 국가형벌권의 행사로서의 '처벌'에 해당하지 아니한다. O | X

구 독점규제 및 공정거래에 관한 법률 제23조 제1항 제7호, 같은 법 제24조의2 소정의 부당지원행위를 한 지원주체에 대한 과징금은 그 취지와 기능, 부과의 주체와 절차 등을 종합할 때 부당지원행위의 억지라는 행정목적을 실현하기 위한 입법자의 정책적 판단에 기하여 그 위반행위에 대하여 제재를 가하는 행정상의 제재금으로서의 기본적 성격에 부당이득환수적 요소도 부가되어 있는 것이라고 할 것이어서 그것이 헌법 제13조 제1항에서 금지하는 국가형벌권 행사로서의 처벌에 해당한다고 할 수 없으므로 구 독점규제 및 공정거래에 관한 법률에서 형사처벌과 아울러 과징금의 부과처분을 할 수 있도록 규정하고 있다 하더라도 이중처벌금지원칙이나 무죄추정원칙에 위반된다거나 사법권이나 재판청구권을 침해한다고 볼 수 없고, 또한 같은 법 제55조의3 제1항에 정한 각 사유를 참작하여 부당지원행위의 불법의 정도에 비례하여 상당한 금액의 범위 내에서만 과징금을 부과할 수 있도록 하고 있음에 비추어 비례원칙에 반한다고 할 수도 없다(대판 2004.4.9. 2001두6197).

19. 서울시 9급(6월), 12. 국가직 9급

022 □□□

과징금 부과처분에는 원칙적으로 행정절차법이 적용된다. O | X

과징금 부과는 행정처분에 해당하므로 행정절차법이 적용된다.

04. 관세사

023 □□□

과징금의 부과에 대하여 불복이 있는 경우에는 비송사건절차법에 의하여 법원이 결정한다. O | X

과징금은 처분이므로 행정쟁송절차에 따른다.

18. 지방직 9급

024 □□□

부과관청이 추후에 부과금 산정기준이 되는 새로운 자료가 나올 경우 과징금액이 변경될 수도 있다고 유보하며 과징금을 부과했다면, 새로운 자료가 나온 것을 이유로 새로이 부과처분을 할 수 있다. O | X

과징금은 행정법상의 의무를 위반한 자에 대하여 당해 위반행위로 얻게 된 경제적 이익을 박탈하기 위한 목적으로 부과하는 금전적인 제재로서, 같은 법이 규정한 범위 내에서 그 부과처분 당시까지 부과관청이 확인한 사실을 기초로 일의적으로 확정되어야 할 것이고, 그렇지 아니하고 부과관청이 과징금을 부과하면서 추후에 부과금 산정기준이 되는 새로운 자료가 나올 경우에는 과징금액이 변경될 수도 있다고 유보한다든지, 실제로 추후에 새로운 자료가 나왔다고 하여 새로운 부과처분을 할 수는 없다 할 것인바, 왜냐하면 과징금의 부과와 같이 재산권의 직접적인 침해를 가져오는 처분을 변경하려면 법령에 그 요건 및 절차가 명백히 규정되어 있어야 할 것인데, 위와 같은 변경처분에 대한 법령상의 근거 규정이 없고, 이를 인정하여야 할 합리적인 이유 또한 찾아 볼 수 없기 때문이다(대판 1999.5.28. 99두1571).

정답 021 ○ 022 ○ 023 X 024 X

23. 국가직 9급

025 □□□

관할 행정청이 여객자동차운송사업자가 범한 여러 가지 위반행위 중 일부만 인지하여 과징금 부과처분을 하였는데 그 후 과징금 부과처분 시점 이전에 이루어진 다른 위반행위를 인지하여 이에 대하여 별도의 과징금 부과처분을 하게 되는 경우, 종전 과징금 부과처분의 대상이 된 위반행위와 추가 과징금 부과처분의 대상이 된 위반행위에 대하여 일괄하여 하나의 과징금 부과처분을 하는 경우와의 형평을 고려하여 추가 과징금 부과처분의 처분양정이 이루어져야 한다. O | X

행정청이 사업자가 범한 여러 가지 위반행위 중 일부만 인지하여 과징금 부과처분을 하였는데 그 후 과징금 부과처분 시점 이전에 이루어진 다른 위반행위를 인지하여 이에 대하여 별도의 과징금 부과처분을 하게 되는 경우에도 종전 과징금 부과처분의 대상이 된 위반행위와 추가 과징금 부과처분의 대상이 된 위반행위에 대하여 일괄하여 하나의 과징금 부과처분을 하는 경우와의 형평을 고려하여 추가 과징금 부과처분의 처분양정이 이루어져야 한다(대판 2021.2.4. 2020두48390).

13. 국회직 9급

026 □□□

위법한 과징금의 부과행위는 행정소송을 통하여 취소 등을 구할 수 있다. O | X

자동차운수사업면허조건 등을 위반한 사업자에 대하여 행정청이 행정제재수단으로 사업정지를 명할 것인지, 과징금을 부과할 것인지, 과징금을 부과키로 한다면 그 금액은 얼마로 할 것인지에 관하여 재량권이 부여되었다 할 것이므로 과징금 부과처분이 법이 정한 한도액을 초과하여 위법할 경우 법원으로서는 그 전부를 취소할 수밖에 없고, 그 한도액을 초과한 부분이나 법원이 적정하다고 인정되는 부분을 초과한 부분만을 취소할 수 없다(대판 1998.4.10. 98두2270).

22. 지방직 7급 · 국가직 9급, 19. 서울시 9급(6월), 13. 국회직 9급, 10. 국가직 7급

027 □□□

과징금을 부과할 것인지 영업정지처분을 내릴 것인지는 통상 행정청의 재량에 속한다. O | X

행정청이 행정제재수단으로 사업정지를 명할 것인지, 과징금을 부과할 것인지, 과징금을 부과키로 한다면 그 금액은 얼마로 할 것인지에 관하여 재량권이 부여되었다 할 것이다(대판 1998.4.10. 98두2270).

19. 서울시 9급(6월)

028 □□□

과징금은 행정목적 달성을 위하여, 행정법규 위반이라는 객관적 사실에 착안하여 부과된다. O | X

과징금 부과처분은 제재적 행정처분으로서 여객자동차 운수사업에 관한 질서를 확립하고 여객의 원활한 운송과 여객자동차 운수사업의 종합적인 발달을 도모하여 공공복리를 증진한다는 행정목적의 달성을 위하여 행정법규 위반이라는 객관적 사실에 착안하여 가하는 제재이므로 반드시 현실적인 행위자가 아니라도 법령상 책임자로 규정된 자에게 부과되고 원칙적으로 위반자의 고의·과실을 요하지 아니하나, 위반자의 의무해태를 탓할 수 없는 정당한 사유가 있는 등의 특별한 사정이 있는 경우에는 이를 부과할 수 없다(대판 2014.10.15. 2013두5005).

정답 025 ○ 026 ○ 027 ○ 028 ○

09. 국가직 7급

029 □□□

부동산 실권리자명의 등기에 관한 법률 및 시행령상 명의신탁자에 대한 과징금 부과처분은 기속행위의 성질을 갖는다. O | X

명의신탁자에 대하여 과징금을 부과할 것인지 여부는 기속행위에 해당하므로, 명의신탁이 조세를 포탈하거나 법령에 의한 제한을 회피할 목적이 아닌 경우에 한하여 그 과징금을 일정한 범위 내에서 감경할 수 있을 뿐이지 그에 대하여 과징금 부과처분을 하지 않거나 과징금을 전액 감면할 수 있는 것은 아니다(대판 2007.7.12. 2005두17287).

14. 사복직 9급

030 □□□

부동산 실권리자명의 등기에 관한 법률상 실권리자명의 등기의무에 위반하여 부과된 과징금채무는 대체적 급부가 가능한 의무이므로 과징금을 부과받은 자가 사망한 경우 그 상속인에게 포괄승계된다. O | X

부동산 실권리자명의 등기에 관한 법률 제5조에 의하여 부과되는 과징금은 상속인에게 포괄승계된다(대판 1999.5.14. 99두35).

12. 국가직 9급, 08. 지방직 7급

031 □□□

공정거래위원회의 과징금 부과처분은 재량행위적 성질을 가진다. O | X

공정거래위원회는 법 위반행위에 대하여 과징금을 부과할 것인지 여부와 만일 과징금을 부과할 경우 법과 시행령이 정하고 있는 일정한 범위 안에서 과징금의 액수를 구체적으로 얼마로 정할 것인지에 관하여 재량을 가지고 있다고 할 것이므로, 공정거래위원회의 법 위반행위자에 대한 과징금 부과처분은 재량행위라 할 것이고, 다만 이러한 재량을 행사함에 있어 과징금 부과의 기초가 되는 사실을 오인하였거나, 비례 · 평등의 원칙에 위배하는 등의 사유가 있다면 이는 재량권의 일탈 · 남용으로서 위법하다(대판 2010.3.11. 2008두15176).

19. 서울시 9급(6월), 18. 지방직 7급, 17. 지방직 9급, 14. 국회직 8급, 12. 국가직 7급

032 □□□

재량행위의 성격을 갖는 과징금 부과처분이 법이 정한 한도액을 초과하여 위법한 경우에는 법원으로서는 그 한도액을 초과한 부분만을 취소할 수 있다. O | X

자동차운수사업면허조건 등을 위반한 사업자에 대하여 행정청이 행정제재수단으로 사업정지를 명할 것인지, 과징금을 부과할 것인지, 과징금을 부과키로 한다면 그 금액은 얼마로 할 것인지에 관하여 재량권이 부여되었다 할 것이므로 과징금 부과처분이 법이 정한 한도액을 초과하여 위법할 경우 법원으로서는 그 전부를 취소할 수밖에 없고, 그 한도액을 초과한 부분이나 법원이 적정하다고 인정되는 부분을 초과한 부분만을 취소할 수 없다(대판 1998.4.10. 98두2270).

정답 029 ○ 030 ○ 031 ○ 032 X

18. 서울시 7급

033 □□□

독점규제 및 공정거래에 관한 법률상의 부당내부거래에 대한 과징금에는 행정상의 제재금으로서의 기본적 성격에 부당이득환수적 요소도 부가되어 있다. O | X

과징금은 입법자의 정책적 판단에 기하여 그 위반행위에 대하여 제재를 가하는 행정상의 제재금으로서의 기본적 성격에 부당이득환수적 요소도 부가되어 있는 것이라고 할 것이어서 그것이 헌법 제13조 제1항에서 금지하는 국가형벌권 행사로서의 처벌에 해당한다고 할 수 없으므로 구 독점규제 및 공정거래에 관한 법률에서 형사처벌과 아울러 과징금의 부과처분을 할 수 있도록 규정하고 있다 하더라도 이중처벌금지원칙이나 무죄추정원칙에 위반된다거나 사법권이나 재판청구권을 침해한다고 볼 수 없다(대판 2004.4.9. 2001두6197).

12. 국가직 7급

034 □□□

대법원 판례에 따르면 과징금채무는 대체적 급부가 가능한 의무이므로 과징금을 부과받은 자가 사망한 경우 그 상속인에게 포괄승계된다. O | X

부동산 실권리자명의 등기에 관한 법률 제5조에 의하여 부과된 과징금 채무는 대체적 급부가 가능한 의무이므로 위 과징금을 부과받은 자가 사망한 경우 그 상속인에게 포괄승계된다(대판 1999.5.14. 99두35).

24. 국가직 9급

035 □□□

행정기본법령에 따르면, 과징금 납부 의무자가 과징금을 분할 납부하려는 경우에는 납부기한 7일 전까지 과징금의 분할 납부를 신청하는 문서에 해당 사유를 증명하는 서류를 첨부하여 행정청에 신청해야 한다. O | X

「행정기본법 시행령」 제7조 【과징금의 납부기한 연기 및 분할 납부】 ① 과징금 납부 의무자는 법 제29조 각 호 외의 부분 단서에 따라 과징금 납부기한을 연기하거나 과징금을 분할 납부하려는 경우에는 납부기한 10일 전까지 과징금 납부기한의 연기나 과징금의 분할 납부를 신청하는 문서에 같은 조 각 호의 사유를 증명하는 서류를 첨부하여 행정청에 신청해야 한다.

24. 국가직 9급

036 □□□

과징금부과처분이 법이 정한 한도액을 초과하여 위법할 경우 법원으로서는 그 한도액을 초과한 부분이나 법원이 적정하다고 인정되는 부분을 초과한 부분만을 취소할 수 있다. O | X

자동차운수사업 면허조건 등에 위반한 사업자에 대하여 행정청이 행정제재수단으로서 사업정지를 명할 것인지, 과징금을 부과할 것인지, 과징금을 부과키로 하였다면 그 금액은 얼마로 할 것인지 등에 관하여 재량권이 부여되어 있다 할 것이고, 과징금 최고한도액 5,000,000원의 부과처분만으로는 적절치 않다고 여길 경우 사업정지쪽을 택할 수도 있다 할 것이므로 과징금 부과처분이 법이 정한 한도액을 초과하여 위법할 경우 법원으로서는 그 전부를 취소할 수밖에 없고, 그 한도액을 초과한 부분이나 법원이 적정하다고 인정되는 부분을 초과한 부분만을 취소할 수는 없다(대판 1993.7.27. 93누1077).

정답 033 ○ 034 ○ 035 X 036 X

23. 국가직 7급

037 □□□

부동산 실권리자명의 등기에 관한 법률 제5조에 의하여 부과된 과징금 채무는 대체적 급부가 가능한 의무이므로 과징금을 부과받은 자가 사망한 경우 그 상속인에게 포괄승계된다. O | X

부동산 실권리자명의 등기에 관한 법률 제5조에 의하여 부과된 과징금 채무는 대체적 급부가 가능한 의무이므로 위 과징금을 부과받은 자가 사망한 경우 그 상속인에게 포괄승계된다(대판 1999.5.14. 99두35).

06. 국회직 8급

038 □□□

가산세는 행정상 금전급부의무를 납부기한까지 납부하지 아니함에 대한 지연이자의 의미를 갖는 것이며, 가산금(현 납부지연가산세)은 성실한 납세신고와 같은 협력의무를 위반한 경우 부과하는 것이다. O | X

> 「국세기본법」 제2조【정의】 이 법에서 사용하는 용어의 뜻은 다음과 같다.
> 4. "가산세"(加算稅)란 이 법 및 세법에서 규정하는 의무의 성실한 이행을 확보하기 위하여 세법에 따라 산출한 세액에 가산하여 징수하는 금액을 말한다.

18. 서울시 7급, 15. 국회직 8급, 14. 사복직 9급 · 국회직 8급, 12. 국가직 9급

039 □□□

가산세는 과세권의 행사 및 조세채권의 실현을 용이하게 하기 위하여 개별세법이 정하는 바에 따라 부과되는 행정상의 제재로서, 가산세를 부과하기 위해서는 원칙적으로 조세채무를 이행하지 않은 데 대한 납세자의 고의 또는 과실이 필요하다. O | X

세법에 있어서 가산세는 과세권의 행사 및 조세채권의 실현을 용이하게 하기 위하여 납세자에게 부과하는 제재이므로 여기에는 납세자의 고의 · 과실은 고려될 바 없다(대판 1984.12.26. 84누323).

18. 지방교행, 14. 경행특채 1차

040 □□□

가산금은 세법상의 의무의 성실한 이행을 확보하기 위하여 세법에 의하여 산출된 세액에 가산하여 징수하는 금액을 말한다. O | X

가산금이 아닌 가산세에 대한 설명이다.

> 「국세기본법」 제2조【정의】 이 법에서 사용하는 용어의 뜻은 다음과 같다.
> 4. "가산세"(加算稅)란 이법 및 세법에서 규정하는 의무의 성실한 이행을 확보하기 위하여 세법에 따라 산출한 세액에 가산하여 징수하는 금액을 말한다.

정답 037 ○ 038 X 039 X 040 X

18. 국가직 9급

041 □□□

세법상 가산세를 부과할 때 납세자에게 조세납부를 거부 또는 지연하는 데 고의 또는 과실이 있었는지는 원칙적으로 고려하지 않지만, 납세의무자의 의무해태를 탓할 수 없는 정당한 사유가 있는 경우에는 가산세를 부과할 수 없다. O | X

세법상 가산세는 과세권의 행사 및 조세채권의 실현을 용이하게 하기 위하여 납세자가 정당한 이유 없이 법에 규정된 신고, 납세 등 각종 의무를 위반한 경우에 개별세법이 정하는 바에 따라 부과되는 행정상의 제재로서 납세자의 고의·과실은 고려되지 않는 반면, 납세의무자가 그 의무를 알지 못한 것이 무리가 아니었다고 할 수 있어 그를 정당시할 수 있는 사정이 있거나 그 의무의 이행을 당사자에게 기대하는 것이 무리라고 하는 사정이 있을 때 등 그 의무해태를 탓할 수 없는 정당한 사유가 있는 경우에는 이를 부과할 수 없고, 납세의무자가 세무공무원의 잘못된 설명을 믿고 그 신고납부의무를 이행하지 아니하였다 하더라도 그것이 관계 법령에 어긋나는 것임이 명백한 때에는 그러한 사유만으로 정당한 사유가 있다고 볼 수 없다(대판 1997.8.22. 96누15404).

19. 국가직 9급, 18 · 17. 지방직 7급

042 □□□

세법상 가산세는 납세자가 정당한 이유 없이 법에 규정된 신고·납세의무 등을 위반한 경우에 부과되는 행정상 제재로서, 납세의무자가 세무공무원의 잘못된 설명을 믿고 그 신고납부의무를 이행하지 아니한 경우에는 그것이 관계 법령에 어긋나는 것임이 명백하다고 하더라도 정당한 사유가 있는 경우에 해당한다. O | X

세법상 가산세는 과세권의 행사 및 조세채권의 실현을 용이하게 하기 위하여 납세자가 정당한 이유 없이 법에 규정된 신고·납세의무 등을 위반한 경우에 법이 정하는 바에 의하여 부과하는 행정상의 제재로서 납세자의 고의·과실은 고려되지 아니하는 것이고, 법령의 부지 또는 오인은 그 정당한 사유에 해당한다고 볼 수 없으며, 또한 납세의무자가 세무공무원의 잘못된 설명을 믿고 그 신고납부의무를 이행하지 아니하였다 하더라도 그것이 관계 법령에 어긋나는 것임이 명백한 때에는 그러한 사유만으로는 정당한 사유가 있는 경우에 해당한다고 할 수 없다(대판 2002.4.12. 2000두5944).

23. 국가직 7급

043 □□□

가산세는 세법에서 규정하는 의무의 성실한 이행을 확보하기 위하여 세법에 따라 산출한 본세액에 가산하여 징수하는 조세로서, 본세에 감면사유가 인정된다면 가산세도 감면대상에 포함된다. O | X

가산세는 세법에서 규정하는 의무의 성실한 이행을 확보하기 위하여 세법에 따라 산출한 본세의 세액에 가산하여 징수하는 독립된 조세로서, 본세에 감면사유가 인정된다고 해서 가산세도 당연히 감면대상에 포함되는 것은 아니다(대판 2018.11.29. 2016두53180).

정답 041 ○ 042 X 043 X

23. 국가직 7급

044 □□□

가산세는 납세자가 정당한 이유 없이 법에 규정된 신고, 납세 등 각종 의무를 위반한 경우에 개별세법이 정하는 바에 따라 부과되는 행정상의 제재로서 납세자의 고의·과실 또한 중요한 고려 요소가 된다.

O | X

세법상 가산세는 과세권의 행사 및 조세채권의 실현을 용이하게 하기 위하여 납세자가 정당한 이유 없이 법에 규정된 신고, 납세 등 각종 의무를 위반한 경우에 개별세법이 정하는 바에 따라 부과되는 행정상의 제재로서 납세자의 고의, 과실은 고려되지 않는 반면, 납세의무자가 그 의무를 알지 못한 것이 무리가 아니었다고 할 수 있어 그를 정당시할 수 있는 사정이 있거나 그 의무의 이행을 당사자에게 기대하는 것이 무리라고 하는 사정이 있을 때 등 그 의무해태를 탓할 수 없는 정당한 사유가 있는 경우에는 이를 부과할 수 없다(대판 1997.8.22. 96누15404).

12. 국가직 9급

045 □□□

행정재산의 사용·수익 허가에 따른 사용료에 대하여는 국세징수법에 따라 가산금과 중가산금을 징수할 수 있고, 이는 미납분에 관한 지연이자의 의미로 부과되는 부대세의 일종이다. O | X

국유재산 등의 관리청이 하는 행정재산의 사용·수익 허가에 따른 사용료에 대하여는 국유재산법 제25조 제3항의 규정에 의하여 국세징수법 제21조, 제22조가 규정한 가산금과 중가산금을 징수할 수 있다 할 것이고, 위 가산금과 중가산금은 위 사용료가 납부기한까지 납부되지 않은 경우 미납분에 관한 지연이자의 의미로 부과되는 부대세의 일종이다(대판 2006.3.9. 2004다31074).

17. 지방직 7급

046 □□□

가산금은 행정법상의 금전급부의무의 불이행에 대한 제재로서 가해지는 금전부담으로, 금전채무의 이행에 대한 간접강제의 효과를 갖는다. O | X

가산금은 미납분에 대한 지연이자로서 행정법상의 금전급부의무의 불이행에 대한 제재로서 가해지는 금전부담으로, 금전채무의 이행에 대한 간접강제의 효과를 갖는다.

23. 지방직 9급, 19. 국가직 9급, 13. 지방직 7급

047 □□□

구 국세징수법상 가산금은 국세를 납부기한까지 납부하지 아니하면 과세청의 확정절차 없이도 법률에 의하여 당연히 발생하는 것이므로 가산금의 고지는 항고소송의 대상이 되는 처분이라고 볼 수 없다.

O | X

가산금 또는 중가산금은 국세를 납부기한까지 납부하지 아니하면 과세청의 확정절차 없이도 법률규정에 의하여 당연히 발생하는 것이므로 가산금 또는 중가산금의 고지가 항고소송의 대상이 되는 처분이라고 볼 수 없다(대판 2005.6.10. 2005다15482).

정답 044 X 045 ○ 046 ○ 047 ○

18 · 16 · 14. 지방직 7급

048 □□□

행정법규 위반에 대하여 가하는 제재조치(영업정지처분)는 반드시 현실적인 행위자가 아니라도 법령상 책임자로 규정된 자에게 부과되고, 특별한 사정이 없는 한 위반자에게 고의나 과실이 없더라도 부과할 수 있다. O | X

행정법규 위반에 대한 제재조치는 행정목적의 달성을 위하여 행정법규 위반이라는 객관적 사실에 착안하여 가하는 제재이므로, 반드시 현실적인 행위자가 아니라도 법령상 책임자로 규정된 자에게 부과되고, 특별한 사정이 없는 한 위반자에게 고의나 과실이 없더라도 부과할 수 있다(대판 2017.5.11. 2014두8773).

22. 국가직 9급

049 □□□

독점규제 및 공정거래에 관한 법률상의 과징금은 법이 규정한 범위 내에서 그 부과처분 당시까지 부과관청이 확인한 사실을 기초로 일의적으로 확정되어야 할 것이지, 추후에 부과금 산정기준이 되는 새로운 자료가 나왔다고 하여 새로운 부과처분을 할 수 있는 것은 아니다. O | X

구 독점규제 및 공정거래에 관한 법률에 의하여 부과되는 과징금은 행정법상의 의무를 위반한 자에 대하여 당해 위반행위로 얻게 된 경제적 이익을 박탈하기 위한 목적으로 부과하는 금전적인 제재로서, 같은 법이 규정한 범위 내에서 그 부과처분 당시까지 부과관청이 확인한 사실을 기초로 일의적으로 확정되어야 할 것이고, 그렇지 아니하고 부과관청이 과징금을 부과하면서 추후에 부과금 산정 기준이 되는 새로운 자료가 나올 경우에는 과징금액이 변경될 수도 있다고 유보한다든지, 실제로 추후에 새로운 자료가 나왔다고 하여 새로운 부과처분을 할 수는 없다(대판 1999.5.28. 99두1571).

22. 국가직 9급

050 □□□

과징금은 행정상 제재금이고 범죄에 대한 국가형벌권의 실행이 아니므로 행정법규 위반에 대해 벌금 이외에 과징금을 부과하는 것은 이중처벌금지의 원칙에 위반되지 않는다. O | X

구 독점규제 및 공정거래에 관한 법률 제24조의2에 의한 부당내부거래에 대한 과징금은 그 취지와 기능, 부과의 주체와 절차 등을 종합할 때 부당내부거래 억지라는 행정목적을 실현하기 위하여 그 위반행위에 대하여 제재를 가하는 행정상의 제재금으로서의 기본적 성격에 부당이득환수적 요소도 부가되어 있는 것이라 할 것이고, 이를 두고 헌법 제13조 제1항에서 금지하는 국가 형벌권 행사로서의 '처벌'에 해당한다고는 할 수 없으므로, 공정거래법에서 형사처벌과 아울러 과징금의 병과를 예정하고 있더라도 이중처벌금지 원칙에 위반된다고 볼 수 없다(헌재 2003.7.24. 2001헌가25).

22. 국가직 9급

051 □□□

부동산 실권리자명의 등기에 관한 법률상 명의신탁자에 대한 과징금의 부과 여부는 행정청의 재량행위이다. O | X

부동산 실권리자명의 등기에 관한 법률 제3조 제1항, 제5조 제1항, 같은 법 시행령 제3조 제1항의 규정을 종합하면, 명의신탁자에 대하여 과징금을 부과할 것인지 여부는 기속행위에 해당한다(대판 2007.7.12. 2005두17287).

정답 048 ○ 049 ○ 050 ○ 051 X

22. 지방직 7급

052 □□□

과징금의 근거가 되는 법률에는 과징금의 상한액을 명확하게 규정하여야 한다. O | X

「행정기본법」 제28조 【과징금】 ② 과징금의 근거가 되는 법률에는 과징금에 관한 다음 각 호의 사항을 명확하게 규정하여야 한다.
1. 부과 · 징수 주체
2. 부과 사유
3. 상한액
4. 가산금을 징수하려는 경우 그 사항
5. 과징금 또는 가산금 체납 시 강제징수를 하려는 경우 그 사항

22. 지방직 7급

053 □□□

행정기본법 제28조 제1항에 과징금 부과의 법적 근거를 마련하였으므로 행정청은 직접 이 규정에 근거하여 과징금을 부과할 수 있다. O | X

개별법에 과징금 부과의 법적 근거가 있는 경우 과징금을 부과할 수 있다.

「행정기본법」 제28조 【과징금】 ① 행정청은 법령등에 따른 의무를 위반한 자에 대하여 법률로 정하는 바에 따라 그 위반행위에 대한 제재로서 과징금을 부과할 수 있다.

22. 지방직 7급

054 □□□

일정한 납부기한을 정한 과징금부과처분에 대하여 집행정지결정이 내려졌다면 과징금부과처분에서 정한 과징금의 납부기간은 더 이상 진행되지 아니하고 집행정지결정의 주문에 표시된 종기의 도래로 인하여 집행정지가 실효된 때부터 다시 진행된다. O | X

일정한 납부기한을 정한 과징금부과처분에 대하여 '회복하기 어려운 손해'를 예방하기 위하여 긴급한 필요가 있고 달리 공공복리에 중대한 영향을 미치지 아니한다는 이유로 집행정지결정이 내려졌다면 그 집행정지기간 동안은 과징금부과처분에서 정한 과징금의 납부기간은 더 이상 진행되지 아니하고 집행정지결정이 당해 결정의 주문에 표시된 시기의 도래로 인하여 실효되면 그때부터 당초의 과징금부과처분에서 정한 기간(집행정지결정 당시 이미 일부 진행되었다면 그 나머지 기간)이 다시 진행하는 것으로 보아야 한다(대판 2003.7.11. 2002다48023).

정답 052 ○ 053 X 054 ○

23. 소방간부

055 □□□

과징금은 한꺼번에 납부하는 것이 원칙이나 행정청은 과징금을 부과받은 자가 재해 등으로 재산에 현저한 손실을 입어 전액을 한꺼번에 내기 어렵다고 인정될 때에는 그 납부기한을 연기하거나 분할납부하게 할 수 있다. O | X

「행정기본법」 제29조 【과징금의 납부기한 연기 및 분할 납부】 과징금은 한꺼번에 납부하는 것을 원칙으로 한다. 다만, 행정청은 과징금을 부과받은 자가 다음 각 호의 어느 하나에 해당하는 사유로 과징금 전액을 한꺼번에 내기 어렵다고 인정될 때에는 그 납부기한을 연기하거나 분할 납부하게 할 수 있으며, 이 경우 필요하다고 인정하면 담보를 제공하게 할 수 있다.

23. 국회직 8급

056 □□□

가맹사업거래의 공정화에 관한 법률(이하 '가맹사업법'이라 함)에 따르면, 공정거래위원회는 가맹사업법 위반행위에 대하여 과징금을 부과할 것인지, 부과할 경우 과징금 액수를 구체적으로 얼마로 정할 것인지를 재량으로 판단할 수 있다. O | X

가맹사업법 제35조 제1항에 의하면, 공정거래위원회는 가맹사업법 위반행위에 대하여 과징금을 부과할 것인지와 만일 과징금을 부과할 경우 가맹사업법과 가맹사업법 시행령이 정하고 있는 일정한 범위 안에서 과징금의 액수를 구체적으로 얼마로 정할 것인지를 재량으로 판단할 수 있으므로, 공정거래위원회의 법 위반행위자에 대한 과징금 부과처분은 재량행위이다(대판 2021.9.30. 2020두48857).

23. 국가직 9급

057 □□□

당사자가 인허가나 신고의 위법성을 경과실로 알지 못한 경우에 행정기본법상 제재처분의 제척기간인 5년이 지나도 제재처분을 할 수 있다. O | X

경과실이 아닌 중과실로 규정하고 있다.

「행정기본법」 제23조 【제재처분의 제척기간】 ① 행정청은 법령등의 위반행위가 종료된 날부터 5년이 지나면 해당 위반행위에 대하여 제재처분(인허가의 정지 · 취소 · 철회, 등록 말소, 영업소 폐쇄와 정지를 갈음하는 과징금 부과를 말한다. 이하 이 조에서 같다)을 할 수 없다.
② 다음 각 호의 어느 하나에 해당하는 경우에는 제1항을 적용하지 아니한다.
2. 당사자가 인허가나 신고의 위법성을 알고 있었거나 중대한 과실로 알지 못한 경우

정답 055 ○ 056 ○ 057 X

제5편

행정상 손해전보

제1장 행정상 손해배상

제1절 국가배상 개요

07. 국가직 7급

001 □□□

헌법은 배상책임자를 '국가 또는 지방자치단체'로 규정하고 있으나, 국가배상법은 배상책임자를 '국가 또는 공공단체'로 규정하고 있다. O | X

헌법은 배상책임자를 '국가 또는 공공단체'로 규정하고 있고 국가배상법은 배상책임자를 '국가 또는 지방자치단체'로 규정하고 있다.

11. 국가직 7급

002 □□□

한국수자원공사는 국가배상법상 손해배상의 책임자가 될 수 있다. O | X

> **「국가배상법」 제1조 【목적】** 이 법은 국가나 지방자치단체의 손해배상(損害賠償)의 책임과 배상절차를 규정함을 목적으로 한다.

15. 서울시 9급

003 □□□

행정상 손해배상에 관하여는 국가배상법이 일반법적 지위를 갖는다고 본다. O | X

국가배상청구권은 헌법 제29조에 의해 기본권으로 보장받고 있으며, 행정상 손해배상제도의 일반법으로서 국가배상법이 존재한다.

13. 국회직 9급

004 □□□

실무상 국가배상청구소송은 민사소송으로 행해지고 있다. O | X

통설에 따르면 국가배상청구소송은 당사자소송이지만 판례 및 실무상 국가배상청구소송을 민사소송으로 분류하고 있다.

정답 001 X 002 X 003 ○ 004 ○

18. 국가직 9급, 17. 국가직 9급(10월)

005 □□□

공무원이 직무를 집행하면서 고의 또는 과실로 위법하게 타인에게 손해를 가하였어도 국가나 지방자치단체가 그 공무원의 선임 및 감독에 상당한 주의를 하였다면 국가나 지방자치단체는 국가배상책임을 면한다.

O | X

민법은 사용자의 면책규정이 있으나, 국가배상법에는 이러한 면책규정이 없다.

> 「민법」 제756조 【사용자의 배상책임】 ① 타인을 사용하여 어느 사무에 종사하게 한 자는 피용자가 그 사무집행에 관하여 제3자에게 가한 손해를 배상할 책임이 있다. 그러나 사용자가 피용자의 선임 및 그 사무감독에 상당한 주의를 한 때 또는 상당한 주의를 하여도 손해가 있을 경우에는 그러하지 아니하다.

17. 국가직 9급(10월)

006 □□□

국가배상법은 외국인이 피해자인 경우에는 해당 국가와 상호보증이 있는 때에만 국가배상법이 적용된다고 규정하고 있다.

O | X

> 「국가배상법」 제7조 【외국인에 대한 책임】 이 법은 외국인이 피해자인 경우에는 해당 국가와 상호 보증이 있을 때에만 적용한다.

19. 서울시 9급(6월), 15. 서울시 9급

007 □□□

일본 국가배상법이 국가배상청구권의 발생요건 및 상호보증에 관하여 우리나라 국가배상법과 동일한 내용을 규정하고 있는 점 등에 비추어 우리나라와 일본 사이에 우리나라 국가배상법 제7조가 정하는 상호보증이 있다.

O | X

일본인 甲이 대한민국 소속 공무원의 위법한 직무집행에 따른 피해에 대하여 국가배상청구를 한 사안에서, 일본 국가배상법 제1조 제1항, 제6조가 국가배상청구권의 발생요건 및 상호보증에 관하여 우리나라 국가배상법과 동일한 내용을 규정하고 있는 점 등에 비추어 우리나라와 일본 사이에 국가배상법 제7조가 정하는 상호보증이 있다(대판 2015.6.11. 2013다208388).

제2절 국가배상법 제2조

18. 서울시 7급

008 □□□

공무원의 불법행위책임을 국가 자신의 책임으로 보는 입장에서는 일반적으로 공무원의 피해자에 대한 책임을 부인한다.

O | X

공무원의 불법행위책임을 국가 자신의 책임으로 보는 입장(자기책임설)에서는 공무원의 피해자에 대한 책임을 인정한다.

정답 005 X 006 ○ 007 ○ 008 X

21. 소방

009 □□□

국가배상법에서는 공무원 개인의 피해자에 대한 배상책임을 인정하는 명시적인 규정을 두고 있지 않다. O | X

국가배상법 제2조의 요건을 충족하여 국가 또는 지방자치단체의 배상책임이 인정되는 경우에 국가배상법에서는 공무원 개인의 피해자에 대한 배상책임을 인정하는 명시적인 규정을 두고 있지 않다.

06. 관세사

010 □□□

헌법 제29조 제1항 단서는 공무원 자신의 구체적인 민·형사책임이나 징계책임의 범위까지 규정한 것이다. O | X

헌법 제29조 제1항 단서는 공무원이 한 직무상 불법행위로 인하여 국가 등이 배상책임을 진다고 할지라도 그 때문에 공무원 자신의 민·형사책임이나 징계책임이 면제되지 아니한다는 원칙을 규정한 것이나, 그 조항 자체로 공무원 개인의 구체적인 손해배상책임의 범위까지 규정한 것으로 보기는 어렵다(대판 1996.2.15. 95다38677 전합).

18. 서울시 7급

011 □□□

공무원책임에 대한 규정인 헌법 제29조 제1항 단서는 그 조항 자체로 공무원 개인의 구체적인 손해배상책임의 범위까지 규정한 것으로 보기는 어렵다. O | X

헌법 제29조 제1항은 "공무원의 직무상 불법행위로 손해를 받은 국민은 법률이 정하는 바에 의하여 국가 또는 공공단체에 정당한 배상을 청구할 수 있다. 이 경우 공무원 자신의 책임은 면제되지 아니한다."고 규정하고 있는바, 헌법 제29조 제1항 단서는 공무원이 한 직무상 불법행위로 인하여 국가 등이 배상책임을 진다고 할지라도 그 때문에 공무원 자신의 민·형사책임이나 징계책임이 면제되지 아니한다는 원칙을 규정한 것이나, 그 조항 자체로 공무원개인의 구체적인 손해배상책임의 범위까지 규정한 것으로 보기는 어렵다(대판 1996.2.15. 95다38677 전합).

18. 국가직 9급·서울시 7급, 17. 국가직 9급(10월), 15. 서울시 7급

012 □□□

국가가 공무원의 불법행위로 인한 손해배상을 한 경우에 공무원에게 고의 또는 중대한 과실이 있으면 국가는 그 공무원에게 구상권을 행사할 수 있다. O | X

「국가배상법」 제2조 【배상책임】 ① 국가나 지방자치단체는 공무원 또는 공무를 위탁받은 사인(이하 "공무원"이라 한다)이 직무를 집행하면서 고의 또는 과실로 법령을 위반하여 타인에게 손해를 입히거나, 자동차손해배상 보장법에 따라 손해배상의 책임이 있을 때에는 이 법에 따라 그 손해를 배상하여야 한다. 다만, 군인·군무원·경찰공무원 또는 예비군대원이 전투·훈련 등 직무 집행과 관련하여 전사·순직하거나 공상을 입은 경우에 본인이나 그 유족이 다른 법령에 따라 재해보상금·유족연금·상이연금 등의 보상을 지급받을 수 있을 때에는 이 법 및 민법에 따른 손해배상을 청구할 수 없다.
② 제1항 본문의 경우에 공무원에게 고의 또는 중대한 과실이 있으면 국가나 지방자치단체는 그 공무원에게 구상할 수 있다.

정답 009 ○ 010 X 011 ○ 012 ○

21. 지방직 9급

013 □□□

공무원 개인이 고의 또는 중과실이 있는 경우에는 불법행위로 인한 손해배상책임을 진다고 할 것이지만, 공무원의 위법행위가 경과실에 기한 경우에는 공무원은 손해배상책임을 부담하지 않는다. O | X

공무원이 직무수행 중 불법행위로 타인에게 손해를 입힌 경우에 국가 등이 국가배상책임을 부담하는 외에 공무원 개인도 고의 또는 중과실이 있는 경우에는 불법행위로 인한 손해배상책임을 진다고 할 것이지만, 공무원에게 경과실뿐인 경우에는 공무원 개인은 손해배상책임을 부담하지 아니한다고 해석하는 것이 헌법 제29조 제1항 본문과 단서 및 국가배상법 제2조의 입법 취지에 조화되는 올바른 해석이다(대판 1996.2.15. 95다38677 전합).

15. 서울시 7급

014 □□□

경과실이 있는 공무원이 피해자에게 직접 손해를 배상하였다면 그것은 채무자 아닌 사람이 타인의 채무를 변제한 경우에 해당한다. O | X

공무원이 직무수행 중 불법행위로 타인에게 손해를 입힌 경우에 국가 등이 국가배상책임을 부담하는 외에 공무원 개인도 고의 또는 중과실이 있는 경우에는 불법행위로 인한 손해배상책임을 지고, 공무원에게 경과실이 있을 뿐인 경우에는 공무원 개인은 손해배상책임을 부담하지 아니한다. 이처럼 경과실이 있는 공무원이 피해자에 대하여 손해배상책임을 부담하지 아니함에도 피해자에게 손해를 배상하였다면 그것은 채무자 아닌 사람이 타인의 채무를 변제한 경우에 해당하고, 이는 민법 제469조의 '제3자의 변제' 또는 민법 제744조의 '도의관념에 적합한 비채변제'에 해당하여 피해자는 공무원에 대하여 이를 반환할 의무가 없고, 그에 따라 피해자의 국가에 대한 손해배상청구권이 소멸하여 국가는 자신의 출연 없이 채무를 면하게 되므로, 피해자에게 손해를 직접 배상한 경과실이 있는 공무원은 특별한 사정이 없는 한 국가에 대하여 국가의 피해자에 대한 손해배상책임의 범위 내에서 공무원이 변제한 금액에 관하여 구상권을 취득한다고 봄이 타당하다(대판 2014.8.20. 2012다54478).

21. 소방간부, 19. 국가직 9급

015 □□□

피해자에게 손해를 직접 배상한 경과실이 있는 공무원은 특별한 사정이 없는 한, 국가의 피해자에 대한 손해배상책임의 범위 내에서 자신이 변제한 금액에 관하여 국가에 대한 구상권을 취득한다. O | X

공무원에게 경과실이 있을 뿐인 경우에는 공무원 개인은 손해배상책임을 부담하지 아니한다. 이처럼 경과실이 있는 공무원이 피해자에 대하여 손해배상책임을 부담하지 아니함에도 피해자에게 손해를 배상하였다면 그것은 채무자 아닌 사람이 타인의 채무를 변제한 경우에 해당하고, 이는 민법 제469조의 '제3자의 변제' 또는 민법 제744조의 '도의관념에 적합한 비채변제'에 해당하여 피해자는 공무원에 대하여 이를 반환할 의무가 없고, 그에 따라 피해자의 국가에 대한 손해배상청구권이 소멸하여 국가는 자신의 출연 없이 채무를 면하게 되므로 … 국가에 대하여 국가의 피해자에 대한 손해배상책임의 범위 내에서 공무원이 변제한 금액에 관하여 구상권을 취득한다(대판 2014.8.20. 2012다54478).

09. 국가직 9급

016 □□□

법관이나 헌법재판소 재판관은 국가배상법 제2조에서 말하는 공무원에 해당하지 않는다. O | X

법관이나 헌법재판소 재판관도 국가배상법상의 공무원에 해당한다.

정답 013 ○ 014 ○ 015 ○ 016 X

19. 국회직 8급, 15. 서울시 7급, 14. 지방직 9급, 13. 지방직 7급

017 □□□

공무를 위탁받은 사인도 국가배상법상 공무원이 될 수 있다. O | X

국가배상법상 공무원에는 널리 공무를 위탁받아 실질적으로 종사하는 자도 포함된다. 교통할아버지, 향토예비군, 시 청소차 운전수, 청원경찰 등이 국가배상법상 공무원으로 의제된 사례가 있다.

19. 서울시 9급(2월)

018 □□□

공무원에는 조직법상 의미의 공무원뿐만 아니라 기능적 의미의 공무원이 포함된다. O | X

국가배상법 제2조의 '공무원'의 개념은 조직법상 의미의 공무원뿐만 아니라 기능적 의미의 공무원의 개념으로서 국가공무원법 및 지방공무원법 등에 의하여 공무원의 신분을 가진 자뿐만 아니라 널리 공무를 위탁받아 실질적으로 공무에 종사하는 모든 자를 포함한다는 것이 학설의 일반적인 견해이다.

22. 지방직 7급, 12. 지방직 9급

019 □□□

공무원에는 널리 공무를 위탁받아 실질적으로 공무에 종사하고 있는 일체의 자가 포함되지만, 공무의 위탁이 일시적이고 한정적인 사항에 관한 활동을 위한 것인 경우에는 공무원에 해당하지 않는다. O | X

국가배상법 제2조 소정의 '공무원'이라 함은 국가공무원법이나 지방공무원법에 의하여 공무원으로서의 신분을 가진 자에 국한하지 않고, 널리 공무를 위탁받아 실질적으로 공무에 종사하고 있는 일체의 자를 가리키는 것으로서, 공무의 위탁이 일시적이고 한정적인 사항에 관한 활동을 위한 것이어도 달리 볼 것은 아니다(대판 2001.1.5. 98다39060).

12. 국가직 9급

020 □□□

서울특별시 강서구 교통할아버지 사건과 같은 경우 공무를 위탁받아 수행하는 일반 사인(私人)은 국가배상법 제2조 제1항에 따른 공무원이 될 수 없다. O | X

지방자치단체가 '교통할아버지 봉사활동 계획'을 수립한 후 관할 동장으로 하여금 '교통할아버지'를 선정하게 하여 어린이 보호, 교통안내, 거리질서 확립 등의 공무를 위탁하여 집행하게 하던 중 '교통할아버지'로 선정된 노인이 위탁받은 업무범위를 넘어 교차로 중앙에서 교통정리를 하다가 교통사고를 발생시킨 경우, 지방자치단체가 국가배상법 제2조 소정의 배상책임을 부담한다고 인정한 원심의 판단을 수긍한다(대판 2001.1.5. 98다39060).

정답 017 ○ 018 ○ 019 X 020 X

19. 지방직 9급 · 국회직 8급 · 서울시 7급, 15. 국회직 8급 · 서울시 7급, 14. 경행특채 2차

021 □□□

구청장의 업무에 속하는 대집행권한을 한국토지공사(현 한국토지주택공사)가 위탁받은 경우 한국토지공사는 법령의 위탁에 의하여 대집행을 수권받은 자로서 지방자치단체 등의 기관이며 국가배상법 제2조의 공무원에 해당한다. O | X

공익사업을 위한 토지 등의 취득 및 보상에 관한 법률 제89조 제1항, 위 한국토지공사법 제22조 제6호 및 같은 법 시행령 제40조의3 제1항의 규정에 의하여 본래 시 · 도지사나 시장 · 군수 또는 구청장의 업무에 속하는 대집행권한을 한국토지공사에게 위탁하도록 되어 있는바, 한국토지공사는 이러한 법령의 위탁에 의하여 대집행을 수권받은 자로서 공무인 대집행을 실시함에 따르는 권리 · 의무 및 책임이 귀속되는 행정주체의 지위에 있다고 볼 것이지 지방자치단체 등의 기관으로서 국가배상법 제2조 소정의 공무원에 해당한다고 볼 것은 아니다(대판 2010.1.28. 2007다82950 · 82967).

11. 국회직 8급

022 □□□

통장이 전입신고서에 확인인을 찍는 행위는 공무를 위탁받아 실질적으로 공무를 수행하는 것이라고 보아야 하므로, 통장은 그 업무범위 내에서는 국가배상법 제2조 소정의 공무원에 해당한다. O | X

국가배상법 제2조 소정의 "공무원"이라 함은 국가공무원법이나 지방공무원법에 의하여 공무원으로서의 신분을 가진 자에 국한하지 않고, 널리 공무를 위탁받아 실질적으로 공무에 종사하고 있는 일체의 자를 가리키는 바, 서울특별시 종로구 통, 반설치조례에 의하면 통장은 동장의 추천에 의하여 구청장이 위촉하고 동장의 감독을 받아 주민의 거주 · 이동상황 파악 등의 임무를 수행하도록 규정되어 있고, 주민등록법 제14조와 같은 법 시행령 제7조의2 등에 의하면 주민등록 전입신고를 하여야 할 신고의무자가 전입신고를 할 경우에는 신고서에 관할 이장(시에 있어서는 통장)의 확인인을 받아 제출하도록 규정되어 있는 점 등에 비추어 보면 통장이 전입신고서에 확인인을 찍는 행위는 공무를 위탁받아 실질적으로 공무를 수행하는 것이라고 보아야 하므로, 통장은 그 업무범위 내에서는 국가배상법 제2조 소정의 공무원에 해당한다(대판 1991.7.9. 91다5570).

21. 국가직 9급

023 □□□

국가배상의 요건인 '공무원의 직무'에는 국가나 지방자치단체의 비권력적 작용과 사경제 주체로서 하는 작용이 포함된다. O | X

국가배상법이 정한 손해배상청구의 요건인 '공무원의 직무'에는 국가나 지방자치단체의 권력적 작용뿐만 아니라 비권력적 작용도 포함되지만 단순한 사경제의 주체로서 하는 작용은 포함되지 않는다(대판 2004.4.9. 2002다10691).

17. 국가직 7급(10월)

024 □□□

법관의 재판행위가 위법행위로서 국가배상책임이 인정되려면 당해 법관이 위법 또는 부당한 목적을 가지고 재판하는 등 법관에게 부여된 권한의 취지에 명백히 어긋나게 이를 행사하였다고 인정할 특별한 사정이 있어야 한다. O | X

법관이 행하는 재판사무의 특수성과 그 재판과정의 잘못에 대하여는 따로 불복절차에 의하여 시정될 수 있는 제도적 장치가 마련되어 있는 점 등에 비추어 보면, 법관의 재판에 법령의 규정을 따르지 아니한 잘못이 있다 하더라도 이로써 바로 그 재판상 직무행위가 국가배상법 제2조 제1항에서 말 하는 위법한 행위로 되어 국가의 손해배상책임이 발생하는 것은 아니고, 그 국가배상책임이 인정되려면 당해 법관이 위법 또는 부당한 목적을 가지고 재판을 하는 등 법관이 그에게 부여된 권한의 취지에 명백히 어긋나게 이를 행사하였다고 인정할 만한 특별한 사정이 있어야 한다고 해석함이 상당하다(대판 2001.4.24. 2000다16114).

정답 021 X 022 O 023 X 024 O

11. 지방직 7급

025 □□□

국가배상법이 정한 배상청구의 요건인 공무원의 직무에는 권력작용뿐 아니라 관리작용도 포함된다. O | X

국가배상청구의 요건인 '공무원의 직무'에는 권력적 작용만이 아니라 관리작용도 포함되며 단지 행정주체가 사경제주체로서 하는 활동만 제외된다.

08. 지방직 9급

026 □□□

직무행위의 범위에는 원칙적으로 공법상 권력작용을 중심으로 하여 공법상 비권력적 작용을 포함하는 것이므로 준법률행위적 행정행위나 사실행위, 부작위는 포함되지 않는다. O | X

직무행위의 범위에는 입법 · 행정 · 사법의 모든 작용이 포함된다. 법률행위적 행정행위, 준법률행위적 행정행위와 같은 법적 행위는 물론, 사실행위, 부작위 등을 포함한다.

21. 소방간부, 14. 경행특채 2차

027 □□□

국가배상청구의 요건인 공무원의 직무에는 권력적 작용만이 아니라 비권력적 작용도 포함된다. O | X

국가배상법이 정한 배상청구의 요건인 '공무원의 직무'에는 권력적 작용만이 아니라 행정지도와 같은 비권력적 작용도 포함되며 단지 행정주체가 사경제주체로서 하는 활동만 제외된다(대판 1998.7.10. 96다38971).

12. 지방직 9급

028 □□□

국가 또는 공공단체라 할지라도 사경제의 주체로 활동하였을 경우에는 그 손해배상의 책임에 국가배상법의 규정이 적용될 수 없고 민법이 적용된다. O | X

국가 또는 지방자치단체라 할지라도 공권력의 행사가 아니라 단순한 사경제의 주체로 활동하였을 경우에는 그 손해배상책임에 국가배상법이 적용될 수 없고 민법상의 사용자책임 등이 인정되는 것이다.

19. 서울시 9급(2월), 14. 경행특채 2차, 13. 국가직 9급

029 □□□

국가의 철도운행사업은 국가가 공권력의 행사로 하는 것이 아니고 사경제적 작용이라 하여도 그로 인한 사고에 공무원이 간여하였을 경우 국가배상법에 따라 배상청구를 하는 배상절차를 거쳐야 한다. O | X

국가 또는 지방자치단체라 할지라도 공권력의 행사가 아니고 단순한 사경제의 주체로 활동하였을 경우에는 그 손해배상책임에 국가배상법이 적용될 수 없고 민법상의 사용자책임 등이 인정되는 것이고 국가의 철도운행사업은 국가가 공권력의 행사로서 하는 것이 아니고 사경제적 작용이라 할 것이므로, 이로 인한 사고에 공무원이 간여하였다고 하더라도 국가배상법을 적용할 것이 아니고 일반 민법의 규정에 따라야 한다(대판 1999.6.22. 99다7008).

정답 025 ○ 026 X 027 ○ 028 ○ 029 X

21. 국가직 7급

030 □□□

국가의 철도운행사업과 관련하여 발생한 사고로 인한 손해배상청구의 경우 그 사고에 공무원이 간여하였다고 하더라도 국가배상법이 아니라 민법이 적용되어야 하지만, 철도시설물의 설치 또는 관리의 하자로 인한 손해배상청구의 경우에는 국가배상법이 적용된다. O | X

국가 또는 지방자치단체라 할지라도 공권력의 행사가 아니고 단순한 사경제의 주체로 활동하였을 경우에는 그 손해배상책임에 국가배상법이 적용될 수 없고 민법상의 사용자책임 등이 인정되는 것이고 국가의 철도운행사업은 국가가 공권력의 행사로서 하는 것이 아니고 사경제적 작용이라 할 것이므로, 이로 인한 사고에 공무원이 간여하였다고 하더라도 국가배상법을 적용할 것이 아니고 일반 민법의 규정에 따라야 하므로, 국가배상법상의 배상전치절차를 거칠 필요가 없으나, 공공의 영조물인 철도시설물의 설치 또는 관리의 하자로 인한 불법행위를 원인으로 하여 국가에 대하여 손해배상청구를 하는 경우에는 국가배상법이 적용되므로 배상전치절차를 거쳐야 한다(대판 1999.6.22. 99다7008).

15. 교행직 9급, 13. 국회직 9급

031 □□□

국가배상법은 행정작용뿐만 아니라 입법작용 및 사법작용에도 적용된다. O | X

입법작용과 사법작용도 직무행위에 포함될 수 있으나, 위법성 · 고의 · 과실요건의 충족이 어렵다. 입법작용의 경우 위법의 의미를 입법과정에서 국회가 갖는 국민에 대한 직무상 의무의 위반으로 보며, 사법작용의 경우 판결 자체의 위법이 아니라 법관의 재판상 직무수행에 있어서 공정한 재판을 위한 직무상의 의무를 위반한 것을 위법으로 본다.

19. 국가직 9급, 14. 지방직 7급, 13. 국회직 9급, 12. 국회직 8급, 08. 지방직 9급

032 □□□

직무행위와 관련하여 국회의원의 입법행위는 그 입법 내용이 헌법의 문언에 명백히 위반된 경우에는 입법기관의 국가배상책임을 인정하는 데 별다른 어려움이 없다. O | X

국회의원의 입법행위는 그 입법 내용이 헌법의 문언에 명백히 위배됨에도 불구하고 국회가 굳이 당해 입법을 한 것과 같은 특수한 경우가 아닌 한 국가배상법 제2조 제1항 소정의 위법행위에 해당한다고 볼 수 없고, 같은 맥락에서 국가가 일정한 사항에 관하여 헌법에 의하여 부과되는 구체적인 입법의무를 부담하고 있음에도 불구하고 그 입법에 필요한 상당한 기간이 경과하도록 고의 또는 과실로 이러한 입법의무를 이행하지 아니하는 등 극히 예외적인 사정이 인정되는 사안에 한정하여 국가배상법 소정의 배상책임이 인정될 수 있으며, 위와 같은 구체적인 입법의무 자체가 인정되지 않는 경우에는 애당초 부작위로 인한 불법행위가 성립할 여지가 없다(대판 2008.5.29. 2004다33469).

08. 국회직 8급

033 □□□

검사가 공판과정에서 피고인의 무죄를 입증할 수 있는 결정적인 증거를 입수하였으나 이를 법원에 제출하지 아니하여 유죄판결을 받았다면 국가배상이 인정된다. O | X

강도강간의 피해자가 제출한 팬티에 대한 국립과학수사연구소의 유전자검사결과 그 팬티에서 범인으로 지목되어 기소된 원고나 피해자의 남편과 다른 남자의 유전자형이 검출되었다는 감정결과를 검사가 공판과정에서 입수한 경우 그 감정서는 원고의 무죄를 입증할 수 있는 결정적인 증거에 해당하는데도 검사가 그 감정서를 법원에 제출하지 아니하고 은폐하였다면 검사의 그와 같은 행위는 위법하다고 보아 국가배상책임을 인정한다(대판 2002.2.22. 2001다23447).

정답 030 ○ 031 ○ 032 X 033 ○

07. 관세사

034 □□□

국회의원은 입법에 관하여 원칙적으로 국민 개개인의 권리에 대응하여 법적 의무를 지는 것이 아니라 정치적 책임을 질 뿐이다. O | X

대의제 민주주의 헌법질서하에서 … 입법과정을 국회의원 각자의 정치적 판단에 일임하고, 그 당부는 종국적으로 자유언론과 선거과정에 의한 정치적 평가에 맡기고 있는 것이므로, 결국 우리 헌법질서 내에서 국회의 입법행위는 본질적으로 정치적인 것이고 그 성격상 실정법적 규제로부터 자유로운 것이며 그러기에 소속 국회의원들 개개인에게 선거 등에 의하여 정치적 책임을 추궁하는 것을 넘어서서 실정법질서의 관점에서 입법행위 또는 그 부작위에 대하여 법적 책임을 귀속시키는 것은 원칙적으로 가능하지 않다고 볼 것이고, 다만 국회의원이 이념적 통일체로서의 전체 국민을 대표하고 전체 국민에 대하여 법적인 의무를 부담하여 개별 국민에 대하여는 어떠한 구체적인 법적 책임을 부담하지 않는 것이 원칙이라고 할지라도 국회의 입법형성권도 헌법에 의하여 부여된 것이기 때문에 헌법질서 내에서만 그 정당성이 인정되는 것이므로 헌법에서 기본권 보장을 위하여 법령에 명시적인 입법위임을 하였을 때, 헌법해석상 특정인에게 구체적인 기본권이 생겨 이를 보장하기 위한 국가의 행위의무 내지 보호의무가 발생하였을 때에는 입법권자인 국회에게 헌법상의 입법의무가 부여되었다고 할 수 있는 예외적인 경우에는 헌법에 의하여 부여된 입법의무를 행하지 않는 입법부작위가 위헌 내지 위법한 것으로 평가될 수 있다(서울남부지방법원 1999.2.25. 98가합15904).

19. 지방직 9급, 18. 지방직 7급, 16. 사복직 9급, 15. 서울시 7급, 14. 경행특채 1차, 12. 국가직 9급

035 □□□

헌법재판소 재판관이 청구기간 내에 제기된 헌법소원심판청구 사건에서 청구기간을 오인하여 각하결정을 한 경우, 이에 대한 불복절차 내지 시정절차가 없는 때에는 국가배상책임을 인정할 수 있다. O | X

헌법소원심판을 청구한 자로서는 헌법재판소 재판관이 일자 계산을 정확하게 하여 본안판단을 할 것으로 기대하는 것이 당연하고, 따라서 헌법재판소 재판관의 위법한 직무집행의 결과 잘못된 각하결정을 함으로써 청구인으로 하여금 본안판단을 받을 기회를 상실하게 한 이상, 설령 본안판단을 하였더라도 어차피 청구가 기각되었을 것이라는 사정이 있다고 하더라도 잘못된 판단으로 인하여 헌법소원심판 청구인의 위와 같은 합리적인 기대를 침해한 것이고 이러한 기대는 인격적 이익으로서 보호할 가치가 있다고 할 것이므로 그 침해로 인한 정신상 고통에 대하여는 위자료를 지급할 의무가 있다(대판 2003.7.11. 99다24218).

08. 국회직 8급

036 □□□

행정청이 대법원의 법령해석과 어긋나는 견해를 고집하여 계속 위법한 행정처분을 해서 처분상대방에게 불이익을 주었다면 국가배상책임이 인정된다. O | X

행정청이 확립된 법령의 해석에 어긋나는 견해를 고집하여 계속하여 위법한 행정처분을 하거나 이에 준하는 행위로 평가될 수 있는 불이익을 처분상대방에게 계속 주는 경우, 손해배상책임이 인정된다(대판 2007.5.10. 2005다31828).

23. 지방직 9급, 21. 국가직 7급, 19. 국가직 9급, 17. 국가직 7급(10월), 09. 국회직 8급

037 □□□

재판에 대하여 불복절차 내지 시정절차 자체가 없는 경우, 부당한 재판으로 인하여 불이익 내지 손해를 입은 사람에게는 배상책임의 요건이 충족되는 한 국가배상책임이 인정될 수 있다. O | X

재판에 대하여 따로 불복절차 또는 시정절차가 마련되어 있는 경우에는 재판의 결과로 불이익 내지 손해를 입었다고 여기는 사람은 그 절차에 따라 자신의 권리 내지 이익을 회복하도록 함이 법이 예정하는 바이므로, 원칙적으로 국가배상에 의한 권리구제를 받을 수 없다. 반면 재판에 대하여 불복절차 내지 시정절차 자체가 없는 경우에는 부당한 재판으로 인하여 불이익 내지 손해를 입은 사람은 국가배상 이외의 방법으로는 자신의 권리 내지 이익을 회복할 방법이 없으므로, 국가배상책임이 인정된다(대판 2003.7.11. 99다24218).

정답 034 ○ 035 ○ 036 ○ 037 ○

18. 지방직 7급

038 □□□

과세대상이 아닌 것을 세무공무원이 직무상 과실로 과세대상으로 오인하여 과세처분을 행함으로 인하여 손해가 발생된 경우, 동 과세처분이 취소되지 아니하였다 하더라도 국가는 이로 인한 손해를 배상할 책임이 있다. O | X

물품세 과세대상이 아닌 것을 세무공무원이 직무상 과실로 과세대상으로 오인하여 과세처분을 행함으로 인하여 손해가 발생된 경우에는, 동 과세처분이 취소되지 아니하였다 하더라도 국가는 이로 인한 손해를 배상할 책임이 있다(대판 1979.4.10. 79다262).

16. 지방직 9급

039 □□□

법령의 규정을 따르지 아니한 법관의 재판상 직무행위는 곧바로 국가배상법 제2조 제1항에서 규정하고 있는 위법행위가 되어 국가의 손해배상책임이 발생한다. O | X

법관이 행하는 재판사무의 특수성과 그 재판과정의 잘못에 대하여는 따로 불복절차에 의하여 시정될 수 있는 제도적 장치가 마련되어 있는 점 등에 비추어 보면, 법관의 재판에 법령의 규정을 따르지 아니한 잘못이 있다 하더라도 이로써 바로 그 재판상 직무행위가 국가배상법 제2조 제1항에서 말하는 위법한 행위로 되어 국가의 손해배상책임이 발생하는 것은 아니고, 그 국가배상책임이 인정되려면 당해 법관이 위법 또는 부당한 목적을 가지고 재판을 하는 등 법관이 그에게 부여된 권한의 취지에 명백히 어긋나게 이를 행사하였다고 인정할 만한 특별한 사정이 있어야 한다고 해석함이 상당하다(대판 2001.4.24. 2000다16114).

17. 국가직 7급(10월)

040 □□□

경찰관 직무집행법상 경찰관에게 재량에 의한 직무수행권한을 부여한 것처럼 되어 있으나, 경찰관에게 권한을 부여한 취지와 목적에 비추어 볼 때 구체적인 사정에 따라 경찰관이 그 권한을 행사하여 필요한 조치를 취하지 않는 것이 현저하게 불합리하다고 인정되는 경우에 권한의 불행사는 직무상 의무를 위반한 것으로 위법하다. O | X

경찰관 직무집행법 제5조는 경찰관은 인명 또는 신체에 위해를 미치거나 재산에 중대한 손해를 끼칠 우려가 있는 위험한 사태가 있을 때에는 그 각 호의 조치를 취할 수 있다고 규정하여 형식상 경찰관에게 재량에 의한 직무수행권한을 부여한 것처럼 되어 있으나, 경찰관에게 그러한 권한을 부여한 취지와 목적에 비추어 볼 때 구체적인 사정에 따라 경찰관이 그 권한을 행사하여 필요한 조치를 취하지 아니하는 것이 현저하게 불합리하다고 인정되는 경우에는 그러한 권한의 불행사는 직무상의 의무를 위반한 것이 되어 위법하게 된다(대판 1998.8.25. 98다16890).

21. 소방간부

041 □□□

경찰관이 농민들의 시위를 진압하고 시위과정에 도로상에 방치된 트랙터 1대에 대하여 이를 도로 밖으로 옮기거나 후방에 안전표지판을 설치하는 것과 같은 위험발생방지조치를 취하지 아니한 채 그대로 방치하고 철수하여 버린 결과, 야간에 그 도로를 진행하던 운전자가 위 방치된 트랙터를 피하려다가 다른 트랙터에 부딪혀 상해를 입은 사안에서 대법원은 국가의 배상책임을 인정하지 않았다. O | X

경찰관이 농민들의 시위를 진압하고 시위과정에 도로상에 방치된 트랙터 1대에 대하여 이를 도로 밖으로 옮기거나 후방에 안전표지판을 설치하는 것과 같은 위험발생방지조치를 취하지 아니한 채 그대로 방치하고 철수하여 버린 결과, 야간에 그 도로를 진행하던 운전자가 위 방치된 트랙터를 피하려다가 다른 트랙터에 부딪혀 상해를 입은 사안에서 대법원은 국가의 배상책임을 인정하였다(대판 1998.8.25. 98다16890).

정답 038 ○ 039 X 040 ○ 041 X

21. 소방간부

042 □□□

경찰관의 주취운전자에 대한 권한 행사가 관계 법률의 규정형식상 경찰관의 재량에 맡겨져 있다고 하더라도, 그러한 권한을 행사하지 아니한 것이 구체적인 상황하에서 현저하게 합리성을 잃어 사회적 타당성이 없는 경우에는 경찰관의 직무상 의무를 위배한 것으로서 위법하게 된다. O | X

주취상태에서의 운전은 도로교통법 제41조의 규정에 의하여 금지되어 있는 범죄행위임이 명백하고 그로 인하여 자기 또는 타인의 생명이나 신체에 위해를 미칠 위험이 큰 점을 감안하면, 주취운전을 적발한 경찰관이 주취운전의 계속을 막기 위하여 취할 수 있는 조치로는, 단순히 주취운전의 계속을 금지하는 명령 이외에 다른 사람으로 하여금 대신하여 운전하게 하거나 당해 주취운전자가 임의로 제출한 차량열쇠를 일시 보관하면서 가족에게 연락하여 주취운전자와 자동차를 인수하게 하거나 또는 주취상태에서 벗어난 후 다시 운전하게 하며 그 주취 정도가 심한 경우에 경찰관서에 일시 보호하는 것 등을 들 수 있고, 한편 주취운전이라는 범죄행위로 당해 음주운전자를 구속·체포하지 아니한 경우에도 필요하다면 그 차량열쇠는 범행 중 또는 범행 직후의 범죄장소에서의 압수로서 형사소송법 제216조 제3항에 의하여 영장 없이 이를 압수할 수 있다(대판 1998.5.8. 97다54482).

21. 소방간부

043 □□□

음주운전으로 적발된 주취운전자가 도로 밖으로 차량을 이동하겠다며 단속경찰관으로부터 보관 중이던 차량열쇠를 반환받아 몰래 차량을 운전하여 가던 중 사고를 일으킨 경우, 국가배상책임은 인정된다. O | X

대판 1998.5.8. 97다54482 판례에 대한 옳은 내용이다.

21. 소방간부

044 □□□

주거지에서 음악 소리를 크게 내거나 큰 소리로 떠들어 이웃을 시끄럽게 하는 행위는 경범죄 처벌법 제3조 제1항 제21호에서 경범죄로 정한 '인근소란 등'에 해당하고, 경찰관은 경찰관 직무집행법에 따라 경범죄에 해당하는 행위를 예방·진압·수사하고, 필요한 경우 제지할 수 있다. O | X

주거지에서 음악 소리를 크게 내거나 큰 소리로 떠들어 이웃을 시끄럽게 하는 행위가 경범죄 처벌법상 경범죄에 해당하고, 경찰관이 경찰관 직무집행법에 따라 경범죄에 해당하는 행위를 예방·진압·수사하고, 필요한 경우 제지할 수 있다(대판 2018.12.13. 2016도19417).

18. 국가직 9급, 14. 국가직 7급, 06. 관세사

045 □□□

행위 자체의 외관이 객관적으로 관찰하여 공무원의 직무행위로 보일 때에는 그것이 실질적으로 직무행위가 아니거나 또는 행위자에게 주관적으로 공무집행의 의사가 없었다고 하더라도 그 행위는 직무행위에 해당한다. O | X

본조 제1항(국가배상법 제2조)에서 말하는 "직무를 행함에 당하여"라는 취지는 공무원의 행위의 외관을 객관적으로 관찰하여 공무원의 직무행위로 보여질 때에는 비록 그것이 실질적으로 직무행위이거나 아니거나 또는 행위자의 주관적 의사에 관계없이 그 행위는 공무원의 직무집행행위로 볼 것이요, 이러한 행위가 실질적으로 공무집행행위가 아니라는 사정을 피해자가 알았다 하더라도 그것을 "직무를 행함에 당하여"라고 단정하는 데 아무런 영향을 미치는 것이 아니다(대판 1966.6.28. 66다781).

정답 042 ○ 043 ○ 044 ○ 045 ○

21. 소방간부 · 소방, 18. 지방직 7급 유사, 09. 국회직 8급 유사

046 □□□

인사업무담당 공무원이 다른 공무원의 공무원증 등을 위조한 행위는 실질적으로 직무행위에 속하지 아니하므로 국가배상법상의 직무집행으로 볼 수 없다. O | X

울산세관의 통관지원과에서 인사업무를 담당하면서 울산세관 공무원들의 공무원증 및 재직증명서 발급업무를 하는 공무원인 ○○○이 울산세관의 다른 공무원의 공무원증 등을 위조하는 행위는 비록 그것이 실질적으로는 직무행위에 속하지 아니한다 할지라도 적어도 외관상으로는 공무원증과 재직증명서를 발급하는 행위로서 직무집행으로 보여지므로 결국 소외인의 공무원증 등 위조행위는 국가배상법 제2조 제1항 소정의 공무원이 직무를 집행함에 당하여 한 행위로 인정된다(대판 2005.1.14. 2004다26805).

11. 국회직 8급

047 □□□

상급자가 전입사병인 하급자에게 암기사항에 관하여 교육하던 중 훈계하다가 도가 지나쳐 폭행한 경우에 그 폭행은 국가배상법상의 직무집행에 해당한다. O | X

전입신병에 대한 보호조인 상급자가 같은 소대에 새로 전입한 하급자에 대하여 암기사항에 관한 교육을 실시하던 중 암기상태가 불량하다는 이유로 그 하급자를 훈계하다가 도가 지나쳐 폭행을 하기에 이른 경우, 그 상급자의 교육 · 훈계행위는 적어도 외관상으로는 직무집행으로 보여지고 교육 · 훈계 중에 한 폭행도 그 직무집행과 밀접한 관련이 있는 것이므로 결국 그 폭행은 국가배상법 제2조 제1항 소정의 공무원이 직무를 집행함에 당하여 한 행위로 볼 수 있다(대판 1995.4.21. 93다14240).

21. 국가직 7급, 18. 변호사, 14. 지방직 9급

048 □□□

공무원증 및 재직증명서 발급업무를 담당하는 공무원이 다른 공무원의 공무원증을 위조한 행위는 그 실질이 직무행위에 속하지 아니하므로 국가배상법 제2조 제1항 소정의 직무집행에 해당하지 아니한다. O | X

국가배상법 제2조 제1항의 '직무를 집행함에 당하여'라 함은 직접 공무원의 직무집행행위이거나 그와 밀접한 관련이 있는 행위를 포함하고, 이를 판단함에 있어서는 행위 자체의 외관을 객관적으로 관찰하여 공무원의 직무행위로 보여질 때에는 비록 그것이 실질적으로 직무행위가 아니거나 또는 행위자로서는 주관적으로 공무집행의 의사가 없었다고 하더라도 그 행위는 공무원이 '직무를 집행함에 당하여' 한 것으로 보아야 한다. 인사업무담당 공무원이 다른 공무원의 공무원증 등을 위조한 행위에 대하여 실질적으로는 직무행위에 속하지 아니한다 할지라도 외관상으로 국가배상법 제2조 제1항의 직무집행 관련성이 인정된다(대판 2005.1.14. 2004다26805).

21. 소방간부

049 □□□

경찰관이 음주운전 단속시 운전자의 요구에 따라 곧바로 채혈을 실시하지 않은 채 호흡측정기에 의한 음주측정을 하고 1시간 12분이 경과한 후에야 채혈을 하였다는 사정만으로는 위 행위가 법령에 위배된다거나 객관적 정당성을 상실하여 운전자가 음주운전 단속과정에서 받을 수 있는 권익이 현저하게 침해되었다고 단정하기 어렵다. O | X

대판 2008.4.24. 2006다32132 판례에 대한 옳은 내용이다.

정답 046 X 047 ○ 048 X 049 ○

18 · 14. 국가직 7급

050 □□□

경찰관이 구체적 상황하에서 그 인적 · 물적 능력의 범위 내의 적절한 조치라는 판단에 따라 범죄수사 직무를 수행한 경우, 그것이 객관적 정당성을 상실하여 현저하게 불합리하다고 인정되지 않는다면 그와 다른 조치를 취하지 아니한 부작위는 국가배상책임의 요건인 법령 위반에 해당하지 않는다. O | X

범죄의 예방 · 진압 및 수사는 경찰관의 직무에 해당하며 그 직무행위의 구체적 내용이나 방법 등이 경찰관의 전문적 판단에 기한 합리적인 재량에 위임되어 있으므로, 경찰관이 구체적 상황하에서 그 인적 · 물적 능력의 범위 내에서의 적절한 조치라는 판단에 따라 범죄의 진압 및 수사에 관한 직무를 수행한 경우, 경찰관에게 그와 같은 권한을 부여한 취지와 목적, 경찰관이 다른 조치를 취하지 아니함으로 인하여 침해된 국민의 법익 또는 국민에게 발생한 손해의 심각성 내지 그 절박한 정도, 경찰관이 그와 같은 결과를 예견하여 그 결과를 회피하기 위한 조치를 취할 수 있는 가능성이 있는지 여부 등을 종합적으로 고려하여 볼 때, 그것이 객관적 정당성을 상실하여 현저하게 불합리하다고 인정되지 않는다면 그와 다른 조치를 취하지 아니한 부작위를 내세워 국가배상책임의 요건인 법령 위반에 해당한다고 할 수 없다(대판 2008.4.24. 2006다32132).

18. 서울시 7급, 14. 지방직 7급

051 □□□

공무원의 직무집행이 법령이 정한 요건과 절차에 따라 이루어진 것이라면 특별한 사정이 없는 한 공무원의 행위는 법령에 적합한 것이나 그 과정에서 개인의 권리가 침해된 경우에는 법령적합성이 곧바로 부정된다. O | X

국가배상책임은 공무원의 직무집행이 법령에 위반한 것임을 요건으로 하는 것으로서, 공무원의 직무집행이 법령이 정한 요건과 절차에 따라 이루어진 것이라면 특별한 사정이 없는 한 이는 법령에 적합한 것이고 그 과정에서 개인의 권리가 침해되는 일이 생긴다고 하여 그 법령적합성이 곧바로 부정되는 것은 아니다(대판 2000.11.10. 2000다26807 · 26814).

21 · 12. 국가직 9급, 15. 교행직 9급

052 □□□

불법행위를 행한 가해공무원을 특정할 수 없는 경우에는 국가배상책임이 인정되지 않는다. O | X

국가배상법상 공무원 개념은 기능상 개념으로서 가해공무원이 특정될 필요가 없다는 점에 특색이 있다.

21. 국가직 9급, 18. 지방직 7급, 15. 경행특채 1차, 14. 서울시 9급, 08. 지방직 9급

053 □□□

특별한 사정이 없는 한 일반적으로 공무원이 관계 법규를 알지 못하거나 필요한 지식을 갖추지 못하고 법규의 해석을 그르쳐 행정처분을 하였다면 그가 법률전문가가 아닌 행정직 공무원이라도 과실이 있다. O | X

법령에 대한 해석이 복잡 · 미묘하여 워낙 어렵고, 이에 대한 학설 · 판례조차 귀일되어 갖추지 못하고 법규의 해석을 그르쳐 행정처분을 하였다면 그가 법률전문가가 아닌 행정직 공무원이라고 하여 과실이 없다고는 할 수 없다(대판 1981.8.25. 80다1598).

정답 050 ○ 051 X 052 X 053 ○

12. 국가직 9급, 07. 국회직 8급

054 □□□

법령해석에 여러 견해가 있어 관계 공무원이 신중한 태도로 어느 일설을 취하여 처분한 경우, 위법한 것으로 판명되었다고 하더라도 그것만으로 배상책임을 인정할 수 없다. O | X

일반적으로 공무원이 직무를 집행함에 있어서 관계 법규를 알지 못하거나 필요한 지식을 갖추지 못하여 법규의 해석을 그르쳐 잘못된 행정처분을 하였다면 그가 법률전문가가 아닌 행정직 공무원이라고 하여 과실이 없다고 할 수 없으나, 법령에 대한 해석이 그 문언 자체만으로는 명백하지 아니하여 여러 견해가 있을 수 있는데다가 이에 대한 선례나 학설·판례 등도 귀일된 바 없어 의의(疑義)가 없을 수 없는 경우에 관계공무원이 그 나름대로 신중을 다하여 합리적인 근거를 찾아 그중 어느 한 견해를 따라 내린 해석이 후에 대법원이 내린 입장과 같지 않아 결과적으로 잘못된 해석에 돌아가고, 이에 따른 처리가 역시 결과적으로 위법하게 되어 그 법령의 부당집행이라는 결과를 가져오게 되었다고 하더라도, 그와 같은 처리방법 이상의 것을 성실한 평균적 공무원에게 기대하기는 어려운 일이고, 따라서 이러한 경우에까지 국가배상법상 공무원의 과실을 인정할 수는 없다(대판 1995.10.13. 95다32747).

11. 사복직 9급

055 □□□

공무원의 직무집행상의 과실이라 함은 공무원이 그 직무를 수행함에 있어 당해 직무를 담당하는 평균인이 통상 갖추어야 할 주의의무를 게을리한 것을 말한다. O | X

공무원의 직무집행상의 과실이라 함은 공무원이 그 직무를 수행함에 있어 당해 직무를 담당하는 평균인이 보통(통상) 갖추어야 할 주의의무를 게을리한 것을 말한다(대판 1987.9.22. 87다카1164).

15. 서울시 9급, 14. 지방직 7급

056 □□□

과실의 입증책임은 원고가 아니라 피고인 국가 또는 지방자치단체로 전환된다. O | X

과실의 입증책임은 원고에게 있다.

15. 서울시 9급

057 □□□

국가배상법은 직무행위로 인한 행정상 손해배상에 대하여 무과실책임을 명시하고 있다. O | X

「국가배상법」 제2조 【배상책임】 ① 국가나 지방자치단체는 공무원 또는 공무를 위탁받은 사인(이하 "공무원"이라 한다)이 직무를 집행하면서 고의 또는 과실로 법령을 위반하여 타인에게 손해를 입히거나, 자동차손해배상 보장법에 따라 손해배상의 책임이 있을 때에는 이 법에 따라 그 손해를 배상하여야 한다. 다만, 군인·군무원·경찰공무원 또는 예비군대원이 전투·훈련 등 직무 집행과 관련하여 전사(戰死)·순직(殉職)하거나 공상(公傷)을 입은 경우에 본인이나 그 유족이 다른 법령에 따라 재해보상금·유족연금·상이연금 등의 보상을 지급받을 수 있을 때에는 이 법 및 민법에 따른 손해배상을 청구할 수 없다.

정답 054 ○ 055 ○ 056 X 057 X

10. 국가직 9급

058

☐☐☐

민법상의 사용자 면책사유는 국가배상법상의 고의·과실의 판단에서는 적용되지 않는다. O | X

공무원이 그 직무를 행함에 당하여 고의 또는 과실로 법령에 위반하여 타인에게 손해를 가한 경우에 국가나 지방자치단체가 그 손해를 배상하는 것은 민법상의 사용자로서 그 배상책임을 부담하는 것이 아니므로 민법상 사용자의 면책사유인 피용자의 선임감독에 과실이 없었다는 것으로서는 본법상의 손해배상책임을 면할 수 없다(대판 1970.6.30. 70다727).

19. 국회직 8급

059

☐☐☐

경찰공무원이 낙석사고 현장 부근으로 이동하던 중 대형 낙석이 순찰차를 덮쳐 사망한 사안에서 국가배상법의 이중배상금지규정에 따른 면책조항은 전투·훈련 또는 이에 준하는 직무집행뿐만 아니라 일반 직무집행에 관하여도 국가나 지방자치단체의 배상책임을 제한하는 것으로 해석하여야 한다. O | X

경찰공무원이 낙석사고 현장 주변 교통정리를 위하여 사고현장 부근으로 이동하던 중 대형 낙석이 순찰차를 덮쳐 사망하자, 도로를 관리하는 지방자치단체가 국가배상법 제2조 제1항 단서에 따른 면책을 주장한 사안에서, 경찰공무원 등이 '전투·훈련 등 직무집행과 관련하여' 순직 등을 한 경우 같은 법 및 민법에 의한 손해배상책임을 청구할 수 없다고 정한 국가배상법 제2조 제1항 단서의 면책조항은 구 국가배상법 제2조 제1항 단서의 면책조항과 마찬가지로 전투·훈련 또는 이에 준하는 직무집행뿐만 아니라 '일반 직무집행'에 관하여도 국가나 지방자치단체의 배상책임을 제한하는 것이라고 해석하여, 위 면책 주장을 받아들인 원심판단을 정당하다(대판 2011.3.10. 2010다85942).

18. 국가직 7급

060

☐☐☐

경찰관이 교통법규 등을 위반하고 도주하는 차량을 순찰차로 추적하는 직무를 집행하는 중에 그 도주차량의 주행에 의하여 제3자가 손해를 입었다고 하더라도 그 추적이 당해 직무목적을 수행하는 데에 불필요하다거나 추적의 개시·계속 혹은 추적의 방법이 상당하지 않다는 등의 특별한 사정이 없는 한 그 추적행위를 위법하다고 할 수는 없다. O | X

경찰관은 수상한 거동 기타 주위의 사정을 합리적으로 판단하여 어떠한 죄를 범하였거나 범하려 하고 있다고 의심할 만한 상당한 이유가 있는 자 또는 이미 행하여진 범죄나 행하여지려고 하는 범죄행위에 관하여 그 사실을 안다고 인정되는 자를 정지시켜 질문할 수 있고, 또 범죄를 실행중이거나 실행 직후인 자는 현행범인으로, 누구임을 물음에 대하여 도망하려 하는 자는 준현행범인으로 각 체포할 수 있으며, 이와 같은 정지조치나 질문 또는 체포 직무의 수행을 위하여 필요한 경우에는 대상자를 추적할 수도 있으므로, 경찰관이 교통법규 등을 위반하고 도주하는 차량을 순찰차로 추적하는 직무를 집행하는 중에 그 도주차량의 주행에 의하여 제3자가 손해를 입었다고 하더라도 그 추적이 당해 직무목적을 수행하는 데에 불필요하다거나 또는 도주차량의 도주의 태양 및 도로교통상황 등으로부터 예측되는 피해발생의 구체적 위험성의 유무 및 내용에 비추어 추적의 개시·계속 혹은 추적의 방법이 상당하지 않다는 등의 특별한 사정이 없는 한 그 추적행위를 위법하다고 할 수는 없다(대판 2000.11.10. 2000다26807·26814).

정답 058 ○ 059 ○ 060 ○

19. 국회직 8급

061 □□□

소방공무원의 권한 행사가 관계 법률의 규정에 의하여 소방공무원의 재량이 맡겨져 있으면 구체적인 상황에서 소방공무원이 권한을 행사하지 아니한 것이 현저하게 합리성을 잃어 사회적 타당성이 없는 경우에도 직무상 의무를 위반하여 위법하게 되는 것은 아니다. O | X

소방공무원이 구 소방시설법과 다중이용업소법 규정에 정하여진 직무상 의무를 게을리한 경우 의무 위반이 직무에 충실한 보통 일반의 공무원을 표준으로 객관적 정당성을 상실하였다고 인정될 정도에 이른 때는 국가배상법 제2조 제1항에 정한 위법의 요건을 충족하게 된다. 그리고 소방공무원의 행정권한 행사가 관계 법률의 규정 형식상 소방공무원의 재량에 맡겨져 있더라도 소방공무원에게 그러한 권한을 부여한 취지와 목적에 비추어 볼 때 구체적인 상황 아래에서 소방공무원이 권한을 행사하지 아니한 것이 현저하게 합리성을 잃어 사회적 타당성이 없는 경우에는 소방공무원의 직무상 의무를 위반한 것으로서 위법하게 된다(대판 2016.8.25. 2014다225083).

18. 변호사 · 서울시 7급, 15. 국회직 8급

062 □□□

어떠한 행정처분이 항고소송에서 위법한 것으로서 취소되었다면 이로써 당해 행정처분은 공무원의 고의 또는 과실에 의한 불법행위를 구성한다. O | X

어떠한 행정처분이 후에 항고소송에서 취소되었다고 할지라도 그 기판력에 의하여 당해 행정처분이 곧바로 공무원의 고의 또는 과실로 인한 것으로서 불법행위를 구성한다고 단정할 수는 없는 것이고, 그 행정처분의 담당공무원이 보통 일반의 공무원을 표준으로 하여 볼 때 객관적 주의의무를 결하여 그 행정처분이 객관적 정당성을 상실하였다고 인정될 정도에 이른 경우에 국가배상법 제2조가 정한 국가배상책임의 요건을 충족하였다고 봄이 상당하다(대판 2012.5.24. 2012다11297).

21. 소방간부, 17. 국가직 7급(10월), 12. 국회직 9급 · 지방직 9급

063 □□□

법령을 위반하였다 함은 엄격한 의미의 법령 위반뿐 아니라 권력남용금지, 신의성실과 같이 공무원으로서 마땅히 지켜야 할 준칙이나 규범을 지키지 아니하고 위반한 경우를 포함한다. O | X

국가배상책임에 있어 공무원의 가해행위는 법령을 위반한 것이어야 하는데, 여기서 법령을 위반하였다 함은 엄격한 의미의 법령 위반뿐 아니라 인권존중, 권력남용금지, 신의성실과 같이 공무원으로서 마땅히 지켜야 할 준칙이나 규범을 지키지 아니하고 위반한 경우를 포함하여 널리 그 행위가 객관적인 정당성을 결여하고 있음을 뜻한다(대판 2008.6.12. 2007다64365).

12. 지방직 9급

064 □□□

공무원의 직무상 의무는 명문의 규정이 없는 경우에도 관련 규정에 비추어 조리상 인정될 수 있다. O | X

공무원의 직무상 의무에는 행정법상의 조리원칙(신의성실, 권력남용금지 등)의 준수도 포함되고, 이를 위반할 경우 국가배상의 책임이 인정될 수 있다.

정답 061 X 062 X 063 ○ 064 ○

11. 경행특채

065 □□□

시청 소속 공무원이 시장을 구 부패방지위원회에 부패혐의자로 신고한 후 동사무소로 전보된 경우, 사회통념상 용인될 수 없을 정도로 객관적 상당성을 결여하였으므로 불법행위를 구성한다. O | X

시청 소속 공무원이 시장을 부패방지위원회에 부패혐의자로 신고한 후 동사무소로 하향 전보된 사안에서, 그 전보인사조치는 해당 공무원에 대한 다면평가 결과, 원활한 업무수행의 필요성 등을 고려하여 이루어진 것으로 볼 여지도 있으므로, 사회통념상 용인될 수 없을 정도로 객관적 상당성을 결여하였다고 단정할 수 없어 불법행위를 구성하지 않는다(대판 2009.5.28. 2006다16215).

12. 지방직 9급

066 □□□

행정청의 재량행위에 속하는 처분은 취소소송의 대상이 되지 않는다. O | X

행정청의 재량행위가 취소소송의 대상이 됨은 당연하다.

> **「행정소송법」 제27조 【재량처분의 취소】** 행정청의 재량에 속하는 처분이라도 재량권의 한계를 넘거나 그 남용이 있는 때에는 법원은 이를 취소할 수 있다.

15. 사복직 9급, 13. 국가직 9급 · 지방직 9급

067 □□□

어떠한 처분이 상대방에게 권리의 설정 또는 의무의 부담을 명하거나 기타 법적인 효과를 발생하게 하는 등으로 그 상대방의 권리 · 의무에 직접 영향을 미치는 행위라도 그 처분의 근거가 행정규칙에 규정되어 있다면, 이 경우에 그 처분은 항고소송의 대상이 되는 행정처분에 해당하지 않는다. O | X

항고소송의 대상이 되는 행정처분이란 원칙적으로 행정청의 공법상 행위로서 특정 사항에 대하여 법규에 의한 권리 설정 또는 의무 부담을 명하거나 기타 법률상 효과를 발생하게 하는 등으로 일반 국민의 권리의무에 직접 영향을 미치는 행위를 가리키는 것이지만, 어떠한 처분의 근거가 행정규칙에 규정되어 있다고 하더라도, 그 처분이 상대방에게 권리 설정 또는 의무 부담을 명하거나 기타 법적인 효과를 발생하게 하는 등으로 상대방의 권리의무에 직접 영향을 미치는 행위라면, 이 경우에도 항고소송의 대상이 되는 행정처분에 해당한다고 보아야 한다(대판 2012.9.27. 2010두3541).

19. 지방직 9급, 17. 국가직 9급, 15. 서울시 7급, 14. 사복직 9급

068 □□□

취소판결의 기판력은 국가배상청구소송에도 미치므로, 행정처분이 후에 항고소송에서 위법을 이유로 취소된 경우에는 그 기판력에 의하여 당해 행정처분이 곧바로 공무원의 고의 또는 과실에 의한 불법행위를 구성한다고 보아야 한다. O | X

어떠한 행정처분이 위법하다고 할지라도 그 자체만으로 곧바로 그 행정처분이 공무원의 고의 또는 과실로 인한 불법행위를 구성한다고 단정할 수는 없고, 공무원의 고의 또는 과실의 유무에 대하여는 별도의 판단을 요한다고 할 것인바, 그 이유는 행정청이 관계 법령의 해석이 확립되기 전에 어느 한 설을 취하여 업무를 처리한 것이 결과적으로 위법하게 되어 그 법령의 부당집행이라는 결과를 빚었다고 하더라도 처분 당시 그와 같은 처리방법 이상의 것을 성실한 평균적 공무원에게 기대하기 어려웠던 경우라면 특별한 사정이 없는 한 이를 두고 공무원의 과실로 인한 것이라고 볼 수는 없기 때문이다(대판 2004.6.11. 2002다31018).

정답 065 X 066 X 067 X 068 X

19. 서울시 9급(2월), 14. 경행특채 2차, 12. 국가직 7급

069 □□□

처분이 있은 후에 근거 법률이 위헌으로 결정된 경우, 그 법률을 적용한 공무원에게 고의 또는 과실이 있었다고 단정할 수 있다. O | X

법령에 근거하여 처분이 행하여진 후 근거 법령이 위헌으로 판명된다면 위헌인 법령에 근거하여 행해진 당해 처분으로 발생한 손해에 대하여 국가 등의 배상책임이 인정될 수 있는가와 관련하여 공무원의 고의·과실이 인정될 수 있는가가 문제된다. 공무원에게 법률의 위헌 여부를 심사할 권한이 없기 때문에 당해 처분이 결과적으로 위법한 처분이 되더라도, 그에 이르는 과정에 있어 공무원의 과실은 인정될 수 없다고 보는 것이 통설이다.

23. 국회직 8급, 21. 국가직 7급

070 □□□

영업허가취소처분이 나중에 행정심판에 의하여 재량권을 일탈한 위법한 처분이 되었더라도 그 처분이 당시 시행되던 공중위생법 시행규칙에 정하여진 행정처분의 기준에 따른 것이라면 그 영업허가취소처분을 한 공무원에게 그와 같은 위법한 처분을 한 데 있어 어떤 직무집행상의 과실이 있다고 할 수 없다. O | X

영업허가취소처분이 나중에 행정심판에 의하여 재량권을 일탈한 위법한 처분임이 판명되어 취소되었다고 하더라도 그 처분이 당시 시행되던 공중위생법 시행규칙에 정하여진 행정처분의 기준에 따른 것인 이상 그 영업허가취소처분을 한 행정청 공무원에게 그와 같은 위법한 처분을 한 데 있어 어떤 직무집행상의 과실이 있다고 할 수는 없다(대판 1994.11.8. 94다26141).

19. 지방직 9급

071 □□□

형벌에 관한 법령이 헌법재판소의 위헌결정으로 소급하여 효력을 상실한 경우, 위헌 선언 전 그 법령에 기초하여 수사가 개시되어 공소가 제기되고 유죄판결이 선고되었더라도, 그러한 사정만으로 국가의 손해배상책임이 발생한다고 볼 수 없다. O | X

형벌에 관한 법령이 헌법재판소의 위헌결정으로 소급하여 효력을 상실하였거나 법원에서 위헌·무효로 선언된 경우, 그 법령이 위헌으로 선언되기 전에 그 법령에 기초하여 수사가 개시되어 공소가 제기되고 유죄판결이 선고되었더라도, 그러한 사정만으로 수사기관의 직무행위나 법관의 재판상 직무행위가 국가배상법 제2조 제1항에서 말하는 공무원의 고의 또는 과실에 의한 불법행위에 해당하여 국가의 손해배상책임이 발생한다고 볼 수는 없다(대판 2014.10.27. 2013다217962).

21. 지방직 9급, 12. 지방직 7급

072 □□□

공무원의 직무상 작위의무가 사회구성원 개인의 안전과 이익을 보호하기 위하여 설정된 것이어야 국가배상책임이 인정된다. O | X

공무원이 고의 또는 과실로 그에게 부과된 직무상 의무를 위반하였을 경우라고 하더라도 국가는 그러한 직무상의 의무 위반과 피해자가 입은 손해 사이에 상당인과관계가 인정되는 범위 내에서만 배상책임을 지는 것이고, 이 경우 상당인과관계가 인정되기 위하여는 공무원에게 부과된 직무상 의무의 내용이 단순히 공공 일반의 이익을 위한 것이거나 행정기관 내부의 질서를 규율하기 위한 것이 아니고 전적으로 또는 부수적으로 사회구성원 개인의 안전과 이익을 보호하기 위하여 설정된 것이어야 한다(대판 2010.9.9. 2008다77795).

정답 069 X 070 ○ 071 ○ 072 ○

19. 국가직 7급 · 서울시 7급, 14. 국가직 7급

073 □□□

공무원에게 부과된 직무상 의무의 내용이 전적으로 공공 일반의 이익을 위한 것이거나 행정기관 내부의 질서를 규율하기 위한 것인 경우에도 공무원의 그와 같은 직무상 의무 위반으로 인한 손해에 대하여 국가는 배상책임을 진다. O | X

일반적으로 국가 또는 지방자치단체가 권한을 행사할 때에는 국민에 대한 손해를 방지하여야 하고, 국민의 안전을 배려하여야 하며, 소속 공무원이 전적으로 또는 부수적으로라도 국민 개개인의 안전과 이익을 보호하기 위하여 법령에서 정한 직무상 의무를 위반하여 국민에게 손해를 가하면 상당인과관계가 인정되는 범위 안에서 국가 또는 지방자치단체가 배상책임을 부담하는 것이지만, 공무원이 직무를 수행하면서 근거되는 법령의 규정에 따라 구체적으로 의무를 부여받았어도 그것이 국민의 이익과는 관계없이 순전히 행정기관 내부의 질서를 유지하기 위한 것이거나, 또는 국민의 이익과 관련된 것이라도 직접 국민 개개인의 이익을 위한 것이 아니라 전체적으로 공공 일반의 이익을 도모하기 위한 것이라면 그 의무를 위반하여 국민에게 손해를 가하여도 국가 또는 지방자치단체는 배상책임을 부담하지 아니한다(대판 2015.5.28. 2013다41431).

19. 국가직 7급

074 □□□

공직선거법이 후보자가 되고자 하는 자와 그 소속 정당에게 전과기록을 조회할 권리를 부여하고 수사기관에 회보의무를 부과한 것은 공공의 이익만을 위한 것이지 후보자가 되고자 하는 자나 그 소속 정당의 개별적 이익까지 보호하기 위한 것은 아니다. O | X

정당이 후보자가 되고자 하는 자의 범죄경력을 파악함으로써 부적격자를 공천함으로 인하여 생길 수 있는 정당의 신뢰도 하락을 방지할 수 있게 하는 등의 개별적인 이익도 보호하기 위한 것이라고 할 수 있다(대판 2011.9.8. 2011다34521).

19. 국회직 8급

075 □□□

도지사에 의한 지방의료원의 폐업결정과 관련하여 국가배상책임이 성립하기 위하여서는 공무원의 직무집행이 위법하다는 점만으로는 부족하고 그로 인하여 타인의 권리 · 이익이 침해되어 구체적 손해가 발생하여야 한다. O | X

진주의료원은 피고 경상남도가 설치 · 운영하는 지방의료원으로서 그 폐업은 피고 경상남도의 조례로 결정할 사항임에도 피고 경상남도의 도지사인 피고 3이 이 사건 조례가 공포된 2013.7.1. 전에 이 사건 폐업결정을 하고 그에 따라 폐업을 위한 일련의 조치가 이루어졌음은 앞서 살펴 본 바와 같다. 이 사건 조례가 공포된 2013.7.1. 이후에는 진주의료원의 폐업상태가 이 사건 조례의 효력에 의하여 정당화된다고 할 것이지만, 그 전에 행해진 이 사건 폐업결정은 법적으로 권한 없는 자에 의하여 이루어진 것이어서 위법하며, 그 집행과정에서 입원환자들에게 행해진 퇴원 · 전원 회유 · 종용 등의 조치도 위법한 이 사건 폐업결정에 근거한 것이므로 역시 위법하다고 할 것이다. 원심이 채택하여 조사한 증거에 비추어 살펴보면, 원고 1, 원고 2, 원고 3이 손해라고 주장하는 입원환자 등의 생명과 건강에 대한 어떤 구체적인 손상이나 침해가 있었다고 인정할 증거가 없으므로, 원고 1, 원고 2, 원고 3에게 손해가 발생하였다고 보기 어렵고, 따라서 피고 3이나 그가 소속된 피고 경상남도의 불법행위책임이 성립한다고 볼 수 없다(대판 2016.8.30. 2015두60617).

정답 073 X 074 X 075 ○

13. 지방직 7급, 12. 국가직 9급

076 □□□

공무원의 부작위로 인한 국가배상책임을 인정하기 위하여는 공무원의 작위로 인한 국가배상책임을 인정하는 경우와 마찬가지로 국가배상법 제2조 제1항의 요건이 충족되어야 한다. O | X

공무원의 부작위로 인한 국가배상책임을 인정하기 위하여는 작위에 의한 경우와 마찬가지로 "공무원이 직무를 집행하면서 고의 또는 과실로 법령을 위반하여 타인에게 손해를 입한 때"라고 하는 국가배상법 제2조 제1항의 요건이 충족되어야 할 것인바, 여기서 '법령을 위반하여'라고 하는 것은 공무원의 작위의무를 명시적으로 규정한 형식적 의미의 법령을 위반한 경우만을 의미하는 것이 아니라, 형식적 의미의 법령에 작위의무가 명시되어 있지 않더라도 국민의 생명·신체·재산 등에 대하여 절박하고 중대한 위험상태가 발생하였거나 발생할 우려가 있어서 국민의 생명 등을 보호하는 것을 본래적 사명으로 하는 국가가 일차적으로 그 위험 배제에 나서지 아니하면 이를 보호할 수 없는 때에 국가나 관련 공무원에 대하여 인정되는 작위의무를 위반한 경우도 포함되어야 할 것이나, 그와 같은 절박하고 중대한 위험상태가 발생하였거나 발생할 우려가 있는 경우가 아닌 한 원칙적으로 관련 법령을 준수하여 직무를 수행한 공무원의 부작위를 가리켜 '고의 또는 과실로 법령을 위반'하였다고 할 수는 없으므로, 공무원의 부작위로 인한 국가배상책임을 인정할 것인지 여부가 문제되는 때에 관련 공무원에 대하여 작위의무를 명하는 법령의 규정이 없다면 공무원의 부작위로 인하여 침해된 국민의 법익 또는 국민에게 발생한 손해가 어느 정도 심각하고 절박한 것인지, 관련 공무원이 그와 같은 결과를 예견하여 그 결과를 회피하기 위한 조치를 취할 수 있는 가능성이 있는지 등을 종합적으로 고려하여 판단하여야 한다(대판 1998.10.13. 98다18520).

13. 지방직 7급

077 □□□

'법령에 위반하여'라 함은 엄격하게 형식적 의미의 법령에 명시적으로 공무원의 작위의무가 정하여져 있음에도 이를 위반하는 경우만을 의미한다. O | X

'법령에 위반하여'라고 하는 것이 엄격하게 형식적 의미의 법령에 명시적으로 공무원의 작위의무가 규정되어 있는데도 이를 위반하는 경우만을 의미하는 것은 아니고, 국민의 생명·신체·재산 등에 대하여 절박하고 중대한 위험상태가 발생하였거나 발생할 우려가 있어서 국민의 생명·신체·재산 등을 보호하는 것을 본래적 사명으로 하는 국가가 초법규적·일차적으로 그 위험 배제에 나서지 아니하면 국민의 생명·신체·재산 등을 보호할 수 없는 경우에는 형식적 의미의 법령에 근거가 없더라도 국가나 관련 공무원에 대하여 그러한 위험을 배제할 작위의무를 인정할 수 있을 것이지만, 그와 같은 절박하고 중대한 위험상태가 발생하였거나 발생할 우려가 있는 경우가 아니라면 원칙적으로 공무원이 관련 법령을 준수하여 직무를 수행하였다면 그와 같은 공무원의 부작위를 가지고 '고의 또는 과실로 법령에 위반'하였다고 할 수는 없을 것이므로, 공무원의 부작위로 인한 국가배상책임을 인정할 것인지 여부가 문제되는 경우에 관련 공무원에 대하여 작위의무를 명하는 법령의 규정이 없다면 공무원의 부작위로 인하여 침해된 국민의 법익 또는 국민에게 발생한 손해가 어느 정도 심각하고 절박한 것인지, 관련 공무원이 그와 같은 결과를 예견하여 그 결과를 회피하기 위한 조치를 취할 수 있는 가능성이 있는지 등을 종합적으로 고려하여 판단하여야 할 것이다(대판 1998.10.13. 98다18520).

18. 서울시 9급

078 □□□

국가배상책임에서의 법령 위반에는 널리 그 행위가 객관적인 정당성을 결여하고 있는 경우도 포함된다. O | X

공무원의 부작위로 인한 국가배상책임을 인정하기 위하여는 공무원의 작위로 인한 국가배상책임을 인정하는 경우와 마찬가지로 "공무원이 그 직무를 집행함에 당하여 고의 또는 과실로 법령에 위반하여 타인에게 손해를 가한 때"라고 하는 국가배상법 제2조 제1항의 요건이 충족되어야 할 것이다. 여기서 '법령에 위반하여'라고 함은 엄격하게 형식적 의미의 법령에 명시적으로 공무원의 작위의무가 정하여져 있음에도 이를 위반하는 경우만을 의미하는 것은 아니고, 인권존중·권력남용금지·신의성실과 같이 공무원으로서 마땅히 지켜야 할 준칙이나 규범을 지키지 아니하고 위반한 경우를 포함하여 널리 그 행위가 객관적인 정당성을 결여하고 있는 경우도 포함한다(대판 2012.7.26. 2010다95666).

정답 076 ○ 077 X 078 ○

08. 국회직 8급

079 □□□

등기신청의 첨부서면으로 제출한 판결서의 일부 기재사항 및 기재형식이 일반적인 판결서의 작성방식과 다른 경우에 담당등기관이 자세한 확인절차를 거치지 않았다면 국가배상의 책임이 인정된다. O | X

등기관은 등기신청에 대하여 부동산등기법상 그 등기신청에 필요한 서면이 제출되었는지 여부 및 제출된 서면이 형식적으로 진정한 것인지 여부를 심사할 권한을 갖고 있으나 그 등기신청이 실체법상의 권리관계와 일치하는지 여부를 심사할 실질적인 심사권한은 없으므로, 등기관으로서는 오직 제출된 서면 자체를 검토하거나 이를 등기부와 대조하는 등의 방법으로 등기신청의 적법 여부를 심사하여야 할 것이고, 이러한 방법에 의한 심사 결과 형식적으로 부진정한, 즉 위조된 서면에 의한 등기신청이라고 인정될 경우 이를 각하하여야 할 직무상의 의무가 있다고 할 것이지만, 등기관은 다른 한편으로 대량의 등기신청사건을 신속하고 적정하게 처리할 것을 요구받기도 하므로 제출된 서면이 위조된 것임을 간과하고 등기신청을 수리한 모든 경우에 등기관의 과실이 있다고는 할 수 없다(대판 2005.2.25. 2003다13048).

12. 국가직 7급

080 □□□

토석채취공사 도중 경사지를 굴러 내린 암석이 가스저장시설을 충격하여 화재가 발생한 경우, 토지형질변경허가권자에게 허가 당시 사업자로 하여금 위해방지시설을 설치하게 할 의무는 없다. O | X

토석채취공사 도중 경사지를 굴러 내린 암석이 가스저장시설을 충격하여 화재가 발생한 사안에서, 토지형질변경허가권자에게 허가 당시 사업자로 하여금 위해방지시설을 설치하게 할 의무를 다하지 아니한 위법과 작업 도중 구체적인 위험이 발생하였음에도 작업을 중지시키는 등의 사고예방조치를 취하지 아니한 위법이 있다(대판 2001.3.9. 99다64278).

15. 경행특채 1차, 12. 국가직 7급

081 □□□

인감증명사무를 처리하는 공무원은 인감증명이 타인과의 권리 · 의무에 관계되는 일에 사용되는 것을 예상하여 그 발급된 인감증명으로 인한 부정행위의 발생을 방지할 직무상의 의무가 있다. O | X

인감증명은 인감 자체의 동일성과 거래행위자의 의사에 의한 것임을 확인하는 자료로서 일반인의 거래상 극히 중요한 기능을 갖고 있는 것이므로 인감증명사무를 처리하는 공무원으로서는 그것이 타인과의 권리의무에 관계되는 일에 사용되어 지는 것을 예상하여 그 발급된 인감으로 인한 부정행위의 발생을 방지할 직무상의 의무가 있고 따라서 발급된 허위의 인감증명에 의하여 그 인감명의인과 계약을 체결한 자가 그로 인한 손해를 입었다면 위 인감증명의 교부와 그 손해 사이에는 상당인과관계가 있다고 할 것이다(대판 1991.3.22. 90다8152).

12. 국가직 7급

082 □□□

주민등록사무를 담당하는 공무원은 개명과 같은 사유로 주민등록상의 성명을 정정한 경우에는 반드시 본적지 관할 관청에 그 변경사항을 통보하여 본적지의 호적관서로 하여금 그 정정사항의 진위를 재확인할 수 있도록 할 직무상의 의무가 있다. O | X

주민등록사무를 담당하는 공무원으로서는 만일 개명과 같은 사유로 주민등록상의 성명을 정정한 경우에는 위에서 본 바와 같은 법령의 규정에 따라 반드시 본적지의 관할 관청에 대하여 그 변경사항을 통보하여 본적지의 호적관서로 하여금 그 정정사항의 진위를 재확인할 수 있도록 할 직무상의 의무가 있다고 할 것이고, 이러한 직무상 의무는 단순히 공공 일반의 이익을 위한 것이거나 행정기관 내부의 질서를 규율하기 위한 것이 아니고 전적으로 또는 부수적으로 사회구성원 개인의 안전과 이익을 보호하기 위하여 설정된 것이다(대판 2003.4.25. 2001다59842).

정답 079 X 080 X 081 ○ 082 ○

11. 국가직 7급

083 □□□

판례에 의하면 규제권한을 행사하지 아니한 것이 직무상 의무를 위반하여 위법한 것으로 되는 경우에는 특별한 사정이 없는 한 과실도 인정된다. O | X

구 식품위생법(2005.1.27. 법률 제7374호로 개정되기 전의 것) 제7조, 제9조, 제10조, 제16조 등 관련 규정이 식품의약품안전청장 및 관련 공무원에게 합리적인 재량에 따른 직무수행권한을 부여한 것으로 해석된다고 하더라도, 식품의약품안전청장 등에게 그러한 권한을 부여한 취지와 목적에 비추어 볼 때 구체적인 상황 아래에서 식품의약품안전청장 등이 그 권한을 행사하지 아니한 것이 현저하게 합리성을 잃어 사회적 타당성이 없는 경우에는 직무상 의무를 위반한 것이 되어 위법하게 된다. 그리고 위와 같이 식약청장 등이 그 권한을 행사하지 아니한 것이 직무상 의무를 위반하여 위법한 것으로 되는 경우에는 특별한 사정이 없는 한 과실도 인정된다(대판 2010.9.9. 2008다77795).

21. 지방직 7급 유사, 13. 지방직 7급

084 □□□

절박하고 중대한 위험상태가 발생하였거나 발생할 우려가 있는 경우가 아닌 한, 원칙적으로 공무원이 관련 법령대로만 직무를 수행하였다면 그와 같은 공무원의 부작위를 가지고 고의 또는 과실로 법령에 위반하였다고 할 수는 없다. O | X

국민의 생명 · 신체 · 재산 등에 대하여 절박하고 중대한 위험상태가 발생하였거나 발생할 우려가 있어서 국민의 생명 · 신체 · 재산 등을 보호하는 것을 본래적 사명으로 하는 국가가 초법규적 · 일차적으로 그 위험 배제에 나서지 아니하면 국민의 생명 · 신체 · 재산 등을 보호할 수 없는 경우에는 형식적 의미의 법령에 근거가 없더라도 국가나 관련 공무원에 대하여 그러한 위험을 배제할 작위의무를 인정할 수 있을 것이나, 그와 같은 절박하고 중대한 위험상태가 발생하였거나 발생할 우려가 있는 경우가 아닌 한, 원칙적으로 공무원이 관련 법령대로만 직무를 수행하였다면 그와 같은 공무원의 부작위를 가지고 '고의 또는 과실로 법령에 위반'하였다고 할 수는 없을 것이므로, 공무원의 부작위로 인한 국가배상책임을 인정할 것인지 여부가 문제되는 경우에 관련 공무원에 대하여 작위의무를 명하는 법령의 규정이 없다면 공무원의 부작위로 인하여 침해된 국민의 법익 또는 국민에게 발생한 손해가 어느 정도 심각하고 절박한 것인지, 관련 공무원이 그와 같은 결과를 예견하여 그 결과를 회피하기 위한 조치를 취할 수 있는 가능성이 있는지 등을 종합적으로 고려하여 판단하여야 한다(대판 2001.4.24. 2000다57856).

21. 지방직 9급

085 □□□

신뢰보호원칙의 위반은 국가배상법상의 위법개념을 충족시킨다. O | X

국가배상법 제2조 제1항의 '법령에 위반하여'라고 함은 인권존중 · 권력남용금지 · 신의성실과 같이 공무원으로서 마땅히 지켜야 할 준칙이나 규범을 지키지 아니하고 위반한 경우를 포함하여 널리 그 행위가 객관적인 정당성을 결여하고 있는 경우도 포함한다. 신뢰보호원칙도 마찬가지로 행정법상 일반원칙에 불과하고 명문상 규정은 없지만 국가배상법이 말하는 법령에 포함된다.

정답 083 ○ 084 ○ 085 ○

18. 서울시 9급

086 □□□

담당공무원이 주택구입대부제도와 관련하여 지급보증서제도에 관해 알려주지 않은 조치는 법령 위반에 해당하지 않는다. O | X

甲이 경주보훈지청에 국가유공자에 대한 주택구입대부제도에 관하여 전화로 문의하고 대부신청서까지 제출하였으나, 담당공무원에게서 주택구입대부금 지급을 보증하는 지급보증서제도에 관한 안내를 받지 못하여 대부제도 이용을 포기하고 시중은행에서 대출을 받아 주택을 구입함으로써 결과적으로 더 많은 이자를 부담하게 되었다고 주장하며 국가를 상대로 정신적손해의 배상을 구한 사안에서, 주택구입대부제도에 있어서 지급보증서를 교부하는 취지와 성격, 관련 법령 등의 규정 내용, 지급보증서제도를 안내받지 못함으로 인하여 침해된 甲의 법익 내지 甲이 입은 손해의 내용과 정도, 관련 공무원이 甲이 입은 손해를 예견하거나 그 결과를 회피하기 위한 조치를 취할 수 있는 가능성의 정도 등 여러 사정을 종합하여 볼 때, 담당공무원이 甲에게 주택구입대부제도에 관한 전화상 문의에 응답하거나 대부신청서의 제출에 따른 대부금지급신청안내문을 통지하면서 지급보증서제도에 관하여 알려주지 아니한 조치가 객관적 정당성을 결여하여 현저하게 불합리한 것으로서 고의 또는 과실로 법령을 위반하였다고 볼 수 없음에도, 담당공무원에게 지급보증서제도를 안내하거나 설명할 의무가 있음을 전제로 그 위반에 대한 국가배상책임을 인정한 원심판결에 법리오해의 위법이 있다(대판 2012.7.26. 2010다95666).

10. 국회직 8급

087 □□□

국가 등에게 일정한 기준에 따라 상수원수의 수질을 유지하여야 할 의무를 부과하고 있는 수도법의 규정은 국민에게 양질의 수돗물이 공급되게 함으로써 국민 개개인의 안전과 이익을 직접적으로 보호하기 위한 것으로써, 그 의무에 위반하여 국민에게 손해를 가하였다면 국가 또는 지방자치단체는 배상책임을 부담한다. O | X

국가 등에게 일정한 기준에 따라 상수원수의 수질을 유지하여야 할 의무를 부과하고 있는 법령의 규정은 국민에게 양질의 수돗물이 공급되게 함으로써 국민 일반의 건강을 보호하여 공공 일반의 전체적인 이익을 도모하기 위한 것이지, 국민 개개인의 안전과 이익을 직접적으로 보호하기 위한 규정이 아니므로, 국민에게 공급된 수돗물의 상수원의 수질이 수질기준에 미달한 경우가 있고, 이로 말미암아 국민이 법령에 정하여진 수질기준에 미달한 상수원수로 생산된 수돗물을 마심으로써 건강상의 위해 발생에 대한 염려 등에 따른 정신적 고통을 받았다고 하더라도, 이러한 사정만으로는 국가 또는 지방자치단체가 국민에게 손해배상책임을 부담하지 아니한다(대판 2001.10.23. 99다36280).

18. 서울시 9급

088 □□□

공무원의 직무집행이 법령이 정한 요건과 절차에 따라 이루어진 것이라도, 그 과정에서 개인의 권리가 침해되면 법령 위반에 해당한다. O | X

국가배상책임은 공무원의 직무집행이 법령에 위반한 것임을 요건으로 하는 것으로서, 공무원의 직무집행이 법령이 정한 요건과 절차에 따라 이루어진 것이라면 특별한 사정이 없는 한 이는 법령에 적합한 것이고 그 과정에서 개인의 권리가 침해되는 일이 생긴다고 하여 그 법령적합성이 곧바로 부정되는 것은 아니라고 할 것인바, 불법시위를 진압하는 경찰관들의 직무집행이 법령에 위반한 것이라고 하기 위하여는 그 시위진압이 불필요하거나 또는 불법시위의 태양 및 시위 장소의 상황 등에서 예측되는 피해발생의 구체적 위험성의 내용에 비추어 시위진압의 계속 수행 내지 그 방법 등이 현저히 합리성을 결하여 이를 위법하다고 평가할 수 있는 경우이어야 한다(대판 1997.7.25. 94다2480).

정답 086 ○ 087 X 088 X

09. 국회직 8급

089 □□□

경매 담당공무원이 이해관계인에게 기일통지를 잘못한 것이 원인이 되어 경락허가결정이 취소된 사안에서, 그 사이 경락대금을 완납하고 소유권이전등기를 마친 경락인에 대하여 국가는 배상책임을 진다. O | X

경매 담당공무원이 이해관계인에 대한 기일통지를 잘못한 것이 원인이 되어 경락허가결정이 취소된 사안에서, 그 사이 경락대금을 완납하고 소유권이전등기를 마친 경락인에 대하여 국가배상책임을 인정한다(대판 2008.7.10. 2006다23664).

09. 지방직 9급

090 □□□

피해자가 받은 손해에는 적극적 손해와 소극적 손해는 포함되지만, 위자료는 포함되지 않는다는 것이 판례의 입장이다. O | X

국가배상의 대상이 되는 손해에는 재산에 대해 피해를 준 재산적 손해와 정신상의 고통을 준 정신적 손해(위자료)가 포함된다.

19. 국가직 7급

091 □□□

개별공시지가 산정업무 담당공무원 등이 그 직무상 의무에 위반하여 현저하게 불합리한 개별공시지가가 결정되도록 함으로써 甲의 재산권을 침해한 경우 상당인과관계가 인정되는 범위에서 그 손해에 대하여 그 담당공무원 등이 속한 지방자치단체가 배상책임을 지게 된다. O | X

개별공시지가 산정업무 담당공무원 등이 부담하는 직무상 의무의 내용 및 그 담당공무원 등이 직무상 의무에 위반하여 현저하게 불합리한 개별공시지가가 결정되도록 함으로써 국민 개개인의 재산권을 침해한 경우, 그 담당공무원 등이 속한 지방자치단체가 손해배상책임을 진다(대판 2010.7.22. 2010다13527).

19 · 12. 국회직 8급, 15. 국가직 9급

092 □□□

공무원에게 부과된 직무상 의무의 내용이 공공 일반의 이익을 위한 것이거나 행정기관의 내부질서를 규율하기 위한 경우에도 공무원이 그 직무상 의무를 위반하여 피해자가 입은 손해에 대하여서는 상당인과관계가 인정되는 범위 내에서 국가가 배상책임을 진다. O | X

공무원이 고의 또는 과실로 그에게 부과된 직무상 의무를 위반하였을 경우라고 하더라도 국가는 그러한 직무상의 의무 위반과 피해자가 입은 손해 사이에 상당인과관계가 인정되는 범위 내에서만 배상책임을 지는 것이고, 이 경우 상당인과관계가 인정되기 위하여는 공무원에게 부과된 직무상 의무의 내용이 단순히 공공 일반의 이익을 위한 것이거나 행정기관 내부의 질서를 규율하기 위한 것이 아니고 전적으로 또는 부수적으로 사회구성원 개인의 안전과 이익을 보호하기 위하여 설정된 것이어야 한다(대판 2010.9.9. 2008다77795).

정답 089 ○ 090 X 091 ○ 092 X

12. 사복직 9급

093

□□□

공무원이 직무상 의무를 위반함으로 인하여 피해자가 입은 손해에 대하여는 상당인과관계가 인정되는 범위 내에서 국가가 배상책임을 지는 것이고 이때 상당인과관계의 유무를 판단함에 있어서는 일반적인 결과 발생의 개연성은 물론 직무상 의무를 부과하는 법령 기타 행동규범의 목적, 그 수행하는 직무의 목적 내지 기능으로부터 예견 가능한 행위 후의 사정, 가해행위의 태양 및 피해의 정도 등을 종합적으로 고려하여야 한다. O | X

공무원에게 부과된 직무상 의무의 내용이 단순히 공공 일반의 이익을 위한 것이거나 행정기관의 내부의 질서를 규율하기 위한 것이 아니고, 전적으로 또는 부수적으로 사회구성원 개인의 안전과 이익을 보호하기 위하여 설정된 것이라면, 공무원이 그와 같은 직무상 의무를 위반함으로 인하여 피해자가 입은 손해에 대하여는 상당인과관계가 인정되는 범위 내에서 국가나 지방자치단체가 손해배상책임을 지는 것이고, 이때 상당인과관계의 유무를 판단함에 있어서는 일반적인 결과발생의 개연성은 물론 직무상의 의무를 부과하는 행동규범의 목적, 그 수행하는 직무의 목적 내지 기능으로부터 예견 가능한 행위 후의 사정 및 가해행위의 태양이나 피해의 정도 등을 종합적으로 고려하여야 한다(대판 1994.12.27. 94다36285).

18. 서울시 9급

094

□□□

교육공무원 성과상여금 지급지침에서 기간제 교원을 성과상여금 지급대상에서 제외하여도 이에 대해 국가배상책임이 있다고 할 수 없다. O | X

교육부장관이 甲 등을 비롯한 국·공립학교 기간제 교원을 구 공무원수당 등에 관한 규정(2011.7.4. 대통령령 제23015호로 개정되기 전의 것, 이하 같다)에 따른 성과상여금 지급대상에서 제외하는 내용의 '교육공무원 성과상여금 지급지침'을 발표한 사안에서, 위 지침에서 甲 등을 포함한 기간제 교원을 성과상여금 지급대상에서 제외한 것은 구 공무원수당 등에 관한 규정 제7조의2 제1항의 해석에 관한 법리에 따른 것이므로, 국가가 甲 등에 대하여 불법행위로 인한 손해배상책임을 진다고 볼 수 없다(대판 2017.2.9. 2013다205778).

19. 서울시 9급(6월)

095

□□□

소방공무원들이 다중이용업소인 주점의 비상구와 피난시설 등에 대한 점검을 소홀히 함으로써 주점의 피난통로 등에 중대한 피난 장애요인이 있음을 발견하지 못하여 업주들에 대한 적절한 지도·감독을 하지 아니한 경우 직무상 의무 위반과 주점 손님들의 사망 사이에 상당인과관계가 인정된다. O | X

주점에서 발생한 화재로 사망한 甲 등의 유족들이 乙광역시를 상대로 손해배상을 구한 사안에서, 소방공무원들이 소방검사에서 비상구 중 1개가 폐쇄되고 그곳으로 대피하도록 유도하는 피난구유도등, 피난안내도 등과 일치하지 아니하게 됨으로써 화재시 피난에 혼란과 장애를 유발할 수 있는 상태임을 발견하지 못하여 업주들에 대한 시정명령이나 행정지도, 소방안전교육 등 적절한 지도·감독을 하지 아니한 것은 구체적인 소방검사 방법 등이 소방공무원의 재량에 맡겨져 있음을 감안하더라도 현저하게 합리성을 잃어 사회적 타당성이 없는 경우에 해당하고, 다른 비상구 중 1개와 그곳으로 연결된 통로가 사실상 폐쇄된 사실을 발견하지 못한 것도 주점에 설치된 피난통로 등에 대한 전반적인 점검을 소홀히 한 직무상 의무 위반의 연장선에 있어 위법성을 인정할 수 있고, 소방공무원들이 업주들에 대하여 필요한 지도·감독을 제대로 수행하였더라면 화재 당시 손님들에 대한 대피조치가 보다 신속히 이루어지고 피난통로 안내가 적절히 이루어지는 등으로 甲 등이 대피할 수 있었을 것이고, 甲 등이 대피방향을 찾지 못하다가 복도를 따라 급속히 퍼진 유독가스와 연기로 인하여 단시간에 사망하게 되는 결과는 피할 수 있었을 것인 점 등 화재 당시의 구체적 상황과 甲 등의 사망 경위 등에 비추어 소방공무원들의 직무상 의무 위반과 甲 등의 사망 사이에 상당인과관계가 인정된다(대판 2016.8.25. 2014다225083).

정답 093 ○ 094 ○ 095 ○

19. 국회직 8급

096 □□□

우편집배원이 압류 및 전부명령 결정 정본을 특별송달함에 있어 부적법한 송달을 하고도 적법한 송달을 한 것처럼 보고서를 작성하여 압류 및 전부의 효력이 발생하지 않아 집행채권자가 피압류채권을 전부받지 못한 경우 우편집배원의 직무상 의무 위반과 집행채권자의 손해 사이에는 상당인과관계가 있다. O | X

우편집배원이 압류 및 전부명령 결정 정본을 특별송달하는 과정에서 민사소송법을 위반하여 부적법한 송달을 하고도 적법한 송달을 한 것처럼 우편송달보고서를 작성하여 압류 및 전부의 효력이 발생한 것과 같은 외관을 형성시켰으나, 실제로는 압류 및 전부의 효력이 발생하지 아니하여 집행채권자로 하여금 피압류채권을 전부받지 못하게 함으로써 손해를 입게 한 경우에는, 우편집배원의 위와 같은 직무상 의무 위반과 집행채권자의 손해 사이에는 상당인과관계가 있다고 봄이 상당하고, 국가는 국가배상법에 의하여 그 손해에 대하여 배상할 책임이 있다(대판 2009.7.23. 2006다87798).

14. 지방직 9급

097 □□□

유흥주점의 화재로 여종업원들이 사망한 경우, 담당공무원의 유흥주점의 용도변경, 무허가 영업 및 시설기준에 위배된 개축에 대하여 시정명령 등 식품위생법상 취하여야 할 조치를 게을리한 직무상 의무 위반행위와 여종업원들의 사망 사이에는 상당인과관계과 존재하지 아니한다. O | X

유흥주점에 감금된 채 윤락을 강요받으며 생활하던 여종업원들이 유흥주점에 화재가 났을 때 미처 피신하지 못하고 유독가스에 질식해 사망한 사안에서, 지방자치단체의 담당공무원이 위 유흥주점의 용도변경, 무허가 영업 및 시설기준에 위배된 개축에 대하여 시정명령 등 식품위생법상 취하여야 할 조치를 게을리 한 직무상 의무 위반행위와 위 종업원들의 사망 사이에 상당인과관계가 존재하지 않는다(대판 2008.4.10. 2005다48994).

08. 국가직 7급

098 □□□

피해자가 손해를 입은 동시에 이익을 얻은 경우 이를 공제할 수 없으며 이것은 국가배상법이 가지는 생계보장적 성격에서 타당하다. O | X

「국가배상법」 제3조의2 【공제액】 ① 제2조 제1항을 적용할 때 피해자가 손해를 입은 동시에 이익을 얻은 경우에는 손해배상액에서 그 이익에 상당하는 금액을 빼야 한다.

15. 사복직 9급

099 □□□

피해자가 손해를 입은 동시에 이익을 얻은 경우에는 손해배상액에서 그 이익에 상당하는 금액을 빼야 한다. O | X

「국가배상법」 제3조의2 【공제액】 ① 제2조 제1항을 적용할 때 피해자가 손해를 입은 동시에 이익을 얻은 경우에는 손해배상액에서 그 이익에 상당하는 금액을 빼야 한다.

정답 096 ○ 097 ○ 098 X 099 ○

15. 교행직 9급, 06. 관세사

100 □□□

국가배상책임의 대상이 되는 손해에는 재산상의 손해는 물론 정신상의 손해도 포함된다. O | X

재산상 손해, 생명 · 신체 등 비재산상 손해, 정신적 손해(위자료) 등 일체의 손해가 포함된다.

08. 국가직 7급

101 □□□

국가배상법이 정하는 배상기준의 성격에 대하여 판례는 한정액설을 취함으로써 국가배상법이 정하는 배상금액 이상의 배상을 인정하지 아니한다. O | X

국가배상법 제3조 제1항 · 제3항 규정의 손해배상기준은 배상심의회의 배상금지급기준을 정함에 있어서의 하나의 기준을 정한 것에 지나지 아니하고 이로써 배상액의 상한을 제한한 것으로는 볼 수 없다고 함이 종래 본원의 판례이므로(대판 1970.1.29. 69다1203) 원심이 본건 손해배상액을 산정함에 있어서 국가배상법 제3조 소정의 기준에 구애되지 않고 이를 초과하여 그 액을 정하였다 하더라도 다른 특별한 사정이 없는 한 위법이라고 할 수 없다(대판 1970.3.10. 69다1772).

21. 소방간부

102 □□□

국가배상법상의 손해배상의 기준은 배상심의회의 배상금지급기준을 정함에 있어서의 하나의 기준을 정한 것에 지나지 아니하는 것이고 이로써 배상액의 상한을 제한한 것으로 볼 수 없다. O | X

구 국가배상법 제3조 제1항과 제3항의 손해배상의 기준은 배상심의회의 배상금지급기준을 정함에 있어서의 하나의 기준을 정한 것에 지나지 아니하는 것이고 이로써 배상액의 상한을 제한한 것으로 볼 수 없다 할 것이며 따라서 법원이 국가배상법에 의한 손해배상액을 산정함에 있어서 그 기준에 구애되는 것이 아니라 할 것이니 이 규정은 국가 또는 공공단체에 대한 손해배상청구권을 규정한 구 헌법(1962.12.26. 개정헌법) 제26조에 위반된다고 볼 수 없다(대판 1970.1.29. 69다1203).

21. 소방, 13. 국가직 9급, 11. 국가직 7급

103 □□□

생명 · 신체의 침해로 인한 국가배상을 받을 권리는 양도는 가능하지만, 압류는 하지 못한다. O | X

「국가배상법」 **제4조【양도 등 금지】** 생명 · 신체의 침해로 인한 국가배상을 받을 권리는 양도하거나 압류하지 못한다.

21. 지방직 9급, 14. 사복직 9급, 07. 서울시 9급

104 □□□

공무원의 선임 · 감독을 맡은 자와 봉급 · 급여 기타의 비용을 부담하는 자가 동일하지 아니할 때에는 그 비용을 부담하는 자도 당해 공무원의 불법행위에 대하여 배상책임을 진다. O | X

「국가배상법」 **제6조【비용부담자 등의 책임】** ① 제2조 · 제3조 및 제5조에 따라 국가나 지방자치단체가 손해를 배상할 책임이 있는 경우에 공무원의 선임 · 감독 또는 영조물의 설치 · 관리를 맡은 자와 공무원의 봉급 · 급여, 그 밖의 비용 또는 영조물의 설치 · 관리 비용을 부담하는 자가 동일하지 아니하면 그 비용을 부담하는 자도 손해를 배상하여야 한다.

정답 100 ○ 101 X 102 ○ 103 X 104 ○

11. 국가직 7급

105 □□□

판례는 지방자치단체장간의 기관위임이 있을 때 위임받은 하위지방자치단체 소속 공무원이 위임사무를 처리하면서 고의로 타인에게 손해를 가한 경우에는 상위지방자치단체는 손해배상책임을 지지 않는다고 본다. O | X

기관위임사무의 경우, 상위지방자치단체는 비용부담자로서 손해배상책임을 진다.

18. 서울시 7급

106 □□□

수임사무의 처리에 드는 비용은 수임기관이 부담하는 것이 원칙이다. O | X

수임사무의 처리에 드는 비용은 위임기관이 부담하는 것이 원칙이다.

18. 서울시 7급

107 □□□

위임청은 기관위임사무의 수행에 대하여 지방자치단체의 기관을 지휘·감독할 수 없다. O | X

기관위임사무는 위임기관의 권한이므로 위임청은 기관위임사무의 수행에 대하여 지방자치단체의 기관을 지휘·감독할 수 있다.

18. 서울시 7급

108 □□□

권한의 위탁은 수탁자가 자신의 이름으로 권한을 행사하고 그 권한의 행사의 효과는 위탁자에게 귀속한다. O | X

권한의 위임 또는 위탁은 수임자 또는 수탁자가 자신의 이름으로 권한을 행사하고 그 권한의 행사의 효과도 수임자 또는 수탁자에게 귀속한다.

18. 국회직 8급

109 □□□

광역시와 국가 모두가 도로의 점유자 및 관리자, 비용부담자로서의 책임을 중첩적으로 지는 경우 국가만이 국가배상법에 따라 궁극적으로 손해를 배상할 책임이 있는 자가 된다. O | X

원래 광역시가 점유·관리하던 일반국도 중 일부 구간의 포장공사를 국가가 대행하여 광역시에 도로의 관리를 이관하기 전에 교통사고가 발생한 경우, 광역시는 그 도로의 점유자 및 관리자, 도로법 제56조, 제55조, 도로법 시행령 제30조에 의한 도로관리비용 등의 부담자로서의 책임이 있고, 국가는 그 도로의 점유자 및 관리자, 관리사무귀속자, 포장공사비용 부담자로서의 책임이 있다고 할 것이며, 이와 같이 광역시와 국가 모두가 도로의 점유자 및 관리자, 비용부담자로서의 책임을 중첩적으로 지는 경우에는, 광역시와 국가 모두가 국가배상법 제6조 제2항 소정의 궁극적으로 손해를 배상할 책임이 있는 자라고 할 것이고, 결국 광역시와 국가의 내부적인 부담 부분은, 그 도로의 인계·인수 경위, 사고의 발생 경위, 광역시와 국가의 그 도로에 관한 분담비용 등 제반 사정을 종합하여 결정함이 상당하다(대판 1998.7.10. 96다42819).

정답 105 X 106 X 107 X 108 X 109 X

18. 서울시 7급, 15. 사복직 9급, 11. 국회직 8급, 08. 국가직 7급

110 □□□

국가배상청구권은 피해자나 그 법정대리인이 그 손해 및 가해자를 안 날로부터 3년간 이를 행사하지 아니하면 시효로 인하여 소멸한다. O | X

민법을 유추적용하여 국가배상청구권은 피해자나 그 법정대리인이 그 손해 및 가해자를 안 날로부터 3년간 이를 행사하지 아니하면 시효로 인하여 소멸한다.

08. 지방직 7급

111 □□□

국가배상청구에 있어서 채권자가 동일한 목적을 달성하기 위하여 복수의 채권을 갖고 있는 경우 어느 하나의 청구권을 행사하는 것이 다른 채권에 대한 소멸시효 중단의 효력이 있다고 할 수 없다. O | X

채권자가 동일한 목적을 달성하기 위하여 복수의 채권을 갖고 있는 경우, 어느 하나의 청구권을 행사하는 것이 다른 채권에 대한 소멸시효 중단의 효력이 있다고 할 수 없다(대판 2002.5.10. 2000다39735).

17. 국가직 7급

112 □□□

배상청구권의 시효와 관련하여 '가해자를 안다는 것'은 피해자나 그 법정대리인이 가해공무원의 불법행위가 그 직무를 집행함에 있어서 행해진 것이라는 사실까지 인식함을 요구하지 않는다. O | X

국가배상법 제2조 제1항 본문 전단 규정에 따른 배상책임을 묻는 사건에 대하여는 같은 법 제8조의 규정에 의하여 민법 제766조 제1항 소정의 단기소멸시효제도가 적용되는 것인바, 여기서 가해자를 안다는 것은 피해자나 그 법정대리인이 가해 공무원이 국가 또는 지방자치단체와 공법상 근무관계가 있다는 사실을 알고, 또한 일반인이 당해 공무원의 불법행위가 국가 또는 지방자치단체의 직무를 집행함에 있어서 행해진 것이라고 판단하기에 족한 사실까지 인식하는 것을 의미한다. 한편, 민법 제766조 제1항 소정의 '손해 및 가해자를 안 날'이라 함은 손해의 발생, 위법한 가해행위의 존재, 가해행위와 손해의 발생 사이에 상당인과관계가 있다는 사실 등 불법행위의 요건사실에 대하여 현실적이고도 구체적으로 인식하였을 때를 의미하고, 피해자 등이 언제 불법행위의 요건사실을 현실적이고도 구체적으로 인식한 것으로 볼 것인지는 개별적 사건에 있어서의 여러 객관적 사정을 참작하고 손해배상청구가 사실상 가능하게 된 상황을 고려하여 합리적으로 인정하여야 한다(대판 2008.5.29. 2004다33469).

19. 서울시 9급(6월)

113 □□□

국가배상청구권의 소멸시효기간이 지났으나 국가가 소멸시효 완성을 주장하는 것이 신의성실의 원칙에 반하는 권리남용으로 허용될 수 없어 배상책임을 이행한 경우에는, 그 소멸시효 완성 주장이 권리남용에 해당하게 된 원인행위와 관련하여 해당 공무원이 그 원인이 되는 행위를 적극적으로 주도하였다는 등의 특별한 사정이 없는 한, 국가가 해당 공무원에게 구상권을 행사하는 것은 신의칙상 허용되지 않는다. O | X

공무원의 불법행위로 손해를 입은 피해자의 국가배상청구권의 소멸시효기간이 지났으나 국가가 소멸시효 완성을 주장하는 것이 신의성실의 원칙에 반하는 권리남용으로 허용될 수 없어 배상책임을 이행한 경우에는, 소멸시효 완성 주장이 권리남용에 해당하게 된 원인행위와 관련하여 공무원이 원인이 되는 행위를 적극적으로 주도하였다는 등의 특별한 사정이 없는 한, 국가가 공무원에게 구상권을 행사하는 것은 신의칙상 허용되지 않는다(대판 2016.6.10. 2015다217843).

정답 110 ○ 111 ○ 112 X 113 ○

15. 지방직 9급 · 서울시 7급, 14. 사복직 9급

114
□□□

피해자에게 손해를 직접 배상한 경과실이 있는 공무원이 국가에 대하여 국가의 손해배상책임의 범위 내에서 자신이 변제한 금액에 관하여 구상권을 행사하는 것은 권리남용으로 허용되지 아니한다. O | X

공무원이 직무수행 중 불법행위로 타인에게 손해를 입힌 경우에 국가 등이 국가배상책임을 부담하는 외에 공무원 개인도 고의 또는 중과실이 있는 경우에는 불법행위로 인한 손해배상책임을 지고, 공무원에게 경과실이 있을 뿐인 경우에는 공무원 개인은 손해배상책임을 부담하지 아니한다. 이처럼 경과실이 있는 공무원이 피해자에 대하여 손해배상책임을 부담하지 아니함에도 피해자에게 손해를 배상하였다면 그것은 채무자 아닌 사람이 타인의 채무를 변제한 경우에 해당하고, 이는 민법 제469조의 '제3자의 변제' 또는 민법 제744조의 '도의관념에 적합한 비채변제'에 해당하여 피해자는 공무원에 대하여 이를 반환할 의무가 없고, 그에 따라 피해자의 국가에 대한 손해배상청구권이 소멸하여 국가는 자신의 출연 없이 채무를 면하게 되므로, 피해자에게 손해를 직접 배상한 경과실이 있는 공무원은 특별한 사정이 없는 한 국가에 대하여 국가의 피해자에 대한 손해배상책임의 범위 내에서 공무원이 변제한 금액에 관하여 구상권을 취득한다고 봄이 타당하다(대판 2014.8.20. 2012다54478).

05. 부산 9급

115
□□□

가해공무원에 대한 국가의 구상권의 범위는 가해공무원의 직무 내용, 불법행위의 상황 등 제반 사정을 고려하여 판단하여야 한다. O | X

국가 또는 지방자치단체의 산하 공무원이 그 직무를 집행함에 당하여 중대한 과실로 인하여 법령에 위반하여 타인에게 손해를 가함으로써 국가 또는 지방자치단체가 손해배상책임을 부담하고, 그 결과로 손해를 입게 된 경우에는 국가 등은 당해 공무원의 직무 내용, 당해 불법행위의 상황, 손해발생에 대한 당해 공무원의 기여 정도, 당해 공무원의 평소 근무태도, 불법행위의 예방이나 손실분산에 관한 국가 또는 지방자치단체의 배려의 정도 등 제반사정을 참작하여 손해의 공평한 분담이라는 견지에서 신의칙상 상당하다고 인정되는 한도 내에서만 당해 공무원에 대하여 구상권을 행사할 수 있다고 봄이 상당하다(대판 1991.5.10. 91다6764).

21. 국가직 9급

116
□□□

국가가 가해공무원에 대하여 구상권을 행사하는 경우 국가가 배상한 배상액 전액에 대하여 구상권을 행사하여야 한다. O | X

국가가 가해공무원에 대하여 구상권을 행사하는 경우 국가가 배상한 배상액 전액에 대하여 구상권을 행사하는 것이 아니라, 기본적으로 손해의 발생에 기여한 정도에 따라 국가와 공무원 사이에 손해의 공평한 분담이라는 견지에서 국가의 공무원에 대한 구상권을 행사할 수 있다는 것이 판례의 입장이다.

15. 사복직 9급 · 국회직 8급, 13. 경행특채, 08. 선관위 9급

117
□□□

국가배상소송은 배상심의회에 배상신청을 하지 아니하고도 제기할 수 있다. O | X

「국가배상법」 제9조 【소송과 배상신청의 관계】 이 법에 따른 손해배상의 소송은 배상심의회(이하 "심의회"라 한다)에 배상신청을 하지 아니하고도 제기할 수 있다.

정답 114 X 115 ○ 116 X 117 ○

08. 선관위 9급

118 □□□

군인 또는 군무원이 타인에게 가한 손해에 대한 배상신청사건을 심의하기 위하여 국방부에 두는 특별심의회는 법무부장관의 지휘를 받지 않는다. O | X

「국가배상법」 제10조【배상심의회】 ③ 본부심의회와 특별심의회와 지구심의회는 법무부장관의 지휘를 받아야 한다.

06. 국가직 7급

119 □□□

국가배상법상 손해배상청구소송을 제기하기 전에 배상심의회의 결정을 먼저 거치는 경우, 배상심의회에 대한 손해배상지급신청은 시효중단사유가 된다. O | X

국가배상법에 따른 배상신청을 한 것은 민법 제174조 소정의 시효중단사유로서의 최고에 해당하고, 이 신청에 대하여 국가배상심의위원회의 결정이 있을 때까지는 그 이행의 유예를 구한 것에 해당한다. 그 경우 민법 제174조 소정의 6개월의 기간은 위 결정이 있을 때까지 진행하지 아니한다.

06. 국가직 7급

120 □□□

국가배상법상 배상신청인은 배상심의회의 배상결정에 불복할 경우 결정 자체에 대해 항고소송으로 다툴 수 있다는 것이 판례의 입장이다. O | X

「국가배상법」 제15조의2【재심신청】 ① 지구심의회에서 배상신청이 기각(일부기각된 경우를 포함한다) 또는 각하된 신청인은 결정정본이 송달된 날부터 2주일 이내에 그 심의회를 거쳐 본부심의회나 특별심의회에 재심(再審)을 신청할 수 있다.

06. 국가직 7급

121 □□□

국가배상법상 배상신청인은 배상심의회의 배상결정에 동의하여 배상금을 수령한 이후에도 손해배상소송을 제기하여 배상금의 증액을 청구할 수 있다. O | X

배상신청인은 배상심의회의 배상결정에 동의하여 배상금을 수령한 이후에도 손해배상소송을 제기하여 배상금의 증액을 청구할 수 있다.

21. 소방, 15. 지방직 9급, 08. 국가직 7급

122 □□□

자동차손해배상 보장법은 배상책임의 성립요건에 관하여 국가배상법에 우선하여 적용된다. O | X

'특별법(자동차손해배상 보장법) → 일반법(국가배상법) → 민법'의 순서로 적용된다.

정답 118 X 119 ○ 120 X 121 ○ 122 ○

14. 경행특채 2차

123 □□□

공무원이 그 직무를 집행하기 위하여 국가 또는 지방자치단체 소유의 공용차를 운행하는 경우, 그 자동차에 대한 운행지배나 운행이익은 그 공무원이 소속한 국가 또는 지방자치단체에 귀속된다고 할 것이므로, 그 공무원이 자기를 위하여 공용차를 운행하는 자로서 자동차손해배상 보장법 제3조 소정의 손해배상책임의 주체가 될 수는 없다. O | X

자동차손해배상 보장법 제3조 소정의 '자기를 위하여 자동차를 운행하는 자'라고 함은 자동차에 대한 운행을 지배하여 그 이익을 향수하는 책임주체로서의 지위에 있는 자를 뜻하는 것인바, 공무원이 그 직무를 집행하기 위하여 국가 또는 지방자치단체 소유의 공용차를 운행하는 경우, 그 자동차에 대한 운행지배나 운행이익은 그 공무원이 소속한 국가 또는 지방자치단체에 귀속된다고 할 것이고 그 공무원 자신이 개인적으로 그 자동차에 대한 운행지배나 운행이익을 가지는 것이라고는 볼 수 없으므로, 그 공무원이 자기를 위하여 공용차를 운행하는 자로서 같은 법조 소정의 손해배상책임의 주체가 될 수는 없다(대판 1994.12.27. 94다31860).

15. 국회직 8급

124 □□□

공무원이 자기 소유 차량으로 공무수행 중 사고를 일으킨 경우 공무원 개인은 경과실에 의한 것인지 또는 고의 또는 중과실에 의한 것인지를 가리지 않고 자동차손해배상 보장법상의 운행자성이 인정되는 한 배상책임을 부담한다. O | X

공무원이 자기 소유의 자동차로 공무수행 중 사고를 일으킨 경우에는 그 손해배상책임은 자동차손해배상 보장법이 정한 바에 의하게 되어, 그 사고가 자동차를 운전한 공무원의 경과실에 의한 것인지 중과실 또는 고의에 의한 것인지를 가리지 않고 그 공무원이 자동차손해배상 보장법 제3조 소정의 '자기를 위하여 자동차를 운행하는 자'에 해당하는 한 손해배상책임을 부담한다(대판 1996.5.31. 94다15271).

08. 선관위 9급

125 □□□

판례에 따르면 국가배상법상 배상심의회에 의한 배상결정은 행정처분이 아니다. O | X

국가배상법에 의한 배상심의회의 결정은 행정처분이 아니므로 행정소송의 대상이 아니다(대판 1981.2.10. 80누317).

22. 지방직 9급

126 □□□

지방자치단체가 권원 없이 사실상 관리하고 있는 도로는 국가배상책임의 대상이 되는 영조물에 해당하지 않는다. O | X

공여된 유체물 내지 물적 설비를 지칭하며, 공공용물에 한하지 아니하고, 공용물도 포함하며, 국가 또는 지방자치단체가 소유권·임차권 그 밖의 권한에 기하여 관리하고 있는 경우뿐만 아니라 사실상의 관리를 하고 있는 경우도 포함한다(대판 1995.1.24. 94다45302).

정답 123 ○ 124 ○ 125 ○ 126 X

22. 지방직 9급

127 □□□

경과실로 불법행위를 한 공무원이 피해자에게 손해를 배상하였다면 이는 타인의 채무를 변제한 경우에 해당하므로 피해자는 공무원에게 이를 반환할 의무가 있다. O | X

공무원이 직무수행 중 불법행위로 타인에게 손해를 입힌 경우에 국가 등이 국가배상책임을 부담하는 외에 공무원 개인도 고의 또는 중과실이 있는 경우에는 불법행위로 인한 손해배상책임을 지고, 공무원에게 경과실이 있을 뿐인 경우에는 공무원 개인은 손해배상책임을 부담하지 아니한다. 이처럼 경과실이 있는 공무원이 피해자에 대하여 손해배상책임을 부담하지 아니함에도 피해자에게 손해를 배상하였다면 그것은 채무자 아닌 사람이 타인의 채무를 변제한 경우에 해당하고, 이는 민법 제469조의 '제3자의 변제' 또는 민법 제744조의 '도의관념에 적합한 비채변제'에 해당하여 피해자는 공무원에 대하여 이를 반환할 의무가 없고, 그에 따라 피해자의 국가에 대한 손해배상청구권이 소멸하여 국가는 자신의 출연 없이 채무를 면하게 되므로, 피해자에게 손해를 직접 배상한 경과실이 있는 공무원은 특별한 사정이 없는 한 국가에 대하여 국가의 피해자에 대한 손해배상책임의 범위 내에서 공무원이 변제한 금액에 관하여 구상권을 취득한다고 봄이 타당하다(대판 2014.8.20. 2012다54478).

22. 국가직 9급

128 □□□

국가배상청구권의 소멸시효 기간은 지났으나 국가가 소멸시효 완성을 주장하는 것이 신의성실의 원칙에 반하는 권리남용으로 허용될 수 없어 배상책임을 이행한 경우, 국가는 원칙적으로 해당 공무원에 대해 구상권을 행사할 수 있다. O | X

공무원의 불법행위로 손해를 입은 피해자의 국가배상청구권의 소멸시효 기간이 지났으나 국가가 소멸시효 완성을 주장하는 것이 신의성실의 원칙에 반하는 권리남용으로 허용될 수 없어 배상책임을 이행한 경우에는, 소멸시효 완성 주장이 권리남용에 해당하게 된 원인행위와 관련하여 공무원이 원인이 되는 행위를 적극적으로 주도하였다는 등의 특별한 사정이 없는 한, 국가가 공무원에게 구상권을 행사하는 것은 신의칙상 허용되지 않는다(대판 2016.6.10. 2015다217843).

22. 국가직 9급

129 □□□

공무원이 관계 법령의 해석이 확립되기 전에 어느 한 설을 취하여 업무를 처리한 것이 결과적으로 위법하더라도 처분 당시 그 이상의 업무처리를 성실한 평균적 공무원에게 기대하기 어려웠던 경우라면 원칙적으로 공무원의 과실을 인정할 수 없다. O | X

행정청이 관계 법령의 해석이 확립되기 전에 어느 한 설을 취하여 업무를 처리한 것이 결과적으로 위법하게 되어 그 법령의 부당집행이라는 결과를 빚었다고 하더라도 처분 당시 그와 같은 처리 방법 이상의 것을 성실한 평균적 공무원에게 기대하기 어려웠던 경우라면 특별한 사정이 없는 한 이를 두고 공무원의 과실로 인한 것이라고는 할 수 없다(대판 1997.7.11. 97다7608).

정답 127 X 128 X 129 ○

22. 국가직 9급

130 □□□

공무원이 직무를 수행하면서 그 근거가 되는 법령의 규정에 따라 구체적으로 의무를 부여받았어도 그것이 국민의 이익과 관계없이 순전히 행정기관 내부의 질서를 유지하기 위한 것이라면 그 의무에 위반하여 국민에게 손해를 가하여도 국가 등은 배상책임을 부담하지 않는다. O | X

공무원이 직무를 수행하면서 그 근거되는 법령의 규정에 따라 구체적으로 의무를 부여받았어도 그것이 국민의 이익과는 관계없이 순전히 행정기관 내부의 질서를 유지하기 위한 것이거나, 또는 국민의 이익과 관련된 것이라도 직접 국민 개개인의 이익을 위한 것이 아니라 전체적으로 공공 일반의 이익을 도모하기 위한 것이라면 그 의무에 위반하여 국민에게 손해를 가하여도 국가 또는 지방자치단체는 배상책임을 부담하지 아니한다(대판 2002.3.12. 2000다55225 · 2000다55232).

22. 국가직 9급

131 □□□

행정처분이 후에 항고소송에서 취소되었다고 할지라도 그 기판력에 의하여 당해 행정처분이 곧바로 공무원의 고의 또는 과실로 인한 것으로서 불법행위를 구성한다고 단정할 수는 없다. O | X

어떠한 행정처분이 후에 항고소송에서 취소되었다고 할지라도 그 기판력에 의하여 당해 행정처분이 곧바로 공무원의 고의 또는 과실로 인한 것으로서 불법행위를 구성한다고 단정할 수는 없는 것이다(대판 2000.5.12. 99다70600).

22. 소방

132 □□□

국회의원은 원칙적으로 정치적 책임을 질 뿐이므로 헌법에 따른 구체적 입법의무를 부담하고 있음에도 그 입법에 필요한 상당한 기간이 경과하도록 고의 또는 과실로 그 입법의무를 이행하지 아니하는 경우 그 배상책임이 인정되기 어렵다. O | X

우리 헌법이 채택하고 있는 의회민주주의하에서 국회는 다원적 의견이나 각가지 이익을 반영시킨 토론과정을 거쳐 다수결의 원리에 따라 통일적인 국가의사를 형성하는 역할을 담당하는 국가기관으로서 그 과정에 참여한 국회의원은 입법에 관하여 원칙적으로 국민 전체에 대한 관계에서 정치적 책임을 질 뿐 국민 개개인의 권리에 대응하여 법적 의무를 지는 것은 아니므로, 국회의원의 입법행위는 그 입법 내용이 헌법의 문언에 명백히 위배됨에도 불구하고 국회가 굳이 당해 입법을 한 것과 같은 특수한 경우가 아닌 한 국가배상법 제2조 제1항 소정의 위법행위에 해당한다고 볼 수 없고, 같은 맥락에서 국가가 일정한 사항에 관하여 헌법에 의하여 부과되는 구체적인 입법의무를 부담하고 있음에도 불구하고 그 입법에 필요한 상당한 기간이 경과하도록 고의 또는 과실로 이러한 입법의무를 이행하지 아니하는 등 극히 예외적인 사정이 인정되는 사안에 한정하여 국가배상법 소정의 배상책임이 인정될 수 있으며, 위와 같은 구체적인 입법의무 자체가 인정되지 않는 경우에는 애당초 부작위로 인한 불법행위가 성립할 여지가 없다(대판 2008.5.29. 2004다33469).

정답 130 ○ 131 ○ 132 X

22. 소방 · 지방직 7급

133 □□□

공무원에게 부과된 직무상 의무의 내용이 전적으로 또는 부수적으로 사회구성원 개인의 안전과 이익을 보호하기 위하여 설정된 것이라면, 공무원이 그와 같은 직무상 의무를 위반함으로써 피해자가 입은 손해에 대해서는 상당인과관계가 인정되는 범위에서 국가가 배상책임을 진다. O | X

공무원에게 부과된 직무상 의무의 내용이 단순히 공공 일반의 이익을 위한 것이거나 행정기관 내부의 질서를 규율하기 위한 것이 아니고 전적으로 또는 부수적으로 사회구성원 개인의 안전과 이익을 보호하기 위하여 설정된 것이라면, 공무원이 그와 같은 직무상 의무를 위반함으로 인하여 피해자가 입은 손해에 대하여는 상당인과관계가 인정되는 범위 내에서 국가가 배상책임을 지는 것이고, 이때 상당인과관계의 유무를 판단함에 있어서는 일반적인 결과 발생의 개연성은 물론 직무상 의무를 부과하는 법령 기타 행동규범의 목적, 그 수행하는 직무의 목적 내지 기능으로부터 예견 가능한 행위 후의 사정, 가해행위의 태양 및 피해의 정도 등을 종합적으로 고려하여야 한다(대판 2007.12.27. 2005다62747).

22. 소방

134 □□□

금융위원회의 설치 등에 관한 법률의 입법 취지에 비추어 볼 때, 금융감독원에 금융기관에 대한 검사 · 감독의무를 부과한 법령의 목적이 금융상품에 투자한 투자자 개인의 이익을 직접 보호하기 위한 것이라고 할 수 있으므로, 피고 금융감독원 및 그 직원들의 위법한 직무집행과 해당 저축은행의 후순위사채에 투자한 원고들이 입은 손해 사이에 상당인과관계가 인정된다. O | X

금융위원회의 설치 등에 관한 법률의 입법 취지 등에 비추어 볼 때, 피고 금융감독원에 금융기관에 대한 검사 · 감독의무를 부과한 법령의 목적이 금융상품에 투자한 투자자 개인의 이익을 직접 보호하기 위한 것이라고 할 수 없으므로, 피고 금융감독원 및 그 직원들의 위법한 직무집행과 부산2저축은행의 후순위사채에 투자한 원고들이 입은 손해 사이에 상당인과관계가 있다고 보기 어렵다고 판단하였다(대판 2015.12.23. 2015다210194).

22. 국회직 8급

135 □□□

국회의원이 제정한 법률규정이 헌법의 문언에 명백히 위반됨에도 불구하고 국회가 굳이 당해 입법을 한 것과 같은 특수한 경우가 아닌 한 국가배상법상의 위법행위에 해당하지 않는다. O | X

국회의원의 입법행위는 그 입법 내용이 헌법의 문언에 명백히 위배됨에도 불구하고 국회가 굳이 당해 입법을 한 것과 같은 특수한 경우가 아닌 한 국가배상법 제2조 제1항 소정의 위법행위에 해당한다고 볼 수 없고, 같은 맥락에서 국가가 일정한 사항에 관하여 헌법에 의하여 부과되는 구체적인 입법의무를 부담하고 있음에도 불구하고 그 입법에 필요한 상당한 기간이 경과하도록 고의 또는 과실로 이러한 입법의무를 이행하지 아니하는 등 극히 예외적인 사정이 인정되는 사안에 한정하여 국가배상법 소정의 배상책임이 인정될 수 있으며, 위와 같은 구체적인 입법의무 자체가 인정되지 않는 경우에는 애당초 부작위로 인한 불법행위가 성립할 여지가 없다(대판 2008.5.29. 2004다33469).

정답 133 ○ 134 X 135 ○

22. 국회직 8급

136

□□□

법령의 위임에도 불구하고 보건복지부장관이 치과전문의제도의 실시를 위하여 필요한 시행규칙의 개정 등 절차를 마련하지 않은 입법부작위가 위헌이라는 헌법재판소 결정의 기속력에 따라, 보건복지부장관이 사실상 전공의 수련과정을 수료한 치과의사들에게 그 수련경력에 대한 기득권을 인정하는 경과조치를 행정입법으로 제정하지 않았다면 입법부작위에 의한 국가배상책임이 성립한다. O | X

헌법재판소는 1998.7.16. 법령의 위임에 따라 치과전문의제도의 실시를 위한 구체적 조치를 마련할 보건복지부장관의 행정입법 의무가 있음에도, 20년 이상이 경과하도록 제도적 조치를 취하지 아니하여 전공의 수련과정을 사실상 마친 사람들의 기본권을 침해한다는 이유로, 보건복지부장관이 구 의료법 제55조 및 구 전문의 규정 제17조의 위임에 따라 치과전문의자격시험제도를 실시할 수 있는 절차를 마련하지 아니하는 입법부작위는 위헌임을 확인하는 결정(헌재 1998.7.16. 96헌마246. 이하 '이 사건 위헌결정'이라고 한다)을 하였다. 즉 이 사건 위헌결정은 보건복지부장관에게 구 의료법 및 구 전문의 규정의 위임에 따라 치과의사전문의 자격시험제도를 실시하기 위하여 필요한 시행규칙의 개정 등 절차를 마련하여야 할 헌법상 입법의무가 부과되어 있다고 판시하였을 뿐, 사실상 전공의 수련과정을 수료한 치과의사들에게 그 수련경력에 대한 기득권을 인정하는 경과조치를 마련하지 아니한 보건복지부장관의 행정입법부작위가 위헌 · 위법하다고까지 판시한 것은 아니다. 따라서 이 사건 위헌결정의 기속력이 곧바로 위와 같은 경과조치 마련에 대하여까지 미친다고는 볼 수 없다(대판 2018.6.15. 2017다249769).

22. 국회직 8급

137

□□□

직무수행 중 경과실로 피해자에게 손해를 입힌 공무원이 피해자에게 손해를 배상하였다면, 공무원은 특별한 사정이 없는 한 국가가 피해자에 대하여 부담하는 손해배상책임의 범위 내에서 자신이 변제한 금액에 관하여 구상권을 취득한다. O | X

공무원에게 경과실이 있을 뿐인 경우에는 공무원 개인은 손해배상책임을 부담하지 아니한다. 이처럼 경과실이 있는 공무원이 피해자에 대하여 손해배상책임을 부담하지 아니함에도 피해자에게 손해를 배상하였다면 그것은 채무자 아닌 사람이 타인의 채무를 변제한 경우에 해당하고, 이는 민법 제469조의 '제3자의 변제' 또는 민법 제744조의 '도의관념에 적합한 비채변제'에 해당하여 피해자는 공무원에 대하여 이를 반환할 의무가 없고, 그에 따라 피해자의 국가에 대한 손해배상청구권이 소멸하여 국가는 자신의 출연 없이 채무를 면하게 되므로, 피해자에게 손해를 직접 배상한 경과실이 있는 공무원은 특별한 사정이 없는 한 국가에 대하여 국가의 피해자에 대한 손해배상책임의 범위 내에서 공무원이 변제한 금액에 관하여 구상권을 취득한다(대판 2014.8.20. 2012다54478).

22. 국회직 8급

138

□□□

일반적으로 공무원이 필요한 지식을 갖추지 못하고 법규의 해석을 그르쳐 행정처분을 하였다면 그가 법률 전문가가 아닌 행정직 공무원이라고 하여 과실이 없다고는 할 수 없다. O | X

법령에 대한 해석이 복잡, 미묘하여 워낙 어렵고, 이에 대한 학설, 판례조차 귀일되어 있지 않는 등의 특별한 사정이 없는 한 일반적으로 공무원이 관계 법규를 알지 못하거나 필요한 지식을 갖추지 못하고 법규의 해석을 그르쳐 행정처분을 하였다면 그가 법률전문가가 아닌 행정직 공무원이라고 하여 과실이 없다고는 할 수 없다(대판 2001.2.9. 98다52988).

정답 136 X 137 ○ 138 ○

22. 지방직 7급

139

□□□

공무원의 부작위가 공무원으로서 마땅히 지켜야 할 준칙이나 규범을 위반한 경우를 포함하여 널리 객관적인 정당성이 없는 경우, 그 부작위는 '법령을 위반'하는 경우에 해당한다. O | X

공무원의 부작위로 인한 국가배상책임을 인정하기 위해서는 공무원의 작위로 인한 국가배상책임을 인정하는 경우와 마찬가지로 '공무원이 직무를 집행하면서 고의 또는 과실로 법령을 위반하여 타인에게 손해를 입힌 때'라는 국가배상법 제2조 제1항의 요건이 충족되어야 한다. 여기서 '법령 위반'이란 엄격하게 형식적 의미의 법령에 명시적으로 공무원의 작위의무가 규정되어 있는데도 이를 위반하는 경우만을 의미하는 것은 아니고, 인권존중 · 권력남용금지 · 신의성실과 같이 공무원으로서 마땅히 지켜야 할 준칙이나 규범을 지키지 않고 위반한 경우를 포함하여 널리 객관적인 정당성이 없는 행위를 한 경우를 포함한다(대판 2020.5.28. 2017다211559).

22. 지방직 7급

140

□□□

상급행정기관이 소속 공무원이나 하급행정기관에 대하여 업무처리지침이나 법령의 해석 · 적용 기준을 정해 주는 행정규칙을 위반한 공무원의 조치가 있다고 해서 그러한 사정만으로 곧바로 그 조치의 위법성이 인정되는 것은 아니다. O | X

상급행정기관이 소속 공무원이나 하급행정기관에 대하여 업무처리지침이나 법령의 해석 · 적용 기준을 정해 주는 '행정규칙'은 일반적으로 행정조직 내부에서만 효력을 가질 뿐 대외적으로 국민이나 법원을 구속하는 효력이 없다. 공무원의 조치가 행정규칙을 위반하였다고 해서 그러한 사정만으로 곧바로 위법하게 되는 것은 아니고, 공무원의 조치가 행정규칙을 따른 것이라고 해서 적법성이 보장되는 것도 아니다. 공무원의 조치가 적법한지는 행정규칙에 적합한지 여부가 아니라 상위법령의 규정과 입법 목적 등에 적합한지 여부에 따라 판단해야 한다(대판 2020.5.28. 2017다211559).

23. 국회직 8급

141

□□□

국가배상법은 외국인이 피해자인 경우에는 해당 국가와 상호보증이 있을 때에만 적용하고, 이때 상호보증은 반드시 당사국과의 조약이 체결되어 있을 필요는 없다. O | X

국가배상법 제7조는 우리나라만이 입을 수 있는 불이익을 방지하고 국제관계에서 형평을 도모하기 위하여 외국인의 국가배상청구권의 발생요건으로 '외국인이 피해자인 경우에는 해당 국가와 상호보증이 있을 것'을 요구하고 있는데 … 상호보증은 외국의 법령, 판례 및 관례 등에 의하여 발생요건을 비교하여 인정되면 충분하고 반드시 당사국과의 조약이 체결되어 있을 필요는 없으며, 당해 외국에서 구체적으로 우리나라 국민에게 국가배상청구를 인정한 사례가 없더라도 실제로 인정될 것이라고 기대할 수 있는 상태이면 충분하다(대판 2015.6.11. 2013다208388).

23. 국회직 8급

142

□□□

공무원이 자기 소유의 자동차로 공무수행 중 사고를 일으킨 경우에는 그 공무원은 자동차손해배상 보장법에 의한 '자기를 위하여 자동차를 운행하는 자'에 해당하지 않아 손해배상책임을 부담하지 않는다. O | X

일반적으로 공무원의 공무집행상의 위법행위로 인한 공무원 개인 책임의 내용과 범위는 민법과 국가배상법의 규정과 해석에 따라 정하여 질 것이지만, 자동차의 운행으로 말미암아 다른 사람을 사망하게 하거나 부상하게 함으로써 발생한 손해에 대한 공무원의 손해배상책임의 내용과 범위는 이와는 달리 자동차손해배상보장법이 정하는 바에 의할 것이므로, 공무원이 직무상 자동차를 운전하다가 사고를 일으켜 다른 사람에게 손해를 입힌 경우에는 그 사고가 자동차를 운전한 공무원의 경과실에 의한 것인지 중과실 또는 고의에 의한 것인지를 가리지 않고, 그 공무원이 자동차손해배상보장법 제3조 소정의 '자기를 위하여 자동차를 운행하는 자'에 해당하는 한 자동차손해배상보장법상의 손해배상책임을 부담한다(대판 1996.3.8. 94다23876).

정답 139 ○ 140 ○ 141 ○ 142 X

23. 지방직 9급

143
□□□

군 복무 중 사망한 군인 등의 유족이 국가배상법에 따른 손해배상금을 지급받은 경우 그 손해배상금 상당 금액에 대해서는 군인연금법에서 정한 사망보상금을 지급받을 수 없다. O | X

다른 법령에 따라 지급받은 급여와의 조정에 관한 조항을 두고 있지 아니한 보훈보상대상자 지원에 관한 법률과 달리, 군인연금법 제41조 제1항은 "다른 법령에 따라 국가나 지방자치단체의 부담으로 이 법에 따른 급여와 같은 종류의 급여를 받은 사람에게는 그 급여금에 상당하는 금액에 대하여는 이 법에 따른 급여를 지급하지 아니한다."라고 명시적으로 규정하고 있다. 나아가 군인연금법이 정하고 있는 급여 중 사망보상금(군인연금법 제31조)은 일실손해의 보전을 위한 것으로 불법행위로 인한 소극적 손해배상과 같은 종류의 급여라고 봄이 타당하다. 따라서 피고에게 군인연금법 제41조 제1항에 따라 원고가 받은 손해배상금 상당 금액에 대하여는 사망보상금을 지급할 의무가 존재하지 아니한다(대판 2018.7.20. 2018두36691).

23. 국가직 9급

144
□□□

국가배상법 제2조 제1항 단서에서 정한 '다른 법령의 규정'에 따른 보상금청구권이 모두 시효로 소멸된 경우라고 하더라도 국가배상법 제2조 제1항 단서 규정이 적용된다. O | X

헌법 제29조 제2항 및 이를 근거로 한 국가배상법 제2조 제1항 단서 규정의 입법 취지는, 국가 또는 공공단체가 위험한 직무를 집행하는 군인 · 군무원 · 경찰공무원 또는 향토예비군대원에 대한 피해보상제도를 운영하여, 직무집행과 관련하여 피해를 입은 군인 등이 간편한 보상절차에 의하여 자신의 과실 유무나 그 정도와 관계없이 무자력의 위험부담이 없는 확실하고 통일된 피해보상을 받을 수 있도록 보장하는 대신에 … 따라서 국가배상법 제2조 제1항 단서 규정은 다른 법령에 보상제도가 규정되어 있고, 그 법령에 규정된 상이등급 또는 장애등급 등의 요건에 해당되어 그 권리가 발생한 이상, 실제로 그 권리를 행사하였는지 또는 그 권리를 행사하고 있는지 여부에 관계없이 적용된다고 보아야 하고, 그 각 법률에 의한 보상금청구권이 시효로 소멸되었다 하여 적용되지 않는다고 할 수는 없다(대판 2002.5.10. 2000다39735).

23. 국가직 9급 · 경찰간부

145
□□□

경찰공무원인 피해자가 공무원연금법에 따라 공무상 요양비를 지급받는 것은 국가배상법 제2조 제1항 단서에서 정한 '다른 법령의 규정'에 따라 보상을 지급받는 것에 해당하지 않는다. O | X

구 공무원연금법(2018.3.20. 법률 제15523호로 전부 개정되기 전의 것, 이하 '구 공무원연금법'이라고 한다)에 따라 각종 급여를 지급하는 제도는 공무원의 생활안정과 복리향상에 이바지하기 위한 것이라는 점에서 국가배상법 제2조 제1항 단서에 따라 손해배상금을 지급하는 제도와 그 취지 및 목적을 달리하므로, 경찰공무원인 피해자가 구 공무원연금법의 규정에 따라 공무상 요양비를 지급받는 것은 국가배상법 제2조 제1항 단서에서 정한 '다른 법령의 규정'에 따라 보상을 지급받는 것에 해당하지 않는다. … 한편 군인연금법과 구 공무원연금법은 취지나 목적에서 유사한 면이 있으나, 별도의 규정체계를 통해 서로 다른 적용대상을 규율하고 있는 만큼 서로 상이한 내용들로 규정되어 있기도 하므로, 군인연금법이 국가배상법 제2조 제1항 단서에서 정한 '다른 법령'에 해당한다고 하여, 구 공무원연금법도 군인연금법과 동일하게 취급되어야 하는 것은 아니다(대판 2019.5.30. 2017다16174).

정답 143 ○ 144 ○ 145 ○

23. 경찰간부

146
□□□

지방자치단체가 구 산업기술혁신 촉진법령에 따른 인증신제품 구매의무를 위반하였다고 하더라도 이를 이유로 신제품 인증을 받은 자에 대하여 국가배상책임을 지는 것은 아니다. O | X

피고들이 위 법령에서 정한 인증신제품 구매의무를 위반하였다고 하더라도, 이를 이유로 원고에 대하여 국가배상법 제2조가 정한 배상책임이나 불법행위를 이유로 한 손해배상책임을 지는 것은 아니라고 할 것이다(대판 2015.5.28. 2013다41431).

23. 경찰간부

147
□□□

공법인이 국가로부터 위탁받은 공행정사무를 집행하는 과정에서 공법인의 임직원이 경과실로 법령을 위반하여 타인에게 손해를 입힌 경우, 공법인의 임직원은 국가배상법 제2조에서 정한 공무원에 해당하여 배상책임을 면한다. O | X

공법인이 국가로부터 위탁받은 공행정사무를 집행하는 과정에서 공법인의 임직원이나 피용인이 고의 또는 과실로 법령을 위반하여 타인에게 손해를 입힌 경우에는, 공법인은 위탁받은 공행정사무에 관한 행정주체의 지위에서 배상책임을 부담하여야 하지만, 공법인의 임직원이나 피용인은 실질적인 의미에서 공무를 수행한 사람으로서 국가배상법 제2조에서 정한 공무원에 해당하므로 고의 또는 중과실이 있는 경우에만 배상책임을 부담하고 경과실이 있는 경우에는 배상책임을 면한다(대판 2021.1.28. 2019다260197).

23. 경찰간부

148
□□□

국가배상책임은 공무원에 의한 가해행위의 태양이 확정될 수 있으면 성립되고 구체적인 행위자가 반드시 특정될 것을 요하지 않는다. O | X

국가배상책임은 공무원에 의한 가해행위의 태양이 확정될 수 있으면 성립되고 구체적인 행위자가 반드시 특정될 것을 요하지 않는다(대판 2011.1.27. 2010다6680).

23. 변호사

149
□□□

甲이 乙과 동일한 이름으로 개명허가를 받은 것처럼 호적등본을 위조하여 주민등록상 성명을 위법하게 정정하고, 乙 명의의 주민등록증을 발급받아 乙의 부동산에 관하여 근저당권설정등기를 마친 경우, 주민등록사무를 담당하는 공무원이 위와 같은 성명정정 사실을 甲의 본적지 관할관청에 통보하지 아니한 직무상 의무위배행위와 乙이 입은 손해 사이에 상당인과관계를 인정할 수 없다. O | X

주민등록사무를 담당하는 공무원이 개명으로 인한 주민등록상 성명정정을 본적지 관할관청에 통보하지 아니한 직무상 의무위배행위와 甲과 같은 이름으로 개명허가를 받은 듯이 호적등본을 위조하여 주민등록상 성명을 위법하게 정정한 乙이 甲의 부동산에 관하여 불법적으로 근저당권설정등기를 경료함으로써 甲이 입은 손해 사이에는 상당인과관계가 있다(대판 2003.4.25. 2001다59842).

정답 146 ○ 147 ○ 148 ○ 149 X

24. 국가직 9급

150 □□□

음주운전으로 적발된 주취운전자가 도로 밖으로 차량을 이동하겠다며 단속경찰관으로부터 보관중이던 차량열쇠를 반환받아 몰래 차량을 운전하여 가던 중 사고를 일으킨 경우, 국가배상책임이 인정되지 않는다. O | X

경찰관의 주취운전자에 대한 권한 행사가 관계 법률의 규정 형식상 경찰관의 재량에 맡겨져 있다고 하더라도, 그러한 권한을 행사하지 아니한 것이 구체적인 상황하에서 현저하게 합리성을 잃어 사회적 타당성이 없는 경우에는 경찰관의 직무상 의무를 위배한 것으로서 위법하게 된다. 음주운전으로 적발된 주취운전자가 도로 밖으로 차량을 이동하겠다며 단속경찰관으로부터 보관중이던 차량열쇠를 반환받아 몰래 차량을 운전하여 가던 중 사고를 일으킨 경우, 국가배상책임을 인정한 사례(대판 1998.5.8. 97다54482)

제3절 국가배상법 제5조

14. 서울시 7급

151 □□□

국가배상법 제5조의 영조물은 민법 제758조의 공작물의 개념보다 넓다. O | X

국가배상법 제5조의 책임에 대한 대상물이 공작물에 한정되지 않고 '영조물'로 규정되어 있다. 국가배상법 제5조의 영조물은 민법 제758조의 공작물보다 넓은 개념으로 인공공물, 자연공물, 동산, 부동산, 공공용물, 공용물, 국공유공물, 사유공물이 포함된다.

> 「국가배상법」 제5조 **【공공시설 등의 하자로 인한 책임】** ① 도로 · 하천, 그 밖의 공공의 영조물(營造物)의 설치나 관리에 하자(瑕疵)가 있기 때문에 타인에게 손해를 발생하게 하였을 때에는 국가나 지방자치단체는 그 손해를 배상하여야 한다.

17. 지방직 7급, 14. 국가직 7급

152 □□□

국가 또는 지방자치단체가 관리하지만 사인의 소유에 속하는 공물에 대하여는 국가배상법 제5조가 적용되지 아니한다. O | X

국가배상법 제5조 제1항 소정의 "공공의 영조물"이라 함은 국가 또는 지방자치단체에 의하여 특정 공공의 목적에 공여된 유체물 내지 물적 설비를 지칭하며, 특정 공공의 목적에 공여된 물이라 함은 일반 공중의 자유로운 사용에 직접적으로 제공되는 공공용물에 한하지 아니하고, 행정주체 자신의 사용에 제공되는 공용물도 포함하며 국가 또는 지방자치단체가 소유권, 임차권 그밖의 권한에 기하여 관리하고 있는 경우뿐만 아니라 사실상의 관리를 하고 있는 경우도 포함한다(대판 1995.1.24. 94다45302).

정답 150 X 151 ○ 152 X

18. 변호사, 17. 국가직 9급

153 □□□

'공공의 영조물'이라 함은 강학상 공물을 뜻하므로 국가 또는 지방자치단체가 사실상의 관리를 하고 있는 유체물은 포함되지 않는다. O | X

국가배상법 제5조 제1항 소정의 "공공의 영조물"이라 함은 국가 또는 지방자치단체에 의하여 특정 공공의 목적에 공여된 유체물 내지 물적 설비를 지칭하며, 특정 공공의 목적에 공여된 물이라 함은 일반 공중의 자유로운 사용에 직접적으로 제공되는 공공용물에 한하지 아니하고, 행정주체 자신의 사용에 제공되는 공용물도 포함하며 국가 또는 지방자치단체가 소유권, 임차권 그 밖의 권한에 기하여 관리하고 있는 경우뿐만 아니라 사실상의 관리를 하고 있는 경우도 포함한다(대판 1995.1.24. 94다45302).

21. 지방직 9급, 17. 지방직 7급, 16. 국가직 9급, 14. 사복직 9급

154 □□□

국가배상법 제5조 제1항의 '공공의 영조물'이란 국가 또는 지방자치단체에 의하여 공공의 목적에 공여된 유체물 내지 물적 설비로서 국가 또는 지방자치단체가 소유권, 임차권 그 밖의 권한에 기하여 관리하고 있는 경우를 말하는 것으로, 그러한 권원 없이 사실상 관리하고 있는 경우는 포함되지 않는다. O | X

국가배상법 제5조 제1항 소정의 '공공의 영조물'이라 함은 국가 또는 지방자치단체에 의하여 특정 공공의 목적에 공여된 유체물 내지 물적 설비를 말하며, 국가 또는 지방자치단체가 소유권, 임차권 그 밖의 권한에 기하여 관리하고 있는 경우뿐만 아니라 사실상의 관리를 하고 있는 경우도 포함된다(대판 1998.10.23. 98다17381).

21. 소방

155 □□□

지방자치단체가 옹벽시설공사를 업체에게 주어 공사를 시행하다가 사고가 일어난 경우, 옹벽이 공사 중이고 아직 완성되지 아니하여 일반 공중의 이용에 제공되지 않았다면 국가배상법 제5조 소정의 영조물에 해당한다고 할 수 없다. O | X

지방자치단체가 붕괴를 예방하기 위하여 언덕에 옹벽을 설치하기로 하고 공사를 시행하다가 흙이 무너져 내리면서 피해자가 구덩이에 추락하여 상해를 입게 된 사안에서, 옹벽은 공사 중에 있었을 뿐만 아니라 아직 완성도 되지 아니하여 일반 공중의 이용에 제공되지 않고 있었던 이상 국가배상법 제5조 제1항 소정의 영조물에 해당한다고 할 수 없다(대판 1998.10.23. 98다17381).

18. 국가직 7급

156 □□□

관할 행정청이 관련 법령에 따라 사업실시계획을 인가·고시함으로써 공원시설의 종류·위치 및 범위 등이 구체적으로 확정되거나 도시계획사업 시행으로 도시공원이 실제로 설치된 국유토지는 행정재산에 해당한다. O | X

공원으로 결정·고시된 국유토지라는 사정만으로는 행정처분으로써 공공용으로 사용하기로 결정한 것으로 보기는 부족하나, 서울특별시장이 구 공원법, 구 도시계획법에 따라 사업실시계획의 인가 내용을 고시함으로써 공원시설의 종류, 위치 및 범위 등이 구체적으로 확정되거나 도시계획사업의 시행으로 도시공원이 실제로 설치된 토지라면 공공용물로서 행정재산에 해당한다(대판 2014.11.27. 2014두10769).

정답 153 X 154 X 155 ○ 156 ○

17. 지방직 9급

157 □□□

일반 공중이 사용하는 공공용물 외에 행정주체가 직접 사용하는 공용물이나 하천과 같은 자연공물도 국가배상법 제5조의 '공공의 영조물'에 포함된다. O | X

국가배상법 제5조의 '영조물'에는 자연공물도 포함되므로 민법 제758조의 공작물보다 범위가 넓다. 관리청이 하천법 등 관련 규정에 의해 책정한 하천정비기본계획 등에 따라 개수를 완료한 하천 또는 아직 개수 중이라 하더라도 개수를 완료한 부분에 있어서는, 위 하천정비기본계획 등에서 정한 계획홍수량 및 계획홍수위를 충족하여 하천이 관리되고 있다면 당초부터 계획홍수량 또는 계획홍수위를 잘못 책정하였다거나 그 후 이를 시급히 변경해야 할 사정이 생겼음에도 불구하고 이를 해태하였다는 등의 특별한 사정이 없는 한, 그 하천은 용도에 따라 통상 갖추어야 할 안전성을 갖추고 있다고 보아야 한다(대판 2007.9.21. 2005다65678).

09. 국가직 7급

158 □□□

영조물의 설치 · 관리의 하자라 함은 공공의 영조물이 일반적으로 갖추어야 할 안전성을 결한 상태를 말한다. O | X

국가배상법 제5조 제1항 소정의 '영조물 설치 · 관리상의 하자'라 함은 공공의 목적에 공여된 영조물이 그 용도에 따라 통상 갖추어야 할 안전성을 갖추지 못한 상태에 있음을 말하고, 영조물의 설치 및 관리에 있어서 항상 완전무결한 상태를 유지할 정도의 고도의 안전성을 갖추지 아니하였다고 하여 영조물의 설치 또는 관리에 하자가 있는 것으로는 할 수 없는 것으로서, 영조물의 설치자 또는 관리자에게 부과되는 방호조치의무의 정도는 영조물의 위험성에 비례하여 사회통념상 일반적으로 요구되는 정도의 것을 말한다.

10. 지방직 9급

159 □□□

판례는 영조물의 결함이 영조물의 설치 또는 관리자의 관리행위가 미칠 수 없는 상황 아래에 있는 경우 그 하자를 인정할 수 없다고 보고 있다. O | X

안전성의 구비 여부를 판단함에 있어서는 당해 영조물의 용도, 그 설치장소의 현황 및 이용 상황 등 제반 사정을 종합적으로 고려하여 설치관리자가 그 영조물의 위험성에 비례하여 사회통념상 일반적으로 요구되는 정도의 방호조치의무를 다하였는지 여부를 그 기준으로 삼아야 할 것이며, 객관적으로 보아 시간적 · 장소적으로 영조물의 기능상 결함으로 인한 손해발생의 예견가능성과 회피가능성이 없는 경우, 즉 그 영조물의 결함이 영조물의 설치관리자의 관리행위가 미칠 수 없는 상황 아래에 있는 경우에는 영조물의 설치관리상의 하자를 인정할 수 없다(대판 2000.2.25. 99다54004).

14. 국가직 7급

160 □□□

강설에 대처하기 위하여 완벽한 방법으로 도로 자체에 융설 설비를 갖추는 것은 현대의 과학기술 수준이나 재정사정에 비추어 사실상 불가능하다고 할 것이므로, 고속도로의 관리자에게 도로의 구조, 기상예보 등을 고려하여 사전에 충분한 인적 · 물적 설비를 갖추어 강설시 신속한 제설작업을 하고 필요한 경우 제때에 교통통제 조치를 취할 관리의무가 있다고 할 수 없다. O | X

강설에 대처하기 위하여 완벽한 방법으로 도로 자체에 융설 설비를 갖추는 것이 현대의 과학기술 수준이나 재정사정에 비추어 사실상 불가능하다고 하더라도, 최저속도의 제한이 있는 고속도로의 경우에 있어서는 도로관리자가 도로의 구조, 기상예보 등을 고려하여 사전에 충분한 인적 · 물적 설비를 갖추어 강설시 신속한 제설작업을 하고 나아가 필요한 경우 제때에 교통통제 조치를 취함으로써 고속도로로서의 기본적인 기능을 유지하거나 신속히 회복할 수 있도록 하는 관리의무가 있다(대판 2008.3.13. 2007다29287 · 29294).

정답 157 ○ 158 ○ 159 ○ 160 X

21. 소방간부

161 □□□

차량이 통행하는 도로에서 유입되는 소음 때문에 인근 주택의 거주자에게 사회통념상 일반적으로 수인할 정도를 넘어서는 침해가 있는지 여부는, 주택법 등에서 제시하는 주택건설기준보다 환경정책기본법 등에서 설정하고 있는 환경기준을 우선적으로 고려하여 판단하여서는 아니 된다. O | X

[1] 도로에서 유입되는 소음 때문에 인근 주택 거주자에게 사회통념상 수인한도를 넘는 침해가 있는지 여부를 판단하는 경우, 주택법상 주택건설기준보다 환경정책기본법상 환경기준을 우선 고려하여야 한다.
[2] 도로에서 유입되는 소음 때문에 인근 주택의 거주자가 사회통념상 수인한도를 넘는 생활이익의 침해를 당한 경우, 그 주택의 분양회사에게 소음으로 인한 불법행위책임을 물을 수는 없다(대판 2008.8.21. 2008다9358 · 9365).

18. 변호사, 14. 국가직 7급

162 □□□

고등학교 3학년 학생이 교사의 단속을 피해 담배를 피우기 위하여 3층 건물 화장실 밖의 학생들이 출입할 수 없는 난간을 지나다가 실족하여 사망한 경우 학교시설의 설치 · 관리상의 하자가 있다. O | X

고등학교 3학년 학생이 교사의 단속을 피해 담배를 피우기 위하여 3층 건물 화장실 밖의 난간을 지나다가 실족하여 사망한 사안에서 학교 관리자에게 그와 같은 이례적인 사고가 있을 것을 예상하여 복도나 화장실 창문에 난간으로의 출입을 막기 위하여 출입금지장치나 추락위험을 알리는 경고표지판을 설치할 의무가 있다고 볼 수는 없다는 이유로 학교시설의 설치 · 관리상의 하자가 없다(대판 1997.5.16. 96다54102).

21. 소방간부

163 □□□

소음 등을 포함한 공해 등의 위험지역으로 이주하여 들어가 거주하는 경우와 같이 위험의 존재를 인식하거나 과실로 인식하지 못하고 이주한 경우에는 손해배상액의 산정에 있어 형평의 원칙상 과실상계에 준하여 감경 또는 면제사유로 고려하여야 한다. O | X

소음 등을 포함한 공해 등의 위험지역으로 이주하여 거주하는 것이 피해자가 위험의 존재를 인식하고 그로 인한 피해를 용인하면서 접근한 것이라고 볼 수 있는 경우 가해자의 면책은 원칙적으로 인정되며 위와 같이 접근한 것이라고 볼 수 없는 경우에는 이를 손해배상액 감액사유로 고려하여야 한다(대판 2010.11.11. 2008다57975).

21. 소방간부 · 소방

164 □□□

김포공항에서 발생하는 소음 등으로 인근 주민들이 입은 피해는 사회통념상 수인한도를 넘는다면 김포공항의 설치 · 관리에 하자가 있다고 보아야 한다. O | X

설령 피고가 김포공항을 설치 · 관리함에 있어 항공법령에 따른 항공기 소음기준 및 소음대책을 준수하려는 노력을 경주하였다고 하더라도, 김포공항이 항공기 운항이라는 공공의 목적에 이용됨에 있어 그와 관련하여 배출하는 소음 등의 침해가 인근 주민인 선정자들에게 통상의 수인한도를 넘는 피해를 발생하게 하였다면 김포공항의 설치 · 관리상에 하자가 있다고 보아야 할 것이다. … 김포공항에서 발생하는 소음 등으로 인근 주민들이 입은 피해는 사회통념상 수인한도를 넘는 것으로서 김포공항의 설치 · 관리에 하자가 있다(대판 2005.1.27. 2003다49566).

정답 161 X 162 X 163 ○ 164 ○

18. 변호사

165 □□□

공항에서 발생하는 소음 등으로 인근 주민들이 피해를 입었다면 수인한도를 넘는지 여부를 불문하고 도로의 경우와 같이 '공공의 영조물'에 관한 일반적인 설치·관리상의 하자에 대한 판단방법에 따라 국가책임이 인정된다. O | X

국가배상법 제5조 제1항에 정하여진 '영조물의 설치 또는 관리의 하자'라 함은 … 물적 시설 그 자체에 있는 물리적·외형적 흠결이나 불비로 인하여 그 이용자에게 위해를 끼칠 위험성이 있는 경우뿐만 아니라, 그 영조물이 공공의 목적에 이용됨에 있어 그 이용상태 및 정도가 일정한 한도를 초과하여 제3자에게 사회통념상 수인할 것이 기대되는 한도를 넘는 피해를 입히는 경우까지 포함된다고 보아야 할 것이다. 그리고 수인한도의 기준을 결정함에 있어서는 일반적으로 침해되는 권리나 이익의 성질과 침해의 정도뿐만 아니라 침해행위가 갖는 공공성의 내용과 정도, 그 지역환경의 특수성, 공법적인 규제에 의하여 확보하려는 환경기준, 침해를 방지 또는 경감시키거나 손해를 회피할 방안의 유무 및 그 난이 정도 등 여러 사정을 종합적으로 고려하여 구체적 사건에 따라 개별적으로 결정하여야 할 것이다. 원심이 피고가 이 사건 비행장을 설치·관리함에 있어 여러 가지 소음대책을 시행하였음에도 이 사건 비행장을 전투기 비행훈련이라는 공공의 목적에 이용하면서 여기에서 발생한 소음 등의 침해가 인근 주민들에게 통상의 수인한도를 넘는 피해를 발생하게 하였다면 이 사건 비행장의 설치·관리상 하자가 있다고 보아야 할 것이다(대판 2010.11.25. 2007다20112).

11. 사복직 9급

166 □□□

영조물이 공공의 목적에 이용됨에 있어 그 이용상태 및 정도가 일정한 한도를 초과하여 제3자에게 사회통념상 수인할 것이 기대되는 한도를 넘는 피해를 입히는 경우는 손실보상의 대상으로 논의될 수 있을 뿐, 국가배상법 제5조 제1항의 '영조물의 설치 또는 관리의 하자'에 해당될 수 없다. O | X

국가배상법 제5조 제1항에 정하여진 '영조물의 설치 또는 관리의 하자'라 함은 공공의 목적에 공여된 영조물이 그 용도에 따라 갖추어야 할 안전성을 갖추지 못한 상태에 있음을 말하고, 안전성을 갖추지 못한 상태, 즉 타인에게 위해를 끼칠 위험성이 있는 상태라 함은 당해 영조물을 구성하는 물적 시설 그 자체에 있는 물리적·외형적 흠결이나 불비로 인하여 그 이용자에게 위해를 끼칠 위험성이 있는 경우뿐만 아니라, 그 영조물이 공공의 목적에 이용됨에 있어 그 이용상태 및 정도가 일정한 한도를 초과하여 제3자에게 사회통념상 수인할 것이 기대되는 한도를 넘는 피해를 입히는 경우까지 포함된다고 보아야 한다(대판 2004.3.12. 2002다14242).

18. 변호사

167 □□□

편도 2차로 도로의 1차로상에 교통사고의 원인이 될 수 있는 크기의 돌멩이가 방치되어 있었고 이로 인하여 사고가 발생하였다면, 도로의 점유·관리자의 관리가능성과 무관하게 이는 도로 관리·보존상의 하자에 해당한다. O | X

제3자의 행위로 인해 도로에 결함이 발생한 경우 도로에 그런 결함이 있다는 것만으로는 도로의 보존상 하자가 있는 것으로 보아서는 안 되고, 당해 도로의 구조, 장소적 환경과 이용 상황 등 제반사정을 고려하여 그 결함을 제거하여 원상으로 복구할 수 있는데도 이를 방치한 경우에 비로소 손해배상책임의 원인이 되는 도로 관리상의 하자가 있는 것으로 보아야 한다. 고속도로의 관리상 하자가 인정되는 이상 고속도로의 점유관리자는 그 하자가 불가항력에 의한 것이거나 손해의 방지에 필요한 주의를 해태하지 아니하였다는 점을 주장·입증하여야 비로소 그 책임을 면할 수가 있다(대판 2008.3.13. 2007다29287).

정답 165 X 166 X 167 X

18. 변호사

168

□□□

국 · 공유나 사유 여부를 불문하고 사실상 도로로 사용되고 있었다면 도로의 노선인정의 공고 기타 공용개시가 없었다고 하여도 국가배상법 제5조의 배상책임이 인정된다. O | X

국가배상법 제5조 소정의 공공의 영조물이란 공유나 사유임을 불문하고 행정주체에 의하여 특정 공공의 목적에 공여된 유체물 또는 물적 설비를 의미하므로 사실상 군민의 통행에 제공되고 있던 도로 옆의 암벽으로부터 떨어진 낙석에 맞아 소외인이 사망하는 사고가 발생하였다고 하여도 동 사고지점 도로가 피고 군에 의하여 노선인정 기타 공용개시가 없었으면 이를 영조물이라 할 수 없다(대판 1981.7.7. 80다2478).

11. 사복직 9급

169

□□□

A가 운전하던 트럭의 앞바퀴가 고속도로상에 떨어져 있는 타이어에 걸려 중앙분리대를 넘어가 맞은편에서 오던 트럭과 충돌하여 부상을 입었다. 그런데 위 타이어가 사고지점 고속도로상에 떨어진 것은 사고가 발생하기 10분 내지 15분 전이었다. A는 국가배상책임을 물을 수 없다. O | X

이 사건에 있어서 피고에게 도로의 보존상 하자로 인한 손해배상책임을 인정하기 위하여는 도로에 타이어가 떨어져 있어 고속으로 주행하는 차량의 통행에 안전상의 결함이 있다는 것만으로 족하지 아니하고, 관리자인 피고가 사고 발생 전 다른 차량 등 제3자의 행위에 의하여 야기된 도로의 안전상의 결함을 미리 발견하고 이를 제거하여 차량의 안전한 통행상태로 회복하도록 하는 방호조치를 취할 수 있음에도 이를 취하지 아니하고 방치한 경우에 한하여 책임이 인정된다고 할 것이다. 다시 말하자면 도로의 안전상의 결함이 객관적으로 보아 시간적 · 장소적으로 피고의 관리행위가 미칠 수 없는 상황 아래에 있는 경우에는 관리상의 하자를 인정할 수 없는 것이다. … 이 사건 사고지점 고속도로를 관리하는 피고의 충청지사 영동지부는 야간 4회, 주간 2회의 왕복도로순찰을 하며, … 영동지부가 관리하는 고속도로 상하행선에는 사고발생신고 등을 위하여 긴급전화기 48대가 설치되어 있고, 사고지점으로부터 1.9킬로미터 떨어진 지점에도 1대가 설치되어 있었으나 사고 당시 타이어 방치사실에 관한 신고를 받지 못하였으며, 위 영동지부에서 장애물 신고를 받은 경우 가장 먼거리일지라도 그 장소에 도착하여 이를 제거하는 데 20분 정도 밖에 소요되지 아니하고, 사고 당시는 그 순찰차가 사고지점으로부터 5분 내지 6분 거리의 약 4킬로미터 거리에 있었으므로, 사고발생의 원인이 된 타이어가 사고지점 고속도로상에 떨어진 것은 위 소외 2가 사고지점을 통과한 후로서 사고시로부터 10분 내지 15분 밖에 경과되지 아니한 것으로 인정된다. … 위와 같은 사실관계에서는 피고가 이 사건 사고지점의 도로에 떨어진 타이어를 발견하고 이를 제거하여 사고방지조치를 취한다는 것은 시간적으로 거의 불가능한 일이 아닌가 생각된다. 따라서 피고의 손해배상책임을 인정한 원심의 조치는 수긍하기 어렵다(대판 1992.9.14. 92다3243).

19. 국회직 8급

170

□□□

서울특별시가 점유 · 관리하는 도로에 대하여 행정권한 위임조례에 따라 보도 관리 등을 위임받은 관할 자치구청장 甲으로부터 도급받은 A주식회사가 공사를 진행하면서 남은 자갈더미를 그대로 방치하여 오토바이를 타고 이곳을 지나가던 乙이 넘어져 상해를 입은 경우 서울특별시는 국가배상법 제5조 제1항에서 정한 설치 · 관리상의 하자로 인한 국가배상책임을 부담하지 아니한다. O | X

서울특별시가 점유 · 관리하는 도로에 대하여 '서울특별시 도로 등 주요시설물 관리에 관한 조례'에 따라 보도 관리 등의 위임을 받은 관할 자치구청장으로부터 도로에 접한 보도의 가로수 생육환경 개선공사를 도급받은 甲주식회사가 공사를 진행하면서 사용하고 남은 자갈더미를 그대로 도로에 적치해 두었고, 乙이 오토바이를 운전하다가 도로에 적치되어 있던 공사용 자갈더미를 발견하지 못하고 그대로 진행하는 바람에 중심을 잃고 넘어지면서 상해를 입은 사안에서, 서울특별시에 국가배상법 제5조 제1항에서 정한 설치 · 관리상의 하자가 없다고 본 원심판단에 법리오해의 잘못이 있다(대판 2017.9.21. 2017다223538).

정답 168 X 169 ○ 170 X

21. 소방

171 □□□

가변차로에 설치된 두 개의 신호기에서 서로 모순되는 신호가 들어오는 고장으로 인하여 사고가 발생한 경우, 그 고장이 현재의 기술수준상 부득이한 것으로 예방할 방법이 없는 것이라면 손해발생의 예견가능성이나 회피가능성이 없어 영조물의 하자를 인정할 수 없다. O | X

가변차로에 설치된 신호등의 용도와 오작동시에 발생하는 사고의 위험성과 심각성을 감안할 때, 만일 가변차로에 설치된 두 개의 신호기에서 서로 모순되는 신호가 들어오는 고장을 예방할 방법이 없음에도 그와 같은 신호기를 설치하여 그와 같은 고장을 발생하게 한 것이라면, 그 고장이 자연재해 등 외부 요인에 의한 불가항력에 기인한 것이 아닌 한 그 자체로 설치·관리자의 방호조치의무를 다하지 못한 것으로서 신호등이 그 용도에 따라 통상 갖추어야 할 안전성을 갖추지 못한 상태에 있었다고 할 것이고, 따라서 설령 적정전압보다 낮은 저전압이 원인이 되어 위와 같은 오작동이 발생하였고 그 고장은 현재의 기술수준상 부득이한 것이라고 가정하더라도 그와 같은 사정만으로 손해발생의 예견가능성이나 회피가능성이 없어 영조물의 하자를 인정할 수 없는 경우라고 단정할 수 없다(대판 2001.7.27. 2000다56822).

10. 지방직 9급

172 □□□

가변차로에 설치된 2개의 신호등에서 서로 모순된 신호가 들어오는 오작동이 발생하였고 그 고장이 현재의 기술수준상 부득이하다는 사정만으로 영조물의 하자가 면책되는 것은 아니다. O | X

대판 2001.7.27. 2000다56822 판례에 대한 옳은 내용이다.

12. 사복직 9급

173 □□□

관리청이 하천법 등 관련 규정에 의해 책정한 하천정비기본계획 등에 따라 개수를 완료한 하천 또는 아직 개수 중이라 하더라도 개수를 완료한 부분에 있어서는, 위 하천정비기본계획 등에서 정한 계획홍수량 및 계획홍수위를 충족하여 하천이 관리되고 있다면 당초부터 계획홍수량 및 계획홍수위를 잘못 책정하였다거나 그 후 이를 시급히 변경해야 할 사정이 생겼음에도 불구하고 이를 해태하였다는 등의 특별한 사정이 없는 한, 그 하천은 용도에 따라 통상 갖추어야 할 안전성을 갖추고 있다고 보아야 한다. O | X

대판 2007.9.21. 2005다65678 판례에 대한 옳은 내용이다.

21. 소방

174 □□□

판례는 국가배상법 제5조의 영조물의 설치·관리상의 하자로 인한 손해가 발생한 경우, 피해자의 위자료 청구권이 배제되지 아니한다고 판시하였다. O | X

영조물의 설치·관리상의 하자로 인하여 타인에게 손해가 발생하여야 하며 하자와 손해 사이에 인과관계가 있어야 한다. 여기에서 배상이란 영조물의 설치·관리상의 하자와 상당인과관계가 있는 모든 손해의 배상을 의미한다. 재산적·비재산적 손해 및 적극적·소극적 손해를 가리지 않으므로 피해자의 위자료청구도 포함된다.

관련 판례

국가배상법 제5조 제1항의 영조물의 설치·관리상의 하자로 인한 손해가 발생한 경우 같은 법 제3조 제1항 내지 제5항의 해석상 피해자의 위자료청구권이 반드시 배제되지 아니한다(대판 1990.11.13. 90다카25604).

정답 171 X 172 ○ 173 ○ 174 ○

21. 소방

175 □□□

영조물 설치자의 재정사정이나 영조물의 사용목적에 의한 사정은 안전성을 요구하는 데 대한 참작사유는 될지언정 안전성을 결정지을 절대적 요건은 아니다. O | X

영조물 설치의 '하자'라 함은 영조물의 축조에 불완전한 점이 있어 이 때문에 영조물 자체가 통상 갖추어야 할 완전성을 갖추지 못한 상태에 있음을 말한다고 할 것인바 그 '하자' 유무는 객관적 견지에서 본 안전성의 문제이고 그 설치자의 재정사정이나 영조물의 사용목적에 의한 사정은 안전성을 요구하는 데 대한 정도 문제로서 참작사유에는 해당할지언정 안전성을 결정지을 절대적 요건에는 해당하지 아니한다 할 것이다(대판 1967.2.21. 66다1723).

17. 지방직 9급

176 □□□

영조물의 하자 유무는 객관적 견지에서 본 안전성의 문제이며, 국가의 예산부족으로 인해 영조물의 설치·관리에 하자가 생긴 경우에도 국가는 면책될 수 없다. O | X

대판 1967.2.21. 66다1723 판례에 대한 옳은 내용이다.

11. 지방직 9급

177 □□□

판례는 예산부족은 절대적인 면책사유가 된다고 보고 있다. O | X

영조물 설치의 하자 유무는 객관적 견지에서 본 안전성의 문제이고, 재정사정이나 사용목적에 의한 사정은, 안전성을 요구하는 데 대한 정도 문제로서의 참작사유에는 해당할지언정, 안전성을 결정지을 절대적 요건에는 해당하지 아니한다(대판 1967.2.21. 66다1723).

15. 사복직 9급, 12. 국회직 8급

178 □□□

집중호우로 제방도로가 유실되면서 그곳을 걸어가던 보행자가 강물에 휩쓸려 익사한 경우, 사고 당일의 집중호우가 50년 빈도의 최대강우량에 해당한다는 사실만으로도 국가배상법 제5조상의 영조물의 설치 또는 관리의 하자로 인한 손해배상책임에서의 면책사유인 불가항력에 해당한다. O | X

사고 당일 50년 빈도의 최대강우량에 해당하는 집중호우가 내렸다는 사실만으로는, 이 사건 도로가 1998년에도 침수된 사실이 있었던 점, 우리 나라의 경우 여름철 집중호우가 예상하기 어려운 정도의 기상이변에 해당한다고 보기도 어려워 이 사건 사고가 예상할 수 없는 불가항력에 기인한 것이라고 할 수는 없다(서울지방법원 2002.7.23. 2001가합71687·14728).

17. 지방직 9급

179 □□□

고속도로의 관리상 하자가 인정되더라도 고속도로의 관리상 하자를 판단할 때 고속도로의 점유관리자가 손해의 방지에 필요한 주의의무를 해태하였다는 주장·입증책임은 피해자에게 있다. O | X

고속도로의 관리상 하자가 인정되는 이상 고속도로의 점유관리자는 그 하자가 불가항력에 의한 것이거나 손해의 방지에 필요한 주의를 해태하지 아니하였다는 점을 주장·입증하여야 비로소 그 책임을 면할 수 있다(대판 2008.3.13. 2007다29287).

정답 175 ○ 176 ○ 177 X 178 X 179 X

17. 지방직 9급

180 □□□

소음 등의 공해로 인한 법적 쟁송이 제기되거나 그 피해에 대한 보상이 실시되는 등 피해지역임이 구체적으로 드러나고 이러한 사실이 그 지역에 널리 알려진 이후에 이주하여 오는 경우에는 위와 같은 위험에의 접근에 따른 가해자의 면책 여부를 보다 적극적으로 인정할 여지가 있다. O | X

소음 등을 포함한 공해 등의 위험지역으로 이주하여 들어가서 거주하는 경우와 같이 위험의 존재를 인식하면서 그로 인한 피해를 용인하며 접근한 것으로 볼 수 있는 경우에, 그 피해가 직접 생명이나 신체에 관련된 것이 아니라 정신적 고통이나 생활방해의 정도에 그치고 그 침해행위에 고도의 공공성이 인정되는 때에는, 위험에 접근한 후 실제로 입은 피해 정도가 위험에 접근할 당시에 인식하고 있었던 위험의 정도를 초과하는 것이거나 위험에 접근한 후에 그 위험이 특별히 증대하였다는 등의 특별한 사정이 없는 한 가해자의 면책을 인정하여야 하는 경우도 있다. 특히 소음 등의 공해로 인한 법적 쟁송이 제기되거나 그 피해에 대한 보상이 실시되는 등 피해지역임이 구체적으로 드러나고 또한 이러한 사실이 그 지역에 널리 알려진 이후에 이주하여 오는 경우에는 위와 같은 위험에의 접근에 따른 가해자의 면책 여부를 보다 적극적으로 인정할 여지가 있다. 다만 일반인이 공해 등의 위험지역으로 이주하여 거주하는 경우라고 하더라도 위험에 접근할 당시에 그러한 위험이 존재하는 사실을 정확하게 알 수 없는 경우가 많고, 그 밖에 위험에 접근하게 된 경위와 동기 등의 여러 가지 사정을 종합하여 그와 같은 위험의 존재를 인식하면서도 위험으로 인한 피해를 용인하면서 접근하였다고 볼 수 없는 경우에는 손해배상액의 산정에 있어 형평의 원칙상 과실상계에 준하여 감액사유로 고려하여야 한다(대판 2010.11.25. 2007다74560).

14. 서울시 7급

181 □□□

영조물의 설치관리자와 비용부담자가 다른 경우 피해자는 선택하여 손해배상을 청구할 수 있다. O | X

법령상 설치관리자와 비용부담자 모두가 배상책임자가 되며 피해를 입은 국민의 경우에는 양자를 선택하여 청구권을 행사할 수 있다. 이때 국민에 의해 피고로 지정되지 않더라도 배상책임이 인정되는 한 내부적인 구상을 통해 책임을 지게 될 수 있다.

> **「국가배상법」 제6조【비용부담자 등의 책임】** ① 제2조 · 제3조 및 제5조에 따라 국가나 지방자치단체가 손해를 배상할 책임이 있는 경우에 공무원의 선임 · 감독 또는 영조물의 설치 · 관리를 맡은 자와 공무원의 봉급 · 급여, 그 밖의 비용 또는 영조물의 설치 · 관리 비용을 부담하는 자가 동일하지 아니하면 그 비용을 부담하는 자도 손해를 배상하여야 한다.

14. 국가직 7급

182 □□□

국가배상법의 규정에 의하면 영조물의 설치 · 관리를 맡은 자와 영조물의 설치 · 관리비용을 부담하는 자가 동일하지 아니한 경우에는 영조물의 설치 · 관리 비용을 부담하는 자가 우선적으로 손해를 배상하여야 한다. O | X

영조물의 설치 · 관리를 맡은 자와 영조물의 설치 · 관리 비용을 부담하는 자가 동일하지 않은 경우에 영조물의 설치 · 관리 비용을 부담하는 자가 우선하여 손해를 배상하여야 하는 것은 아니다(국가배상법 제6조 제1항 참고).

정답 180 ○ 181 ○ 182 X

15. 경행특채 1차, 13. 국가직 9급

183 □□□

지방자치단체장이 설치하여 관할 지방경찰청장에게 관리권한이 위임된 교통신호가 고장에 의한 교통사고가 발생한 경우 해당 지방자치단체뿐만 아니라 국가도 손해배상책임을 진다. O | X

권한을 위임받은 기관 소속의 공무원이 위임사무처리에 있어 고의 또는 과실로 타인에게 손해를 가하였거나 위임사무로 설치·관리하는 영조물의 하자로 타인에게 손해를 발생하게 한 경우에는 권한을 위임한 관청이 소속된 지방자치단체가 국가배상법 제2조 또는 제5조에 의한 배상책임을 부담하므로, … 지방자치단체장이 교통신호기를 설치하여 그 관리권한이 도로교통법 제71조의2 제1항의 규정에 의하여 관할 지방경찰청장에게 위임되어 지방자치단체 소속 공무원과 지방경찰청 소속 공무원이 합동근무하는 교통종합관제센터에서 그 관리업무를 담당하던 중 위 신호기가 고장난 채 방치되어 교통사고가 발생한 경우, 국가배상법 제2조 또는 제5조에 의한 배상책임을 부담하는 것은 지방경찰청장이 소속된 국가가 아니라, 그 권한을 위임한 지방자치단체장이 소속된 지방자치단체라고 할 것이나, 한편 국가배상법 제6조 제1항은 같은 법 제2조, 제3조 및 제5조의 규정에 의하여 국가 또는 지방자치단체가 손해를 배상할 책임이 있는 경우에 공무원의 선임·감독 또는 영조물의 설치·관리를 맡은 자와 공무원의 봉급·급여 기타의 비용 또는 영조물의 설치·관리의 비용을 부담하는 자가 동일하지 아니한 경우에는 그 비용을 부담하는 자도 손해를 배상하여야 한다고 규정하고 있으므로 교통신호기를 관리하는 지방경찰청장 산하 경찰관들에 대한 봉급을 부담하는 국가도 국가배상법 제6조 제1항에 의한 배상책임을 부담한다(대판 1999.6.25. 99다11120).

21. 소방간부

184 □□□

보행자 신호기가 고장난 횡단보도상에서 교통사고가 발생한 사안에서, 적색등의 전구가 단선되어 있었던 위 보행자 신호기는 그 용도에 따라 통상 갖추어야 할 안전성을 갖추지 못한 관리상의 하자가 있어 국가배상책임이 인정된다고 보아야 한다. O | X

피고가 자신이 관리하는 영조물인 이 사건 보행자 신호기의 위험성에 비례하여 사회통념상 일반적으로 요구되는 정도의 방호조치의무를 다하였다고는 볼 수 없고, 객관적으로 보아 시간적·장소적으로 영조물의 기능상 결함으로 인한 손해발생의 예견가능성과 회피가능성이 없는 경우에 해당한다고 볼 수도 없다는 이유로, 이 사건 사고 당시 적색등의 전구가 단선되어 있었던 이 사건 보행자 신호기에는 그 용도에 따라 통상 갖추어야 할 안전성을 갖추지 못한 관리상의 하자가 있었다고 본다(대판 2007.10.26. 2005다51235).

21. 소방간부

185 □□□

국토해양부장관이 하천공사를 대행하던 중 지방하천의 관리상 하자로 인하여 손해가 발생하였다면 하천관리청이 속한 지방자치단체는 국가와 함께 국가배상법 제5조 제1항에 따라 지방하천의 관리자로서 손해배상책임을 부담한다. O | X

구 하천법 제28조 제1항에 따라 국토해양부장관이 하천공사를 대행하던 중 지방하천의 관리상 하자로 손해가 발생한 경우, 하천관리청이 속한 지방자치단체가 국가배상법 제5조 제1항에 따라 지방하천의 관리자로서 손해배상책임을 부담한다(대판 2014.6.26. 2011다85413).

정답 183 ○ 184 ○ 185 ○

14. 경행특채 2차, 11. 사복직 9급

186 □□□

도로 · 하천, 그 밖의 공공의 영조물의 설치나 관리에 하자가 있기 때문에 타인에게 손해를 발생하게 하였을 때에는 국가나 지방자치단체는 그 손해를 배상하여야 하며, 손해의 원인에 대하여 책임을 질 자가 따로 있으면 국가나 지방자치단체는 그 자에게 구상할 수 있다. O | X

「국가배상법」 제5조 【공공시설 등의 하자로 인한 책임】 ① 도로 · 하천, 그 밖의 공공의 영조물(營造物)의 설치나 관리에 하자(瑕疵)가 있기 때문에 타인에게 손해를 발생하게 하였을 때에는 국가나 지방자치단체는 그 손해를 배상하여야 한다. 이 경우 제2조 제1항 단서, 제3조 및 제3조의2를 준용한다.
② 제1항을 적용할 때 손해의 원인에 대하여 책임을 질 자가 따로 있으면 국가나 지방자치단체는 그 자에게 구상할 수 있다.

09. 국가직 7급, 08. 국가직 9급

187 □□□

다른 자연적 사실이나 제3자의 행위 또는 피해자의 행위와 경합하여 손해가 발생하였더라도 영조물의 설치 · 관리상의 하자가 공동원인의 하나가 된 이상 그 손해는 영조물의 설치 · 관리상의 하자에 의하여 발생한 것이라고 보아야 한다. O | X

영조물의 설치 또는 관리상의 하자로 인한 사고라 함은 영조물의 설치 또는 관리상의 하자만이 손해발생의 원인이 되는 경우만을 말하는 것이 아니고, 다른 자연적 사실이나 제3자의 행위 또는 피해자의 행위와 경합하여 손해가 발생하더라도 영조물의 설치 또는 관리상의 하자가 공동원인의 하나가 되는 이상 그 손해는 영조물의 설치 또는 관리상의 하자에 의하여 발생한 것이라고 해석함이 상당하다(대판 1994.11.22. 94다32924).

09. 국가직 7급

188 □□□

영조물의 하자로 인한 손해의 원인에 대하여 책임을 질 자가 따로 있을 때에는 국가 또는 지방자치단체는 그 자에 대하여 구상할 수 있다. O | X

「국가배상법」 제5조 【공공시설 등의 하자로 인한 책임】 ① 도로 · 하천, 그 밖의 공공의 영조물(營造物)의 설치나 관리에 하자(瑕疵)가 있기 때문에 타인에게 손해를 발생하게 하였을 때에는 국가나 지방자치단체는 그 손해를 배상하여야 한다. 이 경우 제2조 제1항 단서, 제3조 및 제3조의2를 준용한다.
② 제1항을 적용할 때 손해의 원인에 대하여 책임을 질 자가 따로 있으면 국가나 지방자치단체는 그 자에게 구상할 수 있다.

23. 지방직 7급

189 □□□

국가배상법상의 '공공의 영조물'은 일반공중의 자유로운 사용에 직접적으로 제공되는 공공용물에 한하고, 행정주체 자신의 사용에 제공되는 공용물은 포함하지 않는다. O | X

국가배상법 제5조 제1항 소정의 "공공의 영조물"이라 함은 국가 또는지방자치단체에 의하여 특정 공공의 목적에 공여된 유체물 내지 물적 설비를 지칭하며, 특정 공공의 목적에 공여된 물이라 함은 일반공중의 자유로운 사용에 직접적으로 제공되는 공공용물에 한하지 아니하고, 행정주체 자신의 사용에 제공되는 공용물도 포함하며 국가 또는 지방자치단체가 소유권, 임차권 그밖의 권한에 기하여 관리하고 있는 경우뿐만 아니라 사실상의 관리를 하고 있는 경우도 포함한다(대판 1995.1.24. 94다45302).

정답 186 ○ 187 ○ 188 ○ 189 X

24. 지방직 9급

190 □□□

공공시설물의 하자로 손해를 입은 외국인에게는 해당 국가와 상호 보증이 없더라도 국가배상법이 적용된다.

O | X

외국인에게는 해당 국가와 상호 보증이 있어야 한다.

> 「국가배상법」 제7조 【외국인에 대한 책임】 이 법은 외국인이 피해자인 경우에는 해당 국가와 상호 보증이 있을 때에만 적용한다.

23. 국가직 7급

191 □□□

영조물이 안전성을 갖추었는지 여부는 영조물의 설치자 또는 관리자가 그 영조물의 위험성에 비례하여 사회통념상 일반적으로 요구되는 정도의 방호조치의무를 다하였는지를 기준으로 판단하여야 하고, 그 설치자 또는 관리자의 재정적·인적·물적 제약 등은 고려하지 않는다.

O | X

안전성의 구비 여부는 영조물의 설치자 또는 관리자가 그 영조물의 위험성에 비례하여 사회통념상 일반적으로 요구되는 정도의 방호조치의무를 다하였는지를 기준으로 판단하여야 하고, 아울러 그 설치자 또는 관리자의 재정적·인적·물적 제약 등도 고려하여야 한다(대판 2013.10.24. 2013다208074).

23. 국가직 7급

192 □□□

영조물이 그 용도에 따라 갖추어야 할 안전성을 갖추지 못한 상태에는 영조물이 공공의 목적에 이용됨에 있어 그 이용 상태 및 정도가 일정한 한도를 초과하여 제3자에게 사회통념상 수인할 것이 기대되는 한도를 넘는 피해를 입히는 경우까지 포함된다.

O | X

국가배상법 제5조 제1항에 정하여진 '영조물의 설치 또는 관리의 하자'라 함은 공공의 목적에 공여된 영조물이 그 용도에 따라 갖추어야 할 안전성을 갖추지 못한 상태에 있음을 말하고, 여기서 안전성을 갖추지 못한 상태, 즉 타인에게 위해를 끼칠 위험성이 있는 상태라 함은 당해 영조물을 구성하는 물적 시설 그 자체에 있는 물리적·외형적 흠결이나 불비로 인하여 그 이용자에게 위해를 끼칠 위험성이 있는 경우뿐만 아니라 그 영조물이 공공의 목적에 이용됨에 있어 그 이용상태 및 정도가 일정한 한도를 초과하여 제3자에게 사회통념상 참을 수 없는 피해를 입히는 경우까지 포함된다고 보아야 할 것이다(대판 2004.3.12. 2002다14242).

정답 190 X 191 X 192 ○

제4절 이중배상금지

19. 국회직 8급

193 □□□

경찰공무원이 전투·훈련 등 직무집행과 관련하여 전사·순직하거나 공상을 입은 경우에 본인이나 그 유족이 다른 법령에 따라 재해보상금이나 유족연금 등의 보상을 지급받은 때에는 국가배상법 및 민법에 따른 손해배상을 청구할 수 없다. O | X

「국가배상법」 제2조 【배상책임】 ① 국가나 지방자치단체는 공무원 또는 공무를 위탁받은 사인(이하 "공무원"이라 한다)이 직무를 집행하면서 고의 또는 과실로 법령을 위반하여 타인에게 손해를 입히거나, 자동차손해배상 보장법에 따라 손해배상의 책임이 있을 때에는 이 법에 따라 그 손해를 배상하여야 한다. 다만, 군인·군무원·경찰공무원 또는 예비군대원이 전투·훈련 등 직무 집행과 관련하여 전사(戰死)·순직(殉職)하거나 공상(公傷)을 입은 경우에 본인이나 그 유족이 다른 법령에 따라 재해보상금·유족연금·상이연금 등의 보상을 지급받을 수 있을 때에는 이 법 및 민법에 따른 손해배상을 청구할 수 없다.

21. 소방

194 □□□

헌법재판소는 국가배상법 제2조 제1항 단서 이중배상금지규정에 대하여 헌법에 위반되지 아니한다고 판시하였다. O | X

헌법재판소는 "국가배상법 제2조 제1항 단서가 헌법상 보장되는 국가배상청구권을 헌법 내재적으로 제한하는 헌법 제29조 제2항에 직접 근거하고, 실질적으로 내용을 같이 한다."는 이유로 합헌을 선언하였다.

관련 판례

국가배상법 제2조 제1항 단서는 헌법 제29조 제1항에 의하여 보장되는 국가배상청구권을 헌법 내재적으로 제한하는 헌법 제29조 제2항에 직접 근거하고, 실질적으로 내용을 같이하는 것이므로 헌법에 위반되지 아니한다(헌재 2001.2.22. 2000헌바38).

19. 서울시 7급, 18. 지방직 7급, 10. 국가직 7급

195 □□□

공익근무요원(현 사회복무요원)은 국가배상법상 손해배상청구가 제한되는 군인·군무원·경찰공무원 또는 향토예비군대원(현 예비군대원)에 해당한다고 할 수 없다. O | X

공익근무요원은 병역법 제2조 제1항 제9호, 제5조 제1항의 규정에 의하면 국가기관 또는 지방자치단체의 공익목적수행에 필요한 경비·감시·보호 또는 행정업무 등의 지원과 국제협력 또는 예술·체육의 육성을 위하여 소집되어 공익분야에 종사하는 사람으로서 보충역에 편입되어 있는 자이기 때문에, 소집되어 군에 복무하지 않는 한 군인이라고 말할 수 없으므로, 비록 병역법 제75조 제2항이 공익근무요원으로 복무 중 순직한 사람의 유족에 대하여 국가유공자 등 예우 및 지원에 관한 법률에 따른 보상을 하도록 규정하고 있다고 하여도, 공익근무요원이 국가배상법 제2조 제1항 단서의 규정에 의하여 국가배상법상 손해배상청구가 제한되는 군인·군무원·경찰공무원 또는 향토예비군대원에 해당한다고 할 수 없다(대판 1997.3.28. 97다4036).

정답 193 ○ 194 ○ 195 ○

15. 경행특채 1차, 09. 국회직 8급

196 □□□

현역병으로 입영한 후 군사교육을 마치고 경비교도로 전임되어 근무하는 자는 국가배상법 제2조 제1항 단서 소정의 군인 등에 해당하므로 국가배상청구권 행사에 제한을 받는다. O | X

현역병으로 입영하여 소정의 군사교육을 마치고 병역법 제25조의 규정에 의하여 전임되어 구 교정시설경비교도대설치법(1997.1.13. 법률 제5291호로 개정되기 전의 것) 제3조에 의하여 경비교도로 임용된 자는, 군인의 신분을 상실하고 군인과는 다른 경비교도로서의 신분을 취득하게 되었다고 할 것이어서 국가배상법 제2조 제1항 단서가 정하는 군인 등에 해당하지 아니한다(대판 1998.2.10. 97다45914).

21. 소방

197 □□□

군교도소 수용자들이 탈주하여 일반 국민에게 손해를 입혔다면 국가는 그로 인하여 피해자들이 입은 손해를 배상할 책임이 있다. O | X

군행형법과 군행형법 시행령이 군교도소나 미결수용실(이하 '교도소 등'이라 한다)에 대한 경계 감호를 위하여 관련 공무원에게 각종 직무상의 의무를 부과하고 있는 것은, 일차적으로는 그 수용자들을 격리보호하고 교정교화함으로써 공공 일반의 이익을 도모하고 교도소 등의 내부 질서를 유지하기 위한 것이라 할 것이지만, 부수적으로는 그 수용자들이 탈주한 경우에 그 도주과정에서 일어날 수 있는 2차적 범죄행위로부터 일반 국민의 인명과 재화를 보호하고자 하는 목적도 있다고 할 것이므로, 국가공무원들이 위와 같은 직무상의 의무를 위반한 결과 수용자들이 탈주함으로써 일반 국민에게 손해를 입히는 사건이 발생하였다면, 국가는 그로 인하여 피해자들이 입은 손해를 배상할 책임이 있다(대판 2003.2.14. 2002다62678).

18. 변호사·국가직 9급, 10. 국가직 7급

198 □□□

대법원은 공무원의 직무상 불법행위로 인하여 직무집행과 관련하여 피해를 입은 군인 등에 대하여 그 불법행위와 관련하여 공동불법행위책임을 지는 일반국민은 자신의 귀책 부분을 초과하는 부분까지도 손해배상의무를 부담하며, 이를 전부 배상한 경우 다른 공동불법행위자인 군인의 부담 부분에 관하여 국가를 상대로 구상권을 행사할 수 있다고 판단하였다. O | X

민간인이 군인 등의 불법행위로 국가와 함께 공동불법행위책임, 사용자책임 또는 자동차운행자책임을 지는 경우에 공동불법행위자 등이 부진정연대채무자로서 각자 피해자의 손해 전부를 배상할 의무를 부담하는 공동불법행위의 일반적인 경우와 달리 예외적으로 민간인은 피해 군인 등에 대하여 그 손해 중 국가 등이 민간인에 대한 구상의무를 부담한다면 그 내부적인 관계에서 부담하여야 할 부분을 제외한 나머지 자신의 부담 부분에 한하여 손해배상의무를 부담하고, 한편 자신의 귀책 부분을 넘어서 배상한 경우에도 국가 등에 대하여는 그 귀책 부분의 구상을 청구할 수 없다고 해석함이 상당하다(대판 2001.2.15. 96다42420).

21. 소방

199 □□□

국가배상법 제2조 제1항 단서에 의해 군인 등의 국가배상청구권이 제한되는 경우, 공동불법행위자인 민간인은 피해를 입은 군인 등에게 그 손해 전부에 대하여 배상하여야 하는 것은 아니며 자신의 부담 부분에 한하여 손해배상의무를 부담한다. O | X

민간인과 직무집행 중인 군인의 공동불법행위로 인하여 직무집행 중인 다른 군인이 피해를 입은 경우, 민간인이 공동불법행위자로 부담하는 책임은 공동불법행위의 일반적 경우와는 달리 모든 손해에 대한 것이 아니라 귀책비율에 따른 부분으로 한정된다는 것이 대법원의 입장이다.

정답 196 X 197 ○ 198 X 199 ○

18. 변호사

200 □□□

헌법재판소는 국가배상법 제2조 제1항 단서를, 일반국민이 직무집행 중인 군인과의 공동불법행위로 직무집행 중인 다른 군인에게 공상을 입혀 그 피해자에게 공동의 불법행위로 인한 손해를 배상한 다음 공동불법행위자인 군인의 부담 부분에 관하여 국가에 대하여 구상권을 행사하는 것을 허용하지 아니한다고 해석하는 한 헌법에 위반된다고 판단하였다. O | X

일반국민이 직무집행 중인 군인과의 공동불법행위로 직무집행 중인 다른 군인에게 공상을 입혀 그 피해자에게 공동의 불법행위로 인한 손해를 배상한 다음 공동불법행위자인 군인의 부담 부분에 관하여 국가에 대하여 구상권을 행사하는 것을 허용하지 아니한다고 해석하는 한, 헌법에 위반된다(헌재 1994.12.29. 93헌바21).

19. 국가직 9급 · 국회직 8급 · 서울시 9급(6월)

201 □□□

전투훈련 등 직무집행과 관련하여 공상을 입은 군인 등이 먼저 국가배상법에 따라 손해배상금을 지급받은 다음 보훈보상대상자 지원에 관한 법률이 정한 보상금 등 보훈급여금의 지급을 청구하는 경우, 보훈지청장은 국가배상법에 따라 손해배상을 받았다는 사정을 들어 지급을 거부할 수 있다. O | X

국가배상법 제2조 제1항 단서가 명시적으로 '다른 법령에 따라 보상을 지급받을 수 있을 때에는 국가배상법 등에 따른 손해배상을 청구할 수 없다'고 규정하고 있는 것과 달리 보훈보상자법은 국가배상법에 따른 손해배상금을 지급받은 자를 보상금 등 보훈급여금의 지급대상에서 제외하는 규정을 두고 있지 않은 점 등에 비추어, 국가보훈처장은 국가배상법에 따라 손해배상을 받았다는 사정을 들어 보상금 등 보훈급여금의 지급을 거부할 수 없다(대판 2017.2.3. 2015두60075).

24. 국가직 9급

202 □□□

군 복무 중 사망한 군인 등의 유족인 원고가 국가배상법에 따른 손해배상금을 지급받은 경우, 국가는 군인연금법 소정의 사망보상금을 지급함에 있어 원고가 받은 손해배상금 상당 금액을 공제할 수 없다. O | X

공무원이 공무집행 중 다른 공무원의 불법행위로 인하여 사망한 경우, 사망한 공무원의 유족들이 국가배상법에 의하여 국가 또는 지방자치단체로부터 사망한 공무원의 소극적 손해에 대한 손해배상금을 지급받았다면 공무원연금관리공단 등은 그 유족들에게 같은 종류의 급여인 유족보상금에서 그 상당액을 공제한 잔액만을 지급하면 되고, 그 유족들이 공무원연금관리공단 등으로부터 공무원연금법 소정의 유족보상금을 지급받았다면 국가 또는 지방자치단체는 그 유족들에게 사망한 공무원의 소극적 손해액에서 유족들이 지급받은 유족보상금 상당액을 공제한 잔액만을 지급하면 된다(대판 1998.11.19. 97다36873).

24. 지방직 9급

203 □□□

군 복무 중 사망한 사람의 유족이 국가배상을 받은 경우, 관할 행정청 등은 군인연금법상 사망보상금에서 소극적 손해배상금 상당액을 공제할 수 있을 뿐, 이를 넘어 정신적 손해배상금까지 공제할 수는 없다. O | X

군 복무 중 사망한 망인의 유족이 국가배상을 받은 경우, 국가가 사망보상금에서 정신적 손해배상금 상당액까지 공제할 수 있는지 문제 된 사안에서, 사망보상금에서 소극적 손해배상금 상당액을 공제할 수 있을 뿐 이를 넘어 정신적 손해배상금 상당액까지 공제할 수 없다(대판 2022.3.31. 2019두36711).

정답 200 ○ 201 X 202 X 203 ○

제2장 행정상 손실보상

제1절 손실보상

05. 서울시 9급

001 □□□

손실보상은 적법한 공권력의 행사로 인한 손해의 전보제도이다. O | X

손실보상은 적법한 공권력 행사에 의한 재산상 특별한 손해에 대하여 재산권보장과 공평부담이라는 견지에서 행하는 조절적인 재산상의 보상제도를 의미한다.

14. 서울시 7급

002 □□□

손실보상청구권을 발생시키는 침해는 재산권이나 신체에 대한 것이어야 한다. O | X

행정상 손실보상은 재산적 침해만을 대상으로 하고 비재산적 침해는 이에 포함되지 않는다.

17. 국가직 9급(10월)

003 □□□

손실보상은 공공필요에 의한 행정작용에 의하여 사인에게 발생한 특별한 희생에 대한 전보이므로 재산권 침해로 인한 손실이 특별한 희생에 해당하여야 한다. O | X

손실보상은 공공의 필요, 침해의 적법성, 공행정작용에 의한 재산권침해, 특별한 희생, 보상규정 등의 요건이 충족되어야 한다.

13. 국가직 7급

004 □□□

판례에 따르면 손실보상의 원인이 공법적이라면 손실의 내용이 사권이라 하더라도 그 손실보상청구권을 공법상 권리로 본다. O | X

어업면허에 대한 처분 등이 행정처분에 해당된다 하여도 이로 인한 손실은 사법상의 권리인 어업권에 대한 손실을 본질적 내용으로 하고 있는 것으로서 그 보상청구권은 공법상의 권리가 아니라 사법상의 권리이다(대판 1998.2.27. 97다46450).

정답 001 ○ 002 X 003 ○ 004 X

11. 국가직 9급

005 □□□

손실보상청구권의 성질에 관하여 대법원은 전통적으로 사권설의 입장에서 민사소송으로 다루어 왔으나, 최근에는 당사자소송으로 보는 판례도 나타나고 있다. O | X

하천법 부칙(1984.12.31.) 제2조와 '법률 제3782호 하천법 중 개정 법률 부칙 제2조의 규정에 의한 보상청구권의 소멸시효가 만료된 하천구역 편입토지 보상에 관한 특별조치법' 제2조, 제6조의 각 규정들을 종합하면, 위 규정들에 의한 손실보상청구권은 1984.12.31. 전에 토지가 하천구역으로 된 경우에는 당연히 발생되는 것이지, 관리청의 보상금지급결정에 의하여 비로소 발생하는 것은 아니므로, 위 규정들에 의한 손실보상금의 지급을 구하거나 손실보상청구권의 확인을 구하는 소송은 행정소송법 제3조 제2호 소정의 당사자소송에 의하여야 한다(대판 2006.5.18. 2004다6207 전합).

14. 국회직 8급

006 □□□

손실보상청구권이 공법상 권리인 경우 손실보상금의 지급을 구하거나 손실보상청구권의 확인을 구하는 손실보상관계소송은 판례상 당사자소송이다. O | X

하천구역 편입토지 보상에 관한 특별조치법에 정한 하천편입 토지소유자의 보상청구권에 기하여 손실보상금의 지급을 구하거나 손실보상청구권의 확인을 구하는 소송의 법적 성질은 행정소송법 제3조 제2호의 당사자소송이다(대판 2006.11.9. 2006다23503).

18. 국가직 7급

007 □□□

손실보상금에 관한 당사자간의 합의가 성립하면, 그 합의 내용이 토지보상법에서 정하는 손실보상기준에 맞지 않는다고 하더라도 합의가 적법하게 취소되는 등의 특별한 사정이 없는 한 추가로 토지보상법상 기준에 따른 손실보상금청구를 할 수 없다. O | X

공익사업을 위한 토지 등의 취득 및 보상에 관한 법률(이하 '공익사업법'이 라고 한다)에 의한 보상합의는 공공기관이 사경제주체로서 행하는 사법상 계약의 실질을 가지는 것으로서, 당사자간의 합의로 같은 법 소정의 손실보상의 기준에 의하지 아니한 손실보상금을 정할 수 있으며, 이와 같이 같은 법이 정하는 기준에 따르지 아니하고 손실보상액에 관한 합의를 하였다고 하더라도 그 합의가 착오 등을 이유로 적법하게 취소되지 않는 한 유효하다. 따라서 공익사업법에 의한 보상을 하면서 손실보상금에 관한 당사자간의 합의가 성립하면 그 합의 내용대로 구속력이 있고, 손실보상금에 관한 합의 내용이 공익사업법에서 정하는 손실보상기준에 맞지 않는다고 하더라도 합의가 적법하게 취소되는 등의 특별한 사정이 없는 한 추가로 공익사업법상 기준에 따른 손실보상금청구를 할 수는 없다(대판 2013.8.22. 2012다3517).

21. 소방간부

008 □□□

공익사업을 위한 토지 등의 취득 및 보상에 관한 법률이 정하는 기준에 따르지 아니하고 손실보상액에 관한 합의를 하였다고 하더라도 그 합의가 착오 등을 이유로 적법하게 취소되지 않는 한 유효하다. O | X

대판 2013.8.22. 2012다3517 판례에 대한 옳은 내용이다.

정답 005 ○ 006 ○ 007 ○ 008 ○

19. 국회직 8급, 14. 서울시 7급, 11. 지방직 9급

009
□□□

판례는 구 하천법상 하천구역 편입토지에 대한 손실보상청구를 공법상의 권리라고 보아 항고소송에 의하여야 한다고 보고 있다. O | X

하천구역 편입토지 보상에 관한 특별조치법(2002.12.11. 법률 제6772호로 개정된 것, 이하 '개정 특조법'이라 한다)에서는 제2조 각 호에 해당하는 경우 중 법률 제3782호 하천법 중 개정 법률(이하 '개정 하천법'이라 한다) 부칙 제2조의 규정에 의한 소멸시효의 만료 등으로 보상청구권이 소멸되어 보상을 받지 못한 토지에 대하여 시 · 도지사가 그 손실을 보상하도록 규정하고 있는바, 위 손실보상청구권의 법적 성질은 공법상의 권리임이 분명하므로 그에 관한 쟁송은 민사소송이 아닌 행정소송절차에 의하여야 할 것이고, 위 손실보상청구권은 개정 특조법 제2조 소정의 토지가 하천구역으로 된 경우에 당연히 발생되는 것이지, 관리청의 보상금지급결정에 의하여 비로소 발생하는 것이 아니므로, 위 손실보상금의 지급을 구하거나 손실보상청구권의 확인을 구하는 소송은 행정소송법 제3조 제2호 소정의 당사자소송에 의하여야 할 것이다(대판 2006.5.18. 2004다6207 전합).

19. 국회직 8급

010
□□□

구 공익사업을 위한 토지 등의 취득 및 보상에 관한 법률의 관련 규정에 의하여 취득하는 어업피해에 관한 손실보상청구권은 민사소송의 방법으로 행사할 수는 없고 재결절차를 거치지 않은 채 곧바로 사업시행자를 상대로 손실보상을 청구하는 것도 허용되지 않는다. O | X

구 수산업법 제81조의 규정에 의한 손실보상청구권이나 손실보상 관련 법령의 유추적용에 의한 손실보상청구권은 사업시행자를 상대로 한 민사소송의 방법에 의하여 행사하여야 한다. 그렇지만 구 공익사업을 위한 토지 등의 취득 및 보상에 관한 법률의 관련 규정에 의하여 취득하는 어업피해에 관한 손실보상청구권은 민사소송의 방법으로 행사할 수는 없고, 구 공익사업법 제34조, 제50조 등에 규정된 재결절차를 거친 다음 그 재결에 대하여 불복이 있는 때에 비로소 구 공익사업법 제83조 내지 제85조에 따라 권리구제를 받아야 하며, 이러한 재결절차를 거치지 않은 채 곧바로 사업시행자를 상대로 손실보상을 청구하는 것은 허용되지 않는다고 봄이 타당하다(대판 2014.5.29. 2013두12478).

17. 국가직 9급

011
□□□

손실보상의 이론적 근거로서 특별희생설에 의하면, 공공복지와 개인의 권리 사이에 충돌이 있는 경우에는 개인의 권리가 우선한다. O | X

특별희생설에 의하면, 특별희생 여부는 관계된 개인이나 집단을 다른 개인이나 집단과 비교할 때 그들을 불평등하게 다루고, 또한 그들에게 수인을 요구할 수 없는 희생을 공익을 위해 강제하게 되는 경우에 특별한 희생을 인정한다. 결국 여러 가지 사정을 종합적으로 고려해서 판단할 수밖에 없다. 공공복지와 개인의 권리가 충돌할 때에 개인의 권리가 우선된다고 단정할 수 없다.

18. 지방교행, 14. 서울시 9급

012
□□□

헌법 제23조 제3항에서 보상은 법률로써 하되 정당한 보상을 지급하여야 한다고 하여 구체적인 보상액의 산출기준은 법률에 유보하고 있다. O | X

헌법은 정당한 보상에 관한 규정이 있을 뿐이므로 나머지는 법률에 유보하고 있다.

정답 009 X 010 ○ 011 X 012 ○

17. 지방직 9급

013 □□□

헌법 제23조 제3항을 불가분조항으로 볼 경우, 보상규정을 두지 아니한 수용법률은 헌법 위반이 된다. O | X

헌법 제23조 제3항을 불가분조항으로 보는 견해는 위헌무효설의 입장으로, 이 견해는 헌법 제23조 제3항의 규정은 입법자에 대하여 국민의 재산권을 침해하는 입법을 할 때에는 반드시 보상규정을 두도록 구속력을 가진다고 보는 견해이다. 따라서 법률이 재산권의 침해를 규정하면서 보상에 관하여 규정하지 않으면 당해 법률은 위헌무효이고, 그 법률에 근거한 행정처분은 위법하게 된다. 따라서 사인은 위법한 행정처분을 대상으로 취소소송을 제기할 수 있고, 당해 처분으로 인해 재산상 손해를 입은 경우에는 '손해배상'을 청구할 수 있다.

14. 서울시 7급

014 □□□

(행정상 손실보상은) 원칙적으로 적법한 공권력 행사로 인한 손해의 전보제도로서 위법한 공권력 행사로 인한 침해에 대한 보상인 국가배상제도와는 다르다. O | X

Point정리 손해배상과 손실보상의 구분

구분	손해배상	손실보상
법적 근거	헌법 제29조 제1항, 국가배상법 제2조 및 제5조	헌법 제23조 제3항 및 개별법
	헌법 제29조 ① 공무원의 직무상 불법행위로 손해를 받은 국민은 법률이 정하는 바에 의하여 국가 또는 공공단체에 정당한 배상을 청구할 수 있다. 이 경우 공무원 자신의 책임은 면제되지 아니한다.	헌법 제23조 ③ 공공필요에 의한 재산권의 수용·사용 또는 제한 및 그에 대한 보상은 법률로써 하되, 정당한 보상을 지급하여야 한다.
요건	위법·유책	적법·무책
책임주체	국가나 지방자치단체가 배상책임을 짐	사업시행자가 보상책임을 짐

17. 국가직 9급

015 □□□

헌법 제23조 제3항을 국민에 대한 직접적인 효력이 있는 규정으로 보는 견해는 동조항의 재산권의 수용·사용·제한 규정과 보상규정을 불가분조항으로 본다. O | X

헌법 제23조 제3항을 불가분조항으로 보는 견해는 위헌무효설이다. 위헌무효설은 법률이 재산권 침해를 규정하면서 보상규정을 두지 않으면 그 법률은 위헌무효의 법률이며 이에 근거한 재산권 침해행위는 위법행위가 되므로 취소소송을 제기할 수 있고, 국가배상법에 의한 손해배상청구도 가능하다고 본다. 반면 직접효력설은 보상규정이 없는 경우에는 직접 헌법규정을 근거로 보상을 청구할 수 있다는 입장이다.

14. 국회직 8급

016 □□□

대법원은 헌법 제23조 제3항의 규정에도 불구하고 보상에 관한 구체적 사항이 법률로써 정해져 있지 아니한 때에는 손실보상을 인정할 수 없다고 한다. O | X

손실에 관하여 구 공유수면매립법(1997.4.10. 법률 제5335호로 개정되기 전의 것) 또는 그 밖의 법령에 직접적인 보상규정이 없더라도 공공용지의 취득 및 손실보상에 관한 특례법 시행규칙상의 각 규정을 유추적용하여 그에 관한 보상을 인정하는 것이 타당하다(대판 1999.10.8. 99다27231).

정답 013 ○ 014 ○ 015 X 016 X

18. 서울시 9급

017 □□□

헌법재판소는 공용침해로 인한 특별한 손해에 대한 보상규정이 없는 경우에 관련 보상규정을 유추적용하여 보상하려는 경향이 있다. O | X

유추적용설은 대법원의 입장이다.

14. 서울시 7급

018 □□□

판례는 손실보상의 원인이 공법적이라면 손실의 내용이 사권이라도, 손실보상은 공법적인 것이라고 보고 있다. O | X

어업면허에 대한 처분 등이 행정처분에 해당된다 하여도 이로 인한 손실은 사법상의 권리인 어업권에 대한 손실을 본질적 내용으로 하고 있는 것으로서 그 보상청구권은 공법상의 권리가 아니라 사법상의 권리이다(대판 1998.2.27. 97다46450).

08. 지방직 7급

019 □□□

영업손실에 관한 보상에 있어서 영업의 휴업과 폐지를 구별하는 기준은 당해 영업을 다른 장소로 실제로 이전하였는지의 여부에 달려 있다. O | X

영업손실에 관한 보상에 있어 공특법 시행규칙 제24조 제2항 제1호 내지 제3호에 의한 영업의 폐지로 볼 것인지 아니면 영업의 휴업으로 볼 것인지를 구별하는 기준은 당해 영업을 그 영업소 소재지나 인접 시·군 또는 구 지역 안의 다른 장소로 이전하는 것이 가능한지의 여부에 달려 있고, 이러한 이전 가능 여부는 법령상의 이전장애사유 유무와 당해 영업의 종류와 특성, 영업시설의 규모, 인접 지역의 현황과 특성, 그 이전을 위하여 당사자가 들인 노력 등과 인근 주민들의 이전 반대 등과 같은 사실상의 이전장애사유 유무 등을 종합하여 판단하여야 한다(대판 2001.11.13. 2000두1003 ; 대판 2002.10.8. 2002두5498 ; 대판 2006.9.8. 2004두7672).

06. 국회직 8급

020 □□□

수산업협동조합이 관계 법령에 의하여 대상지역에서의 독점적 지위가 부여되어 있던 위탁판매사업을 공유수면매립으로 인해 중단하게 되어 입은 위탁판매수수료 수입손실에 대하여 판례는 보상을 인정한 바 있다. O | X

수산업협동조합이 수산물 위탁판매장을 운영하면서 위탁판매 수수료를 지급받아 왔고, 그 운영에 대하여는 구 수산자원보호령 제21조 제1항에 의하여 그 대상지역에서의 독점적 지위가 부여되어 있었는데, 공유수면매립사업의 시행으로 그 사업대상지역에서 어업활동을 하던 조합원들의 조업이 불가능하게 되어 일부 위탁판매장에서의 위탁판매사업을 중단하게 된 경우, 그로 인해 수산업협동조합이 상실하게 된 위탁판매수수료 수입은 사업시행자의 매립사업으로 인한 직접적인 영업손실이 아니고 간접적인 영업손실이라고 하더라도 피침해자인 수산업협동조합이 공공의 이익을 위하여 당연히 수인하여야 할 재산권에 대한 제한의 범위를 넘어 수산업협동조합의 위탁판매사업으로 얻고 있는 영업상의 재산이익을 본질적으로 침해하는 특별한 희생에 해당하고, 사업시행자는 공유수면매립면허 고시 당시 그 매립사업으로 인하여 위와 같은 영업손실이 발생한다는 것을 상당히 확실하게 예측할 수 있었고 그 손실의 범위도 구체적으로 확정할 수 있으므로, 위 위탁판매수수료 수입손실은 헌법 제23조 제3항에 규정한 손실보상의 대상이 되고, 그 손실에 관하여 구 공유수면매립법 또는 그 밖의 법령에 직접적인 보상규정이 없더라도 공공용지의 취득 및 손실보상에 관한 특례법 시행규칙상의 각 규정을 유추적용하여 그에 관한 보상을 인정하는 것이 타당하다(대판 1999.10.8. 99다27231).

정답 017 X 018 X 019 X 020 ○

09. 관세사

021 □□□

공공필요를 이유로 하는 재산권의 수용 등은 행정기관 이외에 사인을 위해서도 인정할 수 있다. O | X

헌법 제23조 제3항은 정당한 보상을 전제로 하여 재산권의 수용 등에 관한 가능성을 규정하고 있지만, 재산권 수용의 주체를 한정하지 않고 있다. 위 헌법조항의 핵심은 당해 수용이 공공필요에 부합하는가, 정당한 보상이 지급되고 있는가 여부 등에 있는 것이지, 그 수용의 주체가 국가인지 민간기업인지 여부에 달려 있다고 볼 수 없다. 또한 국가 등의 공적 기관이 직접 수용의 주체가 되는 것이든 그러한 공적 기관의 최종적인 허부 판단과 승인결정하에 민간기업이 수용의 주체가 되는 것이든, 양자 사이에 공공필요에 대한 판단과 수용의 범위에 있어서 본질적인 차이를 가져올 것으로 보이지 않는다. 따라서 위 수용 등의 주체를 국가 등의 공적 기관에 한정하여 해석할 이유가 없다(헌재 2009.9.24. 2007헌바114).

17. 국가직 9급

022 □□□

헌법재판소는 헌법 제23조 제3항의 '공공필요'는 '국민의 재산권을 그 의사에 반하여 강제적으로라도 취득해야 할 공익적 필요성'을 의미하고, 이 요건 중 공익성은 기본권 일반의 제한사유인 '공공복리'보다 좁은 것으로 보고 있다. O | X

법이 공용수용할 수 있는 공익사업을 열거하고 있더라도, 이는 공공성 유무를 판단하는 일응의 기준을 제시한 것에 불과하므로, 사업인정의 단계에서 개별적 · 구체적으로 공공성에 관한 심사를 하여야 한다. 즉 공공성의 확보는 1차적으로 입법자가 입법을 행할 때 일반적으로 당해 사업이 수용이 가능할 만큼 공공성을 갖는가를 판단하고, 2차적으로는 사업인정권자가 개별적 · 구체적으로 당해 사업에 대한 사업인정을 행할 때 공공성을 판단하는 것이다. 오늘날 공익사업의 범위가 확대되는 경향에 대응하여 재산권의 존속보장과의 조화를 위해서는, '공공필요'의 요건에 관하여, 공익성은 추상적인 공익 일반 또는 국가의 이익 이상의 중대한 공익을 요구하므로 기본권 일반의 제한사유인 '공공복리'보다 좁게 보는 것이 타당하며, 공익성의 정도를 판단함에 있어서는 공용수용을 허용하고 있는 개별법의 입법목적, 사업 내용, 사업이 입법목적에 이바지 하는 정도는 물론, 특히 그 사업이 대중을 상대로 하는 영업인 경우에는 그 사업 시설에 대한 대중의 이용 · 접근가능성도 아울러 고려하여야 한다(헌재 2014.10.30. 2011헌바172 등).

21. 소방간부

023 □□□

도시계획시설사업은 도시계획시설을 설치 · 정비 또는 개량하여 공공복리를 증진시키고 국민의 삶의 질을 향상시키는 것을 목적으로 하고 있으므로, 도시계획시설사업은 그 자체로 공공필요성의 요건이 충족된다. O | X

도시계획시설사업은 도로 · 철도 · 항만 · 공항 · 주차장 등 교통시설, 수도 · 전기 · 가스공급설비 등 공급시설과 같은 도시계획시설을 설치 · 정비 또는 개량하여 공공복리를 증진시키고 국민의 삶의 질을 향상시키는 것을 목적으로 하고 있으므로, 도시계획시설사업은 그 자체로 공공필요성의 요건이 충족된다(헌재 2007.11.29. 2006헌바79).

정답 021 ○ 022 ○ 023 ○

01. 국가직 7급

024 □□□

특허권을 수용한 경우에도 손실보상의 원인이 된다. O | X

손실보상은 기본적으로 재산권의 보상을 그 내용으로 한다. 토지, 건축물, 공작물, 농업손실, 광업권, 어업권, 특허권, 용수시설에 관한 권리, 잔여지보상, 이전비보상, 영업손실, 임금손실 등에 대한 보상이 이에 해당한다.

14. 국회직 8급

025 □□□

손실보상은 재산권 침해에 대한 보상이며, 여기서 재산권 침해란 재산적 가치가 있는 공권을 제외한 모든 사권(私權)의 침해를 의미한다. O | X

재산권은 모든 재산적 가치가 있는 공법상·사법상 권리를 포함한다.

11. 지방직 7급

026 □□□

문화적·학술적 가치는 특별한 사정이 없는 한 손실보상의 대상이 되지 않는다. O | X

문화적·학술적 가치는 특별한 사정이 없는 한 그 토지의 부동산으로서의 경제적·재산적 가치를 높여 주는 것이 아니므로 토지수용법 제51조 소정의 손실보상의 대상이 될 수 없으니, 이 사건 토지가 철새 도래지로서 자연 문화적인 학술가치를 지녔다 하더라도 손실보상의 대상이 될 수 없다(대판 1989.9.12. 88누11216).

05. 서울시 9급

027 □□□

손실보상은 원칙적으로 재산·생명·신체의 침해에 대한 보상이다. O | X

행정상 손실보상은 재산적 침해만을 대상으로 하고 비재산적 침해는 포함되지 않는다.

11. 사복직 9급

028 □□□

재산권의 수용·사용·제한은 법률로써 하여야 하고, 이 '법률'에 법률종속명령이나 조례는 포함되지 아니한다. O | X

> **헌법 제23조** ③ 공공필요에 의한 재산권의 수용·사용 또는 제한 및 그에 대한 보상은 법률로써 하되, 정당한 보상을 지급하여야 한다.

참고 재산권의 수용·사용·제한은 중요한 기본권에 대한 제한이므로 국민의 대표자인 입법자가 그 본질적 사항에 대해서 스스로 결정하여야 한다.

정답 024 ○ 025 X 026 ○ 027 X 028 ○

12. 국가직 9급

029 □□□

손실보상이 인정되기 위하여 재산권에 대한 침해가 현실적으로 발생하여야 하는 것은 아니다. O | X

손실보상이 인정되기 위해서는 사인에 대한 재산권 침해가 현실적으로 발생하여 그 제약의 정도가 특별한 희생에 해당하는 경우이어야 한다.

17. 국가직 9급

030 □□□

손실보상청구권을 공권으로 보게 되면 손실보상청구권을 발생시키는 침해의 대상이 되는 재산권에는 공법상의 권리만이 포함될 뿐 사법상의 권리는 포함되지 않는다. O | X

손실보상청구권을 발생시키는 침해의 대상이 되는 재산권에는 공법상의 권리만이 아니라 사법상의 권리도 포함된다. 재산권의 종류는 물권·채권을 모두 포함된다.

15. 경행특채 1차, 11. 지방직 7급

031 □□□

지장물인 건물은 적법한 건축허가를 받아 건축된 건물이 아니면 손실보상의 대상이 되지 않는다. O | X

지장물인 건물은 그 건물이 적법한 건축허가를 받아 건축된 것인지 여부에 관계없이 토지수용법상의 사업인정의 고시 이전에 건축된 건물이기만 하면 손실보상의 대상이 됨이 명백하다(대판 2000.3.10. 99두10896).

11. 사복직 9급

032 □□□

손실보상이 이루어지는 재산권에는 지가상승에 대한 기대이익이나 영업이익의 가능성이 포함되지 아니한다. O | X

우리 헌법이 보장하고 있는 재산권은 경제적 가치가 있는 모든 공법상·사법상의 권리를 뜻하는데, 이러한 재산권의 범위에는 동산·부동산에 대한 모든 종류의 물권은 물론, 재산가치 있는 모든 사법상의 채권과 특별법상의 권리 및 재산가치 있는 공법상의 권리 등이 포함되나, 단순한 기대이익, 반사적 이익 또는 경제적인 기회 등은 속하지 않는다(헌재 1998.7.16. 96헌마246).

21. 소방간부

033 □□□

재산권 보장에 의하여 보호되는 재산권의 범위에는 동산·부동산에 대한 모든 종류의 물권은 물론, 재산가치가 있는 모든 사법상의 채권과 특별법상의 권리 및 재산가치 있는 공법상의 권리 등이 포함된다. O | X

헌재 1998.7.16. 96헌마246 판례에 대한 옳은 내용이다.

정답 029 X 030 X 031 X 032 ○ 033 ○

14. 사복직 9급

034 □□□

헌법재판소는 산업입지 및 개발에 관한 법률에서 민간기업에게 산업단지개발사업에 필요한 토지 등을 수용할 수 있도록 규정한 조항이 헌법 제23조 제3항에 위반되지 않는다고 판시하였다. O | X

이 사건 수용조항은 산업입지의 원활한 공급과 산업의 합리적 배치를 통하여 균형 있는 국토개발과 지속적인 산업발전을 촉진함으로써 국민경제의 건전한 발전에 이바지하고자 하고, 나아가 산업의 적정한 지방 분산을 촉진하고 지역경제의 활성화를 목적으로 하는 것이다. 산업입지가 원활히 공급된다면 산업단지의 건설이 용이해질 수 있고, 따라서 산업단지의 건설을 통하여 효과적인 경제적 발전 내지 성장을 기대할 수 있다. 나아가 산업단지의 개발로 인한 경제적 발전은, 그간 우리 사회의 사회문화적 발전에서도 큰 초석이 되어왔다. 그와 같은 경제의 발전이 해당 국가공동체에서 영위되는 삶의 문명사적 수준을 신장시킨 주요한 동력이 되어 왔다는 점에서, 산업단지 개발의 사회적 중요성을 확인할 수 있다. 또한, 산업입지법상 규정들은 산업단지개발사업의 시행자인 민간기업이 자신의 이윤추구에 치우친 나머지 애초 산업단지를 조성함으로써 달성 · 견지하고자 한 공익목적을 해태하지 않도록 규율하고 있다는 점도 함께 고려한다면, 이 사건 수용조항은 헌법 제23조 제3항의 '공공필요성'을 갖추고 있다고 보인다(헌재 2009.9.24. 2007헌바114).

19. 서울시 9급(2월) · 변호사

035 □□□

우리 헌법상 수용의 주체를 국가로 한정하고 있지 않으므로 민간기업도 수용의 주체가 될 수 있다. O | X

헌법 제23조 제3항은 정당한 보상을 전제로 하여 재산권의 수용 등에 관한 가능성을 규정하고 있지만, 재산권 수용의 주체를 한정하지 않고 있다. 위 헌법조항의 핵심은 당해 수용이 공공필요에 부합하는가, 정당한 보상이 지급되고 있는가 여부 등에 있는 것이지, 그 수용의 주체가 국가인지 민간기업인지 여부에 달려 있다고 볼 수 없다. 또한 국가 등의 공적 기관이 직접 수용의 주체가 되는 것이든 그러한 공적 기관의 최종적인 허부판단과 승인결정하에 민간기업이 수용의 주체가 되는 것이든, 양자 사이에 공공필요에 대한 판단과 수용의 범위에 있어서 본질적인 차이를 가져올 것으로 보이지 않는다. 따라서 위 수용 등의 주체를 국가 등의 공적 기관에 한정하여 해석할 이유가 없다(헌재 2009.9.24. 2007헌바114).

21. 국가직 7급

036 □□□

공용수용은 공공필요에 부합하여야 하므로, 수용 등의 주체를 국가 등의 공적 기관에 한정하여야 한다. O | X

수용 등의 주체를 국가 등의 공적 기관에 한정하여 해석할 이유가 없다(헌재 2009.9.24. 2007헌바114).

14. 국회직 8급

037 □□□

공유수면 매립면허의 고시가 있는 경우 그 사업이 시행되므로, 그로 인하여 곧바로 손실이 발생한다고 할 수 있고 실질적이고 현실적인 피해가 발생할 때를 기다릴 필요 없이 손실보상청구권이 발생한다. O | X

손실보상이 인정되기 위해서는 사인에 대한 재산권 침해가 현실적으로 발생하여 그 제약의 정도가 특별한 희생에 해당하는 경우이어야 한다.

정답 034 ○ 035 ○ 036 X 037 X

21. 소방간부

038 □□□

간척사업의 시행으로 종래의 관행어업권자에게 구 공유수면매립법에서 정하는 손실보상청구권이 인정되기 위해서는 공유수면 매립면허의 고시가 있다면 충분하고 매립면허고시 후 매립공사가 실제 실행될 필요는 없다. O | X

간척사업의 시행으로 종래의 관행어업권자에게 구 공유수면매립법에서 정하는 손실보상청구권이 인정되기 위해서는 매립면허고시 후 매립공사가 실행되어 관행어업권자에게 실질적이고 현실적인 피해가 발생해야 한다(대판 2010.12.9. 2007두6571).

19. 지방직 9급 · 변호사

039 □□□

공유수면 매립면허의 고시가 있다고 하여 반드시 그 사업이 시행되고 그로 인하여 손실이 발생한다고 할 수 없고, 매립면허 고시 이후 매립공사가 실행되어 어업권자에게 실질적이고 현실적인 피해가 발생한 경우에만 공유수면 관리 및 매립에 관한 법률에서 정하는 손실보상청구권이 발생한다. O | X

손실보상은 공공필요에 의한 행정작용에 의하여 사인에게 발생한 특별한 희생에 대한 전보라는 점에서 그 사인에게 특별한 희생이 발생하여야 하는 것은 당연히 요구되는 것이고, 공유수면 매립면허의 고시가 있다고 하여 반드시 그 사업이 시행되고 그로 인하여 손실이 발생한다고 할 수 없으므로, 매립면허 고시 이후 매립공사가 실행되어 관행어업권자에게 실질적이고 현실적인 피해가 발생한 경우에만 공유수면매립법에서 정하는 손실보상청구권이 발생하였다고 할 것이다(대판 2010.12.9. 2007두6571).

21. 국가직 7급

040 □□□

구 공유수면매립법상 간척사업의 시행으로 인하여 관행어업권이 상실된 경우, 실질적이고 현실적인 피해가 발생한 경우에만 공유수면매립법에서 정하는 손실보상청구권이 발생한다. O | X

대판 2010.12.9. 2007두6571 판례에 대한 옳은 내용이다.

19. 서울시 9급(2월) · 변호사

041 □□□

간접적 영업손실은 특별한 희생이 될 수 없다. O | X

공공사업으로 인한 영업의 간접손실에 대하여 관련 법령에서 이를 보상하는 규정이 없다 하더라도, 공공사업의 시행으로 인하여 영업의 간접손실이 발생하리라는 것을 쉽게 예상할 수 있고, 그 손실의 범위도 구체적으로 이를 특정할 수 있는 경우라면 그 손실의 보상에 관하여 공공용지의 취득 및 손실보상에 관한 특례법 시행규칙의 간접보상에 관한 규정들을 유추적용하여 이를 보상할 수 있다고 판시하고 있다(대판 1999.6.11. 97다56150).

정답 038 X 039 ○ 040 ○ 041 X

21. 소방간부

042 □□□

공익사업으로 인하여 영업을 폐지하거나 휴업하는 자는 공익사업을 위한 토지 등의 취득 및 보상에 관한 법률에 규정된 재결절차를 거치지 않은 채 곧바로 사업시행자를 상대로 영업손실보상을 청구할 수 없다.
O | X

공익사업으로 인하여 영업을 폐지하거나 휴업하는 자가 사업시행자에게서 구 공익사업법 제77조 제1항에 따라 영업손실에 대한 보상을 받기 위해서는 구 공익사업법 제34조, 제50조 등에 규정된 재결절차를 거친 다음 재결에 대하여 불복이 있는 때에 비로소 구 공익사업법 제83조 내지 제85조에 따라 권리구제를 받을 수 있을 뿐, 이러한 재결절차를 거치지 않은 채 곧바로 사업시행자를 상대로 손실보상을 청구하는 것은 허용되지 않는다고 보는 것이 타당하다(대판 2011.9.29. 2009두10963).

15. 국회직 8급

043 □□□

공공사업의 시행으로 인하여 사업지구 밖에서 수산제조업에 대한 간접손실이 발생하리라는 것을 쉽게 예견할 수 있고 그 손실의 범위도 구체적으로 특정할 수 있는 경우라면, 그 손실의 보상에 관하여 구 공공용지의 취득 및 손실보상에 관한 특례법 시행규칙의 간접보상규정을 유추적용할 수 있다.
O | X

공공용지의 취득 및 손실보상에 관한 특례법 제3조 제1항이 "공공사업을 위한 토지 등의 취득 또는 사용으로 인하여 토지 등의 소유자가 입은 손실은 사업시행자가 이를 보상하여야 한다."고 규정하고 같은 법 시행규칙 제23조의5에서 공공사업시행지구 밖에 위치한 영업에 대한 간접손실에 대하여도 일정한 요건을 갖춘 경우 이를 보상하도록 규정하고 있는 점에 비추어, 공공사업의 시행으로 인하여 사업지구 밖에서 수산제조업에 대한 간접손실이 발생하리라는 것을 쉽게 예견할 수 있고 그 손실의 범위도 구체적으로 특정할 수 있는 경우라면, 그 손실의 보상에 관하여 같은 법 시행규칙의 간접보상규정을 유추적용할 수 있다(대판 1999.12.24. 98다57419).

16. 지방직 7급

044 □□□

지방자치단체의 공공용물에 대한 적법한 개발행위로 인해, 당해 공공용물에 대한 일정범위의 사람들의 일반사용이 제한받게 되어 입게 된 불이익은 원칙적으로 손실보상의 대상이 된다.
O | X

일반 공중의 이용에 제공되는 공공용물에 대하여 특허 또는 허가를 받지 않고 하는 일반사용은 다른 개인의 자유이용과 국가 또는 지방자치단체 등의 공공목적을 위한 개발 또는 관리·보존행위를 방해하지 않는 범위 내에서만 허용된다 할 것이므로, 공공용물에 관하여 적법한 개발행위 등이 이루어짐으로 말미암아 이에 대한 일정범위의 사람들의 일반사용이 종전에 비하여 제한받게 되었다 하더라도 특별한 사정이 없는 한 그로 인한 불이익은 손실보상의 대상이 되는 특별한 손실에 해당한다고 할 수 없다(대판 2002.2.26. 99다35300).

정답 042 ○ 043 ○ 044 X

22. 지방직 7급, 18. 서울시 7급, 16. 지방직 7급

045 □□□

공물의 인접주민이라고 하더라도 구체적으로 당해 공물을 사용하고 있지 않는 이상 공물에 대한 고양된 일반사용권이 인정될 수 없다. O | X

공물의 인접주민은 다른 일반인보다 인접공물의 일반사용에 있어 특별한 이해관계를 가지는 경우가 있고, 그러한 의미에서 다른 사람에게 인정되지 아니하는 이른바 고양된 일반사용권이 보장될 수 있으며, 이러한 고양된 일반사용권이 침해된 경우 다른 개인과의 관계에서 민법상으로도 보호될 수 있으나, 그 권리도 공물의 일반사용의 범위 안에서 인정되는 것이므로, 특정인에게 어느 범위에서 이른바 고양된 일반사용권으로서의 권리가 인정될 수 있는지의 여부는 당해 공물의 목적과 효용, 일반사용관계, 고양된 일반사용권을 주장하는 사람의 법률상의 지위와 당해 공물의 사용관계의 인접성, 특수성 등을 종합적으로 고려하여 판단하여야 한다. 따라서 구체적으로 공물을 사용하지 않고 있는 이상 그 공물의 인접주민이라는 사정만으로는 공물에 대한 고양된 일반사용권이 인정될 수 없다.

관련 판례

재래시장 내 점포의 소유자가 점포 앞의 도로에 대하여 일반사용을 넘어 특별한 이해관계를 인정할 만한 사용을 하고 있었다는 사정을 인정할 수 없다는 이유로 위 소유자는 도로에 좌판을 설치 · 이용할 수 있는 권리가 없다(대판 2006.12.22. 2004다68311).

11. 경행특채

046 □□□

구 토지수용법 제51조는 영업을 하기 위하여 투자한 비용이나 그 영업을 통하여 얻을 것으로 기대되는 이익에 대한 손실보상의 근거 규정이 될 수 없고, 그 보상의 기준과 방법 등에 관한 규정이 없어도 이러한 손실은 그 보상의 대상이 된다. O | X

구 토지수용법(2002.2.4. 법률 제6656호 공익사업을 위한 토지 등의 취득 및 보상에 관한 법률 부칙 제2조로 폐지) 제51조가 규정하고 있는 '영업상의 손실'이란 수용의 대상이 된 토지 · 건물 등을 이용하여 영업을 하다가 그 토지 · 건물 등이 수용됨으로 인하여 영업을 할 수 없거나 제한을 받게 됨으로 인하여 생기는 직접적인 손실을 말하는 것이므로 위 규정은 영업을 하기 위하여 투자한 비용이나 그 영업을 통하여 얻을 것으로 기대되는 이익에 대한 손실보상의 근거 규정이 될 수 없고, 그 외 구 토지수용법이나 구 '공공용지의 취득 및 손실보상에 관한 특례법'(2002.2.4. 법률 제6656호 공익사업을 위한 토지 등의 취득 및 보상에 관한 법률 부칙 제2조로 폐지), 그 시행령 및 시행규칙 등 관계 법령에도 영업을 하기 위하여 투자한 비용이나 그 영업을 통하여 얻을 것으로 기대되는 이익에 대한 손실보상의 근거 규정이나 그 보상의 기준과 방법 등에 관한 규정이 없으므로, 이러한 손실은 그 보상의 대상이 된다고 할 수 없다(대판 2006.1.27. 2003두13106).

06. 국가직 9급

047 □□□

휴직하는 근로자의 임금손실에 대해서는 근로기준법에 의한 평균임금 등을 참작하여 보상하여야 한다. O | X

임금손실에 대한 보상은 근로기준법상 평균임금을 고려하여 보상한다.

정답 045 ○ 046 X 047 ○

19. 서울시 9급(2월)

048 □□□

헌법 제23조 제3항의 정당한 보상이란 원칙적으로 피수용재산의 객관적인 재산가치를 완전하게 보상하는 것이어야 한다는 완전보상을 뜻한다. O | X

헌법재판소는 "헌법이 규정한 정당한 보상이란 손실보상의 원인이 되는 재산권 침해가 기존의 법질서 안에서 개인의 재산권에 대한 개별적인 침해인 경우에는 그 손실보상은 원칙적으로 피수용재산의 객관적인 재산가치를 완전하게 보상하는 것이어야 한다는 완전보상을 뜻하는 것으로서, 보상금액뿐만 아니라 보상의 시기나 방법 등에 있어서도 어떠한 제한을 두어서는 아니 된다는 것을 의미한다(헌재 1998.3.26. 96헌바12)."라고 판시하였다.

11. 국가직 9급

049 □□□

헌법재판소는 재산권의 제한이 특별한 희생에 해당하는 경우에 보상규정을 두지 않는 것은 위헌이라고 하면서도 단순위헌이 아닌 헌법불합치결정을 하였다. O | X

[1] 도시계획법 제21조에 의한 재산권의 제한은 개발제한구역으로 지정된 토지를 원칙적으로 지정 당시의 지목과 토지현황에 의한 이용방법에 따라 사용할 수 있는 한, 재산권에 내재하는 사회적 제약을 비례의 원칙에 합치하게 합헌적으로 구체화한 것이라고 할 것이나, 종래의 지목과 토지현황에 의한 이용방법에 따른 토지의 사용도 할 수 없거나 실질적으로 사용·수익을 전혀 할 수 없는 예외적인 경우에도 아무런 보상없이 이를 감수하도록 하고 있는 한, 비례의 원칙에 위반되어 당해 토지소유자의 재산권을 과도하게 침해하는 것으로서 헌법에 위반된다.

[2] 도시계획법 제21조에 규정된 개발제한구역제도 그 자체는 원칙적으로 합헌적인 규정인데, 다만 개발제한구역의 지정으로 말미암아 일부 토지소유자에게 사회적 제약의 범위를 넘는 가혹한 부담이 발생하는 예외적인 경우에 대하여 보상규정을 두지 않은 것에 위헌성이 있는 것이고, 보상의 구체적 기준과 방법은 헌법재판소가 결정할 성질의 것이 아니라 광범위한 입법형성권을 가진 입법자가 입법정책적으로 정할 사항이므로, 입법자가 보상입법을 마련함으로써 위헌적인 상태를 제거할 때까지 위 조항을 형식적으로 존속케 하기 위하여 헌법불합치결정을 하는 것인바, 입법자는 되도록 빠른 시일 내에 보상입법을 하여 위헌적 상태를 제거할 의무가 있고, 행정청은 보상입법이 마련되기 전에는 새로 개발제한구역을 지정하여서는 아니 되며, 토지소유자는 보상입법을 기다려 그에 따른 권리 행사를 할 수 있을 뿐 개발제한구역의 지정이나 그에 따른 토지재산권의 제한 그 자체의 효력을 다투거나 위 조항에 위반하여 행한 자신들의 행위의 정당성을 주장할 수는 없다(헌재 1998.12.24. 89헌마214).

21. 국가직 7급, 17. 국가직 9급(10월), 14. 서울시 7급, 13·12. 국가직 9급, 11. 지방직 9급, 08. 지방직 7급

050 □□□

헌법재판소는 공익사업의 시행으로 인한 개발이익은 완전보상의 범위에 포함되는 피수용 토지의 객관적 가치 내지 피수용자의 손실이라고 본다. O | X

공익사업의 시행으로 지가가 상승하여 발생하는 개발이익은 사업시행자의 투자에 의한 것으로서 피수용자인 토지소유자의 노력이나 자본에 의하여 발생하는 것이 아니어서 피수용 토지가 수용 당시 갖는 객관적 가치에 포함된다고 볼 수 없고, 따라서 그 성질상 완전보상의 범위에 포함되는 피수용자의 손실이라고 볼 수 없으므로, 이 사건 개발이익배제조항이 이러한 개발이익을 배제하고 손실보상액을 산정한다 하여 헌법이 규정한 정당보상의 원칙에 어긋나는 것이라고 할 수 없다(헌재 2010.12.28. 2008헌바57).

정답 048 ○ 049 ○ 050 X

08. 지방직 7급

051 □□□

토지수용보상액 산정시 당해 공공사업의 시행을 직접 목적으로 하는 계획의 승인 · 고시로 인한 가격변동을 고려하여야 한다. O | X

토지수용으로 인한 손실보상액을 산정함에 있어서 당해 공공사업의 시행을 직접 목적으로 하는 계획의 승인 · 고시로 인한 가격변동은 이를 고려함이 없이 수용재결 당시의 가격을 기준으로 하여 적정가격을 정하여야 하나, 당해 공공사업과는 관계없는 다른 사업의 시행으로 인한 개발이익은 이를 배제하지 아니한 가격으로 평가하여야 한다(대판 1999.1.15. 98두8896).

18. 지방직 7급

052 □□□

문화재보호구역의 확대지정이 공공사업인 택지개발사업의 시행을 직접 목적으로 하여 가하여진 것이 아님이 명백한 이상, 문화재보호구역의 확대지정이 당해 공공사업의 시행 이후에 행해진 경우라 하더라도, 공공사업지구에 포함된 토지에 대한 수용보상액은 문화재보호구역의 확대지정에 의한 공법상 제한을 받지 아니한 것으로 보고 평가하여야 한다. O | X

문화재보호구역의 확대지정이 당해 공공사업인 택지개발사업의 시행을 직접 목적으로 하여 가하여진 것이 아님이 명백하므로 토지의 수용보상액은 그러한 공법상 제한을 받는 상태대로 평가하여야 한다(대판 2005.2.18. 2003두14222).

11. 지방직 7급

053 □□□

광업권 · 어업권 및 물 등의 사용에 관한 권리에 대하여는 투자비용, 예상 수익 및 거래가격 등을 고려하여 평가한 적정가격으로 보상하여야 한다. O | X

「공익사업을 위한 토지 등의 취득 및 보상에 관한 법률」 제76조 【권리의 보상】 ① 광업권 · 어업권 · 양식업권 및 물(용수시설을 포함한다) 등의 사용에 관한 권리에 대하여는 투자비용, 예상 수익 및 거래가격 등을 고려하여 평가한 적정가격으로 보상하여야 한다.

23. 경찰간부, 19. 변호사, 17. 국가직 9급(10월), 14. 사복직 9급, 11. 사복직 9급 · 지방직 9급, 10. 지방직 7급

054 □□□

이주대책은 이주자들에게 종전의 생활상태를 회복시켜 주려는 생활보상의 일환으로서 헌법 제23조 제3항에 규정된 정당한 보상에 당연히 포함되는 것이므로 이주대책의 실시 여부는 입법자의 입법재량의 영역에 속한다고 할 수 없다. O | X

이주대책은 헌법 제23조 제3항에 규정된 정당한 보상에 포함되는 것이라기보다는 이에 부가하여 이주자들에게 종전의 생활상태를 회복시키기 위한 생활보상의 일환으로서 국가의 정책적인 배려에 의하여 마련된 제도라고 볼 것이다. 따라서 이주대책의 실시 여부는 입법자의 입법정책적 재량의 영역에 속하므로 공익사업을 위한 토지 등의 취득 및 보상에 관한 법률 시행령 제40조 제3항 제3호가 이주대책의 대상자에서 세입자를 제외하고 있는 것이 세입자의 재산권을 침해하는 것이라 볼 수 없다(헌재 2006.2.23. 2004헌마19).

정답 051 X 052 X 053 ○ 054 X

15. 국회직 8급

055 □□□

생활보상은 피수용자가 종전과 같은 생활을 유지할 수 있도록 실질적으로 보장하는 보상을 말한다. O | X

생활보상에는 공익사업의 시행으로 생활 근거지를 상실하는 자를 다른 지역으로 이주시키는 이주대책과 종전과 같은 경제수준으로 살 수 있도록 돕는 생활대책이 있다.

23. 경찰간부, 19. 국가직 7급

056 □□□

이주대책은 이른바 생활보상에 해당하는 것으로서 헌법 제23조 제3항이 규정하는 손실보상의 한 형태로 보아야 하므로, 법률이 사업시행자에게 이주대책의 수립·실시의무를 부과하였다면 이로부터 사업시행자가 수립한 이주대책상의 택지분양권 등의 구체적 권리가 이주자에게 직접 발생한다. O | X

이주자가 수분양권을 취득하기를 희망하여 이주대책에 정한 절차에 따라 사업시행자에게 이주대책대상자 선정신청을 하고 사업시행자가 이를 받아들여 이주대책대상자로 확인·결정하여야만 비로소 구체적인 수분양권이 발생하게 된다(대판 1994.5.24. 92다35783).

19. 국가직 7급

057 □□□

공공사업 시행으로 사업시행지 밖에서 발생한 간접손실은 손실발생을 쉽게 예견할 수 있고 손실범위도 구체적으로 특정할 수 있더라도, 사업시행자와 협의가 이루어지지 않고 그 보상에 관한 명문의 근거 법령이 없는 경우에는 보상의 대상이 아니다. O | X

공공사업의 시행 결과 그로 인하여 기업지 밖에 미치는 간접손실에 관하여 피해자와 사업시행자 사이에 협의가 이루어지지 아니하고 그 보상에 관한 명문의 근거 법령이 없는 경우라고 하더라도, 헌법 제23조 제3항은 "공공필요에 의한 재산권의 수용·사용 또는 제한 및 그에 대한 보상은 법률로써 하되, 정당한 보상을 지급하여야 한다."고 규정하고 있고, 이에 따라 국민의 재산권을 침해하는 행위 그 자체는 반드시 형식적 법률에 근거하여야 하며, 토지수용법 등의 개별 법률에서 공익사업에 필요한 재산권 침해의 근거와 아울러 그로 인한 손실보상규정을 두고 있는 점, 공공용지의 취득 및 손실보상에 관한 특례법 제3조 제1항은 "공공사업을 위한 토지 등의 취득 또는 사용으로 인하여 토지 등의 소유자가 입은 손실은 사업시행자가 이를 보상하여야 한다."고 규정하고, 같은 법 시행규칙 제23조의2 내지 7에서 공공사업시행지구 밖에 있는 영업과 공작물 등에 대한 간접손실에 대하여도 일정한 조건하에서 이를 보상하도록 규정하고 있는 점 등에 비추어, 공공사업의 시행으로 인하여 그러한 손실이 발생하리라는 것을 쉽게 예견할 수 있고 그 손실의 범위도 구체적으로 이를 특정할 수 있는 경우라면, 그 손실의 보상에 관하여 공공용지의 취득 및 손실보상에 관한 특례법 시행규칙의 관련 규정 등을 유추적용할 수 있다고 해석함이 상당하다(대판 2002.11.26. 2001다44352).

14. 국회직 8급, 11. 사복직 9급

058 □□□

헌법재판소는 구 도시계획법 제21조의 개발제한구역제도에 대하여 그 자체는 합헌이지만 보상규정을 결한 것에 위헌성이 있어 입법권자는 이를 시정할 의무가 있다고 보았다. O | X

도시계획법 제21조에 규정된 개발제한구역제도 그 자체는 원칙적으로 합헌적인 규정인데, 다만 개발제한구역의 지정으로 말미암아 일부 토지소유자에게 사회적 제약의 범위를 넘는 가혹한 부담이 발생하는 예외적인 경우에 대하여 보상규정을 두지 않은 것에 위헌성이 있는 것이고, … 입법자는 되도록 빠른 시일 내에 보상입법을 하여 위헌적 상태를 제거할 의무가 있고, 행정청은 보상입법이 마련되기 전에는 새로 개발제한구역을 지정하여서는 아니되며, 토지소유자는 보상입법을 기다려 그에 따른 권리행사를 할 수 있을 뿐 개발제한구역의 지정이나 그에 따른 토지재산권의 제한 그 자체의 효력을 다투거나 위 조항에 위반하여 행한 자신들의 행위의 정당성을 주장할 수는 없다(헌재 1998.12.24. 89헌마214).

정답 055 ○ 056 X 057 X 058 ○

14. 지방직 9급

059 □□□

헌법재판소는 구 도시계획법상 개발제한구역의 지정으로 일부 토지소유자에게 사회적 제약의 범위를 넘는 가혹한 부담이 발생하는 경우에 보상규정을 두지 않은 것은 위헌성이 있는 것이고, 보상의 구체적 기준과 방법은 입법자가 입법정책적으로 정할 사항이라고 결정하였다. O | X

도시계획법 제21조에 규정된 개발제한구역제도 그 자체는 원칙적으로 합헌적인 규정인데, 다만 개발제한구역의 지정으로 말미암아 일부 토지소유자에게 사회적 제약의 범위를 넘는 가혹한 부담이 발생하는 예외적인 경우에 대하여 보상규정을 두지 않은 것에 위헌성이 있는 것이고, 보상의 구체적 기준과 방법은 헌법재판소가 결정할 성질의 것이 아니라 광범위한 입법형성권을 가진 입법자가 입법정책적으로 정할 사항이므로, 입법자가 보상입법을 마련함으로써 위헌적인 상태를 제거할 때까지 위 조항을 형식적으로 존속케 하기 위하여 헌법불합치결정을 하는 것이다(헌재 1998.12.24. 89헌마214).

18. 서울시 9급, 12. 국가직 7급

060 □□□

개발제한구역 지정으로 인한 지가의 하락은 원칙적으로 토지소유자가 감수해야 하는 사회적 제약의 범주에 속하나, 지가의 하락이 20% 이상으로 과도한 경우에는 특별한 희생에 해당한다. O | X

개발제한구역의 지정으로 개발가능성의 소멸과 그에 따른 지가의 하락이나 지가상승률의 상대적 감소는 토지소유자가 감수해야 하는 재산권에 내재하는 사회적 제약이므로 보상규정을 두지 않았더라도 합헌이라고 본다(헌재 1998.12.24. 89헌마214).

19. 서울시 9급(2월) 유사, 15. 경행특채 1차, 08. 지방직 9급

061 □□□

개발제한구역 지정으로 인하여 토지를 종래의 목적으로 사용할 수 없거나 또는 더 이상 법적으로 허용된 토지이용의 방법이 없기 때문에 실질적으로 토지의 사용·수익의 길이 없는 경우에도 토지소유자가 수인해야 하는 사회적 제약의 한계를 넘는 것으로 볼 수 없다. O | X

개발제한구역 지정으로 인하여 토지를 종래의 목적으로도 사용할 수 없거나 또는 더 이상 법적으로 허용된 토지이용의 방법이 없기 때문에 실질적으로 토지의 사용·수익의 길이 없는 경우에는 토지소유자가 수인해야 하는 사회적 제약의 한계를 넘는 것으로 보아야 한다(헌재 1998.12.24. 89헌마214 등).

11. 서울시 9급

062 □□□

사적 이용권이 배제된 상태에서 토지소유자로 하여금 10년 이상을 아무런 보상 없이 수인하도록 하는 것은 헌법상 재산권보장에 위배된다. O | X

입법자는 토지재산권의 제한에 관한 전반적인 법체계, 외국의 입법례 등과 기타 현실적인 요소들을 종합적으로 참작하여 국민의 재산권과 도시계획사업을 통하여 달성하려는 공익 모두를 실현하기에 적정하다고 판단되는 기간을 정해야 한다. 그러나 어떠한 경우라도 토지의 사적 이용권이 배제된 상태에서 토지소유자로 하여금 10년 이상을 아무런 보상 없이 수인하도록 하는 것은 공익실현의 관점에서도 정당화될 수 없는 과도한 제한으로서 헌법상의 재산권보장에 위배된다고 보아야 한다(헌재 1999.10.21. 97헌바26).

정답 059 ○ 060 X 061 X 062 ○

19. 국회직 8급

063

□□□

체육시설업의 영업주체가 영업시설의 양도나 임대 등에 의하여 변경되었으나 그에 관한 신고를 하지 않은 채 영업을 하던 중에 공익사업으로 영업을 폐지 또는 휴업하게 된 경우 그 임차인 등의 영업은 보상대상에서 제외되지 않는다. O | X

구 체육시설법 관련 법령을 두루 살펴보면 시설기준 등에 관해서는 상세한 규정을 두고 그 기준에 맞는 시설을 갖추어서 체육시설업 신고를 하도록 하고 있지만, 체육시설의 운영주체에 관하여 자격기준 등을 따로 제한한 것은 보이지 않고, 신고절차에서도 운영주체에 관하여 심사할 수 있는 등의 근거 규정은 전혀 없다. 오히려 기존 체육시설업자가 영업을 양도하거나 법인의 합병 등으로 운영주체가 변경되는 경우에도 그로 인한 체육시설업의 승계는 당연히 인정되는 전제에서 사업계획이나 회원과의 약정사항을 승계하는 데 대한 규정만을 두고 있을 뿐이다(구 체육시설법 제30조). 이러한 규정 형식과 내용 등으로 보면, 체육시설업의 영업주체가 영업시설의 양도나 임대 등에 의하여 변경되었음에도 그에 관한 신고를 하지 않은 채 영업을 하던 중에 공익사업으로 영업을 폐지 또는 휴업하게 된 경우라 하더라도, 그 임차인 등의 영업을 보상대상에서 제외되는 위법한 영업이라고 할 것은 아니다. 따라서 그로 인한 영업손실에 대해서는 법령에 따른 정당한 보상이 이루어져야 마땅하다(대판 2012.12.13. 2010두12842).

19. 국회직 8급

064

□□□

공물의 인접주민은 다른 일반인보다 인접공물의 일반사용에 있어 특별한 이해관계를 가지는 경우가 있고 그러한 의미에서 다른 사람에게 인정되지 아니하는 이른바 고양된 일반사용권이 보장될 수 있다. O | X

공물의 인접주민은 다른 일반인보다 인접공물의 일반사용에 있어 특별한 이해관계를 가지는 경우가 있고, 그러한 의미에서 다른 사람에게 인정되지 아니하는 이른바 고양된 일반사용권이 보장될 수 있으며, 이러한 고양된 일반사용권이 침해된 경우 다른 개인과의 관계에서 민법상으로도 보호될 수 있으나, 그 권리도 공물의 일반사용의 범위 안에서 인정되는 것이므로, 특정인에게 어느 범위에서 이른바 고양된 일반사용권으로서의 권리가 인정될 수 있는지의 여부는 당해 공물의 목적과 효용, 일반사용관계, 고양된 일반사용권을 주장하는 사람의 법률상의 지위와 당해 공물의 사용관계의 인접성·특수성 등을 종합적으로 고려하여 판단하여야 한다. 따라서 구체적으로 공물을 사용하지 않고 있는 이상 그 공물의 인접주민이라는 사정만으로는 공물에 대한 고양된 일반사용권이 인정될 수 없다(대판 2006.12.22. 2004다68311).

21. 국가직 7급

065

□□□

국가지정문화재에 대하여 관리단체로 지정된 지방자치단체의 장은 문화재보호법 및 공익사업을 위한 토지 등의 취득 및 보상에 관한 법률에 따라 국가지정문화재나 그 보호구역에 있는 토지 등을 수용할 수 있다. O | X

문화재보호법은 지방자치단체 또는 지방자치단체의 장에게 시·도지정문화재뿐 아니라 국가지정문화재에 대하여도 일정한 권한 또는 책무를 부여하고 있고, 문화재보호법에 해당 문화재의 지정권자만이 토지 등을 수용할 수 있다는 등의 제한을 두고 있지 않으므로, 국가지정문화재에 대하여 관리단체로 지정된 지방자치단체의 장은 문화재보호법 제83조 제1항 및 토지보상법에 따라 국가지정문화재나 그 보호구역에 있는 토지 등을 수용할 수 있다(대판 2019.2.28. 2017두71031).

정답 063 ○ 064 ○ 065 ○

19. 서울시 7급, 14. 국가직 7급

066 □□□

잔여지에 현실적 이용상황 변경 또는 사용가치 및 교환가치의 하락 등이 발생하였더라도 그 손실이 토지가 공익사업에 취득·사용됨으로써 발생한 것이 아닌 경우에는 손실보상의 대상이 되지 않는다. O | X

공익사업을 위한 토지 등의 취득 및 보상에 관한 법률(이하 '토지보상법'이라고 한다) 제73조 제1항 본문은 "사업시행자는 동일한 소유자에게 속하는 일단의 토지의 일부가 취득되거나 사용됨으로 인하여 잔여지의 가격이 감소하거나 그 밖의 손실이 있을 때 또는 잔여지에 통로·도랑·담장 등의 신설이나 그 밖의 공사가 필요할 때에는 국토교통부령으로 정하는 바에 따라 그 손실이나 공사의 비용을 보상하여야 한다."라고 규정하고 있다. 여기서 특정한 공익사업의 사업시행자가 보상하여야 하는 손실은, 동일한 소유자에게 속하는 일단의 토지 중 일부를 사업시행자가 그 공익사업을 위하여 취득하거나 사용함으로 인하여 잔여지에 발생하는 것임을 전제로 한다. 따라서 이러한 잔여지에 대하여 현실적 이용상황 변경 또는 사용가치 및 교환가치의 하락 등이 발생하였더라도, 그 손실이 일부가 공익사업에 취득되거나 사용됨으로 인하여 발생하는 것이 아니라면 특별한 사정이 없는 한 토지보상법 제73조 제1항 본문에 따른 잔여지 손실보상대상에 해당한다고 볼 수 없다(대판 2017.7.11. 2017두40860).

> **「공익사업을 위한 토지 등의 취득 및 보상에 관한 법률」 제73조 【잔여지의 손실과 공사비 보상】** ① 사업시행자는 동일한 소유자에게 속하는 일단의 토지의 일부가 취득되거나 사용됨으로 인하여 잔여지의 가격이 감소하거나 그 밖의 손실이 있을 때 또는 잔여지에 통로·도랑·담장 등의 신설이나 그 밖의 공사가 필요할 때에는 국토교통부령으로 정하는 바에 따라 그 손실이나 공사의 비용을 보상하여야 한다. 다만, 잔여지의 가격 감소분과 잔여지에 대한 공사의 비용을 합한 금액이 잔여지의 가격보다 큰 경우에는 사업시행자는 그 잔여지를 매수할 수 있다.
> ② 제1항 본문에 따른 손실 또는 비용의 보상은 관계 법률에 따라 사업이 완료된 날 또는 제24조의2에 따른 사업완료의 고시가 있는 날(이하 "사업완료일"이라 한다)부터 1년이 지난 후에는 청구할 수 없다.
> ③ 사업인정고시가 된 후 제1항 단서에 따라 사업시행자가 잔여지를 매수하는 경우 그 잔여지에 대하여는 제20조에 따른 사업인정 및 제22조에 따른 사업인정고시가 된 것으로 본다.

21. 국가직 7급

067 □□□

공익사업을 위한 토지 등의 취득 및 보상에 관한 법률상 보상대상이 되는 '기타 토지에 정착한 물건에 대한 소유권 그 밖의 권리를 가진 관계인'에는 수거·철거권 등 실질적 처분권을 가진 자도 포함된다. O | X

공익사업을 위한 토지 등의 취득 및 보상에 관한 법률상 보상대상이 되는 '기타 토지에 정착한 물건에 대한 소유권 그 밖의 권리를 가진 관계인'에는 수거·철거권 등 실질적 처분권을 가진 자도 포함된다(대판 2019.4.11. 2018다277419).

23. 지방직 9급, 21. 국가직 7급

068 □□□

하천법 제50조에 따른 하천수사용권은 공익사업을 위한 토지 등의 취득 및 보상에 관한 법률이 손실보상의 대상으로 규정하고 있는 '물의 사용에 관한 권리'에 해당한다. O | X

하천법 제50조에 의한 하천수사용권은 하천법 제33조에 의한 하천의 점용허가에 따라 해당 하천을 점용할 수 있는 권리와 마찬가지로 특허에 의한 공물사용권의 일종으로서, 양도가 가능하고 이에 대한 민사집행법상의 집행 역시 가능한 독립된 재산적 가치가 있는 구체적인 권리라고 보아야 한다. 따라서 하천법 제50조에 의한 하천수사용권은 공익사업을 위한 토지 등의 취득 및 보상에 관한 법률 제76조 제1항이 손실보상의 대상으로 규정하고 있는 '물의 사용에 관한 권리'에 해당한다(대판 2018.12.27. 2014두11601).

정답 066 ○ 067 ○ 068 ○

14. 국가직 7급

069

토지수용으로 인한 손실보상액은 당해 공공사업의 시행을 직접 목적으로 하는 계획의 승인·고시로 인한 가격변동을 고려함이 없이 수용재결 당시의 가격을 기준으로 하여 정하여야 한다. O | X

토지수용으로 인한 손실보상액을 산정함에 있어서 당해 공공사업의 시행을 직접 목적으로 하는 계획의 승인·고시로 인한 가격변동은 이를 고려함이 없이 수용재결 당시의 가격을 기준으로 하여 적정가격을 정하여야 하나, 당해 공공사업과는 관계없는 다른 사업의 시행으로 인한 개발이익은 이를 배제하지 아니한 가격으로 평가하여야 한다(대판 1999.1.15. 98두8896).

11. 지방직 7급

070

농업의 손실에 대하여는 농지의 단위면적당 소득 등을 고려하여 실제 경작자에게 보상하여야 하지만, 농지소유자가 해당 지역에 거주하는 농민인 경우에는 농지소유자와 실제 경작자가 협의하는 바에 따라 보상할 수 있다. O | X

「공익사업을 위한 토지 등의 취득 및 보상에 관한 법률 시행규칙」 제48조【농업의 손실에 대한 보상】④ 자경농지가 아닌 농지에 대한 영농손실액은 다음 각 호의 구분에 따라 보상한다.

1. 농지의 소유자가 해당 지역에 거주하는 농민인 경우
   가. 농지의 소유자와 제7항에 따른 실제 경작자간에 협의가 성립된 경우: 협의 내용에 따라 보상
   나. 농지의 소유자와 실제 경작자간에 협의가 성립되지 아니하는 경우에는 다음의 구분에 따라 보상
      1) 제1항에 따라 영농손실액이 결정된 경우: 농지의 소유자와 실제 경작자에게 각각 영농손실액의 50퍼센트에 해당하는 금액을 보상
      2) 제2항에 따라 영농손실액이 결정된 경우: 농지의 소유자에게는 제1항의 기준에 따라 결정된 영농손실액의 50퍼센트에 해당하는 금액을 보상하고, 실제 경작자에게는 제2항에 따라 결정된 영농손실액 중 농지의 소유자에게 지급한 금액을 제외한 나머지에 해당하는 금액을 보상
2. 농지의 소유자가 해당 지역에 거주하는 농민이 아닌 경우: 실제 경작자에게 보상

06. 국가직 9급

071

분묘의 이전에 대하여는 이장에 소요되는 비용 등을 산정하여 보상하여야 한다. O | X

「공익사업을 위한 토지 등의 취득 및 보상에 관한 법률」 제75조【건축물 등 물건에 대한 보상】④ 분묘에 대하여는 이장(移葬)에 드는 비용 등을 산정하여 보상하여야 한다.

정답 069 ○ 070 ○ 071 ○

06. 국가직 9급

072 □□□

영업을 폐업하는 경우 영업손실에 대해서는 영업이익과 시설의 이전비용 등을 참작하여 보상하여야 한다. O | X

「공익사업을 위한 토지 등의 취득 및 보상에 관한 법률」 제77조 【영업의 손실 등에 대한 보상】 ① 영업을 폐업하거나 휴업함에 따른 영업손실에 대하여는 영업이익과 시설의 이전비용 등을 고려하여 보상하여야 한다.

17. 국가직 7급, 15 · 09. 국회직 8급, 10. 지방직 7급

073 □□□

공익사업을 위한 토지 등의 취득 및 보상에 관한 법률상 사업시행자에 의한 이주대책 수립 · 실시 및 이주대책의 내용에 관한 규정은 당사자의 합의에 의하여 적용을 배제할 수 있다. O | X

구 공익사업을 위한 토지 등의 취득 및 보상에 관한 법률(2007.10.17. 법률 제8665호로 개정되기 전의 것, 이하 '구 공익사업법'이라 한다)은 공익사업에 필요한 토지 등을 협의 또는 수용에 의하여 취득하거나 사용함에 따른 손실보상에 관한 사항을 규정함으로써 공익사업의 효율적인 수행을 통하여 공공복리의 증진과 재산권의 적정한 보호를 도모함을 목적으로 하고 있고, 위 법에 의한 이주대책은 공익사업의 시행에 필요한 토지 등을 제공함으로 인하여 생활의 근거를 상실하게 되는 이주대책대상자들에게 종전 생활상태를 원상으로 회복시키면서 동시에 인간다운 생활을 보장하여 주기 위하여 마련된 제도이므로, 사업시행자의 이주대책 수립 · 실시의무를 정하고 있는 구 공익사업법 제78조 제1항은 물론 이주대책의 내용에 관하여 규정하고 있는 같은 조 제4항 본문 역시 당사자의 합의 또는 사업시행자의 재량에 의하여 적용을 배제할 수 없는 강행법규이다(대판 2011.6.23. 2007다63089 전합).

11. 사복직 9급

074 □□□

'공익사업을 위한 관계 법령에 의한 고시 등이 있은 날' 당시 주거용 건물이 아니었던 건물이 그 이후에 주거용으로 불법 용도변경된 경우에도 이주대책대상이 되는 주거용 건축물이 될 수 있다. O | X

공익사업을 위한 토지 등의 취득 및 보상에 관한 법률 제78조 제1항, 공익사업을 위한 토지 등의 취득 및 보상에 관한 법률 시행령 제40조 제3항 제2호 규정의 문언, 내용 및 입법 취지 등을 종합하여 보면, 위 법 제78조 제1항에 정한 이주대책의 대상이 되는 주거용 건축물이란 위 시행령 제40조 제3항 제2호의 '공익사업을 위한 관계 법령에 의한 고시 등이 있은 날' 당시 건축물의 용도가 주거용인 건물을 의미한다고 해석되므로, 그 당시 주거용 건물이 아니었던 건물이 그 이후에 주거용으로 용도변경된 경우에는 건축허가를 받았는지 여부에 상관없이 수용재결 내지 협의계약 체결 당시 주거용으로 사용된 건물이라 할지라도 이주대책대상이 되는 주거용 건축물이 될 수 없다(대판 2009.2.26. 2007두13340).

19. 국회직 8급

075 □□□

사업시행자는 사업인정이 실효됨으로 인하여 토지소유자나 관계인이 입은 손실을 보상하여야 한다. O | X

「공익사업을 위한 토지 등의 취득 및 보상에 관한 법률」 제23조 【사업인정의 실효】 ① 사업시행자가 제22조 제1항에 따른 사업인정의 고시(이하 "사업인정고시"라 한다)가 된 날부터 1년 이내에 제28조 제1항에 따른 재결신청을 하지 아니한 경우에는 사업인정고시가 된 날부터 1년이 되는 날의 다음 날에 사업인정은 그 효력을 상실한다.
② 사업시행자는 제1항에 따라 사업인정이 실효됨으로 인하여 토지소유자나 관계인이 입은 손실을 보상하여야 한다.

정답 072 ○ 073 X 074 X 075 ○

15. 지방직 9급

076 □□□

공익사업을 위한 토지 등의 취득 및 보상에 관한 법률상 행정청이 아닌 사업시행자가 이주대책을 수립·실시하는 경우에 이주정착지에 대한 도로 등 통상적인 생활기본시설에 필요한 비용은 지방자치단체가 부담하여야 한다. O | X

「공익사업을 위한 토지 등의 취득 및 보상에 관한 법률」 제78조 【이주대책의 수립 등】 ④ 이주대책의 내용에는 이주정착지(이주대책의 실시로 건설하는 주택단지를 포함한다)에 대한 도로, 급수시설, 배수시설, 그 밖의 공공시설 등 통상적인 수준의 생활기본시설이 포함되어야 하며, 이에 필요한 비용은 사업시행자가 부담한다. 다만, 행정청이 아닌 사업시행자가 이주대책을 수립·실시하는 경우에 지방자치단체는 비용의 일부를 보조할 수 있다.

23. 경찰간부, 15. 국회직 8급

077 □□□

도시개발사업의 사업시행자는 이주대책기준을 정하여 이주대책대상자 가운데 이주대책을 수립·실시하여야 할 자를 선정하여 그들에게 공급할 택지 등을 정하는 데 재량을 갖는다. O | X

'공익사업을 위한 관계 법령에 의한 고시 등이 있은 날'은 이주대책대상자와 아닌 자를 정하는 기준이지만, 나아가 사업시행자가 이주대책대상자 중에서 이주대책을 수립·실시하여야 할 자와 이주정착금을 지급하여야 할 자를 정하는 기준이 되는 것은 아니므로, 사업시행자는 이주대책기준을 정하여 이주대책대상자 중에서 이주대책을 수립·실시하여야 할 자를 선정하여 그들에게 공급할 택지 또는 주택의 내용이나 수량을 정할 수 있고, 이를 정하는 데 재량을 가지므로, 이를 위해 사업시행자가 설정한 기준은 그것이 객관적으로 합리적이 아니라거나 타당하지 않다고 볼 만한 다른 특별한 사정이 없는 한 존중되어야 한다(대판 2009.3.12. 2008두12610).

15. 국회직 8급

078 □□□

사업시행자 스스로 생활대책을 수립·실시하는 경우, 이는 내부적인 기준에 불과하므로 생활대책대상자 선정기준에 해당하는 자는 사업시행자에게 생활대책대상자 선정 여부의 확인·결정을 신청할 수 있는 권리를 갖지 못한다. O | X

사업시행자 스스로 공익사업의 원활한 시행을 위하여 필요하다고 인정함으로써 생활대책을 수립·실시할 수 있도록 하는 내부규정을 두고 있고 내부규정에 따라 생활대책대상자 선정기준을 마련하여 생활대책을 수립·실시하는 경우에는, 이러한 생활대책 역시 "공공필요에 의한 재산권의 수용·사용 또는 제한 및 그에 대한 보상은 법률로써 하되, 정당한 보상을 지급하여야 한다."고 규정하고 있는 헌법 제23조 제3항에 따른 정당한 보상에 포함되는 것으로 보아야 한다. 따라서 이러한 생활대책대상자 선정기준에 해당하는 자는 사업시행자에게 생활대책대상자 선정 여부의 확인·결정을 신청할 수 있는 권리를 가지는 것이어서, 만일 사업시행자가 그러한 자를 생활대책대상자에서 제외하거나 선정을 거부하면, 이러한 생활대책대상자 선정기준에 해당하는 자는 사업시행자를 상대로 항고소송을 제기할 수 있다고 보는 것이 타당하다(대판 2011.10.13. 2008두17905)

15. 국회직 8급, 11. 사복직 9급

079 □□□

이주대책대상자로 확인·결정이 되어야 이주대책대상자가 비로소 수분양권을 취득한다. O | X

사업시행자가 이주대책에 관한 구체적인 계획을 수립하여 이를 해당자에게 통지 내지 공고한 후, 이주자가 수분양권을 취득하기를 희망하여 이주대책에 정한 절차에 따라 사업시행자에게 이주대책대상자 선정신청을 하고 사업시행자가 이를 받아들여 이주대책대상자로 확인·결정하여야만 비로소 구체적인 수분양권이 발생하게 된다(대판 1994.5.24. 92다35783 전합).

정답 076 X 077 ○ 078 X 079 ○

18. 지방직 7급

080 □□□

해당 공익사업의 성격, 구체적인 경위나 내용, 원만한 시행을 위한 필요 등 제반 사정을 고려하여, 사업시행자는 법이 정한 이주대책대상자를 포함하여 그 밖의 이해관계인에게까지 넓혀 이주대책 수립 등을 시행할 수 있다. O | X

공익사업을 위한 토지 등의 취득 및 보상에 관한 법률(이하 '공익사업법'이라 한다) 및 공익사업을 위한 토지 등의 취득 및 보상에 관한 법률 시행령이 공익사업의 시행으로 인하여 주거용 건축물을 제공함에 따라 생활의 근거를 상실하게 되는 자(이하 '이주대책대상자'라 한다)의 범위를 정하고 이주대책대상자에게 시행할 이주대책 수립·실시 또는 이주정착금의 지급(이하 '이주대책 수립 등'이라 한다)의 내용에 관하여 구체적으로 규정하고 있으므로, 사업시행자는 법이 정한 이주대책대상자를 법령이 예정하고 있는 이주대책 수립 등의 대상에서 임의로 제외해서는 아니 된다. 그렇지만 규정 취지가 사업시행자가 시행하는 이주대책 수립 등의 대상자를 법이 정한 이주대책대상자로 한정하는 것은 아니므로, 사업시행자는 해당 공익사업의 성격, 구체적인 경위나 내용, 원만한 시행을 위한 필요 등 제반 사정을 고려하여 법이 정한 이주대책대상자를 포함하여 그 밖의 이해관계인에게까지 넓혀 이주대책 수립 등을 시행할 수 있다(대판 2015.7.23. 2012두22911).

15. 국회직 8급

081 □□□

생활대책대상자 선정기준에 해당하는 자는 자신을 생활대책대상자에서 제외하거나 선정을 거부한 사업시행자를 상대로 항고소송을 제기할 수 있다. O | X

사업시행자 스스로 공익사업의 원활한 시행을 위하여 필요하다고 인정함으로써 생활대책을 수립·실시할 수 있도록 하는 내부규정을 두고 있고 내부규정에 따라 생활대책대상자 선정기준을 마련하여 생활대책을 수립·실시하는 경우에는, 이러한 생활대책 역시 "공공필요에 의한 재산권의 수용·사용 또는 제한 및 그에 대한 보상은 법률로써 하되, 정당한 보상을 지급하여야 한다."고 규정하고 있는 헌법 제23조 제3항에 따른 정당한 보상에 포함되는 것으로 보아야 한다. 따라서 이러한 생활대책대상자 선정기준에 해당하는 자는 사업시행자에게 생활대책대상자 선정 여부의 확인·결정을 신청할 수 있는 권리를 가지는 것이어서, 만일 사업시행자가 그러한 자를 생활대책대상자에서 제외하거나 선정을 거부하면, 이러한 생활대책대상자 선정기준에 해당하는 자는 사업시행자를 상대로 항고소송을 제기할 수 있다고 보는 것이 타당하다(대판 2011.10.13. 2008두17905).

14. 지방직 9급

082 □□□

헌법재판소는 생업의 근거를 상실하게 된 자에 대하여 일정 규모의 상업용지 또는 상가분양권 등을 공급하는 생활대책이 헌법 제23조 제3항이 규정하는 정당한 보상에 포함된다고 결정하였다. O | X

생활대책은 정당한 보상에 포함되는 것이라기 보다는 정당한 보상에 부가하여 이주자들에게 종전의 생활상태를 회복시키기 위한 생활보상의 일환으로서 국가의 정책적인 배려에 의하여 마련된 제도이다(헌재 2013.7.25. 2012헌바71).

11. 국가직 7급

083 □□□

잔여지가 이용은 가능하지만 그 이용에 많은 비용이 소요되는 경우에는 잔여지수용을 청구할 수 있다. O | X

토지의 일부가 수용되어 잔여지를 종래 목적대로 사용하는 것이 현저히 곤란할 때, 이용은 가능하나 그 이용에 비용이 많이 소요될 때 관할 토지수용위원회에 잔여지수용청구를 할 수 있다.

정답 080 ○ 081 ○ 082 X 083 ○

17. 국가직 9급(10월)

084 □□□

공익사업을 위한 토지 등의 취득 및 보상에 관한 법률상 손실보상은 원칙적으로 토지 등의 현물로 보상하여야 하고, 현금으로 지급하는 것은 다른 법률에 특별한 규정이 있는 경우에 예외적으로 허용된다. O | X

「공익사업을 위한 토지 등의 취득 및 보상에 관한 법률」 제63조【현금보상 등】① 손실보상은 다른 법률에 특별한 규정이 있는 경우를 제외하고는 현금으로 지급하여야 한다. 다만, 토지소유자가 원하는 경우로서 사업시행자가 해당 공익사업의 합리적인 토지이용계획과 사업계획 등을 고려하여 토지로 보상이 가능한 경우에는 토지소유자가 받을 보상금 중 본문에 따른 현금 또는 제7항 및 제8항에 따른 채권으로 보상받는 금액을 제외한 부분에 대하여 다음 각 호에서 정하는 기준과 절차에 따라 그 공익사업의 시행으로 조성한 토지로 보상할 수 있다.

12. 국가직 9급

085 □□□

손실보상의 지급에서는 개인별 보상의 원칙이 적용된다. O | X

Point정리 손실보상의 지급원칙

1. 사업시행자보상의 원칙
2. 금전보상의 원칙
3. 사전보상의 원칙
4. 개인별 보상의 원칙
5. 전액보상의 원칙
6. 일괄보상의 원칙
7. 사업시행이익과의 상계금지의 원칙

21. 국가직 7급

086 □□□

공익사업을 위한 토지 등의 취득 및 보상에 관한 법률에 따른 보상은 토지소유자나 관계인 개인별로 하는 것이 아니라 수용 또는 사용의 대상이 되는 물건별로 행해지는 것이다. O | X

토지수용법 제45조 제2항은 수용 또는 사용함으로 인한 보상은 피보상자의 개인별로 산정할 수 없을 때를 제외하고는 피보상자에게 개인별로 하여야 한다고 규정하고 있으므로, 보상은 수용 또는 사용의 대상이 되는 물건별로 하는 것이 아니라 피보상자 개인별로 행하여지는 것이라고 할 것이어서 피보상자는 수용대상 물건 중 전부 또는 일부에 관하여 불복이 있는 경우 그 불복의 사유를 주장하여 행정소송을 제기할 수 있다(대판 2000.1.28. 97누11720).

13. 국가직 9급

087 □□□

사업시행자는 동일한 사업지역에 보상시기를 달리하는 동일인 소유의 토지 등이 여러 개 있는 경우 토지소유자나 관계인이 요구할 때에는 한꺼번에 보상금을 지급하도록 하여야 한다. O | X

공익사업을 위한 토지 등의 취득 및 보상에 관한 법률 제65조에 따라 일괄보상한다.

정답 084 X 085 ○ 086 X 087 ○

12. 국가직 7급

088

□□□

손실보상은 금전(현금)보상을 원칙으로 하고 채권보상은 인정되지 않는다. O | X

「공익사업을 위한 토지 등의 취득 및 보상에 관한 법률」 제63조 【현금보상 등】 ⑧ 토지투기가 우려되는 지역으로서 대통령령으로 정하는 지역에서 다음 각 호의 어느 하나에 해당하는 공익사업을 시행하는 자 중 대통령령으로 정하는 공공기관의 운영에 관한 법률에 따라 지정 · 고시된 공공기관 및 공공단체는 제7항에도 불구하고 제7항 제2호에 따른 부재부동산 소유자의 토지에 대한 보상금 중 대통령령으로 정하는 1억원 이상의 일정 금액을 초과하는 부분에 대하여는 해당 사업시행자가 발행하는 채권으로 지급하여야 한다.

09. 국회직 8급

089

□□□

채권보상이 의무적으로 요구되는 경우도 있다. O | X

Point정리 임의적 채권보상과 의무적 채권보상

임의적 채권보상	의무적 채권보상
토지소유자가 관계인이 원하는 경우 또는 대통령령으로 정하는 부재부동산 소유자의 토지에 대한 보상금 중 대통령령으로 정하는 일정금액을 초과하는 금액에 대하여 보상하는 경우	토지투기가 우려되는 지역으로서 대통령령으로 정하는 지역에서 공익사업을 시행하는 자는 부재부동산 소유자의 토지에 대한 보상금 중 대통령령으로 정하는 1억원 이상의 일정 금액을 초과하는 부분을 보상하는 경우

11. 지방직 7급

090

□□□

토지투기가 우려되는 지역으로서 대통령령이 정하는 지역 안에서 택지개발촉진법상의 택지개발사업을 시행하는 공공단체는 부재부동산 소유자의 토지에 대한 보상금 중 대통령령이 정하는 1억원 이상의 일정금액을 초과하는 부분에 대하여는 해당 사업시행자가 발행하는 채권으로 지급할 수 있다. O | X

「공익사업을 위한 토지 등의 취득 및 보상에 관한 법률」 제63조 【현금보상 등】 ⑧ 토지투기가 우려되는 지역으로서 대통령령으로 정하는 지역에서 다음 각 호의 어느 하나에 해당하는 공익사업을 시행하는 자 중 대통령령으로 정하는 공공기관의 운영에 관한 법률에 따라 지정 · 고시된 공공기관 및 공공단체는 제7항에도 불구하고 제7항 제2호에 따른 부재부동산(불재불동산) 소유자의 토지에 대한 보상금 중 대통령령으로 정하는 1억원 이상의 일정 금액을 초과하는 부분에 대하여는 해당 사업시행자가 발행하는 채권으로 지급하여야 한다.

정답 088 X 089 ○ 090 X

13. 국가직 9급

091 ☐☐☐

공익사업에 필요한 토지 등의 취득 또는 사용으로 인하여 토지소유자나 관계인이 입은 손실은 사업시행자가 보상하여야 한다. O | X

「공익사업을 위한 토지 등의 취득 및 보상에 관한 법률」 제61조 【사업시행자 보상】 공익사업에 필요한 토지 등의 취득 또는 사용으로 인하여 토지소유자나 관계인이 입은 손실은 사업시행자가 보상하여야 한다.

08. 지방직 9급

092 ☐☐☐

공익사업을 시행하는 경우에는 사전보상이 원칙이나, 천재지변시의 토지사용의 경우에는 사업시행자가 후급할 수 있고 이때의 지연이자는 부담하지 않는다. O | X

천재지변시의 토지사용의 경우 후급할 수 있으나 지연이자는 부담하여야 한다.

11. 국회직 9급

093 ☐☐☐

재결절차에서 정한 보상액과 행정소송절차에서 정한 보상금액의 차액이 수용시기에 지급되지 않은 이상 지연손해금이 당연히 발생한다고 보았다. O | X

기업자의 토지수용으로 인한 손실보상금 지급의무는 그 수용의 시기로부터 발생하고, 현실적으로 구체적인 손실보상금액이 재결이나 행정소송의 절차에 의하여 확정되어진다 하여 달리 볼 것이 아니며 재결절차에서 정한 보상액과 행정소송절차에서 정한 보상금액의 차액 역시 수용과 대가관계에 있는 손실보상의 일부이므로 동 차액이 수용의 시기에 지급되지 않은 이상 이에 대한 지연손해금이 발생하는 것은 당연하다(대판 1991.12.24. 91누308).

13. 국가직 9급

094 ☐☐☐

사업시행자는 동일한 소유자에게 속하는 일단의 토지의 일부를 취득하거나 사용하는 경우 해당 공익사업의 시행으로 인하여 잔여지의 가격이 증가하거나 그 밖의 이익이 발생한 경우에도 그 이익을 그 취득 또는 사용으로 인한 손실과 상계할 수 없다. O | X

「공익사업을 위한 토지 등의 취득 및 보상에 관한 법률」 제66조 【사업시행 이익과의 상계금지】 사업시행자는 동일한 소유자에게 속하는 일단(一團)의 토지의 일부를 취득하거나 사용하는 경우 해당 공익사업의 시행으로 인하여 잔여지(殘餘地)의 가격이 증가하거나 그 밖의 이익이 발생한 경우에도 그 이익을 그 취득 또는 사용으로 인한 손실과 상계(相計)할 수 없다.

정답 091 ○ 092 X 093 ○ 094 ○

17. 지방직 7급

095 □□□

사업시행자, 토지소유자 또는 관계인은 토지수용위원회의 수용재결에 불복할 때에는 재결서를 받은 날부터 90일 이내에, 이의신청을 거쳤을 때에는 이의신청에 대한 재결서를 받은 날부터 60일 이내에 각각 행정소송을 제기할 수 있다. O | X

「공익사업을 위한 토지 등의 취득 및 보상에 관한 법률」 제85조 【행정소송의 제기】 ① 사업시행자, 토지소유자 또는 관계인은 제34조에 따른 재결에 불복할 때에는 재결서를 받은 날부터 90일 이내에, 이의신청을 거쳤을 때에는 이의신청에 대한 재결서를 받은 날부터 60일 이내에 각각 행정소송을 제기할 수 있다. 이 경우 사업시행자는 행정소송을 제기하기 전에 제84조에 따라 늘어난 보상금을 공탁하여야 하며, 보상금을 받을 자는 공탁된 보상금을 소송이 종결될 때까지 수령할 수 없다.
② 제1항에 따라 제기하려는 행정소송이 보상금의 증감(增減)에 관한 소송인 경우 그 소송을 제기하는 자가 토지소유자 또는 관계인일 때에는 사업시행자를, 사업시행자일 때에는 토지소유자 또는 관계인을 각각 피고로 한다.

18. 지방교행

096 □□□

중앙토지수용위원회의 이의재결에 대한 행정소송은 재결서를 받은 날부터 30일 이내에 제기해야 한다. O | X

사업시행자, 토지소유자 또는 관계인은 수용재결에 불복할 때에는 재결서를 받은 날부터 90일 이내에, 이의신청을 거쳤을 때에는 이의신청에 대한 재결서를 받은 날부터 60일 이내에 각각 행정소송을 제기할 수 있다(공익사업을 위한 토지 등의 취득 및 보상에 관한 법률 제85조 제1항).

17. 지방직 7급

097 □□□

형식적 당사자소송인 보상금의 증감에 관한 소송을 제기하는 경우 그 소송을 제기하는 자가 토지소유자일 때에는 사업시행자와 토지수용위원회를, 사업시행자일 때에는 토지소유자와 토지수용위원회를 각각 피고로 한다. O | X

「공익사업을 위한 토지 등의 취득 및 보상에 관한 법률」 제85조 【행정소송의 제기】 ① 사업시행자, 토지소유자 또는 관계인은 제34조에 따른 재결에 불복할 때에는 재결서를 받은 날부터 90일 이내에, 이의신청을 거쳤을 때에는 이의신청에 대한 재결서를 받은 날부터 60일 이내에 각각 행정소송을 제기할 수 있다. 이 경우 사업시행자는 행정소송을 제기하기 전에 제84조에 따라 늘어난 보상금을 공탁하여야 하며, 보상금을 받을 자는 공탁된 보상금을 소송이 종결될 때까지 수령할 수 없다.
② 제1항에 따라 제기하려는 행정소송이 보상금의 증감(增減)에 관한 소송인 경우 그 소송을 제기하는 자가 토지소유자 또는 관계인일 때에는 사업시행자를, 사업시행자일 때에는 토지소유자 또는 관계인을 각각 피고로 한다.

21. 국가직 7급

098 □□□

공익사업을 위한 토지 등의 취득 및 보상에 관한 법률상 보상금증액소송은 처분청인 토지수용위원회를 피고로 한다. O | X

보상금증액소송은 처분청인 토지수용위원회가 아닌 '사업시행자'를 피고로 한다(공익사업을 위한 토지 등의 취득 및 보상에 관한 법률 제85조 제2항).

정답 095 ○ 096 X 097 X 098 X

18. 서울시 7급

099 □□□

사업시행자가 환매권의 존부에 관한 확인을 구하는 소송은 민사소송이다. O | X

환매권은 사권이므로 사업시행자가 환매권의 존부에 관한 확인을 구하는 소송은 민사소송이다.

18. 지방직 7급

100 □□□

환매제도는 재산권보장, 원소유자의 보호 및 공평의 원칙에 바탕을 두기에, 환매의 목적물은 토지소유권에 한하지 않고, 토지 이외의 물건이나 토지소유권 이외의 권리 역시 환매의 대상이 될 수 있다. O | X

환매의 목적물은 토지소유권이다. 수용된 토지의 일부도 환매의 목적물이 될 수 있다. 그러나 토지 이외의 물건(건물, 입목, 토석)이나 토지소유권 이외의 권리는 환매의 대상이 되지 아니한다.

22. 지방직 7급, 18. 국가직 7급, 14. 국회직 8급

101 □□□

토지수용위원회의 수용재결이 있은 후라고 하더라도 토지소유자와 사업시행자가 다시 협의하여 토지 등의 취득·사용 및 그에 대한 보상에 관하여 임의로 계약을 체결할 수 있다. O | X

공익사업을 위한 토지 등의 취득 및 보상에 관한 법률(이하 '토지보상법'이라 한다)은 사업시행자로 하여금 우선 협의취득 절차를 거치도록 하고, 협의가 성립되지 않거나 협의를 할 수 없을 때에 수용재결취득 절차를 밟도록 예정하고 있기는 하다. 그렇지만 일단 토지수용위원회가 수용재결을 하였더라도 사업시행자로서는 수용 또는 사용의 개시일까지 토지수용위원회가 재결한 보상금을 지급 또는 공탁하지 아니함으로써 재결의 효력을 상실시킬 수 있는 점, 토지소유자 등은 수용재결에 대하여 이의를 신청하거나 행정소송을 제기하여 보상금의 적정 여부를 다툴 수 있는데, 그 절차에서 사업시행자와 보상금액에 관하여 임의로 합의할 수 있는 점, 공익사업의 효율적인 수행을 통하여 공공복리를 증진시키고, 재산권을 적정하게 보호하려는 토지보상법의 입법목적(제1조)에 비추어 보더라도 수용재결이 있은 후에 사법상 계약의 실질을 가지는 협의취득 절차를 금지해야 할 별다른 필요성을 찾기 어려운 점 등을 종합해 보면, 토지수용위원회의 수용재결이 있은 후라고 하더라도 토지소유자 등과 사업시행자가 다시 협의하여 토지 등의 취득이나 사용 및 그에 대한 보상에 관하여 임의로 계약을 체결할 수 있다고 보아야 한다(대판 2017.4.13. 2016두64241).

19. 국회직 8급

102 □□□

사업인정고시가 된 후 협의가 성립되지 아니하였을 때에는 토지소유자와 관계인은 대통령령으로 정하는 바에 따라 서면으로 사업시행자에게 재결을 신청할 것을 청구할 수 있다. O | X

> 「공익사업을 위한 토지 등의 취득 및 보상에 관한 법률」 제30조 【재결 신청의 청구】 ① 사업인정고시가 된 후 협의가 성립되지 아니하였을 때에는 토지소유자와 관계인은 대통령령으로 정하는 바에 따라 서면으로 사업시행자에게 재결을 신청할 것을 청구할 수 있다.

정답 099 ○ 100 X 101 ○ 102 ○

19. 국회직 8급

103 □□□

협의가 성립되지 아니하거나 협의를 할 수 없을 때에는 사업시행자는 사업인정고시가 된 날부터 1년 이내에 대통령령으로 정하는 바에 따라 관할 토지수용위원회에 재결을 신청할 수 있다. O | X

「공익사업을 위한 토지 등의 취득 및 보상에 관한 법률」 제28조 【재결의 신청】 ① 제26조에 따른 협의가 성립되지 아니하거나 협의를 할 수 없을 때(제26조 제2항 단서에 따른 협의 요구가 없을 때를 포함한다)에는 사업시행자는 사업인정고시가 된 날부터 1년 이내에 대통령령으로 정하는 바에 따라 관할 토지수용위원회에 재결을 신청할 수 있다.

11. 국가직 9급

104 □□□

토지수용위원회는 손실보상의 신청범위와 관계없이 손실보상의 증액재결을 할 수 없다. O | X

「공익사업을 위한 토지 등의 취득 및 보상에 관한 법률」 제50조 【재결사항】 ② 토지수용위원회는 사업시행자, 토지소유자 또는 관계인이 신청한 범위에서 재결하여야 한다. 다만, 제1항 제2호의 손실보상의 경우에는 증액재결(增額裁決)을 할 수 있다.

15 · 13. 국회직 8급

105 □□□

중앙토지수용위원회의 재결에 이의가 있는 자는 중앙토지수용위원회에, 지방토지수용위원회의 재결에 이의가 있는 자는 해당 지방토지수용위원회를 거쳐 중앙토지수용위원회에 이의를 신청할 수 있다. O | X

「공익사업을 위한 토지 등의 취득 및 보상에 관한 법률」 제83조 【이의의 신청】 ① 중앙토지수용위원회의 제34조에 따른 재결에 이의가 있는 자는 중앙토지수용위원회에 이의를 신청할 수 있다.
② 지방토지수용위원회의 제34조에 따른 재결에 이의가 있는 자는 해당 지방토지수용위원회를 거쳐 중앙토지수용위원회에 이의를 신청할 수 있다.
③ 제1항 및 제2항에 따른 이의의 신청은 재결서의 정본을 받은 날부터 30일 이내에 하여야 한다.

23. 지방직 9급, 14. 국회직 8급

106 □□□

행정소송의 제기는 사업의 진행 및 토지의 수용 또는 사용을 정지시킨다. O | X

「공익사업을 위한 토지 등의 취득 및 보상에 관한 법률」 제88조 【처분효력의 부정지】 제83조에 따른 이의의 신청이나 제85조에 따른 행정소송의 제기는 사업의 진행 및 토지의 수용 또는 사용을 정지시키지 아니한다.

정답 103 ○ 104 X 105 ○ 106 X

13. 국회직 8급

107 □□□

공익사업을 위한 토지 등의 취득 및 보상에 관한 법률에 의한 수용재결에 대해 취소소송으로 다투는 경우에 행정소송법 제20조의 제소기간 규정이 적용되지 않는다. O | X

「공익사업을 위한 토지 등의 취득 및 보상에 관한 법률」 제85조 【행정소송의 제기】 ① 사업시행자, 토지소유자 또는 관계인은 제34조에 따른 재결에 불복할 때에는 재결서를 받은 날부터 90일 이내에, 이의신청을 거쳤을 때에는 이의신청에 대한 재결서를 받은 날부터 60일 이내에 각각 행정소송을 제기할 수 있다.

23 · 14. 국회직 8급

108 □□□

수용재결에 불복하여 이의신청을 거친 후 취소소송을 제기하는 경우 취소소송의 대상은 수용재결이 아니라 이의재결이다. O | X

수용재결에 불복하여 취소소송을 제기하는 때에는 이의신청을 거친 경우에도 수용재결을 한 중앙토지수용위원회 또는 지방토지수용위원회를 피고로 하여 수용재결의 취소를 구하여야 하고, 다만 이의신청에 대한 재결 자체에 고유한 위법이 있음을 이유로 하는 경우에는 그 이의재결을 한 중앙토지수용위원회를 피고로 하여 이의재결의 취소를 구할 수 있다고 보아야 한다(대판 2010.1.28. 2008두1504).

19. 지방직 9급, 15. 국회직 8급

109 □□□

공익사업을 위한 토지 등의 취득 및 보상에 관한 법률에 의한 잔여지 수용청구를 받아들이지 않은 토지수용위원회의 재결에 대하여 토지소유자가 불복하여 제기하는 소송은 항고소송에 해당한다. O | X

공익사업을 위한 토지 등의 취득 및 보상에 관한 법률(이하 '토지보상법'이라고 한다) 제72조는 사업인정고시가 된 후 '토지를 사용하는 기간이 3년 이상인 때(제1호)' 등의 경우 당해 토지소유자는 사업시행자에게 그 토지의 매수를 청구하거나 관할 토지수용위원회에 그 토지의 수용을 청구할 수 있도록 정하고 있다. 위 규정의 문언, 연혁 및 취지 등에 비추어 보면, 위 규정이 정한 수용청구권은 토지보상법 제74조 제1항이 정한 잔여지 수용청구권과 같이 손실보상의 일환으로 토지소유자에게 부여되는 권리로서 그 청구에 의하여 수용효과가 생기는 형성권의 성질을 지니므로, 토지소유자의 토지수용청구를 받아들이지 아니한 토지수용위원회의 재결에 대하여 토지소유자가 불복하여 제기하는 소송은 토지보상법 제85조 제2항에 규정되어 있는 '보상금의 증감에 관한 소송'에 해당하고, 그 피고는 토지수용위원회가 아니라 사업시행자로 하여야 한다(대판 2015.4.9. 2014두46669).

18. 국가직 7급

110 □□□

사업인정고시가 된 후 사업시행자가 토지를 사용하는 기간이 3년 이상인 경우 토지소유자는 토지수용위원회에 토지의 수용을 청구할 수 있고, 토지수용위원회가 이를 받아들이지 않는 재결을 한 경우에는 사업시행자를 피고로 하여 토지보상법상 보상금의 증감에 관한 소송을 제기할 수 있다. O | X

「공익사업을 위한 토지 등의 취득 및 보상에 관한 법률」 제72조 【사용하는 토지의 매수청구 등】 사업인정고시가 된 후 다음 각 호의 어느 하나에 해당할 때에는 해당 토지소유자는 사업시행자에게 해당 토지의 매수를 청구하거나 관할 토지수용위원회에 그 토지의 수용을 청구할 수 있다. 이 경우 관계인은 사업시행자나 관할 토지수용위원회에 그 권리의 존속(存續)을 청구할 수 있다.
1. 토지를 사용하는 기간이 3년 이상인 경우
2. 토지의 사용으로 인하여 토지의 형질이 변경되는 경우
3. 사용하려는 토지에 그 토지소유자의 건축물이 있는 경우

정답 107 ○ 108 X 109 X 110 ○

11. 지방직 7급

111 □□□

보상금증감에 관한 행정소송의 경우 그 소송을 제기하는 자가 토지소유자 또는 관계인일 때에는 사업시행자를, 사업시행자일 때에는 토지소유자 또는 관계인을 각각 피고로 한다. O | X

「공익사업을 위한 토지 등의 취득 및 보상에 관한 법률」 제85조 【행정소송의 제기】 ② 제1항에 따라 제기하려는 행정소송이 보상금의 증감(增減)에 관한 소송인 경우 그 소송을 제기하는 자가 토지소유자 또는 관계인일 때에는 사업시행자를, 사업시행자일 때에는 토지소유자 또는 관계인을 각각 피고로 한다.

18. 국가직 7급

112 □□□

하나의 수용재결에서 여러가지의 토지, 물건, 권리 또는 영업의 손실의 보상에 관하여 심리·판단이 이루어졌을 때, 피보상자는 재결 전부에 관하여 불복하여야 하고 여러 보상항목들 중 일부에 관해서만 개별적으로 불복할 수는 없다. O | X

하나의 재결에서 피보상자별로 여러 가지의 토지, 물건, 권리 또는 영업(이처럼 손실보상 대상에 해당하는지, 나아가 그 보상금액이 얼마인지를 심리·판단하는 기초단위를 이하 '보상항목'이라고 한다)의 손실에 관하여 심리·판단이 이루어졌을 때, 피보상자 또는 사업시행자가 반드시 재결 전부에 관하여 불복하여야 하는 것은 아니며, 여러 보상항목들 중 일부에 관해서만 불복하는 경우에는 그 부분에 관해서만 개별적으로 불복의 사유를 주장하여 행정소송을 제기할 수 있다. 이러한 보상금증감소송에서 법원의 심판범위는 하나의 재결 내에서 소송당사자가 구체적으로 불복신청을 한 보상항목들로 제한된다(대판 2018.5.15. 2017두41221).

05. 서울시 9급

113 □□□

손실보상은 당해 재산권 자체에 내재하는 사회적인 제약에 해당하는 경우에는 인정되지 않는다. O | X

손실보상은 특별한 희생에 대한 손해전보이므로 일반적인 사회적 제약 내의 것에 대해서는 인정되지 않는다.

06. 국회직 8급

114 □□□

민법상 재산권에 대한 상린관계에서의 제한은 재산권의 사회적 제약을 넘는 것이므로 손실보상의 대상이 된다. O | X

민법(제215조부터 제244조)에서 규정하고 있는 상린관계에 관한 규정은 수인한도 내에 있는 것으로서 특별한 희생이 아니므로 손실보상의 대상이 되지 않는다.

18. 서울시 9급, 12. 지방직 7급

115 □□□

공공용물에 관하여 적법한 개발행위 등이 이루어져 일정범위의 사람들의 일반사용이 종전에 비하여 제한받게 되었다 하더라도 특별한 사정이 없는 한 이는 특별한 손실에 해당한다고 할 수 없다. O | X

일반 공중의 이용에 제공되는 공공용물에 대하여 특허 또는 허가를 받지 않고 하는 일반사용은, 다른 개인의 자유이용과 국가 또는 지방자치단체 등의 공공목적을 위한 개발 또는 관리·보존행위를 방해하지 않는 범위 내에서만 허용된다 할 것이므로, 공공용물에 관하여 적법한 개발행위 등이 이루어짐으로 말미암아 이에 대한 일정범위의 사람들의 일반사용이 종전에 비하여 제한받게 되었다 하더라도 특별한 사정이 없는 한 그로 인한 불이익은 손실보상의 대상이 되는 특별한 손실에 해당한다고 할 수 없다(대판 2002.2.26. 99다35300).

정답 111 ○ 112 X 113 ○ 114 X 115 ○

12. 지방직 7급

116

□□□

공시지가에 의한 보상은 헌법상 정당보상의 원칙에 위배되지 아니한다. O | X

토지수용으로 인한 손실보상액의 산정을 공시지가를 기준으로 하되 공시기준일부터 재결시까지의 시점보정을 지가상승률 등에 의하여 행하도록 규정한 것은 공시지가가 공시기준일 당시의 표준지의 객관적 가치를 정당하게 반영하는 것이고, 표준지와 지가산정 대상 토지 사이에 가격의 유사성을 인정할 수 있도록 표준지의 선정이 적정하며, 공시기준일 이후 수용시까지의 시가변동을 산출하는 시점보정의 방법이 적정한 것으로 보이므로 재산권을 침해하였다고 볼 수 없다(헌재 2009.12.29. 2009헌바142).

14. 사복직 9급

117

□□□

공익사업을 위한 토지 등의 취득 및 보상에 관한 법률상 보상액의 산정은 협의에 의한 경우에는 협의 성립 당시의 가격을, 재결에 의한 경우에는 수용 또는 사용의 재결 당시의 가격을 기준으로 한다. O | X

「공익사업을 위한 토지 등의 취득 및 보상에 관한 법률」 제67조 **【보상액의 가격시점 등】** ① 보상액의 산정은 협의에 의한 경우에는 협의 성립 당시의 가격을, 재결에 의한 경우에는 수용 또는 사용의 재결 당시의 가격을 기준으로 한다.

19. 국회직 8급 · 서울시 7급

118

□□□

사업시행자에게 한 잔여지 매수청구의 의사표시는 일반적으로 관할 토지수용위원회에 한 잔여지 수용청구의 의사표시로 볼 수 있다. O | X

구 '공익사업을 위한 토지 등의 취득 및 보상에 관한 법률' 제74조 제1항에 의하면, 잔여지 수용청구는 사업시행자와 사이에 매수에 관한 협의가 성립되지 아니한 경우 일단의 토지의 일부에 대한 관할 토지수용위원회의 수용재결이 있기 전까지 관할 토지수용위원회에 하여야 하고, 잔여지 수용청구권의 행사기간은 제척기간으로서, 토지소유자가 그 행사기간 내에 잔여지 수용청구권을 행사하지 아니하면 그 권리가 소멸한다. 또한 위 조항의 문언 내용 등에 비추어 볼 때, 잔여지 수용청구의 의사표시는 관할 토지수용위원회에 하여야 하는 것으로서, 관할 토지수용위원회가 사업시행자에게 잔여지 수용청구의 의사표시를 수령할 권한을 부여하였다고 인정할 만한 사정이 없는 한, 사업시행자에게 한 잔여지 매수청구의 의사표시를 관할 토지수용위원회에 한 잔여지 수용청구의 의사표시로 볼 수는 없다(대판 2010.8.19. 2008두822).

19. 서울시 7급

119

□□□

잔여지 수용청구가 있으면 그 잔여지에 있는 물건에 대한 권리를 가진 자는 사업시행자에게 그 권리의 존속을 주장할 수 없게 된다. O | X

「공익사업을 위한 토지 등의 취득 및 보상에 관한 법률」 제74조 **【잔여지 등의 매수 및 수용청구】** ① 동일한 소유자에게 속하는 일단의 토지의 일부가 협의에 의하여 매수되거나 수용됨으로 인하여 잔여지를 종래의 목적에 사용하는 것이 현저히 곤란할 때에는 해당 토지소유자는 사업시행자에게 잔여지를 매수하여 줄 것을 청구할 수 있으며, 사업인정 이후에는 관할 토지수용위원회에 수용을 청구할 수 있다. 이 경우 수용의 청구는 매수에 관한 협의가 성립되지 아니한 경우에만 할 수 있으며, 그 사업의 완료일까지 하여야 한다.
② 제1항에 따라 매수 또는 수용의 청구가 있는 잔여지 및 잔여지에 있는 물건에 관하여 권리를 가진 자는 사업시행자나 관할 토지수용위원회에 그 권리의 존속을 청구할 수 있다.

정답 116 ○ 117 ○ 118 X 119 X

19. 서울시 7급

120

□□□

토지소유자는 사업시행자에게 잔여지 매수청구를 할 수 있는데, 이 매수청구는 토지수용위원회의 잔여지 수용재결 전 또는 후에 할 수 있다. O | X

잔여지 매수청구는 잔여지 수용재결 전까지 할 수 있다.

19. 변호사

121

□□□

甲이 乙에게 국토의 계획 및 이용에 관한 법령에 따라 자신의 대지에 대한 매수를 청구하더라도 매매의 효과가 바로 발생하는 것은 아니다. O | X

「국토의 계획 및 이용에 관한 법률」 제47조【도시 · 군계획시설 부지의 매수 청구】 ⑥ 매수의무자는 제1항에 따른 매수 청구를 받은 날부터 6개월 이내에 매수 여부를 결정하여 토지 소유자와 특별시장 · 광역시장 · 시장 또는 군수(매수의무자가 특별시장 · 광역시장 · 시장 또는 군수인 경우는 제외한다)에게 알려야 하며, 매수하기로 결정한 토지는 매수결정을 알린 날부터 2년 이내에 매수하여야 한다.

22. 소방

122

□□□

손실보상과 손해배상은 근거규정 및 요건 · 효과를 달리하지만 손실보상청구권에 '손해 전보'라는 요소가 포함되어 있어 실질적으로 같은 내용의 손해에 관하여 양자의 청구권이 동시에 성립한다면 청구권자는 어느 하나만을 선택적으로 행사할 수 있을 뿐이다. O | X

공익사업을 위한 토지 등의 취득 및 보상에 관한 법률(이하 '토지보상법'이라 한다) 제79조 제2항(그 밖의 토지에 관한 비용보상 등)에 따른 손실보상과 환경정책기본법 제44조 제1항(환경오염의 피해에 대한 무과실책임)에 따른 손해배상은 근거 규정과 요건 · 효과를 달리하는 것으로서, 각 요건이 충족되면 성립하는 별개의 청구권이다. 다만 손실보상청구권에는 이미 '손해 전보'라는 요소가 포함되어 있어 실질적으로 같은 내용의 손해에 관하여 양자의 청구권을 동시에 행사할 수 있다고 본다면 이중배상의 문제가 발생하므로, 실질적으로 같은 내용의 손해에 관하여 양자의 청구권이 동시에 성립하더라도 영업자는 어느 하나만을 선택적으로 행사할 수 있을 뿐이고, 양자의 청구권을 동시에 행사할 수는 없다(대판 2019.11.28. 2018두227).

22. 소방

123

□□□

공공사업시행지구 밖에서 발생한 간접손실에 관하여 그 피해자와 사업시행자 사이에 협의가 이루어지지 아니하고, 그 보상에 관한 명문의 근거 법령이 없는 경우라고 하더라도 공공사업의 시행으로 인하여 그러한 손실이 발생하리라는 것을 쉽게 예견할 수 있고, 그 손실의 범위도 구체적으로 특정할 수 있다면 그 손실보상에 관하여 관련 규정 등을 유추적용할 수 있다. O | X

공공사업시행지구 밖에서 발생한 간접손실에 관하여 그 피해자와 사업시행자 사이에 협의가 이루어지지 아니하고, 그 보상에 관한 명문의 근거 법령이 없는 경우라고 하더라도, 헌법 제23조 제3항 및 구 토지수용법 등의 개별 법률의 규정, 구 공공용지의 취득 및 손실보상에 관한 특례법 제3조 제1항 및 같은 법 시행규칙 제23조의2 내지 7 등의 규정 취지에 비추어 보면, 공공사업의 시행으로 인하여 그러한 손실이 발생하리라는 것을 쉽게 예견할 수 있고, 그 손실의 범위도 구체적으로 이를 특정할 수 있는 경우에는 그 손실의 보상에 관하여 구 공공용지의 취득 및 손실보상에 관한 특례법 시행규칙의 관련 규정 등을 유추적용할 수 있다(대판 2004.9.23. 2004다25581).

정답 120 X 121 ○ 122 ○ 123 ○

22. 소방

124 □□□

수용재결에 불복하여 취소소송을 제기하는 때에는 이의신청을 거친 경우에도 이의신청에 대한 재결 자체에 고유한 위법이 없는 한 수용재결을 한 중앙토지수용위원회 또는 지방토지수용위원회를 피고로 하여 수용재결의 취소를 구하여야 한다. O | X

수용재결에 불복하여 취소소송을 제기하는 때에는 이의신청을 거친 경우에도 수용재결을 한 중앙토지수용위원회 또는 지방토지수용위원회를 피고로 하여 수용재결의 취소를 구하여야 하고, 다만 이의신청에 대한 재결 자체에 고유한 위법이 있음을 이유로 하는 경우에는 그 이의재결을 한 중앙토지수용위원회를 피고로 하여 이의재결의 취소를 구할 수 있다고 보아야 한다(대판 2010.1.28. 2008두1504).

23. 국회직 8급 · 지방직 9급, 22. 소방 · 지방직 7급

125 □□□

어떤 보상항목이 공익사업을 위한 토지 등의 취득 및 보상에 관한 법령상 손실보상대상에 해당함에도 관할 토지수용위원회가 법리를 오해함으로써 손실보상대상에 해당하지 않는다고 잘못된 내용의 재결을 한 경우에는, 피보상자는 관할 토지수용위원회를 상대로 그 재결에 대한 취소소송을 제기하여야 한다. O | X

어떤 보상항목이 공익사업을 위한 토지 등의 취득 및 보상에 관한 법령상 손실보상대상에 해당함에도 관할 토지수용위원회가 사실을 오인하거나 법리를 오해함으로써 손실보상대상에 해당하지 않는다고 잘못된 내용의 재결을 한 경우에는, 피보상자는 관할 토지수용위원회를 상대로 그 재결에 대한 취소소송을 제기할 것이 아니라, 사업시행자를 상대로 구 공익사업을 위한 토지 등의 취득 및 보상에 관한 법률 제85조 제2항에 따른 보상금증감소송을 제기하여야 한다(대판 2018.7.20. 2015두4044).

22. 지방직 7급

126 □□□

토지소유자 등이 손실보상대상에 해당한다고 주장하며 보상을 요구하는데도 사업시행자가 손실보상대상에 해당하지 아니한다며 보상대상에서 이를 제외한 채 협의를 하지 않아 결국 협의가 성립하지 않은 경우, 토지소유자 등에게는 재결신청청구권이 인정된다. O | X

공익사업을 위한 토지 등의 취득 및 보상에 관한 법률(이하 '공익사업법'이라 한다) 제30조 제1항은 재결신청을 청구할 수 있는 경우를 사업시행자와 토지소유자 및 관계인 사이에 '협의가 성립하지 아니한 때'로 정하고 있을 뿐 손실보상대상에 관한 이견으로 협의가 성립하지 아니한 경우를 제외하는 등 그 사유를 제한하고 있지 않은 점, … 등에 비추어 볼 때, '협의가 성립되지 아니한 때'에는 사업시행자가 토지소유자 등과 공익사업법 제26조에서 정한 협의절차를 거쳤으나 보상액 등에 관하여 협의가 성립하지 아니한 경우는 물론 토지소유자 등이 손실보상대상에 해당한다고 주장하며 보상을 요구하는데도 사업시행자가 손실보상대상에 해당하지 아니한다며 보상대상에서 이를 제외한 채 협의를 하지 않아 결국 협의가 성립하지 않은 경우도 포함된다고 보아야 한다(대판 2011.7.14. 2011두2309).

정답 124 ○ 125 X 126 ○

22. 지방직 7급

127 □□□

사업시행자가 토지소유자 등의 재결신청의 청구를 거부하는 경우, 토지소유자 등은 민사소송의 방법으로 그 절차 이행을 구할 수 있다. O | X

1. 기업자가 토지소유자 등의 재결신청의 청구를 거부한다고 하여 이를 이유로 민사소송의 방법으로 그 절차 이행을 구할 수는 없다(대판 1997.11.14. 97다13016).
2. 공익사업을 위한 토지 등의 취득 및 보상에 관한 법률 제28조, 제30조에 따르면, 편입토지 보상, 지장물 보상, 영업 · 농업 보상에 관해서는 사업시행자만이 재결을 신청할 수 있고 토지소유자와 관계인은 사업시행자에게 재결신청을 청구하도록 규정하고 있으므로, 토지소유자나 관계인의 재결신청 청구에도 사업시행자가 재결신청을 하지 않을 때 토지소유자나 관계인은 사업시행자를 상대로 거부처분 취소소송 또는 부작위위법확인소송의 방법으로 다투어야 한다(대판 2019.8.29. 2018두57865).

23. 국회직 8급

128 □□□

공익사업시행지구 밖에서 영업을 휴업하는 자는 토지보상법에 규정된 재결절차를 거치지 않고 곧바로 사업시행자를 상대로 영업손실에 대한 보상청구를 할 수 있다. O | X

토지보상법 제26조, 제28조, 제30조, 제34조, 제50조, 제61조, 제79조, 제80조, 제83조 내지 제85조의 규정 내용과 입법 취지 등을 종합하면, 공익사업으로 인하여 공익사업시행지구 밖에서 영업을 휴업하는 자가 사업시행자로부터 공익사업을 위한 토지 등의 취득 및 보상에 관한 법률 시행규칙 제47조 제1항에 따라 영업손실에 대한 보상을 받기 위해서는, 토지보상법 제34조, 제50조 등에 규정된 재결절차를 거친 다음 그 재결에 대하여 불복이 있는 때에 비로소 토지보상법 제83조 내지 제85조에 따라 권리구제를 받을 수 있을 뿐이다. 이러한 재결절차를 거치지 않은 채 곧바로 사업시행자를 상대로 손실보상을 청구하는 것은 허용되지 않는다(대판 2019.11.28. 2018두227).

23. 국가직 9급

129 □□□

공익사업을 위한 토지 등의 취득 및 보상에 관한 법률에 따라 사업인정고시가 된 후 토지의 사용으로 인하여 토지의 형질이 변경되는 경우에 토지소유자는 중앙토지수용위원회에 그 토지의 매수청구권을 행사할 수 있다. O | X

중앙토지수용위원회가 아닌 관할 토지수용위원회이다.

> **「공익사업을 위한 토지 등의 취득 및 보상에 관한 법률」 제72조 【사용하는 토지의 매수청구 등】** 사업인정고시가 된 후 다음 각 호의 어느 하나에 해당할 때에는 해당 토지소유자는 사업시행자에게 해당 토지의 매수를 청구하거나 관할 토지수용위원회에 그 토지의 수용을 청구할 수 있다. 이 경우 관계인은 사업시행자나 관할 토지수용위원회에 그 권리의 존속(存續)을 청구할 수 있다.
> 2. 토지의 사용으로 인하여 토지의 형질이 변경되는 경우

정답 127 X 128 X 129 X

23. 국가직 9급

130 □□□

헌법재판소는 개발제한구역의 지정 및 관리에 관한 특별조치법 제11조 제1항 등에 대한 위헌소원사건에서 토지의 효용이 감소한 토지소유자에게 토지매수청구권을 인정하는 등 보상규정을 두었지만 적절한 손실보상에 해당하지 않는다고 위헌결정을 하였다. O | X

개발제한구역의 지정으로 그 효용이 현저히 감소한 토지 또는 당해 토지의 사용 및 수익이 사실상 불가능한 토지의 소유자에게 토지매수청구권을 인정하고 있는 점 등을 종합할 때, 이 사건 법률조항은 비례의 원칙에 위반하여 당해 토지 소유자의 재산권을 침해하지 않는다(헌재 2007.8.30. 2006헌바9).

23. 국회직 8급

131 □□□

공익사업의 시행자는 해당 공익사업을 위한 공사에 착수하기 이전에 토지소유자에게 보상액 전액을 지급하여야 하나, 사업시행자가 보상액을 지급하지 않고 승낙도 받지 않은 채 공사에 착수하였다 하더라도 토지소유자에 대하여 불법행위로 인한 손해배상 책임이 발생하는 것은 아니다. O | X

공익사업의 시행자는 해당 공익사업을 위한 공사에 착수하기 이전에 토지소유자와 관계인에게 보상액 전액을 지급하여야 한다. 공익사업의 시행자가 토지소유자와 관계인에게 보상액을 지급하지 않고 승낙도 받지 않은 채 공사에 착수함으로써 토지소유자와 관계인이 손해를 입은 경우, 토지소유자와 관계인에 대하여 불법행위가 성립할 수 있고, 사업시행자는 그로 인한 손해를 배상할 책임을 진다(대판 2021.11.11. 2018다204022).

23. 국가직 9급

132 □□□

사업시행자는 동일한 사업지역에 보상시기를 달리하는 동일인 소유의 토지등이 여러 개가 있는 경우 토지등의 소유자가 일괄보상을 요구하더라도 공익사업을 위한 토지 등의 취득 및 보상에 관한 법률에 따라 단계적으로 보상금을 지급하여야 한다. O | X

토지소유자나 관계인이 일괄보상을 요구할 경우 일괄보상을 해야 한다.

> **「공익사업을 위한 토지 등의 취득 및 보상에 관한 법률」 제65조 【일괄보상】** 사업시행자는 동일한 사업지역에 보상시기를 달리하는 동일인 소유의 토지등이 여러 개 있는 경우 토지소유자나 관계인이 요구할 때에는 한꺼번에 보상금을 지급하도록 하여야 한다.

23. 소방간부

133 □□□

국립공원구역지정 후 토지를 종래의 목적으로도 사용할 수 없거나 토지를 사적으로 사용할 수 있는 방법이 없이 공원구역 내 일부 토지소유자에 대하여 가혹한 부담을 부과하면서 아무런 보상규정을 두지 않은 경우에는 비례의 원칙에 위반되어 당해 토지소유자의 재산권을 과도하게 침해하는 것이라고 할 수 있다. O | X

국립공원구역지정 후 토지를 종래의 목적으로도 사용할 수 없거나 토지를 사적으로 사용할 수 있는 방법이 없이 공원구역내 일부 토지소유자에 대하여 가혹한 부담을 부과하면서 아무런 보상규정을 두지 않은 경우에는 비례의 원칙에 위반되어 당해 토지소유자의 재산권을 과도하게 침해하는 것이라고 할 수 있다(헌재 2003.4.24. 99헌바110).

정답 130 X 131 X 132 X 133 ○

24. 지방직 9급

134 □□□

하천법 부칙과 이에 따른 특별조치법이 하천구역으로 편입된 토지에 대하여 손실보상청구권을 규정하였다고 하더라도 당해 법률규정이 아니라 관리청의 보상금지급결정에 의하여 비로소 손실보상청구권이 발생한다. O | X

하천법 규정들에 의한 손실보상청구권은 1984.12.31. 전에 토지가 하천구역으로 된 경우에는 당연히 발생되는 것이지, 관리청의 보상금지급결정에 의하여 비로소 발생하는 것은 아니므로, 위 규정들에 의한 손실보상금의 지급을 구하거나 손실보상청구권의 확인을 구하는 소송은 행정소송법 제3조 제2호 소정의 당사자소송에 의하여야 한다(대판 2006.5.18. 2004다6207).

24. 지방직 9급

135 □□□

공익사업을 위한 토지 등의 취득 및 보상에 관한 법률상 보상금의 증감에 관한 소송인 경우 그 소송을 제기하는 자가 토지소유자 또는 관계인일 때에는 지방토지수용위원회 또는 중앙토지수용위원회를 피고로 한다. O | X

보상금증감소송은 당사자소송이고, 피고는 토지수용위원회가 아니라 사업시행자가 된다.

24. 지방직 9급

136 □□□

수용재결에 불복하여 취소소송을 제기하는 때에는 이의신청을 거친 경우에도 수용재결을 한 중앙토지수용위원회 또는 지방토지수용위원회를 피고로 하여 수용재결의 취소를 구하여야 하지만, 이의신청에 대한 재결 자체에 고유한 위법이 있는 경우에는 그 이의재결을 한 중앙토지수용위원회를 피고로 하여 이의재결의 취소를 구할 수 있다. O | X

수용재결에 불복하여 취소소송을 제기하는 때에는 이의신청을 거친 경우에도 수용재결을 한 중앙토지수용위원회 또는 지방토지수용위원회를 피고로 하여 수용재결의 취소를 구하여야 하고, 다만 이의신청에 대한 재결 자체에 고유한 위법이 있음을 이유로 하는 경우에는 그 이의재결을 한 중앙토지수용위원회를 피고로 하여 이의재결의 취소를 구할 수 있다고 보아야 한다(대판 2010.1.28. 2008두1504).

24. 국가직 9급

137 □□□

어떤 보상항목이 손실보상대상에 해당함에도 관할 토지수용위원회가 사실을 오인하거나 법리를 오해함으로써 손실보상대상에 해당하지 않는다고 잘못된 내용의 재결을 한 경우에는, 피보상자는 관할 토지수용위원회를 상대로 재결취소소송을 제기하여야 한다. O | X

어떤 보상항목이 공익사업을 위한 토지 등의 취득 및 보상에 관한 법령상 손실보상대상에 해당함에도 관할 토지수용위원회가 사실을 오인하거나 법리를 오해함으로써 손실보상대상에 해당하지 않는다고 잘못된 내용의 재결을 한 경우에는, 피보상자는 관할 토지수용위원회를 상대로 그 재결에 대한 취소소송을 제기할 것이 아니라, 사업시행자를 상대로 공익사업을 위한 토지 등의 취득 및 보상에 관한 법률 제85조 제2항에 따른 보상금증감소송을 제기하여야 한다(대판 2019.11.28. 2018두227).

정답 134 X 135 X 136 ○ 137 X

23. 국가직 7급

138 □□□

토지수용위원회의 수용재결이 있은 후에도 토지소유자 등과 사업시행자는 다시 협의하여 토지 등의 취득이나 사용 및 그에 대한 보상에 관하여 임의로 계약을 체결할 수 있다. O | X

토지수용위원회의 수용재결이 있은 후라고 하더라도 토지소유자 등과 사업시행자가 다시 협의하여 토지 등의 취득이나 사용 및 그에 대한 보상에 관하여 임의로 계약을 체결할 수 있다고 보아야 한다(대판 2017.4.13. 2016두64241).

24. 국가직 9급

139 □□□

공익사업을 위한 토지 등의 취득 및 보상에 관한 법령에 의한 협의취득은 사법상의 법률행위이지만 당사자 사이의 자유로운 의사에 따라 채무불이행책임이나 매매대금 과부족금에 대한 지급의무를 약정할 수 있는 것은 아니다. O | X

공익사업을 위한 토지 등의 취득 및 보상에 관한 법령(이하 '공익사업법령'이라고 한다)에 의한 협의취득은 사법상의 법률행위이므로 당사자 사이의 자유로운 의사에 따라 채무불이행책임이나 매매대금 과부족금에 대한 지급의무를 약정할 수 있다(대판 2012.2.23. 2010다91206).

23. 지방직 7급

140 □□□

토지보상법에 의한 보상금증감청구소송은 보상금의 증액 또는 감액 청구에 관한 소송이므로 잔여지 수용청구를 거절한 재결에 불복하는 소송은 '보상금의 증감에 관한 소송'에 해당되지 아니한다. O | X

구 '공익사업을 위한 토지 등의 취득 및 보상에 관한 법률' 제74조 제1항에 규정되어 있는 잔여지 수용청구권은 손실보상의 일환으로 토지소유자에게 부여되는 권리로서 그 요건을 구비한 때에는 잔여지를 수용하는 토지수용위원회의 재결이 없더라도 그 청구에 의하여 수용의 효과가 발생하는 형성권적 성질을 가지므로, 잔여지 수용청구를 받아들이지 않은 토지수용위원회의 재결에 대하여 토지소유자가 불복하여 제기하는 소송은 위 법 제85조 제2항에 규정되어 있는 '보상금의 증감에 관한 소송'에 해당하여 사업시행자를 피고로 하여야 한다(대판 2010.8.19. 2008두822).

제2절 행정상 손실보상제도의 흠결과 보충

03. 국가직 7급

141 □□□

대법원의 판례는 개발제한구역지정으로 인한 재산권제한을 수용유사침해로 보아 손실보상을 인정하고 있다. O | X

대법원이 수용유사침해보상을 인정한 예는 아직 없다.

정답 138 ○ 139 X 140 X 141 X

03. 국가직 7급

142 □□□

수용유사의 침해란 타인의 재산권에 대한 위법한 공용침해를 말하고, 수용적 침해란 적법한 행정작용의 비정형적 · 비의욕적인 부수적 결과로서 타인의 재산권에 수용적 영향을 가하는 침해를 말한다. O | X

'수용유사침해'란 공용침해행위로 인해 개인에게 특별한 희생이 발생했음에도 보상규정이 없는 경우, 이를 수용행위와 유사한 공용침해로 보아 손실보상을 인정하는 이론이다. '수용적 침해'란 적법한 공권력의 행사로 비의도적 · 비정형적 결과가 발생하여 재산권이 침해된 경우를 의미한다.

15. 국회직 8급

143 □□□

분리이론은 재산권의 존속보장보다는 가치보장을 강화하려는 입장에서 접근하는 견해이다. O | X

분리이론은 위헌적 침해의 억제에 중점을 두어 존속보장을 강화하려는 이론이고, 경계이론은 보상을 통한 가치보장에 중점을 두는 이론이다.

14. 지방직 9급

144 □□□

정비기반시설과 그 부지의 소유 · 관리 · 유지관계를 정한 도시 및 주거환경정비법 제65조 제2항의 전단에 따른 정비기반시설의 소유권 귀속은 헌법 제23조 제3항의 수용에 해당한다. O | X

도시정비법 제65조 제2항은 정비기반시설의 설치와 관련된 비용의 적정한 분담과 그 시설의 원활한 확보 및 효율적인 유지 · 관리의 관점에서 정비기반시설과 그 부지의 소유 · 관리 · 유지관계를 정한 규정인데, 같은 항 전단에 따른 정비기반시설의 소유권 귀속은 헌법 제23조 제3항의 수용에 해당하지 않고, 이 사건 법률조항이 그에 대한 보상의 의미를 가지는 것도 아니므로, 이 사건 법률조항에 관하여 정당한 보상의 원칙이 적용될 여지가 없다(헌재 2013.10.24. 2011헌바355).

18. 지방교행

145 □□□

분리이론과 경계이론은 재산권의 내용 · 한계설정과 공용침해를 보다 합리적으로 구분하려는 이론이다. O | X

분리이론과 경계이론은 헌법 제23조의 해석과 관련된 이론으로 재산권의 내용 · 한계설정과 공용침해를 보다 합리적으로 구분하려는 이론이다.

17. 지방직 9급

146 □□□

헌법 제23조 제1항의 규정이 재산권의 존속을 보호하는 것이라면 제23조 제3항의 수용제도를 통해 존속보장은 가치보장으로 변하게 된다. O | X

공공필요를 위해 공용침해가 행해지고 보상금이 지급되는 경우 재산권의 존속보장은 가치보장으로 전환된다.

정답 142 ○ 143 X 144 X 145 ○ 146 ○

제3절 결과제거청구권

10. 지방직 7급

147 □□□

공법상 결과제거청구권은 공행정작용으로 인하여 야기된 위법한 상태를 제거하여 그 원상회복을 목적으로 하는 권리이다. O | X

결과제거청구권은 고의나 과실이 없는 행정작용이 남긴 위법한 결과를 제거함으로써 원상회복을 하는 것을 목적으로 한다.

05. 서울시 9급

148 □□□

타인의 법률상 이익을 침해하는 것뿐만 아니라, 사실상의 이익을 침해하는 경우에도 결과제거청구권이 성립한다. O | X

법률상 이익을 침해한 것이 아니라 사실상 이익, 반사적 이익을 침해한 것에 불과한 경우에는 결과제거청구권을 행사할 수 없다.

10. 지방직 7급

149 □□□

공법상 결과제거청구에 있어서 위법한 상태는 적법한 행정작용의 효력의 상실에 의해 사후적으로 발생할 수도 있다. O | X

원래 적법한 행정작용이 사후에 위법해진 경우에도 결과제거청구권이 인정될 수 있다. 하지만 위법한 상태가 취소할 수 있는 행위인 경우나 원래 위법하여도 사후에 합법화되는 경우에는 결과제거청구권이 인정되지 않는다.

10. 지방직 7급

150 □□□

공법상 결과제거청구는 가해행위의 위법 및 가해자의 고의 또는 과실을 요건으로 한다. O | X

결과제거청구권은 가해자의 고의·과실을 요하지 않는다.

정답 147 ○ 148 X 149 ○ 150 X

제6편

행정쟁송

제1장 행정심판

제1절 행정심판의 개관

12. 지방직 7급

001 □□□

행정심판법상 위법한 처분 · 부작위뿐만 아니라 부당한 처분 · 부작위에 대해서도 다툴 수 있다. O | X

행정심판의 대상은 위법 · 부당한 처분 또는 부작위이다.

참고 행정소송의 대상은 위법한 처분 또는 부작위이다.

15. 사복직 9급, 13. 국회직 8급

002 □□□

사안(事案)의 전문성과 특수성을 살리기 위하여 특히 필요한 경우 외에는 행정심판법에 따른 행정심판을 갈음하는 특별한 행정불복절차나 행정심판법에 따른 행정심판절차에 대한 특례를 다른 법률로 정할 수 없다. O | X

「행정심판법」 제4조 【특별행정심판 등】 ① 사안(事案)의 전문성과 특수성을 살리기 위하여 특히 필요한 경우 외에는 이 법에 따른 행정심판을 갈음하는 특별한 행정불복절차(이하 "특별행정심판"이라 한다)나 이 법에 따른 행정심판절차에 대한 특례를 다른 법률로 정할 수 없다.

12. 사복직 9급

003 □□□

행정심판의 경우에는 사정재결이 인정되지 않는다. O | X

「행정심판법」 제44조 【사정재결】 ① 위원회는 심판청구가 이유가 있다고 인정하는 경우에도 이를 인용(認容)하는 것이 공공복리에 크게 위배된다고 인정하면 그 심판청구를 기각하는 재결을 할 수 있다. 이 경우 위원회는 재결의 주문(主文)에서 그 처분 또는 부작위가 위법하거나 부당하다는 것을 구체적으로 밝혀야 한다.

정답 001 ○ 002 ○ 003 X

제2절 행정심판의 종류와 대상

19. 국가직 9급

004 □□□

당사자의 신청에 대한 행정청의 부당한 거부처분에 대하여 일정한 처분을 하도록 하는 행정심판의 청구는 현행법상 허용되고 있다. O | X

「행정심판법」 제5조 【행정심판의 종류】 행정심판의 종류는 다음 각 호와 같다.
1. 취소심판: 행정청의 위법 또는 부당한 처분을 취소하거나 변경하는 행정심판
2. 무효등확인심판: 행정청의 처분의 효력 유무 또는 존재 여부를 확인하는 행정심판
3. 의무이행심판: 당사자의 신청에 대한 행정청의 위법 또는 부당한 거부처분이나 부작위에 대하여 일정한 처분을 하도록 하는 행정심판

17. 국가직 9급(10월)

005 □□□

행정심판법에서 규정한 행정심판의 종류로는 행정소송법상 항고소송에 대응하는 취소심판, 무효등확인심판, 의무이행심판과 당사자소송에 대응하는 당사자심판이 있다. O | X

행정심판법은 취소심판, 무효등확인심판, 의무이행심판의 항고소송에 대응하는 심판의 형태만을 규정하고 있을 뿐, 당사자소송에 대응하는 당사자심판의 형태는 규정하고 있지 않다(행정심판법 제5조).

15. 국회직 8급

006 □□□

처분의 취소 또는 변경을 구하는 취소심판의 경우에 변경의 의미는 소극적 변경뿐만 아니라 적극적 변경까지 포함한다. O | X

행정소송과 달리 행정심판에서는 적극적 변경이 인정된다.

13. 서울시 7급

007 □□□

무효등확인심판에는 심판청구기간의 제한이 없다. O | X

무효등확인심판은 행정청의 처분의 효력 유무 또는 존재 여부를 확인하는 심판으로, ① 청구기간의 제한이 없고, ② 사정재결이 불가능하며, ③ 집행정지가 허용된다.

15. 서울시 7급

008 □□□

행정청의 위법·부당한 부작위에 대해서는 의무이행심판을 제기할 수 있다. O | X

의무이행심판은 당사자의 신청에 대한 행정청의 위법 또는 부당한 거부처분이나 부작위에 대해 일정한 처분을 하도록 하는 행정심판이다.

정답 004 ○ 005 X 006 ○ 007 ○ 008 ○

10. 서울시 9급

009 □□□

행정심판법 제27조의 심판기간은 무효등확인심판청구와 부작위에 대한 의무이행심판청구에 적용한다. O | X

행정심판청구기간의 준용은 취소심판청구와 거부처분에 대한 의무이행심판청구에만 적용된다.

18. 서울시 7급

010 □□□

정보공개청구의 거부에 대해서는 의무이행심판을 제기할 수 없다. O | X

정보공개청구의 거부에 대해서는 의무이행심판을 제기할 수 있다.

19. 국가직 9급 · 서울시 7급, 18 · 13. 국회직 8급, 14. 경행특채 1차

011 □□□

대통령의 처분 또는 부작위에 대하여는 다른 법률에서 행정심판을 청구할 수 있도록 정한 경우 외에는 행정심판을 청구할 수 없다. O | X

「행정심판법」 제3조 **【행정심판의 대상】** ① 행정청의 처분 또는 부작위에 대하여는 다른 법률에 특별한 규정이 있는 경우 외에는 이 법에 따라 행정심판을 청구할 수 있다.
② 대통령의 처분 또는 부작위에 대하여는 다른 법률에서 행정심판을 청구할 수 있도록 정한 경우 외에는 행정심판을 청구할 수 없다.

제3절 행정심판위원회

11. 국가직 7급, 08. 지방직 9급

012 □□□

행정심판의 청구를 심리 · 재결하기 위하여 행정심판위원회를 둔다. O | X

「행정심판법」 제6조 **【행정심판위원회의 설치】** ① 다음 각 호의 행정청 또는 그 소속 행정청(행정기관의 계층구조와 관계없이 그 감독을 받거나 위탁을 받은 모든 행정청을 말하되, 위탁을 받은 행정청은 그 위탁받은 사무에 관하여는 위탁한 행정청의 소속 행정청으로 본다. 이하 같다)의 처분 또는 부작위에 대한 행정심판의 청구에 대하여는 다음 각 호의 행정청에 두는 행정심판위원회에서 심리 · 재결한다.
1. 감사원, 국가정보원장, 그 밖에 대통령령으로 정하는 대통령 소속기관의 장
2. 국회사무총장 · 법원행정처장 · 헌법재판소사무처장 및 중앙선거관리위원회사무총장
3. 국가인권위원회, 그 밖에 지위 · 성격의 독립성과 특수성 등이 인정되어 대통령령으로 정하는 행정청

정답 009 X 010 X 011 ○ 012 ○

18. 지방교행

013 □□□

시 · 도행정심판위원회와 중앙행정심판위원회는 모두 행정심판의 심리권한과 재결권한을 가진다. O | X

행정심판위원회는 심리기능과 재결기능을 수행한다.

09. 국가직 9급

014 □□□

행정심판법은 권리구제의 실효성을 확보하기 위해서 심리 · 의결기능과 재결기능을 분리시키고 있다. O | X

행정심판의 청구를 심리 · 재결하기 위하여 행정심판위원회를 둔다(심리 · 의결기능과 재결기능의 통합).

19. 서울시 9급(6월), 15. 지방직 9급 · 서울시 7급

015 □□□

종로구청장의 처분이나 부작위에 대한 행정심판청구는 서울특별시 행정심판위원회에서 심리 · 재결하여야 한다. O | X

시 · 도의 관할 구역에 있는 시 · 군 · 자치구의 장, 소속 행정청 또는 시 · 군 · 자치구의 의회가 한 처분에 대한 행정심판위원회는 시 · 도지사 소속으로 두는 행정심판위원회에서 심리 · 재결한다. 따라서 종로구청장의 처분이나 부작위에 대한 행정심판청구는 서울특별시 행정심판위원회에서 심리 · 재결한다.

08. 국회직 8급

016 □□□

국회사무총장의 부작위에 대한 심의기관과 재결기관은 각각 국회사무총장 소속의 행정심판위원회이다. O | X

「행정심판법」 제6조 【행정심판위원회의 설치】 ① 다음 각 호의 행정청 또는 그 소속 행정청(행정기관의 계층구조와 관계없이 그 감독을 받거나 위탁을 받은 모든 행정청을 말하되, 위탁을 받은 행정청은 그 위탁받은 사무에 관하여는 위탁한 행정청의 소속 행정청으로 본다. 이하 같다)의 처분 또는 부작위에 대한 행정심판의 청구(이하 "심판청구"라 한다)에 대하여는 다음 각 호의 행정청에 두는 행정심판위원회에서 심리 · 재결한다.
2. 국회사무총장 · 법원행정처장 · 헌법재판소사무처장 및 중앙선거관리위원회사무총장

15. 서울시 7급

017 □□□

법원행정처장의 부당한 처분에 대해서는 중앙행정심판위원회에 행정심판을 제기할 수 있다. O | X

법원행정처장의 부당한 처분에 대해서는 법원행정심판위원회에 행정심판을 제기할 수 있다(행정심판법 제6조 제1항 제2호).

정답 013 ○ 014 X 015 ○ 016 ○ 017 X

18. 국회직 8급

018 □□□

국가인권위원회의 처분 또는 부작위에 대한 행정심판의 청구는 국민권익위원회에 두는 중앙행정심판위원회에서 심리 · 재결한다. O | X

국가인권위원회의 처분 또는 부작위에 대한 행정심판의 청구는 중앙행정심판위원회가 아닌 국가인권위원회에 두는 행정심판위원회에서 심리 · 재결한다(행정심판법 제6조 제1항 제3호).

19. 국회직 8급

019 □□□

중앙행정심판위원회의 위원장은 국민권익위원회의 부위원장 중 1명이 된다. O | X

중앙행정심판위원회의 위원장은 국민권익위원회의 부위원장 중 1명이 된다(행정심판법 제8조 제2항).

18. 지방교행

020 □□□

예외적으로 당해 지방자치단체의 조례에서 시 · 도행정심판위원회의 위원장을 공무원이 아닌 위원으로 정한 경우에 그는 상임으로 직무를 수행한다. O | X

시 · 도지사 소속으로 두는 행정심판위원회의 경우에는 해당 지방자치단체의 조례로 정하는 바에 따라 공무원이 아닌 위원을 위원장으로 정할 수 있다. 이 경우 위원장은 '비상임'으로 한다(행정심판법 제7조 제3항).

16. 국회직 8급

021 □□□

중앙행정심판위원회의 상임위원은 별정직 국가공무원으로 임명하며, 중앙행정심판위원회 위원장의 제청으로 국무총리를 거쳐 대통령이 임명한다. O | X

중앙행정심판위원회의 상임위원은 '일반직' 국가공무원으로 임명하며, 중앙행정심판위원회 위원장의 제청으로 국무총리를 거쳐 대통령이 임명한다.

> **「행정심판법」 제8조 【중앙행정심판위원회의 구성】** ③ 중앙행정심판위원회의 상임위원은 일반직 공무원으로서 국가공무원법 제26조의5에 따른 임기제 공무원으로 임명하되, 3급 이상 공무원 또는 고위공무원단에 속하는 일반직 공무원으로 3년 이상 근무한 사람이나 그 밖에 행정심판에 관한 지식과 경험이 풍부한 사람 중에서 중앙행정심판위원회 위원장의 제청으로 국무총리를 거쳐 대통령이 임명한다.

18. 지방교행

022 □□□

중앙행정심판위원회의 위원장은 법제처장이 되고 유고시에는 법제처 차장이 그 직무를 대행한다. O | X

중앙행정심판위원회의 위원장은 국민권익위원회의 부위원장 중 1명이 되며, 위원장이 없거나 부득이한 사유로 직무를 수행할 수 없거나 위원장이 필요하다고 인정하는 경우에는 상임위원(상임으로 재직한 기간이 긴 위원 순서로, 재직기간이 같은 경우에는 연장자 순서로 한다)이 위원장의 직무를 대행한다(행정심판법 제8조 제2항).

정답 018 X 019 O 020 X 021 X 022 X

21. 소방, 19·10. 국회직 8급 유사

023 □□□

중앙행정심판위원회는 위원장 1명을 포함하여 70명 이내의 위원으로 구성한다. O | X

「행정심판법」 제8조 【중앙행정심판위원회의 구성】 ① 중앙행정심판위원회는 위원장 1명을 포함하여 70명 이내의 위원으로 구성하되, 위원 중 상임위원은 4명 이내로 한다.

19. 국회직 8급, 11. 지방직 9급

024 □□□

중앙행정심판위원회의 상임위원은 행정심판에 관한 지식과 경험이 풍부한 사람 중에서 중앙행정심판위원회 위원장의 제청으로 국무총리를 거쳐 대통령이 임명할 수 있다. O | X

중앙행정심판위원회의 상임위원은 행정심판에 관한 지식과 경험이 풍부한 사람 중에서 중앙행정심판위원회 위원장의 제청으로 국무총리를 거쳐 대통령이 임명할 수 있다(행정심판법 제8조 제3항).

19. 국회직 8급

025 □□□

중앙행정심판위원회의 비상임위원은 변호사 자격을 취득한 후 3년 이상의 실무 경험이 있는 사람 중에서 중앙행정심판위원회 위원장의 제청으로 국무총리가 성별을 고려하여 위촉할 수 있다. O | X

중앙행정심판위원회의 비상임위원은 변호사 자격을 취득한 후 5년 이상의 실무 경험이 있는 사람 중에서 중앙행정심판위원회 위원장의 제청으로 국무총리가 성별을 고려하여 위촉한다(행정심판법 제8조 제4항).

21. 소방

026 □□□

중앙행정심판위원회의 비상임위원은 일정한 요건을 갖춘 사람 중에서 중앙행정심판위원회 위원장의 제청으로 국무총리가 성별을 고려하여 위촉한다. O | X

「행정심판법」 제8조 【중앙행정심판위원회의 구성】 ④ 중앙행정심판위원회의 비상임위원은 제7조 제4항 각 호의 어느 하나에 해당하는 사람 중에서 중앙행정심판위원회 위원장의 제청으로 국무총리가 성별을 고려하여 위촉한다.

21. 소방, 19. 국회직 8급 유사

027 □□□

중앙행정심판위원회의 회의는 위원장, 상임위원 및 위원장이 회의마다 지정하는 비상임위원을 포함하여 총 15명으로 구성한다. O | X

「행정심판법」 제8조 【중앙행정심판위원회의 구성】 ⑤ 중앙행정심판위원회의 회의(제6항에 따른 소위원회 회의는 제외한다)는 위원장, 상임위원 및 위원장이 회의마다 지정하는 비상임위원을 포함하여 총 9명으로 구성한다.

정답 023 ○ 024 ○ 025 X 026 ○ 027 X

15. 서울시 7급

028 □□□

행정심판위원회의 위원에 대한 기피신청은 그 사유를 소명한 문서로 하여야 한다. O | X

「행정심판법」 제10조 【위원의 제척 · 기피 · 회피】 ③ 위원에 대한 제척신청이나 기피신청은 그 사유를 소명(疏明)한 문서로 하여야 한다. 다만, 불가피한 경우에는 신청한 날부터 3일 이내에 신청 사유를 소명할 수 있는 자료를 제출하여야 한다.

21. 소방

029 □□□

행정심판법 제10조에 의하면, 위원장은 제척신청이나 기피신청을 받으면 제척 또는 기피 여부에 대한 결정을 한다. O | X

「행정심판법」 제10조 【위원의 제척 · 기피 · 회피】 ⑥ 위원장은 제척신청이나 기피신청을 받으면 제척 또는 기피 여부에 대한 결정을 하고, 지체 없이 신청인에게 결정서 정본(正本)을 송달하여야 한다.

15. 지방직 9급

030 □□□

행정심판에 있어서 사건의 심리 · 의결에 관한 사무에 관여하는 직원에게는 행정심판법 제10조의 위원의 제척 · 기피 · 회피가 적용되지 않는다. O | X

「행정심판법」 제10조 【위원의 제척 · 기피 · 회피】 ⑧ 사건의 심리 · 의결에 관한 사무에 관여하는 위원 아닌 직원에게도 제1항부터 제7항까지의 규정을 준용한다.

13. 국회직 8급

031 □□□

다른 법률에서 특별행정심판이나 행정심판법에 따른 행정심판절차에 대한 특례를 정한 경우에도 그 법률에서 규정하지 아니한 사항에 대해서는 행정심판법에서 정하는 바에 따른다. O | X

「행정심판법」 제4조 【특별행정심판 등】 ② 다른 법률에서 특별행정심판이나 이 법에 따른 행정심판절차에 대한 특례를 정한 경우에도 그 법률에서 규정하지 아니한 사항에 관하여는 이 법에서 정하는 바에 따른다.

정답 028 ○ 029 ○ 030 X 031 ○

18 · 13. 국회직 8급

032 □□□

특별행정심판 또는 행정심판법에 따른 행정심판절차에 대한 특례를 신설하거나 변경하는 법령을 제정·개정할 때 중앙행정심판위원회와 사전에 협의하여야 하는 것은 아니다. O | X

관계 행정기관의 장이 특별행정심판 또는 이 법에 따른 행정심판절차에 대한 특례를 신설하거나 변경하는 법령을 제정·개정할 때에는 미리 중앙행정심판위원회와 협의하여야 한다(행정심판법 제4조 제3항).

13. 국회직 9급

033 □□□

행정심판위원회는 심판청구사건에 대하여 심리권과 재결권을 가진다. O | X

「행정심판법」 제6조 【행정심판위원회의 설치】 ① 다음 각 호의 행정청 또는 그 소속 행정청의 처분 또는 부작위에 대한 행정심판의 청구에 대하여는 다음 각 호의 행정청에 두는 행정심판위원회에서 심리·재결한다.

15. 국회직 8급, 14. 지방직 9급

034 □□□

행정심판위원회가 직접 처분을 한 경우에는 그 사실을 해당 행정청에 통보하여야 하며, 통보를 받은 행정청은 행정심판위원회가 한 처분을 자기가 한 처분으로 보아 관계 법령에 따라 관리·감독 등 필요한 조치를 하여야 한다. O | X

「행정심판법」 제50조 【위원회의 직접 처분】 ① 위원회는 피청구인이 제49조 제3항에도 불구하고 처분을 하지 아니하는 경우에는 당사자가 신청하면 기간을 정하여 서면으로 시정을 명하고 그 기간에 이행하지 아니하면 직접 처분을 할 수 있다. 다만, 그 처분의 성질이나 그 밖의 불가피한 사유로 위원회가 직접 처분을 할 수 없는 경우에는 그러하지 아니하다.
② 위원회는 제1항 본문에 따라 직접 처분을 하였을 때에는 그 사실을 해당 행정청에 통보하여야 하며, 그 통보를 받은 행정청은 위원회가 한 처분을 자기가 한 처분으로 보아 관계 법령에 따라 관리·감독 등 필요한 조치를 하여야 한다.

14. 경행특채 2차, 13. 국회직 9급

035 □□□

중앙행정심판위원회는 심판청구를 심리·재결할 때에 처분 또는 부작위의 근거가 되는 명령 등이 법령에 근거가 없거나 상위법령에 위배되거나 국민에게 과도한 부담을 주는 등 크게 불합리하면 관계 행정기관에 그 명령 등의 개정·폐지 등 적절한 시정조치를 요청할 수 있다. O | X

「행정심판법」 제59조 【불합리한 법령 등의 개선】 ① 중앙행정심판위원회는 심판청구를 심리·재결할 때에 처분 또는 부작위의 근거가 되는 명령 등(대통령령·총리령·부령·훈령·예규·고시·조례·규칙 등을 말한다. 이하 같다)이 법령에 근거가 없거나 상위법령에 위배되거나 국민에게 과도한 부담을 주는 등 크게 불합리하면 관계 행정기관에 그 명령 등의 개정·폐지 등 적절한 시정조치를 요청할 수 있다. 이 경우 중앙행정심판위원회는 시정조치를 요청한 사실을 법제처장에게 통보하여야 한다.

정답 032 X 033 ○ 034 ○ 035 ○

23. 경찰간부

036 □□□

감사원의 처분 또는 부작위에 대한 심판청구에 대하여는 중앙행정심판위원회에서 심리 · 재결한다. O | X

중앙행정심판위원회가 아니라 감사원에 두는 행정심판위원회에서 한다.

> 「행정심판법」 제6조 **【행정심판위원회의 설치】** ① 다음 각 호의 행정청 또는 그 소속 행정청(행정기관의 계층구조와 관계없이 그 감독을 받거나 위탁을 받은 모든 행정청을 말하되, 위탁을 받은 행정청은 그 위탁받은 사무에 관하여는 위탁한 행정청의 소속 행정청으로 본다. 이하 같다)의 처분 또는 부작위에 대한 행정심판의 청구(이하 "심판청구"라 한다)에 대하여는 다음 각 호의 행정청에 두는 행정심판위원회에서 심리 · 재결한다.
> 1. 감사원, 국가정보원장, 그 밖에 대통령령으로 정하는 대통령 소속기관의 장

제4절 행정심판의 당사자 및 관계인

15. 경행특채 1차, 10. 국회직 8급

037 □□□

의무이행심판은 처분을 신청한 자로서 행정청의 거부처분 또는 부작위에 대하여 일정한 처분을 구할 법률상 이익이 있는 자가 청구할 수 있다. O | X

의무이행심판의 대상은 거부처분 또는 부작위이고, 의무이행심판의 청구인은 법률상 이익이 있는 자이다.

18. 국회직 8급 · 국가직 9급

038 □□□

법인이 아닌 사단 또는 재단으로서 대표자나 관리인이 정하여져 있는 경우에는 그 대표자나 관리인의 이름으로 심판청구를 할 수 있다. O | X

> 「행정심판법」 제14조 **【법인이 아닌 사단 또는 재단의 청구인 능력】** 법인이 아닌 사단 또는 재단으로서 대표자나 관리인이 정하여져 있는 경우에는 그 사단이나 재단의 이름으로 심판청구를 할 수 있다.

12. 사복직 9급

039 □□□

행정심판의 경우 여러 명의 청구인이 공동으로 심판청구를 할 때에는 청구인들 중에서 3명 이하의 선정대표자를 선정할 수 없다. O | X

> 「행정심판법」 제15조 **【선정대표자】** ① 여러 명의 청구인이 공동으로 심판청구를 할 때에는 청구인들 중에서 3명 이하의 선정대표자를 선정할 수 있다.

정답 036 X 037 ○ 038 X 039 X

15. 경행특채 1차

040 □□□

심판청구의 대상과 관계되는 권한이 다른 행정청에 승계된 경우에는 권한을 승계한 행정청을 피청구인으로 하여야 한다. O | X

「행정심판법」 제17조 【피청구인의 적격 및 경정】 ① 행정심판은 처분을 한 행정청(의무이행심판의 경우에는 청구인의 신청을 받은 행정청)을 피청구인으로 하여 청구하여야 한다. 다만, 심판청구의 대상과 관계되는 권한이 다른 행정청에 승계된 경우에는 권한을 승계한 행정청을 피청구인으로 하여야 한다.

08. 국회직 8급

041 □□□

행정심판절차에서 청구인들이 '당사자 아닌 자'를 선정대표자로 선정한 행위는 무효이다. O | X

행정심판절차에서 청구인들이 당사자가 아닌 자를 선정대표자로 선정하였더라도 행정심판법 제11조에 위반되어 그 선정행위는 그 효력이 없다(대판 1991.1.25. 90누7791).

18. 국가직 9급

042 □□□

행정심판의 대상과 관련되는 권리나 이익을 양수한 특정승계인은 행정심판위원회의 허가를 받아 청구인의 지위를 승계할 수 있다. O | X

「행정심판법」 제16조 【청구인의 지위 승계】 ⑤ 심판청구의 대상과 관계되는 권리나 이익을 양수한 자는 위원회의 허가를 받아 청구인의 지위를 승계할 수 있다.

18. 서울시 7급, 04. 관세사

043 □□□

행정심판은 피청구인의 경정이 있으면 심판청구는 피청구인의 경정시에 제기된 것으로 본다. O | X

피청구인의 경정시가 아닌 종전의 피청구인에 대한 행정심판청구시를 기산점으로 본다. 경정결정이 있으면 종전의 피청구인에 대한 심판청구는 취하되고 종전의 피청구인에 대한 행정심판이 청구된 때에 새로운 피청구인에 대한 행정심판이 청구된 것으로 본다(행정심판법 제17조 제4항).

15. 경행특채 1차

044 □□□

행정심판의 제기에 있어서 청구인이 피청구인을 잘못 지정한 경우에 행정심판위원회는 직권으로 또는 당사자의 신청에 의하여 결정으로써 피청구인을 경정할 수 있다. O | X

「행정심판법」 제17조 【피청구인의 적격 및 경정】 ② 청구인이 피청구인을 잘못 지정한 경우에는 위원회는 직권으로 또는 당사자의 신청에 의하여 결정으로써 피청구인을 경정(更正)할 수 있다.

정답 040 ○ 041 ○ 042 ○ 043 X 044 ○

15. 경행특채 1차

045

□□□

행정심판위원회는 피청구인을 경정하는 결정을 하면 결정서 부본을 당사자(종전의 피청구인과 새로운 피청구인을 포함한다)에게 송달하여야 한다. O | X

「행정심판법」 제17조 【피청구인의 적격 및 경정】 ③ 위원회는 제2항에 따라 피청구인을 경정하는 결정을 하면 결정서 정본을 당사자(종전의 피청구인과 새로운 피청구인을 포함한다. 이하 제6항에서 같다)에게 송달하여야 한다.

19. 국가직 9급

046

□□□

행정심판 청구인이 경제적 능력으로 인해 대리인을 선임할 수 없는 경우에는 행정심판위원회에 국선대리인을 선임하여 줄 것을 신청할 수 있다. O | X

「행정심판법」 제18조의2 【국선대리인】 ① 청구인이 경제적 능력으로 인해 대리인을 선임할 수 없는 경우에는 위원회에 국선대리인을 선임하여 줄 것을 신청할 수 있다.

18 · 15 · 10. 국회직 8급, 15. 사복직 9급

047

□□□

행정심판결과에 이해관계가 있는 제3자나 행정청은 신청에 의하여 행정심판에 참가할 수 있으나, 행정심판위원회가 직권으로 심판에 참가할 것을 요구할 수는 없다. O | X

행정심판위원회가 직권으로 심판에 참가할 것을 요구할 수 있다.

「행정심판법」 제21조 【심판참가의 요구】 ① 위원회는 필요하다고 인정하면 그 행정심판 결과에 이해관계가 있는 제3자나 행정청에 그 사건 심판에 참가할 것을 요구할 수 있다.
② 제1항의 요구를 받은 제3자나 행정청은 지체 없이 그 사건 심판에 참가할 것인지 여부를 위원회에 통지하여야 한다.

정답 045 X 046 ○ 047 X

제5절 행정심판의 청구

23. 국회직 8급, 15. 서울시 9급

048 □□□

법인이 아닌 사단 또는 재단으로서 대표자나 관리인이 정하여져 있는 경우에는 그 사단이나 재단의 이름으로 심판청구를 할 수 있다. O | X

「행정심판법」 제14조 **【법인이 아닌 사단 또는 재단의 청구인 능력】** 법인이 아닌 사단 또는 재단으로서 대표자나 관리인이 정하여져 있는 경우에는 그 사단이나 재단의 이름으로 심판청구를 할 수 있다.

14. 경행특채 1차

049 □□□

행정심판은 처분이 있었던 날부터 180일이 지나면 청구하지 못한다. 다만, 정당한 사유가 있는 경우에는 그러하지 아니하다. O | X

「행정심판법」 제27조 **【심판청구의 기간】** ③ 행정심판은 처분이 있었던 날부터 180일이 지나면 청구하지 못한다. 다만, 정당한 사유가 있는 경우에는 그러하지 아니하다.

13. 서울시 7급

050 □□□

부작위에 대한 의무이행심판에는 심판청구에 기간상의 제한이 있다. O | X

부작위에 대한 의무이행심판에는 심판청구기간의 제한이 없다.

「행정심판법」 제27조 **【심판청구의 기간】** ⑦ 제1항부터 제6항까지의 규정은 무효등확인심판청구와 부작위에 대한 의무이행심판청구에는 적용하지 아니한다.

18. 서울시 7급, 15. 국회직 8급

051 □□□

고시 또는 공고에 의하여 행정처분을 하는 경우에는 고시 또는 공고의 효력발생일을 처분이 있는 날로 보아 그 날로부터 180일 이내에 행정심판을 청구할 수 있다. O | X

통상 고시 또는 공고에 의하여 행정처분을 하는 경우에는 그 처분의 상대방이 불특정다수인이고 그 처분의 효력이 불특정다수인에게 일률적으로 적용되는 것이므로, 그 행정처분에 이해관계를 갖는 자가 고시 또는 공고가 있었다는 사실을 현실적으로 알았는지 여부에 관계없이 고시가 효력을 발생하는 날 행정처분이 있음을 알았다고 보아야 한다(대판 2007.6.14. 2004두619). 고시 또는 공고의 효력발생일을 행정처분이 있음을 안 날로 보아 그 날로부터 90일 이내에 행정심판을 청구할 수 있다.

정답 048 ○ 049 ○ 050 X 051 X

19. 국회직 8급

052

☐☐☐

소극적 처분과 부작위에 대한 의무이행심판은 처분이 있음을 알게 된 날부터 90일 이내에 청구하여야 한다. O | X

부작위에 대한 의무이행심판은 심판청구기간에 관한 행정심판법 제18조 제1항 내지 제6항 규정이 적용되지 않기 때문에 제소기간의 제한이 없다(행정심판법 제18조 제7항).

07. 관세사

053

☐☐☐

행정심판은 원칙적으로 처분이 있음을 알게 된 날부터 90일 이내에 제기하여야 하며, 이 기간을 불변기간이다. O | X

「행정심판법」 제27조 【심판청구의 기간】 ① 행정심판은 처분이 있음을 알게 된 날부터 90일 이내에 청구하여야 한다.
② 청구인이 천재지변, 전쟁, 사변(事變), 그 밖의 불가항력으로 인하여 제1항에서 정한 기간에 심판청구를 할 수 없었을 때에는 그 사유가 소멸한 날부터 14일 이내에 행정심판을 청구할 수 있다. 다만, 국외에서 행정심판을 청구하는 경우에는 그 기간을 30일로 한다.
④ 제1항과 제2항의 기간은 불변기간(不變期間)으로 한다.

10. 국회직 8급

054

☐☐☐

행정처분의 직접 상대방이 아닌 제3자는 특별한 사정이 없는 한 180일 기간 적용을 배제할 정당한 사유가 있는 경우에 해당한다고 보아 180일이 경과한 뒤에도 심판청구를 제기할 수 있다고 함이 대법원 판례의 태도이다. O | X

행정처분의 직접 상대방이 아닌 제3자는 행정처분이 있음을 곧 알 수 없는 처지이므로 행정심판법 제18조 제3항 소정의 심판청구의 제척기간 내에 처분이 있음을 알았다는 특별한 사정이 없는 한 그 제척기간의 적용을 배제할 같은 조항 단서 소정의 정당한 사유가 있는 때에 해당한다(대판 1989.5.9. 88누5150).

19. 서울시 7급(10월)

055

☐☐☐

행정청이 심판청구기간을 알리지 아니한 경우에는 청구인은 언제든지 심판청구를 할 수 있다. O | X

행정청이 심판청구기간을 알리지 아니한 경우에는 당해 처분에 대한 심판청구기간은 처분이 있었던 날부터 180일이 된다(행정심판법 제27조 제6항).

정답 052 X 053 ○ 054 ○ 055 X

15. 지방직 9급

056 □□□

행정청이 행정심판청구기간 등을 알리지 아니하였다고 하여도 처분의 상대방이 처분이 있었다는 사실을 알았을 경우에는 처분이 있은 날로부터 90일 이내에 심판청구를 하여야 한다. O | X

「행정심판법」 제27조 【심판청구의 기간】 ③ 행정심판은 처분이 있었던 날부터 180일이 지나면 청구하지 못한다. 다만, 정당한 사유가 있는 경우에는 그러하지 아니하다.
⑥ 행정청이 심판청구기간을 알리지 아니한 경우에는 제3항에 규정된 기간에 심판청구를 할 수 있다.

19. 서울시 9급(6월)

057 □□□

행정청이 처분을 할 때에 처분의 상대방에게 심판청구기간을 알리지 아니한 경우에는 처분이 있었던 날부터 180일까지가 취소심판이나 의무이행심판의 청구기간이 된다. O | X

행정청이 심판청구기간을 알리지 아니한 경우에는 당해 처분에 대한 심판청구기간은 처분이 있었던 날부터 180일이 된다(행정심판법 제27조 제6항).

18. 서울시 9급, 15. 서울시 9급 · 지방직 9급, 12. 사복직 9급

058 □□□

행정심판청구는 엄격한 형식을 요하지 않는 서면행위로 해석된다. O | X

행정심판법 제19조, 제23조의 규정 취지와 행정심판제도의 목적에 비추어 보면, 행정심판청구는 엄격한 형식을 요하지 않는 서면행위로 해석되므로, 위법 · 부당한 행정처분으로 인하여 권리나 이익을 침해당한 자로부터 그 처분의 취소나 변경을 구하는 서면이 제출되었을 때에는 그 표제와 제출기관의 여하를 불문하고 이를 행정소송법 제18조 소정의 행정심판청구로 보아야 하며, 심판청구인은 일반적으로 전문적 법률지식을 갖지 못하여 제출된 서면의 취지가 불명확한 경우가 적지 않을 것이나, 이러한 경우 행정청으로서는 그 서면을 가능한 한 제출자에게 이익이 되도록 해석하고 처리하여야 한다(대판 2007.6.1. 2005두11500).

09. 국가직 9급

059 □□□

행정심판청구는 서면으로 하여야 한다. O | X

「행정심판법」 제28조 【심판청구의 방식】 ① 심판청구는 서면으로 하여야 한다.

19. 국회직 8급

060 □□□

재결은 서면으로 하며 재결서에 적는 이유에는 주문 내용이 정당하다는 것을 인정할 수 있는 정도의 판단을 표시하여야 한다. O | X

「행정심판법」 제46조 【재결의 방식】 ① 재결은 서면으로 한다.
③ 재결서에 적는 이유에는 주문 내용이 정당하다는 것을 인정할 수 있는 정도의 판단을 표시하여야 한다.

정답 056 X 057 ○ 058 ○ 059 ○ 060 ○

18. 국가직 9급

061 □□□

행정심판을 청구하려는 자는 행정심판위원회뿐만 아니라 피청구인인 행정청에도 행정심판청구서를 제출할 수 있으나 행정소송을 제기하려는 자는 법원에 소장을 제출하여야 한다. O | X

소를 제기하기 위해서는 관할 행정법원에 소장을 제출해야 한다.

> 「행정심판법」 제23조 【심판청구서의 제출】 ① 행정심판을 청구하려는 자는 제28조에 따라 심판청구서를 작성하여 피청구인이나 위원회에 제출하여야 한다. 이 경우 피청구인의 수만큼 심판청구서 부본을 함께 제출하여야 한다.

11. 지방직 9급

062 □□□

심판청구서를 받은 행정청은 그 심판청구가 이유 있다고 인정할 때에는 심판청구의 취지에 따라 처분을 취소·변경 또는 확인을 하거나 신청에 따른 처분을 할 수 있고, 이를 청구인에게 알리고 행정심판위원회에 그 증명서류를 제출하여야 한다. O | X

> 「행정심판법」 제25조 【피청구인의 직권취소 등】 ① 제23조 제1항·제2항 또는 제26조 제1항에 따라 심판청구서를 받은 피청구인은 그 심판청구가 이유 있다고 인정하면 심판청구의 취지에 따라 직권으로 처분을 취소·변경하거나 확인을 하거나 신청에 따른 처분(이하 이 조에서 "직권취소 등"이라 한다)을 할 수 있다. 이 경우 서면으로 청구인에게 알려야 한다.
> ② 피청구인은 제1항에 따라 직권취소 등을 하였을 때에는 청구인이 심판청구를 취하한 경우가 아니면 제24조 제1항 본문에 따라 심판청구서·답변서를 보내거나 같은 조 제3항에 따라 답변서를 보낼 때 직권취소 등의 사실을 증명하는 서류를 위원회에 함께 제출하여야 한다.

15. 지방직 9급, 08. 국회직 8급

063 □□□

행정심판청구 후 피청구인의 행정청이 새로운 처분을 하거나 대상인 처분을 변경한 때에는 청구인은 새로운 처분이나 변경된 처분에 맞추어 청구의 취지 또는 이유를 변경할 수 있다. O | X

> 「행정심판법」 제29조 【청구의 변경】 ② 행정심판이 청구된 후에 피청구인이 새로운 처분을 하거나 심판청구의 대상인 처분을 변경한 경우에는 청구인은 새로운 처분이나 변경된 처분에 맞추어 청구의 취지나 이유를 변경할 수 있다.

13. 국회직 9급, 09. 국가직 9급

064 □□□

행정심판위원회는 당사자의 신청 또는 직권에 의하여 집행정지결정을 할 수 있다. O | X

> 「행정심판법」 제30조 【집행정지】 ② 위원회는 처분, 처분의 집행 또는 절차의 속행 때문에 중대한 손해가 생기는 것을 예방할 필요성이 긴급하다고 인정할 때에는 직권으로 또는 당사자의 신청에 의하여 처분의 효력, 처분의 집행 또는 절차의 속행의 전부 또는 일부의 정지(이하 "집행정지"라 한다)를 결정할 수 있다. 다만, 처분의 효력정지는 처분의 집행 또는 절차의 속행을 정지함으로써 그 목적을 달성할 수 있을 때에는 허용되지 아니한다.

정답 061 ○ 062 ○ 063 ○ 064 ○

19 · 13. 서울시 7급

065 □□□

거부에 대한 의무이행심판에는 청구기간의 제한과 사정재결, 집행정지 규정이 적용되지 않는다. O | X

거부처분에 대한 의무이행심판에는 청구기간의 제한규정(행정심판법 제27조), 사정재결(동법 제44조)의 규정은 적용되나, 집행정지(동법 제30조)에 관한 규정은 적용되지 않는다.

21. 지방직 9급

066 □□□

행정청의 부작위에 대한 의무이행심판은 심판청구기간 규정의 적용을 받지 않고, 사정재결이 인정되지 아니한다. O | X

행정청의 부작위에 대한 의무이행심판에는 청구기간이 적용되지 않는다. 사정재결은 취소심판 · 의무이행심판에만 인정되고, 무효등확인심판에는 적용되지 아니한다.

17. 국가직 9급(10월)

067 □□□

행정심판청구는 처분의 효력이나 그 집행 또는 절차의 속행에 영향을 주지 않는다. O | X

심판청구는 처분의 효력이나 그 집행 또는 절차의 속행(續行)에 영향을 주지 아니한다(행정심판법 제30조 제1항).

10. 국회직 8급

068 □□□

부재시 등기우편물을 수령하여 전달해 온 주거지 아파트 경비원은 수령권한을 위임받은 것으로 볼 수 있으므로, 경비원이 처분서를 수령하였다면 적법한 송달이 있는 것으로 보게 된다. O | X

납세의무자가 거주하는 아파트에서 일반우편물이나 등기우편물 등 특수우편물이 배달되는 경우 관례적으로 아파트 경비원이 이를 수령하여 거주자에게 전달하여 왔고, 이에 대하여 납세의무자를 비롯한 아파트 주민들이 평소 이러한 특수우편물 배달방법에 관하여 아무런 이의도 제기한 바 없었다면, 납세의무자가 거주하는 아파트의 주민들은 등기우편물 등의 수령권한을 아파트 경비원에게 묵시적으로 위임한 것이라고 봄이 상당하므로 아파트 경비원이 우편집배원으로부터 납세고지서를 수령한 날이 구 국세기본법 제61조 제1항에 정한 처분의 통지를 받은 날에 해당한다(대판 2000.7.4. 2000두1164).

18. 국가직 7급 · 국가직 9급 · 서울시 9급, 13. 국회직 9급

069 □□□

행정심판위원회는 심판청구된 행정청의 부작위가 위법 · 부당하다고 상당히 의심되는 경우로서 당사자가 받을 우려가 있는 중대한 불이익이나 당사자에게 생길 급박한 위험을 막기 위하여 임시지위를 정할 필요가 있는 경우 직권 또는 당사자의 신청에 의하여 임시처분을 결정할 수 있다. O | X

「행정심판법」 제31조 【임시처분】 ① 위원회는 처분 또는 부작위가 위법 · 부당하다고 상당히 의심되는 경우로서 처분 또는 부작위 때문에 당사자가 받을 우려가 있는 중대한 불이익이나 당사자에게 생길 급박한 위험을 막기 위하여 임시지위를 정하여야 할 필요가 있는 경우에는 직권으로 또는 당사자의 신청에 의하여 임시처분을 결정할 수 있다.

정답 065 X 066 X 067 ○ 068 ○ 069 ○

21. 소방간부, 14. 지방직 9급

070 □□□

임시처분은 집행정지와 보충성 관계가 없고, 행정심판위원회는 집행정지로 목적을 달성할 수 있는 경우에도 임시처분결정을 할 수 있다. O | X

「행정심판법」 제31조 【임시처분】 ③ 제1항에 따른 임시처분은 제30조 제2항에 따른 집행정지로 목적을 달성할 수 있는 경우에는 허용되지 아니한다.

19. 지방직 9급

071 □□□

행정심판위원회는 임시처분을 결정한 후에 임시처분이 공공복리에 중대한 영향을 미치는 경우에는 직권으로 또는 당사자의 신청에 의하여 이 결정을 취소할 수 있다. O | X

「행정심판법」 제30조 【집행정지】 ④ 위원회는 집행정지를 결정한 후에 집행정지가 공공복리에 중대한 영향을 미치거나 그 정지사유가 없어진 경우에는 직권으로 또는 당사자의 신청에 의하여 집행정지 결정을 취소할 수 있다.

제31조 【임시처분】 ② 제1항에 따른 임시처분에 관하여는 제30조 제3항부터 제7항까지를 준용한다. 이 경우 같은 조 제6항 전단 중 "중대한 손해가 생길 우려"는 "중대한 불이익이나 급박한 위험이 생길 우려"로 본다.

23. 경찰간부

072 □□□

행정심판을 청구하려는 자는 행정심판청구서를 관할 행정심판위원회에 제출하여야 하고, 피청구인에게는 제출할 수 없다. O | X

피청구인에게도 제출할 수 있다.

「행정심판법」 제23조 【심판청구서의 제출】 ① 행정심판을 청구하려는 자는 제28조에 따라 심판청구서를 작성하여 피청구인이나 위원회에 제출하여야 한다. 이 경우 피청구인의 수만큼 심판청구서 부본을 함께 제출하여야 한다.

23. 지방직 7급

073 □□□

행정심판위원회는 처분 또는 부작위가 위법·부당하다고 상당히 의심되는 경우로서 처분 또는 부작위 때문에 당사자가 받을 우려가 있는 중대한 불이익이나 당사자에게 생길 급박한 위험을 막기 위하여 임시지위를 정하여야 할 필요가 있는 경우에는 집행정지로 목적을 달성할 수 있더라도 직권으로 또는 당사자의 신청에 의하여 임시처분을 결정할 수 있다. O | X

임시처분은 제30조 제2항에 따른 집행정지로 목적을 달성할 수 있는 경우에는 허용되지 아니한다.

정답 070 X 071 ○ 072 X 073 X

제6절 행정심판의 심리와 재결

15. 서울시 9급, 10. 국가직 9급

074 □□□

(행정심판과 행정소송) 양자는 행정권에 대한 국민의 권리구제기능을 한다는 점에서는 공통되지만, 행정소송이 제3자 기관인 법원에 의해 심판되므로 당사자가 청구한 범위 내에서만 심리 · 판단하는 데 대하여, 행정심판은 행정조직 내에서 자기통제기능을 겸하기 때문에 심판청구의 대상이 되는 처분 또는 부작위 외의 사항에 대하여도 재결할 수 있다. O | X

「행정심판법」 제47조 【재결의 범위】 ① 위원회는 심판청구의 대상이 되는 처분 또는 부작위 외의 사항에 대하여는 재결하지 못한다.

21. 소방간부, 18. 지방교행, 13. 지방직 9급, 09. 국가직 9급

075 □□□

행정심판위원회는 심판청구의 대상이 되는 처분보다 청구인에게 불리한 재결을 하지 못한다. O | X

행정심판법은 국민의 권리구제를 도모하기 위하여 불고불리(不告不理)의 원칙과 불이익변경금지의 원칙을 채택하고 있다.

19 · 16. 지방직 9급

076 □□□

행정심판위원회는 당사자가 주장하지 아니한 사실에 대하여 심리할 수 없다. O | X

「행정심판법」 제39조 【직권심리】 위원회는 필요하면 당사자가 주장하지 아니한 사실에 대하여도 심리할 수 있다.

23 · 15. 지방직 9급

077 □□□

행정심판에 있어서 행정처분의 위법 · 부당 여부는 원칙적으로 처분시를 기준으로 판단하여야 할 것이나, 재결 당시까지 제출된 모든 자료를 종합하여 처분 당시 존재하였던 객관적 사실을 확정하고 그 사실에 기초하여 처분의 위법 · 부당 여부를 판단할 수 있다. O | X

행정심판에 있어서 재결청이 행정처분의 위법 · 부당 여부를 재결 당시까지 제출된 모든 자료를 종합하여 판단할 수 있다(대판 2001.7.27. 99두5092).

06. 국가직 9급

078 □□□

행정심판에서 심판청구기간이 제한되거나 청구인낙이 부인되는 점을 고려할 때 처분권주의는 채택되고 있지 않다고 볼 수 있다. O | X

행정심판 · 행정소송 모두 처분권주의가 원칙이다.

정답 074 X 075 ○ 076 X 077 ○ 078 X

08. 지방직 9급, 06. 국가직 9급

079 □□□

당사자가 구술심리를 신청하면 당사자주의에 의하여 구술심리를 하여야 하고 서면심리를 할 수는 없다. O | X

「행정심판법」 제40조 【심리의 방식】 ① 행정심판의 심리는 구술심리나 서면심리로 한다. 다만, 당사자가 구술심리를 신청한 경우에는 서면심리만으로 결정할 수 있다고 인정되는 경우 외에는 구술심리를 하여야 한다.

06. 국가직 9급

080 □□□

행정심판법에 명문규정은 없으나, 법의 전체적 구조상 비공개심리주의를 채택하고 있다고 볼 수 있다. O | X

행정심판법상 명문의 규정은 없지만 서면주의를 채택한 행정심판법의 구조로 보아 비공개주의를 취한다고 보는 것이 일반적이다.

19. 서울시 9급(2월), 11. 국회직 8급, 08. 지방직 9급

081 □□□

재결은 피청구인 또는 위원회가 심판청구서를 받은 날부터 60일 이내에 하여야 한다. 다만, 부득이한 사정이 있는 경우에는 위원장이 직권으로 30일을 연장할 수 있다. O | X

「행정심판법」 제45조 【재결 기간】 ① 재결은 제23조에 따라 피청구인 또는 위원회가 심판청구서를 받은 날부터 60일 이내에 하여야 한다. 다만, 부득이한 사정이 있는 경우에는 위원장이 직권으로 30일을 연장할 수 있다.

15. 사복직 9급

082 □□□

행정심판위원회는 심판청구의 대상이 되는 처분 또는 부작위 외의 사항에 대하여도 재결할 수 있다. O | X

「행정심판법」 제47조 【재결의 범위】 ① 위원회는 심판청구의 대상이 되는 처분 또는 부작위 외의 사항에 대하여는 재결하지 못한다.

11. 지방직 9급

083 □□□

행정심판위원회로부터 재결서의 정본을 송달받은 행정청은 청구인 및 참가인에게 재결서의 등본을 송달하여야 한다. O | X

「행정심판법」 제48조 【재결의 송달과 효력 발생】 ① 위원회는 지체 없이 당사자에게 재결서의 정본을 송달하여야 한다. 이 경우 중앙행정심판위원회는 재결 결과를 소관 중앙행정기관의 장에게도 알려야 한다.
③ 위원회는 재결서의 등본을 지체 없이 참가인에게 송달하여야 한다.

정답 079 X 080 ○ 081 ○ 082 X 083 X

19. 국회직 8급

084 □□□

처분의 상대방이 아닌 제3자가 심판청구를 한 경우 위원회는 재결서의 등본을 지체 없이 피청구인을 거쳐 처분의 상대방에게 송달하여야 한다. O | X

「행정심판법」 제48조 【재결의 송달과 효력 발생】 ④ 처분의 상대방이 아닌 제3자가 심판청구를 한 경우 위원회는 재결서의 등본을 지체 없이 피청구인을 거쳐 처분의 상대방에게 송달하여야 한다.

18. 국가직 7급 · 지방직 7급

085 □□□

행정심판위원회는 공공복리에 적합하지 아니하거나 해당 처분의 성질에 반하는 경우가 아니라면 당사자의 권리 및 권한의 범위에서 당사자의 동의를 받아 조정을 할 수 있다. O | X

「행정심판법」 제43조의2 【조정】 ① 위원회는 당사자의 권리 및 권한의 범위에서 당사자의 동의를 받아 심판청구의 신속하고 공정한 해결을 위하여 조정을 할 수 있다. 다만, 그 조정이 공공복리에 적합하지 아니하거나 해당 처분의 성질에 반하는 경우에는 그러하지 아니하다.

13. 지방직 9급, 07. 대구시 9급

086 □□□

기각재결이 있은 후에는 처분청은 직권으로 당해 처분을 취소할 수 없다. O | X

기각재결은 기속력이 발생하지 않으므로 행정청은 자유롭게 당해 처분을 직권으로 취소할 수 있다.

15. 국회직 8급

087 □□□

행정심판위원회는 사정재결을 함에 있어서 청구인에 대하여 상당한 구제방법을 취하거나 피청구인에게 상당한 구제방법을 취할 것을 명할 수 있으나, 재결주문에 그 처분 등이 위법 또는 부당함을 명시할 필요는 없다. O | X

「행정심판법」 제44조 【사정재결】 ① 위원회는 심판청구가 이유가 있다고 인정하는 경우에도 이를 인용(認容)하는 것이 공공복리에 크게 위배된다고 인정하면 그 심판청구를 기각하는 재결을 할 수 있다. 이 경우 위원회는 재결의 주문(主文)에서 그 처분 또는 부작위가 위법하거나 부당하다는 것을 구체적으로 밝혀야 한다.

15. 서울시 9급

088 □□□

행정심판에서는 변경재결과 같이 원처분을 적극적으로 변경하는 것도 가능하다. O | X

처분의 취소 또는 변경을 구하는 취소심판의 경우에 변경의 의미는 소극적 변경뿐만 아니라 적극적 변경까지 포함한다.

정답 084 ○ 085 ○ 086 X 087 X 088 ○

18. 국회직 8급, 15. 사복직 9급

089 □□□

행정심판위원회는 무효확인심판의 청구가 이유가 있더라도 이를 인용하는 것이 공공복리에 크게 위배된다고 인정하면 그 청구를 기각하는 재결을 할 수 있다. O | X

무효등확인심판에서는 사정재결이 인정되지 아니한다.

「행정심판법」 제44조 【사정재결】 ① 위원회는 심판청구가 이유가 있다고 인정하는 경우에도 이를 인용(認容)하는 것이 공공복리에 크게 위배된다고 인정하면 그 심판청구를 기각하는 재결을 할 수 있다. 이 경우 위원회는 재결의 주문(主文)에서 그 처분 또는 부작위가 위법하거나 부당하다는 것을 구체적으로 밝혀야 한다.
② 위원회는 제1항에 따른 재결을 할 때에는 청구인에 대하여 상당한 구제방법을 취하거나 상당한 구제방법을 취할 것을 피청구인에게 명할 수 있다.
③ 제1항과 제2항은 무효등확인심판에는 적용하지 아니한다.

17. 국가직 9급(10월), 14. 국회직 8급

090 □□□

행정심판법에는 행정소송법의 경우와는 달리 사정재결의 규정이 없다. O | X

행정심판법 제44조에 사정재결에 관하여 규정하고 있다.

「행정심판법」 제44조 【사정재결】 ① 위원회는 심판청구가 이유가 있다고 인정하는 경우에도 이를 인용(認容)하는 것이 공공복리에 크게 위배된다고 인정하면 그 심판청구를 기각하는 재결을 할 수 있다. 이 경우 위원회는 재결의 주문(主文)에서 그 처분 또는 부작위가 위법하거나 부당하다는 것을 구체적으로 밝혀야 한다.

21. 국가직 7급 · 9급, 19. 서울시 7급, 14. 지방직 9급 · 국회직 8급

091 □□□

취소심판의 인용재결에는 취소재결, 취소명령재결, 변경재결, 변경명령재결이 있다. O | X

취소심판의 인용재결에는 취소재결 · 변경재결 · 변경명령재결이 있다. 취소명령재결은 삭제되어 인정되지 않는다.
참고 취소명령재결은 없음을 주의하여야 한다.

「행정심판법」 제43조 【재결의 구분】 ③ 위원회는 취소심판의 청구가 이유가 있다고 인정하면 처분을 취소 또는 다른 처분으로 변경하거나 처분을 다른 처분으로 변경할 것을 피청구인에게 명한다.

13. 서울시 7급, 12. 지방직 7급

092 □□□

취소심판에서는 스스로 처분을 취소하거나 다른 처분으로 변경할 수 없다. O | X

취소심판에서는 스스로 처분을 취소하거나 다른 처분으로 변경할 수 있다(취소재결, 변경재결).

정답 089 X 090 X 091 X 092 X

19. 서울시 9급(2월)

093
□□□

C는 甲의 취소심판청구가 이유 있다고 인정하면 2개월의 영업정지처분을 1개월의 영업정지처분으로 변경하는 재결을 할 수 있다. O | X

취소심판의 인용재결에는 취소재결 · 변경재결 · 변경명령재결이 있다. 구법에서 존재하였던 취소명령재결은 국민의 권리구제를 위하여 삭제되어 현행 행정심판법에는 존재하지 않는다. 2개월의 영업정지처분을 1개월의 영업정지처분으로 변경하는 것은 변경재결에 해당하여 허용된다.

19. 국회직 8급, 10. 국가직 9급

094
□□□

위원회는 의무이행심판의 청구가 이유가 있다고 인정하면 지체 없이 신청에 따른 처분을 하거나 처분을 할 것을 피청구인에게 명한다. O | X

「행정심판법」 제43조【재결의 구분】 ⑤ 위원회는 의무이행심판의 청구가 이유가 있다고 인정하면 지체 없이 신청에 따른 처분을 하거나 처분을 할 것을 피청구인에게 명한다.

18. 지방직 7급

095
□□□

행정심판위원회는 피청구인이 거부처분의 취소재결에도 불구하고 처분을 하지 아니하는 경우에는 당사자가 신청하면 기간을 정하여 서면으로 시정을 명하고, 그 기간에 이행하지 아니하면 직접 처분을 할 수 있다. O | X

거부처분에 대한 취소심판에서 취소재결에도 불구하고 처분을 하지 아니하는 경우에 간접강제는 가능해도 직접처분의 대상은 아니다.

「행정심판법」 제49조【재결의 기속력 등】 ③ 당사자의 신청을 거부하거나 부작위로 방치한 처분의 이행을 명하는 재결이 있으면 행정청은 지체 없이 이전의 신청에 대하여 재결의 취지에 따라 처분을 하여야 한다.

제50조【위원회의 직접 처분】 ① 위원회는 피청구인이 제49조 제3항에도 불구하고 처분을 하지 아니하는 경우에는 당사자가 신청하면 기간을 정하여 서면으로 시정을 명하고 그 기간에 이행하지 아니하면 직접 처분을 할 수 있다. 다만, 그 처분의 성질이나 그 밖의 불가피한 사유로 위원회가 직접 처분을 할 수 없는 경우에는 그러하지 아니하다.

21. 국가직 7급

096
□□□

정보공개명령재결은 행정심판위원회에 의한 직접 처분의 대상이 된다. O | X

직접 처분은 거부 또는 부작위에 대해 처분의 이행을 명하는 재결(처분명령재결)이 있음에도 처분을 하지 않는 경우에 위원회는 당사자가 신청하면 기간을 정해 서면으로 시정을 명하고 그 기간에 이행하지 않으면 직접 처분을 할 수 있다. 단, 처분의 성질이나 그 밖의 불가피한 사유로 직접 처분을 할 수 없는 경우에는 그러하지 아니하다. 정보공개명령재결은 그 정보를 보유하고 있지 않은 행정심판위원회가 성질상 직접 처분을 할 수 없는 경우이다.

정답 093 ○ 094 ○ 095 X 096 X

18. 국가직 9급, 14. 국회직 8급

097 □□□

행정심판에서 행정심판위원회는 행정청의 부작위가 위법·부당하다고 판단되면 직접 처분을 할 수 있으나 행정소송에서 법원은 행정청의 부작위가 위법한 경우에만 직접 처분을 할 수 있다. O | X

행정소송에서는 부작위가 위법하다는 확인만 할 수 있고 직접 처분은 할 수 없다.

> 「행정심판법」 제50조 【위원회의 직접 처분】 ① 위원회는 피청구인이 제49조 제3항에도 불구하고 처분을 하지 아니하는 경우에는 당사자가 신청하면 기간을 정하여 서면으로 시정을 명하고 그 기간에 이행하지 아니하면 직접 처분을 할 수 있다. 다만, 그 처분의 성질이나 그 밖의 불가피한 사유로 위원회가 직접 처분을 할 수 없는 경우에는 그러하지 아니하다.

21. 지방직 9급

098 □□□

행정심판 인용재결에 따른 행정청의 재처분의무에도 불구하고 행정청이 인용재결에 따른 처분을 하지 아니하는 경우에, 행정심판위원회는 청구인의 신청이 없어도 결정으로 일정한 배상을 하도록 명할 수 있다. O | X

> 「행정심판법」 제50조의2 【위원회의 간접강제】 ① 위원회는 피청구인이 제49조 제2항(제49조 제4항에서 준용하는 경우를 포함한다) 또는 제3항에 따른 처분을 하지 아니하면 청구인의 신청에 의하여 결정으로 상당한 기간을 정하고 피청구인이 그 기간 내에 이행하지 아니하는 경우에는 그 지연기간에 따라 일정한 배상을 하도록 명하거나 즉시 배상을 할 것을 명할 수 있다.

18. 국가직 7급, 14. 지방직 9급

099 □□□

행정심판위원회는 피청구인이 의무이행재결의 취지에 따른 처분을 하지 아니하면 청구인의 신청에 의하여 결정으로 상당한 기간을 정하고 피청구인이 그 기간 내에 이행하지 아니하는 경우에는 그 지연기간에 따라 일정한 배상을 하도록 명하거나 즉시 배상을 할 것을 명할 수 있다. O | X

> 「행정심판법」 제50조의2 【위원회의 간접강제】 ① 위원회는 피청구인이 제49조 제2항(제49조 제4항에서 준용하는 경우를 포함한다) 또는 제3항에 따른 처분을 하지 아니하면 청구인의 신청에 의하여 결정으로 상당한 기간을 정하고 피청구인이 그 기간 내에 이행하지 아니하는 경우에는 그 지연기간에 따라 일정한 배상을 하도록 명하거나 즉시 배상을 할 것을 명할 수 있다.

21. 소방간부

100 □□□

간접강제결정서 정본은 간접강제결정에 대한 행정소송의 제기와 관계없이 민사집행법에 따른 강제집행에 관하여는 집행권원과 같은 효력을 가진다. O | X

> 「행정심판법」 제50조의2 【위원회의 간접강제】 ⑤ 제1항 또는 제2항에 따른 결정의 효력은 피청구인인 행정청이 소속된 국가·지방자치단체 또는 공공단체에 미치며, 결정서 정본은 제4항에 따른 소송제기와 관계없이 민사집행법에 따른 강제집행에 관하여는 집행권원과 같은 효력을 가진다. 이 경우 집행문은 위원장의 명에 따라 위원회가 소속된 행정청 소속 공무원이 부여한다.

정답 097 X 098 X 099 ○ 100 ○

[101~102] 甲은 자신의 영업소 인근 도로에 광고물을 설치하기 위해 관할 도로관리청인 A시장에게 도로점용허가를 신청하였으나 A시장은 신청 후 상당한 기간이 경과하였음에도 아무런 조치를 취하고 있지 않다.

19. 변호사

101 □□□

甲은 의무이행심판뿐만 아니라 부작위위법확인심판을 청구할 수 있으며, 이때 의무이행심판 인용재결의 기속력에 관한 행정심판법 규정은 부작위위법확인심판에 준용된다. O | X

현행법상 부작위위법확인소송은 있지만 부작위위법확인심판은 없다.

19. 변호사

102 □□□

甲이 청구한 의무이행심판에 대하여 처분의 이행을 명하는 재결이 있음에도 불구하고 A시장이 재결의 취지에 따른 처분을 하지 않는 경우, 甲은 관할 행정심판위원회에 간접강제를 신청할 수 있다. O | X

「행정심판법」 제50조의2 【위원회의 간접강제】 ① 위원회는 피청구인이 제49조 제2항(제49조 제4항에서 준용하는 경우를 포함한다) 또는 제3항에 따른 처분을 하지 아니하면 청구인의 신청에 의하여 결정으로 상당한 기간을 정하고 피청구인이 그 기간 내에 이행하지 아니하는 경우에는 그 지연기간에 따라 일정한 배상을 하도록 명하거나 즉시 배상을 할 것을 명할 수 있다.

19. 지방직 9급, 18. 서울시 7급 유사

103 □□□

청구인은 행정심판위원회의 간접강제결정에 불복하는 경우 그 결정에 대하여 행정소송을 제기할 수 있다. O | X

「행정심판법」 제50조의2 【위원회의 간접강제】 ④ 청구인은 제1항 또는 제2항에 따른 결정에 불복하는 경우 그 결정에 대하여 행정소송을 제기할 수 있다.

18. 서울시 7급

104 □□□

재결에 의하여 취소되는 처분이 당사자의 신청을 거부하는 것을 내용으로 하는 경우라도 그 처분을 한 행정청이 재결의 취지에 따라 다시 이전의 신청에 대한 처분을 하여야 할 의무는 없다. O | X

심판청구를 인용하는 재결은 피청구인과 그 밖의 관계 행정청을 기속(羈束)한다(행정심판법 제49조 제1항). 재결에 의하여 취소되거나 무효 또는 부존재로 확인되는 처분이 당사자의 신청을 거부하는 것을 내용으로 하는 경우에는 그 처분을 한 행정청은 재결의 취지에 따라 다시 이전의 신청에 대한 처분을 하여야 한다(동법 제49조 제2항).

정답 101 X 102 ○ 103 ○ 104 X

12. 사복직 9급

105

□□□

형성력을 가지는 취소재결이 있는 경우 그 대상이 된 행정처분은 재결 자체에 의해 당연취소되어 소멸한다. O | X

행정심판법 제32조 제3항에 의하면 재결청은 취소심판의 청구가 이유 있다고 인정할 때에는 처분을 취소·변경하거나 처분청에게 취소·변경할 것을 명한다고 규정하고 있으므로, 행정심판재결의 내용이 처분청에게 처분의 취소를 명하는 것이 아니라 재결청이 스스로 처분을 취소하는 것일 때에는 그 재결의 형성력에 의하여 당해 처분은 별도의 행정처분을 기다릴 것 없이 당연히 취소되어 소멸되는 것이다(대판 1998.4.24. 97누17131).

12. 국회직 8급

106

□□□

재결의 형성력은 행정심판위원회가 직접처분의 취소·변경 등을 하지 않은 처분의 변경명령재결 또는 의무이행명령재결의 경우에 발생한다. O | X

명령재결 자체로 형성력이 생기지는 않는다.

06. 관세사

107

□□□

인용재결에 대하여 처분청은 행정소송으로 불복할 수 있다. O | X

기속력으로 인해 처분청은 행정소송으로 불복할 수 없다.

> **「행정심판법」 제49조【재결의 기속력 등】** ① 심판청구를 인용하는 재결은 피청구인과 그 밖의 관계 행정청을 기속(羈束)한다.

21. 지방직 9급 유사, 19. 서울시 9급(6월), 18. 서울시 9급, 13. 지방직 9급

108

□□□

행정심판재결의 기속력은 인용재결뿐만 아니라 각하재결과 기각재결에도 인정되는 효력이다. O | X

재결은 심판청구의 청구인·참가인은 물론 피청구인인 행정청 그 밖의 관계행정청을 구속하는 효력을 발생하므로, 관계 행정청은 재결의 내용을 실현하여야 할 의무를 진다. 재결의 기속력은 인용재결의 경우에만 인정되고, 각하·기각재결의 경우에는 인정되지 않는다.

18. 서울시 7급

109

□□□

행정심판은 취소재결의 경우 기판력과 기속력이 인정된다. O | X

재결은 행정행위임과 동시에 준사법적 작용이므로 행정행위가 가지는 일반적 효력뿐만 아니라 불가변력·형성력·기속력을 갖는다. 다만, 재결에 기판력은 발생하지 않는다.

정답 105 ○ 106 X 107 X 108 X 109 X

14. 경행특채 1차

110 □□□

재결의 기속력은 당해 처분에 관한 재결 주문 및 그 전제가 된 요건사실의 인정과 판단에만 미친다. O | X

재결의 기속력은 재결의 주문 및 그 전제가 된 요건사실의 인정과 판단, 즉 처분 등의 구체적 위법사유에 관한 판단에 대하여만 미치고, 종전 처분이 재결에 의하여 취소되었더라도 종전 처분시와는 다른 사유를 들어 처분을 하는 것은 기속력에 저촉되지 아니한다. 여기서 동일한 사유인지 다른 사유인지는 종전 처분에 관하여 위법한 것으로 재결에서 판단된 사유와 기본적 사실관계에 있어 동일성이 인정되는 사유인지에 따라 판단하여야 한다(대판 2005.12.9. 2003두7705).

21. 지방직 9급

111 □□□

기속력은 재결의 주문에만 미치고, 처분 등의 구체적 위법사유에 관한 판단에는 미치지 않는다. O | X

재결의 기속력은 재결의 주문 및 그 전제가 된 요건사실의 인정과 판단, 즉 처분 등의 구체적 위법사유에 관한 판단에만 미친다.

18. 지방교행

112 □□□

행정청은 시정명령으로 과거의 위반행위에 대한 중지는 물론 가까운 장래에 반복될 우려가 있는 동일한 유형의 행위의 반복금지까지 명할 수 있다. O | X

독점규제 및 공정거래에 관한 법률에서 시정명령제도를 둔 취지에 비추어 시정명령의 내용은 가까운 장래에 반복될 우려가 있는 동일한 유형의 행위의 반복금지까지 명할 수 있는 것으로 해석함이 상당하다(대판 2010.11.25. 2008두23177).

19. 서울시 7급

113 □□□

취소재결의 기속력으로서 재처분의무가 없으므로 현행법상 거부처분에 불복할 때에는 취소심판보다 의무이행심판이 더 효과적이다. O | X

> **「행정심판법」 제49조【재결의 기속력 등】** ① 심판청구를 인용하는 재결은 피청구인과 그 밖의 관계 행정청을 기속(羈束)한다.
> ② 재결에 의하여 취소되거나 무효 또는 부존재로 확인되는 처분이 당사자의 신청을 거부하는 것을 내용으로 하는 경우에는 그 처분을 한 행정청은 재결의 취지에 따라 다시 이전의 신청에 대한 처분을 하여야 한다.
> ③ 당사자의 신청을 거부하거나 부작위로 방치한 처분의 이행을 명하는 재결이 있으면 행정청은 지체 없이 이전의 신청에 대하여 재결의 취지에 따라 처분을 하여야 한다.
>
> **제50조의2【위원회의 간접강제】** ① 위원회는 피청구인이 제49조 제2항 또는 제3항에 따른 처분을 하지 아니하면 청구인의 신청에 의하여 결정으로 상당한 기간을 정하고 피청구인이 그 기간 내에 이행하지 아니하는 경우에는 그 지연기간에 따라 일정한 배상을 하도록 명하거나 즉시 배상을 할 것을 명할 수 있다.

정답 110 ○ 111 X 112 ○ 113 X

19. 지방직 9급

114 □□□

당사자의 신청을 거부하는 처분에 대한 취소심판에서 인용재결이 내려진 경우, 의무이행심판과 달리 행정청은 재처분의무를 지지 않는다. O | X

당사자의 신청을 거부하는 처분에 대한 취소심판에서 인용재결이 내려진 경우, 행정청은 재처분의무를 진다(행정심판법 제49조 제2항).

10. 국가직 9급

115 □□□

법령의 규정에 의하여 공고한 처분이 재결로써 취소된 때에는 처분청은 지체 없이 그 처분이 취소되었음을 공고하여야 한다. O | X

「행정심판법」 제49조 【재결의 기속력 등】 ⑤ 법령의 규정에 따라 공고하거나 고시한 처분이 재결로써 취소되거나 변경되면 처분을 한 행정청은 지체 없이 그 처분이 취소 또는 변경되었다는 것을 공고하거나 고시하여야 한다.

15. 지방직 9급

116 □□□

재결의 기속력은 재결의 주문 및 그 전제가 된 요건사실의 인정과 판단, 즉 처분 등의 구체적 위법사유에 관한 판단에만 미친다. O | X

재결의 기속력은 재결의 주문 및 그 전제가 된 요건사실의 인정과 판단, 즉 처분 등의 구체적 위법사유에 관한 판단에 대하여만 미치고, 종전 처분이 재결에 의하여 취소되었더라도 종전 처분시와는 다른 사유를 들어 처분을 하는 것은 기속력에 저촉되지 아니한다(대판 2005.12.9. 2003두7705).

21. 국가직 7급

117 □□□

인용재결의 기속력은 피청구인과 그 밖의 관계 행정청에 미치고, 행정심판위원회의 간접강제결정의 효력은 피청구인인 행정청이 소속된 국가·지방자치단체 또는 공공단체에 미친다. O | X

「행정심판법」 제49조 【재결의 기속력 등】 ① 심판청구를 인용하는 재결은 피청구인과 그 밖의 관계 행정청을 기속(羈束)한다.

제50조의2 【위원회의 간접강제】 ① 위원회는 피청구인이 제49조 제2항(제49조 제4항에서 준용하는 경우를 포함한다) 또는 제3항에 따른 처분을 하지 아니하면 청구인의 신청에 의하여 결정으로 상당한 기간을 정하고 피청구인이 그 기간 내에 이행하지 아니하는 경우에는 그 지연기간에 따라 일정한 배상을 하도록 명하거나 즉시 배상을 할 것을 명할 수 있다.

⑤ 제1항 또는 제2항에 따른 결정의 효력은 피청구인인 행정청이 소속된 국가·지방자치단체 또는 공공단체에 미치며, 결정서 정본은 제4항에 따른 소송제기와 관계없이 민사집행법에 따른 강제집행에 관하여는 집행권원과 같은 효력을 가진다. 이 경우 집행문은 위원장의 명에 따라 위원회가 소속된 행정청 소속 공무원이 부여한다.

정답 114 X 115 ○ 116 ○ 117 ○

18. 국가직 9급

118 □□□

행정심판의 재결이 확정되면 피청구인인 행정청을 기속하는 효력이 있고 그 처분의 기초가 된 사실관계나 법률적 판단이 확정되므로 이후 당사자 및 법원은 이에 모순되는 주장이나 판단을 할 수 없다. O | X

행정심판의 재결은 피청구인인 행정청을 기속하는 효력을 가지므로 재결청이 취소심판의 청구가 이유 있다고 인정하여 처분청에 처분을 취소할 것을 명하면 처분청으로서는 재결의 취지에 따라 처분을 취소하여야 하지만, 나아가 재결에 판결에서와 같은 기판력이 인정되는 것은 아니어서 재결이 확정된 경우에도 처분의 기초가 된 사실관계나 법률적 판단이 확정되고 당사자들이나 법원이 이에 기속되어 모순되는 주장이나 판단을 할 수 없게 되는 것은 아니다(대판 2015.11.27. 2013다6759).

21. 지방직 9급

119 □□□

재결이 확정된 경우에도 처분의 기초가 된 사실관계나 법률적 판단이 확정되고 당사자들이나 법원이 이에 기속되어 모순되는 주장이나 판단을 할 수 없게 되는 것은 아니다. O | X

대판 2015.11.27. 2013다6759 판례에 대한 옳은 내용이다.

08. 지방직 9급

120 □□□

재결의 효력으로서 행정청에 대한 불가변력이 인정되나, 불가쟁력은 인정되지 않는다. O | X

재결은 행정행위로서의 성질을 가지므로 제소기간이 경과하면 더 이상 그 효력을 다투지 못한다(불가쟁력).

21. 소방간부, 21. 지방직 9급, 18. 서울시 7급, 14. 경행특채 1차, 12. 지방직 7급, 10. 국가직 9급

121 □□□

행정심판청구에 대한 재결이 있으면 그 재결 및 같은 처분 또는 부작위에 대하여 다시 행정심판을 청구할 수 없다. O | X

심판청구에 대한 재결이 있으면 그 재결 및 같은 처분 또는 부작위에 대하여 다시 행정심판을 청구할 수 없다(행정심판법 제51조).

16. 지방직 9급

122 □□□

시·도 행정심판위원회의 기각재결이 내려진 경우 청구인은 중앙행정심판위원회에 그 재결에 대하여 다시 행정심판을 청구할 수 있다. O | X

> **「행정심판법」 제51조 【행정심판 재청구의 금지】** 심판청구에 대한 재결이 있으면 그 재결 및 같은 처분 또는 부작위에 대하여 다시 행정심판을 청구할 수 없다.

정답 118 X 119 ○ 120 X 121 ○ 122 X

19. 국가직 9급

123 □□□

행정심판법에 따른 서류의 송달에 관하여는 행정절차법 중 송달에 관한 규정을 준용한다. O | X

「행정심판법」 제57조【서류의 송달】이 법에 따른 서류의 송달에 관하여는 민사소송법 중 송달에 관한 규정을 준용한다.

22. 소방

124 □□□

청구인이 피청구인을 잘못 지정한 경우에는 위원회는 직권으로 또는 당사자의 신청에 의하여 결정으로써 피청구인을 경정할 수 있다. O | X

「행정심판법」 제17조【피청구인의 적격 및 경정】② 청구인이 피청구인을 잘못 지정한 경우에는 위원회는 직권으로 또는 당사자의 신청에 의하여 결정으로써 피청구인을 경정(更正)할 수 있다.

22. 소방

125 □□□

행정심판위원회는 심판청구의 대상이 되는 처분보다 청구인에게 불리한 재결을 할 수 있다. O | X

「행정심판법」 제43조【재결의 구분】③ 위원회는 취소심판의 청구가 이유가 있다고 인정하면 처분을 취소 또는 다른 처분으로 변경하거나 처분을 다른 처분으로 변경할 것을 피청구인에게 명한다.
제47조【재결의 범위】② 위원회는 심판청구의 대상이 되는 처분보다 청구인에게 불리한 재결을 하지 못한다.

22. 소방

126 □□□

중앙행정심판위원회는 위법 또는 불합리한 명령 등의 시정조치를 관계 행정기관에 요청할 수 있다. O | X

「행정심판법」 제59조【불합리한 법령 등의 개선】① 중앙행정심판위원회는 심판청구를 심리·재결할 때에 처분 또는 부작위의 근거가 되는 명령 등(대통령령·총리령·부령·훈령·예규·고시·조례·규칙 등을 말한다. 이하 같다)이 법령에 근거가 없거나 상위 법령에 위배되거나 국민에게 과도한 부담을 주는 등 크게 불합리하면 관계 행정기관에 그 명령 등의 개정·폐지 등 적절한 시정조치를 요청할 수 있다. 이 경우 중앙행정심판위원회는 시정조치를 요청한 사실을 법제처장에게 통보하여야 한다.

정답 123 X 124 O 125 X 126 O

22. 소방

127

☐☐☐

법령의 규정에 따라 공고하거나 고시한 처분이 재결로써 취소되거나 변경되면 처분을 한 행정청은 지체 없이 그 처분이 취소 또는 변경되었다는 것을 공고하거나 고시하여야 한다. O | X

「행정심판법」 제49조 【재결의 기속력 등】 ⑤ 법령의 규정에 따라 공고하거나 고시한 처분이 재결로써 취소되거나 변경되면 처분을 한 행정청은 지체 없이 그 처분이 취소 또는 변경되었다는 것을 공고하거나 고시하여야 한다.

22. 국회직 8급

128

☐☐☐

당사자의 임시지위를 정하여야 할 필요성이 인정된다면, 집행정지로 목적을 달성할 수 있는 경우에도 임시처분은 선택적으로 사용될 수 있다. O | X

임시처분은 집행정지로 목적을 달성할 수 있는 경우에는 허용되지 아니한다.

「행정심판법」 제31조 【임시처분】 ③ 제1항에 따른 임시처분은 제30조 제2항에 따른 집행정지로 목적을 달성할 수 있는 경우에는 허용되지 아니한다.

22. 국회직 8급

129

☐☐☐

간접강제의 결정서 정본은 민사집행법에 따른 강제집행에 관하여는 집행권원과 같은 효력을 가진다. 다만, 청구인이 해당 결정에 불복하는 소송을 제기한 경우에는 이러한 효력이 인정될 수 없다. O | X

결정서 정본은 청구인의 소송제기와 관계없이 민사집행법에 따른 강제집행에 관하여는 집행권원과 같은 효력을 가진다.

「행정심판법」 제50조의2 【위원회의 간접강제】 ④ 청구인은 제1항 또는 제2항에 따른 결정에 불복하는 경우 그 결정에 대하여 행정소송을 제기할 수 있다.
⑤ 제1항 또는 제2항에 따른 결정의 효력은 피청구인인 행정청이 소속된 국가 · 지방자치단체 또는 공공단체에 미치며, 결정서 정본은 제4항에 따른 소송제기와 관계없이 민사집행법에 따른 강제집행에 관하여는 집행권원과 같은 효력을 가진다.

22. 국회직 8급

130

☐☐☐

행정심판위원회는 피청구인이 재결에 따른 재처분의무를 이행하지 않으면 청구인의 신청에 의하여 결정으로 상당한 기간을 정하고 피청구인이 그 기간 내에 이행하지 아니하는 경우에는 그 지연기간에 따라 일정한 배상을 하도록 명하거나 즉시 배상을 할 것을 명할 수 있다. O | X

「행정심판법」 제50조의2 【위원회의 간접강제】 ① 위원회는 피청구인이 제49조 제2항(제49조 제4항에서 준용하는 경우를 포함한다) 또는 제3항에 따른 처분을 하지 아니하면 청구인의 신청에 의하여 결정으로 상당한 기간을 정하고 피청구인이 그 기간 내에 이행하지 아니하는 경우에는 그 지연기간에 따라 일정한 배상을 하도록 명하거나 즉시 배상을 할 것을 명할 수 있다.

정답 127 ○ 128 X 129 X 130 ○

22. 지방직 9급

131 □□□

행정심판의 재결에도 판결에서와 같은 기판력이 인정되는 것이어서 재결이 확정되면 처분의 기초가 된 사실관계나 법률적 판단이 확정되는 것이므로 당사자는 이와 모순되는 주장을 할 수 없게 된다. O | X

행정심판의 재결은 피청구인인 행정청을 기속하는 효력을 가지므로 재결청이 취소심판의 청구가 이유 있다고 인정하여 처분청에 처분을 취소할 것을 명하면 처분청으로서는 재결의 취지에 따라 처분을 취소하여야 하지만, 나아가 재결에 판결에서와 같은 기판력이 인정되는 것은 아니어서 재결이 확정된 경우에도 처분의 기초가 된 사실관계나 법률적 판단이 확정되고 당사자들이나 법원이 이에 기속되어 모순되는 주장이나 판단을 할 수 없게 되는 것은 아니다(대판 2015.11.27. 2013다6759).

22. 국회직 8급

132 □□□

행정심판위원회의 간접강제결정의 효력은 피청구인인 행정청이 소속된 국가·지방자치단체 또는 공공단체에까지 미친다. O | X

「행정심판법」 제50조의2 【위원회의 간접강제】 ⑤ 제1항 또는 제2항에 따른 결정의 효력은 피청구인인 행정청이 소속된 국가·지방자치단체 또는 공공단체에 미치며, 결정서 정본은 제4항에 따른 소송제기와 관계없이 민사집행법에 따른 강제집행에 관하여는 집행권원과 같은 효력을 가진다. 이 경우 집행문은 위원장의 명에 따라 위원회가 소속된 행정청 소속 공무원이 부여한다.

23. 경찰간부

133 □□□

조정이 성립되면 재결의 기속력 규정뿐만 아니라 행정심판위원회의 간접강제 규정도 준용된다. O | X

행정심판법에서는 조정이 재결의 기속력, 간접강제 규정을 준용한다고 명시하고 있다.

06. 경기도 9급

134 □□□

당사자의 신청을 받아들이지 않은 거부처분이 재결에서 취소된 경우에 행정청은 재결 후에 발생한 새로운 사유를 내세워 다시 거부처분을 할 수 있다. O | X

당사자의 신청을 받아들이지 않은 거부처분이 재결에서 취소된 경우에 행정청은 종전 거부처분 또는 재결 후에 발생한 새로운 사유를 내세워 다시 거부처분을 할 수 있다. 그 재결의 취지에 따라 이전의 신청에 대하여 다시 어떠한 처분을 하여야 할지는 처분을 할 때의 법령과 사실을 기준으로 판단하여야 하기 때문이다(대판 2017.10.31. 2015두45045).

정답 131 X 132 ○ 133 ○ 134 ○

23. 지방직 7급

135

□□□

행정심판위원회는 피청구인이 의무이행재결 중 처분명령재결의 취지에 따른 처분을 하지 아니하는 경우에, 청구인의 신청에 의하여 결정으로 상당한 기간을 정하고 피청구인이 그 기간 내에 이행하지 아니하는 경우에는 그 지연기간에 따라 일정한 배상을 하도록 명하거나 즉시 배상을 할 것을 명할 수 있다.

O | X

「행정심판법」 제50조의2 【위원회의 간접강제】 ① 위원회는 피청구인이 제49조 제2항(제49조 제4항에서 준용하는 경우를 포함한다) 또는 제3항에 따른 처분을 하지 아니하면 청구인의 신청에 의하여 결정으로 상당한 기간을 정하고 피청구인이 그 기간 내에 이행하지 아니하는 경우에는 그 지연기간에 따라 일정한 배상을 하도록 명하거나 즉시 배상을 할 것을 명할 수 있다.

24. 지방직 9급

136

□□□

교원소청심사위원회의 결정은 학교법인에 대하여 기속력을 가지지만 기속력은 그 결정의 주문에 포함된 사항에 미치는 것이지 그 전제가 된 요건사실의 인정과 불리한 처분 등의 구체적 위법사유에 관한 판단에까지 미치는 것은 아니다.

O | X

교원소청심사위원회(이하 '위원회'라 한다)의 결정은 처분청에 대하여 기속력을 가지고 이는 그 결정의 주문에 포함된 사항뿐 아니라 그 전제가 된 요건사실의 인정과 판단, 즉 처분 등의 구체적 위법사유에 관한 판단에까지 미친다(대판 2013.7.25. 2012두12297).

제7절 고지제도

06. 경기도 9급

137

□□□

고지에 관해서는 행정심판법 외에도 규정이 있다.

O | X

행정절차법 제26조에 고지에 관한 규정이 있다.

「행정절차법」 제26조 【고지】 행정청이 처분을 할 때에는 당사자에게 그 처분에 관하여 행정심판 및 행정소송을 제기할 수 있는지 여부, 그 밖에 불복을 할 수 있는지 여부, 청구절차 및 청구기간, 그 밖에 필요한 사항을 알려야 한다.

정답 135 ○ 136 X 137 ○

04. 국회직 8급

138 □□□

고지제도에서 말하는 처분은 행정심판법에 의한 처분에 한하고 행정심판법 이외의 다른 법령에 의한 심판청구의 대상이 되는 처분은 포함하지 않는다는 것이 통설이다. O | X

고지의 대상은 행정청의 모든 처분인데, 그 처분에는 행정심판법상 행정심판의 대상이 되는 처분뿐만 아니라 이의신청, 심사청구 등 다른 개별 법령에 의한 심판청구의 대상이 되는 처분도 포함된다는 것이 통설이다.

04. 국회직 8급

139 □□□

고지는 행정심판법에 규정된 심판청구에 필요한 사항을 구체적으로 알려주는 비권력적 사실행위로 고지 자체는 아무런 법적 효과를 발생하지 않는다. O | X

고지는 비권력적 사실행위에 불과하여 아무런 법적 효과를 발생하지 않는다.

12. 국회직 8급

140 □□□

행정청이 처분을 하면서 고지의무를 이행하지 않은 경우 또는 잘못 고지한 경우 당해 처분은 위법하다. O | X

고지절차에 관한 규정은 행정처분의 상대방이 그 처분에 대한 행정심판의 절차를 밟는 데 있어 편의를 제공하려는 데 있으며 처분청이 위 규정에 따른 고지의무를 이행하지 아니하였다고 하더라도 경우에 따라서는 행정심판의 제기기간이 연장될 수 있는 것에 그치고 이로 인하여 심판의 대상이 되는 행정처분에 어떤 하자가 수반된다고 할 수 없다(대판 1987.11.24. 87누529).

11. 국회직 8급

141 □□□

신청에 의하여 고지하는 경우 해당 처분이 행정심판의 대상이 되는 처분인지에 대하여 고지하여야 한다. O | X

「행정심판법」 제58조 【행정심판의 고지】 ① 행정청이 처분을 할 때에는 처분의 상대방에게 다음 각 호의 사항을 알려야 한다.
1. 해당 처분에 대하여 행정심판을 청구할 수 있는지
2. 행정심판을 청구하는 경우의 심판청구절차 및 심판청구기간
② 행정청은 이해관계인이 요구하면 다음 각 호의 사항을 지체 없이 알려 주어야 한다. 이 경우 서면으로 알려 줄 것을 요구받으면 서면으로 알려 주어야 한다(신청에 의한 고지).
1. 해당 처분이 행정심판의 대상이 되는 처분인지
2. 행정심판의 대상이 되는 경우 소관 위원회 및 심판청구기간

정답 138 X 139 ○ 140 X 141 ○

18. 국가직 9급, 10. 서울시 9급

142
□□□

행정심판에서는 행정청이 상대방에게 심판청구기간을 법정 심판청구기간보다 긴 기간으로 잘못 알린 경우에 그 잘못 알린 기간 내에 심판청구가 있으면 그 심판청구는 법정 심판청구기간 내에 제기된 것으로 보나 행정소송에서는 그렇지 않다. O | X

행정심판에서의 오고지·불고지는 행정소송에서는 적용되지 않는다.

> 「행정심판법」 제27조 【심판청구의 기간】 ① 행정심판은 처분이 있음을 알게 된 날부터 90일 이내에 청구하여야 한다.
> ⑤ 행정청이 심판청구기간을 제1항에 규정된 기간보다 긴 기간으로 잘못 알린 경우 그 잘못 알린 기간에 심판청구가 있으면 그 행정심판은 제1항에 규정된 기간에 청구된 것으로 본다.

10. 국회직 9급

143
□□□

행정절차법은 행정청이 처분을 하는 때에는 당사자에게 제소기간을 알려야 한다고 규정하고 있으나 제소기간을 알리지 아니하거나, 알렸지만 잘못 알린 경우에 관하여는 아무런 규정이 없다. O | X

행정절차법과 달리 행정심판법에는 오고지와 불고지에 대한 규정이 있다.

> 「행정심판법」 제27조 【심판청구의 기간】 ⑤ 행정청이 심판청구기간을 제1항에 규정된 기간보다 긴 기간으로 잘못 알린 경우 그 잘못 알린 기간에 심판청구가 있으면 그 행정심판은 제1항에 규정된 기간에 청구된 것으로 본다.
> ⑥ 행정청이 심판청구기간을 알리지 아니한 경우에는 제3항에 규정된 기간에 심판청구를 할 수 있다.

15. 서울시 9급

144
□□□

개별 법률에서 정한 심판청구기간이 행정심판법이 정한 심판청구기간보다 짧은 경우, 행정청이 행정처분을 하면서 그 개별 법률상 심판청구기간을 고지하지 아니하였다면 그 개별 법률에서 정한 심판청구기간 내에 한하여 심판청구가 가능하다. O | X

토지수용위원회의 수용재결에 대한 이의절차는 실질적으로 행정심판의 성질을 갖는 것이므로 토지수용법에 특별한 규정이 있는 것을 제외하고는 행정심판법의 규정이 적용된다고 할 것이고, 행정심판법 제43조 제2항도 행정심판에 관하여 다른 법률에서 특례를 정한 경우에도 그 법률에서 규정하지 아니한 사항에 관하여는 이 법이 정하는 바에 의한다고 규정하고 있는바, 행정심판법 제42조 제1항은 행정청이 처분을 서면으로 하는 경우에는 그 상대방에게 처분에 관하여 행정심판을 제기할 수 있는지의 여부, 제기하는 경우의 재결청 경유절차 및 청구기간을 알려야 한다고 규정하고 있으므로 행정청이 처분을 서면으로 하는 경우에는 다른 법률에서 달리 수정한 바 없는 이상 반드시 상대방에게 행정심판의 가부, 재결청, 경유절차 및 심판청구기간을 알려야 할 의무가 있으며, 특히 심판청구기간을 알리지 아니한 경우에는 다른 법률에서 달리 규정한 바 없는 한 행정심판법 제18조 제6항의 규정에 의하여 같은 조 제3항의 기간, 즉 처분이 있은 날로부터 180일 이내에 그 처분에 대한 이의 또는 재결신청 등 심판청구를 할 수 있다고 보아야 한다(대판 1992.6.9. 92누565).

정답 142 ○ 143 ○ 144 X

22. 지방직 9급

145 □□□

행정청이 행정처분을 하면서 상대방에게 불복절차에 관한 고지의무를 이행하지 않았다면 이는 절차적 하자로서 그 행정처분은 위법하게 된다. O | X

자동차운수사업법 제31조 등의 규정에 의한 사업면허의 취소 등의 처분에 관한 규칙(교통부령) 제7조 제3항의 고지절차에 관한 규정은 행정처분의 상대방이 그 처분에 대한 행정심판의 절차를 밟는 데 있어 편의를 제공하려는 데 있으며, 처분청이 위 규정에 따른 고지의무를 이행하지 아니하였다고 하더라도 경우에 따라서는 행정심판의 제기기간이 연장될 수 있는 것에 그치고, 이로 인하여 심판의 대상이 되는 행정처분에 어떤 하자가 수반된다고 할 수 없다(대판 1987.11.24. 87누529).

23. 지방직 7급

146 □□□

행정청이 처분을 하면서 당사자에게 그 처분에 관하여 행정심판 및 행정소송을 제기할 수 있는지 여부, 그 밖에 불복을 할 수 있는지 여부, 청구절차 및 청구기간 그 밖에 필요한 사항을 고지하지 않았다면 그 처분은 위법하다. O | X

행정절차법 제26조는 "행정청이 처분을 하는 때에는 당사자에게 그 처분에 관하여 행정심판 및 행정소송을 제기할 수 있는지 여부, 기타 불복을 할 수 있는지 여부, 청구절차 및 청구기간 기타 필요한 사항을 알려야 한다."라고 규정하고 있다. 이러한 고지절차에 관한 규정은 행정처분의 상대방이 그 처분에 대한 행정심판의 절차를 밟는 데 편의를 제공하려는 것이어서 처분청이 위 규정에 따른 고지의무를 이행하지 아니하였다고 하더라도 경우에 따라 행정심판의 제기기간이 연장될 수 있음에 그칠 뿐, 그 때문에 심판의 대상이 되는 행정처분이 위법하다고 할 수는 없다(대판 1987.11.24. 87누529).

제8절 행정심판에 대한 특례절차

12. 지방직 7급

147 □□□

행정심판위원회는 재결을 한 후 증거서류 등의 반환 신청을 받으면 청구인이 제출한 문서 · 장부 · 물건이나 그 밖의 증거자료의 원본을 지체 없이 제출자에게 반환하여야 한다. O | X

「행정심판법」 제55조 **【증거서류 등의 반환】** 위원회는 재결을 한 후 증거서류 등의 반환 신청을 받으면 신청인이 제출한 문서 · 장부 · 물건이나 그 밖의 증거자료의 원본(原本)을 지체 없이 제출자에게 반환하여야 한다.

정답 145 X 146 X 147 O

제2장 취소소송

제1절 취소소송 일반론, 당사자 등

12. 지방직 9급

001 □□□

행정소송법 제3조에서는 행정소송을 취소소송, 당사자소송, 민중소송, 기관소송으로 구분한다. O | X

행정소송법 제3조에서는 행정소송을 항고소송, 당사자소송, 민중소송, 기관소송으로 구분한다.

21. 소방

002 □□□

행정소송법상 항고소송은 취소소송 · 무효등확인소송 · 부작위위법확인소송 · 당사자소송으로 구분한다. O | X

당사자소송은 항고소송이 아니다.

> **「행정소송법」 제4조 【항고소송】** 항고소송은 다음과 같이 구분한다.
> 1. 취소소송: 행정청의 위법한 처분 등을 취소 또는 변경하는 소송
> 2. 무효등확인소송: 행정청의 처분 등의 효력 유무 또는 존재 여부를 확인하는 소송
> 3. 부작위위법확인소송: 행정청의 부작위가 위법하다는 것을 확인하는 소송

13 · 12. 지방직 9급

003 □□□

당사자소송이란 행정청의 처분 등을 원인으로 하는 법률관계에 관한 소송, 그 밖에 공법상의 법률관계에 관한 소송으로서 그 법률관계의 한쪽 당사자를 피고로 하는 소송을 말한다. O | X

> **「행정소송법」 제3조 【행정소송의 종류】** 행정소송은 다음의 네 가지로 구분한다.
> 1. 항고소송: 행정청의 처분 등이나 부작위에 대하여 제기하는 소송
> 2. 당사자소송: 행정청의 처분 등을 원인으로 하는 법률관계에 관한 소송, 그 밖에 공법상의 법률관계에 관한 소송으로서 그 법률관계의 한쪽 당사자를 피고로 하는 소송
> 3. 민중소송: 국가 또는 공공단체의 기관이 법률에 위반되는 행위를 한 때에 직접 자기의 법률상 이익과 관계없이 그 시정을 구하기 위하여 제기하는 소송
> 4. 기관소송: 국가 또는 공공단체의 기관상호간에 있어서의 권한의 존부 또는 그 행사에 관한 다툼이 있을 때에 이에 대하여 제기하는 소송. 다만, 헌법재판소법 제2조의 규정에 의하여 헌법재판소의 관장사항으로 되는 소송은 제외한다.

정답 001 X 002 X 003 ○

21. 소방

004
□□□

국가 또는 공공단체의 기관이 법률에 위반되는 행위를 한 때에 직접 자기의 법률상 이익과 관계없이 그 시정을 구하기 위하여 제기하는 소송을 기관소송이라 한다. O | X

기관소송이 아니라, 민중소송에 관한 설명이다(행정소송법 제3조 제3호).

13. 지방직 9급, 09. 세무사

005
□□□

당사자소송은 개인의 권익구제를 주된 목적으로 하는 주관적 소송이다. O | X

Point정리 행정소송의 분류

- 행정소송
  - 주관적 소송
    - 항고소송
      - 취소소송
      - 무효등확인소송
      - 부작위위법확인소송
    - 당사자소송
  - 객관적 소송
    - 민중소송
    - 기관소송

11. 국가직 9급

006
□□□

우리나라의 행정법은 전통적으로 대륙법계의 영향을 받아 행정에 특유한 공법으로서의 성격을 강조하고 있으면서도 행정사건은 별도의 행정법원(재판소)이 아닌 사법(司法)법원의 관할에 속한다. O | X

우리나라는 행정사건에 대해 별도의 행정재판소를 설치하는 대신 일반 사법부에서 재판을 하는 사법국가주의를 채택하고 있다.

09. 지방직 9급 · 세무사

007
□□□

법규명령 중 국민의 구체적인 권리 · 의무에 직접적인 변동을 초래하지 않는 것은 행정소송의 대상이 아니다. O | X

행정소송의 대상이 될 수 있는 것은 구체적인 권리의무에 관한 분쟁이어야 하고 일반적 추상적인 법령 그 자체로서 국민의 구체적인 권리의무에 직접적인 변동을 초래하는 것이 아닌 것은 그 대상이 될 수 없으므로 구체적인 권리의무에 관한 분쟁을 떠나서 재무부령 자체의 무효확인을 구하는 청구는 행정소송의 대상이 아닌 사항에 대한 것으로서 부적법하다(대판 1987.3.24. 86누656).

정답 004 X 005 ○ 006 ○ 007 ○

09. 지방직 9급

008 ☐☐☐

단순한 사실관계의 존부 등의 문제는 행정소송의 대상이 되지 아니한다. O | X

단순한 사실관계의 존부는 처분에 해당하지 않으므로, 행정소송의 대상이 되지 아니한다.

> **「행정소송법」 제2조【정의】** ① 이 법에서 사용하는 용어의 정의는 다음과 같다.
> 1. "처분 등"이라 함은 행정청이 행하는 구체적 사실에 관한 법집행으로서의 공권력의 행사 또는 그 거부와 그 밖에 이에 준하는 행정작용(이하 "처분"이라 한다) 및 행정심판에 대한 재결을 말한다.

09. 국가직 9급 · 관세사

009 ☐☐☐

반사적 이익의 침해는 행정소송의 대상이 되지 아니한다. O | X

면허받은 장의자동차운송사업구역에 위반하였음을 이유로 한 행정청의 과징금부과처분에 의하여 동종업자의 영업이 보호되는 결과는 사업구역제도의 반사적 이익에 불과하기 때문에 그 과징금부과처분을 취소한 재결에 대하여 처분의 상대방 아닌 제3자는 그 취소를 구할 법률상 이익이 없다(대판 1992.12.8. 91누13700).

참고 제3자이더라도 법률상 보호되는 이익을 침해당한 경우 취소소송을 청구할 수 있지만, 이 경우에는 제3자이기 때문이 아니라 법률상 이익이 인정되지 않기 때문에 부적격 각하판정을 받은 것이다.

09. 세무사

010 ☐☐☐

판례는 국가보훈처장 등이 발행한 책자 등에서 독립운동가 등의 활동상을 잘못 기술하였다는 등의 이유로 그 사실관계의 확인을 구하는 것은 항고소송의 대상이 되지 않는다고 한다. O | X

피고 국가보훈처장이 발행·보급한 독립운동사, 피고 문교부장관이 저작하여 보급한 국사교과서 등의 각종 책자와 피고 문화부장관이 관리하고 있는 독립기념관에서의 각종 해설문·전시물의 배치 및 전시 등에 있어서, 일제치하에서의 국내외의 각종 독립운동에 참가한 단체와 독립운동가의 활동상을 잘못 기술하거나, 전시·배치함으로써 그 역사적 의의가 그릇 평가되게 하였다는 이유로 그 사실관계의 확인을 구하고, 또 피고 국가보훈처장은 이들 독립운동가들의 활동상황을 잘못 알고 국가보훈상의 서훈추천권을 행사함으로써 서훈추천권의 행사가 적정하지 아니하였다는 이유로 이러한 서훈추천권의 행사·불행사가 당연무효임의 확인, 또는 그 불작위가 위법함의 확인을 구하는 청구는 과거의 역사적 사실관계의 존부나 공법상의 구체적인 법률관계가 아닌 사실관계에 관한 것들을 확인의 대상으로 하는 것이거나 행정청의 단순한 부작위를 대상으로 하는 것으로서 항고소송의 대상이 되지 아니하는 것이다(대판 1990.11.23. 90누3553).

09. 세무사

011 ☐☐☐

권력적 사실행위도 취소소송의 대상이 될 수 있다는 것이 다수설이다. O | X

권력적 사실행위도 그 처분성이 인정되는 경우에는 취소소송의 대상이 된다.

정답 008 ○ 009 ○ 010 ○ 011 ○

09. 국가직 9급

012 □□□

통치행위는 행정소송의 대상에서 제외된다는 것이 우리의 학설과 판례의 경향이다. O | X

통치행위는 고도의 정치성을 띤 국가작용으로서 사법심사의 대상에서 제외되는 것이 일반적이나 모든 국가작용은 국민의 기본권적 가치를 실현하기 위한 수단이라는 한계를 반드시 지켜야 하므로 비록 고도의 정치적 결단에 의하여 행해지는 국가작용이라고 할지라도 그것이 국민의 기본권 침해와 직접 관련되는 경우에는 헌법재판소의 심판대상이 될 수 있다.

09. 관세사

013 □□□

재량행위의 경우는 재량권의 일탈 또는 남용에 이르지 아니한 때에는 소송의 대상이 되지 못하며, 소송이 제기된 경우 이를 각하하여야 한다. O | X

재량행위의 경우 재량권의 일탈 또는 남용에 이르지 아니한 때에는 이를 '기각'하여야 한다.

09. 세무사

014 □□□

특별권력관계에서의 행위가 행정처분의 성질을 갖더라도 전면적으로 사법심사의 대상이 되지 않는다. O | X

종래에는 특별권력관계에서 징계권의 행사에 대해 사법심사를 부정하였으나, 오늘날에는 전면적으로 사법심사를 허용하고 있다(대판 1991.11.22. 91누2144).

09. 관세사

015 □□□

대법원 판례는 의무이행소송이나 적극적 형성판결을 구하는 행정소송을 인정하지 아니한다. O | X

행정심판법 제3조에 의하면 행정청의 위법 또는 부당한 거부처분이나 부작위에 대하여 의무이행심판청구를 할 수 있으나 행정소송법 제4조에서는 행정심판법상의 의무이행심판청구에 대응하여 부작위위법확인소송만을 규정하고 있으므로 행정청의 부작위에 대한 의무이행소송은 현행법상 허용되지 않는다(대판 1989.9.12. 87누868).

21. 소방

016 □□□

판례는 행정소송법상 행정청의 부작위에 대하여 부작위위법확인소송과 작위의무이행소송을 인정하고 있다. O | X

행정심판법 제4조 제3호가 의무이행심판청구를 인정하고 있고 항고소송의 제1심 관할법원이 행정청의 소재지를 관할하는 고등법원으로 되어 있다고 하더라도, 행정소송법상 행정청의 부작위에 대하여는 부작위위법확인소송만 인정되고 작위의무의 이행이나 확인을 구하는 행정소송은 허용될 수 없다(대판 1992.11.10. 92누1629).

정답 012 ○ 013 X 014 X 015 ○ 016 X

15. 지방직 9급

017 □□□

행정소송법상 행정청이 일정한 처분을 하지 못하도록 그 부작위를 구하는 청구는 허용되지 않는 부적법한 소송이다. O | X

행정청의 부작위에 대한 의무이행소송은 현행법상 허용되지 않는다(대판 1989.9.12. 87누868).

18. 지방교행, 12. 사복직 9급

018 □□□

신축건물의 준공처분을 하여서는 아니 된다는 내용의 부작위를 청구하는 행정소송은 예외적으로 허용된다. O | X

건축건물의 준공처분을 하여서는 아니 된다는 내용의 부작위를 구하는 청구는 행정소송에서 허용되지 아니하는 것이므로 부적법하다(대판 1987.3.24. 86누182).

21. 국가직 9급

019 □□□

행정소송에 관하여 행정소송법에 특별한 규정이 없는 사항에 대하여는 법원조직법과 민사소송법 및 민사집행법의 규정을 준용한다. O | X

> **「행정소송법」 제8조 【법적용예】** ② 행정소송에 관하여 이 법에 특별한 규정이 없는 사항에 대하여는 법원조직법과 민사소송법 및 민사집행법의 규정을 준용한다.

제2절 취소소송과 소송요건

12. 지방직 9급

020 □□□

취소소송이란 행정청의 위법한 처분 등을 취소 또는 변경하는 소송을 말한다. O | X

> **「행정소송법」 제4조 【항고소송】** 항고소송은 다음과 같이 구분한다.
> 1. 취소소송: 행정청의 위법한 처분 등을 취소 또는 변경하는 소송
> 2. 무효등확인소송: 행정청의 처분 등의 효력 유무 또는 존재 여부를 확인하는 소송
> 3. 부작위위법확인소송: 행정청의 부작위가 위법하다는 것을 확인하는 소송

10. 국가직 9급

021 □□□

판례는 취소소송의 소송물을 처분의 위법성과 그로 인해 원고의 권리가 침해되었다는 원고의 '법적 주장'이라고 보고 있다. O | X

다수설 및 판례는 처분의 '위법성 일반'을 소송물로 보고 있다.

정답 017 O 018 X 019 O 020 O 021 X

18. 지방직 9급

022 □□□

취소소송의 소송물을 처분의 위법성 일반으로 보게 되면, 어떠한 처분에 대한 청구기각의 확정판결이 있는 경우에도 후에 제기되는 취소소송에서 그 처분의 위법성을 주장할 수 있다. O | X

취소소송의 소송물을 처분의 위법성 일반으로 보는 경우, 전소에서 확정된 청구기각판결의 경우 처분이 적법하다는 것에 대해서 기판력이 발생하기 때문에 후소에서 처분의 위법성을 주장할 수 없게 된다.

13. 서울시 7급, 06. 국가직 7급

023 □□□

행정소송에서 쟁송의 대상이 되는 행정처분의 존부는 자백의 대상이므로 그 존재를 당사자들이 다투지 아니하는 경우, 의심이 있어도 그 존부에 대해 법원이 직권으로 조사할 권한이 없다. O | X

행정처분의 존부는 법원의 직권조사사항이다.

09. 국회직 8급

024 □□□

특허청의 심결에 대한 취소소송은 고등법원에 해당하는 특허법원과 대법원으로 연결되는 2심제를 취하고 있다. O | X

특허법원이 사실심 재판을 담당하는 고등법원급의 전문법원으로 설치되어 특허심판원의 심결 또는 결정에 대한 불복의 소를 전속적으로 관할하게 하고, 특허법원의 판결에 대하여 불복이 있는 경우에는 대법원에 상고할 수 있도록 함으로써, 특허심판원의 심결 또는 결정에 대한 특허소송은 특허법원 → 대법원으로 이어지는 2심제로 운영되고 있다.

15. 서울시 7급

025 □□□

취소소송의 제1심 관할법원은 원고의 소재지를 관할하는 행정법원으로 한다. O | X

> **「행정소송법」 제9조【재판관할】** ① 취소소송의 제1심 관할법원은 피고의 소재지를 관할하는 행정법원으로 한다.

15. 서울시 7급

026 □□□

중앙행정기관의 부속기관과 합의제 행정기관 또는 그 장에 대하여 취소소송을 제기하는 경우에는 대법원 소재지를 관할하는 행정법원에 제기할 수 있다. O | X

> **「행정소송법」 제9조【재판관할】** ② 제1항에도 불구하고 다음 각 호의 어느 하나에 해당하는 피고에 대하여 취소소송을 제기하는 경우에는 대법원 소재지를 관할하는 행정법원에 제기할 수 있다.
> 1. 중앙행정기관, 중앙행정기관의 부속기관과 합의제 행정기관 또는 그 장
> 2. 국가의 사무를 위임 또는 위탁받은 공공단체 또는 그 장

정답 022 X 023 X 024 ○ 025 X 026 ○

15. 서울시 7급

027 □□□

국가의 사무를 위임 또는 위탁받은 공공단체 또는 그 장에 대하여 취소소송을 제기하는 경우에는 대법원 소재지를 관할하는 행정법원에 제기할 수 있다. O | X

> 「행정소송법」 제9조 【재판관할】 ② 제1항에도 불구하고 다음 각 호의 어느 하나에 해당하는 피고에 대하여 취소소송을 제기하는 경우에는 대법원 소재지를 관할하는 행정법원에 제기할 수 있다.
> 1. 중앙행정기관, 중앙행정기관의 부속기관과 합의제 행정기관 또는 그 장
> 2. 국가의 사무를 위임 또는 위탁받은 공공단체 또는 그 장

09. 세무사

028 □□□

피고의 소재지가 서울특별시인 취소소송의 제1심 관할 법원은 서울행정법원이다. O | X

> 「행정소송법」 제9조 【재판관할】 ① 취소소송의 제1심 관할 법원은 피고의 소재지를 관할하는 행정법원으로 한다.

16. 지방직 7급

029 □□□

경상북도 김천시에 위치한 한국도로공사가 국토교통부장관의 국가사무의 위임을 받아 한 처분에 대한 취소소송은 서울행정법원에 제기할 수 없다. O | X

한국도로공사가 국토교통부장관의 국가사무의 위임을 받아 한 처분에 대한 취소소송은 서울행정법원(대법원 소재지를 관할하는 행정법원)에 제기할 수 있다.

15. 서울시 7급, 10. 국가직 7급, 09. 세무사

030 □□□

부동산에 관계되는 처분 등에 대한 취소소송은 서울행정법원에서만 제기하여야 한다. O | X

> 「행정소송법」 제9조 【재판관할】 ③ 토지의 수용 기타 부동산 또는 특정의 장소에 관계되는 처분 등에 대한 취소소송은 그 부동산 또는 장소의 소재지를 관할하는 행정법원에 이를 제기할 수 있다.

10. 국가직 7급

031 □□□

원고의 고의 또는 중대한 과실 없이 행정소송이 심급을 달리하는 법원에 잘못 제기된 경우에 수소법원은 관할 법원에 이송한다. O | X

> 「민사소송법」 제34조 【관할위반 또는 재량에 따른 이송】 ① 법원은 소송의 전부 또는 일부에 대하여 관할권이 없다고 인정하는 경우에는 결정으로 이를 관할 법원에 이송한다.
>
> 「행정소송법」 제7조 【사건의 이송】 민사소송법 제34조 제1항의 규정은 원고의 고의 또는 중대한 과실 없이 행정소송이 심급을 달리하는 법원에 잘못 제기된 경우에도 적용한다.

정답 027 ○ 028 ○ 029 X 030 X 031 ○

14. 국회직 8급, 09. 세무사

032 □□□

당해 처분 등과 관련되는 손해배상 · 부당이득반환 · 원상회복 등 청구소송은 관련청구소송에 해당된다. O | X

> 「행정소송법」 제10조 【관련청구소송의 이송 및 병합】 ① 취소소송과 다음 각 호의 1에 해당하는 소송(이하 "관련청구소송"이라 한다)이 각각 다른 법원에 계속되고 있는 경우에 관련청구소송이 계속된 법원이 상당하다고 인정하는 때에는 당사자의 신청 또는 직권에 의하여 이를 취소소송이 계속된 법원으로 이송할 수 있다.
> 1. 당해 처분 등과 관련되는 손해배상 · 부당이득반환 · 원상회복 등 청구소송
> 2. 당해 처분 등과 관련되는 취소소송

09. 국가직 7급

033 □□□

관련청구소송의 이송은 그 소송이 계속되어 있는 법원이 당해 소송을 취소소송이 계속되어 있는 법원에 이송하는 것이 상당하다고 인정하는 때에 당사자의 신청 또는 직권에 의하여 할 수 있다. O | X

> 「행정소송법」 제10조 【관련청구소송의 이송 및 병합】 ① 취소소송과 다음 각 호의 1에 해당하는 소송(이하 "관련청구소송"이라 한다)이 각각 다른 법원에 계속되고 있는 경우에 관련청구소송이 계속된 법원이 상당하다고 인정하는 때에는 당사자의 신청 또는 직권에 의하여 이를 취소소송이 계속된 법원으로 이송할 수 있다.
> 1. 당해 처분 등과 관련되는 손해배상 · 부당이득반환 · 원상회복 등 청구소송
> 2. 당해 처분 등과 관련되는 취소소송

09. 세무사

034 □□□

관련청구소송은 이송결정이 확정된 때부터 이송받은 법원에 계속된 것으로 본다. O | X

> 「민사소송법」 제40조 【이송의 효과】 ① 이송결정이 확정되면 소송은 처음부터 이송받은 법원에 계속된 것으로 본다.

19. 서울시 7급(10월)

035 □□□

행정처분에 대한 무효확인과 취소청구는 서로 양립할 수 없는 청구로서 선택적 청구로서의 병합만이 가능하고 단순병합은 허용되지 아니한다. O | X

행정처분에 대한 무효확인과 취소청구는 서로 양립할 수 없는 청구로서 주위적 · 예비적 청구로서만 병합이 가능하고 선택적 청구로서의 병합이나 단순병합은 허용되지 아니한다(대판 1999.8.20. 97누6889).

정답 032 ○ 033 ○ 034 X 035 X

09. 세무사

036 □□□

이송결정은 이송받은 법원을 기속하며 이송받은 법원은 다른 법원으로 다시 이송하지 못한다. O | X

「민사소송법」 제38조 【이송결정의 효력】 ① 소송을 이송받은 법원은 이송결정에 따라야 한다.
② 소송을 이송받은 법원은 사건을 다시 다른 법원에 이송하지 못한다.

10. 국회직 8급

037 □□□

관련청구소송의 병합에 있어서는 취소소송의 적법성이 전제되어야 하며, 사실심변론종결 전에 관련청구가 병합되어야 한다. O | X

관련청구소송의 병합을 위해서는 본래의 취소소송이 적법해야 하며, 본래의 소송이 소송요건을 구비하지 못하여 각하된 경우라면 병합된 관련청구소송도 부적법각하되어야 한다.

「행정소송법」 제10조 【관련청구소송의 이송 및 병합】 ② 취소소송에는 사실심의 변론종결시까지 관련청구소송을 병합하거나 피고 외의 자를 상대로 한 관련청구소송을 취소소송이 계속된 법원에 병합하여 제기할 수 있다.

15. 국가직 9급, 12. 국회직 8급, 08. 세무사

038 □□□

행정처분에 대한 무효확인과 취소청구는 서로 양립할 수 없는 청구로서 주위적·예비적 청구로서만 병합이 가능하고 선택적 청구로서의 병합은 허용되지 않는다. O | X

하나의 행정처분에 대한 무효확인청구와 취소청구는 서로 양립할 수 없으므로 주위적·예비적 청구로서만 병합이 가능하다.

21. 국가직 9급, 17. 지방직 7급

039 □□□

동일한 행정처분에 대하여 무효확인소송을 제기하였다가 그 후 그 처분에 대한 취소소송을 추가적으로 병합한 경우, 무효확인소송이 취소소송의 제소기간 내에 제기되었다면 제소기간 도과 후 병합된 취소소송도 적법하게 제기된 것으로 볼 수 있다. O | X

하자 있는 행정처분을 놓고 이를 무효로 볼 것인지 아니면 단순히 취소할 수 있는 처분으로 볼 것인지는 동일한 사실관계를 토대로 한 법률적 평가의 문제에 불과하고, 행정처분의 무효확인을 구하는 소에는 특단의 사정이 없는 한 그 취소를 구하는 취지도 포함되어 있다고 보아야 하는 점 등에 비추어 볼 때, 동일한 행정처분에 대하여 무효확인의 소를 제기하였다가 그 후 그 처분의 취소를 구하는 소를 추가적으로 병합한 경우, 주된 청구인 무효확인의 소가 적법한 제소기간 내에 제기되었다면 추가로 병합된 취소청구의 소도 적법하게 제기된 것으로 봄이 상당하다(대판 2005.12.23. 2005두3554).

정답 036 ○ 037 ○ 038 ○ 039 ○

17. 국가직 7급(10월)

040 □□□

무효확인소송을 제기하였는데 해당 사건에서의 위법이 취소사유에 불과한 때, 법원은 취소소송의 요건을 충족한 경우 취소판결을 내린다. O | X

일반적으로 행정처분의 무효확인을 구하는 소에는 원고가 그 처분의 취소를 구하지 아니한다고 밝히지 아니한 이상 그 처분이 만약 당연무효가 아니라면 그 취소를 구하는 취지도 포함되어 있는 것으로 보아야 한다(대판 1994.12.23. 94누477).

22. 지방직 7급, 18. 국가직 7급, 15. 서울시 7급 · 국가직 9급, 12 · 09. 국회직 8급

041 □□□

취소소송에 당해 처분과 관련되는 부당이득반환청구소송이 병합되어 제기된 경우, 부당이득반환청구가 인용되기 위해서는 그 소송절차에서 판결에 의해 당해 처분이 취소되면 충분하고 그 처분의 취소가 확정되어야 하는 것은 아니다. O | X

행정처분의 취소를 구하는 취소소송에 당해 처분의 취소를 선결문제로 하는 부당이득반환청구가 병합된 경우, 그 청구가 인용되려면 소송절차에서 당해 처분이 취소되면 충분하고 당해 처분의 취소가 확정되어야 하는 것은 아니다(대판 2009.4.9. 2008두23153).

19. 변호사

042 □□□

일정한 법규 위반사실이 행정처분의 전제사실이 되는 한편 이와 동시에 형사법규의 위반사실이 되는 때, 형사판결이 확정되지 않았음에도 이에 앞서 그 위반사실을 들어 행정처분을 하는 경우는 행정처분을 다투는 사안에서 허용된다. O | X

일정한 법규 위반사실이 행정처분의 전제사실이 되는 한편 이와 동시에 형사법규의 위반사실이 되는 경우에 행정처분과 형벌은 각기 그 권력적 기초 · 대상 · 목적을 달리하고 있으므로 동일한 행위에 관하여 독립적으로 행정처분이나 형벌을 과하거나 이를 병과할 수 있는 것이고 법규가 예외적으로 형사소추선행의 원칙을 규정하고 있지 아니한 이상 형사판결 확정에 앞서 일정한 위반사실을 들어 행정처분을 하였다고 하여 절차적 위반이 있다고 할 수 없다(대판 1986.7.8. 85누1002).

15. 국가직 9급

043 □□□

자연물인 도롱뇽 또는 그를 포함한 자연 그 자체로서는 소송을 수행할 당사자능력을 인정할 수 없다. O | X

자연물인 '도롱뇽'과 환경단체인 '도롱뇽의 친구들'이 신청인으로서 제기한 터널공사착공금지 가처분신청에 대하여 '도롱뇽'에 대해서는 당사자능력이 없다는 이유로 신청을 각하하고, '도롱뇽의 친구들'에 대해서는 피보전권리로 주장하는 '자연방위권' 등으로부터 직접적 · 구체적인 사법상의 권리가 생긴다고 볼 수 없다는 이유로 신청을 기각한다(울산지법 2004.4.8. 2003카합982).

정답 040 ○ 041 ○ 042 ○ 043 ○

22. 지방직 7급, 10. 국회직 8급

044 □□□

국가는 국토이용계획과 관련된 기관위임사무의 처리에 관하여 지방자치단체의 장을 상대로 취소소송을 제기할 수 있다. O | X

건설교통부장관은 지방자치단체의 장이 기관위임사무인 국토이용계획사무를 처리함에 있어 자신과 의견이 다를 경우 행정협의조정위원회에 협의 · 조정신청을 하여 그 협의 · 조정결정에 따라 의견불일치를 해소할 수 있고, 법원에 의한 판결을 받지 않고서도 행정권한의 위임 및 위탁에 관한 규정이나 구 지방자치법에서 정하고 있는 지도 · 감독을 통하여 직접 지방자치단체의 장의 사무처리에 대하여 시정명령을 발하고 그 사무처리를 취소 또는 정지할 수 있으며, 지방자치단체의 장에게 기간을 정하여 직무이행명령을 하고 지방자치단체의 장이 이를 이행하지 아니할 때에는 직접 필요한 조치를 할 수도 있으므로, 국가가 국토이용계획과 관련한 지방자치단체의 장의 기관위임사무의 처리에 관하여 지방자치단체의 장을 상대로 취소소송을 제기하는 것은 허용되지 않는다(대판 2007.9.20. 2005두6935).

07. 세무사

045 □□□

법인격 없는 단체도 대표자를 통해서 단체의 이름으로 소를 제기할 수 있다. O | X

취소를 구할 법률상 이익이 있으면 자연인이든 법인이든 취소소송을 제기할 수 있으며, 법인 중 법인격이 없는 단체는 단체의 대표자를 통해 단체의 이름으로 소송을 제기할 수 있다.

11. 국가직 9급

046 □□□

법률상 이익의 의미에 관하여 법률상 보호이익설(법률상 이익구제설)은 위법한 처분에 의하여 침해되고 있는 이익이 근거 법률에 의하여 보호되고 있는 이익인 경우에는 그러한 이익이 침해된 자에게 당해 처분의 취소를 구할 원고적격이 인정된다고 한다. O | X

법률상 보호이익구제설은 취소소송을 고유한 의미의 권리의 구제수단이 아니라, 법률이 개인을 위하여 보호하고 있는 이익을 침해한 위법한 처분에 대하여 개인이 이를 방위하기 위한 수단이라고 본다. 따라서 행정처분에 의하여 자기의 권리 혹은 또는 법률상 보호되는 이익을 침해 혹은 필연적으로 침해될 우려가 있는 자에게 원고적격을 인정하게 된다.

10. 지방직 9급

047 □□□

취소소송은 처분 등의 취소를 구할 법률상 이익이 있는 자가 제기할 수 있다. O | X

> **「행정소송법」 제12조 【원고적격】** 취소소송은 처분 등의 취소를 구할 법률상 이익이 있는 자가 제기할 수 있다. 처분 등의 효과가 기간의 경과, 처분 등의 집행 그 밖의 사유로 인하여 소멸된 뒤에도 그 처분 등의 취소로 인하여 회복되는 법률상 이익이 있는 자의 경우에는 또한 같다.

정답 044 X 045 ○ 046 ○ 047 ○

15. 사복직 9급

048 □□□

취소소송의 원고적격은 소송요건의 하나이므로 사실심 변론종결시는 물론 상고심에서도 존속하여야 하고, 이를 흠결하면 부적법한 소가 된다. O | X

행정처분의 직접 상대방이 아닌 제3자라 하더라도 당해 행정처분으로 인하여 법률상 보호되는 이익을 침해당한 경우에는 그 처분의 취소나 무효확인을 구하는 행정소송을 제기하여 그 당부의 판단을 받을 자격, 즉 원고적격이 있고, 여기에서 말하는 법률상 보호되는 이익은 당해 처분의 근거 법규 및 관련 법규에 의하여 보호되는 개별적 · 직접적 · 구체적 이익을 말하며, 원고적격은 소송요건의 하나이므로 사실심 변론종결시는 물론 상고심에서도 존속하여야 하고 이를 흠결하면 부적법한 소가 된다(대판 2007.4.12. 2004두7924).

13. 국회직 8급

049 □□□

행정소송법 제12조의 '법률상 이익'에 관해서는 권리구제설, 법률상 보호된 이익구제설, 소송상 보호가치 있는 이익구제설, 적법성 보장설 등이 대립되고 있는데 판례는 이 중 법률상 보호된 이익구제설을 취하고 있는 것으로 이해하는 것이 일반적이다. O | X

판례 및 통설은 전통적 의미의 권리뿐만 아니라 법률에서 보호되는 이익을 가진 자에 대해 원고적격을 인정하는 법률상 보호된 이익구제설을 취하고 있다.

13. 국가직 9급, 11. 국가직 9급 유사

050 □□□

처분의 직접 상대방이 아닌 경우에는 처분의 근거 법률에 의하여 보호되는 법률상 이익이 있는 경우에도 원고적격이 인정될 수 없다. O | X

처분의 직접 상대방이 아닌 제3자라도 당해 행정처분의 취소를 구할 법률상의 이익이 있는 경우에는 원고적격이 인정된다(대판 1995.9.26. 94누14544).

13. 국회직 9급

051 □□□

판례는 행정소송법 제12조의 법률상 이익은 직접적이고 구체적 · 개인적 이익을 말하고 간접적이거나 사실적 · 경제적 이해관계를 가지는 데 불과한 경우 및 공익은 포함되지 않는다고 보고 있다. O | X

행정처분의 직접 상대방이 아닌 제3자라도 당해 행정처분의 취소를 구할 법률상의 이익이 있는 경우에는 원고적격이 인정되는데, 여기서 말하는 법률상의 이익은 당해 처분의 근거 법률에 의하여 보호되는 직접적이고 구체적인 이익이 있는 경우를 말하고, 다만 공익보호의 결과로 국민 일반이 공통적으로 가지는 추상적 · 평균적 · 일반적인 이익과 같이 간접적이나 사실적 · 경제적 이해관계를 가지는 데 불과한 경우는 여기에 포함되지 않는다(대판 1995.9.26. 94누14544).

정답 048 ○ 049 ○ 050 X 051 ○

23. 국회직 8급 · 경찰간부, 21. 소방간부

052
□□□

상수원보호구역 설정의 근거가 되는 구 수도법 제5조 제1항 및 동 시행령 제7조 제1항은 상수원의 오염을 막아 양질의 급수를 받을 직접적이고 구체적인 지역주민들의 이익을 보호하고 있으므로 그 주민들에게는 상수원보호구역변경처분의 취소를 구할 법률상의 이익이 있다. O | X

상수원보호구역 설정의 근거가 되는 수도법 제5조 제1항 및 동 시행령 제7조 제1항이 보호하고자 하는 것은 상수원의 확보와 수질보전일 뿐이고, 그 상수원에서 급수를 받고 있는 지역주민들이 가지는 상수원의 오염을 막아 양질의 급수를 받을 이익은 직접적이고 구체적으로는 보호하고 있지 않음이 명백하여 위 지역주민들이 가지는 이익은 상수원의 확보와 수질보호라는 공공의 이익이 달성됨에 따라 반사적으로 얻게 되는 이익에 불과하므로 지역주민들에 불과한 원고들에게는 위 상수원보호구역변경처분의 취소를 구할 법률상의 이익이 없다(대판 1995.9.26. 94누1454).

19. 국가직 7급

053
□□□

일반면허를 받은 시외버스운송사업자에 대한 사업계획변경 인가처분으로 인하여 노선 및 운행계통의 일부 중복으로 기존에 한정면허를 받은 시외버스운송사업자의 수익감소가 예상된다면, 기존의 한정면허를 받은 시외버스운송사업자는 일반면허 시외버스운송사업자에 대한 사업계획변경 인가처분의 취소를 구할 법률상의 이익이 있다. O | X

한정면허를 받은 시외버스운송사업자라고 하더라도 다 같이 운행계통을 정하고 여객을 운송하는 노선여객자동차운송사업을 한다는 점에서 일반면허를 받은 시외버스운송사업자와 본질적인 차이가 없으므로, 일반면허를 받은 시외버스운송사업자에 대한 사업계획변경 인가처분으로 인하여 기존에 한정면허를 받은 시외버스운송사업자의 노선 및 운행계통과 일반면허를 받은 시외버스운송사업자의 그것이 일부 중복되게 되고 기존업자의 수익감소가 예상된다면, 기존의 한정면허를 받은 시외버스운송사업자와 일반면허를 받은 시외버스운송사업자는 경업관계에 있는 것으로 보는 것이 타당하고, 따라서 기존의 한정면허를 받은 시외버스운송사업자는 일반면허 시외버스운송사업자에 대한 사업계획변경 인가처분의 취소를 구할 법률상의 이익이 있다(대판 2018.4.26. 2015두53824).

19. 국가직 7급

054
□□□

출입국관리법상의 체류자격 및 사증발급의 기준과 절차에 관한 규정들은 대한민국의 출입국 질서와 국경관리라는 공익을 보호하려는 취지로 해석될 뿐이므로, 동법상 체류자격변경 불허가처분, 강제퇴거명령 등을 다투는 외국인에게는 해당 처분의 취소를 구할 법률상 이익이 인정되지 않는다. O | X

국적법상 귀화불허가처분이나 출입국관리법상 체류자격변경 불허가처분, 강제퇴거명령 등을 다투는 외국인은 대한민국에 적법하게 입국하여 상당한 기간을 체류한 사람이므로, 이미 대한민국과의 실질적 관련성 내지 대한민국에서 법적으로 보호가치 있는 이해관계를 형성한 경우이어서, 해당 처분의 취소를 구할 법률상 이익이 인정된다고 보아야 한다(대판 2018.5.15. 2014두42506).

23. 경찰간부, 21. 국가직 9급

055
□□□

중국 국적자인 외국인이 사증발급 거부처분의 취소를 구하는 경우에는 판례상 항고소송의 원고적격이 인정된다. O | X

사증발급의 법적 성질, 출입국관리법의 입법목적, 사증발급 신청인의 대한민국과의 실질적 관련성, 상호주의원칙 등을 고려하면, 우리 출입국관리법의 해석상 외국인에게는 사증발급 거부처분의 취소를 구할 법률상 이익이 인정되지 않는다(대판 2018.5.15. 2014두42506).

정답 052 X 053 ○ 054 X 055 X

11. 국가직 9급, 08. 국가직 7급

056 □□□

행정처분의 취소를 구할 이익은 불이익처분의 상대방뿐만 아니라 수익처분의 상대방에게도 인정되는 것이 원칙이다. O | X

수익처분, 신청한 대로 이루어진 처분의 상대방은 취소를 구할 이익이 없다.

19. 지방직 9급, 12. 국회직 8급

057 □□□

보건복지부장관의 약제의 상한금액 인하처분(고시)에 대한 취소소송에서 관련된 약제를 제조·공급하는 제약회사는 원고적격이 있다. O | X

보건복지부 고시인 약제급여·비급여목록 및 급여상한금액표(보건복지부 고시 제2002-46호로 개정된 것)는 다른 집행행위의 매개 없이 그 자체로서 국민건강보험가입자, 국민건강보험공단, 요양기관 등의 법률관계를 직접 규율하는 성격을 가지므로 항고소송의 대상이 되는 행정처분에 해당한다. 제약회사가 자신이 공급하는 약제에 관하여 국민건강보험법, 같은 법 시행령, 국민건강보험 요양급여의 기준에 관한 규칙(2001.12.31. 보건복지부령 제207호) 등 약제상한금액 고시의 근거 법령에 의하여 보호되는 직접적이고 구체적인 이익을 향유하는데, 보건복지부 고시인 약제급여·비급여목록 및 급여상한금액표(보건복지부 고시 제2002-46호로 개정된 것)로 인하여 자신이 제조·공급하는 약제의 상한금액이 인하됨에 따라 위와 같이 보호되는 법률상 이익이 침해당할 경우, 제약회사는 위 고시의 취소를 구할 원고적격이 있다(대판 2006.9.22. 2005두2506).

19. 지방직 9급

058 □□□

甲에게 허가가 부여된 이후 乙에게 또 다른 신규허가가 행해진 경우, 甲에게는 특별한 규정이 없더라도 乙에 대한 신규허가를 다툴 수 있는 원고적격이 인정되는 것이 원칙이다. O | X

경업자소송에서 허가를 통해 얻는 이익은 주로 반사적 이익에 해당한다. 따라서 甲은 乙에 대한 신규허가를 다툴 수 있는 원고적격은 인정되지 않는 것이 원칙이다.

13. 국가직 7급

059 □□□

법령상 채석허가를 받은 자의 명의변경제도를 두고 있는 경우, 명의변경신고를 할 수 있는 양수인은 관할 행정청이 양도인의 허가를 취소하는 처분에 대해 취소를 구할 법률상 이익이 인정된다. O | X

산림법령이 수허가자의 명의변경제도를 두고 있는 취지는 … 채석허가가 대물적 허가의 성질을 아울러 가지고 있고 수허가자의 지위가 사실상 양도·양수되는 점을 고려하여 수허가자의 지위를 사실상 양수한 양수인의 이익을 보호하고자 하는 데 있는 것으로 해석되므로, 수허가자의 지위를 양수받아 명의변경신고를 할 수 있는 양수인의 지위는 단순한 반사적 이익이나 사실상의 이익이 아니라 산림법령에 의하여 보호되는 직접적이고 구체적인 이익으로서 법률상 이익이라고 할 것이고, 채석허가가 유효하게 존속하고 있다는 것이 양수인의 명의변경신고의 전제가 된다는 의미에서 관할 행정청이 양도인에 대하여 채석허가를 취소하는 처분을 하였다면 이는 양수인의 지위에 대한 직접적 침해가 된다고 할 것이므로 양수인은 채석허가를 취소하는 처분의 취소를 구할 법률상 이익을 가진다(대판 2003.7.11. 2001두6289).

정답 056 X 057 ○ 058 X 059 ○

13. 국가직 7급

060 □□□

공매 등의 절차로 영업시설의 전부를 인수함으로써 영업자의 지위를 승계한 자가 관계 행정청에 이를 신고하여 관계 행정청이 그 신고를 수리하는 처분에 대해 종전 영업자는 제3자로서 그 처분의 취소를 구할 법률상 이익이 인정되지 않는다. O | X

지방세법에 의한 압류재산 매각절차에 따라 영업시설의 전부를 인수함으로써 그 영업자의 지위를 승계한 자가 관계 행정청에 이를 신고하여 행정청이 이를 수리하는 경우에는 종전의 영업자에 대한 영업허가 등은 그 효력을 잃는다 할 것인데, 위 규정들을 종합하면 위 행정청이 구 식품위생법 규정에 의하여 영업자지위승계신고를 수리하는 처분은 종전의 영업자의 권익을 제한하는 처분이라 할 것이고 따라서 종전의 영업자는 그 처분에 대하여 직접 그 상대가 되는 자에 해당한다고 봄이 상당하므로, 행정청으로서는 위 신고를 수리하는 처분을 함에 있어서 행정절차법 규정 소정의 당사자에 해당하는 종전의 영업자에 대하여 위 규정 소정의 행정절차를 실시하고 처분을 하여야 한다(대판 2003.2.14. 2001두7015).

11. 국가직 7급

061 □□□

도시 및 주거환경정비법상 조합설립추진위원회의 구성에 동의하지 아니한 정비구역 내의 토지등소유자는 조합설립추진위원회 설립승인처분의 취소를 구할 원고적격이 있다. O | X

도시 및 주거환경정비법 제13조 제1항 및 제2항의 입법 경위와 취지에 비추어 하나의 정비구역 안에서 복수의 조합설립추진위원회에 대한 승인은 허용되지 않는 점, 조합설립추진위원회가 조합을 설립할 경우 같은 법 제15조 제4항에 의하여 조합설립추진위원회가 행한 업무와 관련된 권리와 의무는 조합이 포괄승계하며, 주택재개발사업의 경우 정비구역 내의 토지등소유자는 같은 법 제19조 제1항에 의하여 당연히 그 조합원으로 되는 점 등에 비추어 보면, 조합설립추진위원회의 구성에 동의하지 아니한 정비구역 내의 토지등소유자도 조합설립추진위원회 설립승인처분에 대하여 같은 법에 의하여 보호되는 직접적이고 구체적인 이익을 향유하므로 그 설립승인처분의 취소소송을 제기할 원고적격이 있다(대판 2007.1.25. 2006두12289).

13. 국회직 8급

062 □□□

면허나 인·허가 등의 수익적 행정처분의 근거가 되는 법률이 해당 업자들 사이의 과당경쟁으로 인한 경영의 불합리를 방지하는 것도 그 목적으로 하고 있는 경우, 기존의 업자는 경업자에 대하여 이루어진 면허나 인·허가 등 행정처분의 상대방이 아니라 하더라도 당해 행정처분의 취소를 구할 원고적격이 있다. O | X

일반적으로 면허나 인·허가 등의 수익적 행정처분의 근거가 되는 법률이 해당 업자들 사이의 과당경쟁으로 인한 경영의 불합리를 방지하는 것도 그 목적으로 하고 있는 경우, 다른 업자에 대한 면허나 인·허가 등의 수익적 행정처분에 대하여 미리 같은 종류의 면허나 인·허가 등의 수익적 행정처분을 받아 영업을 하고 있는 기존의 업자는 경업자에 대하여 이루어진 면허나 인·허가 등 행정처분의 상대방이 아니라 하더라도 당해 행정처분의 취소를 구할 당사자적격이 있다(대판 2002.10.25. 2001두4450).

정답 060 X 061 ○ 062 ○

10. 경행특채

063 □□□

동일한 사업구역 내의 동종의 사업용 화물자동차면허대수를 늘리는 보충인가처분에 대하여 기존업자는 그 취소를 구할 법률상 이익이 없다. O | X

자동차운수사업법 제6조 제1항 제1호에서 당해 사업계획이 당해 노선 또는 사업구역의 수송수요와 수송력공급에 적합할 것을 면허의 기준으로 정한 것은 자동차운수사업에 관한 질서를 확립하고 자동차운수사업의 종합적인 발달을 도모하여 공공의 복리를 증진함과 동시에 업자간의 경쟁으로 인한 경영의 불합리를 미리 방지하자는 데 그 목적이 있다 할 것이므로 개별화물자동차운송사업면허를 받아 이를 영위하고 있는 기존의 업자로서는 동일한 사업구역 내의 동종의 사업용 화물자동차면허대수를 늘리는 보충인가처분에 대하여 그 취소를 구할 법률상 이익이 있다(대판 1992.7.10. 91누9107).

09. 국가직 7급

064 □□□

甲이 종래부터 5층 건물에 숙박업허가를 받아 영업하고 있는 지점으로부터 불과 500미터 정도의 거리에 乙이 15층의 건물을 신축하여 같은 구청장인 A로부터 숙박업허가를 받아 현재 영업 중이다. 그러자 甲은 자신의 숙박업건물을 乙의 건물과 동일한 높이로 증축을 결심하고 A에게 숙박업구조변경허가를 신청하였다. 전통적 견해에 의하면 A가 甲에 대한 허가를 발급함으로 인한 乙의 영업상 이익의 침해는 권리 침해로 된다. O | X

숙박업구조변경허가로 인하여 받게 될 불이익은 간접적이거나 사실적·경제적인 불이익에 지나지 아니하여 그것만으로는 원고들에게 위 숙박업구조변경허가처분의 무효확인 또는 취소를 구할 소익이 있다고 할 수 없다(대판 1990.8.14. 89누7900).

13. 국회직 8급

065 □□□

구 석탄수급조정에 관한 임시조치법 소정의 석탄가공업에 관한 허가는 사업경영의 권리를 설정하는 형성적 행정행위이므로 기존에 허가를 받은 원고들이 신규 허가로 인하여 영업상 이익이 감소될 수 있다는 이유로 기존의 업자에 대해 처분의 취소를 구할 법률상 이익이 있다. O | X

석탄수급조정에 관한 임시조치법 소정의 석탄가공업에 관한 허가는 사업경영의 권리를 설정하는 형성적 행정행위가 아니라 질서유지와 공공복리를 위한 금지를 해제하는 명령적 행정행위여서 그 허가를 받은 자는 영업자유를 회복하는 데 불과하고 독점적 영업권을 부여받은 것이 아니기 때문에, 기존 허가를 받은 원고들이 신규 허가로 인하여 영업상 이익이 감소된다 하더라도 이는 원고들의 반사적 이익을 침해하는 것에 지나지 아니하므로 원고들은 신규 허가처분에 대하여 행정소송을 제기할 법률상 이익이 없다(대판 1980.7.22. 80누33·34).

21. 소방간부, 14. 경행특채 2차

066 □□□

甲에 대한 허가가 乙에 대한 불허가로 귀결될 수밖에 없는 관계에 있는 경우, 乙은 甲이 받은 허가처분의 취소를 구할 원고적격이 있다. O | X

인가·허가 등 수익적 행정처분을 신청한 여러 사람이 서로 경원관계에 있어서 한 사람에 대한 허가 등 처분이 다른 사람에 대한 불허가 등으로 귀결될 수밖에 없을 때 허가 등 처분을 받지 못한 사람은 신청에 대한 거부처분의 직접 상대방으로서 원칙적으로 자신에 대한 거부처분의 취소를 구할 원고적격이 있고, 취소판결이 확정되는 경우 판결의 직접적인 효과로 경원자에 대한 허가 등 처분이 취소되거나 효력이 소멸되는 것은 아니더라도 행정청은 취소판결의 기속력에 따라 판결에서 확인된 위법사유를 배제한 상태에서 취소판결의 원고와 경원자의 각 신청에 관하여 처분요건의 구비 여부와 우열을 다시 심사하여야 할 의무가 있으며, 재심사 결과 경원자에 대한 수익적 처분이 직권취소되고 취소판결의 원고에게 수익적 처분이 이루어질 가능성을 완전히 배제할 수는 없으므로, 특별한 사정이 없는 한 경원관계에서 허가 등 처분을 받지 못한 사람은 자신에 대한 거부처분의 취소를 구할 소의 이익이 있다(대판 2015.10.29. 2013두27517).

정답 063 X 064 X 065 X 066 ○

16. 지방직 7급

067
□□□

경원관계에서 허가처분을 받지 못한 사람은 자신에 대한 거부처분이 취소되더라도, 그 판결의 직접적 효과로 경원자에 대한 허가처분이 취소되거나 효력이 소멸하는 것은 아니므로 자신에 대한 거부처분의 취소를 구할 소의 이익이 없다. O | X

거부처분을 취소할 소의 이익이 있다(대판 2015.10.29. 2013두27517).

14. 서울시 9급

068
□□□

원자로시설부지 인근주민들이 방사성 물질 등에 의한 생명 · 신체의 안전침해를 이유로 부지사전승인처분의 취소를 구하는 경우 원고적격이 있다. O | X

환경영향평가법 제7조에 정한 환경영향평가대상지역 안의 주민들이 방사성 물질 이외의 원인에 의한 환경침해를 받지 아니하고 생활할 수 있는 이익도 직접적 · 구체적 이익으로서 그 보호대상으로 삼고 있다고 보이므로, 위 환경영향평가대상지역 안의 주민에게는 방사성 물질 이외에 원전냉각수 순환시 발생되는 온배수로 인한 환경침해를 이유로 부지사전승인처분의 취소를 구할 원고적격도 있다(대판 1998.9.4. 97누19588).

17. 지방직 9급

069
□□□

교육부장관이 사학분쟁조정위원회의 심의를 거쳐 이사와 임시이사를 선임한 데 대하여 대학 교수협의회와 총학생회는 제3자로서 취소소송을 제기할 자격이 있다. O | X

구 사립학교법과 구 사립학교법 시행령 및 乙법인 정관규정은 헌법 제31조 제4항에 정한 교육의 자주성과 대학의 자율성에 근거한 甲대학교 교수협의회와 총학생회의 학교운영참여권을 구체화하여 이를 보호하고 있다고 해석되므로, 甲대학교 교수협의회와 총학생회는 이사선임처분을 다툴 법률상 이익을 가지지만, 고등교육법령은 교육받을 권리나 학문의 자유를 실현하는 수단으로서 학생회와 교수회와는 달리 학교의 직원으로 구성된 노동조합의 성립을 예정하고 있지 아니하고, 노동조합은 근로자가 주체가 되어 자주적으로 단결하여 근로조건의 유지 · 개선 기타 근로자의 경제적 · 사회적 지위의 향상을 도모하기 위하여 조직된 단체인 점 등을 고려할 때, 학교의 직원으로 구성된 노동조합이 교육받을 권리나 학문의 자유를 실현하는 수단으로서 직접 기능한다고 볼 수는 없으므로, 개방이사에 관한 구 사립학교법과 구 사립학교법 시행령 및 乙법인 정관규정이 학교직원들로 구성된 전국대학노동조합 乙대학교지부의 법률상 이익까지 보호하고 있는 것으로 해석할 수는 없다(대판 2015.7.23. 2012두19496).

11. 국가직 9급

070
□□□

대법원은 속리산국립공원 용화집단시설지구의 개발을 위한 공원사업시행허가에 대한 취소소송사건에서 자연공원법령뿐만 아니라 허가와 불가분적으로 관계가 있는 환경영향평가법령도 공원사업시행허가처분의 근거 법령이 된다고 판시하여 근거 법률의 범위를 확대하였다. O | X

환경영향평가에 관한 위 자연공원법령 및 환경영향평가법령상의 관련 규정의 취지는 집단시설지구개발사업으로 인하여 직접적이고 중대한 환경피해를 입으리라고 예상되는 환경영향평가대상지역 안의 주민들이 개발 전과 비교하여 수인한도를 넘는 환경침해를 받지 아니하고 쾌적한 환경에서 생활할 수 있는 개별적 이익까지도 이를 보호하려는 데에 있다 할 것이므로, 위 주민들이 위 변경승인처분과 관련하여 갖고 있는 위와 같은 환경상의 이익은 주민 개개인에 대하여 개별적으로 보호되는 직접적 · 구체적인 이익이라고 보아야 할 것이어서, 국립공원 집단시설지구개발사업으로 인하여 직접적이고 중대한 환경피해를 입으리라고 예상되는 환경영향평가대상지역 안의 주민들이 누리고 있는 환경상의 이익이 위 변경승인처분으로 인하여 침해되거나 침해될 우려가 있는 경우에는 그 주민들에게 위 변경승인처분과 그 변경승인처분의 취소를 구하는 행정심판청구를 각하한 재결의 취소를 구할 원고적격이 있다고 보아야 한다(대판 2001.7.27. 99두2970).

정답 067 X 068 ○ 069 ○ 070 ○

14. 서울시 9급, 12. 지방직 7급 · 지방직 9급

071
□□□

행정처분의 근거 법규 등에 그 처분으로써 이루어지는 행위 등 사업으로 인하여 환경상 침해를 받으리라고 예상되는 영향권의 범위가 구체적으로 규정되어 있는 경우에는 그 영향권 내의 주민들의 환경상의 이익은 주민 개개인에 대하여 개별적으로 보호되는 직접적 · 구체적 이익이다. O | X

집단시설지구개발사업으로 인하여 직접적이고 중대한 환경피해를 입으리라고 예상되는 환경영향평가대상지역 안의 주민들이 … 갖고 있는 위와 같은 환경상의 이익은 주민 개개인에 대하여 개별적으로 보호되는 직접적 · 구체적인 이익이라고 보아야 한다(대판 2001.7.27. 99두2970).

15. 교행직 9급, 13. 국가직 7급 · 국회직 8급

072
□□□

행정처분으로써 이루어지는 사업으로 환경상 침해를 받으리라고 예상되는 영향권의 범위가 그 처분의 근거 법규 등에 구체적으로 규정되어 있는 경우 영향권 내의 주민에게는 원고적격이 인정되나 영향권 밖의 주민에게는 원고적격이 인정되지 않는다는 것이 대법원의 태도이다. O | X

그 영향권 밖의 주민들은 당해 처분으로 인하여 그 처분 전과 비교하여 수인한도를 넘는 환경피해를 받거나 받을 우려가 있다는 자신의 환경상 이익에 대한 침해 또는 침해 우려가 있음을 입증하여야만 법률상 보호되는 이익으로 인정되어 원고적격이 인정된다고 볼 것이다(대판 2006.12.22. 2006두14001).

21. 소방간부

073
□□□

행정처분의 근거 법규 또는 관련 법규에 그 처분으로써 이루어지는 행위 등 사업으로 인하여 환경상 침해 영향권의 범위가 구체적으로 규정되어 있는 경우, 그 영향권 밖의 주민들은 당해 처분으로 인하여 자신의 환경상 이익에 대한 침해 또는 침해 우려가 있음을 증명하여야만 원고적격이 인정된다. O | X

행정처분의 직접 상대방이 아닌 자로서 그 처분에 의하여 자신의 환경상 이익이 침해받거나 침해받을 우려가 있다는 이유로 취소나 무효확인을 구하는 제3자는, 자신의 환경상 이익이 그 처분의 근거 법규 또는 관련 법규에 의하여 개별적 · 직접적 · 구체적으로 보호되는 이익, 즉 법률상 보호되는 이익임을 입증하여야 원고적격이 인정된다. 다만, 그 행정처분의 근거 법규 또는 관련 법규에 그 처분으로써 이루어지는 행위 등 사업으로 인하여 환경상 침해를 받으리라고 예상되는 영향권의 범위가 구체적으로 규정되어 있는 경우에는, 그 영향권 내의 주민들에 대하여는 당해 처분으로 인하여 직접적이고 중대한 환경피해를 입으리라고 예상할 수 있고, 이와 같은 환경상의 이익은 주민 개개인에 대하여 개별적으로 보호되는 직접적 · 구체적 이익으로서 그들에 대하여는 특단의 사정이 없는 한 환경상 이익에 대한 침해 또는 침해 우려가 있는 것으로 사실상 추정되어 법률상 보호되는 이익으로 인정됨으로써 원고적격이 인정되며, 그 영향권 밖의 주민들은 당해 처분으로 인하여 그 처분 전과 비교하여 수인한도를 넘는 환경피해를 받거나 받을 우려가 있다는 자신의 환경상 이익에 대한 침해 또는 침해 우려가 있음을 입증하여야만 법률상 보호되는 이익으로 인정되어 원고적격이 인정된다(대판 2009.9.24. 2009두2825).

정답 071 ○ 072 ○ 073 ○

18. 국회직 8급

074 □□□

우리 헌법재판소는 손실보상규정이 없어 손실보상을 할 수 없으나 수인한도를 넘는 침해가 있는 경우에는 침해를 야기한 행위가 위법하므로 그에 대한 항고소송을 제기할 수 있다고 한다. O | X

도시계획법 제21조에 규정된 개발제한구역제도 그 자체는 원칙적으로 합헌적인 규정인데, 다만 개발제한구역의 지정으로 말미암아 일부 토지소유자에게 사회적 제약의 범위를 넘는 가혹한 부담이 발생하는 예외적인 경우에 대하여 보상규정을 두지 않은 것에 위헌성이 있는 것이고, 보상의 구체적 기준과 방법은 헌법재판소가 결정할 성질의 것이 아니라 광범위한 입법형성권을 가진 입법자가 입법정책적으로 정할 사항이므로, 입법자가 보상입법을 마련함으로써 위헌적인 상태를 제거할 때까지 위 조항을 형식적으로 존속케 하기 위하여 헌법불합치결정을 하는 것인바, 입법자는 되도록 빠른 시일 내에 보상입법을 하여 위헌적 상태를 제거할 의무가 있고, 행정청은 보상입법이 마련되기 전에는 새로 개발제한구역을 지정하여서는 아니 되며, 토지소유자는 보상입법을 기다려 그에 따른 권리 행사를 할 수 있을 뿐 개발제한구역의 지정이나 그에 따른 토지재산권의 제한 그 자체의 효력을 다투거나 위 조항에 위반하여 행한 자신들의 행위의 정당성을 주장할 수는 없다(헌재 1998.12.24. 89헌마214 등).

14. 서울시 9급

075 □□□

1일 50t의 쓰레기를 소각하는 시설의 부지경계선으로부터 300m 안의 주민들이 폐기물소각시설의 입지지역을 결정·고시한 처분의 무효확인을 구하는 경우 원고적격이 있다. O | X

구 폐기물처리시설 설치촉진 및 주변지역지원 등에 관한 법률 및 같은 법 시행령의 관계 규정의 취지는 처리능력이 1일 50t인 소각시설을 설치하는 사업으로 인하여 직접적이고 중대한 환경상의 침해를 받으리라고 예상되는 직접영향권 내에 있는 주민들이나 폐기물소각시설의 부지경계선으로부터 300m 이내의 간접영향권 내에 있는 주민들이 사업 시행 전과 비교하여 수인한도를 넘는 환경피해를 받지 아니하고 쾌적한 환경에서 생활할 수 있는 개별적인 이익까지도 이를 보호하려는 데에 있다 할 것이므로, 위 주민들이 소각시설입지지역결정·고시와 관련하여 갖는 위와 같은 환경상의 이익은 주민 개개인에 대하여 개별적으로 보호되는 직접적·구체적 이익으로서 그들에 대하여는 특단의 사정이 없는 한 환경상의 이익에 대한 침해 또는 침해 우려가 있는 것으로 사실상 추정되어 폐기물소각시설의 입지지역을 결정·고시한 처분의 무효확인을 구할 원고적격이 인정된다(대판 2005.3.11. 2003두13489).

16. 국가직 9급

076 □□□

국가기관인 시·도 선거관리위원회 위원장은 국민권익위원회가 그에게 소속 직원에 대한 중징계 요구를 취소하라는 등의 조치 요구를 한 것에 대해서 취소소송을 제기할 원고적격을 가진다고 볼 수 없다. O | X

甲이 국민권익위원회에 부패방지 및 국민권익위원회의 설치와 운영에 관한 법률(이하 '국민권익위원회법'이라 한다)에 따른 신고와 신분보장조치를 요구하였고, 국민권익위원회가 甲의 소속기관 장인 乙 시·도선거관리위원회 위원장에게 '甲에 대한 중징계요구를 취소하고 향후 신고로 인한 신분상 불이익처분 및 근무조건상의 차별을 하지 말 것을 요구'하는 내용의 조치 요구를 한 사안에서, 국가기관 일방의 조치 요구에 불응한 상대방 국가기관에 국민권익위원회법상의 제재규정과 같은 중대한 불이익을 직접적으로 규정한 다른 법령의 사례를 찾아보기 어려운 점, 그럼에도 乙이 국민권익위원회의 조치 요구를 다툴 별다른 방법이 없는 점 등에 비추어 보면, 처분성이 인정되는 위 조치 요구에 불복하고자 하는 乙로서는 조치 요구의 취소를 구하는 항고소송을 제기하는 것이 유효·적절한 수단이므로 비록 乙이 국가기관이더라도 당사자능력 및 원고적격을 가진다고 보는 것이 타당하고, 乙이 위 조치 요구 후 甲을 파면하였다고 하더라도 조치 요구가 곧바로 실효된다고 할 수 없고 乙은 여전히 조치 요구를 따라야 할 의무를 부담하므로 乙에게는 위 조치 요구의 취소를 구할 법률상 이익도 있다고 본 원심판단을 정당하다(대판 2013.7.25. 2011두1214).

정답 074 X 075 ○ 076 X

23 · 16. 국가직 9급

077

□□□

생태 · 자연도 1등급으로 지정되었던 지역을 2등급 또는 3등급으로 변경하는 내용의 환경부장관의 결정에 대해 해당 1등급 권역의 인근 주민은 취소소송을 제기할 원고적격이 인정된다. O | X

환경부장관이 생태 · 자연도 1등급으로 지정되었던 지역을 2등급 또는 3등급으로 변경하는 내용의 생태 · 자연도 수정 · 보완을 고시하자, 인근 주민 甲이 생태 · 자연도 등급변경처분의 무효확인을 청구한 사안에서, 생태 · 자연도의 작성 및 등급변경의 근거가 되는 구 자연환경보전법 제34조 제1항 및 그 시행령 제27조 제1항 · 제2항에 의하면, 생태 · 자연도는 토지이용 및 개발계획의 수립이나 시행에 활용하여 자연환경을 체계적으로 보전 · 관리하기 위한 것일 뿐, 1등급 권역의 인근 주민들이 가지는 생활상 이익을 직접적이고 구체적으로 보호하기 위한 것이 아님이 명백하고, 1등급 권역의 인근 주민들이 가지는 이익은 환경보호라는 공공의 이익이 달성됨에 따라 반사적으로 얻게 되는 이익에 불과하므로, 인근 주민에 불과한 甲은 생태 · 자연도 등급권역을 1등급에서 일부는 2등급으로, 일부는 3등급으로 변경한 결정의 무효확인을 구할 원고적격이 없다(대판 2014.2.21. 2011두29052).

12. 지방직 7급

078

□□□

납골당 설치장소로부터 500m 내에 20호 이상의 인가가 밀집한 지역에 거주하는 주민들의 경우, 납골당이 누구에 의하여 설치되는지와 관계없이 납골당 설치에 대하여 환경이익 침해 또는 침해 우려가 있는 것으로 사실상 추정되어 원고적격이 인정된다. O | X

납골묘, 납골탑, 가족 또는 종중 · 문중 납골당 등 사설납골시설의 설치장소에 제한을 둔 것은, 이러한 사설납골시설을 인가가 밀집한 지역 인근에 설치하지 못하게 함으로써 주민들의 쾌적한 주거, 경관, 보건위생 등 생활환경상의 개별적 이익을 직접적 · 구체적으로 보호하려는 데 취지가 있으므로, 이러한 납골시설 설치장소에서 500m 내에 20호 이상의 인가가 밀집한 지역에 거주하는 주민들은 납골당 설치에 대하여 환경상 이익 침해를 받거나 받을 우려가 있는 것으로 사실상 추정된다. 다만 사설납골시설 중 종교단체 및 재단법인이 설치하는 납골당에 대하여는 그와 같은 설치장소를 제한하는 규정을 명시적으로 두고 있지 않지만, 종교단체나 재단법인이 설치한 납골당이라 하여 납골당으로서 성질이 가족 또는 종중, 문중 납골당과 다르다고 할 수 없고, 인근 주민들이 납골당에 대하여 가지는 쾌적한 주거, 경관, 보건위생 등 생활환경상의 이익에 차이가 난다고 볼 수 없다. 따라서 납골당 설치장소에서 500m 내에 20호 이상의 인가가 밀집한 지역에 거주하는 주민들에게는 납골당이 누구에 의하여 설치되는지를 따질 필요 없이 납골당 설치에 대하여 환경이익 침해 또는 침해 우려가 있는 것으로 사실상 추정되어 원고적격이 인정된다고 보는 것이 타당하다(대판 2011.9.8. 2009두6766).

19. 서울시 7급

079

□□□

개발제한구역 안에서의 공장설립을 승인한 처분이 위법하다는 이유로 쟁송취소되었다면, 설령 그 승인처분에 기초한 공장건축허가처분이 잔존하는 경우에도 인근 주민들에게는 공장건축허가처분의 취소를 구할 법률상 이익이 없다. O | X

개발제한구역 안에서의 공장설립을 승인한 처분이 위법하다는 이유로 쟁송취소되었다고 하더라도 그 승인처분에 기초한 공장건축허가처분이 잔존하는 이상, 공장설립승인처분이 취소되었다는 사정만으로 인근 주민들의 환경상 이익이 침해되는 상태나 침해될 위험이 종료되었다거나 이를 시정할 수 있는 단계가 지나버렸다고 단정할 수는 없고, 인근 주민들은 여전히 공장건축허가처분의 취소를 구할 법률상 이익이 있다고 보아야 한다(대판 2018.7.12. 2015두3485).

정답 077 X 078 ○ 079 X

21. 소방간부

080
□□□

김해시장이 낙동강에 합류하는 하천수 주변의 토지에 구 산업집적활성화 및 공장설립에 관한 법률 제13조에 따라 공장설립을 승인하는 처분을 한 경우, 공장설립으로 수질오염 등이 발생할 우려가 있는 취수장에서 물을 공급받는 부산광역시 또는 양산시에 거주하는 주민들도 원고적격이 인정된다. O | X

수돗물을 공급받아 이를 마시거나 이용하는 주민들로서는 위 근거 법규 및 관련 법규가 환경상 이익의 침해를 받지 않은 채 깨끗한 수돗물을 마시거나 이용할 수 있는 자신들의 생활환경상의 개별적 이익을 직접적·구체적으로 보호하고 있음을 증명하여 원고적격을 인정받을 수 있다.

관련 판례

상수원인 물금취수장이 소감천이 흘러 내려 낙동강 본류와 합류하는 지점 근처에 위치하고 있는 점, 수돗물은 수도관 등 급수시설에 의해 공급되는 것이어서 거주지역이 물금취수장으로부터 다소 떨어진 곳이라고 하더라도 수돗물의 수질악화 등으로 주민들이 갖게 되는 환경상 이익의 침해나 그 우려는 그 수돗물을 공급하는 취수시설이 입게 되는 수질오염 등의 피해나 그 우려와 동일하게 평가될 수 있는 점 등에 비추어, 공장설립으로 수질오염 등이 발생할 우려가 있는 물금취수장에서 취수된 물을 공급받는 부산광역시 또는 양산시에 거주하는 주민들도 위 처분의 근거 법규 및 관련 법규에 의하여 개별적·구체적·직접적으로 보호되는 환경상 이익, 즉 법률상 보호되는 이익이 침해되거나 침해될 우려가 있는 주민으로서 원고적격이 인정된다(대판 2010.4.15. 2007두16127).

16. 지방직 9급

081
□□□

재단법인인 甲수녀원은 소속된 수녀 등이 쾌적한 환경에서 생활할 수 있는 환경상 이익을 침해받는다면 매립목적을 택지조성에서 조선시설용지로 변경하는 내용의 공유수면매립목적 변경승인처분의 무효확인을 구할 원고적격이 있다. O | X

재단법인 甲수녀원이, 매립목적을 택지조성에서 조선시설용지로 변경하는 내용의 공유수면매립목적 변경승인처분으로 인하여 법률상 보호되는 환경상 이익을 침해받았다면서 행정청을 상대로 처분의 무효확인을 구하는 소송을 제기한 사안에서, 공유수면매립목적 변경승인처분으로 甲수녀원에 소속된 수녀 등이 쾌적한 환경에서 생활할 수 있는 환경상 이익을 침해받는다고 하더라도 이를 가리켜 곧바로 甲수녀원의 법률상 이익이 침해된다고 볼 수 없고, 자연인이 아닌 甲수녀원은 쾌적한 환경에서 생활할 수 있는 이익을 향수할 수 있는 주체가 아니므로 위 처분으로 위와 같은 생활상의 이익이 직접적으로 침해되는 관계에 있다고 볼 수도 없으며, 위 처분으로 환경에 영향을 주어 甲수녀원이 운영하는 쨈 공장에 직접적이고 구체적인 재산적 피해가 발생한다거나 甲수녀원이 폐쇄되고 이전해야 하는 등의 피해를 받거나 받을 우려가 있다는 점 등에 관한 증명도 부족하다는 이유로, 甲수녀원에 처분의 무효확인을 구할 원고적격이 없다(대판 2012.6.28. 2010두2005).

16. 지방직 9급, 14. 경행특채 1차

082
□□□

기존의 고속형 시외버스운송사업자 A는 경업관계에 있는 직행형 시외버스운송사업자에 대한 사업계획변경인가처분의 취소를 구할 법률상 이익이 있다. O | X

고속형 시외버스운송사업과 직행형 시외버스운송사업은 다 같이 운행계통을 정하고 여객을 운송하는 노선여객자동차운송사업 중 시외버스운송사업에 속하므로, 위 두 운송사업이 사용버스의 종류, 운행거리, 운행구간, 중간정차 여부 등에서 달리 규율된다는 사정만으로 본질적인 차이가 있다고 할 수 없으며, 직행형 시외버스운송사업자에 대한 사업계획변경인가처분으로 인하여 기존의 고속형 시외버스운송사업자의 노선 및 운행계통과 직행형 시외버스운송사업자들의 그것들이 일부 중복되게 되고 기존업자의 수익감소가 예상된다면, 기존의 고속형 시외버스운송사업자와 직행형 시외버스운송사업자들은 경업관계에 있는 것으로 봄이 상당하므로, 기존의 고속형 시외버스운송사업자에게 직행형 시외버스운송사업자에 대한 사업계획변경인가처분의 취소를 구할 법률상의 이익이 있다(대판 2010.11.11. 2010두4179).

정답 080 ○ 081 X 082 ○

16. 지방직 9급

083 □□□

학교법인에 의하여 임원으로 선임된 B는 자신에 대한 관할청의 임원취임승인신청 반려처분 취소소송의 원고적격이 있다. O | X

학교법인의 이사장 · 이사 · 감사 등의 임원은 이사회의 선임을 거쳐 관할청의 승인을 받아 취임하도록 규정하고 있는바, 관할청의 임원취임승인행위는 학교법인의 임원선임행위의 법률상 효력을 완성케 하는 보충적 법률행위이다. 따라서 관할청이 학교법인의 임원취임승인신청에 대하여 이를 반려하거나 거부하는 경우 학교법인에 의하여 임원으로 선임된 사람은 학교법인의 임원으로 취임할 수 없게 되는 불이익을 입게 되는바, 이와 같은 불이익은 간접적이거나 사실상의 불이익이 아니라 직접적이고도 구체적인 법률상의 불이익이라 할 것이므로 학교법인에 의하여 임원으로 선임된 사람에게는 관할청의 임원취임승인신청 반려처분을 다툴 수 있는 원고적격이 있다(대판 2007.12.27. 2005두9651).

16. 지방직 9급

084 □□□

예탁금회원제 골프장에 가입되어 있는 기존 회원 C는 그 골프장 운영자가 당초 승인을 받을 때 정한 예정인원을 초과하여 회원을 모집하는 내용의 회원모집계획서에 대한 시 · 도지사의 검토결과 통보의 취소를 구할 법률상 이익이 있다. O | X

행정처분으로서의 통보에 대하여는 그 직접 상대방이 아닌 제3자라도 그 취소를 구할 법률상의 이익이 있는 경우에는 원고적격이 인정되는바, 회사가 정하는 자격기준에 준하는 자로서 입회승인을 받은 회원은 일정한 입회금을 납부하고 회사가 지정한 시설을 이용할 때에는 회사가 정한 요금을 지불하여야 하며 회사는 회원의 입회금을 상환하도록 정해져 있는 이른바 예탁금회원제 골프장에 있어서, 체육시설업자 또는 그 사업계획의 승인을 얻은 자가 회원모집계획서를 제출하면서 허위의 사업시설 설치공정확인서를 첨부하거나 사업계획의 승인을 받을 때 정한 예정인원을 초과하여 회원을 모집하는 내용의 회원모집계획서를 제출하여 그에 대한 시 · 도지사 등의 검토결과 통보를 받는다면 이는 기존 회원의 골프장에 대한 법률상의 지위에 영향을 미치게 되므로, 이러한 경우 기존 회원은 위와 같은 회원모집계획서에 대한 시 · 도지사의 검토결과 통보의 취소를 구할 법률상의 이익이 있다고 보아야 한다(대판 2009.2.26. 2006두16243).

17. 지방직 9급

085 □□□

가중요건이 부령인 시행규칙상 처분기준으로 규정되어 있는 경우(예 식품위생법 시행규칙 제89조 [별표 23] 행정처분기준), 처분에서 정한 제재기간이 경과하였다면 그에 따라 선행처분을 받은 상대방은 그 처분의 취소를 구할 법률상 이익이 없다. O | X

제재적 행정처분의 가중사유나 전제요건에 관한 규정이 법령이 아니라 규칙의 형식으로 되어 있다고 하더라도, 그러한 규칙이 법령에 근거를 두고 있는 이상 그 법적 성질이 대외적 · 일반적 구속력을 갖는 법규명령인지 여부와는 상관없이, 관할 행정청이나 담당공무원은 이를 준수할 의무가 있으므로 이들이 그 규칙에 정해진 바에 따라 행정작용을 할 것이 당연히 예견되고, 그 결과 행정작용의 상대방인 국민으로서는 그 규칙의 영향을 받을 수밖에 없다. … 이상의 여러 사정과 아울러, 국민의 재판청구권을 보장한 헌법 제27조 제1항의 취지와 행정처분으로 인한 권익침해를 효과적으로 구제하려는 행정소송법의 목적 등에 비추어 행정처분의 존재로 인하여 국민의 권익이 실제로 침해되고 있는 경우는 물론이고 권익침해의 구체적 · 현실적 위험이 있는 경우에도 이를 구제하는 소송이 허용되어야 한다는 요청을 고려하면, 규칙이 정한 바에 따라 선행처분을 가중사유 또는 전제요건으로 하는 후행처분을 받을 우려가 현실적으로 존재하는 경우에는, 선행처분을 받은 상대방은 비록 그 처분에서 정한 제재기간이 경과하였다 하더라도 그 처분의 취소소송을 통하여 그러한 불이익을 제거할 권리보호의 필요성이 충분히 인정된다고 할 것이므로, 선행처분의 취소를 구할 법률상 이익이 있다고 보아야 한다(대판 2006.6.22. 2003두1684 전합).

정답 083 ○ 084 ○ 085 X

12. 국회직 8급

086 □□□

건강보험요양급여행위 및 그 상대가치점수 개정 고시의 취소소송에서 사단법인 대한의사협회는 원고적격이 있다. O | X

사단법인 대한의사협회는 의료법에 의하여 의사들을 회원으로 하여 설립된 사단법인으로서, 국민건강보험법상 요양급여행위, 요양급여비용의 청구 및 지급과 관련하여 직접적인 법률관계를 갖지 않고 있으므로, 보건복지부 고시인 '건강보험요양급여행위 및 그 상대가치점수 개정'으로 인하여 자신의 법률상 이익을 침해당하였다고 할 수 없다는 이유로 위 고시의 취소를 구할 원고적격이 없다(대판 2006.5.25. 2003두11988).

08. 국가직 7급

087 □□□

한의사 면허는 경찰금지를 해제하는 명령적 행위에 해당하고 한약조제시험을 통하여 약사에게 한약조제권을 인정함으로써 한의사들의 영업상 이익이 감소되었다고 하더라도 이는 사실상 이익에 불과하기 때문에 한약조제권을 인정받은 약사들에 대한 합격처분의 무효확인을 구하는 한의사의 소는 부적법하다. O | X

한의사는, 약사에게 한약조제권을 인정해 주는 한약조제시험 합격처분의 효력에 대하여 다툴 원고적격이 없다(대판 1998.3.10. 97누4289).

12. 국가직 7급

088 □□□

도시계획사업 시행지역에 포함된 토지의 소유자에게 도시계획사업 실시계획 인가처분에 대한 취소소송을 제기할 법률상 이익이 있다. O | X

도시계획사업 시행지역에 포함된 토지의 소유자는 도시계획사업 실시계획의 인가로 인하여 자기의 토지가 수용당하게 되고 또 자기의 토지가 수용되지 않는 경우에도 도시계획사업이 시행되어 도시계획시설이 어떻게 설치되느냐에 따라 토지의 이용관계가 달라질 수 있으므로, 도시계획사업 시행지역에 포함된 토지의 소유자는 도시계획사업 실시계획 인가처분의 효력을 다툴 이익이 있다(대판 1995.12.8. 93누9927).

12. 국회직 8급

089 □□□

운수회사에 대한 과징금부과처분에 대한 취소소송에서 그 부과처분이 자신의 잘못으로 인한 것으로 사후 사실상 변상하여 줄 관계에 있는 운전기사는 원고적격이 있다. O | X

회사의 노사간에 임금협정을 체결함에 있어 운전기사의 합승행위 등으로 회사에 대하여 과징금이 부과되면 당해 운전기사에 대한 상여금지급시 그 금액 상당을 공제하기로 함으로써 과징금의 부담을 당해 운전기사에게 전가하도록 규정하고 있고 이에 따라 당해 운전기사의 합승행위를 이유로 회사에 대하여 한 과징금부과처분으로 말미암아 당해 운전기사의 상여금지급이 제한되었다고 하더라도, 과징금부과처분의 직접 당사자 아닌 당해 운전기사로서는 그 처분의 취소를 구할 직접적이고 구체적인 이익이 있다고 볼 수 없다(대판 1994.4.12. 93누24247).

13. 국회직 8급

090 □□□

면허받은 장의자동차운송사업구역을 위반하였음을 이유로 한 행정청의 과징금부과처분에 의하여 동종업자의 영업이 보호되는 결과는 사업구역제도의 반사적 이익에 불과하기 때문에 그 과징금부과처분을 취소한 재결에 대하여 처분의 상대방이 아닌 제3자는 그 취소를 구할 법률상 이익이 없다. O | X

대판 1992.12.8. 91누13700 판례에 대한 옳은 내용이다.

정답 086 X 087 ○ 088 ○ 089 X 090 ○

12. 지방직 9급

091 □□□

헌법재판소에 의하면 도시계획사업의 시행으로 토지를 수용당한 사람은 도시계획결정과 토지수용이 당연무효가 아닌 한 도시계획결정 자체의 취소를 청구할 법률상의 이익이 없다. O | X

도시계획시설결정은 광범위한 지역과 상당한 기간에 걸쳐 다수의 이해관계인에게 다양한 법률적 · 경제적 영향을 미치는 것이 되어 일단 도시계획시설사업의 시행에 착수한 뒤에는 … 그 결정 자체의 취소나 해제를 요구할 권리를 일부의 이해관계인에게 줄 수는 없는 것이다. 그러므로 심판대상조항들에 대하여 위헌취지 결정을 한다고 하더라도 이에 따라 새로이 개정될 법은 도시계획결정의 성질상 도시계획사업이 시행되고 있지 아니한 토지들에 대하여 취소청구권 또는 해제청구권을 부여할 수 있을 뿐이지 이미 사업이 시행된 토지에 대하여는 그 취소나 해제를 요구할 권리를 부여할 수 없다. 그렇다면 도시계획사업의 시행으로 인한 토지수용에 의하여 이미 이 사건 토지에 대한 소유권을 상실한 청구인은 도시계획결정과 토지의 수용이 법률에 위반되어 당연무효라고 볼만한 특별한 사정이 보이지 않는 이상 이 사건 토지에 대한 도시계획결정의 취소를 청구할 법률상의 이익을 흠결하여 당해 소송은 적법한 것이 될 수 없다(헌재 2002.5.30. 2000헌바58).

19. 국회직 8급, 15. 국가직 9급

092 □□□

원천납세의무자는 원천징수의무자에 대한 납세고지를 다툴 수 있는 원고적격이 없다. O | X

원천징수에 있어서 원천납세의무자는 과세권자가 직접 그에게 원천세액을 부과한 경우가 아닌 한 과세권자의 원천징수의무자에 대한 납세고지로 인하여 자기의 원천세납세의무의 존부나 범위에 아무런 영향을 받지 아니하므로 이에 대하여 항고소송을 제기할 수 없다(대판 1994.9.9. 93누22234).

17. 지방직 9급, 13. 국회직 8급

093 □□□

인 · 허가 등 수익적 처분을 신청한 여러 사람이 상호 경쟁관계에 있다면, 그 처분이 타방에 대한 불허가 등으로 될 수 밖에 없는 때에도 수익적 처분을 받지 못한 사람은 처분의 직접상대방이 아니므로 원칙적으로 당해 수익적 처분의 취소를 구할 수 없다. O | X

행정소송법 제12조는 취소소송은 처분 등의 취소를 구할 법률상의 이익이 있는 자가 제기할 수 있다고 규정하고 있는바, 인 · 허가 등의 수익적 행정처분을 신청한 수인이 서로 경쟁관계에 있어서 일방에 대한 허가 등의 처분이 타방에 대한 불허가 등으로 귀결될 수밖에 없는 때(이른바 경원관계에 있는 경우로서 동일 대상지역에 대한 공유수면매립면허나 도로점용허가 혹은 일정지역에 있어서의 영업허가 등에 관하여 거리제한규정이나 업소개수제한규정 등이 있는 경우를 그 예로 들 수 있다) 허가 등의 처분을 받지 못한 자는 비록 경원자에 대하여 이루어진 허가 등 처분의 상대방이 아니라 하더라도 해당 처분의 취소를 구할 당사자적격이 있다 할 것이고, 다만 구체적인 경우에 있어서 그 처분이 취소된다 하더라도 허가 등의 처분을 받지 못한 불이익이 회복된다고 볼 수 없을 때에는 해당 처분의 취소를 구할 정당한 이익이 없다고 할 것이다(대판 1992.5.8. 91누13274).

23. 경찰간부, 17. 지방직 9급

094 □□□

환경정책기본법 제6조의 규정 내용 등에 비추어 국민에게 구체적인 권리를 부여한 것으로 볼 수 없더라도 환경영향평가 대상지역 밖에 거주하는 주민에게 헌법상의 환경권 또는 환경정책기본법에 근거하여 공유수면매립면허처분과 농지개량사업 시행인가처분의 무효확인을 구할 원고적격이 있다. O | X

헌법 제35조 제1항에서 정하고 있는 환경권에 관한 규정만으로는 그 권리의 주체 · 대상 · 내용 · 행사방법 등이 구체적으로 정립되어 있다고 볼 수 없고, 환경정책기본법 제6조도 그 규정 내용 등에 비추어 국민에게 구체적인 권리를 부여한 것으로 볼 수 없다는 이유로, 환경영향평가 대상지역 밖에 거주하는 주민에게 헌법상의 환경권 또는 환경정책기본법에 근거하여 공유수면매립면허처분과 농지개량사업 시행인가처분의 무효확인을 구할 원고적격이 없다(대판 2006.3.16. 2006두330).

정답 091 ○ 092 ○ 093 X 094 X

14. 서울시 7급

095 □□□

협의의 소익은 상고심 계속 중에도 존속해야 한다. O | X

소의 이익은 소송의 적법요건이므로 상고심에도 계속되어야 한다.

14. 사복직 9급

096 □□□

행정처분의 효력기간이 경과한 후에는 그 처분이 외형상 잔존함으로 인하여 어떠한 법률상 이익이 침해되고 있다고 볼 사정이 없는 한 그 처분의 취소를 구할 법률상 이익이 없다. O | X

행정처분이 법령이나 처분 자체에 의하여 효력기간이 정하여져 있는 경우에는 그 기간의 경과로 효력이 상실되므로 그 기간 경과 후에는 처분이 외형상 잔존함으로 인하여 어떠한 법률상의 이익이 침해되고 있다고 볼 만한 별다른 사정이 없는 한 그 처분의 취소 또는 무효확인을 구할 법률상의 이익은 없다(대판 1995.7.14. 95누4087).

21. 소방간부 유사, 15. 국가직 9급, 12 · 10. 지방직 9급

097 □□□

제재적 행적처분이 제재기간의 경과로 인하여 그 효과가 소멸되었고, 제재적 행정처분을 받은 것을 가중사유로 삼아 장래의 제재적 행정처분을 하도록 정한 처분기준이 부령인 시행규칙이라면 처분의 취소를 구할 이익이 없다. O | X

제재적 행정처분이 그 처분에서 정한 제재기간의 경과로 인하여 그 효과가 소멸되었으나, 부령인 시행규칙 또는 지방자치단체의 규칙(이하 이들을 '규칙'이라고 한다)의 형식으로 정한 처분기준에서 제재적 행정처분(이하 '선행처분'이라고 한다)을 받은 것을 가중사유나 전제요건으로 삼아 장래의 제재적 행정처분(이하 '후행처분'이라고 한다)을 하도록 정하고 있는 경우, 제재적 행정처분의 가중사유나 전제요건에 관한 규정이 법령이 아니라 규칙의 형식으로 되어 있다고 하더라도, 그러한 규칙이 법령에 근거를 두고 있는 이상 그 법적 성질이 대외적 · 일반적 구속력을 갖는 법규명령인지 여부와는 상관없이, 관할 행정청이나 담당공무원은 이를 준수할 의무가 있으므로 이들이 그 규칙에 정해진 바에 따라 행정작용을 할 것이 당연히 예견되고, 그 결과 행정작용의 상대방인 국민으로서는 그 규칙의 영향을 받을 수밖에 없다. 따라서 그러한 규칙이 정한 바에 따라 선행처분을 받은 상대방이 그 처분의 존재로 인하여 장래에 받을 불이익, 즉 후행처분의 위험은 구체적이고 현실적인 것이므로, 상대방에게는 선행처분의 취소소송을 통하여 그 불이익을 제거할 필요가 있다(대판 2006.6.22. 2003두1684 전합).

12. 국회직 8급

098 □□□

임원취임승인의 취소처분과 임시이사선임처분의 취소소송을 동시에 제기하여 소송계속 중 임시이사의 임기가 만료되고 새로운 임시이사가 선임된 경우는 적법한 소로 볼 수 없다. O | X

취임승인이 취소된 학교법인의 정식이사들로서는 그 취임승인취소처분 및 임시이사선임처분에 대한 각 취소를 구할 법률상 이익이 있고, 나아가 선행 임시이사선임처분의 취소를 구하는 소송 도중에 선행 임시이사가 후행 임시이사로 교체되었다고 하더라도 여전히 선행 임시이사선임처분의 취소를 구할 법률상 이익이 있다(대판 2007.7.19. 2006두19297 전합).

정답 095 ○ 096 ○ 097 X 098 X

23. 변호사, 21. 국가직 9급

099 □□□

지방법무사회가 법무사의 사무원 채용승인신청을 거부하여 사무원이 될 수 없게 된 자가 지방법무사회를 상대로 거부처분의 취소를 구하는 경우, 취소소송의 원고적격이 인정된다. O | X

지방법무사회가 법무사의 사무원 채용승인신청을 거부하거나 채용승인을 얻어 채용 중인 사람에 대한 채용승인을 취소하면, 상대방인 법무사로서도 그 사람을 사무원으로 채용할 수 없게 되는 불이익을 입게 될 뿐만 아니라, 그 사람도 법무사 사무원으로 채용되어 근무할 수 없게 되는 불이익을 입게 된다. 법무사규칙 제37조 제4항이 이의신청절차를 규정한 것은 채용승인을 신청한 법무사뿐만 아니라 사무원이 되려는 사람의 이익도 보호하려는 취지로 볼 수 있다. 따라서 지방법무사회의 사무원 채용승인거부처분 또는 채용승인취소처분에 대해서는 처분상대방인 법무사뿐만 아니라 그 때문에 사무원이 될 수 없게 된 사람도 이를 다툴 원고적격이 인정되어야 한다(대판 2020.4.9. 2015다34444).

10. 세무사

100 □□□

위법한 처분을 취소하더라도 원상회복이 불가능한 경우에는 원칙적으로 취소를 구할 소의 이익이 없다. O | X

위법한 행정처분의 취소를 구하는 소는 위법한 처분에 의하여 발생한 위법상태를 원상으로 회복시키고 그 처분으로 침해되거나 방해받은 권리와 이익을 보호 구제하고자 하는 소송이므로 비록 그 위법한 처분을 취소한다 하더라도 원상회복이 불가능한 경우에는 원칙적으로 그 취소를 구할 이익이 없다(대판 1993.9.14. 93누3905).

21. 지방직 9급, 12. 국회직 8급

101 □□□

지방의회의원의 징계처분에 대한 취소소송 계속 중에 의원의 임기가 만료된 경우는 적법한 소로 볼 수 없다. O | X

지방의회의원 제명의결 취소소송 계속 중 임기가 만료되어 제명의결의 취소로 지방의회의원으로서의 지위를 회복할 수는 없다 할지라도, 그 취소로 인하여 최소한 제명의결시부터 임기만료일까지의 기간에 대해 월정수당의 지급을 구할 수 있는 등 여전히 그 제명의결의 취소를 구할 법률상 이익은 남아 있다고 보아야 한다(대판 2009.1.30. 2007두13487).

21. 소방간부

102 □□□

지방의회의원에 대한 제명의결 취소소송 계속 중 의원의 임기가 만료된 경우, 제명의결의 취소로 의원의 지위를 회복할 수는 없으므로 제명의결시부터 임기만료일까지의 기간에 대한 월정수당의 지급을 구할 수 있다 하더라도 그 제명의결의 취소를 구할 법률상 이익을 인정할 수 없다. O | X

지방의회의원 제명의결 취소소송 계속 중 임기가 만료되어도 여전히 그 취소를 구할 소익은 남아 있다(대판 2009.1.30. 2007두13487).

정답 099 ○ 100 ○ 101 X 102 X

14. 지방직 7급

103 □□□

서울대학교 불합격처분의 취소를 구하는 소송계속 중 당해 연도의 입학시기가 지난 경우에도 불합격처분의 취소를 구할 법률상의 이익이 있다. O | X

원고들이 불합격처분의 취소를 구하는 이 사건 소송계속 중 당해 연도의 입학시기가 지났더라도 당해 연도의 합격자로 인정되면 다음 연도의 입학시기에 입학할 수도 있다고 할 것이고, 피고의 위법한 처분이 있게 됨에 따라 당연히 합격하였어야 할 원고들이 불합격처리되고 불합격되었어야 할 자들이 합격한 결과가 되었다면 원고들은 입학정원에 들어가는 자들이라고 하지 않을 수 없다고 할 것이므로 원고들로서는 피고의 불합격처분의 적법 여부를 다툴만한 법률상의 이익이 있다고 할 것이다(대판 1990.8.28. 89누8255).

14. 국가직 9급

104 □□□

한국방송공사 사장에 대한 해임처분의 무효확인 또는 취소소송 계속 중 임기가 만료되어 그 해임처분의 무효확인 또는 취소로 그 지위를 회복할 수는 없더라도 해임처분일부터 임기만료일까지 기간에 대한 보수지급을 구할 수 있는 경우에는 해임처분의 무효확인 또는 취소를 구할 법률상 이익이 있다. O | X

해임처분 무효확인 또는 취소소송 계속 중 임기가 만료되어 해임처분의 무효확인 또는 취소로 지위를 회복할 수는 없다고 할지라도, 그 무효확인 또는 취소로 해임처분일부터 임기만료일까지 기간에 대한 보수지급을 구할 수 있는 경우에는 해임처분의 무효확인 또는 취소를 구할 법률상 이익이 있다. 해임권자와 보수지급의무자가 다른 경우에도 마찬가지이다(대판 2012.2.23. 2011두5001).

15. 서울시 9급

105 □□□

행정심판과 행정소송이 동시에 제기되어 진행 중 행정심판의 인용재결이 행해지면 동일한 처분 등을 다투는 행정소송에 영향이 없지만, 기각재결이 있으면 행정소송은 소의 이익을 상실한다. O | X

행정심판과 행정소송이 동시에 제기되어 진행 중 행정심판의 인용재결이 행해지면 행정소송은 소의 이익을 상실한다. 하지만, 기각재결이 있는 경우에는 행정소송에 영향이 없다.

07. 세무사

106 □□□

의사국가시험에 불합격한 자가 새로 실시된 의사국가시험에 합격한 후 그 불합격처분의 취소를 구하는 경우에는 협의의 소익이 있다. O | X

치과의사국가시험 합격은 치과의사 면허를 부여받을 수 있는 전제요건이 된다고 할 것이나 국가시험에 합격하였다고 하여 위 면허취득의 요건을 갖추게 되는 이외에 그 자체만으로 합격한 자의 법률상 지위가 달라지게 되는 것은 아니므로 불합격처분 이후 새로 실시된 국가시험에 합격한 자들로서는 더 이상 위 불합격처분의 취소를 구할 법률상의 이익이 없다(대판 1993.11.9. 93누6867).

21. 지방직 9급, 13. 지방직 7급 유사

107 □□□

공익근무요원 소집해제신청을 거부한 후에 원고가 계속하여 공익근무요원으로 복무함에 따라 복무기간 만료를 이유로 소집해제처분을 한 경우, 원고는 거부처분의 취소를 구할 소의 이익이 있다. O | X

공익근무요원 소집해제신청을 거부한 후에 원고가 계속하여 공익근무요원으로 복무함에 따라 복무기간 만료를 이유로 소집해제처분을 한 경우, 원고가 입게 되는 권리와 이익의 침해는 소집해제처분으로 해소되었으므로 위 거부처분의 취소를 구할 소의 이익이 없다(대판 2005.5.13. 2004두4369).

정답 103 ○ 104 ○ 105 X 106 X 107 X

21. 소방유사, 19. 국가직 9급, 14. 사복직 9급, 10. 서울시 9급

108 □□□

현역입영대상자가 현역병입영통지처분에 따라 현실적으로 입영을 한 후에는 처분의 집행이 종료되었고 입영으로 처분의 목적이 달성되어 실효되었으므로 입영통지처분을 다툴 법률상 이익이 인정되지 않는다. O | X

병역법상 현역입영대상자로서는 현역병입영통지처분이 위법하다 하더라도 법원에 의하여 그 처분의 집행이 정지되지 아니하는 이상 현실적으로 입영을 할 수밖에 없으므로 … 현역입영대상자로서는 현실적으로 입영을 하였다고 하더라도, 입영 이후의 법률관계에 영향을 미치고 있는 현역병입영통지처분 등을 한 관할 지방병무청장을 상대로 위법을 주장하여 그 취소를 구할 소송상의 이익이 있다(대판 2003.12.26. 2003두1875).

13. 경행특채

109 □□□

현역병입영대상자로 병역처분을 받은 자가 그 취소소송 중 모병에 응하여 현역병으로 자진 입대한 경우 소의 이익이 없다. O | X

그 처분의 위법을 다툴 실제적 효용 내지 이익이 없다(대판 1998.9.8. 98두9165).

15. 국가직 9급, 14. 서울시 7급, 13. 지방직 7급

110 □□□

고등학교에서 퇴학처분을 받은 자가 고등학교 졸업학력 검정고시에 합격하였다면 퇴학처분의 취소를 구할 소의 이익이 없다. O | X

고등학교졸업이 대학입학자격이나 학력인정으로서의 의미밖에 없다고 할 수 없으므로 고등학교 졸업학력 검정고시에 합격하였다 하여 고등학교 학생으로서의 신분과 명예가 회복될 수 없는 것이니 퇴학처분을 받은 자로서는 퇴학처분의 위법을 주장하여 그 취소를 구할 소송상의 이익이 있다(대판 1992.7.14. 91누4737).

12. 국가직 7급

111 □□□

행정청이 공무원에 대하여 새로운 사유에 기한 직위해제처분을 한 경우에도 그 이전에 한 직위해제처분의 취소를 구할 소의 이익이 있다. O | X

행정청이 공무원에 대하여 새로운 직위해제사유에 기한 직위해제처분을 한 경우 그 이전에 한 직위해제처분은 이를 묵시적으로 철회하였다고 봄이 상당하므로, 그 이전 처분의 취소를 구하는 부분은 존재하지 않는 행정처분을 대상으로 한 것으로서 그 소의 이익이 없어 부적법하다(대판 2003.10.10. 2003두5945).

13. 서울시 7급

112 □□□

행정처분이 취소되면 그 처분은 효력을 상실하여 더 이상 존재하지 않는 것이고, 존재하지 않는 행정처분을 대상으로 한 취소소송은 소의 이익이 없어 부적법하다. O | X

행정처분의 무효확인 또는 취소를 구하는 소가 제소 당시에는 소의 이익이 있어 적법하였더라도, 소송 계속 중 처분청이 다툼의 대상이 되는 행정처분을 직권으로 취소하면 그 처분은 효력을 상실하여 더 이상 존재하지 않는 것이므로, 존재하지 않는 처분을 대상으로 한 항고소송은 원칙적으로 소의 이익이 소멸하여 부적법하다고 보아야 한다(대판 2020.4.9. 2019두49953).

정답 108 X 109 ○ 110 X 111 X 112 ○

21. 소방간부

113 □□□

행정처분의 무효확인 또는 취소를 구하는 소가 제소 당시에는 소의 이익이 있어 적법하였더라도, 소송 계속 중 처분청이 다툼의 대상이 되는 행정처분을 직권으로 취소했다면 원칙적으로 소의 이익이 소멸하여 부적법하다. O | X

행정처분을 다툴 소의 이익은 개별·구체적 사정을 고려하여 판단하여야 한다. 행정처분의 무효확인 또는 취소를 구하는 소가 제소 당시에는 소의 이익이 있어 적법하였더라도, 소송 계속 중 처분청이 다툼의 대상이 되는 행정처분을 직권으로 취소하면 그 처분은 효력을 상실하여 더 이상 존재하지 않는 것이므로, 존재하지 않는 처분을 대상으로 한 항고소송은 원칙적으로 소의 이익이 소멸하여 부적법하다고 보아야 한다. 다만 처분청의 직권취소에도 완전한 원상회복이 이루어지지 않아 무효확인 또는 취소로써 회복할 수 있는 다른 권리나 이익이 남아 있거나 또는 동일한 소송당사자 사이에서 그 행정처분과 동일한 사유로 위법한 처분이 반복될 위험성이 있어 행정처분의 위법성 확인 내지 불분명한 법률문제에 대한 해명이 필요한 경우 행정의 적법성 확보와 그에 대한 사법통제, 국민의 권리구제의 확대 등의 측면에서 예외적으로 그 처분의 취소를 구할 소의 이익을 인정할 수 있다(대판 2020.4.9. 2019두49953).

21. 소방간부

114 □□□

처분청의 직권취소에도 불구하고 완전한 원상회복이 이루어지지 않아 무효확인 또는 취소로써 회복할 수 있는 다른 권리나 이익이 남아 있더라도 그 처분의 취소를 구할 소의 이익을 인정할 수 없다. O | X

처분청의 직권취소에도 불구하고 완전한 원상회복이 이루어지지 않아 무효확인 또는 취소로써 회복할 수 있는 다른 권리나 이익이 남아 있거나 또는 동일한 소송당사자 사이에서 그 행정처분과 동일한 사유로 위법한 처분이 반복될 위험성이 있어 행정처분의 위법성 확인 내지 불분명한 법률문제에 대한 해명이 필요한 경우 행정의 적법성 확보와 그에 대한 사법통제, 국민의 권리구제의 확대 등의 측면에서 예외적으로 그 처분의 취소를 구할 소의 이익을 인정할 수 있을 뿐이다(대판 2019.6.27. 2018두49130).

21. 소방간부

115 □□□

제소 후 취소대상 행정처분이 기간의 경과 등으로 그 효과가 소멸하더라도, 동일한 소송당사자 사이에서 동일한 사유로 위법한 처분이 반복될 위험성이 있어 행정처분의 위법성 확인 내지 불분명한 법률문제에 대한 해명이 필요한 경우에는 그 처분의 취소를 구할 법률상 이익이 있다. O | X

제소 당시에는 권리보호의 이익을 모두 갖추었는데 제소 후 취소대상 행정처분이 기간의 경과 등으로 그 효과가 소멸한 때, 즉 제재적 행정처분의 기간 경과, 행정처분 자체의 효력기간 경과, 특정 기일의 경과 등으로 인하여 그 처분이 취소되어도 원상회복이 불가능하다고 보이는 경우라 하더라도, 동일한 소송당사자 사이에서 그 행정처분과 동일한 사유로 위법한 처분이 반복될 위험성이 있어 행정처분의 위법성 확인 내지 불분명한 법률문제에 대한 해명이 필요하다고 판단되는 경우, … 행정의 적법성 확보와 그에 대한 사법통제, 국민의 권리구제의 확대 등의 측면에서 여전히 그 처분의 취소를 구할 법률상 이익이 있다고 보아야 한다(대판 2007.7.19. 2006두19297).

정답 113 ○ 114 X 115 ○

18. 서울시 7급

116

□□□

처분청이 당초의 운전면허취소처분을 철회하고 정지처분을 하였다면, 당초의 처분인 운전면허취소처분은 철회로 인하여 그 효력이 상실되어 더 이상 존재하지 않는 것이고 그 후의 운전면허정지처분만이 남아 있는 것이라 할 것이며, 존재하지 않는 행정처분을 대상으로 한 취소소송은 소의 이익이 없어 부적법하다.

O | X

처분청이 당초의 운전면허취소처분을 신뢰보호의 원칙과 형평의 원칙에 반하는 너무 무거운 처분으로 보아 이를 철회하고 새로이 265일간의 운전면허정지처분을 하였다면, 당초의 처분인 운전면허취소처분은 철회로 인하여 그 효력이 상실되어 더 이상 존재하지 않는 것이고 그 후의 운전면허정지처분만이 남아 있는 것이라 할 것이며, 한편 존재하지 않는 행정처분을 대상으로 한 취소소송은 소의 이익이 없어 부적법하다(대판 1997.9.26. 96누1931).

14. 사복직 9급

117

□□□

행정청이 공무원에 대하여 직위해제처분을 하였다가 그 후에 새로운 직위해제사유에 기하여 다시 직위해제처분을 한 경우에도, 당해 공무원이 제기한 원래의 직위해제처분의 취소를 구하는 소송은 소의 이익이 있다.

O | X

행정청이 공무원에 대하여 새로운 직위해제사유에 기한 직위해제처분을 한 경우 그 이전에 한 직위해제처분은 이를 묵시적으로 철회하였다고 봄이 상당하므로, 그 이전 처분의 취소를 구하는 부분은 존재하지 않는 행정처분을 대상으로 한 것으로서 그 소의 이익이 없어 부적법하다(대판 2003.10.10. 2003두5945).

21. 소방간부

118

□□□

직위해제처분을 받았다가 다른 직위를 부여받은 경우에는 그 직위해제처분의 무효를 구할 소의 이익은 없다.

O | X

직위해제란 공무원에 있어서 그 직위를 계속 유지시킬 수 없는 사유가 있어 그 직위를 부여하지 아니하는 처분으로서 공무원이 직위해제처분을 받았다가 얼마 후에 다른 직위를 다시 부여받았다면 그 직위는 이미 회복되었다고 볼 것이므로 그 직위해제처분에 어떤 하자가 있음을 이유로 그 무효확인을 구할 소송상의 이익은 없다(대판 1987.9.8. 87누560).

21. 지방직 9급

119

□□□

파면처분취소소송의 사실심 변론종결 전에 금고 이상의 형을 선고받아 당연퇴직된 경우에도 해당 공무원은 파면처분의 취소를 구할 이익이 있다.

O | X

파면처분취소소송의 사실심 변론종결 전에 동 원고가 허위공문서 등 작성죄로 징역 8월에 2년간 집행유예의 형을 선고받아 확정되었다면 원고는 지방공무원법 제61조의 규정에 따라 위 판결이 확정된 날 당연퇴직되어 그 공무원의 신분을 상실하고, 당연퇴직이나 파면이 퇴직급여에 관한 불이익의 점에 있어 동일하다 하더라도 최소한도 이 사건 파면처분이 있은 때부터 위 법규정에 의한 당연퇴직일자까지의 기간에 있어서는 파면처분의 취소를 구하여 그로 인해 박탈당한 이익의 회복을 구할 소의 이익이 있다 할 것이다(대판 1985.6.25. 85누39).

정답 116 ○ 117 X 118 ○ 119 ○

17. 국가직 9급, 12. 사복직 9급, 08. 국회직 8급

120 □□□

환경영향평가에 관한 자연공원법령 및 환경영향평가법령들의 취지는 환경공익을 보호하려는 데 있으므로 환경영향평가 대상지역 안의 주민들이 수인한도를 넘는 환경침해를 받지 아니하고 쾌적한 환경에서 생활할 수 있는 개별적 이익까지 보호하는 데 있다고 볼 수는 없다. O | X

환경영향평가에 관한 자연공원법령 및 환경영향평가법령의 규정들의 취지는 집단시설지구개발사업이 환경을 해치지 아니하는 방법으로 시행되도록 함으로써 집단시설 지구개발사업과 관련된 환경공익을 보호하려는 데에 그치는 것이 아니라 그 사업으로 인하여 직접적이고 중대한 환경피해를 입으리라고 예상되는 환경영향평가 대상지역 안의 주민들이 개발 전과 비교하여 수인한도를 넘는 환경침해를 받지 아니하고 쾌적한 환경에서 생활할 수 있는 개별적 이익까지도 이를 보호하려는 데에 있다 할 것이므로, 위 주민들이 당해 변경승인 및 허가처분과 관련하여 갖고 있는 위와 같은 환경상의 이익은 단순히 환경공익 보호의 결과로 국민일반이 공통적으로 가지게 되는 추상적 · 평균적 · 일반적인 이익에 그치지 아니하고 주민 개개인에 대하여 개별적으로 보호되는 직접적 · 구체적인 이익이라고 보아야 한다(대판 1998.4.24. 97누3286).

18. 서울시 7급

121 □□□

주택건설사업계획 사전결정반려처분 취소청구소송의 계속 중 구 주택건설촉진법의 개정으로 주택건설사업계획 사전결정제도가 폐지된 경우 소의 이익이 없다. O | X

구 주택건설촉진법은 제32조의4에서 주택건설사업계획의 사전결정제도에 관하여 규정하고 있었으나 위 법률이 1999.2.8. 법률 제5908호로 개정되면서 위 제32조의4가 삭제되었고, 그 부칙 규정에 의하면 개정 후 법은 1999.3.1.부터 시행되며(부칙 제1조), 개정 후 법의 시행 당시 종전의 제32조의4의 규정에 의하여 사전결정을 한 주택건설사업은 종전의 규정에 따라 주택건설사업을 시행할 수 있다고 규정되어 있을 뿐(부칙 제2조), 개정 후 법의 시행 전에 사전결정의 신청이 있었으나 그 시행 당시 아직 사전결정이 되지 않은 경우에도 종전의 규정에 의한다는 취지의 규정을 두지 아니하고 있고, 따라서 개정 전의 법에 기한 주택건설사업계획 사전결정반려처분의 취소를 구하는 소송에서 승소한다고 하더라도 위 반려처분이 취소됨으로써 사전결정신청을 한 상태로 돌아갈뿐이므로, 개정 후 법이 시행된 1999.3.1. 이후에는 사전결정신청에 기하여 행정청으로부터 개정 전 법 제32조의4 소정의 사전결정을 받을 여지가 없게 되었다고 할 것이어서 더 이상 소를 유지할 법률상의 이익이 없게 되었다고 할 것이다(대판 1999.6.11. 97누379).

17. 지방직 9급

122 □□□

법인세 과세표준과 관련하여 과세관청이 법인의 소득처분 상대방에 대한 소득처분을 경정하면서 증액과 감액을 동시에 한 결과 전체로서 소득처분금액이 감소된 경우, 법인이 소득금액변동통지의 취소를 구할 소의 이익이 없다. O | X

법인이 법인세의 과세표준을 신고하면서 배당, 상여 또는 기타소득으로 소득처분한 금액은 당해 법인이 신고기일에 소득처분의 상대방에게 지급한 것으로 의제되어 그때 원천징수하는 소득세의 납세의무가 성립 · 확정되며, 그 후 과세관청이 직권으로 상대방에 대한 소득처분을 경정하면서 일부 항목에 대한 증액과 다른 항목에 대한 감액을 동시에 한 결과 전체로서 소득처분금액이 감소된 경우에는 그에 따른 소득금액변동통지가 납세자인 당해 법인에 불이익을 미치는 처분이 아니므로 당해 법인은 그 소득금액변동통지의 취소를 구할 이익이 없다(대판 2012.4.13. 2009두5510).

정답 120 X 121 ○ 122 ○

22. 지방직 7급, 19. 국회직 8급

123 □□□

과세관청의 소득처분과 그에 따른 소득금액변동통지가 있는 경우 원천징수하는 소득세의 납세의무에 관하여는 이를 확정하는 소득금액변동통지에 대한 항고소송에서 다투어야 하고 소득금액변동통지가 취소사유에 불과한 경우 징수처분에 대한 항고소송에서 이를 다툴 수는 없다. O | X

과세관청의 소득처분과 그에 따른 소득금액변동통지가 있는 경우 원천징수의무자인 법인은 소득금액변동통지서를 받은 날에 그 통지서에 기재된 소득의 귀속자에게 당해 소득금액을 지급한 것으로 의제되어 그때 원천징수하는 소득세의 납세의무가 성립함과 동시에 확정되므로 소득금액변동통지는 원천징수의무자인 법인의 납세의무에 직접 영향을 미치는 과세관청의 행위로서 항고소송의 대상이 된다. 그리고 원천징수의무자인 법인이 원천징수하는 소득세의 납세의무를 이행하지 아니함에 따라 과세관청이 하는 납세고지는 확정된 세액의 납부를 명하는 징수처분에 해당하므로 선행처분인 소득금액변동통지에 하자가 존재하더라도 당연무효사유에 해당하지 않는 한 후행처분인 징수처분에 그대로 승계되지 아니한다. 따라서 과세관청의 소득처분과 그에 따른 소득금액변동통지가 있는 경우 원천징수하는 소득세의 납세의무에 관하여는 이를 확정하는 소득금액변동통지에 대한 항고소송에서 다투어야 하고, 소득금액변동통지가 당연무효가 아닌 한 징수처분에 대한 항고소송에서 이를 다툴 수는 없다(대판 2012.1.26. 2009두14439).

18 · 17. 지방직 9급

124 □□□

학교법인 임원취임승인의 취소처분 후 그 임원의 임기가 만료되고 구 사립학교법 소정의 임원결격사유기간마저 경과한 경우에 취임승인이 취소된 임원은 취임승인취소처분의 취소를 구할 소의 이익이 없다. O | X

비록 취임승인이 취소된 학교법인의 정식이사들에 대하여 원래 정해져 있던 임기가 만료되고 구 사립학교법 제22조 제2호 소정의 임원결격사유기간마저 경과하였다 하더라도, 그 임원취임승인취소처분이 위법하다고 판명되고 나아가 임시이사들의 지위가 부정되어 직무권한이 상실되면, 그 정식이사들은 후임이사 선임시까지 민법 제691조의 유추적용에 의하여 직무수행에 관한 긴급처리권을 가지게 되고 이에 터잡아 후임 정식이사들을 선임할 수 있게 되는바, 이는 감사의 경우에도 마찬가지이다(대판 2007.7.19. 2006두19297 전합).

18. 서울시 7급, 17. 지방직 9급

125 □□□

지방의회 의원의 제명의결 취소소송 계속 중 임기 만료로 지방의원으로서의 지위를 회복할 수 없는 자는 제명의결의 취소를 구할 소의 이익이 없다. O | X

구 지방자치법 제32조 제1항(현행 지방자치법 제33조 제1항 참조)은 지방의회 의원에게 지급하는 비용으로 의정활동비(제1호)와 여비(제2호) 외에 월정수당(제3호)을 규정하고 있는바, 이 규정의 입법연혁과 함께 특히 월정수당(제3호)은 지방의회 의원의 직무활동에 대하여 매월 지급되는 것으로서, 지방의회 의원이 전문성을 가지고 의정활동에 전념할 수 있도록 하는 기틀을 마련하고자 하는 데에 그 입법 취지가 있다는 점을 고려해 보면, 지방의회 의원에게 지급되는 비용 중 적어도 월정수당(제3호)은 지방의회 의원의 직무활동에 대한 대가로 지급되는 보수의 일종으로 봄이 상당하다. 따라서 지방의회 의원인 원고가 이 사건 제명의결 취소소송 계속 중 임기가 만료되어 제명의결의 취소로 지방의회 의원으로서의 지위를 회복할 수는 없다 할지라도, 그 취소로 인하여 최소한 제명의결시부터 임기만료일까지의 기간에 대해 월정수당의 지급을 구할 수 있는 등 여전히 그 제명의결의 취소를 구할 법률상 이익은 남아 있다고 보아야 한다(대판 2009.1.30. 2007두13487).

정답 123 ○ 124 X 125 X

17. 지방직 9급

126 □□□

수형자의 영치품에 대한 사용신청 불허처분 후 수형자가 다른 교도소로 이송된 경우 원래 교도소로의 재이송 가능성이 소멸되었으므로 그 불허처분의 취소를 구할 소의 이익이 없다. O | X

원고의 긴팔 티셔츠 2개(앞 단추가 3개 있고 칼라가 달린 것, 이하 '이 사건 영치품'이라 한다)에 대한 사용신청 불허처분(이하 '이 사건 처분'이라 한다) 이후 이루어진 원고의 다른 교도소로의 이송이라는 사정에 의하여 원고의 권리와 이익의 침해 등이 해소되지 아니한 점, 원고의 형기가 만료되기까지는 아직 상당한 기간이 남아 있을 뿐만 아니라, 진주교도소가 전국 교정시설의 결핵 및 정신질환 수형자들을 수용 · 관리하는 의료교도소인 사정을 감안할 때 원고의 진주교도소로의 재이송 가능성이 소멸하였다고 단정하기 어려운 점 등을 종합하면, 원고로서는 이 사건 처분의 취소를 구할 이익이 있다고 봄이 상당하다(대판 2008.2.14. 2007두13203).

12. 지방직 9급

127 □□□

취소소송의 원고적격은 처분 등의 취소를 구할 법률상 이익이 있는 자에게 인정되기 때문에, 직접 처분 또는 재결을 받은 상대방 이외의 자에게는 인정되지 아니한다. O | X

「행정소송법」 제12조【원고적격】 취소소송은 처분 등의 취소를 구할 법률상 이익이 있는 자가 제기할 수 있다. 처분 등의 효과가 기간의 경과, 처분 등의 집행 그 밖의 사유로 인하여 소멸된 뒤에도 그 처분 등의 취소로 인하여 회복되는 법률상 이익이 있는 자의 경우에는 또한 같다.

10. 세무사

128 □□□

처분의 직접적 근거 법규는 물론 관련 법규에 의해서도 원고적격의 근거인 법률상 이익이 도출될 수 있다. O | X

행정처분의 직접 상대방이 아닌 자로서 그 처분에 의하여 자신의 환경상 이익이 침해받거나 침해받을 우려가 있다는 이유로 취소소송을 제기하는 제3자는, 자신의 환경상 이익이 그 처분의 근거 법규 또는 관련 법규에 의하여 개별적 · 직접적 · 구체적으로 보호되는 이익, 즉 법률상 보호되는 이익임을 입증하여야 원고적격이 인정된다(대판 2006.12.22. 2006두14001).

18. 지방직 9급

129 □□□

구 도시 및 주거환경정비법상 조합설립추진위원회 구성승인처분을 다투는 소송계속 중에 조합설립인가처분이 이루어졌다면 조합설립추진위원회 구성승인처분의 취소를 구할 법률상 이익은 없다. O | X

추진위원회 구성승인처분을 다투는 소송계속 중에 조합설립인가처분이 이루어진 경우에는, 추진위원회 구성승인처분에 위법이 존재하여 조합설립인가 신청행위가 무효라는 점 등을 들어 직접 조합설립인가처분을 다툼으로써 정비사업의 진행을 저지하여야 하고, 이와는 별도로 추진위원회 구성승인처분에 대하여 취소 또는 무효확인을 구할 법률상의 이익은 없다고 보아야 한다(대판 2013.1.31. 2011두11112).

정답 126 X 127 X 128 ○ 129 ○

19. 국회직 8급, 18. 지방직 9급

130 □□□

하자 있는 건축물에 대한 사용검사처분의 무효확인 및 취소를 구하는 구 주택법상 입주자는 원고적격을 가진다. O | X

건물의 사용검사처분은 건축물을 사용·수익할 수 있게 하는 데 그치므로 건축물에 대하여 사용검사처분이 이루어졌다고 하더라도 그 사정만으로는 건축물에 있는 하자나 건축법 등 관계 법령에 위배되는 사실이 정당화되지는 아니하며, 또한 건축물에 대한 사용검사처분의 무효확인을 받거나 처분이 취소된다고 하더라도 사용검사 전의 상태로 돌아가 건축물을 사용할 수 없게 되는 것에 그칠 뿐 곧바로 건축물의 하자상태 등이 제거되거나 보완되는 것도 아니다. 그리고 입주자나 입주예정자들은 사용검사처분의 무효확인을 받거나 처분을 취소하지 않고도 민사소송 등을 통하여 분양계약에 따른 법률관계 및 하자 등을 주장·증명함으로써 사업주체 등으로부터 하자의 제거·보완 등에 관한 권리구제를 받을 수 있으므로, 사용검사처분의 무효확인 또는 취소 여부에 의하여 법률적인 지위가 달라진다고 할 수 없으며, 구 주택공급에 관한 규칙에서 주택공급계약에 관하여 사용검사와 관련된 규정을 두고 있다고 하더라도 달리 볼 것은 아니다. 오히려 주택에 대한 사용검사처분이 있으면, 그에 따라 입주예정자들이 주택에 입주하여 이를 사용할 수 있게 되므로 일반적으로 입주예정자들에게 이익이 되고, 다수의 입주자들이 사용검사권자의 사용검사처분을 신뢰하여 입주를 마치고 제3자에게 주택을 매매 내지 임대하거나 담보로 제공하는 등 사용검사처분을 기초로 다수의 법률관계가 형성되는데, 일부 입주자나 입주예정자가 사업주체와의 개별적 분쟁 등을 이유로 사용검사처분의 무효확인 또는 취소를 구하게 되면, 처분을 신뢰한 다수의 이익에 반하게 되는 상황이 발생할 수 있다. 위와 같은 사정들을 종합하여 볼 때, 구 주택법상 입주자나 입주예정자는 사용검사처분의 무효확인 또는 취소를 구할 법률상 이익이 없다(대판 2015.1.29. 2013두24976).

19. 서울시 7급

131 □□□

조례가 처분성을 갖는 경우 항고소송의 대상이 되며 이 경우 피고는 조례를 의결한 지방의회가 된다. O | X

조례가 집행행위의 개입 없이도 그 자체로서 직접 국민의 구체적인 권리의무나 법적 이익에 영향을 미치는 등의 법률상 효과를 발생하는 경우 그 조례는 항고소송의 대상이 되는 행정처분에 해당하고, 이러한 조례에 대한 무효확인소송을 제기함에 있어서 행정소송법 제38조 제1항, 제13조에 의하여 피고적격이 있는 처분 등을 행한 행정청은, 구 지방자치법 제19조 제2항, 제92조에 의하여 지방자치단체의 집행기관으로서 조례로서의 효력을 발생시키는 공포권이 있는 지방자치단체의 장이다(대판 1996.9.20. 95누8003).

21·13. 국가직 9급, 18. 지방직 9급

132 □□□

개발제한구역 중 일부 취락을 개발제한구역에서 해제하는 내용의 도시관리계획변경결정에 대하여 개발제한구역 해제대상에서 누락된 토지의 소유자는 그 결정의 취소를 구할 법률상 이익이 있다. O | X

이 사건 토지는 위 도시관리계획변경결정 전후를 통하여 개발제한구역으로 지정된 상태에 있으므로 위 도시관리계획변경결정으로 인하여 그 소유자인 원고가 위 토지를 사용·수익·처분하는데 새로운 공법상의 제한을 받거나 종전과 비교하여 더 불이익한 지위에 있게 되는 것은 아니다. 또한, 위 도시관리계획변경결정 중 중리취락 부분이 취소된다 하더라도 그 결과 위 도시관리계획변경결정으로 개발제한구역에서 해제된 제3자 소유의 토지들이 종전과 같이 개발제한구역으로 남게 되는 결과가 될 뿐, 원고 소유의 이 사건 토지가 개발제한구역에서 해제되는 것도 아니다. 따라서 원고에게 제3자 소유의 토지에 관한 위 도시관리계획변경결정의 취소를 구할 직접적이고 구체적인 이익이 있다고 할 수 없다(대판 2008.7.10. 2007두10242).

정답 130 X 131 X 132 X

12. 사복직 9급

133 □□□

도시계획시설결정과 토지의 수용이 위법하더라도 당연무효가 아닌 경우 일단 도시계획시설사업의 시행에 착수한 뒤에도 이해관계인에게는 도시계획시설결정 자체의 취소를 청구할 법률상 이익이 있다. O | X

토지수용에 의하여 이미 이 사건 토지에 대한 소유권을 상실한 청구인은 도시계획결정과 토지의 수용이 법률에 위반되어 당연무효라고 볼만한 특별한 사정이 보이지 않는 이상 이 사건 토지에 대한 도시계획결정의 취소를 청구할 법률상의 이익을 흠결하여 당해 소송은 적법한 것이 될 수 없다(헌재 2002.5.30. 2000헌바58 등).

19. 국회직 8급

134 □□□

지방자치단체가 건축물 소재지 관할 허가권자인 지방자치단체의 장을 상대로 건축협의취소의 취소를 구하는 사안에서의 지방자치단체는 행정소송의 원고적격을 가진다. O | X

구 건축법(2011.5.30. 법률 제10755호로 개정되기 전의 것) 제29조 제1항, 제2항, 제11조 제1항 등의 규정 내용에 의하면, 건축협의의 실질은 지방자치단체 등에 대한 건축허가와 다르지 않으므로, 지방자치단체 등이 건축물을 건축하려는 경우 등에는 미리 건축물의 소재지를 관할하는 허가권자인 지방자치단체의 장과 건축협의를 하지 않으면, 지방자치단체라 하더라도 건축물을 건축할 수 없다. 그리고 구 지방자치법 등 관련 법령을 살펴보아도 지방자치단체의 장이 다른 지방자치단체를 상대로 한 건축협의취소에 관하여 다툼이 있는 경우에 법적 분쟁을 실효적으로 해결할 구제수단을 찾기도 어렵다. 따라서 건축협의취소는 상대방이 다른 지방자치단체 등 행정주체라 하더라도 '행정청이 행하는 구체적 사실에 관한 법집행으로서의 공권력 행사'(행정소송법 제2조 제1항 제1호)로서 처분에 해당한다고 볼 수 있고, 지방자치단체인 원고가 이를 다툴 실효적 해결수단이 없는 이상, 원고는 건축물 소재지 관할 허가권자인 지방자치단체의 장을 상대로 항고소송을 통해 건축협의취소의 취소를 구할 수 있다(대판 2014.2.27. 2012두22980).

19. 국회직 8급

135 □□□

제3자의 접견허가신청에 대한 교도소장의 거부처분에 있어서 접견권이 침해되었다고 주장하는 구속된 피고인은 행정소송의 원고적격을 가진다. O | X

행정처분의 상대방이 아닌 제3자도 그 행정처분의 취소에 관하여 법률상 구체적 이익이 있으면 행정소송법 제12조에 의하여 그 처분의 취소를 구하는 행정소송을 제기할 수 있는바, 구속된 피고인은 형사소송법 제89조의 규정에 따라 타인과 접견할 권리를 가지며 행형법 제62조, 제18조 제1항의 규정에 의하면 교도소에 미결수용된 자는 소장의 허가를 받아 타인과 접견할 수 있으므로(이와 같은 접견권은 헌법상 기본권의 범주에 속하는 것이다) 구속된 피고인이 사전에 접견신청한 자와의 접견을 원하지 않는다는 의사표시를 하였다는 등의 특별한 사정이 없는 한 구속된 피고인은 교도소장의 접견허가거부처분으로 인하여 자신의 접견권이 침해되었음을 주장하여 위 거부처분의 취소를 구할 원고적격을 가진다(대판 1992.5.8. 91누7552).

19. 국회직 8급

136 □□□

미얀마 국적의 甲이 위명(僞名)인 乙 명의의 여권으로 대한민국에 입국한 뒤 乙 명의로 난민신청을 하였으나 법무부장관이 乙 명의를 사용한 甲을 직접 면담하여 조사한 후 甲에 대하여 난민불인정처분을 한 사안에서의 그 처분의 취소를 구하는 甲은 행정소송의 원고적격을 가진다. O | X

미얀마 국적의 甲이 위명(僞名)인 '乙' 명의의 여권으로 대한민국에 입국한 뒤 乙 명의로 난민신청을 하였으나 법무부장관이 乙 명의를 사용한 甲을 직접 면담하여 조사한 후 甲에 대하여 난민불인정처분을 한 사안에서, 처분의 상대방은 허무인이 아니라 '乙'이라는 위명을 사용한 甲이라는 이유로, 甲이 처분의 취소를 구할 법률상 이익이 있다(대판 2017.3.9. 2013두16852).

정답 133 X　134 ○　135 ○　136 ○

21. 국가직 9급, 19. 국회직 8급

137 □□□

국민권익위원회가 소방청장에게 인사와 관련하여 부당한 지시를 한 사실이 인정된다며 이를 취소할 것을 요구하기로 의결하고 내용을 통지하자 그 국민권익위원회 조치요구의 취소를 구하는 사안에서의 소방청장은 원고적격을 가진다. O | X

소방청장도 예외적으로 당사자능력과 원고적격을 가진다(대판 2018.8.1. 2014두35379).

19. 서울시 9급(6월)

138 □□□

甲과 乙이 사업양도양수계약을 체결하였으나 지위승계신고 이전에 甲에 대해 영업허가가 취소되었다면, 乙은 이를 다툴 법률상 이익이 있다. O | X

영업자지위승계신고가 수리되지 않은 경우에 양수인은 허가의 지위승계를 받을 수 없는 불이익이 발생하므로 취소소송을 청구할 법률상 이익이 인정된다. 대법원도 "수허가자의 지위를 양수받아 명의변경신고를 할 수 있는 양수인의 지위는 단순한 반사적 이익이나 사실상의 이익이 아니라 산림법령에 의하여 보호되는 직접적이고 구체적인 이익으로서 법률상 이익이라고 할 것이고, 채석허가가 유효하게 존속하고 있다는 것이 양수인의 명의변경신고의 전제가 된다는 의미에서 관할 행정청이 양도인에 대하여 채석허가를 취소하는 처분을 하였다면 이는 양수인의 지위에 대한 직접적 침해가 된다고 할 것이므로 양수인은 채석허가를 취소하는 처분의 취소를 구할 법률상 이익을 가진다(대판 2003.7.11. 2001두6289)."고 판시하였다.

12. 국가직 8급

139 □□□

전임강사임용처분취소소송에서 그 학과의 학생은 원고적격이 있다. O | X

원고들은 서울시립대학교 세무학과에 재학 중인 학생들로서 조세정책과목을 수강하고 있는데 피고가 경제학적으로 접근하여야 하는 조세정책과목의 담당교수를 행정학을 전공한 소외인으로 임용함으로써 원고들의 학습권을 침해하였다는 것이나 설령 피고의 이 사건 임용처분으로 말미암아 원고들이 그 주장과 같은 불이익을 받게 되더라도 그 불이익은 간접적이거나 사실적인 불이익에 지나지 아니하여 그것만으로는 원고들에게 이 사건 임용처분의 취소를 구할 소의 이익이 있다고 할 수 없다(대판 1993.7.27. 93누8139).

19 · 14. 서울시 7급

140 □□□

원천징수의 경우 국가 등에 대한 환급청구권자는 원천납세의무자가 아니라 원천징수의무자이다. O | X

환급청구권은 원천납세의무자가 아닌 원천징수의무자에게 귀속되는 것이다(대판 2002.11.8. 2001두8780).

09. 국가직 9급

141 □□□

행정처분에 효력기간이 정하여져 있는 경우, 그 기간의 경과로 그 행정처분의 효력은 상실되므로 그 기간 경과 후에는 그 처분이 외형상 잔존함으로 인하여 어떠한 법률상 이익이 침해되었다고 볼 만한 별다른 사정이 없는 한 그 처분의 취소를 구할 법률상의 이익이 없다. O | X

대판 1999.2.23. 98두14471 판례에 대한 옳은 내용이다.

정답 137 ○ 138 ○ 139 X 140 ○ 141 ○

19. 국가직 9급, 15. 사복직 9급, 14. 지방직 7급

142 □□□

가중요건이 법령에 규정되어 있는 경우, 업무정지처분을 받은 후 새로운 제재처분을 받음이 없이 법률이 정한 기간이 경과하여 실제로 가중된 제재처분을 받을 우려가 없어졌다면 특별한 사정이 없는 한 업무정지처분의 취소를 구할 법률상 이익이 인정되지 않는다. O | X

건축사법 제28조 제1항이 건축사 업무정지처분을 연 2회 이상 받고 그 정지기간이 통산하여 12월 이상이 될 경우에는 가중된 제재처분인 건축사사무소 등록취소처분을 받게 되도록 규정하여 건축사에 대한 제재적인 행정처분인 업무정지명령을 더 무거운 제재처분인 사무소등록취소처분의 기준요건으로 규정하고 있으므로, 건축사 업무정지처분을 받은 건축사로서는 위 처분에서 정한 기간이 경과하였다 하더라도 위 처분을 그대로 방치하여 둠으로써 장래 건축사사무소 등록취소라는 가중된 제재처분을 받을 우려가 있어 건축사로서 업무를 행할 수 있는 법률상 지위에 대한 위험이나 불안을 제거하기 위하여 건축사 업무정지처분의 취소를 구할 이익이 있으나, 업무정지처분을 받은 후 새로운 업무정지처분을 받음이 없이 1년이 경과하여 실제로 가중된 제재처분을 받을 우려가 없어졌다면 위 처분에서 정한 정지기간이 경과한 이상 특별한 사정이 없는 한 그 처분의 취소를 구할 법률상 이익이 없다(대판 2000.4.21. 98두10080).

18. 서울시 7급

143 □□□

건축허가처분의 취소를 구하는 소를 제기하기 전에 건축공사가 완료된 경우에는 소의 이익이 없으나, 소를 제기한 후 사실심 변론종결일 전에 건축공사가 완료된 경우에는 소의 이익이 있다. O | X

위법한 행정처분의 취소를 구하는 소는 위법한 처분에 의하여 발생한 위법상태를 배제하여 원상으로 회복시키고 그 처분으로 침해되거나 방해받은 권리와 이익을 보호·구제하고자 하는 소송이므로 비록 그 위법한 처분을 취소한다 하더라도 원상회복이 불가능한 경우에는 그 취소를 구할 이익이 없다 할 것인바, 건축허가에 기하여 이미 건축공사를 완료하였다면 그 건축허가처분의 취소를 구할 이익이 없다 할 것이고, 이와 같이 건축허가처분의 취소를 구할 이익이 없게 되는 것은 건축허가처분의 취소를 구하는 소를 제기하기 전에 건축공사가 완료된 경우뿐 아니라 소를 제기한 후 사실심 변론종결일 전에 건축공사가 완료된 경우에도 마찬가지이다(대판 2007.4.26. 2006두18409).

14. 사복직 9급

144 □□□

사법시험 제2차 시험 불합격처분 이후 새로이 실시된 제2차와 제3차 시험에 합격한 자는 이전의 제2차 시험 불합격처분의 취소를 구할 법률상 이익이 없다. O | X

사법시험 제1차 시험에 합격하였다고 할지라도 그것은 합격자가 당회의 제2차 시험과 차회의 제2차 시험에 응시할 자격을 부여받을 수 있는 전제요건이 되는 데 불과한 것이고, 그 자체만으로 합격한 자의 법률상의 지위가 달라지는 것이 아니므로, 제1차 시험 불합격처분 이후에 새로이 실시된 사법시험 제1차 시험에 합격하였을 경우에는 더 이상 위 불합격처분의 취소를 구할 법률상 이익이 없다(대판 1996.2.23. 95누2685).

13. 경행특채

145 □□□

공익근무요원 소집해제신청을 거부한 후에 원고가 계속하여 공익근무요원으로 복무함에 따라 복무기간만료를 이유로 소집해제처분을 한 경우 원고가 입게 되는 권리와 이익의 침해는 소집해제처분으로 해소되었으므로 위 거부처분의 취소를 구할 소의 이익이 없다. O | X

공익근무요원 소집해제신청을 거부한 후에 원고가 계속하여 공익근무요원으로 복무함에 따라 복무기간만료를 이유로 소집해제처분을 한 경우, 원고가 입게 되는 권리와 이익의 침해는 소집해제처분으로 해소되었으므로 위 거부처분의 취소를 구할 소의 이익이 없다(대판 2005.5.13. 2004두4369).

정답 142 ○ 143 X 144 ○ 145 ○

22. 국가직 9급

146 □□□

대한민국에서 출생하여 오랜 기간 대한민국 국적을 보유하면서 거주한 재외동포는 사증발급 거부처분의 취소를 구할 법률상 이익이 있다. O | X

원고는 대한민국에서 출생하여 오랜 기간 대한민국 국적을 보유하면서 거주한 사람이므로 이미 대한민국과 실질적 관련성이 있거나 대한민국에서 법적으로 보호가치 있는 이해관계를 형성하였다고 볼 수 있다. 또한 재외동포의 대한민국 출입국과 대한민국 안에서의 법적 지위를 보장함을 목적으로 재외동포의 출입국과 법적 지위에 관한 법률(이하 '재외동포법'이라 한다)이 특별히 제정되어 시행 중이다. 따라서 원고는 이 사건 사증발급 거부처분의 취소를 구할 법률상 이익이 인정되므로, 원고적격 또는 소의 이익이 없어 이 사건 소가 부적법하다는 피고의 주장은 이유 없다(대판 2019.7.11. 2017두38874).

22. 국가직 9급

147 □□□

국민권익위원회가 소방청장에게 일정한 의무를 부과하는 내용의 조치요구를 한 경우 소방청장은 조치요구의 취소를 구할 당사자능력 및 원고적격이 인정되지 않는다. O | X

국민권익위원회가 소방청장에게 인사와 관련하여 부당한 지시를 한 사실이 인정된다며 이를 취소할 것을 요구하기로 의결하고 그 내용을 통지하자 소방청장이 국민권익위원회 조치요구의 취소를 구하는 소송을 제기한 사안에서, 처분성이 인정되는 국민권익위원회의 조치요구에 불복하고자 하는 소방청장으로서는 조치요구의 취소를 구하는 항고소송을 제기하는 것이 유효·적절한 수단으로 볼 수 있으므로 소방청장이 예외적으로 당사자능력과 원고적격을 가진다(대판 2018.8.1. 2014두35379).

24. 국가직 9급

148 □□□

원고적격의 요건으로서 법률상 이익에는 당해 처분의 근거 법률에 의하여 보호되는 직접적이고 구체적인 이익뿐만 아니라 간접적이거나 사실적·경제적 이해관계를 가지는 경우도 여기에 포함된다. O | X

행정처분의 직접 상대방이 아닌 제3자라도 당해 행정처분의 취소를 구할 법률상의 이익이 있는 경우에는 원고적격이 인정되는데, 여기서 말하는 법률상의 이익은 당해 처분의 근거 법률에 의하여 보호되는 직접적이고 구체적인 이익이 있는 경우를 말하고, 다만 공익보호의 결과로 국민 일반이 공통적으로 가지는 추상적, 평균적, 일반적인 이익과 같이 간접적이나 사실적, 경제적, 이해관계를 가지는데 불과한 경우는 여기에 포함되지 않는다(대판 1995.9.26. 94누14544).

24. 국가직 9급

149 □□□

영어 과목의 2종 교과용 도서에 대하여 검정신청을 하였다가 불합격결정처분을 받은 자는 자신들이 검정신청한 교과서의 과목과 전혀 관계가 없는 수학 과목의 교과용 도서에 대한 합격결정처분에 대하여 그 취소를 구할 법률상 이익이 없다. O | X

2종 교과용 도서에 대하여 검정신청을 하였다가 불합격결정처분을 받은 뒤 그 처분이 위법하다 하여 이의 취소를 구하면서 위 처분 당시 시행중이던 구 교과용 도서에 관한 규정 제19조에 "2종 도서의 합격종수는 교과목 당 5종류 이내로 한다."고 규정되어 있음을 들어 위 처분과 같은 때에 행하여진 수학, 음악, 미술, 한문, 영어과목의 교과용 도서에 대한 합격결정처분의 취소를 구하고 있으나 원고들은 각 한문, 영어, 음악과목에 관한 교과용 도서에 대하여 검정신청을 하였던 자들이므로 자신들이 검정신청한 교과서의 과목과 전혀 관계가 없는 수학, 미술과목의 교과용 도서에 대한 합격결정처분에 대하여는 그 취소를 구할 법률상의 이익이 없다 할 것이다(대판 1992.4.24. 91누6634).

정답 146 ○ 147 X 148 X 149 ○

23. 국가직 7급

150 □□□

외국 국적의 甲이 위명(僞名)인 乙 명의의 여권으로 대한민국에 입국한 뒤 乙 명의로 난민 신청을 하였고 법무부장관이 乙 명의를 사용한 甲을 직접 면담하여 조사한 후에 甲에 대하여 난민불인정 처분을 한 경우, 甲은 난민불인정 처분의 취소를 구할 법률상 이익이 없다. O | X

미얀마 국적의 甲이 위명(僞名)인 '乙' 명의의 여권으로 대한민국에 입국한 뒤 乙 명의로 난민 신청을 하였으나 법무부장관이 乙 명의를 사용한 甲을 직접 면담하여 조사한 후 甲에 대하여 난민불인정 처분을 한 사안에서, 처분의 상대방은 허무인이 아니라 '乙'이라는 위명을 사용한 甲이라는 이유로, 甲이 처분의 취소를 구할 법률상 이익이 있다(대판 2017.3.9. 2013두16852).

22. 국가직 9급

151 □□□

임용지원자가 특별채용 대상자로서 자격을 갖추고 있고 유사한 지위에 있는 자에 대하여 정규교사로 특별채용한 전례가 있다 하더라도, 교사로의 특별채용을 요구할 법규상 또는 조리상의 권리가 있다고 할 수 없다. O | X

교사에 대한 임용권자가 교육공무원법 제12조에 따라 임용지원자를 특별채용할 것인지 여부는 임용권자의 판단에 따른 재량에 속하는 것이고, 임용권자가 임용지원자의 임용 신청에 기속을 받아 그를 특별채용하여야 할 의무는 없으며 임용지원자로서도 자신의 임용을 요구할 법규상 또는 조리상 권리가 있다고 할 수 없다. 이 사건에 있어, 교육공무원법 제12조 및 교육공무원임용령 제9조의2 제2호의 규정에 의한 특별채용 대상자로서의 자격을 갖추고 있고, 원고 등과 유사한 지위에 있는 전임강사에 대하여는 피고가 정규교사로 특별채용한 전례가 있다 하더라도 그러한 사정만으로 임용지원자에 불과한 원고 등에게 피고에 대하여 교사로의 특별채용을 요구할 법규상 또는 조리상의 권리가 있다고 할 수는 없으므로, 피고가 원고 등의 특별채용 신청을 거부하였다고 하여도 그 거부로 인하여 원고 등의 권리나 법적 이익에 어떤 영향을 주는 것이 아니어서 그 거부행위가 항고소송의 대상이 되는 행정처분에 해당한다고 할 수 없다(대판 2005.4.15. 2004두11626).

22. 국가직 9급

152 □□□

피해자의 의사와 무관하게 주민등록번호가 유출된 경우, 조리상 주민등록번호의 변경을 요구할 신청권을 인정함이 타당하다. O | X

피해자의 의사와 무관하게 주민등록번호가 유출된 경우에는 조리상 주민등록번호의 변경을 요구할 신청권을 인정함이 타당하고, 구청장의 주민등록번호 변경신청 거부행위는 항고소송의 대상이 되는 행정처분에 해당한다(대판 2017.6.15. 2013두2945).

12. 지방직 9급

153 □□□

취소소송의 피고는 원칙적으로 당해 처분을 한 행정청이 소속하는 국가 또는 공공단체이다. O | X

「행정소송법」 제13조 【피고적격】 ① 취소소송은 다른 법률에 특별한 규정이 없는 한 그 처분 등을 행한 행정청을 피고로 한다. 다만, 처분 등이 있은 뒤에 그 처분 등에 관계되는 권한이 다른 행정청에 승계된 때에는 이를 승계한 행정청을 피고로 한다.
② 제1항의 규정에 의한 행정청이 없게 된 때에는 그 처분 등에 관한 사무가 귀속되는 국가 또는 공공단체를 피고로 한다.

정답 150 X 151 ○ 152 ○ 153 X

08. 국회직 8급

154

□□□

공무원에 대한 징계·면직, 기타 본인의 의사에 반하는 불이익처분에 있어서 그 처분청이 대통령인 때에는 법무부장관을 피고로 하여야 한다. O | X

「국가공무원법」 제16조 【행정소송과의 관계】 ② 제1항에 따른 행정소송을 제기할 때에는 대통령의 처분 또는 부작위의 경우에는 소속 장관(대통령령으로 정하는 기관의 장을 포함한다. 이하 같다)을, 중앙선거관리위원회 위원장의 처분 또는 부작위의 경우에는 중앙선거관리위원회 사무총장을 각각 피고로 한다.

08. 관세사

155

□□□

대법원장이 행한 처분에 대한 행정소송의 피고는 대법관이다. O | X

「법원조직법」 제70조 【행정소송의 피고】 대법원장이 한 처분에 대한 행정소송의 피고는 법원행정처장으로 한다.

08. 관세사

156

□□□

헌법재판소장이 행한 처분의 경우 재판관이 피고가 된다. O | X

「헌법재판소법」 제17조 【사무처】 ⑤ 헌법재판소장이 한 처분에 대한 행정소송의 피고는 헌법재판소 사무처장으로 한다.

19. 지방직 9급, 18. 서울시 9급

157

□□□

국가공무원법에 의한 처분, 기타 본인의 의사에 반한 불리한 처분이나 부작위에 관한 행정소송을 제기할 때에 대통령의 처분 또는 부작위의 경우에는 소속 장관을 피고로 한다. O | X

취소소송의 피고적격의 구체적 사례로 독임제 행정청의 경우 독임제 행정청이 피고가 된다. 다만, 국가공무원법에 따른 처분 그 밖에 본인의 의사에 반한 불리한 처분으로 대통령이 행한 처분에 대한 행정소송의 피고는 예외적으로 '소속 장관'이 된다. 같은 논리로 국회의장, 대법원장, 헌법재판소소장, 중앙선거관리위원회 위원장 등의 처분 등의 피고적격자는 사무총장 또는 처장 등이 된다.

관련 판례

검찰청법 제34조에 의하면, 검사의 임명 및 보직은 법무부장관의 제청으로 대통령이 행하고, 국가공무원법 제16조에 의하면 공무원에 대한 징계, 강임, 휴직, 직위해제, 면직 기타 본인의 의사에 반한 불리한 처분 중 대통령이 행한 처분에 대한 행정소송의 피고는 소속 장관으로 하고, 같은 법 제3조 제2항 제2호에 의하면 검사는 그 법의 적용을 받는 특정직 공무원에 해당하며, 행정심판법 제3조 제2항에 의하면 대통령의 처분 또는 부작위에 대하여는 다른 법률에 특별한 규정이 있는 경우를 제외하고는 행정심판을 제기할 수 없도록 규정하고 있는바, 위 규정들의 취지를 종합하여 보면, 이 사건에서와 같은 검사임용거부처분에 대한 취소소송의 피고는 법무부장관으로 함이 상당하다(대판 1990.3.14. 90두4).

정답 154 X 155 X 156 X 157 ○

08. 관세사

158 □□□

국회의장이 행한 처분에 대한 행정소송의 피고는 국회의원이 된다. O | X

「국회사무처법」 제4조 【사무총장】 ③ 의장이 행한 처분에 대한 행정소송의 피고는 사무총장으로 한다.

15. 국가직 9급

159 □□□

처분 등이 있는 뒤에 그 처분 등에 관계되는 권한이 다른 행정청에 승계된 때에는 이를 승계한 행정청을 피고로 한다. O | X

「행정소송법」 제13조 【피고적격】 ① 취소소송은 다른 법률에 특별한 규정이 없는 한 그 처분 등을 행한 행정청을 피고로 한다. 다만, 처분 등이 있은 뒤에 그 처분 등에 관계되는 권한이 다른 행정청에 승계된 때에는 이를 승계한 행정청을 피고로 한다.

08. 지방직 7급

160 □□□

처분 후 처분을 한 행정청이 폐지된 경우에는 당해 처분청의 직근 상급행정청이 피고가 된다. O | X

「행정소송법」 제13조 【피고적격】 ② 제1항의 규정에 의한 행정청이 없게 된 때에는 그 처분 등에 관한 사무가 귀속되는 국가 또는 공공단체를 피고로 한다.

10. 세무사

161 □□□

합의제 행정기관의 경우 원칙적으로 당해 행정기관의 장이 피고가 된다. O | X

토지수용위원회, 저작권심의위원회 등 합의제 행정기관의 처분에 대한 소는 그 합의제 행정기관의 장이 아니라 합의제 행정기관을 피고로 한다.

06. 국회직 8급

162 □□□

공정거래위원회의 처분에 대한 소는 공정거래위원회를 피고로 하여 제기하여야 한다. O | X

Point정리 합의제 행정청에 대한 항고소송시 피고

1. **공정거래위원회, 토지수용위원회의 처분:** 공정거래위원회, 토지수용위원회
2. **중앙노동위원회의 처분:** 중앙노동위원회의 위원장

정답 158 X 159 O 160 X 161 X 162 O

08. 국가직 9급

163 □□□

중앙노동위원회의 처분에 대한 행정소송의 피고는 중앙노동위원회가 된다. O | X

중앙노동위원회의 처분에 대한 소는 중앙노동위원회 위원장을 피고로 하여 처분의 송달을 받은 날부터 15일 이내에 이를 제기하여야 한다(노동위원회법 제27조 제1항).

14. 지방직 7급

164 □□□

구 저작권법상 저작권등록처분에 대한 무효확인소송에서 저작권심의조정위원회 위원장이 피고가 된다. O | X

구 저작권법 제97조의3 제2호는 '문화관광부장관은 대통령령이 정하는 바에 의하여 법 제53조에 규정한 저작권 등록업무에 관한 권한을 저작권심의조정위원회에 위탁할 수 있다'고 규정하고, 동법 시행령 제42조는 '문화관광부장관은 법 제97조의3의 규정에 의하여 저작권 등록업무에 관한 권한을 저작권심의조정위원회에 위탁한다'고 규정하고 있으므로, '저작권심의조정위원회'가 저작권 등록업무의 처분청으로서 그 등록처분에 대한 무효확인소송에서 피고적격을 가진다고 할 것이다(대판 2009.7.9. 2007두16608).

19. 서울시 7급

165 □□□

행정권한의 위임이 있는 경우에는 수임관청이 자기의 이름으로 그 권한 행사를 할 수 있다. O | X

권한이 위임되면 위임기관은 그 사무를 처리할 권한을 잃고 수임기관의 권한이 된다. 수임기관은 자기의 이름과 책임 아래 그 권한을 행사할 수 있다.

19. 서울시 7급

166 □□□

행정권한의 위임을 받은 자는 특히 필요한 때, 법령이 정하는 바에 의하여 위임받은 사무의 일부를 보조기관 또는 하급행정기관 등에 재위임할 수 있다. O | X

「정부조직법」 제6조 【권한의 위임 또는 위탁】 ① 행정기관은 법령으로 정하는 바에 따라 그 소관사무의 일부를 보조기관 또는 하급행정기관에 위임하거나 다른 행정기관 · 지방자치단체 또는 그 기관에 위탁 또는 위임할 수 있다. 이 경우 위임 또는 위탁을 받은 기관은 특히 필요한 경우에는 법령으로 정하는 바에 따라 위임 또는 위탁을 받은 사무의 일부를 보조기관 또는 하급행정기관에 재위임할 수 있다.

18. 서울시 7급

167 □□□

국가의 기관위임사무에 대한 감독은 국가의 하급행정기관에 대한 감독에 해당하기 때문에 적법성 여부뿐만 아니라 합목적성 여부에 대한 감독까지 포함한다. O | X

단체위임사무는 국가 또는 지방자치단체 등으로부터 지방자치단체에게 위임된 사무를 말한다. 기관위임사무는 국가 또는 지방자치단체 등으로부터 지방자치단체의 장에게 위임된 사무를 말한다. 단체위임사무와 기관위임사무는 국가의 적법성 통제뿐만 아니라 합목적성 통제도 받는다는 점에서 같다.

정답 163 X 164 X 165 ○ 166 ○ 167 ○

19. 국회직 8급

168 □□□

행정권한의 내부위임은 법률이 위임을 허용하고 있지 아니한 경우에도 그의 보조기관 또는 하급행정관청으로 하여금 그의 권한을 사실상 행사하게 하는 것이다. O | X

처분에 대한 소송의 피고는 위임청이 된다. 단, 내부위임을 받은 자가 자기 명의로 권한을 행사한 경우에는 위임을 받은 하급행정청이 피고가 된다.

09. 국회직 8급

169 □□□

세무서장이 압류한 재산의 공매를 성업공사(현 한국자산관리공사)로 대행하게 한 경우 피고는 성업공사이다. O | X

성업공사(현 한국자산관리공사)가 세무서장으로부터 공매권한을 위임받았다면 처분에 대한 취소소송의 피고적격은 위임청인 세무서장이 아니라 수임청인 성업공사가 된다(대판 1997.2.28. 96누1757).

13. 서울시 9급

170 □□□

항고소송의 경우 권한을 내부위임한 경우로서 위임청의 명의로 처분을 발하면 위임청이 피고가 된다. O | X

내부위임의 경우에 수임관청이 그 위임된 바에 따라 위임관청의 이름으로 권한을 행사하였다면 그 처분청은 위임관청이므로 그 처분의 취소나 무효확인을 구하는 소송의 피고는 위임관청으로 삼아야 한다(대판 1991.10.8. 91누520).

13. 서울시 9급, 08. 국회직 8급

171 □□□

항고소송의 경우 권한을 내부위임한 경우로서 수임청의 이름으로 처분을 발하면 위임청이 피고가 된다. O | X

수임청이 자기의 이름으로 처분을 한 경우, 처분의 명의자인 수임청이 피고가 된다.

19. 서울시 7급 유사, 13. 서울시 9급

172 □□□

항고소송의 경우 권한을 위임한 경우에는 수임청이 피고가 된다. O | X

권한을 위임한 경우에는 수임청·수탁청이 항고소송의 피고가 된다.

정답 168 ○ 169 ○ 170 ○ 171 X 172 ○

19. 지방직 9급

173 □□□

대리기관이 대리관계를 표시하고 피대리 행정청을 대리하여 행정처분을 한 때에는 피대리 행정청이 피고로 되어야 한다. O | X

대리기관이 대리관계를 표시하고 피대리 행정청을 대리하여 행정처분을 한 때에는 피대리 행정청이 피고가 된다. 그러나 대리관계를 밝힘이 없이 대리청이 그 자신의 명의로 행정처분을 하였다면 그에 대하여는 처분명의자인 행정청(대리청)이 항고소송의 피고가 된다.

08. 국가직 9급

174 □□□

대법원은 처분청과 통지한 자가 다른 경우에는 통지한 자가 피고가 된다고 보았다. O | X

원고들이 이 사건 소로써 취소를 구하는 이 사건 패쇄명령처분을 한 행정청은 어디까지나 인천직할시장이고, 피고는 인천직할시장의 이 사건 패쇄명령처분에 관한 사무처리를 대행하면서 이를 통지하였음에 지나지 않으며, 위 패쇄명령서나 그 통지서가 정부공문서규정이 정하는 문서양식에 맞지 않는다는 이유만으로 피고를 처분청으로 볼 수는 없으므로, 피고를 이 사건 패쇄명령처분을 한 행정청으로 보고 제기한 이 사건 소는 피고적격이 없는 자를 상대로 한 것이어서 부적법한 소라고 판단하였다(대판 1990.4.27. 90누233).

18. 서울시 9급, 08. 국가직 9급 · 지방직 7급

175 □□□

조례가 항고소송의 대상이 되는 경우 피고는 지방자치단체의 의결기관으로서 조례를 제정한 지방의회이다. O | X

조례가 집행행위의 개입 없이도 그 자체로서 직접 국민의 구체적인 권리 · 의무나 법적 이익에 영향을 미치는 등의 법률상 효과를 발생하는 경우 그 조례는 항고소송의 대상이 되는 행정처분에 해당하고, 이러한 조례에 대한 무효확인소송을 제기함에 있어서 행정소송법 제38조 제1항, 제13조에 의하여 피고적격이 있는 처분 등을 행한 행정청은, 행정주체인 지방자치단체 또는 지방자치단체의 내부적 의결기관으로서 지방자치단체의 의사를 외부에 표시할 권한이 없는 지방의회가 아니라, 구 지방자치법 제19조 제2항, 제92조에 의하여 지방자치단체의 집행기관으로서 조례로서의 효력을 발생시키는 공포권이 있는 지방자치단체의 장이다(대판 1996.9.20. 95누8003).

14. 국가직 7급 · 지방직 7급, 08. 경기도 9급

176 □□□

교육에 관한 시 · 도의 조례에 대한 무효확인소송은 시 · 도지사가 아니라 시 · 도교육감을 피고로 하여 제기하여야 한다. O | X

시 · 도의 교육 · 학예에 관한 사무의 집행기관은 시 · 도교육감이고 시 · 도교육감에게 지방교육에 관한 조례안의 공포권이 있다고 규정되어 있으므로, 교육에 관한 조례의 무효확인소송을 제기함에 있어서는 그 집행기관인 시 · 도교육감을 피고로 하여야 한다(대판 1996.9.20. 95누8003).

정답 173 ○ 174 X 175 X 176 ○

06. 국회직 8급

177 □□□

지방의회의원에 대한 지방의회의 제명징계의결에 대하여 항고소송을 제기하는 경우 지방의회가 피고가 된다. O | X

지방의회의원에 대한 징계의결, 지방의회의장 불신임결의, 지방의회의장선거 등에 대한 항고소송을 제기할 때 피고는 지방의회이다.

21. 소방간부

178 □□□

징계혐의자에 대한 감봉 1월의 징계처분을 견책으로 변경한 소청심사위원회의 결정이 있는 경우 견책으로 처한 소청결정에 대한 항고소송의 피고는 원칙적으로 소청심사위원회가 된다. O | X

징계혐의자에 대한 감봉 1월의 징계처분을 견책으로 변경한 일부인용재결이 있는 경우 당사자가 일부인용재결 후에도 여전히 해당 처분에 불복하려 한다면, 원처분주의 원칙상 재결 자체의 고유한 위법이 없는 이상 재결은 소의 대상이 되지 않고 재결로 인해 일부 취소되고 남은 원처분이 소송의 대상이 된다. 그리고 이 경우의 피고는 원처분을 한 원처분청이 된다.

13. 국가직 7급, 12. 국회직 8급

179 □□□

지방노동위원회의 구제명령에 대해서는 중앙노동위원회에 재심을 신청한 후 그 재심판정에 대하여 중앙노동위원회를 피고로 하여 재심판정취소의 소를 제기하여야 한다. O | X

중앙노동위원회의 처분에 대한 소는 중앙노동위원회 위원장을 피고로 하여 처분의 송달을 받은 날부터 15일 이내에 이를 제기하여야 한다(노동위원회법 제27조 제1항).

14. 지방직 7급

180 □□□

국회의장이 행한 처분의 경우 국회 사무총장이 피고가 된다. O | X

> **「국회사무처법」 제4조【사무총장】** ③ 의장이 한 처분에 대한 행정소송의 피고는 사무총장으로 한다.

14. 지방직 7급

181 □□□

대통령이 행한 처분의 경우 국무총리가 피고가 된다. O | X

> **「국가공무원법」 제16조【행정소송과의 관계】** ② 제1항에 따른 행정소송을 제기할 때에는 대통령의 처분 또는 부작위의 경우에는 소속 장관(대통령령으로 정하는 기관의 장을 포함한다. 이하 같다)을, 중앙선거관리위원회 위원장의 처분 또는 부작위의 경우에는 중앙선거관리위원회 사무총장을 각각 피고로 한다.

정답 177 ○ 178 X 179 X 180 ○ 181 X

23. 국가직 9급, 19. 서울시 7급, 18. 지방직 7급, 16. 지방직 9급

182 □□□

서훈은 서훈대상자의 특별한 공적에 의하여 수여되는 고도의 일신전속적 성격을 가지는 것이므로, 망인에게 수여된 서훈이 취소된 경우 그 유족은 서훈취소처분의 상대방이 되지 아니한다. O | X

서훈은 어디까지나 서훈대상자 본인의 공적과 영예를 기리기 위한 것이므로 비록 유족이라고 하더라도 제3자는 서훈수여처분의 상대방이 될 수 없고, 구 상훈법 제33조, 제34조 등에 따라 망인을 대신하여 단지 사실행위로서 훈장 등을 교부받거나 보관할 수 있는 지위에 있을 뿐이다. 이러한 서훈의 일신전속적 성격은 서훈취소의 경우에도 마찬가지이므로, 망인에게 수여된 서훈의 취소에서도 유족은 그 처분의 상대방이 되는 것이 아니다. 이와 같이 망인에 대한 서훈취소는 유족에 대한 것이 아니므로 유족에 대한 통지에 의해서만 성립하여 효력이 발생한다고 볼 수 없고, 그 결정이 처분권자의 의사에 따라 상당한 방법으로 대외적으로 표시됨으로써 행정행위로서 성립하여 효력이 발생한다고 봄이 타당하다(대판 2014.9.26. 2013두2518).

17. 국가직 9급(10월)

183 □□□

대외적으로 의사를 표시할 수 없는 내부기관이라도 행정처분의 실질적인 의사가 그 기관에 의하여 결정되는 경우에는 그 내부기관에게 항고소송의 피고적격이 있다. O | X

취소소송은 다른 법률에 특별한 규정이 없는 한 그 처분 등을 행한 행정청을 피고로 한다(행정소송법 제13조 제1항). 여기서 '행정청'이라 함은 국가 또는 공공단체의 기관으로서 국가나 공공단체의 의견을 결정하여 외부에 표시할 수 있는 권한, 즉 처분권한을 가진 기관을 말하고, 대외적으로 의사를 표시할 수 있는 기관이 아닌 내부기관은 실질적인 의사가 그 기관에 의하여 결정되더라도 피고적격을 갖지 못한다(대판 2014.5.16. 2014두274).

17. 국가직 9급(10월)

184 □□□

행정권한을 위탁받은 공공단체 또는 사인이 자신의 이름으로 처분을 한 경우에는 그 공공단체 또는 사인이 항고소송의 피고가 된다. O | X

행정청에는 법령에 의하여 행정권한의 위임 또는 위탁을 받은 행정기관, 공공단체 및 그 기관 또는 사인이 포함된다. 취소소송은 다른 법률에 특별한 규정이 없는 한 그 처분 등을 행한 행정청을 피고로 한다. 다만, 처분 등이 있은 뒤에 그 처분 등에 관계되는 권한이 다른 행정청에 승계된 때에는 이를 승계한 행정청을 피고로 한다(행정소송법 제2조, 제13조).

17. 국가직 9급(10월)

185 □□□

납세의무부존재확인청구소송은 공법상 법률관계 그 자체를 다투는 소송이므로 과세처분청이 아니라 그 법률관계의 한쪽 당사자인 국가·공공단체 그 밖의 권리주체에게 피고적격이 있다. O | X

납세의무부존재확인의 소는 공법상의 법률관계 그 자체를 다투는 소송으로서 당사자소송이라 할 것이므로 행정소송법 제3조 제2호, 제39조에 의하여 그 법률관계의 한쪽 당사자인 국가·공공단체 그 밖의 권리주체가 피고적격을 가진다(대판 2000.9.8. 99두2765).

정답 182 ○ 183 X 184 ○ 185 ○

17. 국가직 9급(10월)

186 □□□

행정처분을 행할 적법한 권한이 있는 상급행정청으로부터 내부위임을 받은 데 불과한 하급행정청이 권한 없이 자신의 이름으로 행정처분을 한 경우에는 하급행정청이 항고소송의 피고가 된다. O | X

행정처분의 취소 또는 무효확인을 구하는 행정소송은 다른 법률에 특별한 규정이 없는 한 소송의 대상인 행정처분 등을 외부적으로 그의 명의로 행한 행정청을 피고로 하여야 하는 것으로서 그 행정처분을 하게 된 연유가 상급행정청이나 타행정청의 지시나 통보에 의한 것이라 하여 다르지 않다고 할 것이며, 권한의 위임이나 위탁을 받아 수임행정청이 정당한 권한에 기하여 그 명의로 한 처분에 대하여는 말할 것도 없고, 내부위임이나 대리권을 수여받은 데 불과하여 원행정청 명의나 대리관계를 밝히지 아니하고는 그의 명의로 처분 등을 할 권한이 없는 행정청이 권한 없이 그의 명의로 한 처분에 대하여도 처분명의자인 행정청이 피고가 되어야 할 것이다(대판 1995.12.22. 95누14688).

18. 서울시 9급

187 □□□

대리권을 수여받은 데 불과하여 그 자신의 명의로는 행정처분을 할 권한이 없는 행정청의 경우 대리관계를 밝힘이 없이 그 자신의 명의로 행정처분을 하였다면 그에 대하여는 처분명의자인 당해 행정청이 항고소송의 피고가 되어야 하는 것이 원칙이다. O | X

대리나 내부위임이더라도 현명을 하지 않고 자기 이름으로 또는 수임청이 자신의 이름으로 처분을 한 경우 피고는 대리청 · 수임청이 된다.

관련 판례

행정처분의 취소 또는 무효확인을 구하는 행정소송은 다른 법률에 특별한 규정이 없는 한 그 처분을 행한 행정청을 피고로 하여야 하며, 행정처분을 행할 적법한 권한 있는 상급행정청으로부터 내부위임을 받은 데 불과한 하급행정청이 권한 없이 행정처분을 한 경우에도 실제로 그 처분을 행한 하급행정청을 피고로 할 것이지 그 상급행정청을 피고로 할 것은 아니다(대판 1989.11.14. 89누4765).

13. 서울시 9급

188 □□□

처분 등이 있은 뒤에 그 처분 등에 관계되는 권한이 다른 행정청에 승계된 경우에는 이를 승계한 행정청을 피고로 한다. O | X

「행정소송법」 제13조 【피고적격】 ① 취소소송은 다른 법률에 특별한 규정이 없는 한 그 처분 등을 행한 행정청을 피고로 한다. 다만, 처분 등이 있은 뒤에 그 처분 등에 관계되는 권한이 다른 행정청에 승계된 때에는 이를 승계한 행정청을 피고로 한다.

22. 국회직 8급

189 □□□

중앙노동위원회의 처분에 대한 행정소송은 중앙노동위원회 위원장을 피고로 한다. O | X

「노동위원회법」 제27조 【중앙노동위원회의 처분에 대한 소송】 ① 중앙노동위원회의 처분에 대한 소송은 중앙노동위원회 위원장을 피고로 하여 처분의 송달을 받은 날부터 15일 이내에 제기하여야 한다.

정답 186 ○ 187 ○ 188 ○ 189 ○

22. 국회직 8급

190 □□□

관할청인 농림축산식품부장관으로부터 농지보전부담금 수납업무의 대행을 위탁받은 한국농어촌공사가 농지보전부담금 납부통지서에 관할청의 대행자임을 기재하고 납부통지서를 보낸 경우 농지보전부담금 부과처분에 대한 취소소송의 피고는 관할청이 된다. O | X

피고 농림축산식품부장관이 2016.5.12. 원고에 대하여 농지보전부담금 부과처분을 한다는 의사표시가 담긴 2016.6.20.자 납부통지서를 수납업무 대행자인 피고 한국농어촌공사가 원고에게 전달함으로써, 이 사건 농지보전부담금 부과처분은 성립요건과 효력 발생요건을 모두 갖추게 되었다(대판 2017.4.13. 2015두36331 참조). 나아가 피고 한국농어촌공사가 '피고 농림축산식품부장관의 대행자' 지위에서 위와 같은 납부통지를 하였음을 분명하게 밝힌 이상, 피고 농림축산식품부장관이 이 사건 농지보전부담금 부과처분을 외부적으로 자신의 명의로 행한 행정청으로서 항고소송의 피고가 되어야 하고, 단순한 대행자에 불과한 피고 한국농어촌공사를 피고로 삼을 수는 없다(대판 2018.10.25. 2018두43095).

22. 국회직 8급 · 지방직 7급

191 □□□

대리관계를 명시적으로 밝히지는 아니하였다 하더라도 처분명의자가 피대리 행정청 산하의 행정기관으로서 실제로 피대리 행정청으로부터 대리권한을 수여받아 피대리 행정청을 대리한다는 의사로 행정처분을 하였고 처분명의자는 물론 그 상대방도 그 행정처분이 피대리 행정청을 대리하여 한 것임을 알고서 이를 받아들인 예외적인 경우에는 피대리 행정청이 피고가 된다. O | X

대리권을 수여받은 데 불과하여 그 자신의 명의로는 행정처분을 할 권한이 없는 행정청의 경우 대리관계를 밝힘이 없이 그 자신의 명의로 행정처분을 하였다면 그에 대하여는 처분명의자인 당해 행정청이 항고소송의 피고가 되어야 하는 것이 원칙이지만, 비록 대리관계를 명시적으로 밝히지는 아니하였다 하더라도 처분명의자가 피대리 행정청 산하의 행정기관으로서 실제로 피대리 행정청으로부터 대리권한을 수여받아 피대리 행정청을 대리한다는 의사로 행정처분을 하였고 처분명의자는 물론 그 상대방도 그 행정처분이 피대리 행정청을 대리하여 한 것임을 알고서 이를 받아들인 예외적인 경우에는 피대리 행정청이 피고가 되어야 한다(대결 2006.2.23. 2005부4).

22. 국회직 8급

192 □□□

조례에 대한 무효확인소송의 경우 의결기관인 지방의회가 피고가 된다. O | X

조례가 집행행위의 개입 없이도 그 자체로서 직접 국민의 구체적인 권리의무나 법적 이익에 영향을 미치는 등의 법률상 효과를 발생하는 경우 그 조례는 항고소송의 대상이 되는 행정처분에 해당하고, 이러한 조례에 대한 무효확인소송을 제기함에 있어서 행정소송법 제38조 제1항, 제13조에 의하여 피고적격이 있는 처분 등을 행한 행정청은, 행정주체인 지방자치단체 또는 지방자치단체의 내부적 의결기관으로서 지방자치단체의 의사를 외부에 표시한 권한이 없는 지방의회가 아니라, 구 지방자치법 제19조 제2항, 제92조에 의하여 지방자치단체의 집행기관으로서 조례로서의 효력을 발생시키는 공포권이 있는 지방자치단체의 장이다(대판 1996.9.20. 95누8003).

정답 190 ○ 191 ○ 192 X

09. 세무사

193 □□□

피고경정은 사실심은 물론 상고심에서도 허용된다는 것이 판례의 입장이다. O | X

행정소송법 제14조 제1항 소정의 피고경정은 사실심 변론종결시까지만 가능하고 상고심에서는 허용되지 않는다(대판 2006.2.23. 2005부4).

09. 세무사

194 □□□

소의 변경시에는 피고의 경정이 인정된다. O | X

피고경정은 피고를 잘못 지정한 때, 권한을 승계한 때, 소의 변경이 있는 때 허용된다.

12. 국회직 9급, 10. 세무사

195 □□□

원고가 피고를 잘못 지정한 때에는 법원은 직권으로 피고를 경정하여야 한다. O | X

「행정소송법」 제14조 【피고경정】 ① 원고가 피고를 잘못 지정한 때에는 법원은 원고의 신청에 의하여 결정으로써 피고의 경정을 허가할 수 있다.

08. 지방직 7급

196 □□□

피고경정의 신청을 각하한 결정에 대하여는 불복할 수 없다. O | X

피고경정의 신청을 각하하는 결정에 대하여는 즉시항고할 수 있다(행정소송법 제14조 제3항).

08. 지방직 7급

197 □□□

피고경정의 결정이 있은 때에는 새로운 피고에 대한 소송은 처음에 소를 제기한 때에 제기된 것으로 본다. O | X

「행정소송법」 제14조 【피고경정】 ④ 제1항의 규정에 의한 결정이 있은 때에는 새로운 피고에 대한 소송은 처음에 소를 제기한 때에 제기된 것으로 본다.

정답 193 X 194 ○ 195 X 196 X 197 ○

15. 국가직 9급

198 □□□

내부위임을 받은 경찰서장의 권한 없는 자동차운전면허정지처분의 경우 지방경찰청장이 피고가 된다. O | X

행정처분의 취소 또는 무효확인을 구하는 행정소송은 다른 법률에 특별한 규정이 없는 한 그 처분을 행한 행정청을 피고로 하여야 하며, 행정처분을 행할 적법한 권한 있는 상급행정청으로부터 내부위임을 받은 데 불과한 하급행정청이 권한 없이 행정처분을 한 경우에도 실제로 그 처분을 행한 하급행정청을 피고로 하여야 할 것이지 그 처분을 행할 적법한 권한 있는 상급행정청을 피고로 할 것은 아니다(대판 1994.8.12. 94누2763).

24. 지방직 9급

199 □□□

조례가 집행행위의 개입 없이도 그 자체로서 직접 국민의 구체적인 권리·의무나 법적 이익에 영향을 미치는 등의 법률상 효과를 발생하는 경우 무효확인소송의 피고는 당해 조례를 통과시킨 지방의회가 된다. O | X

조례가 집행행위의 개입 없이도 그 자체로서 직접 국민의 구체적인 권리의무나 법적 이익에 영향을 미치는 등의 법률상 효과를 발생하는 경우 그 조례는 항고소송의 대상이 되는 행정처분에 해당하고, 이러한 조례에 대한 무효확인소송을 제기함에 있어서 행정소송법 제38조 제1항, 제13조에 의하여 피고적격이 있는 처분 등을 행한 행정청은, 행정주체인 지방자치단체 또는 지방자치단체의 내부적 의결기관으로서 지방자치단체의 의사를 외부에 표시한 권한이 없는 지방의회가 아니라, 구 지방자치법 제19조 제2항, 제92조에 의하여 지방자치단체의 집행기관으로서 조례로서의 효력을 발생시키는 공포권이 있는 지방자치단체의 장이다(대판 1996.9.20. 95누8003).

18. 국가직 7급

200 □□□

법원은 다른 행정청을 취소소송에 참가시킬 필요가 있다고 인정할 때에는 당사자 또는 당해 행정청의 신청 또는 직권에 의하여 결정으로써 그 행정청을 소송에 참가시킬 수 있다. O | X

「행정소송법」 제17조 【행정청의 소송참가】 ① 법원은 다른 행정청을 소송에 참가시킬 필요가 있다고 인정할 때에는 당사자 또는 당해 행정청의 신청 또는 직권에 의하여 결정으로써 그 행정청을 소송에 참가시킬 수 있다.

12. 국가직 9급

201 □□□

제3자는 판결의 형성력에 의해 권리 또는 이익의 침해를 받을 자를 말하며 판결의 기속력에 의해 권리 또는 이익의 침해를 받는 경우는 포함되지 않는다. O | X

기속력에 의한 침해도 포함된다.

「행정소송법」 제16조 【제3자의 소송참가】 ① 법원은 소송의 결과에 따라 권리 또는 이익의 침해를 받을 제3자가 있는 경우에는 당사자 또는 제3자의 신청 또는 직권에 의하여 결정으로써 그 제3자를 소송에 참가시킬 수 있다.

정답 198 X 199 X 200 ○ 201 X

07. 세무사

202 □□□

제3자의 소송참가는 소송의 결과에 따라 권리 또는 이익의 침해를 받을 제3자에게 인정될 수 있다. O | X

「행정소송법」 제16조 【제3자의 소송참가】 ① 법원은 소송의 결과에 따라 권리 또는 이익의 침해를 받을 제3자가 있는 경우에는 당사자 또는 제3자의 신청 또는 직권에 의하여 결정으로써 그 제3자를 소송에 참가시킬 수 있다.

12. 국가직 9급

203 □□□

취소소송의 제3자 소송참가에 관한 규정은 무효등확인소송, 부작위위법확인소송, 당사자소송에도 준용된다. O | X

「행정소송법」 제16조 【제3자의 소송참가】 ① 법원은 소송의 결과에 따라 권리 또는 이익의 침해를 받을 제3자가 있는 경우에는 당사자 또는 제3자의 신청 또는 직권에 의하여 결정으로써 그 제3자를 소송에 참가시킬 수 있다.

제38조 【준용규정】 ① 제9조, 제10조, 제13조 내지 제17조, 제19조, 제22조 내지 제26조, 제29조 내지 제31조 및 제33조의 규정은 무효등확인소송의 경우에 준용한다.
② 제9조, 제10조, 제13조 내지 제19조, 제20조, 제25조 내지 제27조, 제29조 내지 제31조, 제33조 및 제34조의 규정은 부작위위법확인소송의 경우에 준용한다.

제44조 【준용규정】 ① 제14조 내지 제17조, 제22조, 제25조, 제26조, 제30조 제1항, 제32조 및 제33조의 규정은 당사자소송의 경우에 준용한다.

10. 국회직 8급

204 □□□

소송참가인의 지위의 성실에 대해서는 공동소송적 보조참가와 비슷하다는 것이 통설이다. O | X

소송참가인은 민사소송법상 공동소송적 보조참가인과 비슷한 지위를 갖는다.

18. 국가직 7급

205 □□□

행정청의 소송참가는 처분의 효력 유무가 민사소송의 선결문제가 되어 당해 민사소송의 수소법원이 이를 심리·판단하는 경우에도 허용된다. O | X

처분 등의 효력 유무 또는 존재 여부가 민사소송의 선결문제로 되어 당해 민사소송의 수소법원이 이를 심리·판단하는 경우에는 제17조(행정청의 소송참가), 제25조, 제26조 및 제33조의 규정을 준용한다(행정소송법 제11조 제1항).

정답 202 ○ 203 ○ 204 ○ 205 ○

24. 지방직 9급

206 □□□

행정청은 민사소송법상의 보조참가를 할 수 있을 뿐만 아니라 행정소송법에 의한 소송참가를 할 수 있고 공법상 당사자소송의 원고가 된다. O | X

행정청은 행정소송법상 소송참가를 할 수 있어도, 민사소송법상의 보조참가를 할 수 없다는 입장이다.

관련 판례

타인 사이의 항고소송에서 소송의 결과에 관하여 이해관계가 있다고 주장하면서 민사소송법 제71조에 의한 보조참가를 할 수 있는 제3자는 민사소송법상의 당사자능력 및 소송능력을 갖춘 자이어야 하므로 그러한 당사자능력 및 소송능력이 없는 행정청으로서는 민사소송법상의 보조참가를 할 수는 없고 다만 행정소송법 제17조 제1항에 의한 소송참가를 할 수 있을 뿐이다(행정청에 불과한 서울특별시장의 보조참가신청을 부적법하다고 한 사례)(대판 2002.9.24. 99두1519).

23. 국회직 8급

207 □□□

경업자에 대한 행정처분이 경업자에게 불리한 내용이라면 그와 경쟁관계에 있는 기존의 업자에게는 특별한 사정이 없는 한 유리할 것이지만 기존의 업자는 그 행정처분의 무효확인 또는 취소를 구할 법률상 이익이 있다. O | X

일반적으로 면허나 인허가 등의 수익적 행정처분의 근거가 되는 법률이 해당 업자들 사이의 과당경쟁으로 인한 경영의 불합리를 방지하는 것도 목적으로 하고 있는 경우, 다른 업자에 대한 면허나 인허가 등의 수익적 행정처분에 대하여 미리 같은 종류의 면허나 인허가 등의 수익적 행정처분을 받아 영업을 하고 있는 기존의 업자는 경업자에 대하여 이루어진 면허나 인허가 등 행정처분의 상대방이 아니라고 하더라도 당해 행정처분의 무효확인 또는 취소를 구할 이익이 있다. 그러나 경업자에 대한 행정처분이 경업자에게 불리한 내용이라면 그와 경쟁관계에 있는 기존의 업자에게는 특별한 사정이 없는 한 유리할 것이므로 기존의 업자가 그 행정처분의 무효확인 또는 취소를 구할 이익은 없다고 보아야 한다(대판 2020.4.9. 2019두49953).

23. 국가직 9급

208 □□□

민사소송인 소가 서울행정법원에 제기되었는데도 피고가 제1심 법원에서 관할위반이라고 항변하지 않고 본안에서 변론을 한 경우에는 제1심법원에 변론관할이 생긴다. O | X

민사소송인 이 사건 소가 서울행정법원에 제기되었는데도 피고는 제1심법원에서 관할위반이라고 항변하지 아니하고 본안에 대하여 변론을 한 사실을 알 수 있는바, 공법상의 당사자소송 사건인지 민사사건인지 여부는 이를 구별하기가 어려운 경우가 많고 행정사건의 심리절차에 있어서는 행정소송의 특수성을 감안하여 행정소송법이 정하고 있는 특칙이 적용될 수 있는 점을 제외하면 심리절차면에서 민사소송절차와 큰 차이가 없는 점 등에 비추어 보면, 행정소송법 제8조 제2항, 민사소송법 제30조에 의하여 제1심법원에 변론관할이 생겼다고 봄이 상당하다(2013.2.28. 2010두22368).

정답 206 X 207 X 208 ○

23. 국가직 9급

209 □□□

건국훈장 독립장이 수여된 망인에 대한 서훈취소를 국무회의에서 의결하고 대통령이 결재함으로써 서훈취소가 결정된 후에 국가보훈처장이 망인의 유족에게 독립유공자 서훈취소결정 통보를 하였다면 서훈취소처분취소소송에서의 피고적격은 국가보훈처장에 있다. O | X

국무회의에서 건국훈장 독립장이 수여된 망인에 대한 서훈취소를 의결하고 대통령이 결재함으로써 서훈취소가 결정된 후 국가보훈처장이 망인의 유족 甲에게 '독립유공자 서훈취소결정 통보'를 하자 甲이 국가보훈처장을 상대로 서훈취소결정의 무효 확인 등의 소를 제기한 사안에서, 甲이 서훈취소 처분을 행한 행정청(대통령)이 아니라 국가보훈처장을 상대로 제기한 위 소는 피고를 잘못 지정한 경우에 해당하므로, 법원으로서는 석명권을 행사하여 정당한 피고로 경정하게 하여 소송을 진행해야 함에도 국가보훈처장이 서훈취소 처분을 한 것을 전제로 처분의 적법 여부를 판단한 원심판결에 법리오해 등의 잘못이 있다(대판 2014.9.26. 2013두2518).

22. 지방직 7급

210 □□□

원고가 고의 또는 중대한 과실 없이 행정소송으로 제기하여야 할 사건을 민사소송으로 잘못 제기한 경우, 행정소송에 대한 관할을 가지고 있지 아니한 수소법원은 당해 소송이 행정소송으로서의 제소기간을 도과한 것이 명백하더라도 관할법원에 이송하여야 한다. O | X

제소기간을 도과한 것이 명백한 경우에는 부적법한 소라고 각하하여야 한다.

관련 판례

원고가 고의 또는 중대한 과실 없이 행정소송으로 제기하여야 할 사건을 민사소송으로 잘못 제기한 경우, 수소법원으로서는 만약 행정소송에 대한 관할도 동시에 가지고 있다면 이를 행정소송으로 심리 · 판단하여야 하고, 행정소송에 대한 관할을 가지고 있지 아니하다면 당해 소송이 이미 행정소송으로서의 전심절차 및 제소기간을 도과하였거나 행정소송의 대상이 되는 처분 등이 존재하지도 아니한 상태에 있는 등 행정소송으로서의 소송요건을 결하고 있음이 명백하여 행정소송으로 제기되었더라도 어차피 부적법하게 되는 경우가 아닌 이상 이를 부적법한 소라고 하여 각하할 것이 아니라 관할법원에 이송하여야 한다(대판 2017.11.9. 2015다215526).

제3절 처분 등의 존재(대상적격)

13. 국가직 9급

211 □□□

행정소송법상 '처분'이라 함은 행정청이 행하는 구체적 사실에 관한 법집행으로서의 공권력의 행사 또는 그 거부와 그 밖에 이에 준하는 행정작용을 말한다. O | X

「행정소송법」 제2조【정의】① 이 법에서 사용하는 용어의 정의는 다음과 같다.
1. "처분 등"이라 함은 행정청이 행하는 구체적 사실에 관한 법집행으로서의 공권력의 행사 또는 그 거부와 그 밖에 이에 준하는 행정작용(이하 "처분"이라 한다) 및 행정심판에 대한 재결을 말한다.

정답 209 X 210 X 211 O

13. 국회직 9급

212 □□□

취소소송의 대상은 행정청의 '처분 등', 즉 처분과 재결이다. O | X

「행정소송법」 제2조 【정의】 ① 이 법에서 사용하는 용어의 정의는 다음과 같다.
1. "처분 등"이라 함은 행정청이 행하는 구체적 사실에 관한 법집행으로서의 공권력의 행사 또는 그 거부와 그 밖에 이에 준하는 행정작용(이하 "처분"이라 한다) 및 행정심판에 대한 재결을 말한다.

19. 지방직 7급

213 □□□

행정청이 공무원에게 국가공무원법령상 연가보상비를 지급하지 아니한 행위는 공무원의 연가보상비청구권을 제한하는 행위로서 항고소송의 대상이 되는 처분이다. O | X

행정청이 공무원에게 연가보상비를 지급하지 아니한 행위로 인하여 공무원의 연가보상비청구권 등 법률상 지위에 아무런 영향을 미친다고 할 수는 없으므로 행정청의 연가보상비 부지급행위는 항고소송의 대상이 되는 처분이라고 볼 수 없다(대판 1999.7.23, 97누10857).

13. 국가직 9급

214 □□□

항고소송의 대상이 되는 행정처분이라 함은 원칙적으로 행정청의 공법상 행위로서 특정 사항에 대하여 법규에 의한 권리의 설정 또는 의무의 부담을 명하거나 기타 법률상 효과를 발생하게 하는 등으로 일반국민의 권리·의무에 직접 영향을 미치는 행위를 가리킨다. O | X

항고소송의 대상이 되는 행정처분이라 함은 행정청의 공법상의 행위로서 특정 사항에 대하여 법규에 의한 권리의 설정 또는 의무의 부담을 명하거나 기타 법률상 효과를 발생하게 하는 등 국민의 구체적인 권리의무에 직접적 변동을 초래하는 행위를 말하는 것이고, 행정권 내부에서의 행위나 알선, 권유, 사실상의 통지 등과 같이 상대방 또는 기타 관계자들의 법률상 지위에 직접적인 법률적 변동을 일으키지 아니하는 행위 등은 항고소송의 대상이 될 수 없다(대판 1995.11.21, 95누9099).

19. 지방직 7급

215 □□□

법관이 이미 수령한 명예퇴직수당액이 구 법관 및 법원공무원 명예퇴직수당 등 지급규칙에서 정한 정당한 명예퇴직수당액에 미치지 못한다고 주장하며 차액의 지급을 신청한 것에 대하여 법원행정처장이 행한 거부의 의사표시는 행정처분에 해당한다. O | X

법원행정처장이 거부하는 의사를 표시했더라도, 그 의사표시는 공법상의 법률관계의 한쪽 당사자로서 지급의무의 존부 및 범위에 관하여 자신의 의견을 밝힌 것에 불과하므로 행정처분으로 볼 수 없다(대판 2016.5.24, 2013두14863).

정답 212 ○ 213 X 214 ○ 215 X

18. 국가직 9급

216 □□□

보건복지부 고시인 구 약제급여·비급여목록 및 급여상한금액표는 그 자체로서 국민건강보험가입자, 국민건강보험공단, 요양기관 등의 법률관계를 직접 규율하는 성격을 가지므로 항고소송의 대상이 되는 행정처분에 해당한다. O | X

약제급여·비급여목록 및 급여상한금액표에 관한 보건복지부고시는 다른 집행행위의 매개없이 그 자체로서 국민건강보험가입자, 국민건강보험공단, 요양기관 등의 법률관계를 직접 규율하는 성격을 가지므로 항고소송의 대상이 되는 행정처분에 해당한다(대판 2006.9.22. 2005두2506).

19. 지방직 7급

217 □□□

교육공무원법에 따라 승진후보자명부에 포함되어 있던 후보자를 승진심사에 의해 승진임용인사발령에서 제외하는 행위는 항고소송의 대상인 처분으로 보아야 한다. O | X

교육공무원법상 승진후보자명부에 의한 승진심사방식으로 행해지는 승진임용에서 승진후보자명부에 포함되어 있던 후보자를 승진임용인사발령에서 제외하는 행위는 불이익처분으로서 항고소송의 대상인 처분에 해당한다고 보아야 한다(대판 2018.3.27. 2015두47492).

17. 국가직 9급

218 □□□

원자로 및 관계 시설의 부지사전승인처분은 그 자체로서 독립한 행정처분은 아니므로 이의 위법성을 직접 항고소송으로 다툴 수는 없고 후에 발령되는 건설허가처분에 대한 항고소송에서 다투어야 한다. O | X

원자로 및 관계 시설의 부지사전승인처분은 그 자체로서 건설부지를 확정하고 사전공사를 허용하는 법률효과를 지닌 독립한 행정처분이기는 하지만, 건설허가 전에 신청자의 편의를 위하여 미리 그 건설허가의 일부 요건을 심사하여 행하는 사전적 부분 건설허가처분의 성격을 갖고 있는 것이어서 나중에 건설허가처분이 있게 되면 그 건설허가처분에 흡수되어 독립된 존재가치를 상실함으로써 그 건설허가처분만이 쟁송의 대상이 되는 것이므로, 부지사전승인처분의 취소를 구하는 소는 소의 이익을 잃게 되고, 따라서 부지사전승인처분의 위법성은 나중에 내려진 건설허가처분의 취소를 구하는 소송에서 이를 다투면 된다(대판 1998.9.4. 97누19588).

17. 지방직 9급

219 □□□

건축사 업무정지처분을 받은 후 새로운 업무정지처분을 받음이 없이 1년이 경과하여 실제로 가중된 제재처분을 받을 우려가 없게 된 경우, 그 처분에서 정한 정지기간이 경과한 이상 특별한 사정이 없는 한 업무정지처분의 취소를 구할 법률상 이익이 없다. O | X

건축사법 제28조 제1항이 건축사 업무정지처분을 연 2회 이상 받고 그 정지기간이 통산하여 12월 이상이 될 경우에는 가중된 제재처분인 건축사사무소 등록취소처분을 받게 되도록 규정하여 건축사에 대한 제재적인 행정처분인 업무정지명령을 더 무거운 제재처분인 사무소등록취소처분의 기준요건으로 규정하고 있으므로, 건축사 업무정지처분을 받은 건축사로서는 위 처분에서 정한 기간이 경과하였다 하더라도 위 처분을 그대로 방치하여 둠으로써 장래 건축사사무소 등록취소라는 가중된 제재처분을 받을 우려가 있어 건축사로서 업무를 행할 수 있는 법률상 지위에 대한 위험이나 불안을 제거하기 위하여 건축사 업무정지처분의 취소를 구할 이익이 있으나, 업무정지처분을 받은 후 새로운 업무정지처분을 받음이 없이 1년이 경과하여 실제로 가중된 제재처분을 받을 우려가 없어졌다면 위 처분에서 정한 정지기간이 경과한 이상 특별한 사정이 없는 한 그 처분의 취소를 구할 법률상 이익이 없다(대판 2000.4.21. 98두10080).

정답 216 ○ 217 ○ 218 X 219 ○

19. 국가직 9급

220

□□□

공장등록이 취소된 후 그 공장시설물이 철거되었고 다시 복구를 통하여 공장을 운영할 수 없는 상태라 하더라도 대도시 안의 공장을 지방으로 이전할 경우 조세감면 및 우선입주 등의 혜택이 관계 법률에 보장되어 있다면, 공장등록취소처분의 취소를 구할 법률상 이익이 인정된다. **O | X**

공장등록이 취소된 후 그 공장시설물이 철거되었다 하더라도 대도시 안의 공장을 지방으로 이전할 경우 조세특례제한법상의 세액공제 및 소득세 등의 감면혜택이 있고, 공업배치 및 공장설립에 관한 법률상의 간이한 이전절차 및 우선 입주의 혜택이 있는 경우, 그 공장등록취소처분의 취소를 구할 법률상의 이익이 있다(대판 2002.1.11. 2000두3306).

19. 국가직 9급

221

□□□

지방의회의원에 대한 제명의결 취소소송 계속 중 의원의 임기가 만료된 경우에도 여전히 제명의결의 취소를 구할 법률상 이익이 인정된다. **O | X**

지방의회의원에 대한 제명의결 취소소송 계속 중 의원의 임기가 만료된 경우, 제명의결의 취소로 의원의 지위를 회복할 수는 없다 하더라도 제명의결시부터 임기만료일까지의 기간에 대한 월정수당의 지급을 구할 수 있는 등 여전히 그 제명의결의 취소를 구할 법률상 이익이 있다(대판 2009.1.30. 2007두13487).

19. 서울시 7급

222

□□□

공공용재산이라고 하여도 당해 공공용재산의 성질상 특정 개인의 생활에 개별성이 강한 직접적이고 구체적인 이익을 부여하고 있어서 그에게 그로 인한 이익을 가지게 하는 것이 법률적인 관점으로도 이유가 있다고 인정되는 특별한 사정이 있는 경우에는 그와 같은 이익은 법률상 보호되어야 한다. **O | X**

공공용재산이라고 하여도 당해 공공용재산의 성질상 특정개인의 생활에 개별성이 강한 직접적이고 구체적인 이익을 부여하고 있어서 그에게 그로 인한 이익을 가지게 하는 것이 법률적인 관점으로도 이유가 있다고 인정되는 특별한 사정이 있는 경우에는 그와 같은 이익은 법률상 보호되어야 할 것이고, 따라서 도로의 용도폐지처분에 관하여 이러한 직접적인 이해관계를 가지는 사람이 그와 같은 이익을 현실적으로 침해당한 경우에는 그 취소를 구할 법률상의 이익이 있다(대판 1992.9.22. 91누13212).

10. 세무사

223

□□□

법령에 의하여 행정권한을 위탁받은 사인도 처분을 행할 수 있다. **O | X**

항고소송은 행정청의 처분 등이나 부작위에 대하여 처분 등을 행한 행정청을 상대로 이를 제기할 수 있고 행정청에는 처분 등을 할 수 있는 권한이 있는 국가 또는 지방자치단체와 같은 행정기관뿐만 아니라 법령에 의하여 행정권한의 위임 또는 위탁을 받은 행정기관, 공공단체 및 그 기관 또는 사인이 포함되는바 특별한 법률에 근거를 두고 행정주체로서의 국가 또는 지방자치단체로부터 독립하여 특수한 존립목적을 부여받은 특수한 행정주체로서 국가의 특별한 감독하에 그 존립목적인 특정한 공공사무를 행하는 공법인인 특수행정조직 등이 이에 해당한다(대판 1992.11.27. 92누3618).

정답 220 ○ 221 ○ 222 ○ 223 ○

14. 사복직 9급

224 □□□

지방의회의장에 대한 지방의회의 불신임의결은 처분성이 인정된다. O | X

지방의회를 대표하고 의사를 정리하며 회의장 내의 질서를 유지하고 의회의 사무를 감독하며 위원회에 출석하여 발언할 수 있는 등의 직무권한을 가지는 지방의회의장에 대한 불신임의결은 의장으로서의 권한을 박탈하는 행정처분의 일종으로서 항고소송의 대상이 된다(대결 1994.10.11. 94두23).

19. 변호사

225 □□□

대법원은, 국회의원에 대한 징계처분에 대하여 법원에 제소할 수 없다고 규정하고 있는 헌법 제64조 제4항과 같은 특별규정이 없다 하더라도, 지방자치제도를 둔 헌법의 취지에 비추어 볼 때 지방의회의원에 대한 징계의결도 항고소송의 대상이 되지 않는다고 한다. O | X

지방의회의 의원 징계의결은 그로 인해 의원의 권리에 직접 법률효과를 미치는 행정처분의 일종으로서 행정소송의 대상이 된다(대판 1993.11.26. 93누7341).

11. 국가직 7급

226 □□□

국가를 당사자로 하는 계약에 관한 법률상 부정당업자에 대한 입찰참가자격제한조치는 취소소송의 대상이 된다. O | X

국가를 당사자로 하는 계약에 관한 법률 제27조 제1항에 의하면, … 입찰참가자격제한처분은 국민의 권리나 이익을 박탈하거나 제재를 가하는 침해적 행정처분으로서 법치행정의 원리상 엄격한 법적 근거를 필요로 하고 또한 그 근거 규정의 해석에 있어서도 엄격성을 요하며 그 침해의 범위를 넓히는 방향으로 함부로 유추해석이나 확장해석을 하여서는 아니 된다(대판 2000.10.13. 99두3201).

15. 지방직 9급

227 □□□

한국전력공사가 정부투자기관회계규정에 의하여 행한 입찰참가자격을 제한하는 내용의 부정당업자제재처분은 사법상의 효력을 가지는 통지행위이다. O | X

한국전력공사는 한국전력공사법의 규정에 의하여 설립된 정부투자법인일 뿐이고 위 공사를 중앙행정기관으로 규정한 법률을 찾아볼 수 없으며, … '각 중앙관서의 장'에 해당되지 아니함이 명백하고, 위 공사가 입찰참가자격을 제한하는 내용의 부정당업자제재처분의 근거로 삼은 정부투자기관회계규정 제245조가 정부투자기관의 회계처리의 기준과 절차에 관한 사항을 재무부장관이 정하도록 규정한 구 정부투자기관관리기본법 제20조에 의하여 제정된 것임은 분명하나 그 점만으로 위 규정이 구 정부투자기관관리기본법 제20조와 결합하여 대외적인 구속력이 있는 법규명령으로서의 효력을 가진다고 할 수도 없다 할 것이므로, 따라서 위 공사가 행정소송법 소정의 행정청 또는 그 소속기관이거나 이로부터 위 제재처분의 권한을 위임받았다고 볼 만한 아무런 법적 근거가 없다고 할 것이므로 위 공사가 정부투자기관회계규정에 의하여 행한 입찰참가자격을 제한하는 내용의 부정당업자제재처분은 행정소송의 대상이 되는 행정처분이 아니라 단지 상대방을 위 공사가 시행하는 입찰에 참가시키지 않겠다는 뜻의 사법상의 효력을 가지는 통지행위에 불과하다(대결 1999.11.26. 99부3).

정답 224 ○ 225 X 226 ○ 227 ○

15. 국가직 9급

228 □□□

의료기관의 명칭표시판에 진료과목을 함께 표시하는 경우 진료과목의 글자 크기를 제한하고 있는 구 의료법 시행규칙 제31조는 그 자체로서 국민의 구체적인 권리 · 의무나 법률관계에 직접적인 변동을 초래하므로 항고소송의 대상이 되는 행정처분이라 할 수 있다. O | X

의료법 시행규칙(2003.10.1. 보건복지부령 제261호) 제31조가 의료기관의 명칭표시판에 진료과목을 함께 표시하는 경우 그 글자의 크기를 의료기관 명칭을 표시하는 글자 크기의 2분의 1 이내로 제한하고 있지만, 위 규정은 그 위반자에 대하여 과태료를 부과하는 등의 별도의 집행행위 매개 없이는 그 자체로서 국민의 구체적인 권리의무나 법률관계에 직접적인 변동을 초래하지 아니하므로 항고소송의 대상이 되는 행정처분이라고 할 수 없다(대판 2007.4.12. 2005두15168).

13. 국가직 9급

229 □□□

병역법상 신체등위판정은 행정청이라고 볼 수 없는 군의관이 하도록 되어 있으며, 그 자체만으로 권리 · 의무가 정하여지는 것이 아니라 그에 따라 지방병무청장이 병역처분을 함으로써 비로소 병역의무의 종류가 정하여지는 것이므로 항고소송의 대상이 되는 행정처분이라 보기 어렵다. O | X

징병검사시의 신체등위판정은 행정처분이라고 보기 어렵다(대판 1993.8.27. 93누3356).

14. 지방직 7급

230 □□□

납세의무자의 국세환급금결정신청에 대한 세무서장의 환급거부결정은 취소소송의 대상이 된다. O | X

원천징수의무자가 원천납세의무자로부터 원천징수대상이 아닌 소득에 대하여 세액을 징수 · 납부하였거나 징수하여야 할 세액을 초과하여 징수 · 납부하였다면, 국가는 원천징수의무자로부터 이를 납부받는 순간 아무런 법률상의 원인 없이 부당이득한 것이 되고, 구 국세기본법(2006.12.30. 법률 제8139호로 개정되기 전의 것) 제51조 제1항, 제52조 등의 규정은 환급청구권이 확정된 국세환급금 및 가산금에 대한 내부적 사무처리절차로서 과세관청의 환급절차를 규정한 것일 뿐 그 규정에 의한 국세환급금(가산금 포함)결정에 의하여 비로소 환급청구권이 확정되는 것이 아니므로, 국세환급결정이나 이 결정을 구하는 신청에 대한 환급거부결정 등은 납세의무자가 갖는 환급청구권의 존부나 범위에 구체적이고 직접적인 영향을 미치는 처분이 아니어서 항고소송의 대상이 되는 처분으로 볼 수 없다(대판 2010.2.25. 2007두18284).

19. 국가직 7급 · 서울시 7급

231 □□□

국세환급금결정이나 이 결정을 구하는 신청에 대한 환급거부결정 등은 납세의무자가 갖는 환급청구권의 존부나 범위에 구체적이고 직접적인 영향을 미치는 처분으로 항고소송의 대상이 되는 처분이다. O | X

항고소송의 대상이 되는 처분이라고 볼 수 없다(대판 2010.2.25. 2007두18284).

정답 228 X 229 ○ 230 X 231 X

19. 지방직 9급

232 □□□

사업시행자인 한국도로공사가 구 지적법에 따라 고속도로건설공사에 편입되는 토지소유자들을 대위하여 토지면적등록 정정신청을 하였으나 관할 행정청이 이를 반려하였다면, 이러한 반려행위는 항고소송대상이 되는 행정처분에 해당한다. O | X

토지소유자들을 대위하여 토지면적등록 정정신청을 하였으나 화성시장이 이를 반려한 사안에서, 반려처분은 공공사업의 원활한 수행을 위하여 부여된 사업시행자의 관계 법령상 권리 또는 이익에 영향을 미치는 공권력의 행사 또는 그 거부에 해당하는 것으로서 항고소송대상이 되는 행정처분에 해당한다(대판 2011.8.25. 2011두3371).

18. 지방교행

233 □□□

주택재건축정비사업조합의 사업시행계획은 항고소송의 대상이 된다. O | X

도시 및 주거환경정비법에 따른 주택재건축정비사업조합은 관할 행정청의 감독 아래 도시정비법상 주택재건축사업을 시행하는 공법인으로서, 그 목적 범위 내에서 법령이 정하는 바에 따라 일정한 행정작용을 행하는 행정주체의 지위를 가진다 할 것인데, 채무자 조합이 이러한 행정주체의 지위에서 도시정비법에 기초하여 수립한 이 사건 사업시행계획은 인가·고시를 통해 확정되면 이해관계인에 대한 구속적 행정계획으로서 독립된 행정처분에 해당하고, 이와 같은 사업시행계획안에 대한 조합 총회결의는 그 행정처분에 이르는 절차적 요건 중 하나에 불과한 것으로서, 그 계획이 확정된 후에는 항고소송의 방법으로 계획의 취소 또는 무효확인을 구할 수 있을 뿐, 절차적 요건에 불과한 총회결의 부분만을 대상으로 그 효력 유무를 다투는 확인의 소를 제기하는 것은 허용되지 아니하고, 한편 이러한 항고소송의 대상이 되는 행정처분의 효력이나 집행 혹은 절차속행 등의 정지를 구하는 신청은 행정소송법상 집행정지신청의 방법으로서만 가능할 뿐 민사소송법상 가처분의 방법으로는 허용될 수 없다(대판 2009.11.2. 2009마596).

19. 지방직 9급

234 □□□

건축주가 토지소유자로부터 토지사용승낙서를 받아 그 토지 위에 건축물을 건축하는 건축허가를 받았다가 착공에 앞서 건축주의 귀책사유로 해당 토지를 사용할 권리를 상실한 경우, 토지소유자의 건축허가 철회신청을 거부한 행위는 항고소송의 대상이 된다. O | X

건축허가는 대물적 성질을 갖는 것이어서 행정청으로서는 허가를 할 때에 건축주 또는 토지소유자가 누구인지 등 인적 요소에 관하여는 형식적 심사만 한다. 건축주가 토지소유자로부터 토지사용승낙서를 받아 그 토지 위에 건축물을 건축하는 대물적 성질의 건축허가를 받았다가 착공에 앞서 건축주의 귀책사유로 해당 토지를 사용할 권리를 상실한 경우, 건축허가의 존재로 말미암아 토지에 대한 소유권 행사에 지장을 받을 수 있는 토지소유자로서는 건축허가의 철회를 신청할 수 있다고 보아야 한다. 따라서 토지소유자의 위와 같은 신청을 거부한 행위는 항고소송의 대상이 된다(대판 2017.3.15. 2014두41190).

정답 232 O 233 O 234 O

19. 국회직 8급 · 지방직 9급

235 □□□

교육공무원법상 승진후보자명부에 의한 승진심사방식으로 행해지는 승진임용에서 승진후보자명부에 포함되어 있던 후보자를 승진임용인사발령에서 제외하는 행위는 항고소송의 대상인 처분에 해당하지 않는다. O | X

교육공무원법 제29조의2 제1항, 제13조, 제14조 제1항 · 제2항, 교육공무원 승진규정 제1조, 제2조 제1항 제1호, 제40조 제1항, 교육공무원임용령 제14조 제1항, 제16조 제1항에 따르면 임용권자는 3배수의 범위 안에 들어간 후보자들을 대상으로 승진임용 여부를 심사하여야 하고, 이에 따라 승진후보자명부에 포함된 후보자는 임용권자로부터 정당한 심사를 받게 될 것에 관한 절차적 기대를 하게 된다. 그런데 임용권자 등이 자의적인 이유로 승진후보자명부에 포함된 후보자를 승진임용에서 제외하는 처분을 한 경우에, 이러한 승진임용제외처분을 항고소송의 대상이 되는 처분으로 보지 않는다면, 달리 이에 대하여는 불복하여 침해된 권리 또는 법률상 이익을 구제받을 방법이 없다. 따라서 교육공무원법상 승진후보자명부에 의한 승진심사방식으로 행해지는 승진임용에서 승진후보자명부에 포함되어 있던 후보자를 승진임용인사발령에서 제외하는 행위는 불이익처분으로서 항고소송의 대상인 처분에 해당한다고 보아야 한다. 다만 교육부장관은 승진후보자명부에 포함된 후보자들에 대하여 일정한 심사를 진행하여 임용제청 여부를 결정할 수 있고 승진후보자명부에 포함된 특정 후보자를 반드시 임용제청을 하여야 하는 것은 아니며, 또한 교육부장관이 임용제청을 한 후보자라고 하더라도 임용권자인 대통령이 반드시 승진임용을 하여야 하는 것도 아니다. 이처럼 공무원 승진임용에 관해서는 임용권자에게 일반 국민에 대한 행정처분이나 공무원에 대한 징계처분에서와는 비교할 수 없을 정도의 광범위한 재량이 부여되어 있다. 따라서 승진후보자명부에 포함된 후보자를 승진임용에서 제외하는 결정이 공무원의 자격을 정한 관련 법령규정에 위반되지 아니하고 사회통념상 합리성을 갖춘 사유에 따른 것이라는 주장 · 증명이 있다면 쉽사리 위법하다고 판단하여서는 아니 된다(대판 2018.3.27. 2015두47492).

관련 판례

구 경찰공무원법에 의하면, 경정 이하 계급에의 승진에 있어서는 승진심사와 함께 승진시험을 병행할 수 있고, 승진시험에 합격한 자는 시험승진후보자명부에 등재하여 그 등재순위에 따라 승진하도록 되어 있으며, 같은 규정 제36조 제3항에 의하면 시험승진후보자명부에 등재된 자가 승진임용되기 전에 감봉 이상의 징계처분을 받은 경우에는 임용권자 또는 임용제청권자가 위 징계처분을 받은 자를 시험승진후보자명부에서 삭제하도록 되어 있는바, 이처럼 시험승진후보자명부에 등재되어 있던 자가 그 명부에서 삭제됨으로써 승진임용의 대상에서 제외되었다 하더라도, 그와 같은 시험승진후보자명부에서의 삭제행위는 결국 그 명부에 등재된 자에 대한 승진 여부를 결정하기 위한 행정청 내부의 준비과정에 불과하고, 그 자체가 어떠한 권리나 의무를 설정하거나 법률상 이익에 직접적인 변동을 초래하는 별도의 행정처분이 된다고 할 수 없다(대판 1997.11.14. 97누7325).

19. 지방직 9급

236 □□□

구 민원사무 처리에 관한 법률에서 정한 사전심사결과 통보는 항고소송의 대상이 되는 행정처분에 해당하지 않는다. O | X

구 민원사무 처리에 관한 법률의 내용과 체계에다가 사전심사청구제도는 민원인이 대규모의 경제적 비용이 수반되는 민원사항에 대하여 간편한 절차로써 미리 행정청의 공적 견해를 받아볼 수 있도록 하여 민원행정의 예측 가능성을 확보하게 하는 데에 취지가 있다고 보이고, 민원인이 희망하는 특정한 견해의 표명까지 요구할 수 있는 권리를 부여한 것으로 보기는 어려운 점, 행정청은 사전심사결과 가능하다는 통보를 한 때에도 구 민원사무처리법 제19조 제3항에 의한 제약이 따르기는 하나 반드시 민원사항을 인용하는 처분을 해야 하는 것은 아닌 점, 행정청은 사전심사결과 불가능하다고 통보하였더라도 사전심사결과에 구애되지 않고 민원사항을 처리할 수 있으므로 불가능하다는 통보가 민원인의 권리의무에 직접적 영향을 미친다고 볼 수 없고, 통보로 인하여 민원인에게 어떠한 법적 불이익이 발생할 가능성도 없는 점 등 여러 사정을 종합해 보면, 구 민원사무처리법이 규정하는 사전심사결과 통보는 항고소송의 대상이 되는 행정처분에 해당하지 아니한다(대판 2014.4.24. 2013두7834).

정답 235 X 236 ○

19 · 14 · 12. 국가직 9급, 15. 경행특채 1차

237
□□□

교육부장관이 대학입시기본계획의 내용에서 내신성적 산정기준에 관한 시행지침을 정한 경우, 각 고등학교는 이에 따라 내신성적을 산정할 수밖에 없어 이는 행정처분에 해당된다. O | X

교육부장관이 내신성적 산정기준의 통일을 기하기 위해 대학입시기본계획의 내용에서 내신성적 산정기준에 관한 시행지침을 마련하여 시 · 도 교육감에서 통보한 것은 행정조직 내부에서 내신성적평가에 관한 내부적 심사기준을 시달한 것에 불과하여, 내신성적 산정지침을 항고소송의 대상이 되는 행정처분으로 볼 수 없다(대판 1994.9.10. 94두33).

19. 국가직 9급

238
□□□

국립대학교 총장의 임용권한은 대통령에게 있으므로, 교육부장관이 대통령에게 임용제청을 하면서 대학에서 추천한 복수의 총장 후보자들 중 일부를 임용제청에서 제외한 행위는 처분에 해당하지 않는다. O | X

대학의 추천을 받은 총장 후보자는 교육부장관으로부터 정당한 심사를 받을 것이라는 기대를 하게 된다. 만일 교육부장관이 자의적으로 대학에서 추천한 복수의 총장 후보자들 전부 또는 일부를 임용제청하지 않는다면 대통령으로부터 임용을 받을 기회를 박탈하는 효과가 있다. 이를 항고소송의 대상이 되는 처분으로 보지 않는다면, 침해된 권리 또는 법률상 이익을 구제받을 방법이 없다. 따라서 교육부장관이 대학에서 추천한 복수의 총장 후보자들 전부 또는 일부를 임용제청에서 제외하는 행위는 제외된 후보자들에 대한 불이익처분으로서 항고소송의 대상이 되는 처분에 해당한다고 보아야 한다. 다만 교육부장관이 특정 후보자를 임용제청에서 제외하고 다른 후보자를 임용제청함으로써 대통령이 임용제청된 다른 후보자를 총장으로 임용한 경우에는, 임용제청에서 제외된 후보자는 대통령이 자신에 대하여 총장임용 제외처분을 한 것으로 보아 이를 다투어야 한다(대통령의 처분의 경우 소속 장관이 행정소송의 피고가 된다. 국가공무원법 제16조 제2항). 이러한 경우에는 교육부장관의 임용제청 제외처분을 별도로 다툴 소의 이익이 없어진다(대판 2018.6.15. 2016두57564).

19. 국가직 9급 · 서울시 9급(2월) 유사

239
□□□

인터넷 포털사이트의 개인정보 유출사고로 주민등록번호가 불법 유출되었음을 이유로 주민등록번호 변경신청을 하였으나 관할 구청장이 이를 거부한 경우, 그 거부행위는 처분에 해당하지 않는다. O | X

甲 등이 인터넷 포털사이트 등의 개인정보 유출사고로 자신들의 주민등록번호 등 개인정보가 불법 유출되자 이를 이유로 관할 구청장에게 주민등록번호를 변경해 줄 것을 신청하였으나 구청장이 "주민등록번호가 불법 유출된 경우 주민등록법상 변경이 허용되지 않는다."는 이유로 주민등록번호 변경을 거부하는 취지의 통지를 한 사안에서, 피해자의 의사와 무관하게 주민등록번호가 유출된 경우에는 조리상 주민등록번호의 변경을 요구할 신청권을 인정함이 타당하고, 구청장의 주민등록번호 변경신청 거부행위는 항고소송의 대상이 되는 행정처분에 해당한다(대판 2017.6.15. 2013두2945).

정답 237 X 238 X 239 X

21. 국가직 9급

240 □□□

인터넷 포털사이트 등의 개인정보 유출사고로 주민등록번호가 불법 유출되어 그 피해자가 주민등록번호 변경을 신청했으나 구청장이 거부통지를 한 사안에서, 피해자의 의사와 무관하게 주민등록번호가 유출된 경우에는 조리상 주민등록번호의 변경요구신청권을 인정함이 타당하다. O | X

대판 2017.6.15. 2013두2945 판례에 대한 옳은 내용이다.

19. 국가직 9급

241 □□□

검사의 불기소결정은 공권력의 행사에 포함되므로, 검사의 자의적인 수사에 의하여 불기소결정이 이루어진 경우 그 불기소결정은 처분에 해당한다. O | X

수사의 적법성 및 공소사실에 대하여 형사소송절차를 통하여 불복할 수 있는 절차와 방법이 따로 마련되어 있으므로 검사의 공소제기가 적법절차에 의하여 정당하게 이루어진 것이냐의 여부에 관계없이 검사의 공소에 대하여는 형사소송절차에 의하여서만 이를 다툴 수 있고 행정소송의 방법으로 공소의 취소를 구할 수는 없다(대판 2000.3.28. 99두11264).

19. 국가직 9급

242 □□□

국가인권위원회가 진정에 대하여 각하 및 기각결정을 할 경우 피해자인 진정인은 인권침해 등에 대한 구제조치를 받을 권리를 박탈당하게 되므로, 국가인권위원회의 진정에 대한 각하 및 기각결정은 처분에 해당한다. O | X

진정에 대한 국가인권위원회의 각하 및 기각결정은 피해자인 진정인의 권리 행사에 중대한 지장을 초래하는 것으로서 항고소송의 대상이 되는 행정처분에 해당하므로, 그에 대한 다툼은 우선 행정심판이나 행정소송에 의하여야 할 것이다. 따라서 이 사건 헌법소원청구는 행정심판이나 행정소송 등의 사전 구제절차를 모두 거친 후 청구된 것이 아니므로 보충성 요건을 충족하지 못하였다(헌재 2015.3.26. 2013헌마214 등).

23. 소방간부, 15. 경행특채 1차

243 □□□

임용권자가 시험승진후보자명부에서의 등재자 성명을 삭제한 행위는 행정처분이 아니다. O | X

시험승진후보자명부에 등재되어 있던 자가 그 명부에서 삭제됨으로써 승진임용의 대상에서 제외되었다 하더라도, 그와 같은 시험승진후보자명부에서의 삭제행위는 결국 그 명부에 등재된 자에 대한 승진 여부를 결정하기 위한 행정청 내부의 준비과정에 불과하고, 그 자체가 어떠한 권리나 의무를 설정하거나 법률상 이익에 직접적인 변동을 초래하는 별도의 행정처분이 된다고 할 수 없다(대판 1997.11.14. 97누7325).

정답 240 ○ 241 X 242 ○ 243 ○

09. 지방직 9급

244 □□□

청소년유해매체물의 결정 및 고시처분은 행정처분의 종류 중 하나인 일반처분에 해당된다. O | X

청소년유해매체물 결정 및 고시처분은 당해 유해매체물의 소유자 등 특정인만을 대상으로 한 행정처분이 아니라 일반 불특정다수인을 상대방으로 하여 일률적으로 표시의무, 포장의무, 청소년에 대한 판매·대여 등의 금지의무 등 각종 의무를 발생시키는 행정처분으로서, 정보통신윤리위원회가 특정 인터넷 웹사이트를 청소년유해매체물로 결정하고 청소년보호위원회가 효력발생시기를 명시하여 고시함으로써 그 명시된 시점에 효력이 발생하였다고 봄이 상당하고, 정보통신윤리위원회와 청소년보호위원회가 위 처분이 있었음을 위 웹사이트 운영자에게 제대로 통지하지 아니하였다고 하여 그 효력 자체가 발생하지 아니한 것으로 볼 수는 없다(대판 2007.6.14. 2004두619).

17. 국가직 7급(10월)

245 □□□

취소소송의 대상인 처분은 행정청이 행하는 구체적 사실에 관한 법집행행위이므로 불특정다수인을 대상으로 하여 반복적으로 적용되는 일반적·추상적 규율은 원칙적으로 처분이 아니다. O | X

불특정다수인을 대상으로 하여 반복적으로 적용되는 일반적·추상적 규율은 원칙적으로 처분이 아니다. 다만, 형식적으로는 입법이지만 처분적 사항을 내용으로 하여 국민의 권익을 직접 제한하는 경우에 처분적 법령이어서 처분으로 인정되는 경우가 존재한다.

08. 세무사

246 □□□

통설과 판례는 비권력적 사실행위를 처분개념에 포함시켜 항고소송의 대상으로 본다. O | X

비권력적 사실행위에 대해서는 처분성을 인정하지 않는다.

09. 지방직 9급

247 □□□

어업권면허에 선행하는 우선순위결정은 강학상의 확약에 불과하고 행정처분은 아니다. O | X

어업권면허에 선행하는 우선순위결정은 행정청이 우선권자로 결정된 자의 신청이 있으면 어업권면허처분을 하겠다는 것을 약속하는 행위로서 강학상 확약에 불과하고 행정처분은 아니므로, 우선순위결정에 공정력이나 불가쟁력과 같은 효력은 인정되지 아니하며, 따라서 우선순위결정이 잘못되었다는 이유로 종전의 어업권면허처분이 취소되면 행정청은 종전의 우선순위결정을 무시하고 다시 우선순위를 결정한 다음 새로운 우선순위결정에 기하여 새로운 어업권면허를 할 수 있다(대판 1995.1.20. 94누6529).

정답 244 ○ 245 ○ 246 X 247 ○

18. 변호사

248 □□□

자동차운전면허대장에 일정한 사항을 등재하는 행위는 운전면허행정사무집행의 편의와 사실증명의 자료로 삼기 위한 것에 불과하고, 그 등재행위로 인하여 당해 운전면허 취득자에게 새로이 어떠한 권리가 부여되거나 변동 또는 상실되는 것은 아니므로, 소관청의 운전면허대장 등재행위는 항고소송의 대상이 되는 행정처분에 해당하지 아니한다. O | X

자동차운전면허대장상 일정한 사항의 등재행위는 운전면허행정사무집행의 편의와 사실증명의 자료로 삼기 위한 것일 뿐 그 등재행위로 인하여 당해 운전면허 취득자에게 새로이 어떠한 권리가 부여되거나 변동 또는 상실되는 효력이 발생하는 것은 아니므로 이는 행정소송의 대상이 되는 독립한 행정처분으로 볼 수 없고, 운전경력증명서상의 기재행위 역시 당해 운전면허 취득자에 대한 자동차운전면허대장상의 기재사항을 옮겨 적는 것에 불과할 뿐이므로 운전경력증명서에 한 등재의 말소를 구하는 소는 부적법하다 할 것이다(대판 1991.9.24. 91누1400).

19. 서울시 7급, 18. 변호사, 17. 국가직 9급 유사

249 □□□

지목은 토지행정의 기초로서 공법상의 법률관계에 영향을 미치고, 토지소유자는 지목을 토대로 사용·수익·처분에 일정한 제한을 받게 되는 점 등을 고려하면, 소관청의 지목변경신청 반려행위는 국민의 권리관계에 영향을 미치는 것으로서 항고소송의 대상이 되는 행정처분에 해당한다. O | X

지목은 토지에 대한 공법상의 규제, 개발부담금의 부과대상, 지방세의 과세대상, 공시지가의 산정, 손실보상가액의 산정 등 토지행정의 기초로서 공법상의 법률관계에 영향을 미치고, 토지소유자는 지목을 토대로 토지의 사용·수익·처분에 일정한 제한을 받게 되는 점 등을 고려하면, 지목은 토지소유권을 제대로 행사하기 위한 전제요건으로서 토지소유자의 실체적 권리관계에 밀접하게 관련되어 있으므로 지적공부 소관청의 지목변경신청 반려행위는 국민의 권리관계에 영향을 미치는 것으로서 항고소송의 대상이 되는 행정처분에 해당한다(대판 2004.4.22. 2003두9015).

19. 국회직 8급·서울시 9급(6월), 18. 변호사

250 □□□

토지대장은 부동산등기부의 기초자료로서 토지대장에 기재된 일정한 사항을 변경하는 행위는 토지소유권의 구체적 내용과 범위에 영향을 미치게 되므로, 소관청이 토지대장상의 소유자명의변경신청을 거부한 행위는 항고소송의 대상이 되는 행정처분에 해당한다. O | X

토지대장에 기재된 일정한 사항을 변경하는 행위는, 그것이 지목의 변경이나 정정 등과 같이 토지소유권 행사의 전제요건으로서 토지소유자의 실체적 권리관계에 영향을 미치는 사항에 관한 것이 아닌 한 행정사무집행의 편의와 사실증명의 자료로 삼기 위한 것일 뿐이어서, 그 소유자 명의가 변경된다고 하여도 이로 인하여 당해 토지에 대한 실체상의 권리관계에 변동을 가져올 수 없고 토지소유권이 지적공부의 기재만에 의하여 증명되는 것도 아니다. 따라서 소관청이 토지대장상의 소유자명의변경신청을 거부한 행위는 이를 항고소송의 대상이 되는 행정처분이라고 할 수 없다(대판 2012.1.12. 2010두12354).

정답 248 ○ 249 ○ 250 X

09. 국회직 8급

251 □□□

표준지공시지가의 결정은 처분성을 가지지 않는다. O | X

지가공시 및 토지 등의 평가에 관한 법률 제4조 제1항에 의하여 표준지로 선정되어 공시지가가 공시된 토지의 공시지가에 대하여 불복을 하기 위하여는 같은 법 제8조 제1항 소정의 이의절차를 거쳐 처분청인 건설부장관을 피고로 하여 위 공시지가결정의 취소를 구하는 행정소송을 제기하여야 한다(대판 1994.3.8. 93누10828).

18. 변호사

252 □□□

건축물대장의 용도는 건축물의 소유권을 제대로 행사하기 위한 전제요건으로서 건축물소유자의 실체적 권리관계에 밀접하게 관련되어 있으므로, 소관청이 건축물대장상의 용도변경신청을 거부한 행위는 국민의 권리관계에 영향을 미치는 것으로서 항고소송의 대상이 되는 행정처분에 해당한다. O | X

구 건축법 제14조 제4항의 규정은 건축물의 소유자에게 건축물대장의 용도변경신청권을 부여한 것이고, 한편 건축물의 용도는 토지의 지목에 대응하는 것으로서 건물의 이용에 대한 공법상의 규제, 건축법상의 시정명령, 지방세 등의 과세대상 등 공법상 법률관계에 영향을 미치고, 건물소유자는 용도를 토대로 건물의 사용·수익·처분에 일정한 영향을 받게 된다. 이러한 점 등을 고려해 보면, 건축물대장의 용도는 건축물의 소유권을 제대로 행사하기 위한 전제요건으로서 건축물소유자의 실체적 권리관계에 밀접하게 관련되어 있으므로, 건축물대장 소관청의 용도변경신청 거부행위는 국민의 권리관계에 영향을 미치는 것으로서 항고소송의 대상이 되는 행정처분에 해당한다(대판 2009.1.30. 2007두7277).

19. 서울시 7급, 09. 지방직 9급

253 □□□

개별공시지가결정은 행정청의 중간행위에 불과하여 항고소송의 대상이 되는 처분이 아니다. O | X

개별공시지가결정은 이를 기초로 한 과세처분 등과는 별개의 독립된 처분으로서 서로 독립하여 별개의 법률효과를 목적으로 하는 것이나, 개별공시지가는 이를 토지소유자나 이해관계인에게 개별적으로 고지하도록 되어 있는 것이 아니어서 토지소유자 등이 개별공시지가결정 내용을 알고 있었다고 전제하기도 곤란할 뿐만 아니라 결정된 개별공시지가가 자신에게 유리하게 작용될 것인지 또는 불이익하게 작용될 것인지 여부를 쉽사리 예견할 수 있는 것도 아니며, 더욱이 장차 어떠한 과세처분 등 구체적인 불이익이 현실적으로 나타나게 되었을 경우에 비로소 권리구제의 길을 찾는 것이 우리 국민의 권리의식임을 감안하여 볼 때 토지소유자 등으로 하여금 결정된 개별공시지가를 기초로 하여 장차 과세처분 등이 이루어질 것에 대비하여 항상 토지의 가격을 주시하고 개별공시지가결정이 잘못된 경우 정해진 시정절차를 통하여 이를 시정하도록 요구하는 것은 부당하게 높은 주의의무를 지우는 것이라고 아니할 수 없고, 위법한 개별공시지가결정에 대하여 그 정해진 시정절차를 통하여 시정하도록 요구하지 아니하였다는 이유로 위법한 개별공시지가를 기초로 한 과세처분 등 후행 행정처분에서 개별공시지가결정의 위법을 주장할 수 없도록 하는 것은 수인한도를 넘는 불이익을 강요하는 것으로서 국민의 재산권과 재판받을 권리를 보장한 헌법의 이념에도 부합하는 것이 아니라고 할 것이므로, 개별공시지가결정에 위법이 있는 경우에는 그 자체를 행정소송의 대상이 되는 행정처분으로 보아 그 위법 여부를 다툴 수 있음은 물론 이를 기초로 한 과세처분 등 행정처분의 취소를 구하는 행정소송에서도 선행처분인 개별공시지가결정의 위법을 독립된 위법사유로 주장할 수 있다고 해석함이 타당하다(대판 1994.1.25. 93누8542).

정답 251 X 252 ○ 253 X

19. 변호사

254 □□□

대법원은, 항정신병 치료제의 요양급여에 관한 보건복지부 고시가 구체적 집행행위의 개입 없이 그 자체로서 직접 국민에 대하여 구체적 효과를 발생하여 특정한 권리의무를 형성하게 하는 경우라 하더라도 항고소송의 대상이 될 수 없다고 한다. O | X

어떠한 고시가 일반적·추상적 성격을 가질 때에는 법규명령 또는 행정규칙에 해당할 것이지만, 다른 집행행위의 매개 없이 그 자체로서 직접 국민의 구체적인 권리의무나 법률관계를 규율하는 성격을 가질 때에는 항고소송의 대상이 되는 행정처분에 해당한다. 항정신병 치료제의 요양급여 인정기준에 관한 보건복지부 고시가 다른 집행행위의 매개 없이 그 자체로서 제약회사, 요양기관, 환자 및 국민건강보험공단 사이의 법률관계를 직접 규율한다는 이유로 항고소송의 대상이 되는 행정처분에 해당한다(대판 2003.10.9. 2003무23).

21. 국가직 9급

255 □□□

토지대장에 전(田)으로 기재되어 있는 지목을 대(垈)로 변경하고자 지목변경신청을 한 경우, 토지대장에 등재된 사항을 변경하는 행위는 행정사무집행의 편의와 사실증명의 자료로 삼기 위한 것이므로, 지목변경신청이 거부되더라도 이에 대하여 취소소송으로 다툴 수 없다. O | X

지목은 토지소유권을 제대로 행사하기 위한 전제요건으로서 토지소유자의 실체적 권리관계에 밀접하게 관련되어 있으므로 지적공부 소관청의 지목변경신청 반려행위는 국민의 권리관계에 영향을 미치는 것으로서 항고소송의 대상이 되는 행정처분에 해당한다(대판 2004.4.22. 2003두9015).

17. 국가직 9급(10월)

256 □□□

구 원자력법상 원자로 및 관계 시설의 부지사전승인처분은 그 자체로서 건설부지를 확정하고 사전공사를 허용하는 법률효과를 지닌 독립한 행정처분이다. O | X

원자로 및 관계 시설의 부지사전승인처분은 그 자체로서 건설부지를 확정하고 사전공사를 허용하는 법률효과를 지닌 독립한 행정처분이기는 하지만, 건설허가 전에 신청자의 편의를 위하여 미리 그 건설허가의 일부 요건을 심사하여 행하는 사전적 부분 건설허가처분의 성격을 갖고 있는 것이어서 나중에 건설허가처분이 있게 되면 그 건설허가처분에 흡수되어 독립된 존재가치를 상실함으로써 그 건설허가처분만이 쟁송의 대상이 되는 것이므로, 부지사전승인처분의 취소를 구하는 소는 소의 이익을 잃게 된다고 할 것이다(대판 1998.9.4. 97누19588).

12. 지방직 9급

257 □□□

항공노선에 대한 운수권배분은 항고소송의 대상이 되는 행정처분에 해당한다. O | X

국제정기항공노선에 대한 운수권배분처분은 항공사의 구체적인 권리의무에 직접 영향을 미치는 것으로 항고소송의 대상이 되는 행정처분에 해당한다고 할 것이나, 다만 이는 노선면허를 받기 위한 중간적인 단계에 있는 것으로서 그에 기초하여 노선면허가 이루어진 경우에는 노선면허에 흡수되어 노선면허처분의 취소를 구하는 외에 독립적으로 운수권배분의 취소를 구할 소의 이익은 상실된다고 봄이 상당하다(서울행정법원 2005.9.8. 2004구합35622).

정답 254 X 255 X 256 ○ 257 ○

12. 국회직 8급

258 □□□

토지수용절차에서의 사업인정은 항고소송의 대상이다. O | X

공익사업을 위한 토지 등의 취득 및 보상에 관한 법률의 규정에 의한 사업인정은 국토해양부장관이 공익사업의 시행자에게 그 후 일정한 절차를 거칠 것을 조건으로 하여 일정한 내용의 수용권을 설정해 주는 행정처분의 성격을 띠는 것으로서 그 사업인정을 받음으로써 수용할 목적물의 범위가 확정되고 수용권자로 하여금 목적물에 대한 현재 및 장래의 권리자에게 대항할 수 있는 일종의 공법상의 권리로서의 효력을 발생시키는 것이다(대판 1994.11.11. 93누19375).

19. 서울시 7급, 15. 국회직 8급

259 □□□

국가인권위원회의 성희롱결정 및 시정조치권고는 처분에 해당한다. O | X

국가인권위원회의 성희롱결정과 이에 따른 시정조치의 권고는 불가분의 일체로 행하여지는 것인데 국가인권위원회의 이러한 결정과 시정조치의 권고는 성희롱행위자로 결정된 점 등을 고려하면, 지목은 토지소유권을 제대로 행사하기 위한 전제요건으로서 토지소유자의 인격권에 영향을 미침과 동시에 공공기관의 장 또는 사용자에게 일정한 법률상의 의무를 부담시키는 것이므로 국가인권위원회의 성희롱결정 및 시정조치권고는 행정소송의 대상이 되는 행정처분에 해당한다고 보지 않을 수 없다(대판 2005.7.8. 2005두487).

19. 변호사

260 □□□

헌법재판소는, 국가인권위원회가 법률상의 독립된 국가기관이고, 피해자인 진정인에게는 국가인권위원회법이 정하고 있는 구제조치를 신청할 법률상 신청권이 있어 그 진정이 각하 및 기각결정된 경우 피해자인 진정인으로서는 자신의 인격권 등을 침해하는 인권침해 또는 차별행위 등이 시정되고 그에 따른 구제조치를 받을 권리를 박탈당하게 되므로, 국가인권위원회에의 진정에 대한 각하 및 기각결정은 항고소송의 대상이 되는 행정처분에 해당하므로 그에 대한 다툼은 우선 행정심판이나 행정소송에 의하여야 한다고 하였다. O | X

진정에 대한 국가인권위원회의 각하 및 기각결정은 피해자인 진정인의 권리 행사에 중대한 지장을 초래하는 것으로서 항고소송의 대상이 되는 행정처분에 해당하므로, 그에 대한 다툼은 우선 행정심판이나 행정소송에 의하여야 할 것이다. 따라서 이 사건 심판청구는 행정심판이나 행정소송 등의 사전 구제절차를 모두 거친 후 청구된 것이 아니므로 보충성 요건을 충족하지 못하였다(헌재 2015.3.26. 2013헌마214).

19. 서울시 9급(6월), 15. 경행특채 1차

261 □□□

구 약관의 규제에 관한 법률에 따른 공정거래위원회의 표준약관 사용권장행위는 항고소송의 대상이 되는 처분에 해당한다. O | X

공정거래위원회의 '표준약관 사용권장행위'는 그 통지를 받은 해당 사업자 등에게 표준약관과 다른 약관을 사용할 경우 표준약관과 다르게 정한 주요 내용을 고객이 알기 쉽게 표시하여야 할 의무를 부과하고, 그 불이행에 대해서는 과태료에 처하도록 되어 있으므로, 이는 사업자 등의 권리·의무에 직접 영향을 미치는 행정처분으로서 항고소송의 대상이 된다(대판 2010.10.14. 2008두23184).

정답 258 ○ 259 ○ 260 ○ 261 ○

14. 경행특채 2차

262

□□□

재개발조합의 관리처분계획에 대하여 조합원은 취소소송을 제기할 수 있다. O | X

[1] 구 도시재개발법에 의한 재개발조합은 조합원에 대한 법률관계에서 적어도 특수한 존립목적을 부여받은 특수한 행정주체로서 국가의 감독하에 그 존립목적인 특정한 공공사무를 행하고 있다고 볼 수 있는 범위 내에서는 공법상의 권리의무관계에 서 있다. 따라서 조합을 상대로 한 쟁송에 있어서 강제가입제를 특색으로 한 조합원의 자격 인정 여부에 관하여 다툼이 있는 경우에는 그 단계에서는 아직 조합의 어떠한 처분 등이 개입될 여지는 없으므로 공법상의 당사자소송에 의하여 그 조합원 자격의 확인을 구할 수 있고, 한편 분양신청 후에 정하여진 관리처분계획의 내용에 관하여 다툼이 있는 경우에는 그 관리처분계획은 토지 등의 소유자에게 구체적이고 결정적인 영향을 미치는 것으로서 조합이 행한 처분에 해당하므로 항고소송에 의하여 관리처분계획 또는 그 내용인 분양거부처분 등의 취소를 구할 수 있으나, 설령 조합원의 자격이 인정된다 하더라도 … 대지 또는 건축시설에 대한 수분양권의 취득을 희망하는 토지 등의 소유자가 한 분양신청에 대하여 조합이 분양대상자가 아니라고 하여 관리처분계획에 의하여 이를 제외시키거나 원하는 내용의 분양대상자로 결정하지 아니한 경우, 토지 등의 소유자에게 원하는 내용의 구체적인 수분양권이 직접 발생한 것이라고는 볼 수 없어서 곧바로 조합을 상대로 하여 민사소송이나 공법상 당사자소송으로 수분양권의 확인을 구하는 것은 허용될 수 없다.

[2] 항고소송으로 제기하였어야 할 소를 민사소송으로 제기하였다 하더라도 그 항소심법원이 항고소송에 대한 관할을 동시에 가지고 있다면, 당사자 권리구제나 소송경제의 측면에서 항고소송에 대한 제1심 법원으로서 사건을 심리 · 판단하여야 한다(대판 1996.2.15. 94다3123).

참고 주택재건축정비사업조합을 상대로 관리처분계획안에 대한 조합 총회결의의 효력을 다투는 소송의 법적 성질은 행정소송법상 당사자소송이다(대판 2009.9.17. 2007다2428).

19. 변호사, 18. 서울시 7급 · 국가직 9급, 17. 지방직 9급, 14. 국가직 9급 · 국가직 7급

263

□□□

지방자치단체장의 세무조사결정은 납세의무자의 권리 · 의무에 간접적 영향을 미치는 행정작용으로서 항고소송의 대상이 되지 않는다. O | X

부과처분을 위한 과세관청의 질문조사권이 행해지는 세무조사결정이 있는 경우 납세의무자는 세무공무원의 과세자료 수집을 위한 질문에 대답하고 검사를 수인하여야 할 법적 의무를 부담하게 되는 점 등을 종합하면, 세무조사결정은 납세의무자의 권리 · 의무에 직접 영향을 미치는 공권력의 행사에 따른 행정작용으로서 항고소송의 대상이 된다(대판 2011.3.10. 2009두23617 · 3624).

14. 국가직 9급

264

□□□

부당한 공동행위의 자진신고자가 한 감면신청에 대해 공정거래위원회가 감면불인정 통지를 한 것은 항고소송의 대상인 행정처분으로 볼 수 없다. O | X

독점규제 및 공정거래에 관한 법률 제22조의2 제1항, 구 독점규제 및 공정거래에 관한 법률 시행령(2009.5.13. 대통령령 제21492호로 개정되기 전의 것) 제35조 제1항, 구 부당한 공동행위 자진신고자 등에 대한 시정조치 등 감면제도 운영고시(2009.5.19. 공정거래위원회 고시 제2009-9호로 개정되기 전의 것, 이하 '고시'라 한다) 등 관련 법령의 내용, 형식, 체제 및 취지를 종합하면, 부당한 공동행위 자진신고자 등에 대한 시정조치 또는 과징금 감면 신청인이 고시 제11조 제1항에 따라 자진신고자 등 지위확인을 받는 경우에는 시정조치 및 과징금 감경 또는 면제, 형사고발 면제 등의 법률상 이익을 누리게 되지만, 그 지위확인을 받지 못하고 고시 제14조 제1항에 따라 감면불인정 통지를 받는 경우에는 위와 같은 법률상 이익을 누릴 수 없게 되므로, 감면불인정 통지가 이루어진 단계에서 신청인에게 그 적법성을 다투어 법적 불안을 해소한 다음 조사협조행위에 나아가도록 함으로써 장차 있을지도 모르는 위험에서 벗어날 수 있도록 하는 것이 법치행정의 원리에도 부합한다. 따라서 부당한 공동행위 자진신고자 등의 시정조치 또는 과징금 감면신청에 대한 감면불인정 통지는 항고소송의 대상이 되는 행정처분에 해당한다고 보아야 한다(대판 2012.9.27. 2010두3541).

정답 262 ○ 263 X 264 X

16. 국가직 9급

265 □□□

위법한 세무조사를 통하여 수집된 과세자료에 기초하여 과세처분을 하였더라도 그러한 사정만으로 그 과세처분이 위법하게 되는 것은 아니다. O | X

구 국세기본법 제81조의5가 정한 세무조사대상 선정사유가 없음에도 세무조사대상으로 선정하여 과세자료를 수집하고 그에 기하여 과세처분을 하는 것은 적법절차의 원칙을 어기고 구 국세기본법 제81조의5와 제81조의3 제1항을 위반한 것으로서 특별한 사정이 없는 한 과세처분은 위법하다(대판 2014.6.26. 2012두911). 과세관청이 과세처분에 앞서 필수적으로 행하여야 할 과세예고 통지를 하지 아니함으로써 납세자에게 과세전적부심사의 기회를 부여하지 아니한 채 과세처분을 하였다면, 이는 납세자의 절차적 권리를 침해한 것으로서 과세처분의 효력을 부정하는 방법으로 통제할 수밖에 없는 중대한 절차적 하자가 존재하는 경우에 해당하므로, 과세처분은 위법하다(대판 2016.4.15. 2015두52326). 납세자에 대한 부가가치세부과처분이, 종전의 부가가치세 경정조사와 같은 세목 및 같은 과세기간에 대하여 중복하여 실시된 위법한 세무조사에 기초하여 이루어진 것이어서 위법하다(대판 2006.6.2. 2004두12070).

16. 국회직 8급

266 □□□

구 표시·광고의 공정화에 관한 법률 위반을 이유로 한 공정거래위원회의 경고의결은 당해 표시·광고의 위법을 확인하되 구체적인 조치까지는 명하지 않은 것이므로 행정처분에 해당하지 않는다. O | X

구 표시·광고의 공정화에 관한 법률(2011.9.15. 법률 제11050호로 개정되기 전의 것) 위반을 이유로 한 공정거래위원회의 경고의결은 당해 표시·광고의 위법을 확인하되 구체적인 조치까지는 명하지 않는 것으로 사업자가 장래 다시 표시·광고의 공정화에 관한 법률 위반행위를 할 경우 과징금 부과 여부나 그 정도에 영향을 주는 고려사항이 되어 사업자의 자유와 권리를 제한하는 행정처분에 해당한다(대판 2013.12.26. 2011두4930).

19. 서울시 9급(6월), 15. 서울시 7급

267 □□□

도지사가 도(道) 내 특정시를 공공기관이 이전할 혁신도시 최종입지로 선정한 행위는 항고소송의 대상이 되는 행정처분이다. O | X

정부의 수도권 소재 공공기관의 지방이전시책을 추진하는 과정에서 도지사가 도 내 특정시를 공공기관이 이전할 혁신도시 최종입지로 선정한 행위는 항고소송의 대상이 되는 행정처분이 아니다(대판 2007.11.15. 2007두10198).

정답 265 X 266 X 267 X

21. 소방간부, 15. 경행특채 1차 · 국회직 8급, 14. 사복직 9급, 10. 지방직 9급

268 □□□

한국마사회가 조교사 또는 기수의 면허를 부여하거나 취소하는 것은 국가 기타 행정기관으로부터 위탁받은 행정권한의 행사에 해당하므로 처분성이 인정된다. O | X

한국마사회가 조교사 또는 기수의 면허를 부여하거나 취소하는 것은 경마를 독점적으로 개최할 수 있는 지위에서 우수한 능력을 갖추었다고 인정되는 사람에게 경마에서의 일정한 기능과 역할을 수행할 수 있는 자격을 부여하거나 이를 박탈하는 것에 지나지 아니하므로, 이는 국가 기타 행정기관으로부터 위탁받은 행정권한의 행사가 아니라 일반사법상의 법률관계에서 이루어지는 단체 내부에서의 징계 내지 제재처분이다(대판 2008.1.31. 2005두8269).

15. 국회직 8급

269 □□□

과세관청이 사업자등록을 관리하는 과정에서 위장사업자의 사업자명의를 직권으로 실사업자의 명의로 정정하는 행위는 항고소송의 대상이 되는 행정처분이 아니다. O | X

구 부가가치세법 제5조 제5항에 의한 과세관청의 사업자등록 직권말소행위도 폐업사실의 기재일 뿐 그에 의하여 사업자로서의 지위에 변동을 가져오는 것이 아니라는 점에서 항고소송의 대상이 되는 행정처분으로 볼 수 없다. 이러한 점에 비추어 볼 때, 과세관청이 사업자등록을 관리하는 과정에서 위장사업자의 사업자명의를 직권으로 실사업자의 명의로 정정하는 행위 또한 당해 사업사실 중 주체에 관한 정정기재일 뿐 그에 의하여 사업자로서의 지위에 변동을 가져오는 것이 아니므로 항고소송의 대상이 되는 행정처분으로 볼 수 없다(대판 2011.1.27. 2008두2200).

19. 국회직 8급

270 □□□

한국토지주택공사가 택지개발사업의 시행자로서 일정 기준을 충족하는 손실보상대상자들에 대하여 생활대책을 수립 · 시행하면서 직권으로 甲이 생활대책대상자에 해당하지 않는다는 결정을 하고 이에 대한 甲의 이의신청에 대하여 재심사결과로도 생활대책대상자로 선정되지 않았다는 통보를 한 경우 그 재심사결과의 통보는 독립한 행정처분이다. O | X

한국토지주택공사가 택지개발사업의 시행자로서 택지개발예정지구 공람공고일 이전부터 영업 등을 행한 자 등 일정 기준을 충족하는 손실보상대상자들에 대하여 생활대책을 수립 · 시행하였는데, 직권으로 甲 등이 생활대책대상자에 해당하지 않는다는 결정(이하 '부적격통보'라고 한다)을 하고, 甲 등의 이의신청에 대하여 재심사결과로도 생활대책대상자로 선정되지 않았다는 통보(이하 '재심사통보'라고 한다)를 한 사안에서, 부적격통보가 심사대상자에 대하여 한국토지주택공사가 생활대책대상자 선정신청을 받지 아니한 상태에서 자체적으로 가지고 있던 자료를 기초로 일정 기준을 적용한 결과를 일괄 통보한 것이고, 각 당사자의 개별 · 구체적 사정은 이의신청을 통하여 추가로 심사하여 고려하겠다는 취지를 포함하고 있다면, 甲 등은 이의신청을 통하여 비로소 생활대책대상자 선정에 관한 의견서 제출 등의 기회를 부여받게 되었고 한국토지주택공사도 그에 따른 재심사과정에서 당사자들이 제출한 자료 등을 함께 고려하여 생활대책대상자 선정기준의 충족 여부를 심사하여 재심사통보를 한 것이라고 볼 수 있는 점 등을 종합하면, 비록 재심사통보가 부적격통보와 결론이 같더라도, 단순히 한국토지주택공사의 업무처리의 적정 및 甲 등의 편의를 위한 조치에 불과한 것이 아니라 별도의 의사결정과정과 절차를 거쳐 이루어진 독립한 행정처분으로서 항고소송의 대상이 되므로, 이와 달리 본 원심판단에 법리오해의 잘못이 있다(대판 2016.7.14. 2015두58645).

정답 268 X 269 ○ 270 ○

19. 국회직 8급

271 □□□

서울특별시 지하철공사가 임직원을 징계하는 행위는 행정처분이다. O | X

서울시 지하철공사직원의 근무관계는 사법관계임이 분명하여 위 공사의 직원에 대한 징계처분도 사법상의 행위라고 보아야 할 뿐 아니라 위 징계처분이 행정청인 서울특별시의 고유권한으로서 지하철공사에게 위임되었다는 법률상의 위임규정이 있는 것도 아니므로 그에 대한 불복절차는 민사소송절차에 의하여야 한다(서울고등법원 1989.3.3. 88구12112).

19. 국회직 8급

272 □□□

무허가건물을 무허가건물관리대장에서 삭제하는 행위는 행정처분이다. O | X

무허가건물관리대장은, 행정관청이 지방자치단체의 조례 등에 근거하여 무허가건물 정비에 관한 행정상 사무처리의 편의와 사실증명의 자료로 삼기 위하여 작성·비치하는 대장으로서 무허가건물을 무허가건물관리대장에 등재하거나 등재된 내용을 변경 또는 삭제하는 행위로 인하여 당해 무허가건물에 대한 실체상의 권리관계에 변동을 가져오는 것이 아니고, 무허가건물의 건축시기, 용도, 면적 등이 무허가건물관리대장의 기재에 의해서만 증명되는 것도 아니므로, 관할 관청이 무허가건물의 무허가건물관리대장 등재요건에 관한 오류를 바로잡으면서 당해 무허가건물을 무허가건물관리대장에서 삭제하는 행위는 다른 특별한 사정이 없는 한 항고소송의 대상이 되는 행정처분이 아니다(대판 2009.3.12. 2008두11525).

19. 국회직 8급

273 □□□

각 군 참모총장이 군인 명예전역 수당지급대상자 결정절차에서 국방부장관에게 수당지급대상자를 추천하는 행위는 행정처분이다. O | X

각 군 참모총장이 수당지급대상자 결정절차에 대하여 수당지급대상자를 추천하거나 신청자 중 일부를 추천하지 아니하는 행위는 행정기관 상호간의 내부적인 의사결정과정의 하나일 뿐 그 자체만으로는 직접적으로 국민의 권리·의무가 설정·변경·박탈되거나 그 범위가 확정되는 등 기존의 권리상태에 어떤 변동을 가져오는 것이 아니므로 이를 항고소송의 대상이 되는 처분이라고 할 수는 없다(대판 2009.12.10. 2009두14231).

19. 서울시 9급(2월)

274 □□□

국가를 당사자로 하는 계약에 관한 법률에 따른 입찰절차에서의 낙찰자의 결정은 행정소송법상 처분에 해당한다. O | X

구 지방재정법 제63조가 준용하는 국가를 당사자로 하는 계약에 관한 법률 제11조는 지방자치단체가 당사자로서 계약을 체결하고자 할 때에는 계약서를 작성하여야 하고 그 경우 담당공무원과 계약당사자가 계약서에 기명날인 또는 서명함으로써 계약이 확정된다고 규정함으로써, 지방자치단체가 당사자가 되는 계약의 체결은 계약서의 작성을 성립요건으로 하는 요식행위로 정하고 있으므로, 이 경우 낙찰자의 결정으로 바로 계약이 성립된다고 볼 수는 없어 낙찰자는 지방자치단체에 대하여 계약을 체결하여 줄 것을 청구할 수 있는 권리를 갖는 데 그치고, 이러한 점에서 위 법률에 따른 낙찰자결정의 법적 성질은 입찰과 낙찰행위가 있은 후에 더 나아가 본계약을 따로 체결한다는 취지로서 계약의 편무예약에 해당한다(대판 2006.6.29. 2005다41603).

정답 271 X 272 X 273 X 274 X

12. 지방직 7급

275

□□□

이행통지는 납골당 설치신고에 대하여 납골당을 설치하는 데 필요한 각종 인·허가 사항, 향후 절차 등에 관한 사항을 알려주게 되어 새로이 참가인 또는 관계자들의 법률상 지위에 변동을 일으키므로, 수리처분과는 별도로 이행통지를 항고소송의 대상이 되는 다른 처분으로 볼 수 있다. O | X

이행통지는 납골당 설치신고에 대하여 파주시장이 납골당 설치요건을 구비하였음을 확인하고 구 장사법령상 납골당 설치기준, 관계 법령상 허가 또는 신고 내용을 고지하면서 신고한 대로 납골당 시설을 설치하도록 한 것이므로, 파주시장이 甲교회에 이행통지를 함으로써 납골당 설치신고수리를 하였다고 보는 것이 타당하고, 이행통지가 새로이 甲교회 또는 관계자들의 법률상 지위에 변동을 일으키지는 않으므로 이를 수리처분과 별도로 항고소송대상이 되는 다른 처분으로 볼 수 없다(대판 2011.9.8. 2009두6766).

14. 경행특채 2차

276

□□□

신고사항이 아닌 신고를 수리한 경우, 그 수리는 항고소송의 대상이 되는 행정처분에 해당하지 않는다. O | X

일반적으로 건축법상의 건축신고는 행정청의 수리를 요하지 아니하여 그 신고가 행정청에 도달된 때에 효력을 발생하는 것이고, 만일 행정청이 실체적 사유에 기하여 그 신고수리를 거부하였다고 하더라도 그 거부처분이 신고인의 법률상 지위에 직접적으로 아무런 법률적 변동을 일으키지 아니하므로 항고소송의 대상이 되는 행정처분은 아니다(서울행정법원 2009.4.9. 2009구합1693).

14·13. 국회직 8급, 09. 지방직 9급

277

□□□

정부투자기관회계규정에 의하여 행한 입찰참가자격을 제한하는 내용의 부정당업자제재처분은 행정소송의 대상이 되는 행정처분이다. O | X

입찰참가자격을 제한하는 내용의 부정당업자제재처분의 근거로 삼은 정부투자기관회계규정 제245조가 정부투자기관의 회계처리의 기준과 절차에 관한 사항을 재무부장관이 정하도록 규정한 구 정부투자기관관리기본법 제20조에 의하여 제정된 것임은 분명하나 그 점만으로 위 규정이 구 정부투자기관관리기본법 제20조와 결합하여 대외적인 구속력이 있는 법규명령으로서의 효력을 가진다고 할 수도 없다 할 것이므로, 따라서 위 공사가 행정소송법 소정의 행정청 또는 그 소속기관이거나 이로부터 위 제재처분의 권한을 위임받았다고 볼 만한 아무런 법적 근거가 없다고 할 것이므로 위 공사가 정부투자기관회계규정에 의하여 행한 입찰참가자격을 제한하는 내용의 부정당업자제재처분은 행정소송의 대상이 되는 행정처분이 아니라 단지 상대방을 위 공사가 시행하는 입찰에 참가시키지 않겠다는 뜻의 사법상의 효력을 가지는 통지행위에 불과하다(대판 1999.11.26. 99부3).

23. 경찰간부, 11. 사복직 9급

278

□□□

고시가 집행행위의 매개 없이 그 자체로서 직접 국민의 구체적인 권리·의무나 법률관계를 규율하는 성격을 가질 때에는 항고소송의 대상인 행정처분에 해당한다. O | X

어떠한 고시가 일반적·추상적 성격을 가질 때에는 법규명령 또는 행정규칙에 해당할 것이지만, 다른 집행행위의 매개 없이 그 자체로서 직접 국민의 구체적인 권리의무나 법률관계를 규율하는 성격을 가질 때에는 항고소송의 대상이 되는 행정처분에 해당한다(대결 2003.10.9. 2003무23).

정답 275 X 276 ○ 277 X 278 ○

15. 경행특채, 12. 국가직 9급

279 □□□

교육부장관이 내신성적 산정지침을 시·도 교육감에게 통보한 것은 행정조직 내부에서 내신성적평가에 관한 심사기준을 시달한 것에 불과하여 위 지침을 행정처분으로 볼 수 없다. O | X

교육부장관이 내신성적 산정기준의 통일을 기하기 위해 대학입시기본계획의 내용에서 내신성적 산정기준에 관한 시행지침을 마련하여 시·도 교육감에서 통보한 것은 행정조직 내부에서 내신성적 평가에 관한 내부적 심사기준을 시달한 것에 불과하며, 각 고등학교에서 위 지침에 일률적으로 기속되어 내신성적을 산정할 수밖에 없고 또 대학에서도 이를 그대로 내신성적으로 인정하여 입학생을 선발할 수밖에 없는 관계로 장차 일부 수험생들이 위 지침으로 인해 어떤 불이익을 입을 개연성이 없지는 아니하나, 그러한 사정만으로서 위 지침에 의하여 곧바로 개별적이고 구체적인 권리의 침해를 받은 것으로는 도저히 인정할 수 없으므로, 그것만으로는 현실적으로 특정인의 구체적인 권리의무에 직접적으로 변동을 초래케 하는 것은 아니라 할 것이어서 내신성적 산정지침을 항고소송의 대상이 되는 행정처분으로 볼 수 없다(대판 1994.9.10. 94두33).

18. 서울시 7급, 09. 세무사

280 □□□

판례에 의하면, 행정규칙에 의한 불문경고조치는 차후 징계감경사유로 작용할 수 있는 표창대상자에서 제외되는 등의 인사상 불이익을 줄 수 있다 하여도 이는 간접적 효과에 불과하므로 항고소송의 대상인 행정처분에 해당하지 않는다. O | X

어떠한 처분의 근거가 행정규칙에 규정되어 있다고 하더라도, 그 처분이 상대방에게 권리의 설정 또는 의무의 부담을 명하거나 기타 법적인 효과를 발생하게 하는 등 그 상대방의 권리·의무에 직접 영향을 미치는 행위라면 행정처분에 해당한다. 징계양정규칙에 의한 불문경고조치는 비록 법률상의 징계처분은 아니지만 항고소송의 대상이 되는 행정처분이다(대판 2002.7.26. 2001두3532).

15. 국회직 8급

281 □□□

어떠한 처분이 상대방의 권리·의무에 직접 영향을 미치는 행위라도 그 처분의 근거가 행정규칙에 규정되어 있는 경우에는 그 처분은 항고소송의 대상이 되는 행정처분에 해당되지 않는다. O | X

항고소송의 대상이 되는 행정처분이란 원칙적으로 행정청의 공법상 행위로서 특정 사항에 대하여 법규에 의한 권리 설정 또는 의무 부담을 명하거나 기타 법률상 효과를 발생하게 하는 등으로 일반 국민의 권리의무에 직접 영향을 미치는 행위를 가리키는 것이지만, 어떠한 처분의 근거가 행정규칙에 규정되어 있다고 하더라도, 그 처분이 상대방에게 권리 설정 또는 의무 부담을 명하거나 기타 법적인 효과를 발생하게 하는 등으로 상대방의 권리의무에 직접 영향을 미치는 행위라면, 이 경우에도 항고소송의 대상이 되는 행정처분에 해당한다고 보아야 한다(대판 2012.9.27. 2010두3541).

정답 279 ○ 280 X 281 X

22. 지방직 7급, 17. 지방직 9급

282 □□□

지방자치단체 등이 건축물을 건축하기 위해 건축물 소재지 관할 허가권자인 지방자치단체의 장과 건축협의를 하였는데 허가권자인 지방자치단체의 장이 그 협의를 취소한 경우, 건축협의 취소는 항고소송의 대상인 행정처분에 해당한다. O | X

구 건축법 제29조 제1항·제2항, 제11조 제1항 등의 규정 내용에 의하면, 건축협의의 실질은 지방자치단체 등에 대한 건축허가와 다르지 않으므로, 지방자치단체 등이 건축물을 건축하려는 경우 등에는 미리 건축물의 소재지를 관할하는 허가권자인 지방자치단체의 장과 건축협의를 하지 않으면, 지방자치단체라 하더라도 건축물을 건축할 수 없다. 그리고 구 지방자치법 등 관련 법령을 살펴보아도 지방자치단체의 장이 다른 지방자치단체를 상대로 한 건축협의 취소에 관하여 다툼이 있는 경우에 법적 분쟁을 실효적으로 해결할 구제수단을 찾기도 어렵다. 따라서 건축협의 취소는 상대방이 다른 지방자치단체 등 행정주체라 하더라도 '행정청이 행하는 구체적 사실에 관한 법집행으로서의 공권력 행사'(행정소송법 제2조 제1항 제1호)로서 처분에 해당한다고 볼 수 있고, 지방자치단체인 원고가 이를 다툴 실효적 해결수단이 없는 이상, 원고는 건축물 소재지 관할 허가권자인 지방자치단체의 장을 상대로 항고소송을 통해 건축협의 취소의 취소를 구할 수 있다(대판 2014.2.27. 2012두22980).

21. 국가직 9급

283 □□□

중소기업 정보화지원사업에 대한 지원금출연협약의 해지 및 환수통보는 공법상 계약에 따른 의사표시가 아니라 행정청이 우월한 지위에서 행하는 공권력의 행사로서 행정처분이다. O | X

중소기업 정보화지원사업에 따른 지원금 출연을 위하여 중소기업청장이 체결하는 협약은 공법상 대등한 당사자 사이의 의사표시의 합치로 성립하는 공법상 계약에 해당하는 점, … 협약의 해지 및 그에 따른 환수통보는 공법상 계약에 따라 행정청이 대등한 당사자의 지위에서 하는 의사표시로 보아야 하고, 이를 행정청이 우월한 지위에서 행하는 공권력의 행사로서 행정처분에 해당한다고 볼 수는 없다(대판 2015.8.27. 2015두41449).

18. 국가직 9급, 17. 지방직 9급

284 □□□

구 중소기업 기술혁신 촉진법상 중소기업 정보화지원사업의 일환으로 중소기업기술정보진흥원장이 甲주식회사와 중소기업 정보화지원사업에 관한 협약을 체결한 후 甲주식회사의 협약 불이행으로 인해 사업실패가 초래된 경우, 중소기업기술진흥원장이 협약에 따라 甲에 대해 행한 협약의 해지 및 지급받은 정부지원금의 환수통보는 행정처분에 해당하지 않는다. O | X

중소기업기술정보진흥원장이 甲주식회사와 중소기업 정보화지원사업 지원대상인 사업의 지원에 관한 협약을 체결하였는데, 협약이 甲회사에 책임이 있는 사업실패로 해지되었다는 이유로 협약에서 정한 대로 지급받은 정부지원금을 반환할 것을 통보한 사안에서, 중소기업 정보화지원사업에 따른 지원금 출연을 위하여 중소기업청장이 체결하는 협약은 공법상 대등한 당사자 사이의 의사표시의 합치로 성립하는 공법상 계약에 해당하는 점, 구 중소기업 기술혁신 촉진법 제32조 제1항은 제10조가 정한 기술혁신사업과 제11조가 정한 산학협력지원사업에 관하여 출연한 사업비의 환수에 적용될 수 있을 뿐 이와 근거 규정을 달리하는 중소기업 정보화지원사업에 관하여 출연한 지원금에 대하여는 적용될 수 없고 달리 지원금 환수에 관한 구체적인 법령상 근거가 없는 점 등을 종합하면, 협약의 해지 및 그에 따른 환수통보는 공법상 계약에 따라 행정청이 대등한 당사자의 지위에서 하는 의사표시로 보아야 하고, 이를 행정청이 우월한 지위에서 행하는 공권력의 행사로서 행정처분에 해당한다고 볼 수는 없다(대판 2015.8.27. 2015두41449).

정답 282 ○ 283 X 284 ○

19. 서울시 7급

285 □□□

공정거래위원회의 고발조치는 처분에 해당한다. O | X

공정거래위원회의 고발조치는 사직 당국에 대하여 형벌권 행사를 요구하는 행정기관 상호간의 행위에 불과하여 항고소송의 대상이 되는 행정처분이라 할 수 없으며, 더욱이 공정거래위원회의 고발 의결은 행정청 내부의 의사결정에 불과할 뿐 최종적인 처분은 아닌 것이므로 이 역시 항고소송의 대상이 되는 행정처분이 되지 못한다(대판 1995.5.12. 94누13794).

19. 변호사

286 □□□

공단이 甲회사에 대해 행한 감점조치는 취소소송의 대상이 되는 처분이다. O | X

피고가 원고에 대하여 한 이 사건 감점조치는 행정청이나 그 소속 기관 또는 그 위임을 받은 공공단체의 공법상의 행위가 아니라 장차 그 대상자인 원고가 피고가 시행하는 입찰에 참가하는 경우에 그 낙찰적격자 심사 등 계약사무를 처리함에 있어 피고 내부규정인 이 사건 세부기준에 의하여 종합취득점수의 10/100을 감점하게 된다는 뜻의 사법상의 효력을 가지는 통지행위에 불과하다 할 것이고, 또한 피고의 이와 같은 통지행위가 있다고 하여 원고에게 공공기관의 운영에 관한 법률 제39조 제2항 · 제3항, 구 공기업 · 준정부기관 계약사무규칙 제15조에 의한 국가, 지방자치단체 또는 다른 공공기관에서 시행하는 모든 입찰에의 참가자격을 제한하는 효력이 발생한다고 볼 수도 없으므로, 피고의 이 사건 감점조치는 행정소송의 대상이 되는 행정처분이라고 할 수 없다(대판 2014.12.24. 2010두6700).

19. 변호사

287 □□□

A시장이 감사원으로부터 감사원법에 따라 A시 소속 공무원에 대한 징계요구를 받게 된 경우, 감사원의 징계요구는 '징계요구, 징계절차 회부, 징계'의 단계로 이어지는 독립된 처분의 일종으로서 항고소송의 대상이 된다. O | X

징계요구는 징계요구를 받은 기관의 장이 요구받은 내용대로 처분하지 않더라도 불이익을 받는 규정도 없고, 징계요구 내용대로 효과가 발생하는 것도 아니며, 징계요구에 의하여 행정청이 일정한 행정처분을 하였을 때 비로소 이해관계인의 권리관계에 영향을 미칠 뿐, 징계요구 자체만으로는 징계요구대상 공무원의 권리 · 의무에 직접적인 변동을 초래하지도 아니하므로, 행정청 사이의 내부적인 의사결정의 경로로서 '징계요구, 징계절차 회부, 징계'로 이어지는 과정에서의 중간 처분에 불과하여, 감사원의 징계요구와 재심의결정이 항고소송의 대상이 되는 행정처분이라고 할 수 없다(대판 2016.12.27. 2014두5637).

정답 285 X 286 X 287 X

19. 변호사

288 □□□

원자로시설의 부지사전승인처분은 건설부지를 확정하고 사전공사를 허용하는 법률효과를 지닌 행정처분이므로 나중에 건설허가처분이 있게 되더라도 부지사전승인처분만의 취소를 구하는 항고소송을 제기할 수 있다. O | X

원자로 및 관계 시설의 부지사전승인처분은 그 자체로서 건설부지를 확정하고 사전공사를 허용하는 법률효과를 지닌 독립한 행정처분이기는 하지만, 건설허가 전에 신청자의 편의를 위하여 미리 그 건설허가의 일부 요건을 심사하여 행하는 사전적 부분 건설허가처분의 성격을 갖고 있는 것이어서 나중에 건설허가처분이 있게 되면 그 건설허가처분에 흡수되어 독립된 존재가치를 상실함으로써 그 건설허가처분만이 쟁송의 대상이 되는 것이므로, 부지사전승인처분의 취소를 구하는 소는 소의 이익을 잃게 되고, 따라서 부지사전승인처분의 위법성은 나중에 내려진 건설허가처분의 취소를 구하는 소송에서 이를 다투면 된다(대판 1998.9.4. 97누19588).

21. 소방간부

289 □□□

구 원자력법 제11조 제3항에 따른 원자로 및 관계 시설의 부지사전승인처분은 나중에 건설허가처분이 있게 되면 부지사전승인처분의 취소를 구하는 소는 소의 이익을 잃게 된다. O | X

대판 1998.9.4. 97누19588 판례에 대한 옳은 내용이다.

21. 소방간부 유사, 19. 변호사

290 □□□

폐기물처리업의 허가를 받기 위하여 먼저 허가권자로부터 사업계획에 대한 적정통보를 받아야 하고 그 적정통보를 받은 자만이 허가신청을 할 수 있다 하더라도, 그 적정 여부 통보절차는 중간단계에 지나지 아니하므로 사업계획 부적정통보는 항고소송의 대상이 될 수 없다. O | X

폐기물관리법 관계 법령의 규정에 의하면 폐기물처리업의 허가를 받기 위하여는 먼저 사업계획서를 제출하여 허가권자로부터 사업계획에 대한 적정통보를 받아야 하고, 그 적정통보를 받은 자만이 일정기간 내에 시설, 장비, 기술능력, 자본금을 갖추어 허가신청을 할 수 있으므로, 결국 부적정통보는 허가신청 자체를 제한하는 등 개인의 권리 내지 법률상의 이익을 개별적이고 구체적으로 규제하고 있어 행정처분에 해당한다(대판 1998.4.28. 97누21086).

24. 국가직 9급

291 □□□

지방자치단체의 장이 공유재산 및 물품관리법에 근거하여 기부채납 및 사용·수익허가 방식으로 민간투자사업을 추진하는 과정에서 사업시행자를 지정하기 위한 전 단계에서 공모 제안을 받아 일정한 심사를 거쳐 우선협상대상자를 선정하는 행위는 항고소송의 대상이 되는 행정처분에 해당하지 않는다. O | X

지방자치단체의 장이 공유재산법에 근거하여 기부채납 및 사용·수익허가 방식으로 민간투자사업을 추진하는 과정에서 사업시행자를 지정하기 위한 전 단계에서 공모제안을 받아 일정한 심사를 거쳐 우선협상대상자를 선정하는 행위와 이미 선정된 우선협상대상자를 그 지위에서 배제하는 행위는 민간투자사업의 세부내용에 관한 협상을 거쳐 공유재산법에 따른 공유재산의 사용·수익허가를 우선적으로 부여받을 수 있는 지위를 설정하거나 또는 이미 설정한 지위를 박탈하는 조치이므로 모두 항고소송의 대상이 되는 행정처분으로 보아야 한다(대판 2020.4.29. 2017두31064).

정답 288 X 289 ○ 290 X 291 X

24. 지방직 9급

292 □□□

교육부장관이 대학입시기본계획에서 내신성적 산정기준에 관한 시행지침을 마련하여 시·도교육감에게 통보한 경우, 각 고등학교에서 위 지침에 일률적으로 기속되어 내신성적을 산정할 수밖에 없고 대학에서도 이를 그대로 내신성적으로 인정하여 입학생을 선발할 수밖에 없으므로 내신성적 산정지침은 항고소송의 대상이 되는 행정처분에 해당한다. O | X

교육부장관이 내신성적 산정기준의 통일을 기하기 위해 대학입시기본계획의 내용에서 내신성적 산정기준에 관한 시행지침을 마련하여 시·도 교육감에서 통보한 것은 행정조직 내부에서 내신성적 평가에 관한 내부적 심사기준을 시달한 것에 불과하며, 그것만으로는 현실적으로 특정인의 구체적인 권리의무에 직접적으로 변동을 초래케 하는 것은 아니라 할 것이어서 내신성적 산정지침을 항고소송의 대상이 되는 행정처분으로 볼 수 없다(대판 1994.9.10. 94두33).

23. 경찰간부, 19. 국가직 7급

293 □□□

법률에서 직권취소에 대한 근거를 두고 있는 경우에는 이해관계인이 처분청에 대하여 위법을 이유로 행정행위의 취소를 요구할 신청권을 갖는다고 보아야 한다. O | X

원래 행정처분을 한 처분청은 그 처분에 하자가 있는 경우에는 원칙적으로 별도의 법적 근거가 없더라도 스스로 이를 직권으로 취소할 수 있지만, 그와 같이 직권취소를 할 수 있다는 사정만으로 이해관계인에게 처분청에 대하여 그 취소를 요구할 신청권이 부여된 것으로 볼 수는 없으므로, 처분청이 위와 같이 법규상 또는 조리상의 신청권이 없이 한 이해관계인의 복구준공통보 등의 취소신청을 거부하더라도, 그 거부행위는 항고소송의 대상이 되는 처분에 해당하지 않는다(대판 2006.6.30. 2004두701).

19. 지방직 7급

294 □□□

국세기본법에 정한 경정청구기간이 도과한 후 제기된 경정청구에 대하여는 과세관청이 과세표준 및 세액을 결정 또는 경정하거나 거부처분을 할 의무가 없으므로, 과세관청의 경정 거절에 대하여 항고소송을 제기할 수 없다. O | X

구 국세기본법상 경정청구기간이 도과한 후에 제기된 경정청구는 부적법하여 과세관청이 과세표준 및 세액을 결정 또는 경정하거나 거부처분을 할 의무가 없으므로, 과세관청이 경정을 거절하였다고 하더라도 이를 항고소송의 대상이 되는 거부처분으로 볼 수 없다(대판 2017.8.23. 2017두38812).

21. 지방직 9급

295 □□□

거부처분의 처분성을 인정하기 위한 전제요건이 되는 신청권은 신청인이 그 신청에 따른 단순한 응답을 받을 권리를 넘어서 신청의 인용이라는 만족적 결과를 얻을 권리를 의미한다. O | X

거부처분의 처분성을 인정하기 위한 전제요건이 되는 신청권의 존부는 구체적 사건에서 신청인이 누구인가를 고려하지 않고 관계 법규의 해석에 의하여 일반 국민에게 그러한 신청권을 인정하고 있는가를 살펴 추상적으로 결정되는 것이고, 신청인이 그 신청에 따른 단순한 응답을 받을 권리를 넘어서 신청의 인용이라는 만족적 결과를 얻을 권리를 의미하는 것은 아니다. 따라서 국민이 어떤 신청을 한 경우에 그 신청의 근거가 된 조항의 해석상 행정발동에 대한 개인의 신청권을 인정하고 있다고 보여지면 그 거부행위는 항고소송의 대상이 되는 처분으로 보아야 할 것이고, 구체적으로 그 신청이 인용될 수 있는가 하는 점은 본안에서 판단하여야 할 사항인 것이다(대판 1996.6.11. 95누12460).

정답 292 X 293 X 294 ○ 295 X

19. 서울시 9급(2월), 15. 교행직 9급, 14. 지방직 9급

296 □□□

거부행위의 처분성을 인정하기 위한 전제요건이 되는 신청권의 존부는 구체적 사건에서 신청인이 누구인가를 고려하지 말고 관계 법규에서 일반 국민에게 그러한 신청권을 인정하고 있는가를 살펴 추상적으로 결정하여야 한다. O | X

신청권의 존재 여부는 구체적 사건에서 신청인이 누구인가를 고려하지 않고 관계 법규의 해석에 의하여 일반 국민에게 그러한 신청권을 인정하고 있는지를 살펴보아 추상적으로 결정되는 것이고, 신청인이 그 신청에 따른 단순한 응답을 받을 권리를 넘어서 신청의 인용이라는 만족스러운 결과를 얻을 권리를 의미하는 것은 아니다. 예를 들어, 각종 영업허가 등은 국민의 신청에 의해 발령되는 것이므로 그 신청에 대한 거부는 모두 항고소송의 대상이 되고, 구체적으로 그 신청인이 허가를 받을 수 있는데도 이를 거부하였는지 여부는 본안판단사항이다(대판 1996.6.11. 95누12460).

23. 경찰간부, 19. 서울시 7급

297 □□□

공공기관이 청구인이 신청한 공개방법 이외의 방법으로 공개하기로 결정하였다면, 이는 정보공개청구 중 정보공개방법에 관한 부분에 대하여 일부 거부처분을 한 것이므로 이에 대해 항고소송으로 다툴 수 있다. O | X

공공기관이 공개청구의 대상이 된 정보를 청구인이 신청한 공개방법 이외의 방법으로 공개하기로 하는 결정을 한 경우, 정보공개방법에 관한 부분에 대하여 일부 거부처분을 한 것에 해당하고, 이에 대하여 항고소송으로 다툴 수 있다(대판 2016.11.10. 2016두44674).

18. 지방직 9급

298 □□□

부작위위법확인소송에서 사인의 신청권의 존재 여부는 부작위의 성립과 관련하므로 원고적격의 문제와는 관련이 없다. O | X

부작위위법확인소송은 처분의 신청을 한 자로서 부작위의 위법의 확인을 구할 법률상의 이익이 있는 자만이 제기할 수 있다 할 것이며, 이를 통하여 구하는 행정청의 응답행위는 행정소송법 제2조 제1항 제1호 소정의 처분에 관한 것이라야 하므로, 당사자가 행정청에 대하여 어떠한 행정행위를 하여 줄 것을 신청하지 아니하거나 그러한 신청을 하였더라도 당사자가 행정청에 대하여 그러한 행정행위를 하여 줄 것을 요구할 수 있는 법규상 또는 조리상의 권리를 갖고 있지 아니하든지 또는 행정청이 당사자의 신청에 대하여 거부처분을 한 경우에는 원고적격이 없거나 항고소송의 대상인 위법한 부작위가 있다고 볼 수 없어 그 부작위위법확인의 소는 부적법하다(대판 1995.9.15. 95누7345).

정답 296 ○ 297 ○ 298 X

14. 지방직 9급, 08. 국가직 9급

299
□□□

신청권은 행정청의 응답을 구하는 권리이며, 신청된 대로의 처분을 구하는 권리는 아니다. O | X

신청권은 적법절차 및 재량권일탈금지의 원칙 내에서 신청에 대한 응답을 구하는 권리로 이해될 수 있을 뿐 신청한 내용 그대로 처분받을 권리를 뜻하지는 않는다.

08. 국가직 9급

300
□□□

행정청이 사인의 신청을 받고 그 신청에 따른 행위를 하지 않겠다고 거부한 행위가 항고소송의 대상이 되는 처분이 되기 위한 요건은 사인이 행정청에 대하여 그 신청에 따른 행정행위를 해 줄 것을 요구할 수 있는 법규상 또는 조리상의 신청권이 있어야 한다. O | X

대판 1998.7.10. 96누14036 판례에 대한 옳은 내용이다.

14. 서울시 7급, 11. 사복직 9급

301
□□□

기간제로 임용되어 임용기간이 만료된 공립대학의 교원은 재임용 여부에 관하여 심사를 요구할 법규상 또는 조리상의 신청권을 가진다. O | X

기간제로 임용되어 임용기간이 만료된 국·공립대학의 조교수는 교원으로서의 능력과 자질에 관하여 합리적인 기준에 의한 공정한 심사를 받아 위 기준에 부합되면 특별한 사정이 없는 한 재임용되리라는 기대를 가지고 재임용 여부에 관하여 합리적인 기준에 의한 공정한 심사를 요구할 법규상 또는 조리상 신청권을 가진다고 할 것이니, 임용권자가 임용기간이 만료된 조교수에 대하여 재임용을 거부하는 취지로 한 임용기간만료의 통지는 위와 같은 대학교원의 법률관계에 영향을 주는 것으로서 행정소송의 대상이 되는 처분에 해당한다(대판 2004.4.22. 2000두7735 전합).

15. 국회직 8급

302
□□□

법률에 의하여 당연퇴직된 공무원의 복직 또는 재임용신청에 대한 행정청의 거부행위는 항고소송의 대상이 되는 행정처분에 해당한다. O | X

과거에 법률에 의하여 당연퇴직된 공무원이 자신을 복직 또는 재임용시켜 줄 것을 요구하는 신청에 대하여 그와 같은 조치가 불가능하다는 행정청의 거부행위는 당연퇴직의 효과가 계속하여 존재한다는 것을 알려주는 일종의 안내에 불과하므로 원고의 실체상의 권리관계에 직접적인 변동을 일으키는 것으로 볼 수 없고, 당연퇴직의 근거 법률이 헌법재판소의 위헌결정으로 효력을 잃게 되었다고 하더라도 당연퇴직된 이후 헌법소원 등의 청구기간이 도과한 경우에는 당연퇴직의 내용과 상반되는 처분을 요구할 수 있는 조리상의 신청권을 인정할 수도 없다고 할 것이어서, 이와 같은 경우 행정청의 복직 또는 재임용거부행위는 항고소송의 대상이 되는 행정처분에 해당한다고 할 수 없으므로 그 취소를 구하는 소는 부적법하다고 할 것이다(대판 2005.11.25. 2004두12421 ; 대판 2006.1.26. 2005두1251).

정답 299 ○ 300 ○ 301 ○ 302 X

21. 소방간부

303 □□□

수익적 행정행위 신청에 대한 거부처분이 있은 후 당사자가 새로 신청하는 취지로 다시 신청하고, 이에 대해 행정청이 재차 거절한 경우 원칙적으로 새로운 거부처분에 해당한다고 보아야 한다. O | X

거부처분 이후 동일한 내용의 새로운 신청에 대하여 다시 거부한 경우, 새로운 거부처분이 있는 것으로 볼 수 있다(대판 1997.3.28. 96누18014).

17. 국가직 9급

304 □□□

행정처분을 한 처분청은 그 처분에 하자가 있는 경우에는 원칙적으로 별도의 법적 근거가 없더라도 스스로 이를 직권으로 취소할 수 있고, 이러한 경우 이해관계인에게는 처분청에 대하여 그 취소를 요구할 신청권이 부여된 것으로 볼 수 있다. O | X

원래 행정처분을 한 처분청은 그 처분에 하자가 있는 경우에는 원칙적으로 별도의 법적 근거가 없더라도 스스로 이를 직권으로 취소할 수 있지만, 그와 같이 직권취소를 할 수 있다는 사정만으로 이해관계인에게 처분청에 대하여 그 취소를 요구할 신청권이 부여된 것으로 볼 수는 없으므로, 처분청이 위와 같이 법규상 또는 조리상의 신청권이 없이 한 이해관계인의 복구준공통보 등의 취소신청을 거부하더라도, 그 거부행위는 항고소송의 대상이 되는 처분에 해당하지 않는다(대판 2006.6.30. 2004두701).

24. 국가직 9급

305 □□□

당사자의 신청을 받아들이지 않은 거부처분이 재결에서 취소된 경우에 행정청은 종전 거부처분 또는 재결 후에 발생한 새로운 사유를 내세워 다시 거부처분을 할 수 없다. O | X

당사자의 신청을 받아들이지 않은 거부처분이 재결에서 취소된 경우에 행정청은 종전 거부처분 또는 재결 후에 발생한 새로운 사유를 내세워 다시 거부처분을 할 수 있다. 그 재결의 취지에 따라 이전의 신청에 대하여 다시 어떠한 처분을 하여야 할지는 처분을 할 때의 법령과 사실을 기준으로 판단하여야 하기 때문이다(대판 2017.10.31. 2015두45045).

19. 변호사

306 □□□

정보공개청구인이 전자적 형태의 정보를 정보통신망을 통하여 송신하는 방법으로 정보공개할 것을 청구하였으나, 공공기관이 대상정보를 공개하되 방문하여 수령하라고 결정하여 통지한 경우, 청구인에게 특정한 공개방법을 지정하여 정보공개를 청구할 수 있는 법령상 신청권이 있다고 볼 수는 없으므로, 이를 항고소송의 대상이 되는 거부처분이라 할 수 없다. O | X

정보의 효율적 활용을 도모하고 청구인의 편의를 제고함으로써 구 정보공개법의 목적인 국민의 알 권리를 충실하게 보장하려는 것이므로, 청구인에게는 특정한 공개방법을 지정하여 정보공개를 청구할 수 있는 법령상 신청권이 있다. 따라서 공공기관이 공개청구의 대상이 된 정보를 공개는 하되, 청구인이 신청한 공개방법 이외의 방법으로 공개하기로 하는 결정을 하였다면, 이는 정보공개청구 중 정보공개방법에 관한 부분에 대하여 일부 거부처분을 한 것이고, 청구인은 그에 대하여 항고소송으로 다툴 수 있다(대판 2016.11.10. 2016두44674).

정답 303 ○ 304 X 305 X 306 X

19. 변호사

307 □□□

개발부담금을 부과할 때는 가능한 한 개발부담금 부과처분 후에 지출한 개발비용도 공제함이 마땅하므로, 이미 부과처분에 따라 납부한 개발부담금 중 부과처분 후 납부한 개발비용인 학교용지부담금에 해당하는 금액에 대하여는 조리상 그 취소나 변경 등 환급에 필요한 처분을 신청할 권리가 인정되므로, 그 환급신청 거절회신은 항고소송의 대상이 된다. O | X

개발부담금 부과처분 후에 학교용지부담금을 납부한 개발사업시행자는 마땅히 공제받아야 할 개발비용을 전혀 공제받지 못하는 법률상 불이익을 입게 될 수 있는데도 구 개발이익 환수에 관한 법률, 같은 법 시행령은 불복방법에 관하여 아무런 규정을 두지 않고 있다. 위와 같은 사정을 앞서 본 법리에 비추어 보면, 개발사업시행자가 납부한 개발부담금 중 부과처분 후에 납부한 학교용지부담금에 해당하는 금액에 대하여는 조리상 개발부담금 부과처분의 취소나 변경 등 개발부담금의 환급에 필요한 처분을 신청할 권리를 인정함이 타당하다(대판 2016.1.28. 2013두2938).

19. 변호사

308 □□□

중요무형문화재 보유자의 추가인정 여부는 행정청의 재량에 속하고, 특정 개인에게 자신을 보유자로 인정해 달라는 법규상 또는 조리상 신청권이 있다고 할 수 없어, 중요무형문화인 경기민요 보유자 추가인정 신청에 대한 거부는 항고소송의 대상이 되지 않는다. O | X

중요무형문화재 보유자의 추가인정 여부는 문화재청장의 재량에 속하고, 특정 개인이 자신을 보유자로 인정해 달라고 신청할 수 있다는 근거 규정을 별도로 두고 있지 아니하므로 법규상으로 개인에게 신청권이 있다고 할 수 없고, 전수교육 조교로서 이 사건 조사를 받았다는 사정만으로는 원고에게 중요무형문화재 보유자의 추가인정에 관한 법규상 또는 조리상 신청권이 있다고 볼 수 없다(대판 2015.12.10. 2013두20585).

19. 변호사

309 □□□

업무상 재해를 당한 甲의 요양급여신청에 대하여 근로복지공단이 요양승인처분을 하면서 사업주를 乙주식회사로 보아 요양승인 사실을 통지하자, 乙주식회사가 甲이 자신의 근로자가 아니라고 주장하면서 근로복지공단에 사업주 변경을 신청하였으나 이를 거부하는 통지를 받은 경우, 근로복지공단의 결정에 따라 산업재해보상보험의 가입자지위가 발생하는 것이 아니므로 乙주식회사에게 법규상 또는 조리상 사업주 변경신청권이 인정되지 않아, 위 거부통지는 항고소송의 대상이 되지 않는다. O | X

산업재해보상보험법, 고용보험 및 산업재해보상보험의 보험료징수 등에 관한 법률 등 관련 법령은 사업주가 이미 발생한 업무상 재해와 관련하여 당시 재해근로자의 사용자가 자신이 아니라 제3자임을 근거로 사업주 변경신청을 할 수 있도록 하는 규정을 두고 있지 않으므로 법규상으로 신청권이 인정된다고 볼 수 없고, 산업재해보상보험에서 보험가입자인 사업주와 보험급여를 받을 근로자에 해당하는지는 해당 사실의 실질에 의하여 결정되는 것일 뿐이고 근로복지공단의 결정에 따라 보험가입자(당연가입자) 지위가 발생하는 것은 아닌 점 등을 종합하면, 사업주 변경신청과 같은 내용의 조리상 신청권이 인정된다고 볼 수도 없으므로, 근로복지공단이 신청을 거부하였더라도 乙회사의 권리나 법적 이익에 어떤 영향을 미치는 것은 아니어서, 위 통지는 항고소송의 대상이 되는 행정처분이 되지 않는다(대판 2016.7.14. 2014두47426).

정답 307 ○ 308 ○ 309 ○

19. 변호사

310 □□□

기간제로 임용되어 임용기간이 만료된 국·공립대학의 조교수에 대하여 재임용을 거부하는 취지의 임용기간만료 통지는 항고소송의 대상이 된다. O | X

기간제로 임용되어 임용기간이 만료된 국·공립대학의 조교수는 교원으로서의 능력과 자질에 관하여 합리적인 기준에 의한 공정한 심사를 받아 위 기준에 부합되면 특별한 사정이 없는 한 재임용되리라는 기대를 가지고 재임용 여부에 관하여 합리적인 기준에 의한 공정한 심사를 요구할 법규상 또는 조리상 신청권을 가진다고 할 것이니, 임용권자가 임용기간이 만료된 조교수에 대하여 재임용을 거부하는 취지로 한 임용기간만료의 통지는 위와 같은 대학교원의 법률관계에 영향을 주는 것으로서 행정소송의 대상이 되는 처분에 해당한다(대판 2004.4.22. 2000두7735).

21. 지방직 9급

311 □□□

산업단지개발계획상 산업단지 안의 토지소유자로서 산업단지개발계획에 적합한 시설을 설치하여 입주하려는 자는 산업단지지정권자 또는 그로부터 권한을 위임받은 기관에 대하여 산업단지개발계획의 변경을 요청할 수 있는 법규상 또는 조리상 신청권이 있다. O | X

산업입지에 관한 법령은 산업단지에 적합한 시설을 설치하여 입주하려는 자와 토지소유자에게 산업단지지정과 관련한 산업단지개발계획 입안과 관련한 권한을 인정하고, 산업단지지정뿐만 아니라 변경과 관련해서도 이해관계인에 대한 절차적 권리를 보장하는 규정을 두고 있다. 또한 산업단지 안에는 다수의 기반시설 등 도시계획시설 등을 포함하고 있고, 국토의 계획 및 이용에 관한 법률의 해석상 도시계획시설부지 소유자에게는 그에 관한 도시·군관리계획의 변경 등을 요구할 수 있는 법규상 또는 조리상 신청권이 인정된다고 해석되고 있다. 헌법상 재산권 보장의 취지에 비추어 보면 토지의 소유자에게 위와 같은 절차적 권리와 신청권을 인정한 것은 정당하다고 볼 수 있다. 이러한 법리는 이미 산업단지지정이 이루어진 상황에서 산업단지 안의 토지소유자로서 종전 산업단지개발계획을 일부 변경하여 산업단지개발계획에 적합한 시설을 설치하여 입주하려는 자가 종전 계획의 변경을 요청하는 경우에도 그대로 적용될 수 있다(대판 2017.8.29. 2016두44186).

18. 서울시 9급, 13. 국회직 8급

312 □□□

국공립학교 교원의 경우에는 원처분주의에 따라 원처분만이 소의 대상이 된다. O | X

국·공립학교 교원에 대한 징계처분의 경우에는 원 징계처분 자체가 행정처분이므로 그에 대하여 위원회에 소청심사를 청구하고 위원회의 결정이 있은 후 그에 불복하는 행정소송이 제기되더라도 그 심판대상은 교육감 등에 의한 원 징계처분이 되는 것이 원칙이다. 반면 사립학교 교원에 대한 징계처분의 경우에는 학교법인 등의 징계처분은 행정처분성이 없는 것이고 그에 대한 소청심사청구에 따라 위원회가 한 결정이 행정처분이다(대판 2013.7.25. 2012두12297).

Point정리

1. **사립학교 교원의 경우**
   사립학교 교원에 대하여 학교법인의 징계처분이 내려지고 이에 대해 교원소청심사위원회(구 교원징계재심위원회)의 재심결정이 있었던 경우, 징계처분 등은 행정처분이 아니고 교원소청심사위원회의 재심결정이 원처분에 해당하므로 교원소청심사위원회의 결정이 행정소송의 대상이다.
2. **국공립학교 교원의 경우**
   국공립학교 교원이 징계처분에 불복하여 재심을 청구하는 경우에는 교원소청심사위원회에 하여야 한다. 국공립학교 교원의 경우에는 징계처분이 원처분이고 교원소청심사위원회의 결정은 일반공무원에 대한 소청결정에 대응하는 행정심판이므로, 일반공무원의 경우와 마찬가지로 항고소송의 대상이 되는 것은 원처분인 징계처분이고 교원소청심사위원회의 결정은 고유한 위법이 있는 경우에만 항고소송의 대상이 될 수 있다.

정답 310 ○ 311 ○ 312 X

23. 국가직 9급, 22. 국가직 7급

313 □□□

병역법에 따라 관할 지방병무청장이 1차로 병역의무기피자 인적사항 공개 대상자 결정을 하고 그에 따라 병무청장이 같은 내용으로 최종적 공개결정을 하였더라도, 해당 공개 대상자는 관할 지방병무청장의 공개 대상자 결정을 다툴 수 있다. O | X

지방병무청장이 위원회의 심의를 거쳐 공개 대상자를 1차로 결정하기는 하지만, 병무청장에게 최종적으로 공개 여부를 결정할 권한이 있으므로, 관할 지방병무청장의 공개 대상자 결정은 병무청장의 최종적인 결정에 앞서 이루어지는 행정기관 내부의 중간적 결정에 불과하다. 가까운 시일 내에 최종적인 결정과 외부적인 표시가 예정된 상황에서, 외부에 표시되지 않은 행정기관 내부의 결정을 항고소송의 대상인 처분으로 보아야 할 필요성은 크지 않다. 관할 지방병무청장이 1차로 공개 대상자 결정을 하고, 그에 따라 병무청장이 같은 내용으로 최종적 공개결정을 하였다면, 공개 대상자는 병무청장의 최종적 공개결정만을 다투는 것으로 충분하고, 관할 지방병무청장의 공개 대상자 결정을 별도로 다툴 소의 이익은 없어진다(대판 2019.6.27. 2018두49130).

23. 국가직 7급

314 □□□

병무청장이 구 병역법에 따라 병역의무 기피자의 인적사항 등을 인터넷 홈페이지에 게시하는 등의 방법으로 공개한 경우 병무청장의 공개결정은 항고소송의 대상이 되는 행정처분이 아니다. O | X

병무청장이 병역법 제81조의2 제1항에 따라 병역의무 기피자의 인적사항 등을 인터넷 홈페이지에 게시하는 등의 방법으로 공개한 경우 병무청장의 공개결정을 항고소송의 대상이 되는 행정처분으로 보아야 한다(대판 2019.6.27. 2018두49130).

19. 국회직 8급

315 □□□

불리한 처분을 받은 사립학교 교원 甲의 소청심사청구에 대하여 교원소청심사위원회가 그 사유 자체가 인정되지 않는다는 이유로 처분을 취소하는 결정을 하고 이에 대하여 乙학교법인이 제시한 행정소송절차에서 심리한 결과 처분사유 중 일부 사유는 인정된다고 판단되는 경우 법원은 교원소청심사위원회의 결정을 취소하여야 한다. O | X

사립학교 교원이 어떠한 불리한 처분을 받아 교원소청심사위원회에 소청심사청구를 하였고, 이에 대하여 교원소청심사위원회가 그 사유 자체가 인정되지 않는다는 이유로 양정의 당부에 대해서는 나아가 판단하지 않은 채 처분을 취소하는 결정을 한 경우, 그에 대하여 학교법인 등이 제기한 행정소송절차에서 심리한 결과 처분사유 중 일부 사유는 인정된다고 판단되면 법원으로서는 교원소청심사위원회의 결정을 취소하여야 한다. 법원이 교원소청심사위원회 결정의 결론이 타당하다고 하여 학교법인 등의 청구를 기각하게 되면 결국 행정소송의 대상이 된 교원소청심사위원회의 결정이 유효한 것으로 확정되어 학교법인 등이 이에 기속되므로, 그 결정의 잘못을 바로잡을 길이 없게 되고 학교법인 등도 해당 교원에 대하여 적절한 재처분을 할 수 없게 되기 때문이다(대판 2018.7.12. 2017두65821).

19. 국회직 8급, 13. 서울시 7급, 08. 세무사

316 □□□

감사원의 변상판정처분에 대하여서는 행정소송을 제기할 수 없고 그 재결에 해당하는 재심의 판정에 대하여만 감사원을 피고로 하여 행정소송을 제기할 수 있다. O | X

감사원의 변상판정처분에 대하여서는 행정소송을 제기할 수 없고, 재결에 해당하는 재심의 판정에 대하여서만 감사원을 피고로 하여 행정소송을 제기할 수 있다(대판 1984.4.10. 84누91).

정답 313 X 314 X 315 ○ 316 ○

06. 세무사

317 □□□

재결에 해당하는 중앙노동위원회의 재심판정에 대하여는 취소소송을 제기할 수 없고 원처분인 지방노동위원회의 중재회부결정만이 소송의 대상이 된다. O | X

당사자가 지방노동위원회의 처분에 대하여 불복하기 위하여는 처분 송달일로부터 10일 이내에 중앙노동위원회에 재심을 신청하고 중앙노동위원회의 재심판정서 송달일로부터 15일 이내에 중앙노동위원장을 피고로 하여 재심판정취소의 소를 제기(재결주의)하여야 할 것이다(대판 1995.9.15. 95누6724).

13. 서울시 7급

318 □□□

특허출원에 대한 심사관의 거절사정에 대하여 행정소송을 제기할 수 없고, 특허심판원에 심판청구를 한 후 그 심결을 소송대상으로 하여 특허법원에 심결취소를 요구하는 소를 제기하여야 한다. O | X

거절사정에 대하여 불복하는 경우에는 특허심판원에 거절사정에 대한 심판을 청구한 후 그 심결에 대하여 특허법원에 그 취소를 구하는 소를 제기할 수 있을 뿐, 특허법원에 직접 출원발명의 특허를 구하는 소를 제기할 수 없다 할 것이므로, 이 사건 소 중 이 사건 출원발명의 특허를 구하는 부분은 부적법하여 각하를 면할 수 없다 할 것이다(특허법원 2000.11.3. 2000허2620). 즉, 특허심판에 있어서 원처분이 아닌 재결에 대해서만 소송을 제기할 수 있는 예외적 재결주의를 취하고 있다는 판례이다.

07. 국회직 8급

319 □□□

행정심판의 재결은 행정심판 및 행정소송의 대상이 될 수 없다. O | X

행정심판의 재결에 대하여 행정심판을 제기할 수 없고, 재결 자체에 있는 고유한 위법을 이유로 행정소송을 제기할 수는 있다.

> **「행정소송법」 제19조 【취소소송의 대상】** 취소소송은 처분 등을 대상으로 한다. 다만, 재결취소소송의 경우에는 재결 자체에 고유한 위법이 있음을 이유로 하는 경우에 한한다.

14. 지방직 7급

320 □□□

행정처분에 대한 행정심판의 재결에 이유모순의 위법이 있다는 사유는 원처분의 취소를 구하는 소송뿐 아니라 재결처분의 취소를 구하는 소송에서도 그 취소를 구할 위법사유로 주장할 수 있다. O | X

행정처분에 대한 행정심판의 재결에 이유모순의 위법이 있다는 사유는 재결처분 자체에 고유한 하자로서 재결처분의 취소를 구하는 소송에서는 그 위법사유로서 주장할 수 있으나, 원처분의 취소를 구하는 소송에서는 그 취소를 구할 위법사유로서 주장할 수 없다(대판 1996.2.13. 95누8027).

정답 317 X 318 ○ 319 X 320 X

19. 국회직 8급

321 □□□

중앙토지수용위원회의 이의재결에 불복하여 취소소송을 제기하는 경우에는 원처분인 수용재결을 대상으로 하여야 한다. O | X

토지수용법 제73조 내지 제75조의2의 각 규정과 관련하여, 중앙 또는 지방토지수용위원회의 수용재결에 대하여 불복이 있는 자는 중앙토지수용위원회에 이의신청을 하고, 중앙토지수용위원회의 이의재결에도 불복이 있으면 수용재결이 아닌 이의재결을 대상으로 행정소송을 제기하도록 해석한 것은(대판 1990.6.22. 90누1755 ; 대판 1991.2.12. 90누288) 어디까지나 토지수용에 관한 재결이 위법 부당함을 이유로 그 취소를 소구하는 경우에 한하는 것이지, 이 사건과 같이 수용재결 자체가 당연무효라 하여 그 무효확인을 구하는 경우에까지 그와 같이 해석할 수는 없다(대판 1993.4.27. 92누15789).

21. 국가직 7급

322 □□□

토지수용에 관한 행정소송에 있어서 토지소유자는 중앙토지수용위원회의 이의재결에 대하여 불복이 있을 때 제기할 수 있고 수용재결은 행정소송의 대상이 될 수 없다. O | X

토지수용에 관한 행정소송에 있어서 토지소유자는 원처분인 수용재결에 대해서 소송으로 다툴 수 있고, 중앙토지수용위원회의 이의신청을 거친 경우라도 원처분인 수용재결을 다투는 것이 원칙이다. 이의재결 자체에 고유한 위법이 있는 경우에 한하여 이의재결을 소송의 대상으로 다툴 수 있다.

15. 서울시 7급

323 □□□

서면에 의하지 않은 재결의 경우 형식상 하자가 있으므로 재결에 대해서 항고소송을 제기할 수 있다. O | X

재결 자체의 고유한 위법은 원처분에는 없고 재결 자체에만 존재하는 위법으로, 재결의 주체 · 형식 · 절차 · 내용상의 위법을 의미한다. 서면주의를 위반한 재결은 재결 자체의 형식상 하자가 있는 것이다.

> **「행정소송법」 제19소 【취소소송의 대상】** 취소소송은 처분 등을 대상으로 한다. 다만, 재결취소소송의 경우에는 재결 자체에 고유한 위법이 있음을 이유로 하는 경우에 한한다.

16. 지방직 9급, 15. 교행직 9급

324 □□□

재결취소소송의 대상이 되는 재결의 고유한 위법에는 주체 · 형식 · 절차상의 위법은 물론, 내용상의 위법도 포함된다. O | X

소송의 대상이 되는 처분은 원칙적으로 원처분청의 처분이고, 원처분이 정당한 것으로 인정되어 재심청구를 기각한 재결에 대한 항고소송은 원처분의 하자를 이유로 주장할 수는 없고 그 재결 자체에 고유한 주체 · 절차 · 형식 또는 내용상의 위법이 있는 경우에 한한다(대판 1994.2.8. 93누17874).

정답 321 ○ 322 X 323 ○ 324 ○

21. 국가직 7급, 13. 서울시 7급, 06. 세무사

325 □□□

행정심판청구가 부적법하지 않음에도 각하한 재결은 심판청구인의 실체심리를 받을 권리를 박탈한 것으로서 원처분에는 없는 고유한 하자에 해당하고, 이 재결은 취소소송의 대상이 된다. O | X

행정심판청구가 부적법하지 않음에도 각하한 재결은 심판청구인의 실체심리를 받을 권리를 박탈한 것으로서 원처분에 없는 고유한 하자가 있는 경우에 해당하고, 위 재결은 취소소송의 대상이 된다(대판 2001.7.27. 99두2970).

21. 국가직 9급

326 □□□

행정심판을 청구하였으나 심판청구기간을 도과하여 각하된 후 제기하는 취소소송은 재결서를 송달받은 날부터 90일 이내에 제기하면 된다. O | X

행정심판을 청구하였으나 심판청구기간을 도과하여 각하재결을 받은 후 그 재결서를 송달받은 날부터 90일 내에 원래의 처분에 대하여 취소소송을 제기한 경우, 취소소송의 제소기간을 준수한 것으로 볼 수 없다.

19. 국가직 9급

327 □□□

행정처분이 있음을 안 날부터 90일을 넘겨 행정심판을 청구하였다가 각하재결을 받은 후 그 재결서를 송달받은 날부터 90일 내에 원래의 처분에 대하여 취소소송을 제기한 경우, 수소법원은 각하판결을 하여야 한다. O | X

행정처분이 있음을 안 날부터 90일을 넘겨 행정심판을 청구하였다가 부적법하다는 이유로 각하재결을 받은 후 재결서를 송달받은 날부터 90일 내에 원래의 처분에 대하여 취소소송을 제기한 경우, 취소소송의 제소기간을 준수한 것으로 볼 수 없다(대판 2011.11.24. 2011두18786).

15. 서울시 7급, 06. 세무사

328 □□□

기각재결에 대해서는 원칙적으로 재결 자체의 위법을 이유로 항고소송을 제기해야 한다. O | X

기각재결이 있는 경우라도 원처분을 대상으로 항고소송을 제기하여야 한다(원처분주의).

21. 국가직 7급

329 □□□

제3자효 행정행위에 대하여 재결청이 직접 당해 사업계획승인처분을 취소하는 형성적 재결을 한 경우에는 그 재결 외에 그에 따른 행정청의 별도의 처분이 있지 않기 때문에 재결 자체를 쟁송의 대상으로 할 수 있다. O | X

당해 재결과 같이 그 인용재결청인 문화체육부장관 스스로가 직접 당해 사업계획승인처분을 취소하는 형성적 재결을 한 경우에는 그 재결 외에 그에 따른 행정청의 별도의 처분이 있지 않기 때문에 재결 자체를 쟁송의 대상으로 할 수밖에 없다(대판 1997.12.23. 96누10911).

정답 325 ○ 326 X 327 ○ 328 X 329 ○

15. 서울시 7급, 12. 국회직 8급

330 □□□

제3자효를 수반하는 행정행위에 대한 행정심판청구에 있어서, 그 청구를 인용하는 내용의 재결로 인해 비로소 권리이익을 침해받게 되는 자라도 인용재결에 대해서는 항고소송을 제기하지 못한다. O | X

이른바 복효적 행정행위, 특히 제3자효를 수반하는 행정행위에 대한 행정심판청구에 있어서 그 청구를 인용하는 내용의 재결로 인하여 비로소 권리이익을 침해받게 되는 자는 그 인용재결에 대하여 다툴 필요가 있다(대판 2001.5.29. 99두10292).

21. 국가직 7급

331 □□□

제3자효를 수반하는 행정행위에 대한 행정심판청구에 있어서 그 청구를 인용하는 내용의 재결로 인하여 비로소 권리이익을 침해받게 되는 자는 그 인용재결에 대하여 다툴 필요가 있고, 그 인용재결은 원처분과 내용을 달리하는 것이므로 그 인용재결의 취소를 구하는 것은 원처분에는 없는 재결에 고유한 하자를 주장하는 셈이어서 당연히 항고소송의 대상이 된다. O | X

이른바 복효적 행정행위, 특히 제3자효를 수반하는 행정행위에 대한 행정심판청구에 있어서 그 청구를 인용하는 내용의 재결로 인하여 비로소 권리이익을 침해받게 되는 자는 그 인용재결에 대하여 다툴 필요가 있고, 그 인용재결은 원처분과 내용을 달리하는 것이므로 그 인용재결의 취소를 구하는 것은 원처분에는 없는 재결에 고유한 하자를 주장하는 셈이어서 당연히 항고소송의 대상이 된다(대판 1997.12.23. 96누10911).

19. 국가직 9급

332 □□□

행정심판을 청구하여 기각재결을 받은 후 재결 자체에 고유한 위법이 있음을 주장하며 그 기각재결에 대하여 취소소송을 제기한 경우, 수소법원은 심리결과 재결 자체에 고유한 위법이 없다면 각하판결을 하여야 한다. O | X

재결취소소송의 경우 재결 자체에 고유한 위법이 있는지 여부를 심리할 것이, 재결 자체에 고유한 위법이 없는 경우에는 원처분의 당부와는 상관없이 당해 재결취소소송은 이를 기각하여야 한다(대판 1994.1.25. 93누16901).

15. 국회직 8급

333 □□□

기간경과 등의 부적법한 심판제기가 있었고, 행정심판위원회가 각하하지 않고 기각재결을 한 경우는 심판전치의 요건이 구비된 것으로 볼 수 있다. O | X

행정처분의 취소를 구하는 항고소송의 전심절차인 행정심판청구가 기간도과로 인하여 부적법한 경우에는 행정소송 역시 전치의 요건을 충족치 못한 것이 되어 부적법 각하를 면치 못하는 것이고, 이 점은 행정청이 행정심판의 제기기간을 도과한 부적법한 심판에 대하여 그 부적법을 간과한 채 실질적 재결을 하였다 하더라도 달라지는 것이 아니다(대판 1991.6.25. 90누8091).

정답 330 X 331 O 332 X 333 X

19. 지방직 7급

334 □□□

증액경정처분이 있는 경우, 원칙적으로는 당초 신고나 결정에 대한 불복기간의 경과 여부 등에 관계없이 증액경정처분만이 항고소송의 대상이 되고 납세의무자는 그 항고소송에서 당초 신고나 결정에 대한 위법사유를 주장할 수 없다. O | X

증액경정처분이 있는 경우, 당초 신고나 결정은 증액경정처분에 흡수됨으로써 독립한 존재가치를 잃게 된다고 보아야 하므로, 원칙적으로는 당초 신고나 결정에 대한 불복기간의 경과 여부 등에 관계없이 증액경정처분만이 항고소송의 심판대상이 되고, 납세의무자는 그 항고소송에서 당초 신고나 결정에 대한 위법사유도 함께 주장할 수 있다고 해석함이 타당하다(대판 2009.5.14. 2006두17390).

17. 지방직 9급

335 □□□

산업재해보상보험법상 보험급여의 부당이득 징수결정의 하자를 이유로 징수금을 감액하는 경우 감액처분으로도 아직 취소되지 않고 남아 있는 부분이 위법하다 하여 다툴 때에는, 제소기간의 준수 여부는 감액처분을 기준으로 판단해야 한다. O | X

행정청이 산업재해보상보험법에 의한 보험급여 수급자에 대하여 부당이득 징수결정을 한 후 징수결정의 하자를 이유로 징수금 액수를 감액하는 경우에 감액처분은 감액된 징수금 부분에 관해서만 법적 효과가 미치는 것으로서 당초 징수결정과 별개 독립의 징수금결정처분이 아니라 그 실질은 처음 징수결정의 변경이고, 그에 의하여 징수금의 일부취소라는 징수의무자에게 유리한 결과를 가져오는 처분이므로 징수의무자에게는 그 취소를 구할 소의 이익이 없다. 이에 따라 감액처분으로도 아직 취소되지 않고 남아 있는 부분이 위법하다 하여 다투고자 하는 경우, 감액처분을 항고소송의 대상으로 할 수는 없고, 당초 징수결정 중 감액처분에 의하여 취소되지 않고 남은 부분을 항고소송의 대상으로 할 수 있을 뿐이며, 그 결과 제소기간의 준수 여부도 감액처분이 아닌 당초 처분을 기준으로 판단해야 한다(대판 2012.9.27. 2011두27247).

17. 국가직 7급(10월)

336 □□□

행정청이 금전부과처분을 한 후 감액처분을 한 경우에 감액되고 남은 부분이 위법하다고 다투고자 할 때에는 감액처분 자체를 항고소송의 대상으로 삼아야 한다. O | X

과징금 부과처분에 있어 행정청이 납부의무자에 대하여 부과처분을 한 후 그 부과처분의 하자를 이유로 과징금의 액수를 감액하는 경우에 그 감액처분은 감액된 과징금 부분에 관하여만 법적 효과가 미치는 것으로서 당초 부과처분과 별개 독립의 과징금 부과처분이 아니라 그 실질은 당초 부과처분의 변경이고, 그에 의하여 과징금의 일부취소라는 납부의무자에게 유리한 결과를 가져오는 처분이므로 당초 부과처분이 전부 실효되는 것은 아니다. 따라서 그 감액처분에 의하여 감액된 부분에 대한 부과처분 취소청구는 이미 소멸하고 없는 부분에 대한 것으로서 그 소의 이익이 없어 부적법하다고 할 것이다(대판 2008.2.15. 2006두4226).

19. 국회직 8급

337 □□□

소청심사위원회가 해임처분을 정직 2월로 변경한 경우 처분의 상대방은 소청심사위원회를 피고로 하여 정직 2월의 재결에 대한 취소소송을 제기할 수 있다. O | X

소청심사위원회가 해임처분을 정직 2월로 변경한 경우 처분의 상대방은 소청심사위원회가 아닌 징계권자를 피고로 하고, '정직 2월의 재결'이 아닌 원처분(해임처분이 변형되어 남아 있는 '정직 2월')에 대하여 취소소송을 제기할 수 있다.

정답 334 X 335 X 336 X 337 X

18. 서울시 7급 · 지방직 9급

338 □□□

증액경정처분이 있는 경우 당초 신고나 결정은 증액경정처분에 흡수됨으로써 독립된 존재가치를 잃게 된다고 보아야 할 것이므로, 원칙적으로는 당초 신고나 결정에 대한 불복기간의 경과 여부 등에 관계 없이 증액경정처분만이 항고소송의 심판대상이 된다. O | X

과세관청이 과세처분을 한 뒤에 과세표준과 세액에 오류 또는 탈누가 있음을 발견하여 이를 경정하는 처분을 한 경우에, 그것이 감액경정인 때에는 처음의 과세처분에서 결정된 과세표준과 세액의 일부를 취소하는 데에 지나지 않으므로 처음의 과세처분이 감액된 범위 내에서 존속하게 되고 이 처분만이 쟁송의 대상이 되며 경정처분 자체는 쟁송의 대상이 될 수 없는 반면, 증액경정인 때에는 처음의 과세처분에서 결정한 과세표준과 세액을 그대로 두고 증액 부분만을 결정하는 것이 아니라 처음의 과세표준과 세액을 포함하여 전체로서 증액된 과세표준과 세액을 다시 결정하는 것이므로 처음의 과세처분은 뒤의 경정처분의 일부로 흡수되어 독립된 존재가치를 상실하여 소멸하고 오직 경정처분만이 쟁송의 대상이 된다(대판 1984.12.11. 84누225).

12. 국회직 8급

339 □□□

징계혐의자에 대한 감봉 1월의 징계처분을 견책으로 변경한 소청결정 중 그를 견책에 처한 조치는 재량권의 남용 또는 일탈로서 위법하다는 사유는 소청결정 자체에 고유한 위법을 주장하는 것으로 볼 수 없어 소청결정의 취소사유가 될 수 없다. O | X

소청결정이 재량권남용 또는 일탈로서 위법하다는 주장이 소청결정 취소사유가 될 수 없다(대판 1993.8.24. 93누5673).

08. 세무사

340 □□□

공무원에 대한 파면처분이 소청절차에서 해임으로 감경된 경우 해당 공무원은 재결주의에 따라 해임으로 감경한 재결을 취소소송의 대상으로 하여야 한다. O | X

공무원에 대한 파면처분이 소청절차에서 해임으로 감경된 경우 해임으로 감경된 원처분을 소송대상으로 삼아야 한다(원처분주의).

09. 국회직 8급

341 □□□

행정청이 식품위생법령에 따라 영업자에게 행정제재처분을 한 후 당초 처분을 영업자에게 유리하게 변경하는 처분을 한 경우, 취소소송의 대상은 변경된 내용의 당초 처분이지 변경처분은 아니다. O | X

행정청이 식품위생법령에 따라 영업자에게 행정제재처분을 한 후 그 처분을 영업자에게 유리하게 변경하는 처분을 한 경우, 변경처분에 의하여 당초 처분은 소멸하는 것이 아니고 당초부터 유리하게 변경된 내용의 처분으로 존재하는 것이므로, 변경처분에 의하여 유리하게 변경된 내용의 행정제재가 위법하다 하여 그 취소를 구하는 경우 그 취소소송의 대상은 변경된 내용의 당초 처분이지 변경처분은 아니고, 제소기간의 준수 여부도 변경처분이 아닌 변경된 내용의 당초 처분을 기준으로 판단하여야 한다(대판 2007.4.27. 2004두9302).

정답 338 ○ 339 ○ 340 X 341 ○

23. 변호사, 22. 소방

342 □□□

병무청장의 요청에 따른 법무부장관의 입국금지결정은 법무부장관의 의사가 공식적인 방법으로 외부에 표시되어 입국 자체를 금지하는 것으로서 그 입국금지결정은 항고소송의 대상이 될 수 있는 처분에 해당한다. O | X

행정청이 행정의사를 외부에 표시하여 행정청이 자유롭게 취소·철회할 수 없는 구속을 받기 전에는 '처분'이 성립하지 않으므로 법무부장관이 출입국관리법 제11조 제1항 제3호 또는 제4호, 출입국관리법 시행령 제14조 제1항, 제2항에 따라 위 입국금지결정을 했다고 해서 '처분'이 성립한다고 볼 수는 없고, 위 입국금지결정은 법무부장관의 의사가 공식적인 방법으로 외부에 표시된 것이 아니라 단지 그 정보를 내부전산망인 '출입국관리정보시스템'에 입력하여 관리한 것에 지나지 않으므로, 위 입국금지결정은 항고소송의 대상이 될 수 있는 '처분'에 해당하지 않는다(대판 2019.7.11. 2017두38874).

22. 지방직 9급

343 □□□

거부행위가 항고소송의 대상인 처분이 되기 위해서는 그 거부행위가 신청인의 실체상의 권리관계에 직접적인 변동을 일으키는 것이어야 하며, 신청인이 실체상의 권리자로서 권리를 행사함에 중대한 지장을 초래하는 것만으로는 부족하다. O | X

국민의 적극적 행위 신청에 대하여 행정청이 그 신청에 따른 행위를 하지 않겠다고 거부한 행위가 항고소송의 대상이 되는 행정처분에 해당하는 것이라고 하려면, 그 신청한 행위가 공권력의 행사 또는 이에 준하는 행정작용이어야 하고, 그 거부행위가 신청인의 법률관계에 어떤 변동을 일으키는 것이어야 하며, 그 국민에게 그 행위발동을 요구할 법규상 또는 조리상의 신청권이 있어야 하는바, 여기에서 '신청인의 법률관계에 어떤 변동을 일으키는 것'이라는 의미는 신청인의 실체상의 권리관계에 직접적인 변동을 일으키는 것은 물론, 그렇지 않다 하더라도 신청인이 실체상의 권리자로서 권리를 행사함에 중대한 지장을 초래하는 것도 포함한다(대판 2007.10.11. 2007두1316).

23. 경찰간부, 22. 소방

344 □□□

병무청장이 병역법에 따라 병역의무 기피자의 인적사항 등을 인터넷 홈페이지에 게시하는 등의 방법으로 공개한 경우 병무청장의 공개결정을 항고소송의 대상이 되는 행정처분으로 보아야 한다. O | X

병무청장이 병역법 제81조의2 제1항에 따라 병역의무 기피자의 인적사항 등을 인터넷 홈페이지에 게시하는 등의 방법으로 공개한 경우 병무청장의 공개결정을 항고소송의 대상이 되는 행정처분으로 보아야 한다(대판 2019.6.27. 2018두49130).

22. 소방

345 □□□

국방전력발전업무훈령에 따른 연구개발확인서 발급은 개발업체가 전력지원체계 연구개발사업을 성공적으로 수행하여 군사용 적합판정을 받고 경우에 따라 사업관리기관이 개발업체에게 수의계약의 방식으로 국방조달계약을 체결할 수 있는 지위가 있음을 인정해 주는 확인적 행정행위로서 처분에 해당한다. O | X

국방전력발전업무훈령 제113조의5 제1항에 의한 연구개발확인서 발급은 개발업체가 '업체투자연구개발' 방식 또는 '정부·업체공동투자연구개발' 방식으로 전력지원체계 연구개발사업을 성공적으로 수행하여 군사용 적합판정을 받고 국방규격이 제·개정된 경우에 사업관리기관이 개발업체에게 해당 품목의 양산과 관련하여 경쟁입찰에 부치지 않고 수의계약의 방식으로 국방조달계약을 체결할 수 있는 지위(경쟁입찰의 예외사유)가 있음을 인정해 주는 '확인적 행정행위'로서 공권력의 행사인 '처분'에 해당하고, 연구개발확인서 발급 거부는 신청에 따른 처분 발급을 거부하는 '거부처분'에 해당한다(대판 2020.1.16. 2019다264700).

정답 342 X 343 X 344 ○ 345 ○

22. 소방

346 □□□

시장이 감사원으로부터 감사원법에 따라 징계의 종류를 정직으로 정한 징계요구를 받게 되자 감사원에 징계요구에 대한 재심의를 청구하였고, 감사원이 재심의청구를 기각한 경우, 감사원의 징계요구와 재심의 결정은 항고소송의 대상이 되는 행정처분이라고 할 수 없다. O | X

甲 시장이 감사원으로부터 감사원법 제32조에 따라 乙에 대하여 징계의 종류를 정직으로 정한 징계요구를 받게 되자 감사원법 제36조 제2항에 따라 감사원에 징계요구에 대한 재심의를 청구하였고, 감사원이 재심의청구를 기각하자 乙이 감사원의 징계요구와 그에 대한 재심의결정의 취소를 구하고 甲 시장이 감사원의 재심의 결정 취소를 구하는 소를 제기한 사안에서, 징계요구는 징계요구를 받은 기관의 장이 요구받은 내용대로 처분하지 않더라도 불이익을 받는 규정도 없고, 징계요구 내용대로 효과가 발생하는 것도 아니며, 징계요구에 의하여 행정청이 일정한 행정처분을 하였을 때 비로소 이해관계인의 권리관계에 영향을 미칠 뿐, 징계요구 자체만으로는 징계요구 대상 공무원의 권리·의무에 직접적인 변동을 초래하지도 아니하므로, 행정청 사이의 내부적인 의사결정의 경로로서 '징계요구, 징계절차 회부, 징계'로 이어지는 과정에서의 중간처분에 불과하여, 감사원의 징계요구와 재심의결정이 항고소송의 대상이 되는 행정처분이라고 할 수 없다(대판 2016.12.27. 2014두5637).

22. 지방직 7급

347 □□□

교도소장이 수형자를 '접견내용 녹음·녹화 및 접견 시 교도관 참여대상자'로 지정한 행위는 수형자의 구체적 권리의무에 직접적 변동을 가져오는 행정청의 공법상 행위로서 항고소송의 대상이 되는 처분에 해당한다. O | X

교도소장이 수형자 甲을 '접견내용 녹음·녹화 및 접견 시 교도관 참여대상자'로 지정한 사안에서, 위 지정행위는 수형자의 구체적 권리의무에 직접적 변동을 가져오는 행정청의 공법상 행위로서 항고소송의 대상이 되는 '처분'에 해당한다(대판 2014.2.13. 2013두20899).

23. 지방직 9급

348 □□□

식품접객업을 하는 甲은 청소년의 연령을 확인하지 않고 주류를 판매한 사실이 적발되어 관할 행정청 乙로부터 식품위생법 위반을 이유로 영업정지 2개월을 부과받자 관할 행정심판위원회 丙에 행정심판을 청구하였다. 甲이 丙의 기각재결을 받은 후 재결 자체에 고유한 하자가 있음을 주장하며 그 기각재결에 대하여 취소소송을 제기한 경우, 수소법원은 심리 결과 재결 자체에 고유한 위법이 없다면 각하판결을 하여야 한다. O | X

행정소송법 제19조는 취소소송은 행정청의 원처분을 대상으로 하되(원처분주의), 다만 "재결 자체에 고유한 위법이 있음을 이유로 하는 경우"에 한하여 행정심판의 재결도 취소소송의 대상으로 삼을 수 있도록 규정하고 있으므로 재결취소소송의 경우 재결 자체에 고유한 위법이 있는지 여부를 심리할 것이고, 재결 자체에 고유한 위법이 없는 경우에는 원처분의 당부와는 상관없이 당해 재결취소소송은 이를 기각하여야 한다(대판 1994.1.25. 93누16901).

정답 346 ○ 347 ○ 348 X

23. 지방직 9급

349 □□□

교도소장이 영치품인 티셔츠 사용을 재소자에게 불허한 행위는 항고소송의 대상이 되는 행정처분에 해당한다. O | X

원고의 긴 팔 티셔츠 2개에 대한 사용신청 불허처분 이후 이루어진 원고의 다른 교도소로의 이송이라는 사정에 의하여 원고의 권리와 이익의 침해 등이 해소되지 아니한 점, 원고의 형기가 만료되기까지는 아직 상당한 기간이 남아 있을 뿐만 아니라, 진주교도소가 전국 교정시설의 결핵 및 정신질환 수형자들을 수용·관리하는 의료교도소인 사정을 감안할 때 원고의 진주교도소로의 재이송 가능성이 소멸하였다고 단정하기 어려운 점 등을 종합하면, 원고로서는 이 사건 처분의 취소를 구할 이익이 있다고 봄이 상당하다(대판 2008.2.14. 2007두13203).

참고 교도소장이 영치품인 티셔츠 사용을 재소자에게 불허한 행위의 처분성을 인정한 판례이다.

23. 국가직 9급

350 □□□

행정청의 행위가 '처분'에 해당하는지가 불분명한 경우 그에 대한 불복방법 선택에 중대한 이해관계를 가지는 상대방의 인식가능성과 예측가능성을 중요하게 고려하여 규범적으로 판단하여야 한다. O | X

행정청의 행위가 '처분'에 해당하는지 불분명한 경우에는 그에 대한 불복방법 선택에 중대한 이해관계를 가지는 상대방의 인식가능성과 예측가능성을 중요하게 고려하여 규범적으로 판단하여야 한다(대판 2021.1.14. 2020두50324).

23. 변호사

351 □□□

근로복지공단이 사업주에 대하여 하는 '개별 사업장의 사업종류 변경결정'만으로는 사업주의 권리·의무에 직접적인 변동이나 불이익이 발생한다고 볼 수 없고, 국민건강보험공단이 보험료 부과처분을 함으로써 비로소 사업주에게 현실적인 불이익이 발생하게 되므로, 위 사업종류 변경결정은 항고소송의 대상이 되는 처분에 해당하지 않는다. O | X

항고소송의 대상인 처분에 관한 법리에 비추어 고용보험 및 산업재해보상보험의 보험료징수 등에 관한 법률, 고용보험 및 산업재해보상보험의 보험료징수 등에 관한 법률 시행령 등에서 위임된 사항과 그 시행을 위하여 필요한 사항을 규정할 목적으로 제정한 '적용 및 부과업무 처리 규정' 등 관련 규정들의 내용과 체계 등을 살펴보면, 근로복지공단이 사업주에 대하여 하는 '개별 사업장의 사업종류 변경결정'은 행정청이 행하는 구체적 사실에 관한 법집행으로서의 공권력의 행사인 '처분'에 해당한다(대판 2020.4.9. 2019두61137).

23. 국가직 9급

352 □□□

국민건강보험공단이 행한 '직장가입자 자격상실 및 자격변동 안내' 통보는 가입자 자격의 변동 여부 및 시기를 확인하는 의미에서 한 사실상 통지행위에 불과할 뿐, 항고소송의 대상이 되는 행정처분에 해당하지 않는다. O | X

국민건강보험공단이 甲 등에게 '직장가입자 자격상실 및 자격변동 안내' 통보 및 '사업장 직권탈퇴에 따른 가입자 자격상실 안내' 통보를 한 사안에서, 국민건강보험 직장가입자 또는 지역가입자 자격 변동은 법령이 정하는 사유가 생기면 별도 처분 등의 개입 없이 사유가 발생한 날부터 변동의 효력이 당연히 발생하므로, 국민건강보험공단이 甲 등에 대하여 가입자 자격이 변동되었다는 취지의 '직장가입자 자격상실 및 자격변동 안내' 통보를 하였거나, 그로 인하여 사업장이 국민건강보험법상의 적용대상사업장에서 제외되었다는 취지의 '사업장 직권탈퇴에 따른 가입자 자격상실 안내' 통보를 하였더라도, 이는 甲 등의 가입자 자격의 변동 여부 및 시기를 확인하는 의미에서 한 사실상 통지행위에 불과할 뿐, 위 각 통보에 의하여 가입자 자격이 변동되는 효력이 발생한다고 볼 수 없고, 또한 위 각 통보로 甲 등에게 지역가입자로서의 건강보험료를 납부하여야 하는 의무가 발생함으로써 甲 등의 권리의무에 직접적 변동을 초래하는 것도 아니라는 이유로, 위 각 통보의 처분성이 인정되지 않는다(대판 2019.2.14. 2016두41729).

정답 349 ○ 350 ○ 351 X 352 ○

제4절 그 밖의 소송요건, 소의 변경 및 소송제기의 효과

12. 국회직 9급

353 □□□

제소기간의 도과 여부는 법원의 직권조사사항이다. O | X

제소기간 · 전치요건의 충족 여부 등의 소송요건은 법원의 직권조사사항이다.

21. 지방직 9급

354 □□□

심판청구기간의 기산점인 '처분이 있음을 안 날'이라 함은 당사자가 통지 · 공고 기타의 방법에 의하여 당해 처분이 있었다는 사실을 현실적으로 안 날을 의미한다. O | X

행정심판법 제18조 제1항 소정의 심판청구기간 기산점인 '처분이 있음을 안 날'이라 함은 당사자가 통지 · 공고 기타의 방법에 의하여 당해 처분이 있었다는 사실을 현실적으로 안 날을 의미하고, 추상적으로 알 수 있었던 날을 의미하는 것은 아니라 할 것이며, 다만 처분을 기재한 서류가 당사자의 주소에 송달되는 등으로 사회통념상 처분이 있음을 당사자가 알 수 있는 상태에 놓여진 때에는 반증이 없는 한 그 처분이 있음을 알았다고 추정할 수는 있다(대판 1995.11.24. 95누11535).

15. 사복직 9급

355 □□□

제소기간의 적용에 있어 '처분이 있음을 안 날'이란 처분의 존재를 현실적으로 안 날을 의미하는 것이 아니라 처분의 위법 여부를 인식한 날을 말한다. O | X

행정소송법 제20조 제2항 소정의 제소기간 기산점인 '처분이 있음을 안 날'이란 통지 · 공고 기타의 방법에 의하여 당해 처분이 있었다는 사실을 현실적으로 안 날을 의미하고 구체적으로 그 행정처분의 위법 여부를 판단한 날을 가리키는 것은 아니다(대판 1991.6.28. 90누6521).

13. 국회직 9급, 07. 관세사

356 □□□

판례는 처분이 있음을 안 날이라 함은 당해 처분이 있었다는 사실을 추상적으로 알 수 있었던 날을 의미한다고 한다. O | X

행정심판법 제18조 제1항 소정의 '처분이 있음을 안 날'이라 함은 당사자가 통지 · 공고 기타의 방법에 의하여 당해 처분이 있었다는 사실을 현실적으로 안 날을 의미하고, 추상적으로 알 수 있었던 날을 의미하는 것은 아니라 할 것이며, 다만 처분을 기재한 서류가 당사자의 주소에 송달되는 등으로 사회통념상 처분이 있음을 당사자가 알 수 있는 상태에 놓여진 때에는 반증이 없는 한 그 처분이 있음을 알았다고 추정할 수는 있다(대판 2002.8.27. 2002두3850).

정답 353 ○ 354 ○ 355 X 356 X

21. 국가직 9급

357 □□□

'처분이 있음을 안 날'은 처분이 있었다는 사실을 현실적으로 안 날을 의미하므로, 처분서를 송달받기 전 정보공개청구를 통하여 처분을 하는 내용의 일체의 서류를 교부받았다면 그 서류를 교부받은 날부터 제소기간이 기산된다. O | X

처분서의 송달 전에 정보공개청구를 통하여 처분서를 확인한 경우 그 행정처분에 대한 취소소송의 제소기간이 진행하는 것은 아니다.

관련 판례

지방보훈청장이 허혈성심장질환이 있는 甲에게 재심 서면판정 신체검사를 실시한 다음 종전과 동일하게 전(공)상군경 7급 국가유공자로 판정하는 '고엽제후유증전환 재심신체검사 무변동처분' 통보서를 송달하자 甲이 위 처분의 취소를 구한 사안에서, 위 처분이 甲에게 고지되어 처분이 있다는 사실을 현실적으로 알았을 때 행정소송법 제20조 제1항에서 정한 제소기간이 진행한다고 보아야 함에도, 甲이 통보서를 송달받기 전에 자신의 의무기록에 관한 정보공개를 청구하여 위 처분을 하는 내용의 통보서를 비롯한 일체의 서류를 교부받은 날부터 제소기간을 기산하여 위 소는 90일이 지난 후 제기한 것으로서 부적법하다고 본 원심판결에 법리를 오해한 위법이 있다(대판 2014.9.25. 2014두8254).

13. 경행특채, 07. 서울시 9급

358 □□□

행정소송법상 제소기간은 처분이 있음을 안 날로부터 90일, 처분이 있은 날로부터 1년이다. O | X

「행정소송법」 제20조 【제소기간】 ① 취소소송은 처분 등이 있음을 안 날부터 90일 이내에 제기하여야 한다. 다만, 제18조 제1항 단서에 규정한 경우와 그 밖에 행정심판청구를 할 수 있는 경우 또는 행정청이 행정심판청구를 할 수 있다고 잘못 알린 경우에 행정심판청구가 있은 때의 기간은 재결서의 정본을 송달받은 날부터 기산한다.
② 취소소송은 처분 등이 있은 날부터 1년(제1항 단서의 경우는 재결이 있은 날부터 1년)을 경과하면 이를 제기하지 못한다. 다만, 정당한 사유가 있는 때에는 그러하지 아니하다.

18. 서울시 9급, 12. 국회직 9급, 09. 세무사

359 □□□

행정처분이 있은 날이라 함은 그 행정처분의 효력이 발생한 날을 의미한다. O | X

건축허가처분과 같이 상대방이 있는 행정처분에 있어서는 달리 특별한 규정이 없는 한 그 처분을 하였음을 상대방에게 고지하여야 그 효력이 발생한다고 할 것이어서 위의 행정처분이 있은 날이라 함은 위와 같이 그 행정처분의 효력이 발생한 날을 말한다(대판 1977.11.22. 77누195).

07. 세무사

360 □□□

처분 등이 있은 날로부터 1년이 경과하였더라도 정당한 사유가 있는 때에는 취소소송을 제기할 수 있다. O | X

「행정소송법」 제20조 【제소기간】 ② 취소소송은 처분 등이 있은 날부터 1년(제1항 단서의 경우는 재결이 있은 날부터 1년)을 경과하면 이를 제기하지 못한다. 다만, 정당한 사유가 있는 때에는 그러하지 아니하다.

정답 357 X 358 ○ 359 ○ 360 ○

17. 지방직 9급

361 □□□

납세자의 이의신청에 의한 재조사결정에 따른 행정소송의 제소기간은 이의신청인 등이 재결청으로부터 재조사결정의 통지를 받은 날부터 기산한다. O | X

이의신청 등에 대한 결정의 한 유형으로 실무상 행해지고 있는 재조사결정은 처분청으로 하여금 하나의 과세 단위의 전부 또는 일부에 관하여 당해 결정에서 지적된 사항을 재조사하여 그 결과에 따라 과세표준과 세액을 경정하거나 당초 처분을 유지하는 등의 후속 처분을 하도록 하는 형식을 취하고 있다. 이에 따라 재조사결정을 통지받은 이의신청인 등은 그에 따른 후속 처분의 통지를 받은 후에야 비로소 다음 단계의 쟁송절차에서 불복할 대상과 범위를 구체적으로 특정할 수 있게 된다. 이와 같은 재조사결정의 형식과 취지, 그리고 행정심판제도의 자율적 행정통제기능 및 복잡하고 전문적 · 기술적 성격을 갖는 조세법률관계의 특수성 등을 감안하면, 재조사결정은 당해 결정에서 지적된 사항에 관해서는 처분청의 재조사결과를 기다려 그에 따른 후속 처분의 내용을 이의신청 등에 대한 결정의 일부분으로 삼겠다는 의사가 내포된 변형결정에 해당한다고 볼 수밖에 없다. 그렇다면 재조사결정은 처분청의 후속 처분에 의하여 그 내용이 보완됨으로써 이의신청 등에 대한 결정으로서의 효력이 발생한다고 할 것이므로, 재조사결정에 따른 심사청구기간이나 심판청구기간 또는 행정소송의 제소기간은 이의신청인 등이 후속 처분의 통지를 받은 날부터 기산된다고 봄이 타당하다(대판 2010.6.25. 2007두12514).

19. 서울시 7급

362 □□□

행정처분의 무효확인을 구하는 소에는 특단의 사정이 없는 한 그 취소를 구하는 취지도 포함되어 있다고 보아야 한다. O | X

하자 있는 행정처분을 놓고 이를 무효로 볼 것인지 아니면 단순히 취소할 수 있는 처분으로 볼 것인지는 동일한 사실관계를 토대로 한 법률적 평가의 문제에 불과하고, 행정처분의 무효확인을 구하는 소에는 특단의 사정이 없는 한 그 취소를 구하는 취지도 포함되어 있다고 보아야 하는 점 등에 비추어 볼 때, 동일한 행정처분에 대하여 무효확인의 소를 제기하였다가 그 후 그 처분의 취소를 구하는 소를 추가적으로 병합한 경우, 주된 청구인 무효확인의 소가 적법한 제소기간 내에 제기되었다면 추가로 병합된 취소청구의 소도 적법하게 제기된 것으로 봄이 상당하다(대판 2005.12.23. 2005두3554).

15. 교행직 9급, 12. 국회직 9급, 09. 세무사

363 □□□

처분이 있음을 안 날 기준과 처분이 있은 날 기준이 모두 경과하여야 제소기간이 종료된다. O | X

'처분이 있음을 안 날'과 '처분이 있은 날' 중 하나라도 경과하면 제소기간이 종료된다.

13. 지방직 9급

364 □□□

법원은 취소소송의 제소기간을 확장하거나 단축할 수 없으나 주소 또는 거소가 멀리 떨어진 곳에 있는 자를 위하여 부가기간을 정할 수 있다. O | X

「행정소송법」 제8조 【법적용 예】 ② 행정소송에 관하여 이 법에 특별한 규정이 없는 사항에 대하여는 법원조직법과 민사소송법 및 민사집행법의 규정을 준용한다.

「민사소송법」 제172조 【기간의 신축, 부가기간】 ② 법원은 불변기간에 대하여 주소 또는 거소가 멀리 떨어진 곳에 있는 사람을 위하여 부가기간(附加期間)을 정할 수 있다.

정답 361 X 362 ○ 363 X 364 ○

19. 지방직 9급

365 □□□

산업재해보상보험법상 각종 보험급여 등의 지급결정을 변경 또는 취소하는 처분과 처분에 터 잡아 잘못 지급된 보험급여액에 해당하는 금액을 징수하는 처분이 적법한지를 판단하는 경우, 지급결정을 변경 또는 취소하는 처분이 적법하다면 그에 터 잡은 징수처분도 적법하다고 판단해야 한다. O | X

산업재해보상보험법의 내용과 취지, 사회보장 행정영역에서의 수익적 행정처분 취소의 특수성 등을 종합해 보면, 산재보상법 제84조 제1항 제3호에 따라 보험급여를 받은 당사자로부터 잘못 지급된 보험급여액에 해당하는 금액을 징수하는 처분을 할 때에는 보험급여의 수급에 관하여 당사자에게 고의 또는 중과실의 귀책사유가 있는지, 잘못 지급된 보험급여액을 쉽게 원상회복할 수 있는지, 잘못 지급된 보험급여액에 해당하는 금액을 징수하는 처분을 통하여 달성하고자 하는 공익상 필요의 구체적 내용과 처분으로 당사자가 입게 될 불이익의 내용 및 정도와 같은 여러 사정을 두루 살펴, 잘못 지급된 보험급여액에 해당하는 금액을 징수하는 처분을 해야 할 공익상 필요와 그로 말미암아 당사자가 입게 될 기득권과 신뢰의 보호 및 법률생활 안정의 침해 등의 불이익을 비교·교량한 후, 공익상 필요가 당사자가 입게 될 불이익을 정당화할 만큼 강한 경우에 한하여 보험급여를 받은 당사자로부터 잘못 지급된 보험급여액에 해당하는 금액을 징수하는 처분을 하여야 한다. 나아가 산재보상법상 각종 보험급여 등의 지급결정을 변경 또는 취소하는 처분과 처분에 터 잡아 잘못 지급된 보험급여액에 해당하는 금액을 징수하는 처분이 적법한지를 판단하는 경우 비교·교량할 각 사정이 동일하다고는 할 수 없으므로, 지급결정을 변경 또는 취소하는 처분이 적법하다고 하여 그에 터 잡은 징수처분도 반드시 적법하다고 판단해야 하는 것은 아니다(대판 2014.7.24. 2013두27159).

23. 변호사, 10. 국회직 9급, 09. 세무사

366 □□□

특정인에 대한 처분을 주소불명 등의 이유로 송달할 수 없어 관보·공보·게시판·일간신문 등에 공고(공시송달)한 경우에는 당해 공고가 효력을 발생하는 날이 제소기간의 기산일이 된다. O | X

행정소송법 제20조 제1항 소정의 제소기간 기산점인 '처분이 있음을 안 날'이라 함은 당사자가 통지·공고 기타의 방법에 의하여 당해 처분이 있었다는 사실을 현실적으로 안 날을 의미하는바, 특정인에 대한 행정처분을 주소불명 등의 이유로 송달할 수 없어 관보·공보·게시판·일간신문 등에 공고한 경우에는, 공고가 효력을 발생하는 날에 상대방이 그 행정처분이 있음을 알았다고 볼 수는 없고, 상대방이 당해 처분이 있었다는 사실을 현실적으로 안 날에 그 처분이 있음을 알았다고 보아야 한다(대판 2006.4.28. 2005두14851).

15. 국회직 8급

367 □□□

처분 당시에는 취소소송의 제기가 법제상 허용되지 않아 소송을 제기할 수 없다가 위헌결정으로 인하여 비로소 취소소송을 제기할 수 있게 된 경우 객관적으로는 위헌결정이 있은 날, 주관적으로는 위헌결정이 있음을 안 날을 제소기간의 기산점으로 삼아야 한다. O | X

처분 당시에는 취소소송의 제기가 법제상 허용되지 않아 소송을 제기할 수 없다가 위헌결정으로 인하여 비로소 취소소송을 제기할 수 있게 된 경우 제소기간의 기산점은 객관적으로는 위헌결정이 있은 날, 주관적으로는 위헌결정이 있음을 안 날이다(대판 2008.2.1. 2007두20997).

정답 365 X 366 X 367 ○

19. 국회직 8급 · 서울시 9급(6월), 14. 국가직 7급, 12. 사복직 9급

368 □□□

제소기간의 요건은 처분의 상대방이 소송을 제기하는 경우는 물론이고 법률상 이익이 침해된 제3자가 소송을 제기하는 경우에도 적용된다. O | X

제3자가 어떠한 방법에 의하든지 행정처분이 있었음을 안 경우에는 안 날로부터 90일 이내에 행정심판이나 행정소송을 제기하여야 한다. 단, 행정소송법 제20조의 단서를 고려했을 때 행정처분의 직접 상대방이 아닌 제3자는 일반적으로 처분이 있는 것을 바로 알 수 없는 처지에 있으므로, 위와 같은 심판청구기간 내에 심판청구를 제기하지 아니하였다고 하더라도, 그 기간 내에 처분이 있은 것을 알았거나 쉽게 알 수 있었기 때문에 심판청구를 제기할 수 있었다고 볼 만한 특별한 사정이 없는 한, 위 법조항 본문의 적용을 배제할 '정당한 사유'가 있는 경우에 해당한다고 보아 위와 같은 심판청구기간이 경과한 뒤에도 심판청구를 제기할 수 있다.

17. 국가직 7급(10월), 12. 국회직 9급

369 □□□

상대방이 있는 행정처분에 대하여 행정심판을 거치지 아니하고 바로 취소소송을 제기하는 경우 처분이 있음을 안 날이란 통지 · 공고 기타의 방법에 의해 당해 행정처분이 있었다는 사실을 현실적으로 안 날을 의미한다. O | X

행정소송법 제20조 제1항이 정한 제소기간의 기산점인 '처분 등이 있음을 안 날'이란 통지 · 공고 기타의 방법에 의하여 당해 처분 등이 있었다는 사실을 현실적으로 안 날을 의미하므로, 행정처분 이 상대방에게 고지되어 상대방이 이러한 사실을 인식함으로써 행정처분이 있다는 사실을 현실적으로 알았을 때 행정소송법 제20조 제1항이 정한 제소기간이 진행한다고 보아야 하고, 처분서가 처분상대방의 주소지에 송달되는 등 사회통념상 처분이 있음을 처분상대방이 알 수 있는 상태에 놓인 때에는 반증이 없는 한 처분상대방이 처분이 있음을 알았다고 추정할 수 있다. 또한 우편물이 등기취급의 방법으로 발송된 경우 그것이 도중에 유실되었거나 반송되었다는 등의 특별한 사정에 대한 반증이 없는 한 그 무렵 수취인에게 배달되었다고 추정할 수 있다(대판 2017.3.9. 2016두60577).

21. 국가직 9급

370 □□□

행정청이 행정심판청구를 할 수 있다고 잘못 알려 행정심판을 청구한 경우에는 재결서 정본을 송달받은 날이 아닌 처분이 있음을 안 날로부터 제소기간이 기산된다. O | X

행정청이 행정심판청구를 할 수 있다고 잘못 알려 행정심판을 청구한 경우에는 처분이 있음을 안 날이 아니라 재결서 정본을 송달받은 날부터 제소기간이 기산된다.

13. 지방직 9급

371 □□□

행정청이 행정심판청구를 할 수 있다고 잘못 알려 행정심판청구를 한 경우 취소소송의 제소기간은 행정심판재결서 정본을 송달받은 날부터 기산한다. O | X

행정소송법 제20조 제1항에 의하면 취소소송은 원칙적으로 처분 등이 있음을 안 날부터 90일 이내에 제기하여야 하나, 행정청이 행정심판청구를 할 수 있다고 잘못 알려 행정심판의 청구를 한 경우에는 그 제소기간은 행정심판재결서의 정본을 송달받은 날부터 기산하여야 한다(대판 2006.9.8. 2004두947).

관련 판례

행정소송법 제20조 제1항의 취지 및 이미 제소기간이 지나 불가쟁력이 발생한 후에 행정청이 행정심판청구를 할 수 있다고 잘못 알린 경우, 그 안내에 따라 청구된 행정심판 재결서 정본을 송달받은 날부터 다시 취소소송의 제소기간이 기산되는 것은 아니다(대판 2012.9.27. 2011두27247).

정답 368 ○ 369 ○ 370 X 371 ○

15. 지방직 9급

372 □□□

조세심판에서의 재결청의 재조사결정에 따른 행정소송의 제소기간은 이의신청인 등이 후속 처분의 통지를 받은 날부터 기산된다. O | X

재조사결정의 형식과 취지, 그리고 행정심판제도의 자율적 행정통제기능 및 복잡하고 전문적·기술적 성격을 갖는 조세법률관계의 특수성 등을 감안하면, 재조사결정은 당해 결정에서 지적된 사항에 관해서는 처분청의 재조사결과를 기다려 그에 따른 후속 처분의 내용을 이의신청 등에 대한 결정의 일부분으로 삼겠다는 의사가 내포된 변형결정에 해당한다고 볼 수밖에 없다. 그렇다면 재조사결정은 처분청의 후속 처분에 의하여 그 내용이 보완됨으로써 이의신청 등에 대한 결정으로서의 효력이 발생한다고 할 것이므로, 재조사결정에 따른 심사청구기간이나 심판청구기간 또는 행정소송의 제소기간은 이의신청인 등이 후속 처분의 통지를 받은 날부터 기산된다고 봄이 타당하다(대판 2010.6.25. 2007두12514 전합).

15. 사복직 9급

373 □□□

무효인 처분에 대하여 무효선언을 구하는 취소소송을 제기하는 경우 제소기간을 준수하여야 한다. O | X

행정처분의 무효확인을 구하는 소에는 원고가 그 처분의 취소를 구하지 아니한다고 밝히지 아니한 이상 그 처분이 당연무효가 아니라면 그 취소를 구하는 취지도 포함되어 있는 것으로 보아야 하고, 그와 같은 경우에 취소청구를 인용하려면 먼저 취소를 구하는 항고소송으로서의 제소요건을 구비하여야 한다(대판 1986.9.23. 85누838).

22. 지방직 9급

374 □□□

처분시에 행정청으로부터 행정심판 제기기간에 관하여 법정 심판청구기간보다 긴 기간으로 잘못 통지받은 경우에 보호할 신뢰 이익은 그 통지받은 기간 내에 행정소송을 제기한 경우에까지 확대되지 않는다. O | X

행정청이 법정심판청구기간보다 긴 기간으로 잘못 알린 경우에 그 잘못 알린 기간 내에 심판청구가 있으면 그 심판청구는 법정심판청구기간 내에 제기된 것으로 본다는 취지의 행정심판법 규정은 행정심판제기에 관하여 적용되는 규정이지, 행정소송제기에도 당연히 적용되는 규정이라고 할 수는 없으며, 행정처분시나 그 이후 행정청으로부터 행정심판제기기간에 관하여 법정심판청구기간보다 긴 기간으로 잘못 통지받은 경우에 보호할 신뢰이익은 그 통지받은 기간 내에 행정심판을 제기한 경우에 한하는 것이지, 행정소송을 제기한 경우에까지 확대된다고 할 수 없다. 그러므로 당사자가 행정처분시나 그 이후 행정청으로부터 행정심판제기기간에 관하여 법정심판청구기간보다 긴 기간으로 잘못 통지받아 행정소송법상 법정제소기간을 도과하였다고 하더라도, 그것이 당사자가 책임질 수 없는 사유로 인한 것이라고는 할 수 없다(대판 2001.5.8. 2000두6916).

09. 세무사

375 □□□

현행 행정소송법은 원칙적으로 임의적 행정심판전치주의를 채택하였다. O | X

우리 행정소송법은 행정심판임의주의를 채택하여 처분에 대해 행정심판을 거쳐 취소소송을 제기할 수도 있고 곧장 취소소송을 제기할 수도 있게 되어 있다. 단 국가공무원법, 지방공무원법, 교육공무원법, 관세법, 국세기본법, 도로교통법 등에는 예외적으로 필요적 행정심판전치주의를 택하고 있다.

정답 372 ○ 373 ○ 374 ○ 375 ○

15. 국회직 8급, 14. 사복직 9급, 11. 국회직 9급

376 □□□

필요적 행정심판전치주의가 적용되는 경우 그 요건을 구비하였는지 여부는 법원의 직권조사사항이다. O | X

행정심판 전치요건의 충족 여부는 소송요건으로서 법원의 직권조사사항이며, 이에 대한 흠결은 사실심 변론종결시까지 치유가 가능하다.

06. 관세사

377 □□□

행정심판의 임의적 전치주의에 관한 행정소송법 제18조 제1항상의 '행정심판'은 행정심판법상의 행정심판에 한정된다. O | X

임의적 전치주의에 관한 행정소송법 제18조 제1항상의 '행정심판'은 행정심판법상의 행정심판에 한정하지 않는다. 행정기관이 재결을 행하는 행정쟁송을 총칭하는 개념이다.

15. 국가직 9급

378 □□□

과세관청의 압류처분에 대해서는 심사청구 또는 심판청구 중 하나에 대한 결정을 거친 후 행정소송을 제기하여야 한다. O | X

국세기본법은 필요적 행정심판전치주의를 택하는 대표적인 법률이다.

「국세기본법」 제56조【다른 법률과의 관계】 ② 제55조에 규정된 위법한 처분에 대한 행정소송은 행정소송법 제18조 제1항 본문, 제2항 및 제3항에도 불구하고 이 법에 따른 심사청구 또는 심판청구와 그에 대한 결정을 거치지 아니하면 제기할 수 없다. 다만, 심사청구 또는 심판청구에 대한 제65조 제1항 제3호 단서(제80조의2에서 준용하는 경우를 포함한다)의 재조사 결정에 따른 처분청의 처분에 대한 행정소송은 그러하지 아니하다.

10. 세무사

379 □□□

판례에 의하면 둘 이상의 심판절차가 규정된 때에는 특별한 규정이 없는 한 모든 심판절차를 거쳐야 한다. O | X

과세관청의 압류처분에 대해서는 심사청구 또는 심판청구 중 하나에 대한 결정만 거치면 된다.

11. 국가직 7급

380 □□□

운전면허취소처분에 대해서는 행정심판의 필요적 전치주의가 적용된다. O | X

도로교통법은 필요적 행정심판전치주의를 택하는 대표적인 법률이다.

정답 376 ○ 377 X 378 ○ 379 X 380 ○

13. 국가직 7급

381
□□□

도로교통법에 따른 처분에 대해서는 행정심판의 재결을 거치지 아니하면 취소소송을 제기할 수 없다. O | X

도로교통법은 필요적 행정심판전치주의를 택하는 대표적인 법률이다.

14. 국회직 8급

382
□□□

행정심판전치주의가 적용되는 경우에 행정심판을 제기하고 행정심판의 재결을 거치지 않아도 되는 경우는 현행법상 규정되어 있지 않다. O | X

행정소송법 제18조에 행정심판의 재결을 거치지 않아도 되는 경우를 규정하고 있다.

> **「행정소송법」 제18조【행정심판과의 관계】** ① 취소소송은 법령의 규정에 의하여 당해 처분에 대한 행정심판을 제기할 수 있는 경우에도 이를 거치지 아니하고 제기할 수 있다. 다만, 다른 법률에 당해 처분에 대한 행정심판의 재결을 거치지 아니하면 취소소송을 제기할 수 없다는 규정이 있는 때에는 그러하지 아니하다.
> ② 제1항 단서의 경우에도 다음 각 호의 1에 해당하는 사유가 있는 때에는 행정심판의 재결을 거치지 아니하고 취소소송을 제기할 수 있다.
> 1. 행정심판청구가 있은 날로부터 60일이 지나도 재결이 없는 때
> 2. 처분의 집행 또는 절차의 속행으로 생길 중대한 손해를 예방하여야 할 긴급한 필요가 있는 때
> 3. 법령의 규정에 의한 행정심판기관이 의결 또는 재결을 하지 못할 사유가 있는 때
> 4. 그 밖의 정당한 사유가 있는 때

14. 사복직 9급, 13. 국가직 9급

383
□□□

필요적 행정심판전치주의가 적용되는 경우 처분의 집행 또는 절차의 속행으로 생길 중대한 손해를 예방하여야 할 긴급한 필요가 있는 때에는 재결을 거치지 아니하고 취소소송을 제기할 수 있으나 이 경우에도 행정심판은 제기하여야 한다. O | X

> **「행정소송법」 제18조【행정심판과의 관계】** ② 제1항 단서의 경우에도 다음 각 호의 1에 해당하는 사유가 있는 때에는 행정심판의 재결을 거치지 아니하고 취소소송을 제기할 수 있다.
> 2. 처분의 집행 또는 절차의 속행으로 생길 중대한 손해를 예방하여야 할 긴급한 필요가 있는 때

Point정리 예외적(필요적) 전치제도의 완화

행정소송법 제18조 제2항	행정소송법 제18조 제3항
행정심판은 제기하되 재결은 면제	행정심판도 면제하고 바로 행정소송 가능
1. 행정심판청구가 있은 날로부터 60일이 지나도 재결이 없는 때 2. 처분의 집행 또는 절차의 속행으로 생길 중대한 손해를 예방하여야 할 긴급한 필요가 있는 때 3. 법령의 규정에 의한 행정심판기관이 의결 또는 재결을 하지 못할 사유가 있는 때 4. 그 밖의 정당한 사유가 있는 때	1. 동종사건에 관하여 이미 행정심판의 기각재결이 있은 때 2. 서로 내용상 관련되는 처분 또는 같은 목적을 위하여 단계적으로 진행되는 처분 중 어느 하나가 이미 행정심판의 재결을 거친 때 3. 행정청이 사실심의 변론종결 후 소송의 대상인 처분을 변경하여 당해 변경된 처분에 관하여 소를 제기하는 때 4. 처분을 행한 행정청이 행정심판을 거칠 필요가 없다고 잘못 알린 때

정답 381 ○ 382 X 383 ○

15. 국회직 8급, 14. 사복직 9급

384 □□□

행정심판전치주의가 적용되는 경우에 행정심판을 거치지 않고 소제기를 하였더라도 사실심 변론종결 전까지 행정심판을 거친 경우 하자는 치유된 것으로 볼 수 있다. O | X

행정심판전치주의의 근본취지가 행정청에게 반성의 기회를 부여하고 행정청의 전문지식을 활용하는 데 있는 것이므로 제소 당시에 비록 전치요건을 구비하지 못한 위법이 있다 하여도 사실심 변론종결 당시까지 그 전치요건을 갖추었다면 그 흠결의 하자는 치유되었다고 볼 것이다(대판 1987.9.22. 87누176).

참고 소송요건에 대한 흠결은 사실심 변론종결시까지 구비하면 치유가 가능하다.

17. 지방직 9급

385 □□□

처분의 불가쟁력이 발생하였고 그 이후에 행정청이 당해 처분에 대해 행정심판청구를 할 수 있다고 잘못 알렸다면, 그 처분의 취소소송의 제소기간은 행정심판의 재결서를 받은 날부터 기산한다. O | X

행정소송법 제20조 제1항은 '취소소송은 처분 등이 있음을 안 날부터 90일 이내에 제기하여야 하나 행정청이 행정심판청구를 할 수 있다고 잘못 알린 경우에 행정심판청구가 있은 때의 기간은 재결서의 정본을 송달받은 날부터 기산한다'고 규정하고 있는데, 위 규정의 취지는 불가쟁력이 발생하지 않아 적법하게 불복청구를 할 수 있었던 처분상대방에 대하여 행정청이 법령상 행정심판청구가 허용되지 않음에도 행정심판청구를 할 수 있다고 잘못 알린 경우에, 잘못된 안내를 신뢰하여 부적법한 행정심판을 거치느라 본래 제소기간 내에 취소소송을 제기하지 못한 자를 구제하려는 데에 있다. 이와 달리 이미 제소기간이 지남으로써 불가쟁력이 발생하여 불복청구를 할 수 없었던 경우라면 그 이후에 행정청이 행정심판청구를 할 수 있다고 잘못 알렸다고 하더라도 그 때문에 처분상대방이 적법한 제소기간 내에 취소소송을 제기할 수 있는 기회를 상실하게 된 것은 아니므로 이러한 경우에 잘못된 안내에 따라 청구된 행정심판재결서 정본을 송달받은 날부터 다시 취소소송의 제소기간이 기산되는 것은 아니다. 불가쟁력이 발생하여 더 이상 불복청구를 할 수 없는 처분에 대하여 행정청의 잘못된 안내가 있었다고 하여 처분상대방의 불복청구권리가 새로이 생겨나거나 부활한다고 볼 수는 없기 때문이다(대판 2012.9.27. 2011두27247).

15. 국가직 9급

386 □□□

원고가 전심절차에서 주장하지 아니한 처분의 위법사유를 소송절차에서 새로이 주장한 경우 다시 그 처분에 대하여 별도의 전심절차를 거쳐야 한다. O | X

예정과세처분에 대한 소송 중에 정기과세처분 등이 행하여지고 그 주장하는 위법사유가 공통된 경우에는 당초의 예정과세처분에 대하여 적법한 전심절차를 거쳤다면 전심기관으로 하여금 기본적 사실관계와 법률문제에 대하여 다시 검토할 수 있는 기회를 부여하였다고 볼 수 있을 뿐만 아니라, 납세의무자에게 굳이 같은 사유로 정기과세처분 등에 대하여 별도의 전심절차를 거치게 하는 것은 가혹하므로, 납세의무자는 정기과세처분 등에 대하여 다시 전심절차를 거치지 아니하고도 그 취소를 구하는 행정소송을 제기할 수 있다(대판 1998.6.9. 96누17998).

정답 384 ○ 385 X 386 X

10. 세무사

387 □□□

행정심판을 반드시 거쳐야 하는 경우에도 처분청이 행정심판을 거칠 필요가 없다고 잘못 알린 경우에는 행정심판을 제기하지 않고 취소소송을 제기할 수 있다. O | X

「행정소송법」 제18조 【행정심판과의 관계】 ① 취소소송은 법령의 규정에 의하여 당해 처분에 대한 행정심판을 제기할 수 있는 경우에도 이를 거치지 아니하고 제기할 수 있다. 다만, 다른 법률에 당해 처분에 대한 행정심판의 재결을 거치지 아니하면 취소소송을 제기할 수 없다는 규정이 있는 때에는 그러하지 아니하다.
③ 제1항 단서의 경우에 다음 각 호의 1에 해당하는 사유가 있는 때에는 행정심판을 제기함이 없이 취소소송을 제기할 수 있다.
4. 처분을 행한 행정청이 행정심판을 거칠 필요가 없다고 잘못 알린 때

15. 국회직 8급, 13. 국가직 9급

388 □□□

행정소송법 이외의 법률에 당해 처분에 대한 행정심판의 재결을 거치지 아니하면 취소소송을 제기할 수 없다는 규정이 있는 경우에도 서로 내용상 관련되는 처분 또는 같은 목적을 위하여 단계적으로 진행되는 처분 중 어느 하나가 이미 행정심판의 재결을 거친 때에는 행정심판을 제기함이 없이 취소소송을 제기할 수 있다. O | X

「행정소송법」 제18조 【행정심판과의 관계】 ③ 제1항 단서의 경우에 다음 각 호의 1에 해당하는 사유가 있는 때에는 행정심판을 제기함이 없이 취소소송을 제기할 수 있다.
2. 서로 내용상 관련되는 처분 또는 같은 목적을 위하여 단계적으로 진행되는 처분중 어느 하나가 이미 행정심판의 재결을 거친 때

18. 변호사

389 □□□

항고소송에서 원고는 전심절차에서 주장하지 아니한 공격방어방법이라도 이전의 주장과 전혀 별개의 것이 아닌 한 이를 소송절차에서 주장할 수 있고 법원은 이를 심리하여 행정처분의 적법 여부를 판단할 수 있다. O | X

항고소송에 있어서 원고는 전심절차에서 주장하지 아니한 공격방어방법을 소송절차에서 주장할 수 있고 법원은 이를 심리하여 행정처분의 적법 여부를 판단할 수 있는 것이므로, 원고가 전심절차에서 주장하지 아니한 처분의 위법사유를 소송절차에서 새롭게 주장하였다고 하여 다시 그 처분에 대하여 별도의 전심절차를 거쳐야 하는 것은 아니다(대판 1996.6.14. 96누754).

14. 국회직 8급

390 □□□

행정처분의 상대방에게 행정심판전치주의가 적용되는 경우라도, 제3자가 제기하는 행정소송의 경우 제3자는 행정처분의 존재를 알지 못하고 행정심판에 대한 고지도 받지 못하게 되므로 행정심판전치주의가 적용되지 않는다. O | X

행정소송법 제20조 제2항은 행정심판을 제기하지 아니하거나 그 재결을 거치지 아니하는 사건을 적용대상으로 한 것임이 규정 자체에 의하여 명백하고, 행정처분의 상대방이 아닌 제3자가 제기하는 사건은 같은 법 제18조 제3항 소정의 행정심판을 제기하지 아니하고 제소할 수 있는 사건에 포함되어 있지 않으므로 같은 법 제20조 제2항 단서를 적용하여 제소에 관한 제척기간의 규정을 배제할 수는 없다(대판 1989.5.9. 88누5150).

정답 387 ○ 388 ○ 389 ○ 390 X

18. 서울시 9급, 08. 선관위 9급

391 □□□

행정소송법상 당사자소송을 항고소송으로 변경하는 것은 허용되지 않는다. O | X

「행정소송법」 제42조 【소의 변경】 제21조의 규정은 당사자소송을 항고소송으로 변경하는 경우에 준용한다.

18. 서울시 9급

392 □□□

행정소송법상 소의 종류의 변경의 요건을 갖춘 경우 면직처분취소소송을 공무원보수지급청구소송으로 변경하는 것은 가능하다. O | X

면직처분취소소송을 공법상 법률관계의 분쟁해결을 위한 당사자소송인 공무원보수지급청구소송으로 변경하는 것 또한 가능하다(행정소송법 제21조 제1항 참조).

18. 서울시 9급, 08. 선관위 9급

393 □□□

법원은 소의 변경의 필요가 있다고 판단될 때에는 원고의 신청이 없더라도 사실심의 변론종결시까지 직권으로 소를 변경할 수 있다. O | X

「행정소송법」 제21조 【소의 변경】 ① 법원은 취소소송을 당해 처분 등에 관계되는 사무가 귀속하는 국가 또는 공공단체에 대한 당사자소송 또는 취소소송외의 항고소송으로 변경하는 것이 상당하다고 인정할 때에는 청구의 기초에 변경이 없는 한 사실심의 변론종결시까지 원고의 신청에 의하여 결정으로써 소의 변경을 허가할 수 있다.

18. 서울시 9급

394 □□□

행정소송법상 항소심에서도 소의 종류의 변경은 가능하다. O | X

항소심은 사실심에 속하므로, 항소심에서도 소의 종류의 변경은 가능하다.

「행정소송법」 제21조 【소의 변경】 ① 법원은 취소소송을 당해 처분등에 관계되는 사무가 귀속하는 국가 또는 공공단체에 대한 당사자소송 또는 취소소송외의 항고소송으로 변경하는 것이 상당하다고 인정할 때에는 청구의 기초에 변경이 없는 한 사실심의 변론종결시까지 원고의 신청에 의하여 결정으로써 소의 변경을 허가할 수 있다.

정답 391 X 392 ○ 393 X 394 ○

09. 세무사

395 □□□

소의 변경에 따라 피고를 달리하게 될 때에는 새로운 피고의 의견을 청취하지 않아도 된다. O | X

「행정소송법」 제21조 【소의 변경】 ② 제1항의 규정에 의한 허가를 하는 경우 피고를 달리하게 될 때에는 법원은 새로이 피고로 될 자의 의견을 들어야 한다.

09. 국회직 8급

396 □□□

소변경의 허가결정이 있으면 신소는 구소가 제기된 때에 제기된 것으로 보며, 구소는 취하된 것으로 본다. O | X

소 종류를 변경하거나 처분변경으로 인하여 소를 변경할 때 신소는 변경된 구소를 제기한 때에 제기된 것으로 보며 구소는 취하된 것으로 본다.

14. 국회직 8급

397 □□□

법원은 행정청이 소송의 대상인 처분을 소가 제기된 후 변경한 때에는 원고의 신청에 의하여 결정으로써 청구의 취지 또는 원인의 변경을 허가할 수 있다. O | X

「행정소송법」 제22조 【처분변경으로 인한 소의 변경】 ① 법원은 행정청이 소송의 대상인 처분을 소가 제기된 후 변경한 때에는 원고의 신청에 의하여 결정으로써 청구의 취지 또는 원인의 변경을 허가할 수 있다.

06. 세무사

398 □□□

원고가 당해 처분의 변경이 있음을 안 날로부터 60일 이내에 소변경신청을 하여야 한다. O | X

「행정소송법」 제22조 【처분변경으로 인한 소의 변경】 ② 제1항의 규정에 의한 신청은 처분의 변경이 있음을 안 날로부터 60일 이내에 하여야 한다.

정답 395 X 396 ○ 397 ○ 398 ○

19. 서울시 7급

399 □□□

외국인 甲이 법무부장관에게 귀화신청을 하였으나 법무부장관이 '품행 미단정'을 불허사유로 국적법상의 요건을 갖추지 못하였다며 신청을 받아들이지 않는 처분을 하였는데, 법무부장관이 甲을 '품행 미단정'이라고 판단한 이유에 대하여 제1심 변론절차에서 자동차관리법 위반죄로 기소유예를 받은 전력 등을 고려하였다고 주장한 후, 제2심 변론절차에서 불법 체류 전력 등의 제반사정을 추가로 주장할 수 있다. O | X

외국인 甲이 법무부장관에게 귀화신청을 하였으나 법무부장관이 심사를 거쳐 '품행 미단정'을 불허사유로 국적법상의 요건을 갖추지 못하였다며 신청을 받아들이지 않는 처분을 하였는데, 법무부장관이 甲을 '품행 미단정'이라고 판단한 이유에 대하여 제1심 변론절차에서 자동차관리법 위반죄로 기소유예를 받은 전력 등을 고려하였다고 주장하였다가 원심 변론절차에서 불법 체류한 전력이 있다는 추가적인 사정까지 고려하였다고 주장한 사안에서, 법무부장관이 처분 당시 甲의 전력 등을 고려하여 甲이 구 국적법(2017.12.19. 법률 제15249호로 개정되기 전의 것, 이하 같다) 제5조 제3호 의 '품행단정' 요건을 갖추지 못하였다고 판단하여 처분을 하였고, 그 처분서에 처분사유로 '품행 미단정'이라고 기재하였으므로, '품행 미단정'이라는 판단결과를 위 처분의 처분사유로 보아야 하는데, 법무부장관이 원심에서 추가로 제시한 불법 체류 전력 등의 제반 사정은 불허가처분의 처분사유 자체가 아니라 그 근거가 되는 기초사실 내지 평가요소에 지나지 않으므로, 법무부장관이 이러한 사정을 추가로 주장할 수 있다(대판 2018.12.13. 2016두31616).

17. 지방직 9급

400 □□□

청구취지를 변경하여 종전의 소가 취하되고 새로운 소가 제기된 것으로 변경되었다면 새로운 소에 대한 제소기간 준수 여부는 원칙적으로 소의 변경이 있은 때를 기준으로 한다. O | X

민사소송법의 준용에 의한 소변경의 경우 원칙적으로 제소기간의 특례가 적용되지 않는다. 따라서 청구취지를 변경하여 구소가 취하되고 새로운 소가 제기된 것으로 변경되었을 때에 새로운 소에 대한 제소기간의 준수 등은 원칙적으로 소의 변경이 있은 때를 기준으로 하여야 한다.

19. 서울시 7급

401 □□□

이동통신요금 원가 관련 정보공개청구에 대해 행정청이 별다른 이유를 제시하지 아니한 채 통신요금과 관련한 총괄원가액수만을 공개한 후, 정보공개거부처분 취소소송에서 원가 관련 정보가 법인의 영업상 비밀에 해당한다는 비공개사유를 주장하는 것은, 그 기본적 사실관계가 동일하다고 볼 수 있는 사유를 추가하는 것이다. O | X

피고(미래창조과학부장관)가 원고의 정보공개청구에 대하여 별다른 이유를 제시하지 않은 채 이동통신요금과 관련한 총괄원가액수만을 공개한 것은, 이 사건 원가 관련 정보에 대하여 비공개결정을 하면서 비공개이유를 명시하지 않은 경우에 해당하여 위법하고, 피고가 이 사건 소송에서 비로소 이 사건 원가 관련 정보가 법인의 영업상 비밀에 해당한다는 비공개사유를 주장하는 것은, 그 기본적 사실관계가 동일하다고 볼 수 없는 사유를 추가하는 것이어서 허용될 수 없다(대판 2018.4.12. 2014두5477).

13. 국가직 7급

402 □□□

처분사유의 추가·변경은 원칙적으로 행정소송의 제기 이후부터 사실심 변론종결시 이전 사이에 문제된다. O | X

처분사유의 추가·변경은 사실심 변론종결시까지만 허용되는 시간적 한계가 있다(대판 2001.10.30. 2000두5616).

정답 399 ○ 400 ○ 401 X 402 ○

18. 지방직 7급, 09. 세무사

403

□□□

행정처분의 취소를 구하는 항고소송에서 처분청은 당초 처분의 근거로 삼은 사유와 기본적 사실관계가 동일성이 있다고 인정되는 한도 내에서만 다른 사유를 추가 또는 변경할 수 있다는 법리는 행정심판단계에서도 그대로 적용된다. O | X

행정처분의 취소를 구하는 항고소송에서 처분청은 당초 처분의 근거로 삼은 사유와 기본적 사실관계가 동일성이 있다고 인정되는 한도 내에서만 다른 사유를 추가 또는 변경할 수 있고, 이러한 기본적 사실관계의 동일성 유무는 처분사유를 법률적으로 평가하기 이전의 구체적 사실에 착안하여 그 기초인 사회적 사실관계가 기본적인 점에서 동일한지에 따라 결정되므로, 추가 또는 변경된 사유가 처분 당시에 이미 존재하고 있었다거나 당사자가 그 사실을 알고 있었다고 하여 당초의 처분사유와 동일성이 있다고 할 수 없다. 그리고 이러한 법리는 행정심판단계에서도 그대로 적용된다(대판 2014.5.16. 2013두26118).

11. 사복직 9급

404

□□□

처분청이 처분 당시에 적시한 구체적 사실을 변경하지 아니하는 범위 안에서 단지 그 처분의 근거 법령만을 추가·변경하는 것은 새로운 처분사유의 추가라고 볼 수 없다. O | X

행정처분이 적법한가의 여부는 특별한 사정이 없는 한 처분 당시의 사유를 기준으로 판단하면 되는 것이고 처분청이 처분 당시에 적시한 구체적 사실을 변경하지 아니하는 범위 안에서 단지 그 처분의 근거 법령만을 추가변경하는 것은 새로운 처분사유의 추가라고 볼 수 없으므로 이와 같은 경우에는 처분청이 처분 당시에 적시한 구체적 사실에 대하여 처분 후에 추가변경한 법령을 적용하여 그 처분의 적법 여부를 판단하여도 무방하다(대판 1988.1.19. 87누603).

18. 지방직 9급

405

□□□

당초 행정처분의 근거로 제시한 이유가 실질적인 내용이 없는 경우에도 행정소송의 단계에서 행정처분의 사유를 추가할 수 있다. O | X

피고는 이 사건 소송에서 '이 사건 산업단지 안에 새로운 폐기물시설부지를 마련할 시급한 필요가 없다'는 점을 이 사건 거부처분의 사유로 추가하였다. 그러나 피고가 당초 처분의 근거로 제시한 사유가 실질적인 내용이 없다고 보는 이상, 위 추가사유는 그와 기본적 사실관계가 동일한지 여부를 판단할 대상조차 없는 것이므로, 결국 소송단계에서 처분사유를 추가하여 주장할 수 없다(대판 2017.8.29. 2016두44186).

06. 세무사

406

□□□

처분사유의 추가·변경은 원행위는 그대로 두고 처분의 사유만 추가·변경하는 것이므로 하자 있는 행위를 새로운 행위로 대체하는 행정행위의 전환과는 구분된다. O | X

행정행위의 전환은 새로운 처분으로의 대체이나, 처분사유의 추가·변경은 처분의 기본적 사실관계의 동일성을 전제한다.

정답 403 ○ 404 ○ 405 X 406 ○

13. 국가직 7급

407 □□□

판례에 의하면 피고의 방어권 보장을 위해 기본적 사실관계의 동일성이 없더라도 처분사유의 추가·변경을 인정한다. O | X

처분청은 당초의 처분사유와 기본적 사실관계에 있어서 동일성이 인정되는 한도 내에서만 새로운 처분사유를 추가하거나 변경할 수 있고, 기본적 사실관계와 동일성이 전혀 없는 별개의 사실을 들어 처분사유로서 주장함은 허용되지 아니하며, 법원으로서도 당초 처분사유와 기본적 사실관계의 동일성이 없는 사실은 이를 처분사유로서 인정할 수 없다(대판 1995.10.12. 95누4704).

17. 국가직 7급, 15. 경행특채 1차

408 □□□

처분사유의 변경으로 소송물이 변경되는 경우, 반드시 청구가 변경되는 것은 아니므로 처분사유의 추가·변경은 허용될 수 있다. O | X

행정처분의 취소를 구하는 항고소송에 있어서, 처분청은 당초 처분의 근거로 삼은 사유와 기본적 사실관계가 동일성이 있다고 인정되는 한도 내에서만 다른 사유를 추가하거나 변경할 수 있고, 여기서 기본적 사실관계의 동일성 유무는 처분사유를 법률적으로 평가하기 이전의 구체적인 사실에 착안하여 그 기초인 사회적 사실관계가 기본적인 점에서 동일한지 여부에 따라 결정되며, 추가 또는 변경된 사유가 당초의 처분시 그 사유를 명기하지 않았을 뿐 처분시에 이미 존재하고 있었고 당사자도 그 사실을 알고 있었다 하여 당초의 처분사유와 동일성이 있는 것이라 할 수 없다(대판 2003.12.11. 2003두8395).

18. 국가직 9급

409 □□□

행정심판에서는 항고소송에서와 달리 처분청이 당초 처분의 근거로 삼은 사유와 기본적 사실관계가 동일성이 인정되지 않는 다른 사유를 처분사유로 추가하거나 변경할 수 있다. O | X

행정처분의 취소를 구하는 항고소송에서 처분청은 당초 처분의 근거로 삼은 사유와 기본적 사실관계가 동일성이 있다고 인정되는 한도 내에서만 다른 사유를 추가 또는 변경할 수 있고, 이러한 기본적 사실관계의 동일성 유무는 처분사유를 법률적으로 평가하기 이전의 구체적 사실에 착안하여 그 기초인 사회적 사실관계가 기본적인 점에서 동일한지에 따라 결정되므로, 추가 또는 변경된 사유가 처분 당시에 이미 존재하고 있었다거나 당사자가 그 사실을 알고 있었다고 하여 당초의 처분사유와 동일성이 있다고 할 수 없다. 그리고 이러한 법리는 행정심판단계에서도 그대로 적용된다(대판 2014.5.16. 2013두26118).

11. 사복직 9급

410 □□□

토지형질변경 불허가처분의 당초의 처분사유인 국립공원에 인접한 미개발지의 합리적인 이용대책 수립시까지 그 허가를 유보한다는 사유와 그 처분의 취소소송에서 추가하여 주장한 처분사유인 국립공원 주변의 환경·풍치·미관 등을 크게 손상시킬 우려가 있으므로 공공목적상 원형유지의 필요가 있는 곳으로서 형질변경허가 금지대상이라는 사유는 기본적 사실관계에 있어서 동일성이 인정된다. O | X

대판 2001.9.28. 2000두8684 판례에 대한 옳은 내용이다.

정답 407 X 408 X 409 X 410 ○

13. 국가직 7급, 09. 세무사

411 □□□

주택신축을 위한 산림형질변경허가 신청에 대한 거부처분의 근거로 제시된 준농림지역에서의 행위제한이라는 사유와 나중에 거부처분의 근거로 추가한 자연경관 및 생태계의 교란, 국토 및 자연의 유지와 환경보전 등 중대한 공익상의 필요라는 사유는 기본적 사실관계의 동일성이 없다. O | X

주택신축을 위한 산림형질변경허가 신청에 대하여 행정청이 거부처분을 하면서 당초 거부처분의 근거로 삼은 준농림지역에서의 행위제한이라는 사유와 나중에 거부처분의 근거로 추가한 자연경관 및 생태계의 교란, 국토 및 자연의 유지와 환경보전 등 중대한 공익상의 필요라는 사유는 기본적 사실관계에 있어서 동일성이 인정된다(대판 2004.11.26. 2004두4482).

15. 경행특채 1차

412 □□□

주류면허 지정조건 중 제6호 무자료 주류판매 및 위장거래 항목을 근거로 한 면허취소처분에 대한 항고소송에서 지정조건 제2호 무면허판매업자에 대한 주류판매를 새로이 그 취소사유로 주장하는 것은 기본적 사실관계의 동일성이 인정된다. O | X

주류면허 지정조건 중 제6호 무자료 주류판매 및 위장거래 항목을 근거로 한 면허취소처분에 대한 항고소송에서, 지정조건 제2호 무면허판매업자에 대한 주류판매를 새로이 그 취소사유로 주장하는 것은 기본적 사실관계가 다른 사유를 내세우는 것으로서 허용될 수 없다(대판 1996.9.6. 96누7427).

11. 사복직 9급

413 □□□

행정청의 당초 처분사유인 기존 공동사업장과의 거리제한규정에 저촉된다는 사실과 피고 주장의 최소 주차용지에 미달한다는 사실은 기본적 사실관계에 있어서 동일성이 인정된다. O | X

피고의 이 사건 처분사유인 기존 공동사업장과의 거리제한규정에 저촉된다는 사실과 피고 주장의 최소 주차용지에 미달한다는 사실은 기본적 사실관계를 달리하는 것임이 명백하다(대판 1995.11.21. 95누10952).

11. 사복직 9급

414 □□□

의료보험요양기관 지정취소처분의 당초의 처분사유인 구 의료보험법 제33조 제1항이 정하는 본인부담금 수납대장을 비치하지 아니한 사실과 항고소송에서 새로 주장한 처분사유인 같은 법 제33조 제2항이 정하는 보건복지부장관의 관계서류 제출명령에 위반하였다는 사실은 기본적 사실관계에 있어서 동일성이 인정되지 않는다. O | X

대판 2001.3.23. 99두6392 판례에 대한 옳은 내용이다.

정답 411 X 412 X 413 X 414 ○

13. 국가직 7급

415 □□□

군사시설보호구역부의 토지에 주유소를 설치·경영하도록 하기 위한 석유판매업 허가를 함에 있어서 관할 부대장의 동의를 얻어야 할 법령상의 근거가 없음에도 그 동의가 없다는 이유로 한 불허가처분에 대한 소송에서 당해 토지가 탄약창에 근접한 지점에 위치하고 있다는 사실을 불허가사유로 추가하는 것은 허용되지 않는다. O | X

행정처분의 취소를 구하는 항고소송에 있어서 행정청은 당초 처분의 근거로 삼은 사유와 기본적 사실관계에 있어서 동일성이 인정되는 한도 내에서만 새로운 처분사유를 추가하거나 변경할 수 있을 뿐, 기본적 사실관계와 동일성이 인정되지 않는 별개의 사실을 들어 처분사유로 주장하는 것은 허용되지 않는다. 피고는 석유판매업허가신청에 대하여 당초 사업장소인 토지가 군사보호시설구역 내에 위치하고 있는 관할 군부대장의 동의를 얻지 못하였다는 이유로 이를 불허가하였다가, 소송에서 위 토지는 탄약창에 근접한 지점에 위치하고 있어 공공의 안전과 군사시설의 보호라는 공익적인 측면에서 보아 허가신청을 불허한 것은 적법하다는 것을 불허가사유로 추가한 경우, 양자는 기본적 사실관계에 있어서의 동일성이 인정되지 아니하는 별개의 사유라고 할 것이므로 이와 같은 사유를 불허가처분의 근거로 추가할 수 없다(대판 1991.11.8. 91누70).

15. 경행특채 1차

416 □□□

당초의 처분사유인 중기취득세의 체납과 그 후 추가된 처분사유인 자동차세의 체납은 기본적 사실관계의 동일성이 부정된다. O | X

당초의 처분사유인 중기취득세의 체납과 그 후 추가된 처분사유인 자동차세의 체납은 각 세목, 과세년도, 납세의무자의 지위(연대납세의무자와 직접의 납세의무자) 및 체납액 등을 달리하고 있어 기본적 사실관계가 동일하다고 볼 수 없고, 중기취득세의 체납이나 자동차세의 체납이 다같이 지방세의 체납이고 그 과세대상도 다같은 지입중기에 대한 것이라는 점만으로는 기본적 사실관계의 동일성을 인정하기에 미흡하다(대판 1989.6.27. 88누6160).

16. 국가직 9급

417 □□□

처분청이 처분 당시 적시한 구체적 사실을 변경하지 아니하는 범위 내에서 단지 처분의 근거 법령만을 추가·변경하는 경우에 법원은 처분청이 처분 당시 적시한 구체적 사실에 대하여 처분 후 추가·변경한 법령을 적용하여 처분의 적법 여부를 판단할 수 있다. O | X

행정처분의 취소를 구하는 항고소송에 있어 처분청은 당초 처분의 근거로 삼은 사유와 기본적 사실관계가 동일성이 있다고 인정되는 한도 내에서는 다른 사유를 추가하거나 변경할 수도 있으나 기본적 사실관계가 동일하다는 것은 처분사유를 법률적으로 평가하기 이전의 구체적인 사실에 착안하여 그 기초인 사회적 사실관계가 기본적인 점에서 동일한 것을 말하며, 처분청이 처분 당시에 적시한 구체적 사실을 변경하지 아니하는 범위 내에서 단지 그 처분의 근거 법령만을 추가·변경하거나 당초의 처분사유를 구체적으로 표시하는 것에 불과한 경우에는 새로운 처분사유를 추가하거나 변경하는 것이라고 볼 수 없다(대판 2007.2.8. 2006두4899).

정답 415 ○ 416 ○ 417 ○

17. 국가직 9급

418 □□□

처분사유의 추가·변경이 인정되기 위한 요건으로서의 기본적 사실관계의 동일성 유무는, 처분사유를 법률적으로 평가하기 이전의 구체적인 사실에 착안하여 그 기초적인 사회적 사실관계가 기본적인 점에서 동일한지 여부에 따라 결정된다. O | X

행정처분의 취소를 구하는 항고소송에 있어서, 처분청은 당초 처분의 근거로 삼은 사유와 기본적 사실관계가 동일성이 있다고 인정되는 한도 내에서만 다른 사유를 추가하거나 변경할 수 있고, 여기서 기본적 사실관계의 동일성 유무는 처분사유를 법률적으로 평가하기 이전의 구체적인 사실에 착안하여 그 기초인 사회적 사실관계가 기본적인 점에서 동일한지 여부에 따라 결정되며 이와 같이 기본적 사실관계와 동일성이 인정되지 않는 별개의 사실을 들어 처분사유로 주장하는 것이 허용되지 않는다고 해석하는 이유는 행정처분의 상대방의 방어권을 보장함으로써 실질적 법치주의를 구현하고 행정처분의 상대방에 대한 신뢰를 보호하고자 함에 그 취지가 있고, 추가 또는 변경된 사유가 당초의 처분시 그 사유를 명기하지 않았을 뿐 처분시에 이미 존재하고 있었고 당사자도 그 사실을 알고 있었다하여 당초의 처분 사유와 동일성이 있는 것이라 할 수 없다(대판 2003.12.11. 2001두8827).

17. 국가직 9급

419 □□□

처분청은 원고의 권리방어가 침해되지 않는 한도 내에서 당해 취소소송의 대법원 확정판결이 있기 전까지 처분사유의 추가·변경을 할 수 있다. O | X

행정청은 기본적 사실관계의 동일성이 있다고 인정되는 한도 내에서만 다른 처분사유를 추가·변경할 수 있다고 할 것이나 이는 사실심 변론종결시까지만 허용된다(대판 1999.8.20. 98두17043).

17. 국가직 9급

420 □□□

처분사유의 추가·변경이 절차적 위법성을 치유하는 것인데 반해, 처분이유의 사후제시는 처분의 실체법상의 적법성을 확보하기 위한 것이다. O | X

처분사유의 추가·변경이 실체법상의 적법성을 확보하는 것인데 반해, 처분이유의 사후제시는 처분의 절차적 위법성을 치유하기 위한 것이다.

17. 지방직 9급

421 □□□

기속행위의 경우에는 소송의 계속 중에 처분사유를 추가·변경할 수 있으나, 재량행위의 경우에는 처분사유의 추가·변경이 허용되지 않는다. O | X

이는 처분사유의 추가·변경의 허용범위와 관련한 개별적 결정설의 입장이다. 판례는 이러한 구별을 하지 않고 기본적 사실관계의 동일성이 유지되는 한도 내에서, 그리고 처분의 동일성이 인정되는 한도 내에서 처분사유의 추가·변경을 인정하고 있다.

정답 418 ○ 419 X 420 X 421 X

17. 지방직 7급

422 □□□

행정청은 당초 처분사유와 기본적 사실관계가 동일하지 아니한 처분사유를 행정소송 계속 중에는 추가·변경할 수 없으나 행정심판단계에서는 추가·변경할 수 있다. O | X

행정처분의 취소를 구하는 항고소송에서 처분청은 당초 처분의 근거로 삼은 사유와 기본적 사실관계가 동일성이 있다고 인정되는 한도 내에서만 다른 사유를 추가 또는 변경할 수 있고, 이러한 기본적 사실관계의 동일성 유무는 처분사유를 법률적으로 평가하기 이전의 구체적 사실에 착안하여 그 기초인 사회적 사실관계가 기본적인 점에서 동일한지에 따라 결정되므로, 추가 또는 변경된 사유가 처분 당시에 이미 존재하고 있었다거나 당사자가 그 사실을 알고 있었다고 하여 당초의 처분사유와 동일성이 있다고 할 수 없다. 그리고 이러한 법리는 행정심판단계에서도 그대로 적용된다(대판 2014.5.16. 2013두26118).

14. 국가직 9급

423 □□□

법원은 소송제기가 없는 사건에 대하여 심리·재판할 수 없다. O | X

불고불리원칙에 따라 법원은 소제기가 없는 사건과 소제기가 있더라도 당사자의 청구범위를 넘어서는 사항에 대하여 심리 및 재판을 할 수 없다.

22. 지방직 7급

424 □□□

어느 하나의 처분의 취소를 구하는 소에 당해 처분과 관련되는 처분의 취소를 구하는 청구를 추가적으로 병합한 경우, 추가적으로 병합된 소의 소제기 기간의 준수 여부는 그 청구취지의 추가신청이 있은 때를 기준으로 한다. O | X

소의 추가적 병합의 경우 추가적으로 병합된 소의 제소기간은 원칙상 추가병합신청이 있은 때를 기준으로 한다.

23. 변호사

425 □□□

甲은 2022.8.26. 지방보훈청장으로부터 '재심신체검사 무변동처분 통보서'를 송달받았다. 그런데 甲은 위 통보서를 송달받기 전에 자신의 의무기록에 관한 정보공개를 청구하여 2022.5.28. 위 통보서를 포함한 일체의 서류를 교부받은 바 있다. 甲이 위 재심신체검사 무변동처분의 취소를 구하는 소를 제기함에 있어 제소기간의 기산점이 되는 '처분 등이 있음을 안 날'은 2022.8.26.이다. O | X

이 사건 처분은 상대방이 있는 행정처분으로서 특별한 규정이 없는 한 상대방에게 고지되어야 효력을 발생한다고 할 것이므로, 이 사건 처분이 2022.8.26. 원고에게 고지되어 원고가 이러한 사실을 인식함으로써 이 사건 처분이 있다는 사실을 현실적으로 알았을 때 행정소송법 제20조 제1항이 정한 제소기간이 진행한다고 보아야 한다(대판 2014.9.25. 2014두8254).

정답 422 X 423 ○ 424 ○ 425 ○

제5절 심리와 판결

15. 지방직 9급

426 □□□

행정소송의 대상이 되는 행정처분의 존부는 소송요건으로서 직권조사사항이고, 자백의 대상이 될 수 없는 것이므로, 설사 그 존재를 당사자들이 다투지 아니한다 하더라도 그 존부에 관하여 의심이 있는 경우에는 이를 직권으로 밝혀 보아야 할 것이다. O | X

행정소송은 당사자주의에 직권주의를 가미하여 소송요건을 법원의 직권조사사항으로 두고 있다.

23. 국가직 7급

427 □□□

취소소송에서 쟁송의 대상이 되는 행정처분의 존부는 소송요건으로서 법원의 직권조사사항이고 자백의 대상이 될 수 없다. O | X

행정소송에서 쟁송의 대상이 되는 행정처분의 존부는 소송요건으로서 직권조사사항이고, 자백의 대상이 될 수 없는 것이므로, 설사 그 존재를 당사자들이 다투지 아니한다 하더라도 그 존부에 관하여 의심이 있는 경우에는 이를 직권으로 밝혀 보아야 할 것이고, 사실심에서 변론종결시까지 당사자가 주장하지 않던 직권조사사항에 해당하는 사항을 상고심에서 비로소 주장하는 경우 그 직권조사사항에 해당하는 사항은 상고심의 심판범위에 해당한다(대판 2004.12.24. 2003두15195).

24. 지방직 9급

428 □□□

해당 처분을 다툴 법률상 이익이 있는지 여부는 직권조사사항으로 이에 관한 당사자의 주장은 직권발동을 촉구하는 의미밖에 없으므로, 원심법원이 이에 관하여 판단하지 않았다고 하여 판단유탈의 상고이유로 삼을 수 없다. O | X

해당 처분을 다툴 법률상 이익이 있는지 여부는 직권조사사항으로 이에 관한 당사자의 주장은 직권발동을 촉구하는 의미밖에 없으므로, 원심법원이 이에 관하여 판단하지 않았다고 하여 판단유탈의 상고이유로 삼을 수 없다(대판 2017.3.9. 2013두16852).

10. 세무사

429 □□□

법원은 원고의 청구범위를 넘어서 인용할 수 없다. O | X

행정소송은 기본적으로 당사자주의에 입각하므로 원고가 청구하는 한도를 초월하여 판결할 수 없다.

정답 426 ○ 427 ○ 428 ○ 429 ○

19. 국회직 8급

430 □□□

소청심사위원회가 절차상 하자가 있다는 이유로 의원면직처분을 취소하는 결정을 한 후 징계권자가 징계절차에 따라 별도로 당해 공무원에 대하여 징계처분을 하는 경우 국가공무원법에서 정한 불이익변경금지의 원칙이 적용된다. O | X

국가공무원법 제14조 제6항은 소청심사결정에서 당초의 원처분청의 징계처분보다 청구인에게 불리한 결정을 할 수 없다는 의미인데, 의원면직처분에 대하여 소청심사청구를 한 결과 소청심사위원회가 의원면직처분의 전제가 된 사의표시에 절차상 하자가 있다는 이유로 의원면직처분을 취소하는 결정을 하였다고 하더라도, 그 효력은 의원면직처분을 취소하여 당해 공무원으로 하여금 공무원으로서의 신분을 유지하게 하는 것에 그치고, 이때 당해 공무원이 국가공무원법 제78조 제1항 각 호에 정한 징계사유에 해당하는 이상 같은 항에 따라 징계권자로서는 반드시 징계절차를 열어 징계처분을 하여야 하므로, 이러한 징계절차는 소청심사위원회의 의원면직처분취소결정과는 별개의 절차로서 여기에 국가공무원법 제14조 제6항에 정한 불이익변경금지의 원칙이 적용될 여지는 없다(대판 2008.10.9. 2008두11853 · 11860).

10. 세무사

431 □□□

법원은 법률문제뿐만 아니라 사실문제에 대하여도 심리할 수 있다. O | X

법원은 소송의 대상이 된 처분의 법률문제뿐만 아니라 사실문제도 심리한다.

18. 지방직 9급, 07. 세무사

432 □□□

소송에 있어서 처분권주의는 사적 자치에 근거를 둔 법질서에 뿌리를 두고 있으므로 취소소송에는 적용되지 않는다. O | X

처분권주의란 심판절차의 개시, 심판대상, 절차의 종결에 관하여 당사자가 결정권을 가지는 원칙을 말하며, 행정소송에서도 처분권주의가 적용되는 것이 원칙이다.

> 「민사소송법」 제203조 【처분권주의】 법원은 당사자가 신청하지 아니한 사항에 대하여는 판결하지 못한다.
>
> 「행정소송법」 제8조 【법적용 예】 ② 행정소송에 관하여 이 법에 특별한 규정이 없는 사항에 대하여는 법원조직법과 민사소송법 및 민사집행법의 규정을 준용한다.

18. 지방직 9급, 15. 서울시 9급

433 □□□

취소소송의 심리에 있어서 주장책임은 직권탐지주의를 보충적으로 인정하고 있는 한도 내에서 그 의미가 완화된다. O | X

행정소송에도 변론주의가 적용되므로 당사자는 주장책임이 있다. 다만, 변론주의는 당사자주의를 구현하기 위한 것으로서 무기대등의 원칙을 그 전제로 한다. 그러나 현실적으로 그렇지 못한 경우가 많으며 이는 사법정의에 배치되는 점에서 이러한 한계를 극복하기 위하여 직권심리주의가 부분적으로 허용된다. 따라서 주장책임은 직권탐지주의가 인정되는 한도 내에서 의미가 완화된다고 할 수 있다.

정답 430 X 431 ○ 432 X 433 ○

18. 국가직 7급, 10. 세무사

434 □□□

처분의 효력 유무가 민사소송의 선결문제로 되어 당해 소송의 수소법원이 이를 심리·판단하는 경우 수소법원은 필요하다고 인정할 때에는 직권으로 증거조사를 할 수 있고, 당사자가 주장하지 아니한 사실에 대하여도 판단할 수 있다. O | X

행정소송법 제26조는 "법원은 필요하다고 인정할 때에는 직권으로 증거조사를 할 수 있고, 당사자가 주장하지 아니한 사실에 대하여도 판단할 수 있다."고 규정하여 변론주의의 일부 예외를 인정하고 있으므로, 행정소송에서는 법원이 필요하다고 인정할 때에는 당사자가 명백히 주장하지 아니한 사실도 기록에 나타난 자료를 기초로 하여 직권으로 판단할 수 있다(대판 1992.7.10. 92누3199).

18. 변호사, 14. 국가직 9급

435 □□□

당사자가 제출한 소송자료에 의하여 법원이 처분의 적법 여부에 관한 합리적인 의심을 품을 수 있음에도 단지 구체적 사실에 관한 주장을 하지 아니하였다는 이유만으로 당사자에게 석명 또는 직권에 의한 심리·판단을 하지 아니하는 것은 허용될 수 없다. O | X

행정소송에서 기록상 자료가 나타나 있다면 당사자가 주장하지 않았더라도 판단할 수 있고, 당사자가 제출한 소송자료에 의하여 법원이 처분의 적법 여부에 관한 합리적인 의심을 품을 수 있음에도 단지 구체적 사실에 관한 주장을 하지 아니하였다는 이유만으로 당사자에게 석명을 하거나 직권으로 심리·판단하지 아니함으로써 구체적 타당성이 없는 판결을 하는 것은 행정소송법 제26조의 규정과 행정소송의 특수성에 반하므로 허용될 수 없다(대판 2010.2.11. 2009두18035).

14. 국가직 9급

436 □□□

행정소송법은 법원이 직권으로 관계 행정청에 자료제출을 요구할 수 있음을 규정하고 있다. O | X

행정소송법에는 그러한 규정이 없다.

> 「행정소송법」 제25조 【행정심판기록의 제출명령】 ① 법원은 당사자의 신청이 있는 때에는 결정으로써 재결을 행한 행정청에 대하여 행정심판에 관한 기록의 제출을 명할 수 있다.
> ② 제1항의 규정에 의한 제출명령을 받은 행정청은 지체 없이 당해 행정심판에 관한 기록을 법원에 제출하여야 한다.

21. 소방간부

437 □□□

행정소송법상 법원은 직권으로 처분변경으로 인한 소의 변경, 관련청구소송의 이송, 행정청의 소송참가, 집행정지, 처분 등에 관계되는 권한이 다른 행정청에 승계된 경우에 있어서 피고의 경정 등을 행할 수 있다. O | X

처분변경으로 인한 소의 변경은 법원이 직권으로 행하는 것이 아니라 원고의 신청에 의한다. 나머지는 당사자의 신청 또는 법원의 직권으로 가능하다.

> 「행정소송법」 제22조 【처분변경으로 인한 소의 변경】 ① 법원은 행정청이 소송의 대상인 처분을 소가 제기된 후 변경한 때에는 원고의 신청에 의하여 결정으로써 청구의 취지 또는 원인의 변경을 허가할 수 있다.

정답 434 ○ 435 ○ 436 X 437 X

09. 세무사

438 □□□

입증책임은 소송상 일정한 사실의 존부가 확정되지 아니할 경우에 불리한 법적 판단을 받게 되는 일방당사자의 불이익 내지는 위험을 말한다. O | X

각 당사자는 자기에게 유리한 법규의 요건사실의 존부에 대해 입증책임을 진다. 즉, 자신이 주장한 사실의 존부가 확정되지 않으면 불리한 법적 판단을 받더라도 그것을 감수해야 함을 의미한다.

18. 변호사

439 □□□

항고소송의 경우 피고가 당해 처분의 적법성에 관하여 합리적으로 수긍할 수 있는 일응의 입증을 하였다면 이와 상반되는 주장과 입증의 책임은 원고에게 돌아간다. O | X

민사소송법의 규정이 준용되는 행정소송에 있어서 입증책임은 원칙적으로 민사소송의 일반원칙에 따라 당사자간에 분배되고 항고소송의 경우에는 그 특성에 따라 당해 처분의 적법을 주장하는 피고에게 그 적법사유에 대한 입증책임이 있다 할 것인바 피고가 주장하는 당해 처분의 적법성이 합리적으로 수긍할 수 있는 일응의 입증이 있는 경우에는 그 처분은 정당하다 할 것이며 이와 상반되는 주장과 입증은 그 상대방인 원고에게 그 책임이 돌아간다고 할 것이다(대판 1984.7.24. 84누124).

19. 변호사

440 □□□

국가유공자 인정과 관련하여, 공무수행으로 상이(傷痍)를 입었다는 점이나 그로 인한 신체장애의 정도가 법령에 정한 등급 이상에 해당한다는 점에 관한 증명책임은 국가유공자 등록신청인에게 있지만, 그 상이가 '불가피한 사유 없이 본인의 과실이나 본인의 과실이 경합된 사유로 입은 것'이라는 사정에 관한 증명책임은 피고인 처분청에게 있다. O | X

국가유공자 인정요건, 즉 공무수행으로 상이를 입었다는 점이나 그로 인한 신체장애의 정도가 법령에 정한 등급 이상에 해당한다는 점은 국가유공자 등록신청인이 증명할 책임이 있지만, 그 상이가 '불가피한 사유 없이 본인의 과실이나 본인의 과실이 경합된 사유로 입은 것'이라는 사정, 즉 지원대상자 요건에 해당한다는 사정은 국가유공자 등록신청에 대하여 지원대상자로 등록하는 처분을 하는 처분청이 증명책임을 진다고 보아야 한다(대판 2013.8.22. 2011두26589).

18. 지방직 7급

441 □□□

민사소송법 규정이 준용되는 행정소송에서 증명책임은 원칙적으로 민사소송 일반원칙에 따라 당사자 사이에 분배되고, 항고소송의 경우에는 그 특성에 따라 처분의 적법성을 주장하는 피고에게 그 적법사유에 대한 증명책임이 있다. O | X

행정처분의 위법을 주장하여 그 처분의 취소를 구하는 소위 항고소송에 있어서는 그 처분이 적법하였다고 주장하는 피고에게 그가 주장하는 적법사유에 대한 입증책임이 있다(대판 1966.10.18. 66누134).

정답 438 ○ 439 ○ 440 ○ 441 ○

06. 국가직 9급

442 □□□

처분의 존재, 제소기간의 준수 등 소송요건은 취소소송에서의 직권조사사항이므로 원고가 입증책임을 지지 않는다. O | X

직권조사사항에 관하여도 그 사실의 존부가 불명한 경우에는 입증책임의 원칙이 적용되어야 할 것인바, 본안판결을 받는다는 것 자체가 원고에게 유리하다는 점에 비추어 직권조사사항인 소송요건에 대한 입증책임은 원고에게 있다(대판 1997.7.25. 96다39301).

15. 서울시 7급

443 □□□

재량권의 일탈 · 남용 여부에 대한 입증책임은 처분청인 행정청에게 있다. O | X

재량권의 일탈 · 남용으로 인한 재임용 거부결정의 무효사유에 관하여는 이를 주장하는 사람(원고)이 입증책임을 부담한다(대판 2008.2.1. 2007다9009).

06. 국가직 9급

444 □□□

처분의 절차의 적법성 및 송달에 관한 입증책임은 행정청에 있다는 것이 판례의 입장이다. O | X

납세고지서의 공시송달이 위법하여 효력이 없다는 납세자의 주장에 대하여 이를 인정할 증거가 없다고 판시함으로써 마치 공시송달의 위법 여부에 관한 입증책임이 납세자에게 있는 것처럼 설시하는 것은 잘못이다(대판 1994.10.14. 94누4134). 즉, 송달 등 처분절차의 적법성에 대한 입증책임은 원고(납세자)가 아닌 피고(행정청)에 있다는 뜻이다.

06. 국가직 9급

445 □□□

과세처분의 적법성 및 과세요건사실의 존재에 관하여는 원칙적으로 과세관청인 피고가 그 입증책임을 부담한다. O | X

과세대상이 된 토지가 비과세 혹은 면제대상이라는 점은 이를 주장하는 납세의무자에게 입증책임이 있는 것이며, … 납세의무자로 하여금 과세구분의 위법이 있는 토지를 구체적으로 지적할 것을 석명하고 과세관청에 대하여 과세구분 근거에 대한 보충자료를 제출하게 하는 등으로 그에 대한 당부를 심리하여 정당세액의 범위를 가려야 한다(대판 1996.4.26. 94누12708).

06. 세무사

446 □□□

과세대상인 토지가 비과세대상이라는 주장은 원고인 납세의무자가 입증책임을 진다. O | X

과세대상이 된 토지가 비과세 혹은 면제대상이라는 점은 이를 주장하는 납세의무자에게 입증책임이 있는 것이며, … 납세의무자로 하여금 과세구분의 위법이 있는 토지를 구체적으로 지적할 것을 석명하고 과세관청에 대하여 과세구분 근거에 대한 보충자료를 제출하게 하는 등으로 그에 대한 당부를 심리하여 정당세액의 범위를 가려야 한다(대판 1996.4.26. 94누12708).

정답 442 X 443 X 444 ○ 445 ○ 446 ○

13. 서울시 7급, 07. 세무사

447 □□□

기각판결은 소송요건의 불비를 이유로 본안의 심리를 거부하는 판결이다. O | X

각하판결은 소송요건의 불비를 이유로 본안의 심리를 거부하는 판결이다.

10. 국가직 9급

448 □□□

공개를 거부한 정보에 비공개대상정보에 해당하는 부분과 공개가 가능한 부분이 혼합되어 있는 경우라면 법원은 정보공개거부처분 전부를 취소해야 한다. O | X

법원이 행정청의 정보공개거부처분의 위법 여부를 심리한 결과 공개를 거부한 정보에 비공개대상정보에 해당하는 부분과 공개가 가능한 부분이 혼합되어 있고 공개청구의 취지에 어긋나지 아니하는 범위 안에서 두 부분을 분리할 수 있음을 인정할 수 있을 때에는, 위 정보 중 공개가 가능한 부분을 특정하고 판결의 주문에 행정청의 위 거부처분 중 공개가 가능한 정보에 관한 부분만을 취소한다고 표시하여야 한다(대판 2003.3.11. 2001두6425).

19. 변호사 · 서울시 9급(6월), 18. 국가직 9급, 14. 지방직 7 · 9급

449 □□□

자동차운수사업 면허조건을 위반한 甲에 대하여 A행정청이 부과한 과징금부과처분이 법이 정한 한도액을 초과하여 위법한 때, 법원이 그 한도액을 초과한 부분만을 취소하는 경우는 행정처분을 다투는 사안에서 허용된다. O | X

자동차운수사업 면허조건 등에 위반한 사업자에 대하여 행정청이 행정제재수단으로서 사업정지를 명할 것인지, 과징금을 부과할 것인지, 과징금을 부과키로 하였다면 그 금액은 얼마로 할 것인지 등에 관하여 재량권이 부여되어 있다 할 것이고, 과징금 최고한도액 5,000,000원의 부과처분만으로는 적절치 않다고 여길 경우 사업정지쪽을 택할 수도 있다 할 것이므로 과징금부과처분이 법이 정한 한도액을 초과하여 위법할 경우 법원으로서는 그 전부를 취소할 수밖에 없고, 그 한도액을 초과한 부분이나 법원이 적정하다고 인정되는 부분을 초과한 부분만을 취소할 수는 없다(대판 1993.7.27. 93누1077).

19. 서울시 9급(6월)

450 □□□

개발부담금부과처분에 대한 취소소송에서 당사자가 제출한 자료에 의하여 정당한 부과금액을 산출할 수 없는 경우에도 법원은 증거조사를 통하여 정당한 부과금액을 산출한 후 정당한 부과금액을 초과하는 부분만을 취소하여야 한다. O | X

개발부담금부과처분 취소소송에 있어 당사자가 제출한 자료에 의하여 적법하게 부과될 정당한 부과금액이 산출할 수 없을 경우에는 부과처분 전부를 취소할 수밖에 없으나, 그렇지 않은 경우에는 그 정당한 금액을 초과하는 부분만 취소하여야 한다(대판 2004.7.22. 2002두868).

정답 447 X 448 X 449 X 450 X

21. 소방간부 · 국가직 9급

451 □□□

공정거래위원회가 부당한 공동행위를 행한 사업자로서 구 독점규제 및 공정거래에 관한 법률상 자진신고자에 대하여 과징금부과처분(선행처분)을 한 뒤, 동법 시행령에 따라 다시 자진신고자에 대한 사건을 분리하여 자진신고를 이유로 과징금감면처분(후행처분)을 한 경우, 선행처분의 취소를 구하는 소를 구해야 한다. O | X

공정거래위원회가 부당한 공동행위를 행한 사업자로서 자진신고자나 조사협조자에 대하여 과징금부과처분(선행처분)을 한 뒤, 다시 자진신고자 등에 대한 사건을 분리하여 자진신고 등을 이유로 한 과징금감면처분(후행처분)을 하였다면, 후행처분은 자진신고감면까지 포함하여 처분상대방이 실제로 납부하여야 할 최종적인 과징금액을 결정하는 종국적 처분이고, 선행처분은 이러한 종국적 처분을 예정하고 있는 일종의 잠정적 처분으로서 후행처분이 있을 경우 선행처분은 후행처분에 흡수되어 소멸한다. 따라서 위와 같은 경우에 선행처분의 취소를 구하는 소는 이미 효력을 잃은 처분의 취소를 구하는 것으로 부적법하다(대판 2015.2.12. 2013두987).

19. 변호사

452 □□□

공정거래위원회가 부당한 공동행위를 한 사업자에게 과징금부과처분을 한 뒤 다시 자진신고 등을 이유로 과징금감면처분을 하였다면, 선행 과징금부과처분은 일종의 잠정적 처분으로서 후행 과징금감면처분에 흡수되어 소멸한다. O | X

대판 2015.2.12. 2013두987 판례에 대한 옳은 내용이다.

21. 지방직 9급

453 □□□

사정판결은 본안심리 결과 원고의 청구가 이유 있다고 인정됨에도 불구하고 처분을 취소하는 것이 현저히 공공복리에 적합하지 아니하다고 인정하는 때 원고의 청구를 기각하는 판결을 말한다. O | X

「행정소송법」 제28조 【사정판결】 ① 원고의 청구가 이유있다고 인정하는 경우에도 처분등을 취소하는 것이 현저히 공공복리에 적합하지 아니하다고 인정하는 때에는 법원은 원고의 청구를 기각할 수 있다. 이 경우 법원은 그 판결의 주문에서 그 처분등이 위법함을 명시하여야 한다.

21. 지방직 9급

454 □□□

사정판결은 항고소송 중 취소소송 및 무효등확인소송에서 인정되는 판결의 종류이다. O | X

사정판결은 항고소송 중 취소소송에서만 인정된다.

13. 지방직 7급

455 □□□

사정판결은 행정의 법률적합성 원칙의 예외적 현상이다. O | X

사정판결은 원고의 청구가 이유가 있다고 인정하는 경우에도 처분 등을 취소하는 것이 현저히 공공복리에 적합하지 아니하다고 인정하는 때에 예외적으로 원고의 청구를 기각하는 판결이다.

정답 451 X 452 ○ 453 ○ 454 X 455 ○

09. 세무사

456 □□□

사정판결은 소송요건을 충족하지 못한 경우에 행하는 판결이다. O | X

「행정소송법」 제28조 【사정판결】 ① 원고의 청구가 이유 있다고 인정하는 경우에도 처분 등을 취소하는 것이 현저히 공공복리에 적합하지 아니하다고 인정하는 때에는 법원은 원고의 청구를 기각할 수 있다. 이 경우 법원은 그 판결의 주문에서 그 처분 등이 위법함을 명시하여야 한다.

19. 변호사, 15. 국가직 9급, 14. 서울시 7급, 13. 지방직 7급

457 □□□

취소소송에서 당사자의 명백한 주장이 없는 경우에도 법원은 기록에 나타난 여러 사정을 기초로 직권으로 사정판결을 할 수 있다. O | X

사정판결은 당사자의 명백한 주장이 없는 경우에도 기록에 나타난 여러 사정을 기초로 직권으로 할 수 있는 것이나, 그 요건인 현저히 공공복리에 적합하지 아니한지 여부는 위법한 행정처분을 취소·변경하여야 할 필요와 그 취소·변경으로 인하여 발생할 수 있는 공공복리에 반하는 사태 등을 비교·교량하여 판단하여야 한다(대판 2006.9.22. 2005두2506).

18. 지방교행, 14·13. 서울시 7급

458 □□□

판례는 당연무효의 처분은 존치시킬 효력이 있는 행정행위가 없기 때문에 사정판결을 할 수 없다고 하여 부정적이다. O | X

계쟁 중인 행정처분이 무효인 경우에는 존치시킬 효력이 있는 행정행위가 없기 때문에 행정소송법 제28조 소정의 사정판결을 할 수 없다(대판 1991.10.11. 90누9926).

17. 지방직 7급

459 □□□

원고의 청구가 이유 있다고 인정하는 경우에도 처분의 무효를 확인하는 것이 현저히 공공복리에 적합하지 아니하다고 인정하는 때에는 법원은 청구를 기각할 수 있다. O | X

원고의 청구가 이유 있다고 인정하는 경우에도 처분 등을 취소하는 것이 현저히 공공복리에 적합하지 아니하다고 인정하는 때에는 법원은 원고의 청구를 기각할 수 있다(행정소송법 제28조 제1항). 사정판결은 취소소송에서만 가능하다.

관련 판례

행정처분이 무효인 경우에는 존치시킬 효력이 있는 행정행위가 없기 때문에 행정소송법 제28조의 사정판결을 할 수 없다(대판 1992.11.10. 91누8227).

정답 456 X 457 ○ 458 ○ 459 X

23 · 16. 국가직 9급, 14. 서울시 7급, 13. 지방직 7급

460 □□□

사정판결을 하는 경우 처분의 위법성은 변론종결시를 기준으로 판단하여야 한다. O | X

사정판결을 하는 경우 처분의 위법성은 처분시를 기준으로 판단하고, 사정판결의 필요성은 변론종결시(판결시)를 기준으로 판단하여야 한다.

관련 판례

행정처분이 위법한 경우에는 이를 취소하는 것이 원칙이고, 예외적으로 그 위법한 처분을 취소 · 변경하는 것이 도리어 현저히 공공복리에 적합하지 아니하는 경우에는 그 취소를 허용하지 아니하는 사정판결을 할 수 있고, 이러한 사정판결에 관하여는 당사자의 명백한 주장이 없는 경우에도 기록에 나타난 여러 사정을 기초로 직권으로 판단할 수 있는 것이나, 그 요건인 현저히 공공복리에 적합하지 아니한지 여부는 위법한 행정처분을 취소 · 변경하여야 할 필요와 그 취소 · 변경으로 인하여 발생할 수 있는 공공복리에 반하는 사태 등을 비교 · 교량하여 판단하여야 한다(대판 2001.1.19. 99두9674).

13. 서울시 7급, 09. 지방직 9급, 05. 서울시 9급

461 □□□

사정판결은 처분이 위법함에도 청구가 기각되는 것으로, 이로 인하여 당해 처분은 위법성이 치유되어 적법하게 된다. O | X

사정판결이 위법성을 치유하는 것은 아니다.

13. 서울시 7급

462 □□□

사정판결의 경우 법원은 판결의 주문에 당해 처분이 위법함을 명시하여야 한다. O | X

「행정소송법」 제28조 【사정판결】 ① 원고의 청구가 이유 있다고 인정하는 경우에도 처분 등을 취소하는 것이 현저히 공공복리에 적합하지 아니하다고 인정하는 때에는 법원은 원고의 청구를 기각할 수 있다. 이 경우 법원은 그 판결의 주문에서 그 처분 등이 위법함을 명시하여야 한다.

19. 서울시 9급(6월)

463 □□□

사정판결의 경우에는 처분의 적법성이 아닌 처분의 위법성에 대하여 기판력이 발생한다. O | X

사정판결을 하는 경우에는 그 처분의 위법함을 주문에 명시하여야 한다(행정소송법 제28조 제1항). 이는 처분의 위법함에 대한 기판력을 미치게 하기 위한 것이다.

정답 460 X 461 X 462 ○ 463 ○

13. 서울시 7급

464 □□□

사정판결에서의 소송비용은 패소한 원고가 부담한다. O | X

「행정소송법」 제32조 【소송비용의 부담】 취소청구가 제28조의 규정에 의하여 기각되거나 행정청이 처분 등을 취소 또는 변경함으로 인하여 청구가 각하 또는 기각된 경우에는 소송비용은 피고의 부담으로 한다.

21. 지방직 9급, 13. 지방직 7급, 08. 국회직 8급

465 □□□

법원이 사정판결을 함에 있어서는 미리 원고가 그로 인하여 입게 될 손해의 정도와 배상방법 그 밖의 사정을 조사하여야 한다. O | X

「행정소송법」 제28조 【사정판결】 ② 법원이 제1항의 규정에 의한 판결을 함에 있어서는 미리 원고가 그로 인하여 입게 될 손해의 정도와 배상방법 그 밖의 사정을 조사하여야 한다.

21. 지방직 9급

466 □□□

사정판결의 원고는 피고인 행정청이 속하는 국가 또는 공공단체를 상대로 손해배상, 제해시설의 설치 그 밖에 적당한 구제방법의 청구를 당해 취소소송 등이 계속된 법원에 병합하여 제기할 수 있다. O | X

「행정소송법」 제28조 【사정판결】 ③ 원고는 피고인 행정청이 속하는 국가 또는 공공단체를 상대로 손해배상, 제해시설의 설치 그 밖에 적당한 구제방법의 청구를 당해 취소소송 등이 계속된 법원에 병합하여 제기할 수 있다.

08. 관세사

467 □□□

원고가 사정판결에 불복하면 상고할 수 있다. O | X

사정판결도 기각판결이므로 원고는 당연히 이에 불복하여 상소할 수 있다.

15 · 12. 국회직 8급, 08. 세무사

468 □□□

형성력은 원고승소판결과 원고패소판결 모두에 인정된다. O | X

판결의 형성력은 인용판결에만 발생한다.

정답 464 X 465 ○ 466 ○ 467 ○ 468 X

15. 경행특채 1차, 10. 세무사

469 □□□

행정처분을 취소한다는 확정판결이 있으면 그 취소판결의 형성력에 의하여 당해 행정처분의 취소나 취소 통지 등의 별도의 절차를 요하지 아니하고 당연히 취소의 효과가 발생한다. O | X

대판 1991.10.11. 90누5443 판례에 대한 옳은 내용이다.

15. 국회직 8급

470 □□□

도시 및 주거환경정비법상 주택재개발사업조합의 조합설립인가처분이 법원의 재판에 의하여 취소된 경우 그 조합설립인가처분은 소급하여 효력을 상실한다. O | X

도시 및 주거환경정비법상 주택재개발사업조합의 조합설립인가처분이 법원의 재판에 의하여 취소된 경우 그 조합설립인가처분은 소급하여 효력을 상실하고, 이에 따라 당해 주택재개발사업조합 역시 조합설립인가처분 당시로 소급하여 도시정비법상 주택재개발사업을 시행할 수 있는 행정주체인 공법인으로서의 지위를 상실하므로, 당해 주택재개발사업조합이 조합설립인가처분 취소 전에 도시정비법상 적법한 행정주체 또는 사업시행자로서 한 결의 등 처분은 달리 특별한 사정이 없는 한 소급하여 효력을 상실한다고 보아야 한다(대판 2012.3.29. 2008다95885).

12. 지방직 7급

471 □□□

취소판결 후에 취소된 처분을 대상으로 하는 처분은 당연히 무효이다. O | X

취소판결에는 형성력이 발생하므로 종래의 처분은 소급하여 취소되며, 취소처분을 대상으로 하는 처분은 당연 무효이다.

12. 지방직 9급

472 □□□

형성소송설에 따를 경우 취소판결이 확정되면 당해 처분의 효력은 행정청이 취소하지 않더라도 소급하여 효력을 상실한다. O | X

판결의 형성력을 주장하는 견해에 따르면, 취소판결이 확정되면 형성효에 따라 처분은 처분청의 별도 행위를 기다릴 것 없이 소급하여 소멸된다.

19. 서울시 9급(6월)·국회직 8급, 15. 서울시 7급, 14. 국가직 7급, 10·09. 지방직 9급

473 □□□

처분 등의 무효를 확인하는 확정판결은 소송당사자 이외의 제3자에 대하여는 효력이 미치지 않는다. O | X

형성력은 당사자뿐만 아니라 소송에 관여하지 않은 제3자에게도 미친다(제3자효). 제3자에 대한 효력은 집행정지결정과 그 취소결정, 그리고 무효확인소송이나 부작위위법확인소송 등에도 준용된다(행정소송법 제38조).

정답 469 ○ 470 ○ 471 ○ 472 ○ 473 X

10. 국가직 9급

474 □□□

현행 행정소송법은 취소판결에 대하여 기속력 있음을 규정하고 무효등확인소송과 부작위위법확인소송 및 당사자소송에 이를 준용하고 있다. O | X

「행정소송법」 제30조 【취소판결 등의 기속력】 ① 처분 등을 취소하는 확정판결은 그 사건에 관하여 당사자인 행정청과 그 밖의 관계행정청을 기속한다.
② 판결에 의하여 취소되는 처분이 당사자의 신청을 거부하는 것을 내용으로 하는 경우에는 그 처분을 행한 행정청은 판결의 취지에 따라 다시 이전의 신청에 대한 처분을 하여야 한다.
③ 제2항의 규정은 신청에 따른 처분이 절차의 위법을 이유로 취소되는 경우에 준용한다.

제38조 【준용규정】 ① 제9조, 제10조, 제13조 내지 제17조, 제19조, 제22조 내지 제26조, 제29조 내지 제31조 및 제33조의 규정은 무효등확인소송의 경우에 준용한다.
② 제9조, 제10조, 제13조 내지 제19조, 제20조, 제25조 내지 제27조, 제29조 내지 제31조, 제33조 및 제34조의 규정은 부작위위법확인소송의 경우에 준용한다.

제44조 【준용규정】 ① 제14조 내지 제17조, 제22조, 제25조, 제26조, 제30조 제1항, 제32조 및 제33조의 규정은 당사자소송의 경우에 준용한다.

12. 국회직 8급

475 □□□

기속력의 성질에 관하여는 기판력설과 특수효력설로 나누어져 있다. O | X

Point정리 기속력의 성질에 관한 학설

기판력설	기속력의 성질을 기판력의 일종으로 보는 견해
특수효력설	기속력은 취소판결의 효력을 실질적으로 보장하기 위해 특별히 소송법상 채택된 것으로 보는 견해

19. 변호사, 14. 지방직 7급, 10. 국가직 9급

476 □□□

취소판결의 기속력에 위반하여 행한 행정청의 행위는 위법하나, 이는 무효사유가 아니라 취소사유에 해당한다. O | X

확정판결의 당사자인 처분행정청이 그 행정소송의 사실심 변론종결 이전의 사유를 내세워 다시 확정판결과 저촉되는 행정처분을 하는 것은 허용되지 않는 것으로서 이러한 행정처분은 그 하자가 중대하고도 명백한 것이어서 당연무효라 할 것이다(대판 1990.12.11. 90누3560).

정답 474 ○ 475 ○ 476 X

19. 국회직 8급

477 □□□

甲시장이 A주식회사의 공동주택 건립을 위한 주택건설사업계획승인 신청에 대하여 미디어밸리 조성을 위한 시가화예정지역이라는 이유로 거부하자 A주식회사가 거부처분취소소송을 제기하여 승소확정판결을 받았고 이후 甲시장이 해당 토지 일대가 개발행위허가 제한지역으로 지정되었다는 이유로 다시 거부하는 처분을 한 사안에서 재거부처분은 종전 거부처분을 취소한 확정판결의 기속력에 반하는 것은 아니다.

O | X

고양시장이 甲주식회사의 공동주택 건립을 위한 주택건설사업계획승인 신청에 대하여 미디어밸리 조성을 위한 시가화예정지역이라는 이유로 거부하자, 甲회사가 거부처분의 취소를 구하는 소송을 제기하여 승소판결을 받았고 위 판결이 그대로 확정되었는데, 이후 고양시장이 해당 토지 일대가 개발행위허가 제한지역으로 지정되었다는 이유로 다시 거부하는 처분을 한 사안에서, 재거부처분은 종전 거부처분 후 해당 토지 일대가 개발행위허가 제한지역으로 지정되었다는 새로운 사실을 사유로 하는 것으로, 이는 종전 거부처분사유와 내용상 기초가 되는 구체적인 사실관계가 달라 기본적 사실관계가 동일하다고 볼 수 없다는 이유로, 행정소송법 제30조 제2항에서 정한 재처분에 해당하고 종전 거부처분을 취소한 확정판결의 기속력에 반하는 것은 아니다(대판 2011.10.27. 2011두14401).

14. 지방직 9급

478 □□□

과세처분시 납세고지서에 절차 내지 형식의 위법을 이유로 과세처분을 취소하는 판결이 확정된 경우에, 과세처분권자가 그 확정판결에 적시된 위법사유를 보완하여 행한 새로운 과세처분은 확정판결의 기판력에 저촉되지 아니한다.

O | X

과세처분시 납세고지서에 과세표준, 세율, 세액의 산출근거 등이 누락되어 있어 이러한 절차 내지 형식의 위법을 이유로 과세처분을 취소하는 판결이 확정된 경우에 그 확정판결의 기판력은 확정판결에 적시된 절차 내지 형식의 위법사유에 한하여 미친다고 할 것이므로 과세처분권자가 그 확정판결에 적시된 위법사유를 보완하여 행한 새로운 과세처분은 확정판결에 의하여 취소된 종전의 과세처분과는 별개의 처분으로서 확정판결의 기판력에 저촉되는 것은 아니다(대판 1986.11.11. 85누231).

15. 경행특채 1차

479 □□□

판결에 의하여 취소되는 처분이 당사자의 신청을 거부하는 것을 내용으로 하는 경우에는 그 처분을 행한 행정청은 판결의 취지에 따라 다시 이전의 신청에 대한 처분을 할 수 있다.

O | X

「행정소송법」 제30조【취소판결 등의 기속력】 ② 판결에 의하여 취소되는 처분이 당사자의 신청을 거부하는 것을 내용으로 하는 경우에는 그 처분을 행한 행정청은 판결의 취지에 따라 다시 이전의 신청에 대한 처분을 하여야 한다.

정답 477 ○ 478 ○ 479 X

19. 국회직 8급

480 □□□

행정행위 중 신청에 의한 처분의 경우에는 신청에 대하여 일단 거부처분이 행하여지면 그 거부처분이 적법한 절차에 의하여 취소되지 않는 한 사유를 추가하여 거부처분을 반복하는 것은 취소의 흠이 있는 거부처분이 반복되는 것이 된다. O | X

행정행위 중 신청에 의한 처분의 경우에는 신청에 대하여 일단 거부처분이 행하여지면 그 거부처분이 적법한 절차에 의하여 취소되지 않는 한 사유를 추가하여 거부처분을 반복하는 것은 취소의 흠이 있는 거부처분이 반복되는 것이 아니고 무효이다.

관련 판례

행정행위의 취소라 함은 일단 유효하게 성립한 행정처분이 위법 또는 부당함을 이유로 소급하여 그 효력을 소멸시키는 별도의 행정처분을 말하고, 행정청은 종전 처분과 양립할 수 없는 처분을 함으로써 묵시적으로 종전 처분을 취소할 수도 있으나, 행정행위 중 당사자의 신청에 의하여 인·허가 또는 면허 등 이익을 주거나 그 신청을 거부하는 처분을 하는 것을 내용으로 하는 이른바 신청에 의한 처분의 경우에는 신청에 대하여 일단 거부처분이 행해지면 그 거부처분이 적법한 절차에 의하여 취소되지 않는 한, 사유를 추가하여 거부처분을 반복하는 것은 존재하지도 않는 신청에 대한 거부처분으로서 당연무효이다(대판 1999.12.28. 98두1895).

19. 변호사·서울시 9급(2월), 17. 지방직 9급

481 □□□

행정청의 재처분 내용은 판결의 취지를 존중하는 것이면 되고 반드시 원고가 신청한 내용대로 처분해야 하는 것은 아니다. O | X

행정청의 처분을 취소하는 인용판결이 확정되면 행정청은 판결의 취지에 따라 다시 이전의 신청에 대한 처분을 하면 되는 것이지, 원고가 신청한 내용대로 재처분을 하여야 하는 것은 아니다. 따라서 행정청은 다른 사유를 들어 다시 거부하거나 신청을 인용할 수 있다.

19. 변호사·서울시 9급(2월), 09. 국회직 8급

482 □□□

행정처분의 적법 여부는 그 행정처분이 행하여진 때의 법령과 사실을 기준으로 하여 판단하는 것이므로 거부처분 후에 법령이 개정·시행된 경우에는 개정된 법령 및 허가기준을 새로운 사유로 들어 다시 이전의 신청에 대한 거부처분을 할 수 있다. O | X

행정청의 거부처분을 취소하는 판결이 확정된 경우에는 처분을 행한 행정청이 판결의 취지에 따라 이전 신청에 대하여 재처분을 할 의무가 있다. 행정처분의 적법 여부는 행정처분이 행하여진 때의 법령과 사실을 기준으로 판단하는 것이므로 확정판결의 당사자인 처분 행정청은 종전 처분 후에 발생한 새로운 사유를 내세워 다시 거부처분을 할 수 있고, 그러한 처분도 위 조항에 규정된 재처분에 해당한다(대판 2011.10.27. 2011두14401).

11. 지방직 9급

483 □□□

판례는 취소판결의 사유가 절차나 형식상의 하자인 경우에, 행정청이 그 위법사유를 보완하여 다시 재처분하는 것은 무방하다고 한다. O | X

과세처분시 납세고지서에 과세표준, 세율, 세액의 산출근거 등이 누락되어 있어 이러한 절차 내지 형식의 위법을 이유로 과세처분을 취소하는 판결이 확정된 경우에 그 확정판결의 기판력은 확정판결에 적시된 절차 내지 형식의 위법사유에 한하여 미친다고 할 것이므로 과세처분권자가 그 확정판결에 적시된 위법사유를 보완하여 행한 새로운 과세처분은 확정판결에 의하여 취소된 종전의 과세처분과는 별개의 처분으로서 확정판결의 기판력에 저촉되는 것은 아니다(대판 1986.11.11. 85누231).

정답 480 X 481 ○ 482 ○ 483 ○

19. 서울시 9급(2월), 15. 서울시 7급

484
□□□

위법판단의 기준시에 관하여 판결시설을 취하면 사실심 변론종결시 이전의 사유를 내세워 다시 거부처분을 할 수 있다. O | X

대법원은 취소소송은 행정청이 내린 특정한 결정을 대상으로 하여 이의 취소를 구하는 소송이라는 점에서 원칙적으로 행정결정시점인 "처분시의 법령 및 사실관계를 기준으로 위법성 여부를 판단하여야 할 것이다(대판 1984.5.29. 83누692)."라고 하여 처분시설을 취하고 있다. 그러나 거부처분취소소송에서 위법성 판단기준시점을 처분시로 볼 경우 처분 당시 거부처분이 위법이라서 취소한 경우에도 처분 이후의 새로이 개정된 법령에 근거하여 다시 거부처분을 할 수 있게 된다는 문제점이 있다. 이러한 문제점을 해결하기 위하여 거부처분취소소송에서 만큼은 위법성 판단기준시점을 판결시인 사실심 변론종결시로 보자는 판결시설이 대두되고 있다. 판결시설을 취할 경우, 사실심 변론종결시 이전의 사유를 내세워 다시 거부처분을 할 수 없다.

19. 국회직 8급

485
□□□

행정청의 거부처분을 취소하는 판결이 확정된 경우 확정판결의 당사자인 처분행정청은 그 행정소송의 사실심 변론종결 이후 발생한 새로운 사유를 내세워 다시 이전의 신청에 대하여 거부처분을 할 수 있다. O | X

행정소송법 제30조 제2항에 의하면, 행정청의 거부처분을 취소하는 판결이 확정된 경우에는 그 처분을 행한 행정청은 판결의 취지에 따라 이전의 신청에 대하여 재처분할 의무가 있고, 이 경우 확정판결의 당사자인 처분행정청은 그 행정소송의 사실심 변론종결 이후 발생한 새로운 사유를 내세워 다시 이전의 신청에 대하여 거부처분을 할 수 있으며, 그러한 처분도 이 조항에 규정된 재처분에 해당한다(대판 1999.12.28. 98두1895).

21. 지방직 9급, 19. 국회직 8급

486
□□□

재결에 의하여 취소되거나 무효 또는 부존재로 확인되는 처분이 당사자의 신청을 거부하는 것을 내용으로 하는 경우에는 그 처분을 한 행정청은 재결의 취지에 따라 다시 이전의 신청에 대한 처분을 하여야 한다. O | X

「행정심판법」 제49조 【재결의 기속력 등】 ② 재결에 의하여 취소되거나 무효 또는 부존재로 확인되는 처분이 당사자의 신청을 거부하는 것을 내용으로 하는 경우에는 그 처분을 한 행정청은 재결의 취지에 따라 다시 이전의 신청에 대한 처분을 하여야 한다.

참고 취소판결 등의 기속력

판결에 의하여 취소되는 처분이 당사자의 신청을 거부하는 것을 내용으로 하는 경우에는 그 처분을 행한 행정청은 판결의 취지에 따라 다시 이전의 신청에 대한 처분을 하여야 한다(행정소송법 제30조 제2항).

21. 소방간부

487
□□□

재결에 의하여 취소되는 처분이 당사자의 신청을 부작위로 방치하는 것을 내용으로 하는 경우에는 그 처분을 한 행정청은 재결의 취지에 따라 다시 이전의 신청에 대한 처분을 하여야 한다. O | X

「행정심판법」 제49조 【재결의 기속력 등】 ② 재결에 의하여 취소되거나 무효 또는 부존재로 확인되는 처분이 당사자의 신청을 거부하는 것을 내용으로 하는 경우에는 그 처분을 한 행정청은 재결의 취지에 따라 다시 이전의 신청에 대한 처분을 하여야 한다.

정답 484 X 485 ○ 486 ○ 487 X

09. 관세사

488 □□□

행정청의 동일 내용 처분금지의무는 통상적으로 취소소송의 인용판결이 확정된 경우에만 인정되며, 기각판결의 경우에는 인정되지 않는다. O | X

확정판결의 '기속력'은 취소청구가 인용된 판결에서 인정되는 것으로서 당사자인 행정청과 그 밖의 관계행정청에게 확정판결의 취지에 따라 행동하여야 할 의무를 지우는 작용을 하는 것이다.

19. 변호사 · 국가직 9급

489 □□□

A행정청이 거부처분 이전에 이미 존재하였던 사유 중 거부처분사유와 기본적 사실관계의 동일성이 없는 사유를 근거로 다시 거부처분을 하는 것은 허용되지 않는다. O | X

행정처분의 위법 여부는 행정처분이 행하여진 때의 법령과 사실을 기준으로 판단하므로, 확정판결의 당사자인 처분행정청은 종전 처분 후에 발생한 새로운 사유를 내세워 다시 처분을 할 수 있고, 새로운 처분의 처분사유가 종전 처분의 처분사유와 기본적 사실관계에서 동일하지 않은 다른 사유에 해당하는 이상, 처분사유가 종전 처분 당시 이미 존재하고 있었고 당사자가 이를 알고 있었더라도 이를 내세워 새로이 처분을 하는 것은 확정판결의 기속력에 저촉되지 않는다(대판 2016.3.24. 2015두48235).

12. 국회직 8급

490 □□□

자동차의 압류처분이 취소되면 행정청은 그 자동차를 원고에게 반환해야 한다. O | X

취소소송이 인용되는 확정판결이 있으면 기속력에 의해 결과제거의무가 발생한다. 자동차 압류처분의 취소판결이 확정되면 자동차의 압류라는 결과를 제거할 의무가 발생한다.

18. 지방직 9급, 15. 서울시 7급, 10. 국가직 9급

491 □□□

점용허가취소처분을 취소하는 확정판결의 기속력은 판결의 주문에 미치는 것으로 그 전제가 되는 처분 등의 구체적 위법사유에 관한 이유 중의 판단에 대해서는 인정되지 않는다 O | X

행정소송법 제30조 제1항에 의하여 인정되는 취소소송에서 처분 등을 취소하는 확정판결의 기속력은 주로 판결의 실효성 확보를 위하여 인정되는 효력으로서 판결의 주문뿐만 아니라 그 전제가 되는 처분 등의 구체적 위법사유에 관한 이유 중의 판단에 대하여도 인정된다(대판 2001.3.23. 99두5238).

21. 국가직 7급

492 □□□

취소확정판결의 기속력은 판결의 주문(主文)에 대해서만 발생하며, 처분의 구체적 위법사유에 대해서는 발생하지 않는다. O | X

취소확정판결의 기속력은 판결의 주문 및 전제가 되는 처분 등의 구체적 위법사유에 관한 판단에도 미치나, 종전 처분이 판결에 의하여 취소되었더라도 종전 처분과 다른 사유를 들어서 새로이 처분을 하는 것은 기속력에 저촉되지 않는다(대판 2016.3.24. 2015두48235).

정답 488 ○ 489 X 490 ○ 491 X 492 X

14. 경행특채 2차

493 □□□

처분을 취소하는 확정판결은 당사자인 행정청과 그 밖의 관계행정청을 기속한다. O | X

「행정소송법」 제30조 【취소판결 등의 기속력】 ① 처분 등을 취소하는 확정판결은 그 사건에 관하여 당사자인 행정청과 그 밖의 관계행정청을 기속한다.

13. 국가직 7급

494 □□□

간접강제결정에 기한 배상금은 확정판결에 따른 재처분의 지연에 대한 제재 또는 손해배상이라는 것이 판례의 입장이다. O | X

행정소송법 제34조 소정의 간접강제결정에 기한 배상금은 확정판결의 취지에 따른 재처분의 지연에 대한 제재나 손해배상이 아니고 재처분의 이행에 관한 심리적 강제수단에 불과한 것으로 보아야 한다(대판 2010.12.23. 2009다37725).

19. 서울시 9급(2월)

495 □□□

행정처분에 대하여 무효확인판결이 내려진 경우에는 그 행정처분이 거부처분인 경우에도 행정청에 판결의 취지에 따른 재처분의무가 인정될 뿐 그에 대하여 간접강제까지 허용되는 것은 아니다. O | X

행정소송법 제38조 제1항이 무효확인판결에 관하여 취소판결에 관한 규정을 준용함에 있어서 같은 법 제30조 제2항을 준용한다고 규정하면서도 같은 법 제34조는 이를 준용한다는 규정을 두지 않고 있으므로, 행정처분에 대하여 무효확인판결이 내려진 경우에는 그 행정처분이 거부처분인 경우에도 행정청에 판결의 취지에 따른 재처분의무가 인정될 뿐 그에 대하여 간접강제까지 허용되는 것은 아니라고 할 것이다(대결 1998.12.24. 98무37).

21. 국가직 7급

496 □□□

취소확정판결의 기속력에 대한 규정은 무효확인판결에도 준용되므로, 무효확인판결의 취지에 따른 처분을 하지 아니할 때에는 1심 수소법원은 간접강제결정을 할 수 있다. O | X

행정처분에 대하여 무효확인판결이 내려진 경우에는 그 행정처분이 거부처분인 경우에도 행정청에 판결의 취지에 따른 재처분의무가 인정될 뿐 그에 대하여 간접강제까지 허용되는 것은 아니라고 할 것이다(대결 1998.12.24. 98무37).

21. 국가직 7급 유사, 18. 지방직 9급

497 □□□

주택건설사업 승인신청 거부처분에 대한 취소의 확정판결이 있은 후 행정청이 재처분을 하였다 하더라도 그 재처분이 종전 거부처분에 대한 취소의 확정판결의 기속력에 반하는 경우, 행정소송법상 간접강제신청에 필요한 요건을 갖춘 것으로 보아야 한다. O | X

거부처분에 대한 취소의 확정판결이 있음에도 행정청이 아무런 재처분을 하지 아니하거나, 재처분을 하였다 하더라도 그것이 종전 거부처분에 대한 취소의 확정판결의 기속력에 반하는 등으로 당연무효라면 이는 아무런 재처분을 하지 아니한 때와 마찬가지라 할 것이므로 이러한 경우에는 행정소송법 제30조 제2항, 제34조 제1항 등에 의한 간접강제신청에 필요한 요건을 갖춘 것으로 보아야 한다(대결 2002.12.11. 2002무22).

정답 493 ○ 494 X 495 ○ 496 X 497 ○

[498~500] 甲은 관할 A행정청에 토지형질변경허가를 신청하였으나 A행정청은 허가를 거부하였다. 이에 甲은 거부처분취소소송을 제기하여 재량의 일탈·남용을 이유로 취소판결을 받았고, 그 판결은 확정되었다.

19. 국가직 9급

498 □□□

A행정청이 재처분을 하였더라도 취소판결의 기속력에 저촉되는 경우에는 甲은 간접강제를 신청할 수 있다. O | X

거부처분에 대한 취소의 확정판결이 있음에도 행정청이 아무런 재처분을 하지 아니하거나, 재처분을 하였다 하더라도 그것이 종전 거부처분에 대한 취소의 확정판결의 기속력에 반하는 등으로 당연무효라면 이는 아무런 재처분을 하지 아니한 때와 마찬가지라 할 것이므로 이러한 경우에는 위 규정에 의한 간접강제신청에 필요한 요건을 갖춘 것으로 보아야 할 것이다(대결 2002.12.11. 2002무22).

19. 국가직 9급

499 □□□

A행정청의 재처분이 취소판결의 기속력에 저촉되더라도 당연무효는 아니고 취소사유가 될 뿐이다. O | X

확정판결의 당사자인 처분행정청이 그 행정소송의 사실심 변론종결 이전의 사유를 내세워 다시 확정판결과 저촉되는 행정처분을 하는 것은 허용되지 않는 것으로서 이러한 행정처분은 그 하자가 중대하고도 명백한 것이어서 당연무효라 할 것이다(대판 1990.12.11. 90누3560).

21. 국가직 7급, 19. 국가직 9급

500 □□□

A행정청이 간접강제결정에서 정한 의무이행기한 내에 재처분을 이행하지 않아 배상금이 이미 발생한 경우에는 그 이후에 재처분을 이행하더라도 甲은 배상금을 추심할 수 있다. O | X

행정소송법 제34조 소정의 간접강제결정에 기한 배상금은 거부처분취소판결이 확정된 경우 그 처분을 행한 행정청으로 하여금 확정판결의 취지에 따른 재처분의무의 이행을 확실히 담보하기 위한 것으로서, 확정판결의 취지에 따른 재처분의무 내용의 불확정성과 그에 따른 재처분에의 해당 여부에 관한 쟁송으로 인하여 간접강제결정에서 정한 재처분의무의 기한 경과에 따른 배상금이 증가될 가능성이 자칫 행정청으로 하여금 인용처분을 강제하여 행정청의 재량권을 박탈하는 결과를 초래할 위험성이 있는 점 등을 감안하면, 이는 확정판결의 취지에 따른 재처분의 지연에 대한 제재나 손해배상이 아니고 재처분의 이행에 관한 심리적 강제수단에 불과한 것으로 보아야 하므로, 특별한 사정이 없는 한 간접강제결정에서 정한 의무이행기한이 경과한 후에라도 확정판결의 취지에 따른 재처분의 이행이 있으면 배상금을 추심함으로써 심리적 강제를 꾀할 목적이 상실되어 처분상대방이 더 이상 배상금을 추심하는 것은 허용되지 않는다(대판 2004.1.15. 2002두2444).

19. 지방직 9급, 18. 국회직 8급·서울시 7급

501 □□□

행정처분이 불복기간의 경과로 인하여 확정될 경우, 그 확정력은 처분으로 인하여 법률상 이익을 침해받은 자가 처분의 효력을 더 이상 다툴 수 없다는 의미일 뿐 판결에 있어서와 같은 기판력이 인정되는 것은 아니다. O | X

일반적으로 행정처분이나 행정심판재결이 불복기간의 경과로 인하여 확정될 경우, 그 확정력은 그 처분으로 인하여 법률상 이익을 침해받은 자가 당해 처분이나 재결의 효력을 더 이상 다툴 수 없다는 의미일 뿐, 더 나아가 판결에 있어서와 같은 기판력이 인정되는 것은 아니어서 그 처분의 기초가 된 사실관계나 법률적 판단이 확정되고 당사자들이나 법원이 이에 기속되어 모순되는 주장이나 판단을 할 수 없게 되는 것은 아니다(대판 1994.11.8. 93누21927).

정답 498 ○ 499 X 500 X 501 ○

14. 지방직 9급

502 □□□

취소확정판결이 있으면 당사자는 동일한 소송물을 대상으로 다시 소를 제기할 수 없다. O | X

기판력에 의해 부적법 각하된다.

11. 지방직 9급

503 □□□

행정소송법은 기판력에 관한 명문의 규정을 두고 있다는 것이 통설·판례의 입장이다. O | X

행정소송법에는 기속력에 관한 규정은 있으나 기판력에 관한 규정은 없다.

09. 국회직 8급

504 □□□

취소소송에서 전소와 후소가 그 소송물을 달리하는 경우에는 전소 확정판결의 기판력이 후소에 미치지 아니한다. O | X

전소와 후소에서 청구원인으로 주장하는 손해가 동일한 불법행위를 근거로 하나, 전소의 청구원인이 건물에 대한 침해에 따른 손해인 데 비하여 후소의 청구원인은 토지에 대한 침해에 따른 손해로서 그 침해된 권리 내지 이익이 사회통념상 다른 경우, 양 소는 그 소송물을 달리한다. … 이 사건 소는 전소와는 별개의 소송물로서 전소의 기판력에 저촉되지 않는다고 보아야 한다(부산고등법원 2007.7.5. 2006나8634).

14. 지방직 9급, 09. 국회직 8급

505 □□□

과세처분의 취소소송에서 청구가 기각된 확정판결의 기판력은 그 과세처분의 무효확인을 구하는 소송에는 미치지 아니한다. O | X

과세처분의 취소소송은 과세처분의 실체적·절차적 위법을 그 취소원인으로 하는 것으로서 그 심리의 대상은 과세관청의 과세처분에 의하여 인정된 조세채무인 과세표준 및 세액의 객관적 존부, 즉 당해 과세처분의 적부가 심리의 대상이 되는 것이며, 과세처분 취소청구를 기각하는 판결이 확정되면 그 처분이 적법하다는 점에 관하여 기판력이 생기고 그 후 원고가 이를 무효라 하여 무효확인을 소구할 수 없는 것이어서 과세처분의 취소소송에서 청구가 기각된 확정판결의 기판력은 그 과세처분의 무효확인을 구하는 소송에도 미친다(대판 2003.5.16. 2002두3669).

18. 국회직 8급

506 □□□

취소판결의 기판력은 소송의 대상이 된 처분의 위법성존부에 관한 판단 그 자체에만 미치기 때문에 기각판결의 원고는 당해 소송에서 주장하지 아니한 다른 위법사유를 들어 다시 처분의 효력을 다툴 수 있다. O | X

행정처분 취소소송의 소송물은 행정처분의 위법성 일반이므로 취소소송에서 원고청구의 기각판결이 선고되면 행정처분이 적법하다는 점에 관하여 기판력이 생긴다. 기판력은 판결확정 후 동일한 사항이 소송상 문제로 되었을 때 당사자는 이에 모순되는 주장을 할 수 없고, 법원도 이에 저촉되는 판단을 할 수 없는 소송법상의 효력을 말한다. 따라서 행정처분의 취소소송에서 어느 위법사유를 주장하지 아니하여 청구기각판결을 받고 그 판결이 확정된 후에는 당사자가 그 위법사유를 주장하여 동일한 행정처분에 대한 취소소송을 제기하는 것은 전소의 기판력에 저촉되는 것으로서 허용될 수 없다(대판 1999.12.24. 99구12860).

정답 502 ○ 503 X 504 ○ 505 X 506 X

18. 지방직 7급

507 □□□

행정처분이나 행정심판재결이 불복기간의 경과로 인하여 확정될 경우 확정력은 처분으로 인하여 법률상 이익을 침해받은 자가 처분이나 재결의 효력을 더 이상 다툴 수 없다는 의미에서 판결에 있어서와 같은 기판력이 인정된다. O | X

행정처분이나 행정심판재결이 불복기간의 경과로 확정된 경우, 그 확정력(불가쟁력)의 의미는 더 이상 다툴 수 없다는 의미일 뿐, 더 나아가 판결에 있어서와 같은 기판력이 인정되는 것은 아니어서 그 처분의 기초가 된 사실관계나 법률적 판단이 확정되고 당사자들이나 법원이 이에 기속되어 모순되는 주장이나 판단을 할 수 없게 되는 것은 아니다(대판 2004.7.8. 2002두11288).

10. 국가직 9급

508 □□□

취소소송의 피고는 처분청이므로 행정청을 피고로 하는 취소소송에 있어서의 기판력은 당해 처분이 귀속하는 국가 또는 공공단체에 미친다. O | X

기판력은 당사자, 행정청(소속 국가나 공공단체 포함), 법원 모두를 구속한다. 단, 제3자효는 없다.

15. 사복직 9급 · 경행특채 1차, 11. 지방직 9급

509 □□□

판례는 기판력의 객관적 범위가 판결의 주문 이외에 판결이유에 설시된 그 전제가 되는 법률관계의 존부에도 미친다고 판시하고 있다. O | X

확정판결의 기판력은 그 판결의 주문에 포함된 것, 즉 소송물로 주장된 법률관계의 존부에 관한 판단의 결론 그 자체에만 생기는 것이고, 판결이유에 설시된 그 전제가 되는 법률관계의 존부에까지 미치는 것은 아니다(대판 2010.12.23. 2010다58889).

08. 세무사

510 □□□

기판력은 사실심 변론종결시를 기준으로 하여 발생한다. O | X

Point정리 기판력 · 기속력의 시간적 범위

기판력의 시간적 범위	사실심 변론종결시
기속력의 시간적 범위	처분시

13. 서울시 7급, 06. 세무사

511 □□□

국가배상법상 위법을 항고소송의 위법보다 넓은 개념으로 보는 견해에 의하면 취소소송의 판결 중에서 인용판결의 기판력은 국가배상소송에 영향을 미치지 않지만, 기각판결의 기판력은 국가배상소송에 영향을 미친다. O | X

국가배상법상 위법을 항고소송의 위법보다 넓은 개념으로 보는 견해에 의하면 취소소송의 판결 중 인용판결의 기판력은 국가배상소송에 영향을 미치지만, 기각판결의 기판력은 국가배상소송에 영향을 미치지 않는다(기각판결인 경우 국가배상소송에서는 위법이라 판단할 수 있다).

정답 507 X 508 ○ 509 X 510 ○ 511 X

19. 국가직 9급 · 변호사, 08. 지방직 9급

512 □□□

취소소송의 선결문제(구체적 규범심사)로서 명령 · 규칙이 대법원의 판결에 의하여 헌법 또는 법률에 위반됨이 확정된 경우에 대법원은 지체 없이 그 사유를 법무부장관에게 통보하여야 한다. O | X

「행정소송법」 제6조 【명령 · 규칙의 위헌판결 등 공고】 ① 행정소송에 대한 대법원판결에 의하여 명령 · 규칙이 헌법 또는 법률에 위반된다는 것이 확정된 경우에는 대법원은 지체 없이 그 사유를 행정안전부장관에게 통보하여야 한다.

18. 국가직 7급

513 □□□

소송참가할 수 있는 행정청이 자기에게 책임 없는 사유로 소송에 참가하지 못함으로써 판결의 결과에 영향을 미칠 공격 또는 방어방법을 제출하지 못한 때에는 이를 이유로 확정된 종국판결에 대하여 재심을 청구할 수 있다. O | X

처분 등을 취소하는 판결에 의하여 권리 또는 이익의 침해를 받은 제3자는 자기에게 책임 없는 사유로 소송에 참가하지 못함으로써 판결의 결과에 영향을 미칠 공격 또는 방어방법을 제출하지 못한 때에는 이를 이유로 확정된 종국판결에 대하여 재심의 청구를 할 수 있다(행정소송법 제31조 제1항).

15. 국회직 8급, 04. 행시

514 □□□

처분 등을 취소하는 판결에 의하여 권리 또는 이익을 침해받은 제3자는 소송에 참가하지 못함으로써 판결의 결과에 영향을 미칠 공격 또는 방어방법을 제출하지 못한 때에는 그 귀책사유 여부와 관계없이 확정된 종국판결에 대하여 재심의 청구를 할 수 있다. O | X

「행정소송법」 제31조 【제3자에 의한 재심청구】 ① 처분 등을 취소하는 판결에 의하여 권리 또는 이익의 침해를 받은 제3자는 자기에게 책임 없는 사유로 소송에 참가하지 못함으로써 판결의 결과에 영향을 미칠 공격 또는 방어방법을 제출하지 못한 때에는 이를 이유로 확정된 종국판결에 대하여 재심의 청구를 할 수 있다.

13. 국가직 7급, 08. 지방직 9급

515 □□□

행정처분에 대한 취소청구가 사정판결에 의하여 기각된 경우에 소송비용은 피고가 부담한다. O | X

「행정소송법」 제32조 【소송비용의 부담】 취소청구가 제28조의 규정에 의하여 기각되거나 행정청이 처분 등을 취소 또는 변경함으로 인하여 청구가 각하 또는 기각된 경우에는 소송비용은 피고의 부담으로 한다.

제33조 【소송비용에 관한 재판의 효력】 소송비용에 관한 재판이 확정된 때에는 피고 또는 참가인이었던 행정청이 소속하는 국가 또는 공공단체에 그 효력을 미친다.

정답 512 X 513 X 514 X 515 ○

22. 국가직 9급

516 □□□

행정처분의 취소를 구하는 소에서, 비록 행정처분의 위법을 이유로 취소판결을 받더라도 처분에 의하여 발생한 위법상태를 원상회복시키는 것이 불가능한 경우에는 원칙적으로 취소를 구할 법률상 이익이 없으므로, 수소법원은 소를 각하하여야 한다. O | X

행정처분의 무효확인 또는 취소를 구하는 소에서, 비록 행정처분의 위법을 이유로 무효확인 또는 취소 판결을 받더라도 처분에 의하여 발생한 위법상태를 원상으로 회복시키는 것이 불가능한 경우에는 원칙적으로 무효확인 또는 취소를 구할 법률상 이익이 없고, 다만 원상회복이 불가능하더라도 무효확인 또는 취소로써 회복할 수 있는 다른 권리나 이익이 남아 있는 경우 예외적으로 법률상 이익이 인정될 수 있을 뿐이다(대판 2016.6.10. 2013두1638).

22. 국가직 9급

517 □□□

해임처분 취소소송 계속 중 임기가 만료되어 해임처분의 취소로 지위를 회복할 수는 없다고 할지라도, 그 취소로 해임처분일부터 임기만료일까지 기간에 대한 보수 지급을 구할 수 있는 경우에는 해임처분의 취소를 구할 법률상 이익이 있으므로, 수소법원은 본안에 대하여 판단하여야 한다. O | X

해임처분 무효확인 또는 취소소송 계속 중 임기가 만료되어 해임처분의 무효확인 또는 취소로 지위를 회복할 수는 없다고 할지라도, 그 무효확인 또는 취소로 해임처분일부터 임기만료일까지 기간에 대한 보수 지급을 구할 수 있는 경우에는 해임처분의 무효확인 또는 취소를 구할 법률상 이익이 있다(대판 2012.2.23. 2011두5001).

22. 국가직 9급

518 □□□

관할청이 농지법상의 이행강제금 부과처분을 하면서 재결청에 행정심판을 청구하거나 관할 행정법원에 행정소송을 할 수 있다고 잘못 안내한 경우 행정법원의 항고소송 재판관할이 생긴다. O | X

농지법 제62조 제6항, 제7항이 이행강제금 부과처분에 대한 불복절차(비송사건절차법에 따른 재판절차)를 분명하게 규정하고 있으므로, 이와 다른 불복절차를 허용할 수는 없다. 설령 관할청이 이행강제금 부과처분을 하면서 재결청에 행정심판을 청구하거나 관할 행정법원에 행정소송을 할 수 있다고 잘못 안내하거나 관할 행정심판위원회가 각하재결이 아닌 기각재결을 하면서 관할 법원에 행정소송을 할 수 있다고 잘못 안내하였다고 하더라도, 그러한 잘못된 안내로 행정법원의 항고소송 재판관할이 생긴다고 볼 수도 없다(대판 2019.4.11. 2018두42955).

22. 국가직 9급

519 □□□

행정소송법 제19조에서 말하는 '재결 자체에 고유한 위법'이란 원처분에는 없고 재결에만 있는 재결청의 권한 또는 구성의 위법, 재결의 절차나 형식의 위법, 내용의 위법 등을 뜻한다. O | X

행정소송법 제19조에서 말하는 '재결 자체에 고유한 위법'이란 원처분에는 없고 재결에만 있는 재결청의 권한 또는 구성의 위법, 재결의 절차나 형식의 위법, 내용의 위법 등을 뜻하고, 그 중 내용의 위법에는 위법 · 부당하게 인용재결을 한 경우가 해당한다(대판 1997.9.12. 96누14661).

정답 516 ○ 517 ○ 518 X 519 ○

22. 지방직 9급

520 □□□

원고의 청구가 이유있다고 인정하는 경우에도 이를 인용하는 것이 현저히 공공복리에 적합하지 않다고 판단되면 법원은 피고 행정청의 주장이나 신청이 없더라도 사정판결을 할 수 있다. O | X

행정처분이 위법한 경우에는 이를 취소하는 것이 원칙이고, 예외적으로 그 위법한 처분을 취소 · 변경하는 것이 도리어 현저히 공공복리에 적합하지 아니하는 경우에는 그 취소를 허용하지 아니하는 사정판결을 할 수 있고, 이러한 사정판결에 관하여는 당사자의 명백한 주장이 없는 경우에도 기록에 나타난 여러 사정을 기초로 직권으로 판단할 수 있는 것이나, 그 요건인 현저히 공공복리에 적합하지 아니한지 여부를 위법한 행정처분을 취소 · 변경하여야 할 필요와 그 취소 · 변경으로 인하여 발생할 수 있는 공공복리에 반하는 사태 등을 비교교량하여 판단하여야 한다(대판 2001.1.19. 99두9674).

22. 지방직 9급

521 □□□

영업정지처분에 대한 취소소송에서 취소판결이 확정되면 처분청은 영업정지처분의 효력을 소멸시키기 위하여 영업정지처분을 취소하는 처분을 하여야 할 의무를 진다. O | X

행정처분을 취소한다는 확정판결이 있으면 그 취소판결의 형성력에 의하여 당해 행정처분의 취소나 취소통지 등의 별도의 절차를 요하지 아니하고 당연히 취소의 효과가 발생한다(대판 1991.10.11. 90누5443).

22. 지방직 9급

522 □□□

공사중지명령의 상대방이 제기한 공사중지명령취소소송에서 기각판결이 확정된 경우 특별한 사정변경이 없더라도 그 후 상대방이 제기한 공사중지명령해제신청 거부처분취소소송에서는 그 공사중지명령의 적법성을 다시 다툴 수 있다. O | X

행정청이 관련 법령에 근거하여 행한 공사중지명령의 상대방이 그 명령의 취소를 구한 소송에서 패소함으로써 그 명령이 적법한 것으로 이미 확정되었다면, 이후 이러한 공사중지명령의 상대방은 그 명령의 해제신청을 거부한 처분의 취소를 구하는 소송에서 그 명령의 적법성을 다툴 수 없다. 그와 같은 공사중지명령에 대하여 그 명령의 상대방이 해제를 구하기 위해서는 그 명령의 내용 자체로 또는 그 성질상으로 명령 이후에 그 원인사유가 해소되었음이 인정되어야 한다(대판 1997.12.26. 96누17745).

22. 지방직 9급

523 □□□

행정청은 취소판결에서 위법하다고 판단된 처분사유와 기본적 사실관계의 동일성이 없는 사유이더라도 처분시에 존재한 사유를 들어 종전의 처분과 같은 처분을 다시 할 수 없다. O | X

취소 확정판결의 기속력은 판결의 주문 및 전제가 되는 처분 등의 구체적 위법사유에 관한 판단에도 미치나, 종전 처분이 판결에 의하여 취소되었더라도 종전 처분과 다른 사유를 들어서 새로이 처분을 하는 것은 기속력에 저촉되지 않는다. 여기에서 동일 사유인지 다른 사유인지는 확정판결에서 위법한 것으로 판단된 종전 처분사유와 기본적 사실관계에서 동일성이 인정되는지 여부에 따라 판단되어야 하고, 기본적 사실관계의 동일성 유무는 처분사유를 법률적으로 평가하기 이전의 구체적인 사실에 착안하여 그 기초인 사회적 사실관계가 기본적인 점에서 동일한지에 따라 결정된다. 또한 행정처분의 위법 여부는 행정처분이 행하여진 때의 법령과 사실을 기준으로 판단하므로, 확정판결의 당사자인 처분 행정청은 종전 처분 후에 발생한 새로운 사유를 내세워 다시 처분을 할 수 있고, 새로운 처분의 처분사유가 종전 처분의 처분사유와 기본적 사실관계에서 동일하지 않은 다른 사유에 해당하는 이상, 처분사유가 종전 처분 당시 이미 존재하고 있었고 당사자가 이를 알고 있었더라도 이를 내세워 새로이 처분을 하는 것은 확정판결의 기속력에 저촉되지 않는다(대판 2016.3.24. 2015두48235).

정답 520 ○ 521 X 522 X 523 X

22. 지방직 9급

524
□□□

절차상의 하자를 이유로 행정처분을 취소하는 판결이 선고되어 확정된 경우, 그 확정판결의 기속력은 취소사유로 된 절차의 위법에 한하여 미치는 것이므로 행정청은 적법한 절차를 갖추어 동일한 내용의 처분을 다시 할 수 있다. O | X

과세의 절차 내지 형식에 위법이 있어 과세처분을 취소하는 판결이 확정되었을 때는 그 확정판결의 기판력은 거기에 적시된 절차 내지 형식의 위법사유에 한하여 미치는 것이므로, 과세관청은 그 위법사유를 보완하여 다시 새로운 과세처분을 할 수 있고, 그 새로운 과세처분은 확정판결에 의하여 취소된 종전의 과세처분과는 별개의 처분이라 할 것이어서, 확정판결의 기판력에 저촉되는 것이 아니다(대판 1987.2.10. 86누91).

23. 국회직 8급

525
□□□

사실심에서 변론종결시까지 당사자가 주장하지 않던 직권조사사항에 해당하는 사항을 상고심에서 비로소 주장하는 경우 그 직권조사사항에 해당하는 사항은 상고심의 심판범위에 해당하지 않는다. O | X

사실심에서 변론종결시까지 당사자가 주장하지 않던 직권조사사항에 해당하는 사항을 상고심에서 비로소 주장하는 경우 그 직권조사사항에 해당하는 사항은 상고심의 심판범위에 포함된다(대판 2009.10.29. 2008다37247).

22. 지방직 7급

526
□□□

법원이 어느 하나의 사유에 의한 과징금부과처분에 대하여 그 사유와 기본적 사실관계의 동일성이 인정되지 아니하는 다른 처분사유가 존재한다는 이유로 적법하다고 판단하는 것은 특별한 사정이 없는 한 직권심사주의의 한계를 넘는 것이 아니다. O | X

항고소송에서 법원은 필요하다고 인정하면 직권으로 증거조사를 할 수 있고 당사자가 주장하지 아니한 사실에 대하여도 판단할 수 있다(행정소송법 제26조). 이는 행정소송의 특수성을 고려하여 당사자주의 및 변론주의에 대한 일부 예외를 규정한 것이기는 하지만, 그 경우에도 새로운 처분사유를 인정하여 행정처분의 정당성 여부를 판단하는 것은 당초의 처분사유와 기본적 사실관계의 동일성이 인정되는 한도 내에서만 허용된다. … 명의신탁등기 과징금과 장기미등기 과징금은 위반행위의 태양, 부과 요건, 근거 조항을 달리하므로, 각 과징금 부과처분의 사유는 상호 간에 기본적 사실관계의 동일성이 있다고 할 수 없다. 그러므로 그 중 어느 하나의 처분사유에 의한 과징금 부과처분에 대하여 당해 처분사유가 아닌 다른 처분사유가 존재한다는 이유로 적법하다고 판단하는 것은 특별한 사정이 없는 한 행정소송법상 직권심사주의의 한계를 넘는 것으로서 허용될 수 없다(대판 2017.5.17. 2016두53050).

정답 524 ○ 525 X 526 X

23. 지방직 9급

527 □□□

과세의 절차 내지 형식에 위법이 있어 과세처분을 취소하는 판결이 확정되었을 경우 과세관청은 그 위법 사유를 보완하여 다시 새로운 과세처분을 할 수 있고, 그 새로운 과세처분은 확정판결에 의하여 취소된 종전의 과세처분과는 별개의 처분이다. O | X

과세의 절차 내지 형식에 위법이 있어 과세처분을 취소하는 판결이 확정되었을 때는 그 확정판결의 기판력은 거기에 적시된 절차내지 형식의 위법사유에 한하여 미치는 것이므로 과세관청은 그 위법사유를 보완하여 다시 새로운 과세처분을 할 수 있고 그 새로운 과세처분은 확정판결에 의하여 취소된 종전의 과세처분과는 별개의 처분이라 할 것이어서 확정판결의 기판력에 저촉되는 것이 아니다(대판 1987.2.10. 86누91).

23. 지방직 9급

528 □□□

취소 확정판결의 기속력은 판결의 주문 및 전제가 되는 처분등의 구체적 위법사유에 관한 판단에도 미치므로, 종전 처분이 판결에 의하여 취소되었다면 종전 처분의 처분사유와 기본적 사실관계에서 동일하지 않은 다른 사유를 들어서 새로이 동일한 내용을 처분하는 것 또한 확정판결의 기속력에 저촉된다. O | X

취소 확정판결의 기속력은 판결의 주문 및 전제가 되는 처분 등의 구체적 위법사유에 관한 판단에도 미치나, 종전 처분이 판결에 의하여 취소되었더라도 종전 처분과 다른 사유를 들어서 새로이 처분을 하는 것은 기속력에 저촉되지 않는다. 여기에서 동일 사유인지 다른 사유인지는 확정판결에서 위법한 것으로 판단된 종전 처분사유와 기본적 사실관계에서 동일성이 인정되는지 여부에 따라 판단되어야 하고, 기본적 사실관계의 동일성 유무는 처분사유를 법률적으로 평가하기 이전의 구체적인 사실에 착안하여 그 기초인 사회적 사실관계가 기본적인 점에서 동일한지에 따라 결정된다(대판 2016.3.24. 2015두48235).

23. 지방직 9급

529 □□□

행정소송법에 따르면 법원은 당사자의 신청이 있는 때에는 결정으로써 재결을 행한 행정청에 대하여 행정심판에 관한 기록의 제출을 명할 수 있고, 제출명령을 받은 행정청은 지체 없이 당해 행정심판에 관한 기록을 법원에 제출하여야 한다. O | X

「행정소송법」 제25조 **【행정심판기록의 제출명령】** ① 법원은 당사자의 신청이 있는 때에는 결정으로써 재결을 행한 행정청에 대하여 행정심판에 관한 기록의 제출을 명할 수 있다.
② 제1항의 규정에 의한 제출명령을 받은 행정청은 지체 없이 당해 행정심판에 관한 기록을 법원에 제출하여야 한다.

정답 527 ○ 528 X 529 ○

23. 지방직 9급

530

□□□

결혼이민[F-6 (다)목] 체류자격을 신청한 외국인에 대하여 행정청이 그 요건을 충족하지 못하였다는 이유로 거부처분을 하는 경우 '그 요건을 갖추지 못하였다는 판단', 즉 '혼인파탄의 주된 귀책사유가 국민인 배우자에게 있지 않다는 판단' 자체가 처분사유가 되는바, 결혼이민[F-6 (다)목] 체류자격 거부처분 취소소송에서 그 처분사유에 관한 증명책임은 피고 행정청에 있다. O | X

결혼이민[F-6 (다)목] 체류자격을 신청한 외국인에 대하여 행정청이 그 요건을 충족하지 못하였다는 이유로 거부처분을 하는 경우에는 '그 요건을 갖추지 못하였다는 판단', 다시 말해 '혼인파탄의 주된 귀책사유가 국민인 배우자에게 있지 않다는 판단' 자체가 처분사유가 된다. 부부가 혼인파탄에 이르게 된 여러 사정들은 그와 같은 판단의 근거가 되는 기초 사실 내지 평가요소에 해당한다. … 수소법원이 '혼인파탄의 주된 귀책사유가 국민인 배우자에게 있다'고 판단하게 되는 경우에는, 해당 결혼이민[F-6 (다)목] 체류자격 거부처분은 위법하여 취소되어야 하므로, 이러한 의미에서 결혼이민[F-6 (다)목] 체류자격 거부처분 취소소송에서도 그 처분사유에 관한 증명책임은 피고 행정청에 있다(대판 2019.7.4. 2018두66869).

23. 국가직 9급

531

□□□

어떠한 처분에 법령상 근거가 있는지, 행정절차법에서 정한 처분 절차를 준수하였는지는 소송요건 심사단계에서 고려하여야 한다. O | X

어떠한 처분에 법령상 근거가 있는지, 행정절차법에서 정한 처분절차를 준수하였는지는 본안에서 당해 처분이 적법한가를 판단하는 단계에서 고려할 요소이지, 소송요건 심사단계에서 고려할 요소가 아니다(대판 2020.4.9. 2015다34444).

23. 국가직 7급

532

□□□

부당해고 구제신청에 관한 중앙노동위원회의 결정에 대하여 취소소송을 제기하는 경우, 법원은 중앙노동위원회의 결정 후에 생긴 사유를 들어 그 결정의 적법 여부를 판단할 수 있다. O | X

부당해고 구제신청에 관한 중앙노동위원회의 명령 또는 결정의 취소를 구하는 소송에서 그 명령 또는 결정이 적법한지는 그 명령 또는 결정이 이루어진 시점을 기준으로 판단하여야 하고, 그 명령 또는 결정 후에 생긴 사유를 들어 적법 여부를 판단할 수는 없으나, 그 명령 또는 결정의 기초가 된 사실이 동일하다면 노동위원회에서 주장하지 아니한 사유도 행정소송에서 주장할 수 있다(대판 2021.7.29. 2016두64876).

23. 국가직 7급

533

□□□

행정처분을 취소하는 확정판결이 있으면 그 취소판결 자체의 효력에 의해 그 행정처분을 기초로 하여 새로 형성된 제3자의 권리는 당연히 그 행정처분 전의 상태로 환원된다. O | X

행정처분을 취소하는 확정판결이 제3자에 대하여도 효력이 있다고 하더라도 일반적으로 판결의 효력은 주문에 포함한 것에 한하여 미치는 것이니 그 취소판결 자체의 효력으로써 그 행정처분을 기초로 하여 새로 형성된 제3자의 권리까지 당연히 그 행정처분 전의 상태로 환원되는 것이라고는 할 수 없다(대판 1986.8.19. 83다카2022).

정답 530 ○ 531 X 532 X 533 X

제6절 행정소송상의 가구제제도

19. 서울시 9급(2월), 15. 교행직 9급, 14. 사복직 9급

534 □□□

취소소송이 제기되면 처분의 효력이나 그 집행은 정지되지 않으나 절차의 속행은 정지된다. O | X

행정소송법 제23조 제1항은 "취소소송의 제기는 처분 등의 효력이나 그 집행 또는 절차의 속행에 영향을 주지 아니한다."라고 규정하여 집행부정지원칙을 규정하고 있다. 이는 남소를 방지하고 행정의 실효성확보를 위한 것이다.

11. 국가직 9급

535 □□□

행정소송법은 집행부정지원칙을 택하면서도 집행정지의 길을 열어 개인(원고)의 권리보호를 목적으로 하고 있다. O | X

Point정리 행정소송법 제23조(집행정지) 각 항의 내용과 요건

① 집행부정지 원칙	취소소송의 제기는 처분 등의 효력이나 그 집행 또는 절차의 속행에 영향을 주지 아니한다.	
② 집행정지	취소소송이 제기된 경우에	
	적극 요건	처분 등이나 그 집행 또는 절차의 속행으로 인하여 생길 회복하기 어려운 손해를 예방하기 위하여 긴급한 필요가 있다고 인정할 때에는
	주체	본안이 계속되고 있는 법원은 당사자의 신청 또는 직권에 의하여
	대상	처분 등의 효력이나 그 집행 또는 절차의 속행의 전부 또는 일부의 정지를 결정할 수 있다.
	우선 순위	다만, 처분의 효력정지는 처분 등의 집행 또는 절차의 속행을 정지함으로써 목적을 달성할 수 있는 경우에는 허용되지 아니한다(집행 & 절차속행정지 > 효력정지).
③ 집행정지 소극요건	집행정지는 공공복리에 중대한 영향을 미칠 우려가 있을 때에는 허용되지 아니한다	
⑤ 집행정지에 대한 불복	제2항의 규정에 의한 집행정지의 결정 또는 기각의 결정에 대하여는 즉시항고할 수 있다. 이 경우 집행정지의 결정에 대한 즉시항고에는 결정의 집행을 정지하는 효력이 없다.	

* 제4항 및 제6항 생략

12. 국가직 9급

536 □□□

행정소송법은 처분의 일부에 대한 집행정지도 가능하다고 규정하고 있다. O | X

「행정소송법」 제23조 【집행정지】 ② 취소소송이 제기된 경우에 처분 등이나 그 집행 또는 절차의 속행으로 인하여 생길 회복하기 어려운 손해를 예방하기 위하여 긴급한 필요가 있다고 인정할 때에는 본안이 계속되고 있는 법원은 당사자의 신청 또는 직권에 의하여 처분 등의 효력이나 그 집행 또는 절차의 속행의 전부 또는 일부의 정지를 결정할 수 있다.

정답 534 X 535 ○ 536 ○

10. 서울시 9급

537 □□□

집행정지결정은 취소소송에서만 인정되는 것은 아니다. O | X

무효등확인소송에서도 행정소송법 제23조(집행정지)가 준용된다.

18. 서울시 7급

538 □□□

본안소송이 무효확인소송인 경우에도 집행정지가 가능하다. O | X

집행정지에 관한 규정은 취소소송과 무효등확인소송에 적용되고, 부작위위법확인소송과 당사자소송에 적용되지 않는다.

21. 지방직 9급, 18. 서울시 7급, 16 · 15. 국가직 9급

539 □□□

거부처분에 대해서도 그 효력정지를 구할 이익이 인정된다. O | X

거부처분과 부작위는 집행정지의 대상이 아니다.

06. 세무사

540 □□□

행정행위의 부관 중 독립된 처분으로서의 성질을 갖는 부담에 대해서는 집행정지가 가능하다. O | X

부담이나 권력적 사실행위 등은 집행정지의 대상이 될 수 있다.

18. 국가직 7급

541 □□□

보조금교부결정 취소처분에 대하여 법원이 효력정지결정을 하면서 주문에서 그 법원에 계속 중인 본안소송의 판결선고시까지 처분의 효력을 정지한다고 선언하였을 경우, 본안소송의 판결선고에 의하여 정지결정의 효력은 소멸하고 이와 동시에 당초의 보조금교부결정 취소처분의 효력이 당연히 되살아난다. O | X

행정소송법 제23조에 의한 효력정지결정의 효력은 결정주문에서 정한 시기까지 존속하고 그 시기의 도래와 동시에 효력이 당연히 소멸하므로, 보조금교부결정의 일부를 취소한 행정청의 처분에 대하여 법원이 효력정지결정을 하면서 주문에서 그 법원에 계속 중인 본안소송의 판결선고시까지 처분의 효력을 정지한다고 선언하였을 경우, 본안소송의 판결선고에 의하여 정지결정의 효력은 소멸하고 이와 동시에 당초의 보조금교부결정 취소처분의 효력이 당연히 되살아난다. 따라서 효력정지결정의 효력이 소멸하여 보조금교부결정 취소처분의 효력이 되살아난 경우, 특별한 사정이 없는 한 행정청으로서는 보조금법 제31조 제1항에 따라 취소처분에 의하여 취소된 부분의 보조사업에 대하여 효력정지기간 동안 교부된 보조금의 반환을 명하여야 한다(대판 2017.7.11. 2013두25498).

정답 537 ○ 538 ○ 539 X 540 ○ 541 ○

18. 국가직 7급

542 □□□

집행정지결정에 의하여 효력이 정지되는 처분이 당사자의 신청을 거부하는 것을 내용으로 하는 경우에는 그 처분을 행한 행정청은 집행정지결정의 취지에 따라 다시 이전의 신청에 대한 처분을 하여야 한다. O | X

허가신청에 대한 거부처분은 그 효력이 정지되더라도 그 처분이 없었던 것과 같은 상태를 만드는 것에 지나지 아니하는 것이고 그 이상으로 행정청에 대하여 어떠한 처분을 명하는 등 적극적인 상태를 만들어 내는 경우를 포함하지 아니하는 것이므로, 교도소장이 접견을 불허한 처분에 대하여 효력정지를 한다 하여도 이로 인하여 위 교도소장에게 접견의 허가를 명하는 것이 되는 것도 아니고 또 당연히 접견이 되는 것도 아니어서 접견허가거부처분에 의하여 생길 회복할 수 없는 손해를 피하는 데 아무런 보탬도 되지 아니하니 접견허가거부처분의 효력을 정지할 필요성이 없다(대결 1991.5.2. 91두15).

12. 국가직 9급

543 □□□

접견허가신청에 대한 교도소장의 거부처분은 집행정지의 대상이 된다. O | X

교도소장이 접견을 불허한 처분에 대하여 효력정지를 한다 하여도 이로 인하여 위 교도소장에게 접견의 허가를 명하는 것이 되는 것도 아니고 또 당연히 접견이 되는 것도 아니어서 접견허가거부처분에 의하여 생길 회복할 수 없는 손해를 피하는 데 아무런 보탬도 되지 아니하니 접견허가거부처분의 효력을 정지할 필요성이 없다(대결 1991.5.2. 91두15).

18. 변호사, 16. 국가직 9급, 14. 경행특채 2차 · 국가직 9급, 12. 국회직 9급

544 □□□

행정처분의 집행정지를 구하는 신청사건에서는 행정소송법 제23조에서 정한 요건의 존부만이 판단의 대상이 되므로 집행정지사건 자체에 의하여도 신청인의 본안청구가 적법한 것이어야 한다는 것을 집행정지의 요건에 포함시켜서는 아니 된다. O | X

집행정지는 행정처분의 집행부정지원칙의 예외로서 인정되는 것이고, 또 본안에서 원고가 승소할 수 있는 가능성을 전제로 한 권리보호수단이라는 점에 비추어 보면, 집행정지사건 자체에 의하여도 신청인의 본안청구가 적법한 것이어야 한다는 것을 집행정지의 요건에 포함시킴이 상당하다(대결 2010.11.26. 2010무137).

21. 지방직 9급

545 □□□

신청인의 본안청구의 이유 없음이 명백할 때는 집행정지가 인정되지 않는다. O | X

행정처분의 효력정지를 구하는 신청사건에 있어서는 행정처분 자체의 적법 여부는 궁극적으로 본안판결에서 심리를 거쳐 판단할 성질의 것이므로 원칙적으로는 판단할 것이 아니고, 그 행정처분의 효력을 정지할 것인가에 대한 행정소송법 제23조 제2항 소정의 요건의 존부만이 판단의 대상이 되나, 본안소송에서의 처분의 취소가능성이 없음에도 불구하고 처분의 효력정지를 인정한다는 것은 제도의 취지에 반하므로, 효력정지사건 자체에 의하여도 신청인의 본안청구가 이유 없음이 명백할 때에는 행정처분의 효력정지를 명할 수 없다(대결 1994.10.11. 94두23).

정답 542 X 543 X 544 X 545 ○

09. 관세사

546 □□□

취소소송에 있어 집행정지신청은 민사소송상 가처분과 마찬가지로 본안소송과 별도로 독립하여 신청할 수 있다. O | X

「행정소송법」 제23조 【집행정지】 ② 취소소송이 제기된 경우에 처분 등이나 그 집행 또는 절차의 속행으로 인하여 생길 회복하기 어려운 손해를 예방하기 위하여 긴급한 필요가 있다고 인정할 때에는 본안이 계속되고 있는 법원은 당사자의 신청 또는 직권에 의하여 처분 등의 효력이나 그 집행 또는 절차의 속행의 전부 또는 일부의 정지(이하 "집행정지"라 한다)를 결정할 수 있다. 다만, 처분의 효력정지는 처분 등의 집행 또는 절차의 속행을 정지함으로써 목적을 달성할 수 있는 경우에는 허용되지 아니한다.

21. 지방직 9급 유사, 15. 사복직 9급, 08. 선관위 9급

547 □□□

적법한 본안소송이 법원에 계속되어 있을 것을 요하지만, 본안소송의 제기와 집행정지신청이 동시에 행하여지는 경우도 허용된다. O | X

집행정지는 적법한 본안소송의 계속을 요한다. 본안소송과 집행정지가 동시에 이루어지는 경우도 허용된다.

18. 변호사, 10. 국회직 8급

548 □□□

집행정지결정을 한 후 본안소송이 취하되어 소송이 계속하지 아니한 것으로 되면 집행정지결정은 당연히 그 효력이 소멸되는 것이고 이에 대한 별도의 취소조치가 필요한 것은 아니다. O | X

행정처분의 집행정지는 행정처분집행 부정지의 원칙에 대한 예외로서 인정되는 일시적인 응급처분이라 할 것이므로 집행정지결정을 하려면 이에 대한 본안소송이 법원에 제기되어 계속 중임을 요건으로 하는 것이므로 집행정지결정을 한 후에라도 본안소송이 취하되어 소송이 계속하지 아니한 것으로 되면 집행정지결정은 당연히 그 효력이 소멸되는 것이고 별도의 취소조치를 필요로 하는 것이 아니다(대결 2007.6.28. 2005무75).

18. 변호사, 12. 국회직 9급 · 국가직 9급

549 □□□

집행정지의 소극적 요건으로서 '공공복리에 중대한 영향을 미칠 우려가 없을 것'이라고 할 때의 공공복리는 그 처분의 집행과 관련된 구체적 · 개별적인 공익을 말하고, 피신청인인 행정청이 공공복리에 중대한 영향을 미칠 우려가 있다는 점을 주장 · 소명하여야 한다. O | X

행정소송법 제23조 제3항에서 집행정지의 요건으로 규정하고 있는 '공공복리에 중대한 영향을 미칠 우려'가 없을 것이라고 할 때의 '공공복리'는 그 처분의 집행과 관련된 구체적이고도 개별적인 공익을 말하는 것으로서 이러한 집행정지의 소극적 요건에 대한 주장 · 소명책임은 행정청에게 있다(대결 1999.12.20. 99무42).

정답 546 X 547 ○ 548 ○ 549 ○

18. 변호사

550 □□□

'처분 등이나 그 집행 또는 절차의 속행으로 인하여 생길 회복하기 어려운 손해를 예방하기 위하여 긴급한 필요'가 있는지는 처분의 성질과 태양 및 내용, 처분상대방이 입게 될 손해의 성질 · 내용 및 정도, 원상회복 · 금전배상의 방법 및 난이 등은 물론 본안청구의 승소가능성 정도 등을 종합적으로 고려하여 구체적 · 개별적으로 판단하여야 한다. O | X

행정소송법 제23조 제2항에서 정하고 있는 집행정지 요건인 '회복하기 어려운 손해'란 특별한 사정이 없는 한 금전으로 보상할 수 없는 손해로서 이는 금전보상이 불능인 경우 내지는 금전보상으로는 사회관념상 행정처분을 받은 당사자가 참고 견딜 수 없거나 또는 참고 견디기가 현저히 곤란한 경우의 유형 · 무형의 손해를 일컫는다 할 것이고, '처분 등이나 그 집행 또는 절차의 속행으로 인하여 생길 회복하기 어려운 손해를 예방하기 위하여 긴급한 필요'가 있는지 여부는 처분의 성질과 태양 및 내용, 처분상대방이 입는 손해의 성질 · 내용 및 정도, 원상회복 · 금전배상의 방법 및 난이 등은 물론 본안청구의 승소가능성의 정도 등을 종합적으로 고려하여 구체적 · 개별적으로 판단하여야 한다(대결 2010.5.14. 2010무48).

18. 서울시 7급, 15. 사복직 9급, 12. 국가직 9급, 04. 국회직 8급

551 □□□

본안에 관한 이유 유무는 원칙적으로 집행정지 결정단계에서 판단할 것은 아니므로 집행정지사건 자체에 의하여 신청인의 본안청구가 이유 없음이 명백한 때에도 집행정지를 명할 수 있다. O | X

행정처분의 효력정지나 집행정지를 구하는 신청사건에서 행정처분 자체의 적법 여부는 궁극적으로 본안재판에서 심리를 거쳐 판단할 성질의 것이므로 원칙적으로는 판단할 것이 아니고 그 행정처분의 효력이나 집행을 정지할 것인가에 대한 행정소송법 제23조 제2항 · 제3항에 정해진 요건의 존부만이 판단의 대상이 된다고 할 것이지만, 효력정지나 집행정지는 신청인이 본안소송에서 승소판결을 받을 때까지 그 지위를 보호함과 동시에 후에 받을 승소판결을 무의미하게 하는 것을 방지하려는 것이어서 본안소송에서 처분의 취소가능성이 없음에도 처분의 효력이나 집행의 정지를 인정한다는 것은 제도의 취지에 반하므로 효력정지나 집행정지사건 자체에 의하여도 신청인의 본안청구가 이유 없음이 명백하지 않아야 한다는 것도 효력정지나 집행정지의 요건에 포함시켜야 한다(대판 1997.4.28. 96두75).

18. 변호사, 12. 국회직 9급 · 국가직 9급

552 □□□

집행정지는 본안이 계속되어 있는 법원이 당사자의 신청에 의하여 한다. 처분권주의가 적용되므로 당사자의 신청 없이 직권으로 하지 못한다. O | X

당사자의 신청 없이 직권으로 집행정지를 결정할 수 있다(행정소송법 제23조 제2항).

15. 사복직 9급, 06. 세무사

553 □□□

집행정지의 대상은 처분 등의 효력, 그 집행 또는 절차의 속행이다. O | X

「행정소송법」 제23조 **【집행정지】** ② 취소소송이 제기된 경우에 처분 등이나 그 집행 또는 절차의 속행으로 인하여 생길 회복하기 어려운 손해를 예방하기 위하여 긴급한 필요가 있다고 인정할 때에는 본안이 계속되고 있는 법원은 당사자의 신청 또는 직권에 의하여 처분 등의 효력이나 그 집행 또는 절차의 속행의 전부 또는 일부의 정지를 결정할 수 있다. <이하 생략>

정답 550 ○ 551 X 552 X 553 ○

21. 지방직 9급, 19. 서울시 9급(2월), 14. 국가직 9급, 09. 국회직 8급

554 □□□

처분의 효력정지는 처분 등의 집행 또는 절차의 속행을 정지함으로써 목적을 달성할 수 있는 경우에는 허용되지 아니한다. O | X

처분의 효력정지는 효과면에서 다른 집행정지결정 내용 중 가장 강력한 것이므로, 처분의 집행정지나 절차의 속행정지를 통하여 그 목적을 달성할 수 있는 경우에는 처분의 효력정지는 허용되지 않는다(행정소송법 제23조 제2항 단서).

15. 국회직 8급

555 □□□

행정소송법은 제3자효 행정행위에 있어서 제3자도 집행정지를 신청할 수 있는지에 대해서는 규정하고 있지 않다. O | X

법률상 명문은 없지만 학설상 제3자의 원고적격이 인정되는 한 집행정지도 가능하다고 본다.

14. 국가직 7급

556 □□□

제3자효 행정행위에 의해 법률상 이익을 침해받은 제3자는 소송의 제기와 동시에 행정행위의 집행정지를 신청할 수 있다. O | X

법률상 명문은 없지만 학설상 제3자의 원고적격이 인정되는 한 집행정지도 가능하다고 본다.

16 · 11. 국가직 9급, 15. 교행직 9급, 09. 국회직 8급

557 □□□

집행정지결정이 있더라도 당사자인 행정청과 그 밖의 관계 행정청에 대하여 법적 구속력은 발생하지 않는다. O | X

> 「행정소송법」 제23조 **【집행정지】** ⑥ 제30조 제1항의 규정은 제2항의 규정에 의한 집행정지의 결정에 이를 준용한다.
>
> **제30조 【취소판결 등의 기속력】** ① 처분 등을 취소하는 확정판결은 그 사건에 관하여 당사자인 행정청과 그 밖의 관계 행정청을 기속한다.

08. 세무사

558 □□□

판례상 집행정지결정이 있게 되면 당해 처분이 효력 있음을 전제로 한 후속행위는 무효가 된다. O | X

집행정지는 형성력을 가진다.

정답 554 ○ 555 ○ 556 ○ 557 X 558 ○

18. 서울시 7급, 11. 국가직 9급

559 □□□

집행정지결정의 효력은 정지결정의 대상인 처분의 발령시점에 소급하는 것이 원칙이다. O | X

집행정지결정의 효력은 장래를 향하여 발생하는 것이 원칙이다.

18. 국가직 7급, 09. 국회직 8급

560 □□□

집행정지의 결정이 확정된 후 집행정지가 공공복리에 중대한 영향을 미치거나 그 정지사유가 없어진 때에는 당사자의 신청 또는 직권에 의하여 결정으로써 집행정지의 결정을 취소할 수 있다. O | X

「행정소송법」 제24조 【집행정지의 취소】 ① 집행정지의 결정이 확정된 후 집행정지가 공공복리에 중대한 영향을 미치거나 그 정지사유가 없어진 때에는 당사자의 신청 또는 직권에 의하여 결정으로써 집행정지의 결정을 취소할 수 있다.

18. 국가직 7급 · 서울시 7급, 14. 경행특채 2차, 10. 국회직 8급

561 □□□

집행정지의 결정에 대하여는 즉시항고할 수 있으며, 이 경우 집행정지의 결정에 대한 즉시항고에는 결정의 집행을 정지하는 효력이 없다. O | X

집행정지의 결정 또는 기각의 결정에 대하여는 즉시항고할 수 있다. 이 경우 집행정지의 결정에 대한 즉시항고에는 결정의 집행을 정지하는 효력이 없다(행정소송법 제23조 제5항).

12. 국회직 9급

562 □□□

항공회사는 경쟁 항공회사에 대한 국제항공노선면허처분으로 인한 노선점유율 하락에 따른 막대한 영업상 손해를 이유로 위 면허처분의 효력정지를 구할 법률상 이익이 있다. O | X

경쟁 항공회사에 대한 국제항공노선면허처분으로 인하여 노선의 점유율이 감소됨으로써 경쟁력과 대내외적 신뢰도가 상대적으로 감소되고 연계노선망개발이나 타항공사와의 전략적 제휴의 기회를 얻지 못하게 되는 손해를 입게 되었다고 하더라도 위 노선에 관한 노선면허를 받지 못하고 있는 한 그러한 손해는 법률상 보호되는 권리나 이익침해로 인한 손해라고는 볼 수 없으므로 처분의 효력정지를 구할 법률상 이익이 될 수 없다(대결 2000.10.10. 2000무17).

19. 서울시 9급(6월)

563 □□□

甲에 대한 건축허가에 의하여 법률상 이익을 침해 받은 인근주민 乙이 취소소송을 제기한 경우 乙은 소송당사자로서 행정소송법 소정의 요건을 충족하는 한 그가 다투는 행정처분의 집행정지를 신청할 수 있다. O | X

집행정지는 당사자의 신청과 직권에 의한다. 甲에 대한 건축허가에 의하여 법률상 이익을 침해 받은 인근주민 乙이 취소소송을 제기한 경우 乙은 소송당사자에 해당하므로 집행정지를 신청할 수 있다.

정답 559 X 560 ○ 561 ○ 562 X 563 ○

23. 지방직 9급, 22. 지방직 7급, 21. 국가직 7급, 18. 지방직 7급

564
□□□

당사자소송에 대하여는 행정소송법의 집행정지에 관한 규정이 준용되지 아니하므로, 민사집행법상 가처분에 관한 규정 역시 준용되지 아니한다. O | X

당사자소송에 대하여는 행정소송법 제23조 제2항의 집행정지에 관한 규정이 준용되지 아니하므로(행정소송법 제44조 제1항 참조), 이를 본안으로 하는 가처분에 대하여는 행정소송법 제8조 제2항에 따라 민사집행법상 가처분에 관한 규정이 준용되어야 한다(대결 2015.8.21. 2015무26).

18. 지방교행, 16. 지방직 9급·국가직 9급, 15. 교행직 9급, 14. 국가직 9급, 09. 세무사

565
□□□

행정소송법은 다툼이 있는 법률관계에 대하여 임시의 지위를 정하기 위한 가처분신청의 경우 현저한 손해나 급박한 위험을 피할 것을 목적으로 한다고 규정하고 있다. O | X

행정소송법상 가처분에 관한 규정은 없다.

18. 서울시 7급

566
□□□

무효등확인소송에서는 집행정지가 준용되지 않으므로 민사집행법의 가처분이 적용된다. O | X

무효등확인소송에서도 취소소송의 집행정지는 준용된다(행정소송법 제23조, 제38조 제1항). 그러므로 민사집행법상의 가처분으로써 행정행위의 금지를 구할 수 없다(대결 1992.7.6. 92마54).

[567] 甲회사는 한국철도시설공단(이하 '공단'이라 함)이 국가를 당사자로 하는 계약에 관한 법률에 따라 발주하는 시설공사의 입찰서류로 제출한 공사실적증명서가 허위라는 이유로 공단으로부터 기획재정부령인 공기업·준정부기관 계약사무규칙 제12조에 따라 공단이 제정한 공사낙찰적격심사 세부기준에 근거하여 향후 2년간 공사낙찰적격심사시 종합취득점수의 10/100을 감점한다는 내용의 공사낙찰적격심사 감점조치를 통보받았다. 甲회사는 감점조치 통보에 대해 취소소송을 제기하면서 동시에 감점조치에 대한 효력정지를 신청하였다.

> **「공기업·준정부기관 계약사무규칙」 제12조【적격심사기준의 작성】** 기관장은 입찰참가자의 계약이행능력의 심사에 관하여 국가를 당사자로 하는 계약에 관한 법률 시행령 제42조 제5항 본문에 따라 기획재정부장관이 정하는 심사기준에 따라 세부심사기준을 정할 수 있다.

19. 변호사

567
□□□

甲회사의 효력정지신청은 집행정지요건을 갖추지 못하여 부적법하다. O | X

수도권매립지관리공사가 한 위 제재처분은 행정소송의 대상이 되는 행정처분이 아니라 단지 甲을 자신이 시행하는 입찰에 참가시키지 않겠다는 뜻의 사법상의 효력을 가지는 통지에 불과하므로, 甲이 수도권매립지관리공사를 상대로 하여 제기한 위 효력정지신청은 부적법함에도 그 신청을 받아들인 원심결정은 집행정지의 요건에 관한 법리를 오해한 위법이 있다(대결 2010.11.26. 2010무137).

정답 564 X 565 X 566 X 567 ○

[568~569] 외국인 甲은 방문취업 체류자격(H-2)으로 대한민국에 입국한 후, 재외동포 체류자격(F-4)으로 체류자격을 변경하여 체류하던 중 직업안정법 위반죄로 징역 1년에 집행유예 2년을 선고받아 그 판결이 확정되었다. 이에 관할 지방출입국·외국인관서의 장은 甲에 대하여 강제퇴거명령 및 출입국관리법 제63조 제1항에 정한 보호명령을 하였다.

「강제퇴거명령 및 출입국관리법」 제63조 【강제퇴거명령을 받은 사람의 보호 및 보호해제】 ① 지방출입국·외국인관서의 장은 강제퇴거명령을 받은 사람을 여권 미소지 또는 교통편 미확보 등의 사유로 즉시 대한민국 밖으로 송환할 수 없으면 송환할 수 있을 때까지 그를 보호시설에 보호할 수 있다.

19. 변호사

568 □□□

甲이 즉시 국외로 강제퇴거되지 않기 위해서 강제퇴거명령에 대하여 항고소송과 함께 집행정지신청을 한 경우, 그 본안소송인 항고소송이 부적법 각하되어 그 판결이 확정되면 집행정지신청도 부적법하게 된다. O | X

집행정지는 행정처분의 집행부정지원칙의 예외로서 인정되는 것이고 또 본안에서 원고가 승소할 수 있는 가능성을 전제로 한 권리보호수단이라는 점에 비추어 보면 집행정지사건 자체에 의하여도 신청인의 본안청구가 적법한 것이어야 한다는 것을 집행정지의 요건에 포함시켜야 한다(대결 1999.11.26. 99부3).

19. 변호사

569 □□□

甲에 대한 위 보호명령은 강제퇴거명령을 받은 자를 즉시 대한민국 밖으로 송환할 수 없는 경우에 송환할 수 있을 때까지 일시적으로 보호하는 것을 목적으로 하는 처분으로서 강제퇴거명령을 전제로 하는 것이므로, 법원으로부터 강제퇴거명령에 대하여 집행정지결정을 받으면 그 성질상 당연히 보호명령의 집행도 정지된다. O | X

출입국관리법 제63조 제1항, 같은 법 시행령 제78조 제1항에 기한 보호명령은 강제퇴거명령을 받은 자를 즉시 대한민국 밖으로 송환할 수 없는 경우에 송환할 수 있을 때까지 일시적으로 보호하는 것을 목적으로 하는 처분이므로, 강제퇴거명령을 전제로 하는 것이나, 그렇다고 하여 강제퇴거명령의 집행이 정지되면 그 성질상 당연히 보호명령의 집행도 정지되어야 한다고 볼 수는 없다(대결 1997.1.20. 96두31).

정답 568 ○ 569 X

제3장 무효등확인소송, 부작위위법확인소송

제1절 무효등확인소송

08. 세무사

001 □□□

무효등확인소송은 행정청의 처분 등의 효력 유무 또는 존재 여부를 확인하는 소송이다. O | X

「행정소송법」 제4조 【항고소송】 항고소송은 다음과 같이 구분한다.
2. 무효등확인소송: 행정청의 처분 등의 효력 유무 또는 존재 여부를 확인하는 소송

12. 사복직 9급

002 □□□

행정소송의 대상은 구체적인 권리·의무에 관한 분쟁이어야 하므로 구체적인 권리·의무에 관한 분쟁을 떠나서 법령 자체의 무효확인을 구하는 청구는 행정소송의 대상이 아닌 사항에 대한 것으로서 부적법하다. O | X

행정소송의 대상이 될 수 있는 것은 구체적인 권리의무에 관한 분쟁이어야 하고 일반적·추상적인 법령이나 고시 자체로서 국민의 구체적인 권리의무에 직접적인 변동을 초래하는 것이 아닌 것은 그 대상이 될 수 없는 것이므로 구체적인 권리의무에 관한 분쟁을 떠나서 고시 자체의 무효확인을 구하는 청구는 행정소송의 대상이 아닌 사항에 대한 것으로서 부적법하다(대판 1991.8.27. 91누1738).

14 사복직 9급, 10. 세무사

003 □□□

무효확인소송은 행정심판을 거치지 아니하고 제기할 수 있다. O | X

개별법상 필요적 행심전치를 규정하고 있는 경우라도 무효등확인소송의 경우에는 그 적용을 받지 않는다.

14. 국회직 8급

004 □□□

행정심판전치주의가 적용되도록 하는 규정이 있는 경우일지라도 처분의 무효를 구하는 소송에는 행정심판전치주의가 적용되지 않으므로 무효사유의 하자를 취소소송으로 다투는 경우에도 행정심판을 거칠 필요가 없다. O | X

과세처분의 무효선언을 구하는 의미에서 취소를 구하는 소송이라도 전심절차를 거쳐야 한다(대판 1990.8.28. 90누1892).

정답 001 ○ 002 ○ 003 ○ 004 X

17. 지방직 7급, 14. 경행특채 2차

005 □□□

무효등확인소송의 제기는 처분 등의 효력이나 그 집행 또는 절차의 속행에 영향을 주지 아니한다. O | X

무효등확인소송에는 집행부정지원칙이 준용된다.

14. 경행특채 2차, 10. 국가직 7급 · 세무사

006 □□□

취소소송에서 인정되는 집행정지에 관한 행정소송법 규정은 무효등확인소송에 대하여도 준용된다. O | X

「행정소송법」 제38조 【준용규정】 ① 제9조, 제10조, 제13조 내지 제17조, 제19조, 제22조 내지 제26조, 제29조 내지 제31조 및 제33조의 규정은 무효등확인소송의 경우에 준용한다.

14. 경행특채 2차

007 □□□

무효등확인소송은 처분 등의 효력 유무 또는 존재 여부의 확인을 구할 법률상 이익이 있는 자가 제기할 수 있다. O | X

「행정소송법」 제35조 【무효등확인소송의 원고적격】 무효등확인소송은 처분 등의 효력 유무 또는 존재 여부의 확인을 구할 법률상 이익이 있는 자가 제기할 수 있다.

19. 국가직 9급

008 □□□

무효확인소송의 제1심 판결시까지 원고적격을 구비하였는데 제2심 단계에서 원고적격을 흠결하게 된 경우, 제2심 수소법원은 각하판결을 하여야 한다. O | X

원고적격은 소송요건의 하나이므로 사실심 변론종결시는 물론 상고심에서도 존속하여야 하고, 이를 흠결하면 부적법한 소가 된다(대판 2007.4.12. 2004두7924).

14. 경행특채 2차

009 □□□

무효등확인소송은 다른 법률에 특별한 규정이 없는 한 그 처분 등을 행한 행정청을 피고로 한다. O | X

「행정소송법」 제13조 【피고적격】 ① 취소소송은 다른 법률에 특별한 규정이 없는 한 그 처분 등을 행한 행정청을 피고로 한다. 다만, 처분 등이 있은 뒤에 그 처분 등에 관계되는 권한이 다른 행정청에 승계된 때에는 이를 승계한 행정청을 피고로 한다.

제38조 【준용규정】 ① 제9조, 제10조, 제13조 내지 제17조, 제19조, 제22조 내지 제26조, 제29조 내지 제31조 및 제33조의 규정은 무효등확인소송의 경우에 준용한다.

정답 005 ○ 006 ○ 007 ○ 008 ○ 009 ○

13. 국가직 7급

010 □□□

무효등확인소송에는 취소소송의 제소기간에 관한 규정이 준용되지 않는다. O | X

단, 무효선언적 의미의 취소소송의 경우에는 제소기간 규정이 준용된다.

16. 국회직 8급

011 □□□

무효인 행정행위에 대하여 취소소송을 제기하는 경우에는 제소기간의 제한이 적용되지 않는다. O | X

무효인 행정행위에 대하여 취소소송을 제기하는 경우에는 행정심판전치주의 및 제소기간의 제한이 적용된다.

19. 변호사, 17. 지방직 7급, 16. 지방직 9급, 10. 국가직 7급

012 □□□

행정처분의 당연무효를 주장하여 그 무효확인을 구하는 행정소송에 있어서는 행정청이 입증책임을 진다는 것이 판례의 입장이다. O | X

행정처분의 당연무효를 주장하여 그 무효확인을 구하는 행정소송에 있어서는 원고에게 그 행정처분이 무효인 사유를 주장 · 입증할 책임이 있다(대판 1992.3.10. 91누6030 ; 대판 2000.3.23. 99두11851 ; 대판 2001.6.1. 99다1260).

15. 국가직 9급 · 서울시 7급, 13. 서울시 9급, 12. 지방직 7급, 10. 국가직 7급

013 □□□

사정판결에 관한 행정소송법 규정은 무효등확인소송에는 준용되지 않는다. O | X

행정심판전치, 제소기간, 사정판결, 간접강제는 무효등확인소송에 준용되지 않는다.

19. 지방직 9급, 10. 세무사

014 □□□

거부처분에 대하여 무효확인판결이 확정된 경우, 행정청에 대해 판결의 취지에 따른 재처분의무가 인정될 뿐 그에 대하여 간접강제까지 허용되는 것은 아니다. O | X

행정소송법 제38조 제1항이 무효확인판결에 관하여 취소판결에 관한 규정을 준용함에 있어서 같은 법 제30조 제2항을 준용한다고 규정하면서도 같은 법 제34조는 이를 준용한다는 규정을 두지 않고 있으므로, 행정처분에 대하여 무효확인판결이 내려진 경우에는 그 행정처분이 거부처분인 경우에도 행정청에 판결의 취지에 따른 재처분의무가 인정될 뿐 그에 대하여 간접강제까지 허용되는 것은 아니라고 할 것이다(대결 1998.12.24. 98무37).

18. 지방교행, 14. 지방직 9급 · 경행특채 1차, 13. 국회직 9급 · 국가직 7급

015 □□□

판례는 무효를 선언하는 의미의 취소판결을 인정하고 있다. O | X

무효선언적 의미의 취소소송이 판례상 인정되며 이 경우 취소소송의 제소요건을 갖추어야 한다.

정답 010 ○ 011 X 012 X 013 ○ 014 ○ 015 ○

19. 국회직 8급, 18. 지방교행, 15. 서울시 9급 · 서울시 7급, 12. 국회직 8급 · 국가직 9급, 08. 세무사

016

□□□

행정처분의 당연무효를 선언하는 의미에서 그 취소를 구하는 행정소송을 제기하는 경우에는 취소소송의 제소기간을 준수하여야 한다. O | X

무효선언적 의미의 취소소송이 판례상 인정되며 이 경우 취소소송의 제소요건을 갖추어야 한다.

18. 지방직 7급, 12. 국회직 8급, 06. 세무사

017

□□□

행정처분의 무효확인을 구하는 소에는 원고가 그 처분의 취소를 구하지 아니한다고 밝히지 아니한 이상 그 처분이 만약 당연무효가 아니라면 그 취소를 구하는 취지도 포함되어 있는 것으로 보아야 한다. O | X

일반적으로 행정처분의 무효확인을 구하는 소에는 원고가 그 처분의 취소는 구하지 아니한다고 밝히고 있지 아니하는 이상 그 처분이 만약 당연무효가 아니라면 그 취소를 구하는 취지도 포함되어 있는 것으로 볼 것이나 행정심판절차를 거치지 아니한 까닭에 행정처분 취소의 소를 무효확인의 소로 변경한 경우에는 무효확인을 구하는 취지 속에 그 처분이 당연무효가 아니라면 그 취소를 구하는 취지까지 포함된 것으로 볼 여지가 전혀 없다고 할 것이므로 법원으로서는 그 처분이 당연무효인가 여부만 심리판단하면 족하다고 할 것이다(대판 1987.4.28. 86누887).

18. 지방직 9급

018

□□□

어느 행정처분에 대하여 그 행정처분의 근거가 된 법률이 위헌이라는 이유로 무효확인청구의 소가 제기된 경우, 다른 특별한 사정이 없는 한 법원으로서는 그 법률이 위헌인지 여부에 대하여는 판단할 필요 없이 그 무효확인청구를 기각하여야 한다. O | X

법률에 근거하여 행정처분이 발하여진 후에 헌법재판소가 그 행정처분의 근거가 된 법률을 위헌으로 결정하였다면 결과적으로 위 행정처분은 법률의 근거가 없이 행하여진 것과 마찬가지가 되어 하자가 있는 것이 된다고 할 것이다. 그러나 하자 있는 행정처분이 당연무효가 되기 위하여는 그 하자가 중대할 뿐만 아니라 명백한 것이어야 하는데, 일반적으로 법률이 헌법에 위반된다는 사정이 헌법재판소의 위헌결정이 있기 전에는 객관적으로 명백한 것이라고 할 수는 없으므로 헌법재판소의 위헌결정 전에 행정처분의 근거되는 당해 법률이 헌법에 위반된다는 사유는 특별한 사정이 없는 한 그 행정처분의 취소소송의 전제가 될 수 있을 뿐 당연무효사유는 아니라고 봄이 상당하다. 만일 이와는 달리 위헌인 법률에 근거한 행정처분이 일반적으로 당연무효라고 한다면 이는 법적 안정성을 크게 위협하는 결과를 초래하게 되어 법치주의의 원리에 비추어 보더라도 부당하다고 하지 않을 수 없다. 그리고 이처럼 위헌인 법률에 근거한 행정처분이 당연무효인지의 여부는 위헌결정의 소급효와는 별개의 문제로서, 위헌결정의 소급효가 인정된다고 하여 위헌인 법률에 근거한 행정처분이 당연무효가 된다고는 할 수 없고 오히려 이미 취소소송의 제기기간을 경과하여 확정력이 발생한 행정처분에는 위헌결정의 소급효가 미치지 않는다고 보아야 할 것이므로, 어느 행정처분에 대하여 그 행정처분의 근거가 된 법률이 위헌이라는 이유로 무효확인청구의 소가 제기된 경우에는 다른 특별한 사정이 없는 한 법원으로서는 그 법률이 위헌인지 여부에 대하여는 판단할 필요 없이 위 무효확인청구를 기각하여야 할 것이다(대판 1994.10.28. 92누9463).

정답 016 ○ 017 ○ 018 ○

16. 지방직 9급

019 □□□

무효인 과세처분에 의해 조세를 납부한 자가 부당이득반환청구소송을 제기할 수 있는 경우에도 과세처분에 대한 무효확인소송을 제기할 수 있다. O | X

종래 대법원은, 행정소송법 제35조에 규정된 '무효확인을 구할 법률상 이익', 즉 무효확인소송의 확인의 이익이 인정되려면, 판결로써 분쟁이 있는 법률관계의 유·무효를 확정하는 것이 원고의 권리 또는 법률상의 지위에 관한 불안·위험을 제거하는 데 필요하고도 적절한 경우라야 한다고 제한적으로 해석하였다. 이에 따라 행정처분의 무효를 전제로 한 이행소송 등과 같은 구제수단이 있는 경우에는 원칙적으로 소의 이익을 부정하고, 다른 구제수단에 의하여 분쟁이 해결되지 않는 경우에 한하여 무효확인소송이 보충적으로 인정된다고 하는 이른바 '무효확인소송의 보충성'을 요구하여 왔다. 그 결과 무효인 행정처분의 집행이 종료된 경우에 부당이득반환청구의 소 등을 청구하여 직접 이러한 위법상태를 제거하는 길이 열려 있는 이상 그 행정처분에 대하여 무효확인을 구하는 것은 종국적인 분쟁 해결을 위한 필요하고도 적절한 수단이라고 할 수 없어 소의 이익이 없다고 판시하여 왔다. … 무효확인소송의 보충성을 규정하고 있는 외국의 일부 입법례와는 달리 우리나라 행정소송법에는 명문의 규정이 없어 이로 인한 명시적 제한이 존재하지 않는다. 이와 같은 사정을 비롯하여 행정에 대한 사법통제, 권익구제의 확대와 같은 행정소송의 기능 등을 종합하여 보면, 행정처분의 근거 법률에 의하여 보호되는 직접적이고 구체적인 이익이 있는 경우에는 행정소송법 제35조에 규정된 '무효확인을 구할 법률상 이익'이 있다고 보아야 하고, 이와 별도로 무효확인소송의 보충성이 요구되는 것은 아니므로 행정처분의 무효를 전제로 한 이행소송 등과 같은 직접적인 구제수단이 있는지 여부를 따질 필요가 없다고 해석함이 상당하다(대판 2008.3.20. 2007두6342 전합).

21. 국가직 7급

020 □□□

조세부과처분의 당연무효를 전제로 하여 이미 납부한 세금의 반환을 청구하는 것은 민사상 부당이득반환청구로서 당사자소송이 아니라 민사소송절차에 따른다. O | X

조세부과처분이 당연무효임을 전제로 하여 이미 납부한 세금의 반환을 청구하는 것은 민사상의 부당이득반환청구로서 민사소송절차에 따라야 한다(대판 1995.4.28. 94다55019).

18. 지방교행, 13. 국가직 9급

021 □□□

대법원은 종래 무효확인소송에서 요구해 왔던 보충성을 더 이상 요구하지 않는 것으로 판례태도를 변경하였다. O | X

행정처분의 근거 법률에 의하여 보호되는 직접적이고 구체적인 이익이 있는 경우에는 행정소송법 제35조에 규정된 '무효확인을 구할 법률상 이익'이 있다고 보아야 하고, 이와 별도로 무효확인소송의 보충성이 요구되는 것은 아니므로 행정처분의 무효를 전제로 한 이행소송 등과 같은 직접적인 구제수단이 있는지 여부를 따질 필요가 없다고 해석함이 상당하다(대판 2008.3.20. 2007두6342 전합).

18. 국회직 8급

022 □□□

하천구역의 무단 점용을 이유로 부당이득금 부과처분과 그 부당이득금 미납으로 인한 가산금 징수처분을 받은 사람이 가산금 징수처분에 대하여 행정청이 안내한 전심절차를 밟지 않았다면 부당이득금 부과처분에 대하여 전심절차를 거쳤다 하더라도 가산금 징수처분에 대하여는 부당이득금 부과처분과 함께 행정소송으로 다툴 수 없다. O | X

하천구역의 무단 점용을 이유로 부당이득금 부과처분과 가산금 징수처분을 받은 사람이 가산금 징수처분에 대하여 행정청이 안내한 전심절차를 밟지 않았다 하더라도 부당이득금 부과처분에 대하여 전심절차를 거친 이상 가산금 징수처분에 대하여도 부당이득금 부과처분과 함께 행정소송으로 다툴 수 있다(대판 2006.9.8. 2004두947).

정답 019 ○ 020 ○ 021 ○ 022 X

22. 지방직 7급

023 □□□

도시 및 주거환경정비법상 주택재건축사업조합이 새로이 조합설립인가처분을 받은 것과 동일한 요건과 절차를 거쳐 조합설립변경인가처분을 받은 경우, 당초의 조합설립인가처분이 유효한 것을 전제로 당해 주택재건축사업조합이 시공사선정 등의 후속행위를 하였다 하더라도 특별한 사정이 없는 한 당초의 조합설립인가처분의 무효확인을 구할 소의 이익은 없다. O | X

설령 참가인 조합이 이 사건 조합설립인가처분 후 새로이 조합설립인가처분을 받는 것과 동일한 요건과 절차를 거쳐 이 사건 변경인가 처분을 받았더라도, 이 사건 조합설립인가 처분의 유효를 전제로 참가인 조합이 시공사 선정 등의 후속행위를 한 이상, 원고들에게는 이 사건 조합설립인가처분의 무효확인을 구할 소의 이익이 있다고 보아야 한다(대판 2014.5.16. 2011두27094).

23. 국가직 7급

024 □□□

무효확인소송에서 '무효확인을 구할 법률상 이익'을 판단함에 있어 행정처분의 무효를 전제로 한 이행소송 등과 같은 직접적인 구제수단이 있는지 여부를 따질 필요가 없다. O | X

행정처분의 근거 법률에 의하여 보호되는 직접적이고 구체적인 이익이 있는 경우에는 행정소송법 제35조에 규정된 '무효확인을 구할 법률상 이익'이 있다고 보아야 하고, 이와 별도로 무효확인소송의 보충성이 요구되는 것은 아니므로 행정처분의 무효를 전제로 한 이행소송 등과 같은 직접적인 구제수단이 있는지 여부를 따질 필요가 없다고 해석함이 상당하다(대판 2008.3.20. 2007두6342).

24. 지방직 9급

025 □□□

행정처분의 당연무효를 주장하여 그 무효확인을 구하는 행정소송에 있어서는 원고에게 그 행정처분이 무효인 사유를 주장 · 입증할 책임이 있다. O | X

행정처분의 당연무효를 주장하여 그 무효확인을 구하는 행정소송에 있어서는 원고에게 그 행정처분이 무효인 사유를 주장, 입증할 책임이 있다(대판 1992.3.10. 91누6030).

24. 지방직 9급

026 □□□

행정처분의 무효란 행정처분이 처음부터 아무런 효력도 발생하지 아니한다는 의미이므로 무효등 확인소송에 대해서는 집행정지가 인정되지 아니한다. O | X

행정소송법 제38조 제1항은 취소소송의 기속력, 집행정지 규정을 무효등확인소송에서도 준용한다.

정답 023 X 024 ○ 025 ○ 026 X

24. 지방직 9급

027 □□□

무효등 확인소송의 제기 당시에 원고적격을 갖추었다면 상고심 계속 중에 원고적격을 상실하더라도 그 소는 적법하다. O | X

행정처분의 직접 상대방이 아닌 제3자라 하더라도 당해 행정처분으로 인하여 법률상 보호되는 이익을 침해당한 경우에는 그 처분의 취소나 무효확인을 구하는 행정소송을 제기하여 그 당부의 판단을 받을 자격 즉 원고적격이 있고, 여기에서 말하는 법률상 보호되는 이익은 당해 처분의 근거 법규 및 관련 법규에 의하여 보호되는 개별적 · 직접적 · 구체적 이익을 말하며, 원고적격은 소송요건의 하나이므로 사실심 변론종결시는 물론 상고심에서도 존속하여야 하고 이를 흠결하면 부적법한 소가 된다(대판 2007.4.12. 2004두7924).

제2절 부작위위법확인소송

23. 경찰간부, 22. 지방직 7급, 18. 국가직 9급

028 □□□

국민의 구체적인 권리의무에 직접적으로 변동을 초래하지 않는 추상적인 법령의 제정 여부 등은 부작위위법확인소송의 대상이 될 수 없다. O | X

행정소송은 구체적 사건에 대한 법률상 분쟁을 법에 의하여 해결함으로써 법적 안정을 기하자는 것이므로 부작위위법확인소송의 대상이 될 수 있는 것은 구체적 권리 · 의무에 관한 분쟁이어야 하고 추상적인 법령에 관하여 제정의 여부 등은 그 자체로서 국민의 구체적인 권리 · 의무에 직접적 변동을 초래하는 것이 아니어서 행정소송의 대상이 될 수 없으므로 이 사건 소는 부적법하다(대판 1992.5.8. 91누11261).

13. 서울시 9급

029 □□□

부작위위법확인소송에서 '부작위'라 함은 행정청이 당사자의 신청에 대하여 상당한 기간 내에 일정한 처분을 하여야 할 법률상 의무가 있음에도 불구하고 처분을 하지 않는다는 의사를 통지하는 것을 말한다. O | X

형사소송법 제258조 제1항의 '처분결과 통지'의무의 이행을 요구하는 내용이고, 이러한 처분결과 통지는 사실행위로서 그 자체가 별도의 독립한 처분이 된다고 볼 수는 없으므로, 이 사건 신청에 대한 피고의 부작위 또는 거부는 행정소송법상 부작위위법확인소송의 대상인 '처분의 부작위' 또는 거부처분취소소송의 대상인 '거부처분'에 해당하지 않는다(대판 2018.9.28. 2017두47465).

05. 국회직 8급

030 □□□

부작위위법확인소송에 있어서는 사정판결이 적용되지 아니한다. O | X

부작위위법확인소송에는 처분변경으로 인한 소 변경, 집행부정지원칙, 사정판결 등이 준용되지 않는다.

정답 027 X 028 ○ 029 X 030 ○

13. 국회직 8급

031 □□□

부작위위법확인소송에 대해서는 행정소송법상 처분변경으로 인한 소의 변경에 관한 규정이 준용된다. O | X

부작위위법확인소송에는 제22조(처분변경으로 인한 소의 변경)가 준용되지 않는다(행정소송법 제38조 제2항).

10. 세무사

032 □□□

행정청의 아무런 처분이 없는 경우에도 이를 거부처분으로 간주하는 법규정이 있는 때에는 부작위에 해당하지 않는다. O | X

간주거부에 대해서는 부작위위법확인소송이 아닌 거부처분취소소송을 제기해야 한다.

15. 교행직 9급

033 □□□

부작위위법확인소송의 대상이 되는 부작위는 당사자의 신청이 없더라도 성립할 수 있다. O | X

> 「행정소송법」 제36조 **【부작위위법확인소송의 원고적격】** 부작위위법확인소송은 처분의 신청을 한 자로서 부작위의 위법의 확인을 구할 법률상 이익이 있는 자만이 제기할 수 있다.

13. 국회직 8급, 10. 세무사

034 □□□

부작위가 성립하기 위해서는 당사자의 신청이 있어야 하며, 여기서 신청이란 법규상 또는 조리상 신청권의 행사로서의 신청을 말한다. O | X

위법한 부작위가 성립하기 위해서는 당사자의 신청, 상당기간의 경과, 처분의무의 존재, 처분의 불이행이라는 요건이 만족되어야 한다. 이때 처분의무는 당사자에게 법규상 · 조리상 신청권이 있을 때 발생한다.

13. 국회직 8급, 04. 국가직 9급

035 □□□

부작위의 직접 상대방이 아닌 제3자는 당해 행정처분의 부작위위법확인을 구할 법률상의 이익이 있는 경우 원고적격이 인정된다. O | X

행정소송법상 취소소송이나 부작위위법확인소송에 있어서는 당해 행정처분 또는 부작위의 직접 상대방이 아닌 제3자라 하더라도 그 처분의 취소 또는 부작위위법확인을 받을 법률상의 이익이 있는 경우에는 원고적격이 인정되나 여기서 말하는 법률상의 이익은 그 처분 또는 부작위의 근거 법률에 의하여 보호되는 직접적이고 구체적인 이익을 말하고, 간접적이거나 사실적 · 경제적 관계를 가지는 데 불과한 경우는 포함되지 않는다(대판 1989.5.23. 88누8135).

정답 031 X 032 ○ 033 X 034 ○ 035 ○

19. 변호사, 17. 지방직 7급

036 □□□

甲은 A시장의 부작위에 대해 행정심판을 거친 후 부작위위법확인의 소를 제기하려면 행정심판재결서의 정본을 송달받은 날부터 60일 이내에 제기하여야 한다. O | X

행정심판재결서의 정본을 송달받은 날부터 90일 이내에 제기하여야 한다.

> **「행정소송법」 제20조 【제소기간】** ① 취소소송은 처분 등이 있음을 안 날부터 90일 이내에 제기하여야 한다. 다만, 제18조 제1항 단서에 규정한 경우와 그 밖에 행정심판청구를 할 수 있는 경우 또는 행정청이 행정심판청구를 할 수 있다고 잘못 알린 경우에 행정심판청구가 있은 때의 기간은 재결서의 정본을 송달받은 날부터 기산한다.
> ② 취소소송은 처분 등이 있은 날부터 1년(제1항 단서의 경우는 재결이 있은 날부터 1년)을 경과하면 이를 제기하지 못한다. 다만, 정당한 사유가 있는 때에는 그러하지 아니하다.
> ③ 제1항의 규정에 의한 기간은 불변기간으로 한다.
> **제38조 【준용규정】** ② 제9조, 제10조, 제13조 내지 제19조, 제20조, 제25조 내지 제27조, 제29조 내지 제31조, 제33조 및 제34조의 규정은 부작위위법확인소송의 경우에 준용한다.

13. 서울시 9급, 10. 세무사

037 □□□

취소소송의 제소기간에 관한 규정은 무효등확인소송과 부작위위법확인소송에서는 준용되지 않는다. O | X

행정소송법 제20조(제소기간)의 규정은 부작위위법확인소송의 경우에 준용한다.

19 · 13. 지방직 9급

038 □□□

행정청의 부작위에 대하여 행정심판을 거치지 않고 부작위위법확인소송을 제기하는 경우에는 제소기간의 제한을 받지 않는다. O | X

부작위위법확인의 소는 부작위상태가 계속되는 한 그 위법의 확인을 구할 이익이 있다고 보아야 하므로 원칙적으로 제소기간의 제한을 받지 않는다. 그러나 행정소송법 제38조 제2항이 제소기간을 규정한 같은 법 제20조를 부작위위법확인소송에 준용하고 있는 점에 비추어 보면, 행정심판 등 전심절차를 거친 경우에는 행정소송법 제20조가 정한 제소기간 내에 부작위위법확인의 소를 제기하여야 한다(대판 2009.7.23. 2008두10560).

19. 국회직 8급

039 □□□

당사자가 적법한 제소기간 내에 부작위위법확인의 소를 제기한 후 동일한 신청에 대하여 소극적 처분이 있다고 보아 처분취소소송으로 소를 교환적으로 변경한 후 부작위위법확인의 소를 추가적으로 병합한 경우 제소기간을 준수한 것으로 볼 수 있다. O | X

대판 2009.7.23. 2008두10560 판례에 대한 옳은 내용이다.

정답 036 X 037 X 038 ○ 039 ○

06. 대구시 9급

040 □□□

법원은 부작위에 대하여 집행정지결정을 할 수 있다. O | X

부작위위법확인소송은 집행정지(행정소송법 제23조) 규정을 준용하지 않는다.

18. 국회직 8급

041 □□□

법원은 단순히 행정청의 방치행위의 적부에 관한 절차적 심리만 하는 게 아니라, 신청의 실체적 내용이 이유 있는지도 심리하며 그에 대한 적정한 처리방향에 관한 법률적 판단을 해야 한다. O | X

행정소송법 제4조 제3호에 규정된 부작위위법확인의 소는 행정청이 당사자의 법규상 또는 조리상의 권리에 기한 신청에 대하여 상당한 기간 내에 그 신청을 인용하는 적극적 처분 또는 각하하거나 기각하는 등의 소극적 처분을 하여야 할 법률상의 응답의무가 있음에도 불구하고 이를 하지 아니하는 경우에 그 부작위가 위법하다는 것을 확인함으로써 행정청의 응답을 신속하게 하여 부작위 또는 무응답이라고 하는 소극적인 위법상태를 제거하는 것을 목적으로 하는 제도이다(대판 1992.6.9. 91누11278). 판례는 절차적 심리설의 입장이다.

06. 세무사

042 □□□

본안심리의 범위와 관련하여 판례는 실체적 심리설의 입장이다. O | X

부작위위법확인소송에 있어서 다수설과 판례는 절차적 심리설을 취하고 있다.

08. 세무사

043 □□□

판례의 태도에 비추어 볼 때, 부작위위법확인소송에서 인용판결(확인)이 확정되면 행정청은 이전의 신청에 대한 처분을 하여야 하고 거부처분을 할 수는 없다. O | X

행정처분의 적법 여부는 그 행정처분이 행하여 진 때의 법령과 사실을 기준으로 하여 판단하는 것이므로 거부처분 후에 법령이 개정 · 시행된 경우에는 개정된 법령 및 허가기준을 새로운 사유로 들어 다시 이전의 신청에 대한 거부처분을 할 수 있으며 그러한 처분도 행정소송법 제30조 제2항에 규정된 재처분에 해당된다(대결 1998.1.7. 97두22).

19. 변호사, 13. 서울시 9급, 12. 국가직 7급, 07. 세무사 변형

044 □□□

甲이 제기한 부작위위법확인소송에서 A시장의 부작위가 위법한지 여부는 甲의 허가신청시를 기준으로 판단되어야 한다. O | X

부작위위법확인소송에서는 처분이 존재하지 않기 때문에 판결시(사실심 변론종결시)를 기준으로 위법 여부를 판단해야 한다.

정답 040 X 041 X 042 X 043 X 044 X

10. 국회직 9급

045 □□□

압수가 해제된 것으로 간주된 물건에 대한 피압수자의 환부신청에 대하여 검사가 아무런 결정이나 통지를 하지 않았다고 하더라도 그와 같은 부작위는 부작위위법확인소송의 대상이 되지 않는다. O | X

형사본안사건에서 무죄가 선고되어 확정되었다면 형사소송법 제332조 규정에 따라 검사가 압수물을 제출자나 소유자 기타 권리자에게 환부하여야 할 의무가 당연히 발생한 것이고, 권리자의 환부신청에 대한 검사의 환부결정 등 어떤 처분에 의하여 비로소 환부의무가 발생하는 것은 아니므로 압수가 해제된 것으로 간주된 압수물에 대하여 피압수자나 기타 권리자가 민사소송으로 그 반환을 구함은 별론으로 하고 검사가 피압수자의 압수물 환부신청에 대하여 아무런 결정이나 통지도 하지 아니하고 있다고 하더라도 그와 같은 부작위는 현행 행정소송법상의 부작위위법확인소송의 대상이 되지 아니한다(대판 1995.3.10. 94누14018).

18. 국회직 8급

046 □□□

행정청이 행한 공사중지명령의 상대방은 그 명령 이후에 그 원인사유가 소멸하였음을 들어 행정청에게 공사중지명령의 철회를 요구할 수 있는 조리상의 신청권이 없다. O | X

행정청이 행한 공사중지명령의 상대방은 그 명령 이후에 그 원인사유가 소멸하였음을 들어 행정청에게 공사중지명령의 철회를 요구할 수 있는 조리상의 신청권이 있다 할 것이고, 상대방으로부터 그 신청을 받은 행정청으로서는 상당한 기간 내에 그 신청을 인용하는 적극적 처분을 하거나 각하 또는 기각하는 등의 소극적 처분을 하여야 할 법률상의 응답의무가 있다고 할 것이며, 행정청이 상대방의 신청에 대하여 아무런 적극적 또는 소극적 처분을 하지 않고 있는 이상 행정청의 부작위는 그 자체로 위법하다고 할 것이고, 구체적으로 그 신청이 인용될 수 있는지 여부는 소극적 처분에 대한 항고소송의 본안에서 판단하여야 할 사항이라고 할 것이다(대판 2005.4.14. 2003두7590).

14. 서울시 7급

047 □□□

4급 공무원이 당해 지방자치단체 인사위원회의 심의를 거쳐 3급 승진대상자로 결정되고 임용권자가 그 사실을 대내외에 공표한 경우 그 공무원에게 승진 임용신청권이 있다. O | X

4급 공무원이 당해 지방자치단체 인사위원회의 심의를 거쳐 3급 승진대상자로 결정되고 임용권자가 그 사실을 대내외에 공표까지 하였다면, 그 공무원은 승진임용에 관한 법률상 이익을 가진 자로서 임용권자에 대하여 3급 승진임용신청을 할 조리상의 권리가 있다(대판 2008.4.10. 2007두18611).

08. 선관위 9급

048 □□□

부작위위법확인소송은 행정청의 부작위 또는 무응답, 거부처분 등 소극적 위법상태를 제거하기 위한 제도이다. O | X

행정소송법 제4조 제3호가 정하는 부작위위법확인의 소는 행정청이 당사자의 법규상 또는 조리상의 권리에 기한 신청에 대하여 상당한 기간 내에 신청을 인용하는 적극적 처분 또는 각하하거나 기각하는 등의 소극적 처분을 하여야 할 법률상 응답의무가 있음에도 불구하고 이를 하지 아니하는 경우 그 부작위가 위법하다는 것을 확인함으로써 행정청의 응답을 신속하게 하여 부작위 또는 무응답이라고 하는 소극적 위법상태를 제거하는 것을 목적으로 하는 제도이다(대판 2000.2.25. 99두11455). 행정청이 당사자의 신청에 대하여 거부처분을 한 경우에는 거부처분에 대하여 취소소송을 제기하여야 하는 것이지 행정처분의 부존재를 전제로 한 부작위위법확인소송을 제기할 수 없다(대판 1992.4.28. 91누8753).

정답 045 ○ 046 X 047 ○ 048 X

19. 국가직 9급

049 □□□

허가처분신청에 대한 부작위를 다투는 부작위위법확인소송을 제기하여 제1심에서 승소판결을 받았는데 제2심 단계에서 피고 행정청이 허가처분을 한 경우, 제2심 수소법원은 각하판결을 하여야 한다. O | X

소제기의 전후를 통하여 판결시까지 행정청이 그 신청에 대하여 적극 또는 소극의 처분을 함으로써 부작위 상태가 해소된 때에는 소의 이익을 상실하게 되어 당해 소는 각하를 면할 수가 없는 것이다(대판 1990.9.25. 89누4758).

23. 경찰간부

050 □□□

취소소송의 재판관할 규정은 부작위위법확인소송의 경우에 준용되지 않는다. O | X

취소소송의 재판관할 규정은 부작위위법확인소송의 경우에 준용된다.

> **「행정소송법」 제9조 【재판관할】** ① 취소소송의 제1심관할법원은 피고의 소재지를 관할하는 행정법원으로 한다.
> ② 제1항에도 불구하고 다음 각 호의 어느 하나에 해당하는 피고에 대하여 취소소송을 제기하는 경우에는 대법원소재지를 관할하는 행정법원에 제기할 수 있다.
> 1. 중앙행정기관, 중앙행정기관의 부속기관과 합의제행정기관 또는 그 장
> 2. 국가의 사무를 위임 또는 위탁받은 공공단체 또는 그 장
>
> ③ 토지의 수용 기타 부동산 또는 특정의 장소에 관계되는 처분등에 대한 취소소송은 그 부동산 또는 장소의 소재지를 관할하는 행정법원에 이를 제기할 수 있다.
>
> **제38조 【준용규정】** ② 제9조, 제10조, 제13조 내지 제19조, 제20조, 제25조 내지 제27조, 제29조 내지 제31조, 제33조 및 제34조의 규정은 부작위위법확인소송의 경우에 준용한다.

23. 소방간부

051 □□□

당사자의 신청에 대한 행정청의 거부처분이 있는 경우에는 행정청이 당사자의 신청에 대하여 상당한 기간 내에 일정한 처분을 하여야 할 법률상 응답의무를 이행하지 아니함으로써 야기된 부작위라는 위법상태를 제거하기 위하여 제기하는 부작위위법확인소송은 허용되지 아니한다. O | X

당사자의 신청에 대한 행정청의 거부처분이 있는 경우에는 행정청이 당사자의 신청에 대하여 상당한 기간 내에 일정한 처분을 하여야 할 법률상의 응답의무를 이행하지 아니함으로써 야기된 부작위라는 위법상태를 제거하기 위하여 제기하는 부작위위법확인소송은 허용되지 아니한다(대판 1991.11.8. 90누9391).

23. 국가직 7급

052 □□□

부작위위법확인소송에서 부작위상태가 계속되는 한 그 위법의 확인을 구할 이익이 있다고 보아야 하므로 행정심판 등 전심절차를 거친 경우에도 제소기간에 관한 규정은 적용되지 않는다. O | X

부작위위법확인의 소는 부작위상태가 계속되는 한 그 위법의 확인을 구할 이익이 있다고 보아야 하므로 원칙적으로 제소기간의 제한을 받지 않는다. 그러나 행정소송법 제38조 제2항이 제소기간을 규정한 같은 법 제20조를 부작위위법확인소송에 준용하고 있는 점에 비추어 보면, 행정심판 등 전심절차를 거친 경우에는 행정소송법 제20조가 정한 제소기간 내에 부작위위법확인의 소를 제기하여야 한다(대판 2009.7.23. 2008두10560).

정답 049 ○ 050 X 051 ○ 052 X

제4장 당사자소송, 객관소송

제1절 당사자소송

19. 국가직 7급

001 □□□

공익사업으로 인해 농업손실을 입은 자가 사업시행자에게서 공익사업을 위한 토지 등의 취득 및 보상에 관한 법률에 따른 보상을 받으려면 재결절차를 거쳐야 하고, 이를 거치지 않고 곧바로 민사소송으로 보상금을 청구하는 것은 허용되지 않는다. O | X

농업손실보상청구권은 공익사업의 시행 등 적법한 공권력의 행사에 의한 재산상의 특별한 희생에 대하여 전체적인 공평부담의 견지에서 공익사업의 주체가 그 손해를 보상하여 주는 손실보상의 일종으로 공법상의 권리임이 분명하므로 그에 관한 쟁송은 민사소송이 아닌 행정소송절차에 의하여야 할 것이다(대판 2011.10.13. 2009다43461).

19. 지방직 7급

002 □□□

공무원연금법령상 급여를 받으려고 하는 자는 우선 급여지급을 신청하여 공무원연금공단이 이를 거부하거나 일부 금액만 인정하는 급여지급결정을 하는 경우 그 결정을 대상으로 항고소송을 제기하는 등으로 구체적 권리를 인정받아야 한다. O | X

구 공무원연금법에 의한 퇴직수당 등의 급여를 받을 권리는 법령의 규정에 의하여 직접 발생하는 것이 아니라 위와 같은 급여를 받으려고 하는 자가 소속하였던 기관장의 확인을 얻어 신청함에 따라 공무원연금관리공단이 그 지급결정을 함으로써 구체적인 권리가 발생한다. 여기서 공무원연금관리공단이 하는 급여지급결정의 의미는 단순히 급여수급 대상자를 확인 · 결정하는 것에 그치는 것이 아니라 구체적인 급여수급액을 확인 · 결정하는 것까지 포함한다. 따라서 구 공무원연금법령상 급여를 받으려고 하는 자는 우선 관계 법령에 따라 공단에 급여지급을 신청하여 공무원연금관리공단이 이를 거부하거나 일부 금액만 인정하는 급여지급결정을 하는 경우 그 결정을 대상으로 항고소송을 제기하는 등으로 구체적 권리를 인정받은 다음 비로소 당사자소송으로 그 급여의 지급을 구하여야 하고, 구체적인 권리가 발생하지 않은 상태에서 곧바로 공무원연금관리공단 등을 상대로 한 당사자소송으로 급여의 지급을 소구하는 것은 허용되지 않는다(대판 2010.5.27. 2008두5636).

19. 서울시 7급

003 □□□

납세의무부존재확인의 소는 당사자소송이고 항고소송의 성격을 가지므로 해당 과세처분 관할 행정청이 피고가 된다. O | X

납세의무부존재확인의 소는 공법상의 법률관계 그 자체를 다투는 소송으로서 당사자소송이라 할 것이므로 행정소송법 제3조 제2호, 제39조에 의하여 그 법률관계의 한쪽 당사자인 국가 · 공공단체 그 밖의 권리주체가 피고적격을 가진다(대판 2000.9.8. 99두2765).

정답 001 ○ 002 ○ 003 X

13. 지방직 9급

004

☐☐☐

공중보건의사의 채용계약 해지의 의사표시는 징계처분과 마찬가지로 항고소송으로 다투어야 한다.

O | X

현행 실정법이 전문직 공무원인 공중보건의사의 채용계약 해지의 의사표시는 일반공무원에 대한 징계처분과는 달라서 항고소송의 대상이 되는 처분 등의 성격을 가진 것으로 인정되지 아니하고, 일정한 사유가 있을 때에 관할 도지사가 채용계약관계의 한쪽 당사자로서 대등한 지위에서 행하는 의사표시로 취급하고 있는 것으로 이해되므로, 공중보건의사 채용계약 해지의 의사표시에 대하여는 대등한 당사자간의 소송형식인 공법상의 당사자소송으로 그 의사표시의 무효확인을 청구할 수 있는 것이지, 이를 항고소송의 대상이 되는 행정처분이라는 전제하에서 그 취소를 구하는 항고소송을 제기할 수는 없다(대판 1996.5.31. 95누10617).

21. 지방직 9급 · 국가직 9급 유사

005

☐☐☐

계약직 공무원 채용계약 해지의 의사표시는 항고소송의 대상이 되는 처분 등의 성격을 가진 것으로 행정처분과 같이 행정절차법에 의하여 근거와 이유를 제시하여야 한다.

O | X

계약직 공무원에 관한 현행 법령의 규정에 비추어 볼 때, 계약직 공무원 채용계약 해지의 의사표시는 일반공무원에 대한 징계처분과는 달라서 항고소송의 대상이 되는 처분 등의 성격을 가진 것으로 인정되지 아니하고, 일정한 사유가 있을 때에 국가 또는 지방자치단체가 채용계약관계의 한쪽 당사자로서 대등한 지위에서 행하는 의사표시로 취급되는 것으로 이해되므로, 이를 징계해고 등에서와 같이 그 징계사유에 한하여 효력 유무를 판단하여야 하거나, 행정처분과 같이 행정절차법에 의하여 근거와 이유를 제시하여야 하는 것은 아니다(대판 2002.11.26. 2002두5948).

19. 서울시 9급(2월)

006

☐☐☐

계약직 공무원에 대한 채용계약 해지의 의사표시는 국가 또는 지방자치단체가 대등한 지위에서 행하는 의사표시로 이해된다.

O | X

대판 2002.11.26. 2002두5948 판례에 대한 옳은 내용이다.

15. 국회직 8급 · 서울시 9급

007

☐☐☐

광주민주화운동 관련자 보상 등에 관한 법률에 의거한 손실보상청구소송은 판례에 따를 때 당사자소송에 해당한다.

O | X

[1] 광주민주화운동 관련자 보상 등에 관한 법률 제15조 본문의 규정에서 말하는 광주민주화운동관련자보상심의위원회의 결정을 거치는 것은 보상금 지급에 관한 소송을 제기하기 위한 전치요건에 불과하다고 할 것이므로 위 보상심의위원회의 결정은 취소소송의 대상이 되는 행정처분이라고 할 수 없다.

[2] 같은 법에 의거하여 관련자 및 유족들이 갖게 되는 보상 등에 관한 권리는 헌법 제23조 제3항에 따른 재산권침해에 대한 손실보상청구나 국가배상법에 따른 손해배상청구와는 그 성질을 달리하는 것으로서 법률이 특별히 인정하고 있는 공법상의 권리라고 하여야 할 것이므로 그에 관한 소송은 행정소송법 제3조 제2호 소정의 당사자소송에 의하여야 할 것이며 보상금 등의 지급에 관한 법률관계의 주체는 대한민국이다(대판 1992.12.24. 92누3335).

정답 004 X 005 X 006 ○ 007 ○

15. 서울시 9급, 14. 국회직 8급, 10. 국회직 9급

008 □□□

민주화운동 관련자 명예회복 및 보상 등에 관한 법률에 의한 보상금지급청구소송은 판례에 따를 때 당사자소송에 해당한다. O | X

'민주화운동 관련자 명예회복 및 보상 등에 관한 법률' 제2조 제1호, 제2호 본문, 제4조, 제10조, 제11조, 제13조 규정들의 취지와 내용에 비추어 보면, 같은 법 제2조 제2호 각 목은 민주화운동과 관련한 피해 유형을 추상적으로 규정한 것에 불과하여 제2조 제1호에서 정의하고 있는 민주화운동의 내용을 함께 고려하더라도 그 규정들만으로는 바로 법상의 보상금 등의 지급대상자가 확정된다고 볼 수 없고, '민주화운동 관련자 명예회복 및 보상 심의위원회'에서 심의 · 결정을 받아야만 비로소 보상금 등의 지급대상자로 확정될 수 있다. 따라서 그와 같은 심의위원회의 결정은 국민의 권리의무에 직접 영향을 미치는 행정처분에 해당하므로, 관련자 등으로서 보상금 등을 지급받고자 하는 신청에 대하여 심의위원회가 관련자 해당 요건의 전부 또는 일부를 인정하지 아니하여 보상금 등의 지급을 기각하는 결정을 한 경우에는 신청인은 심의위원회를 상대로 그 결정의 취소를 구하는 소송을 제기하여 보상금 등의 지급대상자가 될 수 있다(대판 2008.4.17. 2005두16185 전합).

23. 지방직 9급, 19. 서울시 7급 변형

009 □□□

명예퇴직한 법관이 미지급 명예퇴직수당액에 대하여 가지는 권리는 명예퇴직수당 지급대상자 결정 절차를 거쳐 명예퇴직수당규칙에 의하여 확정된 공법상 법률관계에 관한 권리로서, 그 지급을 구하는 소송은 당사자소송에 해당하며, 그 법률관계의 당사자인 국가를 상대로 제기하여야 한다. O | X

법관이 이미 수령한 명예퇴직수당액이 구 법관 및 법원공무원 명예퇴직수당 등 지급규칙에서 정한 정당한 명예퇴직수당액에 미치지 못한다고 주장하며 차액의 지급을 신청하였으나 법원행정처장이 이를 거부한 것은 행정처분이 아니고 당사자소송에 해당하며, 그 법률관계의 당사자인 국가를 상대로 제기하여야 한다(대판 2016.5.24. 2013두14863).

19. 국가직 7급

010 □□□

공익사업을 위한 토지 등의 취득 및 보상에 관한 법률상 주거용 건축물 세입자의 주거이전비 보상청구권은 사법상의 권리이고, 주거이전비 보상청구소송은 민사소송에 의해야 한다. O | X

세입자의 주거이전비 보상청구권은 그 요건을 충족하는 경우에 당연히 발생하는 것이므로, 주거이전비 보상청구소송은 행정소송법 제3조 제2호에 규정된 당사자소송에 의하여야 한다(대판 2008.5.29. 2007다8129).

18. 서울시 7급

011 □□□

공무원연금법령상 급여를 받으려고 하는 자는 구체적 권리가 발생하지 않은 상태에서 곧바로 공무원연금공단을 상대로 한 당사자소송을 제기할 수 없다. O | X

공무원연금법령상 급여를 받으려고 하는 자는 우선 관계 법령에 따라 공무원연금공단에 급여지급을 신청하여 공무원연금공단이 이를 거부하거나 일부 금액만 인정하는 급여지급결정을 하는 경우 그 결정을 대상으로 항고소송을 제기하는 등으로 구체적 권리를 인정받아야 하고, 구체적인 권리가 발생하지 않은 상태에서 곧바로 공무원연금공단을 상대로 한 당사자소송으로 권리의 확인이나 급여의 지급을 소구하는 것은 허용되지 아니한다(대판 2017.2.9. 2014두43264).

정답 008 X 009 ○ 010 X 011 ○

21. 지방직 7급 유사, 15 · 14. 국회직 8급

012 □□□

공무원연금공단의 법령개정사실 및 퇴직연금수급자가 일부 금액의 지급정지대상자가 되었음을 통보한 사안에서 미지급퇴직연금의 지급을 구하는 소송은 판례상 당사자소송이다. O | X

구 공무원연금법 소정의 퇴직연금 등의 급여는 급여를 받을 권리를 가진 자가 당해 공무원이 소속하였던 기관장의 확인을 얻어 신청하는 바에 따라 공무원연금관리공단이 그 지급결정을 함으로써 그 구체적인 권리가 발생하는 것이므로, 공무원연금관리공단의 급여에 관한 결정은 국민의 권리에 직접 영향을 미치는 것이어서 행정처분에 해당할 것이지만, 공무원연금관리공단의 인정에 의하여 퇴직연금을 지급받아 오던 중 구 공무원연금 법령의 개정 등으로 퇴직연금 중 일부 금액의 지급이 정지된 경우에는 당연히 개정된 법령에 따라 퇴직연금이 확정되는 것이지 같은 법 제26조 제1항에 정해진 공무원연금관리공단의 퇴직연금결정과 통지에 의하여 비로소 그 금액이 확정되는 것이 아니므로, 공무원연금관리공단이 퇴직연금 중 일부 금액에 대하여 지급거부의 의사표시를 하였다고 하더라도 그 의사표시는 퇴직연금청구권을 형성 · 확정하는 행정처분이 아니라 공법상의 법률관계의 한쪽 당사자로서 그 지급의무의 존부 및 범위에 관하여 나름대로의 사실상 · 법률상 의견을 밝힌 것일 뿐이어서, 이를 행정처분이라고 볼 수는 없고, 이 경우 미지급퇴직연금에 대한 지급청구권은 공법상 권리로서 그의 지급을 구하는 소송은 공법상의 법률관계에 관한 소송인 공법상 당사자소송에 해당한다(대판 2004.7.8. 2004두244).

Point정리 공무원연금 관련 소송

소송종류	당사자소송	항고소송
비교판례	공무원연금관리공단의 퇴직연금 일부 지급거부의사에 대하여 미지급퇴직연금의 지급을 구하는 소송(대판 2004.7.8. 2004두244)	공무원연금관리공단의 급여에 관한 결정에 불복하는 소송(대판 1996.12.6. 96누6417)
처분성 판단	공무원연금관리공단의 퇴직연금 일부 금액에 대한 지급거부 의사표시가 행정처분인지 여부(소극)	공무원연금법상 퇴직급여결정이 행정처분인지 여부(적극)

15. 국회직 8급 · 서울시 9급

013 □□□

공무원연금관리공단의 퇴직급여결정에 대한 소송은 판례에 따를 때 당사자소송에 해당한다. O | X

구 공무원연금법상의 퇴직급여는 공무원연금관리공단의 지급결정으로 구체적 권리가 발생하는 것이므로 공무원연금관리공단의 급여결정은 행정처분으로서 이에 대해서는 항고소송을 제기하여야 한다(대판 1996.12.6. 96누6417).

21. 소방, 21. 소방간부, 19. 국가직 9급, 15. 국회직 8급, 13. 지방직 9급, 11. 국가직 7급

014 □□□

도시 및 주거환경정비법상 주택재건축정비사업조합을 상대로 관리처분계획안에 대한 조합 총회결의의 효력 등을 다투는 소송은 행정소송법상 당사자소송에 해당한다. O | X

도시 및 주거환경정비법상 행정주체인 주택재건축정비사업조합을 상대로 관리처분계획안에 대한 조합 총회결의의 효력을 다투는 소송은 행정처분에 이르는 절차적 요건의 존부나 효력 유무에 관한 소송으로서 소송결과에 따라 행정처분의 위법 여부에 직접 영향을 미치는 공법상 법률관계에 관한 것이므로, 이는 행정소송법상 당사자소송에 해당한다(대결 2015.8.21. 2015무26).

정답 012 ○ 013 X 014 ○

19. 서울시 7급

015 ☐☐☐

구 공익사업을 위한 토지 등의 취득 및 보상에 관한 법률에 의한 주거이전비 보상청구는 당사자소송의 대상이다. O | X

공익사업법 제78조 제5항 · 제7항, 공익사업법 시행규칙 제54조 제2항 본문 · 제3항의 각 조문을 종합하여 보면 위 주거이전비 보상청구권은 그 요건을 충족하는 경우에 당연히 발생되는 것이므로, 주거이전비 보상청구소송은 행정소송법 제3조 제2호에 규정된 당사자소송에 의하여야 할 것이다.

19. 서울시 7급, 10. 경행특채

016 ☐☐☐

재개발조합 조합원의 자격 인정 여부에 관한 다툼은 당사자소송의 대상이다. O | X

재개발조합은 조합원에 대한 법률관계에서 적어도 특수한 존립목적을 부여받은 특수한 행정주체로서 국가의 감독하에 그 존립목적인 특정한 공공사무를 행하고 있다고 볼 수 있는 범위 내에서는 공법상의 권리의무관계에 서 있다. 따라서 조합을 상대로 한 쟁송에 있어서 강제가입제를 특색으로 한 조합원의 자격 인정 여부에 관하여 다툼이 있는 경우에는 공법상의 당사자소송에 의하여 그 조합원자격의 확인을 구할 수 있다(대판 1996.2.15. 94다31235).

19. 서울시 7급

017 ☐☐☐

재개발조합은 공법인이므로 재개발조합과 조합장 사이의 선임 · 해임 등을 둘러싼 법률관계는 공법상 법률관계이고 그 조합장의 지위를 다투는 소송은 공법상 당사자소송이다. O | X

주택재개발정비사업조합과 조합장 또는 조합임원 사이의 선임 · 해임 등을 둘러싼 법률관계는 공법상의 법률관계에 해당한다거나 당연히 공법상 당사자소송에 해당한다고 볼 수는 없고, 사법상의 법률관계로서 그 조합장 또는 조합임원의 지위를 다투는 소송은 민사소송에 의하여야 할 것이다(대결 2009.9.24. 2009마168).

19. 서울시 7급

018 ☐☐☐

폐광대책비의 일종으로 폐광된 광산에서 업무상 재해를 입은 근로자에게 지급하는 재해위로금의 지급청구는 당사자소송의 대상이다. O | X

폐광대책비의 일종으로 폐광된 광산에서 업무상 재해를 입은 근로자에게 지급하는 재해위로금은, 퇴직근로자를 대상으로 사회보장적인 차원에서 통상적인 재해보상금에 추가하여 지급하는 위로금의 성격을 갖는 것이고, 이러한 재해위로금에 대한 지급청구권은 공법상의 권리로서 그 지급을 구하는 소송은 공법상의 법률관계에 관한 소송인 공법상 당사자소송에 해당한다(대판 1999.1.26. 98두12598).

21. 국가직 7급, 19. 서울시 7급, 18. 국가직 7급 · 서울시 7급, 16 · 15. 국가직 9급, 14. 지방직 7급 · 국회직 8급

019 ☐☐☐

부가가치세법령상 납세의무자에 대한 국가의 부가가치세 환급세액 지급의무는 부당이득반환의무이므로 그 지급청구는 당사자소송이 아니라 민사소송의 절차에 따라야 한다. O | X

납세의무자에 대한 국가의 부가가치세 환급세액 지급의무는 그 납세의무자로부터 어느 과세기간에 과다하게 거래징수된 세액 상당을 국가가 실제로 납부받았는지와 관계없이 부가가치세법령의 규정에 의하여 직접 발생하는 것으로서, 그 법적 성질은 부당이득반환의무가 아니라 부가가치세법령에 의하여 그 존부나 범위가 구체적으로 확정되고 조세정책적 관점에서 특별히 인정되는 공법상 의무라고 봄이 타당하다. 그렇다면 국가에 대한 납세의무자의 부가가치세 환급세액 지급청구는 민사소송이 아니라 행정소송법 제3조 제2호에 규정된 당사자소송의 절차에 따라야 한다(대판 2013.3.21. 2011다95564).

정답 015 ○ 016 ○ 017 X 018 ○ 019 X

21. 소방, 14. 지방직 7급

020
□□□

2020년 4월 1일부터 시행되는 전부개정 소방공무원법 이전의 경우, 지방소방공무원의 보수에 관한 법률관계는 사법상의 법률관계이므로 지방소방공무원이 소속 지방자치단체를 상대로 초과근무수당의 지급을 구하는 소송은 행정소송상 당사자소송이 아닌 민사소송절차에 따라야 했다. O | X

지방자치단체와 그 소속 경력직 공무원인 지방소방공무원 사이의 관계, 즉 지방소방공무원의 근무관계는 사법상의 근로계약관계가 아닌 공법상의 근무관계에 해당하고, 그 근무관계의 주요한 내용 중 하나인 지방소방공무원의 보수에 관한 법률관계는 공법상의 법률관계라고 보아야 한다. … 지방소방공무원의 초과근무수당 지급청구권은 법령의 규정에 의하여 직접 그 존부나 범위가 정하여지고 법령에 규정된 수당의 지급요건에 해당하는 경우에는 곧바로 발생한다고 할 것이므로, 지방소방공무원이 자신이 소속된 지방자치단체를 상대로 초과근무수당의 지급을 구하는 청구에 관한 소송은 행정소송법 제3조 제2호에 규정된 당사자소송의 절차에 따라야 한다(대판 2013.3.28. 2012다102629).

06. 국회직 8급

021
□□□

석탄가격안정지원금의 지급을 구하는 소송은 당사자소송이다. O | X

석탄가격안정지원금은 석탄의 수요 감소와 열악한 사업환경 등으로 점차 경영이 어려워지고 있는 석탄광업의 안정 및 육성을 위하여 국가정책적 차원에서 지급하는 지원비의 성격을 갖는 것이고, 석탄광업자가 석탄산업합리화사업단에 대하여 가지는 이와 같은 지원금지급청구권은 석탄사업법령에 의하여 정책적으로 당연히 부여되는 공법상의 권리이므로, 석탄광업자가 석탄산업합리화사업단을 상대로 석탄산업법령 및 석탄가격안정지원금 지급요령에 의하여 지원금의 지급을 구하는 소송은 공법상의 법률관계에 관한 소송인 공법상의 당사자소송에 해당한다(대판 1997.5.30. 95다28960).

14. 국회직 8급

022
□□□

공무원이나 공립학교 학생의 신분확인을 구하는 공법상 신분 · 지위확인소송은 판례상 당사자소송이다. O | X

Point정리 당사자소송 관련 판례

공법상 계약에 관련된 소송	• 서울특별시립무용단 단원의 해촉에 대한 무효확인청구소송(대판 1995.12.22. 95누4636) • 공중보건의사 채용계약 해지의 의사표시에 대한 무효확인청구소송(대판 1996.2.31. 95누10617)
공법상 금전급부에 관련된 소송	• 퇴직연금을 지급받아오던 중 미지급퇴직연금의 지급을 구하는 소송(대판 2004.7.8. 2004두244) • 석탄광업자가 석탄산업합리화사업단을 상대로 지원금의 지급을 구하는 소송(대판 1997.5.30. 95다28960)
공법상 신분 및 지위에 관련된 소송	• 재개발조합을 상대로 조합원자격 유무에 대한 확인을 구하는 소송(대판 1996.2.15. 94다31235) • 당초 임용 당시의 결격사유로 추후 공무원 특별임용이 무효로 되는지 확인하는 소송[공무원지위확인소송(대판 1998.10.23. 98두12932)]

정답 020 X 021 ○ 022 ○

13. 지방직 9급

023 □□□

주택재개발정비사업조합은 공법인에 해당하기 때문에, 조합과 조합장 또는 조합임원 사이의 선임·해임 등을 둘러 싼 법률관계는 공법상 법률관계로서 그 조합장 또는 조합임원의 지위를 다투는 소송은 공법상 당사자소송에 의하여야 한다. O | X

구 도시 및 주거환경정비법(2007.12.21. 법률 제8785호로 개정되기 전의 것)상 재개발조합이 공법인이라는 사정만으로 재개발조합과 조합장 또는 조합임원 사이의 선임·해임 등을 둘러싼 법률관계가 공법상의 법률관계에 해당한다거나 그 조합장 또는 조합임원의 지위를 다투는 소송이 당연히 공법상 당사자소송에 해당한다고 볼 수는 없고, 구 도시 및 주거환경정비법의 규정들이 재개발조합과 조합장 및 조합임원과의 관계를 특별히 공법상의 근무관계로 설정하고 있다고 볼 수도 없으므로, 재개발조합과 조합장 또는 조합임원 사이의 선임·해임 등을 둘러싼 법률관계는 사법상의 법률관계로서 그 조합장 또는 조합임원의 지위를 다투는 소송은 민사소송에 의하여야 할 것이다(대결 2009.9.24. 2009마168·169).

15. 국회직 8급

024 □□□

한국전력공사가 텔레비전 방송수신료 징수권한이 있는지 여부를 다투는 소송은 당사자소송이다. O | X

수신료의 법적 성격, 피고 보조참가인의 수신료 강제징수권의 내용 등에 비추어 보면 수신료 부과행위는 공권력의 행사에 해당하므로, 피고가 피고 보조참가인으로부터 수신료의 징수업무를 위탁받아 자신의 고유업무와 관련된 고지행위와 결합하여 수신료를 징수할 권한이 있는지 여부를 다투는 이 사건 쟁송은 민사소송이 아니라 공법상의 법률관계를 대상으로 하는 것으로서 행정소송법 제3조 제2호에 규정된 당사자소송에 의하여야 한다고 봄이 상당하다(대판 2008.7.24. 2007다25261).

23. 국회직 8급, 21. 국가직 7급, 15. 국가직 9급

025 □□□

(판례에 의하면) 지방자치단체가 보조금 지급결정을 하면서 일정 기한 내에 보조금을 반환하도록 하는 교부조건을 부가한 경우, 보조금을 교부받은 사업자에 대한 지방자치단체의 보조금반환청구소송은 당사자소송에 해당한다. O | X

지방자치단체가 보조금 지급결정을 하면서 일정 기한 내에 보조금을 반환하도록 하는 교부조건을 부가한 사안에서, 보조사업자의 지방자치단체에 대한 보조금 반환의무는 행정처분인 위 보조금 지급결정에 부가된 부관상 의무이고, 이러한 부관상 의무는 보조사업자가 지방자치단체에 부담하는 공법상 의무이므로, 보조사업자에 대한 지방자치단체의 보조금반환청구는 공법상 권리관계의 일방 당사자를 상대로 하여 공법상 의무이행을 구하는 청구로서 행정소송법 제3조 제2호에 규정한 당사자소송의 대상이다(대판 2011.6.9. 2011다2951).

19. 지방직 7급, 15. 서울시 9급

026 □□□

도시 및 주거환경정비법상의 주택재건축정비사업조합이 수립한 관리처분계획에 대하여 관할 행정청의 인가·고시가 있은 후에 제기하는 관리처분계획에 대한 소송은 판례에 따를 때 당사자소송에 해당한다. O | X

도시 및 주거환경정비법상 주택재건축정비사업조합이 같은 법 제48조에 따라 수립한 관리처분계획에 대하여 관할 행정청의 인가·고시까지 있게 되면 관리처분계획은 행정처분으로서 효력이 발생하게 되므로, 총회결의의 하자를 이유로 하여 행정처분의 효력을 다투는 항고소송의 방법으로 관리처분계획의 취소 또는 무효확인을 구하여야 하고, 그와 별도로 행정처분에 이르는 절차적 요건 중 하나에 불과한 총회결의 부분만을 따로 떼어내어 효력 유무를 다투는 확인의 소를 제기하는 것은 특별한 사정이 없는 한 허용되지 않는다(대판 2009.9.17. 2007다2428 전합).

정답 023 X 024 ○ 025 ○ 026 X

10. 세무사

027 □□□

형식적 당사자소송은 소송형식상 당사자소송이지만, 처분 등의 효력에 관한 다툼으로서의 실질을 가진다. O | X

Point정리 당사자소송의 종류와 대상

구분	형식적 당사자소송	실질적 당사자소송
대상	처분	공법상 권리나 의무
예시	공익사업을 위한 토지 등의 취득 및 보상에 관한 법률상 보상금증감청구소송	공법상 신분 및 지위를 다투는 소송

18. 지방교행, 10. 국가직 7급

028 □□□

국가가 당사자소송의 피고인 경우에는 관계 행정청의 소재지를 피고의 소재지로 본다. O | X

취소소송의 관할 규정은 당사자소송의 경우에 준용한다. 다만, 국가 또는 공공단체가 피고인 경우에는 관계 행정청의 소재지를 피고의 소재지로 본다(행정소송법 제40조).

18 · 13. 서울시 9급, 15. 교행직 9급, 14. 지방직 7급

029 □□□

취소소송은 다른 법률에 특별한 규정이 없는 한 그 처분 등을 행한 행정청을 피고로 하며, 당사자소송은 국가 · 공공단체 그 밖의 권리주체를 피고로 한다. O | X

행정주체라 함은 행정을 행하는 법주체를 말하며, 재산권 취득이 가능하다. 행정주체는 행정행위의 법적 효과가 귀속되는 당사자이므로 권리 · 의무의 귀속주체로서 법인격이 있어야 한다. 행정주체는 민사소송이나 당사자소송의 피고가 되지만, 항고소송의 피고는 원칙적으로 되지 않는다. 행정주체에는 국가 및 공공단체와 이들로부터 행정권한을 위임받은 사인이 있다. 취소소송의 경우는 행정소송법 제13조에 규정이 있다. 원래는 권리 · 의무의 귀속주체인 행정주체가 당사자, 즉 피고가 되어야 하지만, 소송수행의 편의상 또는 피고선택의 부담을 덜어주기 위해서 행정청을 피고로 한 것이다.

「행정소송법」 제13조 【피고적격】 ① 취소소송은 다른 법률에 특별한 규정이 없는 한 그 처분 등을 행한 행정청을 피고로 한다. 다만, 처분 등이 있은 뒤에 그 처분 등에 관계되는 권한이 다른 행정청에 승계된 때에는 이를 승계한 행정청을 피고로 한다.
② 제1항의 규정에 의한 행정청이 없게 된 때에는 그 처분 등에 관한 사무가 귀속되는 국가 또는 공공단체를 피고로 한다.

정답 027 ○ 028 ○ 029 ○

10. 관세사

030 □□□

당사자소송에 관하여 법령에 제소기간이 정하여져 있는 경우에는 그 기간은 불변기간으로 한다. O | X

「행정소송법」 제41조 【제소기간】 당사자소송에 관하여 법령에 제소기간이 정하여져 있는 때에는 그 기간은 불변기간으로 한다.

13. 지방직 9급

031 □□□

당사자소송이 부적법하여 각하되는 경우 그에 병합된 관련청구소송 역시 부적법 각하되어야 하는 것은 아니다. O | X

행정소송법 제44조, 제10조에 의한 관련청구소송의 병합은 본래의 당사자소송이 적법할 것을 요건으로 하는 것이어서 본래의 당사자소송이 부적법하여 각하되면 그에 병합된 관련청구도 소송요건을 흠결한 부적합한 것으로 각하되어야 한다(대판 1980.4.22. 78누90 ; 대판 2001.11.27. 2000두697).

08. 국가직 9급

032 □□□

공법상 당사자소송에서 재산권의 청구를 인용하는 판결을 하는 경우에는 가집행선고를 할 수 없다. O | X

행정소송법 제8조 제2항에 의하면 행정소송에도 민사소송법의 규정이 일반적으로 준용되므로 법원으로서는 공법상 당사자소송에서 재산권의 청구를 인용하는 판결을 하는 경우 가집행선고를 할 수 있다(대판 2000.11.28. 99두3416).

09. 세무사

033 □□□

당사자소송에서도 피고경정이 인정된다. O | X

「행정소송법」 제14조 【피고경정】 <이하 생략>

제44조 【준용규정】 ① 제14조 내지 제17조, 제22조, 제25조, 제26조, 제30조 제1항, 제32조 및 제33조의 규정은 당사자소송의 경우에 준용한다.

정답 030 ○ 031 X 032 X 033 ○

13. 지방직 9급

034 □□□

당사자소송에도 제3자의 소송참가가 허용된다. O | X

「행정소송법」 제16조 【제3자의 소송참가】 <이하 생략>

제44조 【준용규정】 ① 제14조 내지 제17조, 제22조, 제25조, 제26조, 제30조 제1항, 제32조 및 제33조의 규정은 당사자소송의 경우에 준용한다.

12. 지방직 7급

035 □□□

당사자소송은 본질상 민사소송이므로 행정소송법상 직권증거조사규정이 적용될 수 없다. O | X

당사자소송도 직권증거조사규정(행정소송법 제36조)이 적용된다.

22. 국가직 7급

036 □□□

민간투자사업 실시협약을 체결한 당사자가 공법상 당사자소송에 의하여 그 실시협약에 따른 재정지원금의 지급을 구하는 경우에, 수소법원은 주무관청이 재정지원금액을 산정한 절차 등에 위법이 있는지 여부를 심사할 수는 있지만 실시협약에 따른 적정한 재정지원금액이 얼마인지를 구체적으로 심리·판단할 수 없다. O | X

민간투자사업 실시협약을 체결한 당사자가 공법상 당사자소송에 의하여 그 실시협약에 따른 재정지원금의 지급을 구하는 경우에, 수소법원은 단순히 주무관청이 재정지원금액을 산정한 절차 등에 위법이 있는지 여부를 심사하는 데 그쳐서는 아니 되고, 실시협약에 따른 적정한 재정지원금액이 얼마인지를 구체적으로 심리·판단하여야 한다(대판 2019.1.31. 2017두46455).

24. 지방직 9급

037 □□□

공익사업을 위한 토지 등의 취득 및 보상에 관한 법률상 적법하게 시행된 공익사업으로 인하여 이주하게 된 주거용 건축물 세입자의 주거이전비 보상청구권은 공법상의 권리이고, 따라서 그 보상을 둘러싼 쟁송은 민사소송이 아니라 공법상의 법률관계를 대상으로 하는 행정소송에 의하여야 한다. O | X

주거이전비는 당해 공익사업 시행지구 안에 거주하는 세입자들의 조기이주를 장려하여 사업추진을 원활하게 하려는 정책적인 목적과 주거이전으로 인하여 특별한 어려움을 겪게 될 세입자들을 대상으로 하는 사회보장적인 차원에서 지급되는 금원의 성격을 가지므로, 적법하게 시행된 공익사업으로 인하여 이주하게 된 주거용 건축물 세입자의 주거이전비 보상청구권은 공법상의 권리이고, 따라서 그 보상을 둘러싼 쟁송은 민사소송이 아니라 공법상의 법률관계를 대상으로 하는 행정소송에 의하여야 한다(대판 2008.5.29. 2007다8129).

정답 034 ○ 035 X 036 X 037 ○

제2절 객관소송

09. 세무사

038 □□□

객관적 소송은 객관적인 적법성의 확보를 구하는 공익적 소송이므로 법률상 명문의 규정 없이도 제기할 수 있다. O | X

「행정소송법」 제45조 【소의 제기】 민중소송 및 기관소송은 법률이 정한 경우에 법률에 정한 자에 한하여 제기할 수 있다.

21. 소방, 07. 관세사

039 □□□

판례는 민중소송은 법률이 규정하고 있는 경우에 한하여 제기할 수 있다고 한다. O | X

이 사건 소송은 행정소송법 제3조 제3호가 규정하고 있는 국가 또는 공공단체의 기관이 법률에 위반되는 행위를 한 때에 직접 자기의 법률상 이익과 관계 없이 그 시정을 구하기 위하여 제기하는 민중소송이라 할 것이어서 이는 같은 법 제45조에 의하여 법률이 정한 경우에 법률에 정한 자에 한하여 제기할 수 있는데 원고가 내세우고 있는 형태의 소송은 법률에서 이를 인정하고 있지 아니하므로 민중소송의 대상이 될 수 없다(대판 1991.8.27. 91누1738).

13. 국가직 7급

040 □□□

주민소송은 행정소송법 제3조에서 규정하고 있는 민중소송에 해당한다. O | X

Point정리 민중소송의 종류

1. 공직선거법상의 선거소송 및 당선소송
2. 국민투표법상의 국민투표에 관한 소송
3. 주민투표법상의 주민투표에 관한 소송
4. 지방자치법상 주민소송

14. 서울시 7급

041 □□□

공직선거법상의 선거소송은 민중소송이다. O | X

공직선거법상 선거소송은 민중소송에 해당한다.

정답 038 X 039 ○ 040 ○ 041 ○

14. 서울시 7급

042 □□□

공직선거법상의 당선소송은 민중소송이다. O | X

공직선거법상 당선소송은 민중소송에 해당한다.

07. 관세사

043 □□□

국민투표법상 국민투표무효소송은 기관소송의 예에 속한다. O | X

국민투표법상 국민투표무효소송은 민중소송에 해당한다.

08. 세무사

044 □□□

국회의원선거에 있어 선거의 효력에 이의가 있는 후보자는 고등법원에 선거소송을 제기할 수 있다. O | X

「공직선거법」 제222조 【선거소송】 ① 대통령선거 및 국회의원선거에 있어서 선거의 효력에 관하여 이의가 있는 선거인 · 정당(후보자를 추천한 정당에 한한다) 또는 후보자는 선거일부터 30일 이내에 당해 선거구선거관리위원회위원장을 피고로 하여 대법원에 소를 제기할 수 있다.

18. 지방교행, 09. 세무사

045 □□□

행정소송법에서는 민중소송으로써 처분 등의 취소를 구하는 소송에는 그 성질에 반하지 아니하는 한 취소소송에 관한 규정을 준용한다. O | X

민중소송 또는 기관소송으로써 처분 등의 취소를 구하는 소송에는 그 성질에 반하지 아니하는 한 취소소송에 관한 규정을 준용한다(행정소송법 제46조 제1항).

12. 지방직 9급

046 □□□

기관소송이란 국가 또는 공공단체의 기관 상호간에 있어서의 권한의 존부 또는 그 행사에 관한 다툼이 있을 때에 이에 대하여 제기하는 소송을 말한다. O | X

「행정소송법」 제3조 【행정소송의 종류】 행정소송은 다음의 네가지로 구분한다.

4. 기관소송: 국가 또는 공공단체의 기관 상호간에 있어서의 권한의 존부 또는 그 행사에 관한 다툼이 있을 때에 이에 대하여 제기하는 소송. 다만, 헌법재판소법 제2조의 규정에 의하여 헌법재판소의 관장사항으로 되는 소송은 제외한다.

정답 042 ○ 043 X 044 X 045 ○ 046 ○

09. 국가직 7급

047 □□□

지방자치단체 상호간의 권한쟁의는 행정법원의 관할에 속한다. O | X

지방자치단체 상호간의 권한쟁의는 헌법재판소의 관할이다(헌법재판소법 제2조).

09. 국가직 7급

048 □□□

기관소송이란 국가 또는 공공단체의 기관이 법률에 위반되는 행위를 한 때에 직접 자기의 법률상 이익과 관계 없이 그 시정을 구하기 위하여 제기하는 소송이다. O | X

기관소송이 아니라 민중소송에 대한 설명이다.

> **「행정소송법」 제3조 【행정소송의 종류】** 행정소송은 다음의 네 가지로 구분한다.
> 3. 민중소송: 국가 또는 공공단체의 기관이 법률에 위반되는 행위를 한 때에 직접 자기의 법률상 이익과 관계 없이 그 시정을 구하기 위하여 제기하는 소송

09. 국가직 7급

049 □□□

기관소송은 개별 법률에 특별한 규정이 있는 경우에 인정되고 그 법률에 정한 자만이 제기할 수 있다. O | X

> **「행정소송법」 제45조 【소의 제기】** 민중소송 및 기관소송은 법률이 정한 경우에 법률에 정한 자에 한하여 제기할 수 있다.

18. 지방교행

050 □□□

지방자치단체의 장의 재의요구에도 불구하고 지방의회가 조례안을 재의결한 경우 단체장이 지방의회를 상대로 제기하는 소송은 기관소송이다. O | X

대표적인 기관소송의 사례이다.

09. 국가직 7급

051 □□□

기관소송으로서 처분 등의 취소를 구하는 소송에는 그 성질에 반하지 아니하는 한 취소소송에 관한 규정이 적용된다. O | X

> **「행정소송법」 제46조 【준용규정】** ① 민중소송 또는 기관소송으로써 처분 등의 취소를 구하는 소송에는 그 성질에 반하지 아니하는 한 취소소송에 관한 규정을 준용한다.

정답 047 X 048 X 049 ○ 050 ○ 051 ○

MEMO

2025 대비 최신개정판

해커스공무원

신동욱 행정법총론

핵심 기출 OX

개정 4판 1쇄 발행 2024년 10월 25일

지은이	신동욱 편저
펴낸곳	해커스패스
펴낸이	해커스공무원 출판팀
주소	서울특별시 강남구 강남대로 428 해커스공무원
고객센터	1588-4055
교재 관련 문의	gosi@hackerspass.com 해커스공무원 사이트(gosi.Hackers.com) 교재 Q&A 게시판 카카오톡 플러스 친구 [해커스공무원 노량진캠퍼스]
학원 강의 및 동영상강의	gosi.Hackers.com
ISBN	979-11-7244-396-2 (13360)
Serial Number	04-01-01